Edward Schillebeeckx

CHRISTUS UND DIE CHRISTEN

Edward Schillebeeckx

CHRISTUS
UND DIE
CHRISTEN

Die Geschichte
einer neuen Lebenspraxis

Herder Freiburg · Basel · Wien

AUS DEM NIEDERLÄNDISCHEN ÜBERTRAGEN
VON HUGO ZULAUF

Für Vater

„Übe beständig Liebe und Recht
und hoffe stets auf deinen Gott"
(Hos. 12,7)

Titel der niederländischen Originalausgabe:
Gerechtigheid en liefde. Genade en bevrijding
© Uitgeverij H. Nelissen, Bloemendaal, 1977

PROLOG

Als Findelkind ausgesetzt und unter der Obhut der Ägypter großgezogen, von Pharaos Tochter behütet, weit weg vom Dasein seines Volkes, der Hebräer, „ging Mose einst zu seinen Brüdern" (Ex 2,11a) und „war Zeuge ihrer Zwangsarbeit" (Ex 2,11b). Bei dieser ersten bewußten Begegnung mit den Seinen „sah er, wie ein Ägypter einen Hebräer, einen seiner Brüder, niederschlug" (2,11c). Mose gerät in Zorn, greift ein und tötet den Ägypter.

Am folgenden Tag, bei einer zweiten Begegnung mit seinem Volk, sieht Mose „zwei hebräische Männer miteinander streiten" (Ex 2,13). Als leidenschaftlicher Verfechter der Gerechtigkeit will er zwischen den beiden vermitteln und den Streit beilegen. Die Seinen aber, die Hebräer, weisen ihn ab (Ex 2,14): „Mose war der Meinung, seine Brüder würden verstehen, daß Gott ihnen durch seine Hand Rettung bringen wolle. Aber sie verstanden es nicht" (Stephanusrede, Apg 7,25–28).

Rastend an einer Quelle, sieht Mose ein wenig später, wie einige Mädchen, die ihr Vieh tränkten, brutal weggestoßen wurden von einigen Hirten, die ihre Herden zuerst tränken wollten. Wieder springt Mose auf in heiliger Entrüstung gegen diese Gewalttätigen (Ex 2,15c–17).

Das sind drei Geschichten von Mose noch vor seiner Berufung durch Gott. Ein junger Mann, der sich einsetzt für Benachteiligte – ohne viel Nachdenken, direkt aus dem Herzen. Und zugleich als Führer, der von seinen Brüdern nicht akzeptiert wird.

Auch danach „seufzten die Israeliten noch immer unter ihrer Zwangsarbeit und klagten laut. Aus ihrem Sklavendasein drang ihr Jammer bis vor Gott. Und Gott hörte auf ihre Klagen: Er war seines Bundes mit Abraham, Isaak und Jakob eingedenk. Gott sah wohlwollend herab auf die Israeliten und hatte Mitleid mit ihnen" (Ex 2,23–25).

Da berief Gott den Mann, der eine solche Solidarität mit den Seinen bewiesen hatte: Mose – von dem später geschrieben wurde, daß er mit Gott sprach wie mit einem Freund, „wie ein Mensch mit einem geliebten Mitmenschen spricht" (Ex 33,11), „von Angesicht zu Angesicht" (Ex 33,11), „von Mund zu Mund" (Num 12,6–8). „Jahwe sprach: ,Ich habe das Elend meines Volkes in Ägypten gesehen, die Wehklagen über seine Unterdrücker gehört; ja, ich kenne seine Leiden. *Ich steige hinab, um mein Volk zu befreien* ..., um es wegzuführen aus diesem Land in ein Land, das gut und weit ist, ein Land von Milch und Honig'" (Ex 3,7–8). „Dich sende ich zu Pharao. Du mußt mein Volk, die Israeliten, aus Ägypten führen" (3, 10). Zum Volk wird Mose sagen müssen: „*Er-ist* sendet mich zu euch" (Ex 3, 14), das heißt: „Ich trage Sorge für euch" (Ex 3, 16). Gottes Name lautet: Solidarisch-mit-dem-Volk.

Mose, ein leidender Gottesknecht, ‚der die Lasten des Volkes trägt' (Dtn 1, 37; 4, 21–22; Ex 32, 30–32), „ein Prophet aus eurer Mitte und aus euren Brüdern" (Dtn 18, 15–18), wird der Befreier Israels. „Durch den Glauben hat Mose, als er großgeworden war, es abgelehnt, weiter als ein Sohn der Tochter Pharaos zu gelten. Er wollte lieber mit dem Volk Gottes mißhandelt werden, als für eine kurze Zeit Vorteile zu haben... Für ihn war die Schmach, die Gottes Gesalbtem (dem Volk) angetan wurde, kostbarer als alle Schätze Ägyptens" (Hebr 11, 24–26).

„Wurde das Gesetz durch Mose gegeben, so kamen die Gnade und Wahrheit durch Jesus Christus" (Joh 1, 17).

Einige Gerechte hätten die Stadt Sodom retten können (Gen 18, 23–32), ja, ein einziger Gerechter hätte genügt, um Jerusalem zu retten (Jer 5, 1), und ‚viele' werden gerettet dank dem leidenden Propheten, dem leidenden gerechten Gottesknecht (Jes 53).

Das Neue Testament bekennt: Der eine „leidende Gerechte", der eine und einzigartige endzeitliche „leidende Prophet", Jesus Christus, hat die ganze Welt gerettet. Nicht die Vision, die sich gegen das Leiden wendet, nicht die Botschaft, nicht einmal die Botschaft Jesu, bringen aus sich selbst Rettung. Botschaft und Vision werden denn auch verworfen. Selbst das Leiden bringt kein Heil. Nur der leidende Zeuge, der Gekreuzigte, der Mensch, der sich bis zum äußersten für Gerechtigkeit und Liebe einsetzt und gerade deshalb durch und für andere leidet, um des auf Menschlichkeit bedachten Gottes willen: Er bringt Rettung. Vor einem, der sein Leben hingibt, solidarisch mit Gottes eigener sich erbarmender Identifizierung mit verletzbaren, aber auch bösen und unergründlichen Menschen geht der Mensch schließlich in die Knie: Man kniet vor Ihm nieder. „Mein Herr und mein Gott!" (Joh 20, 28).

„Es gibt noch vieles andere, was Jesus getan hat. Wollte man dies zusammenschreiben, ich glaube, die Welt selbst reichte nicht aus für die Bücher, die man schreiben müßte" (Joh 21, 25). Aus diesen Worten spricht der neutestamentliche Mut zu einer zeitgenössischen Aktualisierung sowohl des Tenach als auch des Lebenszeugnisses Jesu von Nazaret. Der aktuelle Lebensbericht von Christen ist ein fünftes Evangelium: Es gehört mit zum Kern der Christologie.

25. Dezember 1976   *Edward Schillebeeckx OP*

INHALT

Inhalt

ZWEITER TEIL
NEUTESTAMENTLICHE THEOLOGIE DER GNADENERFAHRUNG

Inhalt

Inhalt

Inhalt

DRITTER TEIL
STRUKTURELEMENTE DER NEUTESTAMENTLICHEN
GNADENTHEOLOGIEN

VIERTER TEIL
GOTTES EHRE UND DAS WAHRE, GUTE UND GLÜCKLICHE MENSCHSEIN

EPILOG
„Die Gnade des Herrn Jesus Christus, die Liebe Gottes und die Gemeinschaft

EINLEITUNG

JESUS, DIE GESCHICHTE EINER NEUEN PRAXIS

1. Es begann mit einer Begegnung. Einige Menschen – aramäisch und vielleicht auch griechisch sprechende Juden – kamen in Kontakt mit Jesus von Nazaret und blieben bei ihm. Durch diese Begegnung und durch das, was sich im Leben und um den Tod Jesu abspielte, erhielt ihr eigenes Leben einen neuen Sinn und neue Bedeutung. Sie fühlten sich neugeboren und verstanden, und zugleich drückte sich diese neue Identität in ähnlicher Solidarität gegenüber dem anderen, dem Mitmenschen, aus. Diese Änderung der Lebensrichtung war die Frucht ihrer Begegnung mit Jesus, denn ohne ihn wären sie das geblieben, was sie waren (siehe 1 Kor 15,17). Dies war nicht ihre eigene Initiative gewesen, es war ihnen widerfahren.

Diese überraschende und überrumpelnde Begegnung mit dem Menschen Jesus wurde der Ausgangspunkt für die Heilsauffassung des Neuen Testaments. Das bedeutet direkt, daß ‚Gnade‘ in Begriffen der Begegnung und Erfahrung ausgedrückt werden muß, nie isoliert vom konkreten, befreienden Begegnungsgeschehen. Außerdem schließt dies ein, daß jede weitere Besinnung auf die Bedeutung von Gnade und Heil immer auf ursprüngliche ‚Quellenerfahrungen‘ zurückgeführt werden muß, ohne die jede Theologie der Gnade bald in Mythologie und Ontologie (in ihrer ungünstigen Bedeutung) abgleitet.

Die Geschichte von einem neuen Lebensdasein, einer neuen Praxis, begann also mit einer Begegnung. Aber Interpretation beginnt nicht erst dort, wo nach dem Sinn dessen gefragt wird, was man erfahren hat. Interpretierende Identifizierung ist ein inneres Moment der Erfahrung selbst, zuerst vielleicht noch unausgesprochen, später reflexiv bewußt. Aus ihrem von Jesus hervorgerufenen und von ihm angestoßenen Prozeß der Lebenserneuerung begannen seine Jünger darüber nachzudenken. Sie thematisierten es, zeichneten es auf und gaben ihm einen Platz in ihrem von vielen anderen Dingen und Auffassungen gefüllten Bewußtsein: Das Vertraute wurde von neuem vertraut, aber jetzt mit einem ganz neuen Brennpunkt. Aufgrund ihrer gemeinsamen Erfahrung kommen sie zu dem, was man eine christliche Theorie der Gnade nennen kann – Ansatz zu dem, was in der christlichen Tradition ‚Theologie der Gnade‘ heißt: *Soteriologie,* eine thematische Darlegung dessen, was christliche Erlösung und christliches Heil bedeuten.

Diese Erfahrungen wurden auch schriftlich niedergelegt. Jede einzelne neutestamentliche Schrift, jedes Evangelium und jeder Brief, beschäftigt sich mit dem in und durch Jesus erfahrenen Heil. Die darin zum Lobpreis Gottes zum Ausdruck gebrachten Gnadenerfahrungen verraten ein gleiches grundlegendes Geschehen, während jede Schrift es in einer anderen Weise formuliert. Das zwingt uns, die Frage zu stellen: Welches sind eigentlich die formenden, konstitutiven oder aufbauenden Elemente in diesen neutestamentlichen Gnadenauffassungen? Die Frage also nach ihrem Inhalt als artikuliert in seinem logischen Zusammenhang und vor allem als sinnvolle Einladung an den Menschen auf der Suche nach Glück und Lebenserfüllung, für die Welt und für ihn selbst.

Sowohl die Synoptiker als auch der Paulinismus und der Johanneismus (um nur drei grundlegende Strömungen im Neuen Testament zu nennen) standen aber in einer Vorgeschichte, in der Erfahrung von Gnade und Thematisierung derselben schon gegeben waren: alttestamentlich, zwischentestamentlich und frühchristlich. In dem geistigen Raum, in dem die neutestamentlichen Christen lebten und das Neue Testament geschrieben wurde, hatte sich der alte jüdische Traum von einem gerechten Reich auf Erden unter Leitung der Theokratie Israels durch Enttäuschungen zu einer Auffassung von einer zeitlichen und räumlichen Zwei-Ebenen-Welt entwickelt: der alte Äon und der kommende neue Äon himmlischer Herkunft, der auf die Erde herabsteigen würde oder in dem zumindest ein Stück Erde, die Welt der Gerechten, ‚hinaufsteigen‘ würde. In beiden Fällen war eine überirdische, himmlische Seinsweise die Perspektive jeder Lebenserneuerung. Dabei ging es jedoch weniger um ein ‚Jenseits‘ als vielmehr um ein irdisches, geheimnisvolles Teilen und Verweilen in überirdischen, himmlischen Sphären – wenn wir diesen spätantiken Menschen auch keine Naivität andichten dürfen, als ob sie kein Bewußtsein besessen hätten von einem Unterschied zwischen dem, was sie mit all dem meinten, und dem Denken-in-Modellen, mit denen sie die gemeinte Wirklichkeit zu artikulieren suchten. Doch ist es so, daß bei ihnen ‚Modell‘ und ‚Wirklichkeit‘ eine tiefere Einheit bildeten, als dies bei uns der Fall ist. Trotzdem sind damit Voraussetzungen gegeben, die auf irgendeine Weise von den Christen, die im Neuen Testament zu Wort kommen, geteilt wurden.

Zugleich wurde der neutestamentliche Begriff der Gnade von vornherein in bestimmte Bahnen gelenkt durch die jüdische Tradition, in der Unheil erfahren wurde als Folge des Ungehorsams gegen Gottes Gebote, wodurch Menschen in Sünde und Schuld verstrickt werden. Heil wurde dann selbstverständlich erfahren als die Versöhnung des Sünders mit Gott, die Zugang zum Reich Gottes gab. In der Tat ein grundlegender Gedanke, jedoch nach unserem heutigen Empfinden auf einer etwas schmalen Basis dessen, was Unheilserfahrung alles einschließen kann. Denn wenn der Mensch irgendwo ein Recht zu sprechen hat, dann doch sicher bei der Bestimmung dessen, was er selbst als Unheil und Unfreiheit erfährt (allerdings kann er darin auch blinde Flecken haben). Die in der jüdischen Tradition schon formulierte Unheilserfahrung kann somit bei einer neuen, der christlichen Thematisierung derselben, die Erfahrung von

Heil-in-Jesus ausbilden (und mit dieser Thematik haben wir es im Neuen Testament zu tun).

Hören und erfahren, daß Jesus Christus einen neuen Heilsweg eröffnet, konfrontierte die Jünger damals unmittelbar mit einer Gefahr: ihr vorgegebenes sozial-religiöses Weltbild einfach mit dem Namen ‚Jesus' aufzufüllen. Denn wenn Unheil Sünde ist, Heil somit Versöhnung und Sündenvergebung, dann ist es Jesus, der durch seinen Kreuzestod die Sündenschuld gesühnt hat; dann ist er es, der uns in das Reich Gottes einführt durch Aufnahme aus dem Tod in das pneumatische Reich des Lichtes, Gottes eigene Welt. Die Gefahr vor allem, daß Jesus nur ein symbolischer Bezugspunkt für das wird, was aus anderen Quellen als Heil und Unheil erfahren wird, ist dann überaus groß. Wir sehen jedoch, daß das Neue Testament sich gegen diese naheliegende Vorstellung ständig zur Wehr setzt. Diese erhebt aber immer wieder ihr Haupt in den christlichen Gemeinden. Die neutestamentlichen Autoren gebrauchen zwar religiöse Vorstellungen aus diesem geistlichen Milieu, ziehen aber von ihrer Christuserfahrung aus deutliche Grenzen.

In der neutestamentlichen Geschichte von Gnadenerfahrungen mit Christus in den christlichen Gemeinden spielen außerdem lebensanschauliche und anthropologische Voraussetzungen mit aus der nicht durch Armut, sondern durch Überfluß an Ideen immer amorpher und synkretistisch werdenden Kultur des 1. Jahrhunderts, vor allem was die letzten Jahrzehnte dieses Jahrhunderts betrifft. Palästina war kulturell nicht Syrien, und dieses war wiederum anders als Asia, die römische Provinz von Kleinasien, die sich selbst kulturell unterschied von Griechenland und von Ägypten mit seiner in zwei großen alexandrinischen Bibliotheken aufgeschlagenen Kultur, die keineswegs von der palästinensischen Qumran-Sammlung erreicht wird. Jüdische, orientalische, hellenistische und allmählich auch christliche Traditionen gingen ineinander über. Dieses vielfältige Ganze bildete einen kulturellen Schmelztiegel, aus dem erst später, im 2. Jahrhundert, in einer ganz neuen Synthese eine eigene religiöse Lebensphilosophie hervorgehen sollte: die Gnosis oder der Gnostizismus. Vor allem das spätantike Lebensgefühl, das u.a. in seiner Dämonenfurcht ein besonderes Unbehagen in und an dieser Welt und ihrer Gesellschaft zum Ausdruck brachte, übt einen bedeutenden Einfluß auf das Neue Testament aus; vor allem gerade dann, wenn es ebendiesen Zeitgeist ablehnt.

Wer dies alles mit sieht, begreift sofort, daß die neutestamentliche Theologie von Gnade und Heil für uns *nicht unmittelbar aktualisierbar* ist. Es wächst die Einsicht, daß eine rein *theologische* Analyse des neutestamentlichen Gnadenbegriffs erst dann eine Chance erhält, Inspiration und Orientierung von Christen heute zu gewährleisten, wenn diese theologische Analyse gepaart ist mit einer Analyse der *historischen Vermittlungen,* damals und heute.

Außerdem zeigt uns die Geschichte, daß Gnadenradikalismus oder -monismus im Lauf der Kirchengeschichte immer wieder eine Anti-Geschichte ins Leben gerufen hat: Paulus rief den Jakobusbrief und vor allem die Pseudo-Clementinen hervor, Augustinus Pelagius, Báñez Molina, der Jansenismus ,die jesuitische Gnadenlehre‘, Martin Luther Thomas Münzer, die traditionelle Erlösungslehre die heutigen Theologien der Befreiung. Fast jede Theologie der Gnade ruft zugleich eigene Kritik hervor. Diese wurde zwar immer wieder verdrängt; aber in veränderter Form kehrte sie immer wieder; sie wurde oft zum Teil später rehabilitiert und in eine neue Synthese aufgenommen. Diese Pendelgeschichte weist darauf hin, daß es in dem (vor allem wirklich religiösen) Menschen etwas gibt, was sich gegen ein Hochloben Gottes *auf Kosten* des Menschen sträubt. Daraus ersehen wir, daß eine Theologie der Gnade, die das nicht einschließt, sogleich auf einen tiefmenschlichen Protest stößt und ihre Chance vertan hat.

Anderseits wird keine sinnvolle christliche Theologie der Gnade die absolute Initiative Gottes verkennen können, ohne zugleich die Möglichkeiten unseres Menschseins zu verletzen. Daß es ,Gnade‘ gibt, erfährt – auf vielerlei Weise – jeder Mensch, der nicht egoistisch im Leben steht, der weiß, daß er ständig dank der Gunst und des Wohlwollens anderer lebt. Gerade in der Bestätigung durch andere (innerhalb von Strukturen und innerhalb einer Gesellschaft, die uns dazu bevollmächtigen) kommen Menschen zur Selbstidentität. In dieser Solidarität werden viele manchmal ein tieferes Geheimnis universalen Erbarmens erfahren dürfen – und dabei vielleicht betend ,Gott‘ rufen können.

Die neutestamentliche Erfahrung von Gnade und Heil von Gott her in Jesus Christus will ich in diesem Buch analysieren als Orientierung für das, was man einen ersten Ansatz zu einer modernen christlichen Soteriologie nennen könnte.

2. Der Blickwinkel dieses Buches ist anders als der des vorausgegangenen, ,Jesus, die Geschichte von einem Lebenden‘, dessen Fortsetzung dieses Buch ist. Jetzt suche ich nicht, wie im ersten Band, nach dem, was im ,historischen Jesus‘ den Durchstoß zu dem hat geben können, was das Neue Testament von ihm bekennt; jetzt geht es unmittelbar um die neutestamentliche Ergänzung dessen, was Christen in ihrer Begegnung mit Jesus, dem Herrn, erfahren haben. Ich möchte sagen: Das erste war ein ,Jesusbuch‘, ohne dabei den Christus zu vernachlässigen; dieses zweite ist ein ,Christusbuch‘, ohne Jesus von Nazaret dabei zu vergessen. Die Folge dieses neuen Konzepts ist, daß auch die Methode anders ist als in meinem früheren Buch. Manche Kritiker der ,Geschichte von einem Lebenden‘ haben diesem Buch gegenüber den gleichen Fehler begangen, den sie mir gegenüber der Heiligen Schrift vorwerfen, indem sie nämlich nicht das besondere literarische Genus und den Kommunikationstyp eines bestimmten Textes (hier meines Buches) respektieren. Sie haben das Buch nicht so gelesen und verstanden, ,wie es vorliegt‘, sondern es entweder *ideengeschichtlich* irgendwo einordnen wollen oder, in Reaktion gegen Form- und Redaktionsgeschichte und ihr berechtigtes Plädoyer für strukturanalytische Behandlung der Texte als Ganzes, gerade meinen Text, als getragen von einer einzigen, alles beherrschenden literarischen Intention (nämlich so adäquat wie

möglich zur Geschichte des Ursprungs des Christentums vorzustoßen), in seinem eigenen literarischen Genus verkannt. Es ging mir in diesem ersten Buch nicht um die neutestamentlichen *Texte* als solche. Das ist jedoch der Fall bei diesem zweiten Band. Dann sucht man nicht länger nach Form-, Redaktions- und Traditionsgeschichte, um dem ‚historischen Jesus‘ möglichst nahe zu kommen, sondern man nimmt die Texte in ihrer Einheit und in ihrem Ganzen ernst, mithin in ihrem eigenen *literarischen* Kontext vor dem Hintergrund der damaligen literarischen Kultur innerhalb der bestimmten soziokulturellen Wirklichkeit des Milieus vor allem derer, für welche diese neutestamentlichen Texte unmittelbar geschrieben wurden, damit sie in der Liturgie vorgelesen würden.

Man kann bedauern, daß die moderne Exegese des Neuen Testaments nicht zuerst diese literaturwissenschaftliche Methode des Lesens und Verstehens von Texten, ‚wie sie vorliegen‘, angepackt hat, um erst dann zu untersuchen, was, innerhalb der daraus sich ergebenden Ernte, auch noch durch Form-, Redaktions- und Traditionsgeschichte eventuell an Perspektive gewonnen werden kann. Literaturwissenschaftlich hat die herrschende moderne Exegese tatsächlich am falschen Ende *begonnen*. Doch dürfen wir nicht vergessen, daß zumindest die ursprünglichen *Formgeschichtler* (vor allem M. Dibelius) dazu neigten, Texte in erster Linie literaturwissenschaftlich zu analysieren; aber ihre Absicht war *historisch* und nicht primär literaturwissenschaftlich: Es ging um den historischen Jesus (der von manchen damals sogar geleugnet wurde); auch heute noch, wenn auch innerhalb einer anderen Fragestellung. Solange man in der christlichen Bewegung nicht die Religion eines Buches sehen will oder eine Bewegung, die durch inspirierende Literatur in Gang gebracht wurde, sondern durch eine in die Geschichte gestellte lebende Person, bleibt diese historische Problemstellung auch religiös gültig und fundamental. Die Tradition der kirchlichen Jesus-*Geschichte* ist dabei Voraussetzung für die historisch-*argumentative* Frage nach Jesus.

Betrachtet man jedoch das Neue Testament eben als Literatur, die zum Lesen und Verstehen zwingt (was sie für den Exegeten und für den Gläubigen in erster Linie ja auch ist), dann werden (wie ich im ersten Band schon sagte, S. 77f) nicht so sehr Form- und Redaktionsgeschichte uns eine Einsicht in das geben, was *der Text* sagen will (schon das Aufnehmen einer bestimmten Tradition und die Auslassung einer anderen ist doch ‚Redaktion‘, so daß literaturwissenschaftlich alles in einem Text ‚Redaktion‘ ist!). Dann wird man nicht damit *beginnen* dürfen, den Text in Redaktion und Tradition oder in einzelne, für sich stehende Einheiten aufzusplittern. Man wird ihn als ganzen nehmen. Aber wenn das Christentum nicht nur von sakraler Literatur lebt – wenn diese aus dem Christentum auch nicht wegzudenken ist und als solche sogar ein Gnadenfragment darstellt –, wenn außerdem neutestamentliche Texte neben mancherlei anderen Sprachfunktionen, linguistisch, auch eine Bezugsfunktion haben, nämlich auf ein historisches Geschehen in, mit und um Jesus von

17

Nazaret *hinweisen,* dann kommen wir nicht weiter, indem wir uns kritischen Fragen verschließen, mit einer Berufung auf die besondere Logik des ‚religiösen Sprachspiels‘ aufgrund der Tatsache, daß diese Texte *religiöse* Texte sind. Die Autonomie dieses Sprachspiels mit seinen eigenen Kriterien und seiner eigenen Logik läßt sich keineswegs leugnen, im Gegenteil: Theologisch ist sie äußerst wichtig, und ihre Anerkennung verhindert viele theologische Pseudoprobleme. Aber diese Anerkennung schließt nicht ein, daß zwischen den verschiedenen – z. B. historischen und religiösen – Sprachspielen keine Kommunikation möglich wäre und ein und derselbe Mensch gleichzeitig in völlig voneinander abgeschlossenen Sprachspielen leben müßte. Dann fungieren diese wie Käfige, in denen dieselben Menschen gefangengehalten werden, letztlich in einem schizophrenen Zustand, hier Glaubender, dort Historiker.

Doch bin ich mir darüber im klaren (mehr noch als im ersten Band), daß man, auch wenn man eine historische Intention hat – die jedoch nur mittels gegebener Texte ausgeführt werden kann –, zuerst die literaturwissenschaftliche Methode benutzen muß, um dann mit anderen Methoden erst zu dem durchzustoßen, was historisch ‚dahinterliegt‘. Wenn das geschieht, glaube ich in der Tat, daß wir zu einem nuancierten und noch reicheren historischen Jesusbild kommen, als es bei unserer heutigen umgekehrten Reihenfolge der Fall ist. Ferner weist dies auf das hin, was ich das nie abgeschlossene Studium des Jesusgeschehens genannt habe. Die Benutzung bestimmter Methoden steht als Geschehen auch in einer Geschichte!

Aber abgesehen von der richtigen Beurteilung der Intention meines ersten Jesusbuches, ist es mir in diesem zweiten Band nicht mehr um die historische Erscheinung Jesu in unserer Geschichte zu tun, auch nicht um die vor-neutestamentlichen Reaktionen auf dieses Geschehen; dies alles wird aus meinem ersten Buch (wenn auch nicht als ein für allemal ‚gelöst‘!) vorausgesetzt. Hier geht es unmittelbar um die Frage, wie das *neutestamentliche Christentum* Heil in und durch Jesus erfahren und dies thematisiert hat, und um die Frage, unter welchen historischen Vermittlungen (damals und heute) dieses neutestamentliche Zeugnis eine normierende Orientierung für *unser* Erfahren und Interpretieren von Heil in Jesus bildet. Das ist eine andere Problemstellung und ein anderes literarisches Genus als das des ersten Bandes. Man beurteilt einen Autor, der über Jesus schreibt, nicht unmittelbar von schon gegebenen ‚christologischen‘ Kriterien aus, sondern doch nach seinem Ansatz und Blickwinkel. Eine heutige, jesus- und evangeliengetreue Christologie, die Einfluß auf unser suchendes Bewußtsein gewinnt und damit Heil vermittelt, kann nur etappenweise aufgebaut werden. Vielleicht ist sogar nach diesem zweiten Band erst ein Beginn dessen möglich, was ‚Christologie‘ genannt wird. Ich neige dazu, auch diesen zweiten Band ein ‚Prolegomenon‘ zu nennen; nicht aus einem gewissen kritischen Skeptizismus (wenn auch aus Angst vor voreiligen Totalisierungen), sondern weil ich aus der christlichen eschatologischen Vision davon überzeugt bin, daß jede lebensrelevante Christologie nur in der Art eines *Pro-legomenon* möglich ist: ein vorletztes Wort, ein Suchen nach dem richtigen ‚Legomenon‘ oder Wort, denn mir ist in unserer Geschichte Erlösung nur in persönlich und kollektiv erfahrenen *Fragmenten* bekannt, auf denen jedoch Jesu kritische und produktive Verheißung einer undefinierbaren definitiven Heilszukunft ruht. Eine ‚objektiv vollendete‘ Erlösung sehe ich nirgends. Doch glaube ich, daß unser helfendes, Menschen heilendes und politisch befreiendes Handeln, wie fragmentarisch es auch sein mag, definitiven Wert in und aus sich selbst hat, auch im Mißlingen, und daß gerade dem der lebendige Gott eine noch größere Zukunft schenkt. Auch in seiner christlichen Auffassung von Gnade und Erlösung wird sich der Christ seiner *condition humaine* bewußt bleiben müssen. Dem möchte ich diesen zweiten Band widmen und damit zugleich ein Versprechen aus dem ersten Band einlösen.

ERSTER TEIL

DIE AUTORITÄT NEUER ERFAHRUNGEN UND DIE AUTORITÄT DES NEUEN TESTAMENTS

Bei vielen Gläubigen und deutlich erkennbar bei manchen Studenten der Theologie besteht zur Zeit ein Widerstand gegen eine theologische Tätigkeit, die ihren Ausgangspunkt in Schrift und Tradition hat (eine Methode, die außerdem – zumindest um zu fruchtbaren Ergebnissen zu führen – die Kenntnis verschiedener toter Sprachen voraussetzt: Hebräisch, Griechisch, Latein, von anderen ganz zu schweigen). Sie sind der Ansicht, eine moderne lebendige Theologie müsse von den heutigen Erfahrungen der Menschen ausgehen. Sie wollen ‚am anderen Ende‘ beginnen.

Ich glaube, daß dieses Problem, so gestellt, ein unechtes Dilemma ist (siehe unten). Doch werden wir durch diese Fragestellung mit einem schon älteren Bedenken vieler Theologen vor ‚Erfahrungen‘ konfrontiert. Sie scheinen sich nicht bewußt zu sein, daß sie dadurch jeder ‚göttlichen Offenbarung‘ den Boden entziehen. Dieser Bruch zwischen *Glaube* und *Erfahrung* ist meines Erachtens eine der grundlegenden Ursachen für die heutige Krise unter kirchentreuen Christen.

Gerade um zu einer Einsicht in das zu kommen, was mit ‚Theologie der Gnade‘, der Erlösung und des Heils gemeint ist, möchte ich eine Analyse der besonderen Autorität voranstellen, die in ‚Erfahrungen‘ liegt, und eine Analyse der dieser augenscheinlich entgegengesetzten Autorität der Heiligen Schrift.

In dieser Analyse geht es nicht unmittelbar um Erfahrung in dem mehr oberflächlichen Sinn von ‚Es sagt mir nichts‘, ‚Es bedeutet mir etwas‘, auch wenn das zu analysierende Phänomen ‚Erfahrung‘ doch damit zu tun hat. Es geht ebensowenig um Erfahrung im Sinn von Befindlichkeit, Gemüt und Gefühl oder von Erlebnisqualitäten, wenn auch diese emotionalen Aspekte vor allem gerade bei religiösen Erfahrungen wesentlich sind. In der Analyse wird das Interesse auf die besondere kognitive, kritische und produktive Kraft menschlicher Erfahrungen konzentriert. Gerade unter diesem Aspekt hat Offenbarung alles mit ‚Erfahrung‘ zu tun.

ERSTES KAPITEL
DIE AUTORITÄT NEUER ERFAHRUNGEN

„Back to the rough ground" (L. Wittgenstein)

LITERATUR: Der Begriff ‚Erfahrung'[1]: *Th. Adorno,* Negative Dialektik (Frankfurt 1966); *ders.,* Thesen über Tradition, in: Ohne Leitbild (Frankfurt 1967) 29–41; *Ian G. Barbour,* Myths, models and paradigms (London 1974); *ders.,* Issues in science and religion (London ²1968); *H. D. Bastian,* Verfremdung und Verkündigung (München 1967); *H. Berger,* Erfahrung und Gesellschaftsform (Stuttgart 1972); *P. Berger* und *Th. Luckman,* Die gesellschaftliche Konstruktion der Wirklichkeit (Frankfurt 1969); *H. Blumenberg,* Legitimität der Neuzeit (Frankfurt 1966); *P. Engelhardt,* Die Frage nach Gott, in: Neues Glaubensbuch (hrsg. von J. Feiner und L. Vischer) (Freiburg i. Br. ¹³1975) 21–64.72–100; *H. G. Gadamer,* Wahrheit und Methode (Tübingen ²1965) 329–344; *L. Gilkey,* Naming the whirlwind: The renewal of God-language (Indianapolis und New York 1969); *A. Hahn,* Religion und der Verlust der Sinngebung (Frankfurt 1974); *E. Heintel,* Einführung in die Sprachphilosophie (Darmstadt 1972); *H. Heuß,* Verlust der Geschichte (Göttingen 1959); *H. Holzhey,* Kants Erfahrungsbegriff (Basel/Stuttgart 1970); *M. Kaiser,* Identität und Sozialität (München/Mainz 1971); *F. Kambartel,* Erfahrung und Struktur. Bausteine zu einer Kritik des Empirismus und Formalismus (Frankfurt 1968); *W. Kasper,* Glaube und Geschichte (Mainz 1970) 120–143 (in: GuL 42 [1969] 329–349); *A. Kessler, A. Schöff, Ch. Wild,* Erfahrung, in: Handbuch philosophischer Grundbegriffe, 2 (München 1973) 373–386; *B. Liebrucks,* Über das Wesen der Sprache, in: Erkenntnis und Dialektik (Den Haag 1972) 1–20; *J. B. Metz,* Von der Freude und der Trauer, von der Heiterkeit und der Melancholie und vom Humor. Editorial – oder: „von der Schwierigkeit, ja zu sagen": Concilium 10 (1974) 307–309; *D. Mieth,* Narrative Ethik: FrZPhTh 22 (1975) 297–326; *ders.,* Dichtung, Glaube und Moral (Mainz 1976); *H. Müller,* Erfahrung und Geschichte (München 1970); *W. Pannenberg,* Die christliche Legitimität der Neuzeit, in: Gottesgedanke und menschliche Freiheit (Göttingen 1972) 114–128; *J. Pieper,* Überlieferung (München 1970); *M. Polanyi,* The great transformation (New York 1974); *H. H. Price,* Thinking and experience (Hutcheson University 1953); *L. Richter,* Erfahrung, in: RGG (Tübingen ³1958) 550–552; *L. Reinisch* (Hrsg.), Vom Sinn der Tradition (München 1970); *P. Ricœur* und *E. Jüngel,* Metaphorische Wahrheit, in: Metapher (Sonderheft EvTh) (München 1974) 22–44 und 45–70; *H. Rombach,* Erfahrung, in: Lexikon der Pädagogik, Bd. 1 (Freiburg i. Br. ²1970) 375–377; *W. Schapp,* In Geschichten verstrickt (Hamburg 1953); *ders.,* Philosophie der Geschichten (Leer 1959); *R. Schäffler,* Religion und kritisches Bewußtsein (Freiburg/München 1973); *E. Schlink,* Thesen zur Methodik einer kontextuellen Theologie: KuD 20 (1974) 87–90; *W. Schneiders,* Die wahre Aufklärung (München 1974); *S. Schmidt,* Bedeutung und Begriff (Braunschweig 1969); *W. Stegmüller,* Hauptströmungen der Gegenwartsphilosophie (Stuttgart ³1965); *ders.,* Probleme und Resultate der Wissenschaftstheorie, Bd. 2: Theorie und Erfahrung (Berlin 1970); *M. Theunissen,* Gesellschaft und Geschichte (Berlin 1969); *J. Track,* Erfahrung Gottes. Versuch einer Annäherung: KuD 22 (1976) 1–21; *ders.,* Religiöse Interpretation der Wirklichkeit: KuD 20 (1974) 106–136; *S. Unseld,* Zur Aktualität Walter Benjamins (Frankfurt 1972); *B. Willms,* Theorie, Kritik und Dialektik, in: Über Th. Adorno (Frankfurt 1968) 44–89; *Benjamin Lee Whorf,* Sprache, Denken, Wirklichkeit (Hamburg 1963); *K. A. Wolff,* Versuch zu einer Wissenssoziologie (Berlin/Neuwied 1968); *J. Wössner* (Hrsg.), Religion im Umbruch (Stuttgart 1972); *P. Zulehner,* Säkularisierung von Gesellschaft, Person und Religion (Wien 1973); Geschichte. Ereignis und Erzählung, in: Poetik und Hermeneutik (hrsg. R. Koselleck und W. Stempel) (München 1972); Neue Anthropologie (hrsg. H. G. Gadamer und P. Vogler), 4 Bde. (Stuttgart/München 1972–1973).

§ 1. Erfahrung ist stets interpretierte Erfahrung

> „Die Unterscheidung zwischen Entdek-
> kung und Erfindung oder zwischen Faktum
> und Theorie wird sich jedoch schnell als
> weitgehend künstlich herausstellen"
> (*Thomas S. Kuhn*, Die Struktur wissen-
> schaftlicher Revolutionen [Frankfurt
> 1967] 79–80)

‚Erfahren' bedeutet ursprünglich: durch das Land fahren[2] und so – durch
Erkundung – in einen Lernprozeß aufgenommen werden. Erfahren heißt lernen
durch ‚unmittelbaren' Kontakt mit Menschen und Dingen. Es ist die Fähigkeit,
Wahrnehmungen zu verarbeiten.

Dieser Prozeß des Lernens durch Erfahrung vollzieht sich so, daß das neu
Erlebte zu unserem schon erworbenen Wissen in Beziehung gebracht wird.
Dadurch entsteht eine Wechselwirkung: Unsere schon erlangte und im Wort
zur Sprache gebrachte Erschließung der Wirklichkeit eröffnet neue Perspektiven; sie orientiert die Aufmerksamkeit unseres Erlebens auf etwas Bestimmtes,
sie wählt aus und grenzt ab, sie lenkt unseren Blick. So wird sie zu dem Rahmen,
in dem wir neue Erfahrungen interpretieren, zugleich aber wird durch neue
Erlebnisse dieser vorgegebene Interpretationsrahmen der Kritik ausgesetzt und
korrigiert, verändert oder erneuert. Erfahrung vollzieht sich dialektisch: in
einem Zusammenspiel zwischen Wahrnehmen und Denken, Denken und
Wahrnehmen. Die Funktion der Erfahrung besteht nicht darin, daß immer
neues Erfahrungsmaterial in vorgegebenen, als unveränderlich angenommenen
Denkschemata untergebracht wird, die dadurch immer wieder bestätigt
würden – wenn es auch bestätigende Erfahrungen gibt. Nein, das Zusammenspiel zwischen Erfahren und Denken besteht vielmehr darin, daß der nie vorher-
zusehende Inhalt neuer Erfahrungen dem Denken selbst wieder neu zu denken
gibt. Einerseits ist es das Denken, das Erfahrung möglich macht, anderseits ist
es die Erfahrung, die neues Denken notwendig macht. Unser Denken bleibt leer,
wenn es nicht ständig auf lebendige Erfahrung zurückgreift.

Zwar erkennen wir einen Unterschied zwischen Objektivem und Subjektivem, aber wir sind doch von dem kartesianischen Dualismus von Subjektivität
und Objektivität losgekommen. Die Erfahrung unserer selbst und der Welt läßt
sich in Begriffen eines Unterschieds zwischen objektiv und subjektiv nicht völlig
analysieren. ‚Heil finden in Jesus' ist daher nicht *entweder* eine subjektive
Erfahrung *oder* eine objektive Tatsache! Heil erfahren ist Erfahrung und Interpretation zusammen. Erfahrend identifizieren wir das Erfahrene, und wir tun
dies dadurch, daß wir das, was wir erfahren, in schon bekannten Modellen
und Begriffen, Schemata oder Kategorien unterbringen und sehen, ob es da hin-
einpaßt oder nicht. Ich sehe etwas und sage: ein Stuhl. Dieses Ding erfahrend,
interpretiere und identifiziere ich im Erfahren selbst. Denn ich interpretiere

dieses Ding nicht als einen Stuhl, ich *sehe* einen Stuhl, allerdings ist gerade dieses Sehen innerlich auch eine Interpretation. So auch beim *gläubigen* Sehen. Religiöser Glaube ist das menschliche Leben selbst in der Welt, aber erfahren als eine Begegnung und als solche eine Erschließung Gottes. Dies letztere ist keine Interpretation im Sinn einer Theorie, die nachträglich als ein Rückblick über *erinnerte* Erfahrungen gelegt wird; es ist die *Art und Weise, wie* religiöse Menschen tatsächlich Lebensereignisse *erfahren*. Die Erfahrung beeinflußt dabei die Interpretation und ruft sie hervor, aber auch die Interpretation beeinflußt die Erfahrung. Man erfährt aktiv, mit seinem ganzen Sein und Haben, und die Beiträge von Objekt und Subjekt lassen sich nie ganz exakt auseinanderfasern. Was wir als objektiv erfahren – was uns ‚wider-fährt‘ –, ist mit abhängig von unseren Begriffen und Bezugsrahmen, abhängig auch von unseren Projekten und den Interessen, denen damit gedient wird.

Außerdem wird jeder neue Erfahrungsinhalt *zur Sprache* gebracht; eine neue Erfahrung ist auch ein Sprachgeschehen. Sprache ist ein Bestandteil der Erfahrung. In der uns vor-gegebenen Sprache, die wir dazu gebrauchen, ist aber schon eine ganze Erfahrungstradition gesammelt, und diese färbt auch unsere Erfahrungen. Für den gläubigen Menschen bedeutet dies auch, daß die religiöse ursprüngliche Erfahrungsgegebenheit in den Strukturen der geltenden Traditionen ausgedrückt werden wird; Erfahrungen sind sozial vermittelt. Gerade deshalb ist Erfahrung erst dort kompetent, wo sie die Voraussetzungen ihres Entstehens mitbedenkt[3].

Zudem gibt es die objektiv bestehende Gesellschaftsform, in der wir – z. B. im Westen – hier und jetzt leben. Diese Form existiert nicht nur außer uns, sondern lebt auch in unserem Innern. So ist das erfahrende Subjekt in Wirklichkeit auch ein Stück der vorgegebenen Gesellschaft, kein ‚abstraktes Individuum‘. In hohem Grad werden die persönlichen Bedürfnisse, Erwartungen und Erfahrungsmöglichkeiten eines jeden bereits vorgeschrieben durch die Gesellschaft, in der er oder sie lebt. Unsere konkrete Erfahrungswelt ist auch eine manipulierte Welt. Neue Erfahrungen haben deshalb erst dann ‚Autorität‘, wenn dies alles mitbedacht ist.

Erfahrung ist somit ein reich nuanciertes Ganzes, in dem Erleben, Denken und Interpretation wie auch Vergangenheit, Gegenwart und Zukunftserwartungen zusammenlaufen. Dies stellt uns verschärft vor die Frage nach der Objektivität und Subjektivität dessen, was wir ‚neue Erfahrungen‘ nennen, und somit nach dem Gewicht unserer Autorität.

Die Fähigkeit, zu antworten, mit anderen Worten der Resonanzboden in uns, der uns instand setzt, einen Appell von außen – oder aus unserem eigenen tiefsten Inneren – aufzufangen und zu verarbeiten, beeinflußt die Größe und die Tiefe unserer Erfahrung. Das persönliche Engagement behebt keinesfalls per se die Offenheit für das, was sich objektiv anmeldet. Ein Mensch mit musikalischen Fähigkeiten wird in einer Symphonie mehr hören als ein anderer mit geringer Aufgeschlossenheit für Musik. Ist er deshalb subjektiver? Oder ist es nicht vielmehr so, daß diese subjektive Fähigkeit ihn gerade für das öffnet, was in dieser symphonischen Wirklichkeit alles zu hören ist? Mit anderen Worten, unsere realen Erfahrungen sind weder rein objektiv noch rein subjektiv. Einerseits: nicht rein subjektiv; denn wir können nicht willkürlich einfach etwas aus etwas machen. Zumindest teilweise besteht eine ‚Gegebenheit‘, die wir nie ganz manipulieren oder verändern können; in der Erfahrung liegt ein *Angebot von Wirklichkeit* für uns. Anderseits: nicht rein objektiv; denn die Erfahrung wird durch Erinnerungen und Empfindungen, Konzepte und Sehnsüchte dessen, der erfährt, miterfüllt und gefärbt. Die unreduzierbaren Gegebenheiten unserer Erfahrungen bilden also ein Ganzes, in dem schon Interpretation vorhanden ist. Wir erfahren interpretierend, ohne daß wir dabei das Moment der Erfahrung und das Moment der Interpretation säuberlich voneinander trennen können.

Es gibt jedoch in unseren Erfahrungen Interpretationselemente, die ihren Grund und ihre Quelle unmittelbar im Erfahrenen selbst finden, als Inhalt einer bewußten, also einigermaßen transparenten Erfahrung, und zugleich gibt es Interpretationselemente, die uns zumindest außerhalb dieser Erfahrung von anderswoher zugebracht werden. So trägt z. B. eine Erfahrung der Liebe in ihrem Erfahren selbst interpretative Momente, nahegelegt durch die konkrete eigene Liebeserfahrung. Die erlebte Liebe weiß von sich selbst, was Liebe ist, sie weiß sogar mehr davon, als sie augenblicklich ausdrücken kann. Diese interpretierende Identifizierung ist ein inneres Wesenselement der erfahrenen Liebe. Später wird man diese Liebeserfahrung vielleicht auch in einer Sprache ausdrücken, die Romeo und Julia, dem biblischen Hohenlied oder der Hymne des Paulus an die Liebe entnommen ist oder vielleicht phänomenologisch-philosophischen Beschreibungen dessen, was Liebe ist. Diese weitere Thematisierung bedeutet für die Liebe keinen gleichgültigen oder überflüssigen Überbau. Interpretation und Erfahrung beeinflussen einander gegenseitig; die wirkliche Liebe lebt aus der Liebeserfahrung und aus ihrem eigenen, fortschreitenden interpretativen Selbstausdruck, der die Vertiefung der Erfahrung ermöglicht und aus der Erfahrung diese sich selbst offenbart. Wie wir bei der Analyse des Neuen Testaments sehen werden, gilt dies genauso für das, was gläubige Menschen Gnadenerfahrungen nennen. Und gerade sie haben tiefe Zusammenhänge mit Liebeserfahrungen.

Diese Analyse zeigt, daß es keine Erfahrung ohne ‚Theoriebildung‘: ohne Irrtümer, Hypothesen und Theorien, gibt. Konkrete, private, sogenannte unmittelbare Erfahrungen werden stets durch allgemeine Begriffe *vermittelt* – sowohl in den vor-reflexiven Erfahrungen als auch in der wissenschaftlichen Empirie und in der philosophischen Erfahrung. Das gilt auch für das, was wir ‚religiöse Erfahrungen‘ nennen. Wir erfahren die Wirklichkeit – auf all diesen Ebenen – immer durch Wirklichkeitsmodelle. So ist die alltägliche Erfahrung des Aufgehens der Sonne eine unmittelbare Erfahrung, aber vermittelt durch ein Wirklichkeitsmodell, genauso wie die ‚wissenschaftliche Erfahrung‘ des Kopernikus und Galileis über ein Modell verlief. In vor-kritischen Erfahrungen liegen die

Modelle versteckt, man bemerkt sie nicht. Daher die Kritik an ‚le monde vécu‘ von E. Husserl oder an ‚le langage vécu‘ von M. Merleau-Ponty, weil selbst diese sogenannten ‚unmittelbaren Erfahrungen‘ schon voller menschlicher Konstrukte stecken.

Daraus geht hervor, daß der Mensch ein konstruierendes, rationales Wesen ist: eine *projektierende* Existenz. Trotzdem bleibt die Wirklichkeit das letzte Kriterium: Sie kann alle unsere Projekte zerstören oder zumindest belasten oder verändern. Menschen leben von Vermutungen und Hypothesen, Projekten und Konstrukten und deshalb von ‚trial and error‘; ihre Projekte können ständig blockiert werden durch Widerstand oder Widerspenstigkeit der Wirklichkeit, die sich nicht immer diesen rationalen Antizipationen fügt. Diese Projekte sind sehr verschieden und sind als solche nicht universal gültig. Aber wo die Wirklichkeit diesen Entwürfen Widerstand leistet und sie implizit also indirekt lenkt, stehen wir im Kontakt mit einer von uns *unabhängigen* Wirklichkeit, dem von Menschen nicht Bedachten, nicht Gemachten oder Projektierten. Dort offenbart sich das Nicht-Manipulierbare, eine ‚transzendente‘ Macht, etwas, was ‚von anderswoher‘ kommt, sich gerade gegenüber unseren Projekten geltend macht und trotzdem alles menschliche Planen, Produzieren und Überlegen möglich macht und kritisch-negativ orientiert. Offensichtlich genügt das menschliche Denken dem Menschen nicht, wenn dies auch allein durch die Vermittlung seines menschlichen Denkens und Handelns offenkundig wird. In dem Widerstand und durch den Widerstand der Wirklichkeit werden überraschende, unerwartete, neue Anschauungsweisen eröffnet. In diesem Sinn wird wirkliche Erfahrung erst dann produktiv, wenn erworbene Einsichten durch den Widerstand der Wirklichkeit kritisch betrachtet werden, etwas Neues erfahren oder das schon Erfahrene plötzlich in verändertem Zusammenhang gesehen wird. Unserseits müssen wir experimentieren, mutmaßen und Hypothesen aufstellen, ‚ersinnen‘, wenn sich uns die Wirklichkeit als das offenbaren soll, was das von uns Ersonnene bestätigt, korrigiert, zerschlägt und stets neu orientiert. Dieser ständige Widerstand der Wirklichkeit gegen unsere rationalen Erkenntnisse drängt uns zu stets neuen, unerprobten Denkmodellen. Durch Verfremdung und Desorientierung des schon Erworbenen und unserer Projekte kommt uns Wahrheit nahe. Die sogenannte Normativität oder der Dogmatismus des Faktischen oder des ‚bloß Gegebenen‘ wird dadurch zerschlagen. Nicht das Selbstverständliche, sondern das *Skandalon*, der Ärger über die Widerspenstigkeit der Wirklichkeit ist das *hermeneutische Prinzip* von Wirklichkeitserschließung[4]. Die Wirklichkeit ist immer anders und mehr, als sie gedacht wird. Deshalb ist Wirklichkeit für das Denken selbst immer eine überraschende Offenbarung, für die das Denken nur der *Zeuge* sein darf. In solchen Erfahrungen des völlig Widerspenstigen gegenüber allen unseren Erfindungen werden wir schließlich auch den Grund dessen finden, was wir mit Recht Offenbarung nennen dürfen.

Würde die Wirklichkeit unsere menschlichen Projekte nur bestätigen oder

‚verifizieren', so würden wir nie genau wissen, ob wir es mit ‚Wirklichkeit' zu tun haben. Die Bestätigung kann zwar etwas von der Wirklichkeit aufleuchten lassen, aber wir haben dafür keine Garantien; ein anders ausgerichtetes logisches Projekt kann genausogut mit der Wirklichkeit ‚übereinstimmen'. Das system-immanente Projektspiel kann noch so kohärent sein, doch diese Kohärenz entscheidet an sich nicht über seinen Wahrheitswert. Viele Wissenschaftler vermeiden daher den Begriff Wahrheit und sprechen nur von der *Gültigkeit* wissenschaftlicher Einsichten. Außerdem haben nicht zu Unrecht Wissenschaftstheoretiker deshalb auch das Verifikationsprinzip (zumindest als universales Prinzip) als entscheidende Methode fallengelassen – um so mehr, weil nur reine Konvention darüber entscheidet, an welchem Punkt man mit dem endlosen Verifizieren aufhören soll. Die ‚Negativität' dagegen, die uns durch den Widerstand der Wirklichkeit frühere Einsichten revidieren läßt, ist produktiv; sie hat eine ganz besondere positive Bedeutung als ‚Wirklichkeitsoffenbarung', und sei es auch dialektisch-negativ und kritisch; Menschen lernen aus Mißerfolgen – wo ihre Projekte blockiert werden und sie tastend neu beginnen, in sensibler Ehrfurcht vor dem Widerstand und darin vor der Orientierung der Wirklichkeit.

Dies weist darauf hin, daß menschliche Erfahrung *endlich* ist, daß der Mensch nicht Herr der Wirklichkeit ist trotz all seines Planens, ohne das anderseits Erfahrungen unmöglich wären. Absolute Erkenntnis ist dem Menschen nicht gegeben, doch lehnt er es ab, sich in Skeptizismus zu flüchten. Wie ein verborgener Magnet lenkt die Wirklichkeit ständig unser Planen und Sinnen: Wir werden weiser durch das Leid der Mißerfolge, die uns neu orientieren. Dieses implizite Bewußtsein von dem verborgenen Magnet hat etwas außerordentlich Positives. Es ist ein Wissen, das nicht völlig objektivierbar und artikulierbar ist. Gerade dadurch ist die negative Kontrasterfahrung nie Zweck an sich; sonst würde sie destruktiv und unproduktiv.

Durch Widerstände wird unser planendes Suchen immer wieder neu orientiert. Durch diesen Widerstand stimuliert und lenkt ‚die Wahrheit' unser ständiges weiteres Suchen. So zeigt sich, daß der Mensch einerseits ein theoriebildendes, rationales Wesen ist, daß er anderseits gerade darin unter der Norm einer von ihm nicht entworfenen Wirklichkeit steht. Menschen sind keine blanken Tafeln, auf die Wirklichkeit Spiegelbilder projiziert. Der Mensch entwirft im Gegenteil sozusagen selbst die Welt theoretisch, aber dabei erfährt er ständig Widerspruch durch die Besonderheit, das Anderssein dieser Wirklichkeit, die ihn zu immer neuen Versuchen zwingt und ihm stets voraus ist. Offenbarung von Wirklichkeit im menschlichen Entwerfen und Erfahren vollzieht sich daher nie durch eine direkte Berufung auf ‚Erfahrung'. Die Autorität von Erfahrungen wird sich in einer *dialektischen* Berufung auf die Erfahrung offenbaren. Erfahrung wird getragen und gedrängt durch einen permanenten Hinweis auf die Unerschöpflichkeit des Wirklichen. Nicht das Beherrschen selbst, sondern sich bei allen beherrschenden Projekten von der Wirklichkeit leiten lassen eröffnet einen Weg zu menschlicher Lebensführung. Selbst etwas zu sagen haben, und dann auf die Reaktionen lauschen. So bestimmen Menschen ihren Lebensweg – im Alltagsleben, in der Wissenschaft, in der Religion. In Anbetracht der Negativität oder der ‚Widerspenstigkeit‘ in all dem darf man sagen, daß die Intensität, aber auch die Autorität der Lebenserfahrung im ‚Leiden‘ kulminiert, im Leiden des Mißlingens und Scheiterns, im Leid des Schmerzes, im Erleiden des Bösen, im Leid der Liebe. Hier liegen die großen Momente der Wirklichkeitsoffenbarung in und durch die *endlichen Erfahrungen* des Menschen.

§ 2. Autorität von Erfahrungen

> „Ich lasse dich Neues hören von jetzt an und Verborgenes, das du nicht wußtest. Jetzt erst war es geschaffen und nicht vorlängst, und vordem hörtest du nichts davon, daß du nicht sagest: Siehe, ich habe es wohl gewußt" (Jes 48, 6b–7).

In der vorausgegangenen Analyse sind zwei Fragen versteckt:
a) Wie muß unser Denken beschaffen sein, um Erfahrung möglich zu machen? Das heißt Erfahrungen, in denen sich das Wirkliche so darbietet, daß es alle unsere Projekte überschreitet und sich darin also als Autorität zeigt. –
b) Wie müssen wir ‚Erfahrung‘ auffassen, die einerseits den Dogmatismus des menschlichen Denkens durchbricht und anderseits dieses Denken vor Skeptizismus und Preisgabe des Willens zur Wahrheit bewahrt?[5] Es wird also nach einem Denken gefragt, das sich nicht dogmatisch neuen Erfahrungen verschließt, und anderseits nach einer Auffassung der menschlichen Erfahrungen, in denen diese nicht als ein sinnloses chaotisches Ganzes jeden Willen zur Wahrheit blockieren. Daraus geht schon hervor, daß die Autorität von Erfahrungen nicht aus dem Erfahren selbst kommt oder aus der emotionalen Erfahrungskapazität von Faszination und Erschauern (wie R. Otto meint). Nicht die Erlebnisqualität ist das Maß, sie ist das Gemessene; die Autorität von (neuen) Erfahrungen wird durch die überraschende Wirklichkeit selbst bestimmt, die sich immer wieder als anders erweist, als wir denken. Das Wirkliche, mit dem der Mensch in seiner Erfahrung zu tun bekommt, ist ein nie einzuholendes, überraschendes Geschehen.

Es läßt sich kaum leugnen, daß autoritäre Instanzen und konformistische Gruppen oft ein gleichsam eingefleischtes Mißtrauen gegen neue Erfahrungen zeigen, gegen ‚Erfahrung‘ schlechthin. Instinktiv fühlen sie, daß sich in Erfahrungen eine Autorität anmelden kann, die Kritik an der Normativität des Faktischen ist und an jeder Autorität, die sich bloß als kontingente Faktizität und somit als Macht behaupten möchte. Daß sie anderseits die kritische und produktive Kraft – die Autorität – von Erfahrungen doch anerkennen müssen, geht aus der Tatsache hervor, daß sie neue Erfahrungen oft zu manipulieren suchen. Es ist auch auffallend, daß ‚die Herrschenden' (ganz gleich in welchen Bereichen) sich erst dann auf Erfahrung berufen, wenn diese nicht kritisch und produktiv ist, sondern das Bestehende bestätigt. In der Tat, auch solche Erfahrungen sind lehrreich und dürfen nicht verwischt werden; aber darin erscheint nur ein Aspekt der Autorität von Erfahrungen. Vor allem unsere jedes gefestigte Denken und Handeln in Frage stellenden Erfahrungen eröffnen neue Perspektiven. Aber gerade aus der Furcht vor der Besinnung oder der Veränderung, die sie fordern, werden sie oft manipuliert: Man läßt ihre kritische Kraft nicht gelten, sondern ‚integriert' sie, indem man ihnen ihren Stachel nimmt.

Erst wenn man auf all diese Umstände achtet, kann man von der Autorität von Erfahrungen sprechen, wie diese unter der Voraussetzung von Freiheit stehen und auch institutionell Raum erhalten. Es stellt sich die Frage, ob ‚das System', das heißt nicht nur der Niederschlag des Ganzen von früher schon gemachten und gesammelten Erfahrungen, sondern oft auch ‚manipulierten' und somit ideologisch überlieferten ‚Erfahrungen' neuen Erfahrungen Raum geben kann. Nicht in dem oberflächlichen Sinn von Anpassung an das schon Bestehende, sondern als Veränderung des Erworbenen, vielleicht insgesamt – ohne die kritische Kraft der Erinnerung an früher gemachte Erfahrungen zunichte zu machen. Eine neue, ‚abweichende' Erfahrung ist eine Herausforderung, sie unterwirft die herrschenden Erfahrungsmodelle der Kritik. Erfahrung ist daher nie ‚harmlos'. Denn sie ist mitteilbar. Jemand, der eine Erfahrung gemacht hat, wird eo ipso selbst *Zeuge:* Er hat eine Botschaft. Er erzählt, was ihm widerfahren ist. Diese Erzählung eröffnet anderen eine neue Lebensmöglichkeit, sie setzt etwas in Bewegung. Die Autorität der Erfahrung wird damit operativ in der Erzählung derselben. Erfahrungskompetenz hat eine *narrative Struktur*[6].

Das Gesamt der Erfahrungen nennen wir bei einem Individuum ‚Lebenserfahrung'; diese fällt mit einer praktisch gelebten Lebensüberzeugung zusammen. Bei einem historischen Kollektiv spricht man dann von *Überlieferung,* einer bestimmten Erfahrungstradition einer Gemeinschaft, die Geschichte macht, z.B. von Christentum, Buddhismus, Islam, den westlichen oder afrikanischen Kulturen. Erfahrung wird in Erinnerung und Sprache festgehalten; sie wird zu einem lebendigen ‚depositum', das als Überlieferung weitergegeben wird. Überlieferte Erfahrungen – Tradition – sind zugleich ein Medium zur Objektivierung neuer Erfahrungen und zu deren Integration in das schon Erworbene. Erfahrung ist Erfahrungstradition; Erfahrung und Überlieferung sind daher nicht per se Gegensätze; sie machen einander erst möglich. Auch neue Erfahrungen sind nur möglich innerhalb des Raumes einer Tradition. Unser Denken und Erfahren sind historisch und gesellschaftlich beeinflußt. Nachdenken heißt mit Voraussetzungen denken. Diese Bindung an eine eigene, kulturelle Erfahrungstradition ist einerseits positiv: Sie macht Verstehen möglich; anderseits negativ: Sie schränkt unser Verstehen ein, ist selektiv und lenkt schon im voraus neue Erfahrungen. In seiner Ausrichtung ist dieses Verstehen durch die Bestimmtheit eigener Tradition begrenzt[7]. Deshalb steht sogar eine sehr alte Erfahrungstradition immer unter der Herausforderung neuer Erfahrungen. Natürlich haben diese nicht Autorität einzig und allein aus ihrem Neusein. Denn wir besitzen überhaupt keine Garantie, daß die menschliche Erfahrungsgeschichte nur progressiv und nicht zugleich auch regressiv wäre. Die Unterscheidung der Geister, die ‚discretio spirituum‘, gehört deshalb wesentlich zu dem, was wir Erfahrungskompetenz, Autorität der Erfahrungen nennen. Dieses Unterscheidungsvermögen ist gerade die Frucht kritisch verarbeiteter Wahrnehmungen. Erfahrung ist interpretierend, so wurde gesagt, und Interpretation macht auch Erfahrbarkeit möglich; Erfahrungsautorität ist deshalb eine Kompetenz *aus* Erfahrungen und *für* neue Erfahrungen.

Wenn Erfahrungskompetenz eine Autorität ist, gewonnen aus vielseitigem und doch ausgerichtetem Erfahren und Widerfahren – was jedoch nicht *anarchische* Offenheit für die Zukunft, nämlich ohne kritische Erinnerung an vergangene Erfahrungen bedeutet – und, zugleich, *gelenkte Offenheit für* neue Erfahrungen, dann ist die erweiternde Möglichkeit von Integration neuer Erfahrungen, die nicht manipuliert, sondern das schon Erworbene umdeutet, ein Hinweis auf die Lebenskraft einer bestimmten Erfahrungstradition. Für den Menschen ist dies ein Plausibilitätsbeweis für ihre sinnvolle Echtheit und ihr Gründen auf Wahrheit. Dann wird die Glaubwürdigkeit der gegebenen Tradition bestärkt, oder diese gewinnt an Kraft. Denn durch die Art und Weise, wie die Tradition – dynamisch sie selbst bleibend, ohne Eklektizismus oder falsche Anpassung – neuen, vor allem ‚abweichenden‘ Erfahrungen einen wirklichen Platz zu geben weiß, treten eigene Virtualitäten besser zutage. Eine (religiöse) Tradition dagegen, die mit neuen Erfahrungen nichts anzufangen weiß und sie darum negiert, ihnen aus dem Weg geht oder sie per se als ‚teuflische, moderne Versuchungen‘ brandmarkt, büßt an moralischer Autorität ein, auch wenn man sich bei dieser Weigerung auf uralte ehrwürdige Traditionen beruft (deren Voraussetzungen dann nicht freigelegt werden). Außerdem droht dann die Gefahr, daß diese Traditionsgemeinschaft zum ‚heiligen Rest‘ wird; sie behauptet sich durch Gettobildung und aggressive Bejahung eigener Gruppenidentität. In Wirklichkeit schwört sie dann nicht bei der Autorität der eigenen *Erfahrungs*tradition, sondern bei dem Buchstaben dessen, was ehedem Selbstausdruck authentischer Erfahrungen in einer bestimmten historischen Situation war. Höhepunkte werden dann zu Stagnationspunkten.

Dies alles gilt auch auf der Ebene des Individuellen. Wer eine Lebenserfahrung oder eine praktisch gelebte Lebensüberzeugung erworben hat, wird neue Erfahrungen innerhalb der eigenen Lebenserfahrung zu verarbeiten suchen. Manchmal gelingt dies gut, manchmal weniger gut. Auf die Dauer kann man aber durch den Widerstand stets neuer Erfahrungen gezwungen werden, einige Voraussetzungen der eigenen Lebensüberzeugung zu revidieren. Anfangs geschieht dies meist dadurch, daß man nachgibt oder eigene Lebensanschauungen zum Teil korrigiert. Erst wenn alle Versuche zur Integration fehlschlagen, steht man vor der Möglichkeit eines Umsturzes in der eigenen Lebensüberzeugung, zumindest wenn man aufrichtig gegenüber sich selbst bleiben will. (Denn man kann auch gegen immer mehr Erfahrungsevidenz sein Recht um so hartnäckiger und aggressiver behaupten.) Dies beweist wiederum die Autorität kritischer Erfahrungen (ganz abgesehen davon, ob sie richtig oder falsch formuliert sind). Doch kann man sich fragen, ob eine Anhäufung negativer Erfahrungen an sich den gläubigen Parteigänger faktisch zu einem Umsturz seiner Lebensüberzeugung bringen wird. Der Christ und selbst der Stoiker werden sagen: Weder Tod noch Leben, weder Angst noch Drangsal, *nichts* kann uns trennen …! Leiden und manche empirische Beweise scheinen den wahren Gläubigen nicht von seinem Glauben abbringen zu können, daß Gott ihn liebt. Keine Anhäufung von empirischen Gegenindikationen wird solchen Glauben zum Wanken bringen. Dies hat mit der Kraft nicht-kognitiver, emotionaler Elemente in der Lebenserfahrung und Lebensüberzeugung zu tun. Glaubenserfahrung weiß mit Zweifeln zu leben. Innerhalb eigener, unterschiedlicher Lebensprojekte kann jeder, trotz Gegenerfahrungen, gute Gründe für die eigene Lebensüberzeugung anführen – so eindeutig negativ oder positiv ist unsere menschliche Erfahrungsgeschichte nicht! Vor allem religiöse und parareligiöse oder gar atheistische Lebensüberzeugungen sind höchst resistent gegen Falsifizierung aus negativen Erfahrungen. Aber wenn man die Relevanz der Erfahrung für den Glauben aufrechterhalten will, dann kann die negative Erfahrung nicht das letzte Wort sein. Außerdem, die emotionalen Elemente müssen letztlich ihre Kraft aus dem kognitiven Moment oder der Erfahrungsevidenz der Glaubensüberzeugung schöpfen. Wenn der besondere Wert des Erkenntnisaspektes oder der Erfahrungsevidenz irrelevant wäre, gäbe es auch keine Möglichkeit, Illusion von Wirklichkeit zu unterscheiden. Wenn eine bestehende Lebensüberzeugung in keinerlei Beziehung zu aktuellen Erfahrungen steht, wird sie leer und irrelevant, auch wenn man die Überzeugung erst dann aufzugeben scheint, wenn sich gleichzeitig sinnvollere Alternativen anbieten[8].

Damit ist schon gesagt (was im weiteren noch deutlicher werden wird), daß die Erfahrung des Neuen und des Überraschenden immer auch eine Erfahrung des Vertrauten sein wird, wenn auch auf eine andere Art, als man es sich vorgestellt hatte. Durch Entfremdungen oder negative Erfahrungen entdecken wir das Vertraute und sehen es trotzdem in seiner überraschenden Gestalt. Das Neue ist auch ein Wieder-Erkennen. Die Selbstentfremdung wird somit nicht beseitigt, sie wird ein wesentliches Element in der eigentlichen Wahrheitserkenntnis, sie bringt das Neue als das einigermaßen Vertraute und Erwartete in den Blick, wenn dies auch alle unsere Erwartungsvorstellungen übersteigt. Das Neue ist nie das *radikal* ‚ganz andere‘, aus dem einfachen Grund, weil wir selbst in unseren Erfahrungen ein Stück dieser Wirklichkeit sind, die sich uns offenbart. Die Wirklichkeit hat sich schon offenbart, wenn auch so, daß wir diese Offenbarung erst durch Selbstentfremdungen als das uns schon Vertraute wiedererkennen[9].

33

§ 3. Offenbarung und Erfahrung

> „Ich zeuge für Erfahrung und appelliere an
> Erfahrung... Ich sage zu dem, der mich
> hört: ‚Es ist deine Erfahrung. Besinne dich
> auf sie, und worauf du dich nicht besinnen
> kannst, wage es als Erfahrung zu er-
> langen'... Ich habe keine Lehre. Ich zeige
> nur etwas. Ich zeige Wirklichkeit. Ich zeige
> etwas an der Wirklichkeit, was nicht oder
> zu wenig gesehen worden ist" (*M. Buber*,
> Werke I [München – Heidelberg, 1968]
> 1114).

LITERATUR: (Außer der schon zu Beginn des 1. Kapitels zitierten Literatur.)

1. Begriff ‚Offenbarung'

Th. P. van Baaren, Voorstellingen van openbaring phaenomenologisch beschouwd (Utrecht 1951); *H. Berkhof*, Christelijk geloof (Nijkerk ³1973) 43–109; *H. Bouillard*, La formation du concept de religion en Occident, in: Humanisme et foi chrétienne (Paris 1976) 451–462; *W. Bulst*, Offenbarung (Düsseldorf 1960); *R. Bultmann*, Das Problem der ‚Natürlichen Theologie', in: Glaube und Verstehen, Bd. 1, 19.294–312; *ders.*, Die Frage der natürlichen Offenbarung, in: a. a. O., Bd. 2, 79–104; *ders.*, Der Begriff der Offenbarung im Neuen Testament, in: a. a. O., Bd. 3, 1–34; *K. Goldamer*, Religionen, Religion und christliche Offenbarung (Stuttgart 1965); *F. G. Downing*, Has christianity a revelation? (London 1964); *E. Heck*, Der Begriff Religio bei Thomas von Aquin (Paderborn 1970); *F. Konrad*, Das Offenbarungsver-ständnis in der Evangelischen Theologie (München 1971); *H. Kuitert*, Zonder geloof vaart niemand wel (Baarn 1974); *R. Latourelle*, Théologie de la révélation (Brügge 1963); *W. Luypen*, De erwtensoep is klaar (Bilthoven 1970); *ders.*, Theologische overwegingen (Brügge 1971); *ders.*, Theologie is antropologie (Meppel 1974); *ders.*, Christelijk geloof. Een confessionele hogeschool? in: Tussentijds (Tilburg 1975) 203–235; *J. Moltmann*, Gottesof-fenbarung und Wahrheitsfrage, in: Perspektiven der Theologie (München – Mainz 1968) 13–35; *G. Moran*, Theology of revelation (London 1966); *G. Scholem*, Offenbarung und Tradition als religiöse Kategorie im Judentum, in: Über einige Grundbegriffe des Judentums (Frankfurt 1970); *Fr. Schupp*, Auf dem Weg zu einer kritischen Theologie (Freiburg 1974); *M. Seyboldt (u. a.)*, Die Offenbarung. Von der Schrift zum Ausgang der Scholastik (Handbuch der Dogmengeschichte, Bd. I–1) (Freiburg i. Br. 1971) (mit Detailliteratur); *G. Schiwy*, Struk-turalismus und Christentum (Freiburg i. Br. 1969); *W. Veldhuis*, Geloof en ervaring (Bilt-hoven 1973); *H. Waldenfels*, Offenbarung (München 1969).

2. Glaubenssprache, religiöse Sprache oder Offenbarungssprache

Ian Barbour, Myths, models and paradigms (London 1974); *P. Barthel*, Interprétation du langage mystique et théologie biblique (Leiden 1967); *L. Bejerholm* (und *G. Hornig*), Wort und Handlung (Gütersloh 1966); *K. Bendall* und *F. Ferré*, Exploring the logic of faith (New York 1962); *M. Black*, Models and metaphors (Ithaca 1972); *W. T. Blackstone*, The problem of religious language (New York 1963); *J. Bocheński*, The logic of religion (New York 1965); *E. Bonvini*, Interrogations sur le langage religieux, in: Humanisme et foi chrétienne (Paris 1976) 157–168; *E. Cassirer*, Philosophie der symbolischen Formen, 3 Bde. (Berlin 1923, 1925 und 1929); *M. Clavel*, Dieu est Dieu, nom de Dieu (Paris 1976); *Mircéa Eliade*, Images et symboles (Paris 1952); *F. Ferré*, Language, Logic and God (New York 1961); *A. Flew* (ed.),

Logic and Language, 2 Bde. (Oxford 1951); *H. Fortmann,* Als ziende de onzienlijke, 3 Bde. (Bussum 1964, 1965 und 1968); *J. Gill,* The possibility of religious knowledge (Grand Rapids 1971); *G. Gusdorf,* Mythe et métaphysique (Paris 1953); *P. Helm,* The varieties of belief (London 1973); *R. Hepburn,* Christianity and paradox (London 1958); *J. Hick,* Faith and knowledge (London ²1967); *H. Hubbeling,* Is the christian God conception philosophically inferior? (Assen 1963); *A. Jeffner,* The study of religious language (London 1972); *E. Levinas,* Autrement qu'être ou au-delà de l'essence (Den Haag 1974); *J. Macquarrie,* God-talk (London 1967), dt.: Gott-Rede (Würzburg 1975); *P. Munz,* Problems of religious knowledge (London 1959); *W. de Pater,* Theologische Sprachlogik (München 1971); *ders.,* Theologie en taal als communicatie, in: Tussentijds (Tilburg 1975) 139–150; *I. Ramsey,* vor allem: Religious Language (London ²1969); *P. Ricœur* (opera omnia), in diesem Zusammenhang vor allem: La métaphore vive (Paris 1975); *R. Schaeffler,* Religion und kritisches Bewußtsein (Freiburg i. Br. – München 1973); *R. Schreiter,* Eschatology as a grammar of transformation (Oxford 1974); *P. Tillich,* Symbol und Wirklichkeit (Göttingen 1972); *ders.,* The dynamics of faith (London 1957); *A. Vergote,* Interprétation du langage religieux (Paris 1974); *J. Wisdom,* Gods, in: A. Flew, Logic and Language, Bd. I (Oxford 1951); *ders.,* Paradox and discovery (Oxford 1965); ferner: New Essays in philosophical theology (A. Flew und A. McIntyre, Ed.) (London ⁵1966); Metaphysical Beliefs (London 1957).

I
Religion ist Offenbarungsreligion

Der narrative Charakter von Zeugnissen neuer Erfahrungen, durch die auch anderen ein neuer Lebensweg eröffnet wird, kennzeichnet das ganze Neue Testament. In all seinen Schriften ist es die Geschichte neuer Erfahrungen – von Gnaden-Erfahrungen –, auch wenn es anders orientierte (auch oft durch den ,selbstverständlichen' Zeitgeist manipulierte) Erfahrungen *argumentativ* in evangelische Bahnen lenken will. Die Autorität liegt ursprünglich mehr in den erzählten Erfahrungen als in der ,apologetischen' Argumentation.

Möglich gemacht durch eine vorausgehende christliche Erfahrungstradition, bildet das ganze Neue Testament, als Zeugnis kollektiver Gnadenerfahrungen, eine Überlieferung. Darin ist es vor allem, auch heute für uns, eine kritische und produktive Erinnerung und Angebot einer Erfahrungschance, zumindest wenn wir mit Hilfe der Begriffe früherer, christlicher Erfahrungen mehr auf die darin formulierte Erfahrung als auf die alte Begrifflichkeit achten, in der sie formuliert wurde – wie sehr beide auch für die neutestamentlichen Verfasser als interpretierte Erfahrung eine völlige Einheit bildeten.

Eine der fundamentalen Aufgaben der Theologie ist es gerade, zu versuchen, neue Erfahrungen, mit ihrer Kritik an früheren Erfahrungen, in Worte zu fassen, zu reflektieren und zu formulieren als Frage an die religiöse Tradition, die Kirche, und an die gesellschaftlich-kulturellen Selbstverständlichkeiten, in denen sich die Kirche befindet. Durch diese Tätigkeit wird der Theologe verletzbar, weil er darin auf eine besondere Weise ein Suchender ist, weil er experimentell und hypothetisch ist in seinen Behauptungen. Denn was in neuen Erfahrungen für den christlichen Glauben wichtig oder irrelevant ist, steht von vornherein keineswegs deutlich fest. Der Theologe sucht nach der kognitiven und produktiven Kraft und Bedeutung neuer Erfahrungen, statt nur an den neutestamentlichen und im Lauf der Kirchengeschichte gebrauchten *Begriffen* zu arbeiten, in denen frühere Erfahrungen ausgedrückt wurden [10]. Anderseits ist dieser tastende Versuch nicht chaotisch oder willkürlich; denn der Theologe sucht – durch die Unterscheidnng der Geister – herauszufinden, ob neue Erfahrungen wirklich das heutige Echo der Inspiration und Orientierung sind, die innerhalb der Erinnerung an das biblische Christusmysterium in diesen Erfahrungen ihre Identität neu aktualisieren oder in ihnen sich selbst entfremdet werden.

Jedenfalls geht schon aus der vorausgegangenen Analyse von Erfahrungen in ihrem historischen Kontext hervor, daß der plumpe Gegensatz zwischen der Autorität einer überlieferten Offenbarung und der Autorität neuer Erfahrungen zumindest vorkritisch und naiv ist. Oft wird gesagt: Gut! Ich akzeptiere die Bedeutsamkeit von Erfahrungen, aber *daneben* gibt es doch auch die Autorität der Offenbarung, des 'Wortes Gottes'! Andere dagegen verwechseln das, was wir 'Erfahrungen' genannt haben, mit pietistischen oder 'persönlichen' Erlebnissen; sie ziehen das, was über Erfahrungen gesagt wurde, je nach ihrer religiösen Einstellung in die Richtung ihres Pietismus oder lehnen, aus antipietistischer Rationalität, diese Analyse ab. Überall dort, wo ich den Kern dieser Gedanken in Vorträgen 'freisinnigen Theologen' zu Gehör brachte, wurde verächtlich über 'Erfahrungen' gespottet. Wo ich auf eine eher pietistisch eingestellte Gruppe stieß, waren die Zuhörer begeistert. Ich denke, beide Kategorien haben die Pointe nicht begriffen.

Wir werden davon ausgehen müssen, daß 'Offenbarung' zum Selbstverständnis aller Religionen gehört. Religionen und Offenbarungsreligionen sind schlechthin synonym. Diese Tatsache der Religionsgeschichte schließt noch keineswegs die Behauptung ein, daß es neben solchen für die menschliche Vernunft zugänglichen Wahrheiten übervernunftgemäße Wahrheiten gibt, die dann zum Objekt religiösen Glaubens werden.

II
Zwei-Ebenen-Wahrheit?

Die Identifizierung von Offenbarung mit quantitativ den natürlichen Vernunftwahrheiten hinzugefügten Wahrheiten, die dann autoritär mitgeteilt und in Unterwerfung unter äußere Autorität angenommen werden müssen, findet zwar schon in der mittelalterlichen Theologie einen gewissen Ansatz [11]; doch unterschied diese Theologie zwischen Offenbarung und Glaubenswahrheit. Offenbarung ist in der mittelalterlichen Theologie nicht die Heilslehre, sondern eine Aussage über ihren Ursprung. Der Begriff Offenbarung fungiert dort als 'Meta-Sprache', er sagt etwas über die nicht-objektivierbare Herkunft und Quelle bestimmter Aussagen. Für Thomas ist alles, was der Gläubige im Licht der Offenbarung Gottes betrachtet, ,revelabile', das heißt Gegenstand der Offenbarung[12].

Vor dem Hintergrund der Aufklärung und des damals lebendigen Deismus hat das Erste Vatikanische Konzil in einem anti-deistischen Kontext die Identifizierung von Offenbarung mit hinzugefügten neuen und die Vernunft übersteigenden Wahrheiten sanktioniert[13]. Dadurch wurde das, was früher theologische Meta-Sprache war, im Sinn von Objekt-Sprache gebraucht. Das objektivierende Denken des vom Ersten Vatikanischen Konzil abgelehnten Deismus wurde damit zu einer besonderen Voraussetzung dieses Konzils. Das Ergebnis war, daß Offenbarung formal in einer quantitativen Erweiterung unserer Erkenntnisinhalte dank göttlicher Mitteilung bestand: Offenbarung wird zu einer bestimmten Gruppe von Wahrheiten und Aussagen, zum Objekt des Glaubens, neben einer Reihe von der Vernunft zugänglichen Wahrheiten[14]. Die Aufklärung hatte die Offenbarung als die geschichtliche, äußere Form eines Inhalts gesehen, der in der kritischen menschlichen Vernunft schon immanent vorhanden ist, und es war das sittlich-religiöse Ideal des Menschen, ihre eigenen Inhalte entdecken zu können, unabhängig von der Hilfe der äußeren Form historischer Offenbarungen (die jedoch pädagogisch hilfreich gewesen sind). Offenbarung wurde daher die Entwicklung einer immanenten Sinntotalität, die sich selbst rechtfertigt und in der Geschichte zur Selbstvollendung kommt[15]. Heil und Erlösung werden dann zu einer Bestimmung, die durch die autonome Entwicklung der kritischen Vernunft und der menschlichen Freiheit zustande gebracht werden kann. Die Aufklärung verwarf eine Offenbarung, die schon in der Scholastik des Barocks als eine quantitative Hinzufügung neuen, für die Vernunft unzugänglichen Wissens zu den vernunftgemäß erworbenen Wahrheiten dargestellt wurde. Im Namen der kritischen Vernunft und der sich emanzipierenden Freiheit protestierte die Aufklärung gegen eine göttliche Information, welche die menschliche Vernunft und Freiheit sich selbst entfremdete – gegen eine Offenbarung, die nach dem Modell von Autorität und Unterwerfung aufgefaßt wurde, bei der die menschliche Erfahrung und Theorie keine Rolle spielen.

Vor diesem Hintergrund stehen die offiziellen Kirchen, vor allem die römisch-katholische, einer Berufung auf Erfahrungen (oft auch mißverstanden als ,Gefühlszustände' im engen Sinn des Wortes; rein subjektive, innere Anmutungen) eher zurückhaltend gegenüber, vor allem wenn Erfahrung zum Kriterium theologischer Aussagen wird. Diese Zurückhaltung wurde noch verständlicher, als der Modernismus Glaubensaussagen als reine Symbole, als Chiffren menschlicher Erfahrungen und Urverlangen zu erklären schien. Man begann, den Begriff Offenbarung antithetisch auszulegen: nicht aus menschlichen Erfahrungen, sondern ,ex auditu', aus dem Hören, gestützt auf die Autorität des vertikal zu unserer Welt stehenden sich offenbarenden Gottes[16]. Es bestand auch Grund zur Zurückhaltung in einer Epoche, in der die menschliche, ,kleinbehauste' aufgeklärte Vernunft ungeschichtlich und eng rationalistisch als ein *nur beherrschendes* Wissen aufgefaßt wurde (allerdings waren viele Philosophen der Aufklärung zugleich sehr bescheiden hinsichtlich rationaler menschlicher Möglichkeiten!). Erfahrung einem ‚Herrschaftswissen‘ gleichzustellen, das auf ein absolutes Wissen hinauslief (dies wird allerdings nicht die Aufklärung, sondern erst Hegel sagen), widerspricht ja dem Wesen der Erfahrung[17]. Erfahrung, so wurde schon gesagt, wird zu Überlieferung, und Überlieferung provoziert neue Erfahrungen.

Daß die Zurückhaltung der offiziellen Kirche vor Erfahrungen kein prinzipieller Glaubenssatz war, geht aus demselben Ersten Vatikanischen Konzil hervor, das gerade in der Vermittlung zwischen Glaubensinhalt und menschlicher Sinnerfahrung eine Quelle von Glaubensverständnis sieht[18]. Durch die Jahrhunderte hindurch ist die christliche Theologie übrigens ein Versuch gewesen, Glaube und menschliche Erfahrung miteinander zu verbinden. Doch zeigt uns dieselbe Geschichte, daß diese Versuche oft zur Reduktion des Glaubens geführt haben. Es fragt sich dabei jedoch, inwieweit man es dann mit verkürzten, manipulierten und einseitig interpretierten Erfahrungen zu tun hatte.

Seitdem der Deismus der Aufklärung aus dem Horizont des christlichen Lebens verschwunden ist, konnte sich die Kirche etwas freier menschlichen Erfahrungen öffnen. Doch ist das Ergebnis der Dogmatischen Konstitution über die Offenbarung ‚Dei verbum‘ des Zweiten Vatikanums eine Art Kompromiß der Nachwirkung des Anti-Deismus des Ersten Vatikanums[19] und der älteren christlichen Auffassung von Offenbarung als heilsgeschichtlicher Selbstmitteilung Gottes, des gnädigen Menschengottes[20]. In der Pastoralkonstitution ‚Gaudium et spes‘ desselben Konzils wird der menschlichen Erfahrung mehr Raum gegeben: Gott offenbart sich selbst, indem er den Menschen ihm selbst offenbart[21]. Gottesoffenbarung hat mit Welt- und Selbstverständnis und folglich mit interpretierter Erfahrung zu tun.

III
Weltbegegnung, Denken, Sprache: Erfahrung und Offenbarung

Es ist nicht meine Absicht, eine ‚vollständige‘ Theologie der Offenbarung zu geben mit all ihren Implikationen im Leben einer Kirche. Es geht mir allein darum, die Erfahrungsbasis der Offenbarung bloßzulegen: keine Offenbarung ohne Erfahrung.

Das Problem ist folgendes: Einerseits kann kein einziges dem christlichen Glauben von außen kommendes Argument diesen Glauben rechtfertigen; anderseits kann das Heil, das uns freigebig angeboten ist, nicht außerhalb des menschlichen Lebens und Erfahrens bleiben. Das deutet schon an, daß das Verhältnis zwischen Glauben und Erfahren *vermittelt* werden muß und daß von einer glatten, unmittelbaren Korrelation keine Rede sein kann. Gott offenbart sich selbst, indem er den Menschen ihm selbst offenbart.

Daß Offenbarung wesensgemäß mit menschlicher Erfahrung zu tun hat, geht schon aus der Tatsache hervor, daß sie uns in menschlicher Sprache – etwa im Alten und Neuen Testament – erreicht. Sprache ist jedoch der Niederschlag einer gemeinsamen Erfahrung. Offenbarung ist eine im Wort ausgedrückte *Erfahrung;* sie ist Gottes Heilshandeln, als erfahren und zur Sprache gebracht *durch Menschen.* Glaubenssprache gehört außerdem nicht zum direkt beschreibenden, assertorischen Sprachgebrauch. Linguistisch ist der Begriff ‚Offenbarung' ein Protest gegen die Exklusivität der direkt beschreibenden, konstatierenden Sprache. Der Begriff Offenbarung drückt eine bestimmte Art zu sprechen metatheoretisch aus, nämlich als jene Sprache, die primär nicht beschreibend und erklärend spricht, aber trotzdem indirekt Wirklichkeit aufgrund realer Erfahrungen aussprechbar macht[22]. Das muß im Detail analysiert werden.

A. GOTTES OFFENBARUNG
IN DER FORM MENSCHLICHER GEDANKEN

H. Kuitert hat das Problem scharf gestellt: Alles menschliche Sprechen über ‚von oben' („das ist geoffenbart") wird von Menschen, also von unten her gesagt[23]. Das Christentum besteht, so sagt er weiter, aus Projektionen, Worten und Bräuchen, die hier unten und nicht dort oben erdacht sind. Wir kennen Gottes Offenbarungen nur in der Form menschlicher Gedanken und Worte *über* die göttliche Offenbarung. Nach T. Baarda „sagt die These ‚Alles Sprechen über oben kommt von unten' an sich entweder zuviel oder zuwenig"[24]. Was er damit genau meint, ist mir nicht bekannt, aber ich spüre das Problem. ‚Zuwenig' weist darauf hin, daß das ‚Sprechen von unten' getragen wird von einer Initiative von oben; Glaubenssprache ist ein *responsorisches* Sprechen. ‚Zuviel' scheint problematischer. Doch muß man zugeben, daß das Responsorische zugleich interpretativ ist; als solches kommt es doch wieder ‚von unten'. Aber damit ist die Sache noch nicht erledigt! Bei der Analyse der Erfahrung sahen wir, daß Menschen vor allem dann ‚Erfahrungen machen', wenn ihr Planen und Sinnen, ihre Antizipationen von Wissen auf die Widerspenstigkeit der Wirklichkeit stoßen, die sich damit indirekt offenbart. Diese Resistenz lenkt all unser Sinnen: Darin offenbart sich eine von allem menschlichen Planen *unabhängige Wirklichkeit,* die nicht von Menschen, sondern ‚von anderswoher' kommt. Damit ist noch nicht gesagt, daß sie deshalb ‚von oben' kommt, wohl aber, daß etwas, was sich beherrschender menschlicher Erkenntnis entzieht, diese Erkenntnis möglich macht, ausrichtet und bestimmte Identifizierungen zerbricht. Das nicht von Menschen Erdachte ist der Grund des menschlichen Denkens. Vielleicht wird darin schon angedeutet, daß Wahrheit nicht so sehr in unserem responsorischen Sprechen liegt, sondern in dem, was Fragen wachruft, und *in* unserer bewußten Unwissenheit. In der klaren Eindeutigkeit unserer Antworten liegt gerade das Relative, das von uns Kommende, das überstiegen wird von der nie eindeutig zu klärenden Wirklichkeit, die uns anspricht. In all seinem Erfahren von Erkennen und Können erfährt der Mensch Grenzen. In dieser Grenzerfahrung ist er nicht mehr der Gefangene des Systems seines vergänglichen Planens. Deshalb ist die Vernunft nur dann rational, wenn sie diese Grenzerfahrung erkennt. Die Wirklichkeit ist immer anders und mehr, als sie gedacht wird. Darin liegt negativ-kritisch die Erfahrung, daß der Mensch die Möglichkeiten seines eigenen Daseins, seines Erkennens und Könnens nicht durch eigenes Planen und eigenes Sinnen begründen kann. Das legt die *Frage* nahe, ob er die Wirklichkeit, eben insoweit sie sich menschlichem Planen entzieht, nicht als ein *Geschenk* erfahren darf und kann, das den Menschen aus dem unmöglichen Versuch befreit, sich selbst zu begründen, und ihn gerade zum Denken und endlosen Planen ermächtigt, obwohl diese von ihm unabhängige Wirklichkeit ihrerseits Grund und Quelle des menschlichen verantwortlichen Handelns in Vernunft, Freiheit und Entwurf ist.

Unmittelbar ist damit keineswegs der *personale* Charakter dieses Geschenks deutlich, das heißt, daß es uns aus der Hand eines lebendigen schöpferischen Gottes zufällt, der den Grund alles Sinnes stiftet und dadurch zugleich den Menschen Zukunft eröffnet. Aber dieses Sprechen von Gott ist primär nicht etwas, was wir selbst erfinden, sondern was wir in unserer menschlichen Tradition geschichtlich als eine Möglichkeit menschlicher Erfahrung vor-finden; wir finden es vor uns als Zeugnis einer Erfahrung, vor allem in vielen Religionen. Da dieses Sprechen von Gott Ursprung und Grund unserer Kultur und außerdem auch jetzt noch eine bedeutende gesellschaftliche Macht ist, kann niemand, der in unserer Welt verantwortlich sein will, sich der (vielleicht harten) Konfrontation mit dieser Tradition des religiösen Sprechens entziehen. Aber dann fragt es sich auch, ob dieses religiöse Sprechen nicht gerade seinen eigenen Erfahrungskontext in fundamentalen Sinnerfahrungen findet, in denen zugleich sowohl fundamentale Erfahrungen von Sinnlosigkeit, von Leid über Böses und Unrecht, von Leid des Schmerzes und der Unzulänglichkeit, von Leid aus Liebe, als nicht zu rationalisierende, nicht aufzulösende Erfahrungselemente verarbeitet sind, die durch kein menschliches projektierendes und produzierendes Handeln völlig behoben werden können. Dieses Erscheinen und Verschwinden von Sinn weist darauf hin, daß wir ihn nicht greifen können, daß Sinn aus der Wirklichkeit auf uns zukommt. Wir werden von ihm angesprochen, aufgerufen und herausgefordert. Dies alles hat eine Struktur, die uns eher zwingt – wie tastend auch –, nach dem Modell der Person zu greifen, um diese Sinnerfahrung voll zu ihrem Recht kommen zu lassen, ohne daß wir dabei den *begrenzenden* Charakter, der zwei Personen trotz ihrer intimen Beziehung unverfremdbar voneinander abgrenzt, mit in Rechnung stellen.

Die Frage lautet so: Hat Gotteserfahrung nicht gerade im Kontext von Sinnerfahrungen eine verständliche Erfahrungsbasis? Die Frage also, ob *innerhalb unseres Erfahrungshorizonts* eine Perspektive auf einen Sinn eröffnet wird, der sich nicht auf unsere Geschichte von Projekten, Erfindungen und Sinnstiftungen reduzieren läßt und sich doch gerade in dieser Geschichte menschlicher Projekte offenbart. Das ist aber nur möglich, wenn auch diese Perspektive eben als Perspektive *erfahrbar* wird: als Zeichen eines kommenden, größeren und endgültigen Heils, mit anderen Worten: wenn tatsächlich partielle Erfahrungen von Sinn, von Heil oder ‚Heil-Sein' gegeben sind. Was Kontrasterfahrungen in ihrer Negativität zu produktiven Erfahrungen macht, ist der darin miterfahrene Sinn, den man dem Leid des Kontrastes abringt. Teilerfahrungen von Sinn und Heil werden daher *in der Praxis* gemacht; es geht nicht um eine Theorie von Heil, losgelöst von jeder Praxis. Eine Glaubensentscheidung, die keinen Anknüpfungspunkt in der menschlichen Erfahrung findet, ist irrational (reiner ‚Dezisionismus', ob ‚Intuition' genannt oder nicht). Außerdem überläßt man es in diesem Fall dem subjektiven Urteil, über die Objektivität und Gültigkeit von Gottes Offenbarung zu entscheiden. Erst in der Erfahrung von teilweisem Sinn und Heil in der Dimension unserer Geschichte wird auch das Sprechen über eine Verheißung von Gesamt-Sinn nicht ein leeres Wort oder eine unproduktive Interpretation. Erst dann kann Offenbarung sinnvoll verstanden werden als das *Manifestwerden* eines transzendenten Sinnes in der Dimension unseres geschichtlichen Erfahrungshorizonts und in dem *responsorischen Bejahen* dieser Manifestation. Das Angebot der Gnade und die gläubige Antwort sind die beiden Facetten ein und derselben reichen Wirklichkeit, so daß man mit Lévinas sagen kann: „L'Appell s'y entend dans la réponse."[25] Jedoch nicht so, daß man Gottes Handeln auf dieses menschliche Handeln *reduziert*. Denn dieses ist seinem Wesen nach nur ein Hinweis. Die Transzendenz liegt *in* der menschlichen Erfahrung und ihrem gläubigen Sprachausdruck, aber als *innerer Hinweis auf* das, was diese Erfahrung und diese Glaubenssprache ins Leben gerufen hat. In der religiösen Antwort zeigt sich das Angesprochenwerden durch das Göttliche. Man kann nicht objektivierend-beschreibend von Offenbarung sprechen, losgelöst vom Glauben der Gemeinde. Dies ist keine Leugnung der objektiven Gültigkeit der Offenbarung, sondern einer objektivistischen und einschränkenden ‚wissenschaftlichen' Objektivität (die eher eine verkürzte Objektivität ist und nicht als Modell für das, was wir ‚Objektivität' nennen dürfen, dienen kann). Es ist allein die geschichtliche menschliche Erfahrung und die menschliche Praxis, in denen Offenbarung als Handeln Gottes aufleuchtet; dieses läßt sich wegen seiner Transzendenz eben nicht zu dem sinnstiftenden Handeln geschichtlicher Menschen addieren. Nicht addierbar zu menschlichem Handeln, läßt sich Gottes Heilshandeln jedoch nicht auf dieses befreiende Handeln von Menschen reduzieren. Deshalb hat A. Vergote recht, wenn er erklärt, daß die religiöse Sprache ein Bedürfnis nach Modellen sowohl der Vertikalität von oben als auch der Vertikalität von unten hat, einerseits um die ‚Transzendenz' im Bild aussprechbar zu machen, anderseits um die ‚Immanenz' symbolisch zum Ausdruck zu bringen[26]. Aber es geht um einen Sinn für die Tiefe oder die Höhe *innerhalb* der frontalen Begegnung oder dem geschichtlichen Zusammensein von Mitmenschen in der Welt. Das Geschenk oder Gottes Gnade offenbart sich weder von oben noch von unten, sondern frontal: in Begegnung mit Mitmenschen innerhalb unserer menschlichen Geschichte.

B. OFFENBARUNG, EIN INTERPRETAMENT?
SEHEN ALS... ODER INTERPRETIEREN ALS...?

Manchmal wird gesagt, das Offenbarungsmoment liege nicht in der Erfahrung, sondern in deren Interpretation. Offenbarung ist dann nur ein *Interpretament*. Oben wurde gesagt, daß Erfahrung ein dialektisches Phänomen ist, eine wesentliche Verwobenheit von Weltbegegnung (vor allem in und durch Praxis), von Denken und Sprache, in einem historischen „Verstricktsein in Geschichten". Menschliche Existenz *ist* diese dialektische Verwobenheit. Die Begegnung vieler Generationen mit dem Menschen und der Welt macht ein bestimmtes Sprachspiel einer Kultur zu dem, was es ist. Erfahrung ist daher der immer wieder gegebene vor-reflexive Horizont, die (unabgeschlossene) Totalität der Art und Weise, wie eine Gruppe von Menschen ihrer Welt gegenübertritt und wie diese Welt bei ihnen ankommt. Eine Erfahrungstradition ist der immer wieder erfolgende geschichtliche Ausdruck der Art und Weise, wie Menschen mit der Welt umgehen, diese Welt bewohnen und verstehen, mit anderen Worten: Sie ist der geschichtliche Erfahrungshorizont bestimmter Menschen.

Religiöse Sprache teilt diese dialektische Verwobenheit von Weltbegegnung, Denken und Sprache. Im Denken, Sprechen und Erfahren ist sie der Ausdruck einer *eigenartigen* Weltbegegnung. Religion heißt dann: eine besondere Art und Weise menschlichen Existierens, eine spezifische Form der dialektischen Einheit von Weltbegegnung, Denken und Sprache. Deshalb wird Offenbarung in interpretativen, responsorischen und im Wort zur Sprache gebrachten menschlichen Erfahrungen formal zu bejahter ‚Offenbarung'.

Man kann nun die Frage stellen, wie die Relationen in dieser dialektischen Einheit sind. Ist die Weltbegegnung des gläubigen Menschen religiös? Ist sein Denken religiös? Ist sein Sprechen religiös? Geht es um religiöse Erfahrungen oder um religiöse Interpretationen menschlicher Erfahrungen? Sind die Erfahrungen selbst religiös relevant, oder werden allgemein-menschliche Erfahrungen nur religiös interpretiert?

So gegensätzlich formuliert, wird die dialektische Einheit von Weltbegegnung, Denken und Sprache schon durchbrochen. Man kann ‚das Religiöse' nicht gesondert sehen in einem dieser drei Elemente ein und derselben Erfahrung, die in ihrem Erfahren interpretativ und in der die Sprache ein innerer Bestandteil dieser Erfahrung ist. Nach L. Gilkey gibt es Kriterien, um Erfahrungen außerhalb der religiösen Interpretation und Sprache religiös relevant zu nennen[27]. Das verstehe ich nicht. Erfahrungen sind immer schon – wenn auch implizit – interpretiert und theoriegeladen. Das Kriterium ist selbst schon abhängig von Modellen und Paradigmata, wie auch aus der Tatsache hervorgeht, daß Gilkey selbst ‚Fragen nach dem Endgültigen‘ a priori mit *religiösen* Fragen identifiziert. Dies mag wahr sein, aber es wird sich kritisch erweisen müssen. Doch wird damit der Ort oder der Kontext bestimmt, in dem das religiöse Sprechen sinnvoll verständlich wird, während daraus zugleich deutlich wird, warum andere nicht religiös sprechen wollen. Deshalb sage ich lieber: Für den Gläubigen ist diese dialektische Einheit selbst religiös, und zwar so, daß in der ‚Hierarchie‘ dieser drei Elemente der ‚frühere‘ Aspekt immer eine größere Dichte enthält, als im ‚folgenden‘ Aspekt inadäquat zum Ausdruck kommt – wenn dies auch keine chronologischen Elemente, sondern drei Momente einer *Analyse* dessen ist, was ‚Erfahrung‘ umfaßt. In diesem Sinn ist im Ganzen dieser dialektischen Einheit die Sprache, hier also die Glaubenssprache, eigentlich das schwächste Moment.

Wenn das Religiöse oder der Glaube koextensiv mit Offenbarung ist – in der religiösen Antwort manifestiert sich die Offenbarung –, dann kann man das Offenbarungselement genausowenig auf eine gläubige Interpretation reduzieren. Es gibt das Angebot von Offenbarung *und* die menschliche, interpretative Erfahrung derselben. Der religiöse Mensch interpretiert nicht nur anders, er bewohnt eine andere Welt und hat andere Erfahrungen als der Nichtgläubige. So kann für den Gläubigen der Durchzug durch das Rote Meer in der Tat als Ausdruck einer *Erfahrung* gelten und nicht als eine von diesem Erfahrungskontext loszulösende, sekundäre Interpretation oder ein Überbau[28].

Daß Erfahrung eine interpretierende Erfahrung genannt wurde, muß in Verbindung mit Offenbarung und ihrem Korrelat, dem religiösen Glauben, näher präzisiert werden. Anlaß dazu ist das Beispiel, das L. Wittgenstein nennt: In der Abenddämmerung sehen wir einen kleinen Busch als ein Kaninchen[29]. Sehen wir etwas oder sehen wir etwas als... oder interpretieren wir es als...? Dieser Unterschied ist subtil, aber nicht ohne Belang. Vor allem wo Totalitätserfahrungen gemacht werden, befinden wir uns in einer Art ‚Abenddämmerung‘, in der unterschiedliche Erfahrungen – oder sind es Interpretationen? – möglich sind. Die Parabel von J. Wisdom ist bekannt[30]. Zwei Menschen kehren nach langer Abwesenheit in den Dschungel zurück, wo sie ihr Gärtchen ohne weitere Pflege durch irgendwelche Menschen zurückgelassen hatten. Angekommen, sehen sie, daß neben dem Unkraut schöngepflegte Blumen das Gärtchen schmücken. Es entspinnt sich ein Gespräch zwischen dem ‚Gläubigen‘ und dem ‚Nichtgläubigen‘. Der eine sagt: Hier muß ein Mensch, ein Gärtner gewesen sein. Nach genauer Untersuchung muß diese Hypothese aufgegeben werden. Auch die, daß jemand dagewesen sei, als alle schliefen. Ein Gärtner würde zudem das Unkraut beseitigt haben. Und doch sieht der Garten gepflegt aus. „Es steckt eine Absicht dahinter“, sagt der eine. Manche Aspekte weisen auf einen Gärtner hin, andere (Unkraut: Sinnlosigkeit) auf seine Abwesenheit oder vielleicht auf die Tatsache, daß auch ein boshafter Jemand am Werk gewesen ist. Aber eine Hecke um den Zaun, Spürhunde, schließlich ein Elektrozaun liefern keine Spur von einem geheimnisvollen Besucher. Darauf sagt der ‚Gläubige‘: Der Gärtner muß unsichtbar sein, unhörbar, nicht zu betasten, worauf der Skeptiker sagt: Was bleibt dann von deinem ursprünglichen Gärtner übrig? Wie läßt sich ein unsichtbarer, ein unhörbarer, durch alle Maschen schlüpfender wirklicher Gärtner von einem eingebildeten unterscheiden? Solche Aussagen sterben den Tod von tausend Qualifikationen. Endergebnis ist: Der eine bleibt von der Existene eines ‚guten Gottes‘ überzeugt, der andere kann sie sich nicht vorstellen. Die beiden Aussagen, behauptet Wisdom, spiegeln keinen Unterschied hinsichtlich dessen wider, was sie beide an Fakten im Garten gesehen haben: Unkraut *und* schöne Dinge. In diesem Stadium, sagt Wisdom, hat die ‚Gärtner-Hypothese‘ aufgehört, experimentell zu sein; der Unterschied zwischen dem einen, der die Hypothese leugnet, und dem anderen, der sie akzeptiert, ist nicht die Frage, daß der erste etwas erwartet, was der andere nicht erwartet. Die Aussage des einen: „Es muß einen guten Gott geben", ist keine Vorhersage über Ereignisse in dieser Welt, die anders wären als die, welche von jemandem erwartet werden, der nicht an Gott glaubt. Mit anderen Worten: Diese Aussage teilt keine *Information* mit über das, was in Wirklichkeit so ist: ‚Sinn‘ und ‚Sinnlosigkeit‘. Diese Aussagen sind informativ leer, und weil sie offensichtlich Information geben wollen, sind sie Pseudo-Aussagen. A. Flew paßt die Parabel dieser Folgerung an und erhebt damit das wissenschaftliche Denken zum Kriterium und Paradigma aller Erkenntnis. Wisdom dagegen interpretiert die Parabel anders. Er folgert keineswegs, daß die ganze Diskussion auf einen ‚non-lieu‘ hinausläuft, mit anderen Worten, daß es kein Problem und keinen Streitpunkt zwischen dem Gläubigen und dem Nichtgläubigen gebe. Der Gläubige behauptet zwar durchaus etwas über das Erfahrene (den Garten). Die Frage ist dann, ob zwischen beiden nicht ein ‚nicht-experimenteller‘ Streitpunkt besteht. Der eine verwendet im Zusammenhang mit dem Garten den Namen Gott; der andere tut das nicht. Mit diesem Unterschied hinsichtlich dessen, was sie über den Gärtner sagen, ist ein Unterschied verknüpft in Haltung, Emotionen und Erlebnisqualitäten. Eine solche Namengebung als Ausdruck einer Haltung kann zwar nicht getestet werden, kann aber trotzdem das Erfahrene selbst, den Garten, betreffen und ist nicht willkürlich. So ist Gottes Liebe anders als menschliche Liebe; sie ist nicht unvereinbar mit der ‚Zulassung von Leiden‘; diese Liebe scheint mit allem vereinbar zu sein. Aber Flew fragt Wisdom: Was bleibt dann noch von dem Begriff ‚Liebe‘? Wie unterscheidet sich die Aussage ‚Gott liebt uns‘ von der Aussage ‚Gott haßt uns‘, wenn alle Umstände (ob es uns gut geht oder schlecht) mit *beiden* Aussagen übereinstimmen? In seiner Deutung des Gleichnisses weist A. Flew vor allem auf die Elemente der gleichen, einhelligen Erfahrungen beim Gläubigen und beim Nichtgläubigen hin, J. Wisdom dagegen auf den Unterschied in der Interpretation. Der eine sieht den Garten, Objekt der Erfahrung beider, als Schöpfung Gottes; der andere sieht ihn als eine sich selbst genügende Wirklichkeit.

Das Gleichnis geht weiter (in der religionsphilosophischen Welt). Zwei Menschen sind zusammen auf Reisen. Die ganze Zeit über sieht der eine seine Reise als Pilgerfahrt zur himmlischen Stadt; er interpretiert die erfreulichen Strecken als Ermutigung und die Hindernisse als Prüfung seines Unternehmens. Der andere glaubt nichts davon; für ihn ist die Reise eine zwecklose Fahrt. Weil es keine Wahlmöglichkeit gibt, freut er sich nicht über die schönen Strecken und läßt die schmerzlichen Episoden wohl oder übel über sich ergehen. In ihrer Diskussion miteinander zeigt sich, daß es keinen Unterschied gibt in ihren experimentellen Erfahrungen von angenehmen und unangenehmen Dingen, wohl aber in dem Sinn und der Bestimmung der Reise. „Wenn sie um die letzte Biegung des Weges kommen, wird sich zeigen, daß der eine recht hatte, der andere nicht."[31] Im Kern ist diese Auffassung von einer eschatologischen Verifizierung jedoch richtig. „Er wird Lebende und Tote richten!" Aber vor allem das Christentum entrinnt einem ‚reinen Eschatologismus‘, weil es auf eine aktuelle Erfahrung mit einem historischen Geschehen hinweist: auf Jesus. Der Christ macht eine Aussage über Gott, bezogen auf eine weltliche Wirklichkeit – Jesus von Nazaret –, und erst auf diesem Fundament wird auch die eschatologische Verifizierung sinnvoll. Es muß schon jetzt eine gewisse Erfahrungsbasis geben. Ohne diese Grundlage sind die religiösen Aussagen ‚inzwischen‘ rein hypothetisch – man kann nie wissen!

Für andere – nach dem Beispiel von R. M. Hare – drücken gläubige und nichtgläubige Totalitätsaussagen einen ‚Blick‘ aus[32]. Zwei Menschen können sich völlig einig sein über die nachweisbaren Elemente in ihrer Erfahrung und doch darüber letztlich radikal verschiedener Meinung sein. Was etwa der progressiv Genannte als geschichtlich deutliche Symptome einer Entspannung in der russischen Politik interpretiert, wird der ‚Antikommunist‘ als ebenso viele Beweise der teuflischen Schlauheit der Sowjetunion ansehen, zum Monopol der Weltherrschaft zu gelangen. Fakten können alternativ erfahren oder interpretiert werden. Aussagen über sie lassen sich kaum entkräften. Hare zufolge sind sie sinnvoll als Ausdruck eines ‚Blicks‘, das heißt einer ‚Sicht auf‘ und einer Verhaltenslinie, die aller Erkenntnis der Welt vorausgeht und ihr vorausgesetzt wird. Er nennt dies eine tiefere Ebene von Sinnfülle als die von bloß beschreibenden Aussagen, sie sind aber weder verifizierbar noch falsifizierbar.

Die Diskussion wurde später auf einer anderen Ebene fortgesetzt. In beiden Fällen – Gläubiger und Ungläubiger – scheint es um ein ‚Sehen als‘ zu gehen (die Welt sehen als Schöpfung Gottes, als sich selbst genügend). Die Frage lautet: Was ist es nun genau? Muß man sagen: „Ich *erfahre*, ich sehe etwas *als…*" oder: „Ich *interpretiere* das Erfahrene oder Gesehene *als…*"? Viele Diskussionspartner, die den reinen Empirismus verlassen haben, bejahen, daß die Erfahrung selbst interpretativ ist; der Unterschied liegt in der Frage, ob die *Identifizierung* allein auf der Ebene der Interpretation liegt oder vielmehr auf der Ebene der Erfahrung. Ein Geschehen etwa eine Gnadenerfahrung nennen ist nach dem einen dann in der Tat eine Erfahrung von Gnade, für die anderen dagegen heißt es, eine Erfahrung eines für alle Menschen zugänglichen Geschehens als Gnade *interpretieren*. Nach R. Hepburn[33] haben Theisten und Atheisten die gleichen Erfahrungen, aber diese werden verschieden interpretiert. Bei vielen Autoren stecken hier noch empirizistische Voraussetzungen dahinter, vor allem wird der ‚kognitive‘ Aspekt mit empirischer Prüfbarkeit identifiziert; wo diese unmöglich ist, sind Aussagen bloß Ausdrucksweisen psychischer Zustände[34]. John Hick[35] glaubt, daß es genauer sei zu sagen: „Ich erfahre oder sehe etwas als (einen Stuhl; einen Strauch; ein Kaninchen)“, I. Barbour[36] dagegen sagt lieber: „Ich interpretiere es als…“, wenn er auch nur von einem Akzentunterschied spricht.

Der Fehler Barbours scheint mir in seinem Ausgangspunkt zu liegen; für seine Auslegung geht er von Erfahrungen aus, die Illusionen sind, Projektionen (einen Strauch sieht man in der Abenddämmerung als ein Kaninchen), wenn auch nicht ohne einen Grund in der Wirklichkeitserfahrung. Wenn die Erfahrung interpretativ ist, kann es auch Falsch-Interpretationen geben. Wir machen tatsächlich Erfahrungen innerhalb eines Konzepts (ich erfahre oder sehe einen Stuhl). Wir sind uns der Möglichkeit verschiedener Bezugsrahmen bewußt. Das Problem läuft darauf hinaus, daß es bei bewußten Menschen nie nicht-interpretierte Erfahrung gibt. Die Alternative, in der Hick und Barbour das Problem stellen, verformt die Komplexität der realen Gegebenheit. Nicht nur das reflexive, sondern schon das vor-reflexive Bewußtsein identifiziert bereits erfahrend; beide vernachlässigen zu sehr das Identifikationsmoment und richten die Aufmerksamkeit einseitig auf das interpretative Moment in der Identifikation. Die Gestaltpsychologie[37] hat übrigens aufgezeigt, daß man z. B. eine Konfiguration von gezeichneten Klötzchen aus verschiedenen Richtungen jeweils anders betrachten kann: Man sieht sie dann auch anders und interpretiert sie nicht nur anders. Wir sehen etwas vor einem Hintergrund oder Horizont. Das Struktur- oder Gestaltmoment wird nicht hinzugedacht, es ist ein inneres Moment der Wahrnehmung. Man sieht also etwas auf verschiedene Weise und interpretiert es nicht nur anders. Man kann die verschiedenen Perspektiven zwar zusammendenken, man kann sie aber nicht zugleich alle zusammen sehen! Das Identifikationsmoment liegt also *in* der Erfahrung selbst (man könnte sagen: Man sieht ‚die Interpretation‘; besser: Wir sehen interpretierend). Es gibt keine neutrale Erfahrungsgegebenheit, denn alternative Interpretationen beeinflussen die *Art und Weise, wie* wir die Welt erfahren.

Natur und menschliche Geschichte sind ebenfalls ‚ambivalent‘: Sie können als ‚Figuren‘ vor verschiedenen Hintergründen gesehen werden; sie können somit auf verschiedene Weise erfahren werden[38]. Gerade im metaphorischen und symbolischen Sprechen wird ein bestimmtes alternatives Sehen der weltlichen Wirklichkeit zur Sprache gebracht. Dieses symbolische Sprechen ist die einzige adäquate Weise[39], bestimmte Dimensionen auszudrücken. Nur wer die unmittelbar beschreibende Sprache als adäquate Sprache und somit als Kriterium alles Sprechens sieht, wird von ‚*nur* symbolischer‘ Sprache reden. Er vergißt jedoch, daß es unmittelbar beschreibende Sprache nicht gibt und daß Theorie und Interpretation jede deskriptive Sprache durchdringen. So *erfährt* auch der religiöse Mensch Gnade: er interpretiert nicht nur. Es scheint mir deshalb eine kurzsichtige Auffassung zu sein, zu sagen, daß der Nichtgläubige allein seinen Erfahrungen vertraut, während der Gläubige auf die gleichen Erfahrungen Schlösser baut. Es geht nicht um einen Gegensatz zwischen Erfahrung und Interpretation, sondern um alternative ‚interpretative Erfahrungen‘. Beide, der Gläubige und der Nichtgläubige, erfahren interpretierend. Für einen glücklichen Menschen ist die Welt anders als für einen unglücklichen, sagt L. Wittgenstein[40]; er bewohnt eine andere Welt. Gott gut nennen, auch im Leiden, bedeutet eine Definition von ‚gut‘ geben, in der ‚gut‘ und ‚Gott‘ *einander bestimmen* und somit unser begrenzter Begriff von gut zerschlagen wird. Erst wenn wir Gott gut nennen, weiß man, was ein Christ unter ‚gut‘ versteht, und zugleich kommt man dabei zu einem bestimmten Begriff von Güte, der dann eschatologisch und in Teilerfahrungen begründet ist.

Die Konsequenz dieser Analyse ist, daß ein Gegensatz zwischen einem ‚propositionellen‘ Offenbarungsverständnis (z. B. des Credos) und einem Erfahrungsverständnis von Offenbarung[41] wegen der dialektischen Einheit: Weltbegegnung, Denken und Sprache, unbegründet ist. Aussagen müssen im menschlichen Dasein als Erfahrung wurzeln, wenn sie Sinn und Wahrheit vermitteln wollen. In der Tat, wenn der religiöse Glaube auf ein ‚Amen‘ zu propositionellen Aussagen reduziert wird, besagt dieses Jawort (übrigens auch ein Neinwort) faktisch nichts. Das religiöse Sprechen wird erst gültig im vollen – linguistischen und nicht-linguistischen – Erfahrungskontext dieses Sprechens. Die Forderung heißt: Man kann das propositionelle Offenbarungsverständnis nicht ausschalten, aber man muß es in der rechten Relation halten zu der Erfahrung, mit der dieses propositionelle Sprechen verbunden ist. Das Element ‚Offenbarung‘ gibt sich also *in* der Erfahrungsbegegnung mit der weltlichen Wirklichkeit zu erkennen, *in* der Interpretation dieser Erfahrung als einem inneren Moment derselben und *in* der religiösen Glaubenssprache – wenn auch (in der gleichen ‚logischen Reihenfolge‘) in immer mehr verblassendem und vermindertem Maß, weil das ‚beherrschende‘ Wissen und menschliche ‚Planen‘ in demselben Maß an Umfang zunimmt. Sich von der überraschenden Wirklichkeitserschließung *bestimmen zu lassen* wird *menschlich und begrenzt* ausgesagt.

C. IMMANENZ DER TRANSZENDENZ: AUSSPRECHBARKEIT DER OFFENBARUNGSWIRKLICHKEIT

Oben wurde gesagt, daß die Transzendenz *in* der menschlichen Erfahrung liegt, jedoch so, daß dieser Erfahrungsinhalt einen *inneren Hinweis* auf das enthält, was diese Erfahrung möglich macht und was durch das Erfahren selbst nicht konstituiert wird. Können wir etwas über diese sich uns entziehende Wirklichkeit sagen? Läßt sie sich noch aussprechbar machen? Ich glaube, daß dies möglich und notwendig ist, und zwar in zwei Richtungen: a) in einer ‚mystischen‘ Richtung und b) in einer ethischen Richtung.

a) Mystische Thematisierung des Unaussprechlichen

In der sogenannten mystischen oder ‚religiösen‘ Thematisierung will man den Grund und die Quelle der menschlichen religiösen Glaubensantwort als solche zur Sprache bringen, naturgemäß tastend, und zwar, um ihrer Transzendenz willen, in symbolischer Sprache. Es geht also nicht um ein ‚Zwei Welten‘-Schema: diese unsere und eine andere Welt. Gerade *unsere* Wirklichkeit ist anders und mehr, als wir glauben, sie selbst – und nicht eine andere, eine Überwelt – ist eine überraschende Offenbarung des von Menschen nie Bedachten. Eben das Dasein von Mensch und Welt ist für den gläubigen Menschen Symbol oder Erscheinung des Göttlichen, aber immer so, daß eine notwendige Identität zwischen *Offenbarung* und *Verhüllung* des Göttlichen besteht. Denn gegenüber jeder Erscheinung des Göttlichen wird der wesentliche Vorbehalt Gottes erfahren: Gott geht nie in einer seiner Erscheinungsgestalten auf. Die Wirklichkeit überrascht uns auch weiterhin. Das gilt wiederum für die Religion und die religiöse Glaubenssprache selbst, die ihrerseits Gott sowohl offenbaren als auch verschleiern und somit in *eigenen* Zeichen über den schon in Zeichen – dem Menschen, der Welt und ihrer Geschichte – erscheinenden Gott sprechen. Die Unzulänglichkeit unseres Sprechens von Gott ist aber kein Grund zu schweigen (ebensowenig wie in den Wissenschaften). Wird die sich uns entziehende, aber uns begründende Wirklichkeit nicht zur Sprache gebracht, und sei es in der ‚Armut‘ symbolischer Ausdrücke, dann droht sie in die Vergessenheit zu versinken. Aus dem Auge – aus dem Sinn. Bekenntnis und Liturgie sind daher eine notwendige gefährliche Anamnese oder Erinnerung. Die Relation zu dem Ungewußten und Un-aussprechlichen gehört konstitutiv zur kritischen menschlichen Vernunft; ‚Dogmatismus‘ dagegen identifiziert gerade das Wirkliche mit dem adäquat Ausgesagten, während Skeptizismus wegen unserer Unwissenheit in Schweigen verstummt. Das kritische Wissen um die eigene Unwissenheit dagegen gibt den Willen zur Wahrheit nicht auf, lehnt aber auch jedes absolute Wissen ab. Es hat den Mut, das Unaussprechliche stümperhaft auszusprechen, wissend, daß dies der Wirklichkeit näherkommt als stummes Schweigen oder dogmatische Besserwisserei.

In der Philosophie ist seit Kant dieses Problem in Begriffen des Unterschieds zwischen ‚Ding an sich‘ und ‚Gegenstand für mich‘ besprochen worden – ein genauso unvermeidbarer wie nicht zu realisierender Unterschied [42]. Er ist unvermeidlich, weil das Wirkliche grundsätzlich nicht im Bewußtsein davon aufgeht; nicht zu verwirklichen, weil der Mensch nicht unterscheiden kann, was er nicht kennt; denn dann würde er das ‚Ding an sich‘ gerade in dem erkennen müssen, in dem es sich vom ‚Ding für uns‘ unterscheidet. Anderseits fällt dieser Unterschied doch wieder in unser Bewußtsein, zumindest insoweit dieser Unterschied *einen Raum* frei hält für das, was nicht in das Bewußtsein fällt – „einen Raum, den wir weder durch mögliche Erfahrung noch durch die reine Vernunft" auffüllen können, wie I. Kant es selbst formuliert[43]. Die Schwierigkeit liegt im Folgenden: Wie kann man die Art und Weise beschreiben, in der das Wirkliche, eben unter dem Aspekt, unter dem es nicht im Bewußtsein aufgeht, diesem Bewußtsein doch *zu denken* gibt? Dieses Wissen um die eigene Unwissenheit gehört eben zur Struktur der kritischen Vernunft, und darin ist die Relation zu dem Ungewußten konstitutiv für das endliche Denken des Menschen, das immer wieder von der Wirklichkeit überholt wird. Wirklichkeit und Wahrheit sind der menschlichen, artikulierenden Erkenntnis gerade insofern ‚gegeben', als der Mensch dabei auch die Unzulänglichkeit eigenen Denkens und Sprechens erfährt und mitbedenkt. Daraus geht wiederum hervor, daß das Überrationale zur Struktur der menschlichen Rationalität gehört, ohne daß wir dabei an ein ‚Zwei Welten'-Schema zu denken brauchen.

Aber wenn das die Struktur des menschlichen Denkens ist, kann man dem Unaussprechlichen, das sich in der menschlichen Erfahrungstradition verrät, nicht dadurch dienen, daß man darüber schweigt – auch wenn das Sprechen darüber stümperhaft und stets der Kritik ausgesetzt ist. Dieses religiöse, symbolische Sprechen wird vom Gläubigen außerdem selbst als ein gnadenvolles Geschenk dessen erfahren, zu dem er sich bekennt. Der lebendige Gott wird von ihm als Quelle, Ermächtigung und Möglichkeitsbedingung eines solchen Sprechens erfahren. Dieses Sprechen – mag es noch so menschlich sein – ist daher keine eigenmächtige menschliche Initiative, es erfolgt aus Vollmacht und Mandat, kraft der Wirklichkeit. Der Mensch ist nicht Herr, sondern Verwalter der Wirklichkeit. Daraus geht wiederum hervor, daß dieses Sprechen von Gott und seiner Offenbarung unlöslich mit unserer gläubig-interpretativen Erfahrung der Wirklichkeit von Mensch und Welt verbunden ist. Jede religiöse Aussage über den sich offenbarenden Gott ist in Wahrheit eine Aussage über den Menschen und seine Welt, jedoch so verstanden, daß jede religiöse Aussage über Mensch und Welt in Wahrheit auch eine Aussage über Gott ist. Theologie *ist* keine Anthropologie, aber eine theologische Aussage ist *zugleich* eine anthropologische Aussage. Anders gesagt: Im Selbstverständnis der Religion liegt, gleichursprünglich, ein bestimmtes, nämlich religiöses Welt- und Menschenverständnis. Gott ist immer größer als die Art und Weise, wie er sich den Menschen in unserer Geschichte zu erkennen gibt, größer als das Heil des Exodus aus Ägypten, größer auch als das Gericht der babylonischen Gefangenschaft. Und sogar Jesus sagt, daß seine Jünger größere Dinge tun werden, als er selbst getan hat.

Die symbolische und ‚negative Theologie' akzeptiert die tausend Namen, die Menschen Gott geben, sie wird ihnen vielleicht neue, unsere Zeit ansprechende Namen hinzufügen, aber zugleich sagen: Kein einziger ist treffend; sie will einen Raum offenhalten für die Überraschung des Wirklichkeitsgeschehens. Die

Quelle, aus der wir leben, ist für viele namenlos, aber es ist der Auftrag des Gläubigen und des Theologen, diese letzte Wirklichkeit ständig zu benennen und nicht in der Namenlosigkeit zu lassen, zugleich im Bewußtsein ‚bewußter Unwissenheit'.

Zugleich aber würde es von einem falschen Verständnis dieser ‚kontemplativen' Thematisierung des Unaussprechlichen zeugen, wenn man behauptete, diese ‚Kontemplation' beruhe rein auf sich und entwickle keine eigene kritische Kraft. Betende Danksagung und Lobpreis sind in der Tat keine Zweckhandlungen, „nützlich für...", sie haben Wert und Sinn in sich selbst. Aber sie haben auch eine kritische Kraft. Sie machen deutlich, daß das Sprechen vom Göttlichen sich selbst nur in dem Maße richtig versteht, wie es sich zugleich der Kritik stellt, während es zugleich die Notwendigkeit dieser Besprechbarkeit urgiert, ohne die der Mensch, zum Unheil unseres Menschseins, einsam in seinem inneren Selbstgespräch zurückgelassen wird. Liturgisches und symbolisches Sprechen und theologische Thematisierung machen das Unabdingbare aussprechbar, ohne jedoch unabdingbar zu sprechen. Dieses Sprechen ist weder ‚dogmatisch' noch skeptisch. Liturgie und Theologie sprechen über das Unaussprechliche, und sie sind gerade darin für alle Menschen ein gefährliches Gedächtnis, ein Gegengewicht auch gegen die *Exklusivität* alles ‚beherrschenden Wissens'. Was selbst in den Wissenschaften noch immer als ‚Randbedingung' fungiert, hat ‚irgendwie' (hier ist dieses Wort angebracht) mit dem zu tun, was zum *Thema* des religiösen Sprechens wird. Die Wirklichkeit ist immer anders, als wir denken, während sie gleichsam kärglich trotzdem ihr Geheimnis preisgibt, so daß sogar das völlig Neue nie die Negation dessen ist, was sie von sich selbst schon offenbart hat: Die Hoffnung wird durch das stets Unerwartete überrascht, aber nie enttäuscht! Die Wahrheit des religiösen Sprechens und das Vertrauen der Hoffnung stammen aus derselben Quelle wie das immer wiederkehrende *Neue,* das alle religiösen Auffassungen und Erwartungen übertrifft. Deshalb dringt die Offenbarung durch bis *in* dieses menschliche, stümperhafte Sprechen, das doch wieder in Verhüllung über diese Offenbarung sprechen muß. Dieses Sprechen *ist* nicht die Wahrheit, es ist wohl ein Zeichen für sie. Falls man sich ausdrücklich des Unterschieds zwischen ‚Wahrheit' und ‚Erscheinung' bewußt bleibt, darf man in der Tat von der Wahrheit oder erhellenden Kraft der Erscheinung (das heißt hier dieses religiösen Sprechens) sprechen.

Wegen der Vorherrschaft des wissenschaftlichen Denkens in der westlichen Kultur wird dieses symbolische Denken des religiösen Glaubens oft in das infantile Stadium des Menschseins verwiesen[44], aus einer einseitigen Vorliebe für die (oft positivistische) ‚instrumentale Vernunft'. Das religiöse Sprechen soll zwar emotionalen, aber keinen kognitiven Wert haben. ‚Kognitiv' identifiziert man dann, wie J. Piaget es tut, mit einem Verständnis, das wesentlich auf Gesetzmäßigkeiten, kausale Erklärungen und Deduktionen gerichtet ist[45]. Symbolisches Wissen habe dann überhaupt keinen kognitiven oder Wahrheitswert[46], es sei ‚Kinderdenken‘. Diese Wertung erfolge einzig und allein aufgrund der Tatsache, daß symbolisches Denken empirisch nie nachprüfbar sei; *deshalb* sei es „ein mythisches Gruppendenken von Primitiven"[47]. Doch bezeichnet Piaget das religiöse, symbolische Denken nicht als eine ‚sinnlose Tätigkeit‘; nicht alle menschliche Tätigkeit könne auf Wissenschaft reduziert werden. Die besondere Aufgabe dieses ideologischen religiösen Sprechens sei die Koordination der Werte, die dann wichtiger sind als ihre kognitive Bedeutung[48].

Es bedarf keines Beweises, daß eine solche Auffassung von rein wissenschaftlichem und instrumentalem Denken unmöglich ein Gespür für den eigen-kognitiven Wert des symbolischen Denkens der religiösen Sprache zeigen kann. Es verrät eine rein szientistische Auffassung der menschlichen Existenz, die in ihrer Besonderheit eigentlich nicht zur Sprache kommt, und außerdem eine bestimmte Auffassung von der Rationalität des Menschen, wobei die über-rationale Voraussetzung der Möglichkeit dieser Rationalität nicht mitbedacht wird. Letztlich erfinden die Wissenschaften das psychische, soziale, religiöse Phänomen nicht, das sie rational durchleuchten wollen. Die Wissenschaften erschaffen nicht den Menschen-in-der-Welt mit seinen sozialen, psychischen, ethischen und religiösen Dimensionen. Und der objektivierte Teil von Mensch und Welt, der von den Wissenschaften erforscht wird, ist nicht der ganze Mensch, nicht die ganze Natur und die ganze Geschichte. Wir wären aber naiv, wenn wir annähmen, Auffassungen wie die von Piaget seien nicht in popularisierter Form bei vielen Menschen in unserer Zeit des (Neo-)Positivismus lebendig, zum Schaden des Glaubens.

Wir können sagen, daß es empirisch nachprüfbar ist, daß der Mensch sich seinem eigenen Wesen entfremdet, wenn er glaubt, am symbolischen Denken des religiösen Bewußtseins genug zu haben; das haben wir von der Religionskritik der Philosophen Marx, Feuerbach und Freud gelernt. Aber an dieser einspurigen westlichen Kultur ist ebenfalls nachprüfbar, daß die Exklusivität und der Absolutismus des rein wissenschaftlichen und technischen Denkens (das seine eigenen Voraussetzungen nicht mitreflektiert) ganze Bereiche unseres Menschseins absterben oder verkümmern läßt und den Menschen genauso sich selbst entfremdet[49]. Daß der Mensch, der keinen göttlichen Gott anbetet, von selbst vor einem nicht-göttlichen Gott niederkniet, ist einleuchtend[50]. Die Wahrheit über den Menschen in seiner Weltbegegnung wird nicht durch sein planendes Beherrschen der Welt in Wissenschaft und Technik erschöpft. Gerade dieser berechtigte menschliche Versuch stößt fortwährend auf den Widerstand, den diese Wirklichkeit jeder rein beherrschenden und manipulierenden Erkenntnis bietet. Und doch zwingt die Wissenschaft die Wirklichkeit gleichsam zum Sprechen. Aber diese spricht oft anders als erwartet. Der Widerstand der Wirklichkeit und die Erinnerung an das nicht-rationalisierbare Leid – Leid des Bösen und des Unrechts, Leid des Schmerzes, Leid der Liebe usw. – gehören deshalb zur Struktur der menschlichen kritischen Vernunft, die praktisch befreiend sein will. Wissenschaften sind als solche keineswegs reduzierend (wenn sie sich auch oft so darbieten); sie stellen nur andere, *begrenzte* Fragen, auf welche die Antwort richtig sein kann, aber in ihrer Fragestellung ebenso begrenzt. Sie werden erst reduzierend, wenn sie als *die* Antwort gemeint sind. Deshalb können sie nie das Wesen des Menschen und seiner Religion zur Sprache bringen (noch sie kritisieren); diese sind erst philosophischem, kritisch-reflexivem und theologischem Denken zugänglich.

b) Ethischer Ausdruck des Unaussprechlichen

Aus dem Gesagten geht schon hervor, daß Religion ‚nicht nur‘ Ethik ist oder auf Ethik reduziert werden kann. Anderseits besteht ein innerer Zusammenhang zwischen Religion und Ethik, und zwar so, daß die Ethik gerade der ‚mystischen‘ Thematisierung Wirklichkeitsdichte verleiht.

Die Ethik gebraucht ein anderes Sprachspiel als die Religion[51]. Das Verständnis von Gut und Böse geht logisch dem Verständnis Gottes und dem Tun seines Willens voraus. Das bedeutet, daß wir unsere sittlichen Verpflichtungen in erster Linie nicht in Begriffen von Gott und seinem Willen definieren können. Anderseits, was jemand als gut und böse einzusehen gelernt hat, darin kann und darf er, als gläubiger Mensch, den Willen seines Gottes sehen. Deshalb ist die Erkenntnis des Willens Gottes historisch vermittelt, und zwar wesentlich, ohne daß dadurch der Ernst des göttlichen Willens an Realität einzubüßen braucht. Mit Recht sprachen daher die mittelalterlichen Menschen, wenn auch innerhalb eines jetzt überholten ‚natura‘-Modells, vom Naturgesetz als der unmittelbaren ethischen Norm und somit als historischer Vermittlung zwischen dem Gebot und dem Willen Gottes („lex aeterna“) und unserem ethischen Gewissen. Das Ethische besitzt eine gewisse Selbständigkeit, allerdings sieht der gläubige oder religiöse Mensch die tiefste Fundierung, Quelle und Grund desselben in der Gotteswirklichkeit.

Gnade und Religion sind daher auch wesentlich ein ethischer Auftrag. Ein religiöser Mensch kann Gnadenleben und ethisches Leben nicht voneinander trennen. „Seid Täter des Wortes und nicht nur Hörer“ (Jak 1,22): „Der wird selig (makarios, wie in den Seligpreisungen) sein *durch sein Tun*“ (Jak 1,25 c). „Damit die, welche an Gott glauben, darauf bedacht sind, gute Werke zu vollbringen, denn das ist für die Menschen gut und nützlich“ (Tit 3,8b). Der Jakobusbrief wendet sich gegen einen religiösen Gnadenmonismus: „Was nützt es, wenn einer sagt, er habe den Glauben, hat aber keine Werke? Kann ihn dann der Glaube retten?“ (Jak 2,14). Neben der kerygmatischen Mystik des Neuen Testaments ist dies ein genauso authentischer neutestamentlicher Ton, welcher der Tenachspiritualität Jahwes voll Rechnung trägt, der Gerechtigkeit in *dieser* Welt will. Diese praktisch-ethische ‚Thematisierung‘ des Gottesmysteriums, des Grundes und der Quelle der religiösen Erfahrung, ist eine besondere, gleich notwendige ‚Auslegung‘ des unaussprechlichen Mysteriums. Was Gott ist, muß aus unserem rückhaltlosen Einsatz für den Mitmenschen hervorgehen, zwischenmenschlich und durch den Aufbau befreiender Strukturen, ohne die menschliches Heilsein sich als unmöglich erweist.

Doch ist es so, daß der Mensch auch in seinem verantwortlichen ethischen Handeln begrenzt ist und Grenzerfahrungen macht: Er wird von der Ethik über-fordert (siehe 4. Teil). Die Rationalität des menschlichen Handelns ist nur insofern rational, als sie ebenfalls Raum frei hält für das überraschende Wirklichkeitsgeschehen, das die menschliche, ethische Rationalität überschreitet. Die Zukunft läßt sich nicht durch rationale und ethisch verantwortliche Planung (wie sehr diese auch notwendig ist) völlig meistern. Gerade die Ethik der menschlichen Befreiung ist deshalb der Erfahrungskontext, in dem die Frage nach Gott am deutlichsten zum Zug kommen kann (siehe unten 4. Teil). Trotz seiner relativen Autonomie (aufgrund deren nicht-gläubige Ethik möglich ist und Nicht-Gläubige nicht mit un-ethischen Menschen identifiziert werden dürfen) verlangt das Ethos letztlich selbst nach Religion und ‚mystischer‘ Thematisierung des überraschenden Weltgeschehens.

c) Verhältnis zwischen ‚mystischer‘ und ethischer Formgebung

Kombiniert oder in kämpferischer Polemik[52] lassen sich in allen Religionen zwei Richtungen im Zusammenhang mit der Formgebung oder ‚Explizitmachung‘ der Offenbarungsquelle des menschlichen Lebens entdecken. Mit einer Berufung auf Begriffe der jüdischen religiösen Tradition kann man diese beiden Richtungen einerseits die ‚theoretisch-symbolische‘ die *chassidische Richtung* (M. Buber), anderseits die ‚praktisch-ethische‘ die *‚anti-chassidische‘ Richtung* (E. Lévinas) nennen. Die mystische und die ethische Dimension sind ein Familienzug fast aller Religionen. Im persönlichen Benennen des letzten Grundes und der Quelle des Ethos und im Anrufen des Namens Gottes wird, und sei es auf die einzige uns mögliche, nämlich symbolisch-reale Weise, die Quelle aller Ethik zur Sprache gebracht. Das geschieht in der religiösen Liturgie der Danksagung und des Lobpreises. Das *theologische* Denken ist daher weniger eine theoretische Thematisierung dieses Grundes (außer in der Form der ‚theologia negativa‘) als vielmehr die ‚Theorie‘, welche die unaussprechliche Transzendenz Gottes, wie er in der *Geschichte* religiöser Menschen zur Sprache kommt, *argumentativ* sicherstellen muß und welche die Stellung und den menschlichen Erfahrungskontext erkunden muß, in dem diese Geschichte sinnvoll bewahrt und aktiviert werden kann. Theologie ist eine Umrißskizze zur Sicherung der Gesundheit des religiösen Bekenntnisses und der Liturgie, als verwurzelt in einer tiefmenschlichen Erfahrung, und zur Artikulation von Erfahrungskontexten, in denen Gott sinnvoll zur Sprache gebracht werden kann. Die eigentliche ‚Thematisierung‘ des realen Offenbarungselements in der menschlichen Erfahrung erfolgt sowohl in der symbolischen Liturgie der expliziten Namengebung und in der Anbetung (‚mystisches‘ Element) als auch in der ethischen Formgebung (‚ethisches‘ Element).

Man kann dabei die Frage stellen, in welchem Element die größte Wirklichkeitsdichte liegt: in dem indirekten und ‚orthopraktischen' Zursprachebringen Gottes im ethischen Handeln oder im symbolisch-indirekten Zursprachebringen der Quelle dieser Praxis in expliziter Namengebung: ‚mein Gott', ‚unser Gott'. Beide scheinen mir unentbehrlich zu sein; aber – angesichts der Erfahrungsstruktur der Offenbarung – das symbolisch-religiöse Sprechen von Gott verdankt seine Wirklichkeitsdichte der *Vermittlung* der *ethischen Existenz*. In *dieser* Perspektive möchte ich E. Lévinas folgen: „Tout ce que je sais de Dieu, et tout ce que je peux entendre de sa parole et Lui dire raisonnablement, doit trouver une expression éthique."[53] Man findet Heil nicht primär durch eine richtige Wirklichkeitsinterpretation, sondern indem man nach den Forderungen der Wirklichkeit handelt. Man kann ‚gerecht' handeln, ohne ein richtiges theoretisches Modell der Wirklichkeit zu haben, auch wenn man dann bekenntnismäßig kein Christ ist[54]. Das Christsein aber impliziert wesentlich den liturgischen Lobpreis Gottes und Danksagung; aber diese werden ihres wirklichen Grundes und ihrer Wirklichkeitsdichte beraubt, wenn ihnen das Ethos menschlicher, helfender, heilender und befreiender Liebe und Gerechtigkeit fehlt. Die religiöse (immer indirekte oder ‚symbolische') Thematisierung entbehrt jedes Grundes, wenn sie losgelöst wird von ihrer Erfahrungsbasis, nämlich dem Ethos oder menschlichen Handeln, das sich zwar mitverantwortlich für das Schicksal der Menschheit fühlt, jedoch den Sinn, den Grund und die Quelle des geschichtlichen Gelingens nicht autonom in Selbstbegründung sucht, sondern in dem ungeschuldeten Geheimnis, das alle unsere Erfahrungen lenkt, umwirft und neu orientiert: „Meine Wege sind nicht eure Wege" (Jes 55,8). Dieses Problem von Religion und Ethos kehrt heutzutage in seiner ganzen Größe wieder in der Frage nach dem Verhältnis zwischen Erlösung und emanzipativer Selbstbefreiung. Dieses Buch möchte dazu eine Perspektive zu einer sinnvollen Lösung aufzeigen.

IV
Glauben auf Autorität hin

Wenn wir der menschlichen Erfahrung als Vermittlung göttlicher Offenbarung so viel Raum geben, kann man fragen: Was bleibt noch vom ‚Glauben aus dem Hören' (Röm 10,14.17)? Alles – wenn auch nicht im präkritischen Sinn eines blinden Glaubens an eine äußere autoritäre Autorität. Religiöser Glaube *ist* Glauben ‚auf die Autorität Gottes hin' und nicht auf die Autorität menschlicher Projekte. Wenn sich (sowohl die alltägliche als auch die ‚wissenschaftliche') Erfahrung in einer dialektischen Bewegung des Entwerfens, Widerfahrens und der Kritik an dem Entwurf aus dem Widerstand der Wirklichkeit vollzieht, offenbart sich die Autorität Gottes gerade in der Tatsache, daß er andere Wege geht als die, die wir in unserem menschlichen Planen gehen. Im Denken des Menschen und im ‚Lenken' Gottes offenbart sich ‚Wirklichkeit'. Gerade das mußte Israel in seiner Geschichte ständig erfahren. Nicht Israels eigenes Planen und Ersinnen dessen, was Heil bedeuten soll, war wichtig – gerade darin wird es zugrunde gerichtet werden –, sondern die überraschende Art und Weise, wie Israels Gott diese Pläne korrigiert, zunichte macht, neu orientiert, um schließlich selbst auf eine völlig unerwartete Weise Heil zu bringen, ein Heil, das jedoch die Erfüllung der tiefsten Erwartungen ist, aber die Vorstellungen davon völlig übertrifft. Dieses Glauben ist Glauben auf die Autorität Gottes hin.

Es geht in der Religion nicht um eine Botschaft, die geglaubt werden muß, sondern um eine Glaubenserfahrung, die als Botschaft hinausgetragen wird. Einerseits ist die religiöse Botschaft Ausdruck dieser kollektiven Erfahrung, anderseits ist ihre Verkündigung die Voraussetzung von Erfahrbarkeit für andere. Die Offenbarung findet *in* den geschichtlichen menschlichen Erfahrungen *in* dieser Welt statt, aber *zugleich* ruft sie uns *aus* den Selbstverständlichkeiten unserer begrenzten Welt hinaus. Sie bietet sich daher nicht einmal in unserer unmittelbaren Berufung auf unsere sogenannten selbstverständlichen weltlichen Erfahrungen an. Sie ist, als Erfahrung, eine Grenzüberschreitung innerhalb der Dimensionen des menschlichen Daseins.

Diese Erfahrungsstruktur der Offenbarung kommt auf eine äußerst prägnante Weise zum Ausdruck in der christlichen Offenbarung, die ihren Anfang genommen hat in einer geschichtlichen Begegnung von Menschen mit einem Mitmenschen: Jesus von Nazaret. In ihm erscheint auf die überraschendste Weise *in* unserer Geschichte gerade das, was wir Menschen nie hätten erdenken können. Gerade dieses von Menschen nicht Erdachte erscheint trotzdem in der Immanenz unserer geschichtlichen Erfahrungen. In der Begegnung mit Jesus fällt die Autorität der von ihm ins Leben gerufenen (christlichen) *Erfahrung* mit der *Autorität der göttlichen Offenbarung* zusammen. Vielleicht habe ich in dem Vorausgegangenen dann weniger den Offenbarungsbegriff analysiert, wie er in verschiedenen Religionen fungiert, sondern das spezifisch jüdisch-christliche Verständnis von Offenbarung.

V
Neuer Erfahrungskontext für eine heutige Erfahrung von Heil in Jesus

Wenn sich der Mensch ändert, das heißt: wenn sich nach neuen signifikanten Erfahrungen sein Menschen- und Weltbild ändern, ändert sich auch das, was er als Heil und Glück erfährt. Es gibt selbstverständlich formale ‚anthropologische Konstanten‘ in all diesen Wechseln, aber sie werden immer wieder anders gefärbt sein. Das Problem ist dann: Wie kann Heil in Jesus, also das, warum wir Jesus jetzt im 20. Jahrhundert noch brauchen, so artikuliert werden, daß es in Ausdrücken *unserer* (kritisch analysierten) Heilserwartungen und unserer eigenen Lebenswelt zur Sprache kommen kann – ohne daß, zugleich, Jesus und sein Heil dabei nach dem Maß unserer Wünsche und kritisierbaren Verlangen beschnitten werden?[55] Das Problem vieler Christen, ihre Krisis, ist nicht so sehr, daß sich die Zeiten geändert haben und daß man Christen vorwerfen müßte, sie gingen mit der Zeit und mit den neuen Fragen, die diese stellt. Die Krise liegt einerseits darin, daß Jesus uns noch stets als Heil und Gnade in Begriffen ausgelegt wird, die in unserer Erfahrungswelt nicht mehr gültig sind, also in Begriffen *früherer* Erfahrungen; *anderseits* in der Tatsache, daß wir nicht mehr fähig zu sein scheinen, in Wort und Tat „Rechenschaft abzulegen von der Hoffnung, die in uns lebt" (1 Petr 3, 15). Sind wir wirklich, was wir in unserem Credo als Glauben und Hoffnung bekennen?[56] – gibt es nicht auch eine falsche Anpassung? Denn der Dienst von Christen an der Welt ist ein Gottesdienst, das heißt, nur insoweit wir unserem spezifisch-religiösen, christlichen Auftrag Gestalt verleihen, liefern wir ipso facto einen spezifisch-christlichen Dienst an der Welt und nicht eine bloße Verdoppelung dessen, was die Welt schon tut – und vielleicht gut tut.

Aus dem Vorausgegangenen ist offenkundig geworden, daß die Offenbarung eine Erfahrungsstruktur besitzt. Das Gute, das bestimmte Menschen in Jesus erfahren, wurde identifizierend als Heil-von-Gott-her erfahren. Das von Christen in Jesus wirklich Erfahrene war daher weder reine Schlußfolgerung noch reine ,unmittelbare' Erfahrung, sondern interpretierende Erfahrung: Glaubenserfahrung. Wegen des überraschend Neuen ihrer Erfahrung von Heil in Jesus wollen sie diese daher ausdrücklich auf die Linie ihrer jüdisch-religiösen Erfahrungstradition stellen, die sie ja Jesus auch so interpretiert erfahren ließ, wie sie ihn tatsächlich erfuhren. Daraus entwickelt sich von selbst der sogenannte Schriftbeweis (aus dem Tenach); man will die erfahrene *Kontinuität* der *Neuheit* der eigenen Erfahrung mit Jesus, in einer Erfahrungstradition des Glaubens an Gottes Bund mit diesem Volk, ausdrücklich thematisieren. Zugleich führt das zu einer Neuinterpretation dieser Geschichte aus der Erfahrung erneuerter Geschichte. Daraus entwickelt sich schließlich eine religiöse Auffassung von der Gesamtgeschichte: Einheit eines göttlichen Planes, Ratschlusses oder göttlicher Fügung, die in und durch die Geschichte von Menschen entfaltet wird.

In immer wieder wechselnden Situationen wird die christliche Glaubensgemeinschaft in immer wieder neuen Artikulationen, schließlich sogar in philosophischen Begriffen, manchmal sehr komplizierter Art, letztlich nichts anderes sagen, als daß sie in Jesus Christus entscheidendes Heil von Gott her erfährt. Wenn die alten Begriffe oder interpretativen Momente in neuen Situationen nicht mehr ansprechen und wenn sich die Nöte und Bedürfnisse ändern, wandeln sich auch die interpretativen Begriffe. Aber die ursprüngliche Erfahrung bleibt in diesen Veränderungen: In ihren eigenen, anderen Situationen erfahren sie weiter in Jesus Heil von Gott her. Diese Änderungen schaffen als solche keine Krise. Solange die Erfahrungsbasis – Erfahren von Heil in Jesus – bleibt, spielt sich eine eventuelle Krise vor allem auf der Ebene der begrifflichen Interpretation ab.

Kritisch aber wird die Situation, wenn die Erfahrungsbasis selbst wegfällt, wenn man nicht mehr einsieht, warum man Heil gerade in diesem Jesus von vor zweitausend Jahren suchen sollte. Dann gibt es keine Heilserfahrung in Jesus mehr. Und bloß auf Autorität anderer hin Heil von jemandem erwarten zu müssen, wenn dem in der ganzen persönlichen Erfahrung nichts entspricht, untergräbt auf die Dauer den Glauben. Geräuschlos verschwindet dieser dann aus dem Leben, sterbend an eigener Nichtrelevanz und an einem Kurzschluß menschlicher Erfahrungen.

Man könnte natürlich der Ansicht sein, daß der christliche Glaube diametral zu aller menschlichen Erfahrung steht – daß wir wider alle Erfahrungen glauben und daß somit überhaupt keine Korrelation und kein Zusammenhang zwischen *Glauben* und *Leben* besteht. Aber Gott ist dann derart transzendent ‚der ganz andere‘, daß ein wirklich lebendiger Mensch unmittelbar folgern wird, daß er auch selbst nichts mehr mit diesem Gott zu tun hat, weil Er doch so weit von seinem eigenen Leben entfernt steht. Eine solche Auffassung widerspricht dem ganzen Erfahrungsgeschehen, aus dem das jüdische Christentum entstanden ist und sich entwickelt hat; sie ignoriert die eigene Ursprungsgeschichte. Außerdem reduziert sie die menschliche Erfahrung auf ihre projektiven und produzierenden Elemente und verschweigt, was sich gerade *im* Erfahren als überraschendes und überwältigendes Wirklichkeitsgeschehen anmeldet und all unsere Pläne und Hervorbringungen korrigiert und durchkreuzt. Gerade dadurch wird jemand zu einem ‚erfahrenen Menschen‘!

Wenn wir Heil daher nicht auf bloß äußere Autorität hin bejahen oder jemandem aufschwätzen können, werden Christen, die auch weiterhin entscheidendes Heil in Jesus erfahren, anderen die Hand zu erneuter Erfahrungsmöglichkeit reichen können, wenn sie aus ihrem eigenen christlichen Selbstverständnis heraus zugleich nach dem suchen, was in unserem heutigen Erfahrungs- und Erwartungsschema einen Erfahrungskontext für eine neue Erfahrung von Heil von Gott her in Jesus bieten kann. Ich denke manchmal: Wenn wir das Wort ‚Gott‘ noch nie gebraucht hätten, wie könnte dieses Wort sinnvoll in unser Sprechen eingeführt werden? Eine Überlegung, die ein Experiment wert ist. Es *ist* übrigens manchmal *das* Geschehen in einem normalen menschlichen Gespräch – zumindest wenn das Wort ‚Gott‘ nicht zu früh, aber auch nicht zu spät fällt.

ZWEITES KAPITEL
DIE AUTORITÄT DES KANONISCHEN NEUEN TESTAMENTS

LITERATUR: Die wesentlichsten verstreuten Artikel über die neutestamentliche Kanonbildung sind jetzt zusammengetragen in: Das Neue Testament als Kanon (hrsg. E. Käsemann) (Göttingen 1970). Ferner: *N. Appel,* Kanon und Kirche. Die Kanonkrise im heutigen Protestantismus als kontroverstheologisches Problem (1964); *W. Bauer,* Rechtgläubigkeit und Ketzerei im ältesten Christentum (Tübingen 1964); *P. Benoît,* Inspiration de la tradition et inspiration de l'Ecriture (Mélanges M. D. Chenu) (Paris 1967) 111–126; *J. Beumer,* Die Inspiration der Heiligen Schrift (Handb. der Dogmengeschichte, I–3 b) (Freiburg i. Br. 1968); *H. Freiherr von Campenhausen,* Die Entstehung der christlichen Bibel (Tübingen 1968); *J. Frank,* Der Sinn der Kanonbildung (Freiburg i. Br. 1971); *J. Leipoldt* und *S. Morenz,* Heilige Schriften (Leipzig 1952); *O. Loretz,* Das Ende der Inspirationstheologie: Chancen eines Neubeginns, I (Stuttgart 1974); *K. H. Ohlig,* Die theologische Begründung des neutestamentlichen Kanons in der alten Kirche (Düsseldorf 1972); *K. Rahner,* Über die Schriftinspiration (Quaestiones disp., 1) (Freiburg i. Br. [4]1965); *A. Sand,* Kanon. Von den Anfängen bis zum Fragmentum Muratorianum (Handbuch der Dogmengeschichte, I–3 a) (Freiburg i. Br. 1974); *B. Vawter,* Biblical Inspiration (Philadelphia–London 1972); Faith and Order-report: The Authority of the Bible (Löwen 1971).

In meinem ersten Jesusbuch wurde dargelegt, daß nach ihrer Panik bei der Verhaftung und dem Tod Jesu die Wiederversammlung der Jünger (als Beginn der Kirchenbildung), die Ostererfahrung und die Geistessendung nur verschiedene Aspekte eines einzigen Heilsgeschehens sind, in dem die Jünger Jesus als den Auferstandenen in ihrer Mitte erfuhren. Die während des Lebens Jesu begonnene ‚Jesus-Bewegung' trat damit als Christus-Bewegung bleibend in unsere Geschichte. Sie hört nicht auf, überall zu erzählen, was dieser Jesus getan hat und was ihm widerfahren ist und was dadurch ihr selbst widerfuhr und was auch allen, die diese Geschichte noch hören werden, widerfahren kann. Denn das war ihre Menschen erfreuende Botschaft.

Was die Jünger mit Jesus erlebt haben, ist der dynamische Aufbruch einer religiösen Bewegung und damit die faktische Gründung der Kirche. Diese Begegnung mit ihren Führern war ein Echo darauf, was Jesus selbst war, gesagt und getan hatte. Was ihn beseelte, begann, um seinetwillen, auch sie zu beseelen; Menschen standen hinter dieser Botschaft. Bewegung und Leitung stellten sich dabei unter die einzige Norm Jesu von Nazaret. Dieser *religiöse* Hinweis auf den historischen Jesus blieb wesentlich.

Die Geschichten dieser christlichen Bewegung, die verstreut manche Brüderschaften bildete, kristallisierten sich allmählich in bestimmten Traditionen und Modellen. Nach einigen Generationen christlichen Lebens, christlicher Praxis und Besinnung war sogar eine ganze christliche Literatur entstanden, in der die christliche Erfahrung vom Tenach, der Bibel der ersten Christen, aus ausgelegt wurde, die später, aus der in Jesus erfahrenen Neuheit, das ‚Alte Testament' genannt wurde als wesentlicher Bestandteil der christlichen Bibel. In dieser christlichen Literatur wurde das, was Jesus und seinen Jüngern widerfahren war, auf vielerlei und manchmal ganz verschiedene Art und Weise beschrieben.

Wegen der vielfältigen und immer mehr unterschiedlichen Literatur, in der nach dem Urteil mancher auch Abweichungen von der ursprünglichen Christusverkündigung entstanden waren, erhob sich schließlich die Frage, in welchen von all diesen Schriften die christliche Bewegung sich selbst voll und authentisch erkennen könne. Denn spätere Generationen hatten Jesus geschichtlich nicht mehr gekannt.

Manche dieser Schriften, in denen von Jesus und seiner ‚Gemeinde‘ Zeugnis abgelegt wurde, gebrauchte man im Kult vieler christlicher Brüderschaften. Es bestanden darin zwischen den christlichen Gemeinden jedoch auffallende Unterschiede; manche Gemeinden lehnten es ab, bestimmte Texte, die in anderen Gemeinden in hohem Ansehen standen, bei ihren liturgischen Zusammenkünften zu verwenden, auch wenn über viele Schriften Einmütigkeit bestand. In einem langen Reifungsprozeß, unter gegenseitiger Kritik, wurden schließlich aus einem großen Angebot christlicher Literatur *bestimmte* Texte ausgewählt, welche die Christen (gemeinsam mit ihrer jüdischen oder gräzisierten Bibel) als ‚Heilige Schrift‘ anerkannten. Unter dem Druck des geschichtlichen Jesus, interpretiert im Licht des Tenach, wurden bestimmte christliche Schriften gleichwertig als ‚Schrift‘ behandelt: das Neue Testament als Teil der Heiligen Schrift (obwohl unter den Juden zur Zeit Jesu aber noch keine Einmütigkeit über alle Literatur bestand, die ‚graphè‘ war oder zum Tenach gehörte).

Mit anderen Worten, die ausgewählte Literatur wurde kanonisiert – als Norm für die Weitergabe der Geschichte von Jesus. Vor allem darauf gründeten sich die vielen, über die alte Welt schon verstreuten christlichen Gemeinden als ‚die eine, allgemeine oder katholische Kirche Christi‘. So kam es zu einer normativen, erkennbaren Gruppenidentität, fortan zugleich auf der Grundlage dieser von allen christlichen Kirchen (nach vielen Streitigkeiten) gemeinsam akzeptierten kanonischen Literatur[57].

Der Ausgangspunkt der christlichen Bewegung war ein unlösliches Ganzes von einerseits Heilsangebot durch Jesus und anderseits christlicher Glaubensantwort. Und wie die lebendige Gegenwart des auferstandenen Jesus Christus unter den Seinen auf Erden der Beginn und der bleibende Stimulator der christlichen Bewegung war, so wurden jetzt bestimmte christliche Texte wegen ihres Inhalts zur kanonischen Norm erhoben, während zugleich diese vielen Glaubensgemeinschaften, durch ihre identifizierende Beziehung zu diesen Texten, sich zu einer gegenseitigen, für alle Gläubigen sichtbar erkennbaren Gruppenidentität konsolidierten. Im Inhalt dieser ausgewählten Literatur erkennt sich die christliche Bewegung selbst voll und ganz. Wie der Anfang der christlichen Bewegung das Werk der Gemeinschaft *und* ihrer Leitung gewesen war, so war auch diese spätere Konsolidierung der Gruppenidentität in und durch die gemeinsame Anerkennung des kanonischen Wertes bestimmter christlicher Texte geschichtlich das Werk sowohl der Gemeinde als auch ihrer Leiter. Diese Schriften, die von den christlichen Gemeinden in ihrer Liturgie unter amtlicher Leitung schon lange gebraucht wurden, wurden schließlich nachträglich durch die kirchliche Leitung als allein offiziell bestätigt (global: in der zweiten Hälfte des 4. Jahrhunderts. Für den Osten auf Autorität des Athanasius hin; für die afrikanischen Kirchen durch Synoden vom Ende des 4. und Beginn des 5. Jahrhunderts; der Westen folgte der Autorität des Augustinus – allerdings sind diese bischöflichen oder synodalen Beschlüsse nur eine Sanktionierung viel älterer Traditionen, und es bleibt in den christlichen Kirchen eine Diskussion in Gang, die zu dem heute noch wirksamen Begriff von ‚proto'- und ‚deutero'-kanonischen Schriften geführt hat).

Die immanente Logik einer durch kanonische Schriften stabilisierten Gruppenidentität hat soziologisch weitgehende Folgen. Denn durch ihre Kanonisierung erhalten diese Texte, wenn auch wegen ihres inspirierenden Inhalts, doch – über ihren Inhalt hinaus – eine neue, nämlich *institutionelle* und somit innerhalb der Gemeinde eine gesellschaftliche Bedeutung. Institutionell definieren die Texte die christliche Gruppenidentität. Fortan gelten sie durch ihre offizielle Kanonisierung in einer stringenteren Weise, gerade weil eine gesellschaftlich wirksame Normierung von ihrer durch die Gruppe und ihre Leitung bejahten Anerkennung ausgeht. Aufgrund ihrer Kanonisierung oder Erhebung zum Maßstab des christlichen Evangeliums und des Lebens nach dem Evangelium Christi werden diese Texte dadurch gekennzeichnet, daß der Bildungsprozeß, durch den Menschen in die evangelische Botschaft und ihre konsequente Praxis eingeführt werden, zugleich zu einem Prozeß wird, durch den Gläubige pädagogisch, ethisch und gesellschaftlich in eine soziale Gruppe integriert werden, die ihre Identität aus dem Verhältnis zu diesen Texten bestimmt. Kanonisierung eigener gläubiger Ursprungsdokumente ist auch eine erste Institutionalisierung der christlichen Botschaft oder der befreienden Wahrheit der christlichen Bewegung, die nun ihre Gruppenidentität dadurch konsolidiert und gewährleistet. Die wahre Geschichte von Jesus wird damit institutionell gegen ihre mögliche Verdrehung und Verfälschung im Lauf der Zeit abgegrenzt. Sie wird offiziell sanktioniert.

Ursprünglich lag in dieser historisch-spontanen und notwendigen (wenn auch in Randfällen kontroversen) allgemeinen Anerkennung überhaupt keine Verfremdung. Dieser Kanonisierungsprozeß kennzeichnete vielmehr das wachsende Selbstverständnis einer wesentlich ‚evangelischen Bewegung', die bei weiterer Ausdehnung ihre Echtheit und Identität ohne Aufstellung zumindest einiger Grundregeln und ohne Einführung einiger institutioneller Elemente unmöglich bewahren konnte. Die kanonisch bindende Wirksamkeit dieser Texte bedeutete für die Mitglieder der christlichen Bewegung keinen Bekenntniszwang, nicht einmal ein formales Verbot von Kritik und Hermeneutik. *Innerhalb* dieser jetzt ‚neutestamentlich' genannten Literatur gibt es sogar gegenseitige Kritik (siehe unten im 2. Teil). Existentiell konnten diese Gemeinden nicht anders; es war gerade ihr konkreter Prozeß der Identifizierung mit diesen Texten. Sie identifizierten sich voll und ganz nur mit diesen und keinen anderen christlichen Identifikationsmodellen (wenn auch viele Christen gern nichtkanonische christliche Literatur lasen; siehe 2. Teil). Für Christen, die diese Institutionalisierung selbst ins Leben gerufen und sich darin erkannt hatten, ergaben sich keine ernsthaften Probleme. Diese kommen erst auf, wenn dieses gegebene ‚Institut‘ an neue christliche Generationen weitergegeben wird, die das Entstehen der ‚kanonischen Schrift‘ nicht miterlebt haben. Dann bedarf dieses Institut einer Legitimierung: Es muß erklärt und gerechtfertigt werden. Nicht weil es an sich weniger wirksam geworden wäre – im Gegenteil, Institutionen neigen zur Erstarrung –, sondern die Bedeutung und Selbstverständlichkeit des selbst gewählten Instituts sind für spätere Generationen eine ‚historische Größe‘; sie kommt *als Tradition* (und nicht mehr primär als Ausdruck einer selbst gemachten Erfahrung) auf die neuen Generationen zu. Als Zeugnis eigener Erfahrungen ist die Schrift ein Angebot – eine Möglichkeit zur Erfahrbarkeit auch für andere. Aber als historisch gewordenes Institut stellt sie die neuen Generationen zugleich vor einen *Anspruch auf Autorität,* und zwar jetzt losgelöst, zumindest direkt, vom Prozeß einer selbst gemachten Erfahrung. Institutionell besteht die Autorität gleichsam schon vor der Glaubenserfahrung der späteren Gläubigen. Mit anderen Worten, die Autorität offenbart sich nicht in der Definition eigener interpretativer Erfahrung; sie hat davor einen ‚juridischen‘ Vorrang, wenn dies auch nur der *institutionelle* Ausdruck der Autorität ist, die sich in *früheren* christlichen *Erfahrungen* zu erkennen gegeben hatte. In der Entstehungsphase des Kanons ist die Autorität der Schrift in Wirklichkeit keine juridische oder formale Autorität (keine Autorität von außen her). Anfangs sah man diese Schriften nicht so, wie es später – gerade aufgrund der institutionellen Kanonisierung – von selbst geschehen sollte; man sagte später: Die Heilige Schrift des Neuen Testaments hat Autorität, *denn* sie ist von Gott inspiriert. Die Sache lag anfangs umgekehrt. Eine religiöse Gruppe von Menschen – Christen –, im Bann Jesu, der von ihnen als Heil von Gott her erfahren und bezeugt wurde, hatte ihre eigene Gruppenidentität in bestimmten inspirierenden Schriften erkannt als dem Ausdruck der Glaubenserfahrungen von Mitchristen innerhalb einer sich bildenden christlichen Erfahrungtradition und einer schon vorhandenen ‚regula fidei‘ oder Glaubensnorm – den Grundzügen des späteren Glaubenssymbolums. Sie waren übrigens auch durch die liturgische Lesung dieser Schriften zur christlichen Identität gewachsen. Für sie hatte diese Literatur existentiell, inhaltlich Autorität; sie fanden darin den Ausdruck ihres eigenen Verständnisses Jesu und zugleich ihres christlichen Selbstverständnisses. Schließlich durften sie deshalb diese existentielle Autorität mit Recht in Glaubenssprache formulieren und sagen: ‚Diese Schriften sind von Gott inspiriert‘, wie auch die ganze christliche Bewegung ihren Ursprung und ihre Inspiration in Jesus, dem Gottesgesandten, fand. Aber nicht die formale Autorität stand am Anfang, sondern das Geschehen einer neuen Heilserfahrung, erzählt in Texten, deren appellierenden und inspirierenden Sinn man existentiell erfuhr, anerkannte und bejahte. Es ging um die Autorität des Jesuserlebnisses selbst, zugleich mittels dieser Schrift im Leben der Kirche als bestimmend für den Sinn ihres Lebens erkannt; gerade darin sahen sie Sinn und fanden sie Inspiration. Die ursprüngliche Autorität der Bibel liegt somit in dem Offenbarungselement, das durch die Erfahrung und Interpretation dieser frühen Christen hindurchgegangen ist. Es hat außerdem in der kirchlichen Gemeinschaft dieses Besondere, daß die ganze Gemeinschaft darin einhellig einen authentischen Ausdruck für das fand, was ihr in ihrer christlichen Erfahrung geschehen war. Mit anderen Worten, hier kommt das uns sich immer wieder entziehende Offenbarungselement tatsächlich zu seinem Recht: Es mag noch so kümmerlich und menschlich artikuliert sein, die Offenbarung kommt darin zu Wort.

Doch liegt in der ausdrücklichen Kanonisierung zugleich eine ‚institutionelle Erhöhung' dieser von Jesus ins Leben gerufenen, lebensinspirierenden und -orientierenden und dadurch innerlich einladenden Texte. Institutionell werden diese fortan eine auch juridische und formale Autorität (für Christen), eine formale Autorität, die späteren Generationen, die diesen kanonischen Entstehungsprozeß nicht selbst erlebt haben, einige Probleme stellen kann. Denn durch die Kanonisierung dieser Literatur wurde die Geschichte Jesu sanktioniert. In dieser normierenden Sanktionierung bestimmter Geschichten, wodurch diese einen offiziellen Charakter erhalten – die innere Notwendigkeit einer sich ausbreitenden Bewegung –, liegt eine erste mögliche Verhärtung der dennoch von anderen Christen immer wieder aufzunehmenden Geschichte von dem lebendigen Jesus. Es entsteht somit die Gefahr, daß neue ‚Transformationen' derselben Geschichte fortan vielleicht nicht als unmöglich angesehen, aber doch mit Mißtrauen betrachtet werden. Eine dynamische Gruppenidentität kann dadurch zu einer sozialen Gruppenstabilität werden: Von einer Bewegung um Jesus Christus kann das Christentum dann zur Religion eines Buches werden, wobei ‚Schriftgelehrte' anstelle von Gemeindemitgliedern mit ihren charismatischen Vorstehern die Richtung der Glaubensgemeinschaft bestimmen. Denn die Glaubensantworten auf Jesu Heilsangebot, wie wir sie in einer gewissen Vielfalt und doch grundlegenden Einheit in der kanonischen Schrift antreffen, werden durch diese Kanonisierung ziemlich verselbständigt, isoliert (auch mit der Gefahr, daß man sie getrennt vom nichtkanonischen literarischen Kontext liest, in dem sie stehen). Das alles kann auf die Dauer nahelegen, daß das reiche, das nie vollständig erschöpfende Sprechen über Jesus trotzdem nur diese und keine anderen Glaubensantworten zuläßt als jene, die wir im Neuen Testament finden. Außerdem stumpft dann das Gefühl für die historischen, kontingenten Vermittlungen bei den früher gegebenen Glaubensantworten und ethischen Konsequenzen ab, wie man auch – und vor allem – dabei die Spannung vergessen kann, die zwischen Jesus und dem Neuen Testament besteht, das dann zu einem ‚roten Buch' wird. Die Kanonisierung darf uns nicht vergessen lassen, daß diese bestimmte Literatur nur die Grundgeschichte als Modell festgelegt hat. Neue Geschichten christlichen Erlebens bleiben möglich, wenn sie nur eine legitime Umbildung der Urgeschichte sind, in der die Person Jesu Christi innerhalb der Vermittlung von manchen anderen historischen Bedingtheiten zur Sprache gebracht wird. Die Kirchen in den Jahrhunderten nach Abschluß des biblischen Kanons haben dies auch so verstanden, und sie nahmen ihre Schrift nicht als Buchstaben, sondern als Pneuma: Inspiration und bestimmte, ausgerichtete Orientierung. Sie schrieben ihre Geschichte von Jesus innerhalb der Konturen ihrer kulturell anderen Welt, in Treue gegenüber der ursprünglichen Geschichte, wenn auch gezeichnet und manchmal verzeichnet durch eigenen Zeitgeist. (Ist es mit den ‚Christusbildern‘ in der Kunst im Lauf der Zeiten anders gewesen [58]?)

Ohne vor den wirklichen Gefahren einer Institutionalisierung dieser christlichen Ursprungsdokumente die Augen zu verschließen, darf man anderseits nicht vergessen, daß sich die christliche Bewegung ohne jede Kanonisierung schon lange in Eklektizismus oder gar Esoterismus ausgefächert und verflüchtigt hätte, wofür manche außerkanonische christliche Literatur aus dem Altertum schon deutliche Beispiele zeigt. Man darf aus Jesus nicht willkürlich etwas machen, wenn das Offenbarungsmoment gerade nicht in der Bestätigung unseres Planens und Ersinnens, sondern in seiner Widerspenstigkeit gegenüber allen unseren Plänen liegt. Wenn man auch zugeben muß, daß die Grenzen zwischen dem, was die junge Kirche ‚das Neue Testament‘ (als Buch) nennt, und anderen Schriften aus dem christlichen Altertum in Randfällen vage und unsicher sind. Christlich-literarisch gesehen kann man sagen, daß die frühe Kirche einen äußerst gelungenen Griff getan hat. Für jene, für die diese Kirche ‚die Gemeinde Gottes‘ ist – für die Christen –, darf diese Bibel daher als ein Gnadenfragment gelten, in religiöser Sprache ausgedrückt: Sie findet in Gott ihre Inspiration, wie Jesus und seine Gemeinde.

Deshalb gehört die dialektische Einheit und Spannung zwischen Kirche als Bewegung und Kirche als durch ihre heiligen Schriften institutionell gefestigte Gruppenidentität zu der konkret-historischen Wirklichkeit, die in der Tat ‚Kirche Christi‘ genannt werden darf. Und es ist gut, dazu zu bemerken, daß das Element ‚Bewegung‘ sowohl zu der Glaubensgemeinschaft als auch zu ihrem Amt oder ihren Leitern gehört, wie auch das Element ‚Institution‘ zu Amt *und* Gemeinde gehört. Wir können – angesichts der Geschichte der Kanonbildung – das *Institutionelle* in der Kirche kaum ausschließlich auf die Seite des Amtes legen und die *Bewegung* ausschließlich auf die Seite der Glaubensgemeinschaft. Die Geschichte lehrt zudem, daß die Amtsträger manchmal mehr ‚in Bewegung sind‘, während sich die Gemeinde in Gruppenstabilisierung verhärtet, und manchmal umgekehrt.

DRITTES KAPITEL
BEIM NEUEN TESTAMENT ODER BEI HEUTIGEN ERFAHRUNGEN BEGINNEN: EINE FALSCHE ALTERNATIVE

Zu Beginn unserer Analyse der Autorität von Erfahrungen und der des Neuen Testaments erwähnten wir, daß manche der Ansicht sind, man solle Theologie nicht mehr von Schrift und Tradition aus, sondern von heutigen Erfahrungen aus betreiben. Aus anthropologischen, hermeneutischen und religiösen Gründen bezeichne ich dies als eine falsche Alternative.

1. Menschen leben tatsächlich in der Gegenwart, aber aus einer Vergangenheit auf eine Zukunft hin. Die Gegenwart ist höchst bedeutsam, gerade weil sie der Schnittpunkt zwischen Vergangenheit und Zukunft ist. Aber die Gegenwart ist kein absoluter Ausgangspunkt; sie ist, als Gegenwart, selbst eine Erfahrungstradition. Sogar dann, wenn man sich gegen die eigene, kollektive oder individuelle, Vergangenheit sträubt, hat man damit diese Vergangenheit – ein Stück eigener verborgener Gegenwart – noch nicht überwunden. Gerade wo dieser Widerstand am heftigsten ist, zeigt sich diese Vergangenheit als eine bedrückende Gegenwart.

Die Beziehung zur Zukunft, die Handeln auslöst, und die hermeneutische, theoretische Beziehung zur Vergangenheit kann man nie als Alternativen sehen. Das Verhältnis zur Zukunft ist nur möglich mittels unseres Verhältnisses zur Vergangenheit, und umgekehrt unsere Beziehung zur Vergangenheit, in welcher Form auch immer – traditionell oder kritisch –, enthält schon eine Entscheidung über die Zukunft; deshalb ist die Beziehung zur Vergangenheit nie rein theoretisch-hermeneutisch.

Eine Bindung des christlichen Glaubens an die vergangene Geschichte Jesu und des Christentums ist keineswegs unvereinbar mit einer theologischen Orientierung auf die Zukunft – wenn man nur, wie ich sagte, Zukunft nicht einseitig Gegenwart und Vergangenheit *gegenüberstellt*. Diese krasse Gegenüberstellung pflegt zu vergessen, daß eine bestimmte Ausrichtung auf die Zukunft immer durch heutige und vergangene, uns überlieferte Erfahrungen *vermittelt* wird. Die Bedeutung der Vergangenheit für jede neue Gegenwart wird im Traditionsprozeß sichtbar. Ob die Vergangenheit für die Gegenwart relevant wird, hängt von der Antwort auf die Frage ab, inwieweit die Geschichte der Vergangenheit von uns noch nicht in Rechnung gestellte Zukunft enthält, inwieweit sie also die Erfahrung einer späteren Gegenwart in ihrer Beziehung zur Zukunft zu erhellen vermag[59]. Mit Recht schließt J. B. Metz aus dieser hermeneutischen Verwobenheit, daß sich Identitätsverlust „nicht durch eine *theoretische* Reaktualisierung christlicher Traditionen beheben läßt"[60].

Gerade in der christlichen Theologie geht es um eine Interrelation zwischen einerseits ‚Gegenwartsanalyse' und andererseits einer Analyse der historischen

Erfahrung christlichen Lebens und der hermeneutischen Besinnung auf diese Erfahrung in der Absicht, aus diesem Ganzen eine Richtung zu destillieren, in der wir als Christen in verantwortlicher Weise auf die Zukunft hin leben können. Die Gegenwart ist tatsächlich die ‚hermeneutische Situation', in der wir leben. Aber wir können diese Gegenwart ebensowenig als Höhepunkt der Geschichte ansehen. Diese Gegenwart hat ihre eigenen Voraussetzungen und blinden Flecken, wie sie auch eigene, besondere Sensibilitäten zeigt, welche Vorväter nicht besaßen. Die Gegenwart ist zwar durchaus eine ursprüngliche Quelle neuer Erfahrungen und neuer Einsichten als Moment einer neuen Praxis. Aber auch darin kann sie einseitig sein. Als solche kann Aktualität daher kein Kriterium sein, keine Norm, nach der alles beurteilt wird. Unsere heutige Erfahrung ist situiert, genauso begrenzt wie die aller Menschen im Lauf der Geschichte. Doch bildet sie den Verstehenshorizont, in dem wir alles betrachten, erfahren und interpretieren. Eine Analyse dieser Gegenwart und eine Interpretation derselben ist notwendig, wenn wir auch die kritische Kraft besitzen wollen, uns eventuell gegen die als selbstverständlich bejahten Voraussetzungen unserer eigenen Zeit zur Wehr zu setzen.

Erstes Erfordernis scheint mir – selbst wenn wir in den Widerstand gehen –, die Solidarität mit der eigenen Vergangenheit nicht zu verleugnen, sondern anzuerkennen. Die Vergangenheit radikal ablehnen hat Identitätsverlust zur Folge; denn diese radikale Ablehnung ist noch keine Liquidation dieser Vergangenheit; das sicherste Mittel, Opfer der eigenen Vergangenheit zu werden, ist, sie zu negieren oder zu ignorieren.

Außerdem ist es notwendig, die *ursprüngliche* Wahrheit von Institutionen und Traditionen zu verstehen, gerade wenn sie uns heute fremd sind. Sie waren anfangs meist nicht repressiv oder oppressiv; später, in anderen Zeiten, wurden sie das. Zuerst sind sie fast immer als Instrument der Befreiung und des Schutzes der Schwächeren ins Leben gerufen worden. Deshalb muß man untersuchen, seit wann und warum eine Institution oder Tradition falsch wurde, versteinerte und unterdrückend wirkte. Jacques Ellul[61] hat historisch analysiert, wie z.B. positive Gesetze in Wirklichkeit zwar von den herrschenden Klassen gemacht wurden, daß sie aber selten dekretiert wurden, *um* die herrschende Position dieser Klasse zu begünstigen; im Gegenteil, sie dienten ursprünglich Stück für Stück dazu, die Macht der herrschenden Klasse in den Grenzen zu halten und Willkür zu verhindern. Selbstbeschränkung steht an ihrem Ursprung – deshalb nicht aus sehr altruistischen Absichten, sondern einfach als Forderung der Gruppe, um überleben zu können. Erst später, bei geänderten Verhältnissen, erhalten Gesetze (als unwandelbar bejaht) oft eine reaktionäre Bedeutung. Die Behauptung übrigens, daß das Gesetz – als Typ der ‚Institution' – ursprünglich dazu diene, die Macht der herrschenden Klasse zu festigen, ist weniger eine marxistische als vor allem eine positivistische These[62]. Die größte Entfremdung besteht gerade darin, keine Gesetze zu besitzen; dann entsteht das Chaos der Macht der Stärksten. Dies alles bedeutet, daß erst dort Entfremdung entsteht, wo man einmal geschaffenen Gesetzen später überzeitliches Gewicht beimißt. Dann fallen Institutionen unter die Kritik von Karl Marx: Unter der Maske ‚absoluter Werte' dienen sie dann den Interessen der Mächtigen und Starken.

Um über die Vergangenheit hinauswachsen zu können, müssen wir sie kennen. In diesem Sinn ist Geschichtswissenschaft eine Katharsis [63], Befreiung des soziologisch Unbewußten in uns selbst; denn unsere Ursprünge sind uns verborgen. Deshalb ist eine *kreative* Verwurzelung in der eigenen Vergangenheit Voraussetzung für eine neue Zukunft.

2. Anderseits ist ‚Ursprungsromantik' hermeneutisch schon genauso fehl am Platz. Oft spielt man mit dem Begriff ‚primum' oder ‚principium' in seiner doppelten Bedeutung: *Beginn* und *Prinzip* (Norm); der Ursprung ist dann die alles beherrschende Norm, ‚das Wesen' einer Bewegung, Tradition oder Institution – „norma normans, non normata". Ein Kern von Wahrheit steckt darin [64]. Wenn es um eine historische Bewegung geht, ist ihr Ursprung in der Tat richtunggebend. Doch müssen wir dabei vielen hermeneutischen Implikationen Rechnung tragen. Keine einzige Epoche, auch nicht die eines Ursprungs, darf man unhistorisch verabsolutieren und ihr eine einseitige Normativität andichten. Der Anfang, als Kanon oder Norm betrachtet, ist übrigens nie ein Problem der Anfangsperiode selbst, sondern späterer Zeiten. Eine Frage an den als Norm und Kanon qualifizierten Anfang stellen wird innerlich bestimmt durch den geschichtlich späteren Horizont des Fragestellers selbst. Paulus und die Evangelisten betrachteten ihre Schriften selbst nicht als ‚graphè' oder heilige Schrift; das tun spätere, nicht mehr ursprüngliche Generationen, wenn schon eine lange christliche Tradition entstanden ist, in der es zu Meinungsverschiedenheiten kommt (auch die Bücher von K. Marx werden erst zum ‚Kanon' in der späteren Kommunistischen Partei). Erst dann wird die Anfangsperiode en bloc (wenn auch immer in einer gewissen Selektivität) zur Norm, und eine bestimmte *theologische* Tradition spricht sogar von ‚Abschluß der Offenbarung beim Tod des letzten Apostels'. Dies scheint ein soziologisches Phänomen fast jeder Gruppenidentität zu sein (auch für manche orthodoxe Marxisten ist die ‚marxistische Offenbarung' mit den Werken von Engels und Lenin abgeschlossen. Jeder ‚Revisionismus' wird dann zum Verrat). Bei Versuchen aktualisierender – von anderen ‚reformistisch' genannter – Interpretation des alten Erbguts entstehen immer ‚separatistische Gemeinden'.

Das weist schon darauf hin, daß jede Berufung auf die Quellen oder den Ursprung selbst schon in einem hermeneutischen Zirkel steht, einem Zirkel, in dem die Gegenwart und das, was zwischen Vergangenheit und Gegenwart liegt (die ganze christliche Tradition), schon eine *vermittelnde* Funktion ausüben. Man will zwar die Gegenwart unter die Kritik dieser Ursprünge stellen, aber bei diesem Versuch ist man ‚befangen'. Wir können die dazwischenliegende Epoche – die Tradition – nicht a priori als Abfall disqualifizieren (wozu seit A. Harnack vor allem reformatorische Theologen neigen); anderseits können wir die Tradition schon ebensowenig a priori legitimieren (wie katholische Theologen es oft zu tun pflegen). Jedenfalls können wir die Zeit zwischen Ursprung und Gegenwart nicht vernachlässigen, weil wir sonst nie in den Blick bekommen, welche Bedingungen in jeder Epoche, auch der des Ursprungs, die rechte Einsicht in die Wahrheit des christlichen Ursprungs möglich machen.

Idealisierung des Ursprungs verrät oft einen hermeneutischen Dualismus, nämlich von Kern oder Wesen *und* Einkleidung oder historischer Gestalt. Aber auch in der Phase des Ursprungs oder der Anfänge des Christentums gibt es eine Vermittlung von Glauben und historischen Bedingtheiten. Wenn wir dann exegetisch festgestellt haben, wie z. B. die Kirchenordnung in der frühen Kirche funktionierte, sind *unsere* Fragen damit nicht gelöst! Natürlich sind wir bei unseren Fragestellungen auch auf die Vermittlung des Ursprungs angewiesen, wenn wir nur bedenken, daß dieser Ursprung selbst geschichtlich vermittelt ist. Was früher eine legitime Kirchenstruktur war (angesichts der historischen Bedingungen), kann unter veränderten gesellschaftlichen Verhältnissen nicht mehr als legitim oder christlich günstige oder heilsame Struktur angesehen werden. Dann ist es nicht mehr eine gültige Entwicklung aus dem Ursprung. Es ist daher nur eine *indirekte,* historisch vermittelte, biblische Grundlegung möglich: In jeder Zeit treten die zeitgenössischen Welt- und Menschenerfahrungen und politisch-gesellschaftlichen Strukturen in die konkrete Gestalt von Glaube und Kirche ein. Warum sollten wir als Christen heute nicht das tun dürfen, was die Kirche immer schon getan hat? Weder die alten Kirchenstrukturen noch unsere Forderung nach kirchlichen Strukturreformen lassen sich *direkt* biblisch fundieren; man kann sie daher nicht einseitig verabsolutieren. Man darf sogar sagen, daß, gerade weil das Religiöse eine Dimension der Gesamtkultur ist, jede Religion (auch das Christentum) befreiend und zugleich entfremdend wirkt. Eine Kirche nur von Heiligen und von ‚Reinen‘ gibt es in unserer Welt nicht; nach katholischer Ansicht wäre das sogar eine ‚Häresie‘. Aber gerade deshalb wird die Theologie immer wachsam darauf achten müssen, inwieweit die Religion die *kritische* Spannung zu der Gesamtkultur, in der sie lebt, aufrechtzuerhalten weiß. Diese Situation steckt voller Gefahren und Risiken; aber keine Religion kann ihnen entrinnen, wenn sie nicht zu einem weltfremden Getto und damit unwirksam in unserer Geschichte werden will.

Dies alles weist zur Genüge darauf hin, daß die Frage: Müssen wir bei Schrift und Tradition beginnen oder bei unseren heutigen Erfahrungen, eine falsche Alternative ist. Gegenwart und Vergangenheit sind nicht ‚zwei Dinge‘, die nebeneinander stehen. Die neutestamentliche Botschaft und unsere heutigen Erfahrungen stehen in Wirklichkeit eben nicht als zwei Dinge nebeneinander und einander gegenüber. Sie berühren einander schon. Diese Botschaft ist zumindest schon in der Form des kirchlichen Anspruchs unter uns hier und heute gegenwärtig. Sprechen wir von Kommunikationsstörung zwischen der Bibel und unserer heutigen Zeit, dann bietet sich dieses Problem als die Problematik eines aus der Vergangenheit kommenden, *heutigen* Anspruchs der Kirche auf Sinn und Wahrheit dar. Solange man die Vergangenheit als etwas auffaßt, was man irgendwo in der Ferne suchen muß, weitab von unserer heutigen Kultur und unseren heutigen Einsichten, steht man auf einer abstrakten theoretischen Ebene, die nur formale Analysen der hermeneutischen Struktur unserer Erfahrung zuläßt. Das Gegenwart-Vergangenheit-Schema wertet den Bruch zwischen Gegenwart und Vergangenheit schon im negativen Sinn: Es besteht ,Kommunikationsstörung'. Man geht also davon aus, daß es mit der Vergangenheit Kommunikation und Einheit geben muß. Das Schema arbeitet schon mit einer Interpretation. Aber dabei bleibt unklar, warum dieser Bruch per se negativ beurteilt werden muß. Denn andere könnten sagen, daß die Vergangenheit, gerade wegen der Gegenwart, in der Tat besser Vergangenheit bleiben muß, endgültig vorbei, und daß die Gegenwart eine Emanzipation aus der Vergangenheit ist. Aber in diesem Fall geht man ebenfalls von einer Voraussetzung und Interpretation aus, nämlich, daß das Nachwirken der Vergangenheit in der Gegenwart mittels einer bewußten Kommunikation die Kommunikation in der Gegenwart und Zukunft behindert. In beiden Fällen kann man den abstrakten Gegensatz zwischen Gegenwart und Vergangenheit nicht durchhalten; beide Thesen vermitteln schon Gegenwart und Vergangenheit, in positivem oder negativem Sinn.

Dies alles bedeutet, daß das Problem der Kommunikation immer schon von einem Interpretationsrahmen aus gestellt wird: a) entweder aus dem Gedanken einer kritischen Emanzipation aus einer ,autoritären Vorgeschichte', b) oder aus dem Gedanken einer uns – wie auch immer – normierenden Vorgeschichte, c) oder aus dem Gedanken eines tieferen Sinns, der uns unter den normalen, zufälligen Dingen der Geschichte dargereicht wird.

Jedes Sprechen von Kommunikation schließt somit eine Interpretation ein. H. G. Gadamer weist deshalb mit Recht auf die fundamentale Stellung – den Primat – der Sprache in unserem historischen Gespräch hin[65], und auch P. Ricœur behauptet, es sei die erste Aufgabe der Reflexion, „sich in der Sprache zu erinnern"[66]. Doch darf man dabei die Sprache zunächst nicht zu einer metaphysischen Größe erheben; sie ist lediglich ein Wirklichkeits*modell*. Das Kommunikationsproblem ist daher nicht rein theoretisch hermeneutisch zu lösen.

3. Es gibt schließlich einen *religiösen* Grund dafür, warum der Gegensatz zwischen ,Neuem Testament' und ,heutigen Erfahrungen' eine Abstraktion ist. Aus der vorhergehenden Analyse der Beziehung zwischen Offenbarung und Erfahrung ist ersichtlich geworden, daß die Religion die Welt braucht, um sie selbst zu sein, und daß die Welt die Religion braucht, um lebendig aufmerksam zu bleiben auf die über die Vernunft hinausgehenden Voraussetzungen ihrer eigenen Rationalität. Früher wurde gesagt, daß theologische Aussagen von Gott immer durch anthropologische Aussagen (als Momente menschlicher Erfahrungen) vermittelt werden. Die menschliche Geschichte war schon im Umlauf, bevor Jesus den Faden dieser Geschichte aufnahm, und diese Geschichte geht auch weiter – mit oder ohne Jesus. Das grundlegende Symbol oder die Erscheinung Gottes ist die weltliche Wirklichkeit des Menschen und seine Geschichte

in der Natur. Die religiöse Erfahrung fällt mit einer bestimmten Interpretation des Menschen und der Welt zusammen. Religiöses Sprechen ist wesentlich mit einem religiösen Aussprechbarmachen unserer weltlichen Erfahrungen verbunden. Diese grundlegende Hermeneutik von Mensch und Welt bleibt die Matrix auch der besonderen christlichen Auslegung des Neuen Testaments und der großen biblischen Tradition des Christentums. Im Licht Jesu Christi ist das Evangelium selbst eine Hermeneutik menschlicher Grunderfahrungen. Was uns in Jesus anspricht, ist sein Menschsein *als* unsere tiefsten eigenen Lebensmöglichkeiten eröffnend, und *darin* kommt Gott zur Sprache. Die göttliche Offenbarung als in Jesus vollzogen verweist uns auf das Mysterium des Menschen. Deshalb: von den Menschen fordern, daß sie die christliche Offenbarung akzeptieren, *bevor* sie selbst gelernt haben, sie als Definition ihres eigenen Lebens zu erfahren, ist eine unmögliche und vergebliche Forderung; das widerstreitet der Struktur der Offenbarung.

Wesentlich ist deshalb eine ständige Pendelbewegung zwischen der biblischen Jesusinterpretation und der Interpretation unserer heutigen Erfahrungen. Man kann nicht mit dem einen beginnen, ohne mit dem anderen zu beginnen, sonst gelingt (dem Christen) weder die Interpretation der Bibel noch die Interpretation unserer heutigen Erfahrungen. Gerade das Neue Testament und seine ‚Wirkungsgeschichte‘ helfen uns, unsere heutigen Erfahrungen als eine Aktualisierung der eschatologischen Erinnerung an Jesus Christus verstehen zu können oder sie als Blendwerk abzulehnen. Man kann dann tatsächlich von einer kritischen Analyse heutiger Erfahrungen ‚ausgehen‘, um diese dann vom Evangelium aus (das man dann doch wird kennen müssen!) zu besprechen. Man kann auch von einer exegetischen Analyse von Schrift und Tradition ‚ausgehen‘, immer innerhalb ihres eigenen soziokulturellen Erfahrungskontextes, um die Botschaft, die daraus aufscheint, in Relation zu unseren heutigen Erfahrungen zu bringen (aber die Formulierung dieser Botschaft bleibt uns fremd, wenn sie nicht in Begriffen heutiger – kritisch interpretierter – Erfahrungen ausgedrückt wird). Der Gegensatz zwischen beiden Ausgangspunkten erweist sich somit als ein unechtes Dilemma; das eine geht nicht ohne das andere: *Offenbarung* vollzieht sich in *Erfahrungen*. Aktuelles *Hören* der christlichen Offenbarung wird (innerhalb der Vermittlung der lebendigen Verkündigung der Kirche) *in* heutigen interpretativen Erfahrungen vollzogen.

Im Zusammenhang mit dem Problem der Beziehung zwischen Offenbarung und Erfahrung weisen die vorangehenden Analysen darauf hin, daß wir weder mit einer sogenannten ‚rein theologischen‘ Analyse neutestamentlicher und kirchlicher Dokumente noch mit einer undialektischen Berufung auf menschliche Erfahrungen weiterkommen. Dazu sind zweifellos genauso notwendig: a) ein Studium der *Motive*, die im Leben der frühen und späteren Kirche eine bestimmte Glaubensartikulation und Glaubensentwicklung entstehen ließen. Nicht daß diese Motive entscheidend wären, aber sie liefern uns ein besseres

Verständnis der gebrauchten Argumente und gestatten, das Schlußergebnis indirekt zu werten; – b) eine Analyse der *Gründe*, auf denen die Argumente etwa des Kolosser- und Epheserbriefes gegenüber den echten Briefen des Apostels Paulus gründen und in deren Licht Schlußfolgerungen gezogen werden. Man sucht also die Gründe zu verstehen, warum etwa die Deuteropaulinen in ihrer Polemik gegen Tendenzen in bestimmten Kirchen alternative Interpretationen ablehnen. Das waren in der Tat historische Entscheidungen. In einem bestimmten geschichtlichen Augenblick sich weigern, eine der geschichtlich gegebenen Alternativen zu wählen, kann auf die Preisgabe des Sinns des ursprünglichen christlichen Impulses hinauslaufen; – c) die Erkundung des Weges, auf dem neue Glaubenseinsichten zum Ausdruck gekommen sind; auch eine Untersuchung der Art und Weise, wie neue Glaubenseinsichten in die bestehenden Glaubenserrungenschaften einbezogen wurden: rein additiv? oder: durch Aktualisierung des überlieferten Glaubensganzen? – d) vermengt mit dieser dreifachen Studie ist die Forschung nach den soziohistorischen und politischen Vermittlungen. Warum z.B. nehmen die ersten Christen eine eher loyale Haltung gegenüber der römischen Besatzungsbehörde ein? Ist dies eine innere Konsequenz ihrer Gnadenauffassung – normierend für alle Christen – oder eher eine geschichtlich bedingte kluge Haltung, die in einer bedrängten Lage die Freiheit der Evangelisation möglich gemacht hat? – e) Nur selten wird eine Studie des Charakters eines neutestamentlichen Schriftstellers möglich sein. Bei den echten Briefen des Paulus ist dies jedoch möglich. Paulus scheint in der Tat schwierig und aggressiv zu sein, ein Schwarz-Weiß-Charakter, der nicht nur anfangs Christen blutig verfolgte, sondern, auch nachdem er selbst Christ geworden, charakterisiert bleibt durch ständige aggressive Reaktionen gegen Opponenten und durch eine Auseinandersetzung mit fast allen seinen Mitarbeitern (Markus, Apollos, Barnabas, Lukas, ... Petrus). Seine exklusive, fast aggressive Gnadenauffassung hat offensichtlich auch mit seinem Charakter zu tun: Es geht in seinen Briefen zwar um die eine Norm, Jesus Christus, aber es ist dann doch der ‚Christus des Paulus‘, *sein* Evangelium (Gal 1,8; 1 Kor 4,15; Gal 5,10; siehe 1 Kor 1,12–13). In der neutestamentlichen Glaubensüberlieferung wird Gottes Offenbarung stets durch und in menschlichen Zeichen vermittelt: in menschlicher Sprache, in die alles eingeht, was Menschen eigen ist – ihre Erfahrung, Bildung und Erziehung, ihr Stil und ihre Form, ihre ganze Persönlichkeit. Daß deshalb auch charakterologische – ‚normale‘ oder ‚anomale‘ – Züge jedes neutestamentlichen Schriftstellers in ihren Schriften Spuren hinterlassen, gehört zum tiefmenschlichen Charakter der Offenbarung Gottes, die frei ist von jedem Hokuspokus.

Offenbarung ist für Gläubige somit, in der Dimension unserer durch und durch menschlichen Geschichte, ein *Handeln Gottes* als von Gläubigen *erfahren* und in religiöser Sprache *interpretiert* und deshalb menschlich zur Sprache gebracht. Nicht dieses interpretative Erfahren selbst, sondern was sich *in ihm* erfahren läßt, ist in diesem komplexen Kontext das alles durchdringende autoritätsvolle Offenbarungsmoment.

Die Analyse in diesen ersten drei Kapiteln läuft deshalb im wesentlichen auf folgendes hinaus: *In* unseren menschlichen Erfahrungen können wir *erfahren,* was unsere Erfahrung übersteigt und was sich in ihnen als unerwartete Gnade verkündet. „Meine Gedanken sind nicht eure Gedanken" (Jes 55,8). Das wußten auch die Propheten nicht durch eine besondere Telexverbindung mit dem Himmel, sondern aus eigener, interpretierter religiöser Erfahrung.

Wenn ich dann in diesem Buch von der neutestamentlichen Geschichte ausgehe, in der Christen ihre Erfahrung von Gnade artikulieren, steht dieser christliche theologische Ausgangspunkt deshalb keineswegs im Widerspruch zu einem Ausgangspunkt am ‚anderen Ende‘, bei unseren heutigen Erfahrungen. Außerdem liegt die unumgängliche Tatsache vor uns, daß Jesus von Nazaret in *unserer* Geschichte erschienen ist und in ihr eine unglaubliche ‚Wirkungsgeschichte‘ gehabt hat – zur Befreiung vieler Menschen, oft auch zur Knechtung anderer Menschen. Wie dem auch sei, das Christentum ist ein Stück unserer heutigen Erfahrungen! Mit dieser positiven und negativen Nachwirkung Jesu, den Christen als den Christus bekennen, muß sowohl der Christusgläubige als auch der Nichtchrist ins reine kommen – es *ist* unsere Vorgeschichte und für alle, die jemals mit dem Christentum in Berührung gekommen sind – mittels christlicher Kirchen oder mittels der vom Christentum beeinflußten westlichen Kultur –, eine zumindest versteckte Dimension ihrer eigenen Gegenwart. Daß andere aus *ihrer* religiösen Erfahrungstradition heraus – jüdische Religiosität, Buddhismus, Hinduismus, Islam – etwas derartiges sagen können, ist ein Grund mehr, uns auf die Bedeutung eigener christlicher Ansprüche zu besinnen. Zwar sind Christen davon überzeugt, eine Botschaft für alle Menschen zu haben, aber sie haben die Wahrheit nicht gepachtet.

ZWEITER TEIL

NEUTESTAMENTLICHE THEOLOGIE
DER GNADENERFAHRUNG

BEGRÜNDUNG DER ANGEWANDTEN METHODE

Im Neuen Testament kommt das Wort Gnade (charis) nicht im Markusevangelium vor, das genausowenig den verwandten griechischen Septuaginta-Begriff ‚eleos‘ (gnadenvolles Erbarmen) gebraucht. Mattäus hat dreimal ‚eleos‘, aber kein einziges Mal ‚charis‘. Im Johannesevangelium fehlt der Gnadenbegriff (charis und eleos) völlig, außer viermal ‚charis‘ im Prolog (wo er höchstwahrscheinlich vorgegeben ist in dem hymnischen Traditionsstück, das Johannes übernimmt und auf seine redaktionelle Art organisch in sein Evangelium einfügt). Ferner kommt es ebensowenig im Ersten und Dritten Johannesbrief vor.

‚Charis‘ kommt im Ersten Thessalonischer- und im Philipperbrief vor, aber nur in den traditionellen Begrüßungsformeln. Bei Lukas kommt der Begriff häufiger vor (achtmal; auch siebenmal eleos; siebzehnmal in der Apostelgeschichte), aber meistens nicht in einem theologischen Sinn (außer ‚eleos‘, worin Lukas der Septuaginta folgt). Auffallend ist es deshalb, daß im *Corpus Paulinum* charis an die hundertmal vorkommt, davon ungefähr sechzigmal in den echten Briefen des Paulus [1].

Wortstatistiken sagen an sich noch sehr wenig, manchmal überhaupt nichts. Sie regen nur die Aufmerksamkeit an. Jedenfalls geht aus dieser statistischen Wortübersicht [2] – wenn wir den Inhalt von charis in den verschiedenen Kontexten mit einbeziehen – hervor, daß der explizite *theologische* Gebrauch von charis im Neuen Testament fast ausschließlich auf Paulus und seine Schule beschränkt bleibt. Das will noch nicht heißen, daß Paulus uns eine ‚Theologie der Gnade‘ gibt noch daß die Ansätze zu einer solchen Theologie anderswo im Neuen Testament fehlen würden; noch weniger, daß das übrige Neue Testament die Wirklichkeit, die Paulus mit Gnade andeutet, nicht kennen würde. Wohl zeigt sich, daß Paulus in seinem persönlichen Vokabular das Wort charis häufig gebraucht; es legt nahe, daß das Wort bei ihm mit (im Neuen Testament) typisch-paulinischen Themen assoziiert wird, die deshalb noch nicht exklusiv-paulinisch sind, aber eine bestimmte zwischentestamentliche Thematik übernehmen können (siehe unten).

Wenn wir diese Wortstatistik mit der Theologie der Gnade (charis und gratia) in der Patristik vergleichen, dann zeigt sich schon, daß ‚die Gnade‘ formal nicht Mittelpunkt der theologischen Reflexion war, bis zu den späteren Werken des Augustinus in seiner Polemik mit Pelagius. Das heißt keineswegs, daß Sprechen von Gnade eine ‚second order‘-Aussage ist, das heißt eine Aussage über eine Aussage, die selbst etwas anderes sagt. Dann wäre Gnade keine unmittelbare

Erfahrungsgegebenheit, sondern eine nachträgliche Aussage über eine bestimmte Erfahrung, nämlich die Erfahrung Jesu als des Christus. Die Thematisierung oder weitere Besinnung auf die Gnade als Erfahrungsmoment ist selbst ein ‚second order'-Unternehmen, eine Art ‚objektivierende' Reflexion auf das, was in der Erfahrung schon mitgegeben ist. Chronologisch ist dies immer ein Unternehmen, das schon eine längere Tradition von Gnadenerfahrungen voraussetzt: Ein Aspekt in der Erfahrung von Heil in Jesus von Gott her wird also in der sogenannten ‚Theologie der Gnade' formal analysiert. Als solchen findet man im Neuen Testament nur einen *Ansatz zu* einer Gnadentheologie.

Die Erfahrung von Gnade ist nicht schlechthin identisch mit ihrer bestimmten Artikulation, aber der Gebrauch bestimmter Wörter (z.B. charis; eleos), um diese Erfahrung zum Ausdruck zu bringen, bietet uns doch eine erste Stufe zu einer besseren Einsicht in das, was das Neue Testament mit seiner christlichen Erfahrung meint. Im vorausgegangenen ersten Teil wurde gesagt, daß Erfahrung und Interpretation sich gegenseitig beeinflussen; das interpretative Sprachmoment hat eine Rückwirkung auf die Erfahrung selbst. Deshalb ist es nicht unwichtig, nachzuforschen, welcher Sprachschatz den neutestamentlichen Schriftstellern zur Verfügung stand, um den Gnadencharakter ihrer christlichen Erfahrungen zur Sprache zu bringen, um so festzustellen, in welche Richtung das Bedeutungsfeld dieser Wörter ihre Auslegung von Heilserfahrung in Jesus Christus lenken konnte. Dieser treibende Einfluß ist aber nicht entscheidend, weil ihre neue Erfahrung die Kraft und den Umfang früherer zur Sprache gebrachter Erfahrungen überschreiten kann. Tradition und Neues können im Gebrauch desselben Wortes (z.B. charis) zusammenkommen.

Damit ist zugleich eine methodische Richtlinie gegeben, vor allem weil der Tenach oder das Alte Testament der wichtigste Interpretationsrahmen des Neuen Testaments ist. Zuerst wird daher das Wortfeld von ‚charis' (Gnade) im profanen und religiösen hellenistischen Sprachgebrauch untersucht. Weil außerdem griechisch sprechende Juden das Wortfeld der hebräischen Gnadenauffassung ins Griechische übersetzten und darin schon mit der Umsetzung hebräischer Begriffe in griechische Wörter gerungen haben, muß auch der Gnadenbegriff in der Septuaginta untersucht werden und dem vorausgehend das hebräische Wortfeld von Gnade, das außerdem auch unmittelbaren Einfluß auf die Entstehung der neutestamentlichen Literatur gehabt hat. Aber wie sich vorhin gezeigt hat, daß gerade dadurch, daß man die formale Struktur der Offenbarung erhellt hat, man auch schon etwas über ihren Inhalt gesagt hat, so kann man wenig Sinnvolles über ‚die Gnade' sagen, ohne über den Heilsinhalt, der als Geschenk erfahren wird, zu sprechen. Die Frage nach Gnade im Neuen Testament muß zugleich eine Antwort auf die Art und Weise geben, wie neutestamentliche Christen Heil in Jesus von Gott her erfahren. Um es in traditionellen Begriffen zu sagen: Der Gnadentraktat ist tatsächlich eine ‚second order'-Thematisierung hinsichtlich der Erlösungslehre eine Art ‚Formalisierung' derselben – ein Grund, warum wir die beiden nicht trennen wollen.

ERSTER ABSCHNITT

DAS BEDEUTUNGSFELD DES SPRACHSCHATZES ALS VERFÜGBAREN AUSDRUCKS NEUTESTAMENTLICHER GNADENERFAHRUNGEN

LITERATUR: *A. J. van Epsen*, s. v. 'aman ('emeth), in: ThWAT, I, 313–348 (erst bis zum Buchstaben „ch" erschienen); *H. J. Stoebe*, s. v. chesed, in: ThHandWAT I, 600–621; *ders.*, s. v. chanan (und cheen), a. a. O. I, 587–597; *H. Wildenberger*, s. v. aman ('emeth), a. a. O. I, 177–209. Auch bei den entsprechenden griechischen Wörtern in ThWNT, vor allem: s.v. charis, IX, 366–377 *(W. Zimmerli)*; s. v. eleos, II, 474–483 *(R. Bultmann)*; s. v. alètheia, I, 233–237 *(G. Quell)*; s. v. hosios, V, 488–492 *(F. Hauck)*; *M. Bailly*, s.v. charis, in: Dictionnaire grec-français (Paris ⁹o. J.) Sp. 2124C–2125B; *W. Bauer*, Griechisch-Deutsches Wörterbuch (Berlin ²1952) s. v. charis, Sp. 1592–1595; *H. G. Liddell* und *R. Scott*, s. v. charis, in: Greek-English Lexicon (Oxford 1966) 1978–1979. Ferner: *F. Asensio*, Misericordia et veritas (Rom 1949); *Kl. Berger*, „Gnade" im frühen Christentum: NTT 27 (1973) 1–25; *P. Bonnetain*, Grâce, in: DBS, Bd. 3, 701–1319; *N. Glück*, Das Wort Hesed (BZAW, 17) (Berlin 1927); *J. Haspecker*, Der Begriff der Gnade im Alten Testament, in: ²LThK IV, 977–980; *A. Jepsen*, Gnade und Barmherzigkeit im Alten Testament: KuD 7 (1961) 261–271; *ders.*, 'Aman, in: ThWAT, I, 313–348; *W. Lofthouse*, Cheen and chesed in the Old Testament: ZAW 51 (1933) 29–35; *U. Masing*, Der Begriff Chesed im alttestamentlichen Sprachgebrauch (Festschrift I. Kopp) (1954) 27–63; *D. Michel*, Aemaet. Untersuchung über ‚Wahrheit' im Hebr: Archiv für Begriffsgeschichte 12 (1968) 30–57; *J. Montgomery*, Hebrew hesed and Greek charis: HThR 32 (1939) 97–102; *G. Morrish*, A concordance to the Septuagint (London 1974); *H. Rowley*, The biblical doctrine of election (London 1950); *H. Stoebe*, Die Bedeutung des Wortes Haesaed im Alten Testament: VT 2 (1952) 244–254; *Th. Vriezen*, Geloven en vertrouwen (Nijkerk 1957); *G. Wetter*, Charis (UNT, 5) (Leipzig 1913); *J. Wobbe*, Der Charisgedanke bei Paulus (NTAbh 13, 3) (Münster 1932).

ERSTES KAPITEL
CHANAN UND CHEEN; CHESED UND 'EMETH: DER GNADENBEGRIFF IM TENACH

§ 1. ,Chanan'-Tätigkeit Jahwes

A. CHANAN: SICH LIEBEVOLL ZUWENDEN

Es gibt unter den Theologen (Exegeten), welche die semantische Bedeutung der hebräischen Wörter studieren, ziemlich unterschiedliche Interpretationen. Das fällt schon auf, wenn wir die Studien über chanan und cheen aus der Hand von W. Zimmerli, A. Jepsen und H. J. Stoebe in den verschiedenen theologischen Wörterbüchern miteinander vergleichen. Das ist vor allem der Fall, wenn die etymologische Stammbedeutung eines Wortes unbekannt oder unsicher ist, weil dann jeder Kontext, in dem das Wort gebraucht wird, wesentlich ist, um zur Grundbedeutung eines Wortes zu kommen. Außerdem wird die eigentliche Bedeutung eines Wortes in einem Text formal durch diesen Kontext bestimmt, und dann übt die theologische Interpretation, die oft konfessionell bestimmt ist, vor allem wenn es um die Gnadentheologie geht, großen Einfluß aus. Mit diesem Vorbehalt wird man auch die folgende Analyse lesen müssen.

Die Bedeutung der Wurzel (ch-n-n) von chanan ist: gnädig sein, sich jemandes erbarmen. Darin tritt nicht so sehr der Gedanke eines Sich-Herabneigens zu jemand in einer gewissen Kondeszendenz in den Vordergrund (allerdings wird darüber unter Fachleuten noch ziemlich diskutiert), sondern der Gedanke der Zuwendung, des Näherkommens, und zwar so, daß diese Zuwendung zu jemand nicht nur, oder vor allem, die innere Gesinnung meint, sondern eine bestimmte Tat, in der die wohlwollende Annäherung konkret wird. In chanan ist (im Gegensatz zur griechischen charis) die *Hinwendung* zum Mitmenschen primär. Das Hebräische kennt nicht den Dualismus einer inneren Gesinnung, die sich sodann in Taten des Wohlwollens nach außen hin kundtut. Gnade (chanan) ist das Wohlwollen jemandes, das sich in einer Gabe oder in einem Geschenk äußert. Jahwe ist Jakob gewogen *in* der Gabe seiner Kinder (Gen 33,5), die Gabe der Tora *ist* Gottes Huld (Ps 119,29). Es besteht also kein Dualismus zwischen innerer Haltung oder gnädigem Wohlwollen und äußeren Gnadengaben oder Geschenken. Das Geschenk selbst *ist* die Hinwendung einer Person zu einem Mitmenschen. Man kann sagen: „Es sind die kleinen Dinge, auf die es ankommt", nicht nur die innere Gesinnung. Das Wort chanan (jemand gnädig gegenübertreten) hat primär keine religiöse Bedeutung. Das Bedeutungsfeld des Wortes ist aus dem zwischenmenschlichen Umgang genommen, in dem es seinen ,Sitz im Leben' hat.

Dieser Begriff von Gnädigsein setzt auf seiten des Begnadeten wesentlich einen Mangel voraus, der sich in einem flehenden Bitten äußern kann, so stark sogar, daß chanan manchmal ersetzt wird durch ein hebräisches Wort, das antworten ('ana') bedeutet. Wer etwas nicht hat – oder nichts hat –, bekommt etwas durch das Wohlwollen des anderen, mit dem Nebengedanken, daß in diesem Geschenk der Begünstiger sich von Herzen dem anderen zuwendet, eine Zuwendung, die zugleich eine Antwort auf den bittenden Mangel dieses anderen ist. Gnade im Sinn des verbalen chanan ist deshalb eine herzliche Zuwendung jemandes zu einem anderen hin, zumindest als implizite Antwort auf einen entsetzlichen Mangel, ob dieser Mangel nun von dem, der das Geschenk erhält, explizit formuliert wurde oder nicht. Aber gerade aus dieser Struktur geht hervor, daß der Schenkende gegenüber dem Bedürftigen doch in etwa in dem Verhältnis des Höheren gegenüber dem Niederen steht. Chanan mit seinen Ableitungen hat daher oft mit der Haltung des Königs gegenüber seinen Untertanen zu tun, um die er sich kümmern muß. Chanan heißt sich umschauen nach jemandem und deshalb oft aus der eigenen Höhe ,herabschauen auf' (aber dann nicht in einer ungünstigen Bedeutung). Der Bedeutungsinhalt umfaßt daher: jemandem Rechnung tragen, sich zu jemandem hinneigen und, schließlich, ihm eine Gunst erweisen.

Vor allem in der Weisheitsliteratur erhält chanan verschärft die Bedeutung von: sich der Armen (Spr 14,31) und der Niedrigen erbarmen (Spr 28,8), indem man ihnen etwas gibt (Ps 37,21; 37,26; 112,5). Dasselbe kommt zum Ausdruck in der chanan-Haltung des Siegers, der die durch den Krieg Besiegten ,schont' oder ,verschont'. Von daher erhält chanan auch die Bedeutung von Vergebung schenken, begnadigen oder Gnade erweisen (ein Aspekt, der im griechischen Wort ,charis' völlig fehlt, ein Grund dafür, daß die Septuaginta den Begriff chanan lieber mit ,eleos' als mit ,charis' wiedergibt)[3]. Nach einem Krieg erfolgt die Begnadigung durchweg durch den Abschluß eines Bundes (Dt 7,2). Gnadenvolle Liebe wird also auch Bundesliebe, mit einem Akzent auf Gegenseitigkeit. Rein ,profan' rufen Gnade und Bund einander deshalb schon wach, wenn auch der Begriff chanan nicht per se mit Bundesliebe verwandt ist.

Aus dem Erfahrungsfeld zwischenmenschlichen Umgangs appelliert man an diese ,profane' Wortbedeutung, um Erfahrungen mit Gott wiederzugeben. In dieser religiösen Bedeutung erhält chanan im ganzen Tenach eine typische Bedeutung, die das Neue Testament deutlich beeinflußt. In den ungefähr sechzig Fällen, in denen chanan gebraucht wird, ist in mehr als vierzig Fällen Gott selbst das Subjekt, darunter sechsundzwanzigmal in den Psalmen, die damit zu den Hauptzeugen der alttestamentlichen Huld Gottes werden. Wie Paulus im Neuen Testament das Verhältnis Gottes zum Menschen vor allem unter dem Aspekt der Gnade sieht, so kann man einen gleichen Gnadenmonismus in den Psalmen finden. Kennzeichnend ist auch hier die Korrelation zwischen Mangel und Huld: Gott beantwortet das Bittgebet der Frommen. Dabei fällt auf, daß ,Bittgebet', als Bitte um eine beantwortende chanan-Haltung, mit einem von dem chanan-Stamm abgeleiteten Wort ausgedrückt wird (vor allem in den Klagepsalmen)[4]. Gnade und um Gnade bitten (Ohnmacht) sind korrelativ und werden deshalb aus einem gleichen Wortstamm (ch-n-n) benannt. Gerade der reflexive Stamm von chanan bedeutet: darum bitten, Notiz zu nehmen von der eigenen Situation und nach dem eigenen elenden Zustand zu schauen; deshalb: allgemein, um Gnade bitten, zumindest darum, das Gebet anzuhören (auch wenn es nicht erhört wird) (siehe 1 Kön 8,30.45; 2 Chron 6,35.39; Ps 6,10). Dem Bitten um Gnade liegt daher ein doppeltes Fundament zugrunde. Einerseits das eigene Defizit (Notsituation: Ps 4,2; 6,3; 9,14; 25,16; 52,2), das in verschiedene Fällen zu spezifizieren ist: eigene Schwäche (Ps 6,3), Einsamkeit (Ps 25,16), Bedrängnisse mancher Art (Ps 31,10; 123,3), entsetzliches Elend (Ps 86,3). Anderseits: Glaube an Gottes Huld oder huldvolle Zuwendung (chanan)[5]. Erflehte Gnade ist also im allgemeinen eine Gebetserhörung (Ps 4,2), spezifiziert nach den Fällen: eine Heilung (Ps 6,3; 41,5), Errettung aus Elend, das durch Feinde oder Unglück verursacht ist (Ps 9,14), Befreiung aus Angst (Gen 42,21; 2 Kön 1,13; Ijob 19,16), Erlösung oder Rettung (Ps 26,11), ‚Aufrichtung' (Ps 41,11), Sündenvergebung (Ps 51,3), Kraft (Ps 86,16), verschont bleiben von einem drohenden Tod oder bewahrt bleiben vor der scheol (in vielen Klagepsalmen) usw. Die erflehte oder erlangte ‚Gnade' hat mit ‚menschlichem *Leben*' zu tun.

Wichtig ist dabei vor allem die Feststellung, daß nach all diesen Texten Gnade eben als Gnade in einer dialogischen Situation erfahren wird: dem Gebet. In all dem finden wir eine spezifische Äußerung der Glaubenssicherheit, daß Jahwe sich mit Vorliebe schwachen, armen, von Mitmenschen verletzten, verlorenen und unterdrückten Menschen zuwendet. Dies liegt gleichsam schon im religiösen Gebrauch des Begriffs chanan. Das kommt stark zum Ausdruck in: chonneni, das heißt „Sei mir gnädig", als Schlußgebet nach einem konkreten Flehen um eine Gunst (Ps 4,2; 6,3; 9,14; 27,7; 30,11; 41,5.11; 51,3–4; 86,16). Dies wird auch eine Segensformel: „Gott sei dir gnädig" (Num 6,25; Ps 67,2). Gnade trifft den kleinen und gedemütigten Menschen: Dieser wird von Gott ‚aufgerichtet'. Darin liegt die Gnade. An sich ist dies nicht ein Unikum der Tenach-Spiritualität; Parallelen solcher Bittgebete gehören zum religiösen Schatz vieler Völker. Spezifisch wird dieses Vertrauen auf Gottes gnädige Zuwendung (chanan) erst dadurch, daß Israel und der betende Israelit dies alles in die Bundesgnade oder *chesed* (siehe unten) Jahwes stellt, und damit in die Verheißung der Zuwendung Jahwes zu seinem Volk (Ps 51,3 und 119,58; 2 Kön 13,23). Angesichts der Sündhaftigkeit des Menschen findet jede Notsituation ihr Resümee in: „Ich habe wider dich gesündigt" (Ps 41,5), so daß chanan oder Gottes Zuwendung und Schauen nach dem Menschen wesentlich auch Sündenvergebung einschließt.

Vor diesem Hintergrund erhält auch der ‚priesterliche' Segen, in dem Gottes gnädige Zuwendung erfleht wird, seine volle Bedeutung. „Gott sei dir gnädig (chanan), mein Sohn" (Gen 43,29), sagt der Patriarch Joseph zu Benjamin. Im Segen Aarons (Num 6,25, siehe 6,27) wird der Name Jahwes und seine Huld auf das Volk gelegt. Dies weist auf einen ursprünglichen Gnadenwillen Gottes hin, der seinem Volk aufgrund eines besonderen Bundes zugesagt wurde. Doch bleibt Gottes Gnade eine freie Gabe, wie der Bundesmittler Mose voller Schärfe zu hören bekommt: „Denn ich schenke Gnade (chanan), wem ich will, und Barmherzigkeit (racham), wem ich will" (Ex 33,19). In seiner theologischen Bedeutung darf man chanan deshalb nicht zu stark mit dem Bund verbinden (im Gegensatz zu chesed), weil chanan trotz allem religiös auf Gottes souveräne Freiheit in seiner Huld hinweist[6]. Trotz der Ungleichheit des göttlichen und des menschlichen Partners impliziert eine chanan-Situation Gegenseitigkeit. Gnade ist: zusammen aufbrechen, wie Ex 33,12–23 es feinsinnig formuliert: „Mose sprach zu Jahwe: Siehe, du befiehlst mir, dieses Volk hinaufzuführen; doch hast du mich nicht wissen lassen, wen du mit mir senden willst, wo du doch gesagt hast: *Ich habe meine Wahl auf dich fallen lassen* und *dir meine besondere Gunst geschenkt.* Nun denn, wenn ich *deine Gunst genieße,* so laß mich doch deine Pläne wissen, damit ich erfahre, *wer du bist,* und weiß, daß ich *noch immer deine Gunst genieße.* Da fragte Jahwe: Muß denn mein Angesicht mitziehen und muß ich dir Ruhe geben? Mose erwiderte: Wenn dein Angesicht nicht mitgeht, so laß uns nicht von hier fortziehen. Woran soll man denn sonst erkennen, daß ich und dein Volk deine Gunst genießen, wenn nicht *daran, daß du mit uns ziehst.* Da sprach Jahwe zu Mose: Auch was du jetzt erbeten hast, will ich tun; *denn du genießt meine Gunst,* und *ich habe meine Wahl auf dich fallen lassen.* Da bat Mose: Laß mich doch deine Herrlichkeit schauen! Und er antwortete: Ich will in all meiner Pracht an dir vorbeigehen und will den Namen Jahwe vor dir ausrufen. Denn ich schenke Gnade (chesed), wem ich will, und Barmherzigkeit, wem ich will. Aber er fügte hinzu: *Du kannst mein Angesicht nicht schauen,* denn kein Mensch bleibt am Leben, der mich schaut" (Ex 33,12–23). Dieser Text atmet die ganze Gnadenthematik des Tenach: Auserwählung, Begünstigung, miteinander hinaufziehen, beiderseitige Kenntnis des Namens des anderen – duzen –, Gottes Antlitz, das sich den Menschen, Israel, zuwendet – Gott, der sich nach Israel umschaut –, während anderseits dieser gnädige Gott ein verborgener Gott bleibt, der wegen seiner Offenbarung in Verhüllung Israels Verlangen wachhält. Erstaunlich ist vor allem: „Ich will an dir vorbeigehen und den Namen *Jahwe* vor dir ausrufen, *denn* ich schenke Gnade, wem ich will." Der Text deutet an, daß der Name ‚Jahwe' bedeutet: freie und souveräne Huld[7]. Nicht mehr Gott als der große willkürliche Potentat im alten Orient, sondern der Gott Israels – Jahwe – ist der Gott souveräner Freiheit, jedoch in Gnade und Erbarmen. Der Exodusname Gottes „Ich-bin-der-ich-bin" (Ex 3,14) wird hier somit erklärt als: Ich bin für die Menschen da, als König (chanan) und als Vater und Mutter zugleich (racham) (die Nachwirkung von Ex 33,19 siehe in: 2 Kön 13,23; Jes 30,18 und auch wohl in Jes 27,11). Er ist ein Gott der Menschen.

Es fällt auf, daß die großen Schriftpropheten keineswegs Gottes chanan-Haltung erwähnen (mit Ausnahme von Am 5,15, der nach einer Unheilsdrohung als äußerste Möglichkeit noch von Gottes Erbarmen mit dem Rest Josefs spricht)[8]. Das weist darauf hin, daß bei diesen Propheten die Drohung mit Unheil wegen Untreue gegenüber Jahwe zentral steht und nicht Gottes Huld. Das Gericht ist die Kehrseite ein und derselben Huld Gottes.

Schließlich wird die kritische und produktive Kraft der Huld Gottes im Tenach besiegelt im liturgischen Kult. ‚Der Gnädige‘ wird zu einem doxologischen und Gott preisenden Gottesattribut in der Liturgie, und zwar in Reimform: „rachum wechannun“, er ist ein barmherziger und gnädiger Gott (Ex 34,6; in umgekehrter Reihenfolge: Ex 20,5–6; Dt 5,9–10). An elf Stellen finden wir diese gereimte Doppelformel: Ex 34,6; Joel 2,13; Jona 4,2; Ps 86,15; 103,8; 111,4; 112,4; 145,8; Neh 9,17.31; 2 Chron 30,9; manchmal nur „channun“[9], manchmal auch breiter ausgeführt: „Du bist ein barmherziger und gnädiger Gott, langmütig und reich an Huld und Treue“ (an chesed und ’emeth; siehe weiter unten) (Ex 34,6); dieser Zusatz bedeutet, daß Gottes Huld trotz des Versagens seines Volkes standhält. Der liturgische Lobpreis kommt auch in der festlichen Proklamation des Namens Jahwe im Rahmen des Bundes auf dem Sinai vor (Ex 34,6; nachwirkend in Num 14,18; Joel 2,13; Jona 4,2; Ps 86,15; 103,8; 145,8; Neh 9,17. Wahrscheinlich ist Ex 34,6 dann als eine Art Ätiologie oder ‚Ursprung‘ dieses liturgischen Gebetes im Tempel zu verstehen)[10]. Die Erfahrung von Gottes Huld – selbst schon ein dialogales Geschehen – kulminiert gleichsam antiphonal, nämlich in der liturgischen Danksagung und dem liturgischen Lobpreis. Dieser Aspekt wird sich auch in der neutestamentlichen Gnadenerfahrung als wesentlich erweisen.

B. DIE WICHTIGSTE ABLEITUNG VON CHANAN: DER BEGRIFF ‚CHEEN‘

Das Verb chanan kennt kein Substantiv. Das Nomen ‚cheen‘ – eine substantivierte Infinitivform des Verbs chanan – hätte, an sich, am besten in der Form des Nomens die Gnadenbedeutungen von chanan wiedergeben können: chanan heißt jemandem cheen (Gunst) erweisen. Anfangs war dies auch die Bedeutung von cheen, wie deutlich aus einem Sacharjatext hervorgeht: „Über das Haus David und über die Bewohner Jerusalems will ich einen Geist der Gnade (cheen) ausgießen, der sie zum Beten bringt“ (Sach 12,10). Auffällig ist aber, daß cheen (nur in der Einzahl) selten in Sätzen gebraucht wird, deren Subjekt Jahwe ist, und daß außerdem die Psalmen, die Hauptzeugen des Gebrauchs von chanan, bis auf wenige Ausnahmen (und ohne jede theologische Bedeutung; Ps 84,12 und 45,3), das Wort cheen nicht gebrauchen[11]. Die Loslösung von der Wurzelbedeutung von chanan liegt darin, daß sich bei cheen die Aufmerksamkeit eher auf ein Verhalten oder die Beschaffenheit jemandes richtet, aufgrund deren ein anderer – immer ein Höhergestellter gegenüber einem Geringeren (vor allem der König: 1 Sam 16,22; 27,5; 2 Sam 14,22; 16,4; 1 Kön 11,19; Est 5,2.8 usw.) – ihm wohlwollend gesinnt ist. Von daher: Wohlgefallen finden ‚in den Augen‘ eines Höhergestellten (der königliche Hof ist wohl der ‚Sitz im Leben‘

des Gebrauchs von cheen – wenn dieser auch später demokratisiert wurde, z. B. Gen 32, 6).

Bei cheen steht meistens ‚in den Augen von‘: Man wird wohlgefällig gefunden in der Wertschätzung jemandes. Die Bedeutung von ‚sich umschauen nach‘, ‚Rücksicht nehmen auf‘ ist ursprünglich auch an dieses von chanan abgeleitete Wort gebunden. Aber im Gegensatz zu chanan geht der Blick nicht von dem, der begünstigt, zum Begünstigten, sondern in umgekehrter Richtung. ‚Cheen‘ ist somit nicht immer das Ergebnis, sondern das Objekt oder der Grund dafür, daß jemand Wohlgefallen hat an jemandem (siehe 2 Sam 15, 25). Immer mehr wird der Besitz von cheen zum Grund, warum man sich der Gunst jemandes erfreut. Mit anderen Worten, die semantische Entwicklung von cheen (im Gegensatz zu chanan) neigt dazu, das gebende Subjekt von cheen auszuschalten und nur den Grund oder eine Eigenschaft in jemand wiederzugeben, aufgrund deren ein Dritter wohlwollend gegen jemand gestimmt ist. Vor allem in der Weisheitsliteratur vollzieht sich diese Entwicklung so, daß cheen schließlich Eigenschaften eines bestimmten Besitzers oder sogar von Tieren wiedergibt; vor allem die Anmut und Eleganz, vor allem in der jüngeren Weisheitsliteratur, wo ‚eine Gazelle mit cheen‘ einfach eine anmutige, zierliche Gazelle bedeutet, oder eine ‚anmutige Frau‘ oder glänzender Halsschmuck (Spr 11, 16; 1, 9; 3, 22; 4, 9) oder das gefällige Lächeln um den Mund des Bräutigams (Ps 45, 3; siehe 84, 12). Zwar gibt es hier unter den Fachleuten einige Nuancen, aber man darf doch sagen, daß das Wort cheen die Neigung zeigt, sich aus der Grundbedeutung von chanan als Initiative der Hinwendung zu jemandem völlig zu lösen. Dies ist um so bemerkenswerter, weil die Septuaginta das hebräische cheen ausgerechnet mit charis (Gnade, als das, was man erhält; siehe unten) wiedergibt [12].

In dem Wort cheen verschwindet zwar nicht der Gedanke an ein gnädiges Entgegenkommen, aber er verschiebt sich: Das cheen ist nicht die Gnadengabe, die man in einer Haltung von chanan schenkt; der Besitz von cheen (woher dieses auch kommen mag) wird im Gegenteil zum Grund, warum ein anderer wohlgefällig auf jemanden schaut, der bei ihm damit Gunst erlangt. Daher: „Gnade finden in den Augen anderer“, Dritter [13], meistens Höhergestellter, schließlich auch Gottes. „Noach fand Gnade (cheen) in den Augen Gottes“ (Gen 6, 8; Ex 33, 12; 33, 13.16.17). Durch diese Verschiebung kann cheen eine allgemeine Formel, sogar eine reine Höflichkeitsform werden in dem Sinne von ‚bitte‘, wenn ich nur Gnade finde in deinen Augen: „töte mich doch, wenn ich nur Gnade in deinen Augen gefunden habe“ (Num 14, 15 = „laß mich bitte sterben“).

In der ‚profanen‘ Sprache oder dem zwischenmenschlichen Umgang ist dieser Gebrauch von cheen, Gnade, sehr häufig. „Joseph gewinnt Ansehen (Wohlgefallen; findet Gnade; kommt in die Gunst von…) bei ihm (Putiphar)“ (Gen 39, 4); Jakob gibt Esau ein Geschenk, damit er Gnade finde bei – in die Gunst komme von – Esau (Gen 32, 6). Das, was das Ansehen bei anderen hervorruft, nämlich das ‚cheen‘, kann in Wirklichkeit ein Geschenk Gottes sein, aber das

Wort selbst sagt das nicht mehr. Typisch ist: Jahwe verlieh den Israeliten ,cheen‘
in den Augen der Ägypter, so daß diese ihnen bei ihrem Auszug kostbare
Gefäße mitgaben (Ex 3,21; 11,3; 12,36). In Ps 84,12 gibt Jahwe den Seinen
,cheen und kabod‘, ,Gnade und Gewicht‘, das heißt Ansehen bei anderen (siehe
auch Gen 39,21). Es geht immer um Dritte: in der Gunst stehen bei jemand.
Der Unterschied zwischen chanan und cheen liegt also darin, daß, auch wenn
Gott die Ursache des ,cheen‘ ist, das jemand bei Dritten besitzt, man bei diesem
Wort den Geber nicht mit-bedenkt, wohl aber die Wertschätzung und günstige
Reaktion Dritter. Cheen (charis, Gnade) ist also nicht losgekoppelt von der
Stammbedeutung von chanan, als gnädige Hinwendung zu jemandem (so Zim-
merli), sondern die gnädige Hinwendung *hat sich verschoben* und folgt auf das
anerkennende Sehen von jemandes Besitz von cheen.

Diese semantische Verschiebung im Gebrauch des Wortes cheen läßt eine
interessante Entwicklung erkennen. Da im Bedeutungsfeld von chanan ein kor-
respondierendes Substantiv fehlt, nimmt ein anderes Substantiv diese Stelle ein.
Das ist das Wort *chesed*. Obwohl von einem ganz anderen Stamm als chanan,
diente es faktisch als die Substantivform (die Gnade) des Verbs chanan, gnädig
sein[14]. In der Septuaginta wird bis auf einige spätere Ausnahmen (siehe unten)
chesed gerade nicht mit dem griechischen charis übersetzt, sondern mit ,eleos‘
(Erbarmen), während anderseits das griechische Verb ,sich erbarmen‘ (eleein)
in der Septuaginta die geläufige Übersetzung von chanan ist. Mit anderen
Worten, diese Übersetzer sahen deutlich den Zusammenhang zwischen chanan
und chesed, trotz deren unterschiedlicher Stammbedeutung.

§ 2. Israels Auffassung von der ,chesed‘ und ,’emeth‘ Gottes

Wie über die eigentliche Bedeutung von chanan und cheen streiten die (theologischen) Philologen auch über den Begriff chesed; oft spielen theologisch-kon-
fessionelle Motive hier unbewußt eine Rolle. Weist chesed auf eine Interrelation
von Rechten und Pflichten? Oder überschreitet chesed die interpersonalen Verpflichtungen, sogar eine Bundesbeziehung? Setzt chesed außerdem schon eine
Gemeinschaftsbeziehung zwischen beiden Partnern voraus, oder ist sie gerade
die Grundlage einer solchen Gemeinschaft? Das Etymon von chesed ist sehr
ungewiß und kann keine Richtung anweisen; sicher ist jedoch, daß das Wort
seine Basis in zwischenmenschlichen Beziehungen findet und vor allem aus den
gegenseitigen Beziehungen in einer soziologisch festen Volksgruppe stammt.
Eigentlich ist die chesed die Haltung und das Verhalten der Volksgenossen,
durch das die Volksgruppe fest zusammengehalten wird. Aber damit ist noch
nichts über die Meinung gesagt, die man von der Art der eigenen Volksgruppe
hat. Seit der grundlegenden Studie von N. Glück, der viele Exegeten gefolgt sind,
kommt in den letzten Jahren ein spürbarer Umschwung in die Interpretation.

Mit Glück haben viele gesagt: Chesed bedeutet nicht eine spontane, unmotivierte Güte und Freundlichkeit, sondern eine Art und Weise des Verhaltens, die aus einer durch Rechte und Pflichten geregelten und bestimmten Lebensbeziehung resultiert, wie das Verhältnis zwischen Mann und Frau, Eltern und Kindern, König und Untertanen. Auf Gott angewandt, bedeutet chesed dann die Bundesliebe. Chesed als großmütige Freundlichkeit und Güte wäre dann sekundär, vor allem durch Verbindung mit ‚rachamim‘ (Güte) und anderen präzisierenden Wörtern, wie ‚’emeth‘. Chesed ist dann seinem Wesen nach Gemeinschaftstreue, das heißt, es *setzt* schon eine Lebensbeziehung zwischen Partnern und innerhalb dieser Gemeinschaft *voraus* (u. a. durch Bundesschluß); innerhalb dieser Gemeinschaft spielt die chesed sich ab. Neuere Arbeiten geben diesen überspitzten Standpunkt auf. Als zwischenmenschliche Beziehung hat chesed naturgemäß mit Gemeinschaft zu tun; aber das sagt noch nichts über die Eigenart von chesed. Wir dürfen den hebräischen Gebrauch von chesed in einer Gemeinschaft von Menschen nicht aus einem modernen Vorverständnis heraus verstehen. In chanan geht es primär um eine Hinwendung des einen zum anderen und nicht um einen Beweis von Gemeinschaftsbeziehung. In chesed steht die Richtung vom chesed-Erweiser aus ebenfalls zentral, aber die Beziehung wird nie einseitig gesehen: Sie ruft wesentlich Gegenseitigkeit wach. Das ist auch der Fall in chanan, ist aber in diesem Begriff nicht mitbedacht. Bei chesed wohl. Es besteht chesed zwischen Gastherr und Gast (Gen 19,19), zwischen Verwandten (Gen 47,29), zwischen Verbündeten (1 Sam 10,8) und auch zwischen jemand, der eine Gunst empfangen, und dem, der die Gunst erwiesen hat (1 Kön 20,31; Rich 1,24; Jos 2,12.14). Die Frage aber, ob die chesed Grund der Gemeinschaftsbeziehung ist oder ob diese Beziehung die Basis von chesed ist, ist eine ziemlich falsche Alternative. In Gen 21,23 bittet Abimelek Abraham, ihm chesed zu schenken, wie er selbst es ihm getan habe, um so zu einem Bund mit ihm zu kommen. In 1 Sam 20,8 beruft sich David auf den Bund, den Jonatan mit ihm geschlossen hatte, und er fleht ihn um dieses Bundes willen an, auch selbst jetzt chesed zu bezeigen. Man kann aufgrund eines Bundes um chesed bitten, aber auch aufgrund von erwiesener chesed um einen Bund bitten. Wie sehr Bund auch auf Rechte und Pflichten hinweist, damit ist keineswegs die *besondere* Bedeutung von chesed deutlich geworden, wenn sich auch zeigt, daß diese besondere Bedeutung vor allem zwischen verbundenen oder zu verbindenden Partnern spielt. Mit anderen Worten, chesed verlangt nach Beantwortung in chesed. Die Gegenseitigkeit ist damit deutlich, nicht aber die besondere Bedeutung derselben.

Einzahl und Mehrzahl wechseln einander im Gebrauch von chesed ab, vor allem in späteren Texten (Ps 106, 1.7.45; siehe auch Jes 55,3; 63,7; Ps 17,7; 25,6 usw.). Chesed ist also eine Grundhaltung, die sich in Taten der Güte und Freundschaft bezeugt. Dabei sagt chesed etwas Besonderes über die gegenseitige Haltung, und dieses Besondere bestimmt eigentlich die chesed. Sie geht nämlich über das Pflichtgemäße und das Selbstverständliche in einer interpersonalen

Beziehung hinaus. Chesed – in den älteren erzählenden Texten – weist auf eine unerwartete, überraschende Güte und Freundlichkeit hin, auf etwas, womit man eben nicht rechnen konnte (1 Kön 20,31; auch Gen 39,21; 40,14; 47,29; 20,13; 21,23; Jos 2,12; 1 Sam 15,6; 2 Sam 3,8 und 16,17). Eine solche chesed macht einen Bund zwar möglich, ist aber nicht Voraussetzung dafür. Sie übersteigt das Schema von Leistung und Gegenleistung.

Chesed als zwischenmenschliche Beziehung läßt sich in modernen Sprachen schwierig wiedergeben. Gnade und Wohlwollen sind unzureichend. Chesed ist ihrem Wesen nach etwas, was greifbar in einer konkreten Situation geschieht und diese trotzdem übersteigt; sie hat mit dem Einsatz für das *Leben* eines anderen zu tun und impliziert daher die ganze Person des Subjekts der chesed. Auch wenn sie in gegebenen Gemeinschaftsstrukturen (Eltern gegenüber Kindern; König gegenüber Untertanen oder unter Bundespartnern) vollzogen wird, geht sie über die Struktur von Recht und Pflicht hinaus. Chesed ist nicht nur guter Wille, der sich in Taten aufrichtig beweist, sondern formal: Großmut, überwältigende, unerwartete Güte, die, sich selbst vergessend, völlig offen und bereit für ‚den anderen‘ ist. Vom Empfänger einer solchen chesed oder eines solchen Liebeseinsatzes darf daher eine gleichartige, nämlich überraschende, alle Pflicht übersteigende chesed erwartet werden. Es geht in der chesed nicht um die Gegenseitigkeit, sondern um deren *Art:* um das Überreiche in der Liebe und in der Gegenliebe.

Der religiöse und theologische Gebrauch von chesed hat seine Wurzel in dieser Sicht zwischenmenschlicher Beziehungen. Eigentlich ist es deshalb ein sehr anthropomorpher Gebrauch, aber zugleich die adäquateste Sprache, um etwas über Gottes Haltung gegenüber dem Menschen zu sagen, wie auch um die mögliche Tiefe der menschlichen Lebensantwort andeuten zu können. Die zentrale Bedeutung von chesed, um das Verhältnis zwischen Gott und seinem Volk zu bestimmen, geht aus der Tatsache hervor, daß chesed zu den großen hymnischen, liturgischen Gottesprädikaten aufgenommen ist, in denen der Tenach das *Wesen Gottes* als eines „Gottes der Menschen" preist: Ex 34,6–7; Gott ist „ein barmherziger und gnädiger Gott, langmütig und reich an chesed und ʼemeth" (diese Formel wirkt nach in Num 14,18; Joel 2,13; Jona 4,2; Ps 86,15; 103,8; 145,8; Neh 9,17). Bedeutsam ist die weitere Ausfüllung dieser chesed: ein Gott, „der Güte erweist bis ins tausendste Geschlecht, der Schuld, Missetat und Sünde verzeiht, aber nicht ganz ungestraft läßt, sondern die Schuld der Väter heimsucht an Kindern und Kindeskindern, bis ins dritte und vierte Geschlecht" (Ex 34,7). Der Gegensatz liegt in der Güte „bis ins tausendste Geschlecht" (daher die Verbindung von chesed mit ʼemeth: Treue), während die Strafe nicht weiter geht als höchstens bis ins vierte Geschlecht. Beim zweiten Gebot des Dekalogs (Ex 20,5b–6; siehe auch Dt 7,9) wird Gottes chesed zusammen mit seiner Eifersucht erwähnt; er ist ein eifersüchtiger Gott, der eifert um seine Rechte und deshalb jene, die Gott ‚hassen‘, straft bis ins fünfte Geschlecht, „aber für die, die mich lieben und meine Gebote halten, (bin ich) ein Gott, der chesed erweist bis ins tausendste Geschlecht". Chesed weist somit auf die Überfülle an Gnade, die reichlicher ist als die notwendige Strafe für das Böse (siehe Röm 5,18–21). Außerdem wird in diesem Text die Überfülle der Gnade Gottes, die schon beim ersten Gebot erwähnt worden war (Ex 20,2), betont und in Zusammenhang gebracht mit Jahwes uralten Erweisen von chesed: der rettenden Hinausführung aus Ägypten. So ist Gott, so war er, und so wird er immer sein: Gnaden-Überfülle. Gen 32,10–13 – ein Gebet Jakobs – bringt (in jahwistischer Konzeption) diese Tenach-Spiritualität treffend zum Ausdruck. Israel ist im Glauben gewiß, daß Jahwe gleichsam unbemerkt den Weg der sündigen Welt mitgeht – ‚gemeinsam losziehen' hörten wir schon im Zusammenhang mit ‚chanan' –, um sie schließlich in den sicheren Hafen zu bringen. Das Ganze wird mit chesed ausgedrückt. „Ihr sinnt auf Böses, aber Jahwe auf Gutestun" (siehe Gen 50,20). Vor allem in den Psalmen (von den 237 chesed-Stellen kommen 127 in den Psalmen vor) kommt dieses Überraschende und Wunderbare der chesed Gottes zum Ausdruck. Chesed wird daher auch mit Wunder verbunden (Ps 107,8.15.21.31), und der fromme Jude betet „um das Wunder der Gnade (chesed) Gottes" (Ps 17,7; 31,22). Die göttliche chesed ist der großartige Hintergrund, vor dem jeder einzelne Gnadenerweis Gottes (deshalb auch in der Mehrzahl) aufleuchtet (Ps 6,5; 25,3.7; 31,17; 44,27; 69,17–18; 109,21.26; 119,88.124.149.159). An diese chesed wendet sich der betende Jude, um gehört zu werden (Ps 119,149), um Rettung (Ps 109,26) und Erlösung (Ps 44,27; 130,7), um Lebenserhalt (Ps 119,88.159), um Vergebung (Ps 25,7). Als Parallelbegriff von chesed finden wir manchmal auch „jeschuach", das heißt Hilfe oder jede Form von Heil (Ps 36,11; 103,17). Weil der Mensch sündig ist, erhält die chesed Gottes auch die Bedeutung von Erbarmen und Sündenvergebung (Ps 86,5; Ex 34,7a; Neh 9,17). Gnade ist auch Sündenvergebung.

Diese überreiche, treu beharrliche chesed Jahwes wird oft in einer Doppelformel ausgedrückt, die auch im ‚profanen' Sprachgebrauch bekannt ist, aber vor allem im Zusammenhang mit Gott gebraucht wird: „chesed we'emeth", Gottes Gnade und Treue oder Zuverlässigkeit (vor allem in den Psalmen: 25,10; 40,12; 57,4.11; 85,11; 89,15; 138,2; – Ps 61,8; 86,15; 115,1; – Gen 24,27; siehe 24,49; 32,11; 47,29; – Ex 34,6; 2 Sam 2,6; 15,20; – Spr 3,3; 14,22; 16,6; 20,28). Dabei steht (mit Ausnahme von Hos 4,1; Mich 7,20; Ps 89,25) chesed stets an erster Stelle – ein Grund, warum W. Zimmerli[15] behauptet, 'emeth sei eine nähere Bestimmung von chesed, das heißt: die verheißene chesed, die unter Eid zugesagte chesed, die immerwährende Liebe Gottes (so wahrscheinlich die Bedeutung der Doppelformel in Jos 2,14; 2 Sam 15,20; Spr 3,3; 14,22; 16,6; 20,28). Doch scheinen die Beweise von A. Jepsen[16] und vor allem H. Wildenberger[17] zwingender, in der Doppelformel nicht immer ein Hendiadyoin zu sehen, sondern die Erwähnung von zwei selbständigen Qualifizierungen Gottes, nämlich: seine Liebe und seine Zuverlässigkeit (vor allem: Ps 85,11–12, wo chesed und 'emeth einander begegnen und deutlich als ‚zwei

Partner' gesehen werden; auch Ps 89,15, wo chesed und 'emeth fast als zwei Hypostasen vor Gottes Thron stehen. Von Menschen und Gott gesagt, bedeutet 'emeth: jemand, auf dessen Worte, Taten oder Liebe man sich verlassen kann; jemand, auf den man bauen kann: Zuverlässigkeit mit der Nebennuance von Wahrhaftigkeit (vom Stamm aman, Festigkeit, Sicherheit gebend; daher auch Dauerhaftigkeit). Weil Menschen oft unzuverlässig und lügnerisch sind, wird 'emeth vor allem von Gott gesagt: Er ist ein el 'emeth, ein treuer und zuverlässiger Gott, ein Gott, auf den man sich verlassen kann (Ps 31,6), sogar ewig (Ps 146,6). Gott ist reich an chesed und 'emeth (Ex 34,6; Ps 86,15), und vor allem seine Worte sind zuverlässig (2 Sam 7,28; Ps 132,11; usw., hauptsächlich Ps 119, als Loblied auf die Zuverlässigkeit und ewige Gültigkeit der Gebote Gottes). Deshalb kann sich der betende Mensch auch auf Gottes 'emeth berufen: Seine chesed und 'emeth sind ein Schild und Schutz (Ps 91,7; 40,12).

Die Septuaginta übersetzt 'emeth meist mit Wahrheit (alètheia) und weniger mit ‚pistis' (Vertrauen; Grund zu Vertrauen oder Zuverlässigkeit), nach manchen zu Recht, nach jüngeren Philologen zu Unrecht. Doch ist es so, daß ‚Wahrheit' (Grund zu Zuverlässigkeit) eine der Stammbedeutungen von 'aman und 'emeth ist; und, von Menschen gesagt, kann es oft durch Wahrheit wiedergegeben werden. Von Gott gesagt, bedeutet 'emeth immer Treue, ewige Gültigkeit und Zuverlässigkeit (auch in Jes 59,14–15; Ps 25,5; Ps 19,10; Ps 119). Erst mit dem Buch Daniel erhält auch im Zusammenhang mit Gott 'emeth die spezifische Bedeutung von Gottes geoffenbarter Wahrheit (Dan 8,26; 10,1; 11,2), ja von Gottes Wahr-Sein (Dan 8,12; vielleicht Pred 12,10 und vor allem Ps 51,8 weisen schon in diese Richtung[18].

Anfangs dachte man explizit wenig nach über die konsequente Antwort des Menschen auf die chesed Gottes, wenn diese auch in „jene, die mich lieben" (Ex 20,6; Dt 5,10), gerade im Zusammenhang mit der chesed Gottes, impliziert war. Vor allem Hosea widmet alle Aufmerksamkeit dieser Gegenseitigkeit, die er in dem Bild der Verlobung Jahwes mit seinem Volk ausdrückt (Hos 2,21). Als Brautgabe Jahwes gelten seine „Güte, sein Erbarmen und seine Treue". Hier erhalten wir eine häufiger werdende Verbindung zwischen chesed und ‚rachamim'. (‚Rechem' bedeutet: der Mutterschoß, Jer 20,17; der weiche Teil im Menschen, Gen 43,30. Rachamim ist davon die abstrakte Mehrzahl, das heißt die zarte, naturverbundene, emotionale Liebe der Mutter zum Kind, also: Erbarmen; Hos 11,8; Gen 43,30; 1 Kön 3,26; Spr 12,10; Jes 63,15. Es wird stets in der Beziehung eines Höhergestellten zu einem Geringeren gebraucht.) Durch Verbindung mit rachamim erhält Gottes chesed die Bedeutung einer zärtlichen, fast verletzbaren mütterlichen Liebe. Vor allem bei Hosea fließt dies ein. Aber diese Verbindung in einer doppelten Formel wird häufiger (Jer 16,5; Sach 7,9; Ps 25,6; 40,12; 103,4; Dan 1,9; in lockerem Zusammenhang: Ps 69,17). Jahwes freie, herzliche Zuwendung zu Israel ist Grundlage des Bundes (Hos 2,21). Deshalb erwartet er auch gegenseitige chesed Israels, als dankbare Anerkennung für das, was Jahwe getan hat. In seiner Rede wider das Volk ruft dieser Prophet: „In diesem Land gibt es keine 'emeth (Treue) mehr, es herrscht keine Liebe und keine Gotteserkenntnis mehr" (4,1–2), „Deine (= Israels) chesed ist wie Morgentau, der rasch vergeht" (6,4). Es wird also Gegenseitigkeit in chesed gefordert: Gnade, chesed, ist ein gegenseitiges Liebesband zwischen Gott und Volk. Aber diese Gegenseitigkeit ist, aufgrund der Brautgabe Jahwes, selbst eine Gnade; und die Gegenseitigkeit scheint doch in chesed und 'emeth *gegenüber dem Mitmenschen,* dem Volksgenossen zu liegen[19]. Die chesed Gottes ist Voraussetzung und zugleich Modell für Israels gegenseitige chesed (Hos 10,12): ‚so gut wie Gott sein'. Hosea faßt dies auch in einer doppelten Formel zusammen: „Liebe und Gerechtigkeit" (12,7), wobei der Akzent zwar auf den zwischenmenschlichen Beziehungen liegt, jedoch verwirklicht eben als gegenseitige chesed Gott gegenüber (siehe auch ‚chesed und Recht üben' in Mich 6,8).

In der Nachfolge des Hosea beruft sich Jeremia auf die alte Brautzeit (Jer 2,2), eine Zeit, von der auch Dt 6,5; 11,1 Israels Liebe zu Gott betont hatte. Hier zeigt sich, daß chesed an sich nicht synonym ist mit Treue (denn Israel hat die alte Jugendliebe verlernt), sondern formal auf die spontane Herzlichkeit und Großmut in der Selbsthingabe hinweist. Daß Gottes chesed immer der menschlichen Antwort voraus ist, betont wiederum Jer 31,3. Außer Hos 6,6; 10,7.12 weisen auch Jer 9,23; 16,5; 31,3 und Deuterojesaja (Jes 54,8–10) auf die Gegenseitigkeit der chesed hin. Das gilt auch von der 'emeth oder beständigen Treue: „Fürchtet den Herrn und dient ihm mit 'emeth" (1 Sam 12,24; siehe auch: Ps 15,2; Ps 145,18; 1 Kön 2,4). Aber menschliche 'emeth ist eine Seltenheit. Die gegenseitige Treue ist daher eine eschatologische Zukunftsvision: Einst wird Jerusalem eine Stadt von 'emeth genannt werden (Sach 8,3), eine Stadt, auf die sich auch Gott verlassen kann (für Jes 10,20 bezieht sich dies auf einen Rest von Israel).

Doch ist es auffallend, daß die Gegenseitigkeit von chesed und 'emeth selten unmittelbar das Verhältnis des Menschen *zu Gott* bestimmt. Die menschliche Antwort auf Gottes Gnade und Treue ist einerseits der Lobpreis Gottes um seiner chesed willen (dies gilt auch für seine 'emeth), anderseits Liebe, Treue und Wahrhaftigkeit gegenüber *Mitmenschen* (gegenseitige 'emeth unmittelbar Gott gegenüber kommt nur in einzelnen, späteren Texten vor: 2 Chron 31,20; 32,1). Ausgesprochen scharf wird die Frage nach der menschlichen chesed, als Antwort auf die chesed Gottes, gestellt in Gen 24 und im Buch Rut. Wenn die Menschen im Raum der huldvollen Liebe Gottes leben, müssen auch sie bereit sein, *einander* chesed zu erweisen (Gen 24,49; Rut 1,8; 3,10). Die Liebe Gottes zu uns ist die Grundlage der Nächstenliebe, in der die Gegenseitigkeit zwischen Gott und Mensch konkrete Gestalt gewinnt. Deshalb wird manchmal gesagt, die menschliche Antwort auf Gottes chesed liege in der zedaqa, der Gerechtigkeit (in Israels Glaubensgemeinschaft) (1 Kön 3,6); dies läuft hinaus auf Heil und Frieden, eine heile Lebenssituation der Gemeinschaft und innerhalb der Gemeinschaft. Doch hat auch das große Gebot, „Gott von ganzem Herzen zu lieben" (Dt 6,5; 10,12; 11,13; 13,4; 30,6) – was, wie auch das Wort chesed nahelegt, auf die Unabdingbarkeit und Herzlichkeit der Selbsthingabe hinweist – mit Gottes eigener chesed zu tun. In den jüngeren Texten werden diese Herzlichkeit und Güte der chesed Gottes oft durch wiederholte Verbindung mit „tub" (Güte) oder „tob" (gut) unterstrichen (Ex 33,19 mit 34,6; Jes 63,7; Ps 69,17; 1105; 106,1; 107,1; 118,1.2.3.4.29; 136,1–26; Esr 3,11).

Die eigentliche Antwort des Menschen auf Gottes Liebe und Treue liegt aber – neben dem Gedenken an diese chesed (Ps 106,7), dem Meditieren derselben (Ps 48,10), dem Verstehen derselben (Ps 107,43; Gnade und Gotteserkenntnis gehören zusammen), wie auch dem Ausschauhalten nach Gottes gnädiger Hilfe (Ps 33,18.22; 147,11) – vor allem in der *Doxologie,* in welcher der Mensch die gnädige chesed und 'emeth Jahwes rühmt und dankend lobpreist. Gnade kulminiert in Liturgie, wie diese in manchen doxologischen Formeln zu finden ist, vor allem in dem antiphonalen Refrain: „denn in Ewigkeit währt seine chesed" (überwältigende Güte) (Ps 136; Ps 107). Den chronistischen Werken zufolge erschallt: „Lobt Jahwe, denn er ist gut, ja, ewig währt seine chesed" in allen liturgischen Zusammenkünften (1 Chron 16,34; 2 Chron 5,13; 7,3.6; Est 3,11); selbst in Kriegszeiten vernimmt man dieses Lob (2 Chron 20,21). Deshalb wird auch ‚der Tag‘, der Tag der Wende aller Zeiten, als ein Tag gefeiert werden, an dem der Lobgesang auf Jahwes chesed angestimmt wird (Jer 33,11; siehe Sir 51,12). Die gnädige Liebe Gottes ruft deshalb auf zur Freude (Ps 31,8; 90,14; 101,4; 138,2). Überschwenglich kann man daher in zeitlichen und räumlichen Bildern von Gottes Gnade und Huld sprechen: von der Größe der chesed, welche die Erde erfüllt (Ps 33,5; 119,64) und bis zum Himmel reicht (Ps 36,6; 57,11; 103,11; 108,5); von einer ewig währenden chesed (Ps 89,3; 103,17; 138,8). Auch die 'emeth (oft zusammen mit chesed) ist daher Objekt des Lobpreises (Jes 38,19; 40,11; Ps 57,11; 71,22; 108,5; 115,1; 117,2; 138,2).

Die Frage nach der Gegenseitigkeit bringt uns auf das Verhältnis zwischen chesed und berit, gnädige Liebe und Bund, oder Bundesliebe. Kennzeichnend ist der nicht häufige Ausdruck: „habberit wehachesed", der Bund und die chesed (Dt 7,9.12; 1 Kön 8,23; Dan 9,4; Neh 1,5; 9,32; 2 Chron 6,14). Gerade im Deuteronomium (und in von diesem abhängigen Texten) wird bewußt über das Verhältnis zwischen Gnade (chesed) und Bund (Dt 5,10; 7,9.12) reflektiert. Jedoch nicht so, daß chesed ein aus dem Bund resultierendes Verhalten ist (wenn dies auch inhaltlich nicht falsch ist), denn vor allem in den älteren Texten des Deuteronomiums ist berit, Bund, dem Eid Jahwes an die Patriarchen untergeordnet; der Bund selbst findet sein Fundament in Jahwes freiem Ratschluß der Liebe: Dt 7,8 stellt die Liebe Gottes vornean. Die Verbindung zwischen chesed und Bund kommt noch in der deuteronomistischen Literatur vor. Man darf chesed daher nicht allgemein mit Bundesliebe übersetzen. In 1 Kön 8,21.23 wird der Bund „die Verpflichtungsurkunde eines historischen Bundesschlusses"[20], aber das wird schon in 8,23 eingeschränkt. Auch in Ps

89, 29 und 89, 3–4 steht der Bund auf dem Fundament der chesed Gottes, und nicht umgekehrt. Der Bund ist eine wenn auch grundlegende Äußerung der göttlichen chesed.

Bund kommt aber erst zur vollen Realisierung in Gegenseitigkeit. „Mit ewiger Güte habe ich mich deiner erbarmt, spricht Jahwe, dein Erlöser... So habe ich geschworen, dir nicht zu zürnen und dich nicht zu schelten... Meine Treue soll nicht von dir weichen und mein Friedensbund nicht wanken, spricht Jahwe, dein Erbarmer": so Deutero-Jesaja (Jes 54, 8–10). Dieser Friede, der chesed und 'emeth umfaßt, impliziert aber Israels Bekehrung zu Gott: „Auf ein Fundament der Gerechtigkeit wirst du gebaut" (Jes 54, 14). Die Endrealisierung dieser Bekehrung ist eschatologisch: im Neuen Bund (Jes 55).

Der Gnadenbegriff in der Tenach-Spiritualität stößt schließlich auf eine Grenze: „Kann man denn im Tod Gottes chesed erzählen, sprechen von deiner Treue in der Unterwelt?" (Ps 88, 12). Solange keine Aussicht auf ewiges Leben ist, scheint die chesed Jahwes eine Grenze zu kennen. Doch empfindet der gläubige Psalmist dies nicht als Grenze: „Deine chesed ist mehr wert als das eigene Leben" (Ps 63, 4). Diese Spiritualität stößt an das Problem des Todes, wo die Liebe Gottes als historisches Objekt ein Ende hat. Solange es Leben gibt, gilt jedoch: „Ich will nicht finster auf euch blicken, denn ich bin chasid" (Jer 3, 12), das heißt jemand, der chesed übt[21]. Schließlich: Ob Leben oder Tod, „deine Hand wird mich halten" (Ps 63, 9). Eine unvermutete Perspektive, die sogar den Tod übersteigt, wird die letzte und höchste Möglichkeit der göttlichen chesed.

SCHLUSS:
GNADENSPIRITUALITÄT IM TENACH

Wenn man Israels Gnaden- oder Heilserfahrung nach ihren technischen sprachlichen Ausdrucksformen untersucht, kann man sagen, daß Gottes Huld und Gnade primär nicht als eine innere Beschaffenheit in Gott gesehen wird, sondern als Gottes Menschenfreundlichkeit, die sich in Taten überraschender, unerwarteter Liebeserweise offenbart. Doch übersteigt Gottes Huld auch jeden einzelnen Liebeserweis, womit gesagt ist, daß die chesed Gottes vor allem sein Einsatz für *das ganze Leben* des Menschen ist. Um das zum Ausdruck zu bringen, gebraucht Israel Worte aus der normalen, alltäglichen Umgangssprache. *Chanan* betont das gnädige Entgegenkommen Gottes, wobei der Nachdruck auf Gottes Sich-Kümmern um die Menschen liegt, vor allem auf seiner Sorge und seiner Solidarität mit den Schwächeren und Unterdrückten, den in Not befindlichen Menschen. *Chesed* dagegen weist vor allem auf das über jede Verpflichtung Hinausgehende der Liebe, auf ungeschuldete Überfülle, die in einer Gemeinschaftsbeziehung jedoch für ‚selbstverständlich‘ gehalten wird, sowohl von seiten Gottes als auch – als Antwort auf den, der uns zuerst geliebt hat –

von seiten des Menschen. Die überreiche Huld der Liebe Gottes zu uns muß in unserer Gerechtigkeit und Liebe zum Nächsten geschichtlich beantwortet werden. Auch an Stellen, an denen chesed die spezifische Bedeutung von Bundesliebe erhält, bleibt die Priorität der Liebesinitiative Gottes stark betont (allerdings kommt dann auch manchmal der Nebengedanke hinzu, daß Gott die Befolgung seiner Gebote mit chesed oder Begünstigung belohnen muß).

Gottes Überfülle an Gnade, seine Treue und Zuverlässigkeit stehen in Israels Spiritualität so zentral, daß „Gnade und Treue" die grundlegenden liturgischen oder doxologischen Gottesprädikate werden: Gott ist gnädig und zuverlässig, ein Gott, der sich um Menschen kümmert, ein Gott der Menschen. Er bleibt jedoch souverän-frei, aber diese Freiheit ist eine Freiheit der Liebe, nicht der Willkür; die Kehrseite von Gnade ist daher Gericht. Die Liebe und Zuverlässigkeit Gottes – seine Gnade – werden gleichsam zu einer Hypostase: Jahwe sendet die Gnade wie einen Gesandten zu den Menschen (Ps 57,4); die Gnade geht dem Menschen entgegen (Ps 59,11.18.19; 89,15; 85,11) und folgt ihm auf allen seinen Wegen (Ps 23,6).

Gnade wird erfahren; sie spielt sich in einer Gebetsbeziehung ab. Diese dialogische Struktur kulminiert auf seiten des begnadeten Menschen einerseits in der treuen Antwort ethisch-religiöser Tätigkeit zum Heil, Wohl und Frieden des ganzen Gottesvolkes – Gerechtigkeit und Liebe gegenüber dem Nächsten –, anderseits in doxologischer Liturgie, das heißt in frohem Dank und Lobpreis Gottes. Gnade hat somit eine ethische und eine mystisch-liturgische Dimension.

Weil der Mensch ein Sünder ist, hat Gottes gnädige Zuwendung immer auch die Bedeutung von Erbarmen, Barmherzigkeit und Sündenvergebung. Aber Gottes Gnade umfaßt mehr, Gott ist bereit zu jeder Hilfe und zu jedem Bruchteil von Heil oder „jeschuach" (siehe Ps 36,11; 103,17).

Obwohl der begnadete Mensch etwas verwirrt wird durch die Perspektive des Todes und der letztlichen Bedrohung, bleibt er – trotz allem – zum Glauben an Gottes endgültige Menschenliebe und Zuverlässigkeit fähig: „Deine Hand wird mich halten" (Ps 63,9, siehe 63,4)[22].

ZWEITES KAPITEL
FRÜHJÜDISCHE REINTERPRETATION INNERHALB DES
HELLENISTISCHEN CHARIS-BEGRIFFS

§ 1. *Die hellenistische charis*

Die jahwetreuen Juden, die in der Diaspora in einer hauptsächlich griechisch sprechenden Umgebung lebten und selbst auch das Griechische als Umgangssprache gebrauchten, sahen sich verpflichtet, ihre hebräische Bibel auch ins Griechische zu übersetzen. Dadurch kommt die Spiritualität des Tenach in enge

Verbindung mit der religiösen Sprache des Hellenismus. Mit welchen griechischen Worten sollten sie die jüdische Gnadenspiritualität wiedergeben? Und welches ist die spezifisch-griechische Bedeutung dieser Wörter? Der besondere Bedeutungsgehalt griechischer Wörter kann die ursprünglich hebräische Bibel durch Einbringung von neuen Bedeutungen reicher oder ärmer machen.

Auffallenderweise ist in der Septuaginta charis nicht die Wiedergabe des hebräischen *chesed* (außer in einigen jüngeren Teilen dieser Übersetzung, siehe unten), sondern von *cheen,* das sich am weitesten von dem Begriff Gnade entfernt hat, während chesed meist mit *eleos* (Erbarmen, Barmherzigkeit) übersetzt wird. In der Septuaginta ist charis theologisch also kaum als Gnadenbegriff zu werten. Die neutestamentliche charis hat wenig oder nichts mit „cheen" im Sinn der charis aus der Septuaginta zu tun, aber alles mit der hebräischen chesed (in der Septuaginta: eleos). Wie kommt es, daß „charis" in der Septuaginta gerade nicht den Begriff Gnade wiedergibt? Dazu müssen wir zuerst die griechische Bedeutung von charis aufspüren.

Im Griechischen haben „charis" und „chairo" (sich freuen) ein und denselben Stamm: char-, das ist etwas, was glitzert oder blinkt und den Menschen dadurch erfreut oder ihn gewogen macht, etwas, woran er Freude und Lust hat. Im objektiven Sinn ist „char-" deshalb etwas, was, oder jemand, der gefällig erscheint; in subjektivem Sinn: Gefallen finden an; etwas begehren oder etwas genießen, etwas – Worte, Handlungen, Personen oder Dinge – angenehm finden, sich daran erfreuen, – gernhaben oder ,begehren' (worin ebenfalls die Wurzel „char-" steckt), sich an etwas ergötzen. In dem ganzen griechischen Bedeutungsfeld von charis klingt diese Grundbedeutung mit an. Daraus entstanden drei grundlegende Bedeutungsrichtungen: a) Charis ist etwas, was Freude bringt, während chara (Freude) die dadurch erzeugte Reaktion bedeutet. Daher: charis ist Liebreiz, Anmut, Grazie, etwas, was angenehm berührt. Die Pointe darin ist nicht so sehr (wenn auch wesentlich vorausgesetzt), daß ein Ding, Taten, Worte oder Personen schön und anmutig sind, sondern daß dieses ,Blendende' gerade erfreut; es geht um das Erfreuliche und das Ergötzliche, das von Eleganz, Schönheit und Anmut ausgeht. In diesem Sinn ist charis die Äußerung eines typisch griechischen Lebensgefühls. Im Zusammenhang mit dieser Bedeutung erhält charis auch den Sinn von: die erfreuliche Gunst des Lebensgeschicks (symbolisiert in den drei Charitinnen oder Grazien, den drei Schicksalsgöttinnen). – b) Unmittelbar damit verbunden bedeutet charis: Gewogenheit, Huld, Gunst, Wohlwollen, sorgend bei jemandem verweilen – sowohl aktiv, vor allem von seiten eines Kaisers oder Würdenträgers gegenüber Untertanen (hier liegt der reale Zusammenhang mit dem hebräischen chanan), als auch passiv, das heißt, charis ist die empfangene Gunst, das Geschenk oder das Almosen wie auch das Wohlwollen oder die Sympathie, die jemand von einem anderen erfährt – immer als Wohltat, die Freude bereitet. – c) Die Folge davon ist, daß, nach diesem griechischen Lebensgefühl, charis auch nach einer Gegenantwort verlangt. Charis (Liebeserweis) lockt charis hervor, das heißt Dankbarkeit, die sich in einer Gegenleistung gegenüber dem gütigen Geber äußert. Im Deutschen kennen wir noch ‚(jemandem) huldigen‘: ihn preisen für die ‚Huld‘, das heißt Gunst, die er uns erwiesen hat; das ist genau die dritte Bedeutung von charis. Dies führt zu dem mehr oder weniger abgegriffenen Ausdruck: „tois theois charis" oder ‚Gott (den Göttern) sei Dank‘. Im Gegensatz zur hebräischen chesed tritt in der griechischen charis der Gedanke an eine pflichtmäßig geschuldete Gegenleistung (charis) offensichtlich stärker in den Vordergrund, wenn auch diese Verpflichtung nicht primär zu sein scheint. Dank ist ‚gratia reddita‘, be-danken, die erhaltene charis gleichsam unter Dank zurückgeben (die Rückgabe liegt in der Dankbarkeit). Griechische Schriftsteller (wie auch Paulus) spielen manchmal mit diesen beiden Bedeutungen von charis – als ‚Huld‘ (Gunst) und ‚huldigen‘ (Sophokles; Aristoteles)[23].

Diese profanen Bedeutungen kennen im Griechischen auch einen religiösen Gebrauch: das Wohlwollen der Götter, aber im (nicht-biblischen) Griechisch ist charis kein zentraler religiöser Begriff, ebensowenig ein ausgesprochen philosophischer Begriff. Nur in der Stoa wird die göttliche charis zu einem zentralen Begriff; Kleanthes schrieb sogar ein (verlorengegangenes) Buch mit dem Titel: „Peri charitos" (Über die Liebe als Gnade). Aus Echos darauf wissen wir, daß dabei der Nachdruck auf der Gesinnung des Wohlwollens lag. Der aretè, der griechischen Tugend des starken und guten Menschseins, fügt charis den Aspekt des Freudebringenden, des Sympathischen der Tugend hinzu (kalokagathia, das ist kalos kai agathos, das Gute gepaart mit dem Schönen, das den Augen – der Wertschätzung – schmeichelt); charis ist der Charme wahrer Tugendhaftigkeit. Auffallend ist, daß die Stoa zwar von Gottes Gnade (der charis Gottes) spricht, aber keinen Zorn Gottes kennt.

Im spätantiken, kaiserzeitlichen Griechisch erfährt charis eine auffallende Entwicklung in zwei Richtungen (nicht ohne Belang für das griechische Neue Testament). – a) Charis wird in diesen kaiserlichen Zeiten zu einem stehenden Ausdruck für den Gunsterweis oder die Begünstigung jemandes durch den Kaiser (z.B. eine legale Konzession oder Subvention) oder durch einen höhergestellten Beamten. In diesem Sinn wird oft auch von der „philanthropia" des Kaisers gesprochen (vgl. Tit 3,4). Charites sind dann Gunstgeschenke[24], während charis (in der Einzahl) eher auf die huldvolle oder begünstigende Gesinnung hinweist. Ein besonderer Fall von (kaiserlicher) Begünstigung oder charis, allerdings im juristischen Sinn, ist die ‚Begnadigung‘, Gnade verleihen, nämlich Freilassung oder Erlaß einer Strafe. (Im Neuen Testament wird im Lukasevangelium Barabbas so ‚begnadigt‘.) – b) Noch eine zweite, meines Erachtens aber zweifelhafte Entwicklung soll nach Ansicht mancher Gelehrten im spätantiken Griechisch zu finden sein: Charis (Gnade; Gunst) wird synonym mit Macht, in dem Sinn von: eine ‚Macht von oben‘, aus überirdischen, übernatürlichen Sphären. Das klassische Griechisch (z.B. Euripides) kannte zwar auch die Macht der charis oder des Liebeserweises, aber jetzt wird es anders: Charis ist ein Machtbegriff mit einer wesentlich religiösen Bedeutung: eine Kraft, die aus der Überwelt bestimmten Menschen zuströmt. Charis wird dann (im Gegensatz zum klassischen Griechisch) zu einem spezifisch religiösen Begriff. Die dynamis der Gnade („virtus gratiae") ist eine überirdische Gnadenkraft, die vor allem in Wundertätern zutage treten soll. Charis offenbart sich dann als übernatürliche Kraft in Wundern, Kraftmeierei und Zauberei. Gerade dieser letztere Aspekt scheint mir zweifelhaft zu sein. Liddell-Scott erwähnen diese Bedeutung nicht; doch kennen sie charis im Sinn von Hulderweis, den der Mensch Dämonen schuldig ist [25]. Doch ist in den späteren Hermetica und in der Gnosis die Rede von der Gnadenmacht in Gottesmännern [26]; ob charis dabei in Zusammenhang mit Wundern und Zauberei gebracht wird, scheint mir jedoch zweifelhaft.

Wenn wir diesen griechischen charis-Begriff mit dem semantischen Feld der hebräischen chesed, chanan und cheen vergleichen, sehen wir auffallende Verwandtschaften und doch starke Unterschiede. Zunächst ist charis nicht, wie chesed, ein auch spezifisch religiöser Begriff im klassischen Griechisch. Aber die Verwandtschaft zwischen dem hebräischen cheen und der griechischen charis ist doch auffallend; ein Grund, warum die Septuaginta charis den Vorrang vor eleos gibt, um „cheen" zu übersetzen. Daß sie chanan und chesed bevorzugt mit eleos, Erbarmen, wiedergibt, weist darauf hin, daß sie die klassisch-griechische charis dazu nicht für geeignet hielt. In der göttlichen chesed und in seiner chanan-Hinwendung zum Menschen wird Gott ja nicht durch die ‚glänzenden' Eigenschaften bestimmt, die er im Menschen sieht, sondern seine liebevolle Zuwendung macht den Menschen ‚wohlgefällig'. Außerdem hat diese griechische charis nie die Bedeutung von Sündenvergebung (nur im Griechisch der kaiserlichen Epoche erhält charis auch die Bedeutung von Freispruch; dies beeinflußt die zwischentestamentliche Literatur und auch das Neue Testament). Vor allem das kaiserzeitliche Griechisch eignet sich mehr dazu, chesed mit charis zu übersetzen, und das wird – beim Abschluß der Septuaginta – auch die griechisch sprechenden Juden beeinflussen. Aber abgesehen davon, scheint die griechische charis zu ‚humanistisch' zu sein, um einen hochgestimmten religiösen Begriff wie chesed wiedergeben zu können. Die konkrete Frage ist jedoch: Wie sahen die Septuagintaübersetzer der Bibel es selbst? Und hat die Besonderheit des Griechischen die Gnadenspiritualität der griechisch-jüdischen Tenach-Interpretation beeinflußt? Schließlich, fand nach dieser Übersetzung eine weitere Entwicklung in der Literatur von griechisch sprechenden Juden statt, was dann den neutestamentlichen charis-Gebrauch erklären könnte?

§ 2. Gnadenbegriff in der Septuaginta und in der früh-jüdischen Literatur

Oben wurde schon gesagt, daß der vor allem in den Psalmen stark religiös befrachtete Begriff ‚chesed‘ in der Septuaginta nicht mit dem griechischen Wort charis, sondern durch „eleos“, Erbarmen, übersetzt wurde. Es gibt nur drei Ausnahmen: Est 2, 9 und 2, 17 (in beiden Fällen: „Gnade finden bei jemand“), Sir 7, 33 („charis domatos“: Begünstigung mit einer Gabe) und 40, 17 („charis ist wie ein gesegnetes Paradies“). In breiterem, traditionsgeschichtlichem Zusammenhang gesehen, sind diese eher späteren Septuagintatexte symptomatisch. Denn es ist auffallend, daß in späteren griechischen Bibelübersetzungen (nach Christus: dem Symmachus und etwa der Quinta) im Gegensatz zur Septuaginta die hebräische chesed ausgesprochen häufig mit ‚charis‘ übersetzt wird, während es zugleich eine Tatsache ist, daß ein griechisch sprechender Jude wie Philo ‚chesed‘ mit Vorliebe mit ‚charis‘ und nicht, wie die Septuaginta, mit ‚eleos‘ wiedergibt. Diese Tatsachen lassen deutlich erkennen, daß schon bei und vor allem nach dem Abschluß der Septuagintaübersetzung eine griechisch-jüdische Tendenz entstand, die hebräische chesed, im Gegensatz zur Septuaginta, doch mit charis wiederzugeben. Diese jüdische Tendenz findet eine Bestätigung im Neuen Testament, oder, besser gesagt, das Neue Testament steht, was den Wortgebrauch von charis betrifft, in einem geschichtlichen Prozeß, in dem chesed – statt durch ‚eleos‘ – je länger je mehr durch ‚charis‘ wiedergegeben wird. Das muß mit der geschichtlichen Tatsache zusammenhängen, daß erst bei und vor allem nach dem Abschluß der Septuagintaübersetzung die griechische charis im *religiösen* Sinn populär wurde, mit Sicherheit bei den griechisch sprechenden Juden, was im klassischen Griechisch keineswegs der Fall war.

Nach der schon älteren Arbeit (1913) von G. Wetter[27] soll diese Verschiebung im griechischen Charisbegriff mit dem inzwischen entstandenen Kaiserkult zusammenhängen, parallel zur Entstehung des Titels Kyrios für den Kaiser. Aus Papyri jener Zeit geht hervor, daß auch Diasporajuden charis damals offensichtlich in einem (im klassischen Griechisch unbekannten) ausgesprochen religiösen Sinn gebrauchten. Die theologische Bedeutung von charis, Gnade (und somit als Wiedergabe der stark religiösen, jüdischen chesed) soll dieser Betrachtungsweise zufolge aus jüdisch-fremden Einflüssen auf das Christentum entstanden sein. Ist das wirklich der Fall?

„Cheen“ (Septuaginta: charis), so wurde schon gesagt, wurde (bis auf einige nicht-theologische Ausnahmen) nicht in den Psalmen gebraucht, die anderseits die Hauptzeugen der chesed- oder Gnadenspiritualität des Tenach sind. Aber der Gebrauch der „cheen“-Bedeutung ist um so auffallender in der vor allem jüngeren Weisheitsliteratur. Hier kommt dieser Begriff häufig in der Bedeutung einer Beschaffenheit oder eines Verhaltens vor, aufgrund dessen etwas oder jemand angenehm in den Augen anderer ist, den anderen ‚gefällt‘ und sie günstig stimmt (eine typisch eigene Bedeutung sowohl des hebräischen „cheen“ als auch der griechischen „charis“). Zwar kommt in dem hebräischen Tenach diese

Bedeutung wiederholt in Beziehung zu Gott vor („angenehm sein in den Augen Gottes"), doch ist es auffallend, daß in der judaischen Literatur nach der Septuaginta dieser Begriff „Gott wohlgefällig sein" eine besondere, neue Entwicklung durchmacht. „Die den Herrn fürchten, werden charis finden" (Symmachus: Sir 32,16; aber schon Sir 35,20 = 35,16: „Der Gott nach seinem Wohlgefallen dient, findet charis bei ihm"). ‚Charis' wird immer expliziter als der *kommende Lohn* der Gottesfürchtigen oder Gerechten gesehen. „Die auf Gott vertrauen, werden die Wahrheit erkennen, und die in der Liebe treu sind, werden bei ihm verbleiben; denn *charis* und *eleos* werden seinen Heiligen zuteil" (Weish 3,9); auch: „Dem Herrn wohlgefällig war seine Seele, deshalb durfte sie hinwegeilen aus der bösen Welt... *Charis* und *eleos* werden seinen Auserwählten zuteil" (Weish 4,14–15). An anderer Stelle in dieser Weisheitsliteratur liest man: „Es ward ihm vom Herrn keine charis verliehen, und jede Weisheit blieb ihm versagt" (Sir 37,21). In bedeutenden Kodizes lesen wir in Spr 8,17: „Die die Weisheit suchen, werden charis ernten." Aus diesen Texten geht schon hervor, daß „charis" und „eleos", deutlicher als in der Septuaginta, parallel gebraucht werden, daß außerdem beide sozusagen der eschatologische Ehrenlohn der Auserwählten sind.

Diese recht neue Tendenz wird verstärkt in der apokalyptischen Literatur. Einerseits ist charis der eschatologische Lohn der Gerechten, anderseits ist sie gleichsam das alles zusammenfassende Wort für das, was ‚kommendes Heil' bedeutet. Im griechischen Henoch wird gesagt, daß Ungerechte keine charis besitzen (99,13). Was charis dabei bedeutet, wird kompliziert, weil sie einerseits ‚formalisiert', anderseits zu einem Tauschbegriff in einer Aufzählung einer Reihe von Heilsbegriffen wird: Friede (eirene), eleos (Erbarmen), soteria (Heil), phos (Licht), zoè (Leben), agalliasis (Freude) und darunter auch ‚charis' (grHen 5,4–8; vgl. 1,8, eine ähnliche kürzere Aufzählung). Alle werden sie ziemlich abstrakte, aber austauschbare Begriffe, wobei ‚charis' die Neigung zeigt, alle ‚zusammenzufassen'. Die spätere christliche Didache ist eine vielsagende Zeugin dafür; mit einer deutlichen Anspielung auf das „Dein Reich komme" des Vaterunsers wird gesagt: „Deine charis komme, und die Welt vergehe" (Didache 10,8). In dieser ‚Tauschkultur' abstrakter Wörter können z.B. eleos, charis und eirene (Frieden) leicht gegeneinander ausgewechselt werden (wie auch aus den Begrüßungsformeln von privaten oder ‚offiziellen' Briefen hervorgeht).

Auffallend ist auch die Bildung ganz bestimmter Kombinationen von Begriffen: charis (Gnade), „Erkenntnis" (Licht und Leben) und nicht-mehr-sündigen, das Gesetz oder Gottes Gebote halten, bilden ein immer wiederkehrendes Knäuel, das nicht zufällig ist. Vor allem „charis" und „gnosis" (Erkenntnis), wie auch charis und Befolgung des Gesetzes, nicht-mehr-sündigen, rufen einander wach[28]. Man hat darin hellenisierenden Intellektualismus gesehen, übersah dabei jedoch die konkrete Situation religiös engagierter, griechisch sprechender Diasporajuden, die – apologetisch und werbend – in einer ihnen fremden Welt standen und heidnischen Juden-Sympathisanten begegneten. Apologetisch und werbend sprechen sie aus der jüdischen Tenach-Spiritualität, jedoch so, daß sie sich bei griechisch Sprechenden verständlich machen konnten. Diese Tendenz beginnt deutlich mit Sirach und setzt sich im ganzen alexandrinischen Judentum fort. Gegenüber der griechischen Vernunftweisheit wird die höhere, von Gott geoffenbarte Weisheit betont. Während Ijob 28 sagt, daß Weisheit von den Menschen nicht zu ergründen ist, sondern in Gott verborgen bleibt, behauptet Spr 8,22–31, daß die Weisheit für aufrichtig suchende Menschen zu finden ist. Die Weisheit wird – statt der exklusiven Lieblinge Gottes (Spr 8,30) – eine fürstliche Gastfrau, Lehrerin der Menschen, die ihrem Appell folgen (Spr 9,1–3; 9,4ff). Weisheit hat also in der Offenbarung eine vermittelnde Rolle. Die Offenbarung göttlichen Heils geschieht durch die persönliche Berufung der Weisheit (Spr 1 bis 9). Sie ist Offenbarungsvermittlerin[29].

Unter hellenistischem Einfluß und zugleich in werbender diaspora-jüdischer Apologetik wird die Offenbarungsweisheit mit der schöpferischen Weisheit verbunden. Jahwe erschafft „mit Weisheit und Einsicht" (Spr 3,19; siehe Ijob 38 bis 43; Ps 104,24; Ps 136,5). Die Weisheit ist *vor* allem erschaffen (Sir 1,4.9.10a; Ijob 28,27). In Sir 24,5–6 hat die Weisheit eine universale, kosmische Bedeutung, sie wird zu einer Art ‚Welt-Logos' (die alles durchdringende Weisheit: Weltvernunft und – echt griechisch – zugleich ethische Norm), aber die jüdische Apologie liegt darin, daß diese universale Weisheit von Sirach mit dem jüdischen Gesetz identifiziert wird, der Tora – Gottes charis oder Gnade an Israel[30]. „All dies gilt vom Bundesbuch des höchsten Gottes, vom Gesetz, das Mose uns anbefahl als Erbbesitz für die Gemeinde Jakobs" (Sir 24,23). Mit anderen Worten, die kosmische (griechische) Weisheit wird jüdischerseits mit Israels Geschichte und dem Geschenk der Tora an Israel verbunden; dadurch wird die universale Zugänglichkeit der Weisheit für alle Menschen doch eingegrenzt, auch ein Grund für den Einschub: „für jene, die sie (die Weisheit) lieben": „Allem Fleisch gab er davon sein Teil, doch reichlich schenkte er sie denen, die ihn lieben" (Sir 1,10). Diese Spannung zwischen Universalität und Israels Gnadenexklusivität zeigt sich auch in Sir 24,6–8, einerseits: „Über die Wogen des Meeres und die Grundfesten der Erde, über jedes Volk und Geschlecht hatte ich (= die Weisheit) Gewalt" (24,6); anderseits: „Bei ihnen allen suchte ich mir eine Ruhestatt … Da gab der Schöpfer des Alls mir Weisung; der mich geschaffen hatte, setzte meine Wohnung fest und sprach: In Jakob sollst du dein Zelt aufschlagen und in Israel ein Erbteil besitzen" (24,7.8). Mit anderen Worten, die für alle Menschen geltende Weisheit wird als charis der Auserwählung Gottes Israel gegeben. Eine schon ältere Gegebenheit: „So haltet sie (die Vorschriften und Bestimmungen Jahwes) denn und tut danach! Denn das ist eure Weisheit und eure Einsicht in den Augen der Völker" (Dt 4,6), wird dabei in einen sapientialen Kontext aufgenommen (siehe Ps 1 und Ps 119, die auch aus dem 3. Jahrhundert v. Chr. stammen). Die Identifizierung der hypostasierten Weisheit mit der jüdischen Tora wird vor allem in der Septuagintaübersetzung von Spr 8,22–31 (die stark vom hebräischen Text abweicht) deutlich. Die Offenbarungsweisheit ist prä-existent und wird zugleich die Ausführerin der Schöpfung Gottes. Die Wege der *Weisheit* sind Wege des *Lebens* (8, 35). In Wirklichkeit ist damit die Tora gemeint[31]. In einem ursprünglich hebräischen Weisheitspsalm, der in Baruch aufgenommen ist, wird das Diasporajudentum angesprochen und ihm „das Gesetz des Lebens" vorgehalten (Bar 3, 9); Israel „hat die Quelle der Weisheit verlassen" (3, 12), „Wo *Verstand* ist, Kraft und *Einsicht,* dort findet ihr *Leben … Licht* für die Augen und *Frieden*" (3, 14), „Wer ist zum Himmel gefahren, um dort die Weisheit zu holen, wer hat sie von über den Wolken nach hier herabgebracht?" (3, 29), … „Alle Wege zur Erkenntnis kommen von ihm (= unserem Gott): Er hat sie seinem Diener Jakob gezeigt, Israel, den er liebte. Danach ist sie auf Erden erschienen (ōphthē) und hat unter den Menschen gelebt" (3, 37–38); „Sie ist das *Buch der Gebote Gottes,* sie ist das Gesetz, das ewig währt. Die sie befolgen, erwerben das Leben" (4, 1), „Glücklich sind wir, Israel! Uns ist geoffenbart, was Gott gefällt" (Uns ist bekannt, was Gott gefällt) (4, 4). Eine Hymne an Israels Weisheit, die von Gott kommt und die griechische Weisheit weit übertrifft. Das Gesetz ist ein Licht (Sir 45, 17; Bar 4, 2; siehe auch: TestLevi 14, 4; 19, 1; 4 Esr 14, 20–21; syrBar 59, 2)[32].

Weisheit, Offenbarung, Einsicht und Erkenntnis, Leben, Gottes Gebote oder das Gesetz befolgen, Licht und Frieden sind in dieser Weisheitsliteratur innerlich zusammenhängende Begriffe, die schließlich mit Gottes charis zu Israel verbunden werden: die Gabe des Gesetzes, das aber – denn der Mensch ist frei – verlassen oder befolgt werden kann, aber Gott vergilt jedem nach seinen Werken. In diesen Diasporakreisen, die zu den Heiden hin werbend offenstanden, wurde das Proselytentum oder der Zutritt der Heiden zur jüdischen Synagoge in der Perspektive dieser Spekulationen über Weisheit = Tora gesehen. In dieser missionarisch-katechetischen Situation wird der ältere Ausdruck „Gnade finden bei Gott" gleichsam zu einem *Topos* oder typischen Ausdruck für das Gnadengeschehen der göttlichen Auserwählung der Heiden, der „Gottesfürchtigen", die sich zur jüdischen Religion bekehrten. Ihnen wird nun die Gnade der Weisheit der Offenbarung Gottes an Israel zuteil[33].

Die Verbindung von charis mit Offenbarung von bei Gott verborgenen Mysterien und folglich mit Erkenntnis von geoffenbarter Weisheit wurde bei den Juden zur Zeit des Hellenismus zu einem Topos, sowohl in der neueren sapientialen als auch in der schon chassidischen oder frühen Apokalyptik[34] (auch im Paulinismus ist diese Thematik vorhanden). Diese erlangt aber eine spezifische Bedeutung in der griechisch-jüdischen missionarischen Situation der Diaspora. Nicht-Juden erhalten Kenntnis von und Anteil an der Offenbarung Gottes an Israel, dem Credo und der Ethik (den guten Werken) Israels. Dieses Geschehen wird auf eine besondere Weise als charis Gottes gesehen. Abraham, der Vater aller Gläubigen, wird – schon vorchristlich – zum Vorbild der Auserwählung und der Rechtfertigung ‚aus Gnade', ungeschuldet. *Charis* ist die große Gnade der Bekehrung eines Heiden zum Glauben Israels, zu Israels

Weisheit oder Gottesoffenbarung[35]. So wird, schon vor Paulus, im griechischen Judentum der Zusammenhang hergestellt zwischen charis oder Gnade und Rechtfertigung durch Glauben an den Gott Israels, konkret: an die göttliche charis-Gabe des Gesetzes. Charis und Bekehrung, oder Rechtfertigung aus Gnade, nämlich der Gnade des Gesetzes, werden in dieser frühjüdischen Literatur von der Formel „Gnade finden bei Gott" umfaßt. Charis oder Begnadung wird also mit Vorliebe (ohne die weitere Heiligung auszuschließen) vor allem für jenen einen großen Augenblick gebraucht, in dem ein Heide, aufgrund der freien Auserwählung Gottes, die Offenbarung oder ,Heilslehre' (Credo *und* Ethik) der Religion Israels im Glauben empfängt. (Hier ist der neutestamentliche, vor allem paulinische Gedanke des Zusammenhangs zwischen Auserwählung, Bekehrung, Rechtfertigung und Taufe zum Christsein vorbereitet – allein: nicht das Gesetz, sondern Christus ist dabei der unterscheidende Punkt. Doch ist die Thematik jüdisch vorgegeben.) Charis, Gnade, wird damit zu einem Äquivalent der Bekehrung aus Sünde zu Jahwe, dem einen wahren Gott Israels und durch Israel aller Völker. Charis enthält in einem solchen Kontext wesentlich *Kenntnis der wahren Offenbarung* (in dem Sinne von ,Gnosis' oder ,Epignosis').

Im Gegensatz zu dem, was seinerzeit Wetter behauptet hatte, läßt sich auf das Neue Testament – was den Gnadenbegriff betrifft – kein jüdisch-fremder Einfluß verspüren, wohl aber der Einfluß jenes weiterentwickelten jüdischen Gnadenbegriffs, der seinen ,Sitz im Leben' in der katechetisch-apologetischen missionarischen Situation des Diasporajudentums hatte (ein hellenistisch-jüdischer charis-Begriff, der dann seinerseits in seiner ausgesprochen religiösen Bedeutung mit ,erleichtert' wurde durch die wachsende religiöse Bedeutung der griechischen charis in der Kaiserzeit).

Gerade innerhalb der Spiritualität der Diasporajuden nahm ebenfalls die Diskussion um den Konflikt zwischen ,aus Gnade' oder ,aus den Werken' zu. Das war eine typisch-jüdische Problematik in diesen Kreisen. Israel ist zwar aufgrund der göttlichen Gabe der Tora oder des Gesetzes auserwählt; darin sind jüdische Sünder wesentlich verschieden von Heiden, die Israels Gott und das Gesetz nicht kennen. Aber innerhalb Israels gibt es nur eine kleinere Gruppe von wirklich ,Gerechten', welche ,Werke der Gerechtigkeit' verrichten und Gottes charis als Lohn nach ihren Werken erhalten werden[36]. *Aber:* Israels Gott ist reich an Erbarmen, er erbarmt sich gerade jener Juden, deren Hände leer sind an guten Werken; vor allem erbarmt er sich der Heiden, die keine guten Werke kennen, weil sie nicht einmal das Gesetz besitzen: Er rechtfertigt den Sünder ,gratis'. Der Besitz des Gesetzes ist die Auserwählung, die göttliche charis – eine frühjüdische Version der chesed Jahwes, die auf Israel ruht. Mit anderen Worten, was früher *chesed*, Gnade Gottes, war, wird jetzt das *Gesetz*. Gerade in dem Kampf gegen die Herrscher, die in Israel sogar mit den Waffen das Gesetz abschaffen wollten, hat sich das frühe Judentum auf das Gesetz fixiert. Chesed, charis und Gesetz werden identifiziert. *Dieses* Judentum kennt keinen Gegensatz zwischen Rechtfertigung durch die Gnade und Rechtfertigung durch das Gesetz oder durch Gesetzeswerke. Deshalb wird es auch keine Antithese schaffen und nie sagen können: „Rechtfertigung allein aus Gnade" (dies wohl) und – diese Antithese folgt dann nicht mehr – „also nicht aufgrund der Werke". Aber die Rechtfertigung *allein aufgrund von Glauben* an die Weisheit oder Offenbarung Gottes im Gesetz ist wesentlich für dieses frühe Judentum. Wer sich diese jüdische Auffassung nicht vor Augen hält, wird die Rechtfertigungslehre des Paulus fast unweigerlich falsch interpretieren.

Auf der Linie dieses frühjüdischen Gespürs für Gottes Transzendenz wird der Nachdruck darauf gelegt, daß der Schöpfer auch die einzige Ursache des Heils ist. Daß Gott allein Vergebung der Sünden schenkt, wird auf die Allmacht seines Schöpfungsaktes gegründet. In dieser Tradition wurde der ‚Topos‘ heilsgeschichtlicher Helden lebendig – Noach, Melchisedek, Abraham, Isaak, Jakob, Esau –, die Gnade fanden bei Gott, ohne daß sie vorher irgendein gutes Werk getan hatten (vgl. Hebr 11; Röm 4 und 9,20–22). ‚Alles ist Gnade‘ nach Philo: Die Welt der Menschen und der Dinge sind „dôrea, energeia, charisma" Gottes. Gott ist all unserem Wollen voraus, seine charis geht allem voraus. Kein Mensch ist gerecht vor Gottes Antlitz (grHen 81,5). „Vor dir ist die ganze Welt wie ein Stäubchen an der Waage ... Du erbarmst dich aller, weil du alles vermagst, und du übersiehst die Sünden der Menschen, damit sie Buße tun" (Weish 11,23). Die gnadenvolle Auserwählung besteht „vor der Erschaffung aller Dinge". Der Gegensatz „kata charin" (aus Gnade) und „kat' opheilema" (geschuldet oder verdientermaßen) ist jüdisch (und nicht erst paulinisch); dieser Unterschied findet seinen Kontext in dem Unterschied zwischen dem einzelnen frommen und gerechten Juden, der das Gesetz befolgt, und dem Juden als Juden, der kraft der Gabe des Gesetzes unter Gottes gnadenvolle Auserwählung fällt, gratis[37].

Anderseits wird Gottes Gnade vor allem dort sichtbar, wo der Jude durch demütiges Bekenntnis eigener Geschöpflichkeit und Sündhaftigkeit sich der göttlichen Gnade öffnet. „Charis geht dem bescheidenen Menschen voraus" (Sir 32,10), „Gott widersteht den Hochmütigen, den Demütigen gibt er charis" (Spr 3,34). Die Spiritualität, nach der gerade in Schwachheit Gnade zu ihrem Recht kommt, ist in dieser Traditionslinie der frühjüdischen Literatur ein Credo, denn „jener, der sich für *elachistos,* den Kleinsten, hält, ist *eleous,* voller Erbarmen" (Weish 6,6) (christologisch umgedeutet lassen sich manche Anklänge bei Paulus finden).

In dieser Literatur – die global mit den letzten Büchern des Alten Testaments und mit den Schriften des Neuen Testaments zusammenfällt – sind zwei Charisthemata vorhanden (die wir in christologischer Perspektive bei Paulus wiederfinden): a) einerseits der frühjüdische Gegensatz zwischen Gnade und Werken[38], nämlich im Zusammenhang mit der Schöpfungs- und Bundestheologie; Gerechtigkeit kommt aus der auserwählenden Gnade Gottes, wenn auch anderseits Identität zwischen ‚Glaube‘ und ‚Werken‘ besteht; – b) der heilsgeschichtliche Gegensatz zwischen *charis* und *hamartia*, zwischen Gnade und Sünde: „Wo charis herrscht, ist die Sünde verschwunden" (grHen; TestPatr; siehe oben).

Nach dem frühen Judentum kommen Heil und Sündenvergebung allein aus Gottes Gnade (das ist allgemein judaisch), nämlich aufgrund der göttlichen Gabe des Gesetzes: Dieses ist die große exklusive Gabe Gottes an Israel. Die eschatologische Heilszeit ist in Qumran denn auch die Zeit der vollkommenen Erfüllung und Befolgung des Gesetzes (4 QFlor); auf die Zeit der Sünde folgte die Zeit der von Gott zubereiteten Werke der Gerechten (ApocBar 27). In der alexandrinisch-jüdischen Version wird, im Gegensatz zur Auffassung der Pharisäer, die Rechtfertigung aus Gnade offensichtlich scharf formuliert. Anderseits gibt es einzelne Juden, die das Gesetz genau befolgen; deshalb wird charis ihr Lohn sein. Es besteht ein Unterschied in der Auffassung zwischen diesem Judentum und der pharisäisch-rabbinischen Auffassung der Tora-Ontologie, in der die Offenbarung Gottes durch die Geschichte in Wirklichkeit durch die Offenbarung mittels des sakrosankten Bibelbuches ersetzt wird, konzentriert im Gesetz (so daß die historischen und prophetischen Bücher nur eine aus der Tora abgeleitete Autorität haben).

Das Problem um ‚Gnade und Werke‘ und ‚Gnade und Sünde‘, Gnade und Rechtfertigung, ist deshalb – vor allem in der jungen Weisheitstradition, die hauptsächlich im alexandrinischen Judentum weiterwirkt – schon vor Paulus an der Tagesordnung. Der grundlegende Unterschied zwischen Judentum und Christentum besteht darin, daß dieses letztere nicht das Gesetz als Bezugspunkt der Rechtfertigung durch die Gnade sieht, sondern Jesus als den Christus. Nicht der Gegensatz zwischen ‚Gnade‘ und ‚Werken‘ steht im Mittelpunkt, sondern der Gegensatz zwischen der Gnade des Gesetzes und der Gnade Christi. Das wollen wir jetzt untersuchen.

ZWEITER ABSCHNITT

NEUTESTAMENTLICHE GNADENERFAHRUNGEN UND IHRE INTERPRETATIONEN

EINLEITUNG

Die formale Struktur der Offenbarung sagt schon etwas über ihren Inhalt. Wenn Offenbarung durch Erfahrungen von Menschen formal als Offenbarung im Bewußtsein von Gläubigen erkannt wird, ist damit schon sehr viel über ihren Inhalt gesagt.

Eine vollständige ‚neutestamentliche Gnadentheologie‘ vorzulegen ist unmöglich; genauso unverantwortlich, zumindest für den, der auf der Suche ist nach einem biblischen Fundament für ein zeitgemäßes Verständnis der evangelischen Botschaft aus den Forderungen und Fragen des Augenblicks heraus, wäre eine willkürliche Auswahl aus dem neutestamentlichen Material. Ich werde also vorsichtig mit großen neutestamentlichen Traditionsblöcken arbeiten müssen: Paulinismus, Johanneismus, die mit beiden Richtungen verwandte und doch eigene Theologie des Ersten Petrusbriefs und des sogenannten Briefs an die Hebräer, die spätapostolischen Briefe und schließlich die christliche Apokalypse. Weil die synoptischen Evangelien vor allem in meinem Buch „Jesus, die Geschichte von einem Lebenden" Gegenstand der Untersuchung gewesen sind, kommen sie hier nicht von neuem, zumindest nicht unmittelbar zur Sprache.

Die Absicht der folgenden Analyse ist, zu zeigen, wie alle Autoren eine gleiche Grunderfahrung – von entscheidendem und definitivem Heil-von-Gott-her in Jesus – je nach ihrem eigenen Erfahrungs- und Verständnishorizont sowie aufgrund von Schwierigkeiten und Problemen, die sich in den christlichen Gemeinden ergaben, an die sie ihre Briefe oder ihr Evangelium (Johannes) richten, gleichsam einfärben; anders gesagt: wie sie *interpretierend* erfahren. Aus der Verschiedenheit dieser interpretativen Erfahrungen und ihrem gegenseitigen Vergleich kommen dann *formende Strukturprinzipien* ans Licht[1], die für heutige Christen Inspiration und normierende Orientierung sind, um (in Treue zum apostolisch überlieferten Glaubensgut) ebenso freimütig, wie es die neutestamentlichen Autoren getan haben, innerhalb unseres (auch kritisierten) Erfahrungs- und Verstehenshorizonts eine gleiche, christliche Grunderfahrung zeitgemäß interpretativ neu zu formulieren. Daß diese theologische Analyse aber wertlos wird, wenn nicht *zugleich* die ‚geschichtlichen Vermittlungen‘ analysiert werden, wird aus Abschnitt IV des 2. Teiles dieses Buches hervorgehen müssen.

ERSTES KAPITEL
THEOLOGISCHE GNADENTHEORIE DES PAULUS

Wenn wir die mit Sicherheit echten Briefe des Paulus – 1 Thess, 1 und 2 Kor, Gal, Röm, Phil und Philemon – als eine exegetische Einheit nehmen, stellen wir fest, daß der charis-Begriff bei ihm eine Entwicklung durchmacht. Der normale Gebrauch von charis, der Paulus aus dem griechischen Wortschatz zur Verfügung stand, wird erst in einem bestimmten Augenblick für Paulus zum zentralen Stichwort, mit dem er das Heilsgeschehen Gottes in Jesus beschreibt. Schon im Galaterbrief vorbereitet, markiert offensichtlich der Römerbrief (in dem charis übrigens am häufigsten vorkommt: 24mal) die Trennungslinie. Die eigene Erfahrung einer sehr spezifischen Liebestat Gottes gegenüber ihm selbst, nämlich seine Berufung zum Apostel der Heiden, bildet für Paulus den Übergang zur technischen Bezeichnung des Heilsgeschehens als Gnade von Gott her.

LITERATUR: (vor allem über zedaqa, Gerechtigkeit): *Kl. Berger,* „Gnade" im frühen Christentum: NTT 27 (1973) 1–25; *J. Blank,* Schriftauslegung in Theorie und Praxis (München 1969) vor allem 129–187; *ders.,* Paulus und Jesus (München 1968); *G. Bouwman,* Gods gerechtigheid bij Paulus: TvTh 11 (1971) 141–157; *H. Cazelles,* A propos de quelques termes difficiles relatifs à la justice de Dieu dans l'Ancien Testament: RB 58 (1951) 169–188; *L. Cerfaux* und *A. Descamps,* Justice et justification: DBS 4 (1949) 1417–1510; *A. Descamps,* Les justes et la justice dans les évangiles et le christianisme primitif (Löwen 1950); *ders.,* La justice de Dieu dans la bible grecque (Studia Hellenistica, 5) (Löwen 1948) 59–92; *J. Dupont,* Les béatitudes, 3 Bde. (Paris 1973); *A. Dupont-Sommer,* Les écrits esséniens découverts près de la Mer Morte (Paris 1959); *J. Eckert,* Die urchristliche Verkündigung im Streit zwischen Paulus und seinen Gegnern nach dem Galaterbrief (Regensburg 1971); *J. M. Fiedler,* Der Begriff der Dikaiosynè im Evangelium des Matthäus, auf seine Grundlage untersucht (Halle 1957); *W. Grossouw,* De vrijheid van de christen volgens Paulus: TvTh 9 (1969) 269–283; *ders.,* De brief van Paulus aan de Galaten (Bussum 1974); *W. Grundmann,* Der Lehrer der Gerechtigkeit in der Theologie des Apostels Paulus: RQumran 2 (1960) 237–259; *R. Gyllenberg,* Rechtfertigung und Altes Testament bei Paulus (Stuttgart 1973); *E. Käsemann,* Gottesgerechtigkeit bei Paulus, in: Exegetische Versuche und Besinnungen 2 (Göttingen ²1965) 181–193; *O. Kaiser,* Gerechtigkeit und Heil bei den israelitischen Propheten und griechischen Denkern des 8.–6. Jahrhunderts: NZSTh 11 (1969) 312–328; *K. Kertelge,* ‚Rechtfertigung' bei Paulus (Münster ²1966); *G. Klein,* Gottes Gerechtigkeit als Thema der neuesten Paulus-Forschung: VuF 12 (1967) 1–11; *K. Koch,* Sdq im Alten Testament. Eine traditionsgeschichtliche Untersuchung (Heidelberg 1953); *ders.,* s. v. zedāqā, in: ThHandWAT 11 (1976) 507–530; *T. C. de Kruyff,* Justice and Peace in the New Testament: Bijdr 32 (1971) 367–383; *S. Lyonnet,* De iustitia Dei in Ep. ad Romanos: VD 25 (1947) 23–34, 118–121, 129–144; 193–203; 257–261; *U. Luck,* Gerechtigkeit in der Welt. Gerechtigkeit Gottes: WuD 12 (1973) 71–89; *D. Lührmann,* Der Verweis auf die Erfahrung und die Frage nach der Gerechtigkeit, in: Jesus Christus in Historie und Theologie (hrsg. G. Strecker) (Festschrift H. Conzelmann) (Tübingen 1975) 185–196; *ders.,* Rechtfertigung und Versöhnung: ZThK 67 (1970) 437–452; *R. Mach,* Der Zaddik in Talmud und Midrasch (Leiden 1957); *C. Müller,* Gottes Gerechtigkeit und Gottes Volk. Eine Untersuchung zu Römer 9–11 (Göttingen 1964); *F. Mußner,* Der Galaterbrief (HThKNT 9) (Freiburg i. Br. ²1976); *F. Nötscher,* Das Reich Gottes und seine Gerechtigkeit (Mt 6,33; vgl. Lk 12,31): Bibl 31 (1950) 237–241; *A. Oepke,* Dikaiosyné tou Theou bei Paulus in neuer Beleuchtung: ThL 78 (1953) 257–264; *H. Reventlow,* Rechtfertigung im Horizont des Alten Testaments (München 1971); *K. H. Schelkle,* Gerechtigkeit nach dem Neuen Testament: BuL (1968)

104

83–94; *E. Schillebeeckx*, Jesus, die Geschichte von einem Lebenden (Freiburg i.Br. ⁴1977) 102–158; *H. H. Schmid*, Gerechtigkeit und Weltordnung. Hintergrund und Geschichte des alttestamentlichen Gerechtigkeitsbegriffs (BHTh, 40) (Tübingen 1968); *G. Strecker*, Der Weg der Gerechtigkeit (FRLANT, 82) (Göttingen ³1971); *P. Stuhlmacher*, Gerechtigkeit Gottes bei Paulus (FRLANT, 87) (Göttingen 1975); *P. Trude*, Der Begriff der Gerechtigkeit in der aristotelischen Rechts- und Staatsphilosophie (Berlin 1955); Rechtfertigung im neuzeitlichen Lebenszusammenhang. Studien zur Interpretation der Rechtfertigungslehre (Gütersloh 1974). Und die Kommentare zu den Paulusbriefen.

§ 1. Charis: durch Offenbarung bekanntgemachter, von Menschen nicht erdachter neuer Heilsweg

I

Charis und das Evangelium des Paulus in seinen ersten Briefen

Hintergrund der Entwicklung des charis-Begriffs im Neuen Testament ist der Gnadenwunsch zu Beginn oder/und zum Schluß der christlichen Briefliteratur. Schon in seinem ältesten Brief, in dem der Begriff charis übrigens völlig fehlt, grüßt Paulus zu Beginn und zum Schluß die Christen in Thessalonike mit dem Gruß: „Die Gnade (hē charis) unseres Herrn Jesu Christi sei mit euch allen" (1 Thess 1,1 und 5,28). Diesen Gnadenwunsch findet man in allen Briefen des ganzen Corpus Paulinum[2]. Griechen und griechisch sprechende Juden begannen ihre Briefe mit „chaire" (Heil) (siehe noch Apg 23,26; 15,23). Juden gebrauchten oft einen doppelten Gruß[3]. Viele Exegeten behaupten, es sei Paulus selbst gewesen, der diesen Gruß verchristlicht habe. Das ist aber zweifelhaft, weil in der griechisch-jüdischen Literatur vor Paulus der doppelte Ausdruck „Erbarmen (eleos) und Frieden" geläufig ist (Tob 7,12; vgl. 2 Sam 15,20; syr-BarApoc 78,2; Est 9,30) („Friede und Wahrheit"), während „eleos" und „charis" in derselben Zeit durcheinander gebraucht wurden (siehe oben).

Aber außerhalb der Begrüßungsformeln kommt im Ersten Thessalonicher-brief charis nicht vor. In diesem Brief ist Paulus gleichsam der treue Vermittler einer bestimmten, sehr alten, vielleicht ältesten vorpaulinischen Überlieferung und auch des hellenistisch-jüdischen Wortgebrauchs. Von Anfang an spricht er von „dem Evangelium Gottes" (1 Thess 2,2; 2,8; 2,9), das zugleich „das Evangelium des Christus" (3,2) ist. Und seinen Brief beginnt er damit, daß er auf „unser Evangelium" hinweist (1,5), während er in 2,4 absolut von „dem Evangelium", das ihm von Gott anvertraut worden ist, spricht. Dieses Evangelium umfaßt das Bekenntnis des ‚Glaubens an Gott' und des ‚Glaubens an den kommenden Jesus Christus': Sie haben sich „von den Götzen zu Gott bekehrt, um dem lebendigen und wahren Gott zu dienen" und „aus dem Himmel seinen Sohn zu erwarten, den er von den Toten auferweckt hat, *Jesus,* der uns vor dem kommenden Zorn rettet" (1, 9–10). Das ist das vorpaulinische, monotheistische und christologische Kerygma an *Heiden* – in dem der vielleicht ursprünglichere Ausdruck ,Menschensohn' ersetzt ist durch den „Sohn Gottes" – (vermutlich ein Taufbekenntnis). Die christologische Botschaft ist hier eschatologisch auf die Parusie gerichtet, wenn auch auf der Grundlage der vollzogenen Auferweckung Jesu vom Tod. „Wir glauben, daß Jesus gestorben und wieder auferstanden ist; ebenso wird Gott die, die in Jesus entschlafen sind, lebendig mit ihm herbeibringen" (4, 14). *Das* ist das Evangelium Gottes, Christi, *unser* Evangelium, sagt Paulus. Seine Verkündigung und Annahme gründen auf Gottes auserwählender Liebe (1, 4), einer „Berufung zu seiner basileia (oder seinem Königreich) und seiner Herrlichkeit" (2, 12). In all dem kommt vorpaulinisches Urchristentum zu Wort, wenn auch von griechisch sprechenden jüdischen Christen (,Stephanus'-Christentum). Dieses Evangelium – „das göttliche Wort der Verkündigung" (2, 13) – ist „nicht ein Wort von Menschen, sondern … das Wort Gottes selbst" (2, 13 b), das Paulus „mit Kraft und heiligem Geist" predigt (1, 5).

In diesem ganzen Brief hören wir nichts von charis und Rechtfertigung, den späteren Schlüsselbegriffen des Paulus. Schlüsselbegriff ist hier Jesu kommende Parusie (2, 19; 3, 13; 4, 15; 5, 23; außer in diesem Brief in den echten Paulusbriefen nur noch zu finden in 1 Kor 15, 23). Trotzdem geht schon aus diesem Brief hervor, wie schwer es Paulus mit seiner Verkündigung unter den Heiden gehabt hat (2, 16). Seine Heilsverkündigung an die Heiden enthält die Prinzipien, die er später entwickeln wird.

Das unmittelbare Motiv des ganzen Briefes scheint zu sein, eine Antwort auf das in der Gemeinde entstandene Problem zu geben: Es waren *Christen* gestorben (4, 13–18; siehe noch 5, 10: „wachend oder schon entschlafen"). Paulus verkündet die urchristliche Erwartung der baldigen Wiederkunft Jesu; sein eigener Beitrag ist, der Gemeinde eine Antwort zu geben, die beunruhigt ist über das Schicksal von verstorbenen Christen, die dann, so befürchtete man, Jesu Parusie nicht werden erleben können. Paulus antwortet darauf innerhalb eines jüdisch-apokalyptischen Rahmens (4, 15–17): *Christen,* die schon gestorben sind („die Toten, die in Christus sind", 4, 16 b), werden auferstehen und so mit den noch lebenden Christen gemeinsam zum Himmel fahren oder ,aufgenommen' und ,mitgeführt' werden, Christus entgegen (4, 16–17). Für manche also Auferstehung, für die anderen (noch Lebenden) eine ,Entrückung'. Die Parusie wird offensichtlich sehr bald erwartet. Daraus geht schon hervor, daß geschichtlich bedingte Situationen sogar ein Grunddogma wie die Auferstehung mit beeinflussen. Später wird Paulus darüber anders sprechen. Doch besitzen die Christen schon die eschatologische Geistesgabe (4, 8; 5, 19).

In den beiden Briefen des Paulus an die Christen von Korinth (der Galaterbrief wird chronologisch allgemein zwischen beide eingereiht) kommt das Wort charis häufig vor (10 mal in 1 Kor, 18 mal in 2 Kor). Es wird in den verschiedenen griechischen Bedeutungen gebraucht: als Danksagung (1 Kor 10, 30; 15, 57;

2 Kor 2,14; 9,15) und vor allem als Gunsterweis oder Liebeswerk, konkret das Liebeswerk (Almosen), das die Christen von Korinth zugunsten der Armen der Jerusalemer Gemeinde verrichteten (1 Kor 16,3 und vor allem 2 Kor 8,1.4.6.7.9.16.19). Eine solche edelmütige Liebesgabe (charis) ist zugleich ein Gunsterweis Gottes an diese Korinther, die ja alles Nötige haben (2 Kor 9,8), so daß sie davon den Armen geben können (9,8). Hier spielt der Begriff charis im Sinn eines Geschenks als Ehrenschuld eine Rolle, und Paulus gibt ihm einen christologischen Unterbau: „Denn die (charis oder) Liebestat unseres Herrn Jesus Christus brauche ich euch nicht in Erinnerung zu rufen: daß er, obwohl er reich war, um euretwillen arm wurde, damit ihr durch seine Armut reich würdet" (2 Kor 8,9; vgl. Phil 2,6–11). In diesen Briefen wird charis übrigens in dem Sinn von Gottes Hilfe, Beistand oder Gunsterweis gebraucht (2 Kor 9,8 und 12,9, aber – siehe unten – Gottes charis gerade gegenüber dem Apostel).

Doch fällt schon in diesen Briefen (direkt oder indirekt) die Koppelung von Gnade und Apostelamt auf (1 Kor 3,10; 15,10; 2 Kor 1,12 und 12,9), so daß auch hier Gnade die technische Bedeutung von Gottes Heilsoffenbarung in Christus und wesentlich damit verbunden die Auserwählung zum Christentum hat: „die Gnade Christus, die uns in Christus gegeben ist" (1 Kor 1,4), die Berufung zum christlichen Leben. Gnade wird denn auch absolut gebraucht: „Sorgt dafür, daß ihr seine Gnade nicht vergebens empfangt" (2 Kor 6,1). Hier liegt der Akzent mehr auf der allgemeinen Auserwählung zum Christentum als auf der Auserwählung zum Apostelamt, durch das diese Heilsoffenbarung bekanntgemacht wird. Gnade hat bei all dem die griechische Bedeutung von „reich beschenkt mit allen Gaben" (1 Kor 1,5–6), wie Paulus „die Gnade" in 1,4 näher umschreibt, so daß es den reichen Korinthern „in keiner Hinsicht *an etwas mangelt*". Gnade hat daher noch nicht die technisch-paulinische Bedeutung, ebensowenig wie in 2 Kor 9,8: „Gott, in dessen Macht es liegt, euch mit allen Gaben zu überhäufen." Innerhalb dieser reichen Gnadengaben steht noch immer, wie im Ersten Thessalonicherbrief, die Parusie im Mittelpunkt: „während ihr voller Erwartung Ausschau haltet nach der Offenbarung unseres Herrn Jesus Christus" (1 Kor 1,7b). Aber die inzwischen durch die Auferstehung Jesu gegebene „Gemeinschaft mit seinem Sohn" (1 Kor 1,9) erhält schon mehr Nachdruck: „Wir verkündigen einen gekreuzigten Christus" (1 Kor 1,23). Im Gegensatz zum Ersten Thessalonicherbrief wird der Nachdruck auf das Fundament der Parusie gelegt: auf Jesu Tod und Auferstehung, und zwar aufgrund einer ebenfalls vorpaulinischen Tradition (allerdings einer anderen als der der Parusie des Menschensohnes), nämlich dem Kern nach 1 Kor 15,3b–5a oder 15,3b–7 (auch das Vorpaulinische in Röm 1,3–4). Tod und Auferstehung sind fortan für Paulus der Kern seines Evangeliums (siehe 1 Kor 1,23; 2 Kor 2,12; 5,18–21 usw.). Im übrigen geht es in den beiden Korintherbriefen vor allem um das Apostelamt eben als „Dienst der Versöhnung" (2 Kor 5,18–21; über diese Perikope siehe weiter unten).

Man darf es als auffallend bezeichnen, daß das, was in 1 Kor 1,9 heißt: „Gott ist getreu, der euch berufen hat zur Gemeinschaft mit seinem Sohn, unserem Herrn Jesus Christus", vom Galaterbrief an mit dem Begriff „charis Theou", die Gnade Gottes, ausgedrückt wird (Gal 2,19–21). „Die charis" wird bei Paulus zu einem technischen theologischen Begriff. „Das Evangelium" wird jetzt mit dem identifiziert, was Paulus im Galaterbrief das *Evangelium der Rechtfertigung* nennt. Der Inhalt des Evangeliums des Paulus ist hier: die Fundierung der christlichen Lebensexistenz auf der charis Gottes und deshalb Ablehnung des ‚Heilswegs' der menschlichen Gerechtigkeit aufgrund von Gesetzeswerken. „Die Wahrheit des Evangeliums", sein Inhalt ist jetzt: Rechtfertigung des Sünders dank dem Christusmysterium (Gal 2,14). Das Evangelium des Paulus ist „to euangelion tès akrobystias" (2,7), wie das des Petrus „to euangelion tēs peritomēs" ist, das heißt, Paulus verkündet das Evangelium den Unbeschnittenen, Petrus dagegen den Juden (Beschnittenen), beide tun dies aus einem göttlichen Auftrag.

Gerade dieser göttliche Auftrag spielt im Gebrauch des Galaterbriefs von charis eine grundlegende Rolle. Paulus versteht sich als Vermittler von etwas, was er von Gott in Jesus Christus empfangen hat. Der Apostel gibt in seinem ganzen Brief weiter, was er von Gott empfangen hat[4]. Denn charis erhielt in der frühjüdischen Literatur die Bedeutung der Gnade einer empfangenen und weiterzugebenden Offenbarung. Wenn Paulus dann seine Briefe mit einem Gnadenwunsch beginnt, dann ist darin schon sein apostolisches Selbstverständnis ausgedrückt. Zwischen den alten Ausdrücken „Der Herr sei mit euch" und dem neutestamentlichen „Die Gnade sei mit euch" besteht ein geschichtlicher Zusammenhang, weil im frühen Judentum der Name Gottes oft durch „die Gnade" ersetzt wurde (auf der Linie eines zunehmenden Gebrauchs von abstrakten Substantiven). Der Gebrauch von ‚charis' ist damit direkt weniger vom alttestamentlichen chesed her inspiriert als vielmehr von der sapientialen und apokalyptischen Färbung, die dieses Wort seitdem erhalten hat, nämlich: charis ist die *durch Offenbarung* (für Paulus: in und durch Christus) *empfangene Erkenntnis und Lehre* (was Heil und Ethos betrifft). Das erklärt auch den ersten technischen Gebrauch, den Paulus von diesem Wort macht. Er spricht von einer sehr bestimmten Gunst Gottes: „Die Gnade, die mir gegeben ist" ist von Anfang an eine Andeutung für die göttliche Berufung des Paulus zum Apostel unter den Heiden (Gal 1,15–16; 2,9; 1 Kor 3,10; Röm 1,5; 12,3; 15,15; siehe auch 1 Kor 15,10); deshalb ist auch sein apostolischer Besuch in der Gemeinde eine charis oder ein erfreuliches Geschehen (2 Kor 1,5; vielleicht auch so in Phil 1,7; vgl. Eph 3,2; 3,6–7). Entgegen dem allgemeinen Gebrauch von charis in den Begrüßungsformeln ist Gottes gnadenvolle Heilsoffenbarung (charis) hier *personalisiert* an Paulus und darin zugleich an eine sehr bestimmte *Dienstbarkeit* gegenüber anderen gerichtet: die apostolische Verkündigung des Evangeliums durch Paulus an die Heiden. Die Gnade ist ihm, Paulus, gegeben, „um Christus unter den Heiden zu verkünden" (Gal 1,15; Röm 1,5; 12,3; 15,15; vgl. Eph 3,2: „im Hinblick auf euch"; auch Eph 3,6–7; siehe 1 Kor

3,10). In Gal 1,15 wird dieser Charisbegriff gleichsam definiert: Der auserwählte Apostel wird durch charis berufen, und zwar aufgrund der Tatsache,
daß ihm der Sohn Gottes, der Inhalt des Evangeliums, geoffenbart wird. In
diesem ersten technischen Gebrauch von charis wird dieser Wortgebrauch unverkennbar mit dem *Apostelamt* verbunden. Charis bedeutet hier, wie in der
ganzen Apokalyptik, die Mitteilung einer übernatürlichen (sogar visionären)
Erkenntnis (aufgrund einer Berufungsvision). Diese Gnade des Paulus wird von
„den Säulen in Jerusalem" anerkannt (Gal 2,9): Diese erkennen die charis des
Paulus und somit die Legitimität seiner Berufungsvision und des darin empfangenen Evangeliums. Auf der Linie der frühjüdischen charis-Auffassung bedeutet
charis hier deshalb die Berufungsvision des Paulus mit dem Inhalt: Berufung
der Heiden. Gnade ist die rechte, geoffenbarte Lehre (gegenüber fremder, falscher Lehre, siehe etwa Hebr 13,9; auch 1 Tim 1,3–4 und Tit 3,7–9, steht
charis, auch pistis, Irrlehre gegenüber). „Von der Gnade abfallen" (Gal 1,6)
heißt zu einem anderen Evangelium übergehen. Charis bedeutet also, vor allem
aufgrund von Gal 1,6; 1,15 und 2,21, die von Paulus in der Offenbarung empfangene wahre Lehre. Charis ist eine ‚apokalypsis', Offenbarung, deren Apostel
Paulus ist. Gnade hat im Galaterbrief die frühjüdische Bedeutung einer neuen
Heilsoffenbarung von Gott her: ein typisch sapientialer und apokalyptischer
Zusammenhang zwischen ‚charis' und ‚(epi-)gnosis' oder Offenbarungserkenntnis (siehe vor allem auch: 2 Petr 1,2–3 und 3,18): Jesus Christus als der
erleuchtende Heilsweg – ‚lumen gentium'.

„Ich versichere euch, Brüder: das Evangelium, das von mir verkündet wird,
ist *nicht Menschenwerk*. Denn ich habe es weder von Menschen empfangen
noch gelernt, sondern durch eine *Offenbarung* Jesu Christi" (Gal 1,11). Keine
menschliche, sondern eben Offenbarungsweisheit wird in bestimmten Kreisen
des frühen Judentums *charis* genannt. Nicht von Menschen – ohne einen Menschen zu befragen (1,16c) – „ich ging aufgrund einer Offenbarung" (2,2) –
„die Wahrheit des Evangeliums" (2,5; 12,14) – „sie haben die mir verliehene
Gnade erkannt" (2,9): das sind alles Ausdrücke, die auf charis als göttliche
Offenbarungswahrheit hinweisen. In diesem ersten technischen Gebrauch des
Gnadenbegriffs durch Paulus ist Gnade die Heilslehre, die vom Vater über Jesus
durch den Apostel weitergegeben wird, und für Paulus ist das die Lehre von der
Auserwählung aller Menschen in Jesus Christus. Und mit dieser Lehre macht
Paulus „die *Gnade Gottes*", d.i. *Israels Auserwählung*, „nicht zunichte"
(2,21). Im frühen Christentum ist ‚Gnade' deshalb wesentlich *Offenbarung* in
und durch Jesus, den Christus und Sohn; Jesus ist der einzige Lehrer (vgl. Joh
1,14–17: „Gnade und Wahrheit" im frühjüdischen Sinn). Jesus ist die neue
Offenbarung, welche die mosaische Offenbarung übertrifft. Der Begriff umfaßt
daher wesentlich die Auserwählung dessen, dem diese Offenbarung zuteil wird.

II
Griechisch-jüdische charis: Galaterbrief und Lukasevangelium

Es ist auffällig, daß der Begriff charis außer im *Corpus Paulinum* und in den vom Paulinismus beeinflußten neutestamentlichen Schriften fast nicht vorkommt. Lukas, das Lukasevangelium und die Apostelgeschichte, bildet davon die große Ausnahme. Und dann müssen wir feststellen, daß der lukanische Gnadenbegriff ebenfalls seine Wurzeln im frühjüdischen Milieu der unter den Heiden ‚missionierenden‘ Diasporajuden hat.

Vorherrschend bei Lukas ist die Septuaginta-Bedeutung von charis als Wiedergabe nicht des hebräischen chesed, sondern von ‚cheen‘, eine Bedeutung, die sehr eng an die echt griechische charis anknüpft: durch Anmut oder bestimmte angenehme oder ethische Eigenschaften anderen Freude bereiten, sie wirklich gewogen stimmen, „Gnade finden in den Augen jemandes". So finden die Christen charis beim ganzen Volk (Apg 2,47), das heißt, sie standen in der Gunst des Volkes (auch Apg 7,10; übrigens ein Septuaginta-Zitat von Gen 41,40–41; und Apg 7,46; in der gleichen Bedeutung wohl auch Apg 4,33). Charakteristisch ist auch: Stephanus war „voll von charis und Kraft, verrichtete große Wunderzeichen" (Apg 6,8); hier scheint die spätere, kaiserzeitliche Bedeutung von charis schon mitzuspielen: charis als überirdische Kraft (siehe oben), aber es kann auch einfach charis als ‚cheen‘ bedeuten. Wenn Lk 1,30 sagt, daß „Maria charis gefunden hat *bei* Gott" (in den Augen Gottes), handelt es sich formal nicht um ‚chesed‘, sondern um ‚cheen‘, d.h., Gott findet Wohlgefallen an Maria und begünstigt sie deshalb. Dasselbe gilt für Lk 2,52: Jesus nahm zu „an Weisheit und charis bei Gott und den Menschen"; wörtlich: der heranwachsende Knabe *gefällt* jedem, Gott und Menschen, wegen seiner Weisheit und seines einnehmenden Wesens. Auch Apg 18,27: Apollos war „durch seine *charis* den Gläubigen von großem Nutzen; *denn* er widerlegte gründlich die Juden und bewies öffentlich anhand der Schriften, daß Jesus der Messias sei"; vorher wurde gesagt: Apollos war „ein redegewandter und in den Schriften belesener Mann" (Apg 18,24; siehe Spr 22,11). Charis ist auch hier ‚cheen‘, in Ansehen bei anderen wegen bestimmter Eigenschaften oder Talente (vielleicht spielt hier allerdings auch die ‚Kraft‘-Bedeutung, „virtus gratiae", von charis aus der kaiserzeitlichen Epoche eine Rolle). Einnehmend sprechen wird oft mit „en chariti" angedeutet (siehe z.B. auch Kol 4,6) (es geht also formal nicht um die „Gnadengaben" des Apollos). Lk 2,40 schwebt zwischen charis als chesed und charis als cheen in: „Jesus war erfüllt von Weisheit, und die *charis Gottes* ruhte auf ihm"; hier geht es um die Gnade und das Wohlwollen Gottes. Mit anderen Worten, das ‚cheen‘, das Jesus besitzt (Lk 2,52), findet in der Tat seine Quelle in der chesed Gottes (Lk 2,40). Ferner gebraucht Lukas charis in der griechischen Bedeutung von Dankbarkeit (Lk 6,32; 6,34; 17,9) und in der allgemeinen Bedeutung von Gunst, Gunstgaben oder Gunsterweisen (Apg 24,27; 25,3; 25,9).

Aber die eigentliche *theologische* Bedeutung des lukanischen Gebrauchs des Begriffs charis liegt anderswo. Jesus spricht „Worte von charis" (Lk 4,22), „das Evangelium von Gottes charis" (Apg 20,24), „das Wort seiner Gnade" (Apg 20,32) und schließlich: sie legen Zeugnis ab vom „Wort der Gnade des Herrn" (Apg 14,3). Vier Texte, in denen charis und Wort oder Evangelium eng miteinander verbunden sind, ein im Neuen Testament typisch-lukanischer Gnadenbegriff. Paulus verbindet „euangelion" (Evangelium) meistens mit „dynamis" oder Kraft, nicht mit charis. Was bedeutet in diesen vier Texten ‚charis'? Lk 4,22 weist uns eine Richtung. Der lukanische Jesus beginnt sein öffentliches Leben mit einer synagogalen Homilie über Jes 61,1–2: der Geist Gottes, der auf dem Gesalbten ruht, der von Gott gesandt ist, um Armen frohe Botschaft (eu-angelisasthai) zu bringen, Blinde zu heilen, Unterdrückten Heil zu bringen und das Gnadenjahr Gottes zu verkünden (in dem die ungerechte Besitzkonzentration ungeschehen gemacht wird). Das entspricht übrigens dem Bild, das Lukas von Jesus gibt (Lk 7,21). Die Reaktion der Zuhörer auf die Worte Jesu war nach Lukas: „Alle... wunderten sich, daß *Worte* so *voll von charis* aus seinem Mund flossen. Sie sagten: Ist das nicht der Sohn Josefs?" (Lk 4,22). Hier geht es um mehr als um ‚charis' in dem Sinn von ‚gewinnendes Wesen'. Aus dem Kontext geht jedoch hervor, daß charis in der urgriechischen Bedeutung: ‚etwas, was Freude bringt', deutlich mitgemeint ist. Das Wort ‚charis' wird gleichsam wachgerufen durch ‚eu-angelion', eine Botschaft, die Freude bereitet: Charis ist das Evangelium an Arme. Ihnen gilt die frohe Neuigkeit. Eigentlich erklärt das Wort charis in diesem Kontext das ‚eu' (das Gute und Frohmachende) von ‚eu-angelion' oder des Evangeliums. Gerade in seiner urgriechischen Bedeutung (charis ist das, ‚was erfreut') gebraucht Lukas hier dieses Wort (deshalb stärker anknüpfend an das hebräische ‚cheen' als an ‚chesed'). Lukas betont so mit seinem charis-Begriff den Freudencharakter des Evangeliums, der das Herz der Menschen anrührt (siehe auch Apg 4,33).

Diese spezifisch-lukanische, echt-griechische Auffassung von charis ist jedoch zugleich hellenistisch frühjüdisch. Vorhin wurde gesagt, daß im sapientialen hellenistischen frühen Judentum *charis*, in dem hebräischen Sinn von ‚cheen' (nicht von chesed), häufig gebraucht wurde. Außerdem, daß in der griechisch-jüdischen zwischentestamentlichen Literatur *charis* als übermenschliche Weisheit und *Offenbarung* fast Begriffspaare bildeten. Auffallend ist auch, daß bei Lukas „Weisheit und charis" zweimal nebeneinander gebraucht werden (Lk 2,40 und 2,52), wie in der Weisheitsliteratur. Wenn Lukas charis dann im theologischen Sinn (Lk 4,22; Apg 14,3; 20,24 und 20,32) gebraucht, tut er es immer wieder im Zusammenhang mit der *Wortverkündigung*, entweder Jesu oder der apostolischen Überlieferung. Gerade über dieses Wort, das Evangelium, wundern sich die Zuhörer: Ist er nicht der Sohn Josefs? (Lk 4,22). Die charis der Worte Jesu weist somit auf übermenschliche Weisheit hin: geoffenbarte Weisheit – Weisheit von oben, keine menschliche Vernunftweisheit, kein Produkt menschlicher Erkenntnis. Hier wurzelt der lukanische Gnadenbegriff in dem gleichen Boden wie dem, in dem der Gnadenbegriff des Paulus im Galaterbrief seine Wurzeln findet: dem hellenistischen diaspora-jüdischen Begriff von charis als überirdischer, geoffenbarter Weisheit (die – das ist der Lukas eigene griechische Akzent dabei – den Menschen Freude bereitet, sie froh macht). Das erklärt auch, warum Lukas in Apg 11,23 die Ausbreitung der Kirche eine „charis Gottes" nennt, mit der Folge: „er (Barnabas) freute sich" (11,24). Charis ist für Lukas (formal) weniger „unabdingbarer Gnadenerweis" (wie bei Paulus im Römerbrief) als vielmehr das Freudenbringende der göttlichen Weisheit, die in Jesus und dem kirchlichen Evangelium Menschen mitgeteilt wird. Wie Paulus kann Lukas daher charis und dynamis – Kraft der Gnade – miteinander verbinden (Lk 4,33: 6,8; 20,32; siehe 14,26; 15,40; 18,27 usw.).

Wie das Wort ‚euangelion'[5] (mit jüdischer und griechischer Vorgeschichte) seinen Sitz vor allem in vorpaulinischen und vormarkinischen, griechisch sprechenden Judenchristen (mit Offenheit zu den Heiden hin) hat, so hat charis einen gleichen Sitz im Leben: Charis weist auf die Heiden unbekannte, jüdisch-christliche ‚Weisheit von oben' hin, mitgeteilt durch Jesus an Auserwählte und von diesen im Evangelium oder in der kirchlichen Verkündigung weitergegeben an jeden, der sie hören will. Fast paulinisch kann Lukas daher sagen: „Wir glauben vielmehr, durch die charis des Herrn Jesus auf die gleiche Weise wie jene gerettet zu werden" (Apg 15,11, ausgerechnet in einem ‚Bericht', in dem die Auffassungen des Paulus zur Diskussion stehen; siehe auch Apg 13,43; 14,26; 15,40). Gerade dieser charis-Begriff überwiegt im Brief des Paulus an die Galater.

§ 2. Gerechtfertigt durch Glauben an Christus: der Galaterbrief und 2 Kor 5,18–21

Mit dem charis-Begriff, wie er soeben analysiert wurde, ist noch nicht explizit ein Gegensatz gegeben zwischen ‚Gnade' und ‚Gesetz', denn auch für die Juden war das Gesetz eine charis oder gnadenvolle Gottesoffenbarung, die Israel vorbehalten war; auch hier gingen Auserwählung und Gnade als Offenbarung einer höheren Weisheit Hand in Hand.

Ohne jede Polemik gegen das Gesetz kann Paulus daher seine Rechtfertigungslehre formulieren, nämlich in 2 Kor 5,18–21: „Gott war es, der in Christus die Welt mit sich versöhnte: *er zählte die Fehler der Menschen nicht*" (5,19) und „den, der keine Sünde gekannt hat, hat Gott für uns zur Sünde gemacht, damit wir durch ihn *Gottes Gerechtigkeit* würden" (5,21). Der Tod Jesu ist ein Sühnetod, durch den die Sünden ausgelöscht sind und Gottes eigene Gerechtigkeit, oder zedâqâ, die unsere wird. Dieser für den Römerbrief zentrale Begriff, „dikaiosyne tou Theou", ist im Galaterbrief nirgends zu finden, aber in seiner kernhaften Formel *setzt* er meines Erachtens die Lehre des Paulus von der Rechtfertigung aus dem Galaterbrief *voraus*. Im Zweiten Korintherbrief steht diese Perikope über Versöhnung und Rechtfertigung aber nicht in einem Kontext der Polemik gegen die Gesetzeswerke, sondern in Beziehung zum „Dienst der Versöhnung", dem besonderen Apostolat des Paulus. Aber dies ist ein Apostolat gerade unter Heiden, Unbeschnittenen, Nicht-Juden. Und dann kann die Frage nicht ausbleiben, ob die charis der Offenbarung Gottes in der Versöhnung durch Jesus Christus die charis der Tora übertrifft. Denn wenn Gott die Welt in Christus mit sich versöhnte, so daß diese Versöhnung wirklich Sündenvergebung, Heilsweg zu Gott ist, tritt das „solus Christus"-Prinzip in Kraft; dann ist die charis des Gesetzes übertroffen durch die Gnade, die in Christus erschienen ist, und es kann kein zum Christen gewordener *Heide* zu Beschneidung und Gesetz verpflichtet werden. Dem widersprechen nennt Paulus „abfallen von der *Gnade*", das heißt von Christus als dem einzigen Heilsweg. Mit Jesus ist eine neue Offenbarung und damit eine neue Autorität erschienen. „Wenn das Gesetz uns rechtfertigen kann, dann wäre Christus umsonst gestorben" (Gal 2,21; auch 5,4). Das Dilemma wird dann in der Tat: „Heil im Gesetz" (5,4) *oder* „Heil in Christus". Es geht um die entscheidende und definitive Autorität der Gottesoffenbarung oder charis: das Gesetz oder Jesus Christus?

Gerade in der Galatergemeinde kam es zu einem neuen Konflikt. Daß das Missionsgebiet des Paulus die Heiden betrifft und das Gebiet des Petrus auf die Juden (auch Diaspora-Juden) beschränkt bleibt, war früher unter den Aposteln ,abgesprochen' worden (Gal 2,6–10); damit war der erste große Konflikt zumindest grundsätzlich gelöst. In der Galatergemeinde ist aber etwas anderes im Gang als zur Zeit der Judaisierenden innerhalb der christlichen Gemeinde. Paulus gerät in Konflikt mit bestimmten Leuten, die behaupten, die Beschneidung sei auch für Heiden notwendig, wenn sie Christen werden wollen. Aber diese Leute huldigen außerdem einer Art ,Kalenderfrömmigkeit' (je nach dem Mond- oder Sonnenstand) und allerlei kultischen Bräuchen (Gal 4,10). Sie üben dabei einen Druck auf Mitchristen aus und stiften Verwirrung (1,7; 5,10). Paulus interpretiert ihre These polemisch und behauptet, daß sie ,deshalb' die Notwendigkeit der jüdischen Gesetzeserfüllung verteidigen, obwohl sie diese selbst nicht befolgen (5,2–3; 6,12–13). Gal 2,15 betrachtet seine Gegner als ,Judaisten' im pharisäischen Sinn (wie in Apg 15,5 gemeint; siehe Gal 2,15), ,Judaisierende', die den christlichen Glauben mit der jüdischen Religion kombinieren wollen, was Paulus als Gerechtfertigt-werden-Wollen durch das Gesetz auslegt (4,21; 5,4). Das nennt er Abfall von Christus (1,6–7; 5,4), eine Konsequenz, die seine Gegner vielleicht nicht wollten und auch nicht sahen. Ich glaube, daß wir in Galatien eine Form von Synkretismus hatten, wie er in Kleinasien noch schärfere Ausprägung annehmen wird und in dem auch die jüdische Peritomè (Beschneidung, die damals auch bei Nicht-Juden ,in' war) eine Rolle spielte (Kol; Eph; Hebr; johanneische Schriften). Der ,Irrtum' der Galater liegt meines Erachtens in dieser *Richtung* (siehe Gal 3, 19–20; 4, 8–10, wo wie im Kolosserbrief die Rede ist von „den Mächten des Kosmos", die etwas mit dem Gesetz zu tun haben – sowohl Tora als auch Nomos [Gesetz] –, das Menschen regiert). Paulus denkt in apokalyptischen Begriffen: Christus hat sich für unsere Sünden hingegeben, um uns ‚diesem Äon' zu entrücken nach dem Willen unseres Gottes und Vaters (Gal 3, 4). Im auferstandenen Christus ist der kommende Äon schon gegenwärtig, und wir mit ihm: Das Jerusalem von oben ist schon in der christlichen Gemeinde auf Erden gegenwärtig (4, 26); sie sind eine „neue Schöpfung" (6, 15). Das drückt Paulus mit den Worten aus: Gott ruft den Menschen „en chariti", das heißt, er ruft gnädig. Charis qualifiziert hier Gottes Berufung als gnädig (anders als in 5, 4). Gnade wird dabei absolut gebraucht (1, 6 und 5, 4): es handelt sich um ein Gnadensystem im Gegensatz zum Gesetzessystem. Nie wird der Ausdruck „charis Christou" (noch weniger: charis Jesou) gebraucht, sondern: die charis „unseres *Herrn* Jesus Christus" (Gal 6, 18; siehe Röm 16, 20.24; 1 Kor 16, 23; 2 Kor 13, 13; Phil 4, 23; 1 Thess 5, 25; Phlm 25; vgl. 2 Thess 3, 18 und 2 Kor 8, 9). Mit anderen Worten, für Paulus ist der *auferstandene* Christus die charis Gottes. Nirgends wird er den historischen Jesus eine Gnade nennen (im Gegensatz etwa zu Lukas und sogar zu den Deuteropaulinen). Im Galaterbrief ist charis eine Qualifizierung der Berufung Gottes (1, 6; 1, 15) oder eine Art Verselbständigung der Gnade des Heilshandelns Gottes (2, 20 c–21 und 5, 18); anderseits auch eine erlangte Gnade in uns (5, 4), im Sinn der christlichen Existenz als einer Gabe Gottes; und vor allem nennt Paulus sein Apostelamt eine charis. Alles in allem erhält der Begriff Gnade im Galaterbrief die Bedeutung von ‚Gnadenregime', Gnadensystem, gegenüber dem Gesetzesregime (siehe Gal 5, 4). Dieser Gegensatz kommt zum Ausdruck in „der Wahrheit des Evangeliums" (2, 5.14), gekennzeichnet als *gesetzesfreies* Evangelium (siehe 2, 15–21). Die huldvolle Berufung durch Gott erhält durch den polemischen Kontext die Bedeutung von „unabhängig von unseren Gesetzeswerken", ohne jede Verdienste unsererseits (2, 15–21, worin Paulus kurz und scharf seine Rechtfertigungslehre darlegt). Diese Huld gilt gegenüber Juden und Heiden, wenn Paulus auch einen gewissen Unterschied an Sündhaftigkeit zwischen beiden sieht: die Heiden sind es ‚sowieso' („physei", von Natur, durch Geburt); die Juden sind es auch, aber nicht durch Geburt, weil durch ihre Geburt vielmehr Gottes Verheißung auf ihnen ruht (hier in Gal 2, 15 nicht explizit gemacht, jedoch in Röm 3, 2). Doch ist dieser Unterschied bedeutsam, und das wurde auch von vielen frühjüdischen Bewegungen eingesehen. Im Zusammenhang mit der Frage nach dem Verhältnis zwischen Gnade und Werken gibt es im frühen Judentum zwei Traditionen: a) Gott schenkt Gnade nicht aufgrund eigener Werke, sondern aufgrund der Auserwählung Israels und des Bundes mit den Vätern, – b) Gott belohnt nach Werken. Nach der ersten Auffassung sind alle Israeliten die Auserwählten: ‚gerecht'; auf ihnen ruht die Verheißung, auch wenn sie sündigen. Allein die Heiden sind die wahren ‚Sünder' (siehe Gal 2, 15). Ihnen fehlt die große Gnade des Gesetzes. Die neue Frage aber, die sich mit dem Christentum stellt, war folgende: Ist die Auserwählung mit dem Besitz des Gesetzes oder mit der Gabe des auferstandenen Christus gegeben? Bezüglich des wesentlichen Zusammenhangs zwischen Gnade und Auserwählung sind sich Paulus und seine Gegner einig. Der unterscheidende Punkt liegt in der Frage, ob die Auserwählung ihren Brennpunkt im Gesetz oder in Jesus Christus hat.

Die gnadenvolle Berufung Gottes besagt: „Der Mensch wird nicht durch die Werke des Gesetzes gerechtfertigt, sondern nur durch den Glauben an Jesus Christus"; deshalb „haben auch wir an Jesus Christus geglaubt, um gerechtfertigt zu werden durch den Glauben an Christus und nicht durch die Werke des Gesetzes, denn durch die Werke des Gesetzes wird kein Mensch gerechtfertigt werden" (Gal 2,16; auch 3,2.5.10). Paulus argumentiert hier von der pharisä-isch-rabbinischen Auffassung von Rechtfertigung aus. Alle Juden standen auf dem Standpunkt, daß Gott allein den Menschen rechtfertigt und zum Heil bringt[6]. Hier handelt es sich nur um eine Diskussion über den *Weg* dieser Recht-fertigung durch Gottes Gnade[7]. Für die Juden geschieht diese durch Glauben an die Gnade der Tora, für Paulus durch Glauben an die Gnade Christi. Paulus stellt diese beiden Heilswege einander gegenüber. Für die pharisäisch-rabbini-sche, die sogenannte ‚orthodoxe' jüdische Richtung bilden Glaube und Werke ein Ganzes; für sie ist Glaube an Gott ein Gesetzeswerk, sogar das erste Gebot des Gesetzes. Die Lehre der Rechtfertigung durch den Glauben ist alttestament-lich (Gal 3,6–9). Abraham hat dieses große Gebot des Glaubensvertrauens in Gott ‚aufgebracht' (vgl. Jak 2,20–24). Für Paulus dagegen ist ‚Glaube an Christus' kein *ergon*, kein Gesetzeswerk, obwohl es eine intensive Tätigkeit des Menschen ist (Gal 5,6). Glauben und Werk stehen einander gegenüber (Gal 2,16; 3,2.5.10). Die Befolgung des Gesetzes als *Heilsprinzip* wird von Paulus verworfen. Auch Christus als Heilsprinzip erfordert ein konsequentes ethisches Leben mit Werken (2,17–19; 5,13–15). Es ist deutlich, daß das Gesetz von Paulus als ein *System* oder ein Gesetzesregime angesehen wird, ein „Gesetz, *unter dem* wir leben" (4,40), ein Machtsystem. Und von Christus sind die „Ele-mente dieser Welt" (4,3.9) gestürzt. Die Macht des Gesetzes, und somit der Bevormundung unter dem Gesetz, ist von Jesus am Kreuz gebrochen worden (3,13; 4,5; siehe 2,11). Glauben, daß das Gesetz in seiner Macht von Christus gebrochen ist, heißt an Gottes Gnade glauben (2,21). Deshalb ist der Kreuzes-tod die einzige Quelle des Heils (3,1b). Aber das ist eigentlich nicht der Diskus-sionspunkt. Auffallend ist, daß der zentrale Begriff aus dem Römerbrief „Gottes Gerechtigkeit" hier im Galaterbrief noch nicht erscheint. Paulus argumentiert ‚jüdisch': Gerechtfertigt werden bedeutet: es wird den Menschen nicht mehr angerechnet (siehe Gen 15,6; Ps 32,2). Es geht um Gottes eschatologisches Endgericht (siehe Gal 5,5); Gott allein rechtfertigt oder spricht frei. Glaube an Christus macht uns daher der alttestamentlichen Verheißung teilhaftig: Gottes Segen an Abraham, jüdischer Stolz ob des Namens „Sohn Abrahams"[8], galt auch den Proselyten[9], Segen Abrahams somit an seine Söhne und Aussicht auf ihr verheißenes Erbe (Gal 3,6–14): die ‚kleronomia', der Besitzanteil oder das Erbe (nachala). Dies ist ein Begriff aus der priesterlichen und deuteronomischen Tradition. „Das Erbe Israels" ist „das Land, das Jahwe euer Gott euch geben wird" (Dt 4,21.38; 12,9; 15,4; 19,10 usw.; auch Jer 3,19; 12,14–15; 17,4; und Ps 105,11; 135,12; 136,21–22). Anderseits ist, bei Jeremia, Israel das Erbe Gottes (Jer 2,7; 12,7–9; 10,16; 50,11; auch in Ps 68,10). Wer in diesem Erbe oder dieser Gemeinschaft mit Israel lebt, hat Gemeinschaft mit Jahwe (1 Sam 26,19; 2 Sam 14,16). Im Judentum wird Jahwes Erbe synonym für das messianische Heil. Durch die Tatsache, daß Gott die Verheißung des kommenden Erbes aussprach, ist sie unwiderruflich rechtsgültig. Nun, das Gesetz kam *nach* dieser Gesetzesentscheidung Gottes – zu spät also, um noch etwas daran ändern zu können[10]. Paulus spricht von der charis dieser Verheißung (3,18), also von Gottes gnädigem Willen. Zur Zeit des Paulus bedeutet ‚Erbe' letztlich auch alles, was nicht durch eigene Arbeit erworben wird[11], und dann eignet sich der Begriff ‚kleronomia', Erbe, in der Tat dazu, den Gegensatz zwischen *Gnade* und *Werk* zu betonen (Gal 4,7; siehe Röm 8,17 und Mt 21,37 bis 38). Paulus nennt Christen daher „hoi ek pisteōs" (Gal 3,7.9): Menschen des Glaubens, „Menschen, für die der Glaube Ausgangspunkt, Quelle, Ursprung ihres ganzen Lebens ist"[12]. Durch diese Textauslegung kann Paulus alle Völker mit der Abrahamsverheißung in Verbindung bringen[13]. Für ihn spricht schon das Alte Testament von „Rechtfertigung durch Glauben für alle Völker" (Gal 3,8.14). Wie einst das Gesetz, so wird jetzt der Glaube zu einer Herrschaft oder einem System: „Seit dem Kommen des Glaubens" (Gal 3,25; 3,23a). Doch besteht ein Unterschied zwischen beiden Systemen: Das Gesetz ‚kam' (genomenon), der Glaube dagegen „wird offenbart" (Gal 3,23.25), d.h., Glaube ist ein Mysterium, das für alle Jahrhunderte in Gott verborgen ist und jetzt mit Christus in der Zeit geoffenbart wird.

Für Paulus sind ‚Jude' und ‚Heide' primär *religiöse* Begriffe, was bedeutet, daß nach Paulus in Christus sowohl die jüdische als auch die heidnische Religiosität aufgehoben sind: „Es gibt keinen Juden oder Heiden mehr..., alle gemeinsam seid ihr eins in Christus Jesus" (Gal 3,28); oder das Christentum bildet ein „tertium genus" neben Juden und Heiden („Juden, Griechen, die Gemeinde Gottes", 1 Kor 10,32). Der Glaube an Christus als Heil von Gott her befreit den Christen von dem, was sowohl im apokalyptischen Judentum als auch bei den Heiden die Bevormundung des Menschen unter *Kosmokratoren* oder himmlischen Geistern war (Gal 4,3.9), welche die Juden durch das Gesetz beherrschten (3,19: Mittler des Gesetzes ist nicht Mose, sondern ein geistiger Kosmokrator; für die Heiden ist das der ‚nomos' oder das Gesetz der Natur, Gal 3,23; für beide: 4,9). Christus verleugnen heißt: sich wieder unter die Vormundschaft dieser geistigen Kosmokratoren begeben, mögen sie nun bösartig sein oder nicht. Es geht Paulus um das Gesetz als Unmündigkeit unter Kosmokratoren, nicht gegen das Gesetz als Unterwerfung unter Christus („nomos tou Christou", Gal 6,2). Paulus wehrt sich also sowohl gegen eine Unterwerfung unter das Gesetz als auch gegen pneumatischen Libertinismus (Gal 5,13–15). Eigentlich sind die Pole daher nicht: Gesetzeswerke oder Gnade, sondern *Auserwählung* (Gnade) aufgrund der Gabe oder des Besitzes des Gesetzes (das nach Werken verlangt), *oder* aufgrund der Gabe Jesu Christi und des Glaubens an Jesus Christus (ein Glaube, der genauso wirksam werden muß, vor allem in brüderlicher Liebe und anderen Werken). Dies geht zur Genüge aus der großen Schlußfolgerung hervor, die Paulus aus seiner Gnadenauffassung ableitet (Gal 3,28).

§ 3. Die Gnadentheorie des Paulus: der Römerbrief

Es kann Zufall sein, aber Röm 15,25–29 – wo die Rede ist von der Kollekte für die Armen Jerusalems (siehe 2 Kor 8) – gebraucht dafür nicht mehr den Ausdruck charis. Das könnte schon darauf hinweisen, daß im Römerbrief charis thematisch in einer sehr spezifischen Bedeutung gebraucht wird. In Wirklichkeit ist diese Geldgabe an die Brüder in Jerusalem letztlich eine Art Ehrenschuld (Röm 15,27). Dieser griechische Nachdruck auf einer Ehrenpflicht gestattet nicht mehr, das Wort charis dafür zu gebrauchen nach all dem, was Paulus vorher in demselben Römerbrief über charis gesagt hat.

Nachdem Paulus aufgezeigt hat, daß alle, Juden und Heiden, wenn auch aus anderen Gründen, Sünder und Gott entfremdet sind, sagt er: „Aber alle werden sie *umsonst* gerechtfertigt durch seine *charis*, kraft der Erlösung, die in Christus Jesus ist" (Röm 3,24). ‚Durch seine Gnade‘ wird noch einmal emphatisch verstärkt durch ‚umsonst‘: „dōrean tē autou chariti". ‚Dorean‘ bedeutet: in Form einer Gabe, sogar mit der möglichen Nebenbedeutung: à fonds perdu; selbst wenn der Geber nichts dafür zurückerhalten sollte und somit gleichsam ‚vergebens‘ gut gewesen wäre (z.B. im griechischen Ijob 1,9; siehe 2 Kor 11,7, wo Paulus ‚umsonst‘ verkündigt, d.h. ohne eine finanzielle Unterstützung von seiner Gemeinde zu wollen). Der Begriff Gnade weist im Römerbrief auf die besondere Weise göttlichen Heilshandelns hin: die ungeschuldete Freigebigkeit Gottes gegenüber der sündigen Menschheit. Paulus nennt gerade Gottes entgegenkommende wohlwollende Liebe Gnade oder charis wegen des ungeschuldeten, souverän-freien, überflüssigen und in und aus sich selbst gleichsam vergeblichen Edelmuts. Charis ist hier eine entgegenkommende Liebe, die überhaupt keine Bedingung stellt. Die Gnade wird verabsolutiert, so stark sogar, daß in ihr für manche eine Art Freibrief für Libertinismus gegeben zu sein scheint (Röm 6,1). Daß es nicht in der Absicht des Paulus liegt, daß die Gnade ‚vergeblich‘ bleibt, ging schon aus 1 Kor 15,10 hervor: „Seine Gnade an mir ist nicht vergeblich gewesen"; aber dieses Nicht-vergebliche ist selbst noch eine Gnade: „Ich habe hart gearbeitet…, nicht ich, sondern die Gnade Gottes mit mir". Auch 2 Kor 6,1: „Sorgt dafür, daß ihr seine Gnade nicht vergeblich empfangt". Paulus definiert *Gnade* wie folgt: „Wenn es aus Gnade ist, dann nicht aus verdienstlichen Werken; denn sonst wäre Gnade keine Gnade mehr" (Röm 11,6).

Neben dem adverbialen Ausdruck „dorean", umsonst, gebraucht Paulus noch weitere solche Adverbien, vor allem „kata charin", als ungeschuldete Gunst, wie vor allem in Röm 4,4: „Wird doch dem Arbeiter der Lohn nicht nach Gnade (kata charin), sondern nach Verdienst angerechnet" (kat'opheilema)". ‚Aus Gnade' qualifiziert das Verhältnis zwischen Mensch und Gott (siehe auch Röm 4,16); charis ist hier sozusagen noch kein Substantiv, sondern eine Eigenschaft göttlichen Verhaltens Menschen gegenüber: freigebig, ohne irgendwelche Bedingungen zu stellen.

Das Thema des Römerbriefs ist: „das *Evangelium ...*, eine göttliche Kraft *zum Heil eines jeden, der daran glaubt*, für den Juden zuerst, aber auch für den Heiden. Denn in ihm offenbart sich Gottes Gerechtigkeit, die den Menschen rechtfertigt durch den Glauben und den Glauben allein" (Röm 1,6). Wörtlich steht da: denn in diesem Evangelium wird Gottes Gerechtigkeit offenbart *aus* Glauben *zum* Glauben. In einem Kontext, in dem es nicht unmittelbar um das dynamische Wachstum des Glaubenslebens in Person und Kirche geht (wie im Kolosser- und Epheserbrief), sondern um das Heilssystem entweder des Gesetzes oder der Gnade, bedeutet das „aus (ex) ... zu (eis)" die Fülle, das heißt: die Rechtfertigung gehört insgesamt zur Ordnung des Glaubens. Zwar scheint die Übersetzung „durch den Glauben und den Glauben allein" ein Targum, aber sie gibt in gutem Deutsch *genau* die Tragweite des Griechischen wieder. Paulus will in diesem Brief eine christliche Gnadentheorie entwickeln. Die Struktur seines Gedankengangs will ich (aus dem *theologischen* Interesse, aus dem wir diesen Text untersuchen) wie folgt zusammenfassen:

a) Weder Heidentum noch Judentum schenken Heil im Sinn der Gerechtigkeit Gottes (1,18 – 3,20).

b) Offenbarung der Gerechtigkeit Gottes (3,21–31) erläutert durch
1. eine paulinische Version eines traditionellen, frühjüdischen „Abraham-Midrasch" (4,1–23),
2. eine paulinische Version eines auch frühjüdischen „Adam-Midrasch" (5,12–21).
   Als Übergang zwischen diesen beiden Teilen: 5,1–11, als Zusammenfassung von 3,21–31.

c) Gottes Gerechtigkeit, verwirklicht in der Bekehrung zum Glauben an Christus: die christliche Taufe (6,1–11).

d) Christliche Paränese: christliche Lebenshaltung als Konsequenz der Gerechtigkeit Gottes (6,[1.]12–23); mit einer Darlegung über das Gesetz des Fleisches und des Geistes (7,1–25 und 8,1–27), eine Darlegung über den christlichen Kampf (7 u. 8,1–27) und ein abschließender Lobpreis der Gnade Gottes in Christus.

e) Von der Manifestation der Gerechtigkeit Gottes in Christus aus stellt Paulus die Frage, wie es denn letztlich um Gottes Auserwählung Israels bestellt sei (9,1 – 11,35). (Dieser Teil wird in diesem Buch ausführlicher behandelt in dem Kapitel über ‚Israel und die Kirche im Neuen Testament'.)

I
Weder Heidentum noch Judentum schenken Heil oder charis

In Röm 1,18 – 3,20 zeigt Paulus auf, daß trotz eines grundlegenden Unterschieds im göttlichen Heilsplan bezüglich Juden und Heiden alle Sünder sind und der Versöhnung mit Gott bedürfen.

Was Gal 2,15 gesagt hatte, bleibt in Kraft: „Wir selbst sind von Geburt *Juden*, keine Sünder aus den Heiden." Israel hat die wahre Erkenntnis Gottes, Jahwes; es ist nicht „a-theos", d.h. „ohne Jahwe", wie die Heiden (siehe auch Eph: „Auch ihr [= Heiden], die ihr tot wart durch eure Fehltritte und Sünden, in denen ihr einst gewandelt seid entsprechend dem Gott dieser Welt, dem Herrscher über das Luftreich, dem Geist, der noch immer unter den Unbotmäßigen wirkt", Eph 2,1–2). Das ist nicht in erster Linie eine christliche Auffassung, sondern traditionell jüdisch: In der Tora besitzt Israel die Erkenntnis Gottes und seines Willens; davon sind die Heiden ausgeschlossen. Israel sündigt zwar, wie auch Heiden sündigen; aber Israel ist trotzdem die Auserwählte. Gott schaut deshalb auf seine Auserwählung und seinen Bund, aufgrund dessen er barmherzig ist gegenüber der Sündhaftigkeit Israels. Das war die Paulus vorgegebene, jüdische Auffassung von der Sünde Israels und der der Heiden.

Paulus legt nun den Nachdruck auf die Tatsache, daß es hinsichtlich der persönlichen Lebenshaltung, trotz dieses Vorrechtes Israels, keinen Unterschied zwischen Heiden und Juden gibt. Vor allem das frühe Judentum (nach dem Exil) sieht die Welt in zwei große Völkerblöcke aufgeteilt: ‚Juden' und ‚Nicht-Juden' oder die ‚goj', d.h. das Volk der Heiden (gojim) gegenüber Israel als ‚ʿam', *laos* oder Gottesvolk[14] (wenn auch dieser Gegensatz in den älteren Texten des Tenach keine Rolle spielt). Der Unterschied ist vor allem ein Unterschied in religiöser Hinsicht, aufgrund dessen die heidnischen Völker als ‚fremd' und als ‚Israels Feinde' gelten (2 Kön 17,33; 18,33; 19,12.17; Jer 3,17; 31,10). Wesentlich ist dabei, daß die gojim den Namen Gottes nicht anrufen (Jer 9,25; 10,2.25; 14,22; 16,19; Ez 23,30; Ps 79,6); es sind ‚gottvergessene Völker' (Ps 9 und Ps 10), mit anderen Worten *Heiden* (als jüdischer Begriff). Israel sucht seine Kraft in strenger Absonderung von diesen Völkern. Deshalb ist auch anfangs im Deuteronomium keine Rede davon, daß Israels Auserwählung eine Sendung zu allen Völkern enthalte; diese können Israel höchstens bewundern (Dt 4,6). Aber es gibt einige Texte (*eine* Linie von Gen 12 über Ex 12 zu Jes 60), die eine andere Auffassung vertreten: Israel ist dazu *auserwählt, alle Völker zu Jahwe zu bringen*. Exil und Diaspora haben gerade zu dieser Entwicklung positiv beigetragen, in der schließlich die Tora[15], auch der „Knecht Jahwes", das „Licht der gojim" (Jes 49,6) genannt wird.

Aber in Wirklichkeit sündigen Heiden *und* Juden: das setzt Paulus vornean (Röm 1,18), um diese universale Sündhaftigkeit dann bei den Heiden (1,19–32 und 2,14–16) und anschließend bei den Juden (2,1–13 und 2,17–29) zu analysieren. Was die Heiden betrifft: obwohl die Heiden Gottes Willen durch die Tora nicht kennen, haben sie doch ein Gewissen (Röm 2,15), das mittels der Schöpfungswelt doch irgendwie ein Bewußtsein von Gut und Böse (2,14–15) und damit auch vom absoluten Gottesmysterium hat (1,19–23; eine sapientiale Gegebenheit: Weish 13 – 15,19; Ijob 12,7–25). Sie erkennen Gott, aber anerkennen ihn nicht in ihrer Lebenspraxis (Röm 1,21), sie haben sich in Abgötterei verirrt (Röm 1,23; siehe Weish 13 – 15,19). Paulus beruft sich hier deutlich auf das sapientiale Prinzip des „jezer" oder der freien Entscheidungsgewalt des Menschen (Sir 15,14–15: siehe unten). „Sie sind nicht zu entschuldigen" (Röm 1,20b = Weish 13,8). Aber Gott belohnt nach Werken (Sir 4,1.9.10; 21,5): die Unsittlichkeit der Heiden, wie Paulus sie in den Diasporastädten sieht, ist für ihn daher Ausdruck des Zornes Gottes, innere Konsequenz der praktischen Nichtanerkennung des einen wahren Gottes. Wer keinen Gott anerkennt, schafft sich Götzen und macht aus Geschöpfen alles mögliche (1,24–32). Die Grundvoraussetzung für Heiden, um dem Christentum beizutreten, wird daher die Bekehrung zu dem einen wahren Gott sein (1 Thess 1,5; siehe Apg 14,15; 17,22–31; siehe später im Kapitel: ‚Alles zur Einheit bringen').

Aber trotz ihrer Erkenntnis Gottes und seines Willens in der Tora sündigen auch die Juden. Sie können sich nicht auf Gottes „chesed und ’emeth" berufen (siehe Röm 2,4), um damit ihre Sündhaftigkeit zu beschönigen. (Auch das ist eine sapientiale Gegebenheit: Sir 5,1–6; denn die Kehrseite des chesed ist Gottes Zorn: Sir 5,6. Sirach hatte viel Einfluß bei den Pharisäern, zu denen Paulus gehört hatte.) Gott „wird einem jeden vergelten nach seinen Werken" (Röm 2,6; auch ein Sirach-Prinzip!). Vergeltung des Bösen und Gottes Zorn treffen also Juden wie Heiden und, wegen der Vorzugssituation des Israeliten, „den Juden an erster Stelle, aber auch den Heiden" (Röm 2,9), wie dies mit den gleichen Nuancen für die Vergeltung des Guten gilt (2,10–11). Trotz Israels Vorrecht des Gesetzes (von Juden die charis des Gesetzes genannt) vergilt Gott jedem nach seinen Werken, ohne Parteilichkeit (2,11–12). Denn „nicht die *Hörer* des Gesetzes sind gerecht in Gottes Auge; nur die *Befolger des Gesetzes* werden gerechtfertigt werden" (2,13). Hier argumentiert der Christ Paulus *rein jüdisch*, und zwar zustimmend. Paulus bejaht also das jüdische Prinzip des Lohnes nach Werken. Das darf man bei der Analyse von Röm 4–5 nicht vergessen. Paulus kann in Röm 2 nicht ein Prinzip handhaben, das ihm bei seiner Erörterung der allgemeinen menschlichen Sündhaftigkeit Dienste erweist, um es dann in Röm 4–5 zu attackieren! Mit anderen Worten, nach dem, was Paulus in Röm 2 gesagt hat, kann es unmöglich seine Absicht sein, dieses jüdische Vergeltungsprinzip in Röm 4–5 anzugreifen.

Von dieser allgemeinen Sündhaftigkeit aus fragt sich Paulus dann, was das *prae* des Juden ist. Er sucht hier wiederum Anschluß an die frühjüdische Auffassung, nach der die Tora „Inbegriff der Erkenntnis und Wahrheit" (Röm 2,20b) und somit Israel „das Licht der gojim" (lumen gentium) ist: „Licht für jene, die im Finstern sind" (Röm 2,19). Aber Paulus sagt: „Du rühmst dich des Gesetzes, aber schmähst Gott durch die Übertretung ebendieses Gesetzes" (2,23) – sicher ein schlechtes Vorbild für die gojim (2,24, mit Zitat aus dem griechischen Jes 52,5). Verleiht das Judesein, dessen Zeichen die Beschneidung ist, denn überhaupt kein prae? Doch (2,25), unter der Voraussetzung, daß man das, für das die Beschneidung ein Zeichen ist, befolgt, nämlich die Gesetzgebung des Bundes Gottes. Aber dann gilt umgekehrt: Ein Heide, der inhaltlich die Tora befolgt, ohne sie formal zu kennen, „gilt vor Gott, als wäre er beschnitten" (2,26). Ein Heide, der ein sittlich gutes Leben führt, ist eine Verurteilung des sündigen Israeliten, auch wenn dieser das Gesetzbuch in der Hand hält (2,27). Auf der Linie einer schon verbreiteten frühjüdischen, *vor allem* diaspora-jüdischen Auffassung sagt Paulus: „Jude sein ist etwas Inneres, und die wirkliche Beschneidung ist eine Beschneidung des Herzens, eine geistige Beschneidung" (2,29). Diese ganze Darlegung ist judaisch, und Röm 1,18 bis 2,29 hätte genausogut von einem nichtchristlichen Juden geschrieben sein können. Man achte dabei noch auf folgendes: Wenn Paulus von der allgemeinen Sündhaftigkeit der Menschheit spricht, hat er nicht so sehr *einzelne* im Auge (obwohl nur einzelne sündigen) als vielmehr ‚Blöcke' oder Kollektive, denn sowohl das Gottesvolk als auch die gojim oder heidnischen Völker sündigen; die faktische Befolgung des Gesetzes durch einzelne – einen Heiden (2,14–15) oder einen Juden (siehe 2,25 und 2,28–29) – kommt nur beiläufig zur Sprache. Es geht um den Status des Jude-Seins oder des Heide-Seins als solchen: und da sehen wir auf beiden Seiten Sündhaftigkeit. Die Absicht des Paulus ist: Die zwei Blöcke (die ganze Menschheit: Jude oder Nicht-Jude) leben unter einem System, in dem die Sünde regiert; wörtlich: „Wir haben (nämlich ich, Paulus, habe – aber es ist eine Feststellung, der jeder zustimmen wird) früher schon die Anklage formuliert (Röm 1,18 und 2,9), daß alle, Juden und Heiden, sich unter hamartia (Sünde) befinden" (3,9b). Mit anderen Worten, vor der Ankunft Christi lebte die Menschheit unter der Macht der Sünde. Paulus denkt dabei ‚apokalyptisch' in Begriffen der *Aufeinanderfolge der Äonen*: Durch Jesu Auftreten, seinen Tod, ist der neue Äon eingeleitet: der Äon, in dem charis herrscht.

Aber: was hat der Jude denn den anderen voraus? (Röm 3,1). Paulus antwortet jüdisch: „vielerlei, in jeder Hinsicht" (3,2).

Zunächst: Die „logia tou Theou", Gottes Worte, sind Israel anvertraut. Und die Untreue von Israeliten macht Gottes Treue gegenüber Israel nicht zunichte (3,3–4). „Allein Gott ist gerechtfertigt" (Röm 3,4b) erinnert an Sirach: „Kyrios monos dikaiōthēsetai" (Sir 18,2; „der Herr allein wird gerecht befunden"; siehe Ps 51,6b: „Du bist gerecht, unantastbar in deinem Gericht").

Ferner stellt die Sünde des jüdischen Volkes Gottes Barmherzigkeit noch stärker heraus (3,5) – wenn man dies auch nicht mißbrauchen oder diese Aussage in ein falsches Licht stellen darf (2,5b–8). Zum Schluß (in 3,20b) fügt Paulus noch hinzu: „Das Gesetz läßt die Sünde (formal als Sünde) erkennen."

Aber außer diesen beiden Aspekten des Vorzugs Israels vor den anderen „haben wir, Juden, ... den anderen überhaupt nichts voraus" (3,9). Und Paulus wiederholt die schon gezogene Schlußfolgerung: die Anklage gegen alle, Juden oder Nicht-Juden; die Menschheit ist eine Geschichte der Sündhaftigkeit. Die menschliche Geschichte steht unter der Macht der Sünde (siehe 3,9b), trotz des menschlichen Gewissens (oder der menschlichen sophia oder Weisheit), das zu einem gewissen Unterschied zwischen Gut und Böse kommen kann, und trotz des Nomos oder der Gabe der Tora an Israel, die Paulus, trotz aller kritischen Bemerkungen gegenüber dem Gesetz, zum „Bund der Verheißung" rechnet (siehe Röm 9,4; es ist „das Gesetz Gottes", 7,22.25; 8,7; es ist heilig, 7,12, gerecht und gut, 7,12; und es ist von Gott „zum Leben gegeben", 7,10; siehe Gal 3,12). Aber ‚Fleisch und Blut', der Mensch als sarx, ist nicht imstande, nicht zu sündigen; weder sophia noch nomos geben ihm dazu die Kraft (siehe Röm 8,3; Gal 3,21). Und diese sapientiale Erfahrungswirklichkeit findet Paulus schon im Tenach selbst formuliert, denn er beschließt diese Darlegung über die Universalität der Sünde (in dem gemeinten Sinn) mit einer Reihe von Bibelzitaten. Diese sollen vor allem den Juden zum Schweigen bringen, denn für ihn ist der Tenach ja bestimmt (3,19). Deshalb wiederum: „Die ganze Welt (pas ho kosmos) ist schuldig vor Gott" (3,19). Und mit einem Bibelzitat (Ps 143,2: „In deinem Licht ist kein Geschöpf gerecht") bereitet Paulus, zum Schluß, seine nachfolgende Darlegung vor, durch den paulinischen Einschub „durch Gesetzeswerke": „denn durch Gesetzeswerke ist kein Mensch (die schwache *sarx*) gerecht in Gottes Augen" (3,20). *Das* ist eine Schlußfolgerung, die *keineswegs* aus der ganzen Darlegung von Röm 1,18 – 3,19 folgt. Deshalb ist Röm 3,20 einerseits ein Abschluß von 1,18 – 3,19, aber anderseits keine unmittelbare Schlußfolgerung daraus, sondern Vorbereitung auf das, was folgt. Es bedeutet zugleich, daß im ganzen vorausgegangenen Abschnitt ein anderer, ‚neuer' Begriff von *Gerechtigkeit* mit im Spiel ist, als es im offiziellen jüdischen Begriff von ‚Freispruch des zaddiq oder Gesetzestreuen' der Fall ist. Das wird aus der folgenden Analyse hervorgehen.

II
Offenbarung der ‚Gerechtigkeit Gottes' in Jesus Christus

A. ZEDAQA, GERECHTIGKEIT: ÜBERGANG VOM JUDENTUM ZUM PAULINISCHEN CHRISTENTUM

Der Begriff Gerechtigkeit – in männlicher Form: zedeq; in weiblicher Form: zedâqâ (in der Septuaginta: dikaiosyne) – hatte in Israel und im frühen Judentum eine auffallende Geschichte: aus dem profanen Begriff wurde der religiöse, sogar sakrale, der sich dann wieder in zwei frühjüdische Richtungen teilte: einerseits eine Rechtfertigung allein aufgrund der Gnade Gottes, anderseits menschliche Gerechtigkeit gegen Gott dank der Befolgung der Gebote. Diese Entwicklung hat außer mit Israels Spiritualität auch mit sozialgeschichtlichen Verhältnissen zu tun. Nach einem profanen Gebrauch von zedâqâ wurde der religiöse Begriff ‚Gerechtigkeit' in einer Zeit theokratischer, nationalistischer Volksauffassungen entwickelt, in denen Autorität und Rechtsmacht sakral waren. In Israel wurde damals alle Autorität im Namen Jahwes, des einzigen wahren Königs Israels, sowohl in religiösen als auch in zeitlichen Angelegenheiten ausgeübt. Menschliche Gerechtigkeit hatte mit Gottes Gerechtigkeit zu tun. Religion und Gesellschaft waren eins: das Volk Gottes. Später aber, auch zur Zeit Jesu, besaßen die Juden keine Selbständigkeit mehr. Autorität und Gesellschaft, Autorität und Religion fielen auseinander. Das Volk Gottes stand unter fremder Autorität, die jetzt die Ausübung der Gerechtigkeit in Händen hatte. Die Folge davon war, daß der Begriff Gerechtigkeit ‚entsakralisiert' und im religiösen Leben der Juden oft sogar an den Rand gedrängt wurde. Dagegen wird Paulus heftig angehen. Aber auffallend ist, daß er gerade darin an eine frühjüdische, apokalyptische Strömung anknüpft, die zwar nicht die offiziell-jüdische und pharisäische Auffassung war – von manchen sogar ‚heterodox-jüdisch' genannt –, aber von der Mitte des 2. Jahrhunderts vor Christus bis zum Ende des 1. Jahrhunderts nach Christus doch eine sehr virulente jüdische Spiritualitätstendenz (auch in der Qumrangemeinschaft) darstellte.

Manchmal wird gesagt, der alttestamentliche zedâqâ-Begriff hänge eng zusammen mit dem altorientalischen Gedanken einer kosmischen Ordnung, die Gott gewährleistet[16]. Aber im Tenach wird die Wurzel z-d-q (zedâqâ) nirgends im Zusammenhang mit der Weltordnung gebraucht (für die andere Begriffe dienen). Der Begriff Gerechtigkeit hat vielmehr seinen Erfahrungskontext in dem ganzen Komplex menschlichen Handelns und den guten oder schlechten Folgen, die damit für die Gemeinschaft und das handelnde Subjekt verbunden sind.

Wir finden den Begriff zuerst im Zusammenhang mit dem König, der dafür sorgt, daß Gerechtigkeit unter dem Volk und für das Volk herrscht (2 Sam 8, 15; 1 Kön 10, 9; Jer 22, 3.15; 23, 5; 33, 15; Ez 45, 9; siehe Dt 33, 21). Als Gerechter oder zaddiq muß der König gleichsam die lebenspendende Sonne des Volkes sein (2 Sam 23,3); er ist der Beschützer der Rechtsschwachen und muß Recht sprechen, d.h. jemanden (der zu Unrecht beschuldigt wurde) zum zaddiq erklären (2 Sam 15,4). Umgekehrt ist der Untertan ein Gerechter, wenn er nicht gegen den König rebelliert (1 Sam 24,18; 26,23). Wenn er gegenüber dem König loyal ist, besitzt er bei ihm zedâqâ (2 Sam 19,29). Das heißt, Gerechtigkeit schließt auch die öffentliche Anerkennung der guten Taten eines Menschen ein; diese Anerkennung ist mit wesentlich für die völlig unversehrte Bedeutung von gerechtem Handeln.

Aber es herrschen auch Beziehungen der Gerechtigkeit zwischen Herren und Knechten (Gen 30,33). Zedâqâ ist dann der treue Einsatz des Dieners für seinen Herrn, sogar abgesehen von Hoffnung auf Lohn. Gerade durch seine Treue gewinnt der Knecht ‚Gerechtigkeit' in den Augen des Herrn. Sodann ist, vor allem bei zaddiq, auch die Rede von Gerechtigkeit unter Gleichberechtigten (2 Sam 4,11; 1 Kön 2,32), während anderseits zwischen Blutsverwandten keine Rede von zedâqâ sein kann. (In dem einzigen hierfür in Betracht kommenden Text, Gen 30,33, besteht ein Arbeitsverhältnis zwischen Jakob und seinem Schwiegervater.) Es gibt auch Gerechtigkeit zwischen Gastherrn und Besucher (Gen 44,16). Zu seinen Helfern sagt Mose: „Euren Richtern habe ich geboten: Hört beide Parteien an und richtet gerecht in der Sache, die einer mit einem Volksgenossen oder einem Fremdling hat" (Dt 1,16), „denn das Gericht ist Gottes" (Dt 1,17c).

Gerechtigkeit hat also mit spezifischen Gemeinschaftsbeziehungen zu tun. Sie hat mit einer bestimmten Form von ‚Gemeinschaftstreue' zu tun. G. von Rad nennt zaddiq jemanden, „der Ansprüche anerkennt und erfüllt, die aus der Gemeinschaft, zu der er gehört, auf ihn zukommen"[17]. Aber in welcher Hinsicht? Auffällig ist die Feststellung, daß dort, wo zwei Parteien im Streit liegen, die zedâqâ gestört ist. Aber daß beide Parteien unrecht haben sollen, kommt im hebräischen Denken nicht auf. Bei Konflikten besteht eine Polarisation; einer ist gut, der andere handelt schlecht. Doch gibt es dann keine zedâqâ mehr, weder bei dem einen noch bei dem anderen. Gerade durch Rechtsprechung muß Gerechtigkeit wieder hergestellt werden. Denn sogar ein gerechter Mensch, dessen Verhalten in der Öffentlichkeit verdächtig gemacht wird, z.B. durch eine Anschuldigung, verliert seine zedâqâ; er wird zu einem Gegenstand des Spottes des Volkes (Ex 33,7–8). Die Gerechtigkeit des Richters (Lev 19,15) steht bei einer solchen Rechtshandlung nicht im Mittelpunkt, sondern die Wiederherstellung der Gerechtigkeit entweder des Anklägers oder des Angeklagten. Nur Bestrafung des wirklich Schuldigen kann die zedâqâ wieder herstellen. Die Freisprechung der einen Partei ist also zugleich Bestrafung der anderen, und so herrscht zedâqâ (Dt 25,1–3; 19,19).

Zedâqâ ist also eine Situation unverletzter, aber auch unbescholtener persönlicher und gesellschaftlicher Lebensexistenz. Ein solcher Zustand von Wohlergehen, Heil und Glück hat mit dem guten Handeln eines Menschen zu tun, welches Glück, Wohlbefinden und Heil erntet. Aber durch Anklage anderer verliert sogar der zaddiq seine Gerechtigkeit: Er ist dann der leidende Gerechte, dessen Gerechtigkeit öffentlich in Zweifel gezogen wird. Der Begriff zedâqâ weist also auf den inneren Zusammenhang zwischen menschlichen guten Taten und dem Zustand von Wohlergehen, Wohlbefinden, Heil und Glück, mit anderen Worten: Leben. Durch sein handelndes Auftreten schafft der Mensch sich eine Atmosphäre oder ein Kräftefeld, das ihn als Heil oder Unheil gleichsam bleibend umgibt, auch in den Augen anderer. Gerade dieser Bestandteil: ‚in den Augen von‘ wird die ganze Problematik des zedâqâ-Begriffs bilden und den Begriff ‚leidender Gerechter‘ ins Leben rufen und schließlich die jüdische Religiosität vor eine Krise stellen. Denn nicht nur durch falsche Anklage kommt der zaddiq in Bedrängnis. Die Gerechten werden auch die Erfahrung machen, daß der Zusammenhang zwischen gutem Handeln und einem glücklichen, gesunden Leben im Leben oft durchkreuzt wird: das Ijob-Problem. Der für selbstverständlich gehaltene Zusammenhang zwischen gutem, ethischem Leben und glücklichem, gesundem Leben-in-Heil wird auf die Dauer zu einem religiösen Problem werden, vor allem in den Zeiten, in denen Israels Spiritualität völlig ‚diesseitig‘ war und keine Zukunft nach dem Tod kannte.

Nirgendwo in der Zeit vor dem Exil finden wir die zedâqâ mit einer göttlichen Norm verbunden, und auch später wird nur selten dieses Wort in Zusammenhang gebracht werden mit der Tora (jedoch in Dtn 4, 8; Ps 19, 10 und Ps 119). Die Konkordanzen, in die Wortstatistiken aufgenommen sind, zeigen deutlich, daß die Wurzel „z-d-q“ (Gerechtigkeit) für zwei Drittel aller Texte bei Jesaja, Ezechiel, den Psalmen und den Sprüchen vorkommt, mit anderen Worten in Schriften mit Jerusalemer und kultischen, aber auch sapientialen Traditionen. Vor allem in diesen Schriften tritt die Beziehung zwischen göttlicher und menschlicher Gerechtigkeit in den Vordergrund. Die Gerechtigkeit ist hier wie eine Atmosphäre, die Gott und sein Handeln umgibt (Ps 89, 17; 97, 2). Vom Himmel steigt sie hernieder, um die gestörte menschliche Gerechtigkeit zu erneuern (Ps 85, 11–14; 99, 4). Menschliches Verhalten muß ständig erneuert werden (Ps 118, 19–20; 24, 5–6; 68, 3–4). In einer bestimmten – nämlich der priesterlichen – Tradition erfolgt diese Erneuerung vor allem durch den Kult, vermutlich durch Opfer im Tempel (Ps 4, 6; 51, 21; Dtn 33, 19). Es geht dabei nicht um Rechtfertigung eines Sünders, sondern gerade eines zaddiq oder eines (schon) gerechten Menschen[18]. Der Einlaßliturgie[19] zufolge darf nur der zaddiq die Tempelschwelle überschreiten (Ps 118, 19–20); der Sünder muß hinten im Tempel bleiben (vgl. im Neuen Testament die Geschichte vom gerechten Pharisäer und vom sündigen Zöllner, Lk 18, 9–14). Der Priester erklärt den, der sich als zaddiq präsentiert, für gerecht: ‚nicht schuldig im Sinn des Gesetzes‘; deshalb: „zaddiq hu, chajo jichje“, „er ist gerecht, er wird leben“ (liturgisches Modell in Ez 18, 9; vgl. Ez 33, 12–14 und Ps 15, 5 b und 24, 5)[20]. Lev 18, 5 hatte gesagt: „Befolgt meine Vorschriften und Gesetze; der Mensch, der sie vollbringt, findet dadurch das Leben. Ich bin Jahwe.“ In der Einlaßliturgie kann der Priester die zaddiq-Situation nur äußerlich feststellen und somit ‚forensisch‘, juristisch bestätigen. Hier tritt deutlich der wesentliche Zusammenhang zwischen gerechtem, gesetzestreuem Verhalten und Leben (gesundem Leben in Heil) zutage. Jahwe selbst ist „der Gott *meiner* Gerechtigkeit" (Ps 4,2; siehe Ps 35,27; 31,2–3; 71,2; 143,1; auch 36,7–11), das heißt, Gott ist mein Heil und Wohlbefinden, auch im Sinn von: ihm habe ich mein Wohlergehen zu verdanken; oder, bei Verdächtigung wird Gott meinem wirklichen zaddiq-Zustand Recht widerfahren lassen. Die göttliche und die menschliche Gerechtigkeit sind innerlich so miteinander verbunden, daß sich manchmal schwierig feststellen läßt, wer das eigentliche Subjekt derselben ist (Ps 146,8). Doch hat dies immer wieder mit einer Grundbedeutung von zedâqâ zu tun, nämlich auch von anderen als solcher anerkannt zu werden. In einer religiösen Auffassung von Gerechtigkeit ist dann Gerecht-sein ‚in den Augen Gottes‘ das alles entscheidende Element, das der von Menschen verdächtigte oder bedrohte zaddiq letztlich höher anschlägt als das, was Menschen von ihm denken. In den Königspsalmen ist der König dann der Mittler zwischen Israel und der gerechten Beurteilung Jahwes (Ps 72,1–6).

Durch die religiöse Verankerung der Gerechtigkeit in Jahwe wird der für die zedâqâ typische Zusammenhang zwischen gutem Handeln, Wohlergehen und der Achtung der Mitmenschen nicht durchbrochen (siehe Ps 72,7; 92,13; 58,12; 75,11; 112,3.9), denn der religiöse Mensch kann bei Schmähung von Mitmenschen seine Hoffnung auf Gottes Gerechtigkeit oder Rechtfertigung setzen; diese ist entscheidend. Der Gedanke jedoch, daß Gott nicht den Sünder, sondern den zaddiq ‚rechtfertigt‘, bleibt unverändert. Der zaddiq findet bei Gott Gerechtigkeit (Ps 69,28–29; 143,1). Das ist der Hauptton des durch Mißgeschick oder Verdächtigung beunruhigten zaddiq in den individuellen Klagepsalmen.

In der prophetischen Literatur ist der Begriff zedâqâ nicht oft zu finden. Nach den babylonischen Propheten ist durch die Sünde des Nordreichs, Israels, die Gerechtigkeit aus dem Volk verschwunden (Jer 3,11; Ez 16,51–52). Aber Gott bleibt zaddiq (Jer 12,1); so entsteht Hoffnung auf und Suche nach einer neuen Gerechtigkeit (Jer 4,1–2; Zef 2,3). Durch Ezechiel wurde zum erstenmal zedâqâ mit der Befolgung der Gebote verbunden (Ez 14,14; 18,5–9.14–17.20). Bei Jeremia wird die Gerechtigkeit eschatologisch und in Zusammenhang gebracht mit dem kommenden Heilskönig (Jer 23,5) und dem erneuerten Sion (31,23; 50,7). Außer der priesterlichen Tradition des Ezechiel wird aber kein Zusammenhang hergestellt zwischen zedâqâ und ihrer kultischen Auffassung in priesterlichen und deuteronomistischen Traditionen.

Nach Deuterojesaja kommt die Gerechtigkeit in einer sehr nahen Zukunft (Jes 46,13; 51,5) und geht es, wie in den Psalmen, um Gottes „rettende Gerechtigkeit" (Jes 46,12; 48,1; 51,1.7). Für den Tritojesaja ist diese Gerechtigkeit aber noch sehr fern (Jes 59,14). In dieser Literatur ist die göttliche Gerechtigkeit eindeutig eine Kraft, die sich wie eine Wasserflut auf das treue Volk ergießt

(Jes 48,18). Zedeq (Männlich) kommt aus dem Himmel, *damit* zedâqâ (weiblich) auf Erden Wurzeln schlagen kann (Jes 45,8). Der von Gott zu sendende Messias ist daher der ‚zaddiq‘, der Gerechte (Ps 45,4; Jer 23,5), der Mensch, der göttlicher Gerechtigkeit Gestalt gibt in menschlicher Gerechtigkeit. Schließlich wird so, in einer Perspektive auf ein endgültiges oder eschatologisches Heil (Jes 41,1–7; 46,12–13), zedâqâ synonym mit Heilszustand. In dem später von Paulus zweimal zitierten Vers (Gal 3,11; Röm 1,16–17) des Propheten Habakuk wird der Zusammenhang zwischen zedâqâ und heilvollem Leben durch Glaubensvertrauen (in das prophetische Wort) hergestellt: „Der zaddiq, der Vertrauen (Glauben) hat, wird am Leben bleiben" (Hab 2,4) (auf der Linie von Ez 33,12–14 zu interpretieren).

In der Einleitung zu seiner griechischen Übersetzung eines hebräischen Textes seines Großvaters sagt der Verfasser des Buches Sirach: „Etwas ursprünglich hebräisch Gesagtes hat eben nicht mehr den gleichen Sinn, wenn es in eine fremde Sprache übertragen ist. Nicht nur dieses Werk, sondern sogar das Gesetz, die Propheten und die übrigen Schriften lauten in der Ursprache erheblich anders" (Sirach, Vorwort). Das sagt jemand, der sowohl im Hebräischen als auch im Griechischen ganz zu Hause ist. Griechisch sprechende Juden hatten es daher schwer, den hebräischen zedâqâ-Begriff zu übersetzen. Die Griechen hatten einen ganz eigenen Begriff von Gerechtigkeit. Obwohl „dikaiosyne" ursprünglich auch eine religiöse Bedeutung hatte (schließlich heißt die Tochter des Zeus „Dike"), erhielt die Funktion dieses Begriffs im griechischen Denken eine ganz andere Bedeutung. Gerechtigkeit ist eine sittliche, vor allem eine gesellschaftspolitische menschliche Tugend oder Grundhaltung; das Wort war kaum geeignet, die religiöse zedâqâ wiederzugeben. Deshalb übersetzt die Septuaginta das hebräische Wort einmal mit dikaiosyne, dann wieder – um die darin enthaltene Reduktion zu beheben – mit Heil, Erlösung usw., während anderseits hebräische Begriffe wie chesed, Bundesliebe und Frömmigkeit auch mit dikaiosyne wiedergegeben werden. So erhält dikaiosyne in der Sprache bestimmter griechisch sprechender Juden die ganze reiche Bedeutung, die zedâqâ eigen ist[21] – ein semantischer Reichtum, den der Nicht-Jude nie darin lesen würde. Die jüdisch-griechische dikaiosyne bedeutet daher, daß der treu mit Gott verbundene Mensch in gesellschaftlichen und menschlichen Beziehungen engagiert ist in einer Welt, in der Gottes Verheißungen und Recht endlich werden verwirklicht werden. So nimmt die Tendenz ihren Anfang, in der nicht nur zedâqâ, sondern auch dikaiosyne zu dem zentralen Heilsbegriff werden kann, als Zusammenfassung der rechten religiösen und ethischen Lebenshaltung als Gabe Gottes – wenn sich diese Tendenz auch nur in einer Strömung des frühen Judentums durchsetzen wird.

Schon im Buch der Sprüche finden wir Zeichen einer ersten Verschiebung. Zedâqâ bedeutet dort die Gerechtigkeit, die der Mensch sich selbst durch sein kluges Handeln verschafft; dabei wirkt Jahwe gleichsam nur von fern mit (Spr 3,33; 10,3.6–7; 18,10). Gerechtigkeit wird, sapiential, mit Handeln in Weisheit und mit Einsicht verbunden (Spr 1,3; 2,9); anstelle des Zusammenhangs zwischen Gerechtigkeit und Kult entsteht jetzt eine Verbindung von Gerechtigkeit mit Weisheit und Einsicht. Aber die alte Beziehung zwischen ‚gut handeln‘ und Leben oder Heil bleibt erhalten. „Wer die Gerechtigkeit übt, findet das Leben" (Spr 11,18–19; 11,30), und „im Haus des Gerechten ist viel Reichtum" (15,6).

Genau in diesem Begriff, und dadurch sogar in der jüdischen Religion, zeichnet sich eine Krise ab, die deutlich wird in Ijob und im Prediger, wenn auch die Lösung der beiden sehr verschieden ist. In dieser Literatur wird das menschlich Selbstverständliche des Zusammenhangs zwischen gerechtem und gutem Handeln und einer glücklichen und heilvollen Lebenssituation gebrochen (Ijob 22,2–3; 36,6–7; 33,26; 35,6–8). Trotz seines heillosen Zustandes ist Ijob im Gewissen von seiner Gerechtigkeit überzeugt.

Die Geschichte des Ijob ist charakteristisch für dieses Problem. Ijob, der in all seinem unverdienten Elend anfangs klagt, daß Gott nicht gerecht handelt (Ijob 34,5), bekommt von einem Freund, Elihu, zu hören, daß Gott als Schöpfer unparteiisch ist; jeder und alles ist sein Geschöpf: Fürsten (sârim), Adelige (sowa) und Arme (dallim) sind vor ihm gleich (34,9). Gottes Gerechtigkeit zeigt sich vor allem darin, so argumentiert Elihu, daß er die Mächtigen (kabbirim) stürzt, wenn sie in Abwendung von Jahwe sozial ungerecht werden, so maßlos, daß das Unrecht der Armen zum Himmel schreit (Ijob 34,28). Der Mensch hat jedoch keine Rechte Gott gegenüber (4,17; 9,2; 25,4). Aber gerade das ist Ijobs Problem: Er selbst erfährt sich als einen zaddiq, d.h. ‚nicht schuldig im Sinn des Gesetzes‘. Die Frage nach Gottes Gerechtigkeit wird gerade aus den Kontrasterfahrungen der Ungerechtigkeit in der Welt gestellt[22]. Ijob kommt zu der Einsicht, daß sich die Leidensgeschichte von Menschen theologisch nicht begründen läßt und daß die Theologie des Zusammenhangs zwischen guten Taten und irdischer Belohnung Nonsens ist. Nach menschlicher Gewissenseinsicht hat er sich selbst nichts vorzuwerfen. Aber was ist der Mensch Gott gegenüber! Gegenüber dem Heiligen ist kein Mensch zaddiq oder gerecht (Ijob 9,2; 40,8). Der alte Zusammenhang wird also nicht völlig zerrissen; sittlich-religiöses Handeln muß mit Heil zu tun haben. Aber haben wir Menschen eine genaue Einsicht in wahre Gerechtigkeit nach dem Herzen Gottes? Eigentlich stellt Ijob den traditionellen Gottesbegriff seiner Religion in Frage. Den sogenannten Gott, als Garanten rechter Vergeltung und Harmonie zwischen rechtschaffenem Leben und vor allem materiellem Wohlergehen, bringt er vor das Forum kritischen menschlichen Erfahrungsdenkens. Dieser Gott ist nicht Jahwe, der lebendige Gott, sondern ein theologisches Gedankengespinst. Gegen einen solchen Gottesbegriff fordert er menschliche Rechte[23]. Rebellisch gegen einen bestimmten Gottesbegriff, vertraut dieser zaddiq in seiner elenden Ijobssituation auf den wahren Gott, der über menschliche theologische Systeme hinausgeht. Für Ijob ist unsere Menschenwelt eben ‚nicht in Ordnung‘; die Situation als solche theologisch rechtfertigen zu wollen, lehnt er ab; das kennzeichnet seine rebellische Haltung. Ein Gott, der eine solche zerrüttete Geschichte wollen würde, kann kein Gott sein. Gottes Gerechtigkeit muß anders gesehen werden, als es in all diesen Harmonisierungsversuchen der Fall ist. Er glaubt weiter an das Recht des Menschen auf Glück und Lebenserfüllung, aber er glaubt zugleich an den *wahren* Gott. Er bleibt offen für... Gottes Gnade. Ijob ist gleichsam das alttestamentliche Vorbild Jesu von Nazaret mit seiner Verkündigung des Reiches Gottes, in dem Gerechtigkeit wohnt.

Aus der gleichen kritischen Erfahrung kommt Kohelet (das heißt Leiter oder Redner bei einer Volksversammlung) oder der Prediger zu einer gleichen Reaktion, aber mit einer ganz anderen, bürgerlichen Lösung. Er beginnt sein Buch mit dem, was das Motto desselben ist: „Wie ist alles so nichtig! Es ist alles umsonst! Was hat der Mensch für Gewinn von all seiner Mühe, womit er sich abmüht unter der Sonne?" (Koh 1, 2) ... „Alles Ding müht sich ab, kein Mensch vermag es zu sagen" (1, 8). Bei diesem Autor ist der traditionelle Zusammenhang zwischen rechtschaffenem Leben und menschlichem Glück und Wohlergehen völlig gebrochen. Wenn man sich umschaut, kann jeder sehen, daß ein zaddiq, in all seiner Gerechtigkeit, in dieser Welt zugrunde gerichtet werden kann, während es Bösewichtern glänzend geht (Koh 7, 15; 8, 14). Das bringt diesen Kulturanalytiker zu dem prosaischen Schluß: „Sei also nicht allzu zaddiq und handle nicht allzu klug, denn du könntest betrogen daraus hervorgehen. Aber lebe auch nicht allzu schlecht und handle nicht wie ein Tor" (7, 16–17); der sogenannte goldene Mittelweg: eine Hand für das Schiff, die andere für dich selbst! Der Autor nimmt, auf seine Art (anders als Ijob), das Recht in Anspruch, selbst ein eigenes Leben als Mensch führen zu dürfen. Er erfährt, wie Ijob, einen Bruch zwischen ,Individuum' und ,Umgebung'. Er entscheidet sich für das Individuum. Die menschliche Person und ihre Taten werden unabhängiger von Natur und Gesellschaft gesehen; die Harmonie einer vollkommenen Weltordnung weicht den Rechten des Individuums. Das ist deutlich ein Zeichen für eine allgemeine kulturelle Wende von der Mitte des 3. Jahrhunderts vor Christus an. Man läßt die sozialen Mißstände sein, was sie sind, und man zieht sich auf Innerlichkeit zurück – deutlich abweichend von der Zeit der Propheten. „Was krumm ist, bekommst du nicht gerade" (Koh 1, 15). Es war auch eine Zeit, in der die politische Aktivität der ,Bürger' wegen einer Fremdherrschaft äußerst begrenzt war. Der Prediger sieht nur allzu gut das viele Unrecht. „Anstelle des Rechts herrscht Unrecht, auf dem Richterstuhl sitzt der Schuldige" (3, 16; siehe 4, 1). Was will man dagegen tun? „Wenn du siehst, wie im Lande der Arme bedrückt, wie Recht und Gerechtigkeit vorenthalten werden, so wundere dich nicht über die Sache; denn Beamte nehmen einander in Schutz bis zu den höchsten hin" (Koh 5, 7). Kohelet sieht genauso scharf wie die Propheten. Seine Gesellschaftskritik ist nicht religiös, sondern gleichsam vormodern profan, sie beruht auf Analyse von Beobachtungen. Aber er kapituliert vor den Tatsachen; er sieht keinen Halt mehr. Gegenüber Welt und Gesellschaft wächst eine allgemeine pessimistische Haltung, mit einem gewissen Existenzzweifel.

„Da ward mir das Leben verhaßt; denn übel erschien mir alles, was unter der Sonne geschah. Alles ist ja nichtig und ein Haschen nach Wind" (Koh 2,17). „Das Leben (des Menschen) ist ein einziger Leidensweg, seine Arbeit eine Quelle des Elends" (2,23). Das menschliche Handeln wird kritisiert. Die uralte Selbstverständlichkeit: rechtschaffenes Leben ist ein gutes und glückliches Leben, ist aufgrund neuer Erfahrungen verschwunden. Die Kehrseite dieses Pessimismus ist jedoch ein zunehmender Universalismus. Kohélet vermeidet den Namen Jahwe und greift auf den allgemeinen Elohim-Begriff zurück, aber dann im Sinn von „der Elohim" (mit Artikel). Er sieht weniger die Geschichte Israels als vielmehr die Historizität des Menschseins, die *condition humaine*. Dieses Denken ist nicht orientalisch, sondern griechisch beeinflußt[24]. Es besteht ein Bruch zwischen Gottes Allwirksamkeit und aller Ungerechtigkeit auf Erden. Der Prediger zweifelt dabei nicht an Gott, sondern an allem, was Menschen sich in den Kopf setzen. Außerdem macht der Tod alles sinnlos (Koh 3,19–21). Mit dem Tod ist alles zu Ende, sowohl für die guten Menschen als auch für die Bösewichte. Das ist für den Autor eine schlimme Erfahrung. Er polemisiert dabei (wie Ijob) gegen die ihm vorausgehende ‚Theologie der Weisen', welche glaubten, das Geheimnis des Lebens enträtseln zu können, und den Eindruck erweckten, genau zu wissen, was in die zedâqâ paßt und was nicht. Er hält dies für reine Theorie, die durch die Lebenserfahrung widerlegt wird. Auch hier klingt Kritik an dem orthodoxen zedâqâ-Begriff und an dem allzuleicht benutzten Vergeltungsbegriff an. Die griechische Götterkritik hat beim Prediger Wirkung gezeigt, obwohl er weiter an Gottes Weltführung glaubt. War Ijob ein *religiöses* Monument in der ganzen Menschheitsgeschichte, so ist der Prediger ein ‚document *humain*'.

Die jüngere Weisheitsliteratur kehrt, unter einem bestimmten Aspekt, zur Lehre der ‚älteren Weisheit' zurück. Der „sôfêr" oder Schriftgelehrte (siehe Sir 38,24–39,11) Sirach (zwischen 190 und 175 v. Chr.) wendet sich in Jerusalem gegen die dortige vormakkabäische hellenistische Freigeisterei (siehe Sir 37,19–26). Er beruft sich dabei auffallenderweise auf kritisch verarbeitete Lebenserfahrungen (34,9–13, oder gr. 31,9–13). Die Tora und die alte prophetische Weisheit (wobei auch Mose Prophet genannt wird, 46,1) hält er in Ehren (Sir 38,34; 39,7–8). Letztlich stehen Schriftgelehrte wie Sirach fast auf gleicher Ebene mit dem früheren Prophetentum; sie interpretieren die Schrift auf die Gegenwart hin. Wie im Hellenismus mit seiner Verehrung ‚früherer Helden' („de viris illustribus"), entsteht zu dieser Zeit auch bei den Juden der Topos der großen Führer Israels – offensichtlich ein beliebtes Thema in synagogalen Predigten zur Ermahnung und Aufmunterung der Gläubigen. Außerdem kommt es so zu einer Art (apostolischer) Sukzession (Sir 44,17; 46,–12; 48,8)[25]: die Kontinuität der Tradition verleiht dieser Überlieferung Autorität.

Vor diesem Hintergrund behauptet Sirach, daß gute Taten wirklich Leben und Heil bedeuten; wer das leugnet, ist ein Dummkopf (16,22–23). Scharf greift er unterdrückende Reiche an (13,2–5), aber nicht ‚unverbindlich' wie der Prediger; übertriebene Jagd nach Reichtum führt seines Erachtens zu ungerechtem Verhalten (11,10; 31,5). Wie ehedem die Propheten, prangert auch er die Gewissenlosigkeit derer an, die trotzdem die Schwelle des Tempels überschreiten und sich somit als zaddiq ausgeben (34,24–27 = griech. 31,24–27). Sirach beruft sich dabei auf das Vergeltungsprinzip: Gott belohnt nach Werken (4,1.9.10; 21,5), ein altes jüdisches Prinzip. Neu dabei ist der Kompensationsgedanke: Überzählige gute Werke, z.B. Liebestätigkeit, können ein gewisses Gegengewicht für begangene Sünden bilden, d.h., zedâqâ sühnt Sünde (3,30), was keineswegs gnädige Sündenvergebung bedeutet). Der alte Lohngedanke erhält dabei aber eine ganz neue (griechische) Grundlage, Gott gab jedem Menschen eigene „jezer" oder freie Entscheidungsgewalt, aus der er die Gebote des Gesetzes halten kann (Sir 15,14–15; etwas ähnliches wie das, was später im Christentum ‚Pelagianismus' genannt werden wird). Der Mensch hat selbst die Macht und Freiheit, zwischen ‚Leben und Tod' zu wählen (15,17), deshalb die Wahl (nach dem Prinzip des inneren Zusammenhangs zwischen Rechtschaffenheit und wohlhabendem Leben) zwischen gutem und schlechtem Handeln. In dieser Rückkehr zu alten Traditionen Israels, zugleich aus Reaktion gegen die hellenisierende Oberschicht in Jerusalem und deshalb auch mit Hilfe griechischer Gedanken, verschärft Sirach die Gesetzesfrömmigkeit. Aber dieser Akzent auf der menschlichen Wahlfreiheit ist ein – jüdisch-griechischer – neuer Ton in Israel. Ohne viel Nachdenken hatte Israel vorher Gutes wie Böses seinen letzten Grund im souveränen Gott finden lassen, ohne daß Gottes Heiligkeit dadurch als angetastet angesehen wurde. Bei Sirach liegt die alte 'emuna oder Glaubenstreue in der freien Entscheidung des Menschen: das Gesetz zu befolgen oder es praktisch zu verwerfen. Was typisch judaische Frömmigkeit genannt wird, erhält dabei einen griechisch-philosophischen Unterbau. Zum erstenmal in der jüdischen Geschichte kommt eine Art *‚Zwei-Wege'*-Lehre ausdrücklich zur Sprache (Sir 2,12); sie ist die Implikation der menschlichen Wahlfreiheit (jezer). Aber diese ist von Hause aus zum Bösen geneigt; von jetzt ab wird der Ausdruck ‚Fleisch und Blut' denn auch ausgesprochen als Begriff für die kreatürliche Schwäche und Neigung des Menschen zur Sünde gebraucht (14,18; 17,31).

Weisheit, Gesetzestreue und zedâqâ werden fast identifiziert (siehe 1,14; 1,26). Alle Weisheit ist Gehorsam gegenüber der Tora (19,20.22–24; 1,26). Auf diese Weise wird die universale Weisheit auf eine exklusive Gabe Gottes an Israel beschränkt – gemeint gegen die Vernunftweisheit der jüdischen hellenisierenden jugendlichen Aristokratie Jerusalems (Sir 3,21–24). Dieser Exklusivismus äußert sich auch in der Behauptung, daß jedes Volk zwar seinen Archonten oder himmlischen Schirmherrn habe (‚Schutzengel', als Folge des Endes des Henotheismus, d.h., jedes Volk hat seinen eigenen Gott), aber Israel allein ist unmittelbar Gottes eigener Besitz (17,17).

Angesichts der libertinistischen Gesinnung der damaligen Reichen wendet sich Sirach gegen die begüterte Klasse, die glaubt, daß Gott barmherzig ist und

Sünden vergeben wird (5, 1–6). Aber Gottes Gnade hat eine Vor- und eine Rückseite: chesed und Zorn (5, 6), so argumentiert Sirach. Auch Paulus übernimmt später dieses Motiv von Sir 5, 4: „Sage nicht: ich habe gesündigt, und was geschah mir? Gott ist ja langmütig. Auf Verzeihung vertraue nicht, so daß du Sünde auf Sünde häufst und denkst: Sein Erbarmen ist groß, meine vielen Sünden wird er verzeihen" (Sir 5, 6). Für Sirachs Gegner war das äußerlich wohlhabende Leben die Hauptsache, und die Erfahrung lehrte, daß dieser Wohlstand unabhängig war von einem guten oder schlechten Leben. Dem stellt Sirach erneut die alte Vergeltungslehre gegenüber, auch wenn sie inzwischen von Ijob und dem Prediger (auch Ps 49 und 73) scharf kritisiert worden war. Die hellenisierenden Mode-Affen kannten diese Kritik offensichtlich und nahmen sich deshalb das Ihre vom Leben. Sirach bleibt jedoch bei der Auffassung: (noch in diesem Leben) bringt Untreue gegenüber dem Gesetz die Strafe Gottes. Es *gibt* einen wesentlichen Zusammenhang zwischen gutem Handeln und Leben in Glück und Heil (göttliche Vergeltung) (siehe Sir 2, 8; 3, 14–15.31; 4, 10.13.28; 5, 7–8; 6, 16; 7, 1–3; 9, 11–12; 10, 13–14; 11, 17). Nach seinem wiederholten Insistieren auf dem Lohngedanken zu schließen, liegt Sirach diese These offensichtlich sehr am Herzen. Es geht dabei weniger als vorher um eine Art immanente Gerechtigkeit als vielmehr um Gottes Gottsein; Gott ist Garant für die Belohnung des Guten und die Bestrafung des Bösen: „Denn er ist ein Gott der Vergeltung" (35, 13; 17, 23).

Dieser Gedanke hat in Sirachs Werk wesentlich mit seinem Schöpfungsglauben zu tun. Auffallend ist seine Reaktion gegen einen offensichtlich um sich greifenden Gedanken (als Folge der Erfahrung, daß das menschliche Leben ein einziger Leidensweg ist), daß Gott sich nicht um die Menschen kümmert oder selbst Ursache des Bösen in der Welt ist (ein griechischer Gedanke jener Zeit). In seinen Schöpfungshymnen besingt Sirach daher Gottes gute und zweckmäßige Werke (39, 24–34). Mit dieser guten Schöpfungstätigkeit Gottes verbindet er das Vergeltungsprinzip (40, 10), als eine Art rationaler Theodizee (siehe vor allem 40, 1 – 41, 4). Er wendet sich gegen den herrschenden Pessimismus. Die Welt ist trotz allem gut; für das Böse in ihr ist die menschliche Freiheit verantwortlich, aber durch Belohnung und Bestrafung triumphiert auf Erden schließlich das Gute. So besteht eine vollkommene Harmonie in der Schöpfung (siehe Sir 42, 15; 42, 22–25), und sei es auch ein dialektisches Gleichgewicht (daher der Gedanke der ‚Bi-polarität', Sir 42, 24 und auch 33, 13–15). Die leuchtenden Farben und die dunklen Flecken in Schöpfung und Geschichte bilden nach Ansicht Sirachs eine überraschende Harmonie. Ohne das Böse könnte man den Glanz des Guten nicht sehen!

Deshalb steht die ganze Lehre Sirachs unter dem Motto: „Kyrios monos dikaiothèsetai" (18, 2): „Allein der Herr wird gerecht erfunden." Hier tritt Theodizee, im buchstäblichen Sinn des Wortes, in den jüdischen Glauben ein. Durch seine spekulative Theorie rechtfertigt der Mensch selbst Gottes Verhalten. Der Herr erfüllt alles mit seiner Herrlichkeit, und stoisch, zumindest der Terminologie nach, ruft Sirach aus: „Gott ist das All" (43, 27). Der auf Israels alte Traditionen zurückgreifende Schriftgelehrte Sirach paßt sich, aus apologetischen und werbenden Motiven, doch fundamentalen griechischen Gedanken an.

Sirachs Lebensauffassung ist noch ‚diesseitig'; von einem Leben nach dem Tod oder einer Auferstehung (wie kurze Zeit nach ihm in Daniel und der Makkabäerliteratur) weiß er noch nichts. Doch hält er sein Vergeltungsprinzip aufrecht. Er fällt also noch außerhalb der chassidischen Literatur und steht chronologisch vor der Absplitterung verschiedener ‚religiöser Parteien' im Judentum. Doch finden wir bei ihm schon viel von dem, was später einige dieser Parteien charakterisieren wird: „Bis zum Tode mußt du für die *Gerechtigkeit* kämpfen; dann wird Gott der Herr für dich streiten" (4, 28). Hier vernehmen wir einen echt jüdischen Ton, wenn auch im Bereich eines vom Hellenismus beeinflußten Denkens, weil der Autor auch für Nicht-Juden schreibt. Man darf die wirksame Kraft der Literatur Sirachs auf die späteren Pharisäer und auf den ganzen frühen Rabbinismus nicht zu gering einschätzen; auch wenn die Rabbinen sein Buch nicht in das Verzeichnis ‚heiliger Schriften' aufgenommen haben. Vor allem der Lohn- und Vergeltungsgedanke Sirachs wird zu einem rabbinischen Dogma[26].

Die griechische Götterkritik, die offensichtlich vor allem auf die Kritik des Predigers Einfluß gehabt hat, wie auch die neue religiöse Erfahrung Ijobs mit seiner Kritik am traditionellen Gottesbild lösten allmählich eine religiöse Renaissance aus, die auch aus der zunehmenden Erfahrung der menschlichen Geschichte als einem einzigen Leidensweg von viel Unrecht und vielen ‚leidenden Gerechten' entstand. Die menschliche Vernunftweisheit im Hellenismus wußte keine befriedigende Antwort auf diese Geschichte des Scheiterns und Mißlingens. Aber aus Reaktion gegen die hellenistische Weisheit entstehen vom 2. Jahrhundert an in der ganzen hellenistischen Welt religiöse Bewegungen, die sich auf eine höhere, nämlich geoffenbarte Weisheit berufen (siehe Kap. 2, § 2). Bald nach Sirach macht sich, trotz des Weiterwirkens seiner Ideen, auch in Israel diese Strömung geltend, vor allem in der frühen und chassidischen Apokalyptik. Die religiöse zedâqâ, als Hingabe an Gottes Heilswillen manifestiert in der Gabe der Tora, wird zum zentralen Begriff für das eschatologische Heil, das Jahwe bringt (Dan 9, 24). Auch im frühen Essenertum ist Gerechtigkeit ein zentraler religiöser Begriff. Ihr Stifter wird nie bei seinem Namen genannt, er ist „der Lehrer der zedâqâ", und die auserwählte essenische Bruderschaft birgt die „Söhne der Gerechtigkeit" (1 QS 3, 20.22; 9, 14). Trotz der verschärften Forderung nach Gehorsam gegenüber der Tora liegt hier ein Bruch mit der alten Auffassung, nach der Gott allein den zaddiq rechtfertigt. Im Gegenteil, Gott rechtfertigt gerade den Sünder. Seine Gerechtigkeit wird mit Sündenvergebung verbunden (1 QS 11, 2–4; 1 QH 3, 21; 7, 30)[27]. In der späteren Apokalyptik (1. Jahrhundert n. Chr.) bleibt die zedâqâ der fundamentale Heilsbegriff (4 Esr 7, 114). Bei der Endzeit ist unter den Menschen kein ‚Glaube', keine zedâqâ mehr zu finden (4 Esr 5, 11; siehe auch im Neuen Testament Lk 18, 8 b). Gottes zedâqâ wird sich dann manifestieren (vgl. Paulus: Röm 3, 21: „Jetzt ist Gottes

Gerechtigkeit offenbar geworden"), nicht so sehr als strafende Gerechtigkeit, sondern als gnädiges Erbarmen gerade über jene, die im Himmel keine Schätze an guten Werken gesammelt haben (4 Esr 8, 48–49). Es geht dann um eine Rechtfertigung nicht aus guten Werken, sondern aus Gnade. Das ist schon eine jüdische Auffassung. Der Unterschied zum Christentum liegt nicht in der Rechtfertigung aus Gnade, sondern in dem diakritischen Punkt: ob diese Gnadengabe Gottes mit der Heilsgabe der Tora oder mit der göttlichen Gabe Jesu, bezeugt als der Christus, identifiziert wird.

Doch war diese jüdische Auffassung nicht das, was man die ‚offiziell-jüdische' nennen kann. In ihr vollzog sich, mehr auf der Linie von Sirach, eine weitere Entwicklung des Lohn- und Vergeltungsgedankens. Vor allem die jüdische Synagoge reduzierte die zedâqâ auf menschliches Handeln, vor allem auf ‚gute Werke' (die klassische Trias: Almosen, Fasten, Gebet), die im Himmel einen Schatz an Verdiensten sammeln. In diesem Geist wird die Bestürzung von 2 Baruch begreiflich: Dieser wundert sich schmerzlich darüber, wie es möglich sein konnte, daß der Fall Jerusalems (im Jahr 70) stattfand, wo doch die Juden so viele Schätze an Verdiensten gesammelt hatten (2 Bar 14, 4–7). Der gute Mann beginnt an Gottes Verheißungen zu zweifeln und erst recht am Sinn guter Werke[28]. Diese Geschichte gibt die offizielle Lehre des Judentums in der neutestamentlichen Zeit treffend wieder. Doch darf man diese ‚offizielle Lehre' nicht als die konkrete Praxis des Volkes und der Frommen bezeichnen. Sie wußten, daß sie nur von Gottes Barmherzigkeit, nicht von eigenen Verdiensten lebten[29].

Dieser Überblick zeigt, daß es zur Zeit Jesu und der Entstehung des Neuen Testaments zwei Strömungen in der jüdischen Auffassung von der zedâqâ gab – vereinfacht ausgedrückt: einerseits den Gedanken einer Rechtfertigung aus Gnade, nicht *kraft der* Werke, wenn sich diese Gnade auch in Gehorsam gegenüber dem Gesetz äußert; andererseits: Gott rechtfertigt den zaddiq oder schafft ihm Recht, nicht dem Sünder; die letztere Auffassung war die Lehre der führenden Schichten in Israel (abgesehen von den Herodianern, den prorömischen klerikalen Kreisen). Hier geht es außerdem um zwei verschiedene Themen, die nicht unbedingt als sich widersprechend verstanden zu werden brauchen.

Es ist auffallend, daß sich in einer anderen – nämlich christologischen – Perspektive im Neuen Testament beide jüdische Richtungen wiederfinden lassen. Einerseits: der Paulinismus – Rechtfertigung aus rein göttlichem Gnaden-Erbarmen. Aber außerhalb der paulinischen Schule und des Einflußbereiches des Paulus ist das vor-neutestamentliche Urchristentum diesem Sprachgebrauch des Paulinismus kaum gefolgt. Anderseits also: der Begriff ‚Gerechtigkeit' des orthodox-offiziellen Judentums. Mattäus nennt, auffallenderweise, die drei jüdischen Kategorien der ‚guten Werke': Almosen, Fasten und Gebet (Mt 6, 1–4.5–14.16–18), und zwar als synonym mit christlicher Vollkommenheit. ‚Gerecht' ist der tugendhafte Mensch, der Gottes Gebote befolgt (Mt 1, 19; 13, 17; 23, 29; siehe Lk 1, 6; 2, 25; Apg 2, 22). ‚Gerechtigkeit' bedeutet hier also nicht den paulinischen Heilsbegriff, sondern ethische Tugendhaftigkeit (Mt 5,20; 6,1–33), aber als Konsequenz des Glaubens an die Erlösung Jesu. Mattäus wendet sich dabei keineswegs gegen den judaischen Gerechtigkeitsbegriff; doch wirft er vor allem den jüdischen Führern vor, daß sie das wesentliche Gebot vergessen: Erbarmen (Mt 23,23–24); er wirft ihnen Heuchelei vor, so daß die schwersten Lasten auf Kleinen und Armen ruhen (Mt 23,3–4). Auch Lukas verwendet einen gleichen Begriff: „Sollte Gott seinen Auserwählten, die Tag und Nacht zu ihm schreien, nicht *Recht* schaffen und großherzig gegen sie sein? Ich sage euch, er wird ihnen in kurzer Frist Recht schaffen" (Lk 18,7–8 a). Es geht hier um die alte Vorstellung: Gott verschafft dem (leidenden) zaddiq Recht. Deshalb wird dieser Begriff oft mit dem älteren jüdischen Gedanken vom ‚leidenden Gerechten' verbunden (z.B. Mt 5,6.10). In diesem Sinn nennt eine bestimmte Tradition Jesus selbst den zaddiq, ‚den Gerechten' (aber nur im späteren Lukas: Apg 3,13–15; 7,25; 22,14; was hier aber auch die griechische Auffassung von ‚dikaios' verraten kann). Der echt paulinische Begriff der ‚göttlichen Gerechtigkeit' – aus dem frühen Chassidismus, der Apokalyptik und Qumran – ist sonst im Neuen Testament nicht zu finden, bis auf eine wichtige Ausnahme: „Sucht zuerst das Reich Gottes *und seine Gerechtigkeit*" (Mt 6,33; siehe Lk 18,14), mit anderen Worten, hier treffen wir den eschatologischen Heilsbegriff von Gottes zedâqâ, der ‚iustitia Dei', die außerhalb des Paulinismus, zumindest mit dem *Wort* ‚Gerechtigkeit', im Neuen Testament nicht vorkommt. Zwar ist das Neue Testament grundlegend eins in seiner Auffassung von der *Gnade Christi* und seiner Sündenvergebung, aber es ist trotzdem, was den Gebrauch des Begriffs zedâqâ dabei betrifft, deutlich von zwei unterschiedlichen *jüdischen* Strömungen und Themen beeinflußt.

Paulus wird sich zur Erklärung der Gnade und des Heils in Jesus Christus auf den alten (auch zu seiner Zeit in bestimmten, nicht-offiziellen Kreisen lebendigen) Begriff von ‚Gottes Gerechtigkeit' berufen, gegenüber dem in offiziell-jüdischen Kreisen geläufigen Gebrauch von ‚Gerechtigkeit' als Qualifikation menschlichen, ethischen (toragetreuen) Handelns, dem Gott Recht verschaffen wird. Er machte auf seine Art die Erfahrung Ijobs. Aus eigener Erfahrung lernte er, daß man sich keineswegs auf die Bewertung eigener guter Werke verlassen kann, denn seine frühere Verfolgung von Christen hatte er als eine Gott wohlgefällige Tat verstanden und existentiell erlebt. Später muß er gedacht haben: wie ist das möglich! Dieser menschlich interpretierte *religiöse* Begriff der Gerechtigkeit wurde durch die eigene Erfahrung der Barmherzigkeit Gottes in Christus zerschlagen. Das Falsche in seinem früheren Auftreten sieht er nicht so sehr in seinem ethischen Eifern für das, was er im Gewissen als solches für gut gehalten hatte, sondern in dem Irrtum über das ‚Objekt' desselben: Er bekämpfte, was gerade die Quelle der Heiligung und Gnade war. Darin lag sein fundamentaler Irrtum („seine Unwissenheit", so drückt die paulinische Schule es milder aus, 1 Tim 1,13). Durch seine Berufung auf den alten religiösen Begriff der Gerechtigkeit – der Gerechtigkeit Gottes – sucht er nun einerseits einen Zusammenhang zwischen Israel und der Kirche herzustellen, anderseits betont er die Neuheit in Christus. Nicht die Tora ist die eschatologische Heilsgabe Gottes, sondern Jesus Christus; er ist es, der fortan jedem nach eigenen Verdiensten gibt (Röm 2,1–16; 1 Kor 4,3–5). Auch für Paulus manifestiert sich Gottes freie Gabe der Gerechtigkeit *in* ethischem, christlichem Verhalten. Wenn man die ethischen Ermahnungen aus den Schriften des Paulus streichen würde, bliebe nicht einmal die Hälfte übrig. Das Problem-mit-Paulus liegt darin, daß seine Erneuerung der alten religiösen zedâqâ Gottes (und auch der chassidischen, apokalyptischen Auffassung davon) in der Polemik des Paulus in den offiziell-judaischen Kontext der Thematik um ‚menschliche Gerechtigkeit‘ oder ethisches Handeln gestellt wird. Paulus versöhnt dort ziemlich subtil die Ungeschuldetheit der Gnade mit dem *christlichen* Verdienst oder Lohn. Zwei Kreise von Problemen überschneiden so einander, und manche Mitchristen können ihm darin denn auch schlecht folgen (siehe 2 Petr 3,15–16). Paulus muß dem vom offiziellen Judentum gebrauchten Begriff ‚iustitia‘ eigentlich einen neuen Inhalt geben; aber eine solche semantische Operation *eines* Mannes innerhalb eines faktisch (auch unter jüdischen Christen geltenden) anderslautenden semantischen Feldes ist immer eine mißliche Sache. Sie hat entweder keinen Erfolg, oder sie ruft Mißverständnisse hervor. Jak 2,24 sagt dann genauso kühn, wie Paulus *seine* Ansicht darlegt: „Es ist deutlich, daß ein Mensch *durch Taten gerechtfertigt wird* und nicht allein durch den Glauben." Es geht darum, ‚menschliche Gerechtigkeit‘, Ethik, mit der ‚dikaiosynè tou Theou‘, mit Gottes Gerechtigkeit oder dem Gnadenleben, in Einklang zu bringen. Später wird Augustinus vor einer noch schwierigeren Aufgabe stehen. Mit einem massiveren, griechisch-römischen säkularisierten Gerechtigkeitsbegriff konfrontiert – einem der humanistischsten und menschenfreundlichsten Elemente aus der spätantiken Kultur –, muß er diesen tief-menschlichen ‚heidnischen‘ ‚iustitia‘-Begriff mit der ‚iustitia Dei‘ oder Gnade Gottes in Einklang bringen. Im Rahmen der hochgestimmt-ethischen, heidnisch-humanistischen ‚dikaiosyne‘ (*der* kardinalen Grundhaltung zumindest der antiken, griechisch-römischen dogmatischen Ethik) mußte er Gottes ungeschuldete Gnade zur Sprache bringen. Auch zwischen ihm und dem (in Wirklichkeit auch gesellschaftskritischen) frommen Priester Pelagius (für den die römische ‚gratia‘ Begünstigung bedeutete, was in den höheren Kreisen des römischen Imperiums damals konkret Nepotismus und Korruption bedeutete) entstanden mancherlei Mißverständnisse, zum Nachteil und zur Verhärtung der Positionen beider.

Dadurch, daß Jesus sich (soweit wir dies rekonstruieren können) nicht in Begriffen der Gerechtigkeit, sondern des *Reiches Gottes* äußerte, entging er dem Problem, das (zu einem Teil) mehr durch den *Begriff* ‚iustitia‘ hervorgerufen wurde als durch die *Wirklichkeit,* um die es eigentlich ging. Dieses Problem kann bei der Lektüre des Paulus den Kern der Frage trüben. Es geht bei Paulus weniger um das Problem von ‚Gnade‘ und ‚menschlicher Tätigkeit‘ als vielmehr um das Finden entscheidenden Heils entweder in der Gottesgabe der Tora oder in der Gottesgabe Christi Jesu. Das erste Problem ist dem untergeordnet und wird *außerhalb* dieses Zusammenhangs zu einer Art Gespräch zwischen Taubstummen mit Hilfe zweier verschiedener Codezeichen. Das wird aus der weiteren Analyse deutlich werden.

B. GOTTES GERECHTIGKEIT, GEOFFENBART IN CHRISTUS JESUS (RÖM 3,21 – 5,21)

Wenn Paulus, gegenüber der allgemeinen Sündhaftigkeit der Welt – Jude und Heide – die charis, die Gott in Jesus Christus erweist, beschreibt, stellt er der Anklage: „alle stehen unter Gottes Zorn" Jesus als den Christus gegenüber – eine apostolische Gegebenheit: „Jetzt aber ist ohne Gesetz *Gottes Gerechtigkeit* offenbar geworden" (Röm 3,21a). Aber Paulus fügt hinzu: „davon legen Gesetz und Propheten (der Tenach) Zeugnis ab" (3,21b). Einerseits Neuheit in Jesus, bezeugt als der Christus, andereseits zeugt gerade davon der ganze Tenach. Wovon? Daß „Gottes Gerechtigkeit sich durch den Glauben an Jesus Christus allen mitteilt, die glauben, ohne irgendeinen Unterschied" (3,21b–22), das heißt Juden wie Heiden.

Ausgangspunkt der neuen Argumentation ist die Schlußfolgerung aus den vorherigen Kapiteln: „Haben doch alle gesündigt und entraten der Herrlichkeit Gottes" (3,23). Der kontrastierende, zweite Flügel zeigt nun: „Alle werden sie umsonst gerechtfertigt durch seine Gnade kraft der Erlösung, die ist in Christus Jesus" (3,24). ‚Erlösung' (apolytrosis) wird hier in Jesu Kreuzestod konzentriert: „Sühnopfer durch sein Blut" (3,25). Darin wird „Gottes Gerechtigkeit" öffentlich manifestiert (darüber 3,21), nämlich *so* erweist sich, „daß Gott selbst gerecht ist und gerecht macht einen jeden, der aus dem Glauben lebt" (3,26). In diesen wenigen Sätzen (3,21–26) ist der Kern dessen wiedergegeben, was Paulus in Röm 4–5 ‚jüdisch-argumentativ' aufzeigen will. Dabei lief er in Röm 3,27–31 schon den Schlußfolgerungen voraus: es besteht kein Grund zu eigenem Ruhm (3,27). Der lebendige Gott ist nicht nur ein Gott der Juden, das Gegenteil kann man nicht aus dem Tenach schließen. Er, ein und derselbe Gott, ist Gott „auch der Heiden" (3,29). Denn ohne die Tora in ihrer von Gott gewollten heilsgeschichtlichen Bedeutung zu entkräften (3,31b), muß man gerade aufgrund des Tenach behaupten, daß Jahwe Juden und Nicht-Juden „durch den Glauben rechtfertigen wird" (3,30). Diese vorab aufgestellte These will Paulus jetzt beweisen. In seiner Argumentation muß man zwei Problembereiche scharf unterscheiden: den jüdischen Gegensatz zwischen Gnade und Werken (Röm 4) und den Gegensatz zwischen Gnade und Sünde, jedoch so, daß der zweite Problembereich schon in den ersten eingreift und der erste im zweiten nachwirkt.

a) Paulinische Version des früh-jüdischen Abraham-Midrasch (Röm 4, 1–25)

In diesem Abschnitt geht es Paulus um die Rechtfertigung aus dem Glauben: ‚Gnade' (kata charin) steht hier ‚geschuldet' (kat'opheilema) gegenüber (Röm 4, 4). Die Analyse von Röm 1–3 hat gezeigt, daß wegen der allgemeinen Sündhaftigkeit ‚Erlösung', Sieg über die Sünde oder Sündenvergebung Gnade von Gott her sein wird, für Juden wie für Heiden. Wahre Gerechtigkeit ist: Jesus angehören, Jesus bekennen als den Christus, den vom Tod Erstandenen. In Christus ist der *religiöse* Gegensatz zwischen Gottesvolk und gojim oder Heiden vollendete Vergangenheit.

Um dies zu beweisen und vor allem für Juden verständlich zu machen (die Christen in Rom, an die Paulus diesen Brief richtet, bestanden damals vornehmlich aus Juden), will Paulus einen Zusammenhang herstellen zwischen der chesed oder charis Gottes und dem Phänomen Jesus Christus. Dazu beruft er sich, in spezifisch paulinischer Weise, auf einen schon bestehenden, jüdischen Abraham-Midrasch (Röm 4, 1–25)[30]. Der Kern dieser Darlegung ist: Schon nach dem Tenach ist Gerechtigkeit (zedâqâ) wesentlich mit Glauben verbunden, wie traditionell-jüdisch chesed (oder Gottes Huld) mit Gerechtigkeit oder zedâqâ verbunden ist: Gnade, Gerechtigkeit und Glaube bilden jüdisch gesehen einen einzigen Begriffskomplex. In der Beweisführung des Paulus werden deshalb zwei Gegebenheiten kombiniert: einerseits der (zumindest in bestimmten jüdischen Kreisen) vorgegebene Begriffskomplex: Gnade, Gerechtigkeit und Glaube, und andererseits die christliche apostolische Gegebenheit des Glaubens an Jesus Christus als Heil-von-Gott-her. Aus dieser Verbindung bestimmter frühjüdischer Begriffe mit dem Grundcredo des überlieferten apostolischen Glaubens geht nicht sogleich der Gegensatz zwischen Gesetz und charis oder zwischen Gesetz und Christus hervor, während es Paulus gerade darum zu tun ist. Deshalb wird er den jüdischen Abraham-Midrasch so ändern, daß dieser Gegensatz deutlich daraus hervorgeht. Ein Vergleich des jüdischen Midrasch mit der Version des Paulus zeigt, daß die Verse Röm 4, 6–8; 4, 13–15 und 21.24–25 den redaktionellen Eingriff des Paulus in das frühjüdische, traditionelle Material verraten. Der Kern der Änderungen liegt darin, daß Paulus den judaischen Gegensatz zwischen charis (Gnade) und *ergon* (Werk) mit einem Gegensatz zwischen Gnade und *Gesetzeswerken* identifiziert (wie die Schlußfolgerung in 3, 20 durch den Einschub von „ex ergōn nomou", ‚durch die Werke des Gesetzes', schon vermuten ließ), und außerdem, daß er dabei, fast unbemerkt, auf einen Gegensatz zwischen Gnade und Sünde überspringt. Durch diesen Umschlag entsteht dann der Gegensatz zwischen der charis Christi und der Tora. Das will ich näher erläutern.

Röm 4, 6–8 weist schon auf die eigene Version hin, die Paulus dem Abraham-Midrasch gibt: „Dasselbe gilt von dem Menschen, der von David seliggepriesen wird und dem Gott die Gerechtigkeit anrechnet, ohne daß die Rede ist von guten Werken: ‚Selig der Mann, dem der Herr die Sünde nicht anrechnet'

(Ps 32, 1–2)" (Röm 4, 6–8). Die Gnade steht nicht nur dem Mangel an *Werken* gegenüber, sondern auch dem Vorhandensein von *Sünde*. Letzteres weist auf die Notwendigkeit des Todes Jesu hin: „auch um unseretwillen, denen es gleichfalls angerechnet werden soll, die da an den glauben, der unseren Herrn Jesus von den Toten erweckt hat" (4, 24). Auch 4, 13–15 weist auf einen paulinischen Eingriff in den traditionellen Abraham-Pescher: Die Verheißung an Abraham gründet nicht auf dem Gesetz, sondern auf der Gerechtigkeit des Glaubens. Die Zeit der Gesetzesherrschaft verhinderte nicht nur die Verwirklichung der Verheißung, sie bewirkte anstelle von charis Gottes Zorn (4, 14–16). Schließlich weist 4, 24–25 darauf hin, daß „Gerechtigkeit des Glaubens" wesentlich Sündenvergebung einschließt. Es geht nicht nur um Gesetzeswerke, sondern um Sündhaftigkeit, um den Zorn wegen des Gesetzes und um die charis um Christi willen. Dabei ist charis zugleich Sündenvergebung. Der jüdische Gegensatz zwischen Gnade und Werken wird von Paulus fast unbemerkt umgebogen zu einem Gegensatz zwischen Gnade (Sündenvergebung) und *Sünden*. Der Grund für Gottes Erbarmen, nämlich die Auserwählung, bezieht sich nicht mehr auf die Gabe des Gesetzes, sondern auf die neue Monopolstellung Jesu Christi.

Paulus versteht Auserwählung allein durch den Glauben an Christus; deshalb will er Auserwählung, die auf die Gabe und den Besitz des Gesetzes gegründet ist, außer Kraft setzen. Den traditionellen Abraham-Midrasch nimmt er auf, ändert ihn aber in dieser Absicht. Aus dem apostolischen Glauben an Heil-von-Gott-her allein in Jesus Christus muß die bevorzugte Stellung des Judentums, vor allem aufgrund der charis des Gesetzes, untergraben werden, und Paulus wird zeigen müssen, daß mit oder ohne Tora alle Menschen Sünder sind und der charis der wohlwollenden Sündenvergebung Gottes bedürfen. Es ist gerade auffallend, daß in diesen ersten Kapiteln der große Gegensatz hergestellt wird zwischen Gottes Zorn und Gottes Gnade und daß nicht die Gesetzeswerke im Mittelpunkt stehen, sondern die allgemeine Sündhaftigkeit aller Menschen, auch von Juden, welche die Gesetzeswerke vollbringen. Der Zorn Gottes ist gerade eine Frucht des Gesetzes („schafft doch das Gesetz Zorn, denn wo kein Gesetz ist, da ist auch keine Übertretung", 4, 15). Wenn somit Zorn Gnade gegenübersteht, kommt auch Gesetz charis *gegenüber*zustehen.

Aus der paulinischen Version des Abraham-Midrasch folgt dann das folgende Diptychon: charis, Gerechtigkeit und Glaube *gegenüber* Zorn, Gesetz und Werken. So kommt ein unjüdischer Gegensatz zwischen ,Glaube' und ,Werken' zustande, eine Auffassung, die auch viele jüdische Christen nicht verstehen werden. Aber man muß die Absicht und Auffassung des Paulus richtig verstehen. Sowohl ,Werke' als auch ,Glaube' erhalten in seiner Darlegung eine besondere Bedeutung: ,Die Werke' werden mit der *Tora* (Gesetzeswerken) verbunden, wie ,Glaube' mit Glaube an Christus identifiziert wird. Das Heil darf für einen Christen allein mit Jesus Christus verbunden werden; das war der Kern der Überlieferung: „In keinem anderen ist die Rettung" (Apg 4, 10–12).

Auf diese Weise mußte Paulus zeigen, daß das Gesetz unmöglich eine eschatologische Heilsgabe sein kann. Er wird keineswegs leugnen, daß der Glaube wirksam werden muß ‚in Werken' (vor allem in Werken brüderlicher Liebe, Gal 5,6, und „in allem, was gerecht ist", „in allem, was Tugend heißt und Lob verdient", Phil 4,4–9, bis zum ethischen Einsatz „für alles, was gut ist, sehr gut und vollkommen", Röm 12,2; 12,21; 2 Kor 8,13b usw.). Paulus ist es um etwas anderes zu tun: Wie der Jude sich durch die Gesetzeswerke im Glauben zur Tora bekennt, so bekennt sich der Christ durch den Glauben zu Jesus als dem Christus. Die Wahl besteht zwischen der Heilsexklusivität des Gesetzes oder Christi. Die Schlußfolgerung des Paulus aus seinem Abraham-Midrasch lautet daher: „Es gilt also: aus Glauben und darum aus Gnade. Dann steht die Verheißung für die ganze Nachkommenschaft fest, *nicht nur für die, welche das Gesetz empfangen haben,* sondern für alle, die dem Glauben Abrahams nachfolgen, der unser aller Vater ist. Denn von ihm steht geschrieben: ‚Ich habe dich zum Vater vieler Völker gemacht'" (4,16–17). „Unser aller Vater Abraham" ist nicht nur der Vater der Juden, sondern der Vater aller Völker; lange bevor das Gesetz kam, ist in ihm der Heilsplan von Gnade und Glauben von Gott für alle Menschen inauguriert worden. „Dia touto ek pisteōs, *hina kata charin*" (4,16a): Der Akzent des Paulus liegt auf dem exklusiven Glauben an *Christus,* und „*auf diese Weise* gnadenvoll" (denn für viele Juden war gerade das Gesetz die große charis). Nicht die Gnade trägt den Akzent, sondern *diese* Gnade: die Gnade des Glaubens an Christus, denn auch für Juden galt, daß das Heil aus Gottes chesed oder Gnädigkeit kommt. Die Richtung der Argumentation des Paulus ist also, daß das Gesetz, weil es Zorn bewirkte, ein Hindernis gesetzt hat für die charis Gottes. Paulus bricht daher, mit einer Berufung auf die Abrahamsgestalt aus der Zeit vor der Tora, die Einschränkung von Gottes gnadenvoller Auserwählung allein der Beschnittenen (Röm 4,10: „Abraham war damals noch nicht beschnitten"). Es handelt sich um einen neuen Begriff der Auserwählung, ohne Vorbedingung (das ist jüdisch), aber außerdem ohne Einschränkung auf ein Volk, wenn auch über Abraham als Vater aller Völker: Heil „*zuerst* für den Juden, aber *auch* für den Heiden" (Röm 1,16; 2,10; siehe 9,1 – 11,35; siehe unten: ‚Israel und die Kirche'). So wird die Kindschaft Abrahams von der Tora losgelöst. Der einzige, von altersher gemeinte *Heilsweg* ist der des Glaubens: Abrahamsglaube an den kommenden Christus, den Nachkommen Abrahams. „Treten in die Fußstapfen des Glaubens, den unser Vater Abraham schon hatte, als er noch nicht beschnitten war" (4,12b).

b) Paulinische Version des frühjüdischen Adam-Midrasch (Röm 5,12–21)

In 5,1–11 faßt Paulus das schon Gesagte zusammen: Gerechtfertigt durch den Glauben, leben wir in Frieden mit Gott durch Christus. Dieses Leben ist ein gnadenhaftes Sein (5,2), ein Gnadenzustand, der einerseits noch nicht die eschatologische Vollendung ist, aber begründete Erwartung derselben (5,2), und anderseits durch inzwischen noch zu ertragende Leiden und Widerwärtigkeiten bestätigt und gefestigt wird. Denn wenn Gott uns schon liebte, „als wir noch Sünder waren" (5,8b), um so glaubenssicherer dürfen wir, „nachdem wir nun einmal durch sein Blut gerechtfertigt sind" (5,9), dem eschatologischen Gericht entgegensehen. *Versöhnung* ist vollzogen (5,11), *Erlösung* (d.h. auch körperliches und seelisches Heil-sein) muß noch kommen (siehe 8,24).

Nach diesem gläubigen Grübeln zwischendurch fährt Paulus mit seiner Darlegung fort. Jetzt kommt der Gegensatz zwischen Gnade und Sünde zur Sprache, gleichsam als verselbständigte Machtblöcke: Der Machtbereich der charis (Gnade) und der der hamartia (Sünde); die schlimme Zeit, in der die Großmacht Sünde herrschte, gegenüber der Zeit des freundlichen Herrschens von Frau Charis; der alte Äon gegenüber dem neuen Äon, denn Paulus denkt in diesem Brief weniger an einzelne als vielmehr an ‚Äonen': Periode des Unheils und Periode des Heils, inauguriert durch den Sühnetod Jesu. In Röm 5–6 verschwindet der Gegensatz zwischen Juden und Heiden im Hintergrund. Er macht Platz für den Gegensatz zwischen dem ersten Äon, dem Reich der Sünde (für Juden *und* Heiden), und dem zweiten Äon, dem Reich der Gnade, „zuerst für den Juden, aber auch für den Heiden" (siehe Röm 1,16). Jetzt geht es um die Unterschiede an Wirksamkeit und Kraft der Macht, die den ersten Äon beherrscht, und der charis als Macht des zweiten Äons. Aber wie Röm 4 von Gesetzeswerken unbemerkt zu Sünden übergeht, so vergißt Paulus in Röm 5–6 bei dem Gegensatz zwischen Gnade und Sünde ebensowenig die Gesetzeswerke. Denn, *außerhalb* des Heilsbereichs der Gnade gestellt, sind diese Werke für Paulus Ausdruck der Dienstbarkeit gegenüber dem Gesetz der Macht, die Sünde heißt. Die Adam-Typologie, ein anderer Midrasch aus dem frühen Judentum[31], beherrscht diese neue Darlegung. Auch diesen traditionellen Midrasch gebraucht Paulus, um die eschatologisch einzigartige Stellung Christi als des einzigen Vermittlers der Gnade Gottes in den Vordergrund zu rücken. Nur durch gläubige Bindung an Jesus Christus steht jemand unter Gottes Auserwählung und im Bereich der charis Gottes, was dann jedoch ethische Konsequenzen hat: leben ohne Sünde. Der Ethik der Tora steht jetzt die Ethik dessen gegenüber, der durch Glaube und Taufe mit Christus verbunden und „der Sünde abgestorben" ist (6,11; 6,17–18; 6,22).

Um seine Christusexklusivität („solus Christus") dabei wiederum zu erklären, bringt Paulus (wie in Röm 4 den Abraham-Midrasch) jetzt den traditionellen Adam-Midrasch in Zusammenhang mit dem Gesetz (Röm 5,12–21). (Auch die Tradition, die hinter Hebr 2,6–9 steht, kennt diesen Adam-Midrasch in Verbindung mit Ps 8,5–7 und Gen 1,27–28, wie früher schon bei Paulus, 1 Kor 12,45, aber hier ohne jeden Bezug zum Gesetz.) Ebendiesen Bezug braucht Paulus für seine neue Argumentation, um so den Gegensatz zwischen Christus und dem Gesetz von neuem zu beleuchten. Das Gesetz gab der Macht der Sünde einen guten Ansatz für ihr Regiment, denn formal ist Sünde Übertretung eines Gesetzes. Das Gesetz macht Sünde als Sünde offenbar, auch das Übermaß von Sünde. Röm 5,13–14 unterbricht die Argumentation, um die Universalität der Sünde zu betonen. Sonst würde sich die Beziehung zwischen Sünde und Gesetz nicht als so scharf erweisen. Paulus will also zeigen, warum in der Periode zwischen Adam (der unter einem göttlichen Verbot stand, Gen 2,17) und der mosaischen Gesetzgebung, in einer Zeit ‚ohne Gesetze‘, doch der Tod (als Sündenstrafe) herrschte. Auch diese Menschen waren sündig, wenn auch nicht dadurch, daß sie selbst ein ausdrücklich vorgegebenes Gebot oder Verbot übertraten: Sie starben wegen Adams Sünde, welche die Übertretung eines Gesetzes war. Hier liegt dann der Typus und der Antitypus des Diptychons: Universalität des Unheils, das dem einen Adam zuzuschreiben ist, gegenüber der Universalität des Heils im zweiten Adam, Christus. Die Typologie kulminiert in der *Überfülle* von Gnade gegenüber dem *Übermaß* an Sünde. Wie in Israels Glaubensbekenntnis Gott bis in die vierte und fünfte Generation hinein bestraft, aber chesed erweist „bis ins tausendste Geschlecht“[32], betont Paulus in der Universalität von Sünde und Gnade die alles *übertreffende* Weise der Überfülle von Gnade: „reiche Wiedergutmachung durch das große Geschenk seiner Gnade: den *einen Menschen* Jesus Christus“ (5,15 b), das heißt den neuen Adam oder neuen Menschen. „Überfülle von Gnade dank dem einen Menschen Jesus Christus“ (5,17). Die Gnade übersteigt das Übermaß der Sünde unermeßlich (5,12–21); „seine Gnade ist stärker als diese eine Sünde“ (5,16), „soviel herrlicher… ist die Überfülle der Gnade“ (5,17). Vor allem Röm 5,20 will die Überfülle beiderseits betonen, um die Hyper-Überfülle der Gnade zum Ausdruck zu bringen. (Das Griechische läßt sich schwer in Deutsch wiedergeben: „Wo die Sünde gewuchert hat, wurde die Gnade maßlos“, 5,20, ist eine etwas schwache Wiedergabe. Die Vulgata ist schärfer: „ubi *abundavit* delictum, superabundavit gratia“: „epleonasen“ gegenüber „hypereperisseusen“.) Wo das Maß der Sünde voll ist, läuft das Maß der Gnade über. Paulus gibt hier unverkennbar eine christliche Auffassung von der alten jüdischen chesed Jahwes: das „multo magis“ der chesed Gottes in Christus. Allein hier ist die Rede von der charis Gottes (5,15), in Christus.

Aber es gibt noch einen zweiten Gegensatz zwischen diesen beiden universalen Machtblöcken, dem der Sünde und dem der Gnade. In dem Machtblock, in dem Sünde und Tod herrschen, geht es um eine tyrannische Unterdrückung von Menschen; in dem Machtblock, in dem die Gnade herrscht, ist der Mensch dagegen befreit und frei gemacht: „Durch die Sünde begann der *Tod* zu *herrschen*…, durch die Überfülle der Gnade… sind es die Menschen selbst, die *herrschen* und *leben*“ (5,17). Der alte Zusammenhang zwischen ‚gerechtem Handeln‘ und ‚Leben‘ wird so zu einem inneren Wesenszusammenhang zwischen *Gnade* und *Leben* (siehe 5,10; 5,17.18.21; 6,4), im Kontrast zu dem genauso wesentlichen Zusammenhang zwischen Sünde und Tod: „Während die Sünde Herrschaft ausübt durch den Tod“ (5,21 a), „herrscht die Gnade durch Gerechtigkeit und zum Leben“ (5,21 b).

Die Adam-Christus-Typologie wird in 5,18–19 noch einmal wiederaufgenommen, jetzt unter dem Aspekt dessen, was am Ursprung der beiden Machtblöcke oder Äonen steht: einerseits eine einzige schlechte Tat *eines* Menschen – vermehrt durch die eigenen Sünden jedes einzelnen (5,20) – brachte allen Unheil, andererseits wurde eine einzige gute Tat *eines* Menschen, Jesu Christi, zur Rechtfertigung oder zum Freispruch für alle. Diese eine gute Lebenstat (5,18) eines einzigen Menschen, durch die charis und Heil vermittelt werden, ist für Paulus das gehorsame Lebensopfer Jesu am Kreuz (4,25; 5,6; 5,8; 5,9–11).

c) Die eigene Auffassung des Paulus von der Rechtfertigung

In dieser langen Darlegung (Röm 3–5) wurde die charis mit Jesu Kreuzestod verbunden, der deutlich als ein Tod zur *Sühne von Sünden* gesehen wird, selbst schon wieder identifiziert mit *Sündenvergebung,* was Sühne für Sünden in der jüdischen Tradition keineswegs war. Das Sühnopfer war wohl das ‚kanonische' Erfordernis für den forensischen oder juristischen Freispruch von Sünde, in dem Sinn von „nicht (mehr) schuldig im Sinn des Gesetzes"; aber diese juridische Ebene sagt an sich nichts über die Sündenvergebung, die allein Gott vorbehalten ist. Im ‚offiziellen' Judentum wird jemand von Sünden freigesprochen, wenn er zaddiq ist oder, bei Übertretungen des Gesetzes, wenn er diese Übertretung durch Sühnopfer gutgemacht hat. In diesen beiden Fällen ist er zaddiq auf der Ebene des Gesetzes. Damit begnügte man sich; denn, es war ‚im Namen Gottes' – „so spricht Jahwe" (Ez 18,9b) –, daß im Judentum der Priester jemand zum zaddiq erklärte und ihm das Recht zu leben zusprach (Ez 18,9; Ps 15,56; 24,5). Die Ebene der Sündenvergebung ist von anderer Art, sie ist Gottes eigenes Forum. Und allein in manchen, sogenannten ‚nicht-offiziellen' frühjüdischen Kreisen war man der Meinung, daß Gott nicht nur dem zaddiq, sondern gerade dem Sünder Verzeihung schenkt. Das frühe Christentum verband gleichsam die beiden jüdischen Auffassungen: Gott schenkt *Sündenvergebung* in Christus, der durch seinen eigenen blutigen Tod („gerechtfertigt durch sein Blut", Röm 5,9) *Sühne von Sünden* gebracht hat. Damit ist der Gnadencharakter sowohl des Sühnopfers als auch der Sündenvergebung betont. In Christus vollzieht Gott, und er allein, die Versöhnung (2 Kor 5,17–19). Dieses Zusammenbringen von zwei unterschiedlichen jüdischen Auffassungen erklärt meines Erachtens die bemerkenswerte Zweiteilung, die wir noch in Röm 4,25 finden: „Dahingegeben um unserer Sünden willen, und auferweckt um unserer Rechtfertigung willen" – Sühnopfer *und* Rechtfertigung und Freispruch (nach dem Sühnopfer), diesmal nicht mehr forensisch, sondern durch Sündenvergebung als „tot für die Sünde und lebend für Gott in Christus" (6,11; 6,22): dank der charis Gottes (5,15). Sich taufen lassen, der Gemeinde Gottes beitreten, ist für Paulus *Sündenvergebung* und Rechtfertigung[33], die in ihrer formalen Begrifflichkeit denn auch mit der Bekehrung zum Christentum zusammenfallen:

der gläubigen Bindung an Christus, Zeichen für die gnadenvolle Auserwählung Gottes. Dadurch kommt es bei Paulus zu einem formalen Unterschied zwischen Rechtfertigung („iustificatio impii") und der darauf folgenden Heiligung, ein Unterschied, der bei etablierten christlichen Gemeinden (schon im Kolosser- und Epheserbrief; siehe unten) praktisch irrelevant wird. Doch geht aus Röm 1–6 hervor, daß Erlösung durch Jesus, charis und Sündenvergebung, wesentlich mit der Forderung verbunden ist, ein ethisch-religiöses Leben zu führen: die Werke der Gnade sind wesentlich für eine paulinisch richtige Gnadenauffassung. Gnadenleben ist eigentlich ‚sündeloses Leben' (wie auch der Johanneismus deutlich erklären wird; siehe unten).

Die Folge der starken Bindung von Gottes charis an den Kreuzestod Jesu durch Paulus ist jedoch, daß der frühjüdische sapientiale und apokalyptische Charisbegriff, nämlich zur Bezeichnung einer übernatürlich mitgeteilten Offenbarungsweisheit (siehe vor allem noch im Galaterbrief), zwar keineswegs verschwindet, aber in der technischen Gnadenbedeutung des Römerbriefs in den Hintergrund gerät (und erst vor allem in Röm 8 zur Sprache kommt). Das gibt dem paulinischen Charisbegriff eine sehr spezifische Bedeutung: Gottes Gnade ist der Kreuzestod Jesu, „denn alle haben gesündigt und entraten der *doxa* oder Herrlichkeit Gottes (ho Theos: der Vater), aber alle sind sie umsonst (in der Form eines reinen Geschenks) gerechtfertigt kraft der Gnade Gottes durch die *apolytrosis* (oder den erlösenden Freikauf) (den wir erlangt haben) in Christus Jesus, den Gott von Jahrhunderten her vorherbestimmt hat als ‚hilastèrion' (oder Sühnopfer) – für den, der glaubt – durch sein Blut" (3,23–25 b, in wörtlicher Übersetzung). Das heißt, die charis der (jüdischen) rein eschatologischen Sündenvergebung wird von Paulus mit einem *historischen* Geschehen, dem Lebensopfer Jesu, verbunden. Zwar ist die Auferstehung der Gläubigen ein noch kommendes Geschehen, aber die eschatologische Sündenvergebung ist eine lebendige Aktualität. Obwohl Heil oder Heil-Sein also noch nicht vollkommen in der Dimension unserer Geschichte vollzogen ist, ist ein zentraler Teil derselben, nämlich Heiligung, Befreiung von Sünde und Leben für Gott, schon eine geschichtlich gegebene Wirklichkeit. Das Eschaton *ist* in der Geschichte jetzt schon wirksam gegenwärtig.

Wie wichtig diese quasi-exklusive Verbindung von charis mit dem *Kreuzestod* Jesu auch ist, sie ist eine Schmälerung des allgemeinen neutestamentlichen Gnadenbegriffs. Anders gesagt, diese auf einen Punkt konzentrierte charis wird im Ganzen des Neuen Testaments in einen umfasenderen Gnadenkontext gestellt. Darin hat die paulinische Gnadenkonzeption ihre volle und authentische Bedeutung. Im Römerbrief wird die Gnadenproblematik weithin eingeschränkt auf das Problem der „iustificatio impii": die Bekehrung zum Christentum, ein Geschehen, das in den anderen neutestamentlichen Schriften häufig nicht im Mittelpunkt des Interesses steht. Es ist eine frühchristliche Problemstellung, während man später im Neuen Testament vor allem mit den Problemen um die Heiligung des Christen, ihre Treue und ihr Ausharren zu tun hat. Anderseits steht im Römerbrief, der im Gegensatz zum Galaterbrief eine Synthese außerhalb aller Problematik mit Gegnern gibt, die ganze dogmatische Darlegung im Dienst der ermahnenden Paränese (Röm 6–7): Heiligung des noch immer zur Sünde geneigten Christen. Denn, ist auch für Christen die spezifisch-jüdische Tora erledigt, die ethischen Konsequenzen des Gnadenlebens bleiben in Kraft.

III
Ethisch-religiöse Konsequenzen des Gnadenlebens

In Röm 6,1 – 7,25 gründet Paulus den Imperativ des christlichen Ethos auf den Indikativ der vollbrachten Versöhnung. Soteriologie oder Heilslehre mündet in eine christliche Lebensweise.

A. DER INDIKATIV DES GLÄUBIGEN TAUFGESCHEHENS

„Die Sünde darf nicht über euch herrschen" (6,14a), denn: „Ihr steht nicht unter dem Gesetz, sondern unter der Gnade" (6,14b), „ihr seid, Gott sei gedankt, keine Sklaven der Sünde mehr; von Herzen habt ihr euch den Prinzipien der Lehre unterworfen, die euch überliefert worden ist. Ihr seid befreit von der Herrschaft der Sünde und Diener der Gerechtigkeit geworden" (6,17–18). „Ihr steht nicht unter dem Gesetz, sondern unter der Gnade" (6,14). Dieser Übergang aus dem Machtblock und dem Äon der Sünde in den der Gnade ist durch jeden Christen bei der Taufe vollzogen worden: „wodurch wir eins geworden sind mit Jesus Christus" (6,3). „Teilnehmend an seinem Tod", ist der Getaufte „tot für die Sünde und lebend für Gott in Christus Jesus" (6,11). Paulus unterscheidet zwei Aspekte: a) „tot für die Sünde" (6,11) oder „befreit von der Sünde" (6,22), und b) „lebend für Gott in Christus Jesus" (6,11) oder „Knechte Gottes geworden" (6,22). Dieser Unterschied entspricht dem, was Röm 4 genannt hatte „Jesus ist um unserer Sünden willen dahingegeben und um unserer Rechtfertigung willen auferweckt worden" (4,21, wenn Paulus auch Tod und Auferstehung anderswo meistens als ein Ganzes sieht, das Heilskraft besitzt). Diese formale Aufteilung von zwei Aspekten in der einen Heilstat Jesu bietet eine gute Grundlage für das, was Röm 6 zu sagen hat: tot für die Sünde, leben-für-Gott. Für Paulus ist diese formale Unterscheidung um so notwendiger, als für ihn (im Gegensatz zu den Deuteropaulinen) die Taufe *nicht* ein Mit-Auferstehen mit Jesus ist. Die Taufe ist nur ein Mitsterben und Mitbegrabenwerden mit Jesus, ein Der-Sünde-Absterben (6,3; 6,4; 6,6; 6,7). Jesus selbst ist von den Toten auferweckt worden (6,9), wir noch nicht. Jesus „in seiner Auferstehung folgen" (6,5) hat, in Erwartung unserer Auferstehung, zunächst noch eine andere Bedeutung. Das Auferstehungsleben Jesu „hat allein mit Gott zu tun" (6,10b); das heißt, Leben im wahren Sinn des Wortes hat immer mit Leben für Gott, mit Lebensgemeinschaft mit Gott zu tun. Deshalb bedeutet die christliche Taufe a) nicht mehr der Sünde dienstbar sein (6,6), abgerechnet haben mit der Sünde (6,10) und damit „leben für Gott" (6,11), – b) noch nicht: mitauferstanden sein mit Christus, außer nur im geistigen Sinn, „als Menschen, die aus dem Tod (der Sünde) zum Leben aufgestanden sind" (6,13), nämlich zum Leben-für-Gott ohne Sünde. Wer so lebt, „erntet Heiligkeit und schließlich ewiges Leben" (6,22), das heißt leibliche Auferstehung; aber die Ernte ist zugleich und eigentlich ein Geschenk Gottes: „der Lohn der Sünde ist der Tod, aber die *Gabe* (charisma) Gottes ist das ewige Leben in Christus" (6,23 zu vgl. mit 6,22).

B. IMPERATIV DES GESETZES DER GNADE

Daß die Erlösung als leibliches Heil-Sein (oder Auferstehung) noch nicht vollzogen ist, hat zur Folge, daß das mit Gott versöhnte Leben unter Bedingungen des alten Äons, in der noch nicht geheilten *sarx* oder dem schwachen Menschsein gelebt werden muß, dessen Exponent „der sterbliche Leib" (6,12) ist[34]. „Gott dienen im neuen Leben des Geistes" (7,6c) ändert nicht zugleich die Verfassung der sarx oder des schwachen Menschen, der das Gute zwar sieht und im Grunde auch will, aber es – „sich selbst überlassen" (7,25b) – nicht verwirklichen kann (7,18b–21). Paulus nimmt hier (7,7–25) einen stoischen Topos des anthropologischen Zwiespalts zwischen „logos" (Vernunft) und „sarx" auf, aber er verchristlicht diesen anthropologischen Zwiespalt zu einem Konflikt zwischen „dem Gesetz des Geistes Christi" (8,2) und dem „Streben der sarx" (8,6); hier geht es um den *ganzen Menschen,* der durch das göttliche Pneuma zum Guten hingezogen wird und das Gute tut (8,2–4) und, „sich selbst überlassen", gegen besseres Wissen (7,25b) das Böse tut.

In diesem Abschnitt ist ‚sarx' der Mensch selbst in seiner physischen und ethischen Schwäche aufgrund des Ermangelns des Pneumas Gottes in Christus. Da der Geist Gottes die Grundlage der kommenden leiblichen Auferstehung ist – „pneumatisch leben" (siehe 1 Kor 15,29; 2 Kor 5,5; Röm 8,23; Phil 3,21) –, spielt bei Paulus, sicher in Röm 7 und 8, das menschliche „soma" oder der Leib eine wesentliche Rolle in diesem Gebrauch von sarx; denn sonst hätten Ausdrücke wie „sterblicher Leib" (8,11; 7,24) und „Glieder des Leibes" (7,5; 7,23) in diesem Zusammenhang überhaupt keinen Sinn. Hintergrund ist zweifellos der stoische Gegensatz zwischen dem ‚nous', Verstand, der dem Guten zugewandt ist, und dem ‚soma', dem Leib, der nicht ganz vom Geist beherrscht werden kann. In Röm 7 bis 8 wechseln die Termini ‚soma' und ‚sarx' ständig, und die ganze Darlegung steht unter dem Seufzer: „Wer wird mich erlösen von dem soma tou thanatou" (7,24), dem Leib, der, dem Tod unterworfen, noch nicht ein pneumatischer Leib ist. Den physischen Leib, als nicht-auferstanden, sieht Paulus als einen Sündenherd: „In der sarx wohnt nichts Gutes" (7,18), und 7,22–23 erklärt, daß diese sarx deutlich mit dem (nicht-auferstandenen) menschlichen Leib zu tun hat. Röm 7,24 spricht von soma, und 7,25 schließt mit sarx. Vor allem: „Laßt die Sünde nicht herrschen in eurem sterblichen Leib" (6,12). Der „Leib der Sünde" (6,6) ist zweifellos „der Leib des Todes" (7,24). Röm 7,14–25 benutzt also unverkennbar den stoischen Zwiespalt zwischen ‚sarx' (soma) und ‚nous'. Sarx oder soma ist der Leib als unter der Macht der hamartia oder der Sünde stehend – noch nicht erlöst. Beide, ‚nous' und ‚sarx', haben ihre eigenen Gesetzmäßigkeiten: „das Gesetz des nous" (7,22–23) und „das Gesetz der sarx" (siehe 7,23), wie auch die Rede ist „von dem Gesetz von Sünde und Tod" (8,2; 7,25) und „dem Gesetz der Glieder" (7,23).

Doch wird dieser stoische Hintergrund bei Paulus aufgenommen in den paulinischen Gegensatz zwischen ‚sarx', das heißt dem ganzen Menschen ohne Pneuma-Besitz, und pneuma, dem Menschen mit dem gnadenvollen Besitz von Gottes Pneuma. Dies geht aus einer Formulierung wie „als wir noch in der sarx waren" (7,5) hervor, mit anderen Worten, durch das Geschenk des Pneumas, der Grundlage für die kommende Auferstehung (siehe 8,24), ist der menschliche Leib im Prinzip aus seiner Sarx-Verfassung herausgeholt. Prinzipiell darf der Christ, der das Pneuma besitzt, nicht mehr sündigen (ein Gedanke, den der Johanneismus noch drastischer formulieren wird). Aber ein ‚sterblicher Leib' ist in diesem Gedankengang ein Leib, der noch unter der Macht des Todes steht, da er selbst eine Frucht der Sündenmacht ist (5,21; 6,23; 8,10; siehe 1 Kor 15,56). Und der Tod ist für den Christen noch nicht besiegt: Er ist der letzte Feind (siehe 1 Kor 15,26), obwohl für den Getauften „das Gesetz von Sünde und Tod" (Röm 8,2) durch den Besitz des Pneumas Gottes gebrochen ist (8,2). Ein Christ muß daher auch im Leib schon nach den Forderungen des Pneumas leben. Das Ablegen der sarx bei der Taufe ist zugleich ein ethischer Imperativ für das ganze christliche Leben (8,13). Das Gegenstück von „in der sarx" ist „in Christus" (8,1) oder Einwohnung des Pneumas (8,3; siehe 8,10; 13,4), oder „im Herrn" (Phil 4,1). Durch die Taufe ist der Mensch ein „neues Geschöpf" (siehe 2 Kor 5,17). Daher: „Bekleidet euch mit dem Herrn Jesus Christus und interessiert euch nicht für die sarx, die euch zur Begehrlichkeit antreibt" (Röm 13,14; vgl. Gal 5,16). Sarx und Pneuma (im christlichen Sinn) treten dabei sozusagen als lebendige Großmächte auf (siehe auch Gal 5,16–17; Röm 8,5–14). Diese sarx steht Gott feindlich gegenüber (8,6; siehe 8,8; 7,14–25). Weil der Leib noch sterblich ist und deshalb Zugangspforte für die Angriffe der Hamartia wird, „*seufzt* der Christ nach der Erlösung des Leibes" (8,23), das heißt nicht *aus* dem Leib, sondern *zu* einem pneumatischen Leib. Das Physische und das Ethische lassen sich – wie in der ganzen spätantiken Kultur – auch bei Paulus nicht trennen. *Sarx* ist, ohne die formale Beziehung zum sterblichen Leib je außer Betracht zu lassen, der *pneuma-lose Mensch*; und weil der Leib, trotz der Pneumagabe der Taufe, noch nicht pneumatisch ist, bleibt im Christen der Kampf gegen alle Sündhaftigkeit eine dringende Aufgabe: Kampf des ‚neuen Menschen' gegen ‚den alten Menschen' (siehe Röm 6,6; vgl.

Gal 5,24): „Unser alter Mensch ist mit ihm gekreuzigt, damit der sündige Leib abgetan werde, auf daß wir nicht mehr der Sünde dienten" (6,6). Bei all dem stehen nicht ‚leibliche Sünden' im Vordergrund, in einer Art Feindlichkeit gegenüber dem menschlichen Leib, sondern schlechthin Sünden aller Art, wenn auch im Gedankengang des Paulus der sterbliche Leib der Exponent unserer leiblichen Unerlöstheit bleibt. Aber „ho thanatos", der Tod, ist bei Paulus nicht nur, obwohl auch und formal, immer der physische Tod (5,12–14); dieser Tod hat aber auch eine ethisch-religiöse Bedeutung (1,32; 6,16; 6,21; 7,5; 7,8–13; 8,6–13; siehe 2 Kor 5,14; 7,10). Dasselbe gilt auch für den Begriff ‚apôleia' oder Verderben (siehe Röm 2,12; 9,22; siehe 8,21. Auch 1 Kor 1,18; 8,11; 15,18; 2 Kor 2,15; 4,3; 1 Thess 5,3; Phil 1,28; 3,19) und für den Begriff ‚phthora', Vergänglichkeit (Röm 8,21; Gal 6,8; 1 Kor 15,42).

SCHLUSS:
DIE RECHTFERTIGUNGSLEHRE DES PAULUS

Aus dem Ganzen dessen, was Paulus über die Rechtfertigung sagt (Galater- und Römerbrief, mit kurzer und scharfer Zusammenfassung in 2 Kor 5,18–21 und Phil 3,8–9), wird deutlich, was er einerseits mit ‚Glaube' und andererseits mit ‚Gesetzeswerken' meint. Glaube ist: sich unter die Gnadenführung Jesu Christi stellen; Gesetzeswerke bedeuten: die Herrschaft der Tora akzeptieren, von der Paulus gezeigt hat, daß sie unter der Herrschaft des „Gesetzes der Sünde" steht. Tora, Gesetz, ist in der ganzen Argumentation fast unbemerkt zu „Gesetz der Sünde" geworden, so daß auch die Gesetzeswerke in den historischen Bereich der Herrschaft von Frau Hamartia gehören. Einen nicht-christlichen Juden muß die Argumentation des Paulus fremd anmuten, aber Paulus schreibt jüdischen *Christen*, die tatsächlich entscheidendes Heil-in-Jesus von Gott her erfahren. Zuerst hatte er gesagt, daß Gottes Gerechtigkeit Lohn nach Werken (Gesetzeswerken) gibt (2,6–10) und damit dem ‚Gerechtigkeit' verschafft, der das Gesetz vollbringt; in den späteren Kapiteln (vorbereitet durch den paulinischen Einschub zum Psalmenzitat in Röm 3,20) wird gesagt, daß ‚zaddiq sein' nach dem Sinn des Gesetzes keineswegs Manifestation der Gerechtigkeit Gottes ist (siehe die Ankündigung des Themas in 1,17 und die Proklamation dieses Geschehens in Christus Jesus, 3,21–23). Diese Manifestation ist offenbar geworden „außerhalb des Gesetzes" (3,21a), und zwar nach der Grundabsicht des Tenach selbst (3,21b). Es ist deutlich, daß Paulus das Gesetz als *Heilsprinzip* oder Heilsweg Christus als *Heilsweg* gegenüberstellt und von dem Glauben an Heil-in-Christus aus das Gesetz als Heilsprinzip leugnet (welches auch der Wert dieses Gesetzes gewesen sein mag). Es geht um den apostolischen Glauben: „In keinem anderen liegt die Rettung" (Apg 4,12), um nichts mehr, aber auch um nichts weniger. Die Juden haben ihren eigenen Tenach falsch interpretiert, indem sie sich auf Gesetz und Beschneidung konzentrierten, während *Israels eigene Grundlegung* (siehe Röm 9,30–33) in Abrahams Glauben an den ihm von Gott „verheißenen Samen", und das ist Christus Jesus, gelegen ist (Gal 3,16). So haben Juden mit all ihrem „Eifer für das Gesetz der Gerechtigkeit das Ziel des Gesetzes nicht erreicht" (9,31). Paulus interpretiert dies wie folgt: „Da sie nämlich die Gerechtigkeit Gottes verkannten und die eigene aufzustellen trachteten, haben sie es abgelehnt, sich dem Heil von Gott her zu unterwerfen" (10,3), das heißt, sich dem neuen Äon auszuliefern, in dem Gottes charis herrscht (dem neuen Äon, der vom Hebräerbrief schlechthin mit der „charis Gottes" identifiziert werden wird; siehe unten). Die Didache wird sagen: „Die charis – der neue Äon – komme, und ‚diese Welt' (der erste Äon) vergehe"[35], und 1 Clem 7,4 wird – paulinisch – sagen: Das Blut, das Jesus für unsere Rettung vergossen hat, hat „der ganzen Welt die charis der metanoia (Bekehrung)" gebracht. Paulinisch ist die charis die universale Rettung der Menschheit als Handeln Gottes in Jesus dem Christus. Deshalb konnte Paulus in Gal 3,23 schreiben: „Die Schrift hat alles unter die Sünde beschlossen, damit die Verheißung denen gegeben werde, die glauben, und zwar aufgrund des Glaubens an Jesus Christus." ‚Die Schrift', das ist die Abrahamsverheißung aus dem Tenach; und weil Gott in der Schrift spricht, kann Paulus im Römerbrief schließen: „*Synekleisen* ho Theos tous pantas eis apeitheian, *hina* tous pantas eleēsē" (Röm 11,32): Gott hat alle Menschen in Sünde (= Ungehorsam) *eingeschlossen* (oder gefangengehalten), um alle in sein Erbarmen *einzuschließen,* Juden und Heiden. In Jesus werden ‚die Werke' fortan zum Ausdruck und zur Konsequenz des Heils-in-Jesus, nicht mehr des Heils-im-Gesetz, denn trotz allem übt Paulus keine Kritik an den Gesetzeswerken, sondern an den Gesetzeswerken als Heilsprinzip.

IV
Pseudo-Paulinismus und der Jakobusbrief

LITERATUR: (siehe auch die Literatur über zedâqâ, oben): *Th. Bouman*, Die Jesus-Überlieferung im Lichte der neuen Volkskunde (Göttingen 1967) 196–207; *M. Dibelius*, Der Brief des Jakobus (Meyer, 15) (Göttingen [10]1959); *F. Grosheide*, De brief aan de Hebreeën en de brief van Jakobus (Kampen 1955); *Irv. Jacobs*, The Midrashic Background for James II, 21–23: NTS 22 (1976) 457–464; *J. Kittel*, Der geschichtliche Ort des Jakobusbriefes: ZNW 41 (1942) 94–102; *J. Marty*, L'épître de Jacques (Paris 1935); *M. Meinertz*, Der Jakobusbrief (BNT, 9) (Bonn [4]1932); *A. Meyer*, Das Rätsel des Jakobusbriefes (Gießen 1930); *J. Michl*, Die katholischen Briefe (RNT, 8) (Regensburg 1953); *F. Mußner*, Der Jakobusbrief (HThK) (Freiburg i. Br. [3]1975); *H. Rendtorff*, Hörer und Täter. Eine Einführung in den Jakobusbrief (Hamburg 1956); *A. Schlütter*, Der Brief des Jakobus (Stuttgart [2]1956); *J. Schneider*, Die Briefe des Jakobus, Petrus und Johannes (NTD, 10) (Göttingen 1961); *E. Tobac*, Le problème de la justification dans saint Paul et dans saint Jacques: RHE 22 (1926) 797–805.

Man wird „selig ... durch sein Tun" (Jak 1,25): „Es ist deutlich, daß ein Mensch *durch Taten* und *nicht allein durch Glauben gerechtfertigt wird*" (2,24). Dies *scheint* eine Antithese zu Paulus zu sein, aber zu Unrecht. Doch läßt sich nicht leugnen, daß der Nachdruck, den wir in Jak 2, 14–26 finden, etwas mit ‚Paulinismus' zu tun hat, wie dieser vor allem von manchen Christen aus dem Heidentum faktisch verstanden wurde. Paulus selbst mußte schon gegen Pseudo-Paulinismus vorgehen (Röm 3, 8; 6, 1; vgl. Gal 2, 11).

Die Frage, ob sich Paulus gegen die Jakobusgruppe wendet oder diese gegen Paulus, hängt unter anderem von der Datierung dieses Briefes ab. Für manche ist der Jakobusbrief die allerälteste Schrift des Neuen Testaments[36]; andere datieren sie um die Hälfte des 2. Jahrhunderts[37], sicher ein Fehlgriff, weil nach 70 die jüdisch-christlichen Gemeinden (an welche dieser Brief gerichtet ist, 1, 1) alle Bedeutung verloren hatten; andere um die Zeit des Paulusbriefes an die Christen von Rom, also um das Jahr 60[38] (ohne daß der Autor Rom kennt). Alles weist darauf hin, daß der Jakobusbrief auf Kreise Jakobus' des Jüngeren zurückgeht, des großen Führers der Jerusalemer Mutterkirche, und daß der Brief deshalb vor 70 geschrieben ist (etwa zwischen 50 und 60).

Um die Lehre des Jakobus von der Rechtfertigung zu verstehen, muß sie in den Kontext der *Armentheologie* gestellt werden, die diesen Brief kennzeichnet (1, 9–11; 2, 1–23; 5, 1–6). Der Autor kennt keine paulinische Kreuzestheologie; er ist offensichtlich mehr an Jesus von Nazaret, dem großen Propheten der Liebe, interessiert und steht wahrscheinlich in der Q-Tradition; er ist außerdem mit Quellen vertraut, die Mattäus und Lukas eigen sind. Sein theologisches Modell ist das der Erniedrigung und Erhöhung, von Arm und Reich. Die „Armen Jerusalems" ist übrigens ein technisches Wort im Neuen Testament; sie sind „Israels Rest", die Armen (Zef 3, 12; siehe Gal 2, 10; 2 Kor 8, 9; Apg 11, 29). Es ist bekannt, daß sich die Christen aus Jerusalem aus der ärmsten Klasse rekrutierten. Die Juden, welche die junge Kirche verfolgten (Apg 7, 25; 1 Thess 2, 14–16), sind für Jakobus daher „die Reichen", welche die Armen verfolgen. Vor allem in 2, 1–13 entwickelt Jakobus seine Armentheologie. Der Autor wendet sich gegen die weltliche Gesinnung; der sehr prononcierte antike Klassenunterschied droht auch in die Kirche einzudringen. Angenommen, in eine christliche Versammlung „kommt ein Mann mit goldenem Ring und glänzendem Gewand", und es „kommt auch ein Armer in schmutzigem Rock", und wenn man dann zu dem glänzend Gekleideten sagt: Laß dich hier auf dem Ehrenplatz nieder, zu dem Armen aber sagt: Stelle dich dorthin oder setze dich unter meinen Schemel (2, 2), läßt sich eine solche Haltung mit Glauben an unseren Herrn Jesus Christus vereinbaren?" (2, 4 mit 2, 1) Dann legt Jakobus dar, daß Gott es gerade anders macht: Er bevorzugt die Armen und gibt ihnen den Ehrenplatz (2, 5). Was für die Welt uninteressant ist, ist gerade von Gott auserwählt (vgl. 1 Kor 1, 27–28). Gott ruft Arme, aber ihr erniedrigt die Armen (2, 6), während – so nimmt Jakobus einen alttestamentlichen Topos auf – es gerade die Reichen sind, die den Armen Gewalt antun (2, 6b; siehe: Weish 2, 10; 17, 2; Hab 1, 4; Am 4, 1; 8, 4; Sach 7, 10; Jer 7, 6; 22, 3; Ez 18, 12; Jes 59, 9; Mi 6, 11–12 usw.). Das ist ein ‚gottloses' Verhalten (Jer 5, 26–27; Jes 59, 9), ein Hohn auf den Namen Jesus, der bei der Taufe über Christen, die Armen, ausgesprochen worden ist (2,7): Erniedrigung des von Gott erhöhten Armen (siehe auch Spr 14,21; Sir 10,27). Nächstenliebe und Hilfe für die Armen nennt Jakobus deshalb das „königliche Gebot" (2,8; siehe Lev 19,18); dieses Gesetz der Liebe besitzt unter allen Gesetzeswerken den höchsten königlichen Rang. Dieses Liebesgebot nicht befolgen ist gleich einer Verachtung des ganzen Gesetzes (2,10–11). Nächstenliebe und Armenhilfe verweigern ist wie ein Mord (siehe 2,11; siehe Sir 34,26, das die Paränese des Jakobusbriefes stark beeinflußt). Der Autor nennt dies „das Gesetz der Freiheit" (2,12), „das vollkommene Gesetz, das Gesetz der Freiheit" (1,25), das heißt, das den Menschen zur Freiheit führt. Das Gesetz der Freiheit ist der ‚eleos‘, die Barmherzigkeit (2,13), die Solidarität mit den Armen. Christentum ist Nächstenliebe und, vor allem, Solidarität mit Armen und Unterdrückten. Deshalb ist das Urteil des Jakobus über die unsozialen Reichen außerordentlich scharf (5,1–6): „Aufgespeichert habt ihr in den Tagen der Endzeit. Siehe, der Lohn der Arbeiter, die eure Felder abgemäht haben, den ihr ihnen vorenthaltet, schreit zum Himmel, und das Geschrei der Schnitter ist zu den Ohren des Herrn Zebaot gedrungen. … Ihr habt den Gerechten verurteilt und getötet, er widersetzt sich euch nicht." Das ist zweifellos ein jüdischer Topos, aber jetzt in Zusammenhang gebracht mit „Glauben an Jesus Christus" (2,1). Der synoptische Jesus, seine Vorliebe für die Armen und sein Ausfall gegen den Dienst am Mammon, auch die Öffnung des Reiches Gottes für Arme, Krüppel und Blinde wirkt in diesem jüdischen Christentum der Jerusalemer Kirche stark nach (siehe Lk 6,20; 14,13; 14,21; Mk 4,19; 8,38par; 10,21 par; Mt 11,5 par Lk 7,22; Mt 6,24 par; 6,19–20 par; 10,9–10). Wenn Jakobus an ‚Werke‘ denkt, hat er zuerst die Werke der Nächstenliebe im Auge (siehe auch Joh 4,34; 7,17; 9,31; 15,14).

In diesem Zusammenhang spricht er von der Rolle des Glaubens und der Werke bei der Rechtfertigung (2,14–26). „Glaube ohne Werke ist nichts" (2,14–20). Jakobus wendet sich keineswegs gegen Paulus, sondern gegen einen Pseudo-Paulinismus. Angenommen, so sagt der Autor, jemand ist bettelarm, man klopft ihm freundlich auf die Schulter und flüstert ihm zu, ‚Mut zu bewahren‘ oder etwas Ähnliches – was hat das für einen Sinn? (2,14): „So ist auch der Glaube, für sich genommen, ohne sich in Taten zu äußern, tot" (2,17). ‚Glauben haben‘ läßt sich nur an konsequenten Taten demonstrieren; ohne Werke kann Glaube reine Illusion sein, eine bloße Aussage (2,18; siehe Jes 58,7; Spr 3,27–28). Gerade im ‚Nicht-Tun‘ von Barmherzigkeit gegenüber den Armen (2,1–13) liegt für Jakobus der Anlaß, gegen einen falschen Begriff von „Rechtfertigung *allein* durch den Glauben" vorzugehen: „Glaube ohne Werke" (2,26) ist nichts, ein Torso; und ‚Werke‘ sind für Jakobus Taten der Nächstenliebe; wie auch Paulus selbst sagt: „Glaube, der sich in Liebe äußert" (Gal 5,6).

Es ist nun allerdings sehr auffallend, daß sowohl Paulus als auch Jakobus ihre eigene Auffassung von der Rechtfertigung biblisch mit einer gleichen Berufung auf dasselbe Vorbild stützen: Abraham (Röm 4; Jak 2,21–23), während sie außerdem beide Gen 15,6 zitieren! Paulus folgert aus dieser Exegese: „also:

ohne Werke" (Röm 3,28), Jakobus dagegen: „also: *nicht* ohne Werke" (Jak 2,24). Zwar besteht, wie sich zeigen wird, eigentlich kein Gegensatz zwischen Jakobus und Paulus, doch läßt sich dem ganzen Zusammenhang zufolge kaum leugnen, daß Jakobus so etwas wie einen ‚Pseudo-Paulinismus' im Auge haben muß. Gehen wir zuerst der biblischen Grundlegung von Jak 2,21–26 nach. Jak 2,21 verweist letztlich auf Gen 22,9.10.12, das Opfer Isaaks (siehe Hebr 11,17), bringt diesen Text aber in Zusammenhang mit Gen 15,6 (nach dem damaligen hermeneutischen Prinzip: „Es gibt kein ‚früher' oder ‚später', das heißt keine chronologische Ordnung in der Tora")[39]. Jak 2,21 zitiert wörtlich Gen 22,9, bis auf *ein* Wort: Er wählt „zum Opfer brachte" (nach Gen 22,2.13: „anapherein") als technische Opferterminologie. Diese Bereitschaft Abrahams, den Sohn der Verheißung, Isaak, zu opfern, also dieses ‚ergon' oder Werk war der Grund für seine Rechtfertigung durch Gott.

Gen 22,16–18 sagt tatsächlich: „Weil du dies *getan* hast und mir deinen Sohn, deinen einzigen, nicht vorenthalten hast, *deshalb* will ich dich reichlich segnen…" In diesem „was du getan hast" liest Jakobus also, mit Recht, ein ‚ergon', ein Werk. Anderseits sagt Gen 15,6: „Abraham *glaubte* Jahwe, und dieser rechnete ihm das als Gerechtigkeit an." Der eine Genesis-Text spricht von ‚Rechtfertigung durch Glauben', der andere von ‚durch Werke'. Jakobus kombiniert nun beide: Es gibt in der Rechtfertigung eine ‚synergeia' von Glauben und Werken: „synergei (hē pistis) tois ergois autou" (Jak 2,22), das heißt, der Glaube Abrahams stand seinem Werk hilfreich bei (synergei), Glaube und Werk bilden ein nicht zu lösendes Ganzes. In dem ‚Werk' ist der Glaube selbst wirksam und wird der Glaube ‚vollendet' (2,22b), und so wird die Schriftwahrheit deutlich: „Abraham *glaubte* an Gott… (Gen 15,6), und deshalb wird er nicht nur ‚gerechtfertigt', sondern „Freund Gottes" (2,23) genannt. Abrahams Glaube *zeigte* sich in seiner Bereitschaft, Isaak zu opfern. Der Glaube rechtfertigt also, aber „nicht allein", wohl wenn er sich in der Tat demonstriert. Abraham ist nicht ein Beispiel für „iustificatio e sola fide", ebensowenig für „e solis operibus", sondern genau für diese ‚Synergie' oder dieses Zusammenwirken von ‚Glauben' und ‚Werk'. Das Besondere dieser Argumentation ist, daß Gen 22 mit Gen 15,6 verbunden wird. Nun, dies ist keine Erfindung des Jakobus, diese Verbindung war schon im frühen Judentum erfolgt. Noch etwas vage in 1 Makk 2,52: „Hat sich Abrahams *Treue* nicht erwiesen, als er erprobt wurde, und rechnete Gott ihm das nicht als Gerechtigkeit an?" (dies hat schon F. Mußner gesehen)[40]; ausdrücklicher in Sir 40,20–21, wo das Opfer Isaaks (Gen 22) schon mit Gottes Eid an Abraham und folglich mit Abrahams *Glaube* (Gen 15) verbunden worden war; aber außerdem und noch ausdrücklicher[41] in Pseudo-Philo[42]: Hier wird Gen 22 schlechthin durch Gen 15 ‚ausgelegt', gemäß einer erprobten frühjüdischen Hermeneutik. Gott selbst – nicht Jakobus! – erklärt daher Abraham „gerecht", zum „Freund Gottes", aufgrund der von ihm verwirklichten ‚synergeia' oder des Zusammenwirkens von Glauben und Werken (2,23). Die allgemeine (nicht nur für Abraham geltende)

Folgerung ist: „Es ist deutlich, daß *der Mensch* durch Taten, *nicht allein* durch Glauben gerechtfertigt wird" (2,24), also: zwar durch Glauben, aber einen, der sich in Taten äußert. Eine stichhaltige Exegese.

Jakobus verteidigt also keineswegs das Leistungsprinzip; er ist sich mit Paulus völlig darin einig, daß Glaube wirksam sein muß in brüderlicher Liebe und sonst keinen Sinn hat (Jak 2,14–17; Gal 5,6). Aber ‚ergon' bedeutet bei Jakobus *Liebeswerk,* bei Paulus (im Galater- und Römerbrief) *Gesetzeswerke.* Paulus könnte die ‚Rechtfertigung' des Jakobus voll und ganz unterschreiben, aber *er* kämpft gegen Leute, die weiterhin die Tora zum *Heilsweg* erklären, auch für Heiden, die Christen werden. Der Heilsweg der Gesetzeswerke steht dem Heilsweg des (in Liebe wirksamen) Glaubens *an Christus* entgegen (Röm 3,20.27.28; 4,2.6; 9,12.32; 11,6; Gal 2,16; 3,2.5.10). Aber dieser Christusglaube verlangt, genauso wie Jakobus dies fordert, ‚gute Werke' (Röm 2,7; 13,3; Phil 1,6; Paulinismus: Eph 2,10; Kol 1,10; 3,17; 2 Thess 2,17). Paulus akzeptiert außerdem „den Lohn nach Werken" (Röm 2,6; 14,10b; 1 Kor 3,12–17; 9,23–27; 10,11.12; 2 Kor 5,10; 6,1; Phil 2,12; 3,8.14). Jakobus dagegen zielt auf Christen ab, die „Herr, Herr!" rufen, ‚glauben' (siehe Mt 7,21) und zugleich Arme erniedrigen. Die spätere Kontroverse zwischen Augustinus und Luther steht hier völlig außer Betracht. Für Paulus *und* für Jakobus ist der Glaube erst in der brüderlichen Liebe und der Solidarität mit verhöhnten Armen *vollendet.* Aber beide haben andere ‚Irrlehren' zu kritisieren. Auch für Jakobus rechtfertigt also der Glaube an Christus (2,14; 2,17; 2,18; 2,20; 2,22; 2,26), aber dann immer ein konsequenter Glaube, der sich in Liebe *kundtut* – sonst weiß man nie, ob Glaube da ist (2,18). Jakobus hat es offensichtlich mit Christen aus dem Heidentum zu tun, die jetzt an den einen wahren Gott glauben („Ihr glaubt, daß es nur einen Gott gibt... ausgezeichnet!...", 2,19) und für diese neue Erfahrung schwärmen. Aber: „Auch die bösen Geister glauben und zittern" (2,19c). Das ‚tremendum' des Monotheismus[43] rechtfertigt nicht (hier zeigt sich deutlich, daß Jakobus nicht den echten Paulus im Auge haben kann); dieses muß zu solidarischer Liebe antreiben. Ein Glaubender ist „ein *Täter* des Wortes" (1,25), „Vollbringer von Werken" (1,25), „Vollbringer des Gesetzes" (4,11), aber das sagt Paulus genauso kräftig in Röm 2,13!

Als zweites Beispiel, neben Abraham, für die rechtfertigende Kraft des Glaubens, der sich in Werken ‚wahrmacht', nennt Jakobus den Fall der Hure Rachab (ein beliebtes Thema im frühen Judentum und Christentum; siehe Jak 2,25; Hebr 11,31): einer Heidin, die durch tätigen Glauben nicht nur aus dem Untergang der Stadt gerettet wurde (Jos 6,22–25), sondern, einer jüdischen Legende zufolge, die Mutter einer Nachkommenschaft von vielen Propheten und Priestern wurde[44]; nach Mt 1,5 sogar Christi. Also: ohne Tätigkeit in Liebe ist der Glaube „eine Leiche" (2,26).

Grundlegend sind Paulus und Jakobus sich einig; Jakobus kritisiert die Karikatur, die manche aus dem Paulinismus machen. Doch steht eine andersgeartete Theologie hinter den alten Jerusalemer jüdisch-christlichen Gemeinden, die auf

Jesus von Nazaret orientiert sind, und der paulinischen Theologie, die allein ‚den Gekreuzigten' kennt. Es sind zwei Aspekte ein und desselben Jesus, aber Jakobus erfährt in Jesus weniger oder exklusiv denjenigen, der sein Leben als Sühnopfer hingegeben hat, als vielmehr den großen Propheten des Reiches Gottes *für die Armen*, den Propheten der radikalen Nächstenliebe. Aber für Paulus geht dies gerade am stärksten aus seinem Opfertod hervor. Jakobus steht in einer Tradition, die sich intensiv an das Tun und Lassen Jesu erinnert, Paulus in einer Tradition, die sich auf alle Konsequenzen des Todes Jesu besinnt. Die Folgerungen sind dieselben. Jakobus ist mehr ‚jesuanisch', Paulus mehr ‚christologisch'. Die Folgerungen sind dieselben: Jesus von Nazaret *ist* der auferstandene Gekreuzigte. Die Orthopraxis sowohl des Paulus als auch des Jakobus betont die eine selbe Orthodoxie.

Schließlich steht Jakobus in einer gleichen Traditionslinie wie der Erste Petrusbrief. Es gibt nicht nur literarische Berührungspunkte (Jak 1,1 → 1 Petr 1,1; Jak 1,10–11 → 1 Petr 1,24; Jak 1,18 → 1 Petr 1,23; Jak 4,6 → 1 Petr 5,5; Jak 4,10 → 1 Petr 5,6; Jak 5,20 → 1 Petr 4,8), auch das Problem des Leidens (typisch für Mk; 1 Petr; Hebr) steht bei Jakobus zentral. Glauben ist Gottvertrauen (im jüdischen Sinn) (1,3; 1,6–8); es ist ein Glaube an die eschatologische Zukunft und deshalb ein „Glaube an Jesus Christus" (2,1), aber ein Glaube oder eine ‚Orthodoxie', die sich in der Orthopraxis der Liebe (1,21–27; 2,14–26) und im ethischen Glaubensgehorsam gegen Gott (1,27b; 3,18; 4,13–15) kundtut. ‚Das Gesetz' ist auch für Jakobus das Evangelium Jesu Christi (1,21–22). Aber der Glaube steht unter der Erprobung der ‚peirasmoi' (1,12–18): das Leiden erprobt den Glauben. Jakobus lehnt es ab zu sagen, daß *Gott* uns versucht (1,13). Nur Gutes kommt von Gott, der Quelle alles lichtspendenden Guten (1,13–17), des Schöpfers des Lichts. Christen sind ‚aus Gott geboren', durch die Taufe, und so „eine Art Erstlingsgaben der Schöpfungen Gottes" (1,18, wie Israel der ‚Erstgeborene Gottes' ist, Ex 4,22; Jer 2,3; siehe Röm 16,5; 1 Kor 15,20; 16,15; Offb 14,4), Erstlingsfrüchte der neuen Schöpfung Gottes (vor allem die jüdischen Christen Jerusalems). Aber diese Geburt aus Gott (siehe auch Johanneismus, der palästinensische Quellen hat) ist verbunden mit ‚Geburtswehen' „zum Leben": „Hat er die Prüfung bestanden, dann wird er den Siegeskranz *des Lebens* empfangen, den Gott denen versprochen hat, die ihn lieben" (1,12). In 5,7–11 kommt der Autor auf dieses Leiden vor der Parusie zurück.

Im Jakobusbrief erkennen wir alle Züge der uralten (aramäischen und griechisch-jüdischen) Jerusalemer Gemeinde, *vielleicht* über die hellenistischen Juden aus Jerusalem. Auffallend ist, daß der Jakobusbrief zuerst in Ägypten (Alexandrien) signalisiert wurde. Erhalten wir aus diesem Brief einen Hinweis auf die von Lukas verschwiegenen judenchristlichen Gemeinden in Alexandrien? Der Autor nennt sich Jakobus (der Jüngere) und schreibt seinen Brief an die zwölf Stämme Israels „in der Diaspora", die Urgemeinde als „den Rest Israels". Hier kommt deutlich ‚ausgeschwärmtes' *palästinensisches Chri-*

stentum zu Wort, ohne eine *ausgearbeitete* Christologie, die aber Jesu Tun und Lassen als ein ‚gefährliches Gedächtnis‘ bewahrt hat. Und es gibt uns auch etwas Einblick in das Mißverständnis, das ‚der Paulinismus‘ in der Urkirche bewirkt hat (siehe auch 2 Petr 3, 15). Im Jakobusbrief vernehmen wir ein lebendiges Echo der friedliebenden, etwas in sich gekehrten, nach der Parusie und dem Endgericht Ausschau haltenden Q-Tradition, die dann deutlich den Stempel sehr bestimmter, juden-christlicher Gemeinden trägt.

§ 4. *Übergang von Paulus zum Paulinismus: Der Brief an die Philipper*

LITERATUR: *F. W. Beare,* A Commentary on the Epistle to the Philippians (New York [3]1973); *G. Bornkamm,* Zum Verständnis des Christus-Hymnus Phil 2, 6–11, in: Gesammelte Aufsätze, Bd. 2 (München 1959) 177–187; *L. Cerfaux,* L'hymne au Christ-Serviteur de Dieu, in: Miscellanea historica (In hon. A. de Meyer) (Löwen, I, 1946) 117–130; *J. Collange,* L'épître de saint Paul aux Philippiens (Neuchâtel 1973); *R. G. Hamerton-Kelly,* Preexistence, Wisdom and the Son of Man (Cambridge 1973) 156–168; *J. Huby,* Saint Paul, Les épîtres de la captivité (Paris 1947); *D. Georgi,* Der vorpaulinische Hymnus Phil 2, 6–11, in: Zeit und Geschichte (Dankesgabe an R. Bultmann) (Tübingen 1964) 263–293; *J. Gnilka,* Der Philipperbrief (Freiburg i. Br. [2]1976); *J. Jeremias,* Zu Phil 2, 7, eauton ekénôsen: NT 6 (1963) 182–188; *E. Käsemann,* Kritische Analyse von Phil 2, 5–11, in: Exegetische Versuche und Besinnungen I (Göttingen [4]1965) 51–95; *A. Klijn,* De brief van Paulus aan de Filippenzen (Nijkerk 1969); *E. Lohmeyer,* Der Brief an die Philipper, Kolosser und an Philemon (Göttingen [10]1956); *R. Martin,* Carmen Christi, Phil. II, 5–11 in Recent Interpretation and in the Setting of Early Christian Worship (Cambridge 1967); *G. H. ter Schegget,* Het lied van de mensenzoon. Studie over de Christuspsalm in Fil. 2, 6–11 (Baarn 1975); *J. A. Sanders,* Dissenting Deities and Philippians 2, 1–11: JBL 88 (1969) 279–290; *ders.,* The New Testament Christological Hymns (Cambridge 1971); *G. Strecker,* Redaktion und Tradition im Christus-Hymnus Phil. 2, 6–11: ZNW 55 (1964) 63–78; *E. Schweizer,* Erniedrigung und Erhöhung bei Jesus und seinen Nachfolgern (Zürich 1962); *C. H. Talbert,* The Problem of Pre-existence in Phil. 2, 6–11: JBL 86 (1967) 141–153; *Kl. Wengst,* Christologische Formeln und Lieder des Urchristentums (Gütersloh 1973).

Die paulinische Echtheit dieses Briefes ist unter den Exegeten nicht umstritten. Doch spricht vieles für die Annahme, daß jemand aus der Schule des Paulus zwei seiner Briefe, zwei völlig verschiedene Situationen betreffend, zu einem Ganzen zusammengefügt hat und zu diesem Zweck einige ‚Nähte‘ vornehmen mußte. Eine berechtigte Scheidung würde dann folgendes Ergebnis liefern: 1. „Phil A": 1, 1 – 3, 1a und 4, 2–7.10–23 (vielleicht aus den Jahren 55–60) und 2. „Phil B": 3, 1b – 4, 1.8–9 (späteren Datums; während die redaktionelle Vereinigung beider Teile spätestens in die neunziger Jahre verlegt werden müßte)[45]. Aber für das, was wir mit unserer theologischen Exegese bezwecken, ist dieses Problem weniger relevant. Ich persönlich glaube, daß der zweite Teil dieses Briefes doch deuteropaulinische Züge zeigt; er setzt eine ‚Paulusverehrung‘ in der paulinischen Schule voraus (3, 1–15).

I

Jesus Christus als „Sotèr": Wohltäter und Heiland

In dem zweiten (spätpaulinischen) Teil seines Briefes (Phil 3, 1 b – 4, 1.8–9) wird Paulus tatsächlich schärfer im Ton als in seinem ersten Teil. Was ist geschehen? Philippi, die Lieblingsgemeinde des Paulus, scheint von einigen Irrlehren befallen zu sein, die nur aus der Reaktion des Paulus rekonstruiert werden können.

In ganz Griechenland, vor allem aber in Ostmazedonien beginnt, unter dem Druck bestimmter Propagandisten in der christlichen Gemeinde, der spätantike Synkretismus den apostolischen Glauben zu trüben. Jüdische, hellenistische und kleinasiatische Elemente verwachsen mit dem christlichen Glauben. Paulus interpretiert dieses Phänomen – zu Unrecht – als eine neue Form von Judaisierung des Christentums, weil die Propagandisten sich für die Beschneidung einsetzen (Phil 3,3), und das in einer überwiegend heidenchristlichen Gemeinde. Aber im Kolosserbrief bedeutet „die Beschneidung" eindeutig eher eine Art Mysterienreligiosität, in der man „den alten Menschen" ablegt und durch Initiation mit dem Göttlichen erfüllt wird. Auch bei Heiden stand die (jüdische oder nichtjüdische) Beschneidung innerhalb des Synkretismus jener Zeit in hohem Ansehen; sie gehörte zur ‚neuen Mode'. In Philippi nennen sich die Irrlehrer ‚die Vollkommenen' (siehe 3, 15), erfüllt vom Pneuma, obwohl sie keinem Gnadenlibertinismus huldigen (3, 15–16). Doch leugnen sie, daß das Leiden der Weg zur Verherrlichung sei. Sie verwerfen, so interpretiert Paulus das Phänomen, das Kreuz (3, 18). Offensichtlich tun die Gegner des Paulus dies aus einem pneumatischen Vollkommenheitsenthusiasmus (3, 12–16). Auffallend ist, daß Paulus ihre Auffassung als eine Leugnung der Auferstehung auslegt, zumindest in dem Sinn, daß diese begeisterten Christen behaupten, die Auferstehung nicht mehr nötig zu haben (vgl. auch 1 Kor 15, 12 oder, wie später manche sagen: Wir sind schon auferstanden, siehe 2 Tim 2, 18). Schon Philo hatte von einer ‚Berufung von oben' zum Göttlichen als Besonderheit der mit Pneuma erfüllten Menschen gesprochen, die davon überzeugt seien, daß sie hier auf Erden Passanten seien, während ihr politeuma oder wahres Vaterland der Himmel sei[46]. Diese Irrlehrer sprechen offensichtlich von einem Sotèr oder Heiland, rühmen sich einer allegorischen Interpretation des Tenach, und wie im Galaterbrief (später auch im Kolosserbrief) spielt die Kalenderfrömmigkeit eine Rolle. Kurzum: ein begeistertes religiöses Erlebnis, das nach dem Verständnis des Paulus an Kreuz und Hoffnung auf eine noch kommende Auferstehung vorbeigeht und sich an pneumatischen Erfahrungen der Vollendung, Erfüllung und Vollkommenheit ergötzt (3, 12–16).

D. Georgi und J. Gnilka sehen darin die hellenistische Philosophie oder Lebensanschauung vom ‚theios anèr', nach dem Vorbild des mosaischen Sinaitismus z. B. bei Philo[47]. Das Problem ist, daß eine solch abgerundete Philosophie vom ‚theios anèr' eine Konstruktion von Gelehrten ist, vor allem wenn man ‚Wundertäter' darunter versteht[48]. Doch steht fest, daß man ‚Gottesmänner' im Sinne von Menschen mit mystischen Verbindungen mit Gott kennt. Und in diesem Sinn gibt der Ausdruck gut wieder, was sich in Philippi zutrug (auch hier ist keine Rede von Thaumaturgen oder Wundertätern). Daß die Irrlehre also eine Überschätzung des historischen Jesus, nämlich als Wundermann, darstellen soll, wie J. Gnilka behauptet[49], scheint mir unverständlich. Diese Leute würden dann eine universalistische Tendenz des damaligen griechischen Judentums teilen, nach der für das menschliche Heil der irdische Jesus mit seiner göttlichen Dynamis genügen würde; Kreuz und Auferstehung dagegen wären überflüssig. Die göttliche Kraft Christi dokumentiere sich dann in dem erhöhten Lebensgefühl und kraftvollen Auftreten dieser Christen, das in scharfem Widerspruch zu der Schwäche und kränklichen Erscheinung des Paulus stehe (Paulus sei offensichtlich ein kleiner, unansehnlicher, kränklicher Mann gewesen, was ihn – charakterologisch – vielleicht so aggressiv gemacht habe). Für diese Menschen brächten Leiden und Schwäche die Kraft der Verkündigung und ihrer Herolde in Mißkredit. Ich selbst stand in meinem Buch ‚Jesus, die Geschichte von einem Lebenden‘ einer ‚theios anèr‘-Christologie schon kritisch gegenüber[50]. In Philippi ist davon keine Spur zu finden. Es geht um eine sogenannte heterodox-jüdische Mystik von ‚Vollkommenen‘, die durch Geisteserfüllungen schon im Himmel leben, die ‚wahre Erkenntnis‘ besitzen und die Schrift durch allegorische Auslegung der Artikulation ihrer himmlischen Erfahrungen dienstbar machen – sozusagen ‚Pentekostalismus‘ in seiner unechtesten Gestalt, ein weiteres Stadium dessen, was schon im Zweiten Korintherbrief im Gang war; und in beiden Fällen konzentrieren diese Propagandisten ihre Tätigkeit auf Griechenland. Hier braut sich etwas zusammen, was sich in diesem kosmopolitischen Schmelztiegel auf eine noch prägnantere Weise in Kleinasien manifestieren wird. Die „ano klesis" oder „Berufung von oder nach oben", ein Begriff, den Paulus offensichtlich von den Gegnern übernimmt, weist auf ein Verweilen ekstatischer Pneumatiker in himmlischen Sphären. Der Hebräer- und der Kolosserbrief werden diesem Phänomen kritisch gegenüberstehen, aber im großen ganzen doch positiv; sie ‚verchristlichen‘ diese Tendenz (siehe unten). Paulus wendet sich scharf dagegen, weil er fürchtet, daß die Grundlagen des apostolischen Glaubens hier im Nebel zu verschwinden drohen. „Hütet euch vor den Hunden, den Saboteuren, den Verschnittenen! Denn wir, die wir Gott im Geist anbeten, wir sind die wahren Beschnittenen" (3,2).

Der Irrlehre stellt er kurz und bündig „die Gerechtigkeit aus Gott aufgrund von Glauben" (3,9) entgegen. Die pneumatische Verbundenheit mit Christus – „das Sein in Christus" – findet ihr Fundament in der „Gerechtigkeit Gottes" („dikaiosyne tou Theou", Grundthema des Römerbriefs). Denn die Christen in Philippi kennen die Rechtfertigungslehre des Paulus. Dem Vollkommenheitsrausch der Irrlehrer stellt Paulus das Kirche-Sein auf dem Wege gegenüber (3,12–16 und 3,17–21), und vor allem wendet er sich scharf gegen die praktische Verkennung des Kreuzes (3,18), die in solchen mystischen Erlebnissen vorzukommen droht. Paulus wendet sich also gegen ein *Erleben* ‚realisierter

Eschatologie' von Christen, die glauben, schon im Himmel zu wohnen. Schon Philo hatte geschrieben: „Das himmlische Gebiet, in dem *die Weisen* als Bürger wohnen, sehen sie als ihr Vaterland an."[51] In einem vielleicht eingeschobenen Lied wird gesagt: „Aber unser Vaterland ist im Himmel, und aus dem Himmel erwarten wir unseren Erlöser (Sotèr), den Herrn Jesus Christus" (3,20). „Er wird unseren armseligen Leib neu schaffen und ihn seinem verherrlichten Leib gleichförmig machen" (3,21). Paulus gibt zu, daß das Vaterland der Christen der Himmel ist, wo der Sotèr Christus wohnt, aber Auferstehung und Verherrlichung und ewiges Leben müssen noch kommen. Das von Paulus vorher nicht gebrauchte griechisch-religiöse Wort ‚Sotèr', Wohltäter, der soteria, Heil, schenkt, d.h. Vergebung der Sünde, Schutz gegen dämonische Mächte und Geschenk ewigen Lebens[52]. Offensichtlich waren *Sotèr* und *politeuma* bei den Irrlehrern beliebte Wörter; Paulus übernimmt sie kritisch, denn das himmlische Leben dieser Christen hatte eine Art ethischer Gleichgültigkeit gegenüber dem Leiblichen zur Folge. Christus wird unseren Leib umgestalten „mit derselben Kraft, die ihn befähigt, sich das All zu unterwerfen" (3,21b); der griechische Ps 8,7 wird hier auf Christus selbst übertragen; das ist mehr deuteropaulinisch als echt ‚Paulus', der diese Übertragung stets Gott Christus gegenüber zuschreibt, Christus jedoch nie zum aktiven Subjekt derselben macht. Daß Christus nicht nur Herr der Kirche, sondern auch des Alls ist, ist Paulus jedoch nicht fremd (siehe 1 Kor 15,25–28).

II
Das Lied von dem wahrhaft Großen, nämlich dem Demütigen
(Phil 2,6–11)

Theologisch bedeutsam im ersten Abschnitt dieses Briefes (1,1–3a und 4,2–7.10–23) ist das Christuslied – eine der vielen Christushymnen, verfaßt von Christen aus dem hellenistischen Judentum, die an der evangelischen Sendung zu den Heiden interessiert waren. Paulus hat den Hymnus in einer offensichtlich paränetischen Absicht aufgenommen: „Jene Gesinnung muß unter euch herrschen, die auch Christus Jesus beseelte" (Phil 2,5), und dann folgt der Hymnus. Das hat zur Folge, daß, was auch immer die Bedeutung des Hymnus außerhalb dieses Briefes sein mochte, Paulus in ihm ein Vorbild dessen liest, was er von seinen Christen verlangt: „tapeinophrosyne" gegeneinander üben, d. h., in Bescheidenheit und Demut den anderen höher einschätzen als sich selbst und sich lieber für die Interessen anderer einsetzen als für die eigenen (2,3–4). Gerade in dem Hymnus (2,8) hat die „tapeinosis" Jesu eine zentrale Bedeutung. Worin besteht diese Erniedrigung Jesu? Er „entäußerte sich selbst, indem er die Gestalt eines Knechtes annahm" (2,7). Der Mensch als „doulos" bedeutet in dieser spätantiken Kultur: sein Unterworfensein unter überirdische, himmlische Mächte, die das menschliche Schicksal bestimmen (siehe auch: Gal 4, 3–4.8–9; Röm 8, 21; und außer Paulus: Hebr 2, 15 und passim, siehe unten: Kol 2, 20). „Doulos" ist die *condition humaine* in ihrer spätantiken Deutung: Spielball von heimarmenè oder Schicksal und mancherlei übermenschlichen Kräften[53]. Vor allem im Hebräerbrief (siehe unten) wird das Menschsein eine Erniedrigung genannt, erst recht für ein präexistentes himmlisches Wesen, weil es nach der frühjüdischen Interpretation von Ps 8, 5–7 eine Herabsetzung „unter die Engel" ist[54]. Auch bei Philo bedeutet „tapeinosis" die nichtige, vergängliche, zum Tode verurteilte menschliche Existenz[55]; Menschsein heißt in die mißliche Leidensgeschichte der Menschheit eintreten. Durch die Tatsache, daß Jesus dieses menschliche Leben frei und gehorsam bis zum Tod als Tiefpunkt der ‚douleia'-Situation oder Knechtschaft des Menschseins angenommen hat, erweist sich die Größe des Menschen, der diese Erniedrigung frei akzeptierte. Ob die Würde Christi nun eine ‚eschatologische' (res rapienda) oder eher eine ‚protologische' (res rapta) Präexistenz ist, ist, zumindest für Paulus, nebensächlich; er will mit diesem Hymnus sagen: Wahre Größe manifestiert sich in Demut, in der Identifizierung mit dem versklavten und gefallenen Menschen, und gerade eine solche Lebenshaltung erhält endgültig Gottes Segen. Gott selbst wird die wahre Größe dieses Menschen öffentlich proklamieren, denn vor den Augen der Welt bleibt sie verborgen. Das ist die moralische Lektion, die Paulus aus diesem Christuslied seinen Christen erteilt.

Der von Paulus in seinen Brief eingearbeitete Hymnus hat, als vorpaulinisches Christuslied, nicht per se dieselbe Absicht, wie sie Paulus damit hat. Der Autor des Liedes will in der Tat eine Christologie geben, ein Bekenntnis zu Jesus Christus als *Kosmokrator,* Weltherrscher, dem alles – auf, über und unter der Erde – unterworfen ist. Aber die Interpretation dieses Hymnus ist sehr unterschiedlich. Seine Struktur findet jedoch ziemlich allgemein Beifall: a) 2, 6–7 a; – b) 2, 7 bc–8 b; – c) 2, 9 und: d) 2, 10–11; mit anderen Worten: Präexistenz – Inkarnation – Erhöhung – universale Huldigung an den Herrscher Christus Jesus. Die Interpretationen gehen deshalb auseinander, weil viele Exegeten noch immer von einer scharfen Trennung zwischen ‚palästinensisch-jüdischen' und ‚hellenistischen' Einflüssen ausgehen, während sich dieser Unterschied historisch nicht mehr aufrechterhalten läßt; vor allem im 1. Jahrhundert nach Christus ist auch das Judentum durch eine synkretistische Mischung von jüdischen, griechischen und orientalisch-hellenistischen Einflüssen gekennzeichnet, auch in Palästina.

E. Lohmeyer und J. Jeremias denken an einen rein palästinensisch-jüdischen Hintergrund: der Hymnus ist dann eine Kombination des leidenden Gottesknechtes (Jes 53) mit dem danielischen Menschensohn (Dan 7, 13). E. Käsemann sieht ein griechisches, sogar gnostisches Modell darin: den Anthroposmythos oder die mythische Geschichte vom Urmenschen, der in der Weisheitsliteratur, auch bei Philo, mit der Weisheit oder dem Logos identifiziert wurde. Im Hymnus ist Christus dann der Antitypus des adam oder des ersten, ungehorsamen Menschen, er ist der gehorsame eschatologische Mensch, der durch seine freie und gehorsame Unterwerfung unter den Tod die Macht des Todes gebrochen und den Menschen zur Freiheit erlöst hat. Diese Ansicht wird mit verschiedenen Korrekturen von vielen modernen Exegeten übernommen, etwa als eine Kombination von palästinensischen und griechischen Traditionen. So vor allem J. Jervell in seinem (klassisch gewordenen Buch über) „Imago dei"[56]. D. Georgi dagegen will vor allem den Einfluß von Jes 45,23 unterstreichen, mit anderen Worten Einfluß der hellenistischen jüdischen Septuaginta, wie etwa in Weish 1–9, wo die Weisheit Einzug hält in einen weisen Mann, aber trotzdem von ihm verschieden bleibt. Im Hymnus aber geht es um eine Identifizierung, und das ist doch etwas anderes! Doch weist Georgi mit Recht auf die Tatsache hin, daß in Weish 3 und 4 der Tod eines Weisen eine ‚Erhöhung‘ ist und daß die Doxologie von Phil 2,11 Verwandtschaften mit Weish 18,13 zeigt. Schon früher hatte L. Cerfaux eine enge Verwandtschaft dieses Christusliedes mit dem griechischen Jesaja gesehen (Jes 49,4; 53,8; 53,12; 49,7)[57], eine Ansicht, der J. Sanders beipflichtete, allerdings mit der Präzisierung, daß die Ähnlichkeiten mit dem hebräischen Jesaja-Text noch signifikanter sind, vor allem mit Jes 53[58]. außerdem sieht Sanders Verwandtschaften mit der jüdischen Apokalyptik, in der ‚Himmelswesen‘ eifersüchtig auf den Menschen sind und sich ‚Gott gleich‘ machen wollen und gegen Gott rebellieren[59]. G. Strecker sucht die Lösung ganz in dieser Richtung, auf der Linie von Phil 3,20–21[60]. E. Schweizer, L. Ruppert und G. Nickelsburg legen den Nachdruck darauf, daß der erhöhte ‚leidende Gerechte‘ des Deuterojesaja im frühen Judentum schon mit dem apokalyptischen Menschensohn identifiziert war[61]. Schließlich vertritt R. Hamerton-Kelly die abstrakt schöne Synthese, daß in Phil 2,5–11 sowohl der himmlische Erlöser aus der jüdischen Apokalyptik als auch der himmlische Anthropos des Corpus Hermeticum I, 12–14 im Hymnus zusammengeflossen sind[62]. Richtig an dieser Position ist, daß im 1. Jahrhundert n. Chr. jüdische Apokalyptik, griechischer Mystizismus und Weisheitstraditionen synkretistisch ineinander laufen[63].

Aus diesem ganzen Strauß von Interpretationen geht jedoch hervor, daß man mehr nach den religionsgeschichtlichen Hintergründen als nach der Bedeutung des Hymnus *innerhalb* der Struktur des Philipperbriefs sucht. Natürlich geht das eine nicht ohne das andere. Das Interesse dieser ganzen Diskussion liegt darin: Ist die „forma dei", die Gestalt Gottes, von der in Phil 2,5 die Rede ist, eine ‚res rapta‘ oder eine ‚res rapienda‘? Das heißt, ist das Gott-gleich-Sein ein präexistenter Status Christi oder etwas, wonach man strebt (wie die Engel in der jüdischen Apokalyptik)? Mit anderen Worten: die Frage nach protologischer Präexistenz (d. h. der Göttlichkeit Christi) oder nach eschatologischer Präexistenz. Man kann – und muß meines Erachtens – zuerst die Frage stellen, wie Paulus selbst, angesichts seines paränetischen Zieles, den Hymnus verstanden hat. Es geht nicht um eine präexistente Selbstversuchung, sondern um den Gehorsam *im* Menschsein selbst. Die Entscheidung zur Erniedrigung wird allein vom *Menschen Jesus* gesagt: „Als er als Mensch erfunden wurde, hat er sich *erniedrigt*... bis zum Tod", während anderseits in 2, 7 von einer ‚kenosis‘ gesprochen wird, nämlich von der Menschwerdung selbst. Es besteht ein Unterschied zwischen dieser ‚kenosis‘ oder Selbstentäußerung, dem Menschwerden als solchen und der ‚tapeinosis‘ oder Erniedrigung, mit welcher der Tod gemeint ist. Der seinem Wesen nach wahrhaft Große hat sich nicht nur ‚entäußert‘, indem er Mensch wurde, sondern als Mensch außerdem den schmachvollen Kreuzestod akzeptiert. Ich frage mich deshalb, ob nicht im Gegensatz zu dem, was viele Exegeten behaupten, „bis zum Tod an einem Kreuz" zum ursprünglichen Hymnus gehören muß, weil sonst der Unterschied zwischen ‚kenosis‘ und ‚tapeinosis‘ einfach ohne Objekt bleibt; denn die „forma servi" umfaßt schon Sterblichkeit und Tod, jedoch nicht per se die Erniedrigung eines Kreuzestodes! Das „hyper" der ‚Übererhöhung‘ bezieht sich meines Erachtens daher in erster Linie auf die göttliche Wiedergutmachung dieser *zweifachen* Erniedrigung – kenosis und tapeinosis; nicht nur die erste, sondern auch diese zweite ‚Degradierung‘ wird von Gott – also „hyper" – honoriert. Deshalb muß dem Geist des Hymnus und dessen paulinischem Verständnis zufolge eine protologische Präexistenz im strengen Sinn gemeint sein. Daß eine solche Haltung demütiger Identifizierung mit der geknechteten condition humaine für die damaligen Zeitgenossen in krassem Gegensatz zu dem stand, was die zeitgenössische (zwischentestamentliche) Literatur über hochmütige Engel schrieb, die eifersüchtig seien auf den Menschen als „Bild Gottes" und „Herrn der Schöpfung" (Gen 1, 28) und es sogar wagten, ihren Thron im höchsten Himmel zu bauen[64] oder den Menschen, als Kronjuwel der Schöpfung, zu Fall bringen wollten, indem sie ihn dazu antrieben, „den Elohim gleichförmig" zu werden (Gen 3, 4)[65], liegt dann auf der Hand. Meines Erachtens liegt der Hintergrund dieses Hymnus – außer in dem Ebed Jahwe (mit dem der Hymnus, wie L. Cerfaux und J. A. Sanders gezeigt haben, deutlich terminologische Verwandtschaften zeigt) – in der frühjüdischen Spekulation über den Menschen als *Bild Gottes* und *Herrn der Welt* (Gen 1, 26), durch die judaische pescher-Exegese in Zusammenhang gebracht mit Ps 8, 5–7: „Was ist doch der Mensch, daß du seiner gedenkst? Und der Menschensohn [das Menschenkind], daß du dich seiner annimmst? Du machtest ihn wenig geringer als Engel, mit Ehren und Hoheit kröntest du ihn. Du setztest ihn zum Herrscher über das Werk deiner Hände, alles hast du ihm unter die Füße gelegt" (zitiert auch in Hebr 2,6–9). Bild Gottes (Menschsein) und Herr über die Welt waren in dieser Spekulation korrelative Begriffe[66], wie auch im ganzen Neuen Testament Christus als „eikon Gottes" immer mit der Erwähnung seiner Vermittlung in der Schöpfung verbunden wird: Er hält die Welt in seiner Hand (Hebr 1,3; Joh 1,3; Kol 1,15–17; 2 Kor 4,4; siehe die Weisheitstradition: Weish 7, 21.25–26; 9, 12 mit 16, 21; Sir 1, 4; Spr 8, 30) – Einsichten, die vor allem im hellenistischen Judentum zu Hause waren. Die früh-jüdische Spekulation über den ungehorsamen ersten Menschen, den Adam, und den kommenden, eschatologischen, gehorsamen ‚himmlischen Menschen‘ (siehe bei Paulus: 1 Kor 15,22.45; Röm 5,12–21), steht unverkennbar hinter diesem Hymnus und nicht ein (chronologisch übrigens schwer einzuordnender) hellenistischer Anthroposmythos (trotz Ideenverwandtschaften). Im Hebräerbrief kommt derselbe Gedanke – Menschwerdung ist Degradation ‚unter die Engel‘ – vor, wie auch die von Gott von Ewigkeit her gedachte Erhöhung *über* diese Engel, Gottes huldvolle Belohnung für diese vorübergehende Erniedrigung (siehe unten). Gen 1,26 und Ps 8,5–7, wie diese im frühen Judentum lebendig waren, können den ganzen Hymnus in seinem historischen Sitz erklären. (Daß es einen fremden Einfluß von kanaanitischen und altorientalischen Mythen gerade auf diese frühjüdische pescher-Exegese gegeben hat, ist nicht unmöglich, aber – angesichts der Unsicherheit chronologischer Datierungen – meines Erachtens bis jetzt völlig unbewiesen, trotz Corpus Hermeticum I, 12–14.) Oft tut man so, als ob neutestamentliche Autoren ihre Pastoralbriefe in irgendeiner großen Bibliothek geschrieben hätten! Jede Zeit kennt bestimmte Begriffe und Anschauungen, die ‚Gemeingut‘ werden. (Jemand, der heute über ‚existentielle Erlebnisse‘ oder menschliche ‚Entfremdung‘ spricht, braucht nicht unbedingt etwas von Existentialismus oder Marxismus zu wissen.)

Wichtig ist jedoch, daß die frühjüdische Anschauung vom Menschen, als Bild Gottes und Weltbeherrscher oder Kosmokrator, ihre historische Plazierung in palästinensischen Königstraditionen findet. Schon viele Exegeten haben darauf hingewiesen, daß die jahwistische Vorgeschichte Israels in der Genesis, sowohl die der Patriarchen als auch letztlich die vom Urbeginn, aus der Situation der sogenannten vereinigten Monarchie Israels und Judas unter David und Salomon gestaltet ist[67]. Mit anderen Worten, Gen 2–11 ist aus sozial-historischen Verhältnissen der davidischen Zeit heraus verfaßt. David, Wesir Gottes und Herrscher in Israel, ist das Modell, nach dem auch „der adam“ in Eden in der Genesis geschildert wird. Beim Jahwisten ist „der Mensch“ oder adam nach dem Vorbild des späteren Königs Israels porträtiert: Der adam ist eigentlich ‚der König‘. Der Mensch hat einen königlichen Status in der ganzen Schöpfung, wie David „aus dem *Staub* – oder dem Nichts – zu einem königlichen Status erhoben wurde“ (siehe 1 Kön 16,2). Außerdem, noch innerhalb der halb-feudalen Struktur Kanaans werden Könige und Höflinge ‚Menschensöhne‘ (gentlemen; gentilhommes) genannt, gegenüber einfach ‚Mensch‘ (‚homme‘ oder ‚man‘), d.i. die einfache Bevölkerung. Im ganzen alten Orient kannte man diesen Unterschied im Sprachgebrauch (und fast jede Sprache kennt solche aristokratischen Bezeichnungen, die später demokratisiert werden. Für die ersten Kolonisten waren ‚Schwarze‘ oder ‚Gelbe‘ auch ‚keine Menschen‘ – natürlich doch Mensch, aber kein *weißer* Mensch oder ‚gentilhomme‘, keine ‚Menschensöhne‘). Menschensohn war anfangs ein Mensch mit einem sehr bevorzugten, legalen Status: Prinz, König, Notabel, ein Hochwohlgeborener. David, ein kleiner Hirt („von den Schafen weggenommen“), wird Fürst (2 Sam 7,8; 7,9: „Einer der Großen der Erde“, ein Menschensohn, sagte man damals). In Ps 80,16–17 wird David Fürst genannt, „der Mensch zu deiner rechten Hand“:

ein ‚Menschensohn'. Das hat wichtige Konsequenzen. Denn Vornehme, Prinzen, Fürsten und Könige bildeten im alten Orient, auch im vorisraelitischen Jerusalem, gleichsam den Kronrat des himmlischen Gottes mit seinem himmlischen Rat von elohim. Als David Fürst wird, tritt auch er, mit seiner ganzen königlichen Familie, zum himmlischen Hof mit seinen Engeln hinzu, auf dem Berg Sion (Ps 89,5.7). ‚Menschensöhne' nehmen teil an Gottes himmlischem Kronrat[68]. Müssen sie dann zu Felde ziehen, dann kämpfen auch ‚die Sterne' oder himmlische Engel mit ihnen und Israel mit (Deboras Gesang: Rich 5,20). David, der König, wird selbst sozusagen „ein Engel Gottes" (2 Sam 29,9; 14,17.20). Israels Adel, seine ‚Menschensöhne', werden daher oft ‚elohim' genannt, aufgrund ihres Status und deshalb ihrer Mitgliedschaft in Gottes himmlischem Rat (Ps 82; 45,6; 58,1). Aber sie sind *nur* „Söhne des Allerhöchsten", „*wie* Engel oder Sterne". Von dem Adam – Zurückprojektion von König David auf den ‚ersten Menschen' – wird auch in Ps 8,5–7 gesagt: Gott schuf ihn fast einem elohim oder Engel gleich! Sich höher dünken ist dann eine Art *Raub*. Von einem ‚Menschensohn' als dem Fürsten von Tyrus, der sich selbst für einen Gott hielt (Ez 28), wie auch vom König von Babylon, der „bis über die Sterne (Engel) Gottes" hinaufzusteigen gedachte (Jes 14), wird gesagt, „daß sie aus dem Himmel fallen" (in die Grube).

Der Jahwist und auch Ezechiel demokratisieren schließlich diesen Begriff ‚Menschensohn': Jeder Mensch ist gentleman. Aber jeder Edelmann oder ‚Mensch' ist daher nur Mensch; so wird Menschensohn schließlich ein ‚nichtiger Erdenwurm' (Ijob 25,5–6). Es ist auffällig, wie die alte Geschichte von den „nephilim" – ‚den Großen' dieser Welt (Gen 6,1–4), d.h. den ‚Menschensöhnen' – im frühen Judentum interpretiert wurde. Es sind nicht mehr (wie in der ursprünglichen Geschichte) verstorbene Adelige, Fürsten, Vasallen oder Notabeln aus der Vergangenheit, sondern „gefallene Engel" (die Gemeinschaft gehabt hatten mit Menschen, aus der ein Geschlecht von Riesen geboren wurde). Der Gedanke, daß Israels Notabeln Mitglieder des himmlischen Kronrates waren, erhält daher einen mythischen Sinn.

In der früh-jüdischen Apokalyptik wurden diese sehr alten, inzwischen abgestorbenen Ideen wieder lebendig. Mit Hilfe griechischer Ideen kam man zu einem ‚two story universe'[69]. Anstelle allein der adeligen Volksführer wird (dank der Demokratisierung des Begriffs Menschensohn) das ganze auserwählte Gottesvolk mit den Engeln des himmlischen Rates assoziiert. Jedes Land hat seinen eigenen himmlischen Anführer („die Engel der Völker"). Wie David „wie ein Engel Gottes war" (während der Monarchie), so ist in demokratischeren Zeiten das ganze auserwählte Volk – in Wirklichkeit sein heiliger Rest – „wie Sterne" oder himmlische Engel (Dan 12,3). Die himmlische Gestalt „wie ein Menschensohn" (Dan 7,13) ist zugleich der ‚himmlische Fürst' im himmlischen Kronrat, in dem er als der Leiter und Repräsentant Israels auf Erden Sitz hat – ein himmlisches eikōn des irdischen Israels.

Diese Geschichte des Begriffs Menschensohn, ursprünglich verbunden mit

163

David und Davidssöhnen – Prinzen und Notabeln, in dieser Eigenschaft Mitglieder im himmlischen Kronrat –, erhielt, durch sein apokalyptisches Wiederaufleben im himmlischen Menschensohn, im Schirmherrn des irdischen Davidssohnes und Israels als Gottesvolk, eine fundamentale Bedeutung für das Christentum. Davidssohn und Menschensohn gehen so im frühen Christentum ineinander über, und diese ganze frühjüdische Vorgeschichte wird im Urchristentum auch *Christologie* und *Angelologie* in enge beziehung bringen (siehe unten: Hebräerbrief und Johanneismus). Das kann uns etwas von der johanneischen Identifizierung von Geist und Paraklet verstehen lassen wie auch von frühchristlichen Tendenzen, Jesus ‚einen Engel‘ zu nennen („Engel-Christologie“), vom Hebräerbrief, der alles darauf anlegt, aufzuzeigen, daß ein Mensch und nicht ein *Engel* zur Rechten Gottes sitzt (Hebr 1,5–14 bis 2,1–9), und schließlich von einer der ältesten ‚trinitarischen‘ Formeln: Vater, Christus und Engel (siehe unten).

Diese Analyse macht meines Erachtens deutlich, daß das Christuslied von Phil 2,6–11 völlig verständlich wird vom ‚Menschensohn‘ aus innerhalb der frühjüdischen Exegese von Gen 1,26 und Ps 8,5–7, in Kombination mit dem leidenden Gottesknecht des Deuterojesaja. Diese Analyse würde, falls sie auch von anderen für richtig gehalten würde, ein Beweis mehr dafür sein, wie schwierig es das Christentum in der spätantiken Kultur hatte, gerade bei der kulturellen Elite der damaligen Zeit, seine Proklamation von Heil und Rettung *durch einen Menschen* – nicht einen Engel oder himmlischen Held –, und dann noch durch einen *gekreuzigten* Sterblichen Eingang finden zu lassen in diese auf himmlische Sphären und Wesen konzentrierte Kultur, die sehnsuchtsvoll ausschaute nach einem *himmlischen* Erlöser von dort oben. Darin liegt zwar auch eine Versuchung für das Christentum, nämlich Jesus nach dem Muster der damaligen Erwartungen auszulegen. Es fällt jedoch auf, daß – vor allem außerhalb des Johanneismus (siehe unten) – das Neue Testament, erst recht der Paulinismus, den himmlischen Charakter Jesu grundsätzlich *eschatologisch* sieht: Erhöhung Jesu *durch Gott* nach seinem Tod, zwar als durch Gott von Ewigkeit her erdachter Plan, in dem Jesus als eschatologische Gabe apokalyptisch präexistent bei Gott schon zubereitet ist für die kommenden Zeiten, aber ohne daß man diese sehr alte, früh-christliche Präexistenz ‚protologisch‘ interpretierte. Es ging in diesen christlichen Kreisen (außerhalb des Johanneismus) wohl um eine *eschatologische* (apokalyptisch-sapientiale) Präexistenz.

Von diesem eschatologischen präexistenten Jesus sagt der Philipperbrief dann, daß er sich in die Reihe der Menschen („anthrōpōn“) einfügte: Er kam als Mensch in unsere Menschengeschichte. Im Gegensatz zu früheren ‚Menschensöhnen‘ akzeptierte Jesus das menschliche Schicksal ‚*unter* den elohim‘ oder Engeln und wollte nicht darüber hinaus. Er nimmt das niedrige Menschsein an. In dieser Zeit des ‚Aufschauens nach‘ Hilfe himmlischer Wesen ist dies naturgemäß ein Akt der Selbstentäußerung: Jesus ist kein elohim und will es nicht sein. Mehr noch, diese Selbstentäußerung (kenosis) wird intensiviert durch eine „tapeinosis", eine verschärfte Erniedrigung innerhalb des schon erniedrigten Menschseins, nämlich durch Jesu Annahme des damals äußerst schauerlichen Tabus eines Kreuzestodes. *Kenosis* und *tapeinosis* werden vom Menschen Jesus als Gehorsam erfahren, nicht gegenüber den heimarmene- oder Schicksalsmächten, sondern gegenüber dem lebendigen Gott. Darin berbirgt sich wahre Größe, die in ihrer Hyper-Erhöhung durch Gott (der alles nach seinem wahren Wert einschätzt) *offenbar* geworden ist, zumindest für himmlische Wesen und für jene, die an ihn glauben, die Menschen, die dieses Christuslied singen. Die Welt aber sieht dies noch nicht; sie sieht nur die Schmach: Menschsein – unter den Engeln stehen – und außerdem Kreuzigung.

Man kann (nach dem Tenor dieses Christusliedes) nicht sagen, daß Gott einzig und allein bejaht, anerkennt, was schon an Größe, an Wert in und aus sich selbst in solcher erniedrigender Solidarität mit dem, was – in spät-antiken Augen – ,verhöhnte Menschheit' bedeutet, liegt. Die Versuchung dazu war zwar groß, aber sie ist *diesem* Christuslied *fremd*. Um so mehr, da dieses Lied die einzige mir bekannte Stelle im ganzen Neuen Testament ist, an der ausdrücklich gesagt wird, daß Jesu Erhöhung *für ihn selbst* eine charis oder Gunst von seiten Gottes ist. Hier wird in erster Linie Jesus selbst eine Gnade zuteil: „ho Theos... *echarisato* autō to onoma to hyper pan onoma", das heißt Gott begünstigte ihn mit der charis eines „Namens über allen Namen" (Phil 2,9b): des Namens „Kyrios" (des synagogalen Namens Adonais oder Gottes) (Phil 2,11b). In dieser Erhöhung gibt Gott ihm seinen eigenen Namen, so daß für Gläubige sichtbar wird, daß *er*, Gott, ein Gott der Menschen ist und daß deshalb alle irdischen, über- und unterirdischen Wesen die Knie beugen müssen vor diesem Demütigen, kosmisch gesehen nur ein Menschensohn, kein Engel: ein ,Unterliegender'. Heil, obwohl von Gott her kommend, muß deshalb, nach dem Tenor dieses Liedes vom Demütigen, in einer *bestimmten Art* von Menschsein und menschlichem Leben liegen. Trotz aller Präexistenz-Gedanken in diesem Lied liegt der Nachdruck einerseits auf der *Selbstentäußerung* und dem *ungerechten Leid* des geschichtlichen Menschseins Jesu und, anderseits, auf der Tatsache, daß *dies* auf keinen Fall das allerletzte Wort ist. Eine solche Lebensweise hat definitiven, unwiderruflichen Wert, in und aus sich selbst. Man lebt *so* nicht *um* der Belohnung *willen;* das würde der Unabdingbarkeit der Gabe in kenosis und tapeinosis widersprechen. Anderseits: tot ist tot! Diese sogar menschliche Unwiderruflichkeit kann nicht das *letzte* Wort sein – zumindest wenn man nicht nur an ,Werten' interessiert ist, sondern auch *an dem lebendigen Menschen,* der sie vertrat. Dann muß Gottes Bejahung der inneren Unwiderruflichkeit und entscheidenden endgültigen Lebenshaltung Jesu *für die Person Jesu selbst* etwas Reales bedeuten. Wäre das nicht der Fall, dann ginge es letztlich nicht mehr um *Menschen,* sondern um abstrakte Ideale, Werte und Visionen, oder um eine Abstraktion ,die Menschheit' oder den „ben Adam", dem alle konkreten Menschen zum Opfer fallen müssen[70]. Jedenfalls, bevor man dieses Christuslied

,modern' aktualisieren will, wird man erkennen müssen, daß nach dem eigenen Tenor dieses Liedes vom Menschensohn Gottes charis ein *Erbarmen* über *die Person* des wegen seiner Ideale zu Fall gebrachten *Jesus selbst* bedeutet und nicht nur eine göttliche Bejahung des Wertes und des Ideals, für das er gelebt hatte und faktisch zu Tode gebracht worden ist. Nach dieser Hypothese wäre er ein Gott großartiger Ideale, jedoch *kein Gott der Menschen.* Wenn auch innerhalb einer spätantiken Engelkultur – *gerade darin* zeigt sich, worum es eigentlich geht! Gott ist ein Gott der *Menschen,* das ist das Zeugnis des Philipperbriefs. Hieratisch, orientalisch hellenistisch-jüdisch ist dieses christliche Lied jedoch eine Ode an Gottes Erbarmen über den Menschen gerade in seiner schmerzlichsten *condition humaine.* Zugleich ein Loblied auf die wahre Größe des Menschen, verborgen in der Unansehnlichkeit der Erniedrigung.

Dieses Lied zeigt auch, daß sein Grundschema nicht das paulinische „Tod-Auferstehung"-Schema ist, sondern das Schema von Inkarnation und Erhöhung. Nach seinem Tod ist Jesus bloß ,Objekt' des Handelns Gottes, was somit ebensowenig das „katabasis"-(Herabsteigen) und „anabasis"-Modell (Hinaufsteigen) nahelegt (wie z.B. in Eph 4,8–10; Joh 3,13). Jesus wird von Gott „über-erhöht" (hyper-hypsosen). Eine gewisse räumliche Vorstellung spielt dabei eine Rolle: Jesus kommt in den *allerhöchsten* Himmel, über die Himmelssphären, wo Engel wohnen, bis in die eigene Wohnstätte Gottes (den gleichen Gedanken findet man im Hebräerbrief, mit dem dieser Hymnus eng verwandt ist; siehe dort). Mit anderen Worten: Der als Mensch *unter* die Engel gestellte Jesus wird von Gott *über* alle Engel erhöht, und zwar „zur Rechten Gottes"; zwar sagt das Christuslied dies letztere nicht ausdrücklich, aber es liegt wesentlich in seiner Inthronisation durch Gott zum Weltherrscher beschlossen. Deshalb müssen Menschen sowie Engel und unterirdische Wesen (2,10b) die Knie beugen vor ihrem neuen Herrn und Meister, dem erhöhten Demütigen: Jesus von Nazaret. Die Erhöhung oder Himmelfahrt (vom Auferstehungsmodell ist formal keine Rede) Jesu Christi (siehe auch 1 Tim 3,16 und Hebr 1,3–4) wird nach dem Modell der Inthronisation eines Weltherrschers dargestellt, in den damals traditionellen drei Phasen: a) Präsentation, b) Proklamation und c) Proskynese (Kniebeuge oder Huldigung und Verehrung) und Exhomologese (Akklamation) aller Umstehenden. Hintergrund dieses Modells ist der griechische Jes 45,22–25. Aber bei Jesaja werden alle Völker von Jahwe zum Heil eingeladen, und „der Kniefall und das Bekennen jeder Zunge" (Jes 45,23b) erfolgen vor dem all-einen Gott, Jahwe (Jes 45,22–25; siehe Röm 14,11, wo Jes 45,23 direkt zitiert wird). Phil 2,10–11 überträgt dies alles auf Christus: Die ganze Welt, alle über- und unterirdischen Mächte, müssen dem von Gott präsentierten neuen Herrscher huldigen, und das ist (erst jetzt fällt der Name!): *Jesus Christus,* Jesus, der geschichtliche Mensch, der solidarisch mit uns das menschliche Schicksal geteilt hat. Die Universalität wird ,kosmisch': Alles, was im All Nicht-Gott ist, muß die Übermacht, das Herr-Sein des erhöhten Jesus anerkennen, des neuen Kosmokrators, nicht eines Tyrannen, sondern jemandes, der weiß, was Menschsein bedeutet und dies am eigenen Leib erfahren hat. Auffallend im Philipperbrief ist, daß diese „kyriotes" oder dieses Herr-Sein Christi nicht auf die Gemeinde oder die Kirche Gottes bezogen wird, wie dies bei Paulus *fast* ausschließlich der Fall ist, sondern auf das *All*.

Für Jesaja war diese großartige Inauguration ein kommendes, eschatologisches Geschehen – damals eine verbreitete Auffassung: beim Endgericht werden alle dämonischen Mächte vernichtet (siehe Offb 19, 20; 20, 14; Mt 25, 41). Nach dem Philipperbrief werden die Mächte jedoch nicht vernichtet, sondern unterworfen; ihre unterwürfige Akklamation ist wesentlicher Bestandteil der Inthronisation [71]. Daß schließlich die Herrschaft Christi nur von vorübergehender Dauer wäre (wie noch in 1 Kor 15, 14 angedeutet wird), wird hier nicht gesagt, wenn Paulus auch die Unterworfenheit Christi unter Gott weiter hervorhebt. Dies kommt auch hier zum Ausdruck in der höchstwahrscheinlich von ihm selbst (in dieser Absicht) hinzugefügten Doxologie: „zur Ehre Gottes, des Vaters" (2, 11 b; siehe auch 1 Kor 15, 24; 3, 23; 11, 3; Röm 15, 7). Heil des Menschen und Ehre Gottes sind bei Paulus eins; aber Gott ist *Gott*, und er allein. Diese Solidarisierung Jesu mit der ‚herabgewürdigten Menschheit' (nach spätantiker Einkleidung) macht Paulus zum Modell des ethisch-religiösen Lebens der Christen. Gerade deshalb zitiert er dieses Christuslied. Wie diese Solidarität der Christen sich in *heutigen* Situationen wird äußern müssen, kann dieses Lied uns nicht erzählen. Es gibt historische Vermittlungen, die der Christ selbst analysieren *und* interpretieren muß.

SCHLUSS:
DIE CHARIS JESU CHRISTI IN DEN ECHTEN BRIEFEN DES PAULUS

Paulus weist wiederholt auf das „solus Christus"-Prinzip, in einer fast eifersüchtigen Exklusivität und einem Gnadenmonismus. „Um Christi willen halte ich alles für Kehricht, damit ich Christus gewinnen und in ihm erfunden werden möchte. Nicht mit einer aus dem Gesetz stammenden Gerechtigkeit, sondern mit der aus Glauben an Christus, mit der Gerechtigkeit aus Gott" (Phil 3, 8–9), „und ich will Christus im Glauben erkennen und die Kraft seiner Auferstehung und die Gemeinschaft seiner Leiden, ich will seinem Tod gleichgestaltet werden, ob ich etwa zu der Auferstehung von den Toten gelangen könnte" (Phil 3, 10–11). *Das* ist die Gnadentheorie des Paulus schlechthin. Kein anderes Heilsprinzip als Christus Jesus. Alle anderen Heilswege, auch die der Tora, werden durch diese Exklusivität versperrt. Diese Heilsoffenbarung ist historisch an Jesus gebunden, vor allem mit seinem Kreuzestod, und wird *Auserwählten* gegeben; das liegt im frühjüdischen charis-Begriff des Paulus beschlossen: charis ist Auserwählung. „Die er im voraus erwählt hat, hat er auch vorausbestimmt, dem Bild seines Sohnes gleichgestaltet zu werden, damit er selbst der Erstgeborene unter vielen Brüdern werde. Die er aber vorausbestimmt hat, hat er auch berufen; die er berufen hat, hat er auch gerechtfertigt, und die er gerechtfertigt hat, die hat er auch verherrlicht" (Röm 8, 29–30). Die Christusexklusivität bringt auch die christliche Gemeinde zu sozialer Gruppenidentität. Wie kann man dann von christlicher Universalität sprechen? Paulus löst dieses Problem mit einer Berufung auf die besondere charis der apostolischen Verkündigung: Durch die Verkündigung, vor allem des Paulus, wird diese Heilsoffenbarung universal und allen Völkern mitgeteilt. Charis, Gabe des Bevorzugten geoffenbarten Heilsmysteriums, wird *zugleich* universal durch die besondere charis des Apostolats. „Gott war es, der in Christus *die Welt* mit sich versöhnte, ...und uns gab er die *Botschaft* der Versöhnung mit" (2 Kor 5, 19), „wir sind also Gesandte Christi. Gott ruft euch auf durch unser Wort. Wir flehen euch in Christi Namen an: Laßt euch mit Gott versöhnen" (2 Kor 5, 20). *Partikularität* (Gebundenheit an den historischen Kreuzestod Jesu *und* auserwählte Gemeinde Gottes) wird durch die weltweite Verkündigung *Universalität*. Diese Spannung liegt deutlich im Gnadenbegriff des Paulus. Wenn dank der Verkündigung an alle Heiden die eschatologische Bekehrung Israels vorbereitet ist (Röm 9, 1–11.23; siehe unten), ist die Exklusivität der charis in Christus ein universales Geschehen für die ganze Menschheit. Die Universalität ist keine objektivierte Vorgegebenheit, sondern ein durch Sendung und Präsenz allüberall auf der Welt zu realisierender Auftrag kraft der Auserwählung oder des faktischen Christseins (denn *das* nennt Paulus Auserwählung). Charis umfaßt also sowohl die Gottes*offenbarung* als auch die *apostolische* Paradosis oder Überlieferung, nämlich die Verkündigung des gesetzesfreien Evangeliums, das für Paulus zum Ausdruck dessen wird, was er unter Gnade versteht. Licht aller gojim, „Licht der Welt", ist Jesus als der Christus, d. h. für Paulus der vom Tod Erstandene, der Lebende. Charis ist die Offenbarung – in der Zeit – des durch Gott von Ewigkeit her zubereiteten Heilsmysteriums und Heilswillens, zugleich die Kraft, dieses Offenbarungsgeheimnis anzunehmen und die ethischen Konsequenzen daraus in der Praxis des Lebens zu verwirklichen. Kurzum: charis oder Gnade im paulinischen Sinn ist eine ‚übernatürliche' *Erkenntnis* des Heilsmysteriums oder Glaube an das Heilsmysterium und eine *ethische Kraft;* beide machen durch die Sündenvergebung und Rechtfertigung, besiegelt durch die Taufe, aus dem Menschen ein neues Geschöpf (2 Kor 5, 17).

In der Ungeschuldetheit und Unbedingtheit der Huld Gottes liegt der Nachdruck vor allem auf deren Übermaß und Überfülle (Röm 5, 15; 5, 20; 6, 1; 2 Kor 9, 8; 9, 14). Weil dieser dem Menschen von Gott in Christus geschenkte Reichtum (1 Kor 1, 14; 1 Kor 2, 12; 2 Kor 9, 8.14) Sünder betrifft, ist diese charis zugleich Erlösung: Rettung, Heil, Versöhnung und Freikauf (2 Kor 6, 1; Gal 2, 21), Gottes eigene Gerechtigkeit im Menschen (Röm 4, 5; 5, 17.21; 2 Kor 5, 21 b). Die Gesamtheit von Gottes Gnade als Heil für den Menschen heißt: der eine Mensch Jesus Christus (Röm 5, 12 b; siehe 8, 32), der Gekreuzigte, aber Auferstandene. Daher ist Gnade für Paulus wesentlich auch Teilhabe an Jesu Leiden und Tod, durch Glauben und Taufe (Gal 3, 26.27; Röm 6), eine Teilhabe vor allem an seinem Status: „Kinder Gottes durch den Glauben an Christus Jesus" (Gal 3,26), ‚hyiothesia' oder Adoption (Galaterbrief, Röm 8,14–15) und deshalb (Röm 8,15) Pneuma-Besitz (Röm 8,9), Grundlage der Erbschaft, die wir *mit* Jesus von Gott erhalten werden (Röm 8,17; siehe 8,29; Gal 4,5). Gnade ist für Paulus Lebensgemeinschaft mit Gott durch Vermittlung Jesu Christi in der Kraft des Geistes; darin Befreiung zu brüderlicher Liebe und zu „allem, was wahr ist, allem, was edel ist, was gerecht ist und rein, liebenswert und anziehend, alles was Tugend heißt und Lob verdient" (Phil 4,8), „Einheit des Denkens, Einheit in der Liebe, Zusammengehörigkeit und Einmütigkeit" (Phil 2,2), vor allem befreit sein zur Liebe (1 Kor 13,1–13). Ziel und Endsinn dieser ganzen heilvollen Gnadeninitiative Gottes ist das *Heil des Menschen* als *Verherrlichung des Vaters* (Röm 5,2; 2 Kor 4,15). Charis (Gnade) verlangt charis (Danksagung) (2 Kor 9,10): „Zur Ehre Gottes, des Vaters" (Phil 2,11 b).

ZWEITES KAPITEL
PAULINISMUS AUSSERHALB DER ECHTEN PAULUSBRIEFE: INTERPRETATIONEN

ZUR EINFÜHRUNG: KLEINASIATISCHES CHRISTENTUM

Aus vielen Tatsachen geht hervor, daß nach dem Jahr 70 der Mittelpunkt des ganzen Christentums in das westliche Kleinasien verlegt war, das damalige römische Prokonsulat Asia, nämlich nach Ephesus. Diese Stadt war zu dieser Zeit Haupt- und Residenzstadt des römischen Prokonsuls und kirchlich das, was man eine ‚Bischofsstadt' nennen könnte. Paulinismus und Johanneismus werden hier zusammenfließen (in Ephesus wurde später auch das *Corpus Johanneum* gesammelt, allerdings sind vom Johannesevangelium auch Handschriften, dazu sehr alte Handschriften, in Ägypten gefunden worden). Zwar war die ganze damalige „oikoumene" hellenistisch, doch ist der Hellenismus Kleinasiens stärker orientalisch gefärbt, ein Schmelztiegel östlicher und westlicher Kulturen, mit einem auch eigenen sozialen Gesicht (z. B. die Frau, vor allem die Witwe, hatte eine angesehenere Stellung als in Palästina oder sogar in Griechenland, zumindest dem attischen Teil). Das kleinasiatische Christentum hat sogar eine ‚eigene Grammatik' innerhalb der allgemein-hellenistischen „koinè" (der damaligen griechischen Umgangssprache). Orientalische, kleinasiatische Überschwenglichkeit, Bedürfnis nach Erfahrungen von Geisterfülltsein, das Gefühl, inmitten von Engeln und Dämonen zu leben, dies alles war in diesen Gegenden ein existentielles Lebensproblem. Hinter menschlich guten Taten stehen gute Geister, hinter schlechten Taten stecken böse, dämonische Weltmächte oder Kosmokratoren, vor denen man in verschiedenen religiösen Riten Schutz suchte. Astrologie und Kalenderberechnungen, je nachdem, ob man von dem Mond- oder dem Sonnenstand ausging, waren Bestandteil des Lebens vieler; Horoskope wurden eifrig befragt.

In einer solchen Kultur, auf der Suche nach Heil und Lebensbejahung und Lebensschutz, erhielt jeder neue Lebensweg eine Chance – auch das Christentum. Die Menschen in Kleinasien waren auf der Suche nach einem *Weg*, einer Lebensphilosophie – um so bezeichnender, weil sie geographisch an einem Kreuzweg der Welten lebten. Neutestamentliche Schriftsteller, die sich an das kleinasiatische Christentum wenden, werden daher einerseits mit diesem geistigen Klima mitdenken und mitfühlen, anderseits einen kritischen Widerstand anmelden, wo der Synkretismus das „solus Christus"-Prinzip antastet. Vielleicht haben diese christlichen Schriftsteller in ihrer Reaktion die Intention und die Bedürfnisse der kleinasiatischen Menschen nicht immer recht verstanden, vielleicht sahen sie auch nicht die Implikationen ihres Verlangens, den nüchternen apostolischen Glauben aus kleinasiatischen Bedürfnissen nach ‚Erfahrung' und östlichen intrapsychischen Erlebnissen zu ergänzen. Sicher ist jedoch, daß die Briefschreiber die Sprache dieser ‚abgleitenden' Christen sprechen, aber ihnen keinen Millimeter nachgeben wollen, wenn der Gnadenmonismus Gottes in Christus ihres Erachtens gefährdet zu werden droht. Die Briefe an die Christen von Kolossae und Ephesus sind markante Beispiele dafür. Sie zeigen zugleich, wie sie die Lehre ihres Meisters, Paulus', übernehmen, aber in neuen weltlichen und kirchlichen Situationen aktualisieren. So stehen sie – innerhalb der Autorität des Neuen Testaments – Modell für jede theologische ‚Neu'-interpretation des apostolischen Glaubens, mithin für die Verpflanzung des Christentums in eine andere Kultur.

LITERATUR: (zum Kolosser- und Epheserbrief): D. *Amand*, Fatalisme et liberté dans l'antiquité grecque (Löwen 1945); P. *Benoit*, Rapport littéraire entre les épîtres aux Colossiens et aux Ephésiens, in: Neutestamentliche Aufsätze (Festschrift f. J. Schmid) (Regensburg 1963) 11–22; E. *Best*, One Body in Christ (London 1955); M. *Dibelius* und H. *Greeven*, An die Kolosser, Epheser, an Philemon (Tübingen ³1953); C. *Colpe*, Zur Leib-Christi-Vorstellung im Epheserbrief, in: Judentum, Urchristentum, Kirche (Festschrift für J. Jeremias) (BZNTW 26) (Berlin ²1964) 172–187; J. *Dupont*, Gnosis (Löwen – Paris ²1960); A. J. *Festugière*, L'idéal religieux des Grecs et l'Évangile (Paris ²1932); ders., La révélation d'Hermès Trismégiste, 4 Bde (Paris 1944–1954); J. *Gnilka*, Der Epheserbrief (HThKNT X, 2) (Freiburg i. Br. ²1977); H. *Groß*, Der Engel im Alten Testament, in: Archiv für Liturgiewissenschaft, VI – 1 (Regensburg 1959) 28–42; H. *Hegemann*, Die Vorstellung von Schöpfungsmittlern im hellenistischen Judentum und Urchristentum (TU 32) (Berlin 1961); J. *Huby*, Les épîtres de la captivité (Paris ²1947); J. *Jervell*, Imago Dei. Gen. 1, 26–27 im Spätjudentum, in der Gnosis und in den paulinischen Briefen (FRLANT, 76) (Göttingen 1960); E. *Käsemann*, Exegetische Versuche und Besinnungen (Göttingen ⁴1965) I, 158–168; II, 253–262 und 262–267; ders., Kolosserbrief, in: RGG ³III, 1727–1728; E. *Lohmeyer*, Die Briefe an die Philipper, an die Kolosser und an Philemon (Göttingen ¹³1964); E. *Lohse*, Christusbotschaft und Kirche im Kolosserbrief: NTS 11 (1964–1965) 203–216; ders., Die Briefe an die Kolosser und an Philemon (Göttingen ¹⁴1968); J. *Meuzelaar*, Der Leib des Messias (Assen 1961); J. *Michl*, s. v. Engel, in: RAC V, 53–200; Fr. *Mußner*, Der Brief an die Kolosser (Düsseldorf 1965); ders., Christus, das All und die Kirche (Trier ²1968); P. *Pokorny*, Epheserbrief und gnostische Mysterien: ZNW 53 (1962) 160–194; ders., Der Epheserbrief und die Gnosis (Berlin 1965); H. *Schlier*, Mächte und Gewalten im Neuen Testament (Quaest. disp. 3) (Frei-

burg i. Br. 1958); *ders.*, Der Brief an die Epheser. Ein Kommentar (Düsseldorf ²1965); *ders.*,
Christus und die Kirche im Epheserbrief (Tübingen 1930); *P. Schubert*, Form and Functions
of the Pauline Thanksgivings (BZNW 20) (Berlin 1939); *C. H. Talbert*, The Myth of a Descending-Ascending Redeemer in Mediterranean Antiquity: NTS 22 (1976) 418–440;
G. Thompson, The Letters of Paul to the Ephesians, to the Colossians and to Philemon (Cambridge 1967).

§ 1. Christus, Fülle Gottes; Kirche, Fülle Christi: der Kolosserbrief

Der Kolosserbrief will die universale Bedeutung Christi durch seinen Triumph
über kosmische Mächte entwickeln, dabei die Stellung der Kirche und den Auftrag des apostolischen Amtes in ihr bestimmen. Der Brennpunkt seines christlichen Bekenntnisses ist die jetzt schon geschenkte lebendige Gegenwart des Heils-
von-Gott-her in Christus, aber gerade dieses aktuelle Heil ist auf die Hoffnung
der eschatologischen Zukunft gerichtet, die durch die apostolische Verkündigung der Kirche für die Welt erschlossen wird (1,5). Dabei ist die lebendige
Christuswirklichkeit die Grundlage der Gemeinde und ihrer Hoffnung (1,27)
für die Welt.

Außer dem Gnadenwunsch (1,2; 4,18) wird charis im paulinischen Sinn der
Gnade des apostolischen Amtes gebraucht (3,16), und übrigens noch einmal
als Andeutung der Berufung zum Christsein: „Seit dem Tag, da ihr von Gottes
Gnade gehört und sie in Wahrheit erkannt habt" (1,6). Gnade hat hier offen-
sichtlich die frühjüdische und frühchristliche Bedeutung von geoffenbarter
Weisheit oder Lebenswahrheit, Auserwählten geoffenbart und durch die Gnade
des Apostelamtes weitergegeben, so daß andere dieser Auserwählung teilhaftig
werden (siehe oben). Darauf folgt die charis oder Danksagung für die erlangte
Gnade – klassisch in allen hellenistischen Briefen und im griechischen
Judentum.

Die Gemeinde von Kolossä hat das von Epaphras (1,7–8) verkündete Wort
als Wahrheit erkannt und angenommen; das ist „Gnade von Gott" (1,6; siehe
Gal 5,4). In diesem Sinn hat der Kolosserbrief keinen eigenen Gnadenbegriff,
der Autor analysiert vielmehr seinen Inhalt, d. h. den Inhalt der Weisheit, die
als Mysterium von Ewigkeit her bei Gott verborgen war, aber in Christus geoffenbart und durch das Apostelamt in der Kirche überliefert wurde. Der paulinische Konflikt zwischen Gnade und guten Werken ist dem Autor fremd, das
Problem ist überholt, und er legt den Nachdruck auf die Forderung nach guten
Werken, wie es alle Deutero-Paulinen tun (1,10; 1,21; 3,17; siehe Eph 2,10;
Tit 1,16; 3,1; 1 Tim 2,10; 5,10; 2 Tim 2,21; 3,17). Im Kolosserbrief ist ein
Autor aus der paulinischen Schule am Werk. Die Auffassung des Paulus vom
definitiven und exklusiven Heil in Christus von Gott her ist für ihn apostolische
Norm: „Christus ist unser Leben" (3,4). Aber diese Heilssicht wird in ganz
neuen Situationen aktualisiert.

I

Der hermeneutische Hintergrund des Kolosserbriefs:
kleinasiatische ‚Lebensphilosophie‘

In Kleinasien, vor allem in Städten wie Kolossä und Ephesus, wohnen Menschen aus vielen Ländern, Menschen ohne eigenes Vaterland, auf der Suche nach individuellem Heil und mit einem Hang zum himmlischen Eudämonismus[72]. Die Menschen erfahren einen kosmischen Bruch, eine Art Katastrophe im Weltall, eine Kluft zwischen der höheren (himmlischen) und der niederen (irdischen) Welt. Das Problem von Sinn und Sinnlosigkeit wird kosmisch erlebt und äußert sich in einem Heilsverlangen nach Wiederherstellung der kosmischen Einheit. Manche haben in Zusammenhang damit von einer Art „pankosmischem A-kosmismus" gesprochen, einem Gefühl für All-Einheit, in die das Irdische gleichsam aufgesogen ist. Neue Lebensanschauungen und Lebenswege nannte man eine „philosophia", womit nicht die griechische Philosophie gemeint ist. Lebensphilosophie ist der hellenistische Ausdruck für einen religiösen Lebensweg. So nannten die hellenistischen Juden die ganze nicht-jüdische Lebensanschauung eine ‚Philosophie‘[73], während Josephus die innerjüdischen religiösen Gruppen, wie Pharisäer, Sadduzäer und Essener, einfach „philosophische Schulen" nennt[74]. Auch die Mysterien-Religionen wurden damals Philosophien genannt. (Die Reaktion des Kolosserbriefs gegen die ‚Philosophie‘ darf man deshalb, wie es oft geschieht, keineswegs als ein neutestamentliches Mißtrauen gegen Philosophie oder christliches Denken auslegen; sie hat damit überhaupt nichts zu tun.)

Welche bestimmte religiöse Lebensphilosophie der Kolosserbrief genau im Auge hat, kann nur fragmentarisch aus dem Brief selbst erschlossen werden. Die Philosophie, welche die Gemeinde bedroht (2,8), beruft sich offensichtlich auf eine ehrwürdige Tradition (2,8) und will rechte Erkenntnis und Einsicht vermitteln („sophia": 1,9.28; 2,3.23; 4,5; „synesis" oder geistige Einsicht: 1,9; 2,2; „gnôsis" oder Erkenntnis: 2,3; „epignôsis", tiefere Erkenntnis, allerdings ist das Wort im Hellenismus einfach abgeschwächt zu „gnôsis": 1,6.9.10; 2,2; 3,10), vor allem eine Erkenntnis der „stoicheia tou kosmou" (3,8.20) – ein Ausdruck, der an mehreren Stellen im Neuen Testament vorkommt –, ‚Weltmächte‘: himmlische Wesen oder Engel (2,18) oder kosmische (personale) Kräfte (2,10.15). „Stoicheia", Elemente, bedeutet wörtlich: was in einer regelmäßigen Ordnung aneinandergereiht ist (z.B. Glieder einer Kette); daher: Grundlage, Fundament. Das Wort wurde vor allem für die Elemente gebraucht, aus denen man das Weltall zusammengesetzt sah: Wasser, Feuer, Luft und Erde. Im hellenistischen Synkretismus wurden diese Baustoffe, aus denen die Welt erbaut ist, mythologisiert: sie wurden zu lebenden Wesen. Aber auch die Sterne sind solche ‚Elemente‘, und sie bestimmen den Gang des Alls und das Lebensschicksal des Menschen. So werden auch die zwölf Zeichen des Tierkreises „stoicheia" genannt[75]; daher die große Bedeutung von Horoskopen (die man

z. B. auch in Qumran in großer Anzahl gefunden hat). Wer den Lauf der Sterne kennt, erwirbt Macht; und durch Zauberkunst oder Initiation kann der Mensch sich die Macht dieser himmlischen Wesen dienstbar machen. Für die Juden waren damals die Sterne schon ent-geistigt, aber jeder Stern stand doch unter Leitung eines himmlischen geistigen Wesens, eines Engels; das All dieser himmlischen Sternenmotorik stand unter der Leitung des Erzengels Uriel (1 Henoch). Aber in dieser Zeit des Synkretismus wurden die Sterne, zumindest im Volksglauben, als göttliche Wesen verehrt (die Grenze zwischen ‚Sternen‘ und ‚Engeln‘ ist dann vage). Der Mensch ist ein Wesen, das aus denselben Grundstoffen gebaut ist: er ist ein Mikro-Kosmos in einem Makro-Kosmos (durch die Stoa zu einem popularisierten Begriff geworden).

Das Schlüsselwort der Lebensphilosophie, gegen die sich der Kolosserbrief wendet, ist also: die „stoicheia tou kosmou“, himmlische Mächte, die man verehrt, um dadurch Zugang zum (göttlichen) *pleroma* oder zur Fülle zu erlangen (2, 9), mit anderen Worten: Ziel des Engelkults war die Erfahrung eines göttlichen Erfülltseins (2, 10). Unbestimmt ist im Kolosserbrief das Verhältnis zwischen den „stoicheia“ und dem „pleroma“: Sind diese Elemente drohende Mächte, die den Zugang zum pleroma (Fülle) versperren, wenn man sie nicht verehrt? Oder sind sie Repräsentanten dieser göttlichen Fülle? Jedenfalls kann der Mensch nur dann mit himmlischer Fülle erfüllt werden, wenn er diesen Kosmokratoren Kult erweist. Freiwillig erklärt sich der Mensch bereit (ethelothreskia 2, 23), diese Engel kultisch zu verehren (2, 8), die vielen Tabuvorschriften zu befolgen: „Rühre nicht daran! Prüfe nicht! Bleibe davon weg!“ (2, 21) und Kalenderfeste zu feiern (2, 16). Der Initiant wendet sich in strenger Aszese von der Welt ab (2, 11; 2, 23), er befolgt genau die astrologisch bestimmten heiligen Tage und Zeiten (2, 16) und enthält sich bestimmter Speisen und Getränke (2, 16.21). So richtet er sich nach den Gesetzen des Kosmos, die als Ordnung des Makrokosmos auch Norm für den Menschen als Mikrokosmos sind.

Die Welt selbst ist auf diese Weise sozusagen das „soma“, der Leib eines einzigen allumfassenden Logos oder ‚Geistes‘, der alles durchdringt. Auch die Stoa – in ihrem Ursprung übrigens kein spezifisch griechisches Phänomen, sondern von außerhalb Griechenlands wohnenden Griechen in Kontakt mit der kleinasiatischen Spiritualität erdacht – stand in einem gleichen geistigen Klima (allerdings sucht sie nach dem ‚logos‘ oder der Vernunft in diesen religiösen Strömungen: „Religion innerhalb der Grenzen der reinen Vernunft“ könnten wir auch, mit einem Ausdruck I. Kants, die Stoa nennen). Dies alles ist keine Gnosis, sondern spät-antiker Synkretismus, aus dem die spätere Gnosis erwachsen wird. Der Kern des Ganzen ist: Bedürfnis nach *erfahrenem Erfülltwerden* mit göttlichen Kräften eben aus der ‚Seele‘ der Wirklichkeit, vor allem der „epourania“ (der Himmelssphären mit ihren geheimnisvollen Bewohnern).

Man konnte damals gleichzeitig ganz verschiedenen religiösen Bruderschaften angehören. Die drohende Gefahr, die sich daraus für Christen ergab, war, daß manche glaubten, sie könnten in einer dieser Lebensphilosophien durchaus eine Art supplementäres Erfahrungserleben finden, eine zusätzliche Geborgenheit. (Das ganze Problem hat also eine gewisse Verwandtschaft mit dem Phänomen heutiger Christen, die etwa Zen-Buddhismus betreiben.)

II
Die Reaktion des Kolosserbriefes auf diese religiöse Lebenspraxis

Im Sinn des Paulus: Ihr habt zu wählen zwischen dem ‚Gesetz' und ‚Christus', beantwortet der Kolosserbrief die Herausforderung dieser Lebensphilosophie in dem gleichen Geist. Es ist eine Alternative: entweder leben „kata stoicheia tou kosmou" oder leben „kata Christon" (Kol 2, 8). ‚Diese Engel' *oder* ‚Christus', man kann beide nicht als zwei verschiedene Heilswege kombinieren, denn apostolisch gibt es allein Heil in Christus, nur *einen* Heilsweg. Aber von diesem neuen geistigen Klima aus erhält das, was Paulus „die Gnade, die Christus heißt" nennt, eine andere Interpretation. Das Kriterium bleibt unveränderlich: Heil-von-Gott-her allein in Christus Jesus. Der Autor bringt die Gnade Christi in einer neuen hermeneutischen Situation zur Sprache, die auch die neue Terminologie liefert, mit welcher der Kolosserbrief über das aktuelle Heil in Christus spricht. Von diesem sagt der Kolosserbrief: In Christus allein wohnt das göttliche pleroma (die Fülle), und zwar „somatikōs", wie im eigenen „soma" – leibhaftig (2, 9). Der Autor übernimmt die Schlüsselworte der Lebensphilosophie. Allein in Christus ist ‚Erfüllung'. Er zitiert dazu einen Hymnus, der den Kolossern bekannt ist: 1, 12–20. Daß Christus der Herr ist, Kyrios der Kirche, ist schon lange eine apostolische Errungenschaft, aber der Kolosserbrief will jetzt Jesus in das Ganze des Makrokosmos mit seinen Himmelssphären einordnen.

Christus ist die „eikōn" Gottes, d. h., er ist derjenige, in dem Gott sich uns offenbart (1, 15), die Sichtbarkeit Gottes für uns (siehe Weish 7, 25–26: Die Weisheit ist die eikōn der Güte Gottes). Darin steht er völlig auf Gottes Seite, also über dem Kosmos: er ist „prototokos, Erstgeborener der ganzen Schöpfungswelt" (Kol 1, 15 b) und „pro pantōn" (1, 17), bevor das All war, sapiential präexistent (siehe Spr 8, 22; Sir 1, 4; 24, 9; Weish 9, 9 und 9, 4). Christus ist der „zuerst Erschaffene", vor allem anderen (siehe auch Hebr 1, 6), denn er ist Schöpfungsmittler. Als Herr steht er der Schöpfungswelt gegenüber, obwohl er doch geschaffen ist. Geschaffen und doch präexistent; das ist eine eschatologisch-apokalyptische, sapientiale Präexistenz, das heißt, Jesus ist das eschatologische Heilsgut, das von Ewigkeit her von Gott bereitet ist, um zu seiner Zeit geoffenbart zu werden. (Von Präexistenz in trinitarischem Sinn, von einem Vorausbestehen der zweiten Person der Dreieinigkeit ist in diesem Text keine Rede.)

Dieses apostolische Kyrios-Bekenntnis wird dann mit einer Terminologie erhellt, die auf die Stoa zurückgeht und, vermutlich, auch in dieser kleinasiatischen Lebensphilosophie gebraucht wurde (aber dann nicht für Christus):

„Alles ist *in* ihm erschaffen" (1,16). Gott ist der Schöpfer, aber ‚in Christus'. In der Stoa lautete es in einem Loblied an die All-Natur (oder „physis"): „ō physis, *ek* sou panta, *en* soi panta, *eis* se panta"[76], „o All-Natur, alles kommt aus dir, alles ist in dir, alles strebt zu dir hin". Dieser Pantheismus war im hellenistischen Judentum schon eliminiert, aber über die griechische Synagoge kamen diese *Begriffe* auch in das frühe Christentum. Schon Paulus kannte die Trias: „ex", „eis" und „dia" (aus, in und durch: 1 Kor 8,6; Röm 11,36), aber das „*ex* quo" (woraus) wird allein von Gott gesagt (1 Kor 8,6), während für Christus allein das „*in* quo" (in dem), „*a* quo" (dia: durch Vermittlung von) und „ad quem" (auf ihn hin) gilt. Gott allein ist Schöpfer[77]. Man darf nicht vergessen, daß das, was im Christuslied des Kolosserbriefs in der ersten Strophe über Christus gesagt wird, aus der Sicht gesehen wird, die in der zweiten Strophe zum Ausdruck kommt: das eschatologische *Heil*, das Jesus gebracht hat; *deshalb* ist er als Ratgeber beim *proton* oder vor Beginn der Schöpfung zugegen, die um seinetwillen besteht. Damit wird die kosmisch-universale Bedeutung Jesu ausgedrückt (vgl. 1 Kor 8,6; auch Joh 1,3; Hebr 1,3; 2,10). *Alles* – auch die Himmelswesen – ist „*in* ihm". Vier Arten von Himmelswesen werden genannt: „Throne und Hoheiten" (kyriotetes oder ‚Heerscharen') (siehe auch 1 Kor 8,5) und „Herrschaften (archai) und Mächte" (exousiai), d.h. ‚überirdische Wesen' (siehe 1 Kor 15,24; Röm 8,38; auch Eph 1,21; 3,10; 6,12)[78]. Christus steht als Herr über allen Mächten (siehe außer Kol 2,10.15 auch Eph 1,21; 1 Petr 3,22). Daß „alles auf ihn hin erschaffen ist" bedeutet: im Hinblick auf ihn; Christus ist der Sinn des Alls. Er hält die Welt in seiner Hand, in ihm hat die Welt ihren Bestand („synestekenai" ist auch ein mittelplatonischer, stoischer Begriff, der die wunderbare Einheit und den Zusammenhang des Alls bezeichnet). Die Welt wird in ihren Fugen gehalten durch den Logos (siehe auch Sir 43,26; Hebr 1,3). Dies wird begründet: „kai" (das bedeutet hier: denn); dieser Satz gehört meines Erachtens nicht zur zweiten Strophe, sondern zum Schluß der ersten Strophe, die der Kolosserbrief aber feinsinnig ändert (siehe unten). In ihm hat alles seinen Bestand, „denn er ist das Haupt des Leibes" (1,18, folgend auf 1,17), als Haupt hält er das *soma* oder den Leib zusammen. Das war genau der Gedanke dieser kleinasiatischen Spiritualität: der Logos ist das Haupt des Kosmos, der sein kosmischer Leib ist[79]. In diesem spätantiken Synkretismus wurde diese Vorstellung vom kosmischen Leib mit iranischen Vorstellungen verbunden[80]. Nach diesen war der höchste Gott schwanger und entließ so die gesamte Schöpfung ins Dasein: Aus seinem Haupt erscheint der Himmel, aus seinen Füßen die Erde usw. Der Kosmos, als Leib des göttlichen Logos, und die Elemente als verschiedene Glieder dieses Leibes, das war (in diesem pantheistischen Milieu) ein allgemein verbreiteter Gedanke. „Zeus ist die kephalè (das Haupt) des Kosmos und durchdringt mit seiner Kraft die ganze Welt" (aus einem orphischen Fragment) war damals ‚in'. Die Stoa kennt ebenfalls den Gedanken: Der ganze Kosmos ist von Gott erfüllt, und die Menschen sind Glieder dieses einen Leibes als Makrokosmos. Auch im hellenistischen

Judentum war die Vorstellung bekannt[81]. Bei Philo ist vor allem die überirdische, himmlische Welt, die am nächsten bei Gottes eigener Wohnung liegt, „soma tou Logou", der Leib des Logos, der ihr Haupt ist: ihr Lebensprinzip[82]. Der christliche Hymnus inspiriert sich an solchen Logos-Liedern: „Denn er (Christus) ist das Haupt des Leibes", was in erster Linie dann – hellenistisch – bedeuten müßte: Er gibt *dem Kosmos* Leben und Bestand[83]. Aber hier *korrigiert* der Kolosserbrief drastisch den kulturell vorgegebenen Gedanken. Der Grundgedanke ist: Allein in Christus liegt das Heil und alles Lebensprinzip (caput-corpus-Relation). Die Korrektur des Kolosserbriefes ist: Ich verstehe unter ‚Leib' die Kirche! Also: *nicht den Kosmos!* Das ändert die ganze Perspektive des kulturell-religiös Vorgegebenen (oder und vielleicht auch schon des Christusliedes, das der Kolosserbrief zitiert). Der kosmische Hintergrund wird heilsgeschichtlich und ekklesiologisch korrigiert. In der Tat, Christus übt *jetzt schon* seine Herrschaft über die Welt aus (für Paulus war dies ein futurisch-eschatologisches Geschehen), aber das tut er allein als Haupt der Kirche, seines *Leibes*, dem er Leben und Kraft gibt. Der Kolosserbrief behauptet also: Nicht der Kosmos, sondern allein die Kirche ist „Leib Christi". Anders gesagt: An *einem* Punkt der Welt, nämlich dort, wo sie Kirche ist, ist sie „soma tou Christou"[84]. Der Kolosserbrief ist entgegen dem, was viele sagen, nicht kosmisch, sondern ekklesiozentrisch, allerdings wird das kirchliche Selbstverständnis begriffen aus den hellenistischen Vorstellungen vom Kosmos als Leib des Logos, der das Leben und Bestand gibt. Das Ergebnis der Korrektur ist: Christus übt *durch die Kirche* seine Herrschaft über die Welt aus, und zwar *jetzt schon*. Christus ist Herr über alles, „Haupt auch der himmlischen Mächte", sagt Kol 2,10 ausdrücklich, aber diese sind nicht sein Leib. Und dieses kosmische Herr-Sein manifestiert sich dadurch, daß die Kirche in ihrer Verkündigung Christus *zu allen Völkern* bringt (Kol 1,27–28). Kirche ist nach dem Kolosserbrief der Ort, wo Christus seine weltweite Herrschaft hier und jetzt ausübt: durch die Verkündigung von Heil und Versöhnung. Der Sinn des Hymnus – wie er im Kolosserbrief seine Funktion erfüllte (und darum geht es doch) – wurde ja im voraus angedeutet in 1,13–14: „Er hat uns aus dem Rechtsbereich (exousia) der Finsternis entrückt und versetzt in das Reich (basileia) seines geliebten Sohnes, in dem unsere Befreiung gesichert ist und unsere Sünden vergeben sind." „Exousia" (hebr. „memschâlâ") bedeutet Machtbereich; der Kolosserbrief denkt nicht vor allem in zeitlichen, sondern in räumlichen Begriffen (in Anbetracht der kosmischen Hintergründe; diese Räumlichkeit wird in den noch späteren Briefen eine immer größere Bedeutung erhalten). Es geht um einen Machtwechsel: Wie ein König ein ganzes Volk aus dessen Wohnstätte wegholen kann, um es anderswo anzusiedeln, so hat Christus die Christen aus dem Machtbereich ‚dieser Welt' weggeholt, wo überirdische Wesen das menschliche Lebensschicksal horoskopisch bestimmen, und uns versetzt in einen anderen Machtbereich, ein Reich (basileia), in dem Christus allein herrscht. Paulus spricht futurisch von „dem Reich Gottes" (1 Thess 2,12; Gal 5,21; 1 Kor 6,9–10; 15,50): allein in 1 Kor

15,23–28 ist die Rede vom „Reich Christi", aber das erweist sich dann als eine zeitliche und vorläufige Herrschaft, bis Christus seine Macht dem Vater zurückgibt; erst dann beginnt das Reich Gottes. Für den Kolosserbrief dagegen ist Jesu Weltherrschaft jetzt schon gültig: jetzt schon ist „Christus alles in allem" (3,11).

Diese räumliche Vorstellung hat viele Konsequenzen. Die Christen sind durch ihre Taufe nicht nur mit Jesus gestorben; durch sie sind sie schon *mitauferstanden* mit Christus (2,12). Sie sind ,versetzt': Sie weilen schon dort oben, im himmlischen Machtbereich Christi (1,13) – „soma Christou". Allein diese ,höhere Welt' ist von Christi Kraft durchdrungen. Aber das ist die Kirche! Die Folge ist: „Wenn ihr dann mit Christus zum Leben erweckt seid, sucht, was droben ist, dort, wo Christus zur rechten Hand Gottes sitzt ... Euer Leben ist jetzt mit Christus in Gott geborgen" (Kol 3,1–4). Nicht die „epigeia", das Irdische, sondern die „epourania", das Himmlische, suchen. Der Kolosserbrief geht also ganz mit der kleinasiatischen Spiritualität, nennt aber dabei die Dinge bei ihrem christlichen Namen: Dies alles, ein von himmlischen Dingen erfülltes Leben, ist nur möglich in Christus, der wirklich auferstanden ist und beim Vater weilt. Diesen einen Punkt des apostolischen Glaubens – nichts Neues also – sagt der Kolosserbrief, und doch in einer völlig anderen Lebenswelt. Die „stoicheia tou kosmou", die diese Welt regierenden himmlischen Prinzipien, sind noch da, aber Christen leben nicht mehr in dieser Welt (2,20), sondern anderswo, ,dort droben'. So kann der Autor zeigen, daß die himmlische Erfüllung, die diese Menschen in der ,Philosophie' suchen, gerade durch Christus allein gegeben werden kann. Er sucht ,apostolischen Glauben' und ,menschliche Erfahrung' zu korrelieren, auf eine gleiche Art wie es die modernen Korrelationstheologen tun.

Wir müssen durch dieses Kolossermodell hindurchschauen. Denn diese Versetzung von Christen nach dort droben, als „Leib des auferstandenen Herrn", hat einen rein apostolischen Inhalt; und dieser heißt „apolytrosis" (1,14), Erlösung oder Befreiung, und diese ist im Kolosserbrief nichts anderes als die *Sündenvergebung* durch die *christliche Taufe* (1,14; siehe Eph 1,7). Paulus sah die Sünde als eine Macht, einen Tyrannen über den Menschen (Röm 5,12), aber eine Macht, die durch die Übermacht Jesu, durch seinen Kreuzestod, gebrochen ist (Röm 8,3; 2 Kor 5,21; siehe Röm 5,25). Auch für den Kolosserbrief ist der Inhalt des Heils Sündenvergebung und Lebensgemeinschaft mit Gott in Christus; aber dies wird so ausgelegt, daß die Macht der Himmelswesen, die Gut und Böse im Irdischen fügen, gebrochen wird. Und das ist nichts anderes als der Sühnetod Jesu. In einem anderen Zitat eines Fragments (Kol 2,13c–15) wird gesagt: „Er hat uns alle unsere Sünden vergeben. Er hat die Urkunde mit ihren erschwerenden Bestimmungen, die gegen uns zeugte, zerrissen. Er hat sie vernichtet und ans Kreuz genagelt. Er hat die Herrschaften und die Mächte entwaffnet und öffentlich zur Schau gestellt. Er hat über sie durch das Kreuz triumphiert" (2,13c–15). Der versöhnende Kreuzestod, dessen Folge die Sündenvergebung ist (2, 13 c), wird in 2, 14–15 erklärt. Die Sündenschuld wird rabbinisch-juridisch dargestellt; der Sünder steht Gott gegenüber wie ein Schuldner seinem Gläubiger, der den Schuldbrief in Händen hat. Nach dem offiziellen Judentum vernichtet Gott nur dann den Schuldbrief, wenn ihm Gegenleistungen von Verdiensten, guten Werken und Sühnopfern gegenüberstehen[85]. Die christliche Gemeinde bekennt: Durch den Sühnetod Jesu wird der Schuldbrief von Gott zerrissen und sind die Sünden erlassen; niemand kann uns noch das Gegenteil beweisen, alle belastenden Dokumente sind vernichtet. Die Sünden haben somit ihre Gültigkeit verloren. Der Kolosserbrief memoriert hier die urchristliche Gegebenheit der Sündenvergebung dank dem Kreuzestod Jesu, in den wir durch die Wassertaufe untergetaucht wurden. Gerade dadurch ist die Macht der himmlischen Weltgeister gebrochen: Sie werden als Gefangene hinter dem Triumphwagen mitgeführt, in dem der Sotēr oder Sieger nach einem Kampf seinen großartigen Siegeseinzug hält: Er hat die besiegten Führer „öffentlich zur Schau gestellt" (2, 14–15). Ihre Niederlage ist für alle sichtbar – im Leben der Christen, die sich aus all diesen überirdischen Quälgeistern, Dämonen und Kosmokratoren nichts mehr machen. Für Christen sind sie ‚Nichtse': Es gibt in Christus keinen Grund mehr für kosmische Ängste, das große Lebensproblem jener Tage. Das ist die dem Kolosserbrief eigene Gnaden-Erfahrung, in welcher die Sündenvergebung die Perspektive auf ein radikales Gottvertrauen in Christus eröffnet, durch das Gläubige freie Menschen sind, die sich vor nichts und niemandem mehr zu fürchten brauchen. Wenn allein in Christus Heil ist, ist der Christ vom „Engeldienst" befreit (2, 18), auch von allen Tabuvorschriften (2, 21), die uns verbieten, dies oder jenes zu essen und zu trinken (2, 20–21), und der Autor fügt hinzu: und das sind alles gerade gute Lebensgaben Gottes (2, 22)! Das „christliche Leben dort oben" ist also nicht so unirdisch, wie dieses Modell nahelegen könnte.

In der zweiten Strophe des Christushymnus (1, 18 b–20) wird die eigentliche Grundlage der kosmischen Christusprädikate der ersten Strophe offengelegt. Christus ist „archè", d. h. „prōtotokos ek tōn nekrōn" (1, 18 b), der Erstgeborene aus den Toten. Auch in der Weisheitsliteratur wird die Weisheit (oder, zwischentestamentlich, der Logos) „archè" genannt (Spr 8, 23). Im Kolosserbrief wird nicht gesagt, daß Christus archè tēs ktiseōs tou Theou" ist (Beginn und Prinzip der Schöpfung Gottes, siehe Offb 3, 14). Er ist *archè* als „Erstgeborener von den Toten", als erster, der auferstanden ist, und deshalb „aparchè" (Erstling) der kommenden Auferstehung (siehe 1 Kor 15, 20.23), „Anführer (archegos) des Lebens" (Apg 3, 15), „Erstgeborener aus der Auferstehung der Toten" (Apg 26, 23), „der Erstgeborene der Toten und der Führer aller Könige der Erde" (Offb 1, 5) – eine urchristliche Tradition. Der Kolosserbrief sagt: „Damit er *in allem* der Erste sei, er allein" (1, 18), das heißt, in Schöpfungs- und Auferstehungs- oder Heilsordnung ist Jesus als Christus der Erste (prōteuōn: der allen und allem vorangeht; der die Priorität vor allem besitzt).

Dafür wird jetzt der Grund angegeben: „Es hat Gott gefallen, in ihm die ganze Fülle Wohnung nehmen zu lassen" (1,19; pan to plērōma). Auch hier übernimmt das Christuslied einen Ausdruck, der in die kleinasiatische kosmische Spiritualität gehört. Der Autor (oder das Lied) schreckt nicht vor dem zurück, was man im Vergleich zum traditionell überlieferten Glauben ‚Modernismen' nennen könnte. Der Begriff pleroma hat hier mit Gnostizismus nichts zu tun, weil in der Gnosis des 2. Jahrhunderts Gott selbst eben nicht ‚pleroma' genannt wird; pleroma ist dort das Ganze der Emanationen, die aus Gott hervorgehen, nämlich die höchste pneumatische Welt in der nächsten Nähe Gottes, eine Welt, die durch eine Trennwand vom Irdischen getrennt ist. Und in dieser späteren, christlichen Gnosis ist Jesus die vollkommene Frucht des pleroma: der als Erlöser aus der pleroma-Welt herabsteigt, um alles, was ursprünglich pneumatisch war, wieder *in* dieses pleroma zu sammeln. Im Kolosserbrief ist Gott selbst das pleroma, und so gesehen ist dies sogar schon ein alttestamentlicher Begriff: Gott *erfüllt* Himmel und Erde (Jer 23,23; Jes 6,3). Hier ist es ein allgemeiner, spät-antiker Begriff aus dem Synkretismus. Der Kontext bestimmt, was diese Fülle genau bedeutet. Hintergrund dessen ist jedoch der Unterschied zwischen Gott und Welt. Das Corpus Hermeticum 6,4 nennt die Welt „das pleroma des Bösen", Gott dagegen „das pleroma des Guten", und der Kosmos, der innig mit Gott verbunden ist, wird ein „plērōma tēs zōēs" genannt (Corp. Herm. 12,15), eine ‚Lebensfülle'. Der Synkretismus ergibt sich nämlich daraus, daß dieselben Hermetica Gott ‚das All' (alles) nennen und daß diese Fülle nicht verdoppelt werden kann, sondern eine ist (ebd. 16,3). So ist Gott selbst das pleroma, als der eine, alles durchdringende Gott[86]. Man kann das, was hier gesagt wird, als den damals allgemein geltenden Gottesbegriff bezeichnen. Pleroma ist Gott. So versteht auch der Kolosserbrief das Wort. Paulus gebrauchte das Wort ‚pleroma' schon im jüdischen Sinn (Röm 11,12.15; 13,10; 15,29; 1 Kor 10,26). Aber der theologisch-kosmische Begriff wird im Kolosserbrief christologisch und soteriologisch umgeformt: „Es hat Gott gefallen, ... zu wohnen" (Kol 1,19). Das ist eine alte deuteronomistische Theologie: Jahwe wählt sich selbst seine Wohnstätte (griech. Dt 12,5.11; 14,23; 16,2.11; 26,2; 2 Makk 14,35; – auch in 3 Makk 2,16). Die „skenosis" oder Einwohnung bedeutet an sich keineswegs seine Zelte aufschlagen, sondern einfach ‚irgendwo wohnen' (für kurze oder längere Zeit) (der Gleichklang der Konsonanten zwischen dem hebräischen sch-k-n und dem griechischen skene – was in der Tat mit einem Zelt zu tun hat – ließ die Septuaginta das hebräische wohnen mit ‚skenoun', sein Zelt aufschlagen, übersetzen; im Hebräischen ist dies nur ausnahmsweise der Fall, nämlich Gen 9,27; Rich 8,11)[87]. In religiöser Sprache wird das Wort gebraucht, um Gottes ‚Wohnen inmitten der Seinen' auszudrücken (Num 5,3; 35,34), vor allem in Israel (Ex 25,8; 29,45.46; Ez 43,9 usw.), auf dem Sionsberg oder in Jerusalem (Jes 8,18; Joel 4,17.21; Ps 135,21) oder im Himmel hinter einer Wolke (1 Kön 8,12). Daß Gott *nur seinen Namen* irgendwo wohnen läßt, ist späteren Datums. Kol 1,19 (katoikein, auch in 2,9) sagt: Gott wohnt in Christus, und zwar: „um durch ihn das All mit sich zu versöhnen" (1,20). Kol 2,9 präzisiert, was mit dieser Einwohnung im Christuslied gemeint ist: das „pan to plērōma" oder die ganze Fülle ist die Fülle Gottes (nicht „theiotes", sondern „theotes", das heißt das Gott-Sein selbst). Die göttliche Fülle ist allein in Christus zu finden, und deshalb ist alle Engelverehrung als Heilsweg sinnlos und eitel. Kol 2,9 präzisiert nicht nur, was diese Fülle ist, sondern auch die Art der Einwohnung: „sōmatikōs". In dem Gebrauch dieses Wortes spielt eine ganze Menge mit. „Sōmatikōs" weist auf Wahrhaftigkeit, auf die Wirklichkeit der Einwohnung Gottes im Menschen Jesus dem Christus. „Soma" ist Wirklichkeit gegenüber Scheinwirklichkeit oder zumindest nur einer Abbildung der Wirklichkeit: einer Schattenwirklichkeit: „Dies alles ist nur ein *Schatten* der kommenden Dinge: die *Wirklichkeit* selbst (soma) wird in Christus gefunden" sagt Kol 2,17. „Sōmatikōs" bedeutet in Kol 2,9 deshalb schon: Gottes Fülle wohnt *wahrhaftig* in Christus. Aber dies steht wiederum in Zusammenhang mit Kol 1,18, wo die Kirche „sōma tou Christou", Leib Christi, genannt ist. Mit anderen Worten: Wie die Kirche das soma, der Leib Christi ist, so ist Christus selbst das soma Gottes. Als mit Gott *erfüllt*, *erfüllt* Christus seinerseits die *Kirche*. „Gott wohnt ‚leibhaftig' in Christus" (2,9).

In Kol 1,20 wird vorausgesetzt, daß die Welt Versöhnung braucht – warum, wird nicht gesagt. Man geht davon aus, daß die bestehende Situation nicht in Ordnung ist, daß etwas schiefgegangen ist. Man spürt einen kosmischen Bruch zwischen der höheren und der niederen Welt, dessen Opfer die Menschen sind, was sich in der menschlichen Geschichte von Sinn und Sinnlosigkeit, Leiden und Schuld, einem Leben unter dem Zwang eines Schicksals äußert; denn Menschen wollen offensichtlich oft das Gute und tun doch das Böse. Dies war im ganzen Altertum ein Lebensproblem. Versöhnung muß dann eine Heilung dieses kosmischen Bruches sein. Der Gedankengang des Kolosserbriefes ist nun, daß das All dadurch versöhnt ist, daß durch Jesu Auferstehung und Erhöhung bei Gott Himmel und Erde (Menschsein) wieder in ihrer durch Gottes Schöpfung bestimmten Ordnung hergestellt sind. Die Diastase zwischen niederer und höherer Welt, Ursache alles Elends, ist dadurch überbrückt, daß in einem irdischen Menschen, Jesus, leibhaftig die Fülle Gottes wohnt, der Versöhnung gebracht hat und jetzt als Weltherrscher dort oben thront. In der Kirche als Gemeinschaft von Christusgläubigen steht das All wieder unter *einem* Haupt, Christus. So ist kosmischer Friede verwirklicht und schon manifest in der Kirche (1,20)[88].

Weil Christus der Mittler der Versöhnung, des eschaton ist, ist er auch der Mittler des *proton* oder der Schöpfung. Das Band zwischen Schöpfung und Christus (erste Strophe des Christusliedes) ist dadurch gegeben, daß Christus als Erlöser Ziel und Sinn, das eschaton der Schöpfung ist. Der Autor fügt, paulinisch, jedoch hinzu: durch das Blut des Kreuzestodes, um so eine hymnische ‚theologia gloriae' (des Triumphes) mit einer ‚theologia crucis' (durch Leiden und Tod) zu verbinden (siehe auch Kol 2,14–15). Der Friede im All ist wiederhergestellt, nicht durch ein überirdisches Drama, sondern durch den geschichtlichen Kreuzestod Jesu. Aus den soteriologischen Aussagen der zweiten Strophe ist das rechte Verständnis der kosmischen Christologie in der ersten Strophe des Christusliedes zu verstehen. Das geht aus der Identifizierung des „Leibes Christi" mit der *Kirche* hervor: durch die Kirche übt der erhöhte Christus seine befriedende Herrschaft in der ganzen Welt aus, indem er als Haupt seinem Leib, der Kirche, Leben schenkt. „Der Friede Christi" (3,15) wird durch die Kirche und in der Kirche in der Welt verwirklicht. Mit anderen Worten: Der kosmische Friede ist *jetzt schon* tatsächlich realisiert, aber vorläufig nur in der Kirchengemeinde, dem Machtbereich Christi.

Vorhin wurde gesagt, Kol 1,13–14 zeige, wie in diesem Brief das Christuslied verstanden werden müsse. Auffällig ist, daß (wie übrigens nirgendwo im Neuen Testament) die kosmische Dimension Christi (seine Rolle in der Schöpfung) zwar bejaht, aber weiter nicht erklärt wird. Vom Kosmischen bleibt nur dies übrig: Der Christ hat keinen Grund mehr für kosmische Ängste und horoskopische Tabus oder Schicksalsbestimmungen (2,16–23). „Das Mysterium Gottes ist Christus" (2,2), also: der von der Kirche allen Völkern verkündete Christus (siehe Kontext 1,24 – 2,5: das apostolische Amt des Paulus) ist die Hoffnung der Welt und Grundlage der Kirchengemeinde. Die Verkündigung dieses Christusmysteriums erschließt *der Welt* ihre eschatologische Zukunft (1,5; siehe 1,23 und 1,27). Inhalt dieser kirchlichen Botschaft ist „Christus" (1,27), unsere Hoffnung.

Der kleinasiatischen ‚Lebensphilosophie' stellt der Kolosserbrief einfach den apostolischen Glauben gegenüber, übersetzt auf diese Lebensphilosophie hin: die Verkündigung des gekreuzigten und auferstandenen Jesus. In Kol 1,21–23 weist der Autor darauf hin, daß sie – die Christen aus Kolossä – früher Heiden waren, das heißt jüdisch gesehen „atheoi", nicht im Sinne von Atheisten, sondern außerhalb des einen wahren Gottes lebend. Ein Grund mehr, jetzt als Christen nicht auf den Pfad außerchristlicher Heilslehren zurückzukehren. Durch Paulus belehrt, legt der Autor den Nachdruck darauf, daß ihre Bekehrung zu Christus „im Glauben" erfolgt ist (2,12; 3,3). Aber ‚Glaube' erhält hier eine besondere, volle Bedeutung, er steht dem ‚aufgeblasenen' (2,18) Erfahrungserlebnis von „Erfülltsein" bei den „philosophia"-Leuten gegenüber, einer Aufgeblasenheit, die statt eines Erfülltseins *von Gott* letztlich nichts anderes ist als ein Erfülltsein von sich selbst (2,18): „Menschen, die Genugtuung finden im Dienst der Verehrung von Engeln, wie sie sie bei ihrer Initiation geschaut haben, grundlos aufgeblasen durch ihren irdischen Sinn."[89] Denn der Autor wendet sich gegen das ekstatische Erlebnis einer Art von ‚Schauen' der sonst verborgenen Weltordnung in dem Augenblick, da der Initiant (in dieser Lebensphilosophie) seine alten Gewänder abgelegt hat und die neuen Gewänder anzieht. Kol 2,22 fügt hinzu: „Das hat zwar den Ruf, Weisheit zu sein in selbstgewähltem Kult, in Engeldienst und Strenge gegenüber dem Leib, aber mit timè, Ehre, hat dies nichts zu tun; statt Geisteserfüllung ist dies Selbstbefriedigung oder Selbstbetäubung (timè bedeutet in Mysterienkreisen eben die Auserwählung und Vergöttlichung). Offensichtlich spielte in der in Kolossä praktizierten ‚Lebensphilosophie' (oder Religion) die Erfahrung eines seligen Gemütszustandes eine zentrale Rolle. Aber, so sagt der Kolosserbrief, wer nicht an Christus als Haupt festhält (siehe 2,19), kann nicht *erfüllt* werden, denn Leben kommt aus dem Haupt in den Leib, und allein in Christus ist „sōmatikōs" (leibhaftig) Gottes Fülle zu finden (2,9). Christen sind „die in ihm Erfüllten" (2,10). Daher ist das Heilsmysterium Gottes „Christos en hymin" (1,27), Christus in euch, das heißt der unter den Völkern *gepredigte* und von Christen im Glauben *angenommene* Christus (vgl. 2 Kor 1,19: „ho en hymin dia hēmōn kērychtheis", der Christus, der von uns unter euch verkündigt wurde). „Das Mysterium Gottes, das ist Christus" (2,2) ist kein subjektives, seliges Erlebnis, sondern ein *Glaube* an den *verkündeten* Christus. Neutestamentlich läßt sich offensichtlich eine gewisse Zurückhaltung gegenüber mystischen Erfahrungserlebnissen verspüren, die nicht unter der Kritik des apostolischen Glaubens stehen. Auch Paulus stand ihnen kritisch gegenüber.

III
Der Kolosserbrief und Paulus

Der Kolosserbrief ist deutlich eine Reaktualisierung der christlichen Anschauung des Paulus innerhalb eines besonderen, kleinasiatischen Erfahrungs- und Verstehenshorizonts. Es gibt wesentliche Punkte der Berührung mit Paulus. „Doch gibt es für uns nur einen Gott, den Vater, aus dem das All hervorgeht und für den wir bestimmt sind, und einen Herrn, Jesus Christus, durch den das All ist und auch wir sind" (1 Kor 8,6), wie auch: „Wer wird uns trennen von der Liebe Christi? ... Weder Tod noch Engel, noch böse Geister ... keine Macht in der Höhe oder in der Tiefe, noch irgendein Wesen im All wird uns trennen können von der Liebe Gottes, die in Jesus Christus ist" (Röm 8,11–39). Der Kolosserbrief sagt letztlich das gleiche. Aber der Autor hat neue Gesichtspunkte. Gott wohnt in Christus wirklich, sozusagen wie in seinem eigenen Leib (Kol 2,9). Christus ist das Haupt aller Mächte und Herrschaften (2,10), nicht erst apokalyptisch endzeitlich, sondern schon jetzt. Diese aktuelle Herrschaft (1,15–20; 2,9–10; 3,1–2; 3,11) kennt Paulus nicht – wenn dieser Unterschied zu Paulus auch mehr Schein als Wirklichkeit ist. Denn im Kolosserbrief übt Christus diese aktuelle Herrschaft als Haupt der Kirche, *seines Leibes*, aus (1,24), nämlich durch die Weltsendung dieser Kirche (paulinisches Element). Nicht diese Engelsmächte sind sein Leib, wenn sie ihm auch unterworfen sind. Wo Geheiligte in Christus versammelt sind (1,2), aneinandergeschlossen durch die Liebe als Band der Vollkommenheit (3,14), dort regiert Christus – in dieser Welt. Die Verkündigung des Evangeliums (1,5.23.27) „an alle Geschöpfe unter dem Himmel" (1,23; siehe 1,26–27; 4,3–4) weist auf die kosmische, das heißt universale Dimension des Heils in Jesus. Die Hoffnung auf ein künftiges Geschehen bleibt unangetastet; die eschatologische Spannung ist nicht verschwunden, sie ist sogar der Kern dessen, was ‚das Evangelium' genannt wird (1,5; 1,23; 1,27). Doch wird schon stärker als bei Paulus der Blick-voraus ein Blick-nach-oben, räumlicher: das Erbe liegt dort oben schon bereit (1,5). Die „fides *quae* creditur", der Glaubensinhalt (siehe 2,7 und 1,23), erhält einen kräftigeren Akzent als die „fides *qua*". Bei Paulus ist die Hoffnung auf den Glauben gegründet (Röm 4,18), im Kolosserbrief ist die Hoffnung der *Inhalt* des Evangeliums, das überall verkündet wird.

Auch die Taufe erhält eine neue Bedeutung. Für Paulus ist die christliche Taufe als ein Mitsterben mit Christus vor allem ein der Sünde Absterben, ein Angeld des Pneumas und deshalb Grund der Hoffnung auf das spätere Mitauferstehen mit Christus (Röm 6,1–11). Im Kolosserbrief ist die Taufe nicht nur ein Mitsterben mit Christus, sondern vor allem ein *Mitauferstehen* mit ihm (Kol 2,12 und 3,1, wenn auch der Kolosserbrief noch nicht hinzufügt, was der Epheserbrief tun wird: Jetzt schon sitzen wir mit Christus zur Rechten Gottes, Eph 2,6). Wir erwarten nur noch das Offenbarwerden dessen, was wir, in Gott verborgen, jetzt schon *sind* (Kol 3,3). Der Kolosserbrief geht so weit wie möglich mit der bekämpften Lebensphilosophie, aber nur um zu zeigen, daß die dort gesuchte himmlische Lebenserfüllung allein in Christus, dem Auferstandenen, zu finden ist. Paulus orientiert seine ethischen Ermahnungen auf die kommende Auferstehung, wenn auch auf der Grundlage der Taufe; der Kolosserbrief dagegen betont die aktuelle Wirklichkeit: „Wenn ihr nun mit Christus auferstanden seid, dann denkt an das, was droben ist" (3,1).

Von der Lehre des Paulus über die Rechtfertigung als solche ist keine Rede mehr. Der Kolosserbrief ist Paulinismus *in* einer anderen Lebenssituation, eine gegenüber Paulus reaktualisierte Theologie – zweifellos mit besonderen Risiken, wie auch die Auffassung des Paulus vom apostolischen Glauben besondere Risiken in sich trug. Der in der Taufe angezogene „neue Mensch" (Kol 3,10a), der *nach* dem Bild (eikon) des Schöpfers geschaffen ist (Kol 3,10b), ist auch eine leichte Verschiebung gegenüber Paulus. Dieser sprach von „Christus anziehen" (Gal 3,27; Röm 13,14), der Kolosserbrief von „den neuen Menschen anziehen", der *nach* Gottes Bild, das heißt nach Christus, gestaltet ist. Die Neuheit dieses Lebens im Machtbereich Christi ohne die Tyrannei himmlischer Mächte bedeutet aber nüchtern und konkret: liebevolles Erbarmen, Güte gegenüber dem Mitmenschen, Bedachtsein auf den anderen, nicht auf sich selbst, anderen auf den rechten Weg helfen und geduldig sein (3,12) – fünf Tugenden, die sich durchaus auf Erden in den alltäglichen Beziehungen von Menschen miteinander abspielen. Der Autor fügt hinzu: Bereitschaft, zu vergeben wie Christus, in dem man getauft ist (3,13), und vor allem: die agape oder Liebe (3,14), denn sie ist der „syndesmos" (d.i. ein Band, das lose Teile aneinander bindet) der Vollkommenheit (genitivus finalis), das heißt die Liebe ist ein Band, das zur Vollkommenheit führt. Sie bindet die Mitglieder der

Gemeinde untereinander in dem einen Leib Christi und schafft so die Vollkommenheit in der Gemeinschaft. Das ist „der Friede Christi" (3, 15), den der Autor der Gemeinde wünscht (vgl. Joh 14, 27; 1 Thess 3, 16). Gemeint ist nicht so sehr ‚Seelenfriede'; der Friede ist sozusagen der Bereich, in dem der neue Mensch lebt, der Leib der Kirche – jenes Stück der Welt, das schon versöhnt ist, wo schon Friede herrscht und von wo eine friedenstiftende Tätigkeit zur Welt hin ausgehen muß (vor allem der Epheserbrief wird *dies* in den Mittelpunkt rücken).

Der Kolosserbrief ist deshalb eine neue Version der Erfahrung von Heil in Jesus von Gott her – eine neue Erfahrung – und doch die gleiche apostolische Glaubenserfahrung. Sie ist eine ekklesiologische Soteriologie, nicht individualistisch, sondern kommunitär, eine angewandte Christologie. Von der apostolischen Christologie aus wird die Gnade, Heil in Christus, ekklesial weiter ausgearbeitet und erhält darin eine ‚kosmische' Bedeutung, das heißt eine friedenbringende Botschaft für *alle Menschen*.

§ 2. Der Friede Christi unter den Völkern: der Epheserbrief

Nach dem Epheserbrief selbst ist es Paulus, der diesen Brief aus dem Gefängnis schreibt. Sicher ist, daß der Autor des Epheserbriefs mehr noch als der des Kolosserbriefs ein ausgesprochener Paulinist ist. Anderseits sind der Stil, die Redundanz, auch der kulturelle Hintergrund so kleinasiatisch, daß dieser Brief möglicherweise Paulus selbst zugeschrieben werden kann. Der Brief sagt, daß Tychicus (nach Apg 20, 4 aus Kleinasien) den Brief überbringen wird (ist er der Autor?). Die Gemeinde, an die der Brief gerichtet ist, wird auch in den besten Handschriften eigentlich nicht erwähnt. Außerdem sagt der Autor in Eph 3, 1–2, daß er die Leser seines Briefs nicht kennt, während anderseits nach Apg 19, 10 Paulus selbst zwei Jahre lang in Ephesus gewesen ist. Dem Brief fehlt auch jede Anspielung auf besondere Verhältnisse einer bestimmten Gemeinde. Seinen Lesern gegenüber ist der Autor unpersönlich.

Der Epheserbrief scheint mir eine kleinasiatische Version des Römerbriefs zu sein. Thematisch will der Autor „die Hoffnung, zu der Christen berufen sind" (1, 18), vor dem (kritisch betrachteten) allgemein-kulturellen Hintergrund des spätantiken Kleinasiens darlegen. Wahrscheinlich ist der Brief eine Art Enzyklika an verschiedene Kirchen in Kleinasien. Davon findet sich noch eine Spur in 1, 1, wo die Erwähnung „in Ephesus" ursprünglich fehlte. Man kann annehmen: „An die Gläubigen in :..", und Tychicus soll dann jeweils den Namen der Kirchengemeinde, in welcher der Brief vorgelesen wird, einsetzen (Laodicäa, Hierapolis, Ephesus usw.). Vermutlich hat der erste ‚Herausgeber' des Briefes ihn in Ephesus gefunden und „in Ephesus" eingesetzt oder eine dort so ausgefüllte Kopie herausgegeben: Epheserbrief. Ephesus war übrigens die Hauptstadt der kleinasiatischen Kirchen.

Bei der Aktualisierung der Gedanken des Römerbriefs scheint der Epheserbrief den Kolosserbrief gut zu kennen (nicht umgekehrt. Vgl. Kol 1,5 mit Eph 1,13–14; Kol 1,23 mit Eph 3,6; Kol 4,3 mit Eph 6,19; Zitat von Jes 52,7 in Eph 6,15 – siehe Eph 2,17 – ist sekundär gegenüber dem Kolosserbrief). So schreibt der Autor gleichsam auf seine Art den Kolosserbrief neu. (Aber diese Beziehung des Epheserbriefs zum Kolosserbrief könnte auch dadurch erklärt werden, daß beide sich auf *das gleiche Material* stützen, ohne daß der Epheserbrief den Kolosserbrief unmittelbar kennt.) Die eirènè oder der Friede ist der Schlüsselbegriff des Epheserbriefs, er ist der Inhalt seiner Frohbotschaft als „Evangelium des Friedens" (Eph 6,15), das heißt das Christusmysterium, durch das Apostelamt, aber auch von der ganzen Kirche (5,15) allen verkündet; Frieden, zu erreichen durch einen harten Kampf gegen die Großmächte der Finsternis (6,12–17), für den Autor: Mächte geheimnisvoll-himmlischer Art. Durch den Sieg über diese himmlischen, menschenentfremdenden Mächte wird der Bruch zwischen den Völkern – Juden und Nicht-Juden – in dem Frieden der Kirche aus Juden und Heiden behoben.

Die kleinasiatische Denk- und Gefühlswelt erklärt den überladenen Stil (während der Stil des Kolosserbriefs hieratisch-verhalten und spröde ist). Darlegungen in einem Satz von vierzehn Zeilen werden unterbrochen durch „dank dem Reichtum seiner Gnade" (1,6), „seiner Gnade verdankt ihr eure Rettung" (2,5b), „um seiner großen Liebe willen, mit der er uns geliebt hat" (2,4), „wie groß die Hoffnung", „wie reich die Herrlichkeit" und „wie übergroß seine Macht" (1,18), „der übergroße Reichtum seiner Gnade" (2,7) usw. Zum Teil ist dieser Stil auch zu erklären durch das feierlich bekennende und hymnische Traditionsgut, sei es alttestamentlicher (und synagogaler) Modelle, sei es aus schon bestehenden christlichen Lobpreisungen Gottes bei der Taufe eines Neubekehrten. Der Nachdruck auf Prädestination und Gnadenüberfülle zeigt außerdem enge Verwandtschaften mit dem Qumran-Milieu (eine – eher indirekte – Beziehung, welche die Exegeten in den letzten Jahren immer mehr herausgearbeitet haben). Außerdem schreibt der Autor ein besonders gutes Griechisch. Vor allem die drei ersten Kapitel sind eine Perle literarischer Konstruktion, worauf wir hier jedoch nicht eingehen können.

Abgesehen von der orientierenden Einleitung (einer ausgedehnten hymnischen Danksagung) zerfällt der Brief in zwei Teile: a) *einen dogmatischen Teil*: „Daß ihr erkennen mögt, wie groß die Hoffnung ist, zu der er euch ruft" (1,18): „berufen zur Hoffnung" (siehe 1,15–23), ausgelegt in Eph 1–3; und b) ein paränetischer oder *ethisch ermahnender Teil* auf der Grundlage der gegebenen Dogmatik: „Führt ein Leben, das der Berufung entspricht, die ihr von Gott empfangen habt" (4,1), detailliert in Eph 4–6. Als Kind seiner Zeit und der kulturellen Umgebung mit ihrer universalen, kosmischen Bewußtwerdung begegnet der Autor zeitgenössischen Denkvorstellungen mit Sympathie, nennt diese jedoch erst dann gültig und erlaubt, wenn die geschichtliche Verantwortung der Kirche ernst genommen wird. Typisch ist schon: „Gott sei die Herrlichkeit *in der Kirche* und in *Christus* Jesus" (3,20–21). Wenn irgendwo im Neuen Testament, dann legt der Epheserbrief damit die Grundlage für eine ‚politische' Theologie, deren historische Konsequenzen oder Implikationen der Autor selbst noch nicht durchschaute. Dies möge aus der folgenden Analyse hervorgehen.

I
Kulturreligiöse Voraussetzungen des Epheserbriefs

In den Jahren, in denen der Epheserbrief geschrieben wurde, war Jesus schon ein ‚Stück Kultur' geworden, ein Bestandteil des spätantiken Synkretismus. Mit anderen Worten, es hatten sich schon synkretistisch denkende Juden und Heiden zum Christentum bekehrt. Sie brachten ihr ganzes geistig-kulturelles Erbe mit in die Kirche. Die kritische Frage, die hinter dem Versuch des Epheserbriefs steht, ist: Inwieweit ist es den Christen erlaubt, den eigenen Zeitgeist mit der unverkürzten Orientierung des apostolischen Glaubens zu versöhnen, der hier – wie im Kolosserbrief – mit dem paulinisch-apostolischen Glauben und, über diesen Paulinismus, mit dem Mysteriengeschehen in Jesus identifiziert wird? Bemerkenswerterweise findet man im Epheserbrief ein Unikum außerhalb der vier Evangelien, nämlich in Eph 4,20–21 wird ‚Jesus' ‚Christus' gegenübergestellt[90]. Liegt darin eine Reaktion auf eine kosmische ‚Christus'-Spekulation oder ein ‚Christus-Prinzip', das sich getrennt von Jesus von Nazaret (paulinisch bedeutet das: getrennt von seiner sich opfernden Selbsthingabe bis zum Tod) innerhalb der kulturreligiösen Voraussetzungen der kleinasiatischen Kultur gesondert entwickeln würde? (Siehe unten.)

Das stets wiederkehrende Problem der „Gemeinde Gottes" (Epheser) ist: Die Kirche, die nicht von der Welt ist, lebt *in* der Welt. Die Frage lautet dann: Erhält die Kirche eine kritische und kreative Spannung zu und in dieser, ihr eigenen soziokulturellen Umgebung aufrecht, die auch die Atmosphäre ist, die ihre Mitglieder täglich einatmen? Im Gegensatz zum Kolosserbrief ist der Epheserbrief nicht auffallend polemisch (wie es auch der Römerbrief, im Gegensatz zum Galaterbrief, nicht ist). Nirgends ist die Rede von Gegnern, wie im Galater- und im Kolosserbrief. Man kann sagen: Der Epheserbrief verhält sich zum Kolosserbrief wie der Römerbrief zum Galaterbrief. Die Polemik ist schon in der thematisch ruhigen Darlegung verarbeitet. Im Epheserbrief finden sich keine Spuren einer Engelverehrung (wie im Kolosserbrief). Wenn es im Epheserbrief eine implizite Distanzierung gibt, z.B. von einer Christologie, die in eine Art alles erfüllenden kosmischen Befreiungsrausches und eine Einswerdung mit dem All übergeht, in einer damals aufkommenden, vagen kosmopolitischen Brüderlichkeit (die vor allem durch die Stoa und das hellenistisch-römische Einheitsreich gefördert wurde), dann wird dies aus dem Text des Epheserbriefs selbst hervorgehen müssen. Der geistige Hintergrund des Briefes scheint mir schwieriger zu ergründen zu sein als z. B. der des Kolosser- oder des Galaterbriefs, in denen sich ausdrückliche Hinweise auf Aussagen von Gegnern finden. Daß der Hintergrund spätantik synkretistisch ist, mag zwar evident sein, aber Synkretismus zeigt gerade vielerlei Spuren. Die exegetischen Interpretationen gehen daher stark auseinander.

Nach H. Schlier und E. Käsemann soll dem Brief ein gnostisches Modell zugrunde liegen, vermischt mit Stoa-Elementen einer Weltsynthese und universeller Brüderlichkeit. Nach Ansicht des tschechischen Christologen P. Pokorný ist es eine gemilderte Form von Gnostizismus, während C. Colpe vom Mythos des Urmenschen spricht, einem Heiland, der aus den höchsten Sphären herniedersteigt, um die in das körperliche Irdische versunkenen Seelen zu erlösen. J. Gnilka sucht in der Richtung des Philonismus: der Logos als Haupt des Kosmos, der als ein Makrokosmos dargestellt wird. E. Schweizer ist überzeugt, daß das Modell des eschatologischen Adams den Epheserbrief beeinflußt hat; es habe außerdem einen triumphalistischen und quietistischen Einschlag gehabt, ein Grund dafür, warum der Brief den Nachdruck auf die Notwendigkeit guter Werke lege. Und J. Dupont, ein Spezialist für Gnosis und Stoa, sieht einfach die ,soma'- und ,pleroma'-Spekulationen der Stoa dahinter.

Daß so viele verschiedene Interpretationen möglich sind, ist der beste Beweis dafür, daß wir es mit einem *synkretistischen* kulturellen Hintergrund zu tun haben, einem Schmelztiegel für viele, ursprünglich verschiedene Ideen, die aufeinander gestoßen sind, einander befruchtet haben und sich schwer auf einen Nenner bringen lassen. Daß der Kosmos als ein „anthropos" (Makrokosmos des Menschen als Mikrokosmos) und als „soma" oder Leib des Logos gesehen wird, ging schon aus dem Kolosserbrief hervor. Das spielt offensichtlich eine Rolle, ist aber deswegen kein ,Philonismus' (der selbst schon eine besondere Version synkretistischer Ideen ist). Der Epheserbrief kann diesen Gedanken auch vom Kolosserbrief haben. Ich glaube, man tut besser daran, aus dem Ephesertext (und nicht unmittelbar aus religionsgeschichtlicher Kenntnis der Antike – diese ist nur eine Hilfe) dessen Voraussetzungen zu klären, um erst dann – wenn möglich – festzustellen, welche Begriffe aus dieser synkretistischen Gedankenwelt im Epheserbrief dominieren. Und dann springen drei Schlüsselbegriffe ins Auge.

A. GEISTIGE HIMMELSMÄCHTE

Schon in Eph 1, 21–22 wird gesagt, daß Christus nach seiner Auferstehung von dem Tod „hoch erhoben (wurde) über alle Herrschaften, Mächte und Hoheiten", drei Bezeichnungen oder Klassen in der Hierarchie der himmlischen Geister. Vorhin wurde schon gesagt, daß das Lebensproblem des antiken Menschen damals astrologisch oder ‚himmlisch' bestimmt war. Die Zwietracht zwischen himmlischen Geistern und den Menschen war, auch im apokalyptischen Judentum (äthHenoch 56,5), ein *Topos* dieser Kultur. Dieses Weltbild hatte einen existentiellen Nährboden. Wie zu allen Zeiten erfuhr auch damals der Mensch sich nicht als Herr seines Lebensschicksals, seines Tuns und Lassens. Wir *wollen* das Gute und *tun* das Schlechte, sagte Paulus mit der Stoa. Der Mensch fühlte sich Kräften und Mächten unterworfen, die er nicht kontrollieren konnte – eine allgemeine Erfahrungstatsache der *condition humaine,* für die man zu jeder Zeit nach einer Erklärung sucht. Die Antike fand diese in der ‚heimarmene', dem fatum oder Schicksal, für den einen eine unbestimmbare Größe, für die meisten aber eine lebendige geistige Realität dort oben. (Noch im 13. Jahrhundert wird Thomas von Aquin eine ganze Quaestio nicht nur dem fatum widmen, S. Th. I, q. 116, sondern auch den Engeln, welche die „primi motores" der Sternenwelt sind, I, q. 53 und q. 110). Diese himmlischen Kräfte waren in der Natur und in der Geschichte wirksam. Leben und Sterben standen in irgendeiner Weise unter dem Einfluß dieser Kosmokratoren, ‚Weltherrscher', wie sie oft genannt wurden. Auch das Neue Testament lebt mit diesem Weltbild, wenn es auch an der minuziösen Klassifizierung dieser himmlischen Engelhierarchien nicht interessiert ist (wie die zwischentestamentliche Literatur mit ihren endlosen Spekulationen über Engelchöre). Außerdem wird in diesem Weltbild nicht scharf unterschieden zwischen guten Himmelswesen (Engeln) und bösen (teuflischen) Wesen, wenn man auch allgemein an eine Art Sündenfall von Engeln denkt (ein solcher findet sich im Neuen Testament nirgends, außer in einem Zitat aus einem apokryphen Buch im Judasbrief und im zweiten Petrusbrief (siehe unten)[91]. Sie bewohnen den Luftraum unmittelbar über unserer Erde, „in niederen Regionen", dem irdischen Luftbereich (siehe Eph 2,2) – dort wohnt „der Gott dieser irdischen Welt" (2,2) –, dem Luftbereich, der in der antiken Kosmologie als ‚chaotisch' angesehen wird (der Bereich von Wolken, Donner und Blitz und Hagel), im Gegensatz zu der ewigen harmonischen Ruhe und dem festen Verlauf der ganzen überirdischen Sternenwelt. Trotz des primitiven geozentrischen Standpunktes drehte sich nach diesem geistigen Weltbild doch alles um die uferlose Sternenwelt (die Erde war in dieser Spiritualität keineswegs der Mittelpunkt des Alls. Wir brauchen nur das Buch 1 Henoch zu lesen, um zu empfinden, wie die Himmelssphäre für diese Menschen der Mittelpunkt jeder Wirklichkeit ist – wenn es auch gerade um den *Menschen* geht). Eine andere Tradition weiß zu erzählen, daß ein Teil der gefallenen Engel in unterirdischen Höhlen eingeschlossen ist (Judasbrief und der Zweite Petrusbrief, siehe unten). Dieser Pluralismus hat mit der spätantiken, zwischentestamentlichen ‚Verlegung' des Totenreiches, das man früher in der Unterwelt vermutete (die Scheol oder der Hades), in höhere Sphären zu tun (Sterben wird dann zu einem ‚Aufstieg der Seele', einer ‚anabasis'). Nach Meinung anderer werden diese ‚Luftgeister' erst am Ende der Zeiten in unterirdische Höllengrotten verstoßen (siehe Lk 10,18; Offb 12,9–12; 20,10).

Dieses Interesse für die Sternenwelt (auch beeinflußt durch die wissenschaftliche Sternkunde aus dem Osten) beginnt sich im ganzen Altertum seit dem 2. Jahrhundert v. Chr. zu manifestieren und ist unter anderem eine Reaktion gegen den damals herrschenden ‚Rationalismus' des griechischen Geistes. In dieser Situation entwickelte sich der Hang nach dem Osten: „ex oriente lux". Damals entstand überall ‚Offenbarungsliteratur' von suprarationaler Weisheit: sybillinische Weisheit, hermetische Weisheit, orphische Weisheit, apokalyptisch-jüdische Weisheit und astrologische Weisheit – schon ältere fragmentarische Ideen wachsen sich zu verschiedenen ‚Lebensphilosophien' aus, auch wenn datierbare Literatur darüber oft erst aus dem 2. und 3. Jahrhundert n. Chr. stammt (der Grund für die ganze Unsicherheit).

Für Juden und Christen waren diese Geister jedenfalls Geschöpfe Gottes, ihm letztlich unterworfen. Der jüdische und christliche Monotheismus kennt keinen metaphysischen Dualismus. Deshalb ist Rettung möglich, zumindest nicht ausgeschlossen. Es muß also durch eine nicht-göttliche Ursache ein Riß in Gottes gute Schöpfung gekommen sein. Die Zwiespältigkeit unserer Menschenwelt: daß sie einerseits von Gott erschaffen und deshalb gut, anderseits faktisch sündig und somit gottfeindlich ist, wird in diesem alten Weltbild auf die Welt himmlischer Mächte projiziert, in der eine gleiche Doppeldeutigkeit von Gutheit und Schlechtigkeit zu herrschen scheint. Wenn es keine Engel oder Teufel gibt, ist der Mensch selbst ein Teufel – und das kann der Mensch, trotz aller Erfahrung von Sinnlosigkeit, nicht akzeptieren; er erfährt sich selbst als schwach, aber den Geist als willig. Etwas von diesem psychologischen Mechanismus war in diesem alten Weltbild wirksam. Auffallend ist vor allem, daß weder der Tenach noch das Neue Testament an diesen Himmelsgeistern an sich interessiert sind, es geht um ihre Beziehung zum Menschen und zu seiner Welt. Selbst Satan interessiert sie nicht, außer insofern er „der Gott (Fürst) dieser Welt" ist (Eph 2, 2; siehe Offb 12, 9–12; 20, 10; Lk 10, 18 usw.). Es herrscht die Meinung: „die ganze Welt liegt in der Macht des Bösen" (1 Joh 5, 19). Und alle kosmischen Mächte scheinen Bundesgenossen des Teufels zu sein (Eph 1, 21; 2, 2). Die Erde ist für den Christen daher die Arena im Widerstand gegen die tyrannische Herrschaft himmlischer Großmächte: „Denn unser Kampf geht... gegen die Mächte, gegen die Gewalten, gegen die Weltherrscher dieser Finsternis, gegen die bösen Geister in den Himmeln" (Eph 6, 12; siehe Röm 8, 35–39; 2 Kor 4, 4; Hebräerbrief). Sündigen bedeutet nach diesem Weltbild sich himmlischen Mächten unterwerfen (Eph 2, 1–3; siehe 2 Kor 4, 4). Sündenvergebung durch den Kreuzestod Jesu ist ipso facto daher ein Triumph über die himmlischen Mächte. Anthropologie und Ethik sind im Altertum in einen kosmischen, das heißt einen von himmlischen Geistern bestimmten Weltrahmen gefaßt. Daher ist auch Jesu Auferstehung ipso facto eine Inthronisation des Herrseins Jesu über alle Engelmächte. Aber die irdische Welt findet ihren Fortgang. Daher bleiben diese himmlischen Mächte eine drohende Wirklichkeit; vor allem der Tod ist noch da, ihre letzte Waffe (siehe 1 Kor 15, 24–28).

Augenscheinlich besteht im ganzen Neuen Testament eine Unsicherheit darüber, ob diese Großmächte durch Christus unterworfen sind oder nicht. Drei Faktoren können das erklären. Zunächst das literarische Genus, das von Hymnen, in denen Gott ob seiner Machttaten gepriesen wird, als ob alles schon verwirklicht sei (aus der Sicherheit der Hoffnung; schon in Ps 97 und 98; Lk 1,46–55; 1,68–69; Offb 11,17–18; Hebr 1,6–14). Anderseits aus dem antiken Bild des ‚basileus‘ oder Herrschers: Der König herrscht gerade in und durch die Bekämpfung seiner Feinde (siehe Ps 110). Die universale Herrschaft Christi, als Bekenntnis der Gemeinde Gottes, bedeutet daher, daß Christus in und durch den kämpfenden Widerstand gegen das Böse herrscht, spätantik: gegen Satan und seine Trabanten. Obwohl es also noch aktiven Widerstand gibt, herrscht Christus doch. Letztlich spielt darin das typisch neutestamentliche Schon-jetzt und Noch-nicht des Heils eine Rolle.

Der Kern dieses Weltbildes ist: Es gibt im Leben des Menschen Mächte und Kräfte, die in einer Art und Weise, die er nicht in den Griff bekommen kann, sein Lebensschicksal mitbestimmen. Der Kampf gegen das Böse ist nicht nur ein Kampf gegen menschliche Schwachheit (Eph 6,12a) und daher nicht bloß ein Aufruf, „guten Willens" zu sein; es geht um mehr (6,12b). Es besteht eine wesentliche Beziehung zwischen Erlösung durch Christus und Befreiung aus menschenentfremdenden (himmlischen) Machtblöcken.

B. ERLÖSUNGSMYTHEN IM HINTERGRUND DES EPHESERBRIEFES

Zwei Heilswege zur Erlösung haben in der antiken Welt offensichtlich die Darstellung der christlichen Erlösung im Epheserbrief beeinflußt.

a) Die Bresche in der Trennwand

Die Griechen hatten schon Jahrhunderte vor Christus gesagt: Der *polemos*, Krieg, Feindschaft und Unfrieden ist „das Gesetz der Dinge" (Vorsokratiker). Aus dieser Erfahrung entstanden Erlösungsmythen, das heißt, Menschen versuchen, in dieser Kontrasterfahrung das aufzuspüren und zu identifizieren, was gerade im Menschen gekränkt und verletzt wird. Solche Erfahrungen setzen zumindest ein implizites Bewußtsein einer Sinnperspektive voraus, die übrigens in ursprünglichen Erfahrungen von Sinn und Glück schon weithin explizit gemacht wurde. Dieses Ganze führt zu einer projektiven Erwartung von Gesamtsinn, den man denn auch zu identifizieren versucht. Diese interpretativen Identifizierungen rufen Erlösungsmythen ins Leben.

Mit welchem Mythos mußte sich der Epheserbrief auseinandersetzen? Eph 2,14–17 verrät, wie christlich auch seine Inspiration und Interpretation sein mag, das latente Vorhandensein einer andersgerichteten, vorgegebenen Tradition als Unterlage. Im Kontext des Epheserbriefs wird der Gedanke ausgedrückt, daß in der Kirche als Gemeinde Gottes das Christentum als das neue, nämlich „dritte Geschlecht" erscheint: Einheit von Juden und Heiden. Die Kirche ist der Raum, in dem der Bruch zwischen den Völkern geheilt wird und die Völker versöhnt werden. Das ist die besondere Soteriologie des Epheserbriefs. Aber die Terminologie, die gebraucht wird, läßt einen anderen Mythos durchschimmern. Diese Vermutung wird durch Eph 4, 8–9 bestätigt; hier ist die Rede von Versöhnung aufgrund der Tatsache, daß ein göttlicher Mittler den Bruch zwischen der niederen und der höheren Welt heilt durch einen Akt des ‚Herabsteigens' und ‚Hinaufsteigens', durch eine Reise durch alle überirdischen, irdischen und unterirdischen Welten und dann zurück zu den ‚epourania' oder himmmlischen Sphären. Dieses Erlösungsmodell war damals weit verbreitet.

Aber denken wir dabei zuerst an Israels Tradition (die allerdings durch Kanaan mit beeinflußt war). ‚Hinaufsteigen' und ‚Herabsteigen' (ʿalah, hinaufsteigen, und jarad, herabsteigen) [92] erhalten im Tenach eine theologische Bedeutung, wenn es um Jahwe geht, von dem man annimmt, daß er droben wohnt. Jahwes huldvolles Erscheinen unter den Menschen ist dann ein ‚Abstieg' (katabasis) und ein ‚Aufstieg' (anabasis), nicht so sehr als Anthropomorphismus, sondern um Jahwes Transzendenz anzudeuten. Jahwe besucht sein Volk, ‚steigt herab', um sein Volk zu befreien (Ex 3, 8; Jes 31, 4; 63, 19; Ps 144, 5–8; oder auch um es zu bestrafen, Gen 17, 7; Mi 1, 3). Außerdem ist da noch etwas Besonderes mit den „König-Jahwe"-Psalmen (vor allem Ps 47; 68; 97). Hier ist die Rede von einer Himmelfahrt Jahwes und von seiner Inthronisation als Weltherrscher (Ps 47, 3 mit 47, 6; 47, 10 und 97, 9). In Ps 68, 19 nimmt Jahwe bei seiner Himmelfahrt Gefangene mit sich, die ihm Huldigungsgeschenke geben: es geht um Gottes Weltherrschaft (Eph 4, 8–9 zitiert gerade diesen Psalm). Himmelfahrt Gottes und universale Gottesherrschaft fallen zusammen. Als solcher wird er „ʿeljon" genannt, der Allerhöchste, entweder über allen anderen Göttern (die später zu elohim und Engeln werden; Ps 97, 9), oder über den politischen und militärischen Machthabern der Erde (Ps 47, 10). Als ʿeljon ist Gott Weltherrscher (z. B. Ps 7, 18; 9, 3; 50, 14; 92, 2), der wegen seiner Majestät gepriesen werden muß. Dieser alte Jahwename wird mehr geliebt in der Zeit vor Christus und in der ganzen zwischentestamentlichen Literatur: „der Allerhöchste" mit „seinem Reich ohne Ende" (Dan 4, 12.22.29; 5, 18; 7, 18–27), Jahwes universale Herrschaft.

Was liegt dann näher, als den christlichen Glauben, daß Gott in Jesus Israel heimgesucht hat, nach dem Modell der anabasis und katabasis Jahwes darzustellen und Jesu Auferstehung in Zusammenhang mit diesen „König-Jahwe"-Psalmen zu bringen: die Inthronisation Christi zum Weltherrscher, als Sieger über alle himmlischen Mächte? Zwar ist dieses Motiv alt-kanaanitisch, wenn auch jahweisiert, aber das jüdische Christentum konnte für dieses Katabasis- und Anabasis-Modell aus eigenem Arsenal schöpfen.

191

Das spielt im Epheserbrief zunächst eine Rolle. Doch konnte sich gerade dieses jüdische Motiv leicht mit außerjüdischen Mythen verbinden. So stößt im Äthiopischen Henoch (14,9) „der Heiland" auf seiner Fahrt durch die Himmel auf eine kristallene Wand, welche die himmlische Welt von der irdischen trennt. Auch in TestLev 2,7 und der griechischen Baruch-Apokalypse (2,1–2) ist die Rede von einer kosmischen Trennwand. Bei seinem Hinaufsteigen schlägt dieser Heiland und Held eine Bresche in die Wand. Das ist nicht Gnosis, aber die spätere Gnosis wird auch diese Kategorien in ihrer Lebensanschauung verwenden. Im hellenistischen Judaismus ist der Bruch zwischen den beiden Welten schon ein Topos geworden (äthHen 56,5). Außerdem gibt es in der Gnosis keine Versöhnung der beiden Welthälften, aber eine Rettung *daraus.* Allein im Corpus Hermeticum wird die irdische Welt das pleroma des Bösen genannt, Gott die Fülle alles Guten (C.H. 12,15). Die kosmische Versöhnung besteht darin, daß die Trennung dieser beiden Welthälften durch einen uneinnehmbaren Wall doch von einem himmlischen Helden zerschlagen wird und daß die beiden Welten miteinander versöhnt werden: zu *einem* Menschen, dem einen großen Makrokosmos. Ein kosmisches Drama in der Höhe bringt Erlösung und Rettung für den Menschen. Ähnliche Vorstellungen waren im ganzen Mittelmeergebiet lebendig. Der Autor muß etwas davon gehört haben; das erklärt jedenfalls die Terminologie von ‚Trennwand' und ‚*einem* Menschen', aber statt um ein mythisches Drama geht es bei ihm um ein historisches Kreuzesgeschehen (siehe unten).

b) Alles ist eins: „panta hen"

Ein völlig anderer Lebensweg zur Erlösung wurde damals mit großem Erfolg von der Stoa propagiert. Die Stoa leugnete keineswegs das Bedürfnis nach Erlösung, aber auch für sie ist dies kein mythisches Geschehen. Von Ewigkeit her *ist* alles schon versöhnt und eins. Es besteht eine verborgene Weltharmonie, in der alles seinen Platz hat und die dem Ganzen zugute kommt. Der gute Logos durchdringt alles und gibt all dem Leben, Gesetzmäßigkeit und jedem seinen besonderen Platz. Die ganze Engelwelt wird hinweggefegt: es gibt nichts Überirdisches. Das Überirdische ist die Seele alles dessen, was lebt. Es gibt die Transzendenz und doch zugleich die Immanenz des alles einsmachenden Lebensprinzips. Die vielen ‚Geister' werden von der Stoa im Volksdenken noch ‚toleriert', haben aber keine Bedeutung mehr. Gott ist alles und doch in etwa über allem, Vater von allem. Der ganze Kosmos ist ein Leib, beseelt durch *ein* Pneuma oder einen Logos.

„Alle Dinge sind eins." Doch wir müssen zu dieser tieferen Einsicht gebracht werden; dann sehen wir die Harmonie und sind erlöst. Erlösung ist also Selbstbefreiung durch Einsicht. Der stoische Gedanke (in einer christlichen Neuinterpretation) steht zweifellos hinter der Terminologie von Eph 4,5–6: „Seid besorgt, die Einheit des Geistes durch das Band des Friedens zu bewahren: ein

Leib und ein Geist ... ein Herr, ein Glaube, eine Taufe, ein Gott und Vater aller, der über allem und durch alle und in allem ist." Die „panta hen"-Terminologie spielt mit hinein, wie sie im griechischen Judentum damals schon eingebürgert und jahweisiert war: „ein Gott, ein Tempel, ein Gesetz, ein Volk". Die Formel von Eph 4, 5–6 zeigt Einflüsse des Hellenismus und des Judentums und behält trotzdem ihre christliche Eigenheit, exklusiv und inklusiv: Für den Epheserbrief ist Gott der Vater von allem, nicht einfach der eine gemeinsame Ursprung aller Religionen, die in einer mythischen Form und vielerlei Götternamen ausdrücken, was die Stoa mit „dem einen Gott und Vater von allem" meint, noch ist er gebunden an nur ein Land oder Volk, er ist: „der Vater des Universums und *über* allem" (Eph 4,6; siehe 1,10.23; 3,9–10.15). Zwar erklärt dieser geistige Hintergrund den Akzent des Epheserbriefes auf Einheit und Frieden und auf universaler Ökumene. Aber: keine Einheit und kein Friede aufgrund eines alles beseelenden, kosmischen Logos, keine Einheit aufgrund eines römischen Weltherrschers, keine Einheit aufgrund eines Erlösungsmythos, sondern eine Einheit aufgrund des geschichtlichen Kreuzestodes Jesu und seiner Erhöhung zum „Vater von allem".

II
Das christliche Friedenswerk

Was meint Eph 1, 10 mit „der Wiederversammlung aller und von allem in Christus", was der Autor den Inhalt des Mysteriums oder göttlichen Ratschlusses nennt? Die Bedeutung dieses Satzes wird in 2, 1–21 erklärt. Für den Epheserbrief steht ein geschichtliches Faktum im Vordergrund: der Bruch zwischen den Völkern, nämlich zwischen Juden und Nicht-Juden. Die Heiden waren ja von der Abrahamsverheißung an Israel ausgeschlossen; deshalb waren sie Gott entfremdet, „atheoi" (4, 8; siehe Kol 1, 21). Sie hatten keinen Zugang zu dem einen wahren Gott; kein Zugang zum Allerheiligsten im Tempel war dafür der deutlichste Beweis. Die Tora war wie eine Trennwand zwischen den Völkern hochgezogen. Das ist keine christliche Interpretation, sondern eine jüdische Selbstaussage[93]. Das Gesetz hielt die Juden gesondert, getrennt von den Völkern. Das jüdische Gesetz wurde dadurch zu einem Hindernis für den Frieden unter den Völkern. So sahen die Juden sich selbst, und so sahen die Heiden die Juden. Vor allem in der spätantiken Welt, in der die stoische ‚philanthropia' oder allgemeine Menschenfreundlichkeit allenthalben zu einer Art internationaler Solidarität neigte, erweckte die Apartheitshaltung der Juden eine fast allgemeine antijüdische Reaktion (schon im Buch Ester).

Mit anderen ist der Epheserbrief davon überzeugt, daß das jüdische Gesetz der Grund für den Unfrieden und die Feindschaft zwischen den beiden Gruppen der Weltbevölkerung ist (2, 14–15). Die Pointe der Darlegung im Epheserbrief ist außerdem, daß das Gesetz auch den Juden selbst den Zugang zu Gott versperrte: nach dem Gesetz sind auch sie Sünder. Das Gesetz als Trennwand erhielt einen symbolischen Ausdruck im Tempel von Jerusalem, wo ein schwerer Vorhang die Orte, die unter Todesstrafe von Nicht-Juden nicht betreten werden durften, abtrennte (siehe die Anklage gegen Paulus: Apg 21,28–29; 24,6). Gerade deshalb waren Heiden „atheoi" (Eph 2,22), ausgeschlossen von der Gemeinschaft mit dem Gott Israels (2,12–13). „Jetzt aber seid ihr (= frühere Heiden), die ihr einst *fern* wart, *nahe* geworden in Christus Jesus" (2,13). Der Autor stellt sich auf den jüdischen Standpunkt, mit einer Anspielung auf Jes 57,19: „Frieden, Frieden bis zum *Fernen* und zum *Nahen,* sagt der Herr." Die, welche die vollen Rechte eines Israeliten genossen, werden ,die Nahen' genannt; Heiden dagegen und jüdische öffentliche Sünder (wie z.B. Zöllner) nannte man ,die Fernen'. ,Näher-bringen' wurde daher auch der terminus technicus aus dem jüdischen Proselytentum, nämlich jemanden als bevorzugtes Glied der jüdischen Gemeinschaft annehmen (was zugleich die Beschneidung einschloß). Im Epheserbrief wird der Ausdruck für die christliche Taufe gebraucht. Durch den Tod Jesu erhalten Heiden Zugang zum Gott Israels, dem einzig wahren (siehe 2,1–3). Deshalb „ist Christus der Friede" (2,14), der Bringer des eschatologischen Friedens, von dem schon Jes 57,19; 52,7; Sach 9,10; Mi 5,4 gesprochen hatten. Aus Fremdlingen (xenoi) und Passanten (paroikoi) werden sie zu ,Mitbürgern' (Eph 2,19). Auch das sind juristische jüdische Begriffe. Die Rabbiner wandten die Gesetze des Tenach über Fremdlinge (Lev 19,33–34) auf religiöse Proselyten an. Seßhafte Fremdlinge (paroikoi oder Passanten) erhielten begrenzte jüdische Bürgerrechte. Im Neuen Testament erhalten sie durch die Taufe volle Bürgerrechte.

Aber der Tempel, die Trennwand zwischen Juden und Nicht-Juden, war selbst schon ein irdisches Symbol der himmlischen Wohnstätte. Architektonisch und durch Abbildungen des Sternenalls auf dem Vorhang (siehe unten beim Hebräerbrief) gab der Tempel ,schattenhaft' die Struktur des Alls wieder. So konnte das jüdische Bild von der Trennwand im Tempel vor einem kosmischen Hintergrund gesehen werden: einer kosmischen Wand, welche die himmlische Wohnstätte Gottes mit seinen Thronassistenten von der Menschenwelt trennte. Die beiden Bilder schließen einander eher ein und rufen einander wach. Niemand kommt von unten aus eigener Kraft je nach oben. Der kosmische Bruch ist letztlich die Diastase zwischen dem unerreichbaren transzendenten Gott und dem sündigen Geschöpf, auf Erden symbolisiert durch das Volk Gottes, Israel, mit seinem Tempelallerheiligsten, das kein Nicht-Jude betreten durfte und der Jude nur durch den Hohenpriester. (Der Hebräerbrief wird dieses Motiv ausführlicher analysieren.) Der Bruch zwischen Jude und Nicht-Jude auf Erden ist das Symbol der heiligen Transzendenz Gottes gegenüber allem, was Geschöpf ist. Christus hat beide Trennwände niedergerissen und universalen Frieden gestiftet: Er brachte (in der Kirche) die beiden Völkergruppen (Jude und Nicht-Jude) zusammen, und so, gemeinsam, verlieh er ihnen *Zutritt zu Gott:* „Er ist unser Friede, er, der beides (amphotera: Neutrum) vereinigt und die trennende

Zwischenwand, die Feindschaft, niedergerissen hat. Durch sein Fleisch hat er das Gesetz der Gebote und Satzungen aufgehoben, um in seiner Person die *beiden* Teile zu vereinen zu *einem neuen Menschen,* da er Frieden stiftete, und um beide *in einem Leib* mit Gott zu versöhnen *durch das Kreuz,* da er durch dieses die Feindschaft getötet hat. So *kam er* und *verkündete den Frieden...* denn durch ihn haben beide Teile in einem Geist den *Zugang zum Vater"* (Eph 2,14–18). Der hymnisch anmutende Text steckt voller Anspielungen auf alttestamentliche und frühjüdische Literatur. Eph 2,17–18 verbindet Jes 57,19 mit Jes 52,7: nach dem Abschluß des Friedens muß der Friede ,verkündet' werden; mit anderen Worten, der Dienst oder die Verkündigung der Versöhnung gehört zum Wesen der Versöhnung (siehe 1 Kor 5,17–21) [94]. Wenn schon von einem ,kosmischen Mythos' als Hintergrund des Epheserbriefs gesprochen werden kann, dann bleibt in diesem Brief davon nur wenig über: es geht im Epheserbrief um das Geschehen der Befriedung unter den Menschen und mit Gott: Im Epheserbrief ist *die Kirche* die neue Menschheit, in der alle Feindschaft verschwunden ist – alle bilden miteinander einen Leib (1,23). Der Epheserbrief ist ein „Evangelium des Friedens" (6,15), durch das „der unergründliche Reichtum Christi" den Heiden verkündet wird (3,8). Und der Autor sagt, Gott habe alles so geregelt, daß „jetzt den Herrschaften und Gewalten im Himmel *durch die Kirche* die vielgestaltige Weisheit Gottes *kundgetan* werde" (3,10). Das kosmische Modell spielt zwar mit hinein, aber der Epheserbrief denkt geschichtlich: Die Verkündigung der „Taufe zur Sündenvergebung" und des „neuen Lebens" macht den bösen Mächten deutlich, daß die Menschen der Sünde, das heißt der Sklaverei, die durch schlechte Mächte bewirkt wird, entrinnen und freien Zutritt zu Gott erhalten können (3,12; siehe 3,4). Die Versöhnung unter allen Menschen *ist* freier Zugang zu Gott (2,18 und 3,12). Offensichtlich wollen, diesem Gedankengang zufolge, die bösen Geister den Zugang aller irdischen Menschen zu Gott verhindern – ein Gedanke, der schon in der Schlange des Buches Genesis in dieser Literatur eine Rolle spielte. Der freie Zugang zu Eden, in dem man ungehindert mit Gott im Garten spazierengehen konnte, wurde den Menschen verboten als Strafe für die Sünde. Cherubim – wie vor der Bundeslade und dem Allerheiligsten des Tempels – bewachen diesen Zugang. Alte und davon abgeleitete neue Ideen waren im hellenistischen Judentum, das im Schmelztiegel des Synkretismus jener Zeiten auch von anderen Mythen hörte, lebendig. Eigentlich ,entmythologisiert' der Epheserbrief dies alles, denn der Autor sagt nüchtern: Der Zugang zu Gott wird uns allein durch eigene Sündhaftigkeit versagt. Doch steht diese Sündhaftigkeit unter der uns vorgegebenen Übermacht böser Geister (2,1–3).

Und doch verschwindet der kulturell-religiöse, kosmische Hintergrund nicht ganz. „Daher sagt die Schrift: Er ist in die Höhe aufgestiegen; er hat Gefangene erbeutet; er hat den Menschen Geschenke gegeben. Was bedeutet aber das ,er ist aufgestiegen' anderes, als daß er auch zuerst in die Tiefe hinabgestiegen ist, *bis zur Erde?* Der *hinuntergestiegen* ist, ist *derselbe,* der auch *aufgestiegen* ist über alle Himmel, *damit er das All erfülle*" (4, 8–9). Sowohl Eph 2, 14–16 als auch 4, 8–9 verraten den Hintergrund eines kosmischen Erlösungsmodells, mit dem der Epheserbrief offensichtlich konfrontiert wurde. Jedenfalls interpretiert der Autor das Modell radikal neu – falls hier ein nicht-israelitisches oder nicht-judaisches Modell dahinterstehen sollte. In Eph 4, 8–9 ist das ‚Abstiegs‘-‚Aufstiegs‘-Modell unverkennbar vorhanden. Es ist ein altisraelitisches und frühjüdisches Modell, das zwar weder in seinem Alter noch in seiner judaischen Formgebung ganz auf eigenem Boden gewachsen ist. Der Gedanke ist, daß *universales* Heil alles erfüllen muß. Aber diese Menschen denken auch räumlich, in kosmischen Bereichen: das Überirdische, das Irdische, das Unterirdische: das ist das Universum. Ein universaler Heiland hat daher alle diese Stätten besucht und mit seiner Ankunft ‚erfüllt‘ (allerdings spricht der Autor nicht von der Unterwelt; die tiefste Tiefe ist für ihn unsere Erde). Aber trotz all dieser Bilder sagt der Epheserbrief letztlich nur, daß universales Heil „durch sein Blut" (1, 7), den Kreuzestod, gegeben ist; und sein Triumphzug durch alle Weltsphären heißt konkret: Sündenvergebung (1, 7). Reiner Paulinismus in spätantiker, kleinasiatischer Umsetzung. Das kosmische Element im Epheserbrief ist daher, daß einerseits die Sünde als ein (frei bejahtes) Leben unter dem Machtbereich des Teufels gesehen wird (2, 1), während Gottes Heilsentscheidung die „anakephalaiosis" oder Wiedervereinigung von allem – ta panta – in Christus war (1, 10). Was ist diese „anakephalaiosis", der Kern dieses Briefes? Griechisch hat dieses Wort nichts zu tun mit „unter ein Haupt bringen", mit anderen Worten mit *kephalè* (Haupt), sondern mit „kephalaion", das heißt Zusammenfassung oder Rekapitulation, im Sinn eines wiederholenden, prägnanten Zusammenfassens (siehe auch Röm 13, 9; Hebr 8, 1). Der Begriff kommt aus der griechischen Grammatik; der Grammatiker Quintillian schreibt: „Rerum repetitio et congregatio, quae graece *anakephalaiosis* dicitur…"[95]; verstreut auseinanderliegende Teile zusammenbringen ist „anakephalaiosis" oder eine Rekapitulation. Und gerade das stimmt voll und ganz mit dem Kern des Epheserbriefes, nämlich mit 2, 14–16 überein. Es ist keine Rede von ‚alles unter *ein* Haupt (kephalè), Christus, bringen‘ (wenn dies auch materiell der Fall ist), sondern daß Christus alles ‚zusammenbringt‘, daß er Frieden stiftet.

Weil der Epheserbrief anderseits von Christus als „kephalè", Haupt (1, 22), spricht, glaubt mancher Exeget, trotz aller griechischen Grammatik, der Autor denke bei „anakephalaiosis" an „alles unter ein Haupt bringen" (so viele Bibelübersetzungen), meines Erachtens entgegen dem Tenor des ganzen Epheserbriefs[96]. Eph 1, 22 sagt: „Alles hat Gott unter seine Füße gelegt", Christus ist der *Herr* von allem, Zitat aus Ps 8, 6: Jesu Erhöhung über alles. Aber nirgends wird im Epheserbrief gesagt, daß Christus auch „kephalè", Haupt von allem sei. Der Epheserbrief wendet sich gerade dagegen (im Gegensatz zum Kolosserbrief): „Gott hat ihn als Haupt der *Kirche,* seinem Leib, gegeben" (1, 22; auch 4, 15 b und 5, 23). Im Kolosserbrief ist Christus „Haupt von allem", weil er Haupt des Leibes, der Kirche, ist. Deshalb *behält* der Epheserbrief auch Christi

Funktion als *Haupt* der Kirche, und ihr allein *vor* (der Kolosserbrief ist darin inkonsequent). Sonst muß man in der Tat dem Wort „Haupt" in diesem einen Kontext eine doppelte Bedeutung geben: als „Haupt von allem" (so der Kolosserbrief) ist er nur Kyrios, Herr, dem alles unterworfen ist (in der Tat ein alttestamentlicher Begriff: griech. Ri 10,18; 11,8.9.11; Jes 7,8–9), während „Haupt der Kirche, seines *Leibes*" eine hellenistische, stoische Bedeutung hat: das alles mit Leben und Kraft durchdringende Einheitsprinzip. Meines Erachtens ist der Begriff „Christus, *caput* omnium", Haupt von allem, dem Geist des Epheserbriefs fremd und – wenn der Autor den Kolosserbrief kennt – korrigiert er Kol 2,10. Der Epheserbrief ist daher paulinischer als der Kolosserbrief. Christus ist auferstanden und erhöht; so ist er der *Herr,* universal, über alles: „hoch erhoben über alle himmlischen Mächte" und „über jeden Namen, der nicht nur in dieser, sondern auch in der kommenden Zeit genannt wird" (1,21). Aber *Haupt* ist Christus allein der Kirche: denn das bedeutet Sündenvergebung und Leben. Soweit es Sündenvergebung und neues Leben im Geist gibt, in dem gleichen Maße sind die geistigen Mächte Christus unterworfen, nämlich in der Kirchengemeinde. Deshalb umfaßt diese Sündenvergebung einen ständigen Kampf gegen jene bösen Mächte (6,12). Die nüchterne, keineswegs ‚kosmische' Glaubenseinsicht des Epheserbriefes ist: Diese Großmächte sind Christus unterworfen, sofern Menschen nicht mehr sündigen. In dieser Sicht ist allein die Kirche, nicht die Welt, ein Heilsmedium. „Gebt dem Teufel keine Chance" (4,27). „Anakephalaiosis" muß also meines Erachtens als zusammenbringen, Frieden stiften verstanden werden (was auch dem griechischen Sprachempfinden besser entspricht). Daß Christus der universale Friedensstifter ist, ist die Grundabsicht des ganzen Briefes, auch von 1,10. Der kosmische Aspekt dieser Friedensstiftung ist damit nicht geleugnet, aber er wird ekklesiologisch verdichtet: Durch seinen Kreuzestod und seine Auferstehung gibt es Sündenvergebung und Zugang zu Gott für alle Menschen, ohne jeden Unterschied. „Geheiligtes Leben" ist möglich. Dadurch wird die Sündenmacht – und das sind hier die bösen Geister – gebrochen und Christus unterworfen. Das gibt der Kirche Gottes einen kosmischen, das heißt *universalen* Auftrag. Außer den „bösen Geistern" gibt es nichts ‚Kosmisches' im ganzen Epheserbrief – weniger als bei Paulus, der auch die ganze materielle Schöpfung nach der Offenbarung der endgültigen Erlösung von *Menschen* seufzen läßt.

Eine gleichartige Verschiebung, wie sie im Kolosserbrief vorhanden ist, nämlich daß nicht der Kosmos *Leib* Christi ist, sondern allein die Kirche, vollzieht der Epheserbrief hinsichtlich des Begriffs „kephalè" oder Haupt. Christus ist nicht: Haupt der Kirche und *außerdem* Haupt des Alls (so mit vielen Gnilka); im Epheserbrief ist alles Christus unterworfen, aber Haupt ist Jesus allein der Kirche. Seine Auferstehung *ist* Gegenwart unter uns, diese Gegenwart ist die Gemeinde Gottes und nicht eine Art kosmischer Allgegenwart. Christus ist im Epheserbrief *Kyrios,* Herr von „ta panta", *und* kephalè, Haupt der „Kirche". Und gerade weil soma, Leib, und *deshalb* auch sein pleroma (Fülle) der Kirche vorbehalten bleibt, ist Christus nach dem Epheserbrief kein „caput mundi", kein Weltherrscher, außer durch das Befriedungswerk, das die Kirche verrichtet[97]. Auffallend ist außerdem, daß der Epheserbrief den Titel „Sohn Gottes" vermeidet; einmal gebraucht er ihn (4, 13) und, *vielleicht*, gegen eine kosmische Christologie, in der die Welt der Leib des ‚Sohnes Gottes' genannt wird. Für den Epheserbrief scheint mir die *ekklesiale* Umbiegung des (spätantiken) kosmischen Begriffs: der Kosmos als „Leib des Logos" (schon aus dem Kolosserbrief) eine bejahte Evidenz (Eph 1, 23; 5, 23); der Autor zieht die Konsequenzen daraus auch für den „kephalè"-Begriff (was der Kolosserbrief nicht durchschaut hatte). Der Epheserbrief kennt denn auch nicht Schöpfungsprädikate Christi (jedenfalls gibt es sie im Epheserbrief nicht). Er gebraucht jedoch kosmische Ausdrücke: „die Breite und Länge, die Höhe und Tiefe" (3, 18), die vier Dimensionen aller möglichen Objekte, Dinge und lebenden Wesen im All. Und das wird als Terminologie wohl aus der Stoa kommen, direkt oder indirekt, es bedeutet für ihn jedoch die allumfassende Liebe (und die allumfassende Einsicht) Christi (3, 19).

Als Haupt seiner Kirche wird Christus *Erlöser* der Kirche genannt (5, 23 b): „Er hat sich *für sie* hingegeben, um *sie* zu heiligen, sie reinigend durch das Wasserbad im Wort. Er hat sich die Kirche zugeführt (= dort oben) als eine herrliche Braut" (5, 25–27). Hier schlägt das Bild um: „Sind wir doch *Glieder* seines *Leibes*" (5, 30). Glieder der Kirche, Glieder des Herrn? Oder: als Glieder der Kirche Glieder seines verherrlichten Leibes? Die beiden Bilder scheinen durcheinanderzulaufen: beide, Kirche und Leib Christi, sind „ein Fleisch", wie Mann und Frau in der Genesis (5, 31–32). Denn in Gen 2, 24 wird, so sagt der Epheserbrief, schon auf die Beziehung zwischen Christus und seiner Kirche, auf ihre innige Verbundenheit angespielt.

Deshalb führt der Epheserbrief den schon aus dem Kolosserbrief bekannten Begriff „pleroma" ein: nach dem Kolosserbrief Gottes Fülle, wohnend in Christus. Wiederum aber denkt der Epheserbrief ekklesial: Als Leib ist die Kirche selbst „pleroma Christou" (1, 23; 3, 19; 4, 13; 5, 18). War der Kolosserbrief christologisch und christozentrisch (Christus ist das pleroma Gottes), dann ist – gerade aufgrund dessen – der Epheserbrief ekklesiologisch; der Autor aktualisiert den Kolosserbrief in ekklesiologischer Richtung: Die Kirche ist das pleroma Christi. Ausgangspunkt dieser Interpretation ist Kol 1, 19 und 2, 9–10: Christus ist Gottes Fülle, und die Christen sind „die in ihm Erfüllten" (Kol 2, 10). Inhaltlich kennt der Kolosserbrief also schon den Gedanken der Kirche als „pleroma Christou", aber es wird nur beiläufig gesagt. Der soteriologische Inhalt des Kolosserbriefs (wir sind mit Christi Fülle erfüllt) wird im Epheserbrief ekklesiologisch weiter ausgeführt. Als Fülle Christi ist die Kirche der von Christi Lebensmacht erfüllte Raum, in dem sich die Gläubigen befinden. Pleroma erhellt deshalb die Funktion Christi als Haupt gegenüber der Kirche als Leib. Durcheinander spricht der Epheserbrief daher von „Fülle Gottes" (in Christus) und „Fülle Christi" (in der Kirche). Deshalb befindet sich die Kirche des Epheserbriefs schon „in den Himmeln", im himmlischen Wohnraum (siehe 2,6). Was „pleroma" für den Epheserbrief ist, ist für Paulus offensichtlich das Pneuma oder der Geist.

Obwohl Christus auch „das All erfüllt" (4,10), ist allein die Kirche sein *soma* und *pleroma*, das Kraftfeld Christi, der Raum, wo Gott in Christus *in der Welt* wirksam ist. Kirche ist nach dem Epheserbrief daher kein geschlossener Raum; Christus bedient sich der Kirche als Medium, um das All zu erfüllen. Es geht dem Epheserbrief um einen geschichtlichen Prozeß, in dem die Kirche als Mittlerin von Heil und Frieden *für die Welt* auftritt. Letztlich der moderne Begriff: Kirche als „sacramentum mundi", wie Christus das Heilsmedium Gottes ist. Die Kirche ist der Heilsraum: In ihm sind Juden und Heiden versöhnt und bilden die neue Menschheit, exemplarisch für das, was in der Welt geschehen soll.

Daß Christen sündigen, das Wesen von Kirchesein leugnen, weiß auch der Epheserbrief (siehe Eph 4–6). Die Kirche „als herrliche Braut ohne Runzeln oder Flecken oder Fehler" (5,27) wird gleichsam verselbständigt, zum ‚Wesen' extrapoliert und deshalb als *Imperativ* formuliert – ein Wesen jedoch, das nicht irgendwo ‚exemplarisch' in der Luft schwebt, sondern konkret unter Christen (wo? wie?) Gestalt *hat*, wie sehr diese Kirche auch noch auf Christus hinwachsen muß (4,15b–16) und Kirchenaufbau, Gemeinschaftsaufbau „in Liebe" nötig ist (4,16b; siehe auch 4,12b–13).

Im Epheserbrief findet meines Erachtens eine drastische Entmythologisierung einer vielleicht schon vorgegebenen ‚kosmischen Christologie' statt. Der Epheserbrief will Christen einprägen, daß die Kirche für die Welt ein *sacramentum pacis* sein muß, wirksames Zeichen von Friedensstiftung. Aus dem kosmischen Traditionsstück hinter Eph 2,15–16 (vgl. 4,8–10) geht hervor, daß der Autor geschichtlich und kirchlich denkt, nicht pankosmisch. ‚Pleroma' muß daher in erster Linie passiv verstanden werden: Die Kirche ist die *Erfüllte*, nämlich von Christi göttlicher Lebenskraft. Dahinein aber mischt sich ein aktiv-medialer Sinn: „die Kirche, die sein Leib ist, die Fülle dessen, der allles in allem erfüllt" (to plērōma tou ta panta en pasin *plēroumenou*", 1,23). Statt von der ‚kosmischen' Dimension des Epheserbriefs können wir daher richtiger von der *Verantwortung für die Welt* sprechen, die die Kirche hat, ihr universales Friedenswerk, denn in Christi Leib konkretisiert sich „der Friede Christi". So verkündet der Epheserbrief – wenn auch in spätantiken Begriffen und Situationen – keinen Heilsindividualismus und keine Privatisierung von Heil (siehe 4,12–13). Kyrios-Proklamationen – „Herr! Herr!" – dürfen die Realisierung der historischen pax christi nicht in den Hintergrund drängen, wenn der Epheserbrief auch genausosehr „pneumatische Gesänge" und Lobpreisungen Gottes liebt (5,18–19).

Als pleroma Christi ist die Kirche der Raum, in den die Liebe Christi hineinströmt (3,18–19). Seine Heilsmacht in der Welt übt Christus durch die Liebe gläubiger Menschen aus (siehe auch 5,25ff), dieselbe Liebe, mit der er seinen

Tod angenommen hat (5,2 und 5,25b). Es ist ein kirchliches Friedenswerk, nicht der Macht, sondern der Liebe.

III
Der innere Aufbau der Kirchengemeinde

Die Christen, an die dieser Brief gerichtet ist, kommen aus dem Heidentum. Heidenchristen sind gesegnet, von Gott begnadet (1,3–4), zur Hoffnung berufen (1,15–23), zum Leben gebracht (2,8–10) und zu Mitbürgern der Kirche Gottes auf Erden gemacht (2,17–22): aufgenommen in „den Frieden Christi", die Gemeinde Gottes, und deshalb selbst Friedensstifter.

Der Ausdruck „zum Leben gebracht" gibt im Epheserbrief letztlich das wieder, was Paulus die Rechtfertigung genannt hatte. Diese Autoren kennen keinen orthodoxen Wortfetischismus. Der für Paulus wesentliche Unterschied zwischen Rechtfertigung (bei der gläubigen Taufe) und Heiligung und sogar „soteria" oder Heil als eschatologisches Geschehen (die leibliche Auferstehung) verschwindet im Epheserbrief im Hintergrund. Durch Glauben und Taufe sind die Christen schon mit Christus auferstanden (Kol), und der Epheserbrief fügt ausdrücklich hinzu: sie sitzen schon zur Rechten Gottes gemeinsam mit ihrem Herrn (2,6). Der Epheserbrief spricht daher von „sesōsmenoi" (2,8–10), wir sind schon erlöst: „durch Gnade seid ihr erlöst" (2,5.8), mit einem starken Nachdruck auf Gottes Handeln: In Christus hat Gott uns gesegnet (1,3), auserwählt (1,4), begnadet (1,6), uns Vergebung geschenkt (4,32), uns mit auferstehen lassen (2,6).

„Der Gnade verdankt ihr euer Heil; nicht euch selbst, es ist Gottes Gabe, nicht euren Leistungen, niemand darf sich rühmen. Gottes Werk sind wir, geschaffen in Christus Jesus, *um* in unserem Leben die *guten Taten* zu verwirklichen, die Gott *uns zuvor schon bereitet* hat" (2,8–10) – reiner Paulinismus und doch mit anderen Akzenten. Die Rechtfertigung bei der Taufe wird als ein Übergang vom Tod zum Leben gesehen (siehe schon Röm 4,5). Das Wort „Gottes Gerechtigkeit" hat solche jüdischen Klänge und Reminiszenzen, daß Christen aus dem Heidentum mit einem solchen Wort nichts anzufangen wissen, es sagt ihnen nichts. Das Wort ‚Leben‘ ist ihnen jedoch geläufig: Leben, das nicht destruktiven Großmächten unterworfen ist oder sich von ihnen abhängig macht, ein Leben, das nicht das Produkt eines aszetischen Mystizismus ist, sondern Geschenk in Christus, nur zu empfangen in einer Glaubensantwort. Getauft werden heißt vom Tod zum Leben übergehen (3,1–3; siehe Kol 2,13); Paulus sagte: der Sünde absterben (Röm 6,10–11; siehe Kol 2,12). Im Epheserbrief ist Rechtfertigung: Tote werden zum Leben gebracht (2,5; 2,1–3; vgl. Röm 1,18 – 3,20; und Eph 2,3 und 5,6 mit Röm 2,5–11; siehe Joh 5,24; 1 Joh 3,14 und Lk 15,24.32). Das impliziert, daß man der Sünde abstirbt, also Heiligkeit, Gottes eigene Heiligkeit. Aber zum Leben erweckt werden bezieht

sich im Epheserbrief nicht auf die Zukunft der leiblichen Auferstehung (wie
2 Kor 4,4; Phil 1,2.3; Mt 19,28; 26,29; Offb 3,21), sondern auch die geistige
Auferstehung schon jetzt: Christen sind mit Christus gestorben, mit ihm auferstanden, und sie sitzen mit ihm schon dort oben (Eph 2,6; siehe die Parallele
zwischen 1,19–23, Christus betreffend, und 2,1–10, die Christen betreffend).
Die Eschatologie ist stärker als bei Paulus auf die Gegenwart aktualisiert, aber
von Entmythologisierung des Eschaton ist keine Rede: die Enderlösung ist noch
Zukunft (4,30; siehe 1,13–14), wenn auch bei bestimmten Christen immer
wieder der Gedanke auftauchen wird: wir sind schon auferstanden, halleluja,
und sich äußern wird in pneumatischen Erfahrungen, die das Noch-nicht der
Erlösung vergessen. Weil im ganzen Neuen Testament Kreuz und Auferstehung
nicht zu trennen sind, kann der Epheserbrief, wie auch Paulus, einmal den
Nachdruck auf den Kreuzestod legen, um von Auferstehung zu sprechen, ein
andermal auch umgekehrt (z.B. Eph 1,17 – 2,10 gegenüber 2,11–22, wie 1 Kor
1,17 – 2,5 gegenüber 1 Kor 15,12–19).

Die Schöpfungsvermittlung Christi aus dem Kolosserbrief wird im Epheser-
brief eschatologisch: „um das Universum in Frieden zusammenzubringen" in
Christus (1,10). Wenn der Kolosserbrief sagt: „In Christus sind wir geschaffen"
(Kol 1,16), sagt der Epheserbrief: Gott allein ist der Schöpfer des Alls (3,3 b),
Christus ist Mittler in der Heilsordnung, die aber der eschatologische Friede
der ganzen Schöpfung ist. Aber in dieser Heilsvermittlung sieht der Epheserbrief
Jesus Christus aktiver als Paulus, der oft die Passivform gebraucht (Röm 1,17;
1 Kor 6,11; 15,22; 2 Kor 1,19–20; 5,21; aktiv: 2 Kor 5,19 und 2,14). So wird
im Epheserbrief die charis oder Gnade gleichsam zum Prinzip des Heilshandelns: „Durch die Gnade sind wir gerettet" (2,5.8), durch die Gnade haben wir
Sündenvergebung (1,7), und durch die Gnade wird Paulus zum „Diener des
Evangeliums" (3,7). Der Epheserbrief kennt nicht die polemische Gegenüberstellung: Gnade *oder* Werke. Die Rechtfertigung ist für den Autor gerade ein Ge-
schaffensein für gute Werke, die selbst himmlische Gaben sind (2,10). Als ganzes „sind wir Gottes Werk, das Produkt seines Schaffens: ein neues Geschöpf"
(2,10; vgl. 2 Kor 5,17). Zum Leben gebracht werden hat also einen doppelten
Sinn: a) lebend, als dem Tod entgegengesetzt; so ist Leben eine Gabe des Schöpfers, nicht eine Belohnung für gute Werke; aber b) Leben ist auch ein Lebenswandel, ein ‚way of life' (2,3; 4,1.17; in diesem Sinn spricht die griechische
Bibel eher von ‚wandeln' als von ‚leben'). Für den Epheserbrief ist ‚Leben' in der
ersten Bedeutung fundamental (die Rechtfertigung des Paulus); aber einmal
zum Leben gebracht, muß der Christ auch leben, das heißt gute Werke verrichten, „der Berufung würdig sein" (4,1–6). Neues Leben wird gnadenvoll geschenkt, um einen neuen way of life möglich zu machen.

Der Epheserbrief drückt das Heilswerk selbst in Schöpfungsbegriffen aus.
„Wir sind *Gottes Werk*" (2,10) bezieht sich auf Heilsneuschöpfung, wo Paulus
dieses Wort für das Geschöpf-sein meint (Röm 1,20). Unser Gnadenstand ist
Gottes Werk. Erlösung ist also Gottes kreatives Werk, gebunden an Christus.

Das Band zwischen ‚Schöpfung‘ (ktisis) und Christus liegt für den Epheserbrief (2,15; 3,9; 4,24; vgl. Kol 3,10; 1,16) also innerhalb der Heilsordnung, die eine ‚Schöpfung‘ ist, Endsinn der ersten Schöpfung. Dadurch ist die schöpferische Übermacht der Gnade stark unterstrichen. Heilshandeln Gottes wird auf der Grundebene unserer menschlichen Geschichte in und durch die guten Taten des ‚neuen Menschen‘ *sichtbar* (2,10; vgl. 2 Kor 9,8; Kol 1,10). So besteht kein Widerspruch zwischen dem, was Gott in Christus tut, und dem, was als Fülle Jesu die Kirche tut.

Modell dieser (Neu-)Schöpfung des Menschen durch Gott ist Christus. Anders als Paulus spricht der Epheserbrief von neuschaffen „kata Theon" (4,24), nicht: „nach Gottes Bild". In den Deuteropaulinen wird bei der Taufe nicht „Christus angezogen" (Paulus), sondern der „neue Mensch"; dieser ist nicht ‚Christus‘, aber er wird an dem Maßstab gemessen, der Christus ist (siehe unten). Die Verschiebung von „geschaffen *nach dem Bild* Gottes" (Kol 3,10) zu „geschaffen *nach Gott*" scheint mir nicht einfach die Folge der Einflechtung von Gen 1,26–27 zu sein. Natürlich steht hinter „kata Theon" der eikon-Begriff (Bild) von Kol 3,10. Aber nochmals: Der Epheserbrief sieht die Gnade als die eigentlich gelungene Schöpfung: Der neue Mensch selbst ist Bild Gottes und nicht nach dem Bild Gottes geschaffen; jetzt erst, durch die Erlösung Christi, ist der Mensch „kata Theon", jetzt erst ist er selbst Bild Gottes. Daher: „seid Nachfolger *Gottes*" (5,1). Auf der ganzen Linie bezieht der Autor seine Schöpfungsterminologie allein auf die Gnadenordnung des eschatologischen Heils: den Frieden des Alls. Die Beziehung zwischen *Schöpfung* und *Heil* ist anders als z.B. im Christuslied von Kol 1,15–21 (zwar habe ich auch von diesem gesagt, daß die erste Strophe erst aus der zweiten ihre protologische Bedeutung erhält). In diesem Sinn ist der Epheserbrief weniger mythisch in seiner Darstellung als der Kolosserbrief (und mit Kol 1,15 ff verwandte Texte). Jetzt erst entsteht durch Christus der Paradiesesmensch aus der Genesis (siehe: Eph 4,21c; vgl. Kol 3,10; 1,15; 2 Kor 4,4).

Es hat den Anschein, als ob das, was Paulus in Röm 1,18 – 3,20 das Stehen von Jude und Nicht-Jude, d.h. alle Völker ‚unter Gottes Zorn‘ nennt, mit anderen Worten die Geschichte vor der Ankunft Jesu, vom Epheserbrief als das Urchaos vor der Schöpfung gesehen wird: als Unfriede. Mit Jesus Christus wird alles erschaffen... in Frieden. Dies kommt auch zum Ausdruck in der wiederholten Anspielung des Epheserbriefs auf den Gegensatz zwischen Finsternis und Licht (wenn dieses Begriffspaar auch apokalyptisch, spätantik, pharisäisch und qumranisch gebraucht sein mag). „Einst ward ihr Finsternis, jetzt seid ihr Licht durch eure Gemeinschaft mit dem Herrn" (5,8–14). „Und Gott sprach: Es werde Licht! – Und es ward Licht" (Gen 1,3). Und Gott sah, daß es gut war. *Das* sieht der Epheserbrief in Christus geschehen, nicht apokalyptisch-mythisch („Christus als präexistente Weisheit", Beraterin bei der ersten Schöpfung, wie z.B. im Kolosserbrief), sondern geschichtlich: in seinem Kreuzestod und seiner Auferstehung, als Erschaffung des „neuen Menschen": des Menschen der brüderlichen Liebe (4, 31–32), der „das Band des Friedens bewahrt" (4, 3), „liebevoll einander ertragend" (4, 2 b).

Aber mit der Erschaffung (der Taufe) des neuen Menschen ist nicht alles vollendet. Diese neue Schöpfung muß jetzt ins Leben treten, ihre neue Geschichte beginnen: Aufbau und Wachstum. Heranwachsen zum ‚vollkommenen Menschen' (4, 13), in dem Sinn des ‚reifen Mannes' (gegenüber dem Unmündigen): „Zum ganzen Umfang der Fülle Christi" (4, 13 b). Der Autor stellt es wieder räumlich dar: Gott hat der schon zu Christus in den Himmeln erhöhten Kirche in seiner Vorbestimmung einen bestimmten Umfang zugemessen; in der apokalyptischen Präexistenz aller Heilsgüter liegt der endgültige Umfang der Kirche gleichsam schon fest: Zu diesem Umfang muß die Kirche auf Erden heranwachsen, „eis metron hēlikias tou plērōmatos tou Christou", dem Maß des vollkommenen Alters der Kirche als „Fülle Christi". Das ist die Zukunftsvision; davon geht die Kraft aus auf Erden; es ist ein Prozeß, der gebremst werden kann, sich aber aus der Vision – einer Verheißung – durchsetzen wird, solange es ‚neue Menschen' gibt. Direkt hat der Epheserbrief einen *ekklesialen* Prozeß im Auge, nicht nur oder vor allem das Individuum. Weil die Kirche schon ‚erhöht' ist, ist das Wachstum selbst keine räumliche Bewegung nach oben, sondern eine innere Ausdehnung. Sie ist als Raum „die himmlische Stadt" (2, 19 ff; 2, 5–6; 3, 18), die sozusagen mit ‚neuen Menschen' aufgefüllt werden muß.

IV
Heil des Menschen zum Lobpreis Gottes

Der Autor schließt den hymnischen Anfang seines Briefes mit den Worten: „zur Erlösung von Gottes eigenem Volk und zum Lob seiner Herrlichkeit" (1, 13 e). Gnade muß auf Danksagung hinauslaufen; diese gehört eben zum Wesen der Gnade und ist kein luxuriöser Überbau derselben. Nach dem Vorbild der jüdischen synagogalen *berakha* oder Segnung (Modell auch des christlichen eucharistischen Hochgebets) (siehe Ex 18, 10; 1 Kor 1, 48; 2 Chron 2, 12; Num 6, 24–26) beschreibt der Epheserbrief in dem hymnischen Auftakt des Briefes bekennend Gottes Erlösungswerk in Christus, von dem seine Leser bei der Taufkatechese gehört haben (1, 13), an das sie zu glauben beginnen (1, 13 b) und auf das sie bei ihrer Taufe versiegelt sind (1, 13 b) mit dem verheißenen eschatologischen Geist, jetzt schon in ihnen ein Unterpfand der späteren Erbschaft oder des vollendeten eschatologischen Heils (1, 13 d). Und nach dem Lobpreis: „Gesegnet ist Gott, der Vater unseres Herrn Jesus Christus", werden dann, wie es in jeder berakha üblich war, bekennend die Gründe aufgezählt, warum man Gott preist und ihm dankt: … Gott, der uns begnadet hat – in Christus, weil er uns in ihm auserwählt hat – zum Lob seiner Gnade, mit der er uns beschenkt in dem Geliebten – uns das Mysterium seines Willens bekannt machend –, nämlich: alle Dinge in Christus zur Einheit bringen, an dem auch wir Anteil haben... wir, die wir zuerst unsere Hoffnung auf Christus gesetzt hatten –, in dem auch ihr versiegelt seid mit dem Geist der Verheißung (vgl. 1 Petr 1, 3–5; was darauf hinweist, daß es in beiden Fällen vermutlich um Modelle des Lobpreises nach dem Empfang der christlichen Taufe geht). Der Lobpreis begann schon mit dem Einschub: „en tois epouraniois" (1, 3): an himmlischen Stätten; wie sich zeigte: ein beliebter Gedanke des Autors, auch ein beliebtes Wort (1, 3; 1, 20; 2, 6; 3, 10; 6, 12). Die Gnadengaben werden auch „himmlische Segnungen" genannt (1, 3). Auffallend ist: „Gesegnet sei Gott, *der Vater*" (1, 3), „*in Christus*" (Kern von 1, 3–14), und „versiegelt mit dem *heiligen Geist*" (1, 13 c). Der christliche Lobpreis oder die *eucharistia* (eulogia) beginnt offensichtlich die Struktur einer ‚trinitarischen' Doxologie anzunehmen.

„In Christus" ist der Christ auserwählt zur „hyiothesia" oder Adoption: Kinder Gottes (1, 5) mit einem geheiligten Lebenswandel (1, 4); in ihm erweist Gott uns weiterhin seine Liebe, und in ihm bringt er auch seinen Ratschluß zur Verwirklichung – „den er *im voraus* in Christus gefaßt hatte, um ihn wirksam werden zu lassen, wenn die Zeit dazu reif war" (1, 10; mit Recht übersetzt NEB: „to be put into effect when time was ripe", nicht: „zur Verwirklichung der Fülle der Zeiten"; vgl. Gal 4, 4; Mk 1, 15). Im Kreuzestod Christi ist der ‚Freikauf' (apolytrosis; siehe die spätere Synthese) gegeben, das heißt, sind Christen aus der Sünde befreit (Sündenvergebung) und mit einer begnadeten „neuen Lebensweisheit" von oben beschenkt (1, 8–10). Dieser ganze Hymnus erklärt letztlich zugleich, was mit dem stets wiederholten Wort *charis* gemeint ist. Es scheint mir eben die Definition des frühjüdischen (sapientialen und zwischentestamentlichen) Gnadenbegriffs zu sein. „Mysterion" (1, 9) gibt das hebräische „sôd" wieder[98], ein Wort, das praktisch nur in der Weisheitsliteratur des Alten Testaments zu finden ist. Es bedeutet die Zusammenkunft einer vertrauten in-group, in der Entscheidungen fallen: Beschluß als Folgerung einer Besprechung über eine bestimmte Planung. Da das im geheimen Besprochene und Abgesprochene nicht hinaussickern darf, bedeutet „sôd" auch ein Geheimnis, Mysterium (Spr 11, 13; 20, 19). Religiös ist „sôd" daher ursprünglich Jahwes himmlischer Kronrat („in der Versammlung der Heiligen"; Ps 89, 8; 82, 1; Jer 23, 18.22) und schließlich Gottes Ratschluß. Im Griechischen wurde es mit verschiedenen Wörtern wiedergegeben, die fast alle in dem hymnischen Auftakt des Epheserbriefs vorkommen (und die gerade deshalb schon synagogale Liturgie verraten), nämlich: „eudokia tou thelēmatos", das Wohlbehagen seines Willens (1, 5), „mystērion tou thelēmatos", sein geheimer Ratschluß (1, 9), „boulē tou thelēmatos", seine Willensverfügung (1, 11). In diesem Begriff haben wir genau die entwickelte Bedeutung des frühjüdischen zwischentestamentlichen charis-Begriffs: die Offenbarung eines Heilsplans und Ratschlusses, von Ewigkeit her verborgen in Gott, wird zu einer durch diesen Beschluß vorherbestimmten Zeit in unserer Geschichte Vertrauten oder Vorherbestimmten anvertraut; diese erhalten ‚Weisheit von oben', und ihrerseits geben sie dieses Geheimnis an andere weiter (im Epheserbrief zum erstenmal nicht nur durch das Apostelamt, sondern durch die ganze Kirchengemeinde, 6,15). Der Inhalt dieses Ratschlusses und somit des „Evangeliums" ist Friede: „das Evangelium des Friedens" (6,15), in 1,10 formuliert als: „alles vereinigen oder zum Frieden bringen in Christus". Dieser Begriff von Gnade ist daher wesentlich mit tiefer Lebensweisheit verbunden, worauf der Epheserbrief den Nachdruck legt.

SCHLUSS:
DIE ,POLITISCHE THEOLOGIE' DES EPHESERBRIEFS

Die ziemlich geläufige Behauptung, Paulus denke heilsgeschichtlich und der Epheserbrief kosmisch, hat sich aus der vorausgegangenen Analyse als völlig falsch erwiesen. Im Epheserbrief ist kirchliche Verantwortung für die Verkündigung des Friedens und die ,Sammlung' aller Völker die spezifische Perspektive des „Evangeliums des Friedens" (Eph 6,15): Weltfriede. Dem ist, erst recht in Kleinasien, dem Schmelztiegel vieler Völker, die spätantike Vorstellung kosmopolitischer Brüderlichkeit nicht fremd. In diesem Sinn ist der Epheserbrief nicht kosmisch, sondern kosmo-*politisch,* nicht in einem kosmisch-romantischen Einheitsgefühl gründend, sondern auf der für alle Menschen geltenden Versöhnung des Kreuzestodes Jesu, also auf Sündenvergebung und Lebenserneuerung, der Grundlage allen Friedens. Das nennt der Epheserbrief Befreiung: *apolytrosis;* Jesus bezahlte durch seinen Tod das Lösegeld für die Freilassung der von geistigen, terroristischen Himmelsmächten gefangenen Menschheit; denn der, dessen Sünden vergeben sind und dessen Leben erneuert ist, ist frei von diesen himmlischen Weltherrschern. Nur durch Sünde und menschliches Unrecht haben sie Einfluß auf den Menschen. Der neue Mensch, geschaffen durch Christus, ist ein freier Mensch, nicht mehr versklavt, nicht mehr festgehalten. Aber Menschen bleiben Menschen. Die übermenschlichen Mächte des Bösen bleiben in dem Maße die großen Gegner des Befriedungsauftrags des in Christus neugeschaffenen Menschen, der deshalb „die Lenden umgürtet mit der Wahrheit, bekleidet mit dem Panzer der Gerechtigkeit, die Füße beschuht" (6,14) zu Kampfe ziehen muß „nicht gegen Fleisch und Blut, sondern gegen die Herrschaften, gegen die Mächte, gegen die Weltherrscher..." (6,12). Wir brauchen keine ,materialistische Exegese', um in veränderten Zeiten und Mentalitäten doch die gewaltige welterneuernde Kraft, die in diesem Evangelium des Friedens unter den Völkern liegt, in historisch anderen Verhältnissen zu neuem Leben zu erwecken. Eine moderne Aktualisierung des Epheserbriefs (wie der Epheserbrief eine Aktualisierung sowohl des Kolosser- als auch des Römerbriefs ist) eröffnet weite Perspektiven – wenn auch immer religiöser Art: Versöhnung und Frieden unter den Menschen durch gemeinsamen Zugang zu ein und demselben Gott. Der Epheserbrief schafft eine biblische Grundlage für eine politische Theologie und eine Befreiungstheologie, aber zugleich eine religiöse Kritik an deren Erscheinungsformen, die nur *verdoppeln,* was die Welt schon tut. Das *religiöse* Moment – mit seiner besonderen *befreienden* und *kritischen* Kraft – ist der wesentliche Kern der befreienden Friedenstheologie, die wir im Epheserbrief finden. *Wie* sie in modernen Zeiten verwirklicht werden muß, kann uns der Epheserbrief nicht sagen, aber der Brief gibt uns Anregung, Orientierung und kritische Elemente, die wir bei einer Aktualisierung für unsere Zeit unbedingt berücksichtigen müssen, wenn wir zu einem konkreten Beschluß aus und innerhalb des apostolischen Glaubens kommen wollen: Heil von Gott her in Christus. Natürlich stehen Formulierung und Lebensgefühl des Epheserbriefs in der spätantiken Kultur und, wie, weiß ich nicht (wahrscheinlich nicht unmittelbar, sondern über gemeinsame Traditionen), sind viele Begriffe des Epheserbriefs mit Qumran-Begriffen verwandt. (Oder sind, nach dem Debakel von 70, Qumran-Leute Christen geworden? Denn viele wanderten damals aus nach Ägypten, Syrien, Transjordanien und Kleinasien.) Jedenfalls (wegen des apostolischen Glaubens, der sich darin ausspricht) ist der Epheserbrief radikal verschieden von der Qumran-Spiritualität, trotz der Verwandtschaft. Vor allem die Vorstellung, ‚Restgemeinde‘ zu sein, ist dem apostolischen Christentum völlig fremd trotz der Dankbarkeit für ihr Auserwähltsein; denn dieses wird als ein Auftrag erfahren, alle daran teilhaftig zu machen.

Das Auffallendste am Epheserbrief scheint mir schließlich der gewaltige Zukunftsmut zu sein, der aus diesem Brief spricht. In einer Zeit, da die christlichen Gemeinden unscheinbare Keimzellen in der damaligen Welt waren, Minderheitsgrüppchen in den großen Städten der damaligen Zeit, ohne Chance auf irgendeine Beeinflussung der sie umgebenden ‚großen Welt‘ oder Gesellschaft, eine *quantité négligeable*, wagt dieser Mann, die „Gemeinde Gottes“ das große, *universale Friedensinstrument* in dieser Welt zu nennen – eine Gemeinde, die den Kampf aufnimmt gegen das, was er die ‚Weltbeherrscher‘ und Großmächte nennt, durch die Unfrieden entsteht. Diese christliche Gemeinde hat keine Furcht vor diesen Großmächten, die in ihr auf Widerstand stoßen.

§ 3. Eine Gemeinde, mit Fragen nach ‚dem wahren Glauben‘: der Zweite Thessalonicherbrief

Zwar müßten außer dem Zweiten Thessalonicherbrief auch die Pastoralbriefe in dieser Analyse des Paulinismus behandelt werden, aber ich bringe sie in einem anderen Kapitel (nach dem Hebräerbrief) unter, weil die Pastoralbriefe mit dem Judas- und dem Zweiten Petrusbrief eher eine ‚spätapostolische‘, eigentlich schon eine nachapostolische kirchliche Situation wiedergeben.

Vor allem im Zweiten Thessalonicherbrief hören wir noch immer die apostolische Stimme des Leiters des Paulinismus nachklingen, aber alles im Brief weist doch auf nachpaulinische Situationen. Der Verfasser des Briefes führt sich selbst als „Paulus und Silvanus und Timotheus“ ein (1, 1 a); das ist auch der Beginn eines sicher echten Briefes des Paulus, nämlich des Ersten Thessalonicherbriefs (wo die drei also als ein einziges pastorales Team auftreten). Der Brief ist an „die Kirche von Thessalonike gerichtet, die ist in Gott unserem Vater und Herrn Jesus Christus" (1, 1 b).

LITERATUR: *P. Andriessen,* Celui qui retient la venue du Seigneur: Bijdr 21 (1960) 20–30; *L. W. Dewailly* und *B. Rigaux,* Les épîtres de saint Paul aux Thessaloniciens (Paris 1954); *M. Dibelius,* An die Thessalonicher I. II. An die Philipper (HNT, 11) (Tübingen ³1927); *E. van Dobschütz,* Die Thessalonicherbriefe (Meyer, 10) (Göttingen ⁷1909); *A. Oepke u.a.,* Die kleineren Briefe des Apostels Paulus (Göttingen ²1962); *B. Rigaux,* Saint Paul. Les épîtres aux Thessaloniciens (Paris 1956); *K. D. Schunk,* Der ‚Tag Jahwes' in der Verkündigung der Propheten: Kairos 11 (1969) 14–21; *A. Strobel,* Untersuchungen zum eschatologischen Verzögerungsproblem (Leiden 1961); *W. Trilling,* Untersuchungen zum Zweiten Thessalonicherbrief (Erfurter Theol. Studien, 27) (Leipzig 1972).

Wie der Epheserbrief eine Aktualisierung des Kolosserbriefs genannt werden kann, ist der Zweite Thessalonicherbrief Aktualisierung des Ersten. Die behandelten Themen zeigen uns eine Gemeinde, die offensichtlich beunruhigt ist, unsicher über bestimmte Glaubenspunkte. Die Gemeinde, die in der paulinischen Verkündigung unterwiesen worden war, kommt nicht zurecht mit den neuen Situationen, mit denen sie konfrontiert wird. Darauf spielt der Zweite Thessalonicherbrief an, und zwar mit einer Berufung auf die Autorität des Paulus, des Leiters der paulinischen Tradition.

Thessalonike war die bedeutendste Hafenstadt Makedoniens, wichtiger Knotenpunkt zwischen Rom und den römischen kleinasiatischen Provinzen, zugleich Hauptstadt der ‚provincia Macedoniae'. Solche Städte sind immer ein Schmelztiegel von Ideen aus allen Himmelsrichtungen. Vor allem kleinasiatische, orientalische Ideen fanden bei diesen griechischen Menschen Anklang – insbesondere ‚orientalischer Überschwang'. Und das geht auch aus dem Zweiten Thessalonicherbrief hervor. Das Charakteristische dieses Briefs ist die Interpretation des eschatologischen Endgerichts, von dem nach 1 Thess 1, 10 die Christen eben verschont bleiben: denn Jesus wird sie vor dem kommenden Zorn bewahren, so hatte Paulus sie gelehrt. Der Zweite Thessalonicherbrief betont dagegen, daß das Evangelium vom Endgericht gerade für Christen ein Gericht darüber einschließt, wie sie sich als Christen gegenüber dem „Evangelium unseres Herrn Jesus Christus" verhalten haben (2 Thess 1, 8). Das ist gegenüber dem Ersten Thessalonicherbrief jedoch (zumindest explizit) durchaus ein neuer Aspekt. In der Gemeinde von Thessalonike herrschte offensichtlich eine überspannte eschatologische Erwartung (2, 1–2). Christen wurden ‚Adventisten' einer bestimmten Art: Wenn Christus doch bald kommt – was Paulus sie gelehrt hatte –, warum sollen wir dann noch arbeiten und uns mit den alltäglichen Dingen befassen (siehe 4, 15). Außerdem kommt bei vielleicht anderen Mitgliedern dieser Gemeinde die Frage nach dem Leiden von Christen wieder auf: Heiden geht es gut, und wir Christen leben in Unterdrückung und Verachtung (1, 4–10) – ist das christliche Befreiung?

Der Autor antwortet auf diese Problematik. Christen sind „von Anfang an von Gott auserwählt, um durch den Geist, der heilig macht, und durch euren Glauben an die Wahrheit gerettet zu werden (soteria)" (2, 12 b). Das ist gut paulinisch, wenn auch Paulus selbst nie absolut, ohne nähere Umschreibungen in der Nachbarschaft, von „Glauben an die Wahrheit" gesprochen hat. „Gott, unser Vater..., hat uns seine Liebe bezeigt und uns in seiner Gnade ewigen Trost und frohe Hoffnung geschenkt" (2, 16). Der Brief befaßt sich gerade mit dieser Hoffnung: der Parusie oder dem baldigen Kommen Christi oder „der Herrlichkeit unseres Herrn Jesus Christus" (2, 14). Hinsichtlich dieses Kommens sind jedoch in Thessalonike Symptome psychischer Überspannung und ungesunde Phänomene zu verspüren (2, 1–17). Der Autor reagiert darauf, indem er sagt, daß wir tatsächlich diesen Tag der Ankunft Christi nicht kennen. Daß manche behaupten, daß es jetzt geschehen werde, ist an sich also eine der Möglichkeiten. Aber, wenn auch Paulus gesagt hat, daß Er kommt wie ein Dieb in der Nacht – jeden Augenblick kann dieser Moment da sein –, sind vor dieser Ankunft auch einige Bedingungen zu erfüllen. Es gibt nämlich Symptome, die dieses Kommen ankündigen, und von ebendiesen Vorzeichen ist noch nichts zu merken! Der Zweite Thessalonicherbrief rechnet also nicht mit einem Geschehen von heute oder morgen. Er nennt zwei Vorzeichen oder Vorbedingungen, die erfüllt sein müssen: einerseits ein massenhafter Glaubensabfall, verbunden mit dem Erscheinen des „Menschen der Gottlosigkeit", des schlechthin anti-göttlichen Menschen (2, 8–12) (später auch der „Antichrist" genannt); anderseits gibt es noch „einen hindernden Faktor" (2, 6 a und 7 b).

Das erste Motiv ist der biblischen Geschichte über Antiochus IV. Epiphanes entnommen, dem Modell des „Menschen der Gottlosigkeit", Ursache eines massenhaften Glaubensabfalls von Juden zur Zeit des Makkabäerkampfes (siehe 1 Makk 1, 41–58; 2, 15–18). Schon in Dan 9, 26–27 und 12, 11 wurde diese Gegebenheit eschatologisch interpretiert. Der Zweite Thessalonicherbrief verweist auf das Erste Makkabäerbuch, wenn er diesen gesetzeslosen Mann „den Widersacher" nennt, „der sich wider alles erhebt, was Gott heißt, oder (Gottes-)Verehrung empfängt, so daß er sich im Tempel Gottes niederlassen und sich als Gott ausgeben wird" (2 Thess 2, 4; siehe Dan 11, 36 zusammen mit Ez 28, 2). Hier ist gemeint, daß dieser Mann, der alle (jüdischen) Gesetze mit Füßen tritt (daher auch: „der Mann der Gesetzlosigkeit", „der Sohn des Verderbens"), nicht nur den Gott Israels angreift, sondern ‚Religiosität' schlechthin, in all ihren Formen, es sei denn, daß diese seine eigene kleine Person betrifft, nämlich Antiochus IV., der sein Bildnis in Israels heiligem Tempel aufstellen ließ – die Summe aller Gotteslästerung und Gottlosigkeit, ein Greuel für den jahwegläubigen Juden (Dan 11, 31; siehe auch 9, 26–27, schon christlich interpretiert in den synoptischen Evangelien: Mk 13, 14; Mt 24, 15). Wie ein Trauma hat dieses geschichtliche Geschehen im theokratischen Israel nachgewirkt. „Der gottlose Mann" wurde zu einem frühjüdischen Topos: Israels Antimessias (eine Synthese dieser Entwicklung wird erst im Kapitel über „Religiöses

Heil und politische Macht im Neuen Testament" gegeben). Die jüdischen Christen haben diesen (jüdisch schon eschatologisch interpretierten) Begriff des Antigottes und Antimessias aus ihrer jüngeren jüdischen Tradition mit in ihr Christentum aufgenommen. Aber, so argumentiert der Zweite Thessalonicherbrief, wie hart die Zeiten vielleicht auch sein mögen (in diesem Sinn ist „das Geheimnis der Gottlosigkeit" schon in Kraft getreten, 2, 7), eine solche eschatologische antigöttliche und antimessianische Macht sehen wir um uns her noch nicht erscheinen. Die Parusie ist also nicht schon morgen, trotz ‚messianischer Wehen'.

Der zweite Faktor, der das Ausbleiben der Parusie erklärt, wird „ho katechōn arti" genannt (2, 7 b), wörtlich: „etwas, was noch gefangenhält". Es ist ein Faktor, der die Erscheinung des antigöttlichen und antimessianischen Widersachers vorläufig ‚aufhält'. Der Zweite Thessalonicherbrief sagt: Ihr wißt, was ich meine (2, 5–6), und er gibt weiter keine nähere Erklärung. Hier spielt eine zwischentestamentliche ‚apokryphe' Gegebenheit eine Rolle. Gerade in Texten wie Jud 6 und 2 Petr 2, 4, wo identifizierbare apokryphe Literatur (das Buch Henoch) zitiert wird, wird gesagt, daß die gefallenen Engel vorläufig in unterirdischen Höhlen ‚festgehalten werden', unter Bewachung himmlischer Engel, in Erwartung des Endgerichts. Mit anderen Worten: eine Variante des jüdisch-apokalyptischen Motivs der „vorläufigen Fesselung Satans" (siehe auch vor allem Offb 20, 1–3.7–10; 9, 13–15; mit einem schwachen Echo davon in Lk 4, 13). „*To* katechon" (2, 6 a) oder „*ho* katechōn" (2, 7 b); etwas, was, oder jemand, der ‚abhält' (die Abwechslung von ‚das' oder ‚der' kann also auf ein Kollektiv hinweisen). Der (die) Aufhalter sind also Engel, die im Namen Gottes die dämonische, antigöttliche Macht bis zu den Endtagen gefangenhalten; dann wird dieser Antimessias losgelassen, und es beginnt der eschatologische Endkampf zwischen Satan und dem Gesalbten Gottes (christlich: Jesus Christus). Ob der Zweite Thessalonicher aber *dieses* jüdische Theologumenom meint, läßt sich ohne weiteres nicht mehr beweisen. Der ‚gottlose Mann' ist für den Autor nicht Satan, sondern ein Werkzeug des Satans (2, 9); außerdem ist der Ausdruck für einen Engel, der Satan aufhält: „Er (der Engel) muß zuerst von der Bildfläche verschwinden" („ek mesou genētai", 2, 7), unpassend und kryptisch. Es gab verschiedene zwischentestamentliche Modelle im Zusammenhang mit dem großen Endkampf der Zeiten. Und auf eines dieser Modelle beruft sich der Zweite Thessalonicherbrief offensichtlich. Die Unsicherheit im Ausdruck kann auch auf die vagen Formulierungen in diesen zwischentestamentlichen Traditionen zurückzuführen sein. Jedenfalls spricht der Autor doch von einer „besonderen Parusie (das heißt Erscheinung mit Macht und Wundern) Satans" (2, 9), so daß es durchaus um die apokalyptische Konfrontation zwischen Satan und Gottes Gesalbten (ganz gleich in welcher Form) geht. Die Christen aus dem Judentum haben dieses jüdische Theologumenon übernommen. Aber in diesem Endkampf wird Jesus Christus „mit seinem Atem" den Satan zerschmettern (2, 8). Was der Zweite Thessalonicherbrief (wie die Apokalypse) als ein dramatisches endzeitliches Geschehen darstellt – Christi Sieg über (wir sagen: *höllische,* damals sagte man: *himmlische*) Mächte –, wird im Galater-, Kolosser-, Epheser-, Hebräerbrief als ein Geschehen gesehen, das im Prinzip beim Tod Jesu vollendet ist und für die Christen selbst ein über die ganze menschliche Geschichte verstreutes Geschehen des Widerstandes gegen übermenschliche Mächte des Bösen ist (siehe Eph 6, 11–17). (Paulus selbst könnte nie so apokryph-mythisch sprechen, wenn er auch genausogut wie der Zweite Thessalonicherbrief dieses Theologumenon kannte.) Aber die Schlußfolgerung, die der Zweite Thessalonicherbrief aus dieser (eine sehr tiefe menschliche Wirklichkeit wiedergebenden) mythischen Geschichte zieht, ist dann wieder sehr paulinisch: Der Autor weist die Christen auf ihre Pflichten in der Welt hin (3, 6–15). „Wer nicht arbeitet, bekommt kein Essen" (3, 10) – damals schon ein Sprichwort nüchterner menschlicher Erfahrung – hält der Zweite Thessalonicherbrief seinen Parusieerwartern („Jesus kommt!") vor. Und der Autor droht mit kirchlichen Strafen – „excommunicatus vitandus" (siehe 3, 6; 3, 14) –, wenn in dieser Exkommunikation auch eine freundliche Brüderlichkeit mitklingt (3, 15).

Ein anderes Problem in der Gemeinde war das Leiden von Christen, ein Problem, das letztlich ,Jesus kommt!'-Enthusiasten nach einer gewissen Zeit fatal bedroht; es nagt an einem eine Zeitlang durchzuhaltenden geistesbetäubenden Zustand – der Kater nach ,high'-Zuständen. Doch ist die Lösung, die der Zweite Thessalonicherbrief gibt, klassisch-rabbinisch, im Sinn von Sirach (siehe 2 Thess 1, 6; das Auge-um-Auge-Prinzip) (der Autor scheint den Zusammenhang mit dem ersten Problem nicht erkannt zu haben). Gott straft die Bösen und belohnt die Guten (1, 8–9). Aber von Paulus weiß er auch, daß Leiden von Christen „ein Leiden für Gottes Reich" ist (1, 4–5; zwar sagt Paulus dies anders, nämlich immer christologisch). Typisch für 2 Thess ist: „Er wird die strafen, die *sich weigern, Gott zu erkennen,* und jene, *die dem Evangelium* unseres Herrn Jesus kein Gehör schenken wollen*" (1, 8), während die Christen, die „das Evangelium angenommen haben", belohnt werden (1, 5): In ihnen „wird der *Name* des Herrn Jesus verherrlicht werden" (1, 12 mit 1, 10). Paulinisch sind diese Wendungen und diese Terminologie sicher nicht, sie sind jedoch alttestamentlich. Vor allem die heftige Reaktion gegen Leute, die „dem Evangelium des Herrn Jesus kein Gehör schenken wollen", fällt auf, ebenso „die sich weigern, Gott zu erkennen" (dies letztere ist die klassische Bezeichnung für ,Heiden'). Wer ist denn mit den ersteren gemeint? Die Juden, die Gott zwar erkennen, aber Christi Evangelium leugnen? Hängt die gemeinte Kategorie mit denen zusammen, die Christen verfolgen und unterdrücken (1, 4b)? Oder sind es die christlichen ,Adventisten' aus 2, 1–3? Das läßt sich schwer feststellen; aber die Drohung mit ,Exkommunikation' (3, 6; 3, 14) und die absoluten Ausdrücke: „Glauben an *die Wahrheit*" (2, 13b), „Liebe zur *Wahrheit*" (2, 10) und „*die Wahrheit* ablehnen" (2, 12), immer ohne irgendeine christliche Apposition (wie z. B. die Wahrheit des Evangeliums, wie an anderen Stellen im Neuen Testament), schließlich auch die Berufung auf Autoritätsargumente, die des Paulus vor allem (zwar kennt Paulus selbst die apostolisch-autoritätsvolle Verkündigung, aber die Berufung auf Paulus im Zweiten Thessalonicherbrief klingt anders, siehe z. B. 2, 5) – dies alles weist auf eine spätere kirchliche Situation hin. Am wahrscheinlichsten sind also Christen gemeint, die das Evangelium trüben oder falsche Schlußfolgerungen aus ihm ziehen. Paulus selbst hätte auf die neue Situation in der Gemeinde von Thessalonike eine kräftigere und tiefergehende Antwort gegeben, nicht aus apokryphen Gegebenheiten, sondern aus dem Kern des apostolischen Glaubens. Der Zweite Thessalonicherbrief gehört nicht zu den starken Stücken aus dem Neuen Testament. Auch das ist theologisch wichtig; nicht jeder neutestamentliche Autor konnte in einer gleichen Treue mit derselben Findigkeit, wie z. B. Paulus, der Epheserbrief und der Hebräerbrief, die genaue pastoraltheologische Antwort geben, nach der die Situation verlangte. *Gläubige* Menschen, aber *Menschen* sprechen im Neuen Testament interpretierend über ihre Erfahrungen von Heil in Jesus Christus.

DRITTES KAPITEL
LEIDEN FÜR ANDERE, ZUKUNFT EINER BESSEREN WELT

EINFÜHRUNG

Unter Berücksichtigung des Tenors sowohl des sogenannten Hebräerbriefs als auch des Ersten Petrusbriefs wurde ich durch ihren Inhalt gezwungen, diese beiden neutestamentlichen Schriften in einem Kapitel (deshalb: III/1 und III/2) unterzubringen. Viele größere und kleinere Details weisen darauf hin, daß beide Schriften eng miteinander verwandt sind, was Spiritualität und Thematik betrifft. Auf der Linie des Markusevangeliums laufen die ‚Notwendigkeit‘ und doch Freiheit des heilbringenden, zukunfteröffnenden Leidens für andere, die entwaffnende und doch verletzbare und verwundete ‚wehrlose Liebe‘ wie ein goldner Faden durch beide Schriften. Gerade deshalb nennt der eine Autor – Hebr – Jesus den *Hohenpriester* und spricht der andere Autor – 1 Petr – wohlbewußt von der christlichen Gemeinde als *priesterlichem* Gottesvolk. Das frühere kultische Opfer wird durch das ‚geistige Opfer‘ der Solidarität mit dem Leiden anderer ersetzt.

DRITTES KAPITEL / ERSTES TEILKAPITEL
DAS LEIDEN DES UNSCHULDIGEN: ZUKUNFT FÜR
HISTORISCH GESCHEITERTE: ERSTER PETRUSBRIEF

§ 1. Das Evangelium des Leidens für andere

LITERATUR: R. *Bultmann*, Bekenntnisse und Liedfragmente im ersten Petrusbrief (Coni. Neot., 11) (Lund 1947) 1–14; W. *Dalton*, Christ's Proclamation to the Spirits (Rom 1965); R. *Gundry*, ‚Verba Christi' in 1 Peter. Their Implications Concerning the Authorship of 1 Peter and the Authenticity of the Gospel Tradition: NTS 13 (1966–67) 336–350; H. *Gunkel*, Der erste Brief des Petrus (SNT, 3) (Göttingen ³1917, 1908); J. N. *Kelly*, A Commentary on the Epistles of Peter and of Jude (Black's NTC) (London 1969); R. *Knopf*, Die Briefe Petri und Juda (Meyer, 12) (Göttingen ⁷1912); J. *Michl*, Die Katholischen Briefe (RNT, 8) (Regensburg ²1968); K. H. *Schelkle*, Die Petrusbriefe. Der Judasbrief (HThK XIII – 2) (Freiburg i.Br. ⁴1976); A. *Schlatter*, Die Briefe des Petrus (Stuttgart 1964); ders., Petrus und Paulus nach dem ersten Petrusbrief (Stuttgart 1937); J. *Schneider*, Die Kirchenbriefe (NTD, 10) (Göttingen ¹⁰1967); E. *Schweizer*, 1 Petr. 4, 6: ThZ 8 (1952) 152–154; E. G. *Selwyn*, The First Epistle of St. Peter (London ²1947); C. *Spicq*, La prima Petri et le témoignage évangélique de saint Pierre: StTh 20 (1966) 37–61; ders., Les épîtres de saint Pierre (Sources bibliques) (Paris 1966); G. *Thevissen*, De eerste brief van Petrus (Roermond 1973); R. *Thurston*, Interpreting First Peter: JETS 17 (1974) 171–182; H. J. *Vogels*, Christi Abstieg ins Totenreich und das Läuterungsgericht an den Toten (FThSt), (Freiburg i.Br. 1976); G. *Wohlenberg*, Der erste und der zweite Petrusbrief (KNT, 15) (Leipzig 1915).

Der Erste Petrusbrief zeigt frühchristlich-paulinische Züge – man kann ihn ‚paulinisch' nennen –, doch kommt hier eine spezifisch-eigene Theologie zu Wort. Ein eher etwas ‚späteres' Datum kommt in Betracht aufgrund verschiedener kleiner Kennzeichen. „Als Christ" („hōs christianos" [4, 16]) ist offensichtlich schon eine geläufige technische Bezeichnung. Auch 1 Petr 1, 12b, wonach die Botschaft den Gemeinden „durch den Mund der Evangelienverkünder" gebracht worden ist, weist auf eine spätere christliche Generation. Im Gegensatz zu der frühchristlichen Auffassung von der Erlösung als Entrücktwerden der Christen vor Gottes zornigem Endgericht (1 Thess 1, 10) wird, wie in dem späten Zweiten Thessalonicherbrief (2 Thess 1, 8), die Haltung der Christen gegenüber dem kirchlichen Evangelium gerade zum Objekt des Gerichts Gottes (1 Petr 4, 17; siehe den Unterschied beider Texte gegenüber einem ziemlich parallelen Text bei Paulus: 1 Kor 11, 32).

Trotzdem erheben sich wieder Stimmen, um mit neuen Argumenten die petrinische Autorschaft dieses Briefes zu befürworten (Schelkle; Kelly; Gundry; Spicq; siehe Literatur). Meines Erachtens beweisen sie nur eine frühchristliche, ‚petrinische' *Tradition* hinter diesem Brief. Der Autor sagt selbst, unter dem Namen Petrus, daß er seinen Brief „mit Hilfe von" Silas (Silvanus) geschrieben habe (5, 12). Silvanus aber ist jahrelang Mitarbeiter des Paulus gewesen (siehe 1 Thess 1, 1 und Apg 15, 40; 18, 5) und begleitete Paulus auf dessen Missionsreisen. Das erklärt den ‚Paulinismus' dieses Briefes. Anderseits weisen *explizite* Hinweise auf Deuterojesaja im Neuen Testament (wie in 1 Petr 2, 22–25; siehe 1, 24) auf ein viel weiter fortgeschrittenes theologisches Reflexionsstadium.

212

Der Brief ist an verschiedene heidenchristliche Gemeinden in Kleinasien gerichtet, und zwar, nach verschiedenen Anspielungen zu schließen, in Zeiten der Unterdrückung durch die Heiden (siehe 4,12; 3,16; 4,14–15; 5,7–9), Symptome einer beginnenden Kirchenverfolgung, vielleicht vor der des Domitian (81–96).

Für den Autor ist der Inhalt des Evangeliums „die Rettung eurer Seele" („sōtēria psychōn" [1,9]) auf der Grundlage des Christuskerygmas von Tod und Auferstehung, das der Autor in einer auffallenden Weise umschreibt als einerseits „ta eis Christon pathēmata" (das viele Leiden, das über Christus kam) und „hai meta tauta doxai" (die darauffolgenden Verherrlichungen [1,11]). Dabei wird Jesu Leiden und Tod, als Sühnetod verstanden, leidenden Christen als Vorbild hingestellt (z.B. 2,21–25; 3,17–18 usw.).

I
Leiden zum Vorteil von Lebenden

Im Ersten Petrusbrief steht der leidende Christus im Mittelpunkt, als Vorbild leidender Christen (1,6; 2,19–20; 3,9.14.17; 4,14–16.19; 5,6.9.10), wobei immer „unverschuldetes Leiden" gegenüber verdientem Leiden gemeint ist (2,20; 3,17; 4,15).

Für den Autor ist charis oder Gnade Heil-von-Gott-her in Jesus (1,10; 1,13). Charis behält die Bedeutung von ‚geoffenbartes Mysterium', von Ewigkeit verborgen in Gott, eschatologisch geoffenbart: „Ihr seid erlöst durch das kostbare Blut Christi, des Lammes ohne Fehler und Makel, das auserkoren war vor der Grundlegung der Welt, aber erst am Ende der Zeiten erschienen ist *um euretwillen*" (1,20; siehe 1,10; auch hier viele gemeinsame Züge mit dem Hebräerbrief). Der etwas ‚spätere' Charakter offenbart sich darin, daß Engel versucht haben, einen Blick auf die Folgerung aus Gottes ewigem Ratschluß zu werfen (1,12 c), und daß die Propheten in all ihren Schriften „gesucht und geforscht haben", etwas von diesem göttlichen Mysterium oder Ratschluß zu erfassen. Aber diese charis war „*für euch* bestimmt" (1,10 und 1,12); „um euretwillen" (1,20): der Auserwählten. Der sapientiale und apokalyptische Nachdruck auf der Prädestination der Bevorzugten, denen das Mysterium geoffenbart wird, zeigt sich stark in diesem Brief. Der Inhalt dieses Geheimnisses umfaßt zwei große Interessengebiete: a) der *Tod Jesu*, gesehen als Sühnetod (die neutestamentlichen Bedeutungen von ‚Sühnetod' werden nicht bei jedem Autor eigens behandelt, sondern in dem späteren synthetischen Überblick): „An seinem eigenen Leib hat er unsere Sünden auf das Kreuzesholz getragen, damit wir den Sünden absterben und der Gerechtigkeit leben sollten" (2,24, in einem Textzusammenhang, 2,22–23, der wiederum stark an den Hebräerbrief erinnert; auch: 1,2b; 1,11; 2,21; 3,18a; 4,1). Der Preis oder das „Lösegeld dieses Freikaufs „aus dem sinnlosen, von euren Vätern geerbten Wandel" (1,18; der

Autor schreibt an Christen aus dem Heidentum) ist „das kostbare Blut" (1, 20); – b) Jesu *Auferstehung vom Tod* (1,3 c; 1,21 b; 3,18 c; 3,21 c; 4,13 c). Nicht ohne Grund sprach 1,11 von seinen „Herrlichkeiten", in der Mehrzahl („hai doxai"). Denn die Auferstehung, Erhöhung oder Himmelfahrt umfaßt eine ganze Reise: zuerst ein Hinabsteigen in die Unterwelt, wo „Geister" gefangengehalten werden (3,10; siehe 4,6). Zuerst wird dort von Jesus das „kirchliche Kerygma" von Tod und Auferstehung verkündet (Universalismus des Heils in Jesus); dann steigt Jesus hinauf durch alle Himmelssphären (3,22): „Nachdem ihm Engel, Gewalten und Mächte unterworfen sind" (3,22 b), setzt sich Jesus, „zum Himmel aufgefahren", tatsächlich „zur rechten Hand Gottes" (3,22 a). Bei dieser Himmelfahrt durch alle himmlischen Engelwohnsitze (wo also ihre Unterwerfung stattfindet) steigt Jesus hinauf zum Allerheiligsten, neben Gottes Thron (auch vom Hebräerbrief breit ausgeführt).

Sühnetod und Auferstehung Jesu sind zweifellos der ‚apostolische Glaube', auf den sich der ganze Erste Petrusbrief stützt. Beide Gegebenheiten kommen in seinem Brief sogar als feststehende, schon geprägte Formeln vor – paulinisch. Damit ist aber, als solches, das *Spezifische* dieses Briefes noch nicht gegeben, eine Eigenheit, die zwar nicht ‚unpaulinisch' ist, die aber dem Ersten Petrusbrief doch einen Charakter gibt, der nicht als kennzeichnend für den ‚Paulinismus' gelten kann.

In diesem Brief liegt der Nachdruck keineswegs auf ‚dem Leiden' als solchem (wie etwa im Paulinismus), sondern sehr prononciert auf unverschuldetem Leiden gegenüber einem Leiden, das wir wegen irgendeiner eigenen Dummheit oder Sünde *verdienen*. Diesen Unterschied werden – direkt befragt – Paulus und die Seinen zwar nicht leugnen, aber er spielt im Paulinismus keine Rolle. Im Ersten Petrusbrief ist dies der Kern der ganzen Darlegung: Es geht um den ‚*leidenden Gerechten*' und, unter Berücksichtigung von 2,21–24, mit ausdrücklichem Hinweis auf den leidenden Knecht Jahwes in Deuterojesaja. Dieser *ausdrückliche* Hinweis ist ein Beweis für ein späteres christliches Stadium im Gebrauch von Schriftbeweisen, während einzelne Erinnerungen an den leidenden Knecht Jahwes – ohne Hinweis auf die Schrift – vom Urchristentum an mitgespielt haben [99].

An zwei Stellen und fast mit denselben Worten spricht der Erste Petrusbrief von „agathopoiountes paschein", leiden um guter Taten willen (2,20 f und 3,17), und zwar im Gegensatz zum Leiden als Strafe oder verdientem Leiden (2,20; 3,17; 4,15). Das kommt zum Ausdruck in 3,17, wo die Rede ist von ‚dem Besseren' – „kreitton" – der ersten Kategorie: unschuldig leiden; „Wieviel besser ist es – wenn Gott dieses Leiden will –, für das Gute zu leiden, das man tut, als Strafe für Vergehen auf sich nehmen (d.h. leiden) zu müssen." *Das* scheint mir der hermeneutische Schlüssel für den ganzen Ersten Petrusbrief zu sein.

In 2,19 nennt der Autor ein solches Leiden – das des ‚leidenden Gerechten' – eine *charis* und ein *kleos*, d.h. Ruhm, wodurch die Bedeutung von charis unverkennbar nicht als „chesed" interpretiert wird, sondern im Sinn des hebräischen „cheen": das heißt als etwas, was uns nicht per se von Gott gegeben wird, sondern als etwas, was Gott angenehm, gut in uns findet (siehe oben bei „cheen"-charis), was also „angenehm in den Augen Gottes ist". Unverschuldetes Leiden – das nicht Gott positiv über uns kommen läßt (der ungerechte Sklavenherr wird getadelt; unverdientes Leiden ist nicht eine Gnade, die Gott uns schenkt, sondern Unrecht von seiten anderer; irgendwie, so sagt der Autor weiter, ist das „wenn Gott es will" von 3, 17 nur „eine *Zulassung* Gottes", 4, 19) – ist eine charis in dem Sinn: Gott steht selbst dahinter, er identifiziert sich damit; es ist „angenehm in seinen Augen" (siehe 2, 19 mit 2, 20 b). Ein solches Leiden „ist ein Zeichen dafür, daß der Geist der Herrlichkeit, welcher der Geist Gottes ist, auf euch ruht" (4, 14). Deshalb fügt der Verfasser auch hinzu: „sorgt, daß *von euch* niemand zu leiden hat…" (4, 15). Der Brief huldigt keiner Leidensmystik, aber Leiden *um* anderer *willen* und *durch* andere hat für ihn doch eine ganz besondere Bedeutung. Warum eigentlich? Leiden, das man selbst *verdient* (Strafleiden), ist keine charis und kein Ruhm (2, 19 und 2, 20); daran ist nichts Besonderes. Dieses Leiden hat sühnenden Wert für das, was man selbst verbrochen hat: es macht das Falsche wieder gut. Aber unschuldig leiden (4, 19), „Gutes tuend leiden" (2, 20 b und 3, 17), „leiden um der Gerechtigkeit willen" (3, 14), „als Christen leiden" (4, 16), „leiden für das Gute" (3, 17) ist leiden *für andere* und sühnt das, was *andere* Böses tun. Darum ist es dem Ersten Petrusbrief zu tun. Deshalb ist „der leidende Gottesknecht" (2, 21–25, mit expliziten Zitaten aus dem Ebed Jahwe-Lied, Jes 53, 9 und 53, 4), „der leidende Jesus Christus" (3, 17–18 ff), der „hypogrammos" (2, 21) aller Christen – wörtlich: die durch den ‚Lehrer Schönschrift' vorbuchstabierten Buchstaben, Vokale und Konsonanten, welche die Schüler genau müssen nachschreiben können. Dem Ersten Petrusbrief geht es um die „imitatio christi": das synoptische ‚Jesus nachfolgen'. Von dem Gedanken, daß Gott aus unverschuldetem Leiden einen positiven Wert *für andere* machen kann, finden wir schon einige Anklänge in der zwischentestamentlichen Literatur[100] und einigemal in dem, was (nach katholischer Kanon-Auffassung) das Alte Testament ist: außer im Ebed-Jahwe-Lied in einigen Weisheitsbüchern und im Ersten Buch der Makkabäer[101], aber im Neuen Testament wird dies vom Leiden und Kreuzestod Jesu aus eine Kernrealität. Für 1 Petr 2, 21 ist es „die Berufung des Christen, sich zu diesem unverschuldeten Leiden für andere bereit zu erklären". Fundament und Vorbild ist: „Denn Christus hat *für euch* gelitten" (2, 21 b). Der Autor denkt nicht an das, was später ‚stellvertretendes' Leiden genannt worden ist (siehe unten), sondern an Leiden, das andern *zugute kommt*. Darin liegt die besondere charis und der besondere Ruhm *eines solchen* Leidens. Jesus, der Unschuldige (2, 22), „hat an seinem eigenen Leib unsere Sünden auf das Kreuzesholz getragen" (2, 24 a; Jes 53, 4; siehe unten: Synthese über „Sünden tragen"). Und der Wert für andere war: „daß wir den Sünden absterben und der Gerechtigkeit leben" (2, 24 b; 2, 24 c; Jes 53, 6). Der Autor spricht nicht

nur von „unverschuldetem Leiden" – das vielleicht zornig und fluchend ge-
schluckt wird –, sondern: „Er schalt nicht zurück..., drohte nicht". Er überließ seine Sache dem, der gerecht richtet" (2, 23). „Sanftmut und Ehrfurcht"
(3, 16) gerade gegenüber den „Schmähern" fordert 1 Petr 3, 16 auch bei der
Selbstverteidigung. Dieses Beispiel Jesu verlangt Nachfolge: „Vergeltet nicht
Böses mit Bösem; wenn man euch schmäht, schmäht dann nicht wieder ...
segnet einander" (3, 9). Keine Rache und kein Grimm bei dem „leidenden
Knecht".

Ich sagte: kein ‚stellvertretendes' Leiden im Ersten Petrusbrief, sondern
Leiden für andere, das ihnen zugute kommt. Wie? Im Zusammenhang mit der
römischen Besatzungsmacht, die es den Christen nicht leicht macht, sagt der
Erste Petrusbrief: „Führt unter den Heiden ein vorbildliches Leben; dann
werden sie, die euch jetzt als *Übeltäter verleumden,* bei näherem Zusehen Gott
wegen eurer guten Taten verherrlichen an dem Tag, da er zum Gericht kommt"
(2, 12); und: durch euer unverschuldetes Leiden und euren guten christlichen
Lebenswandel (3, 16 gerade in Verbindung mit 3, 17) „werden jene, die euch
schmähen... *beschämt dastehen* mit ihrem Lästern" (3, 16). Aber eine ‚Beschämung zum Guten', das heißt, der leidende Gerechte stimmt den anderen zum
Nachdenken und vielleicht zur Bekehrung. Der innere Zusammenhang zwischen ‚vorbildlich leben' und ‚Gott preisen' ist allgemein-neutestamentlich
(1 Petr 3, 15; 2, 12; 2, 14; 3, 1; 3, 16; 4, 4; 4, 19. Siehe Mt 5, 16. Ferner der Nachdruck auf Sanftmut gegenüber Widerspenstigen: Tit 3, 2; 2 Tim 2, 24–25; auch
Gal 6, 1; 2 Kor 10, 1; Jk 1, 21; 3, 13). Gerechtes Leben und Liebe, Sanftmut
haben im Neuen Testament immer auch die Einkehr anderer im Auge. Die
Selbstbeherrschung, die Geduld, die Milde des ‚leidenden Knechtes' ohne jeden
Grimm (2, 22–25) haben eine *soteriologische,* erlösende Bedeutung *für andere* –
verdientes Leiden nur für den, der leidet (Sühne der eigenen Sünde). Das ist
„das Bessere", von dem 3, 17 und, inhaltlich, auch 2, 20 sprechen; darin geht
Jesus voran (3, 18; 2, 21). In 2, 12 spricht deutlich das Motiv des „leidenden
zaddiq" oder Gerechten mit, der durch Feinde aus dem Weg geschafft wird,
aber diese müssen die Erhöhung des leidenden Gerechten im himmlischen
Kronrat erleben und dann ihre eigenen Fehler erkennen, sie müssen dann bekennen: Dieser ist ein wahrer Sohn Gottes. Der leidende Gerechte wird vom
himmlischen Gerichtshof *rehabilitiert,* und die ihn einst verspottet, müssen dies
dann offen eingestehen[102]. Dieses vor allem mit sapientialen Traditionen
vermischte Motiv ist der Hintergrund des Ersten Petrusbriefs. Aber es ist mehr:
der Vorgriff auf das Endgericht. Die besondere Wirkung des Leidens für andere
ist für den Ersten Petrusbrief die Beschämung zum Guten (3, 16; 2, 12; vgl. 3, 1),
das heißt ihre Bekehrung. „Auch Christus hat ein für allemal für die Sünden
gelitten, als Gerechter für Ungerechte, *um euch zu Gott zu bringen"* (3, 18):
Durch Jesu Leiden für Sünder (andere) kommen sie zum Nachdenken, zur Einkehr: zu Gott. So verhält es sich mit dem christlichen Leiden für andere: Es
kommt anderen zugute, es bringt sie zur metanoia. Also: „hat Christus gelitten

(für andere)..., so wappnet auch ihr euch mit demselben Gedanken" (4,1). Wir hören hier einen lebendigen Widerhall des Markusevangeliums.

Es liegt daher völlig außerhalb des Gedankengangs des Ersten Petrusbriefs, zu sagen: Für mich ist unverschuldetes Leiden ‚das Bessere', denn demnächst – im Jenseits, und vielleicht schon jetzt – werde *ich* dafür hundertfach belohnt werden. Der Erste Petrusbrief sieht das ‚Heilsleiden' als *anderen* zugutekommend: „dikaios *hyper* adikōn" (3,18), der Gerechte leidet *um* den Ungerechten, aber so, daß durch dieses unverschuldete Leiden gerade diese Ungerechten (die selbst wohl Leiden oder Strafe verdienen und ihr doch entrinnen) zur Einkehr, zu Gott gebracht werden. Der Ingrimm der apokalyptischen, lustvollen Rache (in so manchem zwischentestamentlichen Buch wie z.B. Henoch): wir, die unschuldig Leidenden, werden bald unser kosmisch-eschatologisches Lachen über unsere Unterdrücker vernehmen lassen, wenn *wir* verherrlicht sind und die Höllenqualen unserer früheren Bedränger schauen werden (*ein* Vers der ‚Internationale' hat den gleichen Inhalt), ist der Antipode von dem, was der Erste Petrusbrief meint und ausdrücklich sagt. Ziel von allem ist: nicht die Unterdrücker zu Unterdrückten machen, sondern sie *zum Guten kehren*. Zwar gibt der Erste Petrusbrief zu, daß, wie für Jesus (3,22), auch für alle leidenden Gerechten (1,6–7; 4,13) dieses Leiden für andere unter dem eschatologischen Segen der Bekräftigung Gottes steht. Gott erhöht die Niedrigen (5,5c–6), aber *das* ist nicht das treibende Motiv im Ersten Petrusbrief: Der leidende Knecht „überläßt seine Sache dem, der gerecht richtet" (2,23), er „vertraut sich seinem Schöpfer an" (4,19b). Aber das schließt doch ein, daß er jetzt schon *recht hat*, noch bevor dieses öffentliche Urteil öffentlich gefällt ist und daß somit seine Lebensposition *in sich selbst* – und nicht einen von außen kommenden – *entscheidenden* und *definitiven* Wert besitzt, der *gerade deshalb* von Gott bestätigt werden wird – wenn auch in der Zwischenzeit, in den Augen der Welt, über sein Verhalten Unklarheit herrschen wird, Doppeldeutigkeit und vielleicht Spott.

Der Erste Petrusbrief gibt zwar keine kerygmatische Geschichte in der Art der vier Evangelien, doch wird man – wenn man sich mit Hilfe dieser Evangelien die ‚historische Jesusfrage' gestellt hat (siehe mein erstes Jesusbuch) – beim Lesen des Ersten Petrusbriefes erkennen müssen: hier haben wir eine vollkommene Widerspiegelung dessen, was Jesus von Nazaret wirklich gewesen sein muß und wie er bei den Christen sogar der zweiten christlichen Generation angekommen sein muß, in der Erfahrung dieses Christen, des Autors des Ersten Petrusbriefs[103]. In der von diesen Christen vollzogenen ‚Nachfolge Jesu' leuchtet das Bild dessen auf, was Jesus wirklich gewesen ist. (Für den Ersten Petrusbrief sind wichtig aus der alten Q-Tradition: Mt 24,42–51 par; 23,12 par; 6,25 par; 5,10.11.12.16; auch die lukanische Sondertradition: Lk 2,20; 6,33; 24,25–26 und, im Zusammenhang mit 1 Petr 5,2, auch Lk 12,32.) Im Ersten Petrusbrief kommt außerdem prägnant zum Ausdruck: daß nicht nur das apostolische Kerygma, als Proklamation der Auferstehung vom Tod, den

Menschen Heil bringt, sondern die christliche *Praxis,* das geschichtliche Geschehen unter uns (und: sofern es geschieht), das Nichtchristen *sehen* („epopteuontes": 1 Petr 2,12; 3,2), wie Christen, selbst ohne Wortverkündigung („aneu logou" [3,1]) durch ihre Praxis als leidende Knechte den Starrsinn anderer, nämlich Heiden, *brechen,* durch ihr Verhalten, in dem die Vision des Zukunftsmenschen sichtbare Gestalt zu erlangen beginnt – sogar dann, wenn man sieht, daß diese wehrlose Liebe andere nicht immer entwaffnet oder in die Knie zwingt, sondern der Wehrlose einen noch kräftigeren Fußtritt erhält. Selbst dann! sagt der Erste Petrusbrief. Diese Wehrlosigkeit aber ist keine lahme Naivität: Solche Christen, so sagt der Autor, müssen sich auch verteidigen, den Grund ihrer Hoffnung anzugeben wissen, aber selbst das muß „mit Sanftmut und geziemender Ehrfurcht" geschehen (3,15–16).

Der große Unterschied zu dem mit dem Ersten Petrusbrief verwandten Hebräerbrief (siehe unten) liegt darin, daß der Erste Petrusbrief das ,Leiden für andere', obwohl als Sühneopfer interpretiert, nicht im kultischen Sinn versteht („sacrificium propitiatorium"), sondern als *Herausforderung* für andere: die Herausforderung der wehrlosen Liebe zum anderen. Darin liegt die *Hoffnung,* von der der Autor sagt, daß Christen „immer bereit sein müssen zur Verteidigung *jedem gegenüber,* der von ihnen (euch) Rechenschaft *über die Hoffnung* fordert, *die in ihnen (euch) lebt"* (3,15). Christen müssen die Geschichte dieser ihrer Hoffnung erzählen, aber, so fügt der Autor hinzu, nicht triumphalistisch, sondern „mit Sanftmut und mit Furcht" (3,16): Es ist eine Hoffnung, die auf Leiden für andere gegründet ist, damit diese anderen dadurch zum Nachdenken, zur Einkehr kommen: „zu Gott gebracht werden" (3,18), wie Christen, Sünder, durch Jesu Leiden für andere zur Einkehr gelangt sind.

II
Leiden zum Besten der Toten

Aber es steckt noch eine tiefere Bedeutung in der Auffassung des Ersten Petrusbriefs, in seiner Meditation über Jesu Leiden für andere. Der Kolosser- und der Epheserbrief dachten dabei vor allem auch an die himmlischen Engelmächte. Der Erste Petrusbrief nennt sie einmal, beiläufig: Jesu Erhöhung beim Vater ist naturgemäß eine Erhöhung über alle anderen Himmelsbewohner (3,22b) – es wirkt fast wie ein Klischee. Der Autor bedient sich dabei der Tiefe. Er ist der neutestamentliche Autor, der ausdrücklich von Jesu „*Abstieg zur Hölle"* spricht (3,19; implizit auch Apg 2,24; siehe Mt 12,40; Röm 17,7). Er spricht außerdem von einer Tätigkeit, die Jesus dabei vollzog: „verkündigen" (im Neuen Testament immer von der Heilsbotschaft gesagt) (es gibt neutestamentliche Parallelen, aber implizit: Mt 8,11–12 par Lk 13,28–29, Q-Tradition und vor allem Joh 5,25–27: „Es wird die Stunde kommen, ja, sie ist schon da, da die *Toten die Stimme des Sohnes Gottes* hören werden, und die sie hören, werden leben"). Der Erste Petrusbrief stützt sich dabei deutlich auf eine schon vorhandene christliche Tradition. Viele Exegeten (offensichtlich auch aus konfessionellen Gründen im Hinblick auf den Gedanken an ein Fegefeuer) – mit großer Kenntnis zwischentestamentlicher Literatur, aber in diesem Fall ohne eine strukturale Analyse der Funktion von 3,18–22 im unmittelbaren und weiteren Kontext des ganzen Briefes – haben einen ganzen Targum ins Leben gerufen über eine Verkündigung Christi nach seinem Tod an im Höllenschlund eingeschlossene ‚gefallene Engel', die dann durch den auferstandenen Jesus ihr Endgericht erhalten; für manche Theologen ist dies dann eine Heilsverkündigung (Heil sogar für gefallene Engel), für andere ihr endgültiges Verdammnisurteil.

Zunächst geht unmittelbar aus dem Text hervor, daß Jesu Höllenfahrt gesehen werden muß als Synonym von ‚Sterben', das heißt zur Scheol oder Unterwelt hinabsteigen (Gen 37,35; Num 16,30; Jes 5,14; 38,18; Ez 26,20; 31,14–17; Ps 22,30; 28,1; 30,4.10; 55,16; Ijob 7,9; 33,24: Spr 1,12; 5,5 usw.). Der Ausdruck, wie er im Ersten Petrusbrief gebraucht wird, will keineswegs sagen, entgegen der einen oder anderen angeblichen Auffassung von Doketismus oder Scheintod, daß Jesus *wirklich* gestorben ist. Von irgendeiner doketistischen Gefahr ist keine Spur festzustellen. Die Übersetzung: „Getötet nach dem Fleisch, *wurde er zum Leben erweckt.* So ging er hin (poreutheis) und predigte den Geistern im Gefängnis" (3,18c–19), ist doppeldeutig. Der Abstieg zur Hölle scheint hier ein Moment der Himmelfahrt Jesu zu sein, als brächte der schon verherrlichte Jesus diesen ‚eingekerkerten Geistern' das Evangelium. Für den Autor ist ‚Auferstehung' übrigens ein Auferstehen „ek nekrōn" (1 Petr 1,3.21), das heißt aus der Totenwelt. Der Abstieg zur Hölle gehört also zu Jesu Sterben, nicht zu seiner Auferstehung. Doch ist es so, daß in manchen frühjüdischen Kreisen damals der Höllenschlund der gefallenen Engel nicht in der Unterwelt, sondern in den unteren Himmelssphären gesehen wurde, wohin auch der Ort der gerechten Toten verlegt war. Aber die entscheidende Frage ist, ob es hier um ‚Engel' geht; ausdrücklich wird gesagt, daß es sich um ‚Ungerechte' handelt. Das griechische „en hō" bezieht sich nicht auf „den Geist, in dem…", sondern bedeutet ‚dabei': bei seinem Leiden und Tod ging er zur Totenwelt, wo „er den Geistern im Gefängnis verkündete" (noch vor seiner Verherrlichung). Wer sind diese Geister?

Tatsächlich war im frühen Judentum und Christentum (als man die ursprüngliche Bedeutung von ‚Gottessöhnen' aus Gen 6,1–6 nicht mehr verstand) [104] ein Mythos von einem Engelsturz lebendig (auch mit dem griechischen Mythos vom Sturz der Titanen in Zusammenhang gebracht) [105]. Einer bestimmten Tradition zufolge wurden diese Engel in der Unterwelt eingekerkert. Sogar Jud 6 und 2 Petr 2,4 verweisen implizit auf die Henoch-Apokryphe, die von Engeln handelt (griech. Henoch 6–11, in der sogenannten Noachapokalypse). Hier wird aber nirgends gesagt, daß diese Engel eingekerkert wurden.

In einer *Vision* darf Henoch die Engel besuchen, um ihnen die endgültige Verdammnis anzusagen. An sich, unabhängig von seinem Kontext, könnte 1 Petr 3, 19 sagen, der Autor lasse Christus einfach die Rolle Henochs übernehmen. Aber dann muß man doch den ganzen Kontext streichen. Warum zitiert der Erste Petrusbrief das kirchliche Kerygma von Sühnetod und Auferstehung (3, 18 und 3, 22) und den hymnischen Vers: „thanatōtheis men sarki, zōopoiētheis de pneumati" (getötet im Bereich des sarkischen oder des irdischen Menschen, aber zum Leben erweckt in dem pneumatischen Bereich [3, 18 c])? Solche Fragmente eines Christusliedes und kerygmatische Formen haben als solche einen Gott preisenden und bekennenden Charakter, aber sie werden hier (wie bei Paulus in Phil 2, 6–11) mit einer paränetischen Absicht zitiert. Der Schlüssel für die Auslegung ist dann 3, 17. Der Autor will durch diese Zitate zeigen, daß es in der Tat besser ist, für andere zu leiden als eine verdiente Strafe zu erhalten, und das tut er als Aufruf zum Ausharren bei Verfolgungen. Er will durch diese Zitate zeigen, daß der Sühnetod Jesu – der Tod eines Gerechten für Ungerechte (3, 18 b) – tatsächlich *anderen* zugute gekommen ist: uns, den Christen, und auch den eingekerkerten Geistern. In 4, 1 nimmt er dann seine Ermahnungen wieder auf, wobei das ganze Zitat (mit der Erklärung des Autors) eingeschlossen wird einerseits durch „epathen" (3, 18: er hat gelitten; nach einer varia lectio: „apethanen", er ist gestorben) und andererseits durch den wiederaufgenommenen Faden in 4, 1: „Christou oun pathontos" („hat Christus also gelitten"). Das Leiden für andere und zum Besten anderer (als Vorbild für Christen) wird in 3, 18–22 durch Beispiele illustriert. Daraus geht jedenfalls hervor, daß der Autor sagen will, Jesu Tod sei nicht nur den Christen *zugute* gekommen, sondern auch jenen eingekerkerten Geistern (kai tois pneumasin). In diesem in die Paränese eingefügten ‚dogmatischen Abschnitt' stehen christologische (3, 18 und 22) und Taufaussagen (3, 21). In 1 Petr 3, 20–21 wird über die Taufe gesprochen, mit Typos und Antitypos: damals und heute. Einerseits der Untergang vieler bei der Sintflut, während nur wenige gerettet wurden; andererseits: jetzt aber gibt es durch die Taufe Rettung für viele (3, 21 a), wobei 3, 21 b erklärt, was die Taufe genau bedeutet. 1 Petr 3, 18–22 will zweifellos illustrieren, warum Leiden für andere besser ist als verdientes Leiden. In 3, 18 wird offenkundig, daß der Tod Jesu Sündern zugute gekommen ist. Daran knüpft 3, 19 an und will ein neues Faktum Christi erwähnen, warum sein Leiden anderen *zugute* kam. „Dabei ging er hin und predigte den Geistern im Gefängnis" (3, 19), mit anderen Worten, nach dem Kontext muß diese Verkündigung jenen Geistern *zugute* gekommen sein. Das unverschuldete Leiden Jesu und seine Verherrlichung kam nicht nur uns, den Gläubigen, einstmals Sündern, zugute, sondern auch den eingekerkerten Geistern, zu denen Jesus hinabstieg. Was in 3, 18 gesagt ist (über die gute Wirkung des schuldlosen Leidens Jesu – für ihn selbst: Verherrlichung; für die Christen: Sündenvergebung), kommt offensichtlich „auch diesen Geistern" zugute. Der Autor will ein zweites Beispiel zur Illustration von 3, 17 geben. In 3, 19 ist also ein *neues* soteriologisches Moment gemeint, und es muß so gemeint sein wegen des strukturellen Rahmens. Die Absicht von 3,19 ist also, wie in 3,18, daß durch Jesu Tod „auch diese Geister" ‚zu Gott gebracht werden' (3,18). Der ganze Text und Kontext verlangen danach, in 3,19 eine *erlösende* Heilstat Jesu zu sehen, nicht eine Verurteilung. Und das rückt den Blick schon ein wenig in die Richtung der ‚gefallenen Engel'. Aus 3,20–21 geht übrigens sehr deutlich hervor, daß mit „pneumata" einfach die Verstorbenen gemeint sind, die zur Zeit der Sintflut widerspenstig waren und deshalb bestraft wurden (‚im Kerker', das ist, frühjüdisch, jener Teil der Totenwelt, in dem *Ungerechte* weilen): auch ihnen kommt Jesu Tod zugute. „Nyn sōzei baptisma", jetzt ist die Taufe – und nicht nur die Arche mit einigen Geretteten – die Rettung (3,21). Nicht nur „für euch" (3,18), sondern auch für die vielen, die in der Sintflut umgekommen sind, hat Jesu Leiden sühnenden Wert. Jetzt wird man ebendadurch gerettet, wodurch früher einige aus der Sintflut gerettet wurden: „inmitten des Wassers" (3,20b; „dia hydatos": wie durch Wasser hindurch). Das ist die Typologie, so erklärt 3,21; die Taufe ist der Antitypos der Arche bei der Sintflut. Die Lebenden werden durch die christliche Taufe gerettet, die „‚ein *Gebet* um ein gutes Gewissen ist" (um Sündenvergebung und Heiligung) (3,21c; „syneidēseōs agathēs eperōtēma". Altkirchlich war die Taufe mit einem Gebet, einer Epiklese verbunden, mehr als mit einer indikativen Taufformel). Dieses Gebet trägt Frucht kraft der Auferstehung Jesu (3,21c). Paulus hat auch gesagt: „Überliefert (getötet) um unserer Missetaten willen und auferweckt um unserer Rechtfertigung willen" (Röm 4,25; siehe oben): Das Untertauchen ins Wasser wäscht uns ‚von Sünden' ab, das Aus-dem-Wasser-Kommen gibt uns ein gutes Gewissen, das heißt Rechtfertigung. Was den lebenden Sündern jetzt durch die Taufe zugute kommt, so sagt der Erste Petrusbrief, gereicht den Sündern von früher, die nicht auf Noachs Ermahnungen gehört hatten und deshalb bei der Sintflut umgekommen waren und bestraft wurden, zugute durch Jesu Verkündigung bei seinem Abstieg zur Hölle. Der Tod Jesu hat auch sühnenden Wert für die Sünder aus dem Alten Bund – ein Gedanke, der bemerkenswerterweise auch in dem dem Ersten Petrusbrief geistesverwandten Hebräerbrief zu finden ist: „Ein Sterben..., das Befreiung gebracht hat für die *Sünden, die unter dem ersten Bund begangen worden sind*" (Hebr 9,15). Es ist dabei keineswegs die Absicht des Ersten Petrusbriefs, diese Versöhnung auf die Sünder aus der Zeit Noachs zu beschränken. „In den Tagen Noachs" ist nämlich ein *Topos*, das Beispiel für alle Ungerechten aus dem Alten Bund (siehe auch: Mt 24,27–39 par; Hebr 11,7; 2 Petr 2,5); beim Jahwisten wird die Sintflut auch als Gottes Strafe über die ganze sündige Menschheit dargestellt. 1 Petr 3,19 meint also die Heilsverkündigung durch den gestorbenen Jesus an die ganze Totenwelt (ob diese Toten seinen Aufruf beantwortet haben, wird nicht gesagt; siehe weiter unten im Zusammenhang mit 1 Petr 4,6). Die „pneumata" oder Geister aus 3,19 sind die „nekroi" oder Toten aus 4,6. Im hellenistischen Judentum (schon in der Weisheitsliteratur: Weish 2,3; 15,11; 16,14) wurde „pneumata" oft für die Seelen der Verstorbenen gebraucht (wäh-

rend gerade im griechischen Henoch, auf den man sich oft beruft, Engel ausnahmsweise „pneumata" genannt werden in seiner Noachapokalypse; auch
dort bedeutet „pneumata" häufig die Seelen der Verstorbenen: grHen
22,3.6–9.11–13; siehe auch wiederum Hebr 12,23, wo es eindeutig um „die
Seelen der zur Vollendung gebrachten Gerechten" aus dem Alten Bund geht).
Das Schicksal der ‚Seelen' der in der Sintflut umgekommenen Menschen wird
ausführlich erzählt in Gen 6,5–9,24 (auf diese Texte verweist, gerade terminologisch, 1 Petr 3,19 und nicht auf die Geschichte von den Gottesöhnen in
Gen 6,1–4)[106]. Außerdem verwendet der Erste Petrusbrief für Engel stets andere
Namen (siehe 1 Petr 1,22; 3,22). Schließlich sind diese „Geister" auch eingekerkert, sie sind „in einem Gefängnis" (3,19), das heißt in jenem Teil der Scheol
oder Unterwelt, in dem sich die Ungerechten aufhalten (siehe auch Lk 12,57–59
par, worauf deutlich angespielt wird; auch grHen 22 spricht von getrennten
Orten für gerechte und sündige verstorbene Menschen). Der Gedanke an die
Möglichkeit, nicht einer Bekehrung von Verstorbenen, sondern ihrer *Versöhnung* durch gute Taten von Lebenden kam im frühen Judentum seit 2 Makk
12,43 mit Macht auf (allerdings wurde dieses ‚Purgatorium' erst im 2. Jahrhundert nach Christus zu einem rabbinischen Dogma). Gerade der in 1 Petr
3,19 schon erwähnte Versöhnungsgedanke wird in 4,6 näher präzisiert. Diese
Toten werden zuerst gerichtet, das heißt, das Gute und Schlechte wird in ihnen
abgesondert, und dann „leben sie wie Gott in der pneumatischen (himmlischen)
Sphäre" (4,6b). Gerade um diese ‚Krisis', diese Unterscheidung vollziehen zu
können („hina krithōsin"), verkündet Jesus ihnen die Heilsbotschaft. Der Autor
denkt dabei an den ‚Ungehorsam' der Heiden, welche die Christen verfolgen.
Daher zitiert er wieder eine Traditionsgegebenheit: „Ihn…, der bereit steht,
Lebende und Tote zu richten" (4,5). Christus steht auch bereit, diese Heiden
zu richten. Die Verkündigung an die Toten steht zuerst im Dienst des Gerichts,
aber dann, dann werden sie leben. Deutlich ist hier nicht das Endgericht gemeint, da noch Rettung möglich ist: „krithōsi men, zōsi de" (4,6; siehe 1 Kor
3,12–15: „gerettet werden wie durch Feuer"). Der Autor will also die verfolgten
Christen trösten und die Verfolger ermahnen durch Hinweis auf das unentrinnbare Gericht, das sie selbst nach dem Tod noch treffen wird (4,5; Beweis dafür
ist das Gericht über die Sünder zur Zeit Noachs: 3,19–20). „Deshalb ist auch
den Verstorbenen das Evangelium verkündigt worden, damit sie, obwohl als
Menschen nach dem Fleisch gerichtet, vor Gott durch den Geist leben sollten"
(4,6). Es heißt nicht „en sarki" und „en pneumati", sondern „sarki" und
„pneumati", was im Ersten Petrusbrief stets bedeutet (siehe 4,2; 3,18): sarx
ist der natürliche Bereich des unerlösten Menschen, pneuma der pneumatische
Bereich (3,18; 4,6). Es geht um einen Zustand des ganzen Menschen nach
seinem Tod. „Nach dem Fleisch gerichtet" bezieht sich auf die Strafe nach dem
Tod, der jedoch vorläufig ist: läuternd, denn schließlich werden sie „im Bereich
des Pneumas leben". Dabei steht „kata anthrōpous" gegenüber „kata Theon",
das heißt: wie es allen Menschen widerfährt (vgl. 1 Petr 1,16), nämlich sowohl

Tote als auch Lebende werden gerichtet; aber wie Gott werden sie im Machtbereich des Pneumas leben. Die Lebenden sind wie das Modell für das Gericht über die Verstorbenen, wie Gott das Modell ist für das Leben der geläuterten Toten.

In 1 Petr 3,19 und 4,6 lehrt der Autor also ein Läuterungsgericht für Verstorbene, nach der Heilsverkündigung durch den gestorbenen Jesus, mit der Möglichkeit einer endgültigen Heilschance. Dem dogmatischen Kern nach betont er den *universalen* Heilswert des Sühnetodes Jesu. Dieser Tod schenkt Zukunft sogar den sündigen Gescheiterten der Vergangenheit. Es gibt – durch Läuterung und Vergebung – sogar Zukunft für die Toten, dank der unendlichen Kraft des schuldlosen Leidens Jesu für andere, für Lebende und Tote. Mit der christlichen Tradition (siehe Röm 6,10; Hebr 9,26–28; 7,27; 10,10) nennt auch 1 Petr 3,18 die Kraft des Leidens Jesu für andere das „hapax", das Einmalige – ein für allemal – in unserer menschlichen Geschichte; dadurch können auch alle ‚leidenden Gerechten' zum Vorteil anderer leiden. Die Theorie von einer endgültigen Verdammung von eingekerkerten Engeln[107] hat, bei einer strukturalen und terminologischen Analyse, auch nicht die geringste Chance, im Text des Ersten Petrusbriefes eine Stütze zu finden; sie macht außerdem den ganzen Einschub von 3,19–21 völlig unverständlich. Etwas anderes ist natürlich die Form der *Darstellung:* Abstieg zur Hölle (das heißt sterben) und Heilsverkündigung (durch den gestorbenen Jesus) und das *Gemeinte:* Der Tod Jesu hat auch sühnenden Wert für verstorbene Ungerechte aus dem Alten Bund (das heißt für Tote, die Christus nicht gekannt haben – damals oder jetzt).

§ 2. Heiliges, königliches und priesterliches Gottesvolk

Die Heilsfrucht des Sühnetodes Jesu und seiner Verherrlichung zur Rechten Gottes ist schlechthin die *christliche Gemeinde,* dargestellt als „ein auserwähltes Geschlecht, ein königliches Priestertum, eine heilige Nation, Gottes eigenes Volk, dazu bestimmt, die ruhmreichen Taten dessen zu verkünden, der euch aus der Finsternis in sein wunderbares Licht berufen hat: euch, einst Nicht-Volk, jetzt Volk Gottes; einst von der Gnade ausgeschlossen, jetzt begnadet" (2,9–10; siehe 2,5, mit Offb 1,6 und 5,9, der einzigen Stelle, wo die christliche Gemeinde im Neuen Testament „das priesterliche und königliche Gottesvolk" genannt wird). Diese Perikope steckt voller Hinweise auf den Tenach: Ex 19,6; Jes 43,20; Hos 1,9; 2,1.3; siehe Röm 9,25–26. Zwar geht es hier keineswegs um das Problem des Verhältnisses der Kirche zu Israel, aber inhaltlich sagt der Erste Petrusbrief, daß die christliche Gemeinde „laos" ist, das heißt das Volk Gottes. Offensichtlich schreibt der Autor an eine Gemeinde, die aus Heidenchristen besteht; Kirche und Israel ist hier kein Gemeindeproblem. Hos 2,25: „Nicht-mein-Volk", das Gottesvolk wird, bezieht sich im Ersten

Petrusbrief auf die Heiden (2,10, wie Röm 9,25–26; siehe Apg 15,14; Tit 2,14).

Als heiliges Volk ist die Kirchengemeinde „aus der Welt genommen" (1,1), geheiligt (1,2), wie Gott ‚der Heilige' ist (Num 15,40; Dt 7,6; 26,19) und Christus dies ist (1 Petr 1,19). ‚Geheiligt' gewinnt für diese verfolgte Gemeinde eine besondere Bedeutung. Diese Christen werden verfolgt (5,9), leben zurückgezogen, „als Fremdlinge und Verbannte" (2,11; 1,17; 1,1). Das überrascht nicht nur Sympathisanten (4,3–4), sie werden verspottet und beschimpft (2,12; 3,9.15–16; 4,14). Als Fremdlinge stehen Christen jedoch auch im Dienst der Welt: „Führt unter den Heiden ein vorbildliches Leben; dann werden sie…" (2,12). Haß müssen sie durch gute-und-schöne Taten (kalokagathia) überwinden (2,12). Aber die Gemeinde Gottes ist nicht nur heilig, sie ist auch ‚priesterlich'. Das erklärt der Autor mit „geistige Opfer darbringen, die Gott wohlgefällig sind durch Jesus Christus" (2,5 b). Hier tritt dann wieder der Begriff ‚leiden für andere' in den Vordergrund: Dies ist eine charis; nicht eine *Gnade* (chesed), die Gott uns schickt (*Menschen* tun es Christen an), sondern es gibt den Christen „cheen", Wohlgefallen in den Augen Gottes. *Das* ist ein „wohlgefälliges Opfer", darin ist dieses Volk „durch Jesus Christus" priesterlich (wir befinden uns auch hier in der Nähe des Hebräerbriefs): ein priesterlicher ‚leidender Knecht', das heißt leiden für andere. Der Autor bleibt konsequent bei seiner Grundauffassung bis in die Details. Als priesterliches Volk müssen Christen auch Gottes Machttaten (‚aretai', wohl ein stark hellenistischer Begriff) verkündigen, die sie selbst erfahren haben (2,9b). Es war Israels Ideal, endgültig Jahwes priesterliches und königliches Volk zu sein (Jes 61,6; 62,3). Das ist für den Ersten Petrusbrief in der Kirche verwirklicht. Jetzt hat das ganze Volk direkten Zugang zu Gott in Christus; alle bringen geistige Opfer (2,5), und alle verkünden (2,9). Das sagt der Autor Heidenchristen, „einst von der Gnade ausgeschlossen, jetzt begnadet" (2,10). Gnade ist ‚Zugang zu Gott' durch Tod und Auferstehung Jesu (2,18).

Die Kirchengemeinde selbst ist jetzt ‚der Tempel', dessen ‚Schlußstein' Christus ist (2,6–7), der alles zusammenhält (siehe Ps 117,22 mit 1 Petr 2,4 und 2,7; Jes 28,16 mit 1 Petr 2,4.6; und Jes 8,14 mit 1 Petr 2,8). Der verworfene Stein ist Israel, *von den Heiden* einst verachtet und verworfen, wie jetzt die Christen von ihnen verfolgt werden. Die Kirche ist das leidende Israel. Doch ist dieses Volk jetzt voll rehabilitiert (nach Ps 117,22; siehe Mt 21,42; eine andere Anwendung als im Ersten Petrusbrief). In Jes 28,16 befinden sich das Volk und seine Führer im Krieg mit Assyrien; sie vertrauen dabei aber nicht auf Gott, sondern auf die Hilfe des heidnischen Ägypten; sie vergessen, daß Jahwe allein der Schlußstein ist, der das Gebäude Israels zusammenhält. Auch das Rabbinentum erklärt diesen Text messianisch. Wer also nach 1 Petr 2,6–7 auf Christus vertraut, wird nicht beschämt werden. Schließlich, Jes 8,14 ist ein prophetisches Drohwort: Bei Unglauben wird Israel an Jahwe als dem Stein des Anstoßes zu Fall kommen – von den Rabbinen ebenfalls messianisch ausgelegt. Im Ersten Petrusbrief wird Israel vorgeworfen, Jesus nicht als den Christus, den leidenden Knecht, erkannt und somit seinen Tod nicht als messianisches Geschehen angenommen zu haben (2, 8 b).

Die eigentliche Frucht, auf welche die Gemeinde Gottes stets hofft, ist das ‚himmlische Erbe‘, das Land der Verheißung: nicht-vergänglich, nicht-verderblich, unantastbar (1, 4; auch hier eng verwandt mit dem Hebräerbrief und griechisch in der Terminologie). Diese Endfrucht ist „soteria", Heil (1, 9–10; auch ein hellenistischer Begriff; siehe später bei der Synthese), ein Begriff, der im Neuen Testament messianisch ist (Lk 1, 69.71.77; 2, 11; Joh 4, 22; Apg 4, 12; 5, 31; 13, 23; 1 Thess 5, 9–10; Röm 1, 16; Hebr 5, 9; 2 Petr 3, 15; Jud 3; 1 Joh 4, 14; Offb 12, 10). Der Autor sagt: „Ihr liebt Christus, ohne ihn je gesehen zu haben" (1, 8 a), „ihr glaubt an ihn, obwohl ihr ihn auch jetzt nicht seht" (1, 8 b), „– wie himmlisch wird dann eure Freude sein, wenn ihr das Endziel eures Glaubens – eure soteria – erreicht" (1, 9: „die Rettung eurer Seelen", als griechisch-jüdischer Ausdruck). Dieses Endziel nennt der Autor schlechthin „die Gnade" (1, 10; 1, 13), an anderer Stelle „den Segen" oder „die Gnade des Lebens" (3, 9). Gnade ist Heil von Gott in Jesus, das erst vollkommen sein wird bei der Parusie (1, 13).

Das Interim zwischen der Himmelfahrt Jesu und der Parusie ist für diese christliche verfolgte Gemeinde ein Exodus ins Exil. In dieser Zeit müssen die Christen a) durch heilige, gute und schöne Taten ein Vorbild sein für die Welt (2, 12), – b) Christus in seinem geduldigen und schuldlosen Leiden für andere nachfolgen (2, 21–25; 3, 18 – 4, 6) und c) dem Kaiser christlichen Widerstand leisten, wenn es um die Rechte Gottes geht (5, 8–9), aber wenn dies nicht der Fall ist, respektvoll loyal gegenüber der fremden zivilen Obrigkeit sein (2, 13–17; siehe darüber in der Synthese). Der Erste Petrusbrief betont die wahre Größe des demütigen Menschen; dieser steht unter der Gnade Gottes (5, 5 c). „Haltet euch denn für klein unter der starken Hand Gottes" (5, 6). Gottes Vorliebe für die leidenden, geschlagenen und unterdrückten Gerechten hat der Erste Petrusbrief mit dem Hebräerbrief und dem ganzen Tenor des Neuen Testamentes gemeinsam. Das sagt der Autor im Zusammenhang mit der kirchlichen Leitung (5, 1–4 und 5, 5). Jeder hat in der Gemeinde einen besonderen Auftrag, „aber alle müssen sich im Umgang miteinander von Demut leiten lassen" (5, 5 b). Ob kirchlicher Amtsträger oder einfaches Kirchenmitglied, alle müssen „einander lieben, als treffliche Verwalter der *vielgestaltigen Gnade* (charis) Gottes, mit den Gaben (charismata), wie jeder sie empfangen hat" (4, 10).

Die Frucht des Sühnetodes und der Auferstehung Jesu ist also die christliche Gemeinde als Gottesvolk (2, 9–10), ein königliches und priesterliches Volk, das freien Zugang zu Gott hat (3, 18; 2, 9–10), aufgrund der Wiedergeburt (1, 3; 1, 33) durch die Taufe (3, 20–21), im Glauben an und in Hoffnung auf Gott (1, 21) und in brüderlicher Liebe (1, 22). Diese Hoffnung hält die Gemeinde ausgerichtet auf das Ziel, das Heil (1, 10), das himmlische Erbe (1, 4), „das schon bereit liegt, um am Ende der Zeit geoffenbart zu werden" (1, 4–5 b), denn die Vollendung ist eschatologisch (1,5b; 1,6; 1,20; 4,5.7–17; 5,10). *Charis* ist hier also auch der göttliche Ratschluß oder das Geheimnis, verborgen in Gott (1,12c; siehe 1,4–5), das Engel kennen wollten (1,12c) und das von den Propheten erforscht wurde (1,10–12), aber das allein den Christen geoffenbart wurde durch die evangelische Verkündigung Jesu als des Christus (1,12). Aber schon die Propheten haben entdeckt, daß dieses Gottesgeheimnis ein Heilsplan ist eines Weges *über Leiden* zur Verherrlichung (1,11). Damit ist zugleich gesagt, daß Jesu Leiden für andere „gemäß den Schriften" ist und somit aufgenommen in Gottes Ratschluß (das ‚göttliche Müssen' des Markus). Der Tod Jesu ist kein Fiasko, sondern in Gottes unerforschlichen Ratschluß aufgenommen (siehe 1,19–20). Der Autor schließt: „Der Gott aller Gnade, der euch in Christus zu seiner ewigen Herrlichkeit berufen hat, er selbst wird euch nach einer kurzen Leidenszeit ausrüsten, stärken, kräftigen, auf festen Grund stellen" (5,10). Die kurze Zusammenfassung der christlichen Lehre – vor allem über den ‚leidenden Knecht', Leiden für die gute Sache –, wie er sie in seinem Brief gegeben hat, nennt der Autor zum Schluß „die wahre charis Gottes" (5,12b), in der seine Leser standhalten müssen (5,12c).

DRITTES KAPITEL / ZWEITES UNTERKAPITEL
DIE WELT DER ZUKUNFT ALS DIE GROSSE GNADE GOTTES:
DER HEBRÄERBRIEF

LITERATUR: *P. Andriessen* und *A. Lenglet*, De brief aan de Hebreeën (Roermond 1971); *J. Bonsirven*, Saint Paul. Epître aux Hébreux (Paris ⁶1943); *F. Bruce*, The Epistle to the Hebrews (NLC) (London ²1967); *ders.*, ‚To the Hebrews' or ‚to the Essenes': NTS 9 (1962–63); *A. Cody*, A History of Old Testament Priesthood (Rom 1969); *J. A. Fitzmyer*, Further Light on Melchisedek from Qumran Cave XI: JBL 86 (1967) 25–41; *G. Friedrich*, Das Lied vom Hohenpriester im Zusammenhang von Hebr 4,4 – 5,10: TZ 18 (1962) 95–115; *R. G. Hamerton-Kelly*, Pre-existence, Wisdom, and the Son of Man (Cambridge 1973); *A. T. Hanson*, Jesus Christ in the Old Testament (London 1965); *A. J. Higgins*, The Priestly Messiah: NTS 13 (1966–67) 211–239; *M. de Jonge* und *A. S. van der Woude*, 11 Q Melchizedek and the New Testament: NTS 12 (1965–66) 301–326; *J. L. Martyn*, History and Theology in the Fourth Gospel (New York 1968); *W. A. Meeks*, The Prophet-King (Leiden 1967); *O. Michel*, Der Brief an die Hebräer (Meyers kritisch- exegetische Komm., 13) (Göttingen ¹²1966); *H. W. Montefiori*, Rabbinic Literature and Gospel Teachings (London 1930); *G. Schille*, Erwägungen zur Hohepriesterlehre des Hebräerbriefes: ZNW 64 (1955) 81–109; *C. Spicq*, L'épître aux Hébreux, 2 Bde. (Paris 1952); *V. Taylor*, The Atonement in the New Testament Teaching (1940); *A. Vanhoye*, La structure littéraire de l'Epître aux Hébreux (Brügge – Paris 1963); *G. Vermès*, The Dead Sea Scrolls in English (Harmondsworth 1962); *R. Williamson*, The Epistle to the Hebrews (1964); *ders.*, Philo and the Epistle to the Hebrews (Leiden 1970); *A. S. van der Woude*, Melchisedek als himmlische Erlösergestalt in den neugefundenen eschatologischen Midraschim aus Qumran-Höhle XI: OTSt 17 (1965) 354–373 (siehe auch bei M. de Jonge); *Y. Yadin*, The Dead Sea Scrolls and the Epistle to the Hebrews: Scripta Hierosolymitana 4 (1958) 36–55.

EINFÜHRUNG

Teils wegen der komplizierten synagogalen Exegese des Hebräerbriefs, teils auch wegen der vor allem seit den fünfziger Jahren eher negativen Wertung dieser neutestamentlichen Schrift durch manche Exegeten[108], schließlich auch wegen verschiedener antipriesterlicher Tendenzen in der Kultur und in den Kirchen unserer Zeit wurde der Hebräerbrief für viele Gläubige ein unbekannter Text. Zu Unrecht. Denn wer die Art der jüdischen Exegese einigermaßen zu verstehen lernt und sich von den Vorstellungen bestimmter Exegeten löst, entdeckt im Hebräerbrief das feinste *document humain* der gesamten neutestamentlichen Literatur und, zugleich, eine Entlarvung sakraler Priesterbilder trotz der großartigen Inszenierung in diesem Schreiben. Statt einer sakralen Rejudaisierung Jesu als des Christus und einer sogenannten radikalen Hellenisierung der Christologie spürt er im Hebräerbrief ein jüdisch-christliches Herz schlagen, das – zwar gut unterrichtet über das griechische Gedankengut in der christlichen Gemeinde, an die sich der Autor wendet – nichts anderes im Auge hat, als die apostolische Glaubenserfahrung – die Erfahrung von entscheidendem und definitivem Heil von Gott her in Jesus – in tiefmenschlichen Ausdrücken der eigenen Denk- und Lebenswelt zu artikulieren, und zwar in der Situation eines drohenden, vielleicht ziemlich großen Glaubensabfalls am Vorabend einer Kirchenverfolgung. Wenn uns auch die letzte pastorale Schlußfolgerung des Hebräerbriefs „laßt uns die Stadtmauern verlassen" (13,13) heute kritische Fragen stellt (die in jedem Fall die historischen Vermittlungen berücksichtigen müssen, die in der Spiritualität dieses Autors eine Rolle spielen), so hat der Verfasser des Hebräerbriefes uns auch heute als Christen doch viel zu sagen, oft auf eine ergreifende Weise.

Im Unterschied zu Paulus geht es dem Hebräerbrief nicht so sehr um den Gegensatz zwischen Gnade und Gesetz, wenn er dem Autor auch nicht unbekannt ist (10,1; siehe 8,5); auch nicht der Gegensatz zwischen Altem und Neuem Testament (8,6); im Mittelpunkt steht der Gegensatz zwischen der Ohnmacht und dem Ungenügen des jüdischen, mosaischen Opferdienstes oder Kultes und der wirksamen Gnade des Dienstwerkes Jesu, in Treue zu Gott und solidarisch mit dem leidenden Menschen. Und selbst dieser Kontrast ist nur Bestandteil einer fundamentaleren Dialektik, nämlich zwischen dem, was der Autor in Kategorien der griechisch-jüdischen Apokalyptik ‚diese Welt' oder den heutigen Äon und die „oikoumene mellousa" nennt (2,5), die Welt der Zukunft oder den künftigen Äon. Die Perspektive des Autors ist ‚kosmisch-ökumenisch'; die Konfrontation der Kirche mit der Synagoge ist nur ein auffälliger Bestandteil derselben – naturgemäß schmerzlich für einen jüdischen Christen, der vor seinem Übergang zum Christentum offensichtlich ein Diasporajude aus Alexandrien gewesen ist, vertraut mit manchen griechischen Ideen, die damals auch in Ägypten aktuell waren, aber wie kein anderer der jüdischen Spiritualität ergeben, vor allem der des sogenannten Sinaitismus der weniger ‚orthodoxen‘ oder mystischen Strömungen des frühen Judentums in der zweiten Hälfte des 1. Jahrhunderts n. Chr. Innerhalb dieser jüdisch-religiösen Spiritualität wird der Autor das apostolische Glaubensgut treu wiederzugeben versuchen.

Einer der wichtigsten Gründe, warum der Autor diesen Brief schreibt – eigentlich kein Brief, sondern eine Art Homilie, die während einer christlichen liturgischen Zusammenkunft gehalten werden sollte –, ist offensichtlich die Gefahr der Apostasie gewesen. Das erfahren wir (in dem größeren Zusammenhang der Ermahnungen in 5,11 – 6,12 und 10,19–39) vor allem aus 10,25 und 6,6. Manche Christen jüdischer Herkunft kehrten der Kirche den Rücken, entweder um zu ihrem früheren Glauben zurückzukehren oder weil sie sich zu spätantiker, synkretistischer und geisterfüllender Religiosität hingezogen fühlten. Außerdem scheint einer der Gründe für Müdigkeit und Frustration im damaligen Christentum in der für viele sehr nüchternen Haltung der Kirche gegenüber den Engeln in ihrem Verhältnis zu Christus gelegen zu haben. Die ganze religiöse Umgebung mit ihrem dominierenden Interesse für Engel, die in dieser spätantiken Welt von existentieller Bedeutung waren, entfremdete manche Christen offensichtlich dem Christentum. Diese Lebenswelt stand in starkem Widerspruch zu der sachlich nüchternen Haltung des apostolischen Christentums gegenüber dem Hauptproblem jener Zeiten – Fatum und himmlische geistige Mächte. Nicht beim Menschen, erst recht nicht bei einem Gekreuzigten lagen die Sorge und das Interesse der damaligen Kultur!

Für den Hebräerbrief schloß diese Lebenshaltung ein völliges Unverständnis der Lebensbedeutung Christi Jesu ein. Er wirft diesen Christen theologische Unreife vor, durch die sie gerade anfällig für den Glaubensabfall und zu diesem geneigt seien (5,11 – 6,12). Sie machen keinen Unterschied zwischen ‚gut‘ und ‚böse‘; in diesem Zusammenhang heißt das: zwischen einer gesunden Christologie und einer schlechten. Vor allem erfassen sie die christologischen Implikationen des Alten Testaments nicht; gerade diese Lücke machte Christen aus dem Judentum der Apostasie zugänglich. Deshalb will der Autor in seinem Schreiben darlegen, was es bedeutet, daß Jesus der *Christus* ist, das heißt (für ihn) der eschatologische priesterliche Messias. Für ein rechtes Verständnis dieses Mysteriums will er gerade mit Material aus dem Tenach eine solide Grundlage schaffen. Wie kein anderer will er die jüdische Basis des Christentums sichern und zeigen, daß der Tenach selbst den *vorläufigen* Charakter des levitischen Priestertums wollte.

Die gesellschaftlichen Verhältnisse, die wahrscheinlich zu diesem Glaubensabfall beigetragen haben, kennen wir nicht besonders gut. Sicher ist jedoch, und der Hebräerbrief zeugt davon, daß die Christen es in jenen Jahren gesellschaftlich schwer hatten. Wegen der heidnisch-religiösen Prägung des ganzen öffentlichen Lebens (bis in die städtischen Vergnügen hinein) isolierten sich die Christen völlig vom bürgerlichen Leben, und der Hebräerbrief spornt sogar dazu an. Wegen dieser Haltung wurden sie von den Römern ‚Menschenhasser‘

genannt. Schon über die Jahre 54 bis 68 schrieb Tacitus dies in seinem Essay über Nero: ‚odium generis humani' kennzeichnet die ‚Chrestiani'[109]. Auch der Hebräerbrief weist auf Verhaftungen und Beschlagnahmungen von Gütern hin (10,32–34), außerdem läuft das Problem des Leidens von Christen wie ein roter Faden durch das ganze Schreiben. Der Bruch zwischen Kirche und Synagoge (das Judentum war eine anerkannte oder geduldete ‚religio licita' im Kaiserreich) begann sich gesellschaftlich zu rächen. Christen wurden für rechtlos erklärt. Für manche müssen diese Widrigkeiten Anlaß gewesen sein, die Kirche zu verlassen; man sah sie nicht mehr bei den Zusammenkünften (10,25).

Der Autor des Hebräerbriefs tritt deshalb als christlicher Apologet auf, der zeigen will, daß Jesus die Erfüllung aller alttestamentlichen Verheißungen ist, mit anderen Worten, daß das Christentum eine echte und solide jüdische Basis hat. Er bietet eine Christologie aufgrund eines (damals gängigen synagogal-exegetischen) persönlichen Studiums der jüdischen heiligen Schriften. Es ist meines Erachtens in dieser Schrift keine Rede von einer Art theologischer Begründung der faktischen Trennung zwischen Kirche und Synagoge, welcher Bruch dann gleichsam offiziell in Hebr 13,10 bekräftigt würde („Wir haben einen Altar, von dem die Priester des Zeltes nicht essen dürfen"; zu Unrecht – siehe unten – als die Exkommunikation der Juden von der Eucharistiefeier der Christen interpretiert). Diese Auslegung widerspricht dem ganzen Geist des Hebräerbriefs, auch der komplizierten synagogalen Exegese, in der der Autor die jüdische Basis des Christentums aufzeigen will. Die harte Herabsetzung der Tora, die wir sogar bei Paulus im Galaterbrief finden (siehe oben), ist dem Autor des Hebräerbriefs völlig fremd. Die alttestamentlichen Einrichtungen sind zwar unzureichend und vorläufig, aber zugleich Präfigurationen der kommenden Wahrheit, Christi Jesu. Außer dem, was im Alten Testament unvergänglich ist (siehe z.B. Hebr 11), hat das darin Vorhandene für den Autor des Hebräerbriefes tatsächlich ausgedient. Der Autor ist zwar hellenistischer Alexandriner, aber zugleich mit Leib und Seele Jude; und aus diesem doppelten geistigen Raum heraus will er, als Diasporajude, der inzwischen Christ geworden ist, reines Christentum darstellen: Heil von Gott her allein in Jesus dem Christus.

Soweit es im Hebräerbrief einen Gegensatz zwischen Kirche und Israel gibt, steht er in einem umfassenderen kosmisch-ökumenischen Rahmen. Der Autor sagt selbst, daß die „oikoumene mellousa", die Welt der Zukunft oder der ‚kommende Äon', „unser eigentliches Thema" ist (2,5). Der kulturell-religiöse Hintergrund ist spätantik, hellenistisch-jüdisch apokalyptisch – die Annahme zweier Weltregime oder zweier Äonen. In der alexandrinischen Umgebung des Autors ist das Zwei-Ebenen-Schema schon hellenisiert zu einer sichtbaren und vergänglichen Welt gegenüber dem (gleichzeitigen) ‚kosmos noetos', der übersinnlichen Welt der Ideen (platonisch). Als Hellenist ist der Autor mit dieser griechischen Auffassung von der Zwei-Ebenen-Welt vertraut, aber bei ihm als Jude (und perfektem Kenner der Septuagintabibel) herrscht doch das jüdische ‚historische' Schema der ‚jetzigen Welt' gegenüber einer künftigen Welt vor, mit anderen Worten das Schema der (hellenistisch-)jüdischen Apokalyptik. Das hat R. Williamson meines Erachtens überzeugend gegen die unverständliche Karikatur verteidigt, die C. Spicq (trotz wertvoller Hinweise) vom Hebräerbrief gegeben hat. Aber, wie so oft, das Pendel kann wieder nach der anderen Seite ausschlagen. Williamson vergißt einen doch sehr realen Aspekt der jüdischen Apokalyptik jener Zeit. Denn in ihr ist das, was in der Geschichte noch als *,jetzt'* und *,bald kommend'* gesehen werden muß, in den himmlischen Sphären jetzt schon vorgegeben[110]. So sieht es auch der Hebräerbrief: „Gottes Werk war schon fertig von der Schöpfung der Welt an" (4, 3 c); apokalyptisch liegen alle Heilsgüter präexistent bereit in den ,epourania' oder himmlischen Sphären. Dieser Aspekt wird von Williamson ziemlich verzeichnet. Die irdische Geschichte steht in einem verhüllten Zusammenhang mit dieser überirdischen, präexistenten, zeitlosen ,Geschichte'. Wenn aber die Endzeiten näherrücken, verwischen sich die Grenzen zwischen der irdischen und der himmlischen Geschichte; was dann auf Erden lebt, kann schon an himmlischen Festversammlungen teilnehmen (siehe auch 12, 22–24). In dieser Apokalyptik der beiden Äonen liegt also sowohl eine *horizontal*-historische Dimension (,diese Welt' gegenüber einer ,künftigen Welt') und zugleich eine *vertikale* Zwei-Ebenen-Dimension (die *irdische* Welt gegenüber der *himmlischen*, ewigen Realität). (Die beiden Dimensionen sind vor allem in 8, 5–6 und 9, 23–28 ausgeprägt.) Diese hellenistisch-jüdische Apokalyptik ist genau der besondere Standpunkt des Hebräerbriefs; er gehört zu den Voraussetzungen des Autors, zu seinem geistigen Raum oder seiner Gedankenwelt. (Deshalb werden wir kritisch unterscheiden müssen zwischen dem, was der Autor christlich-religiös sagen will – Heil von Gott her in Jesus –, und den allgemein kulturell-religiösen Voraussetzungen, in denen er seine Glaubensaussagen thematisiert.) Der sogenannte Hellenismus ist, lange vor dem Hebräerbrief, schon judaisiert in diese Apokalyptik eingearbeitet (während für einen anderen alexandrinischen Juden, für Philo, die Verhältnisse umgekehrt liegen: hier ist das jüdische apokalyptische Schema vom griechisch-philosophischen Schema absorbiert und neutralisiert.) Der Autor des Hebräerbriefs kann deshalb unbefangen eine philonische *Terminologie* aus seiner alexandrinischen Umgebung übernehmen, aber innerhalb seines hellenistisch-jüdischen Schemas, das sich grundlegend etwa von dem Philos unterscheidet. Von einer Hellenisierung des Christentums – zudem noch durch eine priesterliche Rejudaisierung – ist im Hebräerbrief überhaupt keine Rede. Der Autor steht in der Tradition der Diasporajuden, wie sie schon beispielsweise im Buch der Weisheit eine rein jüdische Gestalt erhielt, wenn auch in griechischen Kategorien.

Die Datierung des Hebräerbriefs müssen wir offenlassen. Der Brief wird schon vom Ersten Klemensbrief (geschrieben 96) zitiert. Er muß deshalb spätestens vor 93/97 geschrieben sein. Anderseits fällt in Hebr 13, 7 auf, daß der Autor schon eine christliche Apostelverehrung kennt: Christen müssen sich die früheren großen Führer der Kirche – „ihr Leben und den Ablauf ihres Lebens" –

vor Augen führen; sie leben also, streng genommen, schon in einer ‚nachapostolischen' Zeit. Außerdem scheint eine Kirchenverfolgung bevorzustehen. Verfolgungen von Juden und Christen gab es in Alexandrien schon 38 und 66, in Rom unter Claudius im Jahr 49[111] und unter Nero in den Jahren 63–66[112] (in welche die Tradition den Tod des Petrus und des Paulus legt). Dann folgen die beiden großen Kirchenverfolgungen: die unter Domitian (81–96) und die unter Trajan (98–117). Liegt der Hebräerbrief also unmittelbar vor Domitian? Oder vielleicht zwischen Domitian und Trajan? Wir müssen dies (zumindest vorläufig) offenlassen.

§ 1. *Kulturell-religiöse Voraussetzungen des Hebräerbriefs*

I
‚Diese Welt' und die ‚Welt der Zukunft'

Die zwei Welten – diese Welt oder unsere Schöpfungswelt (9, 1) und die „oikoumene mellousa" oder die Welt der Zukunft (2,5; siehe 6,5; 9,9–10) – sind einerseits die irdischen Wirklichkeiten, insofern sie vorläufig und vergänglich sind, andererseits die himmlische, unvergängliche und definitive Wirklichkeit. Als solche offensichtlich eine hellenistische Terminologie. Aber der Hebräerbrief sieht Jesus, den Sohn, als die große Bruchstelle – *in* unserer Welt – zwischen beiden Welten. Als Sohn steht Christus über den Äonen, während zugleich der neue Äon ihm allein unterworfen ist: Er ist über alle Himmelswesen gesetzt (1,4–9; 1,13–14; 2,2–4) und ist der Erbe von allem (1,2), Herr und Meister (2,5–9). Das zerbricht das hellenistische Zwei-Ebenen-Schema. Der Autor verändert hellenistische Begriffe, um eine Ausdrucksmöglichkeit für ein jüdisch-christliches, apokalyptisches Geschichtsbild zu schaffen.

1. Der erste Äon ist ‚diese Schöpfung' (9,11): die sichtbare (11,3), materielle und vergängliche (1,10–12; 7,12.18.23; 8,7.13; 12,26–27) Welt, die nach damaligen Auffassungen (vor allem auch in der Apokalyptik) ‚himmlischen Kosmokratoren' unterworfen ist, das heißt verschiedenen himmlischen Engelwesen (2,5). Zu diesem ersten Äon – der Welt, in der wir leben – gehören auch alle menschlichen Einrichtungen: sie sind mangelhaft (8,7) und irdisch (9,1). Auch Israel mit seinem Priestertum, seinem Gesetz und seinen Einrichtungen gehört zu dieser ersten Schöpfung (2,2). Es sind auch Engel, die den Menschen die jüdische Tora gebracht und sie diesem Gesetz unterworfen haben (2, 2–4; vgl. Ex 19,16.19; 20,18; auch Apg 7,53; Gal 3,19; Kol 2,14–15)[113]. Im Hebräerbrief wird vorausgesetzt, daß die heutige irdische Welt der Menschen Engeln unterworfen ist (siehe 2,5–9; 1,4). Diese in der Antike weit verbreitete Auffassung erhielt schon einen gewissen Ausdruck in Ps 8,6–7, in dem gesagt wird,

daß bei der Erschaffung der Mensch „ein wenig unter die Elohim" oder Engel gestellt sei. In der jüdisch-apokalyptischen Literatur wurde dieses ‚ein wenig' uminterpretiert und als „eine kurze Weile" verstanden, also vorläufig: in Erwartung der Zeit, da diese Verhältnisse durch ein apokalyptisches, endzeitliches Geschehen völlig umgekehrt oder zumindest verändert werden sollen. ‚Ein wenig unter' die Engel verstand man damals als ‚eine kurze Weile' (siehe 2,7): nicht für immer (vgl. 12,2). Daß ‚der Menschensohn' bei seiner Erhöhung eine neue Beziehung zu den himmlischen Engelmächten erhalten und sogar über ihnen thronen wird, war in damaligen jüdisch-apokalyptischen Kreisen Gemeingut [114].

Exponent dieses Äons ist vor allem der Tod, als Unterworfenheit oder Knechtung unter böse, himmlische Engelwesen, vor allem unter den Teufel (2,14–16). Die existentielle Angst des antiken Menschen, der zwischen Sinn und Sinnlosigkeit lebte, fand in dieser Kultur ihren erklärenden Grund in der Unterwerfung des Menschen unter verschiedene überirdische, geistige, vom Menschen nicht zu kontrollierende Mächte, die über die Köpfe der Menschen hinweg bestimmen zu können schienen und das menschliche Lebensschicksal lenkten. Die christliche Interpretation des apokalyptischen Gedankens, daß dieses System von nur kurzer Dauer sei und daß durch den Menschensohn – Christus, Abrahams Samen – diese Verhältnisse umgekehrt würden, steht im Hebräerbrief zentral. Das ist für den Autor ein Zeichen von Gottes Vorliebe für das Geringere, das Unterliegende, das Schwächere, wo auch immer in diesem Kosmos; ein Gedanke, der wiederholt im Hebräerbrief auftaucht. Dadurch erhält *charis* oder Gnade im Hebräerbrief von selbst die Nuance göttlichen Erbarmens über den Geringeren, den Jüngeren ohne Erstgeburtsrechte, über Rachab, die Prostituierte – über jeden, der leidet. Für Gottes charis ist nichts zu gering, vor allem nicht der Geringere: ihn will er erhöhen.

Es steckt in diesem mit jüdisch-sazerdotalen, uns fremden Begriffen gefüllten Brief eine unsagbar tiefe Menschlichkeit, wie ich sie so ausdrücklich nirgendwo sonst im Neuen Testament finde – innerhalb einer äußeren Sakralität, die der Hebräerbrief gerade entlarven will.

2. Diesem ersten Äon steht der apokalyptische zweite Äon gegenüber: die ‚oikoumene mellousa' (2,5), im Hebräerbrief identifiziert mit Christus und den Seinen, zusammen mit allen Himmelsbewohnern. Es ist die Welt mächtiger Wirklichkeiten (1,4; 7,19.22), einer bleibenden und unvergänglichen (10,34), übersinnlichen (11,1) und unerschütterlichen (12,28) Wirklichkeit, die von Dauer ist. Zu dieser unsichtbaren und unvergänglichen Welt gehört nicht der Astralbereich, im Sinn der Sternenwelt. Sie ist im Hebräerbrief offensichtlich schon entmythologisiert zum Bestandteil der materiellen Welt, die vergeht (siehe 1,10–12; 9,11; 12,26). Zum unvergänglichen, zweiten Äon, „dem himmlischen Vaterland" (11,16), gehören jedoch die himmlischen Engelwesen. Sie sind nach dem hellenistischen Judentum als unvergängliche Wesen erschaffen

(griechisch Gen 1, 1; wo der hebräische Text von der ‚Erschaffung von Himmel und Erde‘, das heißt unserem Kosmos, spricht, hat die Septuaginta diese interpretiert als von ‚unserer Erde und dem Himmel der geistigen Wesen‘). Außerdem assistierten diese zuvor geschaffenen Himmelswesen Gott bei seiner Erschaffung des *Kosmos* mit allem, was auf ihm ist (siehe Ijob 38, 7; Offb 7, 1; 14, 18; 16, 5). Dies war damals einfach allgemein gängige jüdische Theologie. Deshalb legt der Hebräerbrief den Nachdruck darauf, daß es der Sohn, Jesus, ist, „durch den alles erschaffen ist“ (1, 2, nicht durch die Engel, 1, 3); ihm ist daher auch die kommende Welt unterworfen (2, 5).

Auch alles, was in unserem, dem ersten Äon unvergänglich und somit von bleibendem Wert ist, gehört zur ‚künftigen Welt‘, wie zum Beispiel der Glaube der alttestamentlichen Gerechten (Hebr 11), vor allem „die brüderliche Liebe, die zu den Dingen gehört, die immer bleiben müssen“ (13, 1). Übrigens schon nach der jüdischen Apokalyptik war der himmlische Äon im alten Äon verborgen wirksam. ‚Epourania‘ oder die himmlischen Dinge umfassen deshalb alles, was unsichtbar, unvergänglich und nicht der Flut der Zeiten unterworfen ist (3, 1; 6, 4; 9, 23). Und, wie schon gesagt: „Gottes Werk war schon von der Erschaffung der Welt an fertig“ (4, 3 c); das heißt, nach der Apokalyptik liegen alle Heilsgüter – erst recht der Christus – präexistent in den Himmeln zubereitet.

Damit ist keine metaphysische, sondern eine sapientiale und apokalyptische Aussage gemeint (die jedoch nicht ‚weniger real‘ ist). Alles, was durch das Lebensopfer Jesu geschichtlich freigekauft worden ist, gehört daher zum Bereich der präexistenten und doch in unserem ‚chronos‘ oder unserer Zeit noch ‚künftigen Welt‘ der ‚epourania‘ oder himmlischen Dinge (9, 23; 3, 1).

Was also in der ersten Welt, die vergeht, keine relevante Beziehung zur künftigen Welt hat, hat für den Hebräerbrief mit der Ankunft Christi tatsächlich ausgedient. Was darin aber diese Beziehung doch besitzt, ist unvergänglich. So gehören die Menschen des Glaubens aus dem Alten Testament, als ‚Ecclesia ab Abel‘ (das Wort steht nicht da, wohl aber die Sache; siehe 11, 4), zur Gemeinde Gottes, die in Christus ‚himmlisch‘ ist; sie gehören zu der Welt-der-Zukunft: *in* der Welt, nicht *von* dieser Welt, im Sinn des Autors des Hebräerbriefs.

Doch geht, auch für den und für das, was auf Erden schon an der kommenden Welt Anteil hat, die erste Welt einfach weiter (9, 9). Die neue Welt ist ein ‚kairos‘ oder eine Lebenschance, die das Alte hinter sich läßt (9, 9–10), aber die ‚chronoi‘ – unsere Zeit als Chronologie (siehe 3, 13) – finden einfach Fortgang, bis an das *telos* oder Ende (siehe 3, 14; 6, 11). Auffallend für den Hebräerbrief ist, daß der ‚kairos‘ des Jesusgeschehens auf die Ebene unseres irdischen ‚chronos‘ gestellt ist (9, 11). Das Menschsein des „Sohnes“ (1, 2) ist kein mythisches oder überzeitliches Geschehen, sondern erscheint innerhalb unserer ‚chronoi‘ oder irdischen Geschichte. Jesus starb im „Höhepunkt der Zeiten“ (epi synteleia tōn aiōnōn), und Christen leben in der irdischen Zeit zwischen Himmelfahrt und Parusie (10,13; 9,28). Der Hebräerbrief betont also die Geschichtlichkeit Jesu, aber genauso die ewig gültige Relevanz alles dessen, was Jesus geschichtlich getan hat (10,14). So ungriechisch wie nur denkbar behauptet dieser Autor, bestimmte Ereignisse innerhalb der Chronologie unserer irdischen Zeit könnten von entscheidender und endgültiger (eschatologischer) Bedeutung sein. Daß das christliche, apostolische Sondergut, nämlich der grundlegende Hinweis auf Jesus als historisches Geschehen, sich in einem alexandrinischen Geist, entgegen der Seele jedes griechischen Alexandrinismus, so unverkürzt behaupten konnte, ist für mich eines der deutlichsten Zeichen, daß der religiöse Hinweis auf den historischen Jesus ein Wesensmerkmal des Christentums ist und daß das Aufgeben dieser Beziehung das Christentum innerlich antastet. Christentum ist, als Religion, im Wesen durch Hinweis auf eine historische Quelle, ein geschichtliches Individuum gekennzeichnet und primär nicht durch Hinweis auf menschliche, exemplarische Urerfahrungen, wenn diese auch mit-wesentlich sind, weil das identifizierende Verständnis Jesu als Heil nur in dem Akt vollzogen wird, in dem man zugleich eine grundlegend menschliche Lebensproblematik bewältigt[115]. Gerade deshalb ist für den Hebräerbrief die menschliche Leidensgeschichte der große Test des Christentums, sowohl für Jesus als auch für die Christen (2,18). Der Hebräerbrief legt somit den Nachdruck darauf, daß Jesus nicht einfach Modell urmenschlicher Lebensprobleme ist (im Sinn eines mythischen Repräsentanten des menschlichen Lebensschicksals); der ganze Brief zeigt, daß Jesus Mensch unter Menschen gewesen ist, menschlich in jeder Hinsicht (kata panta, 2,17), darin teilte er unser aller Menschenlos, ausgerechnet als dieser konkrete Mensch – nicht als griechische *eikōn*, oder Modell, der menschlichen Situation. Der Hebräerbrief verrät den griechisch denkenden Juden, der die *graecitas* der Kritik des apostolischen Christentums unterwirft und im übrigen größtenteils griechisch denken kann, wie aus vielen Stellen im Hebräerbrief hervorgehen wird. Der Christ im Hebräerbrief schaut wirklich empor zur unsichtbaren himmlischen Engelwelt, in der Gott wohnt, aber *zugleich* schaut er voraus: nach der Welt der Zukunft, nach der nahenden *Parusie* Christi Jesu (9,28; 10,25.27.37; 12,26–27). Und diese Welt der Parusie ist für ihn die kommende charis, in welcher der Christ in einem ‚Schon-jetzt‘ und ‚Noch-nicht‘ jetzt schon lebt.

3. Über beiden Dimensionen der Wirklichkeit – denen des Irdisch-Vergänglichen und der seit Christus in unserer Geschichte manifestierten unvergänglichen Welt der bleibenden Wirklichkeit – *thront Gott* (der wegen der Überlegenheit der ‚himmlischen‘ Welt in auffallender Weise „der Vater der himmlischen Geister" genannt wird, 12,9; siehe auch Offb 22,6; und allgemein damals, z.B. Henoch 37,4; 59,2; vgl. Num 16,22; 27,16).

Als der große Mittler zwischen dem ersten und dem künftigen Äon erhält „der Sohn", Christus, eine gleichwertige, alles beherrschende Stellung (1,2; 2,5). Als die Bruchstelle auf Erden zwischen den beiden Welten umspannt er beide, „eingesetzt (wie er ist) von Gott zum Erben aller Dinge, durch den er auch die Welten (oder Äonen) geschaffen hat" (1, 2). Deshalb ist Jesus Christus nicht nur die Bruchstelle zwischen den beiden Äonen, sondern zugleich ihre Bindung; er ist das Band zwischen dem, was in der Schöpfungswelt unvergänglich ist, vor allem kraft des Gottesglaubens, und der wesentlichen Unvergänglichkeit des zweiten Äons. Denn auch in unserer Schöpfungswelt gibt es Menschen, von denen der Autor ergreifend (sapiential) bezeugt: „Sie waren zu gut für diese Welt" (11, 38).

II
Der Melchisedek-Midrasch

In Hebr 7 stößt man beim ersten Lesen auf eine besonders rätselhafte Argumentation in Verbindung mit Melchisedek und dem jüdischen Opferdienst. Der Kult, von dem der Hebräerbrief spricht, bezieht sich gewiß nicht auf den Tempel Jerusalems – es handelt sich schließlich um die Situation von Diaspora-Juden –, sondern auf den Opferdienst, verbunden mit dem mosaischen Bundeszelt bei der Gründung Israels: Wüstenzug, Gesetzgebung am Sinai und Kult. Als Diasporajude führt der Autor uns zurück zum Höhepunkt der Geschichte Israels: zu dem Leiter und Anführer des Gottesvolkes, Mose, und zu Israels Zug durch die Wüste auf dem Weg ins Gelobte Land. Dieses Thema bildet auch den Kern seines Schreibens: der neue, größere Mose, „Anführer des Glaubens" (2, 10; 12, 2), Jesus, der uns vorangeht in das Land der Verheißung, das himmlische Vaterland bei Gott und den Himmel der geistigen Wesen (siehe Hebr 3, 1–6; 11, 23–31; 13, 20–21; 12, 2; auch in 2, 14.15.18; 3, 1; 4, 15; 5, 2; und implizit in 1, 2; 10, 4; 12, 23; 13, 13). Durch eine synagogale ‚pescher'-Exegese [116] zeigt der Hebräerbrief, daß in den höchsten Momenten seiner Geschichte das Volk stets versagt hat. Trotz des Einschubs von Abraham und der Melchisedek-Gestalt steht Mose zentral in der Darlegung des Autors. Zwar ein besonderer Mose, nämlich so, wie er, angefangen bei der deuteronomistischen Tradition, im späteren frühen Judentum immer mehr verherrlicht wurde: Der Volksführer wird zugleich Prophet, König und Hierophant oder Hoherpriester; außerdem, auf der Linie von Dt 5, 23; 9, 9.18. 26, erhält er die Züge des leidenden Gottesknechtes (siehe Apg 7, 17–44, wo Mose als der unverstandene und abgelehnte Gottesgesandte gesehen wird) [117] – wie er, in derselben Zeit, bei mehr ‚orthodoxen' Juden vor allem die Bedeutung des großen Gesetzgebers Israels, des Mannes der Tora, erhält. Ein Diasporajude wie Philo spricht sogar von ‚divus Moyses', dem göttlichen Mose [118]. Dem Hebräerbrief ist diese (alexandrinische) Gedankenwelt sicher nicht unbekannt, in der die Weisheitsthematik unter den Einfluß dessen geriet, was man den Sinaitismus des frühen Judentums nennt. Der Autor folgt dieser allgemeinen Tendenz, ohne deshalb irgendeine ihrer konkreten Formen, zum Beispiel die philonische, zu übernehmen.

In einem ähnlichen Zusammenhang erwähnt der Hebräerbrief in Hebr 7 Melchisedek. Die Exegese des Autors stützt sich auf zwei hermeneutische Prinzipien der damaligen Bibelauslegung: a) „quod non in thora, non in mundo"[119], das heißt, was nicht im Tenach oder in heiligen jüdischen Büchern zu finden ist, muß als nicht-existent angesehen werden (eine Art ‚argumentum e silentio'); und: b) die synagogale, hermeneutische Regel Rabbi Hillels: Wenn zwei Abschnitte aus verschiedenen Stellen der Heiligen Schrift dasselbe Stichwort enthalten (in diesem Fall: Melchisedek), gehören diese Texte zueinander und erklären sich auch gegenseitig[120]. Damit wird die sogenannte rätselhafte Exegese des Hebräerbriefs ziemlich durchsichtig. Denn sowohl Gen 14,18–20 als auch Ps 110,4 sprechen von Melchisedek. Diese beiden Texte werden sich deshalb gegenseitig erhellen müssen. Doch ist der Hebräerbrief nicht der erste, der diesen Zusammenhang gesehen hat. Nicht nur Philo hatte mit diesem exegetischen Prinzip die beiden Texte erklärt[121] (und Melchisedek dadurch mit dem Logos und himmlischen Hohenpriester identifiziert), sondern vor allem in dreizehn Fragmenten aus der elften Höhle von Qumran ist eine Tradition vorhanden, in der Melchisedek mit dem eschatologischen Anführer der himmlischen Engelscharen identifiziert wird[122]. Ich glaube, daß dies mit in den apokalyptischen Rahmen des ‚two story universe' gestellt werden muß[123]. Der eschatologische Kampf auf Erden, geführt durch den königlichen, kriegerischen Messias, wird im Himmel verdoppelt oder vorausgestritten durch den Kampf der guten Geister gegen die bösen. Anführer der guten Engel ist Michael, der zugleich Melchisedek ist. Hier hat der königliche, kriegerische Messianismus die Oberhand (eine spätere Phase in der Qumran-Gemeinde). Diese Auffassung vom königlichen Messias, Melchisedek, und Philos Auffassung vom hohepriesterlichen Messias, Melchisedek, weisen auf den damaligen Synkretismus hin. In Qumran, bei Philo und im Hebräerbrief finden wir jedenfalls die gleiche Midrasch-Methode der synagogalen Exegese, mit dem Ergebnis: der kommende Messias ist eine Melchisedek-Gestalt. Im Hebräerbrief ist Jesus-Melchisedek aber kein Engel, sondern „der Sohn", Mensch.

Die Fakten aus dem Genesisbericht sind die folgenden. Nach seinem Sieg über vier Könige begegnet Abraham einem fünften König, der als Melchisedek, König von Salem, Priester des Allerhöchsten, vorgestellt wird. Der Hebräerbrief interpretiert „melek sàlèm" (Gen 14,18, wo dies einen Vasall bedeutet, einen König, der zur Unterwerfung bereit ist) als König von Salem: König des Friedens, Melchisedek, oder ‚melek' des ‚zedeq', genannt: König der Gerechtigkeit. Mit dieser Etymologie liefert er ein Präludium zu seiner christlichen Auslegung des Melchisedek-Christus, des Königs der Gerechtigkeit und des Friedens.

Wie in der frühjüdischen Exegese ist der Hebräerbrief vor allem daran interessiert, daß in der Genesis Melchisedek genauso plötzlich aus der Geschichte verschwindet, wie er unerwartet in ihr erscheint (historisch hat der Endredaktor irgendeine vorjerusalemitische, lokale Legende oder Tradition in den Genesisbericht integriert). Auf diese Feststellung wird dann das erste exegetische Prinzip angewandt: was nicht im Tenach steht, existiert nicht, das heißt: Melchisedek ist ein Wesen ohne Anfang und ohne Ende. Er erscheint jedoch als König und Priester[124]. Melchisedek ist also ein königlicher Priester „ohne Vater, ohne Mutter, ohne Stammbaum; sein Leben hat weder Anfang noch Ende. Er *gleicht* dem Sohn Gottes" (Hebr 7, 3)[125]. Damit wird sogleich angedeutet, daß Melchisedek nur ein Antitypos ist; der ‚Typos', dem er *gleicht*, ist Jesus, der Sohn Gottes. Melchisedek ist also ein ewiger Jemand, ein präexistentes Wesen himmlischer Herkunft (so auch in der Melchisedek-Exegese in Qumran).

Aber die Lesung der Genesis erbringt in dieser Perspektive noch mehr. Denn Melchisedek gibt Abraham den Priestersegen, nicht umgekehrt. „Niemand kann leugnen, daß der Geringere immer von dem Höhergestellten gesegnet wird" (Hebr 7, 6); das ist jüdisch evident (siehe auch 2 Petr 2, 19). Melchisedek steht also höher als Abraham. Die Tragweite dieses Gedankens ist groß, denn als Gegenleistung für diesen Segen zahlt Abraham an Melchisedek ein Zehntel von all dem, was die Kriegsbeute erbracht hatte. Ein Jude weiß aber, daß jedes Abrahamskind ein Zehntel gerade an die levitischen Priester zahlen muß (Num 18, 21–24; Hebr 7, 5). Hier jedoch ist es Melchisedek, der den Zehnten erhält, und dazu noch von Abraham, dem Stammvater der Juden, dem Vater auch des levitischen Priesterstammes und zugleich Träger aller Verheißungen (Hebr 7, 6). In der Genesis wird also nicht nur erzählt, daß Abraham, schon reich an Verheißungen, jetzt auch den priesterlichen Segen empfängt (gleichsam durch den ewigen Hohenpriester Melchisedek zum Priester geweiht wird), sondern außerdem, daß Abraham darin also der *Untergebene* des Melchisedek ist. Der Midrasch-Schluß liegt dann auf der Hand: das jüdische, levitische Priestertum ist rangniedriger als das des Melchisedek. Priester in der Art des Melchisedek ist eine viel höhere, transzendente Ordnung als das jüdische Priestertum. Zwar gab es zur Zeit Abrahams noch keine levitischen Priester; aber das stört nicht, denn sie waren „in den Lenden ihres Vorvaters" Abraham (7, 10). In Abraham waren es die jüdischen Priester selbst, die den Zehnten zahlten, statt ihn zu erheben (7, 10): sie erkennen selbst die Überlegenheit des Priestertums nach der Art des Melchisedek an.

Der Hebräerbrief hat dabei den Genesisbericht im Licht von Ps 110, 4 gelesen und kommt zu dem Schluß, daß auch das Priestertum des kommenden messianischen Melchisedek das levitische Priestertum weit übertrifft und hinter sich läßt. Denn in Ps 110, 4, in dem derselbe Melchisedek genannt wird, steht: „Jahwe hat es geschworen – er nimmt es nicht zurück: Du wirst Priester sein, die Jahrhunderte hindurch, kraft meiner Aussage: Melchisedek." Dieser Psalmtext zeigt, daß in Israel ein eschatologischer Priester kommen wird (auch Qumran interpretiert diesen Psalmvers messianisch, und der Psalm selbst ist schon eine pescher-Interpretation von Gen 14). Der Hebräerbrief bringt nun die beiden Bibeltexte zusammen, und dann zeigt sich, daß der verheißene eschatologische messianische Priester (Ps 110, 4) somit ein Priester „nach der Art des Melchisedek" ist, von dem die Genesis schon gesagt hat, daß er das levitische Priestertum weit übertrifft: Er ist ein *ewiger,* königlicher *Priester,* der zudem noch außerhalb der aaronitischen, levitischen Nachfolge steht. Denn für Juden gilt Psalm 110 als ein Davidspsalm, also aus der Zeit nach dem mosaischen Gesetz. Dieser Psalm macht daher alle mosaischen Gesetzesbestimmungen über die Priester wertlos (Hebr 7, 12–14; vor allem 7, 28). Für Juden ist es außerdem deutlich, daß Jesus nicht aus dem Stamm Levi kommt (7, 13), sondern aus Juda, einem Stamm, der mit Priestertum nichts zu tun hat (7, 13–14; siehe Gen 49, 10; Mi 5, 1; Ps 110; Jes 11, 1.10; auch Mt 22, 43–45; 1, 2; Lk 3, 33; Offb 5, 5). Jesus ist nicht Priester in der offiziellen jüdischen Weise; jüdisch gesehen ist er Nicht-Priester, Laie (wie außer dem Hebräerbrief das ganze Neue Testament sagen wird). Der Hebräerbrief will aber die jüdische Unterscheidung zwischen Priester und Laien durchbrechen und nennt Jesus den eschatologischen, priesterlichen Messias, durch den jetzt alle selbst unmittelbar Zugang zu Gott haben (während im Judentum nur der Hohepriester – und dann auch nur einmal im Jahr – Zugang zum Allerheiligsten hatte).

Das wird deutlich, wenn man bedenkt (7, 15), daß Jesus als Priester „nach der Art des Melchisedek" beschrieben wird, das heißt nach einem Priestertum, das unabhängig von jeder Genealogie und jedem levitischen Stammeszusammenhang ist (7, 15–17; Brot und Wein als Bestandteile des Verfahrens des Bundesabschlusses Melchisedeks mit Abraham spielen in diesem ganzen Vergleich überhaupt keine Rolle. Das ist ein späterer christlicher Midrasch, der im Gegensatz zum Tenor des Hebräerbriefs steht, der zwar kirchliche Führer und Vorsteher kennt, Hebr 13, 17, aber diese werden nie Priester genannt, der einzige Priester ist Jesus). „Nach der Art des Melchisedek" weist auf den ewigen Charakter dieses Priestertums hin, das also etwas von der „oikoumenè mellousa", dem zweiten Äon oder der künftigen Welt ist: vor der Erschaffung der Welt von Gott zubereitet, erscheinend in der Zeit und für immer beständig gemacht im Himmel. Das levitische Priestertum dagegen kann sich nach dem Tod der vielen einzelnen Priester nur durch Sukzession fortsetzen (7, 23–24). Für einen griechisch(-jüdisch) denkenden Geist ist diese Vielheit an sich schon ein Zeichen von Unvollkommenheit und Vorläufigkeit. Eigens bestätigt wird die Besonderheit des Priestertums Jesu-Melchisedeks, wenn wir sehen, daß diese Einsetzung zum Priester – im Gegensatz zum jüdischen Priestertum – begleitet ist von einem göttlichen *Eid* (Ps 110, 4) (7, 20–22) (dies ist ein jüdisches Argument).

Yigael Yadin[126] behauptet, der Hebräerbrief wolle zeigen, daß Jesus, der nicht aus einem priesterlichen Stamm kam (7, 14), doch Hoherpriester ist, und zwar von einer höheren Ordnung als das aaronitische Priestertum. Jesus ist königlicher und priesterlicher Messias; das wolle der Hebräerbrief einer Gruppe von Gläubigen einprägen, die zwei Messiasse erwarten – einer Gruppe wie etwa Qumran. Jesus umfasse in sich die beiden messianischen Funktionen. Das scheint mir nicht ganz richtig zu sein. Das Königtum des Messias kommt zwar zu Beginn des Hebräerbriefs zum Ausdruck in der Erhöhung Jesu über die Welt und alle Engel, aber im Zusammenhang mit dem priesterlichen Messias erhält das Königliche nie den Nachdruck, wohl aber das *Ewige* dieses Priestertums. Der Hebräerbrief hat nicht die Absicht, die Yadin ihm zuschreibt, wenn auch damals die von Yadin aufgezeigte Problematik bestand. Der Hebräerbrief steht eher in der Tradition des priesterlichen Messianismus.

Weil das Priestertum Jesu über das jüdische Priestertum erhaben und von einer anderen Ordnung ist, ist sein Dienst der eines ganz neuen Bundes (7, 22); siehe 8, 6–13; 10, 15–18), ein Priestertum, in dem die Kraft eines ewigen – prä-existenten und auferstandenen oder erhöhten – Lebens steckt, unzerstörbar (7, 16). Es nimmt nicht wunder, daß das Werk dieses Priesters „Quelle ewigen Heils" genannt wird (5, 9), und „deshalb kann er auch die, welche durch ihn zu Gott hinzutreten, vollkommen retten, da er allzeit lebt, um für sie einzu-treten" (7, 25).

Dies alles scheint uns eine phantasiereiche Exegese des Tenach zu sein; aber nicht für damalige Juden. Natürlich lag für den gläubigen Autor sein christliches Erfahrungsbild von Christus schon fest, bevor er so zu argumentieren begann. Er erfährt entscheidend und definitiv Heil in Jesus von Gott her, gemeinsam mit dem ganzen apostolischen Glauben, jetzt schon jahrzehntelang; damit ver-glichen, verblaßt alles übrige. Eigentlich hat der Hebräerbrief diese Schriftargu-mente nicht nötig, sie können sogar falsch ausgelegt werden. Die eigene christ-liche Erfahrung trägt ihre Autorität in sich selbst, nicht in beweisbarer Fundierung auf alte, noch so heilige Texte. Anderseits macht niemand neue Erfahrungen außerhalb der Tradition, in der er steht und aus der er Ausdrucks-möglichkeiten bezieht, um das Neue zu artikulieren. In dieser Perspektive erhält die Midrasch-Exegese des Hebräerbriefs trotz kritischer Fragen eine besondere Bedeutung, erst recht in der Zeit des frühen Judentums und des frühen Chri-stentums.

§ 2. *Eine priesterliche Auffassung von Gnade und Heil*

I
Grundlage: Jesus ist ‚von Gott' und ‚von den Menschen'

A. JESUS IST DER SOHN, KEIN ENGEL

„Nachdem Gott früher viele Male und auf vielerlei Weise zu unseren Vätern gesprochen hat durch die Propheten, hat er jetzt, am Ende der Zeiten, zu uns gesprochen durch den Sohn, den er zum Erben des Alls bestellt, durch den er auch das All erschaffen hat" (Hebr 1, 1–2). So beginnt dieser Prediger seine Homilie, feierlich, orientalisch. Vielleicht ist ihr Kern ein christlicher Hymnus, wie wir diese in Kreisen der hellenistisch-jüdischen Sendung von Christen unter die Heiden finden (z. B. Phil 2, 5–11; Kol 1, 15–20; 1 Tim 3, 16; 1 Petr 3, 18–22; Joh 1, 1–14)[127], aber wahrscheinlicher ist es der Autor selbst, der so hymnisch anhebt. Die Botschaft, die uns im Lauf der Geschichte durch die Propheten gegeben wurde, kommt zu ihrem Finale und entscheidenden Ausdruck in dem Sohn, in diesen letzten Tagen. „Der Sohn" steht im Mittelpunkt.

Als der Sohn ist *Jesus* „Abglanz der Herrlichkeit Gottes" und „das Ebenbild seines Wesens" (1, 3; „charaktèr", wo 2 Kor 4, 4 und Kol 1, 15 von „eikon Gottes" sprechen. Die Bedeutung ist ‚Abdruck'; vgl. Weish 7, 25–26). Jesus ist der ‚charaktèr'[128] der ‚hypostasis' Gottes (vgl. Weish 16, 21), sagt der Hebräerbrief; das heißt, in Jesus wird das sichtbar, was Gott zu Gott macht. Die Attribute Jesu sind hier die der Weisheit (Weish 7, 26; siehe Weish 7, 25 – 8, 1; und 9, 12; vgl. Ps 110, 1). Die Hinzufügung dieser Attribute zu der Erwähnung des Sohnes sind nicht nur Ausdruck des hochgestimmten Anfangs einer feierlichen Homilie. Der Autor bereitet damit sein Priesterbild vor: Als Abglanz und Ebenbild Gottes und als Mittler der Schöpfung (Hebr 1, 3 b) steht Jesus auf der Seite Gottes. Die Wirklichkeit, die Gott ist, hat sich früher auf vielfältige, das heißt (für einen griechischen Geist) zugleich auf fragmentarische und unvollkommene Weise manifestiert, aber jetzt ‚ein für allemal' im Sohn, und zwar in einem Menschen von Fleisch und Blut (2, 14), der gelitten hat und der versucht wurde (2, 18) und aus Erfahrung unsere Schwachheiten gekannt hat (3, 15; vor allem 5, 7–9). In der Menschheit Jesu *sehen* wir („charaktèr"), wer und wie Gott ist. Wie kein anderer neutestamentlicher Autor hat der Hebräerbrief damit konkret gezeigt, wie Jesus *eidos* oder *charaktèr*, Abdruck und Ausdruck Gottes selbst ist. Jesu Stehen auf der Seite Gottes wird in ‚charaktèr'-Begriffen gezeichnet, das heißt in Begriffen menschlicher Sichtbarkeit, einem Begriff also, der zugleich angibt, daß Jesus auch auf unserer Seite des menschlichen Lebens steht – was den zweiten Aspekt des ‚Priestertums' angibt. Einerseits: Jesus ist sichtbarer Ausdruck Gottes, der sich in Treue zu Gott offenbart (siehe unten), anderseits ist er Mensch wie wir: der Sohn kennt „Tage seines Fleisches" (5, 7), ein normales menschliches, sterbliches Leben; darin ist er Bruder der Menschen (1, 5 – 2, 18), Erstgeborener vieler Brüder (2, 10). Diese beiden Kennzeichen – Jesus ergreift Partei für die Sache Gottes und ist zugleich solidarisch mit den Menschen und verteidigt die Sache der Menschen – bringen den Hebräerbrief zu der Einsicht, daß das, was die apostolische christliche Erfahrung Heil in Jesus von Gott her nennt, genausogut in *priesterlichen* Begriffen ausgedrückt werden kann. Er will offensichtlich nichts Neues sagen, sondern den apostolischen Glauben artikulieren, jedoch in Begriffen, die aus irgendeinem Grund in den Kirchen beliebt sind, in denen seine Homilie gehalten oder vorgelesen werden wird.

Bevor er dieses Thema weiter ausführt, *zitiert* der Hebräerbrief (aus einer Anthologie?) sieben Texte aus dem Tenach, um auf diese Weise, mit Hilfe der damaligen ‚pescher'-Exegese, aufzuzeigen, daß der Sohn höher steht als himmlische Engelwesen[129]. Er will offensichtlich ein bestimmtes Mißverständnis in diesen Kirchen beseitigen und vorher den überlieferten Glauben an den erhöhten Jesus noch einmal einprägen, bevor er selbst seine Ansicht von dieser Erhöhung oder Vollendung Jesu präzisiert. In manchen damaligen Kreisen waren die Engel die alles anordnenden ‚Liturgen des Himmels und der Erde'[130]; die himmlische Liturgie ist ein wesentliches Element der frühjüdischen Apokalyptik und hat ihren Platz im Kontext der Erwartung eines hohenpriesterlichen Messias[131]. Dieser Exkurs, in dem der Autor eigentlich deutlich machen will, daß Jesus kein Engel, sondern ein Mensch ist und letztlich doch über den Engeln steht, hat auch mit der Gestalt des Melchisedek zu tun (ein Strukturelement im Brief), denn gerade in der Melchisedek-Tradition wurde im frühen Judentum diese geheimnisvolle Gestalt ein bestimmter *Engel* genannt[132]. Deshalb stellt der Anfang „den Sohn", der Mensch wurde und kein Engel ist, in den Mittelpunkt.

Die sieben Zitate aus dem Tenach gehen aber sämtlich auf die griechische Übersetzung zurück. Es sind die folgenden: a) Ps 2,7 (Hebr 1,5a); auch in Qumran als eine messianische Prophetie interpretiert (1 QSa 2,11). Das Urchristentum sah diesen Text in einer messianischen Perspektive, aber ursprünglich nur im Zusammenhang mit der Auferstehung Jesu (Röm 1,4; Apg 13,33); später wurde das Zitat mit Jes 42,1 verbunden, und so bildete diese Verbindung das, was die ‚Worte vom Himmel' bei der Taufe Jesu (Mk 1,11 par) oder bei seiner Verklärung (Lk 9,35) genannt wird. – b) 2 Sam 7,14 (Hebr 1,5b). Auch dieser Text wurde in Qumran messianisch ausgelegt (4 QTest). Paulus verbindet ihn in 2 Kor 6,18 mit Jes 52,11; und Offb 21,7 mit Ps 88,26 (griechisch). Der Hebräerbrief gebraucht ihn, um den ewigen, bleibenden Zustand des Sohnes in seiner besonderen Beziehung zum Vater zu stützen. – c) Dt 32,43 (Hebr 1,6), eine Tradition, die mit Lk 2,13 verwandt ist, wo die Rede von Engeln bei der Geburt Jesu ist. Dt 32,43, ursprünglich von Gott ausgesagt, wird vom Hebräerbrief auf Jesus angewandt: *er* wird über allen Engeln angebetet. – d) Ps 103,4 (Hebr 1,7); ursprünglich in Zusammenhang mit dem christlichen Pfingsten zitiert (Apg 2,2). Der Hebräerbrief gebraucht diesen Text, um zu zeigen, daß, im Gegensatz zum Sohn, Engel ‚erschaffen' sind; – e) Ps 44,7–8 (Hebr 1,8–9). In diesem königlichen Brautpsalm wird vom König gesagt: „Gott ist mein Thron." Der Hebräerbrief sagt hier indirekt, daß der Sohn „ho theos", Gott ist (Hebr 1,8b–9)[133]; – f) Ps 101,26–28 (Hebr 1,10–12); auf Jesus angewandt: dieser ist Schöpfer und eschatologischer Richter; – g) Ps 110,1 (griechisch Ps 109,1) (Hebr 1,13). Dieser Psalmvers wird auch sonst im Neuen Testament wiederholt zitiert (Röm 8,34; Eph 1,20; Kol 3,1; 1 Petr 3,22; Offb 5,1; Mk 12,35–37 usw.). Jesus ist präexistent, wie die Weisheit. Was also zuerst ein Schriftbeweis für Jesu Auferstehung oder Erhöhung war, wird im Hebräerbrief ein Argument für seine Präexistenz.

Diese Polemik über die Engel erhält eine verschärfte und abschließende Folgerung in Hebr 2,5–8, und zwar mit Hilfe von Ps 8,5–7. Der Mensch steht *„ein wenig unter* den Engeln"; „brachy ti" (ein wenig) kann man auch im zeitlichen Sinn nehmen: „für eine kurze Weile", und so wurde dieser Psalmvers damals schon verstanden. *Nach einer Weile* wird der erniedrigte Mensch mit Ehre gekrönt, und alle anderen Geschöpfe müssen sich ihm unterwerfen (2,5–8). Hintergrund dieser ganzen (schon zwischentestamentlichen) Argumentation ist Gen 1,26: der Mensch ist ‚Bild Gottes' und ‚Herr der Welt'[134]. Jesus ist der letzte Adam, dem alles unterworfen ist. Er ist der erhöhte Erniedrigte. Der Hebräerbrief gibt hier mit Hilfe von Ps 110,1 eine Exegese von Ps 8 (die beiden zusammen auch in 1 Kor 15,25–27, wo Jesus ‚der Mensch aus dem Himmel' und der letzte Adam ist (1 Kor 15,22.45). Im Hebräerbrief wird ‚Adam' nicht ausdrücklich erwähnt, jedoch Mensch und Jesus[135], die auf einer Linie gesehen werden (dreimal „autō", das sowohl von jedem Menschen als auch von Jesus gilt; Hebr 2,5–7; siehe 2,10–18). Jeder Mensch, auch Jesus, ist vorübergehend der Macht der Engel unterworfen; aber der auferstandene Jesus ist der eschatologische Mensch, der über alle Engel erhaben ist, die ihn jetzt anbeten müssen. Jesu Menschsein ist eine priesterliche Identifizierung mit dem Volk, seinen Brüdern. Jesus, der Sohn – nicht die Engel –, ist der Mittler zwischen Himmel und Erde.

Der Hebräerbrief polemisiert offensichtlich gegen eine Form entweder von ‚Engelchristologie', von der noch mehr Spuren in der frühen Kirche zu finden sind[136], oder von Engelkult, der über dem Glauben an Christus stehen soll – einer Mischung aus jüdischer Apokalyptik und hellenistisch-jüdischem Mystizismus, mancherlei Gedanken, die in einer griechischen, alexandrinischen Synagoge lebendig waren, in der ein Einfluß von Qumran (oder eine ähnliche Mentalität wie in Qumran) mit mittelplatonischem Synkretismus vereinigt war. Das darf wohl der Hintergrund des Hebräerbriefs genannt werden. Nach dieser einleitenden Klarstellung beginnt der Autor mit der Entwicklung seines Themas. Die beiden Aspekte des Sohnes, nämlich „Abglanz und Ebenbild Gottes" (auf der Seite Gottes stehen) und „Bruder der Menschen" (auf unserer Seite des Lebens stehen), vor allem in sich opfernder Dienstbarkeit, liefern dem Autor den Begriff ‚Priestertum'. Das bringt ihn zu einer Neuinterpretation der unverkürzten apostolischen Überlieferung: eine sazerdotale, das heißt priesterlich-messianische Christologie, Soteriologie und Gnadenlehre. Diese menschenfreundliche Christologie, die mit einem letztlich ganz einfachen Priesterbegriff arbeitet, wird für uns jedoch sehr schwierig durch die komplizierten Vergleiche mit dem alttestamentlichen und jüdischen Opferdienst des großen Versöhnungstags (Kippur) und dem Opferdienst des mosaischen Bundeszeltes. Was den Eindruck einer sakralen Rejudaisierung des *Laien* Jesus macht, ist im Gegenteil für den Hebräerbrief eine Entmythologisierung des jüdischen Priesterbildes: die Liebe des menschlichen, für andere leidenden Jesus, in Treue zu Gott und solidarisch mit der menschlichen Leidensgeschichte, das ist für den Autor Priestersein im wahren Sinn des Wortes: Menschen zu Gott bringen.

B. KERN DER DARLEGUNG DES HEBRÄERBRIEFS

In Hebr 3, 1–6 und 4, 15 – 5, 10 werden die beiden Aspekte des zu behandelnden Themas formuliert, was dann in 7, 1–10, 18 weiter ausgeführt wird[137]. In 3, 1–6 geht es um Jesu Treue zu Gott; in 4, 15 – 5, 10 um seine Solidarität vor allem mit den leidenden Menschen[138] – die beiden Aspekte des Priestertums Jesu. „Über dieses Thema haben wir viel zu sagen", bekennt der Autor (5, 11), während er in 8, 1 ausdrücklich sagt, daß in der Erhöhung Jesu zu Gott das Kernstück seiner ganzen Darlegung liegt, des Vielen also, das er zu sagen hat.

Daß Jesus, der präexistente Sohn (1, 2), Mensch ist, hat (im Weltbild des Autors) zur Folge, daß er durch sein Menschsein wie alle seine Mitbrüder „ein wenig unter die Engel gestellt ist" (2, 5–8; Ps 8, 5–7), was damals, wie schon gesagt, als ‚für eine Weile unter die Engel' ausgelegt wurde. Sehr realistisch wird damit die wahre Menschheit Jesu unterstrichen: Menschsein heißt (für diese spätantiken Menschen) höheren Himmelswesen unterworfen sein. Das schließt ein, daß Jesus ein Mensch ist, der in allem das menschliche Schicksal von innen her empfinden kann: er teilt es (7, 26). Denn dadurch, daß er in einer Welt weilt, die guten und bösen Geistern unterworfen ist, kann Jesus, da er mit allen Menschen solidarisch ist, versucht werden (4, 15) und leiden (2, 10–14; 5, 7; 2, 16–18; 12, 2–3 usw.). „Daher schreckt er auch nicht davor zurück, sie (die Menschen) seine Brüder zu nennen" (2, 11), ebensowenig wie „Gott sich nicht schämt, ihr Gott genannt zu werden" (11, 16). In kurzer, kernhafter Formulierung weiß der Autor in einem einzigen Satz oft eine soteriologische Christologie anzudeuten. Das Leben „von Fleisch und Blut" (2, 13–14) führen ist für ihn, der der Sohn ist, daher eine Erniedrigung: Mensch werden ist für den Sohn eine Degradierung unter die Engel. Das ist offensichtlich für viele der Christen, an die sich der Hebräerbrief wendet, der schwierige Punkt. Jesus wird der Geringere, der Unterliegende – eine allgemeine synoptische und neutestamentliche Gegebenheit wird im Hebräerbrief in eine kosmische Perspektive gestellt, in der die Welt der Geister einer höheren Wirklichkeit angehört als die irdische Welt der Menschen – zumindest vorläufig, sagt der Hebräerbrief. Dem Inhalt nach ist dies dieselbe Erniedrigung wie zum Beispiel im Christuslied von Phil 2, 6–11, aber der Hebräerbrief gibt ihr eine sehr menschliche Füllung. Zwar hätte der Autor diese Füllung besser durch einen Hinweis auf evangelische Worte und Taten des irdischen Jesus geben können, wie sie in den christlichen Gemeinden erzählt wurden, aber er tut es trotzdem indirekt, aus der Schrift: Mose ist dabei das Modell (zwar übertroffen durch Jesus). Denn Mose war der ‚angenommene' Sohn des Pharao (Ex 2, 10), aber, so sagt der Hebräerbrief, als er das Leiden seines Volks sah (Hebr 11, 23–27), wurde er solidarisch „mit seinen Brüdern" (2, 11; 2, 17; 5, 1; siehe 12, 2) und ergreift damit vor Jahwe, dem Gott Israels, Partei für die Sache seiner Brüder (11, 25; 3, 1–6). Mose nahm lieber die Erniedrigung des solidarischen Leidens auf sich, als die Freude zu genießen, zu der er als Pharaos Adoptivsohn vorherbestimmt war (der formale

Inhalt der „morphè tou Theou" – der Gestalt Gottes – und des „homoiōma
tōn anthrōpōn" – der Ähnlichkeit mit den Menschen – von Phil 2,6–11 erhält
im Hebräerbrief seine Bedeutung aus dem Mose-Modell. In Wirklichkeit ist
es natürlich das Leben Jesu selbst, das den Autor nach diesem Modell greifen
läßt, das die Juden damals gut kannten). Mose kehrte den Fleischtöpfen und
den reichen Vorratsscheunen Ägyptens den Rücken, um sich solidarisch auf
die Seite seines gequälten Volkes zu stellen (11,26). So auch Jesus: Obwohl
er „der Sohn" ist, wird er solidarisch mit der menschlichen Sache und ein Mann
des Leidens (2,9–18; 4,15), um seine Brüder aus der Knechtschaft (und damit
aus dem Unterworfensein unter die Engel) zu befreien (2,15). Daß Jesus, der
neue Mose, auch hier größer ist als Mose, geht daraus hervor, daß der Autor
das Leiden des Mose als Teilnahme des Mose an Jesu Leiden ansieht (13,13)
(Jesus ist Bruchstelle und Band zwischen den beiden Äonen!). Weil in der ägyptischen Sklaverei der Juden, seiner Brüder, die Sache Gottes auf dem Spiel stand,
„wandte Mose seine Augen ab" (11,26: „ap-eblepen") von dem für ihn bestimmten Glück, um sich dem Leiden seines Volkes ‚zuzuwenden'. Diese mosaische Interpretation zeigt einerseits, wie gerade die christliche Jesuserfahrung
Juden nach diesem Interpretament greifen ließ, andererseits wie das interpretative Moment, oder das Modell, wiederum die Art und Weise färbt, wie Jesus
erfahren und neutestamentlich zur Sprache gebracht wird. Denn das Bild des
Mose vor Augen, sagt dann der Autor: „Obwohl er Gottes Sohn war, hat er
in der Schule des Leidens Gehorsam (das heißt in für ihn erniedrigenden Situationen) gelernt..., und so ist er für alle, die ihm gehorchen, Ursache ewigen
Heils geworden" (5,7–9). Angesichts der tatsächlichen Leidensgeschichte der
Menschheit hält der Hebräerbrief dies gleichsam für ein *passendes* Vorgehen
Gottes: „Denn es geziemte sich für Gott, das Ende und den Ursprung von allem,
da er viele Söhne zur Herrlichkeit führt, den Anführer ihres Heils durch Leiden
zu vollenden" (2,10). Das etwas härtere, apriorische ‚dei' (Christus mußte
leiden) des Markus- und Lukasevangeliums wird hier abgemildert zu einer na-
heliegenden Art und Weise der Erlösung und Befreiung.

Die beiden Begriffe: auf Gottes Seite stehen, das heißt für den Sohn, der
Mensch wurde, Treue zu Gott (3,1–6), und trotzdem Partei ergreifen für den
Menschen, das ist barmherzige Solidarität vor allem mit dem leidenden Menschen (4,15 – 5,10), geben im Hebräerbrief den einen Begriff Priestertum
wieder. Das Problem ist: Wie kann Jesus zwischen Gott und Mensch vermitteln,
wenn er gerade auf seine göttliche Stellung verzichtet und sich dem menschlichen Lebensschicksal unterwirft? Wie kann dieser Dienst ‚zur Vollendung' gebracht werden? Denn der Autor reflektiert nicht über die Bedeutung der Inkarnation als solcher; seine Perspektive ist „die Welt der Zukunft" (2,5). Daher
nennt er selbst die Vollendung Christi, Jesu Verherrlichung zur rechten Hand
Gottes, das „kephalaion" oder das Kernstück seiner Darlegung (8,1). Denn
erst dann ist der Begriff ‚Priestertum' voll analysiert, und vor allem: dann ist
die Erniedrigung oder die Unterwerfung Jesu unter die Engel durch die Mensch-

werdung aufgehoben. Damit ist der Nachdruck auf das *himmlische* Priestertum Jesu gelegt. Denn während seines irdischen Lebens kann ‚auf der Seite Gottes stehen' von Jesus ja allein in Begriffen gehorsamer Treue eines Menschen zu Gott realisiert werden (3,1–6). In dieser Treue erweist sich sein „charaktèr Theou", das heißt, darin wird sichtbar, was und wer Gott ist: ein Gott der Menschen. Das schließt folgendes ein. Wie sehr die sich opfernde menschliche Existenz Jesu in gehorsamer Treue zu Gott ein wesentlicher Aspekt seines Priestertums ist, der Akzent liegt trotzdem auf seinem vollendeten, also himmlischen Priestertum. Erst dann ist er über alle Engel erhaben, im höchsten Wirklichkeitsbereich – bei Gott. Die „teleiosis" oder Vollendung ist in der Tat das Kernstück der ganzen Darlegung des Hebräerbriefs. Denn das Ergebnis ist, daß einer der Unseren bis zu den höchsten Höhen vorgedrungen ist, über die sieben himmlischen Sphären hinaus, bis über die Engelwelt, bis zum Allerheiligsten, wo der lebendige Gott wohnt. Erst dann wird auf der höchsten Ebene durch einen Menschen, bei Gott selbst, die Sache des Menschen befürwortet. Erst dann gibt es keine Zukunftsutopie mehr, sondern reale, begründete Hoffnung für Menschen. „Er ist in den Himmel selbst eingegangen, um jetzt für unsere Angelegenheiten bei Gott gegenwärtig zu sein" (9,24), „er sitzt für immer zur rechten Hand Gottes" (10,12) – gerade so kann er uns bei Gott vertreten (5,1), „um sich für unsere Belange bei Gott einzusetzen" (2,17 b).

Zugleich will der Hebräerbrief damit die Vorliebe Gottes für das Geringere und Erniedrigte zum Ausdruck kommen lassen. Was unter den Engeln stand, hat er auserwählt; „schließlich *ist es kein Engel,* den er (Gott) neben sich auf den Thron geladen hat" (1,13; 2,16; 2,5; siehe Jes 41,8–9)! Gott nimmt den Geringeren bei der Hand (2,16: „epi-lambanein"), er kümmert sich um ihn, erbarmt sich seiner und nimmt sich des Schicksals von *Menschen,* der Nachkommen Abrahams, an: „Deshalb hat er unser Dasein teilen wollen, damit er durch seinen Tod den Fürsten des Todes, den Teufel, enthrone und die befreie, die durch Furcht vor dem Tod ihr ganzes Leben lang der Unfreiheit unterworfen waren. Denn er nimmt sich nicht der Engel an, sondern der Nachkommen Abrahams. Daher mußte er in allem seinen Brüdern ähnlich werden" (2,14–17). Dies alles ist das Kernstück des Hebräerbriefs (8,1), die theologische Auffassung des Autors von der Erfahrung von Heil von Gott her in Jesus. Die beiden Aspekte desselben analysiert er dann im Detail, zumindest in dem Sinn: er erklärt sie (und zwar selbstverständlich für christliche Juden) aus dem jüdischen Verständnis des Kultes oder Opferdienstes.

Nun, nach dem Modell des jüdischen Opferdienstes (Dtn 18,5; Num 3,12.41; 8,6) muß man – ohne Trennung – einen Unterschied machen zwischen zwei Funktionen des Priestertums: ein Priester muß a) „die Menschen bei Gott vertreten" (Hebr 5,1), also „sich für die Belange der Menschen bei Gott einsetzen" (2,17b), und b) er muß „Gaben und Opfer für ihre Sünden darbringen (5,1b), also „die Sünden des Volkes sühnen" (2,17c).

Wenn also das, was der Hebräerbrief als Kernstück seiner Darlegung, als die Grundlinie seiner soteriologischen Christologie, bezeichnet, in Zusammenhang gebracht wird mit diesem jüdischen Verständnis des priesterlichen Kults, müssen wir daraus schließen, daß der Autor den überlieferten apostolischen Glauben im irdischen Leben Jesu – als Treue zu Gott in Solidarität mit den Menschen – und in Jesu Tod und Auferstehung oder Verherrlichung bei Gott darlegen und begreiflich machen will für Juden, die Christen geworden sind und für die der Kult der Kern ihres religiösen Lebens war – zugleich für Juden, die (im früh-jüdischen Synkretismus jener Tage) Träume von der Teilnahme an der ‚himmlischen Liturgie‘ der Engel träumen. Was der Verfasser in 8,1 „als Kernstück seiner Darlegung bezeichnet“ – das Sitzen Jesu zur Rechten Gottes (überliefertes christliches Glaubensgut) –, will er in Begriffen der ‚himmlischen Liturgie‘ erklären, durch welche der jüdische Opferkult abgelöst wird. Wie nach dem Paulinismus die Gnade Christi das *Gesetz* entkräftet, wird sie im Hebräerbrief den (jüdischen) Kult außer Kraft setzen. Die Gnade des Gesetzes und die Gnade des Kults werden durch die endgültige *Gnade Jesu Christi* ersetzt – beide, Gesetz und Kult, haben eine positive, aber vorläufige Bedeutung gehabt.

C. JESUS IST DER ESCHATOLOGISCHE HOHEPRIESTER

„Jeder Hohepriester wird aus den Menschen genommen und für die Menschen eingesetzt“ (5,1). Priestertum oder Mittlerschaft setzt Berufung und Einsetzung voraus (‚genommen aus‘ ist Auserwählung und damit ‚Ab-Sonderung‘); man kann sich nicht selbst zum Priester aufwerfen (5,4). Auch der eschatologische Hohepriester konnte das nicht. Er ist also von Gott zum priesterlichen Dienst eingesetzt (5,5). Dies geschah, „als Gott sprach: ‚Du bist mein Sohn, heute habe ich dich gezeugt‘ (Ps 2,7), und an anderer Stelle: ‚Du bist Priester auf ewig, (nämlich) nach der Art des Melchisedek‘ (Ps 110,4)“ (Hebr 5,5b–6; 5,10). Durch die Kombination von Ps 2,7 mit Ps 110,4 will der Autor eine biblische Begründung dafür geben, warum er das überlieferte Glaubensgut (Sohnschaft und Auferstehung Jesu) mit dem Begriff Priestertum verbindet. Dies erwies sich als notwendig, wenn wir bedenken, daß Hebr 5,5b–6 die einzige Stelle im ganzen Neuen Testament ist, an der eine auffallende neue Argumentation vorkommt. Und zwar folgende: Wenn Ps 110, Vers 1 auf Christus angewandt wird, nämlich auf seine Erhöhung beim Vater (oder sein ‚Sitzen zur rechten Hand Gottes‘) – was *allgemein* in der ganzen frühen Kirche geschah (Mk 12,36; 14,62; 16,19; Mt 22,44; 26,64; Lk 20,42–43; 22,69; Apg 2,34; 5,31; 1 Kor 15,25; Eph 1,22; Kol 3,1; der Hebräerbrief selbst: 1,3; 1,13; 8,1; 10,12–13; 12,2; 5,6–10; 6,20; 7,3.11.15.17.21.24.28; siehe: Phil 2,9 und 1 Petr 3,22) –, dann muß man konsequent sein und auch Ps 110, Vers 4 auf Jesus anwenden: die königliche Erhöhung (Ps 110,1) Christi ist zugleich seine Erhöhung als Priester (Ps 110,4) (siehe auch Hebr 1,5; 1,13; 7,21): „So spricht Jahwe zu meinem Herrn: Setze dich zu meiner Rechten: bald mache ich dir deine Feinde zum

Fußschemel für deine Füße (Ps 110,1)", und „Jahwe hat geschworen – er nimmt es nicht zurück: Du wirst Priester sein, durch die Jahrhunderte hindurch, kraft meiner Aussage: Melchisedek (Ps 110,4)". Der Hinweis auf Ps 2,7 (in Hebr 5,5b–6; siehe 5,10): „So spreche ich vom Beschluß des Herrn: Er sprach zu mir: Du bist mein Sohn, heute habe ich dich ins Leben gerufen" bringt die Kombination von Ps 110,1 und 110,4 noch frappanter in Zusammenhang mit Jesus als „dem Sohn" (siehe Hebr 1,2). Daß sich nicht nur *ein* Vers dieses Psalms (110,1) auf Jesus bezieht, sondern dieser ganze Psalm christologisch verstanden werden muß, ist ein Unikum im Neuen Testament; nirgendwo sonst wird Jesus oder ‚Christus' (Hoher-)Priester genannt. Ist dies eine Erfindung des Autors des Hebräerbriefs? Aus reiner Willkür? Oder gab es in der christlichen Tradition gute Gründe für diese neue Interpretation?

Letzteres ist deutlich der Fall. Schon vor dem Hebräerbrief wurde Jesu Tod in *Opfer*termini ausgedrückt, also mit Begriffen aus dem jüdischen Opferkult. Schon in Mk 10,45 war der Tod Jesu „ein Lösegeld für viele" genannt worden. Auch in 1 Kor 1,30 und 7,23; Röm 3,14; Kol 1,14; Eph 2,18 und 1,7; 1 Petr 1,18; 1 Tim 2,5–6; Offb 1,5 und 5,9 wird der erlösende Dienst Jesu in Begriffen des jüdischen Opferdienstes zum Ausdruck gebracht. Außerdem sprach Paulus von Jesus als dem geschlachteten Osterlamm (1 Kor 5,7; auch die Deutero-Paulinen: Eph 5,2; und, paulinisch beeinflußt, auch 1 Petr 1,9; 3,18). Johannes spricht von dem „Lamm, das die Sünde der Welt hinwegnimmt" (Joh 1,29.36; siehe: Joh 19,36). Schließlich hören wir im Buch der Offenbarung etwa 28mal den Ausdruck „das geschlachtete Lamm". Darüber hinaus macht Paulus noch eine Anspielung auf den Sühnedeckel (hilastērion; hebräisch: kapporet) des Bundeszeltes (Röm 3,24–25). Das Motiv: Jesus ist *Opfergabe* darf deshalb allgemein neutestamentlich genannt werden – ‚Schlachtopfer' im sakrifiziellen Sinn. Dieser Gedanke ist übrigens bis in die christliche Liturgie aus der Zeit vor dem Neuen Testament eingedrungen, nämlich in die sogenannten Einsetzungsworte der Eucharistie, die entweder als Bundesopfer (Lk 22,20a; Mk 14,24; 1 Kor 11,25) oder als Sühneopfer (Mt 26,26–28) interpretiert wird. Christus ist Opfergabe: dies gilt für den Autor des Hebräerbriefs schlechthin als apostolisches Erbgut. Trotzdem wird in diesem überlieferten apostolischen Glauben sonst nirgends ausdrücklich gesagt, daß Jesus außer Opfergabe auch Opfernder und Priester ist. Doch ist dieser Gedanke nicht ganz eine ausschließliche Erfindung des Hebräerbriefes. Neben dieser Schrift gibt es noch zwei neutestamentliche Texte, in denen Jesu Priestersein zumindest angedeutet wird, einmal vage: wenn Paulus von Jesus spricht, „der, zur Rechten Gottes sitzend, *für uns eintritt*" (Röm 8,34, inhaltlich ist dies genau das, was der Hebräerbrief das himmlische Priestertum Jesu nennt: Hebr 7,25); ein andermal deutlich in Offb 1,13: wo Jesus dargestellt wird als bekleidet mit dem *priesterlichen* Talar und umgürtet mit dem goldbestickten Gürtel in der Art der Priester (siehe auch unten beim Buch der Offenbarung).

Daher darf man mit gutem Grund behaupten, daß der Schritt des Hebräerbriefs, nämlich von Ps 110,1 zu einer christologischen Auslegung auch von Ps 110,4, fast selbstverständlich wird, selbst von der christlichen Tradition aus. Außerdem wurde diese christliche Auslegung dadurch begünstigt, daß im frühen Judentum, etwa in Qumran, Ps 110,4 schon messianisch interpretiert war[139]. So wird verständlich, warum einerseits außer dem Hebräerbrief kein einziger neutestamentlicher Text Jesus Priester nennt, während anderseits diese Bezeichnung Christi für den Hebräerbrief einfach selbstverständlich ist. Inhaltlich findet sich die Behauptung, daß Jesus Priester ist, im ganzen Neuen Testament, aber außer dem Hebräerbrief nennt das Neue Testament Jesus nirgends ausdrücklich Priester. Das Urchristentum konnte diesen Inhalt unmöglich in priesterlichen Ausdrücken formulieren, zumindest was den Opferdiener betrifft, weil ‚Priester‘ nach jüdischer Auffassung wesentlich mit ‚levitisch‘ zusammenfällt: jemand aus dem Stamm Levi – was Jesus keinesfalls war; jüdisch kam er aus einem Laienstamm, aus Juda. Der Autor des Hebräerbriefs kann seinerseits ohne jede Zurückhaltung Jesus doch Priester nennen, weil er in seiner ganzen Darlegung (vor allem in Hebr 7) das Priesterbild von der wesentlichen jüdischen Forderung der levitischen Herkunft gelöst hat. Die anderen – auch jüdischen – mehr inhaltlichen Bedeutungen oder Funktionen des priesterlichen Dienstes verwirft der Hebräerbrief keinesfalls, nämlich: bei Gott für die Sache der Menschen eintreten und Versöhnung für die Sünden bringen. Diese beiden Funktionen sind gerade die Angeln, um die sich seine ganze Darlegung dreht. So kann der Hebräerbrief unbefangen vom priesterlichen Messianismus Jesu sprechen, ohne dadurch in Konflikt mit dem übrigen Neuen Testament zu geraten. Der Hebräerbrief rejudaisiert deshalb in gar keiner Hinsicht. Man kann mit Recht eher sagen, daß dieses Schreiben das jüdische und spätantike Priesterbild des sakral pontifizierenden Priesters ‚entmythologisiert‘, indem er es zur Lebenssolidarität mit dem leidenden Menschen vermenschlicht, Gottes Bestätigung eben einer solchen Lebenshaltung und Jesu himmlische Verteidigung der menschlichen Angelegenheiten bei Gott.

D. ‚CHRISTUS‘ BEDEUTET ‚MESSIANISCHER HOHERPRIESTER‘

Aus unserer Analyse geht auch die besondere Bedeutung hervor, die der Hebräerbrief dem traditionellen Wort ‚der Christus‘ gibt... Vielen Exegeten ist es aufgefallen, daß der Hebräerbrief wie keine andere neutestamentliche Schrift (außer den Evangelien und der Apostelgeschichte) oft in einer absoluten Weise von Jesus spricht, ohne ‚Christus‘ dabei (so: 2,9; 3,1; 4,14; 6,20; 7,22; 10,19; 12,2.24; 13,12 und 13,20; abgesehen von ‚Jesus Josua‘ in 4,8). Dagegen steht im Hebräerbrief einigemal der Gebrauch des Begriffs ‚der Christus‘ ohne Erwähnung Jesu: „ho Christos“ (5,5; 9,28; 3,14; 6,1; 9,14). Abgesehen außerdem von 11,26, wo „der Christus“ oder der Gesalbte das jüdische Volk bedeutet, und von „Christos‘ (ohne Artikel) (3,6; 9,11; 9,24), und schließlich vom dreimaligen Ausdruck ‚Iesous Christos‘ (10,10; 13,8; 13,21)[140], betonen im Hebräerbrief ungefähr zehn Stellen ‚Jesus‘: den historischen Jesus von Nazaret. Diese Interpretation ist verlockend – vor allem für den, der den irdischen Jesus von Nazaret zur Norm und zum Kriterium für sein christologisches Denken nimmt. Doch glaube ich, daß diese Auslegung des sogenannten absoluten Gebrauchs von ‚Jesus‘ im Hebräerbrief auf einer optischen Täuschung beruht.

In fast allen angeführten ‚Jesus‘-Texten wird dieser Begriff sofort durch ‚Priester‘ qualifiziert – im Sinne des priesterlichen Messianismus. In der Tradition dieses Messianismus bedeutet Gesalbter oder Christus eben ‚Priester‘. Der *Hohepriester Jesus* bedeutet dann schlechthin dasselbe wie *Jesus Christus*. In irgendeiner Form steht im Hebräerbrief bei dem sogenannten absoluten Gebrauch von ‚Jesus‘ *jeweils* der Name Christus. So in Hebr 3,1: „Jesus, der Apostel und Hohepriester“, das heißt Jesus, der von Gott gesandte Hohepriester. Auch: „nachdem wir einen Hohenpriester (= einen Christus) haben, Jesus“ (4,14). Oder: „wohin Jesus für uns eingegangen ist, nun, da er Hoherpriester (= Christus) ist“ (6,20). „Jesus, Anführer und Vollender des Glaubens“ (12,2: Jesus als Vollender ist für den Hebräerbrief eben der Kern seines Priesterbildes, siehe 8,1; und weiter unten). Auch: „Jesus, Mittler (= Priester = Christus) eines neuen Bundes“ (12,24; das gleiche in 13,20). In Hebr 7,21 wird der Christus- oder Priestertitel Jesu feierlich erklärt (7,22). Es bleiben dann nur zwei Texte übrig, in denen ‚Jesus‘ absolut gebraucht zu sein scheint: „Das Blut Jesu“ (10,19) und „Jesus, der außerhalb der Stadttore gelitten hat“ (13,12), zwei Texte, in denen ausgerechnet Ereignisse des *irdischen Jesus* zur Sprache kommen: sein Kreuzestod auf Golgota, damals unmittelbar vor den Stadttoren Jerusalems. In der Tat spielt hier der feine Unterschied zwischen dem, was mit Jesus *auf Erden,* und dem, was mit ihm *im Himmel* geschieht, eine Rolle (diesen Unterschied finden wir sogar bei Paulus, z.B. Röm 8,11; 2 Kor 4,10; Gal 6,17). Was sonst im Neuen Testament die Einsetzung Jesu zum Christus oder zum Sohn Gottes in Kraft genannt wird – oder die öffentliche Anerkennung derselben bei der Auferstehung (Röm 1,4; Apg 2,36) –, nennt der Hebräerbrief die himmlische Einsetzung Jesu (im Sinn der Vollendung oder Inkraftsetzung) zum messianischen Priester (= Christus). Sogar Hebr 5,5: „Auch der Christus hat sich selbst nicht die Ehre des Hohenpriestertums zuerkannt“ – ein Text, in dem wir gerade ‚Jesus‘ erwarten würden: auch *Jesus* hat sich die *Christustitel* nicht eigenmächtig angeeignet – ist kein Einwand, sondern eine Bestätigung. Es steht da: „ho Christos“, das heißt, sogar der eine, einzig wahre Hohepriester (der messianische Priester) hat sich diese messianische Würde nicht eigenmächtig zuerkannt, sondern sie wurde ihm huldvoll durch Auserwählung zuteilt. Diese ganze Interpretation: ‚Christus‘ bedeutet für den Hebräerbrief ‚(Hoher-)Priester‘, wird meines Erachtens ziemlich evident aus dem ganzen Kontext in Lev 4,1 – 5,13, vor allem in Lev 4,3–12, wo von ‚Christus‘, dem Priester als Gesalbten, der Sühnopfer darbringt, gesprochen wird (der Rahmen, in dem der Hebräerbrief denkt). Von einem besonderen, im Neuen Testament *auffallenden* Interesse für den *irdischen* Jesus ist im Hebräerbrief keine Rede; der Autor ,denkt in (jüdischen) Modellen‘, die seinen Zuhörern bekannt sind. Daß er dies in Verbindung mit *Jesus* tut, ist zweifellos durch das eingegeben, was er in der apostolischen Verkündigung über ihn gehört hat. Trotzdem widmet er seine Aufmerksamkeit weithin dem (christlichen) Juden bekannten Modell (Mose und der Sinaitismus), um gerade die Heilsbedeutung Jesu zu erhellen.

Der Hebräerbrief steht auf der Linie sowohl der sapientialen Tradition als auch der frühjüdischen Spekulationen über die königlichen und priesterlichen Merkmale des Messias oder Christus. Seit der Makkabäerzeit beschäftigte die Frage nach Trennung oder Vereinigung der königlichen und der priesterlichen Funktionen die jüdischen Gemüter[141]; auch in Qumran verschoben sich die Akzente ständig. Lange Zeit legte diese essenische Bruderschaft den Akzent auf den priesterlichen Messianismus, die Pharisäer dagegen auf den königlichen, davidischen Messias. Aber in Qumran wuchs auf die Dauer eine Tendenz, entweder den königlichen (also kriegerischen) Messianismus mit dem hohenpriesterlichen Messianismus zu verbinden oder zwei Messiasse zu erwarten. Was die Terminologie betrifft, so hat der Hebräerbrief nichts mit dem kriegerisch-königlichen Messianismus zu tun, aber alles mit der Traditionslinie des priesterlichen Messianismus, wie dieser auch in der Qumrangemeinde gläubiger Juden lebendig war oder zumindest gewesen war, die „wie die Engel leben" wollten, und zwar „in Erwartung der Welt der Zukunft"[142]. Zwar ist dies nicht die Hauptabsicht des Hebräerbriefs, aber der Autor vereinigte doch die beiden messianischen Charakterzüge in einer Person, *die aus Juda stammt* (7, 14); und das ist in Qumran und in der apokryphen Literatur völlig unbekannt. Für den Hebräerbrief ist Jesus der Christus, das heißt der *eschatologische Hohepriester* – wie Melchisedek König und Hoherpriester ist. Der königliche Aspekt wird nur betont, um die eschatologische Überlegenheit Jesu Christi über die Engel zu kennzeichnen; aber weiterhin sieht der Autor in diesem Königtum mehr den himmlischen, unvergänglichen und ewigen Charakter der priesterlichen Messianität Jesu: „nach der Art des Melchisedek" ist *ewiges* Priestertum (siehe 5,10; 6,20; 7, 8.16.17.21.24.25.28; 10,12.14). Man könnte es wegen des Priesterbildes des Hebräerbriefs (der leidende Gottestreue, mit einer deutlichen Anspielung auf den Ebed Jahwe) ein Priestertum nennen auf der Linie dessen, was angelsächsische Exegeten oft „Servant Messianism" nennen.

II
Der Dienst des messianischen Priesters Jesus

Nach Hebr 5,1 und 2,17b verteidigt ein Priester die Menschen bei Gott, und nach 5,1b und 2,17c bringt er Gott Opfer dar zur Sühne der Sünden. Wie und wo findet der Autor diese doppelte Funktion im messianischen Dienst Jesu?

A. SOLIDARITÄT JESU MIT DEM MENSCHLICHEN LEIDEN. DAS LEBENSOPFER JESU

Daß Jesus die menschliche Sache bei Gott vertreten kann, begründet der Hebräerbrief mit seiner göttlichen Berufung oder Auserwählung (5,5); aber diese wird menschlich sehr konkret ergänzt. „Wir haben einen Hohenpriester, der mit unseren Schwächen mitzufühlen versteht. Er wurde selbst auf mancherlei Art auf die Probe gestellt, genau wie wir, abgesehen von der Sünde" (4,15), – „Er ist imstande, Unwissende und Irrende geduldig zu ertragen, da er auch selbst der Schwachheit unterworfen ist" (5,2) – „In den Tagen seines sterblichen Lebens hat er unter lautem Rufen und Weinen Gebete und Bitten an Gott gerichtet, der ihn vor dem Tod bewahren konnte" (5,7) – „Obwohl er Gottes Sohn war, hat er in der Schule des Leidens Gehorsam gelernt" (5,8). Den priesterlichen Dienst Jesu sieht der Hebräerbrief – wie Markus und der Erste Petrusbrief – ganz ausdrücklich in seiner *Solidarität mit dem menschlichen Leiden*. Der Hebräerbrief nennt die menschliche Solidarität und Opferbereitschaft Jesu das Lebensprojekt Jesu (10,5–7).

„In allem uns gleich, außer der Sünde." Daß der Messias ‚sündelos‘ ist, ist in der rabbinischen Literatur unbekannt, aber eine bekannte Gegebenheit in der jüdischen Apokalyptik[143]. Es ist eine breite urchristliche Tradition (Joh 8,46; 2 Kor 5,21; 1 Joh 3,5; 1 Petr 2,22). Trotz aller Opferbereitschaft (10,5–7) kannte Jesus Schwachheiten und Versuchungen (4,15; 5,7): „Unter lautem Rufen und Weinen" kann eine Anspielung auf das sein, was die Synoptiker das Getsemanegeschehen nennen, aber es kann auch vor allem durch Ps 116 und Pss 22,3.25; 31,23; 39,13; 69,14 eingegeben sein (übrigens Psalmen, die auch im synoptischen Passionsbericht eine Rolle spielen). Jüdisch gesehen, gehört Gehorsam zum Wesen aller Kindschaft (siehe Hebr 10,5–10; Joh 4,34; 5,30; 6,38–40), doch sagt der Hebräerbrief: „*obwohl* er Gottes Sohn war". Denn es geht konkret um einen Gehorsam im erniedrigten Zustand der Unterworfenheit unter die Engel, das heißt unter den Tod (siehe Hebr 2,15), wie auch Mose, „obwohl Pharaos Sohn", Jahwe gehorsam wurde aus Solidarität mit seinen Brüdern (11,24–26). „Statt der Freude, die ihm zustand, hat er ein Kreuz auf sich genommen und der Schande nicht geachtet" (12,2b). Jesus mußte also in einer Leidenssituation Gehorsam lernen. „Emathen aph’ hōn epathen" (5,8) ist ein griechisches Sprichwort aus der Erziehung der Antike:

Durch Stockschläge wird man klüger; Griechen sagten (mit einem Wortspiel): Pathos (Leiden) bringt mathos (Lehre oder Weisheit)[144] (siehe auch Hebr 12, 2–13); daher die richtige Übersetzung: „in der Schule des Leidens" lernte Jesus Gottes Absichten mit seinem Leben kennen. So war er der Sache Gottes treu (3, 1 – 4, 13): „Er war Gott treu, der ihn eingesetzt hat" (3, 2) – schon wieder wie Mose, aber in vorzüglicherer Weise (3, 2–6), denn Mose war „treu *im* Haus Gottes", Christus dagegen ist treu als Sohn, eingesetzt *über* das Haus Gottes" (3, 6a).

Den priesterlichen Dienst Jesu, in Treue zu Gott und in Solidarität mit der leidenden Menschheit, lokalisiert der Hebräerbrief dann in Jesu Kreuzestod, der vom Autor als *priesterliches* Sühn- und Bundesopfer interpretiert wird. Denn die Sühne der Sünden ist eine der beiden Funktionen eines Priesters: „für das Volk opfern". Die technische Formel in Lev 4, 1 – 5, 13 lautet (verschiedene Male wiederholt): „So vollzieht der Priester *für sie* (es) die Sühne für ihre (seine) Sünde; und so wird ihnen (ihm) Vergebung geschenkt" (Lev 4, 20; 4, 26b; 4, 31c; 4, 35c; 5, 6b). Es sind rituelle Formeln. Der Hebräerbrief bezieht die stereotype Formel: „So vollzieht der Priester für sie (das Volk) die Sühne der Sünden" auf Jesus, den eigentlichen ‚gesalbten Priester' oder *den Christus* (wie der Priester in Lev 4, 1 – 5, 13 wiederholt genannt wird). Ausführlich analysiert er diese Genugtuung Jesu für die Sünden der Menschen, gerade im Kontrast zu dem, was die jüdischen Priester tun.

Dem „vielmals" der jüdischen Opfer wie auch dem „jährlich einmal" der Opfer am großen Versöhnungstag stellt der Hebräerbrief das endgültige ‚ephapax' oder das Einmalige des einen, hinreichenden Opfers des Hohenpriesters Jesus gegenüber (7, 23; 10, 1–2. 11–12). Darin klingt auch der griechische Gedanke an, daß ‚das Viele' naturgemäß fragmentarisch und unvollkommen ist gegenüber der Vollkommenheit ‚des Einen' (siehe auch 1, 1). Aber der Autor sieht mehr darin. Als erhabenerer Melchisedek-Priester (7, 1–28) bringt Jesus ein vollkommenes (und durch Gott vollendetes) Opfer dar: sein Leben. Das wird in Kippur-Inszenierung in 9, 1–28 beschrieben. Der jüdische Hohepriester opfert an diesem Tag, einmal im Jahr, einen Stier als Opfer für die eigenen Sünden und die seines priesterlichen Stammes (7, 27); dann betrat er das Allerheiligste zur Beweihräucherung des Sühnedeckels auf der Bundeslade[145]; darauf noch ein zweitesmal, um die Lade mit dem Blut des Stiers zu besprengen. Nach diesem Ritual bringt er ein zweites Opfer, einen Bock, für die Sünden des *ganzen Volkes* dar und besprengt dann wiederum den Sühnedeckel mit Blut. Hebr 9, 1–10 nimmt diese beiden blutigen Tieropfer und das Hineintragen des Blutes in das Allerheiligste, wo die Lade oder ‚der Thron Gottes' steht, als ein Ganzes, und damit vergleicht der Autor nun Jesu Kreuzestod, aus dem das Unzureichende dieser rituellen Schlachtungen hervorgehen muß (9, 11–22).

Gottes tiefste Absicht mit Jesus wie auch Jesu „Lehre in der Schule des Leidens" werden vom Hebräerbrief auf ein Gespräch zwischen Gott und dem Sohn, und zwar zum Zeitpunkt der Inkarnation (aber gleichsam schon in unserer

Welt), projiziert: „Daher sagt er auch, wenn er in die Welt kommt: Opfer und Gaben hast du nicht gewollt, aber du hast mir einen Leib bereitet. Brandopfer und Sühnopfer konnten dir nicht gefallen. Da sprach ich: Hier bin ich. Wie in der Buchrolle über mich geschrieben steht: Ich bin gekommen, o Gott, um deinen Willen zu tun" (10,5–7). Ps 40,7–9 wird Jesus bei seinem Eintritt in die Menschenwelt in den Mund gelegt. Zwar schrie und weinte Jesus, um vor diesem Tod verschont zu bleiben (5,7), aber die freiwillige Annahme desselben war in *Jesu* eigenem *Lebensentwurf*, als Treue gegenüber der Sendung Gottes, beschlossen. Wie Paulus konzentriert auch der Hebräerbrief die von Jesus gebrachte Erlösung ganz und gar in dem Tod (und der Auferstehung) Jesu. „Durch diesen Willen sind wir *geheiligt*, ein für allemal, durch das Opfer des Leibes Jesu Christi (10,10). Die Bedeutung des Lebens Jesu liegt in seinem Kreuzestod als einem *freiwilligen Lebensopfer* (9,14; 9,22; 9,25.26.28) oder einer *opfervollen Selbsthingabe* (10,9; auch 2,10.18; 4,15; 5,9) – übrigens eine schon traditionell-christliche Interpretation (1 Thess 5,10; Gal 2,20; Mt 20,28; Joh 3,16; 12,12–13 usw., und später 1 Joh 3,16; 4,10). „Ein für allemal" (7,27; 9,12; 10,10; siehe 9,26 und 9,28), also unumstößlich, entscheidend und endgültig; es sind keine neuen Opfer mehr nötig. Der Autor unterstreicht die Hingabe der Person Jesu in dieser Opfergabe. Diese Akzente relativieren, ohne sie zu negieren, die ‚Bluttheologie‘, die im Hebräerbrief zu finden ist wegen des Kippur-Rahmens, in welchen der Verfasser den Tod Jesu nun einmal stellt, und wegen der Bluttheologie, die den jüdischen Sühnopfern nach der Interpretation von Lev 17,11 eigen ist[146]. Auch der Kreuzestod wird als ein *blutiges* Opfer gesehen (1,3; 9,7; 9,18; siehe 9,25; 10,29; 13,12; 13,20). Durch die selbstaufopfernde Liebe, die sich darin ausspricht, ist Jesus der Mittler eines neuen Bundes, dessen vergossenes Blut etwas Besseres herabruft als das Blut Abels" (12,24; hier gehen die Bilder von dem Kippuropfer über in das Bild vom Mord am gerechten Abel), vor allem ist die Frucht desselben (siehe unten) innere Sündenvergebung und Zugang zu Gott. Unverkennbar liegt der Akzent nicht so sehr auf dem Blut als vielmehr auf der menschlichen Selbsthingabe *in* diesem blutigen Tod (siehe oben; und auch: 2,6–10, 17.18; 5,7; und das ganze 9. Kapitel). Die schon allgemeine neutestamentliche Vorstellung vom Kreuzestod Jesu als Sühnopfer (das sogenannte soteriologische Schema)[147] stellt der Autor in den Zusammenhang der blutigen Opfer durch einen jüdischen Priester. Das neutestamentlich allgemein schon bekannte Bild vom „kostbaren Blut" (siehe vor allem 1 Petr 1,9 und die schon früher erwähnten Bezugsstellen) wird im Hebräerbrief (mit Nachdruck auf Liebe und Freiwilligkeit) keineswegs ‚vergeistigt‘, sondern eher noch mehr vermenschlicht zur opfervollen Dienstbarkeit in Solidarität mit den in Todesfurcht lebenden (siehe 2,15) und leidenden Mitbrüdern.

Der Hebräerbrief versteht den Kreuzestod als Sühn- und als Bundesopfer und integriert so die beiden Traditionen: Kreuzestod als Bundesopfer (1 Kor 11,25; Mk 14,24; Lk 22,20a und Mt 26,28a) und als Sühnopfer (Mt

26,28b)[148]. Beide Opfer waren im Tenach scharf unterschieden: Das Bundesopfer wurde im Blick auf die Gemeinschaft mit Gott dargebracht; deshalb wurde es durch den Genuß von Opferfleisch vollendet. Vom Sühnopfer dagegen durfte nicht gegessen werden; dieses Opferfleisch mußte außerhalb des Lagerplatzes oder der Stadttore ganz zu Asche verbrannt werden (Lev 16,27; Hebr 13,11). Aber später wurden alle Opfer auch als Sühnopfer angesehen, weil der Mensch sich erst von Sünden reinigen müsse, bevor er in Bundesgemeinschaft mit Gott trete. Im Hebräerbrief darf man deshalb die Modelle nicht einseitig auslegen; es ist dem Autor um das Lebensopfer Jesu zu tun; die Bilder von Bund, Versöhnung, sogar das Blut Abels (das nichts mit Bund und Versöhnung zu tun hat) gehen ineinander über. (In 9,18–22 wird deutlich, wie der Kippur-Gedanke in die Idee vom Ritus des Bundesschlusses übergeht.)

Doch steht dem Autor primär das Bild des Sühnopfers (also Sündenvergebung) vor Augen. Der Kontext seiner Darlegung ist der „jom hakkipurim", der jüdische große Versöhnungstag (9,1–10). „Kipper" bedeutet außerhalb des priesterlichen Sprachgebrauchs: Versöhnung bringen durch das Schenken einer Gabe; im priesterlichen Gebrauch erhielt es die Qualifizierung: Versöhnung bewirken durch den Vollzug eines vom Gesetz vorgeschriebenen Versöhnungsritus (Lev 4,31–35)[149]. Im Judaismus, auch nach der rabbinischen Theologie, kann allein Gott Sünden vergeben. Der Opferritus hat versöhnenden Wert, wenn der Ritus in einer von Gott selbst vorgeschriebenen Weise vollzogen wird (Lev 7,11): dann werden die Sünden nicht angerechnet. Versöhnung ist also: wegnehmen, nicht anrechnen und Sünden büßen, deshalb: Sünden sühnen (Hebr 2,17; siehe Ps 65,4; Sir 3,3.30). Für den Hebräerbrief ist das einmalige und entscheidende Kippur-Opfer der Kreuzestod Jesu, durch den alle Sünden ausgelöscht worden sind (9,15.22.26.28; 10,17–18): „Das Blut seines Opfers ist sein eigenes Blut, nicht das von Böcken und Kälbern. So ist er in das Heiligtum hineingegangen, ein für allemal, und er hat eine ewige Erlösung erworben" (9,12). Wegen der entscheidenden und endgültigen Art dieses Sühnopfers ist es auch das Opfer eines neuen Bundes: „Deshalb ist er Mittler eines neuen Bundes: es hat ein Sterben stattgefunden, das Befreiung von den Sünden bringt, die unter dem ersten Bund begangen worden sind; jetzt können jene, die von Gott berufen sind, das ewige Erbe empfangen, das ihnen zugesagt ist" (9,15). Die Besprengung des ganzen Bundeszeltes durch Mose – nicht durch Aaron, der die Sühnopfer darbringen mußte – war ein Einweihungsritus, durch den das Zelt, mit allem, was dazugehörte, dem profanen Gebrauch entzogen und Gott geweiht wurde. So wird für den Hebräerbrief der Kreuzestod Jesu nicht nur *Reinigung* von Sünden, sondern außerdem *Heiligung*, im Sinn einer Hingabe an den Gott des Bundes. Auf diese Weise sind die Christen nicht mehr irdisch oder ‚von diesem Äon', sondern himmlisch: Sie gehören ‚der Welt der Zukunft an' (siehe 9,21–23).

Mit Sündenreinigung (10,2) und Heiligung (hagiazein; 10,10; 13,12; siehe auch Joh 17,19) ist der Sinn des wahren Opfers nach dem Hebräerbrief noch nicht vollkommen oder vollendet; das Opfer erfordert eine *teleiosis*, eine Vollendung durch Gott (10,14). Wie wichtig das Lebensopfer Jesu auch ist, ohne seine Vollendung durch Gott sieht der Hebräerbrief es als ein *vergebliches* Liebesopfer an. Um diese Vollendung ist es ihm zu tun; „das ist der Kern unserer Darlegung" (8,1), wie er in 2,5 gesagt hat: „Die Welt der Zukunft ist unser eigentliches Thema" (vgl. 8,1–2; 10,1; 11,1 und 2,5). Was ist diese Vollendung?

B. ANWALT DES MENSCHEN BEI GOTT: ZUGANG ZU GOTT

In der Zusammenfassung (5,7–10) dessen, was er später im Detail analysiert, gibt der Autor in einer technischen Weise die drei wichtigen Momente wieder, die in einem endgültigen und wirksamen Opfer vorhanden sind: a) erhört (5,7), – b) zur Vollendung gebracht (5,9), – c) ausgerufen und eingesetzt zum Hohenpriester in Kraft (5,10).

„Kern unserer Darlegung ist nun, daß wir einen solchen Hohenpriester haben, der sich zur Rechten des Thrones der Erhabenheit in den Himmeln niedergelassen hat" (8,1). Wiederholt ist der Verfasser dem schon vorausgeeilt (z.B. 7,19; 7,25b). Was in 5,11 – 10,39 ausführlich dargelegt wird, wurde vorher knapp zusammengefaßt in 5,9–10: a) Er hat unter lautem Rufen und Weinen Gebete und Bitten an Gott gerichtet...; wegen seiner Frömmigkeit (das heißt seiner Furcht Gottes, eulabeia, und somit seiner demütigen Treue zu Gott) ist er *erhört* worden (5,7); – b) in ihm ist die Vollendung oder ‚teleiosis' des Opfers erreicht worden (5,9) im Gegensatz zu den ohnmächtigen Opfern von Tieren (8,1–9,28); c) dadurch wird Jesus zum Hohenpriester in der vollen Ausübung seines Dienstes eingesetzt (5,10) und ist er „Ursache ewigen Heils" (5,9), denn seine Vollendung ist: „berufen werden von Gott zum Hohenpriester in der Weise des Melchisedek" (5,10), das ist ein *ewiges* königliches *Priestertum* (7,1–28) wie Melchisedek, aber in höherem Grad (7,25); – d) der evangelische Trost, den der Verfasser im abschließenden paränetischen Teil gibt, ruht auf dieser dogmatischen Grundlage (10,19–39).

a) Vollendung des Lebensopfers Jesu durch Gott

„Obwohl er Gottes Sohn war, hat er in der Schule des Leidens Gehorsam gelernt und, zur Vollendung gebracht (teleiotheis), ist er für alle... Ursache ewigen Heils geworden, und wurde von Gott als Hoherpriester nach der Ordnung des Melchisedek eingesetzt (prosagoreutheis)" (5,8–10). Die Perikope stellt einen engen Zusammenhang her zwischen ‚teleiotheis' und ‚prosagoreutheis', beides Formen eines theologischen Passivs, in dem Gott also die handelnde Person ist, ohne daß dies ausdrücklich gesagt wird. Gerade in diesem Zusammenhang zwischen beiden sieht der Hebräerbrief das *kephalaion,* den Kern und die

Zusammenfassung dessen, was er mit seiner ganzen Darlegung eigentlich sagen will (8, 1). Von welcher Art ist dieser Zusammenhang? Das wird deutlich aus dem hebräischen Begriff ‚Opfer‘, der den Hintergrund des Hebräerbriefs bildet.

Die Wurzelbedeutung von ‚qarab‘[150] ist: sich nähern oder nahe sein, sei es im räumlichen Sinn: sich jemandem oder etwas nähern, sei es in zeitlichem Sinn: das Näherkommen eines Geschehens (theologisch vor allem der Zeit des Heils oder Gerichts: Jes 51,5; 56,1; Ez 36,8). Sich ‚räumlich‘ jemandem nähern, in theologischem Sinn: sich Gott nähern, bedeutet dann: allgemein, sich Jahwe nähern (Ex 16,9; Lev 16,1), inhaltlich dasselbe wie ‚vor Gottes Antlitz treten‘ (siehe Lev 9,5; Dt 4,11; Ez 44,15–16). Konkret bedeutet dies in den älteren Teilen des Tenach: zu jenem heiligen Ort (jenen heiligen Orten) gehen, wo Jahwe gegenwärtig ist (Ex 3,5; Dt 5,26–27; 4,11; Gen 28,16–17; 32,31), vor allem zu dem heiligen Berg (Dt 4,11), dem Bundeszelt (Lev 9,5; Num 18,22) und darin vor allem dem Heiligtum, in dem sich die Bundeslade, Jahwes Thron, befindet (Jos 3,4 usw.). Allgemein gilt in diesen älteren Texten, daß sich kein Sterblicher der Wohnstätte Jahwes nähern kann, ohne zu sterben (Ex 3,5; Jos 3,4; siehe Gen 28,16.17). Wenn vom Volk gesagt wird, daß es sich Jahwe nähert, geschieht dies doch offensichtlich in sehr ehrfürchtigem Abstand (Dt 5,26–27; Ex 16,10: getrennt durch eine Wolke). Nur Mose darf sich wirklich Gott nähern (Dt 4,11; 5,26–27; Ex 19,12). Später werden sich nur die Priester Gottes Heiligtum nähern dürfen (zumindest in den priesterlichen Traditionen: Num 1,51; 3,10.38; 17,28; 18,7). In späteren Zeiten ist die Gegenwart Jahwes nicht so punktuell an Heiligtümer gebunden; er ist „ein naher Gott" (Jer 23,23), überall und immer nahe (Dt 4,7; Jes 55,6; Ps 145,18). Sich Gott nähern bedeutet dann zu ihm beten und flehen, seine Hilfe anrufen (1 Kön 8,59; Ps 22,12; 69,19; 119,169). Außer diesem allgemeinen Sprachgebrauch erhält ‚sich Gott nähern‘ eine sehr spezifische Bedeutung im priesterlichen und daher kultischen Sprachgebrauch. In der ‚hifil‘-Form (hiqrib) ist ‚qarab‘ der technische Begriff für: Opfergaben darbringen (vor allem in den großen Traditionsblöcken: Leviticus, Numeri und Ezechiel 43 ff) (das Substantiv „qorban" bedeutet dann opfern oder die Opfergabe im allgemeinen, nicht spezifizierten Sinn: Num 15,4; 15,25; 18,9; Lev 22,18).

Dieser allgemeine und der priesterliche Sprachgebrauch gaben für den Autor des Hebräerbriefs die beiden Aspekte dessen wieder, was er als den jüdischen priesterlichen Dienst ansieht: sich Gott nähern in dem Sinn von: zu Gott flehen und für die Belange der Menschen eintreten, und sich Gott nähern, um Gaben und Opfer zur Versöhnung der Sünden darzubringen (Hebr 5,1 und 2,17). Die beiden Aspekte zusammen bedeuten: sich Gott nähern heißt ihm Opfergaben bringen, um Sünde zu sühnen und Gnade zu erlangen. ‚Opfern‘ heißt sich Gott nähern oder „zum Thron der Gnade Gottes hinaufsteigen" (4,16). Wie immer denkt der Hebräerbrief in Kategorien des Sinaitismus: an Mose, den Gottesberg und das Bundeszelt mit der Bundeslade darin im Allerheiligsten und dem goldenen Sühnedeckel darauf (kappôret) (1 Chron 28,2; Jer 3,16–17; Ps

132,5.7), dem eigentlichen Thron Gottes, „Thron der Barmherzigkeit Gottes" (schon in Jes 16,5 griechisch), der seinem „Gerichtsthron" gegenübersteht (Ps 9,5.8; 122,5; Spr 20,8). (Der Gedanke ist, daß je nachdem wie Jahwe richtet oder gnädig ist oder charis schenkt, er jeweils auf einem anderen Thron sitzt.) Der Hebräerbrief interpretiert den Sinn dieses ganzen jüdischen priesterlichen Dienstes als ein Erflehen von charis, chesed oder Gnade von Gott durch das Darbringen eines Opfers oder indem man sich „Gott nähert". Gnade ist daher im Hebräerbrief sakrifiziell gefärbt – in diesem Sinn tatsächlich ‚offiziell' jüdischer als der paulinische Gnadenbegriff, wie sehr Paulus auch das Kreuz als Sühnopfer auslegt. Der Hebräerbrief spricht nur von Gottes charis, nie von der Gnade Christi (wohl von seiner Liebe und Solidarität); doch sieht er Gottes Gnade unter dem Gesichtspunkt des priesterlichen opfernden Mittlertums Jesu. Der Kontext der ganzen Argumentation im Hebräerbrief ist also: Am großen Sühnetag, dem „jom hakkippurim" (Lev 23,27.28; 25,9), dem Kippurfest, muß das Opferblut der Stiere in das Allerheiligste gebracht werden, wo der Hohepriester „den Thron der Gnade Gottes", den Sühnedeckel der Bundeslade, mit diesem Blut besprengt (9,1–10). Das Opferblut muß *bis zu Gott* kommen, wenn die Teilnehmer am Opferdienst auch selbst Zugang zu Gott erlangen wollen; das nennt der Hebräerbrief die „teleiosis" oder die Vollendung des Opfers: Zugang zu Gott. Trotz der zwingenden Symbolik – diese Opfer sind „Abbilder himmlischer Dinge" (9,23), nämlich der himmlischen Liturgie; als „Schatten der guten Dinge, die kommen sollen" (10,1; siehe auch 9,8–9 und 10,24), konnten die Tieropfer dieser ‚teleiosis' eben nicht erreichen. „Das Gesetz zeigt nur einen Schatten der guten Dinge, die kommen sollen, nicht ihre wahre Gestalt" (10,1) und „deshalb kann es unmöglich durch die jährliche Darbringung der immer wieder gleichen Opfer die Teilnehmer an ihrem Kult zur teleiosis bringen" (10,2; auch 9,8–10). Der Verfasser läßt sofort darauf folgen: „es *ist* auch ausgeschlossen, daß das Blut von Stieren und Böcken Sünden hinwegnimmt" (10,4) – christlich eine selbstverständliche Ansicht, die im Hebräerbrief jedoch für biblisch fundiert gehalten wird (Ps 40,7–9; siehe Hebr 10,5–7). Dies alles sind „äußere Vorschriften, die nur so lange in Kraft bleiben, bis die Zeit des besseren Systems angebrochen ist" (9,10b), nämlich mit Christus. „Aber jetzt ist Christus gekommen" (9,11), „Christus ist nicht in das Heiligtum hineingegangen, das, von Menschenhänden gemacht, nur ein Symbol des wahren Heiligtums ist; er ist in den (wahren) Himmel eingegangen, um dort jetzt für unsere Sache bei Gott zugegen zu sein" (9,24). „Er sitzt zur Rechten des Thrones Gottes" (12,2b; siehe 1,3; 8,1); er hat sich dorthin gesetzt und bleibt dort sitzen: kekathiken (Perfekt); in diesem Wort ist der ganze Hebräerbrief zusammengefaßt, dessen ganze Christologie der Autor in Jesu Tod und Sitzen zur rechten Hand Gottes konzentriert. Der Hebräerbrief spricht nicht unmittelbar von der Auferstehung und überhaupt nicht vom ‚Abstieg zur Hölle'; wohl vom Leben Jesu nach seinem Tod, von ‚Rettung' und aus dem Tod ‚zurückgebracht werden' (siehe 5,7 und 13,20). Nur einmal spricht er von einer „besseren anastasis (Auferstehung)" (11, 35 b)[151]. Der Hebräerbrief gibt eine Theologie des Leidens und des himmlischen Sieges oder der himmlischen ‚Ruhe'. Die Auferstehung wird vorausgesetzt, findet aber als solche keine Beachtung. Der himmlische Hohepriester *sitzt*, der jüdische Hohepriester *steht* (siehe das Wortspiel in 10, 11 gegenüber 10, 12–13). Das heißt, der auferstandene Jesus, der Christus, feiert die Liturgie der ewigen Sabbatruhe. In 2 Chron 6, 41 und Ps 132, 8. 14 wird das Allerheiligste im mosaischen Bundeszelt, und darin formal die Bundeslade oder Gottes Gnadenthron, auch „Gottes Ruhe" genannt. Wie Gott, der für alle Ewigkeit alles erschaffen hat, sowohl ‚diese Welt' als auch ‚die Welt der Zukunft' (Hebr 4, 3b–4), und dann, am siebten Tag, ruhte, so hat auch Jesus mit seinem Lebensopfer seinen Opferdienst eigentlich vollbracht; fortan ruht er bei und mit Gott: „Jetzt hat er sich zur rechten Hand Gottes gesetzt, nachdem er ein einziges Opfer für die Sünden dargebracht hat, und *wartet nur noch* auf den Augenblick, da seine Feinde zu einem Schemel für seine Füße gemacht werden" (10, 12–13; über die übrige himmlische Tätigkeit Jesu siehe weiter unten). Der Betriebsamkeit des täglichen jüdischen Morgen- und Abendopfers, der Geschäftigkeit der jährlichen Schlachtungen am Kippurfest stellt der Hebräerbrief das eine und einzige Lebensopfer Jesu gegenüber, auf das eine ewige Sabbatruhe folgt, das heißt ‚bei Gott sein' („Ruhe für das Volk Gottes", 3, 7–19). ‚In die Ruhe eingehen' bedeutet also Zugang haben zu Gott. Und das meint der Autor mit seinem Begriff ‚teleiosis': Zugang zum Heiligtum, das heißt jetzt: zu Gott selbst, und nicht mehr in Schatten oder Symbolen; es ist ein freier und freimütiger (10, 19; 10, 35; 4, 6; 3, 6; – parrhesia) Zugang (10, 19; 4, 16; 7, 19b; 7, 25; 10, 22; 12, 22).

b) Zugang zu Gott

Beim ersten Lesen gewinnt man den Eindruck, daß der Hebräerbrief die Himmelfahrt Jesu nach dem griechischen oder orientalischen Modell der Reise eines Helden durch den Luftraum und die verschiedenen Himmelssphären bis in den allerhöchsten Himmel sieht (9, 11; 1, 6; 4, 14; 7, 26; 8, 1–2; 9, 23–24). Der Zugang zu Gott setzt eine Himmelfahrt voraus, bei der Jesus schließlich im wahren ‚Allerheiligsten' ankommt, an der eigenen Wohnstätte Gottes (9, 11; 1, 6), wo er zur Rechten Gottes Platz nimmt (das ist der Ehrenplatz, und zugleich der Platz des eschatologischen Priesters und Richters) (auch 5, 9; 7, 25; 9, 24). Doch ist diese Frage einesteils einfacher, anderenteils komplizierter. Auch die Semiten teilten das antike Weltbild von den vielen himmlischen Weltsphären. Gerade dieses Weltbild hatten sie – wie viele Orientalen – in der Einrichtung des mosaischen Bundeszeltes (und dem späteren Tempel Jerusalems) symbolisiert. Dieses Zelt umfaßte „das Heilige", das heißt das Vorzelt, und „das Heilige der Heiligen", das Heiligtum oder das Allerheiligste, in dem sich die Lade mit Gottes Thron befand (siehe auch 9, 1–10). Es gab einen Vorhang beim Vorzelt und vor dem Allerheiligsten. Auf der Vorderseite des Vorhangs war der ganze

Sternenhimmel abgebildet. Wenn der Hohepriester am Kippurfest mit dem Opferblut am Vorhang des Vorzeltes entlang bis in das Heiligtum vordrang, war es, als ob er durch alle ‚epourania' oder himmlischen Sphären hindurch-müsse, um zu Gottes Thron kommen zu können. Auf der anderen Seite dieses Vorhangs waren Cherubim gestickt (Ex 16,1.31; 36,8.35). Dahinter lag das Heiligtum, geschützt – wie einst das verlorene Paradies – durch Cherubim mit feurigen Schwertern (Gen 3,24; übrigens, dies ist eine priesterliche Umsetzung vom Bundeszelt auf die Geschichte vom Ursprung). Als Ganzes symbolisierte das Bundeszelt also das All, mit seinem ‚fanum' (Heiligen) und ‚profanum', und somit alle himmlischen Räume, in denen, allen Augen entzogen, der Unnahbare thront: Jahwe, in konzentrischen Kreisen umgeben von den verschiedenen Wohnstätten vieler Hierarchien von Engeln und Seligen[152]. Nur die allerhöch-sten Erzengel – „die Engel des Angesichts" – wohnen in dem Gott reservierten Raum als seine Thronassistenten; die anderen Engel haben ihren Aufenthalt in tiefer gelegenen himmlischen Regionen und erhalten ihre Befehle durch die dunkle Wolke (oder den Vorhang) hindurch[153]. Mit vielen Unterschieden von-einander war dies die allgemeine orientalische Vorstellung von den Himmels-sphären, von denen das sanctuarium auf Erden eine Kopie bildete (von Gelehrten etwa auch im Kodex des Hammurapi gefunden). Weish 9,8 sagt: „Du hast mir befohlen, einen Tempel zu bauen ..., eine Abbildung des heiligen Zeltes, das du schon von Anbeginn an bereitet hast."[154] Weltbild und dessen Symbolik im Bundeszelt, eine Abbildung des Universums, wirken daher aufein-ander ein. Der Hebräerbrief denkt an das Bundeszelt *und* an den wirklichen Himmel. Für ihn bleiben alle alttestamentlichen Opfer in der Symbolik stecken, in dem Menschenwerk, das zum ersten Äon gehört (9,11c). „Der heilige Geist gibt damit zu erkennen, daß der Zugang zum Heiligtum noch nicht offensteht, solange das erste Tabernakel (das Bundeszelt), das ein Sinnbild der gegenwär-tigen Zeit (dieses Äons) ist, noch Bestand hat" (9,8–9). Durch seine Himmel-fahrt ist Christus auf dem Weg über die gleichsam realen Himmelssphären zu Gott gelangt, ein für allemal. Kern dieser Aussage ist: Jesus lebt verherrlicht beim Vater. Der Zugang zu Gott ist also auch für Christen erschlossen. Was bedeutet nun dieser Zugang, zunächst für Jesus und dadurch auch für uns?

1. Die himmlische Inauguration des Hohenpriestertums Jesu: ‚zur Rechten'

Zuerst, wenn auch nur für kurze Zeit, „unter die Engel gestellt" (2,6–8; 2,7), ist der himmlische Jesus jetzt über alle Himmelswesen erhöht (7,26; 1,3 bis 2,16), „mit Herrlichkeit und Ehre gekrönt. Du hast ‚ihm' alles unterworfen" (2,6–8; Ps 8). „Daß Gott alle Dinge dem Menschen unterworfen hat, bedeutet natürlich, daß nichts davon ausgenommen ist" (2,8), mit anderen Worten: ein-schließlich der Engel. Jedoch: „In Wirklichkeit *sehen wir noch nicht*, daß alle Dinge ihm unterworfen sind. Wohl aber sehen wir, daß Jesus, der für eine kurze

Zeit unter die Engel gestellt war, jetzt mit Herrlichkeit und Ehre gekrönt ist, *weil er den Tod überdauert hat.* Durch Gottes Gnade kam sein Sterben allen zugute" (2,8c–9). Die Unterwerfung der Engel ist ein eschatologisches Geschehen: Jesus „wartet nur noch auf diesen Augenblick" (10,13). Anderseits scheinen sie schon unterworfen zu sein (2,6–8), und „er hat unser Dasein teilen wollen, um *durch seinen Tod* den Fürsten des Todes, den Satan, zu entthronen" (2,14). In Jesus Christus ist dieser Tod schon besiegt, noch nicht in uns. Für Christen bedeutet das – bei Glauben an die Ruhe Jesu (3,7–19) – eine wahre und ermutigende Glaubenssicherheit. Das Ergebnis steht fest: „Hat Gott zu einem *Engel* gesagt: Du bist mein Sohn? … Wenn er aber den Erstgeborenen wieder in die Welt einführt (also bei der Parusie), sagt er: Alle Engel Gottes müssen ihm Huld erweisen (1,5–6) … „Was sind sie anderes als dienende Geister, ausgesandt zum Dienst derer, für die das Heil bestimmt ist?" (1,14). Aus solchen Texten verstehen wir, wie sehr die antike Welt vom Dämonenglauben besessen war und anderseits sehnsuchtsvoll aufblickte zu den erhabenen Himmelssphären, wo Engel wohnen – eine geheimnisvolle Welt, in die fast jeder spätantike Mensch einen Blick werfen wollte. Der Glaube an die Erlösung durch Jesus ist daher eine Befreiung aus diesen kosmisch-existentiellen Lebensängsten. Wenn Paulus schrieb: „Weder Tod noch Engel, noch böse Geister … noch ein anderes Wesen im All wird uns trennen können von der Liebe Gottes, die in Christus Jesus unserem Herrn ist" (Röm 8,38–39), sagt der Hebräerbrief im gleichen Geist: „Gott selbst hat gesagt: Ich lasse euch nicht allein, ich werde euch nie im Stich lassen (Dt 31,6.8). Deshalb können *wir* mit Vertrauen sagen: Der Herr ist mein Helfer, ich habe nichts zu fürchten. Was kann *ein Mensch* mir antun?" (Hebr 13,5b–6). (Der Autor denkt an manche Symptome einer drohenden Kirchenverfolgung – das Werk der Kaiser, die aber vom ‚Engel der Nation' gelenkt wurden; siehe Offb und 1 Petr 5,7–9.)

Die Erhöhung Jesu zur Rechten des Vaters ist also die göttliche Anerkennung der „Kraft des Opfers" (siehe 9,14), das heißt des Lebensopfers Jesu, das aus Liebe zu den Menschen und in Treue zu Gott endgültigen und entscheidenden Wert hat. Aber, nach Meinung des Verfassers, eigentlich nicht in und aus sich selbst, denn „*durch Gottes charis* kam sein Sterben allen zugute" (2,8c–9); dieses Opfer ist ja Jesu *Tod* und als solcher nicht nur das Ende des Opfers, sondern auch des Opfernden. Erst Auferstehung und Erhöhung bringen das Opfer zur ‚Vollendung'. Erst Gottes Erbarmen über den Tod Jesu gibt diesem Tod bleibenden, ewigdauernden Wert.

2. Jesu himmlische Liturgie: ewigwährende Fürsprache

Das Kreuzesopfer Jesu ist nicht nur Reinigung oder Sündenvergebung (10,2), nicht nur Heiligung (10,10), sondern auch ‚Vollendung' (10,14), – alle drei in der Perfekt-Form: ein für allemal gereinigt (10,2), ein für allemal geheiligt

(10,10) und ein für allemal vollendet (10,14). Die ersten beiden Momente dieses Lebensopfers sind Taten Jesu; das dritte Moment, die Vollendung, über das Opfer hinweg – wenn auch aufgrund desselben –, ist ein Akt der erbarmenden Gnade Gottes, nicht mehr ein irdisches, sondern ein himmlisches Geschehen. So ist Jesus, selbst vollendet (teleiotheis [5,9]), auch der Vollender (teleiotes) für uns: „Vollender unseres Glaubens" (12,2). Gerade darin versagten die alttestamentlichen Opfer (7,18–19; 9,9); außerdem war die Kraft ihrer Reinigung und Heiligung gesetzlich (9,13–14), und dies kann keine Vollendung und keinen Zugang zu Gott bringen (u.a. 11,39–40). „Teleiosis" ist, innerhalb dieses sakrifiziellen Bezugsrahmens (Ex 29,9; Lev 4,5; 8,33; 16,32; alle in griechischer Version), eine *(Ein-)Weihung*, nämlich die offizielle Anerkennung des Priestertums Jesu durch Gott (siehe 5,9; 6,19–20; 7,26; 8,4). Wer im Judentum zum Priester gesalbt war, durfte das Heiligtum des Zeltes betreten. Was dort symbolisch geschah, ist in Jesus buchstäblich vollzogen: Sein Sitzen zur Rechten Gottes ist die feierliche Inauguration des himmlischen Priestertums Jesu. Es ist nicht einmal eine Himmelfahrt, für den Hebräerbrief scheint es mehr eine Aufnahme in den Himmel: „hineingeholt werden" oder „hinaufgenommen werden", wie der Autor die Auferstehung Jesu bezeichnet (siehe 13,20, allerdings ist das vom griechischen jesajanischen Text inspiriert: Jes 63,11–12, wo steht: „ho agagōn", Gott, der Mose bei der rechten Hand nahm). Einerseits wird Jesus erst nach seinem Lebensopfer bei seiner Erhöhung ‚zum Priester geweiht', anderseits ist diese Inauguration die Bestätigung des Lebensopfers und des priesterlichen Dienstes Jesu durch Gott (gegen den späteren Sozinianismus, der behauptet, Jesus sei erst Priester im Himmel – wenn auch manche Texte im Hebräerbrief dazu Anlaß geben können: 5,7–8; 8,4; 10,5–10). Gemeint ist: *vollendete* Liturgie ist *himmlische* Liturgie, wirklicher Zugang zum himmlischen Gott; priesterlicher Dienst an der „Welt der Zukunft", dem zweiten Äon (siehe 8,1 – 9,28), Liturgie also ‚in sitzender Stellung' (10,11 gegenüber 10,12). Beten in sitzender Haltung ist uns aus dem Tenach nur in 2 Sam 7,14–19 in Verbindung mit Ex 17,12 bekannt: David setzt sich vor das Antlitz Gottes. Für Jesus gilt: Die Versöhnung ist durch das Kreuzesopfer vollbracht. Im Himmel *opfert* Jesus nicht *mehr* (im Gegensatz zu späteren theologischen Opfertheorien, die man gerade auf den Hebräerbrief gründen will). Doch verrichtet er priesterlichen Dienst, nämlich: *auf der Grundlage* des vollbrachten Lebensopfers (Aorist: 8,3; siehe 9,25.26.28) *vermittelt* der jetzt sitzende Jesus (9,24; 10,12) für uns bei Gott, nicht mehr indem er neue Opfer darbringt oder durch eine Art himmlischer Kontinuierung seiner Opferhaltung, sondern allein „indem er für uns eintritt" – „semper interpellans pro nobis" – (2,5; 2,17; 5,1; 7,24–25; 8,1–2; 10,1; 11,1). Zwar ist dies am stärksten im Hebräerbrief betont, aber auch andere neutestamentliche Schriften kennen diesen Gedanken: „ein Fürsprecher beim Vater… Jesus Christus, der ganz sündelos ist" (1 Joh 2,1–2); auch Paulus (Röm 8,34); aber sie vermeiden dabei den Begriff Priester. Nur eine der beiden priesterlichen Funktionen bleibt übrig, weil das Opfer voll-

bracht und vollendet ist. Der himmlische Dienst Jesu besteht also in ewigwäh-
render Fürsprache. Er vertritt bei Gott unsere Interessen (2,5; 8,1–2; 10,1;
11,1; siehe schon in: 2,17; 5,1; 7,24–25). Sorgend bei seinem Volk verweilen,
es leiten, beschützen und verteidigen ist die himmlische Priesterfunktion Jesu.
Der Hebräerbrief nennt Jesus daher „den großen Hirten" (13,20; wie in Jes
63,11). Als Erhöhter ist Jesus in seinem Priestertum ‚vollendet' oder ‚in Kraft
gesetzt': Er ist der Liturge des himmlischen Kultraums (8,1–9, 28; siehe 1,7.14;
10,11), „leitourgos tōn hagiōn" (8,2), das heißt Liturgie des ‚Allerheiligsten',
des himmlischen Heiligtums [155]. Nach Sir 24,6–14 hatte die Weisheit ihr Zelt
zuerst „in der Höhe" und ihren Thron in den Wolken. Da hat Gott ihr Israel
zur Wohnstätte gegeben: dort verrichtet sie im Tempel *priesterlichen* Dienst,
und in der Stadt Jerusalem übt sie *königliche* Herrschaft aus. (Der ganze Tenor
des Hebräerbriefs steht daher in der Tradition der sapientialen Präexistenz, in
Joh 1,1 identifiziert mit „der Logos", in Hebr 1,3 mit „der Sohn" Hohepriester.)
So ist es auch für den Hebräerbrief: Nachdem die Weisheit im Mensch gewordenen Sohn zu Gott zurückgekehrt ist – in das himmlische Jerusalem (siehe
unten) –, übt Christus im Himmel priesterliche und königliche Funktionen aus.
Übrigens, schon der Tenach hatte das Bundeszelt oder ‚das Zelt' mit dem
Himmel identifiziert (Ps 104,2). ‚Das Zelt' ist für den Hebräerbrief also nicht
der *verherrlichte* Leib Jesu, wie manche interpretiert haben; vielmehr ist der
irdische Leib Jesu das erlösende Heilsmittel (10,10). ‚Das Zelt' ist der Himmel
als Wohnstätte der Himmlischen, wo Jesus jetzt seine himmlische Liturgie begonnen hat und seine königlichen Funktionen ausübt – „das *wahre* Zelt"
(9,11–12). Sirach hat gesagt: „Im heiligen Zelt habe ich vor seinen Augen
Dienst getan" (Sir 24,10). In diese himmlische Liturgie ist Jesus uns als Pionier
und Inaugurator ‚vorangegangen' („archegos" hat hier in 12,2 einen etwas
anderen Kontext als 2,10–13). In 12,2 wird Jesus „archegos und Vollender"
genannt, das ist der, der alles in Gang bringt und in uns vollendet; in 2,10
ist er eher der Anführer, der Leiter, der seinem Volk vorangeht, oder „der große
Hirt" (13,20), der seine Herde zur Endstelle, zu Gott, bringt. Jesus ergreift also
die Initiative, die er in uns zu einem guten Ende bringt (12,2); auf diesem ganzen
Lebensweg geht er uns voran (12,2 mit 2,10) und nimmt die Seinen mit von
der *paroikia* oder Wanderschaft in der Fremde zur Ruhestätte (2,10; siehe
unten).

III
Die Frucht des priesterlichen Dienstes Jesu

Heil von Gott her in und durch Jesus, erfahren als einzigartiger Priester (siehe
7,25), ist die Frucht des Dienstes des irdischen *und* himmlischen Jesu. So ist
er „der Anführer unseres Heils" (2,10) oder „Ursache ewigen Heils" (5,9; siehe
10,1–8), indem er uns den Zugang zu Gott öffnet.

A. KIRCHE GOTTES AUF ERDEN ALS TEILNAHME
AN DER HIMMLISCHEN LITURGIE JESU

Jesus ist von Gott selbst zur Vollendung gebracht worden (2,10; 5,9; 7,28), er ist also „bis in das Innerste des Heiligtums vorgedrungen" (6,19; siehe 9,3). Er sitzt zur Rechten Gottes. Diese Vollendung geschah, damit Jesus uns vollenden könnte: ‚vollendet' wird er unser ‚Vollender' (12,2; 11,40). Allein Gott hat ihm Zugang zum Allerheiligsten verschafft, aber nachdem Jesus bei Gott ist, wird er selbst zum Medium oder zur Zugangspforte, um zu Gott zu kommen. Er ist „*archegos* und *teleiotes* des Glaubens" (12,2), das heißt, er war der erste, der bis zu Gott vordrang; er ging uns voraus und ist somit unser Führer; zugleich bringt er auch uns zu Gott und schenkt damit auch uns die ‚Vollendung' oder den Zugang zu Gott: das ist der Inhalt unseres Glaubens. Durch sein Lebensopfer, durch Gott vollendet, hat Jesus einen neuen Lebensweg zu Gott frei gemacht (10,20), den einzigen Weg, der zu diesem Endziel führt. „Hodos prosphatos kai zōsa" (10,20), das heißt ein neuer Lebensweg (*prosphatos:* bedeutet in ritueller Sprache ‚frisch geschlachtet', deshalb: neu; *zōsa*, lebend, steht den Kadavern der geschlachteten Tiere gegenüber).

Dieser neue Lebensweg hin zu Gott wird in einer orientalisch herrlichen Passage (12,18–24) dargestellt, und zwar – in Kontrast zu dem ohnmächtigen, dem panikartigen und beängstigenden Sinaigeschehen (12,18–21) – als ein liebliches, friedliches und prächtiges Geschehen: eine feierliche Prozession des Einzugs in und ein Hinzutreten der Christen zu der „panegyris" oder himmlischen Festversammlung der Engel (12,22–24; auch bei der Sinaigesetzgebung gehörten die Engel zur ganzen Inszenierung). Christentum ist ein einziger großartiger Panegyrikus: „Bedenkt, wo ihr steht: Ihr seid nicht zu einem berührbaren Berg hinzugetreten, zu brennendem Feuer, zu Gewölk, Finsternis und Gewittersturm ... so furchtbar, daß sogar Mose ausrief: Ich bin voll Furcht und Zittern! O nein, ihr seid zum Berg Sion und zur Stadt des lebendigen Gottes hinzugetreten, zu dem himmlischen Jerusalem, und zu Tausenden von Engeln, zur Festversammlung und zur Gemeinde der Erstgeborenen, die im Himmel aufgeschrieben sind – ihr seid hinzugetreten zu Gott, dem Richter aller, und zu den verstorbenen Gerechten, welche die Vollendung erreicht haben – ihr seid hinzugetreten zu Jesus, dem Mittler eines neuen Bundes, dessen vergossenes Blut etwas Besseres herabruft als das Blut Abels" (12,18–24) – ein orientalisches Kleinod von christlichem Pathos und von nüchternem Glauben, das zugleich den ganzen spätantiken geistigen Raum wiedergibt, in dem der Autor lebt (erster und zweiter Äon!).

Das ist zweifellos keine synagogale Zusammenkunft mehr, sondern eine „episynagogale" (10,25; wenn es auch ungewiß ist, ob der Hebräerbrief diesen Gegensatz *meint;* denn in der zwischentestamentlichen Literatur werden ‚synagoge' und ‚episynagoge' offensichtlich ohne Unterschied durcheinander gebraucht) – jedenfalls ist es eine *eschatologische* Festversammlung, an der die

Kirche auf Erden schon teilnimmt, wenn auch voller Erwartung der Parusie (10,37–39).

Der zu Gott erhobene Jesus ist daher nicht nur der Liturge des himmlischen Allerheiligsten, wo Gott mit seinen Thronassistenten wohnt und wo von jetzt an Jesus immer für uns eintritt, Jesus ist zugleich der Liturge des ‚Vorzeltes‘, das heißt des Himmelsbereichs der einfachen Engel, eines Raumes, in den die Kirche auf Erden schon aufgenommen ist (8,5–6). „Das Zelt seines Priestertums“ (8,5–6; siehe 9,11–12) umfaßt sowohl das Tabernakel oder das Allerheiligste als auch das Vorzelt, in das die Kirche-auf-Erden schon aufgenommen ist. Im Gegensatz daher zu Offb 21,2 steigt „die Stadt des lebendigen Gottes“ (Hebr 12,22; siehe 3,12; 9,14; 10,31) oder „das himmlische Jerusalem“ (12,22) nicht herab auf die Erde, sondern die Kirche steigt vielmehr hinauf: Christen sind schon in das himmlische Jerusalem dort oben, in das Vorzelt, aufgenommen. Dieses umfaßt drei Kategorien: a) die Engel (12,23), – b) die „ekklēsia tōn prōtotokōn“ (12,23); ecclesia (qahal) ist (in der deuteronomistischen Tradition) die feierliche Bezeichnung für das versammelte Gottesvolk (siehe Ex 4,22; auch Apg 7,38). „Die Kirche der Erstgeborenen“ bedeutet (zwar ist dies unter den Exegeten noch umstritten, meines Erachtens zu Unrecht) die christliche Gemeinde auf Erden, die Christen, „die (schon) im Himmel eingeschrieben sind“ (12,23) und somit dort ihr Domizil haben; denn sie gehören zu der Welt der Zukunft, dem zweiten Äon (siehe 2,5; 6,5; 9,11; 10,1). – c) Schließlich „die Geister (pneumata) der Gerechten, die schon die Vollendung erreicht haben“ (12,22–23), das heißt die verstorbenen Gerechten aus dem Alten Testament (siehe Spr 3,1; 4,7–13) und die verstorbenen Christen[156]. Als Liturge des ganzen Bundeszeltes – des Allerheiligsten und des Heiligen – ist Christus der Hauptliturge auch in der kirchlichen Liturgie auf Erden, dem himmlischen Vorhof. Kirchliche Liturgie ist eine Teilnahme an der himmlischen Liturgie Jesu des Christus oder Hohenpriesters, der betend inmitten seiner himmlischen Scharen sitzt (9,24–28; 12,23). Die Kirche ist jener Teil der Menschheit, der schon versöhnt und erlöst ist, zwar noch eine Art himmlischer Vorhölle, aber schon ‚aufgenommen‘ in die Wohnräume der Engel und der Heiligen (12,22–23). „Das vollkommenere Zelt“, „das wahre Zelt“ (9,11–12) (von dem das mosaische Bundeszelt nur ein Schatten ist) ist somit die himmlische Engelwelt, die Welt der Zukunft oder „der kommende Äon“ (9,11)[157]. Das bedeutet für die Ekklesiologie des Hebräerbriefs, daß die Kirche auf Erden als Vorzelt der Durchgang zum Allerheiligsten ist, der Zugang, um zu Gott zu kommen. Der Hebräerbrief kennt nicht den Ausdruck: Kirche als Leib Christi (Paulinismus), der Autor spricht außerdem nie von der Kirche *Christi*. Sie ist eine Gemeinde Gottes, wobei Christus Mittler ist und, wie ein Mose, Leiter, Anführer und Vorläufer (2,10; 6,19–20) des Volkes Gottes. Die christliche Gemeinde ist „ein Haus Gottes“ (siehe 3,2–6), und als Christus ist Jesus eingesetzt *über* das Haus Gottes (3,6). Der Autor fügt hinzu: „und dieses Haus sind wir selbst“ (3,6b). Deshalb sind die Christen „metochoi tou Christou“ (3,14),

Genossen des Hohenpriesters (mit dem Vorbehalt, auf den der Hebräerbrief immer wieder zurückkommt: „wenn wir nur unser anfängliches Vertrauen unerschüttert bewahren bis zum Ende", 3,14b; denn die Glaubensgemeinde, an die der Hebräerbrief gerichtet ist, kannte viele Fälle von Glaubensabfall).

Als Teilnahme an der himmlischen Liturgie Jesu[158] ist die kirchliche Liturgie auf Erden für den Hebräerbrief ein *Lob-* und *Dankopfer* (13,15). In Lev 7,12.15; 2 Chron 2,9.31; Pss 50,13–23; 107,22; 116,17 kommen drei Arten von Friedensopfer zur Sprache. Diese waren verbunden mit der Gabe ungesäuerter Kuchen und aufgegangenen Brotes. Außer Lob- und Dankopfern ist auch die brüderliche Dienstbarkeit (koinonia, eulogia – hier offensichtlich eine Kollekte für die Armen während des Gottesdienstes) eine Form der Opfergabe. Nirgends jedoch nennt der Hebräerbrief die eucharistische Liturgie, die er gekannt haben muß, mit Namen. Spielt hier die ‚disciplina arcani', die Schweigepflicht nach außen, eine Rolle? Manche Exegeten finden in Hebr 13 einige Anspielungen auf die Eucharistie: a) wahrscheinlich eine Kollekte für Arme während der christlichen Eucharistie (13,16); – b) das „Bekennen des Namens" (13,15b); – c) ‚Lobopfer' (13,15, worin zugleich ein Hinweis auf ein Mahl mit ungesäuertem Brot liegt); – d) „um durch sein Blut das Volk zu heiligen" (13,12) (siehe 9,18–20; 10,10.14.29); – e) „Blut des ewigen Bundes" (13,20, eine liturgische Formel, schon in der urkirchlichen Eucharistie); – f) der Kontext des Hebräerbriefs: in der Annahme, daß der Hebräerbrief anfänglich als eine Homilie während einer Eucharistiefeier in der Art einer ‚synagogalen Lesung' gedacht ist (denn ein *Brief* ist der Hebräerbrief eigentlich nicht). Dann könnte 13,20–21 durchaus als der Schluß der Homilie angesehen werden, die dann der Anamnese und Doxologie des darauffolgenden eucharistischen Hochgebets vorausgeht. – g) Schließlich könnte 13,10 ein latenter, doch sehr deutlicher Hinweis auf die Eucharistie sein, von der die nichtchristlichen Juden ausgeschlossen sind. Das Ganze dieser Argumente ist zwar suggestiv, überzeugt mich aber nicht; das letzte, sogenannte stärkste Argument noch am wenigsten. Denn Hebr 13,10 weist auf den Altar von Golgota, Jesu Kreuzigung außerhalb der Stadtmauern – wie das Opferfleisch des Kippurfestes auch außerhalb der Stadtmauern verbrannt werden mußte, ohne daß die Priester davon essen durften. Es liegt ein Gegensatz zu Kippur darin, weil Jesus zwar außerhalb der Stadttore sein Leben zum Opfer hingegeben hat (13,12), „um *das Volk* mit seinem Blut zu heiligen" (13,12b). Von einer Anspielung auf den Ausschluß der Juden von der christlichen Eucharistie ist in diesem Text meines Erachtens keine Rede. Im übrigen wird dieses Schlußstück hervorgerufen durch 13,9: „Laßt euch nicht verwirren durch allerlei fremde Theorien. Wir stützen uns mit Recht auf die Gnade Gottes, *nicht auf Speisen;* jene, die dies getan haben, haben keinen Nutzen davon gehabt." Es geht um den *endgültigen* Charakter des Kreuzesopfers, das Speisegesetze wie auch Tieropfer völlig überflüssig macht. Der Hebräerbrief hat nicht die Eucharistie im Auge, sondern das Kreuzesopfer Jesu, wie – neutestamentlich – die sogenannten Einsetzungsworte in den synoptischen Evangelien ebenfalls eine theologische Interpretation des Kreuzestodes Jesu sind und eigentlich keine Einsetzungsworte (wenn die Kirche darin auch mit Recht eine biblische Grundlage für ihre Eucharistiefeier sehen darf). In der Tat, im eucharistischen Lob- und Dankopfer der Kirche wird diese Bedeutung des Kreuzestodes gefeiert, aber *neutestamentlich* darf man die Bedeutung des Kreuzesopfers nicht einfach auf die der Eucharistie übertragen. Vor allem der Hebräerbrief, der so stark und wiederholt das „ein für allemal" des Kreuzesopfers betont, wird Ausdrücke und Interpretationen, die sich auf den Sühnetod Jesu beziehen (und *als solche* schon in die alte Liturgie aufgenommen waren, zum Beispiel vor allem „Blut des ewigen Bundes", wo sie auf das Kreuz, nicht auf die Eucharistie selbst bezogen sind), nicht für die Eucharistie gemeint haben. Die Beziehung des Kreuzesopfers zur Eucharistie, und umgekehrt, wird im Hebräerbrief nicht besprochen; der Autor sagt nur, daß die kirchliche Liturgie eine Teilnahme an der *himmlischen* Liturgie Jesu ist, die kein Opferkult mehr ist, sondern *auf der Grundlage* des historischen Lebensopfers Jesu eine ewigwährende Fürsprache bei Gott. Für den Hebräerbrief ist die Liturgie der irdischen Kirche ein Dank- und Lobopfer und eine Teilnahme an der himmlischen Fürsprache Jesu; und nur so gibt es im Hebräerbrief einen Hinweis auf die kirchliche Eucharistie – und dann natürlich in Anbetracht des ganzen Kontextes! Aber es gibt in Hebr 13 keine Anspielung auf die Eucharistie, wie sie von der späteren Kirche interpretiert wird (was an sich kein Argument *gegen* diese spätere Theologie der Eucharistie ist; nur kann diese sich nicht auf Hebr 13 berufen).

B. DAS SCHON – JETZT DER HOFFNUNG (6, 19–20)

Viele Texte im Hebräerbrief stehen in der Spannung zwischen dem Schon-jetzt und dem Noch-nicht; außerdem kommt ‚aber jetzt' („nyn de") wiederholt im Text vor. ‚Was war' steht ‚was jetzt ist' gegenüber; und ‚was jetzt ist' steht in Spannung zu ‚was noch kommen wird' (u. a.: 2, 8; 9, 24; 9, 26; 11, 16; 12, 26).

Diese Dialektik steht im Zusammenhang mit der sapientialen und eschatologischen Präexistenz aller Heilsgüter und mit der Spannung in unserer Geschichte zwischen dem ersten und dem zweiten Äon, der schon da und doch ein ‚künftiger Äon', eine Welt der Zukunft, ist. Das Interim zwischen *proton* und *eschaton*, zwischen dem Ersten und dem endgültig Letzten, ist die menschliche Geschichte von Leiden, Sünde und Schuld und von Ungerechtigkeit. Es entspricht daher Gott – dem absolut Ersten und dem endgültig Letzten der Schöpfung –, daß, wenn er die Menschen in und durch Jesus zu diesem Eschaton bringen will, er Jesus denselben menschlichen Weg gehen läßt, den Weg der Leidensgeschichte des Menschen: durch das Tragen unseres Leidens, unserer Angst, unserer Sündenlast, um auf diese Weise *über menschliches Leben* als erster zur Vollendung zu kommen, das heißt zum eschatologischen Zusammensein mit Gott, so daß auch wir, aufgrund seines Lebensopfers und immerfort umgeben von seiner sorgenden Fürsprache bei Gott im Himmel, durch ihn und mit ihm zu diesem eschatologischen Zusammensein mit dem lebendigen Gott, mit den Engeln, mit allen, die schon fortgegangen sind und uns teuer waren, gebracht werden können. Das ist die endgültige Frucht der Erlösung Jesu, dank – buchstäblich (im Geist des Hebräerbriefs) – seinem *bahnbrechenden* Dienst: ein neuer Lebensweg (10,20).

Aber wie sehr die Gemeinde Gottes schon im himmlischen Vorzelt weilt, dieses Zelt steht zugleich noch auf Erden. Daher hält sie weiterhin Ausschau nach Jesu „zweitem *Kommen ohne Sünden*" (9,28c); das heißt, sein erstes ‚Kommen mit Sünden' war Jesu Kommen, um unsere Sünden zu tragen und zu sühnen. Diese Versöhnung ist aber endgültig, ein für allemal gebracht; sie hat ewigwährende Kraft (9,25–26; 7,28; 10,10; 10,14; 9,12c). Sein zweites Kommen ist kein versöhnendes Kommen mehr – das ist nicht mehr nötig; dann kommt er allein ‚zum Heil' derer, die sich nach seinem Kommen sehnen, und ‚zum Gericht' für die anderen (9,26–28). Die Folge dieser dialektischen Spannung ist für den Autor: „Wir haben hier keine bleibende Stadt, sondern sind auf der Suche nach der Stadt der Zukunft" (13,14), „dem Herrn entgegen" (9,28; siehe auch 2,5; 11,10.14.16.38; 12,22. Vgl. Phil 3,20; Kol 3,1–2). Christen auf Erden nähern sich zwar einerseits dem Himmel: Gott (12,23b) und Jesus Christus (12,24), sie sind andererseits noch unterwegs zu Jesus. *Sie nähern sich*. Durch die Begegnung mit Jesus findet eine Gottbegegnung statt: Christen „nähern sich dem Thron Gottes" (4,16); denn sie sind „Kinder Gottes" (8,10–12), und so sind die Heilsgüter schon ihr Anteil (10,34). Sie sind schon geheiligt (hegiasmenoi; 10,10): sie sind schon „in der Ruhe" (4,3), daher bei Gott, dem Heil. Und doch!

C. DAS NOCH – NICHT DES GLAUBENS

Obwohl schon geheiligt (10,10; hegiasmenoi), sind die Christen anderseits „hagiazomenoi", unterwegs zur Heiligung (10,15–18) kraft des Geistes in ihren Herzen. Zwar sind sie schon in der Ruhe (4,3), aber „sie werden in die Ruhe kommen" (4,11).

Jesus hat „uns den neuen Lebensweg gebahnt durch den Vorhang hindurch" (10,20). Er ist von der Erde – dem ‚profanum' – durch das ‚fanum' des Vorzeltes und schließlich „durch den Vorhang hindurch" in das Allerheiligste gekommen; „als Vorläufer" ist er schon hineingegangen (6,19–20). Wir sind als Christen schon ‚im Vorzelt' angekommen, sind aber noch nicht durch den Vorhang gegangen (6,19; 10,20): für uns besteht noch das „katapetasma" (der Vorhang) des *Glaubens*. Aber die *Hoffnung* ist der sichere und feste Anker unserer Seele. Sie, die Hoffnung, ist schon in das Allerheiligste gedrungen (6,19b), in das Jesus als Vorläufer schon hineingegangen ist (6,20; 9,12). Der Glaube kann nicht so weit reichen. Der Vorhang zwischen Vorzelt und Allerheiligstem bleibt unversehrt (6,19) für den christlichen Glauben hängen[159]. Nur im Glauben haben wir also Zugang zu Gott. Die Gemeinde Gottes ist ‚himmlisch‘, aber noch nicht ‚eschatologisch‘ im Sinn von ‚noch nicht vollendet‘ (siehe 10,37): nicht von der Welt, denn schon im ‚Vorzelt‘, aber noch nicht im Allerheiligsten.

Diese Situation des ‚Noch-nicht‘ läßt Raum für Leiden in der Welt, denn Christen leben noch auf Erden. Das Leiden, so wurde schon wiederholt gesagt, hat eine zentrale Stellung im Hebräerbrief (10,32–34; 12,1–3; 13,3; 5,7–8 usw.). Für Christen ist es jedoch umgeformt zur Teilnahme am Leiden Jesu (13,13; 12,4–13). Vor allem nach dem sapientialen Modell wird dieses Leiden dann als pädagogische Züchtigung des Sohnes durch den liebenden Vater aufgefaßt (Spr 3,12–13; 13,24; 22,15; 23,13–14; Sir 22,3.6; 30,1.3.13; Ijob 5,17–22; siehe auch Offb 3,19 und 1 Petr 4,12–16). Dieses allgemeine, spätantike pädagogische Prinzip wird in Hebr 12,5–8 auf Gott, den Vater, gegenüber „dem Sohn“ und allen Christen angewandt. Theologisch muß man also einen Unterschied machen zwischen dem vom Hebräerbrief gebrauchten Modell (menschliche, pädagogische Lebensweisheit; ein nicht-theologisches Prinzip, das kulturell bestimmt ist) und dem theologischen Prinzip der religiösen Sprache: christliches Leiden als Teilhabe am Leiden Jesu. Jesus selbst erfuhr Feindseligkeiten (2,10; 12,2); Christen brauchen daher keine Kirchenverfolgung zu fürchten. Weil Jesu Feinde nur im Prinzip, das heißt in Jesus, durch seine Himmelfahrt besiegt sind (2,14, wo der Tod Jesu das Prinzip der Entthronung des Satans ist; siehe: 1,13; 2,8; 10,13), während unser irdisches Leben sich noch „in diesem Äon“ abspielt (siehe 2,7–9), kann unser Leiden Teilhabe am Leiden Jesu werden, das Leiden und Tod überwunden hat (12,4–13; 13,13). Außerdem kann Jesus uns im Leiden trösten (2,18); denn er hat selbst „die Schule des Leidens“ kennengelernt (5,8) und er ist imstande, „mit unseren Schwachheiten mitzufühlen“ (4,15). Als Christen leiden ist, wie das Leiden Jesu, ein „Leiden außerhalb der Lagerstätte“ und „auf dem Weg zur Stadt der Zukunft“ (13,13b–14) (siehe unten).

Nach dem Hebräerbrief steht das Leben des Christen mit einem Fuß in ‚diesem Äon‘, mit dem anderen in dem ‚neuen Äon‘; das ist das Regime des Glaubens: Christen stehen noch vor dem Vorhang, hinter den die Hoffnung vorgedrungen ist, während der Glaube noch nicht sieht. Das ist Anlaß für den Autor, eine ganze Abhandlung über den Glauben zu bringen (Hebr 11), und zwar anhand der großen Glaubensgestalten der Heilsgeschichte Israels[160]. Dem Autor ist es um die *ungesehene* und doch wirkliche himmlische Stadt zu tun, zu der die alttestamentlichen Glaubensmenschen hinaufgezogen sind (11,7.9–10.13–16.17). Denn die für die Zukunft verheißenen Dinge existieren schon, apokalyptisch, im Himmel. Sie sind wirklich, aber ungesehen. Ohne Jesus je gesehen noch von ihm gehört zu haben, waren sie *Gläubige*: Sie haben an die unsichtbare und kommende Welt Jesu geglaubt. Dieser Glaube soll dann den Christen zum Vorbild dienen, die das, was die Väter nicht gesehen haben, vor ihren Augen haben in Erfüllung gehen sehen (11,40; 6,12).

Glauben ist im ganzen Kontext Glaube *an Gott* (pistis epi Theon) (6,1; siehe 11,1ff; vor allem 11,6). Im Gegensatz zum jüdischen Glaubensbegriff des Paulus beruft sich der Hebräerbrief (auch hierin mehr johanneisch) eher auf den (griechischen und) hellenistisch-jüdischen Glaubensbegriff. Glauben heißt dem Nichtgesehenen Kredit geben, ihm Vertrauen schenken. Glaube ist *hypostasis* himmlischer Dinge – der „epourania" –, insofern diese *zukünftig* sind; und er ist *elenchos* himmlischer Dinge, insofern diese *unsichtbar* sind (siehe 11,1; schon wieder eine jener Formeln, die der Autor prägt). Darin kommt die doppelte Bedeutung, die er dem „kommenden Äon" (siehe oben) gibt, genau zum Ausdruck: Diese ‚oikoumene mellousa' oder ‚künftige Welt' ist einerseits zeitlich *kommend,* anderseits *lokal* vor allen Zeiten bei Gott schon zubereitet. An die eschatologische Stadt Gottes glauben ist daher sowohl eine ‚hypostasis' als auch ein ‚elenchos'. *Hypostasis* bedeutet: etwas, was, verborgen, unter etwas steht, um es zu tragen und zu stützen. Von daher: Grundlage, Unterpfand, Garantie; auch Eigentumsrecht, eine Kaufakte usw.; mit anderen Worten: etwas, was *objektiv* Sicherheit über etwas anderes verschafft; beispielsweise aufgrund dessen (zum Beispiel einer Kaufakte) man Anspruch geltend machen kann auf Güter, die nicht direkt ‚sichtbar' sind oder zur Verfügung stehen. Es kann schließlich daher die *subjektive* Seite dieser Sicherheit bedeuten, nämlich überzeugt sein von etwas oder vertrauen auf etwas (zum Beispiel in Hebr 3,14). Hypostasis kann also sowohl eine objektive als auch eine subjektive Bedeutung haben; der Kontext muß die Alternative klären. Jedenfalls hat in dem Wort hypostasis die subjektive Überzeugung oder das Vertrauen eine objektive Basis. Gerade darauf will Hebr 11,1 den Nachdruck legen. Die Festigkeit dieser Grundlage erklärt das subjektiv starke Glaubensvertrauen, von der diese Menschen des Glaubens – oder richtiger, im Geist des Hebräerbriefs: – von dem Gott selbst in der Schrift Zeugnis ablegt. Auch *elenchos* – Beweis –, das nie eine subjektive Bedeutung haben kann, bestätigt die Interpretation, daß *hypostasis* hier im Hebräerbrief primär objektiv gemeint ist. Deshalb: „der Glaube ist eine feste Grundlage für das, was wir hoffen, er überzeugt uns von der Wirklichkeit unsichtbarer Dinge" (11,1). Der Glaube gibt der Hoffnung *Substanz,* und deshalb ist für den Gläubigen die Zukunft, trotz aller erfahrenen Enttäuschungen, nicht ungewiß und angsterregend. Glaube ist die Matrix, in welcher die Hoffnung getragen wird; er macht aus der Hoffnung keine Illusion. Der Hebräerbrief will damit auch darlegen, daß Glauben das äußerlich Greifbare und auf der Hand Liegende – das, was zur Verfügung steht – übersteigt. Deshalb sind Menschen des Glaubens oft Gegenstand des Spottes für Leute, die nur auf empirisch nachprüfbare Evidenzen bauen; sie sind daher verfolgte und leidende Menschen, ‚Utopisten', über die man spottet wie über Noah, der bei strahlendem Wetter ein Rettungsboot baut (11,7). In einer ganzen Reihe von Gestalten aus der Vergangenheit rückt der Hebräerbrief gerade diesen Aspekt ins Licht. So mußte Abraham seine Wohnung, sein Hab und Gut und sein eigenes Land verlassen, „ohne zu wissen wohin" (11,8), aber Gott hatte ihm eine reiche Nachkommenschaft verheißen in dem Land, in das er ziehen sollte (11,8b). Seine Frau Sara war jedoch alt und unfruchtbar. Und doch glaubt Abraham (11,11). Als dann der verheißene und geglaubte Sohn endlich da war, mußte Abraham den empirischen Beweis der ersten Erfüllung der Verheißung Gottes zum Opfer bringen: seinen eigenen Sohn der Verheißung, Isaak. „Er, der die Verheißungen empfangen hatte, war im Begriff, seinen einzigen (verheißungsvollen) Sohn zu opfern" (11,17). Man darf jedoch sagen: „Im Glauben sind sie alle gestorben, ohne geschaut zu haben, was ihnen verheißen war" (11,13). Doch war dieser Glaube nicht bloß Vertrauen auf Zusage oder Ankündigung, er war eine *Erfahrung,* ein *verschleiertes Sehen* unsichtbarer Dinge *im Glauben:* „Sie haben das Heil nur *aus der Ferne gesehen* und begrüßt" (11,13b). Sie blieben unterwegs, pilgernd „als Fremdlinge und Passanten auf Erden" (11,13). Nach dem Hebräerbrief war das Land der Verheißung, in das sie zogen, nicht ein Stück Boden auf „dieser Welt", sondern schon „die Welt der Zukunft", der zweite Äon; diese Welt war für sie *die* Glaubensevidenz, wirklicher als die Erde, die sie bewohnen sollten. Immer wieder dasselbe Motiv im Hebräerbrief: Gott kümmert sich um den leidenden, verspotteten, den ohnmächtigen, den unfruchtbaren Menschen, um gerade in deren Schwachheit seine Kraft zur Geltung zu bringen: „Ihre Schwachheit wurde Stärke" (11,34b; vgl. Paulus: 2 Kor 12,9). Diese Auserwählung dessen, der unterliegt, des Geringeren und Leidenden, bringt der Hebräerbrief noch einmal zur Sprache, indem er eine Prostituierte in das Defilee starker Glaubensmenschen aufnimmt: Rachab (11,31; siehe Jos 2,9; von Mt 1,5 in den Stammbaum Jesu aufgenommen. Vgl. die öffentliche Sünderin aus Lk 7,50; siehe auch Jk 2,25. Mit anderen Worten, „Rachab" scheint ein beliebtes Predigtthema in der Synagoge und in der frühen Kirche gewesen zu sein. Siehe auch 1 Clem 12,7). Für Gott ist kein Mensch zu gering (übrigens rekrutierte sich die junge Kirche vor allem aus den untersten Schichten der Gesellschaft; sie war eine Kirche der Armen, Geringen, Sklaven, im buchstäblichen Sinn des Wortes). Aber es ist eine feste Gegebenheit in der jüdisch-christlichen Erfahrungstradition. Wenn Jahwe – durch einen der Patriarchen – segnet, geschieht es oft „cancellatis manibus" (wie die Vulgata übersetzt); er legt dann oft seine Arme kreuzweise, so daß der wahre Segen – der mit der rechten Hand – auf dem Jüngeren und Geringeren ruht und nicht auf dem ‚berechtigten' Erstgeborenen (siehe z. B. Dt 21,17; Gen 27,39–40; 48,14–16; 49,3–4). Auch Mose war ein Vorbild: Er verschmähte die Rechte der Sohnschaft Pharaos und „wollte lieber mit dem Volk Gottes mißhandelt werden" (11,24–27). Ein ganzes Defilee von verspotteten, leidenden Menschen, aber mit einem urstarken Glauben, von dem der Hebräerbrief tief menschlich sagt: „Sie waren zu gut für diese Welt" (11,38); es waren schon Menschen des neuen Äons, der Welt der Zukunft – und „doch hat keiner von ihnen die Verheißung in Erfüllung gehen sehen" (11,39b). Darin liegt die

Stärke ihres Glaubens, und daraus geht zugleich hervor, was der Autor unter ‚Glauben' versteht. „Gott hatte *mit uns* etwas Besseres vor und wollte nicht, daß sie (die alttestamentlichen Glaubensmenschen) ihre Vollendung *ohne uns* erreichen sollten" (11,40). ‚Mit uns' und ‚ohne uns' bezieht sich auf die Gemeinde Gottes, die Christen. Keine dieser großen Gestalten des Glaubens sah die Verheißung in Erfüllung gehen, weil die eschatologische Zeit erst mit der Erhöhung Jesu bei Gott beginnt (2,10; 5,9; 7,28; 10,14); dann erst ist der Zugang zu Gott frei (9,11.12; 10,19–20). Für die Gerechten in der vorchristlichen, jüdischen Vergangenheit, die nicht durch das Gesetz und den Kult zur ‚Vollendung' kommen konnten (7,19; 9,9; 10,1), ist dieser Zugang erst mit Jesu Erhöhung bei Gott freigemacht, also erst mit dem Beginn der himmlischen Kirche auf Erden, daher „nicht ohne uns" (11,40). Das schließt jedoch ein, daß nach Ansicht des Hebräerbriefs die alttestamentlichen Gerechten und die neutestamentlichen Gläubigen *das eine Volk Gottes* sind, schon eingetragen in oder gehörend zu „der Stadt des lebendigen Gottes, dem himmlischen Jerusalem" (12,22; siehe auch 9,15), „dem ewigen Reich (Gottes)" (13,14). Der Glaube an diese Stadt gibt der Hoffnung auf die ungesehene und präexistente und auf die auch für uns noch nicht realisierte Welt der Zukunft Substanz.

Dieser ausführliche Einschub über den Glauben war dem Autor des Hebräerbriefs eingegeben durch den letzten Vers des vorausgegangenen Kapitels: „Wir haben Glauben, und gewinnen durch Glauben das Leben" (10,39b). Das Interim zwischen Himmelfahrt und Parusie ist für Christen in dieser Welt ein Glaubenssystem – der Vorhang zwischen dem ersten und zweiten Äon ist noch unversehrt.

Daher legt der Hebräerbrief wiederholt den Nachdruck auf Ausharren im ‚Schon-jetzt' und ‚Noch-nicht' des christlichen Lebens (12,1–13; 3,12–14; vor allem 3,14b; 3,6c; 10,36; 12,1–13). Das hat ethische Konsequenzen. Die Praxis, konform mit den Forderungen dessen, was die Synoptiker das Reich Gottes nennen, sieht im Hebräerbrief daher so aus: Wenn Christen „die Gemeinde der Erstgeborenen" bilden, „aufgeschrieben im Himmel" (12,23), müssen sie auch einen *himmlischen* Lebenswandel führen (12,14 – 13,9). Aber ‚dieses Himmlische' liegt unmittelbar auf der Hand, es liegt vor allem in der „brüderlichen Liebe, die zu den Dingen gehört, die immer bleiben müssen" (13,1), nämlich die himmlischen Dinge des zweiten Äons, die *in* unserer geschichtlichen Welt schon realisiert werden müssen. Vor allem mahnt der Autor die Christen, den christlichen liturgischen Zusammenkünften nicht fernzubleiben (10,25). Dann „verspotten wir den Geist der charis (Gnade)" (10,29; „pneuma charitos", siehe schon Sach 12,10). Der Hebräerbrief spielt hier offensichtlich auf Glaubensabfall an und nennt diesen eine Sünde, die nicht mehr vergeben werden kann; es ist eine Sünde gegen den heiligen Geist, der ein „Geist der Gnade" ist; es ist somit die Verwerfung der Gnade Gottes, die der himmlische Christus für uns bei Gott erfleht und die Gott um des ihm wohlgefälligen Lebensopfers Jesu auf Erden willen schenkt. Man darf diese „Gnade nicht aufs

Spiel setzen" (12, 15). Im Hintergrund (5, 2 und 10, 26) steht zweifellos die Gegebenheit der jüdischen (Num 15, 22–30) und neutestamentlichen Tradition (Mk 3, 28–30 par), daß ‚Sünden gegen den Geist' nicht vergeben werden können. Doch meint der Hebräerbrief damit etwas Besonderes: Es gibt nur *eine* solche Sünde. Die Argumentation ist bemerkenswert: „Es hat ein Sterben stattgefunden, das Befreiung von den *Sünden* bringt, *die unter dem ersten Bund begangen worden sind*" (9, 15; auch 9, 27–28). Für Sünden von *Christen* also scheint es beim ersten Lesen nach dem Hebräerbrief keine Vergebung zu geben: es gibt dann „kein Opfer für die Sünden mehr" (10, 26), und dann wartet ihrer „nur eine furchtbare Aussicht auf ein Gericht und ein zehrendes Feuer" (10, 27). Zu Unrecht sehen manche in diesen Texten ein Zeichen für eine Phase in der Kirche, in der es die Praxis der „paenitentia secunda" oder Buße (später eingeengt auf die Ohrenbeichte) noch nicht gab. Das werde durch die Auffassung des Autors bestätigt, daß Christen selbst keine Sühnopfer darbringen, nur noch eine Lob- und Danksagung für das von Christus gebrachte und vollendete, endgültige Kreuzesopfer.

Doch es geht hier um etwas anderes. Der Autor weiß durchaus, daß auch Christen kämpfen müssen (12, 4), sogar der Zurechtweisung, Ermahnung und Vergebung bedürfen (siehe 12, 1; 13, 1–3; 13, 20–21). Anderseits spricht er von einer „ewigen Erlösung" (9, 12b). Christus rettet uns „eis to panteles" (7, 24–25), also überall und immer und für alle Sünden (siehe auch 1, 3; 4, 15–16; 9, 14; 9, 27–28; 10, 12–18). Man darf die Sündenvergebung daher nicht einschränken. Es geht hier nicht direkt um den Unterschied zwischen mutwillig begangenen, schweren Sünden und Sünden der Schwäche und Unwissenheit, wenn der Autor auch diesen schon traditionellen Unterschied kennt (5, 2; 10, 26). Es geht ausschließlich um Apostasie oder Glaubensabfall, denn hier liegt der Sachverhalt anders. Man kehrt dann der Erlösung selbst den Rücken, das *Prinzip* der Erlösung und Sündenvergebung wird dann geleugnet, und dann gibt es tatsächlich „kein Opfer für die Sünde mehr" (10, 26). Denn „wenn Menschen einmal das Licht gesehen und die himmlische Gabe gekostet haben und des heiligen Geistes teilhaftig geworden sind, wenn sie die Vortrefflichkeit des Wortes Gottes und die Kräfte der künftigen Welt erfahren haben und nach all dem abfallen, können sie unmöglich wieder zur Bekehrung gebracht werden; denn auf ihre Art haben sie den Sohn Gottes von neuem gekreuzigt und der Verspottung preisgegeben" (6, 4–6). Denn man verleugnet und verwirft dann eben das Prinzip aller Bekehrung. *Formal* hat der Autor in dem, was als Rigorismus erscheinen könnte, recht: Wer das Prinzip aller Erlösung verwirft, wendet sich gegen die Erlösung selbst. Eine solche Sünde ist unvergebbar, nicht durch Einschränkung der Barmherzigkeit Gottes, sondern weil ein solcher Mensch selbst jede Verzeihung ablehnt. Daß Apostaten zu Christus in der Gemeinde Gottes, der Kirche, zurückkommen können, bleibt außerhalb des Blickfeldes dieses Autors; er scheint diese Möglichkeit sogar auszuschließen (10, 26). Jene, die Jesus hinrichten ließen, taten es ‚in Unwissenheit', sagt eine urchristliche Tradition (Apg 3, 17; Lk 23, 34; wie Saulus unwissend die Christen verfolgte, 1 Tim 1, 13b). Aber, so sagt der Hebräerbrief, Christen wissen es besser; sie wissen, wer Jesus ist; dann noch fortgehen, „nachdem man die Erkenntnis der Wahrheit empfangen hat" (10, 26), heißt gegen das Licht sündigen (12, 15). Für den Hebräerbrief ist dies per se eine mutwillige schwere Sünde, die *außerdem* – und allein darin liegt die ‚Unvergebbarkeit' – das Bekehrungsprinzip ausschließt. Man kann nicht von einem Prinzip profitieren, das man selbst negiert. Daß aber vor allem bei modernem, geräuschlosem ‚Glaubensabfall' eine komplizierte menschliche Psyche und gesellschaftliche Elemente eine große Rolle spielen, entgeht dem spätantiken Menschen noch; und faktisch kannte der Hebräerbrief wahrscheinlich noch keine Fälle von Reue und Rückkehr. Formal gesprochen ist die Argumentation des Hebräerbriefs für einen Gläubigen zwingend; er steht darin übrigens nicht so allein in der frühen Kirche. Im Neuen Testament werden Christen von Christus nicht nach ihren Sünden beurteilt – denn die hat Jesus gesühnt (sie sind durch Jesus dem Gericht entzogen: 1 Thess 1, 10), sie fallen nur dann unter das Gericht Christi, wenn es sich um eine mutwillige Sünde *gegen Christus selbst* handelt (z. B. das Johannesevangelium passim; 2 Thess 1, 8), das heißt bei *sündhaftem* Glaubensabfall (allerdings wird der Hebräerbrief jeden Abfall per se als sündhaft bezeichnen). Gerade deshalb ermahnt er wiederholt zur Beharrlichkeit: „Werft dieses Vertrauen nicht über Bord" (10, 35); „was ihr braucht, ist Ausdauer" (10, 36). Übrigens: „noch eine ganz kurze Zeit, und er, der kommen muß, wird kommen und nicht zögern" (10, 37). Man kann kaum behaupten, wie es viele tun, daß im Hebräerbrief die eschatologische Spannung auf die Parusie – die *zeitliche* Linie – verschwindet, um dem griechischen Schema der Zwei-Ebenen-Welt Platz zu machen – die *lokale* Linie von vertikal übereinanderliegenden Welträumen: die sichtbare und die unsichtbare Welt. Im Hebräerbrief ist gerade das griechische Weltbild in die jüdische Auffassung von Zeit eingebaut, die zwischen ‚proton' und ‚eschaton' verläuft. Zeit und Raum sind im Weltbild des Autors wesentlich, wie sie es in der jüdischen Apokalyptik der zwei Äonen sind. Der Autor des Hebräerbriefs blickt sowohl empor als auch voraus in die Zukunft. „Auf der Suche nach der Stadt der Zukunft" (13, 14), „dem Herrn entgegen" (9, 28; siehe auch 2, 5; 11, 10.14.16.38; 12, 22; vgl. Phil 3, 20; Kol 3, 1–2). Das Besondere, für uns noch schwer Vorstellbare dieses Weltbildes ist, daß für diesen Autor ‚emporblicken' genau ‚vorausblicken' ist: Die „oikoumene mellousa" (2, 5) – „unser eigentliches Thema" (2, 5) – ist die ‚künftige Welt, die Welt der Zukunft, die aber, wie alle eschatologischen Heilsgüter, apokalyptisch präexistent von aller Ewigkeit her zubereitet ist bei Gott, dort oben. Es würde nicht einmal viel Mühe kosten, den Hebräerbrief ‚für unsere Zeit neuzuschreiben', ohne das kosmische Weltbild des Autors zu benutzen. Erst dann würde sich für heutige Menschen (mit anderen – genauso relativen – Weltbildern!) erweisen, wie sehr der Hebräerbrief ein ‚document humain' ist mit einem außergewöhnlichen religiösen Pathos.

IV

Christliche Spiritualität, Konsequenz einer priesterlichen Gnadenlehre

Der Hebräerbrief hat nicht nur die ethischen Konsequenzen (10,19–39) seiner dogmatischen Auffassung angegeben; in einigen, für ihn wiederum charakteristischen, gemeißelten Sätzen umreißt er zum Schluß, was seiner Ansicht nach ‚christliche Spiritualität‘ ist: a) „Laßt uns aus dem Lager hinausgehen" (13,13), „hinauf zur ‚oikoumene mellousa‘ (2,5) oder zur künftigen Welt" (13,14); und: b) „eingehen in die Ruhe" (3,7–4,11).

A. EXODUSGEMEINDE: „LASST UNS AUS DEM LAGER HINAUSGEHEN – HINAUF ZUR KÜNFTIGEN WELT

An Kippur, dem Großen Versöhnungstag, werden „die Leiber der Tiere, deren Blut durch den Hohenpriester für die Sünden in das Heiligtum getragen wird, außerhalb des Lagers verbrannt" (13,11). Vom Sühnopfer durften die Priester nichts genießen (13,10). Der Hebräerbrief denkt nicht an die herodianische Stadt Jerusalem, sagt daher auch nicht „außerhalb der Stadttore" (wie in 13,12, wo es eine Anspielung auf die historische Kreuzigung Jesu außerhalb der Stadttore Jerusalems, nämlich auf Golgota, einschließt), sondern „außerhalb des Lagers", der ‚Stadt‘ des Gottesvolkes unter der Leitung des Mose auf dem Weg zum Gelobten Land – dem jeweiligen kurzen Aufenthaltsort in Zelten während einer Pilgerfahrt.

Auch Jesus hat „außerhalb der Stadttore sein Leben zum Opfer hingegeben" (13,12); aber *er* tat es, *um* das Volk mit seinem Blut zu heiligen" (13,12b). „Hina hagiasē" („um zu heiligen") erinnert weniger an das Sühnopfer (auf das dieser Begriff gewöhnlich Bezug hat) als vielmehr an das Bundesopfer (siehe 9,13; 10,29; 12,23–24). Erinnerungen an manche Geschehnisse aus der fernen Vergangenheit Israels, zusammengefaßt in dem Schlüsselwort: „außerhalb des Lagers" (13,13), werden nach der Gewohnheit des Autors (was ihm eine zweite Natur zu sein scheint) mit dem historischen Golgotageschehen verknüpft. Auch Abraham war aus dem abgöttischen Charan weggegangen (Hebr 11,8); Mose zog fort aus dem sündigen Ägypten (11,25). So sind alle großen Menschen des Glaubens den Städten oder festen Wohnstätten, sogar der vorübergehenden Lagerstätte entflohen und haben die Wüste aufgesucht (11,37.38), auf der Suche nach der himmlischen Stadt – „sie waren zu gut für diese Welt" (11,38). Mose schlug sein Zelt „außerhalb des Lagers" auf (Ex 33,3–7); denn nach der Geschichte um das Goldene Kalb weigert sich Gott, noch „inmitten seines Volkes" zu verweilen. Daher schlug Mose sein Zelt außerhalb des Lagers auf und nannte es „das Zelt der Zusammenkunft. Jeder, der Jahwe etwas fragen wollte, ging *zu diesem Zelt außerhalb des Lagers*" (Ex 33,7). Sie blieben dann vor dem Zelt stehen; *Mose allein* ging hinein, und dann kam eine Wolkensäule und blieb über dem Eingang stehen. Mose hatte die Himmelssphären durchkreuzt bis hinter die Wolke, wo Jahwe weilt: „Jahwe sprach dann zu Mose von Angesicht zu Angesicht, wie ein Mensch mit seinem Mitmenschen spricht" (Ex 33,9–11). Darauf spielt Hebr 13,13–14 an im Licht Jesu, des neuen Mose, wenn der Autor Jesu Leiden außerhalb der Tore (nämlich auf Golgota) zum Anlaß nimmt für einen pastoralen spirituellen Schluß: „So laßt uns denn zu ihm aus dem Lager hinausgehen und seine Schmach tragen. Denn wir haben hier keine bleibende Stadt, sondern wir suchen die zukünftige" (13,13–14); Kirche auf Erden ist eine Gemeinde des Exodus zu der Stadt hinter der mystischen Wolke, wo Jesus schon bei seinem und unserem Gott weilt. Das Zelt außerhalb des Lagers ist also das Heiligtum, in das der erhöhte Christus eingegangen ist, zur Rechten Gottes. Die Gemeinde muß die irdische feste Wohnstätte verlassen und zu diesem Mosezelt ziehen, bis unmittelbar vor den Eingang, in den der neue Mose, Jesus, vorläufig noch allein hineingegangen ist, aber als Vorläufer. Die Stadt, die der Christ verlassen muß, ist im Hebräerbrief nicht einfach „die Stadt der Menschen", sondern die konkret-geschichtliche heidnische Gesellschaft, die ‚heidnische Stadt' der Menschen. Die Stadt verlassen, „um seine Schmach zu tragen" (13,13; Schmach und Spott aller Glaubensmenschen; siehe Hebr 11); daher ‚um der Geringere zu werden'. Die Stadt mit ihren Stadtmauern oder, in früheren Zeiten, das Lager, ist für den Hebräerbrief deutlich das Bild „dieses Äons", und das Zelt, zu dem Christen ziehen, ist „der kommende Äon". Die Gemeinde Gottes ist daher eine „paroikia" (‚Parochie' [Pfarre] im biblischen Sinn), das heißt eine Exodusgemeinde derer, die als Fremdlinge und Passanten" in dieser Welt zur künftigen Welt ziehen. Bei dem ganzen Tenor dieser Spiritualität kann ich nicht glauben, daß der Hebräerbrief mit „außerhalb des Lagers" *Israel* meint, wie mancher Exeget behauptet, wie auch 13,13 dann eine Art offizieller Besiegelung der Trennung zwischen Kirche und Synagoge wäre. Der Vers ist allgemein gemeint: diesen Äon verlassen, um zur Welt der Zukunft hinaufzuziehen. Da das Vergängliche und Vorläufige in Israel (wie überall) zu ‚diesem Äon' gehört, liegt in Hebr 13,13 implizit auch ein Aufruf an die *jüdischen Christen* (= „Hebräer", nach denen dieses Schreiben genannt ist), die alttestamentlichen, überholten kultischen Bräuche – vor allem Speisegesetze (siehe 13,9) – resolut beiseite zu schieben.

Der Hebräerbrief predigt also, in der Tradition des alten Israel, das Modell der kirchlichen Exodusgemeinde, wie alle neutestamentlichen Schriften, aber mit dem Ersten Petrusbrief ist der Hebräerbrief darin am radikalsten. Es geht um den Exodus einer in dieser Welt marginalen, weltkritischen „Gemeinde Gottes", die *neben* der weltlichen Gesellschaft lebt und, nach innen, eine neue, spezifisch christliche Gemeinde aufbaut (siehe in einem späteren Kapitel: die Analyse der sozialgeschichtlichen Vermittlungen dabei, die wesentlich sind, um zu ergründen, was in dieser Spiritualität historisch bedingt ist und nicht Norm für alle Christen). Angesichts der geschichtlichen sozialen Verhältnisse, in denen die Spiritualität des Exodus geübt werden muß, müssen diese christlichen

Gemeinden auf Außenstehende den Eindruck einer geheimnisvoll verschlosse-
nen, sich isolierenden Bruderschaft gemacht haben, was dann stets Anlaß zu
Argwohn, Verdächtigungen und schließlich üblem Gerede gibt. Plinius, der
Ägypten und Kleinasien kannte und dem Kaiser über die Christen Bericht er-
statten mußte, nannte diese eine Gemeinschaft „voll neuen und perversen Aber-
glaubens" und bezeichnete sie (offensichtlich wegen ihrer Isolierung und ihrem
Fernbleiben von der – heidnischen – Gesellschaft) als ‚Menschenhasser'; siehe
auch Suetonius[161]. Daher die vielen Anspielungen des Hebräerbriefes auf das
Leiden der Christen. Sein Aufruf klang in jenen Tagen dann tatsächlich wie
ein „fort aus dieser irdischen, heidnischen Stadt!" Es wird nicht lange mehr
dauern, und die Christen ziehen buchstäblich hinaus in die Wüste (die Wüsten-
väter). Der Hebräerbrief sagt schließlich in einer langen Geschichte, was die
Didache ausdrücklich formuliert: „Die *charis* komme, und *diese Welt* vergehe",
„elthetō charis kai parelthetō ho kosmos houtos"[162], eine Stelle, in der charis
oder Gnade deutlich mit der ‚künftigen Welt' des Hebräerbriefs identifiziert
wird, für den die künftige Welt ebenfalls Gottes charis oder Huld gegenüber
den Menschen einschließt. Diese neutestamentliche Exodusgemeinde (im Geist
des Hebräerbriefs) ist gesellschaftskritisch durch ihre Marginalität und radikale
Weltkritik. Aber dieses Exodus- oder Emmaus-Modell der Hebräerbrief-Kirche
ist mystisch-liturgisch und innerkirchlich geschlossen – vielleicht die einzige damalige Möglichkeit (siehe ein späteres Kapitel).

B. EINGEHEN IN DIE ‚RUHE GOTTES'

Der Autor des Hebräerbriefs – so hat sich wiederholt gezeigt – ist ein Christ,
der über das Problem des Leidens nachgedacht hat, vor allem über das Leiden
der Gerechten – das alte Ijobsproblem. Für ihn und seine Christen muß es ein
existentielles und persönliches Problem gewesen sein. Deshalb: wie tapfer und
beharrlich er auch ist, er sehnt sich nach *Ruhe*. Auch darin fühlt er sich einer
tief-jüdischen Spiritualität verwandt[163]. Dies kommt in Hebr 3,7–4,11 zum
Ausdruck.

Im Tenach ist Gott der „Geber der Ruhe" (Ex 33,14; siehe Jes 28,12). Die
„nachat" oder Ruhe umfaßt vieles, nämlich Materielles, Gesellschaftliches und
Persönliches und Religiöses. – a) Es gibt die Ruhe nach dem Krieg: den Frieden als
Ruhe (Jos 14,15), frei von Belästigung durch Feinde (Dtn 12,9–10); politische
Ruhe (Jes 28,12); eine Periode ohne Widerwärtigkeiten und Mißgeschick (Ex
5,5; Ps 94,13); es gibt schließlich die wohlverdiente Ruhe auf dem Lager (Jes
57,2); – b) „Die Ruhe" oder die „menucha" ist das Gelobte Land als Ruhestätte,
Kanaan, mit allem, was es an Gutem bringen sollte, faktisch gebracht hat und
in Zukunft noch bringen wird (Jos 1,13.15; Dtn 3,20; 12,9); – c) „Die Ruhe"
ist auch die Sabbatruhe – in erster Linie die Ruhe Gottes am siebten Schöpfungstag (Gen 2,2; Ex 20,11; 31,17); so ist für Hebr 4,1–5 „die Ruhe" eine

präexistente Wirklichkeit in Verbindung mit Gen 2, 2, denn diese Schöpfungs-
ruhe Gottes ist das, was die ‚künftige Welt‘ uns bringen wird. Diese Ruhe
ist uns von Ewigkeit her bereitet. Ferner bedeutet „Gottes Ruhe" auch das
Allerheiligste oder das Tabernakel im Bundeszelt, die Lade mit dem Sühnedeckel, dem „Thron Gottes" (siehe 2 Chron 6,41; Ps 132,8.14); – d) Ruhe ist
auch die wöchentliche Freude und Ruhe des Juden bei der Sabbatfeier (Ex
16,23–30; 31,15; 34,21; 35,2. Siehe Jes 58,13–14; Ps 92); – e) Die Ruhe
kommt erst zur Vollendung in der kommenden Welt (Jes 32,18); davon ist
der Sabbat eine Vorwegnahme. – Ruhe in den drei letzten Bedeutungen ist also
Sabbatruhe: die Ruhe Gottes nach der Erschaffung, die der Juden beim wö-
chentlichen Sabbat und die eschatologische Ruhe. Der Hebräerbrief fügt dem
hinzu: die Ruhe Jesu ‚zur rechten Hand Gottes‘, seine sitzende Liturgie (Hebr
10,12–13); – f) Schließlich wird der Begriff Ruhe auch mit der Erlösung verbunden, vor allem mit der großen Versöhnung an Kippur (Lev 16,30–31) (an
diesem Tag ist, nach Meinung mancher Rabbinen, in ganz Israel keine Sünde
zu finden). Ruhe ist also Versöhnung, Heiligkeit und Gerechtigkeit (was auch
der Sinn der Sabbatruhe ist).

Auf dieser Traditionslinie spricht auch der Hebräerbrief von Ruhe. Bei der
ersten Erwähnung von „Ruhe" (3,11) geht es um Gottes Ruhe (mit Hinweis
auf Ps 95,11) (auch in: 4,3; 3,18; 4,1; 4,4; 4,10). Der Josua, der Israel in
die Ruhe, also ins Gelobte Land führte, konnte aber keine Ruhe geben, das tut
der Josua des Neuen Testaments, Jesus (3,7–4,11; vgl. Mt 11,28; Joh 14,2).
Nur der christliche Glaubensgehorsam gewährt Zugang zu Gottes Ruhe (3,19;
3,12; 4,2; 4,3) dank der „Ruhe Christi" (siehe 10,12–13). Diese Verheißung
der kommenden Ruhe gründet Hebr 3,7–11 auf Ps 95,7–11, und Hebr 4,4
auf Gen 2,2. Die Ruhe ist somit eine zubereitete Stätte (Ps 95) als auch ein
Zustand oder Status (Hebr). Bald werden Bilder wie Tempel, die Stadt u.a.
gebraucht werden, um dieselbe Wirklichkeit anzudeuten. Die von Gott verheißenen Dinge sind so glaubensgewiß: Sie werden geschehen, da sie, apokalyptisch, als schon bestehende dargestellt werden, und dann werden *zeitliche* und
lokale oder räumliche Kategorien beliebig durcheinander gebraucht (siehe z.B.
3,11 und 3,14). Ruhe hat im Hebräerbrief denn auch immer eine liturgische
Färbung. Die christliche Ruhe ist daher sowohl gegenwärtig (4,3) als auch
noch künftig (4,11). Aber Ruhe bedeutet für den Hebräerbrief auch ‚ruhen
auf‘, sich stützen können auf etwas oder jemanden, so daß man ‚ruht‘. Wie
die Juden auf dem Gesetz und den Tieropfern ruhen, so ruhen die Christen
– durch den Inhalt ihres Glaubens, der der Hoffnung Substanz gibt (Hebr 11) –
unmittelbar auf Gott. Die Ruhe ist gleichsam die ‚iustificatio per fidem‘ des
Hebräerbriefs; sie ist präsentisch und eschatologisch, sie wird erst voll verwirklicht nach der ‚paroikia‘ oder irdischen Pilgerfahrt der ‚Fremdlinge in dieser
Welt‘ (4,3; 4,11). Die Ruhe nach dieser Pilgerfahrt ist daher nicht so sehr eine
„anapausis" (dolce far niente) als vielmehr eine „katapausis", das heißt eine
Ruhe nach dem harten Lebenskampf[164]. ‚Die Ruhe‘ ist keine Nicht-Tätigkeit

(siehe Gen 49,15), sondern Ende und Ablegen aller Entfremdung, allen Leidens und aller erfahrenen Enttäuschungen. Ruhe ist im Hebräerbrief daher nie mit ‚Sühnopfer' verbunden. Erst nach dem (durch Jesus) vollbrachten und (durch Gott) vollendeten Lebensopfer beginnt für Jesus die Ruhe zur Rechten Gottes. Es ist eine Ruhe wie die Gottes (siehe 4,10), gekennzeichnet durch expansive chesed und 'emeth, Liebe und Treue: Gnade – wie Christus ruhend nie aufhört, für uns Fürsprache einzulegen: die Ruhe, völlig für den anderen dazusein, ohne jede Entfremdung, ohne Leiden und Tränen, ohne Hintergedanken an Belohnung – einfach sich selbst sein für andere.

Die biblische Ruhe, vollendet in Jesus Christus, ist in der Tat die zwangsfreie Gesellschaft von Menschen, die nur Ruhe finden im selbstlosen Leben für den anderen mit Gott und Christus in ihrer transparenten Mitte.

SCHLUSS: DIE UNVERGÄNGLICHE CHARIS, EINZIG BLEIBENDER UND FESTER STÜTZPUNKT DES GLÄUBIGEN

„Jesus Christus ist gestern und heute *derselbe,* und das bleibt so bis in Ewigkeit" (13,8): so lautet die wörtliche Übersetzung. Das heißt: Jesus Priester (= Christus) ist der zweite Äon, das Neue, Bleibende und Unvergängliche, das von Ewigkeit her zubereitet (präexistent) bei Gott war, der *prôtos* und der *eschatos,* das Alpha und das Omega von allem (2,10) und „Schöpfer der beiden Äonen", sowohl des ersten als auch des zweiten. Im Gegensatz zu „manchen wechselnden und fremden Theorien" (13,9) ist die Lehre Jesu, und die Lehre über den Christus, ‚unveränderlich': er ist „ho autos" – derselbe; darauf liegt in 13,8 der Hauptakzent. Er selbst ist nicht dem Wechsel der Zeiten unterworfen. Die Mahnung des Autors an die Christen, nicht zu den früheren Speisegesetzen zurückzukehren (13,9c), zusammen mit der Erwähnung von „manchen fremden Theorien" (13,9a), weist noch einmal auf die Gefahr synkretistischer Religionspraktiken auch im Christentum der letzten Jahrzehnte des ersten Jahrhunderts hin (siehe auch Gal, Kol, Eph, 1 Petr). Der Vergänglichkeit dieser Dinge stellt der Hebräerbrief die Unvergänglichkeit der Gnade Gottes gegenüber, wie sie in der himmlischen Erhöhung Jesu zum Christus-in-Kraft wirksam geworden ist: ein ewigwährendes Priestertum. Deshalb „*stützen* wir uns mit Recht auf die *charis* oder *Gnade Gottes*" (13,9b, im Kontext von 13,9a und 13,9c). Das grundlegende Problem für den Hebräerbrief war: was gibt Stütze, Festigkeit, eine festliegende Basis? (Siehe die Definition von Glaube und Hoffnung.) Die Antwort des Autors darauf ist: Der kommende Äon oder die Charis Gottes (vergleiche, oben, mit der Didache): von Ewigkeit vorbereitet, geschichtlich erschienen in Jesus, der jetzt ewig für uns Fürbitte leistet. Christus ist derselbe, gestern, heute und immerdar, das heißt: in seiner Präexistenz bei Gott, in seiner geschichtlichen Erscheinung unter uns und in seiner postexistenten Erhöhung bei Gott.

Der Hebräerbrief ist eine sazerdotale – priesterlich-messianische – Theologie der Gnade. Kirchliche Priester kennt der Autor nicht. Er spricht einerseits von „euren Vorstehern" (13,7), aber damit meint er die schon verstorbenen, apostolischen Leiter der Kirche: „Gedenkt eurer Vorsteher, die euch zuerst das Wort Gottes verkündet haben. Haltet euch wieder ihr Leben und *den Verlauf ihres Lebens* vor Augen, nehmt euch ein Beispiel an ihrem Glauben" (13,7). Der Hebräerbrief ist also geschrieben, als sich eine gewisse Apostelverehrung gebildet hatte. Anderseits spricht der Hebräerbrief auch von den noch lebenden, heutigen kirchlichen Leitern (13,17), die für das Heil der Gemeinde tätig sind – Priester werden sie jedoch nie genannt. Das ganze Neue Testament kennt keine kirchlichen Priester (wohl kirchliche Leiter und Vorsteher); neutestamentlich ist allein Jesus Priester (Hebr; und in etwa Offb), während die ganze Gemeinde Gottes ein *priesterliches Gottesvolk* genannt wird (wenn auch nur an zwei Stellen und dann noch jeweils in einem Zitat aus dem Alten Testament: 1 Petr 2,9–10 und Offb 5,10).

Nach dem Hebräerbrief ist evangelisches Leben die Gnade eines neuen Lebenswegs (10,20: sich opfernde Selbsthingabe in Solidarität mit allen und im Dienst an allen). Dem stellt der Autor den ‚gnadenlosen' Opferdienst von Stieren, Böcken und Färsen gegenüber – ein ohnmächtiger Versuch, den Zugang zu Gott freizumachen. Jesus Christus aber hat diesen Zugang erschlossen, er ist daher der Pionier, der Anführer und Vollender unseres Glaubens; er *ist* Zugang zu Gott: der neue Lebensweg (10,20).

In all dem liegt der „logos paraklēseōs" (13,22), das heißt der evangelische Trost oder die Ermunterung, die der Autor mit seinem Schreiben erstrebt. Grund für diesen Trost ist die ‚dogmatische Einsicht', die er gegeben hat, ein „höherer Unterricht" (6,1). Jesus ist der letzte und endgültige, entscheidende und vollkommen abbildhafte Ausdruck Gottes unter uns (1,1–2), nämlich durch seinen priesterlichen Dienst der Sündenreinigung (Versöhnung) und Heiligung und, nachdem er selbst durch Gott vollendet ist, durch seine immerwährende Fürsprache: „*Durch Gottes Gnade* kam Jesu Sterben allen zugute" (2,9). Der Tod Jesu erhält *im Hebräerbrief* Heilsbedeutung erst aus seiner (Auferstehung und vor allem) Erhöhung zur Rechten Gottes, wenn auch diese Erhöhung das Lebensopfer Jesu voraussetzt. Tod und Erhöhung sind zwei voneinander nicht zu trennende Momente der Opfertheorie des Hebräerbriefs. Daß diese christliche Dogmatik ein evangelischer Trost ist, liegt darin, daß der Inhalt des christlichen Glaubens die Quelle und die Substanz der Hoffnung ist (3,6; 4,14; 10,23; 11,1). Christi Priestertum ist „aparábaton": unzerstörbar und unverfremdbar (7,24).

In all dem liegt eine Korrelation mit unserem Menschsein: „Einen solchen Hohenpriester hatten wir auch nötig" (7,26; siehe 7,25). Es ist *passend*, daß wir Menschen, die wir in Leidensgeschichten verstrickt sind, von jemandem befreit werden, der sich mit diesem Leiden persönlich identifiziert (2,10). Nicht eine Lehre, nicht einmal die irdische Verkündigung und die Lebensworte Jesu stehen bei diesem Autor im Mittelpunkt, sondern allein die Lebenspraxis Jesu, die außerdem nicht mit dem evangelischen oder kerygmatischen Bericht seiner Lebensgeschichte gefüllt wird, wie in den vier Evangelien, sondern gleichsam zum tiefsten Kern derselben, ‚formalisiert‘, wie er im Kreuzesopfer zu prägnantem Ausdruck gekommen ist: sich opfernde Selbsthingabe in Solidarität mit den leidenden Brüdern. Worte und Botschaften haben für diesen neutestamentlichen Zeugen – den Hebräerbrief – nur Sinn, wenn sie im Gehen eines bestimmten Lebenswegs demonstriert werden: des Leidenswegs aller Menschen. Die Hebräerbrief-Kirche spricht nicht: *sie marschiert* und macht ab und zu halt, um unterwegs *Liturgie zu feiern*. In diesem Sinn ist das Schreiben ein einziges Plädoyer gegen priesterlichen Verbalismus, wenn der Autor auch eine ganze, glanzvolle Homilie braucht, um uns dies deutlich zu machen. Die Exodusgemeinde des Hebräerbriefs ist eine betende, dankende Kirche des Lobpreises – daher kleinasiatisch oder (was ich vermute): geschrieben für alexandrinische christliche Gemeinden in Ägypten.

Manche Exegeten behaupten, im Hebräerbrief sei mehr die Rede von ‚*Christusprinzip*‘ (in der Art der idealistischen Christologie des 19. Jahrhunderts) als von Jesus von Nazaret, der in diesem Schreiben nirgends als konkrete geschichtliche Gestalt zum Vorschein komme. Man wird jedoch zugeben müssen, daß, wie menschlich der Autor auch über Jesus spricht, er trotzdem *formale Kategorien* dafür verwendet.

Das literarische Genus des Hebräerbriefs unterscheidet sich deutlich von dem der Synoptiker, die zum Beispiel das Leiden Jesu in der Geschichte von Getsemane und vom Kreuzweg nach Golgota und seine Prüfung in der Geschichte der drei Versuchungen Jesu verdichten; der Hebräerbrief dagegen ist mehr thematisch, ‚spekulativer‘ (5,7; 2,10–18; 4,15; 12,2). Er gibt keine ‚narrative Theologie‘ wie die Evangelien, sondern eine ‚argumentative‘, thematische Theologie. Sind die Synoptiker deshalb mehr (oder weniger) historisch als der Hebräerbrief? Der Autor zeichnet tatsächlich ein volles Bild Jesu, wenn auch aus dessen Treue zu Gott und seiner Solidarität mit dem menschlichen Leiden. Er gibt kein Foto, sondern ein *gezeichnetes* Portrait Jesu, genausogut wie die Synoptiker es getan haben. Dem Autor ist bekannt, daß Jesus aus Juda kam (7,14), daß Golgota vor den Stadtmauern Jerusalems lag (13,12). Hebr 1,5 mag als eine Anspielung auf die (synoptischen) Taufgeschichten bezeichnet werden, wie 1,6 eine Anspielung auf das ist, was bei Lukas der Lobgesang der Engel bei der Krippe ist (Lk 2,9–15. Zwar ist dies eine Thematisierung, aber es weist darauf hin, daß der Hebräerbrief mit christlichen Traditionen vertraut ist). Er weiß auch, daß Jesus Widerstand und Feindseligkeit erfahren hat (12,3). Zwar wird der Autor direkt weniger ‚Fakten‘ aus dem Leben Jesu gleichsam zitieren und Jesu Leben lieber mit Worten und Ereignissen aus dem Alten Testament (vor allem des Mose) erzählen, aber für ihn ist dies, als Argument, eher verstärkend als abschwächend. In 12,28 ist die Rede vom synoptischen Reich Gottes, wenn auch innerhalb des Weltbildes des Hebräerbriefs. Viele kleine

Details weisen darauf hin, daß der Hebräerbrief die sogenannte Jesustradition kennt. Er setzt diese Tradition voraus: „Über dieses Heil ist zuerst gesprochen worden vom Herrn selbst; jene, die ihn hörten, haben uns *die Botschaft* getreu weitergegeben" (2,3); er selbst will eine ‚höhere Katechese' geben (6,1). Dem Autor geht es um den Zugang zu Gott, und dieser wird erst frei – wenn auch auf der Grundlage des irdischen Lebens Jesu – in dem Augenblick seiner Erhöhung im Heiligtum Gottes. Das ist der Brennpunkt, der ihn in Jesus dem Christus fesselt und seine Aufmerksamkeit in Anspruch nimmt.

Der Hebräerbrief ist kein Evangelium, nicht einmal ein Brief, sondern eine Art Konferenz oder Homilie, aber der Autor will in einem bestimmten Interpretationsrahmen die christliche Erfahrung von Heil in Jesus von Gott her darlegen. Deshalb ist der Hebräerbrief im Neuen Testament eines der besten Beispiele, an dem das ganze Problem des Verhältnisses zwischen *Erfahrung* und (theologischer) *Interpretation* illustriert werden kann. Der Autor *erfährt* Jesus *als Hohenpriester;* für ihn ist dies nicht bloß ein Überbau, der dann für einen griechisch denkenden Juden als außergewöhnlich gelungen bezeichnet werden darf angesichts des Weltbildes und der religiösen Voraussetzung bei ihm selbst und seinen Hörern. Es ist eine Erfahrung und doch eine Interpretation zugleich, und zwar so, daß immer wieder begreiflich wird, daß andere neutestamentliche Autoren Jesus anders erfahren und interpretieren, obwohl jeder merkt, daß es um denselben Jesus geht. Theologisch gesehen ist dies befreiend. Es läßt die Möglichkeit offen (und legt sogar den Auftrag nahe), daß wir jetzt, inspiriert durch das, was wir im Neuen Testament über interpretierende Erfahrungen mit Jesus Christus gehört haben, selbst innerhalb eines neuen, anderen Erfahrungshorizonts denselben Jesus doch wieder anders erfahren können und interpretieren dürfen, trotzdem genauso treu der apostolischen Überlieferung, wie es der Autor des Hebräerbriefs in seiner neuen Interpretation Jesu als Hoherpriester gewesen ist.

VIERTES KAPITEL
SICH STABILISIERENDE KIRCHEN SPRECHEN VON HEIL-IN-JESUS

Vor allem die sogenannten Pastoralbriefe (Erster Timotheusbrief; Zweiter Timotheusbrief und Titusbrief) und der Brief des Judas und der Zweite Petrusbrief sind durch die Tatsache gekennzeichnet, daß sie sozusagen Enzykliken sind, geschrieben für alle Kirchenprovinzen oder an ihre Leiter, in einer späteren Zeit, nämlich im Übergang von der zweiten zur dritten christlichen Generation. Das Bewußtsein vom Beginn einer ‚nachapostolischen Zeit' beginnt sich in einer Tendenz zu offenbaren, Traditionsmaterial ‚unverändert', nicht-aktualisiert weiterzugeben und als Kriterium gegenüber manchen Irrlehren zu handhaben.

Man wird sich auch der Bedeutung des kirchlichen Amtes der Vorsteher bewußt, welche die christlichen Gemeinden leiten müssen in Zeiten, die chronologisch einen immer größeren Abstand vom ersten apostolischen Frühling kennen, in dem Menschen noch von ihrem Umgang mit Jesus erzählen konnten.

§ 1. Jesus Christus, die persönliche Erscheinung der Gnade Gottes: die Pastoralbriefe

LITERATUR: N. *Brox,* Die Pastoralbriefe (Regensburg 1969); R. *Deichgräber,* Gotteshymnus und Christushymnus in der frühen Christenheit (Göttingen 1967); M. *Dibelius,* Die Pastoralbriefe (HNT, 13) (Tübingen ³1955); G. *Holtz,* Die Pastoralbriefe (ThHNT, 13) (Berlin 1965); J. *Jeremias,* Die Briefe an Timotheus und Titus (Göttingen ⁷1954); *Th. de Kruyff,* De Pastorale Brieven (Roermond 1966); O. *Merk,* Glaube und Tat in den Pastoralbriefen: ZNW 66 (1975) 91–102; H. *Roux,* Les épîtres pastorales (Genf 1959); G. *Schille,* Frühchristliche Hymnen (Berlin 1965); E. *Smelik,* De brieven van Paulus aan Timotheus, Titus en Filemon (Nijkerk ³1961); W. *Stenger,* Der Christushymnus in 1 Tim 3, 16. Aufbau – Christologie – Sitz im Leben: TrThZ 78 (1969) 33–48; E. *Schweizer,* Erniedrigung und Erhöhung bei Jesus und seinen Nachfolgern (Zürich 1962); *Kl. Wengst,* Christologische Formeln und Lieder des Urchristentums (Gütersloh 1973); B. *Weiß,* Die Briefe Pauli an Timotheus und Titus (Meyer, 11) (Göttingen ⁷1902).

Diese Briefe sind an kirchliche Leiter christlicher Gemeinden gerichtet, die immer mehr ausschließlich aus Heidenchristen bestehen, aber dadurch auch allmählich der Tenach-Spiritualität entfremdet werden wie auch ihrem eigenen ursprünglichen Stamm – die große Narbe des Kampfes der Kirche gegen den Gottesengel, des Kampfes Jakobs mit seinem Bruder Esau! Wie einst Israel selbst, kämpft jetzt auch die Kirche mit diesem Übel.

Doch gibt es noch viele Juden in den christlichen Gemeinden, und das geht aus den Reaktionen dieser Briefe hervor. Zudem leben die Gemeinden von dem Kerygma, den christlichen Hymnen und Bekenntnissen, die alle von *jüdischen* Christen verfaßt waren. Wahrscheinlich stammen alle drei Briefe – 1 und 2 Timotheus und Titus – von ein und demselben Verfasser, und sie setzen, wie der Judas- und der Zweite Petrusbrief, eine Spannung voraus. *Einerseits* die sich festigende Orthodoxie: „der Glaube, auf dem Gottes Führung beruht" (1 Tim 1, 4c), „die Kirche des lebendigen Gottes, Pfeiler und Grundlage der Wahrheit" (1 Tim 3, 15b), „die Prinzipien des Glaubens und der guten Lehre" (1 Tim 4, 6), „die gesunden Prinzipien unseres Herrn Jesus Christus und die Lehre unserer Religion" (1 Tim 6, 3; 2 Tim 1, 13), „der euch anvertraute Schatz" (2 Tim 1, 14), „die gesunde Lehre" (2 Tim 4, 3; Tit 2, 1). *Anderseits* das, was in diesen Briefen genannt wird: „Haarspaltereien" (1 Tim 1, 4), „leeres Gerede" (1 Tim 1, 6; Tit 1, 10); „Sucht nach Streit und Wortgefecht" (1 Tim 6, 4; 2 Tim 2, 14; 2, 23; Tit 3, 9), „unheiliges Reden ins Blaue" (2 Tim 2, 16). Der Titusbrief präzisiert dies alles und kommt zu dem Resümee: „jüdische Mythen" (Tit 1, 14): „man findet sie vor allem unter den Beschnittenen" (Tit 1, 10). Die Streitfragen beziehen sich offensichtlich auf das Gesetz (3,9). Doch hat dies nichts mit den älteren Judaisanten zu tun. Die gemeinten Irrlehrer „verwerfen die Ehe und den Gebrauch bestimmter Speisen" (1 Tim 4,3; und siehe auch Tit 1,14–15). Allgemeiner spricht 1 Tim 4,7 von „gottlosen und sinnlosen Mythen" oder von „Mythen und Geschlechtsregistern" (1 Tim 1,4; 4,7; 2 Tim 4,4; Tit 1,14; 3,9; vgl. 2 Petr 1,16). Wiederum: Formen des Synkretismus in den letzten Jahrzehnten des ersten Jahrhunderts. Außerdem gibt es Leute, die „behaupten, daß die Auferstehung schon stattgefunden habe" (2 Tim 2,18).

Dem, was diese Briefe ‚Spitzfindigkeiten' nennen, stellen sie die gesunde apostolische Überlieferung gegenüber: „die Wahrheit" (ein Begriff, der häufig wiederkehrt), zu einem großen Teil schon ‚schriftlich festgelegt'. „Dieses Wort ist zuverlässig und völlig glaubwürdig: „Christus Jesus ist in die Welt gekommen, um Sünder zu retten" (1 Tim 1,15 zitiert dabei offensichtlich aus dem, was später ‚das Neue Testament' heißen wird. Siehe Mt 9,13 par; Lk 15,2; 19,10; vgl. 2 Tim 2,11; Tit 3,8). Auch: „wie wahr ist dieses Wort: ‚Wenn wir mit ihm gestorben sind, werden wir mit ihm auferstehen...'" (2 Tim 2,11–13; es wird auf christliche Texte hingewiesen; vielleicht christliche Hymnen, in denen wir Röm 6,5; 8,17; Mt 10,33; 1 Kor 1,9 wiedererkennen). Als solche haben diese Briefe, die Kirchenvorstehern Richtlinien geben wollen (man schreibt nicht an die Gemeinden, sondern an ihre Leiter, an sich schon etwas Neues), naturgemäß weniger dogmatischen Inhalt, aber in ihnen kommen, wenn auch in Klischeeform, knappe dogmatische Formulierungen vor, in denen die Person Christi Jesu selbst „die Gnade Gottes" genannt wird: Der Mensch Jesus ist die persönliche Erscheinung der Gnade Gottes unter uns.

„Die Güte und Menschenliebe (philanthropia) Gottes unseres Heilandes ist auf Erden erschienen" (Tit 3,4; „philanthropia" ist ein hellenistisches Wort, das in der Septuaginta, anstelle von „eleos" oder Erbarmen, manchmal die Übersetzung von „chesed" ist). „Von aller Ewigkeit her uns verliehen in Christus Jesus, ist seine Gnade jetzt offenbar geworden durch die Erscheinung unseres Heilandes Jesus Christus" (2 Tim 1,9b–10). „*Seine* Gnade" ist die Gnade Gottes (Tit), das heißt, seine Gnade (2 Tim) ist offenbar geworden in der Erscheinung Jesu Christi. In Tit 3,4; 1,3 und 2,10 und 1 Tim 2,3–4 wird Gott „unser Heiland" genannt; auch in 1 Tim 2,3; anderseits wird auch Christus selbst „unser Heiland" genannt (2 Tim 1,9–10; Tit 3, 6). In Tit 2,11 heißt es: „Die Gnade Gottes, Quelle des Heils für alle Menschen, ist auf Erden erschienen" (Tit 2,11; wörtlich: „die heilbringende Gnade Gottes erschien allen Menschen"). Kern der Dogmatik der Pastoralbriefe scheint also Tit 3,4; 2,11; 2 Tim 1,9b–10 zu sein; hinzuzufügen ist 1 Tim 2,5: „Gott ist einer, einer ist auch der *Mittler* zwischen Gott und den Menschen, der *Mensch Christus Jesus.*" Der Mensch Jesus Christus ist die Erscheinung der Gnade Gottes auf Erden; schärfer noch: Er ist persönlich die Erscheinung der Gnade Gottes auf Erden, denn Tit 2,13b spricht von „unserem großen Gott und Heiland Christus Jesus", wobei der ganze Ausdruck unter einen einzigen Artikel fällt (tou megalou Theou kai sōtēros hēmōn Christou Iēsou), das heißt, die Einheit der beiden – Gott und Christus – scheint hier stärker betont zu sein, als Paulus selbst es je gewagt haben würde. Christus scheint zu sein: „der große Gott und Heiland" (so auch 2 Petr 1,1). Aber man kann (grammatisch umschließen die beiden Genitive das Hendiadyoin), ich meine sogar, man muß „Christou Iēsou" als Prädikat von „doxes" lesen, nämlich die Epiphanie oder Parusie der Herrlichkeit des großen Gottes und Heilandes in Jesus Christus: „Wir halten Ausschau nach der *Offenbarung* der Herrlichkeit unseres großen Gottes und Heilandes", und die Offenbarung dieser Herrlichkeit Gottes ist Jesus Christus bei seiner Parusie. Wie Jesus auf Erden die Erscheinung der *charis* oder Gnade Gottes ist, so ist seine Parusie die Erscheinung der *doxa* oder Herrlichkeit Gottes. Das scheint mir der wirkliche Gedankengang der Dogmatik aller Pastoralbriefe zu sein. „Gott und Heiland" ist ein hellenistisches Hendiadyoin aus der griechischen Religiosität. Nicht die noch stark paulinisch orientierten Pastoralbriefe, sondern der noch mehr hellenisierende Zweite Petrusbrief geht einen Schritt weiter und nennt, vielleicht, Jesus Christus selbst „Gott und Heiland" (1,1; s. u.); jedenfalls ist im Zweiten Petrusbrief, völlig unpaulinisch, Jesus Christus selbst das Subjekt der Doxologie. Die *Gnade* und schließlich die *Doxa* Gottes „erscheinen im Mittler zwischen Gott und den Menschen, dem Menschen Jesus Christus" (1 Tim 2,5), dies scheint mir die einzig richtige Exegese dieser Briefe zu sein (1 Tim 1,15–17; 2,3–6; 6,14–16; 2 Tim 1,9–10; 4,1; Tit 1,2–3; 2,11–14; siehe 3,4). Auch 2 Tim 2,1 spricht nicht von der „Gnade Jesu Christi", sondern (dem Griechischen zufolge): „Die Gnade (nämlich Gottes), die in Jesus Christus ist"; auch von dem „Heil, das in Christus Jesus ist" (2 Tim 2,10). Die Mittlerschaft *zwischen* Gott und den Menschen wird in all diesen Pastoralbriefen – in Treue zu Paulus – stets mitbedacht. Diese dogmatischen ‚Formeln' der Pastoralbriefe machen außerdem den Eindruck, liturgische Formeln zu sein.

Sogleich wird aber, auch schon in Formeln, nach der Erwähnung der Erscheinung der Gnade Gottes in Jesus Christus der Tod Jesu, als Freikauf oder als Sühnetod, immer wieder hinzugefügt: „Mittler..., der Mensch Christus Jesus, der sich selbst hingegeben hat als Lösegeld für alle" (1 Tim 2,5–6) – „unser Heiland Jesus Christus, der den Tod vernichtet, und unvergängliches Leben ans Licht gebracht hat durch das Evangelium" (2 Tim 1,10), – „die Herrlichkeit unseres großen Gottes und Heilandes Jesus Christus, der sich selbst für uns hingegeben hat, damit er uns erlöse von jeder Gesetzlosigkeit und uns zu seinem eigenen Volk mache" (Tit 2,13–14). Gottes Gnade ist in Jesus erschienen, um uns durch seinen Tod zu erlösen; daher: „Dieses Wort ist zuverlässig...: Christus Jesus ist in die Welt gekommen, um Sünder zu retten" (1 Tim 1,15). Durch die Taufe erhalten wir Anteil daran: „Die Menschenliebe Gottes unseres Heilandes ist auf Erden erschienen, und er hat uns errettet, nicht weil wir etwas Gutes getan hätten, sondern allein weil er barmherzig ist. Er hat uns errettet durch das Bad der Wiedergeburt und Erneuerung durch den heiligen Geist" (Tit 3,4–5). Der scharfe Unterschied, den Paulus zwischen ‚Rechtfertigung' und ‚Rettung' macht (siehe Röm 5,9–10), wird ziemlich verwischt: „Gott, der uns *errettet* und mit einer heiligen Berufung berufen hat, nicht aufgrund unserer Verdienste, sondern nach dem freien Entschluß seiner Gnade" (2 Tim 1,9; siehe jedoch Tit 3,5–7, wo ‚Rettung', 3,5, und ‚Rechtfertigung', 3,6b, erwähnt werden). Wie Gottes heilbringende Gnade *allen* Menschen erschienen ist (Tit 2,11), so ist der Kreuzestod Jesu das Zeugnis des universalen Heilswillens Gottes: „Gott, unser Heiland, der will, daß alle Menschen gerettet werden und zur Erkenntnis der Wahrheit gelangen" (1 Tim 2,3b–4; diese Universalität gründet der Autor auf den Monotheismus und auf den einen Mittler, den Menschen Jesus Christus, „denn…", 2,5). An anderer Stelle lautet es: „ein Heiland für *alle* Menschen, insbesondere für die Gläubigen" (1 Tim 4,10).

Wenn wir bei all dem noch die Hoffnung auf die kommende Parusie, in der Gottes Herrlichkeit (nicht nur seine Gnade) „erscheinen wird" (Tit 2,13, und alle Texte über die Hoffnung) in Rechnung stellen, ist der explizite Kern der Christologie dieser drei Briefe wiedergegeben. Die Auferstehung wird nicht thematisiert, doch überall vorausgesetzt (deutlich in 2 Tim 2,18). Auffallend ist die unapokalyptische, dogmatische Nüchternheit dieser Briefe.

Besonders auffallend ist schließlich die Art und Weise, wie in 1 Tim 3,14–16 ein Christuslied zitiert wird. Eine grammatikalische Analyse zeigt, daß der Autor das Lied unverändert zitiert, wie es überliefert ist (während sich Paulus nicht scheute, ein solches Lied ‚zu bearbeiten', um es ganz in die Absichten seiner Briefe einzupassen). Hier erhalten wir die wörtliche Zitierung eines Hymnus, der zugleich ein Bekenntnis ist, Norm des Glaubens der Gemeinden und Kriterium, nach dem Irrlehren beurteilt werden. Der christologische Hymnus besteht aus drei zweizeiligen Strophen, ihm voraus geht ein Satz aus dem Ersten Timotheusbrief, mit dem das Zitat als Zitat eingeführt wird, nämlich: „Groß ist das Geheimnis unserer Religion (oder Frömmigkeit)":

16b „Er ist geoffenbart im Fleisch
16c gerechtfertigt im Geist,

16d erschienen den Engeln,
16e verkündet unter den Völkern,

16f geglaubt in der ganzen Welt,
16g und aufgenommen in Herrlichkeit."

In diesem Hymnus[165] sind die Kontraste auffallend: Fleisch/Geist; Engel/Völker; Welt/Herrlichkeit, während das Ganze wiederum umfaßt ist von dem Kontrast Fleisch–Herrlichkeit. Das Hoch-Niedrig-Schema strukturiert innerlich und ganz die drei Strophen, die selbst in ihrer Gesamtheit durch die Spannung von ‚Offenbarung' (nämlich im Fleisch) und ‚aufgenommen in Herrlichkeit' umfaßt sind. Das Aufbauprinzip ist der schon wiederholt angetroffene

Gegensatz zwischen dem irdischen Reich der ‚sarx‘ (Fleisch) und dem überirdischen Reich des ‚pneuma‘, des Himmlischen oder dem Bereich des Göttlichen. Der Hymnus denkt, hellenistisch-jüdisch, an die zwei großen Weltbereiche, den des ‚Sarkischen‘ und den des ‚Pneumatischen‘ (oder Himmlischen). Christus ist in diesem sarkischen Bereich erschienen (Vers 16b), aber er ist aufgenommen in den pneumatischen Bereich der *Doxa* oder Herrlichkeit Gottes (Vers 16g), so lauten der Anfangs- und der Endvers. Um das, was zwischen den beiden, alles einschließenden Versen liegt, zu verstehen, muß man an die König-Jahwe-Psalmen zurückdenken (siehe oben bei der Analyse des Epheserbriefs). Als in Israel das Bewußtsein stärker lebendig zu werden begann, daß *Israels* Gott „der Schöpfer Himmels und der Erde“ ist, war diese Auffassung verknüpft mit dem Gedanken der Weltherrschaft Gottes, und in Verbindung damit wuchs Israels Bewußtsein, „Licht der Welt“ zu sein (Jes 49,5–9) und eine Sendung an alle Völker zu haben. Die Weltherrschaft Jahwes wurde, monotheistisch, daher eine Erhöhung über alle elohim (Rest des alten Polytheismus) (Ps 97,9). Die verschärfte Auffassung von der Schöpfung machte Jahwe zugleich immer mehr transzendent: Jahwe sitzt *droben* im höchsten Himmelsbereich, über allen Engeln, und zugleich erfüllt seine *Herrlichkeit* Himmel und Erde und alle Völker (Jes 66,18–19; Ps 72,19; 57,6). Dieser Hintergrund liefert den Schlüssel zum Verständnis des Hymnus, denn der irdische Jesus ist aufgenommen zu Gottes Thron: Die Weltherrschaft Christi erfüllt, wie die Herrlichkeit Jahwes, Himmel und Erde und alle Völker. Das wird in Vers 16c–16f gesagt, auf eine poetisch-hymnische Weise.

„Gerechtfertigt im Geist“. Der irdische, beschimpfte und zum Tod gebrachte Jesus, ein ‚leidender Gerechter‘, wurde im himmlischen Rechtsprozeß rehabilitiert: ‚gerechtfertigt‘, das heißt in seinem Recht bestätigt: Der Verurteilte geht glorreich aus diesem Prozeß hervor („dikaioun“, siehe auch Lk 7,29; Röm 3,4, die Ps 50,6 aus der Septuaginta zitieren: das heißt „nikan“, triumphierend als Sieger aus dem Prozeß hervorgehen). „Erschienen den Engeln“, und „verkündet unter den Völkern“ weist auf die universale Weltherrschaft Christi hin: In den Himmeln erkennen die Engel die himmlische Erhöhung Jesu über sie an, und auf Erden wird „der Herr Jesus“ überall verkündet. „Geglaubt im ganzen Kosmos“ (Vers 16f): Auch hier steht wieder ‚kosmos‘, die sarkische Welt, der pneumatischen Welt der Herrlichkeit Gottes gegenüber. Obwohl aufgenommen dort oben in Gottes himmlische Welt, wird Christus auf Erden ‚geglaubt‘. Mit anderen Worten, der Erhöhte verbindet den himmlischen, pneumatischen Bereich mit dem irdischen, sarkischen Bereich, in seiner Person und im Glauben der Christen. Mag er auch noch so transzendent erhaben bei Gott sein, *im Glauben* erfüllt Christi „Herrlichkeit Gottes“ den ganzen Kosmos. Die Kluft zwischen den ‚epigeia‘, dem Irdischen, und den ‚epourania‘, dem Himmlischen, ist in Jesus Christus überbrückt (Thema auch des Epheser- und Hebräerbriefs): *Ein Mensch* ist *bei Gott* verherrlicht und von ihm eingesetzt zum Herrn über das All, sowohl über die Engel als auch über die Völker. Dies ist das hymnische,

Gott lobpreisende Glaubensbekenntnis dieses Christusliedes, das unverkennbar seinen Ursprung in griechisch-*jüdischen* christlichen Gemeinden mit sapientialen Traditionen hat (vgl. Sir 24,2–22; und 1 Henoch 42,1–10)[166].

Der Pastoralbrief 1 Timotheus gebraucht diesen liturgischen Hymnus zugleich als Kriterium der christlichen Gemeinde, „Säule und Grundlage der Wahrheit" (1 Tim 3,15 c) gegenüber möglichen Irrlehren. Daraus geht hervor, daß diese spätapostolischen Gemeinden weiterhin ihre apostolische Grundlage betonen und aus dem Glauben an den erhöhten Jesus Christus leben, der einst die Erscheinung von Gottes charis auf Erden war, jetzt ‚im Glauben bezeugt', bald – bei der Parusie – die Erscheinung der Herrlichkeit Gottes. Das ist genau die Christologie, welche diese drei Pastoralbriefe verkünden. Doch betont allein der Zweite Timotheusbrief das Leiden der Christen, und zwar als normale Situation der Christen. „Alle, die in Christus Jesus gottesfürchtig leben wollen, werden verfolgt werden" (2 Tim 3,12; siehe 2,3). Das Erscheinen in der *sarx* (Menschsein; in diesem Hymnus ist nicht direkt die Rede von Präexistenz) wird deutlich als eine ‚sarkische' Situation, das heißt als Ohnmacht und Leiden, gesehen. Darin ist dieser Hymnus urchristlich: ein Hymnus auf den wahren großen, den leidenden Gerechten, der Tenor fast aller alten Christushymnen.

Zum Schluß: Diese Pastoralbriefe wenden den charis-Begriff des Paulus – charis als die Auserwählung des Paulus zum Apostelamt (siehe oben) – in ganz allgemeiner Weise auf das ‚kirchliche Amt' als solches an: „das Feuer der charis Gottes, die in euch ist durch die Auflegung meiner Hände" (2 Tim 1,6), „vernachlässige die charis nicht, die dir kraft einer Weissagung geschenkt wurde unter Handauflegung aller Presbyter" (1 Tim 4,14; siehe: Synthese bei „Differenzierungen der Gnade zum Wohl aller").

§ 2. „Unser Gott und Soter Jesus Christus": der Judasbrief und der Zweite Petrusbrief

LITERATUR: (Jud und 2 Petr):
a) Siehe dieselbe Literatur wie in Kap. II, § 4, zum „Ersten Petrusbrief"; darin ist auch der Zweite Petrusbrief aufgenommen.
b) Außerdem: *V. Luz,* Erwägungen zur Entstehung des Frühkatholizismus, eine Skizze: ZNW 65 (1964) 88–111; *W. Marxsen,* Der „Frühkatholizismus" im Neuen Testament (Neukirchen 1958); *Fr. Mußner,* Frühkatholizismus: TThZ 68 (1959) 237–245.

Beide Briefe werden hier zusammen behandelt, weil sie den gleichen Geist atmen, sich gegen die gleichen Irrlehren wenden und oft buchstäbliche Übereinstimmungen zeigen, wobei die innere Kritik zeigt, daß der Zweite Petrusbrief den Brief des Judas gleichsam neu schreibt und sogar korrigiert.

I
Stabilisierung der Kirche und Charismatiker

Aus den beiden Briefen wird deutlich, daß die Grundlinien des apostolischen Glaubens kanonisch festliegen und daß sich sogar schon ein neutestamentlicher Bibelkanon zu bilden beginnt. 2 Petr 3, 15–16 weiß von einer Sammlung paulinischer Briefe, und diese erhalten, zusammen mit der Bibel, dem Tenach, schon die Bedeutung von ‚Heiliger Schrift‘ (siehe 2 Petr 3, 16 c). Von diesem Augenblick an entsteht neben der (alttestamentlichen) Exegese auch das Problem der Hermeneutik oder Auslegung dessen, was bald das ‚Neue Testament‘ genannt werden wird (2 Petr 1, 20–21), denn der Zweite Petrusbrief weist auf Schwierigkeiten mit der Interpretation der Paulusbriefe hin. Der Autor ist außerdem darauf bedacht, die Autorität des Petrus und des Paulus zu harmonisieren, beide werden die großen Säulen der Weltkirche genannt. Die apostolische Lehre ist ein ‚Besitz‘ der Kirche (Jud 17; siehe 2 Petr 3, 2). Die Autorität der mündlichen Überlieferung geht allmählich auf das über, was das ‚Neue Testament‘ werden wird. Es sind schon mehrere christliche Generationen vergangen (2 Petr 3, 4), und viele haben die Kirche wieder verlassen (2 Petr 2, 20–22). Die Autoren dieser Briefe, Kirchenvorsteher in ihrer Zeit, schreiben ihren Brief bewußt als Enzyklika an die ganze große Weltkirche (2 Petr 3, 2.16), sogar für die kommenden Geschlechter (2 Petr 1, 15), auf der Grundlage eines schon schriftlich festgelegten Erbes (2 Petr 3, 15–16), nicht nur des Paulinismus (2 Petr 3, 16 c), sondern offensichtlich auch von synoptischen Traditionen (2 Petr 3, 16). Die Funktion des kirchlichen Lehramts wächst, denn der Kirche kommt es zu, diese Schriften zu interpretieren (2 Petr 3, 15–16; 1, 20–21). Die Abgrenzung dessen, was genau christlicher Glaube ist und was nicht, wird sozusagen ‚kanonisch-schriftlich‘ festgelegt (2 Petr 2, 21). Die konstitutive *paradosis* oder Überlieferung geht ihrem Abschluß entgegen (Jud 3), und sie allein – „der hochheilige Glaube“ (Jud 20) – wird jetzt Norm (2 Petr 1, 12; 1, 1; 2, 21; 1, 12–13.15; 3, 1–2; Jud 3.5.17). Die Schrift wird inspiriert genannt (2 Petr 1, 20–21); damit ist noch der Tenach gemeint (siehe 1 Petr 1, 19), der keine eigenmächtige Auslegung duldet; er ist jetzt ein Buch der Christen geworden: „Bedenket wohl, daß keine Weissagung der Schrift eine eigenmächtige Auslegung zuläßt. Denn Weissagung ist nie aus menschlichem Antrieb erfolgt; vom Heiligen Geist getrieben, haben Menschen von Gott her gesprochen“ (1 Petr 1, 20–21; vgl. Mk 12, 36; Apg 3, 21; 2 Tim 3, 16).

Die Christologie liegt fest in einigen geprägten Formeln; diese muß man als christliches *Gebot* annehmen (2 Petr 1, 11; siehe 3, 2), während die Eschatologie zu einem inneren Geschehen privatisiert wird (2 Petr 1, 19), aber doch verbunden mit einer apokalyptisch-kosmischen Erwartung eines allgemeinen Weltbrandes (2 Petr 3, 10–13; der Weltbrand, das Ende unserer irdischen Welt, wurde in der spätantiken Zeit ein wesentliches Element des damaligen Weltbildes). Die Kehrseite der aufkommenden Orthodoxie war die Gier, mit der

Christen jüdische und christliche Apokryphen lasen (jüdische Apokryphen wurden damals oft mit christlichen Interpolationen bearbeitet). Sogar diese beiden offiziell-kirchlichen Briefe verweisen auf das apokryphe Buch Henoch, explizit (Jud 14) oder implizit (2 Petr 2,4–5). Auch implizite Anspielungen auf das christlich-jüdische Apokryph „Assumptio Moysis" kommen darin vor (Jud 6 und 9; 2 Petr 2,10–11 und 3,5). Gerade vor allem wegen des Gebrauchs apokrypher Literatur hatte die Reformation Bedenken dagegen, die neutestamentliche Kanonizität dieser Briefe anzuerkennen. Auch manche Kirchenväter lehnten deshalb den Judasbrief ab. Durch Berufung auf Apokryphen wurden auch Legenden in das Neue Testament aufgenommen (die deshalb ihren legendarischen Charakter nicht verlieren). Doch dürfen wir nicht übersehen, daß gerade der Zweite Petrusbrief eine gewisse Korrektur an dem allzu leichtfertigen Gebrauch von Apokryphen durch den Judasbrief anbringt (siehe unten; Synthese: „Sieg über dämonische Mächte").

Zudem darf man nicht aus dem Auge verlieren, daß diese Stabilisierung der Kirche gegen Ende des 1. Jahrhunderts nicht ein spezifisch-christliches Phänomen ist. Die ganze Kultur zeigt in jenen Tagen eine Neigung zu festen Normen, zu Stabilität und ‚Orthodoxie', sowohl das heidnisch-religiöse Leben, das jüdische Leben (Wachstum der rabbinischen Orthodoxie in dieser Periode) und das christliche Leben. Ein allgemeiner Kulturpessimismus zeichnete sich ab, vor allem nach der glorreichen Zeit der Stoa. Das führte zur Festigung errungener Positionen in der ganzen Kultur des römischen Imperiums. Die Stabilisierung des kirchlichen Christentums bildete einen Bestandteil oder eine Variante, wenn auch aufgrund christlich-interner Kriterien in einer stets größer werdenden Weltkirche.

Diese Situation erklärt auch die Art der Irrlehren, gegen die sich die beiden Briefe wenden. Manche Christen haben ekstatische Erlebnisse (Jud 8), wodurch sie ‚erfüllt' werden und eine tiefere Kenntnis der göttlichen Dinge zu erwerben behaupten" (2 Petr 1,5–6; 1,2.3.8; 2,20; 3,18). Sie nennen sich ‚pneumatici': vom Geist Erfüllte, während das einfache Kirchenvolk nur aus „psychici" ohne pneuma-Begeisterung besteht. Eine Art charismatisch-pneumatischer Bewegung, die es im frühen Christentum stets gegeben hat und die vom Zweiten Petrusbrief als ‚Hochmut' ausgelegt wird (2 Petr 2,18), gekennzeichnet durch eine eigenmächtige, offensichtlich willkürliche und phantastische Schriftauslegung (2 Petr 1,19–21; 3,16). Diese Menschen mißbrauchen offensichtlich „das Evangelium der Freiheit" (2 Petr 2,19; Jud 4), vor allem den Gnadenoptimismus und -monismus des Paulus (Jud 4; 2 Petr 3,15 b–16). Im Gegensatz zu früher (oder anderswo, als man die himmlischen Engelmächte überschätzte und die kirchlichen Vorsteher diese Himmelswesen zur ‚Unterwerfung unter Christus' dargestellt hatten (Paulus; Kol; Eph; Hebr; 1 Petr), wähnen diese pneumatischen Christen sich hocherhaben über Engel (Jud 8–10.16; 2 Petr 2,10–11); ihnen war das früher auch verkündet worden! Vielleicht haben sie es in einer gleichen libertinistischen Richtung interpretiert. Die beiden Briefe ermahnen diese Christen zu etwas mehr Achtung vor diesen Engeln (Jud 8–10; 2 Petr 2, 10–11). Die Pneumatiker kritisieren offensichtlich in ihrem Freiheitsrausch, was traditionellerweise „Gottes Schöpfungsordnungen" genannt worden war (Jud 8.16.25), als ob es einen Gegensatz gäbe zwischen Schöpfungsordnung und Heilsordnung (Vorläufer des Marcion?). In ihrer pneumatischen Übersättigung leugnen sie (praktisch) die Parusie, das Noch-nicht des Christseins zugunsten eines Schon-jetzt (Jud 4 und 18; 2 Petr 2, 2; 3, 3–4). Ist „Christus der Herr" für sie ein ‚Mythos' geworden, aus dem sie leben (2 Petr 1,16)? Anders als frühere Pneumatiker spotten diese Leute über die immer als ‚sehr nahe' dargestellte Parusie, die nie kommt (2 Petr 3, 3), es sind eindeutig keine adventistischen Pneumatiker. Sogar Christi Herrsein (hier schon mit dem griechischen Ausdruck „Despotès", Herrscher, bezeichnet) leugnet man offensichtlich (Jud 4; 2 Petr 2,1). In diesen von den Autoren (inwieweit?) interpretierten Phänomenen liegen offensichtlich Motive, die sich erst später, im 2. Jahrhundert, zu dem auswachsen werden, was Gnosis genannt wird, die allerdings Manche Tendenzen und Motive der antiken und spätantiken Kultur aufnimmt und zu einer ganz neuen Lebenslehre umbaut. Aber jetzt ist es noch Synkretismus. Es besteht außerdem kein Schisma. Es handelt sich um Christen innerhalb der Glaubensgemeinschaft, die an der Tischgemeinschaft teilnehmen (2 Petr 2, 13; 2, 14; Jud 12 und 2 und 4); aber für beide Autoren sind es Äußerungen von Häresie (Jud 19; 2 Petr 2,1): In Wirklichkeit haben diese Christen „den wahren Weg" schon verlassen (2 Petr 1,15), und diese Situation bezeichnen sie als schlimmer, als wenn sie nie Christen geworden wären (2 Petr 2, 20–22).

Die Autoren wenden sich offensichtlich gegen eine Tendenz, aus dem Christentum einen ‚Mythos' zu machen und Kerygma und Ethos zu trennen. Eine ‚Anti-Theologie' beginnt sich anzumelden gegenüber der offiziellen kirchlichen Theologie, die sich an Jesus gebunden weiß. Vielleicht wollen sie in erster Linie von der offiziellen Kirche ‚verschwiegene Wahrheiten' zu neuem Leben erwecken und zur Geltung bringen. Vielleicht ist es doch ein erstes Symptom dessen, was im 2. Jahrhundert zum Bruch mit der großen Kirche wird: das Abschneiden des Christentums von seinem Ursprung in Israel und dem Alten Testament. Eine Kirche allein aus Heidenchristen verliert den Kontakt mit ihrer jüdischen Basis. Die offizielle Kirche sucht durch ihr letztlich alttestamentlich fundiertes Christuskerygma zu retten, was zu retten ist, aber die Saat der ‚Anti-Kirche' des 2. Jahrhunderts beginnt offensichtlich schon zu keimen, noch verborgen, aber der Boden scheint sich schon zu bewegen.

II
Vom ‚Gott Jesu' zum ‚Gott Christus'?

Auffallend ist schon, daß die Doxologie, die früher von den Autoren immer durch Christus im Geist auf Gott, den Vater, bezogen war, jetzt auf Christus selbst gerichtet wird (2 Petr 3, 18), „Herr und Heiland" (2 Petr 1, 11; 3, 2), mit zwei hellenistischen Titeln: „Despot und Soter", den beiden Titeln des römischen Kaisers – was zugleich eine Kritik an dem vergöttlichten Kaiser in sich schließt. Christus selbst wird jetzt der Herr des eschatologischen Königreichs genannt, das zum Jenseits geworden ist (2 Petr 1, 11). Die charis oder Gnade Gottes bleibt zwar Ursprung der ganzen christlichen Existenz (Jud 21, siehe 2 Petr 1, 3), aber die christliche Lebensweise wird stark moralisiert zu sittlichem Leben (2 Petr 1, 10–11), und was früher *charis* hieß, wird jetzt *Gebot* (2 Petr 2, 21; 3, 2). Eine stärkere Hellenisierung des Vokabulars (jetzt nicht mehr durch griechische Juden, sondern unmittelbar durch bekehrte Heiden) tritt auf (vor allem 2 Petr 1, 4). Auch die offizielle Kirche verliert den Beitrag des jüdischen Elements und der Tenach-Spiritualität. Die ‚Patristik' beginnt sich abzuzeichnen. Jud 3 spricht von der „sōtēria koinē": der Erlösung oder dem Heil, das der ganzen Weltkirche gemeinsam ist. 2 Petr 1, 1 beginnt seinen Brief mit „unser Gott und Soter Jesus Christus", wobei Gott und Heiland unter einem einzigen Artikel stehen, mit anderen Worten: der Gott Jesus, der unser Heiland ist. Das ist die einzige Stelle im ganzen Neuen Testament, wo Christus selbst „Gott und Heiland" genannt zu werden *scheint*. „Gott und Soter" ist ein Doppelbegriff für Gott in der heidnischen hellenistischen Religiosität. Und der Zweite Petrusbrief beruft sich zweifellos darauf. Die Frage bleibt jedoch, ob sich „Gott und Soter" direkt auf Jesus beziehen. An anderer Stelle spricht der Zweite Petrusbrief von „*Kyrios* und Soter" (1, 11; 2, 20; 3, 2.18) im gleichen Sinn. Die Frage ist jedoch, ob es so stark da steht: „tou Theou hēmōn kai sōtēros Jēsou Christou" (1, 1), und in 1, 2 steht: „tou Theou kai Jēsou tou Kyriou hēmōn". In Vers 2 besteht offensichtlich ein Unterschied: „*des Gottes* (= Vaters) und Jesu unseres Herrn", aber rein grammatikalisch ist auch eine zweite Lesung möglich: „unseres Gottes und Heilands Jesus Christus". Aber 1, 2 liest es selbst im ersten und nicht im letzteren Sinn (wie auch die Pastoralbriefe); 1, 1 bedeutet daher, im Licht von 1, 2: „unseres Gottes und unseres Heilandes Jesus Christus". Der hellenistische Ausdruck „Gott und Soter" wird zwar absichtlich gebraucht, aber mit der notwendigen christlichen Korrektur. Das ist offensichtlich auch die Bedeutung in allen anderen Fällen, wo im Neuen Testament die Rede von „Gott und Soter" ist (Tit 1, 4; 2, 13; 2, 6) und wo, wenn es allein um Jesus geht, immer „Kyrios und Soter" steht.

Der Terminologie nach ist ein zweiter stark hellenistisch-religiöser Ausdruck in den Zweiten Petrusbrief aufgenommen, der die patristischen Kirchen grundlegend beeinflussen wird. Heil in Jesus von Gott her – die zentrale neutestamentliche Erfahrung – erhält als Interpretation hier den Ausdruck: „theias koinōnoi physeōs", „Teil erlangen an Gottes Natur" oder an „Gottes eigenem Wesen" (2 Petr 1, 4; das berühmte „consortium divinae naturae"). Der *Begriff* als solcher kommt aus der griechischen Philosophie und insbesondere aus der Stoa, aber er war schon im Diasporajudentum eingebürgert. In der Stoa war der Mensch gleichsam ein Teil, ein Glied der einen großen göttlichen Natur oder „physis". Im hellenistischen Judentum mit seinem scharf ausgeprägten Schöpfungsbegriff war dies schon lange umgeformt zu einer *Gabe* der Teilhabe an Gottes Wesen[167]. „Teilhaft der göttlichen Natur" war für griechisch sprechende Juden schon eine geläufige Redeweise. Trotz des Hellenismus der Terminologie ist der gemeinte Inhalt jüdisch und christlich. Wörtlich, allerdings nicht schön ausgedrückt, steht da: „Damit ihr dadurch (nämlich durch die großartigen Verheißungen Gottes) Anteil erlangt an Gottes Natur, damit entrinnend (apophygontes) dem Verderben der Welt in Selbstsucht" (als Folge und zugleich als Voraussetzung für das göttliche Teilhaftigsein). Von einer natürlichen Wesensverwandtschaft mit Gott ist keine Rede. Der Autor sagt, daß die Christen von alters her als Frucht der Erfüllung von Gottes Verheißungen, somit als Gnade, ‚Anteil erlangen an Gottes eigenem Wesen' und darin dem Verderben einer *selbstsüchtigen* Welt entrinnen. Wenn auch griechisch in der Terminologie, es geht hier um das apostolisch-traditionelle „der Sünde absterben" und „Zugang zu Gott". Und der Autor konkretisiert: Diese Teilhabe an Gottes Unvergänglichkeit ist: Glaube, verbunden mit Tugendhaftigkeit, Erkenntnis, Selbstbeherrschung, Standfestigkeit, Frömmigkeit, brüderlicher Liebe und vor allem Caritas (1, 5–7). Wer so handelt und sich so verhält, hat Zugang zum Königreich unseres Herrn und Heilandes Jesus Christus. So können auch griechische Heiden verstehen, was diese jüdisch-christliche Tradition eigentlich sagen will. Der Zweite Petrusbrief macht nichts anderes, als was der Römer-, der Kolosser- und der Epheserbrief gegenüber den christlichen Gemeinden getan haben: versuchen, sich den konkreten Lesern verständlich zu machen. Das jüdisch-griechische ‚Reich Gottes' wird hier griechischen Menschen erklärt. Und was diese davon verstehen, ist sehr deutlich: nur wenn man sittlich-religiös lebt, kann die Rede von einer Teilhabe an Gottes Wesen sein. Die Interpretation von ‚Heil in Jesus erfahren' ist nicht an die Sprache Kanaans gebunden, weil das Heil für alle gemeint ist, auch für Griechen. Sie dürfen *in ihrem Idiom* ihren Erfahrungen von Heil-in-Jesus Ausdruck geben.

Daß damit Gefahren verbunden sind, ist selbstverständlich. Auch der jüdische Ausdruck der Christuserfahrung steckte voller Gefahren. Der Zweite Petrusbrief sagt in griechisch verständlichen Ausdrücken, daß diese Teilhabe an Gott a) eine Gnade ist, die Frucht der alten Verheißungen Jahwes, b) sich in einem religiösen und ethisch tugendhaften Leben äußert und c) einem selbstsüchtigen Leben diametral entgegensteht. Geht es jüdisch-christlicher?

Dieses Geschehen, vollzogen durch Jesus Christus, stellt der Zweite Petrusbrief ‚Mythen' gegenüber (1, 16). Zu einem historischen Jemand wurde von Gott gesagt: „Dieser ist mein geliebter Sohn" (1, 17). Der Brief spielt dabei auf eine synoptische Tradition an: die der Verklärung Jesu (ursprünglich vielleicht eine ‚Erscheinungsgeschichte'). Gott stellt offiziell fest, daß dieser Jesus Gottes Sohn ist; als solcher wird er wiederkommen, wie vorhergesagt ist (1, 19) im Alten Testament (ohne Hinweis auf eine besondere Stelle; der Tenach als ganzer wird zu einer einzigen ‚Prophetie über Christus'). Gerade diese Parusie ist offensichtlich in manchen Gemeinden ein Problem. Es gibt Spötter, die sagen: „Wo bleibt denn nun die Wiederkunft, die er zugesagt hat? Unsere Väter sind schon gestorben, aber alles bleibt so, wie es von Beginn der Schöpfung an gewesen ist" (3, 4). Und wo bleibt jenes Weltende, das bald kommen soll? Der Autor antwortet: „Für den Herrn ist ein Tag wie tausend Jahre und tausend Jahre wie ein Tag" (3, 8), Gott hat um unseretwillen Geduld (3, 9), „als eine Gnade zum Heil" (3, 15 b). Der Autor stellt das Weltende als einen großen Weltbrand dar – eine hellenistische Auffassung vom Weltende, die in der ganzen außerkanonischen Literatur zu finden ist, ein heidnisches Motiv, das mit dem prophetischen Motiv des ‚eschatologischen Gerichtsfeuers' verbunden wurde (Jes 33, 11–12; Joel 2, 3; Sach 12, 6). Diese Kosmologie gehört nicht zur Glaubensaussage, sondern zu menschlichen Annahmen. Der Weltbrand (3, 7) ist ein Geschehen, in dem die vier Elemente in einer Feuersglut dahinschmelzen und die Sterne mit Getöse vergehen (3, 10 und 3, 12). An deren Stelle tritt „ein neuer Himmel und eine neue Erde" (3, 13). Aber in diesen Bildern spricht der Autor von Gottes Gericht über unsere Geschichte (3, 10 c; 3, 12 c): eine neue Welt, „in der *Gerechtigkeit* wohnen wird" (3, 12 c). Je heiliger und gerechter die Gemeinde Gottes lebt, um so schneller wird diese Vision verwirklicht werden (3, 11)[168]. (So ist auch in Apg 3, 19–20 die Bekehrung Israels Voraussetzung für die Parusie, während für Paulus die Bekehrung der Heiden Voraussetzung für die Bekehrung Israels und die kommende Parusie ist.) Trotz spätapostolischer Züge und deutlicher Fixierungen bleiben diese christlichen Gemeindevorsteher einerseits dem apostolischen Glauben treu, anderseits haben sie bei ihrer kreativen Aktualisierung dieses Glaubens weniger Mut als ihre Vorgänger. Das Gewicht der Überlieferung qua Tradition wird für sie mehr zu einem ‚Gebot', einem Müssen als zu einer bleibenden Orientierung für ein aktualisierendes Sich-Einspielen auf neue Probleme. Die bindende und orientierende Norm des apostolischen Glaubens erhält die Züge einer ‚Orthodoxie', im Sinn einer ziemlich gehemmten Aktualisierung, verglichen mit ihren kreativen Vorgängern in demselben apostolischen Glauben.

FÜNFTES KAPITEL
JESUS, DER ZEUGE VON GOTT-IST-LIEBE:
DER JOHANNEISMUS

ALLGEMEINE LITERATUR:
Zu jedem Abschnitt wird Themenliteratur angegeben. Hier folgen zunächst nur die großen
Johanneskommentare neueren Datums sowie Literatur, die das ganze Johannesevangelium
oder zumindest Grundtendenzen desselben betrifft.

Ch. K. Barrett, The Gospel According to St. John (London 1958); *J. Blank* Krisis. Untersuchungen zur johanneischen Christologie und Eschatologie (Freiburg 1964); *F. M. Braun*,
Saint Jean. La Sagesse et l'Histoire (Festschrift f. O. Cullmann) (NTS, 6) (Leiden 1962)
123–133; *R. E. Brown*, The Gospel According to John (AB, 29 und 29A) 2 Bde (New York
1966 und 1970); *R. Bultmann*, Das Evangelium des Johannes (Göttingen 1950); *H. van den
Bussche*, Het vierde evangelie, 4 Bde. (Tielt 1959, 1960, 1955 und 1960); *O. Cullmann*, Der
johanneische Kreis. Sein Platz im Spätjudentum, in der Jüngerschaft Jesu und im Urchristentum. Zum Ursprung des Johannesevangeliums (Tübingen 1975); *C. H. Dodd*, The Interpretation of the Fourth Gospel (Cambridge [8]1968); *A. Feuillet*, Études johanniques (Paris–
Brügge 1962); *E. Käsemann*, Jesu letzter Wille nach Johannes 17 (Tübingen 1966); *R. Kysar*,
The Fourth Evangelist and his Gospel (Minneapolis 1975); *H. Leroy*, Rätsel und Mißverständnis. Ein Beitrag zur Formgeschichte des Johannesevangeliums (Bonn 1968); *B. Lindars*,
The Gospel of John (NCB) (London 1972); *G. W. McRay*, The Fourth Gospel and Religions-
geschichte: CBQ 32 (1970) 13–24; *J. L. Martyn*, History and Theology in the Fourth Gospel
(New York 1968); *W. A. Meeks*, The Prophet-King. Moses Traditions and the Johannine
Christology (NT.S., 14) (Leiden 1967); *ders.*, Am I a Jew? in: Christianity, Judaism, and
other Greco-Roman Cults (ed. J. Neusner) (Leiden 1975) Bd. 1, 163–186; *L. Morris*, The
Gospel According to John (London 1972); *U. Müller*, Die Geschichte der Christologie in
der johanneischen Gemeinde (SBS, 77) (Stuttgart 1975); *T. Pollard*, Johannine Christology
and the Early Church (Cambridge 1970); *G. Reim*, Studien zum alttestamentlichen Hintergrund des Johannesevangeliums (SNTS, 22) (Cambridge 1974); *J. A. T. Robinson*, The Destination and Purpose of St. John's Gospel: NTS 6 (1959–60) 117–131; *J. Robinson* und
H. Koester, Trajectories through Early Christianity (Philadelphia 1971); *J. N. Sanders*, The
Gospel According to St. John (London 1968); *R. Schnackenburg*, Das Johannesevangelium
(HThK, IV–1, 2 und 3), 3 Bde. (Freiburg i. Br. 1965, 1971 und 1975); *ders.*, Die Johannes-
briefe (HThK, XIII–3) (Freiburg i. Br. [5]1975); *S. Schulz*, Das Evangelium nach Johannes
(NTD, 4) (Göttingen 1972); *T. C. Smith*, Jesus in the Gospel of John (Nashville 1959); *Sj. van
Tilborg*, ,Nederdaling' en incarnatie: de christologie van Johannes: TvTh 13 (1973) 20–33;
W. C. van Unnik, The Purpose of St. John's Gospel: StEv 1 (1959) 382–411; *B. Vawter*,
The Gospel According to John (JBC, 2) (London 1968) 414–466; *J. Willemse*, Het vierde
Evangelie. Een onderzoek naar zijn structuur (Hilversum-Antwerpen 1965); Studies in John
(für Prof. J. N. Sevenster) (Leiden 1970).

ZUR EINFÜHRUNG

Seit einiger Zeit lesen manche das Johannesevangelium als Exempel einer
Befreiungstheologie[1], andere dagegen betrachten es als Äußerung eines christlichen Buddhismus[2] – ein Beweis dafür, daß man in der Schrift oft Bestätigungen
eigener Sehnsüchte, Gedanken und Vorentscheidungen sucht.

Wie in den vorausgegangenen Analysen ist es mir auch in Verbindung mit dem Johanneismus um seine *Theologie* zu tun, nicht unmittelbar um eine literarische Textanalyse (die allerdings vorausgesetzt werden muß). Auch für Johannes ist der Kern des apostolischen Glaubens: „So sehr hat Gott die Welt geliebt, daß er seinen einzig-teuren Sohn dahingegeben hat, damit jeder, der an ihn glaubt, nicht verlorengehen, sondern ewiges Leben haben wird" (3,16). Das ist urchristliche Tradition, wenn auch in johanneischer Terminologie. Paulus hat schon gesagt: „Er hat sogar seinen eigenen Sohn nicht geschont; für uns alle hat er ihn hingegeben" (Röm 8,32), „Gott aber beweist seine Liebe zu uns gerade dadurch, daß Christus für uns gestorben ist, als wir noch Sünder waren" (Röm 5,8). Die Anspielung auf Abrahams Bereitschaft, den Sohn der Verheißung, Isaak, zu opfern (Gen 22,16), läßt sich nicht leugnen. Diese urchristliche Traditionsgegebenheit erhält aber im Johanneismus eine besondere Ausführung, vor allem weil die Träger der johanneischen Tradition ursprünglich *palästinisch-jüdische* Christen waren, nicht aus den orthodoxen, offiziell-jüdischen Kreisen, sondern aus solchen, die man heute ‚heterodoxe‘ Randgemeinden der jüdischen Spiritualität innerhalb des jüdischen Synkretismus des ersten Jahrhunderts nach Christus nennt. Bevor man aber dieses jüdisch-heterodoxe geistige Milieu des Johanneismus betont, muß man zuerst das Wurzeln der Johannestradition in der ältest-kirchlichen, ja *Jerusalemer* Tradition unterstreichen. Deshalb suchen wir zuerst nach einigen Schlüsseln, die uns das Verständnis des vierten Evangeliums öffnen. Danach wird die johanneische Theologie analysiert, teils anhand des konkreten Aufbaus des Johannesevangeliums, teils und vor allem aufgrund spezifisch-johanneischer theologischer Motive.

§ 1. Schlüssel zum Verständnis des Johannesevangeliums

LITERATUR (neben der erwähnten allgemeinen Literatur):
J. Beutler, Martyria. Traditionsgeschichtliche Untersuchungen zum Zeugnisthema bei Johannes (Frankfurt 1972); *J. Bowman*, Samaritanische Probleme (Stuttgart 1967); *J. H. Charlesworth*, John and Qumran (London 1972); *G. Wesley Buchanan*, The Samaritan Origin of the Gospel of John, in: Religions in Antiquity (in Memory of E. R. Goodenough) (NumenS) (Leiden 1968) 149–175; *C. Colpe*, Die religionsgeschichtliche Schule. Darstellung und Kritik ihres Bildes vom gnostischen Erlösermythus (Göttingen 1968); *R. A. Culpepper*, The Odes of Salomon and the Gospel of John: CBQ 35 (1973) 298–322; *R. Le Déaut*, La nuit paschale. Essai sur la signification de la pâque juive à partir du Targum d'Exode XII, 42 (An. Bibl., 22) (Rom 1963); *K. M. Fischer*, Der Johanneische Christus und der Gnostische Erlöser, in Gnosis und Neues Testament, in: Studien aus Religionswissenschaft und Theologie (hrsg. K. W. Tröger) (Berlin 1973) 245–267; *E. Freed*, Samaritan Influence in the Gospel of John: CBQ 30 (1968) 580–587, und: NTS 12 (1970) 241–256; *T. Fr. Glasson*, Moses in the Fourth Gospel (Naperville 1963); *R. Harris* und *A. Mingana*, The Odes and Psalms of Solomon (Manchester 1920); *J. Jervell*, Imago Dei Gen. 1, 26–27 im Spätjudentum, in der Gnosis und in den paulinischen Briefen (FRLANT, 76) (Göttingen 1960); *H. Jonas*, Gnosis und spätantiker Geist, 2 Bde (Göttingen ³1964 und ²1966); *H. B. Kuhn*, The Angelologie of the Noncanonical Jewish Apocalypses: JBL 67 (1968) 211–219; *H. Kipperberg*, Garisim and Synagogue (Berlin 1971); *A. Lacomara*, Deuteronomy and the Farewell Discourse (Jn.

13,31 – 16,33): CBQ 36 (1974) 65–84; *R. Longenecker*, The Christology of Early Jewish Christianity (Naperville 1970); *M. McNamara*, The Ascension and the Exaltation of Christ in the Fourth Gospel: Scripture 19 (1967) 65–73; *ders.*, Targum and Testament (Grand Rapids 1972); *ders.*, The New Testament and the Palestinian Targum to the Pentateuch (Rom 1966); *B. L. Mack*, Wisdom Myth and Mytho-logy: Int 24 (1970) 46–60; *ders.*, Logos und Sophia. Untersuchungen zur Weisheitschristologie im hellenistischen Judentum (Göttingen 1973); *G. W. McRay*, The Jewish Background of the Gnostic Sophia Myth: NT 12 (1962) 86–100; *ders.*, The Coptic Gnostic Apocalypse of Adam: Hey J 6 (1965) 27–35; *J. L. Martyn*, a.a.O.; *A. A. Meeks*, The Prophet-King, a.a.O.; *ders.*, Moses as God and King, in: Religions in Antiquity (a.a.O.) (Leiden 1968) 354–371; *Juan P. Miranda*, Der Vater, der mich gesandt hat (Bern – Frankfurt 1972); *G. W. Nickelsburg*, jr., Resurrection, Immortality, and Eternal Life in intertestamental Judaism (Cambridge Mass. – London 1972); *L. Perlitt*, Moses als Prophet: EvTh 31 (1971) 588–608; *G. Quispel*, Qumran, John and Jewish Christianity, in: John and Qumran, 137–155: *H. M. Schenke*, Der Gott ‚Mensch' in der Gnosis (Göttingen 1962); *F. Schnutenhaus*, Die Entstehung der Mosestraditionen (Heidelberg 1958) (Maschinenschrift, Diss.); *M. Simon*, St. Stephen and the Hellenists in the Primitive Church (London – New York 1958); *C. H. Talbert*, The Myth of a Descending-Ascending Redeemer in Mediterranean Antiquity: NTS 22 (1976) 418–440; *H. M. Teeple*, The Mosaic Eschatological Prophet (JBL, Mon. Ser. 10) (Philadelphia 1957); *H. A. Wolfson*, Philo, 2 Bde. (Cambridge Mass. ²1948).

I
Jesus, der eschatologische Prophet größer als Mose

A. JESUS, DER AUGENZEUGE GOTTES

In der literarischen Einheit Joh 1,19–51 treten schon alle Zeugen Jesu auf: außer Johannes dem Täufer (1,19–33) der Vater (1,32–34.37; siehe 8,18), Jesus selbst (1,31.47.51; siehe u.a. 8,14.18), die ‚Werke' Jesu (1,36; siehe 10,25), der Tenach oder die Schrift (1,39.45), der ‚heilige Geist' (1,32.33.34; siehe 15,26), die Jünger (1,34–51; siehe 15,27.41.45) und der Evangelist, der 1,19–51 schreibt (siehe 19,35 und im hinzugefügten Kapitel 21,24).

Die sogenannte ‚Berufung' der ersten vier Jünger verdient besondere Aufmerksamkeit. Der Täufer selbst bringt zwei seiner Jünger zu Jesus; diese werden Jünger Jesu (1,35–37) durch das Zeugnis des Johannes. Damit kann zugleich bestätigt sein, daß die johanneische Gemeinde aus Täuferkreisen stammt (siehe unten); doch hat Johannes dabei in erster Linie theologische Absichten. Einer der beiden Jünger, Andreas, bringt wiederum seinen Bruder Simon Petrus zu Jesus, der ihn unverzüglich Kephas, Fels, nennt (1,41–42). Dann beruft Jesus selbst Philippus (1,44), aus derselben Stadt wie die beiden Brüder Andreas und Petrus. Philippus wiederum sucht Natanael zu überzeugen (1,45). Johannes hat mit dieser Geschichte etwas Besonderes vor. Die ersten beiden Jünger, Jünger des Täufers, folgen Jesus auf das Wort des Täufers: „Seht! das Lamm Gottes" (1,36). Diese ersten Jünger fragten Jesus: „Rabbi, wo wohnst du?" (1,38). Jesus antwortet: „Kommt und seht" (1,39). Philippus seinerseits sagt zu dem zuerst ungläubigen Natanael: „Komm und sieh!"

(1,46b). Schließlich sagt Jesus zu Natanael: „Du wirst den Himmel offen *sehen* und die Engel Gottes auf- und niedersteigen *sehen* im Dienst des Menschensohns" (1,51). Die ‚Berufungen' erweisen sich als eine Einladung „zum Sehen". Nur zu Philippus sagt Jesus einfach: „Folge mir" (1,43), sozusagen ohne erst zu sehen. Dieser Philippus wird später auch bitten: „Zeige uns den Vater", worauf Jesus sagt: „Philippus, wer mich sieht, sieht den Vater" (14,9).

‚Sehen und glauben' und ‚glauben ohne zu sehen' (siehe 1,15 und 20,29) spielen im vierten Evangelium eine besondere Rolle. Die Jünger „glauben an Jesus" (2,11) von Anfang an. Aber sie werden eigentlich zu künftigen *Zeugen* berufen: Sie müssen deshalb auch ‚gesehen' haben, damit jene, die Jesus und seine Werke nicht gesehen haben, auch selbst glauben können (siehe 19,35; 20,29.31). Zwar sehen auch ‚die Juden' die Zeichen Jesu, aber sie glauben nicht (12,37). Es gibt ‚Sehen' (oft: „blepein") und „Sehen" (idein) im Johannesevangelium! Für Jünger, die bald Zeugen sein sollen, kommt es darauf an, daß „sie sehen und glauben", während für die johanneische Gemeinde (die zweite und dritte Generation von Christen, die den geschichtlichen Jesus nicht mehr gesehen haben) gilt: „Selig sind, die nicht sehen und doch geglaubt haben" (20,29b). Die Jünger aber bezeugen gläubig aufgrund des Augenzeugnisses (1,34; 3,11; 3,32; 15,27; 19,35; 20,30; siehe auch 1 Joh 1,1–3; 4,14). Hier schon merken wir Traditionszusammenhänge zwischen dem Johannesevangelium und Lukas (Lk 1,2; Apg 1,21–22), daher noch nicht direkt, sondern aus einer beiden gemeinsamen Tradition: „Ihr sollt Zeugnis geben, denn ihr seid *von Anfang an* bei mir" (Joh 15,27; siehe Lk 1,2). Nicht ohne Grund verlegt Johannes die Geschichte von der Berufung einiger – vier – Jünger vor das erste Zeichen Jesu (2,2–11). Petrus, der schon der Fels genannt wird (1,42), wird, nach der Ostererfahrung, als Norm für die Stellvertretung des ausgefallenen Apostels Judas aufstellen: jemand, der Zeuge war „angefangen von der Taufe des Johannes" (Apg 1,22).

Die vier Jünger „folgen Jesus", das heißt, sie *glauben* an ihn (1,37.38.40.43), ‚nachdem sie gesehen haben' (1,35–51): Sie sehen und glauben – damit später andere glauben können, ohne zu sehen. Die beiden *Johannesjünger* sind – ‚abgesehen' von der Geschichtlichkeit dieser johanneischen Erwähnung (die alle Chance hat, geschichtlich wahr zu sein) – theologisch notwendig, nämlich um Garantie zu leisten für das Zeugnis Johannes' des Täufers selbst (1,19–34). Sonst bestünde eine Lücke in der Kette der Zeugnisse.

Dies alles ist für Johannes wichtig, weil auch Jesus *Zeugnis* ablegt, nämlich über das, was er beim Vater gesehen und gehört hat (3,11.32.33–34; 4,44; 5,31; 7,7; 8,14.18; 13,21; 18,37). Die Kontinuität all dieser Zeugnisse muß gewährleistet sein. Für den Johanneismus bedeutet *bezeugen*: nicht aus sich selbst sprechen, sondern sagen, was man gesehen und gehört hat; die Worte dessen sprechen, der sendet. Das gilt für die Jünger (17,8; 17,14; siehe 16,12–15; 17,6–8; 17,16–18). Es gilt auch für den Täufer: „Ich habe es selbst gesehen, und ich bezeuge es" (1,34; siehe 1,33). Es gilt sogar für den Paraklet, den heiligen Geist: „Er wird nicht aus sich selbst reden, sondern das reden, was er hört" (16,13). Er bringt nur in Erinnerung, was Jesus gesagt hat (14,26). Schließlich gilt es auch für Jesus selbst: „Der Sohn kann nichts aus sich selbst, sondern nur das, was er den Vater tun sieht" (5,19.30; 3,11; 8,28; 14,10.24; 17,4.8). Zeugnis ablegen heißt über das reden, was man gesehen oder gehört hat (3,11; 12,50; 5,19.30; 8,26.28.38.40; 16,13; 1,32–33.34; 19,35; – 1 Joh 1,1–3).

Von allen anderen Zeugen außer Jesus gilt jedoch: „Niemand hat je *Gott* gesehen" (1,18), „Niemand hat den Vater gesehen, allein der, der aus Gott ist, hat den Vater gesehen" (6,46; 3,31; siehe 7,28–29; 8,26). Letztlich geht jedes religiöse Zeugnis auf dem Weg über Jesus auf Gottes eigene Wahrhaftigkeit zurück (7,28–29; 3,31–33). Johannes ist es letztlich darum zu tun, mittels aller Zeugnisse diese ihren Grund in Gottes eigener Wahrheit und Wahrhaftigkeit finden zu lassen: Der präexistente Logos, der von Anfang an ‚bei Gott' ist, ist das letzte Fundament aller Zeugnisse. *Von Anfang an* ist Jesus ‚dabeigewesen': „Am Anfang war das Wort, und das Wort war bei Gott" (1,1): er kann also Zeuge sein. Zu seinen Jüngern sagt der Hauptzeuge daher: „Auch ihr müßt Zeugnis ablegen, denn *ihr seid von Anfang an bei mir*" (15,27). Das ‚in principio' des Wortes steht in Kontinuität mit dem „in principio" der Gegenwart von Johannesjüngern, späteren Jüngern Jesu, beim Täufer und bei Jesus. Das in sich schwergewichtige „Im Anfang war das Wort" (1,1) steht im Dienst der Garantie des Zeugnisses Jesu: Er war ‚dabei', bei Gott, von Anfang an; er ist Augenzeuge; aus guten Gründen kann er uns vom Vater erzählen, was er vom Vater gesehen und gehört hat: *„Ich bin der, der bezeugt..."* (8,18), nämlich das Wort Gottes. Er war im Anfang bei Gott, um von Gott Zeugnis ablegen zu können. Er spricht nur „die Worte des Vaters" (siehe 5,20b.32.36; 14,10; 3,35 b). Dazu wurde er ‚sarx' (1,14a). Seine sarx ist die „skēnē tou martyriou", „das Zelt des Zeugnisses" (siehe griech. Num 4,3–4): das Tabernakel Gottes, die Stätte, wo Gott in unserer Mitte wohnt. Joh 1,14–16 steht in der Sinaitradition (siehe unten: wenn auch auf dem Weg über eine frühjüdische Interpretation). Jesu Menschheit, die Fleischwerdung des Wortes, ist die Verwirklichung der Verheißung von „Gottes Wohnen unter seinem Volk" (Lev 26,11–12; Ex 25,8; Ez 37,27; 43,7; 48,35; Joel 4,21; Sach 2,14; 3,8 usw.). Es geht nicht um ein ‚Zelten' – wenn auch sein menschliches Wohnen unter uns vorübergehend ist (siehe unten). Die Anspielung von 1,14a.b. bezieht sich auf das Bundeszelt, „das Zelt des Zeugnisses" (siehe auch Offb 15,5; Apg 7,44; Hebr 8,2.5; 9). Schon in Joh 2,19–21 spricht der johanneische Jesus vom „Tempel seines Leibes"; „es hat unter uns gewohnt" („eskenosen" [1,14b]): in seiner ‚sarx' ist Jesus das Tabernakel, das Zelt des Zeugnisses. Das Buch der Offenbarungen wird sagen: „Siehe, das Zelt (skene) Gottes unter den Menschen. Er wird bei ihnen wohnen (skenosei)" (Offb 21,3). Joh 1,14 sagt, daß in Jesus Gott in unserer Mitte wohnt. Die sarx ist das Zelt des Wortes unter uns. „Wir haben seine Herrlichkeit *gesehen*" (1,14c), „voll der Gnade und Wahrheit"

(1, 14 e). Jesus ist gekommen, „damit er von der Wahrheit *Zeugnis ablege*"
(18, 37). Er als *einziger* („monogenès', siehe unten) hat Gott gesehen (1, 18).
Und dieses Geschehen steht in Kontinuität mit: „Wir bezeugen, was wir gesehen
haben" (1, 18; 3, 11). Die ‚Wir'-Form, in der *Jesus* selbst ausnahmsweise in 3, 11
spricht, läßt das Zeugnis der Vorsteher der johanneischen Gemeinde durch ursprüngliche Augenzeugen mit dem Zeugnis Jesu, des Augenzeugen Gottes, ver-
schmelzen: von Anfang an „beim Vater" (1, 1–2). „Wer aus dem Himmel
kommt…, bezeugt, was er gesehen und gehört hat" (3, 31.32). Er *ist* das Wort
Gottes: Er *ist* das, was er vom Vater gehört hat. Deshalb kann er sagen: „Ich
bin *der mich selbst bezeugende*" (8, 14); und das ist dasselbe – und doch wieder
anders, denn „der Vater ist größer als ich" (14, 28 c) – wie: „auch der Vater,
der mich gesandt hat, bezeugt mich" (8, 18 b).

Fast monoton wird das Zeugnismotiv im vierten Evangelium wiederkehren,
auch wenn nicht immer das Wort selbst gebraucht wird: Jesus kann nichts aus
sich selbst, tut nichts aus sich selbst, urteilt nicht aus sich selbst. Er spricht nur
die Worte des Vaters, tut nur die Werke des Vaters und spricht die Wahrheit,
die er von Gott gehört hat. Ein Zeuge wird *gesandt*, um als Ohren- und Augenzeuge zu *bezeugen*: Jesus ist vom Vater gesandt (3, 17; 4, 34; 5, 36–37;
6, 38–39.44.57 usw.). Der heilige Geist, der von Jesus Zeugnis ablegt, wird
daher von Jesus gesandt oder, auf Bitten Jesu, vom Vater (14, 26; 15, 26; 16, 7;
14, 26). Der Täufer ist von Gott gesandt (1, 6.33); schließlich werden die
Jünger von Jesus gesandt (17, 18; 20, 21). Dieses urchristliche Motiv der Sendung wird im Johannesevangelium eine doppelte Spezifizierung erhalten, zuerst
vom Modell des eschatologischen Propheten-wie-Mose, größer-als-Mose, her,
sodann vom Modell des ‚Hinabsteigens' und ‚Hinaufsteigens' her.

B. JESUS, DER ENDZEITLICHE, ENDGÜLTIGE PROPHET-GRÖSSER-ALS-MOSE

„Das Wort, das ihr hört, ist nicht von mir, sondern vom Vater, der mich gesandt
hat" (14, 24). Jesus selbst ist „aus Gott" (16, 30; 16, 28; siehe 8, 47; 13, 3). Die
ganze Auffassung des Johannes scheint mit inspiriert zu sein von dem großen
deuterojesajanischen Gottesspruch Jahwes: *„Ihr seid meine Zeugen"* (Jes
43, 10). In Jes 43 ff wird gleichsam die ‚Sache Gottes' vor einem großartigen
Welttribunal behandelt: „Alle Nationen kommen zusammen, und die Völker
haben sich versammelt… Ihr seid meine Zeugen – so lautet der Gottesspruch
Jahwes – und mein Knecht, den ich erwählt habe, damit sie zur *Einsicht*
kommen und an mich *glauben* und erkennen, *daß ich es bin*… Ich, ich allein
bin Jahwe, und außer mir ist kein Helfer… Ich, und kein fremder Gott in eurer
Mitte. Ihr seid meine Zeugen…: Ich allein bin Gott, …der Erschaffer von
allem… Außer mir gibt es keinen Gott, der gerecht ist und rettet…Vor mir

wird jedes Knie sich beugen..." Im Johannesevangelium liegt bezüglich Jesu eine gleiche Exklusivität vor, die durch viele Zeugen unterstrichen wird: Außerhalb des Vaters und des Sohnes gibt es kein Heil und keine Rettung. „Ich bin", sagt Jesus (siehe unten). Dieser ganze Gedankengang des Johannes bringt uns in die Nähe des *eschatologischen Propheten-wie-Mose*, größer-als-Mose – einer Volkserwartung im frühen Judentum, die auf eine deuteronomische Auffassung zurückgeht (Dtn 18,15.18–19; 32,47; Ex 23,20–23 und 33,2).

Diese Tradition des endzeitlichen Propheten war ursprünglich nicht mit der Elija-Erwartung verbunden (Mal 3,23–24; siehe auch Sir 48,10–11), sie gehörte in die Mosetradition[3], denn es ist doch deutlich, daß in Mal 3,23–24 der Vorläufer, Elija, eine sekundäre Eintragung ist (siehe Mal 3,1, das an den ursprünglichen Propheten-wie-Mose anknüpft). In der Tat erhält im frühen Judentum die Elija-Gestalt die Funktion eines Vorläufers des Messias[4]. Aber diese sekundäre Tradition gründet auf einer älteren, deuteronomischen Überlieferung. Deuteronomisch ist Mose ein Wortverkünder, ein Prophet. Das Deuteronomium ist im wesentlichen als eine Rede des Mose komponiert (siehe Dtn 5,1.5.14; 6,1): Er ist Mittler zwischen Gott und Volk (Dtn 5,5). Mose ist aber zugleich ein *leidender* Mittler; er ist nicht nur Fürsprecher seines Volkes (Dtn 9,15–19; 9,25–29), er leidet auch für sein Volk, für Israel (Dtn 1,37; 4,21–22). Deuteronomisch ist Mose der *leidende Prophet*[5]. Spätere Propheten stellen sich deshalb gern mit den prophetischen Zügen des Mose dar (siehe Jer 1,7, zu vergleichen mit Ex 4,10; Jer 1,9 zu vergleichen mit Ex 18,18; Jer 15,1, wo Mose ausdrücklich genannt wird; siehe auch Elija und Elischa, 1 Kön 19,19–21; 2 Kön 2,1–15, zu vergleichen mit Dt 34,9 und Num 27,15–23: das Mose-Josua-Duo). Es ist auffallend, daß dieses prophetische Mose-Modell vor allem eine Tradition ist – nicht aus dem Land Judäa (siehe unten: die Nuancen, die dies im Johannesevangelium bewirkt), sondern aus dem Nordreich (verankert in der Sinai- und Horeb-Tradition, mit der Kultstätte Sichem als Mittelpunkt). In dieser Tradition wird gesagt: „Wenn unter euch ein Prophet des Herrn ist, mache ich mich in Visionen bekannt und spreche zu ihm in Träumen. Mit meinem Diener Mose tue ich das nicht, er ist mein Vertrauter, in meinem ganzen Haus. Mit ihm spreche ich von Mund zu Mund" (Num 12,6–8), „wie ein Mensch mit einem geliebten Mitmenschen spricht" (Ex 33,11), „von Angesicht zu Angesicht" (Ex 33,10–11). Vom prophetischen Mose sagt ,Deuteronomium' immer wieder, daß er der „Ebed Jahwe" ist, der Knecht Gottes (Ex 14,31; Num 12,7.8; Dt 34,5; Jos 1,2.7; Weish 10,16; Jes 63,11). Außerdem ist Mose ein *leidender* Ebed Jahwe, „der die Lasten des Volkes trägt" (Num 17,14; siehe Jes 53,4). Mose ist der leidende Gottesknecht, der die Sünden seines Volkes sühnt.

Verschiedene jüngere Untersuchungen haben es wahrscheinlich gemacht, daß das Motiv des ,leidenden Gerechten' (ein gesondertes Motiv für sich) in Deuterojesaja mit dem Motiv von ,Mose, als dem leidenden, prophetischen Gottesknecht', dem deuterojesajanischen Ebed Jahwe verschmolzen ist (vor allem in

Jes 42,1–4; 49,1–6; 50,4–11a; 52,13 – 53,12). Man darf in der ‚jesajanischen' Endredaktion des Jesaja den Proto-, Deutero- und Trito-Jesaja nicht wie drei disparate Blöcke nebeneinanderstellen. Die strukturale Analyse erfordert einen Blick auf das Ganze. Der prophetisch-königliche Mose, der die Lasten seines Volkes trägt, ist der deuterojesajanische leidende Gottesknecht: *königlich* (siehe Jes 41,21; 43,15; 44,6; 52,7), jedoch mit einem Nachdruck auf seinem *prophetischen* Charakter. Deutero-Jesaja soll also vom leidenden Gottesknecht in einer Terminologie gesprochen haben, die stark an das entstehende Bild des eschatologischen Propheten-wie-Mose erinnert[6]. Wie Mose, vermittelt der Ebed das Gesetz oder die Zurechtweisung (tora) und das Recht (Jes 42,1–2), aber jetzt weltweit: dieser leidende Ebed-wie-Mose ist „das Licht der Welt" (Jes 49,5–9; 42,1–6). Er ist, wie Mose, Bundesmittler (Jes 42,6; 49,8), Führer des neuen Exodus, diesmal aus dem babylonischen Exil. Durch diesen Auszug werden die zwölf Stämme wieder versammelt (Jes 49,5–6; 40,3). In diesem Auszug wird der eschatologische Prophet-wie-Mose wieder Wasser aus dem Felsen schlagen und seinem Volk ‚lebendiges Wasser' anbieten" (Jes 41,18; 43,20; 48,21; 49,10). Der leidende Gottesknecht ist der Mose des neuen Exodus (Jes 43,16–21): der die Sünden sühnende, für sein Volk leidende *mosaische* Gottesknecht, der in der Tat alle Züge dessen trägt, was im frühen Judentum *inhaltlich* der messianische eschatologische Prophet-wie-Mose genannt wird (siehe auch Hebräerbrief, den manche – in vieler Hinsicht mit Recht – ‚johanneisch' nennen).

Nach Deuterojesaja entwickelte sich das Motiv des eschatologischen Propheten-wie-Mose im frühen Judentum zu einer ‚Mosemystik', ein Phänomen, das in der exegetischen Literatur auch Sinaitismus genannt wird. Etwas von dieser Mystik finden wir schon in Jesus Sirach. „Er ... ward geliebt von Gott und den Menschen: Mose – sein Andenken sei gesegnet! Er hat ihn an Ruhm den Heiligen gleich gemacht und ihn verherrlicht durch den Schrecken der Feinde. Auf sein Wort ließ er eilends Wunderzeichen geschehen, und er machte ihn beherzt vor dem Angesicht von Königen. Er gab ihm Befehle für sein Volk und *zeigte* ihm *seine* Herrlichkeit. Um seiner Treue und seiner Demut willen erwählte er ihn aus allen Menschen; er ließ ihn *seine Stimme vernehmen*, brachte ihn in das Wolkendunkel und gab ihm, von Angesicht, seine Gebote, das Gesetz des *Lebens* und der *Erkenntnis*..." (Sir 45,1–5; aus diesen Stellen kann man schon einige johanneische Motive heraushören). Aber die Mose-Mystik wuchs weiter im frühen Judentum. Das Sterben des Mose ist schon (wie für Johannes der Tod Jesu) eine Erhöhung und ‚anabasis', ein Hinaufsteigen zum Himmel[7]. Der beim Herrn verherrlichte Mose vermittelte außerdem, durch die Gnade einer neuen Wiedergeburt, den Zugang zur Anschauung Gottes. Mose wird, in dieser Tradition, eine *messianische,* königliche Gestalt[8]. Für Philo, Josephus und das spätere Rabbinentum ist Mose tatsächlich ein *messianischer König;* zugleich leidender Ebed Jahwe – *göttlich* („theos", nicht „ho theos", siehe auch Joh 1,1c verglichen mit 1,1b). Vor allem auch bei den Samaritern war diese

Mosemystik lebendig, so stark sogar, daß manche Historiker nicht nur von Sinaitismus, sondern auch von Samaritanismus sprechen. Zwar ist die Beziehung zwischen der johanneischen Tradition und Samaria noch nicht genügend erhellt, aber die meisten Exegeten sehen doch starke Beziehungen zwischen der johanneischen Gemeinde und der samaritanischen Mission (siehe Joh 4). Wenn auch das letzte Wort darüber noch nicht gesprochen ist, die Beziehung zwischen ‚Johanneismus‘ und ‚Samaritanismus‘ läßt sich kaum leugnen[9].

Den Grundgedanken meines Buches „Jesus, die Geschichte von einem Lebenden“ fand ich von daher bestätigt durch die Analyse der besonderen johanneischen Tradition. Auch in dieser Tradition sah man in Jesus anfangs den Mose übertreffenden, eschatologischen Propheten-wie-Mose – eine altchristliche Tradition, von der das älteste Evangelium, Markus, deutliche Spuren an sich trägt. Mk 1, 2 beginnt sein Evangelium mit einem impliziten Hinweis auf Ex 23, 20; Mal 3, 1 und Jes 40, 3 (zur Zeit Jesu *die* Inspirationsquellen des Begriffs ‚eschatologischer Prophet‘): „Siehe, ich sende meinen Boten *vor* dir her“ (Mk 1, 2). ‚Vor dir her‘, das heißt vor Jesus her, wird Johannes der Täufer gesandt, der „den Propheten, der nach Mose kommt und größer als Mose ist“, ankündigen soll: „einen Propheten *aus eurer Mitte* und *aus euren Brüdern*“ (vgl. Dtn 18, 15–18 mit Mk 6, 4). In Mk 6, 14–16 werden außerdem drei falsche prophetische Identifizierungen Jesu von der Hand gewiesen: a) Jesus ist nicht der *auferstandene* Johannes der Täufer (Mk 6, 10), dessen Leichnam ja ins Grab gelegt ist (Mk 6, 29); – b) er ist ebensowenig Elija, der ja schon mit dem Täufer identifiziert wurde (Mk 1, 2 und 9, 11–13); – c) schließlich ist Jesus nicht „ein Prophet *wie die anderen*“ (Mk 6, 15). Nein, er ist der „Prophet-nach-Mose“, „wie Mose und größer als Mose“, der eschatologische Prophet: Elija, dann Mose, dann Jesus (Mk 9, 2–9), worauf dann wie von selbst folgt: „Auf ihn hört“ (Mk 9, 7, impliziter Hinweis auf Dtn 18, 15, zur Zeit Jesu ebenfalls im Traditionskomplex des eschatologischen Propheten-nach-Mose verstanden). In allen Evangelien finden wir das Motiv: Jesus ist Prophet, aber „nicht wie die anderen“. Nirgends polemisieren sie gegen die Konzeption von Jesus als *dem* Propheten, wohl aber gegen die Auffassung von einem Propheten *‚wie alle anderen‘.*

Von einer ganz anderen Seite, nämlich der johanneischen Tradition, hören wir genau dasselbe. Das ist um so auffallender, weil die johanneische Gemeinde (über „den Jünger, den Jesus liebte“, siehe unten) ihre ältesten Wurzeln offensichtlich in den griechisch-jüdischen, Jerusalemer Stephanuskreisen der alten Mutterkirche hatte – griechisch-jüdischen Christen, die später aus Jerusalem nach Samaria und dann weiter nach Syrien oder Alexandrien geflohen sind (aber für dies Letztere habe ich keine zwingenden Argumente). Gerade in diesem Zusammenhang ist die Rede des Stephanus nach der lukanischen Version in Apg 7 äußerst interessant (allein schon deshalb, weil einige Verwandtschaften zwischen dem Johannesevangelium und bestimmten lukanischen Traditionen festgestellt worden sind). In dieser Rede des Stephanus, Apg 7, 22–53, geht es meines Erachtens unverkennbar um Jesus als den eschatologischen Propheten-wie-Mose, größer-als-Mose. Mose war „mächtig in Wort und Tat" (Apg 7,22). Aber die ‚joudaioi' (Judäer) begreifen nicht, daß Gott ihnen durch Mose das Heil (soteria) bringen wollte (7,25), nämlich durch Mose, der „als *Führer* (archon) und Erlöser (Sühner gegen das Lösegeld vieler Leiden: ‚lytrotes')" von Gott ‚zum Volk' gesandt worden war (7,35), und zwar „indem er Zeichen und Wunder wirkte" (7,36). „Dieser Mose ist es, der zu den *Israeliten* sagt: ‚Einen *Propheten wie mich* wird Gott euch aus euren Brüdern erstehen lassen'" (7,37, also mit einem *expliziten* Hinweis auf den klassischen Text des eschatologischen Propheten-wie-Mose, Dtn 18,15.18–19, in frühjüdischer Interpretation). In diesen ursprünglich Jerusalemer Stephanuskreisen (auf die auch der johanneische „geliebte Jünger" hinweist) wird Jesus als der endzeitliche Moseprophet gesehen, von Gott *gesandt* und von seinem Volk *verworfen* (Apg 7,17–44) – die johanneische Thematik. (Daß außerdem der johanneische Begriff „Lamm Gottes" aus der Tradition des *mosaischen* Ebed Jahwe, in der Version des Deuterojesaja, stammt, dürfte später deutlich werden.)

Dies alles bedeutet, daß im frühen Judentum durch Kombination des Deutero- und Tritojesaja [10], der „mit Gottes Geist Gesalbte", also die *messianische* Bedeutung des *mosaischen Ebed Jahwe* dem Christentum schon vorgegeben war. Es bestand, neben der Tradition eines messianischen Davidsohns, die Tradition eines *mosaischen* Messias: des endzeitlichen Propheten.

Nicht nur die besondere Beziehung des eschatologischen Propheten-wie-Mose zu Gott wird in der johanneischen Tradition zum Ausdruck gebracht, sondern auch die spezifisch mosaische Beziehung zum auserwählten Gottesvolk. Das Johannesevangelium verteidigt von Anfang an tatsächlich die Messianität Jesu (schon unmittelbar nach dem Prolog, in der Perikope über Johannes den Täufer: 1,41). Aber für den, der näher hinblickt, verteidigt Johannes keineswegs den *davidischen,* sondern den *mosaischen* Messianismus – den messianischen eschatologischen Propheten-wie-Mose, wie dieses Motiv ausgerechnet in bestimmten palästinensischen und samaritanischen Kreisen lebendig war.

Die Besonderheit dieses *mosaischen Messias* scheint vor allem der ursprüngliche Hintergrund der johanneischen Zusammenfassung des Auftretens Jesu zu sein: Joh 12,44–50) (vgl. Joh 3,2; 3,14a; 6,14; 7,31.30; 9,17). Exegeten verschiedener Richtung müssen anerkennen, daß das Johannesevangelium in dieser Perikope die Grundtendenz des Johanneismus wiedergibt. In diesem Abschnitt – einem Rückblick auf das öffentliche Auftreten Jesu – faßt Johannes die Selbstoffenbarung Jesu zusammen. Joh 12,44–50 bildet eine literarische Einheit, aber diese ist doch als Bestandteil in den Endentwurf des vierten Evangeliums integriert. Innerhalb desselben hat er den Zweck, den Kern der johanneischen Christologie zu formulieren. Und dieses johanneische Evangelium – die Botschaft des johanneischen Jesus – lautet: Wer an Jesus glaubt, glaubt eigentlich an den Vater, der ihn gesandt hat. Wer Jesus sieht, sieht den Vater. „Als ein Licht bin ich in die Welt gekommen, damit jeder, der an mich glaubt, nicht im Finstern bleibt" (12,46, siehe den Prolog). Jesus ist nicht gekommen, um zu richten, sondern „um die Welt zu retten" (12,47). Er spricht nur Worte des Heils, lebenbringende Worte. Ihn ablehnen heißt den Vater ablehnen, der ihn gesandt hat. So die Zusammenfassung. Selbst ein so vorsichtiger Exeget wie R. Schnackenburg wagt nicht zu leugnen, daß dahinter die sogenannte Sinaitradition steht[11]. Auch in Joh 12,50 wird, wie in Dtn 32,47, ein Zusammenhang zwischen Auftrag-von-oben und ewigem Leben hergestellt. „Mose sprach zu ihnen: ‚Nehmt zu Herzen alle Worte, die ich heute gegen euch zu Zeugen mache, und gebietet euren Kindern, daß sie alle Worte dieses Gesetzes getreulich erfüllen. Denn es handelt sich für euch um eine wichtige Sache, von der *euer Leben* abhängt...'" (Dtn 32,46–47). Im frühen Judentum wurde die Tora *Licht* und *Leben* genannt. Aber, so sagt Johannes, „was Mose euch gegeben hat, war nicht das Brot vom Himmel..." (Joh 6,31–53): „*Ich* bin das Brot des Lebens" (6,35). Jesus ist es, der aus einem persönlichen Umgang mit Gott spricht (8,26; 3,32): die Tradition der Identifizierung des *Gesandten* mit dem, von dem er gesandt wird, „denn in ihm ist mein Name gegenwärtig" (Ex 23,20–23)[12]: „Ein Diener steht nicht über seinem Herrn, und ein Gesandter nicht über dem, der ihn gesandt hat" (Joh 13,16): „Denn ich bin vom Himmel herabgestiegen, nicht um meinen eigenen Willen zu tun, sondern *den Willen dessen, der mich gesandt hat*" (6,38), „wer die Ehre dessen sucht, der ihn gesandt hat, der ist glaubwürdig" (7,18; siehe 8,18.26.29.42). Jesus ist der *eschatologische*, endgültige Gesandte Gottes; in ihm ist „die Fülle der Gnade und Wahrheit" (1,14; 1,14–18 steht selbst in der frühjüdischen Tradition des Sinaitismus, siehe unten). Diese Einsicht ist insofern schon bedeutsam, weil – obwohl die Präexistenz tatsächlich ein johanneischer Gedanke ist – man trotzdem „von Gott ausgehen" (z.B. 13,3; 7,28–29; 8,42) nicht immer mit Präexistenz identifizieren darf. „Von Gott gesandt sein" bedeutet nicht per se Präexistenz; sie hat als solche einen anderen Begriffsinhalt. Man wird schließlich die Aussage des Johannes: „der Vater ist größer als ich" (14,28) ernst nehmen müssen. „Wer mich aufnimmt, nimmt den auf, der mich gesandt hat" (13,20).

‚Mose' spricht zu seinem Volk *aus* seinem eigenen intimen, einzigartigen Umgang mit Gott – aus einer Begegnung „von Angesicht zu Angesicht" (siehe oben). Nach diesem Modell – Mose und der eschatologische Prophet-wie-Mose – komponiert Johannes sein ganzes Evangelium. Daß diese eschatologische Mosegestalt auch ein strukturierendes Prinzip des Johannesevangeliums ist, ist exegetisch schon früher bemerkt worden[13]. Anderseits wurde von einer ganzen Reihe von Exegeten die hermeneutische Bedeutung der „jüdischen Feste" (gerade *in* ihrer mosaischen Bedeutung) wiederholt zur Sprache gebracht (siehe unten). Auch ist es vielen Exegeten aufgefallen, daß im Johannesevangelium Galiläa und Samaria „Jesus empfangen", während Judäa, Jerusalem und Umgegend – von Johannes die ‚joudaioi', Judäer genannt – Jesus *ablehnen*. Auffallend ist auch, daß der johanneische Jesus ‚mosaische' Wunder vollbringt, auch die Wunder der Propheten aus dem Nordreich (dem damaligen Galiläa), vor allem Elija und Elischa (Joh 2,1–11; siehe 1 Kön 17,1–6 und 2 Kön 4,1–17). Die Sympathie der johanneischen Gemeinde für Samaria geht aus manchen Details hervor (Joh 4,7–28; 1,47–51). Das vierte Evangelium kennt außerdem keinen Davidssohn-Begriff (eine Jerusalemer Tradition). Zudem erkennen Spezialisten einige Samaritanismen im Johannesevangelium („Ephraim": Joh 11,54; der Berg „Garizim": 4,20 usw.).

Vor allem die Flucht von Stephanuskreisen nach Samaria muß etwas mit den ältesten Wurzeln der johanneischen Tradition zu tun haben (4,31–38). Vieles weist in die Richtung, daß die Jerusalemer ‚Hellenisten', griechisch sprechende Juden aus der ältesten Gemeinde der Jerusalemer Kirche – die sogenannten Stephanuskreise –, alles mit den *ältesten* Wurzeln des Johanneismus zu tun haben. Wir haben schon auf die Stephanusrede hingewiesen, in welcher der mosaische Messias im Mittelpunkt steht. Es wurde gesagt, daß dieser Begriff des mosaischen endzeitlichen prophetischen Messias auch mit dem Begriff ‚der leidende Gerechte' verbunden wurde. In derselben Stephanusrede wird der ‚mosaische' Jesus „der getötete ... Gerechte" genannt (Apg 7,52). Aber es gibt noch mehr Verwandtschaften zwischen dieser Rede und dem Johannesevangelium. Zunächst die Stellung der Stephanuskreise, die den Tempel als feste Stätte der Gottesanbetung ablehnen und, im Gegensatz zu den anderen jüdischen Christen (Apg 8,1), deshalb von den Juden verfolgt wurden. Stephanus vergleicht den Tempelbau mit dem Abfall der Anbetung des Goldenen Kalbes (Apg 7,41–48). Auch Johannes löst die Anbetung Gottes sowohl vom Tempel Jerusalems als auch vom Berg Garizim (Joh 4,20–23): „Es kommt eine Stunde, da ihr weder auf diesem Berg noch in Jerusalem den Vater anbeten werdet ... ja, sie ist schon da, daß die wahren Anbeter den Vater in Geist und Wahrheit anbeten werden" (4,21.23b). Gott wohnt jetzt in der beweglichen, von Galiläa nach Judäa und umgekehrt sich fortbewegenden ‚sarx' (1,14a) Jesu, „dem Zelt der Begegnung" (eskenosen, 1,14b). Auch die Stephanusrede spricht ausdrücklich vom „Zelt des Zeugnisses" (Apg 7,44: „hē skēnē tou martyriou"; siehe „skenoma": Apg 7,46). „Doch wohnt der Allerhöchste nicht in dem, was von Menschenhänden geschaffen ist" (Stephanusrede: Apg 7,48). Gottes endgültige Offenbarung ist nicht mehr an ein Land oder einen Ort gebunden, sondern *an die bewegliche Person Jesu.*

Auffallend ist außerdem die Diskussion in Joh 7,42–52. Nach Ansicht der einen Partei kann der Messias nicht aus Galiläa kommen (7,42). Denn in der Schrift steht, daß der *davidische* Messias aus Judäa kommt, aus Betlehem, der Geburtsgegend des David. Hier spielt der Gegensatz eine Rolle, den Johannes in dem Wort „hoi joudaioi", die Judäer (siehe unten), zum Ausdruck bringt: Galiläa im Gegensatz zu Judäa. Aber dieser (geographische) Gegensatz hat *religiöse* Untertöne. „So entstand Zwiespalt (schisma) unter den Leuten" (7,43). An Jesus glauben ist für die Judäer (Hohenpriester und Pharisäer, 7,45) ungefähr dasselbe wie „aus Galiläa kommen" (7,52), mit der Reaktion: „Schau dich doch um, und du wirst sehen, daß *der Prophet* nicht aus Galiläa ersteht" (7,52b); das sagen die Gegner Jesu. Mit anderen Worten, Johannes sieht in Jesus den Propheten aus dem Norden, den *mosaischen* eschatologischen Messias, nicht den judäischen *davidischen* Messias. Aus Galiläa kommen auch die Wundertraditionen über Jesus[14]; auch die Zeichen, die Jesus im Johannesevangelium verrichtet, weisen auf Mose, Elija und Elischa hin. Mose ist nicht nur der leidende Ebed Jahwe, sondern auch König. Das Königtum Jesu ist nicht von dieser Welt, sondern liegt in seinem persönlichen Umgang, von Angesicht zu Angesicht, mit Gott; er ist kein weltlicher Davidssohn. Joh 1,51 ist in diesem Kontext bedeutsam: „Wahrlich, wahrlich, ich sage euch: Ihr werdet den Himmel offen sehen und die Engel Gottes auf und niedersteigen sehen *im Dienst des Menschensohns.*" Die Anspielung auf den Ort ‚Betel‘, als Ort der Offenbarung der Herrlichkeit Gottes (Gen 28,12), ist deutlich. Bei Jerusalem sah Jakob die Leiter, den Ort des Kontaktes zwischen dem Himmlischen und dem Irdischen. Aber für Johannes ist dieser Ort allein der Menschensohn, nicht Jerusalem: Jesus – sein Leib als *Tempel* (Joh 2,21; siehe 1,14b) – ist fortan der Ort der Offenbarung Gottes, die Stätte, wo man Gott „in Geist und Wahrheit" anbetet (4,23).

Außerdem spricht die Stephanusrede auch von dem Menschensohn, und zwar als einem *„stehenden* Menschensohn" (Apg 7,55–56), das heißt, Jesus, der sich mit Vollmacht ‚zur Rechten Gottes‘ als Paraklet oder Fürsprecher für die Sache des Stephanus, des ‚leidenden Gerechten‘, einsetzt. Auch daß Jesus, wie einst Mose, eine Scheidung der Geister bewirkt: Annahme oder Ablehnung, kommt in der Stephanusrede wiederholt zum Ausdruck. Gott sollte das Volk „durch die Vermittlung des Mose erlösen", aber „sie verstanden es nicht" (Apg 7,25), „unsere Väter wollten nicht auf ihn hören; nein, sie haben ihn abgelehnt" (Apg 7,39).

Verwandtschaften zwischen dem Johannesevangelium und der Stephanusrede gibt es also zahlreiche. Nun, die Stephanus-Christen sind nach dem Tod des Stephanus aus Jerusalem nach ... Samaria geflohen (Apg 8,1), wo sie bei der ersten großen jüdisch-christlichen Missionierung viel Erfolg verbuchen konnten (Apg 8). Auch die Samariter verwarfen den Jerusalemer Tempelkult (allerdings banden sie sich an den Berg Garizim; darin sind sie weniger radikal als die heterodox-jüdischen, vor allem christlichen Stephanuskreise). Sie hatten jedoch (und das erklärt vielleicht den Erfolg dieser christlichen Missionierung) *durch* dieselben heterodox-jüdischen, synkretistischen Voraussetzungen (vor allem des Sinaitismus) gerade vieles mit diesen Jerualemer Leuten wie Stephanus und Philippus – dem Stephanuskreis – gemeinsam.

Die Apostelgeschichte des Lukas will deutlich die Rolle des Petrus in der Samaria-Mission herausstellen[15], aber Lukas verrät selbst, daß diese ganze Initiative von Philippus, einem Mann aus dem Kreis des Stephanus, ausging (Apg 8). Das Johannesevangelium zeigt das gleiche Interesse für die Samaria-Mission (Joh 4). Johannes will daher zeigen, daß die kirchliche Samaria-Mission *von Jesus selbst* gewollt ist – nach dem allgemeinen Zwei-Ebenen-Modell des Johannes: das Leben des fleischgewordenen Wortes, Jesu, auf einer Ebene mit dem Leben der Kirche zu sehen. Lukas zeichnete zutreffend die Ausbreitung des Evangeliums „in Jerusalem und in ganz Judäa *und Samaria* und bis ans Ende der Welt" (Apg 1, 8). Er weiß aus einer besonderen Tradition, daß gerade die Jerusalemer heterodox-jüdischen, zu Christen gewordenen ‚Hellenisten‘, der Stephanuskreis, die Initiative zu dieser Mission ergriffen haben. Eine *gewisse* Spannung zwischen dieser Gruppe von Urchristen und Petrus und ‚den Zwölfen‘ läßt sich im Johannesevangelium (Joh 21) nicht leugnen. Diese ‚johanneische‘ Gruppe erkennt voll und ganz ihre Autorität an (von Anti-Petrinismus, wie manche behaupten, ist keine Rede), aber sie tritt doch für die christliche Besonderheit der Gruppe ein: Petrus muß das Lebensschicksal des „geliebten Jüngers" (und das ist, zugleich, die christliche *Besonderheit* der johanneischen Gemeinde) anerkennen (Joh 21, 15–23): Petrus mit den Seinen hatte jedoch eine Aufsicht über diese missionierende Gruppe (Apg 8, 14–17). (Die Spannung geht auch aus Mt 10, 5 hervor: „Geht *nicht* in die Städte Samarias"; vor allem Judäer machten einen Umweg, um nicht durch Samaria nach Galiläa gehen zu müssen.) In Zusammenhang mit der Geschichte von der Samariterin sagt der johanneische Jesus: „Erhebt eure Augen und schaut die Felder an: sie sind weiß zur Ernte" (Joh 4, 35). Joh 4 zeigt: Jesus sät, die samaritanische Mission der Stephanuskreise mäht (siehe Joh 4, 37–39; vgl. Apg 8, 34–40).

Damit ist schon sehr viel über die ältesten, *palästinensischen* Wurzeln des Johannesevangeliums gesagt: Christen aus nicht-offiziell jüdischen, sondern sogenannten ‚heterodox‘-jüdischen Kreisen innerhalb der einen Kirche zeigten von Anfang an, schon in Jerusalem, eine Besonderheit als Christen – der Jerusalemer Stephanuskreis –; sie mußten aus Jerusalem fliehen, während die mehr orthodox-jüdischen Christen unter den Juden nichts zu leiden hatten und in Jerusalem blieben (Apg 8, 1), jedoch einen Argwohn gegen diese christlichen ‚Outsider‘ hegten. ‚Heterodoxes‘ Judentum, Jerusalemer Stephanus-Christen und ‚Samaritanismus‘ sind die ersten großen *Hauptwurzeln des Johannesevangeliums*[16]. Das ist, vorsichtig ausgedrückt, die Tendenz der Johannes-Forschungen der letzten zehn Jahre (ich sage: vorsichtig ausgedrückt, weil manche Exegeten viel weiter gehen und unter anderem – meines Erachtens zu Unrecht – behaupten, daß ein bekehrter Samariter der Träger der ganzen johanneischen Tradition sei)[17]. Damit ist das theoretisch schon überholte Schema von ‚jüdischen Christen‘ und ‚Christen aus dem Heidentum‘ noch verdoppelt durch einen anderen Bruch, nämlich durch die Einsicht, daß innerhalb des *jüdischen* Christentums viel mehr Differenzierungen vorgenommen werden müssen, als man es früher getan hat. Das *palästinensische* Judentum (und Christentum) war hellenistischer und synkretistischer, als man früher gedacht hat, und es war trotzdem echt-jüdisch. Das Johannesevangelium als einen fremden, ‚hellenistischen‘ Vogel im neutestamentlichen Ententeich zu denunzieren ist historisch ein überholter Standpunkt. Dafür ist der ursprünglich palästinensische Charakter des Johanneismus nur einer der vielen Beweise [18].

Das alles bestätigt jedoch den Standpunkt, den ich in dieser Auseinandersetzung (angesichts der Johannesforschungen der letzten zehn Jahre) einnehme: Die johanneische Tradition hat tief-jüdische, *palästinensische* Wurzeln, aber weniger in der jüdischen ‚Orthodoxie' als vielmehr in den nicht-offiziellen (von manchen Historikern deshalb „heterodox" genannten), nicht-pharisäischen, aber trotzdem echt-jüdischen Randgemeinden der jüdischen Spiritualität. Die johanneische Tradition steht in der Tradition des früh-jüdischen Sinaitismus (mit einer eigenen Färbung vom Samaritanismus her), mit anderen Worten auf der Linie der *frühjüdischen Mosemystik* (die ich im weiteren Verlauf der Kürze halber *Sinaitismus* nennen werde).

Daß diese sinaitische Mosemystik für Christen auch eine Gefahr werden konnte, dafür ist die Reaktion des Johannesevangeliums (gegen eigene johanneische Traditionen) der lebendige Beweis. Das vierte Evangelium wendet sich (daher nicht als Hauptvorhaben) gegen die inneren Gefahren des Johanneismus, und zwar in immer stärkerem Maße: vom Johannesevangelium an über den Ersten bis zum Zweiten Johannesbrief. Selbst sinaitisch eingestellt, wird (wie Paulus Abraham gegen „die Juden" ins Feld führt) das Johannesevangelium ‚Mose' gegen die Judäer argumentieren lassen. „Es gibt jemanden, der euch anklagt: *Mose,* auf den ihr eure Hoffnungen gesetzt habt" (Joh 5, 45). Schon in 1, 17 steht daher ‚Mose', ‚Jesus' gegenüber. Für Johannes ist Jesus die höchste, endgültige Erfüllung des eschatologischen Propheten-wie-Mose (Dtn 18, 15.16–19; siehe Joh 4, 25; 8, 28; 12, 49–50). Das Königtum Jesu ist für Johannes real, aber er ist kein *davidischer,* sondern ein *mosaischer* König. Im frühen Judentum und im Samaritanismus sprach man von „König Mose"[19]. Für Johannes *ist* Jesus der königliche Prophet-wie-Mose (vgl. Joh 3, 14 mit griech. Num 21, 8–9; siehe auch Joh 19, 18 in Verbindung mit Ex 17, 12; und den Wüstenaufenthalt Jesu in der johanneischen Version: Joh 6; auch Jesus und Mose als „der Hirt", Joh 10). Manche Autoren, vor allem T. Glasson, sehen zudem eine Parallele zwischen „Mose und Josua" und „Jesus und seinen Jüngern"[20] (allerdings ist dies meines Erachtens weniger deutlich, wenn nicht sogar unwahrscheinlich, ebenso die Hypothese von A. Lacomara, daß die Abschiedsrede(n) Jesu bei Johannes nach der Abschiedsrede des Mose modelliert sei(en)[21].

Persönlich verteidige ich hier den Standpunkt, daß die erste Inspiration der johanneischen Tradition in der Identifizierung Jesu von Nazaret mit dem alle Erwartungen übertreffenden eschatologischen Propheten-wie-Mose liegt (siehe Stephanusrede in der Apostelgeschichte) und, außerdem, daß diese Identifizierung Jesu als des neuen Mose, „der von Angesicht zu Angesicht" mit Gott wie mit seinem Freund sprach, ein *anderes* Motiv herangezogen hat: nämlich das von herabsteigenden und aufsteigenden himmlischen Erlösergestalten, ein Modell, das jedoch auch jüdische Wurzeln hat.

II
Das johanneische Modell des Verstehens: Herabsteigen und Hinaufsteigen

In der Diskussion zwischen Nikodemus und Jesus (in der endgültigen Johannes-Redaktion) wird das Modell des Hinaufsteigens und Herabsteigens ausdrücklich thematisiert. Dieses Modell hat seine eigene Funktion in dem Nikodemusgespräch; aber lösen wir (aus theologischen Absichten) zunächst ‚das Modell' selbst heraus.

Grundlegend für das Johannesevangelium ist offensichtlich der Unterschied zwischen dem Irdischen oder dem ‚Sarkischen' („ta epigeia") und dem Himmlischen („ta epourania") (3,12), ein Unterschied, den wir vor allem schon aus dem Hebräerbrief (der übrigens in vielen Punkten mit dem Johanneismus verwandt ist) kennen, aber (wenn auch in mehr anthropologischem Sinn) auch aus Röm 7 und 8. Johannes gibt eine genaue Erklärung für diesen Unterschied. „Gott ist *pneuma*" (4,24), mit der Erläuterung: „Was aus dem Fleisch (sarx) geboren ist, ist Fleisch, und was aus Geist (pneuma) geboren ist, ist Geist" (3,6). Die *Herkunft* von etwas bestimmt sein *Wesen*. Vom Ursprung her ist allein der himmlische Bereich ‚pneumatisch', der irdische ist ‚sarkisch'. Seinsmäßig hat der Mensch daher nichts mit dem pneumatischen zu tun (was sicher ‚un-gnostisch' ist!), wenn er auch Gottes gute Schöpfung ist (1,3). Will der Mensch daher an pneumatischen Wirklichkeiten oder Bereichen teilhaben, dann muß er jungfräulich oder pneumatisch wiedergeboren werden „aus (Wasser und) Geist" (3,5; siehe 1,13); sonst kann er nicht in das Reich Gottes eingehen (3,5) als das Reich Gottes, der Pneuma ist (4,24). Obgleich Geschöpf Gottes, ist der Mensch Nicht-pneuma, Nicht-Gott, daher ohne jeden seinsmäßigen pneumatischen Kern. Doch ist das pneuma, Gott, Erschaffer der Welt und des Menschen darin (1,2), der jedoch – als solcher – ohne „Gnade und Wahrheit" ist (1,14b), das heißt ohne Weisheit von oben. Vor diesem Hintergrund wird das vierte Evangelium verständlich.

Heil, ewiges Leben des Menschen wird allein möglich sein aus einer Initiative von oben, vom pneumatischen Reich aus. Das Licht, das der Pneumawelt eigen ist, muß *in* dieser sarkischen Welt erscheinen. In *räumlichen* Vorstellungen – herabsteigen und hinaufsteigen – wird das Johannesevangelium dies alles entwickeln. Es selbst wird dabei (siehe unten) durch die *Wechselseitigkeit* der Liebesbeziehungen zwischen dem Pneuma-Gott und dem gläubigen Menschen, dank dem von Gott-als-Pneuma gesandten Jesus Christus, diese räumlichen Kategorien radikal zerschlagen. Der größte ‚Mythologe' unter allen neutestamentlichen Verfassern ist zugleich ein Exponent der ‚Entmythologisierung'.

Herabsteigen und Herniedersteigen hat in erster Linie einfach mit dem antiken und spätantiken Weltbild zu tun: oben, hier, unten. Der Himmel, das ist dort, wo Gott, von sich aus, wohnt, ist das höchste Stockwerk unseres Alls (Ps 29,3.10; 104,3). Diese Auffassung war schon die Überwindung einer primitiveren Auffassung, nach welcher Gottes Aufenthalt an einen Felsen, einen Dornstrauch, eine Kultstätte ‚gebunden‘ war. Wenn Gott ‚dort oben‘ wohnt, wird jede Theophanie oder Gottesoffenbarung als ein ‚Herabsteigen‘ Gottes erlebt. Herabsteigen (katabasis oder katabainein) ist, alttestamentlich, daher eine *Offenbarungsterminologie,* während die ‚anabasis‘, das Hinaufsteigen, das Ende der Gottesoffenbarung andeutet (siehe Gen 17,22; Ps 47,6; 68,19). Auffallenderweise hat wiederum die Stephanusrede ebenfalls eine Anspielung sowohl auf „den *erscheinenden* Gott der *Herrlichkeit*“ (Apg 7,3) als auch auf Gott, „der *herabsteigt,* um das Volk zu befreien“ (Apg 7,34). Herabsteigen und Hinaufsteigen haben, alttestamentlich, also mit *Gottesoffenbarungen* zu tun (vgl. Ex 24,16 mit Ez 9,3; 11,23; siehe auch Jes 13,14–15; Spr 30,4). In diesem Zusammenhang ist es jedoch besonders relevant, an den Engel zu erinnern, der Tobit von Gott Rettung brachte. Nach dem Geschehen sagte der Engel: „anabaino pros ton aposteilanta me“, „ich *steige hinauf* zu dem, *der mich gesandt hat*“ (Tob 12,20) – eine ‚johanneische‘ Terminologie! Herabsteigen und hinaufsteigen war, jüdisch gesehen, schon lange eine geläufige Vorstellung, noch bevor irgendeine Gnosis in den Blick kommen konnte. ‚Herabsteigen‘ oder ‚von Gott her‘ waren, angesichts des Weltbildes, einfach Synonyme. Vor diesem Hintergrund können wir jetzt Joh 3,13–21 und 3,31–36 analysieren.

a) Joh 3,31–36. – „Jesu kommt von oben“ (3,31), und er ist infolgedessen „über alles erhaben“ (3,31b). Nicht erst bei seiner Auferstehung, sondern wegen seiner Sendung von oben. Das Johannesevangelium argumentiert in 3,13–21 eigentlich genau umgekehrt; es argumentiert von einem anderen Ende her (dem Standpunkt der altkirchlichen Hymnen seit der Ostererfahrung): nur der steigt hinauf, der zuerst herabgestiegen ist (3,13; vgl. Eph 4,8–9). Daher schreibt Johannes, aufgrund der Präexistenz Jesu, dem irdischen Jesus Eigenschaften zu, die sonst im Neuen Testament dem auferstandenen Christus zuerkannt oder vom erhöhten Christus aus dem irdischen Jesus in den Mund gelegt werden. Weil Jesus von oben kommt, kann er „Zeugnis ablegen von dem, was er *gesehen* und *gehört* hat“ (3,32), nämlich während seines Lebens bei Gott. Das ist im Neuen Testament neu. Aus seiner Präexistenz (siehe noch 1,18; 6,38.46; 8,26.40; 15,15) kann der johanneische Jesus sich selbst – „Ego eimi“, Ich bin... –, und somit den Vater, mit Vollmacht offenbaren, und zwar als Heil, Ziel und Lebensweg für alle (14,4–11): Zugang oder „Weg zum Vater“ (14,9b). Was der Sohn in einzigartiger Weise vom Vater besitzt: die Erkenntnis Gottes (17,6), Leben (5,26; 6,57), Herrlichkeit (17,5.22), kann er deshalb mit Fülle – „aus seiner Fülle“ (1,16) – anderen, falls sie an ihn glauben, mitteilen (wiederum wie Mose in der Stephanusrede: „Mose empfing *Worte zum Leben,* um sie euch zu übermitteln. Aber unsere Väter wollten nicht auf ihn hören“, Apg 7,38–39).

Mit dieser katabasis oder diesem Herabsteigen vom Himmel, das heißt mit der Sendung Jesu durch den Vater, gibt Johannes nicht eine Trinitätstheologie, sondern eine Christologie. Wegen seiner Präexistenz besitzt der *irdische Jesus* die Gabe der Heilserkenntnis und Heilsmacht. „Er, der von Gott gesandt ist, spricht Gottes eigene Worte: so maßlos schenkt er – das heißt grammatikalisch meines Erachtens nicht Gott, sondern Jesus selbst – seinen Geist. Der Vater liebt den Sohn und hat ihm alles in die Hand gegeben" (3,34). Der Akzent liegt nicht erst auf seinem Tod und seiner Auferstehung, sondern schon auf seiner Sendung selbst, ohne daß dabei die besondere Bedeutung des Todes vergessen wird, im Gegenteil! Dieser wird dadurch eine besondere, johanneische Bedeutung erhalten.

Im irdischen Auftreten Jesu in Galiläa und Jerusalem spricht also nicht der auf den irdischen Jesus zurückprojizierte erhöhte Christus, wie in der kerygmatischen Geschichte der Synoptiker, sondern der irdische Jesus aus ‚präexistenten' Erfahrungen mit und bei Gott. Er spricht aus dem vollen Bewußtsein seiner Herkunft „von oben" (3,31a). Obwohl eins mit dem Vater, ist er auf Erden nicht „*beim* Vater" (Implikation von 17,5); *beim* Vater ist Jesus allein in seiner Präexistenz und Postexistenz (3,13.31; 6,62; 13,1; 16,28). Jedoch ist auf Erden „der Vater *in* ihm" und „er *im* Vater" (14,10; 14,11; 14,20; 10,30.38; 16,32; 17,21) und ist der Vater „*mit* dem Sohn" (16,32). Wer daher jetzt schon, während des irdischen Lebens Jesu, „an den Sohn glaubt, hat das ewige Leben" (3,36). In der Q-Tradition hieß das: Jetzt Stellung nehmen zu Jesus, pro oder contra, ist eine Entscheidung mit weitreichender, nämlich eschatologischer (das heißt dann: *kommender*) Konsequenz (Mt 10,32–33 = Lk 12,8–9; was in den Synoptikern schon eine eigene Ausführung erhielt, Mt 12,32; Lk 12,10; auch in Mk 3,28–29; wahrscheinlich auf ein Logion Jesu zurückgehend: „gepriesen der, der an mir keinen Anstoß nimmt", Q Lk 7,23 = Mt 11,6). Diese Tradition erhält in Joh 3,36 eine ausgesprochen aktuell-christologische Bedeutung. Wer während des Lebens Jesu, in Kontakt mit ihm, nicht glaubt, *ist* schon gerichtet; wer glaubt, *hat* ewiges Leben. Das Leben nicht sehen heißt das Reich Gottes nicht sehen (3,3).

b) Joh 3,13–21. – Spricht 3,31–36 von der katabasis oder der himmlischen Herkunft Jesu, so befaßt sich 3,13–21 mit der anabasis oder der Rückkehr des Sohnes zum Vater: „Nie ist jemand in den Himmel hinaufgestiegen außer der, der aus dem Himmel herabgestiegen ist..." (3,13). „Ho katabas" (Aorist, als einmaliges Geschehen, nämlich bei der Menschwerdung) und anderseits: „anabebeken" (Perfekt), das heißt der, der herabgestiegen ist, *ist hinaufgestiegen*; er weilt jetzt bleibend in den himmlischen Räumen. Nach dem Johannesevangelium erklärt die Präexistenz Jesu die eigentliche und volle Bedeutung der Endphase des Lebens Jesu: seine Erhöhung (Tod) und seine Auferstehung oder Verherrlichung. Die Rückkehr zu dem Ort, von dem Jesus, der Menschensohn (3,13; 6,62; 13,31; 12,23), herkam, dem Vater (13,1; 14,28; 16,5.28; 17,11.13; 20,17), erfolgt jedoch über seinen Tod. Dieser wird vom Johannesevangelium schon als Anfang der Enderhöhung gesehen. „Wie Mose einst die

Schlange in der Wüste erhob" (3, 14b), so erhöht der Vater seinen Sohn bei
dessen Tod. Diese Analogie mit der Erhöhung der Schlange (Num 21, 8–10;
2 Kön 5, 21) ist eine urchristliche Gegebenheit, aber nur Johannes bringt diese
Gegebenheit in Zusammenhang mit dem *Tod* Jesu als lebenbringender Erhöhung, die sonst im Neuen Testament erst *nach* dem Tod, bei der Auferstehung,
stattfindet (zwar leugnet Johannes auch *diesen* Aspekt nicht; siehe unten). Als
Heil (für den, der glaubt) ist der Tod Jesu zugleich das eschatologische Gericht
(„kekritai": 16, 11; 12, 31) für den, der nicht glaubt. In der kritischen Situation
der johanneischen Gemeinden, in der „die Juden" den Gedanken eines erniedrigten und hingerichteten Messias verwarfen, spricht das Johannesevangelium
nie öffentlich von dem kenotischen oder erniedrigten Zustand des Menschensohns. Im Gegenteil, es geht im Leben Jesu um das fleischgewordene Wort.
Das Kreuz selbst wird zur höchsten Erscheinung der Liebe des Sohnes und des
Vaters (3, 16): die Stunde der Verherrlichung (12, 23; 17, 1; 13, 1). Vielleicht
fand Johannes Grund zu dieser Auffassung in Jes 52, 13, wo die typisch johanneischen Worte ‚Erhöhung' und ‚Verherrlichung' auch beide vorkommen („hyp-
sothenai" und „doxasthenai": Jes 52, 13). Er ist aus dem Himmel gekommen,
„nicht um die Welt zu richten, sondern damit die Welt durch ihn gerettet werde"
(3, 17). Leben steht Verderben, Rettung Gericht gegenüber: „Wer nicht glaubt,
ist schon gerichtet" (3, 18; 3, 36); der Gläubige wird nicht gerichtet (3, 18a;
5, 24; siehe auch 1 Joh 3, 14). Johannes beschließt die Zusammenfassung seiner
kurzen Darlegung über ‚katabasis' und ‚anabasis' mit einer Anspielung auf den
Prolog seines Evangeliums: „Darin besteht das Gericht: das Licht ist in die Welt
gekommen, aber die Menschen liebten die Finsternis mehr als das Licht, weil
ihre Taten böse waren. Jeder, der schlecht handelt, scheut das Licht und geht
nicht in das Licht aus Furcht, daß seine Werke offenbar gemacht werden. Aber
wer die Wahrheit tut, geht zum Licht, damit von seinen Taten offenkundig
werde, daß sie in Gott getan sind" (3, 19–21). Die Menschwerdung selbst ist
ein Gericht über die Welt in dem Maße, in dem diese Welt das Licht, das in
der Finsternis scheint, nicht erkennt. Heil und Gericht sind im Johannesevangelium mit der Erscheinung der Person Jesu in unserer Welt verbunden.

Aus dieser Zusammenfassung des johanneischen Interpretationsmodells
(3, 13–21 und 3, 31–36) geht hervor, daß es im Johannesevangelium um christliches Traditionsmaterial geht: a) die Präexistenz ist schon vorpaulinisch (Phil
2, 6–11) und, im sapientalen Sinn, paulinisch (gesandt: 1 Kor 10, 4; 8, 6; Röm
10, 6–7; Gal 4, 4–6; auch Hebr 1–3 ist sapiential). Das Johannesevangelium
bringt dafür eigene Kennzeichen (6, 62; 8, 14.58; 17, 5.24), nämlich das volle
Bewußtsein Jesu von seiner eigenen Präexistenz („protologische Präexistenz"); – b) der Gedanke der Erhöhung Jesu über alles; bei Johannes ist dieser
in einem ersten, dynamischen Ansatz schon mit der Menschwerdung selbst gegeben, und er erhält seinen Höhepunkt nicht so sehr nach dem Tod Jesu, sondern *beginnt* schon voll mit seinem Tod, auf den dann die Heimkehr Jesu zum
Vater folgt; – c) Johannes und die Synoptiker berühren einander sodann auch

in dem Begriff ‚Reich Gottes' (3,5; siehe 3,3), obwohl dieses für Johannes bedeutet: eintreten in die höhere, himmlische Welt des pneuma (3,12.13.31; 8,21); – d) ‚der Menschensohn'. Johannes kennt den danielischen Menschensohn (Joh 5,27), außerdem die primär synoptische Bedeutung des zum Gericht kommenden Menschensohns (Lk 12,8 par; Mk 8,38 par; 13,26 par; 14,62 par; Lk 11,30 par; 12,40 par; 17,24.26.30 par; Mt 13,41; 19,28; 25,31; Lk 18,8; 21,36); auch die Verherrlichung ist synoptisch mit dem eschatologischen Menschensohn verbunden (Mk 8,38 par; 13,26; Mt 25,31), aber Johannes sieht diese Herrlichkeit jetzt schon im irdischen Jesus wirksam (allerdings lassen sich auch dafür schon Ansätze in Lk 22,69; 23,42–43; 24,26; Apg 7,55–56 finden). Das synoptische und allgemein neutestamentliche „Sitzen zur Rechten Gottes" hat Johannes in seinen Begriff ‚Erhöhung' aufgenommen; es ist somit nicht ein zweiter, auf eine Phase der Erniedrigung folgender Akt: Die Kreuzigung selbst ist Erhöhung (Joh 3,14; 8,28; 12,32–34). Ferner ist die zweite Gruppe der synoptischen Aussagen über den Menschensohn, nämlich in Verbindung mit Leiden, Tod und Auferstehung (z.B. Mk 8,31 par) auch bei Johannes zu finden (3,14, wenn auch ohne diese Zweigliedrigkeit). Sowohl hinter den Synoptikern als auch hinter Johannes steht dabei unter anderem Jes 53 mit 52,13. Vorgegebene Begriffe erhalten auch hier bei Johannes nur eine andere Färbung (12,23–24 mit 32,34c; 13,31–32; 17,1–2). Nur in Verbindung mit der dritten Gruppe der synoptischen Aussagen über den irdischen Jesus als Menschensohn läßt sich zwischen Johannes und den Synoptikern kein Zusammenhang aufweisen[22]. In 3,13; 6,27.53.62; 12,23 und 13,31–32 findet sich ein nicht-synoptischer Typ von Menschensohn: ein herabsteigender und hinaufsteigender Menschensohn. Doch ist, mehr noch als bei den Synoptikern, der *irdische* Jesus im Johannesevangelium „der Menschensohn", aber nach Inhalt und Terminologie spricht Johannes darüber ganz anders. Johannes entwickelt hier ein selbständiges Thema, unabhängig von dem vorsynoptischen Material. Hier fehlt offensichtlich ein gemeinsamer Boden zwischen den Synoptikern und Johannes. Und der Unterschied scheint aus der christologischen Besonderheit des johanneischen Modells zu kommen: katabasis-anabasis, das für Johannes dem Inhalt nach kein Modell, sondern Wirklichkeit ist in Verbindung mit Jesus Christus, dem Menschensohn. Urchristliches Material erhält bei Johannes eine andere Bedeutung, weil er von einem anderen christologischen Modell ausgeht. Synoptische und allgemein neutestamentliche Schriftbeweise für die Auferstehung und Erhöhung Jesu werden im Johannesevangelium Beweise für seine protologische Präexistenz.

Das gibt uns schon einen ersten, vorläufigen Einblick in das Johannesevangelium: Dieses Evangelium ist eine Aktualisierung urchristlicher Traditionen aus dem katabasis-anabasis-Modell. Dies alles war für R. Bultmann Anlaß, in Joh 3,13–21, 31–36 ein *gnostisches* Stück vom Mythos des „Salvator salvandus et salvatus" zu sehen, einer Erlösungsgestalt, einer Art mythischen Prototyps des Erlösungsbedürfnisses des Menschen und der Art und Weise, wie ‚der

Mensch' zur Erlösung kommen kann, wie ‚der Adam' aus der Genesis ein Prototyp dessen ist, was Menschsein in seiner positiven Möglichkeit und faktischen Realität letztlich ist. Seit Bultmann, der sich darin übrigens einfach auf den damaligen Stand der *religionsgeschichtlichen Schule* verließ, haben neue historische Forschungen festgestellt, daß der gnostische Mythos eines aus dem Himmel herabsteigenden Erlösers tatsächlich im 2. Jahrhundert n. Chr. bekannt ist, aber gerade darin vom Judentum und vielleicht vom Christentum mit beeinflußt ist [23]. Der Gott ‚anthropos' (Urmensch) ist außerdem wesentlich mit dem gnostischen Weltverständnis verknüpft und nicht davon zu trennen. Mit Gnosis hat das Johannesevangelium daher nichts zu tun. Anderseits ist die Gnosis im 2. Jahrhundert auch nicht ‚vom Himmel' gefallen. Sie selbst arbeitet mit vorgegebenen Traditionen, und die Tradition, in der der Evangelist steht, ist ein geistiges Milieu, das den Hermetica und der späteren Gnosis eine ganze Menge *Baustoffe* liefern wird. Die Frage ist außerdem, ob dieser ‚Erlösungsmythos' konstitutiv für die spätere Gnosis ist. Man kann kaum in Abrede stellen (abgesehen von allen Diskussionen über Gnosis), daß die Existenz mancher herabsteigenden und hinaufsteigenden Erlösergestalten tatsächlich schon vor dem Christentum und vor der Gnosis eine nicht zu leugnende Tatsache ist, sowohl in der giechisch-römischen Welt als auch im Judentum. Götter, die mit Erlösungsabsichten herabsteigen, sind ein griechisch-römisches Thema aus der Zeit vor der Entstehung des Neuen Testaments [24], und vor allem das hellenistische Judentum kennt dieses Motiv. Schon in der Weisheitsliteratur ist die Rede von einer ‚anabasis' und ‚katabasis' von Frau Weisheit (Sir 24; Bar 3,27 – 4,4; Weish 9,10; 7,27 und 8,10; 6,18–20; 8,13.17), und stets mit Erlösungsabsichten (Weish 9,18; siehe 10,1.4.6.13.15). Ferner auch in der apokalyptischen Literatur (1 Hen 42,1–2; 2 Bar 48,36; 2 Esra 5,9–10). Daneben kennt das vorchristliche Judentum auch in seiner Engellehre das Katabasis-anabasis-Modell. Zuerst schon in Zusammenhang mit dem „mal'ach Jahwe" oder dem Engel Jahwes (Gen 19,1.13; 22,11–18; 16,13a; Ex 23,20–21): ‚drei Menschen', die *ein* ‚Engel Gottes' sind (Gen 18,2–22; siehe auch Gen 32,24.25; Hos 12,5; Rich 13,6.8). Es ist auch die Rede von „dem Kommen und Gehen von Engeln" (Ex 3,8; Rich 13,20), und stets mit helfenden, rettenden oder erlösenden Absichten (Gen 19,12ff; 22,11; 48,15–16; Rich 6,11ff; Ex 3,2: hier sogar, um Israel aus Ägypten zu erlösen). Auch „der Engel des Angesichts" ist ein rettender Engel (Jes 63,9). In Tob 3,16–17.21; 8.3; 9,8–16; 12,3.14 bis 15.19–20 ist der Erzengel Raphael ein herabsteigender, rettender Engel. Auch in den nicht-kanonischen jüdischen Apokalypsen ist die Rede von herabsteigenden und hinaufsteigenden Engeln [25]. In Qumran ist das Thema eines herabsteigenden rettenden Engels ebenfalls bekannt [26]. Weisheitstraditionen haben sich dann mit dieser Angelologie vermengt. Daraus entstanden Identifikationen wie: Weisheit = Logos = Engel. Nach 1 Hen 42,1–2 stieg die Weisheit herab, um bei Israel einzukehren, aber unverrichteter Sache mußte sie sich zurückziehen, und dann nimmt sie ihren Wohnsitz im Himmel, bei den Engeln.

In Weish 10,6 ist es die Weisheit, die als Jahwes Engel Lot gerettet hat. Die Weisheit befreit Israel aus Ägypten (Weish 10,15–16), während es in Weish 18,15 der Jahwe-Engel ist, der dies tut. Außerdem ist in Weish 9,1–2 die Weisheit der Logos (siehe Sir 24,3), der sich in 18,5 dann wieder als ein Engel erweist. Schließlich werden in Weish 9,17 Weisheit und heiliger Geist miteinander verbunden. Die Vorstellung einer himmlischen rettenden und erlösenden Gestalt, in vagen und schärferen Identifizierungen mit Weisheit, Logos, einem Engel und mit heiligem Geist, ist denn auch eine vorchristliche, jüdische Gegebenheit, die in sogenannten ‚nicht-offiziellen‘, aber authentisch-jüdischen Kreisen der Spiritualität lebendig ist. Auch Philo kann dies nur bestätigen; bei ihm finden wir die gleichen Identifizierungen: Weisheit, Logos, Pneuma, Engel[27]. Daraus geht meines Erachtens hervor, daß man den Hintergrund des Johannesevangeliums, was das benützte Modell betrifft, in *jüdischen* Kreisen suchen muß, in denen Weisheitstraditionen mit der jüdischen Angelologie verschmolzen sind. Daß himmlische, transzendente Wirklichkeiten viele Namen erhalten, ist dieser ganzen früh-jüdischen (auch hellenistischen) Epoche eigen. Der ‚himmlische Retter‘ erhält verschiedene Namen: Weisheit, Logos, Engel, Sohn, ‚Mensch‘, Hoherpriester. In mehr offiziellen jüdischen Kreisen setzte man sich gegen diesen Synkretismus stärker zur Wehr. Die „Odae Salomonis"[28] aber, die etwa aus der Zeit des Johannesevangeliums stammen, sind ein völliger Bruch mit der ‚Engel-Christologie‘, aber der Erlöser Christus wird doch im Katabasis-anabasis-Modell dargestellt[29]. Obwohl christlich, haben diese Oden einen ausgesprochen frühjüdischen Nährboden.

Das Fazit aus alldem ist: Schon frühjüdisch und vorchristlich war in nicht-offiziellen jüdischen Kreisen das Katabasis-anabasis-Modell bekannt, und zwar im Zusammenhang mit Erlösung und Rettung durch eine himmlische Gestalt: Logos, Weisheit, Engel – eine Terminologie, die wir außerdem in der sogenannten „Engelchristologie" der ersten Kirchenväter finden[30]. Das ‚Modell‘ als solches ist frühjüdisch.

Implizit ist dieses Modell daher schon bei Paulus vorhanden: Präexistenz, Herabsteigen, Hinaufsteigen, Parusie (Röm 8,34b; 1 Kor 15,24–27; Phil 3,20; siehe sogar 1 Thess 1,10; 4,16–17), wenn auch die ‚anabasis‘ nur implizit, in der Erhöhung, erwähnt wird. Gal 4,4–5 spricht von der „*Sendung* des Sohnes", und zwar mit Erlösungsabsichten (vgl. Joh 3,17; 1 Joh 4,9; auch Röm 8,3, das für Johannes so typische „pempein", senden). Auch: „er *gab* seinen Sohn dahin" (Röm 8,32: „paredoken"; Johannes: „didonai", z.B. Joh 3,16). Diese Sendungs- und Hingabeformeln haben ihre Wurzeln gleichfalls in der jüdischen Weisheit (Weish 9,10; 9,17; – Weish 9,17a. Auch der Engel Jahwes wird *gesandt:* Gen 19,13; Ex 23,20–21 usw.). Die Vorstellung ‚Sendung‘ als verbunden mit dem Titel ‚Sohn Gottes‘ ist vielleicht vor allem typisch für den ägyptischen Judaismus[31]. Sogar in Gal 4,4–14 schimmert etwas von einem Zusammenhang zwischen ‚Christus‘ und ‚Engel‘ durch.

Im Hebräerbrief ist das Modell expliziter vorhanden: a) Präexistenz

(Hebr 1,2; 9,11.26); – b) Herabstieg (2,17; 2,9.10.14.15; 5,8; 10,10); – c) Hinaufstieg (7,25–26; 9,12–24); – d) Parusie (9,28; 10,37). Dabei ist es interessant zu bemerken, daß die Haupttitel, die mit diesem Katabasis-anabasis-Modell verbunden werden, gerade ‚der Menschensohn‘ (Hebr 1,2; 3,6; 4,14; 5,5.8; 6,6; 7,3; 11,28) und ‚der Hohepriester‘ (4,14–16) sind und außerdem, daß „der Sohn“ *apaugasma,* Bild Gottes genannt wird (1,3; Weish 7,26). Deutlich führt der Hebräerbrief, wie früher analysiert wurde, eine gewisse Polemik gegen Engel: Christus ist nicht Engel, sondern Mensch geworden (1,4–2,16). Der Engelkult war unverkennbar im alten Christentum ein drängendes Problem (siehe auch u. a. Kol 2,18). Wie die „Odae Salomonis“ (und später Tertullian) ist der Hebräerbrief ein Versuch, aus dem Ideenkomplex: Sohn, Logos, Engel, Hoherpriester, Weisheit das Element ‚Engel‘ zu beseitigen.

Das Johannesevangelium gebraucht unverkennbar das gleiche jüdische Modell:

a) *Präexistenz:* Joh 1,1–3.10; 1,30.31; 3,31; 6,51; 8,58; 17,5.24.

b) *Herabstieg mit Erlösungsabsicht:* Sendung (3,17) oder ‚Gabe‘ (3,16; 6,38; 8,23.42); so wird der Vater im Sohn *gesehen:* 14,9; 1,18; der Herabgestiegene ‚tauft mit heiligem Geist‘ (1,33; 20,22; siehe unten), nimmt Sünden weg (1,29), gibt ewiges Leben (3,16; 5,21.25.26; 6,26.51; 17,36) und besiegt „den Fürsten dieser Welt“ (12,31).

c) *Erlösender Aufstieg:* „gehen zum Vater“ (13,3.33.36), ‚erhöht werden‘ (im doppelten Sinn) (12,32 und 12,28); verherrlicht werden (12,23; 13,32; 17,5); „fortgehen“ (16,7); den Geist spenden (14,16–17.25–26; 15,26–27; 16,7–11.13–15), den Gläubigen einen Platz „im Himmel“ bereiten (14,3).

d) *Parusie:* 5,28–29; 14,2–3 („leb wohl“) und in dem hinzugefügten Kapitel (Joh 21,22); „der Jüngste Tag“ (6,39; 6,40), im Gegensatz zu „an jenem Tag“ (14,20; 16,23; vgl. 20,19–20, das heißt an Ostern, siehe unten).

Die im Zusammenhang mit diesem Schema gebrauchten Titel sind: Logos, Sohn Gottes, Menschensohn, typische Titel, die zu diesem frühjüdischen Modell gehören. Allein, wie schon gesagt wurde, der Titel Menschensohn schafft einige Probleme, weil wir im Johannesevangelium zwei verschiedene Gedankenkomplexe antreffen: 1. den synoptischen Typ des Menschensohns (Joh 1,51; 3,14–15; 5,27; 8,28; 12,34), und 2. einen nicht-synoptischen Typ (3,13; 6,27.53.62; 12,23; 13,31–32), nämlich einen herabsteigenden und hinaufsteigenden Menschensohn. Muß man, wie im Hebräerbrief, auch im Johannesevangelium eine Anti-‚Engelchristologie‘ sehen, vor allem in 1,51 (vgl. Offb 19,10; 22,8–9) und 5,1–9? Der Paraklet ist „der Geist der Wahrheit“ (14,16; 15,26; 16,13; siehe unten). Nach G. Johnston verwirft Johannes damit die vorjohanneische Identifizierung des Engels Michael mit dem „Geist der Wahrheit“[32]. Auch in Qumran sei „der Geist der Wahrheit, der Zeugnis ablegt“, ein Engel (1 QS III, 18–25), und der Paraklet sei höchstwahrscheinlich der Engel Michael[33]. Es müsse so etwas wie eine frühchristliche jüdische Christologie gegeben haben, die Christus und den Geist als ‚zwei Engel‘ ansieht, aber dann trete das Johannesevangelium ihr entgegen. Bei dieser Annahme überrasche es, daß das Johannesevangelium in seinem Bericht vom leeren Grab den Glauben an die Auferstehung völlig von einer Engelerscheinung loslöst (es kennt diese Tradition nicht und will sie nicht aufnehmen). Auch das Johannesevangelium sei, wie die Odae Salomonis und später Tertullian, ein Versuch, ,Engel' aus dem Vorstellungskomplex: Logos, Weisheit, Sohn, Geist, Engel, zu streichen.

Ist diese Analyse richtig, dann haben wir einen sehr deutlichen Hinweis darauf, daß das Johannesevangelium echte hellenistisch-*jüdische* und ursprünglich sogar palästinensische ,täuferische' (Joh 1,6–8; 1,35 ff) *Wurzeln* hat, eine Tendenz, die (wenn auch aus anderen Gründen) in den Johannesforschungen der letzten zehn Jahre die Oberhand über die zuvor gnostischen Interpretationen dieses Evangeliums zu gewinnen beginnt [34]. Es darf als auffällig bezeichnet werden, daß Johannes der ganzen Perikope, in der sozusagen sein Modell dargelegt wird, 3,12 vorausgehen läßt: „Wenn ihr nicht einmal glaubt, wenn ich euch von irdischen Dingen (ta epigeia) rede, wie werdet ihr dann glauben, wenn ich euch von himmlischen Dingen (ta epourania) rede?" Das Buch der Weisheit hatte schon gesagt: „Schon das, was auf Erden ist (ta epigeia), erraten wir nur zur Not…, wer wollte da die himmlischen Dinge (ta epourania) ergründen können?" (Weish 9,16). In Zusammenhang mit diesem Gegensatz zwischen dem Irdischen und dem Himmlischen (dem pneumatischen Bereich) sagt das Buch der Sprüche: „*Wer ist denn in den Himmel hinaufgestiegen und wieder herab?*… Wer hat alle Enden der Erde festgestellt? Wie ist sein Name, wie der seines Sohnes?" (Spr 30,4). Und schon Deuteronomium: „Die Gebote, die ich euch gebe, sind nicht zu schwer für euch, und sie liegen nicht außer eurem Bereich. Sie sind nicht im Himmel, und ihr braucht nicht zu sagen: ,Wer wird zum Himmel auffahren, um sie für uns zu holen und sie uns hören zu lassen, so daß wir sie vollbringen können'" (Dtn 30,12). Schließlich: „Wer ist in den Himmel aufgefahren, um dort die Weisheit zu holen, wer hat sie von über den Wolken nach hier herabgebracht?… Alle Wege zur Erkenntnis kommen von ihm: er hat sie seinem Diener Jakob gewiesen, Israel, den er liebte. Danach ist sie auf Erden erschienen (epi tēs gēs ōphthē) und lebte unter den Menschen (en tois anthrōpois synanestraphē)" (Bar 3,29.37–38). In der Tat, in manchen Schriften kehrt die Weisheit unverrichteter Sache von ihrem Besuch auf Erden zurück, sie findet auf Erden keine Wohnstätte (ÄthHen 42,1–2), oder gerade deshalb kehrt sie strafend zurück (vor allem in dem rabbinischen Schema des Herabsteigens und Hinaufsteigens) [35]. Aber wer will die Verwandtschaft des Johannesevangeliums mit all dem leugnen oder die Verwandtschaft zwischen Joh 3,12–31 und Jes 55,8–11: „Meine Gedanken sind nicht eure Gedanken, und eure Wege sind nicht meine Wege…, denn so hoch der Himmel über der Erde ist, um soviel sind meine Wege höher als eure Wege und meine Gedanken höher als eure Gedanken. Denn wie der Regen und der Schnee vom Himmel herabkommen und dorthin erst wieder zurückkehren, wenn sie die Erde getränkt haben…, so wird es auch *meinem Wort* (rhèma) ergehen, das aus meinem Mund hervorgeht (exelthein); *es kehrt nicht leer zu mir zurück, sondern erst wenn es getan hat* (syntelesthein), *was mir gefällt*, und *alles vollbracht, wozu ich es gesandt habe*" (Jes 55,8–11). Die Denkkategorien des Johannes sind jüdisch vorgegeben, und in der frühjüdischen Engellehre ist das himmlisch-persönliche Dasein von Himmelswesen genauso gegeben. Sapientiale (eschatologische) Präexistenz und *himmlische* Existenz von *persönlichen* Himmelswesen fließen im Johanneismus zusammen. Gerade dieser Gedankenkomplex konnte in der vor-johanneischen Tradition so etwas wie eine ‚Engel-Christologie' zeigen, gegen die sich das Johannesevangelium (auch der Hebräerbrief) höchstwahrscheinlich (wenn auch beiläufig) wendet (u.a. durch seine Christologisierung des Paraklet-Begriffs; siehe unten). Grundauffassung des Johannesevangeliums ist: Die Geschichte des Heils hat ihren Ursprung nicht in Betlehem (7,41–42), nicht im Haus Marias und Josephs (6,41–42), sondern *im Himmel* (1,18; 3,13; 6,32–33; 7,28–29; 17,5.24): Jesus ist vom Himmel her durch Gott gesandt. Hier haben wir den wichtigsten Schlüssel, der das Verständnis für die Absichten des Johannes mit seinem Evangelium eröffnet, auch für seinen sogenannten ‚Dualismus', der *primär* die Transzendenz des pneumas Gottes über alles Irdische in der alttestamentlichen Linie andeutet, wie der eben zitierte Text Jes 55,8–11 sie scharf formuliert. „Niemand hat je Gott gesehen" (1,18; 6,46; Ex 33,20). Dazu muß man „aus Gott sein".

Die Konsequenz des „Aus-Gott-Seins" und somit des Herabsteigens Jesu ist, daß der johanneische Jesus auf Erden von dem spricht, was er „gesehen und gehört hat" (3,32 und 3,31), „Wir reden, was wir wissen, und wir bezeugen, was wir gesehen haben" (3,11). Er tut „alles, was er den Vater tun sieht" (5,19), und „Ich richte nach dem, was ich höre" (5,30), „Was ich von ihm gehört habe, das sage ich der Welt" (8,26). An anderer Stelle heißt es: „Ich habe nicht aus mir selbst gesprochen, sondern der Vater, der mich gesandt hat, er hat mir aufgetragen, was ich sagen und verkünden muß" (12,49). Daraus geht hervor, daß ‚sehen und hören' dasselbe ist wie zu einem Verkündigungsauftrag vom Vater gesandt sein. Jesus spricht im Namen des Vaters. Das tut er auch in den synoptischen Evangelien, aber im Johannesevangelium erhält dies innerhalb des Modells des Herabsteigens und Hinaufsteigens eine besondere Bedeutung.

III
Jesus stellt die Menschen vor die Entscheidung:
Glaube oder Unglaube

LITERATUR (außer der schon zitierten): G. *Baumbach*, Gemeinde und Welt im Joh: Kairos 14 (1972) 121–136; *Joh. Beutler*, Martyria (Frankfurt 1972); *J. Blank*, Krisis, a.a.O.; O. *Böcher*, der Johanneische Dualismus im Zusammenhang des nachbiblischen Judentums (Gütersloh 1965); *K. L. Carroll*, The Fourth Gospel and the Exclusion of Christians from the Synagogue: Bulletin of the John Rylands Library 40 (1957) 19–32; E. *Grässer*, Die antijüdische Polemik im Johannesevangelium: NTS 10 (1964–1965) 74–90; *E. Käsemann,* Jesu letzter Wille nach Joh 17 (Tübingen 1966), 116–119; *H. Leroy,* Rätsel und Mißverständnis, a. a. O.; *J. Louis Martyn,* History and Theology in the Fourth Gospel (London 1968); *Th. H. Olbricht,* Its Works are Evil (John. 7,7): Restoration Quarterly 7 (1963) 242–244; *R. Schnackenburg,* a. a. O., II, 328–346; *L. Schottroff,* Der Glaubende und die feindliche Welt (WMANT, 37) (Neukirchen 1970); *G. Steinberger,* La symbolique du bien et du mal selon saint Jean (Paris 1970); *W. Wilkens,* Zeichen und Werke. Ein Beitrag zur Theologie des 4. Evangeliums in Erzählungs- und Redestoff (AThANT, 55) (Zürich 1969) 114–121.

A. JESUS UND ,DIE JUDEN‘

Schon bei der ersten Vorstellung Jesu als des himmlischen Heilsbringers auf Erden und durch das ganze vierte Evangelium hindurch führt die Erscheinung Jesu zu einer ,Krisis‘ zwischen Gläubigen und Nichtgläubigen. Manche nehmen ihn an, andere lehnen ihn ab. Jesus bringt eine Scheidung der Geister, wie (daran denkt Johannes) auf Gottes Wort: ,Es werde Licht‘ (Gen 1,3) eine Scheidung zwischen Licht und Finsternis, Tag und Nacht entstand (Gen 1,3–5). Der ,Dualismus‘ entsteht erst in und durch die menschliche Entscheidung, Jesus als Licht anzunehmen oder abzulehnen. Der Dualismus ist bei Johannes dieser Entscheidung nicht vorgegeben (die, bei *positivem* Ergebnis, angesichts unseres sarkischen Zustands vor allem die Folge des „Ziehens des Vaters“, mit anderen Worten einer Gnade ist, 6,44–46). Erst durch die Haltung, die man Jesus gegenüber einnimmt, entsteht der Dualismus oder die Scheidung der Geister (allerdings denkt Johannes an *diese* Entscheidung und nicht unmittelbar an Menschen, die mit dem Jesusgeschehen noch nicht konfrontiert wurden; diese sind ,potentielle‘ *Gläubige* oder *Ungläubige,* da Jesus seine Jünger „in die Welt“ sendet [17,15.18]).

Die Krisis oder die Scheidung der Geister, die sich in der Beziehung zu Jesus vollzieht, spielt schon im Johannes-Prolog eine grundlegende Rolle: – a) 1,9–11: der Block der Ungläubigen, die das Licht nicht erkennen wollen; – b) 1,12–13: die Gläubigen, die kraft der Gnade Gottes Jesus wohl als Licht erkennen: die Kinder Gottes oder die christliche Gemeinde. Neben dem Zeugnis Johannes’ des Täufers über Jesus als ,himmlischen Erlöser‘ geht es um drei gewichtigere Zeugen: das Zeugnis des eigenen Auftretens Jesu, die Werke des Vaters, die Jesus tut (5,36); das Zeugnis des Vaters selbst (5,37) und das Zeugnis der Heiligen Schrift (5,39). Alle diese Zeugnisse scheinen aber die Scheidung der Geister nur zu bestätigen. Die Absicht des Johannes ist es somit, zu zeigen, daß Jesus Glauben und Unglauben hervorruft – daß Jesus daher nicht nur ,Leben‘ schenkt, sondern zugleich dem Unglauben als Richter gegenübertritt (15,16–30; 7,15–24). Gläubige werden nicht gerichtet, Nichtgläubige dagegen sind in ihrem Unglauben schon gerichtet (3,36; 9,39): durch ihre eigene Entscheidung. Nach jeder ,Ich bin‘-Aussage (siehe unten) folgt eine Diskussion über Glauben und Unglauben (5,9b – 47; 6,41–47; 6,52–58; vor allem

6,60–71; 7,25–36; 7,40–52; 7,53–59; 8,12–59; 9,35–41; 10,19–21; 10,22–39; 11,45–54). Auch nach den Wunderzeichen Jesu. Nach der Heilung des Lahmen (5,1–10) wird schon offenkundig, daß ,die Juden' Jesus töten wollen (5,18). Der johanneische Jesus verteidigt sich immer auf die gleiche Weise: Er tut nichts aus sich selbst (7,18; 8,28; 14,10), er tut „die Werke des Vaters" (5,19–20), er tut nur das, was der Vater ihm aufträgt (10,18; siehe 4,34). Die Heilung des Lahmen ist daher Leben für den Lahmen (5,24–26), aber Gericht für den, der nicht glaubt (5,27–30). Jede Zeichenhandlung ist außerdem auch ein Vorzeichen, Hinweis auf noch größere Werke (5,20–22): die Auferweckung des Lazarus, selbst wieder ein Vorzeichen für noch etwas Größeres, für die Auferstehung Jesu und das Endgericht.

Auch die Aussage, daß Jesus ,das Brot des Lebens' ist (6,35.48.51), bewirkt Glauben und Unglauben. Wie die Juden in der Wüste, trotz des Mannawunders, „gegen Mose murrten" (Ex 16,7–9), so „murrten die Juden über ihn, weil er gesagt hatte: ,Ich bin das Brot, das aus dem Himmel herabgestiegen ist' " (6,41). Die Juden kennen die Herkunft Jesu: Er ist der Sohn Josephs, sie kennen seinen Vater und seine Mutter. „Wie kann er denn sagen: Ich bin vom Himmel herabgestiegen?" (6,42). Sie kennen die irdische Herkunft Jesu. Die eigentliche, himmlische Herkunft Jesu bleibt ,den Juden' verborgen. Jesus antwortet auf ihr Murren, daß die Erkenntnis seiner eigentlichen Herkunft nicht durch Fleisch und Blut entdeckt werden kann; dazu ist eine ziehende Gnade von oben notwendig (6,44); man muß ,aus Gott' sein (6,46b), um die wahre Herkunft Jesu zu erkennen. Auch die folgende eucharistische Aktualisierung (6,51b): „Das Brot, das ich geben werde, ist mein Fleisch für das Leben der Welt" (6,51b), bringt Scheidung unter den Juden. „Wer mein Fleisch ißt und mein Blut trinkt, bleibt in mir und ich in ihm" (6,56). Unsinniges Gerede (6,60.71), aber das finden diesmal auch „viele seiner *Jünger*" (6,60–61), offensichtlich Gläubige aus der johanneischen Gemeinde. Jesus ist Nahrung, ewiges Leben für den Menschen, weil er von himmlischer Herkunft ist: „Das *pneuma* (das Himmlische) macht lebendig, die sarx (das Irdische) ist zu nichts nütze" (6,63). *Glauben,* daß in der sarx Jesu der Himmel unter die Jünger gekommen ist, *das* gibt Leben. Jenes Nicht-Glauben bedeutet: von Jesus nichts verstehen: Unglauben. „Infolgedessen zogen sich viele seiner Jünger zurück" (6,66). Das weist *ebenfalls* auf die Situation in der johanneischen Gemeinde hin. Der Erste Johannesbrief gibt ein schärferes Bild von der Situation: Diese Irrlehrer *waren* Mitglieder der Gemeinde (1 Joh 2,19), sind aber jetzt offensichtlich schon getrennt (schisma) (Aorist); doch sind sie noch aktiv *unter* den Gemeindemitgliedern: sie ,verführen' die treue johanneische Gemeinde. Plötzlich tauchen im Johannesevangelium in diesem Zusammenhang „die Zwölf" auf (6,67), die aus dem Mund des Petrus das christliche Glaubensbekenntnis ablegen: „Wir glauben und wissen, daß du der Heilige Gottes bist" (6,69). Selbst in diesem Kollegium der Zwölf entsteht eine Scheidung der Geister (6,70–71).

Auch nach dem Wort Jesu: „Meine Lehre ist nicht die meine, sondern die

Lehre dessen, der mich gesandt hat" (7,16), entsteht Diskussion. Vom Messias „weiß kein Mensch, woher er kommt" (7,27) – eine gängige jüdische Tradition. Aber „einige Leute aus Jerusalem" (7,25) sagen: „Von diesem Mann wissen wir, woher er ist" (7,27a). Während sie so argumentieren, predigt Jesus im Tempel: „Ihr kennt mich, und ihr wißt, woher ich bin" (siehe 7,27a), „doch ich bin nicht aus mir selbst gekommen, sondern der, der wahrhaftig ist, hat mich gesandt. Ihn kennt ihr nicht" (7,28). Die Argumentation ist: die Juden kennen Gott nicht; wie sollten sie die wahre Herkunft Jesu erkennen können? Ja, sie wissen alles von Jesu sarkischer Herkunft, aber gerade diese ist eine Sendung des Vaters, und das – das Eigentliche – haben sie nicht erfaßt.

Die Aussage, daß Jesus „das Licht der Welt" (8,12) ist, unterstreicht, daß „Jesus von oben ist", während die anderen „von unten" sind (8,23). „Ich bin nicht von dieser Welt" (8,23b). Darauf folgt eine der heftigsten Diskussionen zwischen Jesus und ‚den Juden' (8,33–59), in der Jesus ihnen vorwirft, daß sie nicht in Wahrheit Kinder Abrahams sind, sondern Lügner; daher eigentlich Satanskinder, denn der Satan ist der Vater aller Lüge (8,44). Nicht Abraham, allein der Sohn kann den Menschen wirklich zur Freiheit befreien (8,36), er ist „die Wahrheit, die euch frei machen wird" (8,32). Ihrerseits werfen die Juden ihm dann vor: „Jetzt wissen wir mit Sicherheit, daß du vom Teufel besessen bist" (8,52). Jesus reagiert auf die bekannte Art: Ihr kennt Gott nicht, „ich dagegen kenne ihn" (8,55). Würde Jesus das leugnen, so wäre er selbst ein Lügner (8,55b). Jesus *ist* Sündenvergebung, und das ist die Kindschaft Abrahams nicht. ‚Wahrheit' ist die Heilsoffenbarung Jesu (Prolog), die göttliches Leben und somit Sündenvergebung schenkt: die Freiheit der Kinder Gottes (siehe 8,36, vgl. Gal 4,4–5). Jesus allein führt zur wahren Freiheit. Als Sohn ist er der Freie (8,36), pneumatisch oder von oben (siehe 8,23). In 8,37–47 werden ‚von unten' und ‚von oben' zu einem Gegensatz zwischen Gotteskindern und Teufelskindern verschärft. Der johanneische Jesus unterscheidet hier zwischen ‚ethnischen Abrahamskindern' („sperma Abraham", 8,33.37) und den ‚tekna', Kindern: geboren aus Abraham, aber handelnd im Geist ihres Vaters (schon eine Vision von Jer 4,4; 9,25; Ez 36,26–27). Dadurch wird der jüdische Unterschied zwischen ‚Jude' und ‚Nicht-Jude' im Johannesevangelium ersetzt durch den Unterschied zwischen ‚aus Gott sein' (für Juden und Heiden) und anderen (Juden und Heiden), die Gottes Stimme in Jesus nicht hören können. Jesus steht daher über Abraham (8,58; siehe Ex 3,14). Darauf wollen ‚die Juden' ihn steinigen (8,59). Jesus aber *„verläßt den Tempel"*, die Stätte der Gegenwart Gottes in Israel. Er hinterläßt ein Vakuum.

In Joh 9 verlegt sich die Diskussion auf den geheilten Blindgeborenen und die Pharisäer: „Das ist doch merkwürdig, daß ihr nicht wißt, von wo er ist, und er hat mir doch die Augen geöffnet! ... Wenn dieser Mann nicht von Gott käme, hätte er so etwas nie tun können" (9,30.33). Aber der Geheilte wird exkommuniziert und aus der Synagoge ausgestoßen. Später glaubt er „an den Menschensohn".

„Ich bin der Menschensohn" (9,35–37; vgl. 4,23–26). In 9,39 wird dies verbunden mit einer Gerichtsfunktion: „um zu richten (krima; krisis) bin ich in die Welt gekommen". Nachdem Jesus dem Blindgeborenen die erloschenen Augen heilte, schenkt er ihm das Licht des wahren Glaubens: Glauben an Jesus, den Menschensohn, der Menschen in die Herrlichkeit Gottes hineinführt (siehe 12,31–36; hier auch in Zusammenhang mit dem Menschensohn). Die Pharisäer dagegen sind „sehend blind"; der Blinde aber nicht (9,41).

Beim Fest der Tempelweihe entsteht ebenfalls eine Diskussion über Jesus als Messias und Sohn Gottes (10,22–39). Schon zuvor gab es eine Diskussion über seine Messianität (7,40–44). Manche finden, daß Jesus wahrhaft der Prophet ist (7,40), für andere ist er der Messias (7,41), Davidssohn und somit nationaler Messias; eine dritte Gruppe wendet dagegen ein, daß der Messias nicht aus Galiläa kommt (7,41b–43), denn nach der Schrift kommt er als Davidssohn aus Betlehem (Mich 5,1). So entsteht um Jesus ein ‚Schisma' unter dem Volk (7,43a). Jetzt (10,22–39) handelt es sich in der Diskussion über die Messianität Jesu um ein Streitgespräch mit ‚den Juden' (10,24). Jesus wiederholt: „Ich und der Vater, wir sind eins" (10,30). Das nennen sie eine Gotteslästerung (10,33). Jesus argumentiert daher aus der Schrift, wo gesagt ist: „Ihr seid Götter" (Ps 82,6). Jesus nennt sich darauf „Sohn Gottes" (Joh 10,36). Denn wer die Werke Gottes tut, ist sein Sohn (10,37–38). Nun tut Jesus aber nichts anderes als die Werke des Vaters: also „ist der Vater in mir und ich im Vater" (10,38). „Kind oder Sohn Gottes" weist zurück auf „aus Gott geboren", „Kinder Gottes" (1,12–13; 8,35b.36.47). Erregte jedes ‚Zeichen' Jesu schon heftige Diskussion, so scheint nach dem letzten Zeichen, der Auferweckung des Lazarus, das Maß voll zu sein: „Die Hohenpriester und Pharisäer" (11,46) berufen eine Sitzung des Sanhedrin ein: „von diesem Tag an waren sie entschlossen, ihn zu töten" (11,53).

Diese Dialektik von Glaube und Unglaube beherrscht das ganze vierte Evangelium. Wer sind diese Ungläubigen, von Johannes „die Juden" genannt? Darüber wird seit langem diskutiert. In der Diskussion ging man einfach von der Tatsache aus, daß allein Johannes den Ausdruck „hoi judaioi" in einem ganz besonderen Sinn gebraucht. Terminologisch unterschied man dann oft vier Bedeutungen im vierten Evangelium: „Die Juden" sind a) einfach das jüdische Volk (unter Hinweis auf 2,6.13; 3,1), – b) die Judäer, Einwohner von Jerusalem und Umgegend, von Judäa (11,8.9), – c) Jesus feindlich gesinnte Menschen, mit anderen Worten „die Juden", werden zum Symbol für ‚Ungläubige' (6,41.52 usw.), und d) die Obrigkeit Jerusalems oder die Führer des jüdischen Volkes (1,19; 2,18.20). Jedoch eine neue, rein semantische Studie des Wortes „hoi judaioi" in der damaligen Literatur von M. Lowe hat meines Erachtens überzeugend nachgewiesen, daß Johannes einfach dem damaligen *palästinensischen* Gebrauch folgt: „hoi judaioi" sind dann die Judäer (nicht ‚die Juden'), sondern Juden aus Judäa im Gegensatz zu den Galiläern. Die Diasporajuden dagegen gebrauchten „judaioi" im allgemeinen Sinn von: die Juden. Die vier Evangelien (außer Lk 7,3) kennen alle nur den palästinensischen Gebrauch; und, was die Regel bestätigt, die Perikope über die Samariterin (Joh 4) kennt den *samaritanischen* Gebrauch von ‚judaios‘, weil die Samariter sich auch als Kinder Jakobs ansahen und somit zu *Israel* gehörten[36]. Es sind für Johannes also *Judäer*, die wegen ihres Unglaubens Jesus kreuzigen ließen, und zwar aufgrund ihrer engen Gesetzesauffassung; mit anderen Worten, Johannes wendet sich gegen den religiösen *Judaismus*, den er außerdem in der damaligen Synagoge vertreten sieht, mit der die johanneische Gemeinde konfrontiert wird. Das ist das offizielle synagogale Judentum (diesen wichtigen Aspekt vernachlässigt Lowe in seiner semantisch richtigen Studie). Johannes denkt in zwei Ebenen. Die *Judäer* der Zeit *Jesu* sind Modell für das, was die *synagogalen Juden* zur Zeit des *Johannes* tun. Wir brauchen ‚die Judäer‘ und ‚die Juden‘ aus der Zeit des Johannes also keineswegs als Symbol des Unglaubens anzusehen (das kann jedoch eine Aktualisierung des Textes erfordern, aber es ist sicher nicht die Bedeutung des Textes selbst). Für Johannes sind ‚die Judäer‘ im historischen Sinn, aus der Zeit Jesu, Symbol für das, was die Juden aus der Synagoge zur Zeit des Johannes tun: Typus und Antitypus gehen dabei in der Geschichte ineinander über.

In den letzten zehn Jahren, so wurde schon gesagt, neigen die Johannes-Forschungen allgemein dazu, das vierte Evangelium als einen Dialog zwischen *der johanneischen Gemeinde und der Synagoge* zu interpretieren[37]. Diese Auffassung scheint mir nur halb richtig zu sein. Das Drama, das Johannes erzählt, spielt in der Tat auf zwei Ebenen: der Ebene der christlichen Tradition über das Leben Jesu und der des jetzigen Konflikts der johanneischen Gemeinde. Die Frage ist jedoch: Wer sind die in Konflikt miteinander stehenden Parteien? J. L. Martyn behauptet – mit vielen, die ihm darin folgen: zwischen der johanneischen Gemeinde und der Synagoge. In unmittelbarer Nähe der johanneischen Gemeinde muß es eine aktive, christenfeindliche Synagoge gegeben haben. Die Gegner Jesu sind, plötzlich, sowohl die jüdischen Vorsteher Jerusalems in den ersten Jahrzehnten des 1. Jahrhunderts als auch die jüdischen, synagogalen Protagonisten in den Tagen des Evangelisten. Beide Perspektiven schieben sich ineinander. So erzählen uns Joh 3,5.6.7.9 mehr über die Situation der johanneischen Gemeinde als über den historischen Jesus. Viele Juden verließen die Synagoge und wurden Christen. Sie werden – der Anachronismus gegenüber der Zeit Jesu spricht schon Bände – „aus der Synagoge ausgeschlossen" (aposynagogos: 9,22; 12,42; 16,2)[38]. Außerdem gab es Juden, die insgeheim Christen waren: die Nikodemusgestalten aus dem Johannesevangelium. Nikodemus ist im Johannesevangelium deutlich repräsentativ für Christen, die ihre jüdische Verbindung mit der Synagoge nicht aufgeben, ebenso „die geheimen Jünger" (12,42–43; 9,16; 2,23–25). Johannes erzählt in 3,1–12 ein Gespräch *Jesu* mit Nikodemus, aber dieses Gespräch ist zugleich eine Diskussion zwischen der johanneischen Gemeinde und den Nikodemusgestalten in der Gemeinde. Das geht aus dem sonst unverständlichen Ausdruck hervor: Jesus spricht hier plötzlich, wider alle johanneische Gewohnheit, in der ‚Wir‘-Form: „ *Wir* reden von dem, was wir wissen, und wir bezeugen, was wir gesehen haben" (3,11). Darin liegt sowohl: „Was *ich* von ihm gehört habe, das sage ich der Welt" (8,26; 5,30; 12,49), und anderseits: „*Wir* – johanneische Gemeinde – wir haben seine Herrlichkeit gesehen" (1,14c). So kann die Gemeinde selbst von dem zeugen, was Jesus beim Vater gesehen und gehört hat. Die beiden historischen Ebenen (Jesus – die Gemeinde) gehen ineinander über.

Die Synagoge in der Nähe der johanneischen Gemeinde steht offensichtlich auch in der Tradition des Sinaitismus, der viele Diasporasynagogen kennzeichnete: die Mosemystik[39]. In diesem Gegensatz zwischen Kirche und Synagoge sind „die Judäer" für Johannes der Typus jener, die das christliche Evangelium aufgrund des mosaischen Gesetzes ablehnen. „Die Judäer" bedeuten: Nichtannahme der Wahrheit, wie sie in der Person Jesu geoffenbart ist. So sind sie exemplarisch für den Unglauben zur Zeit des Johannes. Die Verbannung von jüdischen Christen aus der Synagoge wird in die Zeit Jesu zurückprojiziert. Das Johannesevangelium ist deshalb kein missionarisches Dokument, wie früher häufig angenommen wurde, sondern eher ein Dokument einer in sich geschlossenen Gemeinde gegenüber der Welt, vor allem gegenüber den Angriffen einer nahen Synagoge. Auch R. Schnackenburg und R. Brown sprechen in ihren großen Johannes-Kommentaren von der hohen Priorität der antijüdischen Polemik im vierten Evangelium: „Die Juden" sind Zeitgenossen des Johannes, Vorsteher der (nahen) Synagoge, die militant die christliche Botschaft ablehnen. R. Brown sieht jedoch in „die Juden" eigentlich keinen ethnischen, geographischen oder gar religiösen Inhalt, sondern ein *Symbol* all derer, die den christlichen Glauben ablehnen. (Man darf dies zwar so aktualisieren, aber das scheint nicht die eigene Absicht des Johannes zu sein.) Johannes gebraucht diese Terminologie sicher nicht ‚symbolisch'. „Die Jünger des Mose" stehen „den Jüngern Jesu" gegenüber (9,38), während für Johannes die christliche Gemeinde das neue Israel ist.

Daß sich das Johannesevangelium, trotz der jüdischen, sogar palästinensischen Wurzeln der johanneischen Tradition, von dem offiziellen Judentum distanziert, läßt sich kaum leugnen. Die Schrift wird polemisch zitiert (z.B. 5,45), und die Debatten über den Messianismus Jesu beherrschen das ganze Evangelium (siehe z.B. 7,27.41–42; 12,34). Wenn auch in weniger defensiv-aggressivem Maß, tun dies jedoch auch die Synoptiker. Wenn (was ich annehme) das Johannesevangelium tiefe jüdische Wurzeln hat, aber eher in dem, was man das nicht-offizielle, sogenannt ‚heterodoxe', synkretistische Judentum des 1. Jahrhunderts nennt, dann ist schon von daher eine gewisse Distanz gegenüber diesem pharisäischen Rabbinentum aus der Zeit nach 70 verständlich. Aber die Abwehr des Johannes geht weiter! Persönlich glaube ich, daß W. Meeks richtig gesehen hat, wenn er sagt: „The Fourth Gospel is most anti-Jewish, at the points it is most Jewish."[40] Tatsächlich gebraucht Johannes etwa in seinen scharfen Angriffen gegen die jüdischen Anführer oder Hirten einen alttestamentlich-jüdischen Topos. Gerade in der Schärfe dieses Angriffs auf ‚die

Juden' ist Johannes rein jüdisch. Im weiteren Verlauf wird analysiert werden, daß Johannes die eigene traditionell-jüdische, prophetische Kritik an den *Führern* des Gottesvolkes übernimmt. Das führt natürlich doch zu schmerzlicheren Konsequenzen, wenn ein Christ (auch wenn er Jude wäre) dies gegenüber nicht-christlichen Juden tut.

Es besteht also in der (vor allem angelsächsischen) Johannesliteratur der letzten zehn Jahre eine zunehmende Einmütigkeit unter den Exegeten über den Hintergrund des Johannesevangeliums: die johanneische Kirche in apologetischem und defensivem Widerstand gegen eine mächtige, militante jüdische Synagoge. Doch frage ich mich, ob damit das volle Anliegen des Johannesevangeliums bemerkt wurde. Dieser Gegensatz scheint sich nicht leugnen zu lassen, aber Johannes ist es dabei weniger um die Nicht-Christen zu tun als vielmehr um die Konsequenzen dieses Konflikts für und innerhalb der johanneischen Gemeinde selbst, nämlich für die jüdischen Christen. Es scheint mir weniger um eine defensive Kirche *gegenüber* gehässigen Angriffen der Synagoge (eine nicht zu leugnende Tatsache) zu gehen; die jedoch sehr auffällige und wiederholte Ermahnung, *die Einheit zu bewahren*, bis in die Abschiedsrede(n) des johanneischen Jesus hinein, weist meines Erachtens auch in die Richtung eines Konflikts zwischen jüdischen Christen und Heidenchristen *in* der johanneischen Gemeinde selbst. Johannes meint die Gefährdung der inneren Einheit der Kirche: Christliche Juden überschätzen die ethnische Sohnschaft Abrahams (1,12 c.13, wo deutlich ein johanneischer Eingriff in den Logos-Hymnus vorliegt; auch 8,33–59). Offensichtlich hatten die *jüdischen* Christen in der johanneischen Gemeinde ein Gefühl der Überlegenheit über die Christen aus dem Heidentum. Darin sieht Johannes eine Gefahr für die kirchliche Einheit: „Ich habe noch andere Schafe, die nicht aus diesem Schafstall sind. Auch diese muß ich führen, und sie werden auf meine Stimme hören, und es wird ein Schafstall und ein Hirt werden" (10,16), und: „Jesus sollte für das *Volk* (Israel) sterben, aber nicht für das Volk allein, sondern auch um *die zerstreuten Kinder Gottes* zusammenzubringen" (11,52). Der Akzent scheint mir auf einer Polemik zwischen *jüdischen* Christen und *Heiden*christen zu liegen, wobei diese jüdischen Christen hellenistische Juden sind, die mit der Mosemystik oder dem Sinaitismus bekannt sind. Darin lag die inhärente Gefahr, Jesus als Logosträger neben dem Logosträger Mose, neben den Propheten und neben Johannes dem Täufer zu sehen. Jesus kann dann wohl der Größte sein, aber *auf einer Linie* mit den großen Logosträgern, vor allem mit Mose (siehe 4,12; 5,43; 6,32; 8,53). Das Problem ist dann: Kann man sowohl Jesus als auch Mose folgen? Ein Dilemma, das in verschiedenen Formen im ganzen Neuen Testament vorkommt. Das Exklusive des Heils-in-Jesus wurde dadurch beeinträchtigt, und um diese *Jesusexklusivität* ist es Johannes deutlich zu tun.

Um diese Absicht des Johannesevangeliums besser zu verstehen, müssen wir uns ins Bewußtsein rufen, daß in den Tagen, in denen das vierte Evangelium geschrieben wurde, der Bruch zwischen Kirche und Synagoge nicht nur Wirklichkeit, sondern auch offiziell besiegelt war, wenn auch vielleicht noch nicht juristisch. Um die neunziger Jahre wurde im Schemone Esre, dem Achtzehngebet der Juden, eine Exkommunikation der jüdischen Christen eingefügt: sie wurden offiziell aus der Synagoge ausgeschlossen [41]. Kirche und Israel standen einander gegenüber. Weil ,Glaube' für Johannes Glaube an Jesus Christus ist, bedeutet das für ihn: hier Glaube und Kirche, dort Unglaube und Synagoge. Johannes benutzt das traditionelle Material über die Streitigkeiten zwischen Jesus und der jüdischen Behörde, die zur endgültigen Ablehnung Jesu und zu seiner Kreuzigung führten, aber er projiziert die Situation seiner Zeit in ihrer ganzen Schärfe schon in die Zeit Jesu. Die Streitgespräche über die (mosaische) Messianität des johanneischen Jesus spiegeln die Situation der Kirche zur Zeit des Johannes wider, wenn Johannes dabei auch Gegebenheiten aus der Jesustradition aktualisiert. Die Polemik des Johannes über Glaube und Unglaube zur Zeit Jesu muß man also vor den Hintergrund einer Polemik zwischen der johanneischen Christologie und dem pharisäischen Rabbinentum stellen, das vor allem nach dem Jahr 70 die einzige führende Partei im Judentum und zugleich Repräsentant der jüdischen Orthodoxie wurde.

Das vierte Evangelium erscheint daher als ein Zeugnis der Selbstoffenbarung Jesu, des fleischgewordenen Wortes, das eine Krise zwischen Gläubigen und Ungläubigen hervorruft [42]. Daher die beiden Blöcke, einerseits „hoi Iudaioi" (71 mal; „die Judäer"), andererseits die Jünger Jesu, die – im Keim ,die Kirche' – *von Anfang an* an Jesus als den Christus glauben, das heißt, sie glauben (nach dem johanneischen Glaubensbegriff) schon *christlich* (wenn auch noch nicht gereift und mit viel Unverständnis) an den irdischen Jesus als den aus dem Himmel von Gott gesandten Heiland. In den johanneischen Begriff *Glaube* ist die synoptische Forderung der metanoia oder Bekehrung schon aufgenommen. Glauben heißt die Selbstoffenbarung Jesu bejahen und sich persönlich an die Person Jesu Christi binden; es ist die Anerkennung der Ansprüche Jesu als des aus dem Himmel zum Heil aller kommenden Sohnes des Vaters. Unglaube dagegen ist Leugnung der Messianität Jesu oder des eschatologischen Heils (6,64 mit 6,41–42; 7,5.26–27.31.41). Glauben heißt an Jesus als den einzigen Heilsbringer glauben. Die *persönliche Bindung* an Jesus (pisteuein eis) umschließt also ein *christologisches Bekenntnis* (pisteuein hote…; siehe vor allem: 17,20b mit 17,8 und 17,21d). Glauben heißt daher „zu Jesus kommen" (5,43) oder, wie der Prolog schon sagte: „Jesus annehmen" (1,12; 5,43; 13,20). Die ersten Jünger „kommen zu Jesus" (2,11; 1,37.47), das heißt, sie werden seine Jünger, weil sie an ihn glauben. Jesus ruft sie eigentlich nicht (siehe 1,35–51), sie werden ihm vom Vater geschenkt (17,2.9.12; 6,44).

Für Johannes kann der vorösterliche Glaube schon ein *christlicher* Glaube sein, weil Tod und Auferstehung Jesu, so wichtig sie auch sind, nicht das einzige Heilsfaktum sind: Das Heilsgeschehen beginnt schon mit dem Erscheinen des fleischgewordenen Wortes auf Erden, wenn Jesus auch auf Erden noch nicht das eschatologische Heil oder den heiligen Geist schenken kann (7,39), sondern nur Vorzeichen des Heils (siehe unten). An die Person des historischen (irdischen) Jesus glauben ist, johanneisch, schon eigentlich christlicher Glaube. Diesen Glauben an Jesus haben die eigentlichen Jünger (2,11; 6,67–69; 13,19; 14,1.10; 16,27.30–31; 17,8; 20,8.25.29), aber er wird auch allgemeiner gebraucht für einen noch unvollendeten Glauben auf der Grundlage des Glaubens an die Gotteszeichen Jesu (4,1; 6,60–66; 7,3; 8,31; 9,28; 19,38). Im Gegensatz zum synoptischen Jesus verlangt der johanneische Jesus aber Glauben *an die Person* Jesu selbst, während zum Beispiel bei Paulus Objekt *christlichen Glaubens* eigentlich unmittelbar der Tod und die Auferstehung Christi sind (Röm 4,24–25; 10,9 usw.). Johannes jedoch fordert Glauben an den *geschichtlich erscheinenden* Jesus; denn dann ist Jesus schon die eschatologische Präsenz des Vaters unter uns: „Wer mich sieht, sieht den Vater" (14,9; 7,16–17). Die neue Lebensexistenz und das neue Selbstverständnis beginnen im Kontakt mit dem irdischen Jesus; der kommende Paraklet wird später nur noch zur Fülle des Glaubensverständnisses führen (14,26). Dabei sind das erste Zeugnis des irdischen Jesus und das spätere des heiligen Geistes eins (15,26–27)[43]. Jesus weiß also, daß seine Jünger schon vor Ostern an ihn glauben. Wenn auch noch voller Unverständnis (4,33; 14,5.8; 16,17–18; 17,29–30; 11,8.16; 18,10–11; auch 13,37; 16,29–30), *glauben sie* an ihn in einer persönlichen Bindung: „zu wem sollten wir gehen?" (6,68; 16,27). Das Wichtigste haben die Jünger schon getan: sie nehmen Jesus an als von Gott zum Heil gesandt (16,27; 17,8; 17,14.25; auch 8,14; 7,16–17). Vor seinem Leiden stärkt Jesus ihren Glauben gegen die kommenden Prüfungen (13,19; 14,1.29; 16,31–32). Doch läßt Jesus diesen Glauben immer wieder zuerst erproben (2,3–4; 4,48.50; 11,25.26; 6,6; 6,68: „wollt auch ihr gehen?").

Von Anfang an sind die Jünger die Jesus anvertraute Herde (10,3–4; 10,14–15): Gott hat sie ihm gegeben (10,6; 10,9.10.24a; siehe 11,52; 17,2.9.12; 18,37). Zu diesen Jüngern sagt Jesus: „Der Vater selbst liebt euch, weil ihr mich liebt und *glaubt, daß ich von Gott ausgegangen bin*" (16,27). Aus der Präexistenz Jesu, aufgrund deren der irdische Jesus eschatologische Heilsgegenwart ist, aktualisiert die johanneische Christologie das den Synoptikern größtenteils verwandte Material und projiziert es aktualisiert in die Zeit vor Ostern (nicht formal von der Auferstehung aus, sondern von der *Präexistenz* aus).

B. LICHT UND FINSTERNIS

Doch hat der Entscheidungs-‚Dualismus' von Glaube und Unglaube noch tiefere Gründe, die mit dem ‚Katabasis-anabasis'-Modell zusammenhängen. Es ist der Bruch, den wir auch schon im Hebräerbrief angetroffen haben, zwischen den ‚epigeia', dem Irdischen, und den ‚epourania', dem Himmlischen oder dem Bereich des Pneumatischen. Im Johannesevangelium kommen ständig Gegensätze vor wie ‚von oben' – ‚von unten', Licht – Finsternis, Wahrheit – Lüge, Leben – Gott, Gott – „der Fürst dieser Welt". Und diese positiven beziehungsweise negativen Qualifizierungen sind innerhalb ihrer Kategorie austauschbar. Auffallend ist jedoch, daß sich alle diese Gegensätze auf die Annahme oder die Ablehnung der Jesusoffenbarung beziehen (z.B. 15,22.24; 9,41). Es handelt sich um einen existentiellen Dualismus, eigentlich eine Form von Gnaden-‚Monismus': Die einzige Realität ist die Kraft des Guten und des Wahren, manifestiert in Jesus Christus.

Die irdische Welt „steht unter der Macht des Bösen" (1 Joh 5,19): „des Fürsten dieser Welt" (Joh 12,31). Aus dem Johannesprolog geht hervor, daß dieses Logoslied tiefe Wurzeln in der Weisheitsliteratur hat. Obwohl gerade diese Weisheitsliteratur die Schöpfung eine gute Gabe Gottes nennt, steht sie doch einer Schöpfungswelt, in der das Licht der *Offenbarung* Gottes nicht zu finden ist, skeptisch gegenüber (Spr 30,1–14; Ijob 28; Prediger; Weish 7 und 9; – Joh 1,4). Der Mensch trägt in sich selbst kein Heil, er besitzt keine Erkenntnis, die über die Weltgrenzen hinausgeht (Weish 9,13–17). Der Mensch ist ‚Fleisch und Blut', sarx, ein Wesen, das Bedürfnis nach dem Geschenk der Weisheit von oben hat: nach Offenbarung (Weish 7,1–2; 10,17ff; siehe auch 1 QH 15,21–22). Die Weisheit ist dem Menschen nicht angeboren (Weish 7,1–30), sie „kommt von Gott" (Weish 9,6). „Schon das, was auf Erden ist, erraten wir nur zur Not, ... wer wollte da die himmlischen Dinge ergründen können?" (Weish 9,16; siehe Joh 3,12!). Ohne himmlische Weisheit ist die Welt ‚skotia', Finsternis. Diese Finsternis ist keineswegs eine kosmische Macht, sondern die Schöpfung-ohne-Erleuchtung, der Mensch ohne geoffenbarte Weisheit. In sich selbst ist die Welt ‚Nicht-Gott', Nicht-Licht, Finsternis. So gesehen besteht ein Bruch zwischen ‚dem Irdischen' und ‚dem Himmlischen', es sei denn, daß der Mensch Erleuchtung von oben erhält. Die Weisheit muß gleichsam aus dem Himmel kommen und unter uns Wohnung nehmen, wenn Licht in der Welt sein soll. Das Fehlen von Weisheit oder Offenbarung ist Nicht-Licht, geschöpfliche Finsternis (siehe Joh 9,4–5; 11,9–10; 3,19–21). Johannes denkt dabei, wie ‚die Weisen'[44], nicht an dämonische Mächte; sein Evangelium kennt daher, im Gegensatz zu den Synoptikern, keine Heilungen von Teufelsbesessenheit durch Jesus. Der Teufel ist im Johannesevangelium das Bild oder das Wesen des Unglaubens (8,44); wie im Ersten Johannesbrief der Antichrist das Bild und der Name für den Ungläubigen oder Ketzer ist: 1 Joh 4,3; 2,18–27; auch 2 Joh 7. Er ist der Fürst dieser Welt, nicht in dem Sinn, daß die Welt sein Machtbereich wäre, sondern sein *Rechts*gebiet, das heißt, er hat Anspruch auf eine Welt, die das Licht ablehnt. Jesus entzieht ihm dieses Recht (12,31; 14,30; 16,11). Denn für Johannes heißt sündigen: das Licht ablehnen; ‚Welt' ist dann synonym mit ‚Finsternis' (vgl. 1,10 mit 1,5). Das ist sapiential (Sir 1,9–10; 24,6–7; Bar 3,36–39; Spr 8,1–36; 11,1–31; – auch 1 Hen 93,8; 69,8; 101,8; und 11 QS XVIII, 5–6). Denn die Weisheit erscheint unter den Menschen, aber die Menschen lehnen sie ab (Sir 24,7; Spr 1,24–25.29–30.32; Bar 3,12–13;

4,1; – 1 Hen 42,1–2; 93,8; 94,5). „Über die Wogen des Meeres und die Grund-festen der Erde, über jedes Volk und Geschlecht hatte ich (die Weisheit) Gewalt. Bei ihnen allen suchte ich mir eine Ruhestatt und forschte, in wessen Gebiet ich rasten könnte. Da gab der Schöpfer des Alls mir Weisung; der mich ge-schaffen hatte, setzte meine Wohnung fest und sprach: *In Jakob sollst du dein Zelt aufschlagen* und in Israel ein Erbteil besitzen. *Vor der Welt,* schon *im An-fang* hat er mich geschaffen, und in Ewigkeit werde ich kein Ende nehmen" (Sir 24,6–9). „Aus dem Mund des Höchsten bin ich hervorgegangen und habe wie Nebel die Erde bedeckt..." (Sir 24,3). Die Weisheit kam also vor allem nach Israel, in Gottes Eigentum (Ex 19,5; Dtn 4,20; 7,6; 14,2; 26,18; Ps 135,4: Jes 43,21; Mal 3,17; siehe Sir 17,17; 24,1.2.12; Bar 3,36–37). Aber auch das Gottesvolk lehnt die Weisheit ab (Spr 1,24–25.29.32; Bar 2,12–13; 4,1–2). Deshalb werden einzelne – der Rest – aus Israel auserwählt, um Wohn-stätte der Weisheit zu sein (Sir 24,19–22; 1,10–20; Weish 6,12–16; 7,27–28; 8,21; 9,2.17; Spr 8,17.21). Die Klugen „gewinnen die Freundschaft Gottes" (Weish 7,27), sie sind „Söhne Gottes" (Weish 5,5). Denn „die Weisheit ist der Abglanz des ewigen *Lichtes,* ein fleckenloser Spiegel des göttlichen *Wirkens* und ein Abbild seiner Güte" (Weish 7,26). „Die Weisheit ist eingeweiht in Gottes Wissen" (Weish 8,4), und sie bringt den Weisen „in den Kreis der Kinder Gottes" (Weish 9,4; 5,5; 7,27; siehe Joh 1,12–13). Vieles darin klingt ‚johanneisch'.

Schon in der Weisheitsliteratur ist diese Tradition vermengt mit dem „lei-denden Gerechten" und „leidenden Propheten", der „unter die Söhne Gottes gezählt wird" (Weish 5,5)[45]. Der Topos des klugen Gerechten, der Anfeindung erleidet und von „Gegnern" umgeben ist, tritt in Weish 2,12–17a stark in den Vordergrund. Es kommt um ihn zu Streitgesprächen, aber der ‚Sohn Gottes' oder Gerechte entlarvt (elenchos; siehe Joh 16,8–11) seine Widersacher (Weish 2,14a). Wer ist der Betrüger und Lügner: er oder seine Gegner? (siehe Weish 2,21; 5,6; vgl. Joh 7,12; 12,19b). Gerade in Weish 2,13.16.18 und 5,5 geht es um die Vollmacht und Weisheit des „Sohnes Gottes", der gegenüber seinen Widersachern von Gott ‚verherrlicht' wird. Denn der Ausgang dieses Streites wird nicht durch die Tötung des Klugen und Gerechten entschieden. Gottes Verherrlichung dessen, dem Unrecht geschah, rehabilitiert ihn gegenüber den Neinsagern, sie ist deshalb Angebot der Gnade der Bekehrung (Weish 3,1–9; 5,1ff). Diese Verherrlichung durch Gott *macht* den abgelehnten und befein-deten Gerechten und Weisen nicht zum ‚Sohn Gottes', sondern *beweist,* daß er es schon war und daß er schon vor seinem Tod das ewige Leben besaß.

Diese Traditionen waren also schon im frühen Judentum lebendig und wurden mit apokalyptischen Vorstellungen vermengt. Zweifellos fällt die Analogie ihrer Struktur mit dem Johannesevangelium auf. Es ist der Erfah-rungshorizont, in dem Johannes sein Evangelium – Erfahrung von Heil von Gott her in Jesus – artikulieren wird. Andere Traditionen haben, wie schon früher gesagt, daran mitgewirkt, vor allem die frühjüdische Engellehre, mit ihrer

Aussage von mit rettenden Absichten herabsteigenden und hinaufsteigenden Engeln, eine Tradition, die wir auch in der Weisheitsliteratur finden. In Weish 10,6 kommt die Weisheit, um in der Gestalt eines „Engels Jahwes" Lot zu retten. Die Weisheit wird außerdem mit dem Logos identifiziert (Weish 9,1–2; siehe Sir 24,3), der in Weish 18,5 wieder ein ‚Engel' zu sein scheint.

Die Weisheit spaltet die Menschheit, sie bringt eine ‚krisis'. Der Krisis-Gedanke ist deshalb eine vorjohanneische, allgemein sapientiale Gegebenheit (Spr 8,17; 1,28; Weish 6,12; Spr 1,20–33; Sir 6,27). Johannes übernimmt einen jüdischen Traditionskomplex. Hintergrund seines Evangeliums ist daher ein ‚Dualismus' – nicht so sehr von Gut und Böse, sondern – von *Heil* und *Unheil*, von einer *Entscheidung* für oder gegen das Licht der Offenbarung. Das wird bestätigt werden durch die Bedeutung von „Wahrheit und Gnade" im Johannesprolog: eine Leben spendende Gabe Gottes, die sich in Jesus als Gottes heilbringende Weisheit offenbart. Jesus als den von Gott Gesandten, das heißt aus dem Himmel Kommenden aufnehmen ist Heil; ihn ablehnen ist schon Gericht und Verderben. Heil kommt von oben: von Gott. Alles Heil beginnt also mit einer herabsteigenden Bewegung von oben. Als *Modell* ist dies alles Johannes vorgegeben. Es wird die *eigene* Erfahrung der johanneischen Gemeinde mit Jesus Christus möglich machen. Für Johannes ist Jesus von Nazaret die herabsteigende Heilsgabe Gottes an die Welt, aber nur einige – ein Rest aus Judentum *und* Heidentum – nehmen diese eschatologische und endgültige Heilsgabe Gottes an, die für die anderen dann ein Gericht ist. Der Gegensatz zwischen ‚Licht' und ‚Finsternis' bleibt daher beim Kommen Jesu, des menschgewordenen Wortes, bestehen. Dieses historische Drama beschreibt Johannes von einer zweifachen Ebene aus: der geschichtliche Jesus in Jerusalem und Jesus Christus in der Situation der johanneischen Gemeinde.

IV
Die johanneische Tradition und der ‚historische Jesus'

Aus dem Gesagten ist ersichtlich geworden, daß der Johanneismus Verbindungen mit den Jerusalemer, griechisch sprechenden, jüdisch-christlichen Kreisen der Stephanusgruppe verrät, mit anderen Worten, daß die alten Wurzeln des Johannesevangeliums *jüdisch* und nicht bei den Christen aus dem griechischen Heidentum zu suchen sind. Seine palästinensischen Wurzeln können daher sogar näher bestimmt werden, sie liegen nämlich in Jerusalem, aber nicht in der Tradition des offiziellen Judentums, sondern in der des sogenannten ‚nicht-offiziellen' Judentums. *Dieses* jüdische Christentum besaß schon in Jerusalem eine *Besonderheit*. Eine gewisse Spannung zwischen ‚den Zwölf' und den von Lukas genannten ‚Sieben Diakonen' verrät sogar die Apostelgeschichte, wenn auch Lukas den Konflikt zu bagatellisieren scheint: „Die Hellenisten beginnen, gegen die Hebräer zu murren" (Apg 6,1); gemeint sind in beiden Fällen palästinensische jüdische Christen, von denen die ‚Hellenisten‘ die griechisch Sprechenden sind. Was Lukas die ‚Hebräer‘ nennt, sind für Johannes ‚die Juden‘. Um den Streit zu schlichten, werden sieben ‚Hellenisten‘ zu *Diakonen* ernannt, sagt die Apostelgeschichte, aber was sie (übrigens nach der Apostelgeschichte) in Wirklichkeit tun, geht weit über die Arbeit der Diakonie hinaus: Sie sind Glaubensverkündiger wie die Apostel, mit einer gewissen Selbständigkeit, wenn auch unter der Aufsicht der Zwölf. Hier zeichnet sich eine orthodoxe christliche Gemeinde ab, welche die Autorität der Zwölf *voll* anerkennt, aber zugleich für die Anerkennung ihrer *christlichen Eigenart* kämpft. Sie ist nicht von der großen Kirche getrennt und hat keineswegs separatistische Tendenzen, jedoch eine eigene Auffassung vom christlichen Evangelium. Ihre Mitglieder sind daher offensichtlich in der Defensive, weil die offiziellen christlichen Führer ihnen etwas mißtrauen, vor allem in ihren missionierenden Ambitionen gegenüber Samaria. Die synoptische Tradition geht hauptsächlich auf die Traditionen der Zwölf zurück. Im Johannesevangelium dagegen werden die galiläischen Zwölf nur einmal ausdrücklich erwähnt (Joh 6,70). Außer galiläischen Freunden hatte Jesus offensichtlich auch Freunde in Jerusalem, in gesellschaftlich anderen, ‚höheren‘ Ständen. Diese gehörten ebenso zu den ‚intimi‘ Jesu.

Das hinzugefügte Kapitel Joh 21 kann die Situation etwas erhellen. Petrus, der die Zwölf repräsentiert und als solcher ausdrücklich anerkannt wird (21,15–17), steht trotzdem in einem gespannten Verhältnis zu „dem Jünger, den Jesus liebte“ (21,20–23). Dieser geliebte Jünger ist also nicht einer von den Zwölfen. Die Eigenart der Stephanus-Christen geht zudem daraus hervor, daß sie von den Juden verfolgt werden und aus Jerusalem fliehen müssen (Apg 8,1), während die anderen Christen nicht verfolgt werden, weil sie offensichtlich den Tempel nicht kritisieren. Es scheint bei den Christen der Zwölf ein gewisser Argwohn gegenüber der missionierenden Tätigkeit der Christen der Sieben in Samaria zu bestehen (Apg 8,5–8 mit 8,14).

Die Frage ist nun, ob der ‚geliebte Jünger‘ etwas mit dem Stephanuskreis zu tun hat. In Joh 21,24 wird der ‚Autor‘ des Johannesevangeliums mit dem ‚geliebten Jünger‘ identifiziert, mit jemand also, der in einer gewissen Spannung zu Petrus als dem Wortführer der Zwölf steht. Der ‚Autor‘ gehört also nicht zu den Zwölf (das wird schon durch das vierte Evangelium selbst nahegelegt; und dieser Autor ist sicher nicht Johannes, einer der Donnersöhne; das Johannesevangelium selbst schließt dies aus: vgl. Joh 21,2 mit 21,7). Außerdem fällt auf, daß die johanneischen Traditionen über Ereignisse in Jerusalem und Samaria historisch und geographisch zuverlässiger sind als die synoptischen und daß das vierte Evangelium dabei manchmal ausdrücklich auf einen Augenzeugen (den geliebten Jünger) hinweist (siehe Joh 19,34); was Johannes dagegen über Galiläa erzählt, stützt sich offensichtlich nicht auf Augenzeugen, sondern auf Traditionen, die teilweise mit den Synoptikern übereinstimmen, teilweise von ihnen abweichen.

Der „geliebte Jünger“ hat also wesentlich mit der christlichen Eigenart der johanneischen Tradition zu tun. Nach Ansicht mancher Autoren ist er eine symbolische Gestalt: die johanneische Gemeinde selbst. Aber dann ist der prägnante Gegensatz zu der *historischen* Petrusgestalt kaum verständlich. *Hinter* dem Motiv oder der idealisierten Gestalt des ‚geliebten Jüngers‘ verbirgt sich ein *geschichtlicher* Jünger Jesu, ein Jünger, der jedoch nicht zu den Zwölf gehörte. Ausdrücklich ist die Rede von diesem Jünger in 13,23–26; 19,26–27; 20,3–10; 21,7.20–23.24. Es darf als wahrscheinlich bezeichnet werden, daß der Evangelist nicht sich selbst ‚den Lieblingsjünger‘ Jesu nennt; das geschah eher durch die johanneische ‚Schule‘ oder Gruppe (wie auch die Deuteropaulinen schon eine Verehrung des Paulus kennen). Dieser Jünger sitzt auf dem Ehrenplatz neben Jesus beim Abschiedsmahl (13,23–26; vielleicht in seinem eigenen Haus); er wird Augenzeuge des Kreuzesgeschehens genannt (19,26–27 und 20,3–10). Aus allem geht hervor, daß nach der eigenen Auffassung des Johannesevangeliums der erste Tradent des Johanneismus der Lieblingsjünger ist, der in Jerusalem wohnte und durch seine Beziehungen Zugang zum Hohenpriester hat (Joh 18,15). Er gehörte einem anderen Kreis von Jüngern Jesu an als die galiläischen Fischer. Mit anderen Worten, aus Joh 21 kann man somit schließen, daß sich die johanneische Tradition und das vierte Evangelium auf das Wort eines inzwischen schon verstorbenen Augenzeugen stützen: des ‚Lieblingsjüngers‘ (dessen eigentlichen Namen wir nicht mehr feststellen können). Das Johannesevangelium (2–20) ist in seinem Geist geschrieben: „Das ist der Jünger, der diese Dinge bezeugt und das geschrieben hat, und *wir wissen*, daß sein Zeugnis wahr ist“ (21,24). „Wir“, das heißt die johanneische Führergruppe, wissen, daß die johanneische Tradition auf den geliebten Jünger zurückgeht, der vor allem Augenzeuge dessen war, was sich in Jerusalem abspielte. Damit ist nicht gesagt, daß der Lieblingsjünger auch der *Evangelist* ist (auch die Deuteropaulinen, die nur im Geist des Paulus geschrieben sind, laufen *unter dem Namen des Paulus*). Offensichtlich ist Joh 21 nach dem Tod des Lieblingsjüngers geschrieben, von dem das Gerücht ging, daß er nicht sterben werde. Daß er inzwischen gestorben ist, geht aus 21,24–25 hervor, wo eine ältere johanneische Tradition korrigiert wird. Der Jünger ‚bleibt‘ (menein!), aber auf eine andere Art, als in johanneischen Kreisen früher gesagt worden war. Im Gegensatz zu Petrus ist der Lieblingsjünger kein Martyrer, aber er hat als Augenzeuge Autorität für die johanneische Gemeinde. Joh 21 will dieser Autorität, nach dem Tod des alten Gewährsmanns der johanneischen Tradition, Nachdruck verleihen. Man kann den Evangelisten, oder den Autor des vierten Evangeliums, analog zu den Autoren des Kolosser- und des Epheserbriefs gegenüber Paulus sehen. Der Evangelist des vierten Evangeliums verbindet aber doch *theologische* Absichten mit dem Lieblingsjünger: Ihm wird Maria anvertraut (19,26–27), er ist im Johannesevangelium der erste, der an Jesu Auferstehung glaubt: er ist der Typ des wahren Gläubigen (20,8). Mit anderen Worten, für den Evangelisten ist dieser Jünger nicht nur eine geschichtliche Person, sondern – echt johanneisch – zugleich eine ideale Glaubensgestalt (auch der

Gründer von Qumran bleibt anonym und wird in dieser Tradition als ‚der Lehrer der Gerechtigkeit' verehrt).

Man kann jedoch die Frage stellen, ob es wahr ist, daß das Johannesevangelium den Lieblingsjünger erst beim letzten Abendmahl einführt (Joh 13). Noch zweimal wird anonym von „einem anderen Jünger" gesprochen (1, 35 mit 40 und 18, 15), wenn auch ohne die Hinzufügung „den Jesus liebte". R. Schnakkenburg gründet seine Beweisführung, daß der geliebte Jünger ein Jerusalemer ist, auf die Tatsache, daß er erst in Joh 13 (Abendmahl) zum erstenmal in der Geschichte auftritt. Auffallend ist jedoch, daß Natanael, der ebensowenig einer der Zwölf ist, in der Berufungsperikope eine wichtige Rolle spielt (1, 45–51). Johannes hat offensichtlich auch Interesse für ‚intimi' Jesu, die nicht zu den Zwölf gehören. In Joh 1, 35–40 und 18, 15 ist daher „der andere (Jünger)" offensichtlich der Jünger, der später (von der johanneischen ‚Schule') „der Jünger, den Jesus liebte" genannt wird; er ist einer der beiden ersten Jünger Jesu, und zwar als früherer Jünger des Täufers (1, 35–40). Dem vierten Evangelium zufolge a) tritt der Lieblingsjünger nur in Geschichten auf, die Judäa betreffen, – b) ist er anfangs Jünger des Täufers und schließt sich Jesus an, als dieser noch Jünger des Täufers war; – c) teilt er mit Jesus dessen Lebensende; – d) ist er dem Jerusalemer Hohenpriester bekannt; – e) ist er der Sprecher einer ‚johanneischen Gruppe' (Joh 21); – f) ist er Augenzeuge verschiedener Endereignisse im Leben Jesu.

Damit ist die Verbindung hergestellt zwischen Täuferkreisen, Jerusalem und Samaria. Außerdem haben wir aus den Erklärungen zum Verständnis des Johannesevangeliums gesehen, daß das Judentum, in dem der Johanneismus wurzelt, nicht das offizielle, ‚rabbinische' Judentum ist, sondern die ‚heterodoxen' Kreise palästinensischer Spiritualität.

Im Sinn dessen, was in meinem Buch „Jesus, die Geschichte von einem Lebenden" frühchristliche Credos als Echos, in denen ein bestimmter Aspekt des historischen Jesu zu vernehmen ist, genannt wurde (S. 357 ff), kann man jetzt auch die Frage nach der Beziehung zwischen Jesus und dem Johanneismus stellen. Jesus hatte, als Jünger Johannes' des Täufers (3, 22 ff), offensichtlich auch Kontakt mit jüdischen Randgruppen (wie dieser ‚Täufer'-Bewegung). Von seinem Interesse für das vom offiziellen Judentum verachtete Samaria zeugt außer dem Johannesevangelium indirekt auch Lukas: das Gleichnis vom barmherzigen Samariter (Lk 10, 25–37); außerdem „als Jesus einmal durch das Grenzgebiet von Samaria und Galiläa zog" (Lk 17, 1), heilte er 10 Aussätzige. Der einzige, der zu Jesus kam und ihm dankte, war ein … Samariter (Lk 17, 16). Apg 7 und 8 bringen den Stephanuskreis in Zusammenhang mit der Mission in Samaria. Lukas kennt neben den Zwölfen auch eine Tradition von den 70 (72) Jüngern; zwar ist dies alttestamentlich inspiriert, aber es stimmt mit der johanneischen Tradition überein, daß es außer den Zwölfen noch einen anderen Freundeskreis Jesu gab. Und die lukanische Tradition läßt, wie Joh 4, etwas von der offenen Haltung Jesu gegenüber den Samaritern durchschimmern.

Außerdem werden wir in Mt 11,25–27 mit einer Tradition konfrontiert, die man oft allzu schnell als einen erratischen ‚johanneischen‘ Block in der synoptischen Tradition bezeichnet. „Alles ist mir von meinem Vater in die Hände gegeben. Niemand kennt den Sohn als der Vater, und niemand kennt den Vater als der Sohn und der, dem es der Sohn offenbaren will." Gewiß, es klingt völlig ‚johanneisch‘, aber nichts beweist, daß es unmittelbar aus der johanneischen Tradition gekommen ist und nicht vielmehr aus der altchristlichen Tradition, von der der Johanneismus *ein* Echo neben anderen ist. Wenn Jesus Gott so intensiv als *den Vater* erfährt und in ihm also eine Vatergestalt sah, wovon sowohl die Synoptiker und der Paulinismus als auch der Johanneismus zeugen, dann läßt sich kaum leugnen, daß (innerhalb dieses Erfahrungsschemas) Jesus sich als *den Sohn* erfahren haben soll, wenn wir dafür auch keinen expliziten Beweis haben, außer – vielleicht unabhängig vom Johanneismus – Mt 11,25 bis 27 wäre ein Echo davon. Und in diesem Fall wird man den Johanneismus, trotz seiner Eigenart, als ein wirkliches Echo bestimmter geschichtlicher Äußerungen und Ereignisse Jesu selbst ansehen müssen, genauso wie die Synoptiker und den Paulinismus. Im Johannesevangelium eine außerjüdische, griechisch-heidnische Jesusinterpretation zu sehen, stimmt in keiner Hinsicht mit den historischen Erkenntnissen der Johannesforschung der letzten zehn Jahre überein; das scheint mir kritisch überholt zu sein.

Die Eigenart des Johanneismus, sowohl gegenüber den Synoptikern als auch gegenüber dem Paulinismus, liegt darin, daß das, was die Synoptiker noch ziemlich ‚unbewußt‘ tun, im Johannesevangelium bewußt und absichtlich geschieht, nämlich die Erinnerung an das, was Jesus gesagt und getan hat, *kirchlich zu aktualisieren.* Johannes zeigt, daß in jedem Geschehen der geschichtliche Jesus zugleich derselbe ist, der in seiner Kirche zugegen ist. Johannes selbst erklärt dies in seiner Ansicht vom Paraklet oder heiligen Geist; er läßt Jesus sagen: „Noch vieles habe ich euch zu sagen, aber ihr könnt es jetzt nicht ertragen. Wenn er aber kommt, der Geist der Wahrheit, wird er euch zur vollen Wahrheit führen" (16,13). Joh 15 – 17 ist dafür das schönste Beispiel: Darin führt der Evangelist selbst, unter Leitung des Geistes, die Christen zu einem *tieferen Verständnis* des Jesusgeschehens. Das ganze Johannesevangelium ist somit „eine Erinnerung" (14,24) und zugleich ein „tieferes Glaubensverständnis" oder eine Aktualisierung des Erinnerten. Die ‚Wir‘-Form (obwohl *Jesus* spricht) in 3,11: „Wir reden, was wir wissen", ist der deutlichste Hinweis dafür. Zwar stellt das Johannesevangelium uns dann offensichtlich nicht einen Jesus vor, der zu uns vom kommenden Gottesreich spricht, wie die Synoptiker, aber in Wirklichkeit weiß der Autor sich durch die Gabe des Geistes ermächtigt, ein tieferes Glaubensverständnis zu verkünden: Für ihn ist Jesus Christus dieses Reich Gottes. Und so spricht er auch von diesem Reich, wenn er etwa Jesus sagen läßt: „Ich bin der Weg zur Wahrheit und zum Leben." Johannes tut genau das, was die Synoptiker tun. Was sie unthematisch tun, tut er thematisch kraft des Geistes, der ihm allein eingeben kann, was Jesus selbst gesagt und getan hat.

Für Johannes ist der geschichtliche Jesus „die Fülle von Gnade und Wahrheit" (1, 14 e), d. h. der endgültige Höhepunkt der Offenbarung Gottes, in der sowohl die Vorgeschichte (von der Erschaffung des Lichts an) als auch die ‚Wirkungsgeschichte' des erhöhten Jesus in der Kirche zusammenlaufen. Wie bei den Synoptikern und im Paulinismus ist es auch der Anspruch des Johanneismus, daß die johanneische Tradition auf *Jesus* zurückgeht, einerseits über das Augenzeugnis des Gewährsmanns dieser Tradition, des Lieblingsjüngers, anderseits über Traditionen, die zum Teil mit der synoptischen Jesustradition verwandt sind, zum Teil durch johanneische Selektion und auch aufgrund anderer Traditionen (die vor allem eine gewisse Verwandtschaft mit den Sondertraditionen des Lukas zeigen) davon abweichen. Im Prinzip ist das Johannesevangelium daher als Quelle einer historischen Erkenntnis Jesu den Synoptikern gleichwertig und außerdem für die Ereignisse in Judäa wahrscheinlich sogar geschichtlich zuverlässiger – wenn dies auch im Detail historisch meistens nicht erhärtet werden kann.

Die johanneische Tradition kennt außerdem einen ganzen Entwicklungsprozeß. Dadurch, daß bekehrte Samariter in die johanneische Gemeinde aufgenommen werden, wird das ‚heterodox'-jüdische Element darin noch verstärkt. Daher sehen wir im Johannesevangelium nicht nur eine Reaktion gegen das offizielle Judentum, sondern letztlich auch gegen die Gefahren, die der johanneischen Tradition mit ihren jüdisch-synkretistischen geistigen Impulsen inhärent sind – vor allem als nach dem Jahr 70 der Johanneismus, vielleicht in Syrien, noch mehr in eine synkretistische Umgebung kam. Das jüdische Christentum, das wir in den Pseudo-Clementinen finden (und das vielerlei Verwandtschaft mit dem Johanneismus zeigt), fiel dem zum Opfer. Das vierte Evangelium wendet sich daher gegen Tendenzen in der eigenen Gemeinde, welche die Exklusivität Jesu Christi antasten können. In einer späteren Phase der johanneischen Tradition (von der das Johannesevangelium und die Johannesbriefe zeugen) tritt also eine Polemik gegen dem Johanneismus inhärente Gefahren auf (schon im Prolog; siehe unten), und der Erste Johannesbrief betont schärfer als das Johannesevangelium den *sühnenden* Wert des Todes Jesu (4, 9–10; 2, 1–2; 3, 5.8 usw.), während sich 2 Joh 7 gegen johanneische Christen wendet, die „leugnen, daß Jesus Christus *im Fleisch gekommen ist*", mit anderen Worten, eine offensichtlich antidoketistische Polemik, abgesehen von der Tatsache, ob der Autor genau verstand, was die Gegner eigentlich mit ihrem offensichtlich *alt-johanneischen* Sprechen von Jesus meinten. (Doch geht daraus – und aus anderen, konvergierenden Gegebenheiten – hervor, daß das, was man in der weiteren Kirchengeschichte ‚Doketismus' genannt hat, seine Wurzeln nicht in heidnisch-griechischen, sondern ausgerechnet in *jüdischen* Kreisen findet. So wissen wir beispielsweise aus Tobit, daß Himmelswesen, Engel, eine menschliche Gestalt annehmen konnten, um diese dann wieder nach vollbrachter Sendung *abzulegen*.)

Die Grundtendenzen des Johannesevangeliums sind alle aus einem palästinensisch-jüdischen, synkretistisch-geistigen Milieu verständlich, das eine der Quellen des Gnostizismus des 2. Jahrhunderts wurde, ein gleicher ‚heterodox‘-jüdischer Boden wie der, aus dem etwa auch Qumran lebt. Es sind die *Vorläufer* dessen, was G. Scholem den mystischen Judaismus nennt[46]. Außerdem zeigt sich, daß das Johannesevangelium sich vorjohanneischer Traditionen oder Quellen bedient, vor allem des sogenannten ‚Buches der Zeichen‘ und einer Passionsgeschichte. Ein zunehmender Konsens besteht darin, daß es einen wechselseitigen Einfluß (allerdings keine literarische Abhängigkeit) zwischen synoptischem und johanneischem Traditionsgut gegeben hat[47]. Man nimmt an, daß die geschriebene synoptische Tradition die noch mündliche vorjohanneische Tradition beeinflußt hat, und umgekehrt. Vor allem glaubt man, daß Lukas durch eine ältere Form der sich entwickelnden johanneischen Tradition beeinflußt wurde. Die Forschung befindet sich noch in einem Anfangsstadium und wird vor allem von angelsächsischen Exegeten betrieben. Doch ist der Evangelist ein *Autor* und kein Kompilator, und er ist von dem Endredaktor oder einer johanneischen Gruppe von ‚Herausgebern‘ zu unterscheiden. Jedenfalls zeigt Joh 21, wie auch die Johannesbriefe, verglichen mit Joh 2 – 20, deutlich, daß historisch unverkennbar die Rede von einer *johanneischen Tradition* ist. Global darf man sagen, daß der Johanneismus nicht eine Variation anderer neutestamentlicher *Texte* ist, sondern eine *besondere Form* des urchristlichen Bekennens, verschieden vom Paulinismus und von den Synoptikern – vielleicht die Tradition einer Minderheitengruppe, die für ihre Eigenart kämpfen mußte, sich in dieser jedoch als legitimen Bestandteil der von ihr bejahten einen großen Gemeinde Gottes, in Christus, wußte. Diese Form eines johanneischen Christentums ist, in seinen Wurzeln, genauso alt wie das Christentum der Zwölf und ist höchstwahrscheinlich aus dem Jerusalemer Stephanuskreis hervorgegangen. Mit diesen Einsichten können wir jetzt die johanneische Theologie analysieren.

V

Die Struktur des Johannesevangeliums

Zum Schluß der Vorbetrachtungen zum Johannesevangelium muß wenigstens noch ein Wort über die Makrostruktur dieses vierten Evangeliums gesagt werden.

Es wurde schon gesagt, daß Johannes zwei Ebenen – das irdische Auftreten Jesu und das Leben der Kirche – theologisch in einer einzigen Perspektive sieht; er tut das thematisch, was die Synoptiker vielleicht weniger bewußt tun: von den späteren kirchlichen Situationen aus auf den irdischen Jesus schauen. Aber gerade dieses ausdrückliche johanneische Bewußtsein schließt zugleich eine scharfe Unterscheidung zwischen der Gemeinschaft der Jünger mit Jesus vor und nach Ostern ein. Die große Zäsur im vierten Evangelium liegt daher im zwölften Kapitel. Das irdische Dienstwerk Jesu, des Präexistenten, wird abgeschlossen mit der Erwähnung ‚der Griechen‘, die Jesus zu sehen wünschen (siehe unten die Exegese dazu): das Verlangen von Heiden, das Heil-in-Jesus erfahren zu dürfen (12,20–36), und anderseits mit dem Endgericht über ‚die Juden‘ (12,37–43), worauf eine Zusammenfassung der Verkündigung Jesu folgt (12,44–50). Damit wird der erste Teil des Evangeliums abgeschlossen und zugleich der zweite eingeleitet: die Stunde des Fortgangs Jesu, die auf ‚jenen Tag‘ hinausläuft, den Tag der Sendung des Geistes durch den auferstandenen Jesus und des Anfangs der Kirche (7,39; 16,7). Aber schon im ersten Teil (Joh 2 – 11) gibt es eschatologische Vorwegnahmen, durch die mit Hilfe des Übergangs von Joh 12 der erste Teil in Kontinuität mit dem zweiten Teil gesehen wird.

Vor „jenem Tag" haben die Apostel noch nicht im Namen Jesu gebeten (16,26): Der Geist war damals den Jüngern noch nicht geschenkt (7,39; 16,7). Erst der Ostertag (Gabe des Geistes) bringt den Jüngern auch ein tieferes Verständnis (14,20; siehe 2,22; 12,16; 13,7) und befähigt sie zu ‚größeren Taten‘ (5,20; 14,12). Erst dann beginnt die wahre ‚Jesus-Nachfolge‘ (13,36; vgl. 12,26; 14,4–6). Diese Periode lokalisiert die Bedeutung Jesu außerdem *innerhalb Israels,* wenn auch als zur Welt gesandt: „Israel als Licht der Welt". In dieser vorösterlichen Zeit, in der sich Jesus auf Israel beschränkt, werden schon einige Vorwegnahmen der eschatologischen Zeit der Kirche sichtbar. Denn die Sendung Jesu an Israel ist eine Sendung an die Welt (3,11–15), vor allem der Besuch Jesu in Samaria (4,1–42) ist eine Vorwegnahme, aus der hervorgeht, daß nach dem eigenen Willen Jesu das Heil, das er von Gott bringt, Heil für *die ganze Welt* ist (4,42b): Es wird eine Zeit kommen, da man Gott nicht mehr auf dem Berg Garizim, wie die Samariter, aber auch nicht auf dem Berg Sion (Jerusalem), sondern in Geist und Wahrheit anbetet (4,24). „Es wird eine Stunde kommen, und sie ist schon da" (4,23a): Hier in Samaria wird die Stunde Jesu deutlich antizipiert, wie sie auch im Kanawunder antizipiert war (2,4.11). Die Stunde, die kommen wird, ist also „der Tag" (16,26): der Weggang Jesu zum Vater, bei dem der Geist der Wahrheit geschenkt wird, der Anfang der Zeit der Kirche unter Leitung des Geistes Christi. Jener Tag, Ostern und die Zeit der Kirche, beginnend bei Tod und Auferstehung, ist zugleich auch die Zeit der Berufung der Heiden: Sie werden dann zu der Herde der ‚wahren Israeliten‘ *gezogen* (12,32); denn das wird im Zusammenhang mit der Frage der Griechen gesagt (12,20–23), auf welche Jesus tatsächlich antwortet: „Die Stunde ist gekommen" (12,23). Der Kreuzestod Jesu leitet die Berufung oder das ‚Ziehen‘ der Heiden in den Schafstall ein, in dem sich die wahren Israeliten, wie Natanael, schon befinden (1,46–51). Auch wenn ‚die Juden‘ seinen Weggang falsch verstehen, steckt im Johannesevangelium in jedem Mißverständnis ein Kern höherer Wahrheit. Sie nehmen an, Jesus werde zu den Heiden gehen (7,35), wie sie das freiwillige Lebensopfer Jesu von vornherein als einen Selbstmord mißverstehen (8,22). Tatsächlich ist sein Weggang zum Vater auch ein

Gehen zu den Heiden: „Ich habe noch andere Schafe, die nicht aus diesem Schafstall sind" (10,16), und im Zusammenhang damit: „Ich gebe mein Leben für die Schafe" (10,15 b), „nicht für das Volk allein (Israel), sondern auch um die zerstreuten Kinder Gottes zusammenzubringen" (11,52; siehe 18,37). Die kirchliche Situation von Ostern an wird also vorösterlich im Auftreten Jesu antizipiert. Trotz des scharfen Bewußtseins des Unterschieds zwischen beiden Perioden sieht Johannes sie in einer wesentlichen Einheit und Kontinuität: Der irdische Jesus ist der verherrlichte Christus, wirksam in seiner Kirche, der einen Herde ,wahrer Israeliten' und ,zerstreuten Kinder Gottes' aus dem Heidentum. Die johanneische Sicht auf Kirche und Israel unterscheidet sich kaum von der des Paulinismus (Röm 11,16–22; Eph 2,11–22). Für Johannes fällt die Trennung nicht zwischen Juden und Nichtjuden, sondern zwischen Glauben an Jesus und der Ablehnung der Person Jesu.

Mit verschiedenen Antizipationen, die auf die fundamentale Einheit der beiden Lebensperioden hinweisen, fällt nach dem Prolog das vierte Evangelium also deutlich in zwei große Teile auseinander: Joh 2 – 11 und, nach dem abschließenden und wieder einleitenden Kapitel 12, Joh 13 – 20 und 21.

§ 2. Jesu Kommen und Verweilen auf Erden als das menschgewordene Wort

I
Der Johannesprolog

LITERATUR (außer den schon zitierten Johanneskommentaren):

1. Logos; Struktur des Logosliedes; ,Inkarnation'

C. K. *Barrett*, The Prologue of Saint John's Gospel, in: New Testament Essays (London 1972) 27–48; Kl. *Berger*, Zu „das Wort ward Fleisch", Joh 1,14a: NT 16 (1974) 161–166; M. E. *Boismard*, Le prologue de saint Jean (Paris 1953); P. *Borgen*, Observations on the Targumic Character of the Prologue of John: NTS 16 (1969–70) 288–295; F. *Christ*, Jesus Sophia. Die Sophia-Christologie bei den Synoptikern (AThANT, 57) (Zürich 1970) 35 ff; Ch. *Demke*, Der sogenannte Logos-Hymnus im Johanneischen Prolog: ZNW 58 (1967) 45–68; C. H. *Dodd*, The Prologue to the Fourth Gospel and Christian Worship, in: Studies in the Fourth Gospel (ed. F. L. Cross) (1957); W. *Eltester*, Der Logos und sein Prophet, in: Apophoreta (BZNW) (Berlin) 30 (1964) 109–134; A. *Feuillet*, Études Johanniques (Paris 1962); R. G. *Hamerton-Kelly*, Pre-existence, Wisdom and the Son of Man (Cambridge 1973) 197 bis 242; M. D. *Hooker*, The Johannine Prologue and the Messianic Secret: NTS 21 (1974) 53 ff; ders., John the Baptist and the Johannine Prologue: NTS 16 (1969–1970) 354–358; E. *Käsemann*, Aufbau und Anliegen des johanneischen Prologs, in: Exegetische Versuche und Besinnungen (Göttingen 1964) Bd. 1, 155–180; G. *Klein*, Das wahre Licht scheint schon: ZKTh 68 (1971) 261–326; J. S. *King*, The Prologue to the Fourth Gospel: Some Unresolved Problems: ExpT 86 (1975) 372–375; P. *Lamarche*, Le prologue de Jean: RSR 52 (1964) 497–537; B. *Lang*, Frau Weisheit. Deutung einer biblischen Gestalt (Düsseldorf 1975); H. *Langkammer*, Zur Herkunft des Logostitels im Joh.: BZ 9 (1965) 91–94; B. *Lee Mack*, Logos und Sophia (SUNT, 10) (Göttingen – Zürich 1973); U. *Müller*, Die Geschichte der

Christologie in der johanneischen Gemeinde (SBS, 77) (Stuttgart 1975); *M. McNamara,*
Logos of the Fourth Gospel and Memra of the Palestinian Targum (Ex. 12, 42): ExpT 79
(1968) 115–117; *T. E. Pollard,* Johannine Christology and the Early Church (Cambridge
1970); *G. Richter,* Die Fleischwerdung des Logos im Johannesevangelium: NT 13 (1971)
81–126 und 14 (1972) 257–276; *M. Rissi,* Die Logoslieder im Prolog des vierten Evangeliums: ThZ 31 (1975) 321–336; *J. T. Sanders,* The New Testament Christological Hymns
(Cambridge 1971); *K. Schubert,* Einige Beobachtungen zum Verständnis des Logosbegriffs
im frührabbinischen Schrifttum: Judaica 9 (1953) 65–80; *S. Schulz,* Komposition und Herkunft der johanneischen Reden (BWANT, 5 Folge 1) (Stuttgart 1960); *D. M. Smith,* The
Composition and Order of the Fourth Gospel (New Haven 1964); *C. Spicq,* Le Siracide et
la structure littéraire du Prologue de St. Jean, in: Mémorial Lagrange (Paris 1940) 183–195;
L. P. Trudinger, Prologue of John's Gospel: Reformed Theol Rev 93 (1974) 11–17; *H.
Zimmermann,* Christushymnus und johanneischer Prolog, in: Neues Testament und Kirche
(Festschrift f. R. Schnackenburg) (hrsg. G. Gnilka) (Freiburg 1974) 249–265.

2. Der johanneische Begriff ‚Wahrheit‘ und ‚Gnade‘
(„doxa“, Herrlichkeit, wird weiter unten untersucht!)

S. Aalen, „Truth“, a Key Word in St. John's Gospel: StEv II–I (Berlin 1964) 3–24; *Kl. Berger,*
„Gnade“ im frühen Christentum: NTT 27 (1973) 1–25; *J. Blank,* Der johanneische Wahr-
heitsbegriff: BZ 7 (1963) 163–173; *Yu Ibuki,* Die Wahrheit im Johannesevangelium (Bonn
1972); *L. J. Kuyper,* Grace and Truth. An Old Testament Description of God and its Use
in the Johannine Gospel: Int 18 (1964) 3–19; *J. M. Myers,* Grace and Torah (Philadelphia
1975); *R. Schnackenburg,* Johannesevangelium, a.a.O., II 265–281; *U. Müller,* Die
Geschichte der Christologie, a.a.O., 36–45.

Im Prolog seines Evangeliums hören wir, daß für Johannes Jesus von Nazaret
in der Kirche von Anfang an als das menschgewordene Wort verkündet wird.
Aus und innerhalb dieser Glaubenseinsicht stellt Johannes das dar, was er aus
der ‚Jesustradition‘ weiß, angefangen mit der Taufe Jesu im Jordan, bis zu
seinen Zeichen und Werken, seinen Worten oder ‚logia‘, seinem Tod und seiner
Auferstehung. Diese urchristlichen Traditionen werden von Johannes in das
Katabasis-anabasis-Modell gestellt. Der Täufer, die Worte, Zeichen und Werke
Jesu, vor allem sein Tod, dies alles wird zum ‚Zeugnis‘ seiner himmlischen Her-
kunft und seiner tiefsten Personidentität: seiner besonderen Einheit mit dem
Vater. Die johanneische Gemeinde, die aus dem heiligen Geist lebt, aber zur
Zeit des Johannes selbst nicht mehr unmittelbar Augenzeuge von all dem war,
reaktualisiert die ganze ‚Jesustradition‘ (nach der Tradition, die in der johan-
neischen Gemeinde bekannt ist) aus der konkreten Situation der Kirchenge-
meinde und innerhalb des schon vorjohanneischen, in der Gemeinde beliebten
Modells des messianischen Propheten-größer-als-Mose und des darauf gelegten
„Katabasis-anabasis“-Modells. Für eine zweite oder schon beginnende dritte
Generation von Christen erhalten die Evidenz, die Kraft und die Rechtsgültig-
keit von *Zeugnissen* naturgemäß eine besondere Bedeutung. Für die johanneische Gemeinde wird dies schlechthin zu einer Lebensfrage. Welches ist der
Grund des christlichen Glaubens für uns, die wir Jesus nicht gesehen, nicht leib-
haftig erfahren haben?

A. EINIGE VORBETRACHTUNGEN

Zum vierten Evangelium mit seiner besonderen Problematik bildet Joh 1, 1–18 einen Prolog. Bei der Analyse der Voraussetzungen zum Verständnis des Johannesevangeliums wurde gesagt, daß in der frühjüdischen Gewohnheit, viele Namen für ein und dieselbe Wirklichkeit zu verwenden, *Weisheit* und *Logos* schon identifiziert waren. ‚Logos‘ wurde von griechisch sprechenden Juden gebraucht, um ihre jüdische Weisheitstradition griechischen Geistern zugänglicher zu machen. Wie damals ‚die Weisheit‘ absolut gebraucht wurde, konnte man auch von ‚dem Logos‘, dem Wort, sprechen.

Weish 9, 1–2 sprach schon von Weisheit und Wort (logos). Die Weisheit war die Tora, das Gesetz, welches ‚das Wort *Gottes*‘ genannt wurde (Ps 119; Weish 3, 37–38 mit 4, 1–2; Sir 24, 23–34)[48]. Das mosaische Gesetz war der Logos (in Joh 1, 17 ist der Logostitel verschwunden, aber in Wirklichkeit steht der Logos Jesus Christus Mose gegenüber). Mit anderen Worten, schon im frühen Judentum stellte man einen Zusammenhang her zwischen den jüdischen Weisheitsspekulationen und dem hellenistischen Logosbegriff, um so eine Öffnung der jüdischen Weisheit zur hellenistischen Weisheit hin zu vollziehen. Das ist auch der Grund, warum der Prolog statt von ‚der Weisheit‘ von ‚dem Logos‘ spricht (ein Begriff, der im vierten Evangelium sonst nicht mehr vorkommt und somit dem vorjohanneischen Christushymnus eigen ist).

Vielleicht ist damit noch nicht alles gesagt, wenn man das synkretistische geistige Milieu des Johannesevangeliums mit in Betracht zieht. Die jüdische Weisheitsspekulation vermischte sich auch mit dem sogenannten Sinaitismus oder der Mosemystik[49]. Hier wird die Weisheit oder der Logos mit dem ‚ursprünglichen Licht‘ von Gen 1, 1 ff identifiziert, mit Vorstellungen, die man in den palästinensischen Targumin wiederfindet[50]. Vor allem die Redewendung von Joh 1, 5 ist suggestiv: Das Licht scheint in der Finsternis, aber die Finsternis konnte es *nicht bezwingen* (katalambanein). Das ist der einzige Fall, in dem das Logoslied nicht den Ausdruck „nahm es nicht auf" gebraucht. Der Vers ist deutlich eine Anspielung auf das Licht aus der Genesis, das über der Finsternis des Urchaos erstrahlt: Diese Finsternis *mußte* dem Licht der Schöpfung Gottes *weichen*. Jedenfalls genügen alle diese *jüdischen* Traditionen, um den absoluten Gebrauch des Begriffs „der Logos" im Prolog des Johannesevangeliums zu erklären. Als solcher ist er schon eine vorchristliche, griechisch-jüdische Gegebenheit. Es gibt keinen Exegeten, auch wenn er den Versuch einer wissenschaftlichen Rekonstruktion für nutzlos hält, der nicht anerkennt, daß im Prolog ein vorjohanneisches Logoslied verarbeitet wird. Die Frage ist jedoch, ob solche wissenschaftlichen Rekonstruktionen uns weiterhelfen und ob das, was sie ans Licht bringen, nicht rascher durch eine Analyse des Prologs innerhalb des Evangeliums ergründet wird. Außerdem steckt in diesen Rekonstruktionen eine Gefahr, weil sie von verschiedenen Voraussetzungen geleitet werden, aufgrund derer der eine Exeget gerade das eine Redaktion nennt, was

für den anderen Tradition ist. Neben Versen, über die sich, was ihren vorjohanneischen Charakter betrifft, die Exegeten einig sind, streitet man gerade über
die wichtigsten Verse. In den letzten großen Johanneskommentaren und -stu-
dien sieht man einen wesentlichen Unterschied bei praktisch allen wichtigen
Versen. Man vergißt außerdem oft, daß sogar die mit Sicherheit als vorjohanneisch anzunehmenden Verse zugleich redaktionell sind, in dem Sinn, daß sie
ihre Bedeutung aus dem Prolog und dem Johannesevangelium und nicht aus
dem vorjohanneischen Hymnus erhalten. Die Folge der Schwierigkeiten solcher
Rekonstruktionen führte in jüngster Zeit zu ganz neuen Versuchen. So kam
M. Rissi kürzlich[51] zu dem Vorschlag, im Prolog eine Kombination zweier einzelner Christuslieder zu sehen (1,1–12 und 1.14.16.17); andere[52] kamen zu
dem Schluß, daß das Christuslied ‚unfertig‘ sei und ergänzt werden müsse durch
den aus dem Lied gelösten Kern von Joh 3,13–21.31–36. Man kann nicht
leugnen, daß der Vorschlag von M. Rissi praktisch viele Schwierigkeiten löst,
daß er aber auch kaum nachzuprüfen ist. Denn den Hymnus mit 1,12 abzuschließen, wie viele es mit E. Käsemann tun, erklärt nicht die vielen Begriffe
in 1,14–18, die sonst nirgends im Johannesevangelium gebraucht werden
(charis, Gnade; skenoun, wohnen oder sein Zelt aufschlagen; pleroma, Fülle).
Daß 1,12 unverkennbar einen schönen Abschluß bildet, kombiniert Rissi dann
mit der Hypothese, in 1,14–18 sei ein anderes Christuslied aufgenommen
(nämlich 1,14.16.17). Ich glaube, daß eine Rekonstruktion, die einige Aussicht
auf Erfolg hat, von einem Vergleich ausgehen muß, und zwar nicht zwischen
dem Prolog und vorchristlichen, *sapientialen Möglichkeiten*, sondern zwischen
dem Johannesevangelium und dem Ersten Johannesbrief, zwei Zeugen der johanneischen Gemeinde, aus denen hervorgeht, daß sich im Ersten Johannesbrief
die innerkirchliche Problematik in der johanneischen Gemeinde zu einem
schärferen Konflikt ausgewachsen hat. Aus dem späteren Stadium der vom
Ersten Johannesbrief als häretisch bezeichneten Strömung können wir dann
Ansätze derselben im Johannesevangelium (das auf die Einheit der Christen
drängt und sich deutlich gegen bestimmte Tendenzen in der Gemeinde wendet)
inhaltlich besser erkennen. Denn diese Ansätze müssen, wenn man die Einschübe des Johannes in den Hymnus berücksichtigt, gerade mit den besonderen
Tendenzen des vorjohanneischen Christusliedes zu tun haben, das sowohl das
Johannesevangelium als auch 1 Joh 1 offensichtlich kennen:

„In ihm (dem Logos) war das Leben" (Joh 1,4).	„der Logos, der Leben ist" (1 Joh 1,1c).
„Der Logos war bei Gott" (1,1.2)	„das Leben, das beim Vater war"(1,2)
„Der Logos wurde sarx" (1,14a)	„das Leben ist erschienen" (1,2; siehe 4,2)
„Wir haben seine Herrlichkeit ge-sehen" (1,14b)	„wir haben es (das Wort) gesehen" (1,1)

In beiden Fällen geht es um den präexistenten Logos, der Leben ist und geschichtlich unter uns erschien (Joh 1,14a; 1 Joh 1,2), während ‚wir‘ – das heißt

die christliche (johanneische)Gemeinde – ‚ihn gesehen‘ haben. Die Selbstoffenbarung Gottes im menschgewordenen Wort, zum Heil der Menschen, die *Sichtbarkeit* (sarx; phanerosis) des heilbringenden Wortes, ist unverkennbar der Kern des liturgischen Liedes, das die johanneische Gemeinde als Dank- und Lobpreis sang. Auch dieses hymnische Glaubensbekenntnis der johanneischen Gemeinde muß Anlaß gegeben haben zu unterschiedlichen Interpretationen, die Uneinigkeit in der Gemeinde stifteten. Welches die Art dieser Uneinigkeit war, geht vage aus dem Johannesevangelium hervor: Dieses wendet sich scharf gegen ‚die Juden‘. Früher wurde schon gesagt, daß es Johannes zwar um die Streitgespräche zwischen Jesus und den damaligen jüdischen Führern geht, daß er aber diese ‚Krisis‘ zugleich durch das Prisma dessen sieht, was in der johanneischen Gemeinde stattfindet: Johannes wendet sich gegen eine bestimmte Jesusinterpretation *christlicher* Juden innerhalb seiner Gemeinde, die als Kinder Abrahams Anspruch auf Vorrang vor den Christen aus dem Heidentum erheben und so Uneinigkeit in die Gemeinde bringen. Und das hat mit Sinaitismus und Mosemystik zu tun – ein ‚sinaitisches‘ „Schauen Gottes“. Im Ersten Johannesbrief sind diese Tendenzen offensichtlich noch deutlicher geworden. Er nennt diese Friedensstörer in der Kirche nicht nur ‚Antichristen‘ (1 Joh, vor allem 4, 2–3; auch 2, 18–22), sondern stärker noch als das Johannesevangelium drängt der Autor auf die brüderliche Liebe (2, 9–11; 3, 11–24; 4, 7–21), mit einem scharfen Ausfall gegen die ‚sinaitische Gottesanschauung‘ der Mosemystik: „Wer nicht liebt, kennt Gott nicht“ (1 Joh 4, 8), „Nie hat jemand Gott gesehen“ (siehe auch Joh 1, 18), „aber wenn wir einander lieben, wohnt Gott in uns“ (1 Joh 4, 12), „Wenn er seinen Bruder, den er sieht, nicht liebt, dann kann er Gott nicht lieben, den er nie gesehen hat“ (1 Joh 4, 20); und schließlich: „Wir wissen, daß der Sohn Gottes gekommen ist und uns Einsicht gegeben hat, den wahren Gott zu erkennen“ (1 Joh 5, 20). Jesus, der Sohn, und die brüderliche Liebe sind der einzige Weg zur Gottesanschauung: „Woher wissen wir, daß wir Gott kennen! Es gibt nur einen Beweis: daß wir uns an seine Gebote halten“ (1 Joh 2, 3), und diese Gebote fallen zusammen mit dem Gebot: brüderliche Liebe (1 Joh 2, 7–11, noch stärker wird diese Identität ausgedrückt in 2 Joh 6).

Der Sinaitismus einer unmittelbaren Gottesanschauung (gegen den sich auch das Johannesevangelium wendet: 1, 18; 5, 37; 6, 46; 14, 8), hat auch Konsequenzen gehabt für die jüdisch-christliche Anschauung von der Bedeutung des Todes Jesu. In der Tat, im ganzen Prolog wird nicht auf den Tod Jesu hingewiesen, es sei denn, daß dieser (was eher zu erwarten ist) mit eingeschlossen ist im Menschsein, gerade als geschöpfliche, endliche, irdische ‚sarx‘. Aber im Hymnus geht der Prolog gleichsam über diesen Tod hinweg: Der Logos ist als Mensch erschienen, und wir – die spätere christliche Gemeinde – haben seine Herrlichkeit gesehen. Diese ‚verschlingt‘ den Tod, der in dieser Sicht des Hymnus offensichtlich keine Bedeutung hat. Das hat tatsächlich mit Sinaitismus zu tun. Gerade in den Targumim treffen wir auf ein aramäisches Wort, das sowohl ‚sterben' als auch ‚erhöht werden' (anabasis) bedeutet[53], der doppelte Sinn, den wir in Verbindung mit dem Tod Jesu auch im Johannesevangelium finden: ‚Erhebung' (nämlich des Kreuzes) und ‚Erhöhung' bei Gott. Der Targum auf Ps 68,18 spricht vom Tod des Mose wie von einer Erhöhung oder einem Aufstieg zum Himmel (‚Entrückungsmotiv'). In der Sicht der frühjüdischen, sinaitischen Mosemystik hat der Tod keine Bedeutung; er wird in und von der ‚Herrlichkeit' verschlungen, die Mose von Gott her besitzt. Es ist daher auffällig, daß das Johannesevangelium Leiden und Tod Jesu nicht verschweigt, Jesus sogar „das Lamm Gottes" (1,29b.36) nennt, aber anderseits seinen Tod als den Höhepunkt der Sichtbarkeit der Herrlichkeit Gottes in Jesus bezeichnet – eine Korrektur am Christushymnus, aber doch auf dessen Linie. Gerade diese Tendenz nahm in der Situation des Ersten Johannesbriefs alarmierende Ausmaße an; dieser Autor betont daher wiederholt den sühnenden Wert des Todes Jesu (1 Joh 3,5.8; 5,6), vor allem, daß Jesus gekommen oder gesandt ist, „um durch das *Opfer* seines Lebens unsere Sünden zu sühnen" (1 Joh 4,10). Der Erste Johannesbrief wendet sich unzweideutig gegen eine Unterbewertung des Todes Jesu, gegen eine Auffassung, die in der jüdischen sinaitischen Mosemystik völlig verständlich war.

Wenn dann schließlich die Wurzeln der johanneischen Gemeinde in Palästina liegen, verstehen wir außerdem die Reaktion des Johannes auf eine bestimmte Form der Verehrung des Täufers in seiner Gemeinde. Auch das kann ja mit Sinaitismus zu tun haben. Denn dann sind viele Logos-Träger möglich: Mose, die Propheten, der Täufer, Jesus. Die Einzigartigkeit Jesu als „der Sohn" kann dann verkannt werden.

Vor diesem Hintergrund (der sich aus dem Johannesevangelium und dem Ersten Johannesbrief aufdecken läßt; in 2 Joh 7 heißt es sogar, daß es Irrlehrer gibt, die leugnen, daß „Jesus im Fleisch gekommen ist") hebt sich der besondere Tenor des vorjohanneischen Hymnus stark ab: *Sichtbarkeit* der Herrlichkeit *Gottes im* Menschen Jesus Christus. Eben das Erscheinen Jesu unter uns ist Heil und Gnade. Die Inkarnation oder Fleischwerdung ist erlösend und heilbringend. Sowohl das vierte Evangelium als auch der Erste Johannesbrief legen darin *zugleich* den Nachdruck auf den Tod Jesu, aber im Hymnus wird von ihm nicht gesprochen. Das Menschsein Jesu selbst ist, so schon, Gottes Gnade unter uns. Das ist offensichtlich der grundlegende Enthusiasmus der johanneischen Gemeinde. Diese Theologie stellt im Neuen Testament eine Korrektur an der *exklusiven* paulinischen Betonung von Tod und Auferstehung dar. Sie birgt anderseits die Gefahr in sich, die besondere Bedeutung des Todes Jesu zu verschweigen. Vor allem der Erste Johannesbrief wendet sich gegen die Einseitigkeit dieser Inkarnationstheologie (theologia gloriae) und legt *innerhalb* dieser den Nachdruck auf den Sühnetod Jesu (theologia crucis), und das tut ansatzweise schon das Johannesevangelium.

Wenn man der besonderen, dreifachen Reaktion des Johannesevangeliums gegen bestimmte Tendenzen in der Gemeinde, die dieses Logoslied singt, Rechnung trägt, kann man unter Auslassung jener Verse, die deutlich Ausdruck dieser Reaktion sind, den vorjohanneischen Christushymnus wie folgt lesen:

I. Im Anfang war das Wort (1,1a)
und das Wort war bei Gott (1,1b)

und Gott war das Wort (1,1c)
dies war im Anfang bei Gott (1,2)

II. Alles ist durch ihn geworden (1,3a)
und ohne ihn ist nichts von dem geworden, was geworden ist (1,3b)

In ihm war Leben (1,4a)
und das Leben war das Licht der Menschen (1,4b)

III. Und das Licht scheint in der Finsternis (1,5a)
aber die Finsternis konnte es nicht bezwingen (1,5b)

IV. Es war in der Welt (1,10a)
und doch hat die Welt es nicht erkannt (1,10c)

V. Es kam in sein Eigentum (1,11a)
aber die Seinen haben es nicht erkannt (1,11b)

Doch allen, die ihn aufnahmen (1,12a)
gab er die Fähigkeit, Kinder Gottes zu werden (1,12b)

VI. Das Wort ist Fleisch geworden (1,14a)
und hat unter uns gewohnt (1,14b)

und wir haben seine Herrlichkeit gesehen (1,14c)
voll Gnade und Wahrheit (1,14e)

Aus seiner Fülle haben wir alle empfangen (1,16a)
und zwar Gnade auf Gnade (1,16b)

In der Tat ein sehr sinnvolles Christuslied. So wie es vor uns liegt, ist es gar nicht töricht anzunehmen, daß zwei Lieder (1,1–12 und 1,14–16) vorjohanneisch zu einem Lied verschmolzen wurden. Joh 1,12 macht unverkennbar den Eindruck, ein Abschluß von 1,1–11 zu sein (E. Käsemann u.a.). Das Zusammenwachsen zweier selbständiger Lieder (so M. Rissi) bleibt eine plausible (wenn auch abstrakte) Möglichkeit. Ohne 1,14.16 könnte Joh 1,1–12 sogar ein perfektes sapientiales Tora-Lied sein – das ‚Buch der Weisheit‘ in der Form eines Liedes. Gesungen jedoch von einer christlichen Gemeinde, wird 1,1–12 außerdem als ein echtes Christuslied verständlich. Aber die dreifache Reaktion des Johannes macht aus diesem Lied einen ganz neuen Hymnus; es handelt sich literarisch nicht nur um *Einschübe,* sondern um eine Neukomposition des ganzen Liedes. Bevor wir daher die sogenannten ‚Einschübe‘ analysieren, wollen wir das vermutete ‚Lied der johanneischen Gemeinde‘ etwas näher betrachten.

Der vorjohanneische Hymnus ist deutlich sapiential inspiriert, mit einem Einschlag von Genesisspekulationen, für welche die palästinensischen Targumim Beispiele geben. Das Lied denkt in *Phasen*, allerdings werden diese letztlich alle auf das menschgewordene Wort bezogen: Finsternis, Welt, das Seine, ,sarx' und ,wir' bringen eine Präzisierung und allmähliche Partikularisierung in das Kommen des Wortes, das mit Jesus Christus identifiziert ist. Immer wieder ist die Rede von: ,er wurde nicht aufgenommen' (erkannt), außer in 1,5, wo ,ou katelaben' steht: Die Finsternis konnte das Licht nicht bezwingen. „Das Licht, das in der Finsternis scheint" (1,5), ist also eine Anspielung (noch nicht auf ,die Welt', sondern) auf die Finsternis des Urchaos (Gen 1,2), die durch das Wort des erschaffenden Gottes: „Es werde Licht" (Gen 1,3) überwunden wurde: Die Finsternis mußte dem Schöpfungslicht weichen, sie konnte es nicht überwältigen: „Gott schied das Licht von der Finsternis" (Gen 1,4b). Seitdem erleuchtet es jeden Menschen, der in die Welt kommt (Joh 1,9b)[54]. Obwohl aber das Licht seit der Erschaffung in der Welt war, hat die Welt es nicht erkannt (1,10a.c). Dann kam es („elthen"; gegenüber dem ,dasein' in der Welt) in „das Seine". Wenn dieses Gemeindelied aus einer christlichen Gemeinschaft mit palästinensischen Wurzeln stammt, braucht man ,das Seine' weder philonisch zu verstehen (die Welt als ,Sohn Gottes') noch griechisch-sapiential: die Welt als das Werk von Gottes eigener Hand, der Logos (wenn sich diese Lesung im johanneischen Umkreis auch durchaus verteidigen läßt), sondern eher als das Kommen des Logos in Israel: in Mose, im Gesetz, in den Propheten, vielleicht auch in Johannes dem Täufer (in Anbetracht des Sinaitismus mancher Tendenzen in der Gemeinde). Die Doppeldeutigkeit von „das Seine" müssen wir also bestehen lassen, in dem Sinn: Die johanneischen jüdischen Christen lasen darin ,Israel', die Christen aus dem Heidentum die Welt als Schöpfungsgabe Gottes. Aber auch ,die Seinen' haben ihn nicht aufgenommen. Doch war das Werk der Weisheit oder des Logos nicht vergeblich: Ein Rest nahm ihn auf, und das sind Kinder des Lichtes: „Kinder Gottes" (1,12; siehe Weish 7,27). Da kam der Logos in die sarx, einen bestimmten Menschen, Jesus (1,14). *Wir*, das heißt Christen – die johanneische Gemeinde –, wir haben Gottes Herrlichkeit in ihm erkannt, war er doch voll der Gnade und Wahrheit, das heißt der Offenbarungsweisheit (siehe unten). Wir gehören zu diesen „Kindern Gottes". Denn aus seiner Fülle *haben* wir Gnade empfangen und empfangen wir *immerfort* Gnade (1,16).

Das scheint der begeisterte Tenor des johanneischen Gemeindeliedes gewesen zu sein. Und es ist möglich, daß diese ursprünglich palästinensische Gemeinde tatsächlich ein bestehendes jüdisches Logoslied zur Ehre der Tora oder Weisheit auf Jesus Christus umgeformt hat und daß der Evangelist Joh 1,14.16 hinzufügte, um das ganze Lied zu einem Christuslied zu machen. Aber alle *Phasen* der heilsgeschichtlichen Erscheinung des Lichtes laufen zugleich in Jesus zusammen. *Er* ist das Licht über dem Urchaos, das Licht der Welt, das Licht Israels: durch seine Fleischwerdung, in der wir Gottes Herrlichkeit erkannt haben.

Aus der johanneischen Theologie, die bis zu einem gewissen Grad schon vor der Endredaktion des vierten Evangeliums ‚Gemeindetheologie' war, bringt der Autor angesichts der Tendenzen, die sich in der Gemeinde entwickelt hatten und durch welche die kirchliche Einheit zerstört wird, korrigierende Einschübe an. Diese lassen sich alle verstehen, wenn die Einsicht in den Sinaitismus jener Tendenzen der jüdischen Christen in der johanneischen Gemeinde richtig ist.

a) Joh 1, 6–8 und 1, 15. – In diesen Versen des Prologs legt Johannes den Nachdruck darauf, daß nicht Johannes der Täufer, sondern ein anderer – Jesus – das wahre Licht ist (1,9): Der Täufer war nicht dieses Licht, er kam, um von dem Licht zu zeugen. Vor allem der Einschub 1,6–8 und 1,15 veranlaßt R. Bultmann (und einige Autoren, die ihm darin folgen), dieses Logoslied als ein Lied zu bezeichnen, das ursprünglich innerhalb einer gnostisch orientierten Täuferbewegung entstanden sei: ein Logoslied an Johannes den Täufer. Aus den etwas späteren Pseudo-Clementinen [55] wissen wir, daß es im 2. Jahrhundert so etwas wie eine Johannesbewegung mit einer eigenen messianischen Johannesverehrung gegeben hat. Und tatsächlich gibt es einige Züge im Johannesevangelium, die auf eine Polemik gegen eine Johannesverehrung hinweisen. Aber damit ist keineswegs bewiesen, daß es ein solches Logoslied auf Johannes gegeben hat, auch nicht, daß in der Zeit des Johannesevangeliums diese Johannesverehrung eine konkurrierende Bewegung *außerhalb* des Christentums war. (Historisch kann sie genauso in der johanneischen Gemeinde entstanden sein, wenn wir an das drohende oder schon vollzogene Schisma im Ersten Johannesbrief denken.) Doch war Bultmann etwas Richtigem auf der Spur, was jetzt allgemeiner angenommen wird [56], nämlich daß die johanneische Gemeinde selbst palästinensische Wurzeln hat, und zwar auch in Täuferkreisen (1 Joh 1,35 ff weist darauf hin, daß der Täufer selbst Jesus die ersten Jünger zuführte, womit das Evangelium selbst gleichsam den Ursprung der johanneischen Gemeinde in Täuferkreisen lokalisiert; siehe auch die Diskussionen mit Johannesjüngern 3,24–30). Aber im Prolog und im Johannesevangelium geht es nicht um eine ‚Johannesbewegung' außerhalb oder neben der Kirchengemeinde, sondern *innerhalb* der Gemeinde selbst: den Sinaitismus jüdischer Christen. Der Einschub 1,6–8 entspricht dem Einschub von 1,15 und 1,18. Die vorjohanneische Tendenz, die sich auf den Gemeindehymnus beruft, scheint dann mehr darin zu liegen, daß man Mose, Johannes und Jesus ungefähr auf gleicher Ebene als Träger göttlichen Logos' sah. Deshalb macht der Evangelist aus Johannes dem Täufer den ersten Christuszeugen, den Prototyp des christlichen Jüngers oder der Kirche (1,15; 1,27), der auf das wahre Licht hinweist (1,6–9) und Freund des Bräutigams ist (3,30).

Die Unterbrechung durch den Einschub 1,6–8 machte auch den johanneischen Übergangsvers 1,9 notwendig; hier nimmt Johannes den unterbrochenen Gedanken von 1,4–5, wenn auch, vielleicht, mit einer Präzisierung (bestimmt durch 1,6–8) wieder auf: „das *wahre* Licht, das jeden Menschen erleuchtet"

(1,9) nimmt 1,4b wieder auf (vielleicht; denn auch 1 Joh 2,8 spricht von „dem wahren Licht", offensichtlich ohne jede Anspielung auf den Täufer).

b) Joh 1,12c–13. – Weil die Schwierigkeiten in der johanneischen Gemeinde vor allem von sinaitischen jüdischen Christen kamen, wird auch der Einschub nach 1,12 verständlich: „Sie sind nicht aus Blut noch aus Begierde des Fleisches oder dem Willen eines Mannes, sondern aus Gott geboren" (1,13). Dieser Einschub verlangte eine Wiederholung des Themas (siehe die Stellung im griechischen Text): „denen, die an seinen Namen glauben", als nähere christliche Bestimmung von „allen" und „ihnen" aus 1,12a.b. Die Kindschaft Gottes (1,12) (die durch den Einschub von ‚an seinen Namen glauben' deutlich die Kindschaft Gottes in *Christus* ist) gründet nicht auf *ethnischer* Blutsverwandtschaft oder auf der Kindschaft Abrahams in leiblichem Sinn, sondern auf einer pneumatischen Geburt aus Gott. Daß dieser Einschub hier kommt, schließt ein, daß Johannes weiß, daß manche jüdische Christen die Verse 11–12 des Gemeindeliedes tatsächlich als Kommen des Logos in die Welt lesen und als ein besonderes Kommen des Logos in Israel, „das Seine" (in Mose, dem Gesetz und den Propheten), was sapiential völlig klar war. Alle, die dieses Licht aufgenommen haben, dürfen „Kinder Gottes" (siehe auch Weish 5,5 und 7,27) genannt werden. Aber Johannes fügt hier dann unmittelbar hinzu: Ethnische Blutsverwandtschaft schafft keine Vorrangstellung (1,13).

c) Joh 1,17–18 und 1,14d. – In diesen johanneischen Einschüben wird Jesus „monogenes" genannt. Dieses Wort verrät ein spezifisch johanneisches Interesse (siehe außer 1,14d auch 1,18; 3,16 und 3,18) und weist schon darauf hin, daß 1,14d und 1,18 johanneische Einschübe sind (die etwas verzerrte Konstruktion von 1,14c.d.e läßt sich am besten dadurch erklären, daß 1,14d ein Einschub ist). „Monogenes", das heißt nicht der ‚Einzig-Geborene' (monogennan), sondern der ‚Einzigartige', der einzige in seiner Art (mono-genos), und somit der Einziggeliebte[57]. „Doxan hōs monogenous para Patros" (1,14), das heißt wörtlich: die Herrlichkeit, die er als der Einziggeliebte *des Vaters vom Vater* empfängt („der Vater der Herrlichkeit" ist ein liturgisches Gottesprädikat im frühen Christentum; siehe Eph 1,17; 2 Petr 1,17; vgl. 1 Petr 1,21; Röm 6,4 und sogar Mk 8,38 par). In Jesus sieht die Gemeinde die (sonst unerreichbare) Herrlichkeit Gottes.

Ich sprach schon von Sinaitismus und Samaritanismus (die übrigens eng zusammenhängen) in der vorjohanneischen Gemeinde. Mose wurde als Prophet, König und Priester, Führer des Gottesvolkes, leidender Gottesknecht und ‚Mystagoge' verehrt; er wurde nach seinem Leiden-für-das-Volk ‚zu Gott entrückt'[58]. Durch mystagogische Initiation wurde man ‚aus Gott geboren', und dies war verbunden mit einer bestimmten ‚Gottesanschauung'[59]. Auf Mose setzten ‚die Juden' ihre Hoffnung (Joh 5,45), sie glauben an ihn (6,32) und sind seine Jünger (8,28–29). In der johanneischen Gemeinde besteht diese Mosemystik offensichtlich neben dem Glauben an Jesus, gerade unter Christen aus dem Judentum (siehe Weish 7,22)[60]. Johannes will den einzigartigen Charakter Jesu als Logosträger gegenüber Logosträgern wie Mose, den Propheten und dem Täufer betonen. Daher auch der Einschub 1, 17–18. Vor allem: „Niemand hat je Gott gesehen; der einziggeliebte Sohn, der im Schoß des Vaters ist, *er* hat ihn zu erkennen gegeben" (1, 18). Johannes wiederholt hier den Ausdruck ‚der Einziggeliebte', jetzt spezifiziert als der einzigartige, teure *Sohn*. Nach den besten Handschriften steht ‚einziggeliebter *Gott*' (Theos); aber sonst kennt Johannes nur den Ausdruck „monogenes hyios", der einziggeliebte Sohn (3, 16; 3, 18), und dieser ist deshalb vorzuziehen, vor allem weil der Gegensatz zwischen ‚Theos' (Gott) und „ho *Patēr*" (der Vater) unjohanneisch ist. Johannes will sagen, daß „der *Sohn* im Schoß des *Vaters* ist"[61]. Der Sohn ist „ho ōn", der im Schoß des Vaters Seiende. Dies weist nicht auf die Rückkehr Jesu zum Vater hin, sondern auf die Tatsache, daß der Vater Jesus nie ‚allein' läßt, auch nicht in seiner sarx-Situation: „Ich bin im Vater, und der Vater ist in mir." Da mit ‚Einziggeliebter' die Liebe des Vaters zum Sohn gemeint ist, wird das „Liegen Jesu im Schoß des Vaters" als die Gegenliebe des Sohnes zum Vater gesehen. Die Liebeseinheit zwischen Vater und Sohn bleibt im menschgewordenen Wort, dem Sohn, bestehen. „Im Schoß sein von…", oder „in jemandes Schoß liegen" ist ein semitischer Ausdruck für Liebesbeziehungen (z.B. Ehegemeinschaft: Gen 16, 5; Dtn 13, 7; 28, 54.56; ein Säugling an der Brust der Mutter: 1 Kön 3, 20; auch Gottes Sorge für Israel: Num 11, 12; siehe „im Schoß Abrahams": Lk 16, 22–23). Johannes betont in 1, 18 die wechselseitige Liebe zwischen Vater und Sohn, wegen der allein der Sohn uns vom Vater, von Gott, erzählen kann: Jesus ist die *endgültige* Gottesoffenbarung. Mose gab nur das Gesetz, Jesus aber „Gnade und Wahrheit", die eschatologische Offenbarungsweisheit (1, 17). Da Johannes in seinem Einschub 1, 17 eine Formel des ursprünglichen Liedes, nämlich 1, 14 e, *wiederaufnimmt:* „Gnade und Wahrheit" (‚charis' ist sonst im Evangelium nirgends zu finden, dagegen viermal im Prolog), ist dies letztere kein Kriterium dafür, es als Johannes-Redaktion anzusehen. Im ursprünglichen Lied steht schon in 1, 14 e: „Wir haben die Herrlichkeit des Logos gesehen, voll der Gnade und Wahrheit."

Zu Unrecht, so scheint mir, erklärt U. Müller, aufgrund seiner Annahme, daß die vorjohanneische Gemeindetheologie eine „theios anèr"- oder Wundertäter-Christologie sei[62], den Ausdruck ‚Gnade und Wahrheit' im Sinn der Charis-Untersuchung von G. P. Wetter[63] als übernatürliche Kraft des Gottesmanns, auf der Linie, so sagt er, von „voll der Gnade und Kraft" (Apg 6, 8 über Stephanus). Wenn aber die Annahme von Sinaitismus der jüdischen Christen in der johanneischen Gemeinde richtig ist, können wir, wenn irgendwo, vor allem hier den Einfluß der Exodus- und Sinai-Tradition auf die johanneische Gemeinde erwarten: Ex 33–34, mit den dort vorhandenen typischen Sinaibegriffen: ‚Herrlichkeit' (Ex 33, 18.22), ‚Gnade und Wahrheit' (chesed und 'emeth) (Ex 34, 6.9; 33, 12–13; 33, 16–17), ‚Gottes Wohnen im Zelt' (Ex 33, 9–11) und sein Mitziehen mit dem Volk (Ex 33, 14–16; 34, 9)[64]. Aber dann muß sofort hinzugefügt werden, daß chesed (Gnade) und 'emeth (Treue, Bundesliebe) mit frühjüdischen, griechisch-jüdischen Augen gelesen werden. Bei der Analyse (oben) dieser beiden hebräischen Gnadenbegriffe wurde gesagt, daß in den späteren alttestamentlichen Texten 'emeth die Bedeutung von Treue und Bundesliebe weithin verloren hat und einfach ‚Wahrheit‘, *geoffenbarte* Weisheit bedeutete. Auch charis, Gnade, erhielt in diesem griechisch-frühjüdischen Gebrauch (vor allem in der sapientialen und apokalyptischen Literatur) die Bedeutung der Gnade geoffenbarter Weisheit und des dadurch geschenkten Lebens ohne Sünde (auch in 1 Joh 3, 4–10 ein zentrales Thema). Die Sinaimotive, auch „chesed und 'emeth", werden im frühjüdischen Gebrauch, vor allem im Sinaitismus, nicht mehr unmittelbar als liebevolle Sorge und Bundestreue verstanden (ein Begriff, der dem Prolog tatsächlich fremd ist), sondern als eine Liebe, die sich in der Gabe von Wahrheit, geoffenbarter Weisheit, äußert. Aber es hat meines Erachtens keinen Sinn, um dieser semantischen Verschiebungen willen die darunterliegende Sinai- und Exodustradition zu leugnen. Für den Sinaitismus war es vor allem Mose, der durch die Gabe des Gesetzes Gottes Offenbarungsweisheit gebracht hatte; für jüdische Christen, welche die Mosemystik in der johanneischen Gemeinde vertraten, war auch Mose (wie auch der Täufer) ein Logosträger (wie Philo dies ausdrücklich sagt). Darin sieht Johannes eine Gefahr. Deshalb der Einschub: „wurde das Gesetz durch Mose gegeben, so kamen die Gnade und Wahrheit (von denen der Hymnus in 1, 14 a spricht) durch Jesus Christus" (1, 17), das heißt, die volle, endgültige Offenbarungsweisheit wurde uns von Jesus geschenkt, der größer als Mose ist. Dies ist deutlich ein ‚Einschub‘ des Johannes, trotz der Tatsache, daß er ein nicht-johanneisches Wort (charis) gebraucht, denn er übernimmt es aus dem vorjohanneischen Hymnus in 1, 14 e. Das ist auch der Grund, warum Johannes in 1, 15 noch einmal den Täufer erwähnt, diesmal, um ihn selbst von der absoluten Priorität des himmlischen Jesus Zeugnis ablegen zu lassen.

Alle diese Einschübe lassen sich also dadurch erklären, daß Johannes die Gefahren spürt, die der Gemeinde aus dem Sinaitismus drohten. Es ist Johannes um „die Gnade und Wahrheit" zu tun, das heißt um die Wahrheit der Lehre oder Offenbarung Jesu, des Lichtes, des Lebens, das in aller Fülle vom Vater geschenkt ist im Sohn, in Jesus Christus.

B. DER PROLOG SELBST

Trotz der Notwendigkeit, das Johannesevangelium als ein Ganzes zu sehen, von dem aus alle Teile verständlich werden, und umgekehrt, bietet das Johannesevangelium literarisch ein besonderes Problem. Man findet, literarisch gesehen, meisterhaft komponierte Passagen (z. B. Joh 5; 17; 20), aber es gibt auch nachlässig komponierte Kapitel. Literarisch weist alles darauf hin, daß das Evangelium aus schon redigierten einzelnen Einheiten verfaßt ist, die in einem Werdeprozeß der Gemeindetheologie zusammengewachsen sind und dann zum

‚einen Evangelium' zusammengesetzt wurden. Aus dem Vergleich zwischen dem Johannesevangelium und den Johannesbriefen geht hervor, daß beide Autoren', trotz aller Unterschiede, auf einer fundamental einen Gemeindetheologie gründen. Wer dieses Evangelium literarwissenschaftlich erforschen will, wird mit der Analyse einzelner literarischer Einheiten *innerhalb* dieses Evangeliums beginnen müssen und erst dann zu einer Gesamtschau kommen können. Daß verschiedene ‚Hände' bei der Zusammensetzung dieses Evangeliums in der Form, wie es uns vorliegt, tätig gewesen sind, allerdings aus einem grundlegenden Johanneismus heraus, läßt sich kaum leugnen. Die ‚Spannungen' wird man daher nicht immer lösen können. Das Evangelium ist keine Komposition aus einem Kopf, wenn auch in seiner End-Neukomposition.

Im ganzen Prolog als literarischer Einheit geht es unverkennbar allein um Jesus Christus, dem als Wort-bei-Gott gehuldigt wird. Der Evangelist ist in diesem ganzen Evangelium nicht an den heilsgeschichtlichen Phasen des Erscheinens des Logos interessiert: über das Urchaos, in der Welt, in ‚den Seinen', schließlich in Jesus. Und doch kann man diese Phasen auch nicht wegdenken. Sie fallen nur im Prolog (stärker noch als im Gemeindelied) sämtlich mit dem geschichtlichen Erscheinen des Logos, Jesu von Nazaret, *zusammen*. Gerade dieses Denken auf verschiedenen Ebenen ist dem vierten Evangelium eigen. Das ganze Geschehen, das im Prolog zur Sprache kommt, *ist* das Geschehen des Erscheinens Jesu auf Erden. Das Johannesevangelium spricht von *Jesus von Nazaret*, als er auf Erden weilte. Gerade dieser Jesus auf Erden ist, präexistent bei Gott (1,1–2), Ursprung und Zukunft alles Erschaffenen (1,3.4). Er kam zu uns als ein Licht über dem Urchaos, dem Nicht-Göttlichen; er war das Licht des ersten Schöpfungstags, durch das Tag und Nacht, Licht und Finsternis geschieden wurden (Gen 1,3–5), „das Licht der Welt" (aus der Genesis: siehe Joh 9,4–5), und das alle Menschen auf der Welt erleuchtet (1,10). Er kam in die Welt, ‚die seine', das Werk seiner Hände (ein jüdischer Christ wird vielleicht lesen: zu Israel, als dem eigenen Volk Gottes) (1,11). Er kam nicht nur von oben in dieses Irdische (besser „Unterhimmlische"), er erschien in der wirklichen Gestalt des Sarkischen, das heißt dessen, was, als solches, ‚von unten' ist, vergänglich und kreatürlich (1,14). In dieser ‚sarx' scheint der Logos, Jesus Christus (vgl. Joh 1,1 mit 1,17), als das Licht in der Finsternis (1,5), ein Licht, das alle Menschen erleuchtet (1,4.9b: „lumen gentium"). Davon legte der Täufer Zeugnis ab (1,6–8). Es war Jesus, der in die Welt (1,10), „in das Seine" (1,11) kam [65] und der allen, die ihn aufnahmen, das heißt, so präzisiert Johannes, die an seinen Namen glauben, die Fähigkeit gibt, Kinder Gottes zu werden (1,12), durch eine Geburt aus Gott (1,13), jungfräulich oder pneumatisch (1,13). Jesu Kommen in die Welt ist aber von Glauben und Unglauben umgeben. Aber wir – die johanneische Gemeinde – durften Gottes Herrlichkeit in seiner sarkischen Erscheinung unter uns erkennen, eine Herrlichkeit, die er als Einziggeliebter vom Vater empfing (1,14). Er ist die Fülle der endgültigen, göttlichen Offenbarungsweisheit (1,14). Johannes der Täufer legte Zeugnis ab von seiner Präexistenz, und er ist somit von einem völlig anderen Offenbarungsgehalt als dieser Jesus (1,15). Die Gemeinde *lebt* aus der Gnadenfülle Jesu und wird auch *weiterhin* Tag für Tag aus ihr leben[66]. Das von Mose gegebene Gesetz verblaßt gegenüber dieser endgültigen und vollen Offenbarungsweisheit Jesu Christi (1,17). Von keinem anderen außer ihm kommt Heil. Denn Heil ist Pneuma-Gott: Ihn erkennen. Für Menschen, die ‚von unten‘ sind, ist der Gott ‚von oben‘ unzugänglich und unnahbar (Joh 6,46; 5,37. Siehe auch den Hebräerbrief; siehe Paulus). Um sich ihm zu nahen und ihn somit zu erkennen, muß man von oben kommen und somit herabgestiegen sein. Und dies ist nur der Fall bei dem teuren, einziggeliebten Sohn, der auch selbst den Vater liebt (1,18b; 7,29; 8,55 usw.). Aus seiner Einheit mit dem Vater kann allein er uns Gott erkennen lassen. Jesus Christus ist die eschatologische Gottesoffenbarung (1,18).

Jesus Christus ist *das* Kommen des Wortes-bei-Gott zu uns („Ich bin nie allein, der Vater ist immer bei mir", 16,32; 8,29) als Licht in der Finsternis: „Ich bin das Licht" (8,12; 12,46; 3,19), der neue Schöpfungstag: Wo Jesus erscheint, weicht, wie einstmals, die Finsternis unseres Urchaos; sie weicht vor dem Licht, das auf Gottes Wort in der Finsternis erscheint (Gen 1,3–5): „Das Licht nannte Gott Tag, und die Finsternis nannte er Nacht" (Gen 1,5): „Hat der Tag nicht zwölf Stunden? Tagsüber kann jemand gehen, ohne sich zu stoßen, weil er *das Licht dieser Welt* sieht. Aber geht jemand des Nachts, dann… Solange ich in der Welt bin, bin ich *das Licht der Welt*" (Joh 9,4–5; siehe 8,12; 12,46; und 1,4–5.7.8.9; 3,19.21; 5,35; 8,12; 11,9–10; 12,35–36.46). In Jesus kommt das Wort auch als Leben für die Menschen: „Ich bin das Leben" (11,25; 14,6). Sein Herabsteigen ist ein Kommen in eine Welt, welche die seine ist, die Welt der Schöpfung. Dieses Kommen ist auch eine Fleischwerdung: Das Wort kam als kreatürliche sarx, als Mensch wie wir. Zentral steht für Johannes keineswegs 1,14, die Fleischwerdung (wie etwa im Hebräerbrief), sondern sein ‚Kommen‘, sein ‚Gesandtsein‘ als Licht und Leben für alle. Aber das eine *ist* das andere: Durch und in seiner ‚sarx‘ ist Leben und Licht unter uns gekommen. Sein Gesandtsein äußert sich in der ‚sarx‘. Die Fleischwerdung ist ein anderer Ausdruck für „das Kommen des Lichts" in irdische Sphären, in unsere Finsternis. Dem ‚Sarx‘-Sein Jesu als solchem schenkt das Johannesevangelium weniger Beachtung als beispielsweise die Synoptiker, der Erste Petrusbrief und der Hebräerbrief. Aber trotzdem ist es allein in und durch die ‚sarx’, daß das Himmlische – das Wort – unter uns ist, und nur *solange* es diese sarx gibt (siehe unten). Was Joh 1,14 „egeneto" nennt, das Wort ist Fleisch *geworden*, heißt in 1 Joh 1,2 „ephanerothe", ‚ist erschienen‘, beide in gleicher Bedeutung. Mit anderen Worten, in der Terminologie als solcher liegt noch keine Präzisierung, wie die Inkarnation theologisch verstanden wird; es geht im Johanneismus um das *Sichtbarwerden* des Logos im Menschen Jesus. Welche Christologie das Johannesevangelium vertritt, ist *damit* noch nicht ausdrücklich angegeben; das kann erst aus einer Analyse hervorgehen, wie das vierte Evangelium das Verhältnis zwischen „sarx" und „doxa" oder Herrlichkeit Gottes sieht; aber das Wort „egeneto" als solches kann dabei keinen Aufschluß geben. Joh 1,14 sieht im Erscheinen des Logos im Fleisch die Verwirklichung der Verheißung von „Gottes Wohnen unter seinem Volk" (Lev 26,11–12; Ez 37,27; 43,7; 48,35; Joel 4,21; Sach 2,14; 3,8 usw.). An anderen Stellen nennt der johanneische Jesus sich einen „anthropos", einen Menschen (8,40), aber „einen Menschen, der euch (Offenbarungs-)Wahrheit mitteilt" (8,40). Man darf ‚sarx' nicht gegen ‚anthropos' ausspielen. Er ist daher der einzige Zugang zum Vater (Joh 1,18): „Ich bin der Weg" (14,6; 10,9). Daher: „Jeder Geist, der bekennt, daß Jesus Christus in die ‚sarx' gekommen ist, ist von Gott" (1 Joh 4,2), „Kind Gottes" (Joh 1,12), „aus Gott geboren" (1,13). Die Finsternis kann daher genausowenig wie das dunkle Urchaos das Schöpfungslicht die Christen „überwältigen" (12,35; dasselbe Verb wie in 1,5). Jesus ist der einziggeliebte Sohn, der selbst auch den Vater liebt: der Vater ist mit dem Sohn (16,32), im Sohn (17,21), eins mit dem Sohn (6,30); beide sind dasselbe ‚Leben' (1,1; 5,26; 11,25; 14,6; 17,3). „Der Vater ist in mir" und „Ich bin im Vater" (14,10; 14,11; 14,20; 10,30–38; 16,32; 17,21).

Von Joh 1,1 bis 1,18 ist der Hymnus zu einer neuen literarischen Einheit umgestaltet: zum Johannesprolog, zu der Einleitung zum vierten Evangelium. Eine genaue Kenntnis des Gemeindelieds (von anderswoher) würde tatsächlich zu einer besseren Kenntnis des Prologs und des Johannesevangeliums beitragen. Da diese historische Information fehlt, kann eine wissenschaftliche Rekonstruktion inhaltlich nicht mehr erbringen, als was eine literarwissenschaftliche Exegese aus dem Johannesevangelium und dem Ersten Johannesbrief herausholen kann. Mit anderen Worten, diese Rekonstruktion verhilft nicht zu einer besseren Johannes-Exegese, sie kann höchstens ihr *Ergebnis* sein, und sie fügt daher auch nichts Neues hinzu. Die Scheidung zwischen ‚Redaktion' und ‚Tradition' (die *innerhalb* des Prologs dann doch wieder „Redaktion" ist) hilft jedoch beim Erkennen bestimmter Reaktionen, die im Johannesevangelium vorhanden sind.

Auffallend bei all dem ist, daß sich die Aufmerksamkeit des Johannes, wie die der Synoptiker, auf den *irdischen Jesus* richtet, nicht unmittelbar auf den auferstandenen Christus. Für Johannes scheint das Licht, das Jesus ist, nur während seines irdischen Lebens. Zu seinen Jüngern sagt Jesus: „Noch eine kurze Zeit ist das Licht unter euch. Geht euren Weg, solange ihr dieses Licht habt... Solange ihr das Licht habt, glaubt an das Licht..." (12,35.36), und „Solange ich in der Welt bin, bin ich das Licht der Welt" (9,5). Der irdische Jesus ist die Gegenwart der pneumatischen Lichtwelt unter uns; bei seinem Tod verschwindet *diese* Gegenwart des Lichts. Deshalb wird Jesus, wenn er nicht mehr da ist, das Pneuma senden (14,16–17.25–26; 15,26–27; 16,7–11.13–15). Solange *er* sichtbar da ist, „gibt es noch kein Pneuma" (7,39b), und ist dies auch nicht notwendig: Das Licht der pneumatischen Welt *ist da*, mit Jesus, wenn auch in der abblendenden „sarx", also noch nicht als

Pneuma. Wenn er weggegangen ist, wird ein anderer Paraklet von oben kommen, um die Jünger an alles zu erinnern, was er von der pneumatischen Welt, von Gott, erzählt hat (3,32; 3,11; 8,26). Der Erste Johannesbrief wird jedoch vom ‚Bleiben des Lichts‘ nach dem Tod Jesu sprechen: „Die Finsternis weicht, und das wahre Licht scheint *schon*" (1 Joh 2,8)[67]. Für Johannes selbst ist das Licht da, solange Jesus in seiner ‚sarx‘ unter uns ist. Auch hier spielt „die Scheidung von Finsternis und Licht" (Gen 1,4b) hinein: „Das Licht nannte Gott Tag, und die Finsternis nannte er Nacht" (Gen 1,5). Das Licht, das in der sarx Jesu nur „kurze Zeit" unter uns ist (siehe auch 7,33; 13,33; 14,19; 16,16–22), dauert, „solange es Tag ist" (9,4): „solange ich in der Welt bin, bin ich das *Licht der Welt*" (9,5).

Doch spricht Johannes im Prolog nicht vom Weggang Jesu. Viele Exegeten lesen die ‚anabasis‘ oder Rückkehr Jesu zum Himmel aus Joh 1,18, vielleicht wegen der Vorstellung, die „eis ton kolpon" weckt (gewöhnlich wird gesagt: „en tō kolpō", im Schoß von; aber man kann auch sagen: gegen [eis] jemandes Schoß liegen, das heißt jemanden lieben und von ihm geliebt werden). Ich kann daraus keine ‚anabasis‘ lesen. Diese würde bei der Funktion des Prologs für das Evangelium auch nicht passen! Dieser Prolog oder diese Einleitung behandelt die ‚katabasis‘, Jesu Kommen (von oben) unter uns. Selbstverständlich ist dies eine christlich-kirchliche Perspektive und somit eine Einsicht aus der Zeit nach Jesu Tod und Auferstehung; diese Perspektive setzt in Wirklichkeit die Rückkehr Jesu voraus. Aber Johannes spricht (als Christ) *von der Präexistenz Jesu aus;* auch der johanneische Jesus spricht im vierten Evangelium von seiner Präexistenz aus. Das ist der grundlegende Unterschied zu den Synoptikern, welche Worte des Herrn, des schon auferstandenen und in der Kirche gegenwärtigen Christus, dem irdischen Jesus in den Mund legen. Johannes aber läßt den irdischen Jesus aus seiner Präexistenz beim Vater von dem sprechen, was er dort „gehört und gesehen hat" (3,11.31–32; 8,26; siehe auch: 5,19; 5,30; 12,49). Was Johannes von der ‚Jesustradition‘ weiß – und das ist nicht wenig, wenn wir es auch im Detail selten beweisen können –, wird im Johannesevangelium aus dem gläubigen Wissen heraus gesehen, daß Jesus von oben ist. Der Evangelist sagt dies so viele Jahre nach Jesu Tod, selbstverständlich aus der johanneischen Gemeindeerfahrung (1,14b.c), die durch das erste Augenzeugnis über die lebendige Tradition bis zum Autor des vierten Evangeliums gelangt und im Pneuma eine zeitgenössische Glaubenserfahrung der Gemeinde geworden ist (daher in 3,11 die bemerkenswerte ‚Wir‘-Form: „*Wir* sprechen ... und bezeugen, was *wir* gesehen haben": Jesus spricht hier in ‚Wir‘-Form. Die beiden Ebenen: ‚Jesus‘ und ‚die Gemeinde‘ schieben sich ineinander zu einem ‚Wir‘, das Johannes sonst nie für Jesus gebraucht, der in Ich-Form oder in Er-Form spricht, siehe z.B. 17,2). Aber der *Prolog* besinnt sich noch nicht auf die ‚anabasis‘; er malt vom Offenbarungstriptychon den ersten Flügel: das Kommen des Logos als sarx unter uns. Ihm folgt dann, im Evangelium selbst, eine kerygmatische Lebensgeschichte Jesu: von der Taufe Jesu an bis zu seiner

Rückkehr zum Vater über die Kreuzerhöhung, durch die die „doxa" Gottes in Jesus erst vollkommen zu ihrem Recht kommt. Der Prolog ist lediglich die Eröffnung des Evangeliums und daher keine für sich stehende literarische Einheit, die ‚katabasis' und ‚anabasis' vorab schon zur Sprache bringen würde. In der sarx Jesu offenbart sich historisch-progressiv die doxa oder Herrlichkeit des Vaters (1,18, vor allem 12,28), wenn auch allein den gläubigen Augen sichtbar. Vorläufig braucht also tatsächlich noch nichts über Jesu Tod gesagt zu werden. (Für das vorjohanneische Logos-Lied zur Ehre Jesu liegt dies natürlich etwas anders: Hier haben wir ein geschlossenes Christuslied, das den Tod Jesu zumindest ausdrücklich nicht erwähnt. Das ist nicht mehr der Fall in Christusliedern, die wir im Neuen Testament finden und die auf ein älteres, vorneutestamentliches Stadium zurückgehen. An sich sagt dies noch nichts über die Wertschätzung, welche die johanneische Gemeinde vom Tod Jesu hegte.)

Johannes gebraucht also ein räumliches Modell, typisch für das ganze spätantike Denken: die ‚epigeia' oder irdischen Sphären und die ‚epourania' oder himmlischen Sphären, damals *die* Wirklichkeit. Aber ohne diese räumliche Vorstellung zu verlassen, drückt sie wirkliche, existentielle *Beziehungen* aus. Leben, im wahren Sinn, ist ‚himmlisches' oder pneumatisches Leben. Wer von oben ist, trägt ‚Leben' in sich selbst (siehe 8,23). Daher die wiederholten Ausdrücke bei Johannes: Jesus ist *aus* (apo) Gott, aus (apo) dem Himmel (6,38) herabgestiegen und in (eis) den irdischen Bereich, den Kosmos, gekommen. Neben ‚apo' (aus, lokal gesehen) spricht Johannes auch von „ek" (aus): aus dem Himmel gekommen (3,13), ausgegangen von (ek) dem Vater (16,28). Schließlich kommt er auch „von Gott her" (para: 6,46). Jesus kommt aus himmlischen Sphären auf die Erde. Aber diese räumliche Vorstellung will etwas über das *Wesen* Jesu sagen, denn wenn er auch des Vaters Seite (para) verläßt, der Vater läßt Jesus nicht allein (8,29; 16,32): Im irdischen Jesus ist „der Vater in mir und ich im Vater". Der irdische Jesus *ist* von himmlischer Art. Sein Kommen ist eine Initiative des Vaters. Daher ist Jesus vom Vater gesandt (3,17.34; 4,34; 5,23.24.30.36.37; 6,29.38.39.40.57; 7,16.18.29; 8,16.18.26.29.42; 9,4; 10,36; 11,42; 12,44.45.49; 13,20; 14,24; 15,21; 16,5; 17,3.8.18.21.23.25; 20,21), er tut nichts aus eigenem Namen, sondern alles im Namen Gottes (5,43). Er ist gekommen, um den Willen des Vaters zu tun (4,34; 8,29; 10,18; 12,49–50; 14,31; 15,10), das Werk Gottes (3,35b; 5,20b–23; 14,10; 17,4), und er spricht die Worte Gottes (12,49; 14,10.24; 17,8). Es sind die technischen Worte jeder prophetischen Sendung. Aber das ‚Katabasis'-Modell radikalisiert diese Aussagen: In Jesus ist die himmlische, pneumatische Wirklichkeit in der ‚sarx' oder einem Stück unseres Kosmos vorhanden. Das vertikale ‚Oben' ist jetzt horizontal, ja frontal zu finden: ‚hier unten', in der Person Jesu Christi. Wer ihn sieht, sieht den Vater (14,9). In Jesus hat Gott sich als ein Gott von und für Menschen manifestiert. Eine allgemeine neutestamentliche Gegebenheit erhält im Johannesevangelium einen ganz besonderen Ausdruck.

354

Was an anderer Stelle, z. B. im Markusevangelium, das Messiasgeheimnis genannt wird, die allmähliche Offenbarung der wahren Identität Jesu, wird im Johannesevangelium in den wiederholten Fragen nach dem ‚Woher' Jesu ausgedrückt: jemandes *Herkunft* bestimmt sein *Wesen*. In den ‚Zeichen'-Berichten wird dies immer wieder deutlich: Woher kommt dieser leckere Wein (2,9)? Woher nehmen wir das Brot (6,5)? Woher muß dieses lebendige Wasser kommen (4,11)? Und vor allem beim Prozeß Jesu fragt Pilatus: „Woher bist du"? (19,9) Die Herkunft bestimmt, in diesem räumlichen Modell, das Wesen jemandes. Jesus sagt immer wieder: „Ich weiß, *woher* ich gekommen bin und *wohin* ich gehe" (8,14b; 7,28–29; siehe 9,29–30). Das wird aus der ganzen *kerygmatischen* Lebensgeschichte Jesu hervorgehen, wie sie das vierte Evangelium erzählt.

II
Jesus wird Israel durch Johannes den Täufer vorgestellt (Joh 1,19–34)

Bevor das fleischgewordene Wort, Jesus von Nazaret, selbst-offenbarend auftritt, wird er durch einen von Gott gesandten Propheten feierlich Israel (1,31) vorgestellt, nämlich als der aus dem Himmel kommende Messias oder eschatologische Bringer ‚heiligen Geistes': von Heil, Leben und Licht. Johannes legt in seinem ganzen Evangelium besonderen Nachdruck auf Zeugnisse, auf die sich der christliche Glaube mit gutem Grund verlassen kann.

Aus dem Bericht in 1,19–34 geht hervor, daß Johannes die urchristliche Überlieferung kennt, daß das öffentliche Auftreten Jesu mit seiner Taufe durch Johannes begonnen hat. Mehr noch, es ist auffallend, daß das vierte Evangelium geographische Informationen über den Ort der Täufertätigkeit des Johannes gibt, nämlich am Ostufer des Jordan, „in Betanien" (nicht: Betanien bei Jerusalem), das heißt „das Haus des Bootes", die Stelle, wo man vom Westufer zum Ostufer übersetzen konnte (1,28). Von den Synoptikern wissen wir, daß viele Menschen zum Täufer kamen (Lk 3,7; Joh 3,33), ein Flußübergang war daher der passende Ort für eine Täufertätigkeit, die dann zugleich, wie die Synoptiker sagen, ein Wüstenort war: Transjordanien (Peräa neben Judäa). Diese Angaben durch Johannes sind höchstwahrscheinlich historisch echt.

Doch werden die ihm bekannten Traditionen darüber von Johannes von Anfang an in die johanneische christologische Perspektive eingearbeitet. Die historische Eigenart der Täufertätigkeit, von den Synoptikern schon christlich übermalt, fällt bei Johannes ganz weg. Der Auftrag und das Auftreten des Täufers werden völlig verchristlicht, auf ein von Gott kommendes Zeugnis über Jesus als den Messias von oben zurückgeführt (1,6–8.19–23; 3,23–30; 5,33–35). Der Täufer ist nicht einmal mehr ein Vorläufer, er läuft *neben* Jesus her und ist zusammen mit ihm tätig (1,29.34–36; 3,22–30; doch sagt Johannes weiter, in 3,28, daß der Täufer gesandt ist, um vor Jesus herzugehen). Johannes der Täufer *ist* der erste Jünger Jesu, Bild der wahren Kirche. Welches ist die konkrete Aufgabe des Täufers im Johannesevangelium?

a) Negativ. – Johannes weigert sich, sich selbst messianische Bedeutung zuzuschreiben (1,20; 3,28); er leugnet sogar, Elija oder der Vorläufer zu sein (1,21), schließlich leugnet er, ‚der Prophet‘ zu sein, der eschatologische Prophet-größer-als-Mose, wie man ihn zur Zeit Jesu allgemein erwartete (1,21b). Historisch steht fest, daß zumindest zu Beginn des 2. Jahrhunderts Täuferbewegungen Johannes als Messias verehrten[68]. Das Johannesevangelium erschien höchstens ein paar Jahrzehnte vorher; zu dieser Zeit müssen höchstwahrscheinlich solche Tendenzen wahrnehmbar gewesen sein. Johannes läßt den Täufer selbst gegen sie vorgehen.

b) Positiv. – 1) Das Johannesevangelium kennt die traditionelle, urchristliche Gegebenheit, daß der Täufer auf Jesus als auf den Stärkeren und Größeren hingewiesen hat (Joh 1,27.30; Mk 1,7 par). Auch das wird sogleich johanneisch-christologisch verarbeitet: Jesus ist der Präexistente. „Er, der nach mir kommt, ist vor mir, denn er war eher als ich" (1,30, siehe Prolog 1,15). – 2) Doch hat der Täufer eine bestimmte ‚Vorläufer‘-Funktion auch bei Johannes. Er ist jemand, der dem Herrn den Weg bereitet (1,23). Die Frage liegt dann jedoch nahe, warum der Täufer, wenn er weder der Messias noch Elija, noch der eschatologische Moseprophet ist (1,25), trotzdem die Initiative zu dieser Taufpraxis ergriffen hat. Darauf antwortet der Täufer im Johannesevangelium: „damit er (Jesus) Israel *geoffenbart* würde, deshalb kam ich, mit Wasser zu taufen" (1,31). Das war im Prolog schon angekündigt: „Nicht er war das Licht, sondern er sollte Zeugnis geben von dem Licht" (1,8). Der johanneische Johannes der Täufer taufte daher nur, um als Gottes Zeuge Jesus als den Messias Israel vorstellen zu können. Für das Johannesevangelium liegt die Bedeutung der Taufe Jesu durch Johannes darin, daß diese Taufe gleichsam im Namen der prophetischen Stimme des Alten Testaments die feierliche Vorstellung Jesu als Messias an Israel ist. Trotzdem präzisiert der Täufer seine Stellung zu Jesus näher. In den johanneischen Kirchen war es offensichtlich ein schwerverständliches Faktum, daß der himmlische Jesus sich von Johannes taufen ließ. „Er, der nach mir kommt; ich bin nicht wert, die Riemen seiner Sandalen zu lösen" (1,27). „Ho opisō mou", „der, der nach mir kommt", ist ein rabbinischer Ausdruck für ‚mein Jünger‘. Anderseits: „nicht würdig sein, jemandes Sandalen zu lösen" ist ebenfalls ein rabbinischer Ausdruck für ‚jemandes Jünger sein‘ – selbst für einen Jünger war dies ein zu niedriger Dienst, den der Meister immer ablehnte. Joh 1,27 sagt eigentlich: Ich habe einen Jünger, Jesus, aber eigentlich bin ich selbst *sein* Jünger. Von Gott her (1,6; 1,33) steht Johannes im Dienst Jesu; sein Auftrag ist: Israel Jesus vorstellen als aus dem Himmel kommenden Messias (1,30), als Heilsbringer also, völlig erfüllt vom Pneuma von oben: „Er tauft mit dem Geist", das heißt, er teilt (aus seiner Fülle, 1,16) das Pneuma oder das Himmlische mit (1,33). Daher ist die Taufe Jesu durch Johannes (das vierte Evangelium sagt nicht einmal ausdrücklich, daß Jesus von Johannes getauft wurde!) überhaupt keine Erniedrigung, im Gegenteil, es ist die feierliche Anerkennung seiner Heilssendung durch den Vater. – 3) Außerdem bringt der Täufer Jesus dessen erste Jünger (1,35–39; siehe 3,29). Zugleich deutet Johannes damit an, daß eine gewisse Konkurrenz zwischen Jüngern des Johannes und Jüngern Jesu, wie sie zu seiner Zeit eine Tatsache zu sein schien (vielleicht als innerkirchliche Spannung) (1,15.20; 3,25–30), keineswegs mit Johannes und Jesus gegeben ist. – 4) Johannes läßt den Täufer Jesus schon als „das Lamm" vorstellen, als den leidenden Gottesknecht: „Lamm Gottes" (1,29–30; 1,36; vielleicht österlich gefärbt in 19,33–34; siehe unten).

Dank diesen christologischen Zeugnissen des Täufers (1,31) tritt Jesus an die Öffentlichkeit. So erhält die Taufe durch Johannes im vierten Evangelium eine andere Bedeutung als in den synoptischen Evangelien. Das ‚himmlische Geschehen‘, das sich in den Synoptikern allein auf Jesus bezieht als eine Art Innengeschehen zwischen Jesus und dem Himmel – die Stimme aus dem Himmel –, wird im Johannesevangelium durch den Täufer miterlebt, der jetzt *selbst* die Stimme aus dem Himmel wird: Er legt Zeugnis ab von der himmlischen Herkunft Jesu. Der Täufer selbst sieht eine Taube auf Jesus herabsteigen, und diese Taube *verweilt* (das johanneische „menein") auf ihm (1,32): Dieser Jesus hat dauerhaften Besitz des Geistes (siehe Jes 9,2; 61,1). Die himmlische Stimme wird nicht erwähnt; im Gegenteil, der Täufer selbst spricht ihren Inhalt aus: „Ich habe es selbst gesehen, und ich habe bezeugt: Dieser ist der Auserwählte Gottes" (1,34; „eklektos", Jes 42,1, sogar wörtlicher zitiert als von den Synoptikern; siehe Mk 1,11; Mt 3,17, und das kann bestätigen, daß in der synoptischen Tradition die himmlische Stimme, dramatisch, Gottes Wort ist, wie es in Jes 42,1 zu hören ist). Das Zeugnis des Johannes, von dem der Prolog schon gesprochen hat, läuft also darauf hinaus, daß Jesus der präexistente, aus dem Himmel kommende Heilsbringer ist, der die Sünde der Welt hinwegnimmt; er allein vermag den Menschen die Heilsgabe, das Pneuma, und somit ewiges Leben zu schenken (3,34; 6,63; 7,37–39). Davon Zeugnis abzulegen ist die ganze Bedeutung der Taufe Jesu durch Johannes. Dabei wird jedoch deutlich, daß sich Johannes auf urchristliche Traditionen stützt, diese aber im Hinblick auf die johanneische Gemeinde aktualisiert.

In der literarischen Einheit 1,19–51 fallen außerdem drei Elemente auf, die für das ganze Johannesevangelium fundamental sind: die ‚Definition‘ der Identität Jesu, die Zeugen der Identität Jesu (oben schon behandelt) und schließlich die ‚Krisis‘ oder der Unglaube gegenüber der messianischen Identität Jesu.

a) Jesus ist „der Christus" oder Messias (siehe 1,41), „das Lamm Gottes", das die Sünde der Welt hinwegnimmt" (1,29–36), das heißt der deuterojesajanische Knecht Gottes (1,29.36; siehe Jes 53,7; 53,11), „auf dem der Geist (Gottes) ruht" (1,32–33), „der Auserwählte Gottes" (1,34; Jes 49,7; 42,1); der vom Tenach vorausgesehene ‚Gesalbte‘ (1,45): „der Sohn Gottes", „König Israels" (1,49), schließlich „der Menschensohn" (1,51). Dies alles wird gesagt von *Jesus,* „dem Sohn Josefs aus Nazaret" (1,45); dieser ist der Messias. Die ersten Jünger sagen: „Wir haben den Messias gefunden" (1,41), das ist „der mit dem heiligen Geist Gesalbte" (Joh 1,33b; siehe Apg 10,38). Mit anderen Worten, der Täufer stellt Jesus Israel als den Messias vor (1,31), jedoch von Anfang an in der Gestalt des leidenden Knechtes Gottes: „das Lamm Gottes".

b) Aber man darf nicht die Kehrseite von all dem vergessen. Jesus bringt die Scheidung der Geister. Das wird in dieser ganzen Vorstellung Jesu durch den Täufer (1,9–34) schon grundgelegt. Gegenüber dem Zeugnis des Täufers zeichnen sich schon die Fronten ab: „die Juden aus Jerusalem" (1,19a), die ‚Priester und Leviten' (in Wirklichkeit „aus dem Kreis der Pharisäer", 1,24) als Inquisitoren zum Täufer schicken (1,19b). Bei der dann folgenden Berufung der ersten Jünger Jesu wird ‚Natanael' der „wahre Israelit, an dem kein Falsch ist" (1,47), genannt. Einerseits steht hier ‚Israel' schon ‚Judäa' (den Juden aus Jerusalem) gegenüber (vgl. 18,3.12; 11,47; 18,14; 9,22 mit 11,57), anderseits sind diese Juden aus Jerusalem von Anfang an die Gegner Jesu (sie kommen mit Inquisitionsabsichten), während ‚Natanael' der wahre Israelit ist. Gegenüber „den Juden" ist das Zeugnis des Täufers denn auch zurückhaltend; denn wenn sie auch vorgeben, sie seien wegen der Bedeutung der Täufertätigkeit gekommen, so zeigt sich doch schnell, daß sie sich *Jesus* kritisch ansehen wollen. Der Täufer antwortet ihnen nur: „Unter euch steht er, *den ihr nicht kennt*" (1,26). Erst als ‚die Juden' offensichtlich weg sind, gibt der Täufer eine nähere Präzisierung dessen, was er, kryptisch, ‚den Juden' gesagt hatte (1,27): „Seht das Lamm Gottes, das die Sünde der Welt hinwegnimmt" (1,29). Johannes läßt schon merken, daß ‚die Juden' das doch nicht verstehen können: Sie kennen ihn nicht (1,26).

Der Täufer ist offensichtlich gekommen, um Jesus ausgerechnet Israel vorzustellen (gemeint ist nicht das ‚Nordreich' gegenüber Judäa; sondern das ganze jüdische Volk als Gottesvolk: ‚Israel'). Jedoch erscheinen die Leute „aus Judäa" (Jerusalem und Umgegend) im vierten Evangelium selbstverständlich als jene, die Jesus a priori ablehnen: Der ‚sehende' wahre Israelit steht dann doch irgendwie dem ‚nichtsehenden Judäer' gegenüber. Das Licht gegenüber der Finsternis (Prolog) erhält schon eine konkrete Form, noch bevor Jesus aufgetreten ist und nur vom Täufer angekündigt war. Die Vorstellung Jesu ruft schon eine Scheidung der Geister hervor. Das Johannesevangelium erzählt dann in kerygmatischer Weise den messianischen Lebensweg Jesu.

III
Das Auftreten Jesu selbst: Selbstoffenbarung in Wort und Tat

In einer langen evangelischen Darlegung läßt Johannes das Zeugnis Jesu über sich selbst hören. Außer sieben ‚Ich bin'-Aussagen (Selbstoffenbarung Jesu ‚im Wort') erzählt Johannes sieben große Wunderzeichen Jesu. Sowohl die ‚Ich bin'-Aussagen als auch die Zeichen, die Jesus verrichtete, sind implizite Hin-

weise auf die mosaische Exoduszeit, wenn auch von Johannes durch den sapientialen, frühjüdischen Raster gelesen. In diesen tritt Jesus handelnd und
sprechend auf als der, der eine Scheidung der Geister herbeiführt. Der eine
glaubt an seine Worte und Taten, die anderen – für Johannes stets ,die Juden' –
glauben nicht.

A. JESU SELBSTOFFENBARUNG
DURCH ,WUNDERZEICHEN' UND ,WERKE'

LITERATUR (außer der schon angeführten Literatur und vor allem den drei großen neueren
Johannes-Kommentaren: *R. Brown*, Gospel of John, a. a. O.; *B. Lindars*, Gospel of John,
a. a. O.; *R. Schnackenburg*, Johannesevangelium, I, a. a. O.): *J. Becker*, Wunder und Christo-
logie: NTS 16 (1969–70) 130–148; *R. Bultmann*, Evangelium des Johannes, a. a. O.;
J. Montgommery Boice, Witness and Revelation in the Gospel of John (Grand Rapids 1970);
P. van Diemen, La semaine inaugurale et la semaine terminale de l'évangile de Jean. Message
et structures, 3 Bde (Rom 1972); *R. T. Fortna*, Source and Redaction in the Fourth Gospel's
Portrayal of Jesus' Signs: JBL 89 (1970) 156–165; *J. Gaffney*, Believing and Knowing in the
Fourth Gospel: ThS 26 (1965) 233–236; *J. C. Hindley*, Witness in the Fourth Gospel: ScJTh
18 (1965) 319–337; *S. Hofbeck*, Sèmeion. Der Begriff der „Zeichen" im Johannesevangelium
unter Berücksichtigung seiner Vorgeschichte (Münsterschwarzach 1966), vor allem 158–160;
Morris Inch, Apologetic Use of ,Sign' in the Fourth Gospel: The Evangelical Quarterly 42
(1970) 35–38; *W. Nicol*, The Sèmeia in the Fourth Gospel (Leiden 1972); *P. Riga*, Signs of
Glory: the Use of ,sèmeion' in St. John's Gospel: Int 17 (1963) 402–410; *H. Schneider*, „The
word was made Flesh". An Analysis of the Theology of Revelation in the Fourth Gospel:
CBQ 31 (1969) 344–356; *L. Schottroff*, Der Glaubende und die feindliche Welt (Neukirchen
1970), vor allem 247–257; *C. Traets*, Voir Jésus et le Père en Lui selon l'Évangile de Saint
Jean (Rom 1967); *A. Vanhoye*, Notre foi, œuvre divine, d'après le quatrième évangile:
NRTh 86 (1964) 339–348; *R. Walker*, Jüngerwort und Herrenwort. Zur Auslegung von
Joh. 4, 39–42: ZNW 57 (1966) 41–54; *W. Wilkens*, Zeichen und Werke (Zürich 1969).

Vor allem bei dieser Problematik werden wir mit den Diskussionen unter
Exegeten über das sogenannte ,Buch der Zeichen' konfrontiert, einer Tradition
oder vielleicht sogar einer Quelle, die (wie Mattäus und Lukas die Q-Tradition
oder Q-Quelle gebrauchten) vom vierten Evangelium in der eigenen Christologie und Soteriologie des Johannes aktualisiert worden sein soll. Diese Hypothese von einer vorliegenden Sammlung von Wunderzeichen Jesu findet wachsende Zustimmung[69]. „Noch viele andere Zeichen hat Jesus im Beisein seiner
Jünger getan, die nicht in diesem Buch aufgezeichnet sind, aber diese hier sind
aufgezeichnet, damit ihr glauben sollt, daß Jesus der Christus ist, der Sohn
Gottes, und damit ihr durch den Glauben Leben habt in seinem Namen" (Joh
20, 30–31), scheint in der Tat etwas abzuschließen; es ist ein Schluß (obwohl
das Evangelium weitergeht). Abgesehen von der falschen Terminologie: „eine
Christologie des Wundermannes" (als „theios aner"), kann man doch zugeben,
daß (wie Q vor allem eine Sammlung von „Logien" Jesu ist) das ,Buch der
Zeichen' eher die Sammlung einer Wundertradition um Jesus ist. Jesus wird
als ein Wundertäter gesehen, der Menschen hilft. Sein Menschsein steht hier
im Mittelpunkt: Sohn Josefs aus Nazaret (1, 45), jemand, dessen Eltern be-

kannt sind (1, 45; 2, 1.12; 7, 2–5). Das soll keineswegs heißen, daß diese Tradition von Wundern gleichsam die Christologie der vorjohanneischen Gemeinde gewesen wäre. Das Logos-Lied, wie es zwar in einer anderen Form als im Prolog in der Gemeinde gesungen wurde, macht dies schon unmöglich. Die vorjohanneische Gemeinde glaubt an den „inkarnierten Logos", der dann jedoch vor allem als ein Wundertäter gesehen wird, ein ‚Wohltäter', in dessen Taten man Gottes Herrlichkeit schauen kann. Das vierte Evangelium will jedoch zeigen, daß diese Verherrlichung Jesu ihren Höhepunkt in seiner Kreuzigung erfährt. Was wir von der Reaktion des Johannes auf eine Wundertradition sagen können, ist jedenfalls, daß er die Bedeutung des Todes Jesu hervorheben will. Die unterschiedlichen exegetischen Auslegungen der Funktion der ‚Zeichen' und ‚Werke' im Johannesevangelium[70] kommen daher weniger aus einer unmittelbaren terminologischen und strukturalen Analyse von Text und Kontext, in denen die Wörter „semeion" (Zeichen) oder „ergon" (Werk) im Johannesevangelium vorkommen, als vielmehr aus einer bis jetzt ziemlich willkürlichen Rekonstruktion einer „theios aner"-Christologie, die „das Buch der Zeichen" kennzeichnen soll. Was vielleicht gerade der johanneischen Gemeinde eigen ist, wird dann oft als eine Polemik des Johannes gegen diese Einseitigkeit aufgefaßt. Nach Fortna, Brown, Lindars und, mit einigen Nuancen, auch Wilkens und Schnackenburg[71] verteidigt das Buch der Zeichen einen ‚Glauben an Zeichen' (glauben, weil man sieht), den das Johannesevangelium zwar akzeptiert, aber durch ein ‚höheres Glauben' übertreffen läßt: glauben, ohne gesehen zu haben. Nach J. Becker[72] verwirft Johannes das Glauben an Zeichen; wahrer Glaube heißt an die Worte Jesu glauben. Wilkens und Schnackenburg[73] und vor allem F. Schnider und W. Stegner[74] stehen auf dem Standpunkt, daß die Zeichen eine tiefere Einsicht in den christologischen Glauben geben; Zeichen stellen uns vor die Entscheidung zwischen Glaube und Unglaube, aber Ziel bleibt der Glaube an die Worte Jesu. So ist der Glaube an Jesu Wort Voraussetzung dafür, die Zeichen gläubig sehen zu können: Man sieht, weil man glaubt. Der Glaube an Jesu *Wort* führt zum *Sehen* der Zeichen, und dieses führt zu einem Wissen, das heißt einer tieferen Glaubenserkenntnis. Luise Schottroff[75] sieht innere Widersprüche im johanneischen Begriff vom Glauben an Zeichen (vor allem Joh 7, 13 und 4, 48); Johannes hätte dann zwei Traditionen verbunden, eine Tradition, in der das Zeichen eine legitimierende Funktion hat, und eine Tradition, in der Jesus sich weigert, Zeichen als Mittel zu beginnendem Glauben zu setzen. Johannes ist es dann um die Beschaffenheit und die Art des *Sehens* von Zeichen zu tun; das unterscheidet den wahren vom falschen Glauben. Glauben an Zeichen, ohne daß diese zum Glauben an die himmlische Herkunft Jesu führen, wird abgelehnt. Hat das Zeichen jedoch diese Wirkung, dann hat es tatsächlich auch eine eigene Funktion. W. Nicol[76] (auch Wilkens und Schnakkenburg) behauptet, Johannes wolle die einseitige und ärmliche Christologie des „Buchs der Zeichen" korrigieren; Johannes betone die Anschaulichkeit der *doxa* oder Herrlichkeit in der *sarx* oder den menschlichen Taten Jesu. Unter

Leitung des heiligen Geistes als Parakleten wolle Johannes die Geschichte Jesu auf ihre göttliche Dimension prüfen: Der Gläubige sehe in den Zeichen Jesu seine Herrlichkeit. Nach R. T. Fortna[77] schließlich will Johannes seine Quelle aktualisieren: In den Zeichen muß der Glaube die Messianität, Sohnschaft und Herrlichkeit Jesu erkennen, deren äußerster Ausdruck der Tod ist. Statt die Auferstehung als Beweis der Messianität Jesu zu betonen, legt das Johannes-evangelium den Nachdruck auf den lebenschenkenden Tod Jesu. Auch J. Becker[78] und R. Schnackenburg[79] bejahen dies. Allgemein (außer Nicol, was ihm als ein ‚blinder Fleck‘ vorgeworfen wird) nimmt man an, daß das vierte Evangelium die Einseitigkeit der Wundermann-Christologie des sogenannten Buchs der Zeichen korrigieren wolle: Johannes bereichere die Christologie seiner Quelle, vergeistige deren Soteriologie und stelle dem Glauben an Zeichen einen reiferen und vollendeteren Glauben gegenüber. Dies mag als Ergebnis der letzten zehn Jahre ‚Johannesforschung‘ bezeichnet werden. In Anbetracht der Tatsache, daß die jüngere Untersuchung von C. R. Holladay, unmittelbar von den Quellen ausgehend, manche Vorstellungen über „theios aner"-Menschen bestätigt hat, so verschieden jedoch, daß das Sprechen von einer „theios aner"-Christologie eine bloße Konstruktion von Gelehrten ist[80], bin ich davon über-zeugt, daß jede Rekonstruktion des sogenannten „Buchs der Zeichen", die bis jetzt (mit Ausnahme von W. Nicol) von einer „theios aner"-Christologie aus-geht, zum Scheitern verurteilt ist. Übrigens, welches auch immer die spezifische theologische Richtung des sogenannten „Buchs der Zeichen" gewesen sein mag, für unsere thematischen oder sogenannten ‚dogmatischen‘ Absichten genügt es, den Johannes-Text so zu lesen, wie er vor uns liegt, mit den ihm vielleicht inhärenten Spannungen (die in der Tat allein durch Form- und Redaktions-kritik, also durch Scheidung von Tradition und Redaktion im Johannes-evangelium erhellt werden können).

a) Die Zeichenhandlungen Jesu

Johannes zählt sieben Zeichen Jesu auf: das Weinwunder zu Kana (2,1–11); die Heilung (aus der Ferne) des Sohnes eines Hofbeamten (4,46–54), die Hei-lung eines Behinderten (5,1–9), das Brotwunder (6,1–14), das Wandeln auf dem Wasser (5,16–21; hier fehlt der Ausdruck ‚Zeichen‘), die Heilung eines Blindgeborenen (9,1–41), die Erweckung des Lazarus (11,1–44). Das Johan-nesevangelium nennt sie „semeia", Zeichen (2,11; 4,54; 6,14.26; 9,16; 12,18; siehe 11,47), einigemal auch „ergon", ein Werk (5,20.36; siehe 7,21). Beide Begriffe werden übrigens ziemlich wahllos gebraucht (vgl. 7,3 mit 7,31; 9,3–4 mit 9,16; 10,25.32.37.38 mit 10,41; und 12,37 mit 15,24).

Es lassen sich deutliche Verbindungen zwischen dem johanneischen und dem synoptischen Zeichenbegriff aufweisen. In beiden findet man Jesu Ablehnung der Forderung der Juden, Zeichen zu verrichten (bei den Synoptikern meistens ‚dynameis‘, Machterweise, genannt) (Joh 2,18; 6,30; – Mk 8,11–12; Mt

12, 38–39; 16, 1.4; Lk 11, 16.29). Der Ausdruck „semeia kai terata" (Joh 4, 48) ist alttestamentlich; er geht auf die deuteronomistische Auffassung der Propheten zurück (Dtn 6, 22; 7, 19; 13, 2–3; 26, 8; Ex 7, 3; Jer 32, 20–21; Jes 8, 18; 20, 3; Ps 78, 43; Neh 9, 10. – Apg 4, 30; 5, 12; 14, 3; 15, 12; Röm 15, 19; 2 Kor 12, 12; 2 Thess 2, 9. – Apg 2, 19–22.43; 6, 8; 7, 36)[81]. Allgemein kann man sagen: ‚teras' weist auf das Erstaunliche eines Geschehens, ‚semeion' oder Zeichen dagegen weist in oder bei einem wunderbaren Geschehen auf Gott hin, während „dynameis" (z. B. Gal 3, 5; Apg 2, 22) machtvolle Taten meint. (Die drei zusammen: Hebr 2, 4.) Johannes gebraucht nur einmal den sonst technischen Begriff: „semeia kai terata" (4, 48). Über diese vorjohanneische Tradition von Wundern geht ‚Zeichen' zurück auf das biblische „'oth" („'othoth"), denn die sieben Zeichen des Johannesevangeliums haben alle mit den mosaischen, sapiential verarbeiteten Zeichen der Exoduszeit zu tun[82]. In der Septuaginta wird „'oth" wiedergegeben mit „semeion", Zeichen, *Zeugnissen* des Gottes Israels; „'oth" ist ein offenbarendes Zeichen. Auch die Zeichen, die Propheten verrichtet haben, sind gleichsam in sichtbarer oder greifbarer Wirklichkeit Zeichenhandlungen mit einem Offenbarungsinhalt[83], Zeichenhandlungen als schöpferische Vorwegnahmen kommender Dinge. So bringt nach Jes 60 ff der eschatologische Gesandte zwar noch nicht die kosmische Herrlichkeit, doch läßt er diese in Zeichenhandlungen schon aufleuchten.

In der johanneischen Sicht Jesu, des menschgewordenen Wortes, erhalten Zeichenhandlungen eine vertiefte Bedeutung. Die Zeichen des johanneischen Jesus *antizipieren* nicht, sondern setzen das eschatologische Heil hier und jetzt in dem *gegenwärtig*, was Jesus tut. Hier ist mehr als ein Prophet. Trotz dieses grundlegenden inhaltlichen Unterschieds hat der johanneische Zeichenbegriff formal dieselbe Bedeutung wie die prophetische Zeichenhandlung; es ist ein offenbarendes Handeln. Sowohl die mosaischen Exoduswunder – Zeichen des großen Mose – als auch die prophetischen Zeichenhandlungen (frühjüdisch spricht man übrigens auch von ‚dem Propheten' oder ‚dem Lamm' Mose) bilden höchstwahrscheinlich den Hintergrund, vor dem der johanneische Zeichenbegriff erhellt werden kann.

Im johanneischen Verständnis von ‚Zeichen' dient ein „semeion" dazu, die Menschen zu einer tieferen Einsicht zu führen, und nicht dazu, daß sie glauben sollen, *weil* sie Zeichen gesehen haben. Schon bei der Berufung eines der Jünger, Natanael – der, wie Pharisäer zu tun pflegen, „unter einem Feigenbaum saß", das heißt die Tora studierte –, warnt Johannes vor „glauben, weil man gesehen hat" (1, 50; siehe auch beim ungläubigen Tomas: „weil du mich gesehen hast, glaubst du? Selig, die nicht gesehen und doch geglaubt haben", 20, 19). ‚Zeichen' haben im vierten Evangelium eine *christologische* Relevanz, sie stehen in einer anderen Optik als ‚die Werke'. Als geschaute, Staunen erregende Ereignisse (2, 23; 6, 2.14) regen Zeichen zum Nachdenken an (3, 2; 7, 31; 9, 16; 11, 47). Aber wenn sie nur in ihrer Verwunderung erregenden Wirkung wahrgenommen werden, bleiben sie eigentlich unwirksam für den christologischen

Glauben, erst recht, wenn sie als Sensation gesucht werden (4,48). In ihrem eigentlichen Sinn sind sie nur in einem christologischen Glauben zu fassen (3,11; 6,26; 11,4.40). ‚Zeichen‘ steht also isoliert vom typischen johanneischen Begriff ‚Zeugnis‘, das zu begründetem Glauben erweckt; wirklich Glaubenden ‚zeigen‘ Zeichen die Herrlichkeit des in der ‚sarx‘ oder Menschheit auf Erden wirksamen Logos in Jesus. „Wir haben seine Herrlichkeit geschaut" (1,14b), nämlich auch in Jesu Wunderzeichen. Für Schwache, nicht-christologisch Glaubende sind diese Zeichen nur äußerlich wahrnehmbare, wunderbare Dinge ohne weitere Bedeutung (siehe 12,37). Als ‚Zeichen‘, im Sinne des Johannes, sind die Machttaten Jesu ganz christologisch orientiert; als ‚Werke‘ dagegen sind sie *messianisch,* das heißt ein Zeugnis mit einer gewissen Rechts-gültigkeit, die über Glauben oder Unglauben entscheidet[84]. Die beiden sind im Johannesevangelium aber nie so haargenau zu unterscheiden.

Doch hat dieser formale Unterschied zur Folge, daß ‚Zeichen‘ und ‚Werke‘ einen unterschiedlichen Ausblick auf Jesus eröffnen. Zeichen bleiben auf das *irdische* Offenbarungsleben Jesu beschränkt, sie hören daher von 12,37 an auf (kurz noch ‚erwähnt‘ in 20,30). Die Zeichen umfassen also die irdische Offen-barungstätigkeit Jesu. Jesus verheißt seinen Jüngern jedoch, daß sie „noch grö-ßere Werke" vollbringen werden (14,12), aber von ‚Zeichen‘, verrichtet durch Jünger, ist im Johannesevangelium keine Rede. Zeichen sind Ausdruck der of-fenbarenden Tätigkeit Jesu als des inkarnierten Logos auf Erden. Sie sind alle *Vorzeichen* dessen, was an Ostern geschehen wird. Die *Werke,* als Motiv des Glaubens, stehen auf einer niedrigeren Ebene als die Worte Jesu (10,38; 14,11), mit denen seine Zeichen zu vergleichen sind: Diese sind sprechende, ausdrucks-volle Gottesoffenbarungen (6,35.48.51; 9,5; 11,25–26), unter der Vorausset-zung jedoch, daß Gläubige ihren Zeichencharakter verstehen und nicht nur beim Wundergeschehen stehenbleiben. Als Offenbarung entsprechen sie einer christologischen Glaubensantwort. Die Erscheinungen des auferstandenen Jesus sind, johanneisch, daher keine ‚Zeichen‘, zumindest nicht in dem Sinn von ‚Vorzeichen‘; sie liegen nicht auf der Ebene der Selbstoffenbarung Jesu an die *Welt,* es sind Christophanien gegenüber den eigenen Jüngern (14,22) und gehören, wie Tod und Auferstehung, zum Bereich der ‚Wahrheit‘ (s. u.).

In den Zeichen zeigt Jesus seine Herrlichkeit dem Glauben: daß er der inkar-nierte Logos ist (siehe 2,11, Kanawunder, 11,40, Lazaruserweckung: Hier wird Gottes Herrlichkeit sichtbar): „Diese Krankheit führt nicht zum Tod, sondern ist um der Herrlichkeit Gottes willen, damit der Sohn Gottes durch sie verherr-licht werde" (11,4). In der sarx Jesu wird, durch Wunderzeichen, seine doxa oder Herrlichkeit gläubig sichtbar; vor allem in symbolischen Zeichen oder Machterweisen – dem Brotwunder, der Heilung eines Blinden durch Jesus, das Licht, der Totenerweckung – tritt dieser Aspekt am stärksten zutage. Die Absicht des Johannes mit dem Bericht von den Zeichen Jesu ist, zu zeigen, daß diese auf die ‚Gegenwart‘ des eschatologischen Heils hinweisen, das in Jesus aufgrund seiner himmlischen Präexistenz gegenwärtig ist. Die Zeichen illustrieren, was der Prolog gesagt hat: Er ist *sarx* und doch *Logos*. Die ‚semeia‘ haben eine irdische, ‚sarkische‘ Gestalt, aber sie offenbaren eine christologische Tiefendimension.

b) Die ‚Werke‘ Jesu

Wenn Johannes die Machttaten Jesu ‚Werke‘ nennt, *zeugen* diese Werke von Jesus als dem von Gott Gesandten (5,36; 10,25.37–38; 14,11; 15,24); sie sind ein sicheres (10,38; 14,11), gleichsam zwingendes (15,24) Zeugnis dafür, daß der Vater Jesus gesandt hat (5,36; siehe 9,4) oder daß „der Vater in Jesus“ ist (10,38; 14,11). Jesus vollbringt seine Werke im Namen des Vaters: Er wirkt zusammen mit dem Vater (4,34; 5,17.19), oder sein Vater wirkt durch ihn (14,10). Die Werke des johanneischen Jesus stehen also im Kontext der geschichtlichen Sendung Jesu durch den Vater[85]. Gerade die ‚Werke‘ bewirken die Krisis zwischen Glaube und Unglaube; sie erwecken zum Glauben und stellen den Unglauben unter das Gericht (10,25–26; 15,24).

Die Werke Jesu kulminieren in ‚dem Werk‘, das er in seinem Kreuzestod vollbracht hat (17,4; 19,30): ein gehorsames und freies Ausführen der Werke, die der Vater ihm zu erfüllen aufgetragen hatte. In dem jüdischen, vor allem sapientialen Verständnis von Vater und Sohn tut der Sohn die Werke des Vaters, das heißt das Werk, das der Vater ihm zu vollbringen aufträgt, auch und vor allem wenn dies eine Sendung betrifft; er handelt im Namen des Vaters. Aus der Perspektive dessen, der sie sieht, sind die Werke Motive des Glaubens an die Sendung des Sohnes durch Gott. „Wenn ich die Werke meines Vaters nicht tue, braucht ihr mir nicht zu glauben, aber wenn ich sie doch tue, glaubt dann diesen *Werken*, wenn ihr *mir* nicht glauben wollt“ (10,38); „glaubt mir: ich bin im Vater, und der Vater ist in mir. Oder glaubt es wenigstens *um der Werke willen*“ (14,11). Eigentlich müßte man Jesus auf sein Wort hin („ich bin…“) glauben, aber wenn man dieses Glaubensvertrauen in die Person Jesu nicht aufbringen kann, gibt es doch noch die Werke, die Jesus vollbringt. Glauben, weil man ‚die Werke sieht‘, weist der johanneische Jesus nicht ab (20,19; 1,50), aber damit ist denn auch nie ein bloßer Wunderglaube gemeint (4,48; 6,26.36). Es bleibt entscheidend, daß man die Heilsbedeutung der Person Jesu erfaßt (8,14; 7,16–17). Die Werke, die Jesus tut, können dazu anregen, daß man glaubt, daß der Vater in Jesus ist, das heißt, daß Gott durch Jesus diese Werke vollbringt (3,33–34). Deshalb der Vorwurf: „Ihr habt gesehen und doch nicht geglaubt“ (6,36). Für die johanneischen Gemeinden, die den historischen Jesus nicht mehr gekannt haben, gilt ja: „nicht sehen und doch glauben“ (20,29). Johannes ist deshalb darauf bedacht, bei jeder Gelegenheit den Glauben aufgrund des Sehens zwar nicht zu verwerfen, aber doch für geringer zu halten als das „nicht sehen und doch glauben“. Das vierte Evangelium will zeigen, daß sich die Christen der zweiten oder dritten Generation nicht in einer weniger günstigen Position befinden als die ersten Jünger während des Lebens Jesu.

Jesus selbst hat schon auf die Bindung an seine Person hingewiesen; *das* heißt für Johannes *glauben,* und Jesus mißbilligte den Glauben, „weil man seine Werke sah", zwar nicht, aber er ließ ständig merken, daß dies nicht der wahre, vollendete christliche Glaube ist. Anderseits gibt Johannes doch zu verstehen, daß der Glaube des Lieblingsjüngers Jesu eigentlich *das Modell* der Glaubensgemeinde ist: Beim leeren Grab „sah er und glaubte" (20,8). Hier war aber eben nichts zu sehen: ein leeres Grab.

Die johanneischen Kirchen wurden mit dem Problem konfrontiert: Wie kann das geschichtliche Leben und Sterben Jesu Objekt des Glaubens für spätere Generationen werden? Auch im Johannesevangelium ist der historische Jesus offensichtlich die einzige Norm, aber spätere Generationen sehen ihn nicht und hören seine Stimme nicht unmittelbar. Für Johannes wird das geschichtlich Vergangene auf eine bestimmte Art, nämlich nicht ohne geschichtliche Vermittlungen, allgemein gültig. Deshalb legt er den Nachdruck auf vermittelnde zuverlässige Zeugen (19,35; 21,24; – 1 Joh 1,1–3), nicht so, daß spätere Generationen sich dabei auf die persönliche Überzeugung dieser Mittler stützen; denn irgendwie muß es letztlich ein objektives Zeugnis von Gott geben. Zur Zeit des Johannes wurde das Zeugnis Gottes deshalb zu einer zentralen Frage. Daher die Bedeutung des Zeugnisses, das zeigt, daß Jesus von Gott gesandt ist: Johannes der Täufer (1,8; 1,19–34; 5,33), die Werke, die Jesus tut (5,36; 10,25; 10,37–38; 14,11), die Lehre, die er verkündet (7,17), und seine Worte (10,38; 14,11; siehe 12,48), schließlich auch die Schrift (5,39). Als Glaubender ist Johannes sich bewußt, daß die Worte Jesu an und in sich selbst beweiskräftig sind (8,14); für Außenstehende dagegen verhält es sich ganz anders (siehe 5,31–32). Doch verwirft der johanneische Jesus das Zeugnis von *Menschen* über sich selbst (5,34), zumindest hat er kein Bedürfnis danach. Jesus selbst nimmt allein das Zeugnis seines Vaters an (5,37; 8,18), auch das kommende Zeugnis des „Geistes der Wahrheit" (14,17; 15,26; 16,13), des Parakleten (15,26), schließlich die Wahrhaftigkeit seines Selbstzeugnisses und seiner Selbstoffenbarung. Denn er ist präexistent und kann somit aus eigener Erfahrung-mit-Gott sprechen.

Der johanneische Glaubensbegriff stützt sich deshalb immer auf ein Zeugnis, und Johannes scheint dabei den jüdischen Gedanken eines rechtsgültigen Zeugnisses zu vertreten: Bei einem Zeugenverhör müssen *mindestens* zwei Zeugen in ihrem Zeugnis übereinstimmen (Joh 8,17; siehe Dtn 17,6; 19,15); dann ist das Zeugnis ‚wahrhaftig' (alethes), zuverlässig. Auffallend ist daher, daß im Ersten Johannesbrief die Rede von drei übereinstimmenden Zeugen ist: zunächst der Geist, dann Wasser und Blut (1 Joh 5,7–8). Johannes selbst spricht in 19,34 vom Fließen von Wasser und Blut aus der durchbohrten Seite Jesu am Kreuz. Christliche Taufe (Joh 3) und christliche Eucharistie (Joh 6,51b–58), als aufgenommen in „den Geist". Denn der Geist ist das Lebensprinzip, aus dem diese Initiationssakramente ihre Kraft schöpfen (3,6 und 6,63). Getragen vom heiligen Geist, bringen die kirchlichen Sakramente das geschichtliche

Zeugnis Jesu zu den späteren Gemeinden, die den irdischen Jesus nicht gekannt haben. Das Heilshandeln Gottes, das in der Sendung und schließlich im Tod des geschichtlich Mensch gewordenen Sohnes stattfand, setzt sich in der lebendigen Kirche fort, die durch Verkündigung und Sakramente den späteren Generationen das Leben zuführt, das Jesus in seiner irdischen Gegenwart in Vorzeichen dem mitteilte, der damals an ihn glaubte (siehe 19,34 mit 1 Joh 5,8). Das Zeugnis Gottes über Jesus während seines irdischen Lebens *bleibt* somit *in Kraft* („memartyreken", Perfekt, 1 Joh 5,9): Christen „haben" („echein" als typischer johanneischer Begriff im Sinn von „menein": bleibend haben) das Zeugnis Gottes: Sie haben es in Jesus empfangen und haben es noch lebendig gegenwärtig in den kirchlichen Sakramenten.

c) Glauben, sehen (oder hören) und erkennen

Wie können die ‚Zeichen' – eigentlich Vorzeichen – und die Werke des johanneischen Jesus Legitimationen sein, wenn sie selbst schon Glauben voraussetzen?

Johannes gebraucht verschiedene Wörter für ‚sehen': „idein", „theorein", „blepein". Sehen oder anschauen (theorein) kann ein leibliches Sehen bedeuten (9,8; 10,12; 20,6), ein geistiges Wahrnehmen (4,19; 12,19), ein gläubiges Sehen (14,17–19) und eine unmittelbare, himmlische Anschauung (17,24). So gibt es auch ein äußeres Hören (6,60; 9,27.40; 10,20; 12,29; 19,8) und ein inneres oder gläubiges Hören (5,24; 8,43.47; 18,37; vgl. 10,3.16.27). Oft spürt man im Johannesevangelium einen Übergang vom äußeren Sehen der Zeichen und Werke (2,23; 6,2; 7,3), offensichtlich zugänglich für das ‚blepein' (Sehen) eines jeden, zu einem gläubigen Sehen, das allein Glaubenden zugänglich ist (14,17.19; siehe 6,62)[86]. Daher kann Johannes statt von ‚Glauben' auch von ‚Anschauen' (theorein) sprechen (vgl. 6,40 mit 12,45). Glauben *ist* glauben, daß Jesus vom Vater gesandt ist (5,24a; 6,35b; 13,16; 17,8.21 mit 22.23). Johannes lehnt bloßen Wunderglauben ab (2,23). Aber die Zeichen und Werke Jesu lenken die Aufmerksamkeit auf die handelnde Person, sie können ein erstes Interesse für die Person Jesu selbst auslösen und die Menschen in eine ‚Krisis' bringen: sich für oder gegen Jesus zu entscheiden, der persönlich behauptet, daß er dies alles aus seiner Einheit mit dem Vater tue. Nach dem Bericht über die ersten Zeichen Jesu sagt Johannes: „So machte Jesus zu Kana in Galiläa einen Anfang mit den Zeichen und *offenbarte seine Herrlichkeit.* Und *seine Jünger glaubten* an ihn" (2,11). Von ‚Herrlichkeit' hatte Johannes im Prolog gesprochen: „*Wir* haben seine Herrlichkeit gesehen, eine solche Herrlichkeit, wie sie der Einziggeliebte vom Vater empfängt" (1,14), und später sagt der Evangelist, daß „diese Zeichen aufgezeichnet sind, damit ihr glauben sollt, daß Jesus der Christus ist, der Sohn Gottes, und damit ihr durch den Glauben Leben habt in seinem Namen" (20,31). In den Zeichen schauen *wir,* das heißt die johanneische Gemeinde, die Herrlichkeit des Vaters *in* Jesus. Zeichen offenbaren die Einheit Jesu mit dem Vater – eine Einheit, die der Inhalt alles dessen ist, was Jesus in Worten sagt: Über mehr Inhaltlichkeit hören wir wenig oder nichts[87]. Das Johannesevangelium vermittelt in der Tat den Eindruck, daß das, was Jesus sagt oder tut, ausschließlich den Inhalt hat, daß er eins ist mit dem Vater; dieses Glauben bedeutet für den Gläubigen ‚Leben‘, Heil (20,31): glauben, daß Jesus eins ist mit dem Vater, ist ein lebenspendender Glaube, der Heil bringt. Viel mehr sagt das Johannesevangelium nicht! Vielleicht liegt das ganze Geheimnis des Johannesevangeliums in der johanneischen Identifizierung des synoptischen ‚Reiches Gottes‘ mit ‚Jesus von Nazaret‘[88]. Wie für die Synoptiker der ganze Inhalt des Heils in dem Begriff ‚Reich Gottes‘ zusammengefaßt wird, so wird im Johannesevangelium das Heil in der Person Jesu zusammengefaßt: Reich Gottes *ist* Jesus als eins mit dem Vater, und darin Heil für uns. Aus dieser gläubigen Identifizierung muß man das Johannesevangelium lesen. Was bei den Synoptikern, in der Darstellung ihres Berichts, ein zögerndes Andeuten ist, das erst bei Tod und Auferstehung voll durchbricht, steht im Johannesevangelium im Vordergrund: Es ist schon das Bekenntnis des Prologs. Wenn Johannes der Täufer auftritt, wenn Jesus predigt und Wunder wirkt und stirbt, weiß der Leser schon, daß in Jesus der menschgewordene Sohn Gottes, das Wort, auftritt. Manche glauben, andere aber nicht.

Jene, die glauben, sehen die Herrlichkeit des Vaters *in* Jesus. „Philippus, ... wer mich sieht, sieht den Vater" (14,8–10), „glaubt mir, ich bin im Vater, und der Vater ist in mir. Oder glaubt es wenigstens um der Werke willen" (14,11). Eigentlich muß man Jesus auf sein Wort hin glauben (10,38; 14,11). Kann man das nicht, dann gibt es doch noch Jesu Werke, die in die gleiche Richtung weisen: Hier ist Gott wirksam gegenwärtig (10,38). Die Zeichen, die Jesus tut, können zu wahrem Glauben führen; sie sind eine Stütze für die anfängliche wohlwollende Offenheit (14,11; siehe 10,37.38). Was Jesus sagt, *ist* nach Johannes Offenbarung, denn Jesus spricht aus seinem Bewußtsein, eins zu sein mit dem Vater. Und die Werke Jesu sind ebenso eine Form göttlichen Zeugnisses über Jesus. Wo das Reich Gottes ist – und das ist Jesus –, sind die Zeichen und die Praxis des Reiches Gottes. Die Herrlichkeit Gottes, einst manifestiert in den großen Exoduswundern, ist jetzt lebendig gegenwärtig im johanneischen Jesus. Die Zeichen, die er tut, bedeuten diese Gegenwart, und sie sind zugleich eine Handreichung, eine Einführung bei Jesus als eins mit dem Vater. Glauben heißt diese Einheit anerkennen und daraus leben. Die Zeichen enthüllen und verschleiern. Sie enthüllen Gottes Herrlichkeit in Jesus (2,11; 11.4.40), aber für den Ungläubigen verhüllen sie diese Herrlichkeit (6,36; 9,39.41; 15,22–24). So kommt Johannes auf das *Sehen* von Gottes Herrlichkeit in Jesus zu sprechen. Zunächst liegt darin tatsächlich ein Wahrnehmen: Man sieht, was Jesus tut. Aber dieses Sehen ist bei dem Gläubigen verknüpft mit einem ‚Ziehen‘ des Vaters zum Glauben: „Niemand kann zu mir kommen, wenn der Vater, der mich gesandt hat, ihn nicht zieht" (6,44), „niemand kann zu mir kommen, wenn es ihm nicht durch den Vater gegeben ist" (6,65).

Dieses Ziehen des Vaters nennt Johannes aber meines Erachtens nie ein *inneres* Zeugnis (was viele Autoren behaupten) [89]. Joh 5, 37 sagt zwar: „Auch der Vater selbst, der mich gesandt hat, hat von mir Zeugnis abgelegt", aber dieses Zeugnis ist offensichtlich „in den Schriften" zu suchen (5, 39). Ist das Zeugnisgeben des Vaters (5, 37) in Zusammenhang zu bringen mit der „Belehrung durch den Vater" von 6, 45? Das *volle* Glauben sieht Johannes im Zusammenhang mit einem Neugeborensein von oben, aus dem *Geist,* der erst Ostern geschenkt wird (siehe unten). An Jesus als an einen von Gott in Zeichen legitimierten Lehrer glauben ist nur der Beginn des wahren Glaubens (2, 23–25; 6, 26–33); wahrhaft glauben heißt an das tiefste Wesen Jesu glauben: an seine Einheit mit dem Vater (3, 36 und 3, 18). Jesus *sehen* im Sinn von „idein" heißt erkennen, wer er persönlich ist, an seinen Namen glauben (1, 12–13). Von Gott belehrt werden (siehe Jes 54, 13) ist das Ziehen Gottes durch Belehrung (Joh 3, 31–36), das heißt aus Gott geboren sein (siehe 8, 47; 3, 5). Dieses ‚Ziehen' („helkein") kommt außer in 6, 45 nur noch in 12, 32 vor, wo die Rede von dem Gekreuzigten ist, der alle an sich zieht.

Der Glaube gründet sowohl auf dem Selbstzeugnis Jesu und seinen Werken (5, 36) als auch auf einer Belehrung durch den Vater (6, 45). So ist für Johannes der Glaube eine Gnade der Auserwählung (6, 39; 17, 2.6.12.24): „jene, die du (Vater) mir gegeben hast". Anderseits ist Unglaube eigene Schuld (5, 44): „Wäre ich nicht gekommen und hätte ich nicht zu ihnen gesprochen, so hätten sie keine Schuld. Jetzt aber haben sie für ihre Sünde keine Entschuldigung" (15, 22). Das Sehen, verbunden mit einem Ziehen durch den Vater, sieht in den irdischen Lebensereignissen Jesu das Geheimnis der Person Jesu. So spricht Johannes von „Gott sehen" und „seine Herrlichkeit sehen": In der menschlichen Wahrnehmung vollzieht sich die Erfahrung göttlichen Heils, in der Communio des Lebens und der Liebe Jesu und des Vaters. Das ‚johanneische Sehen' ist ein Verstehen des geschichtlichen Lebens Jesu in seiner Gegenwart als Herr in der Kirche. Wir brauchen in die unterschiedliche Terminologie des Johannesevangeliums – sehen, glauben, erkennen – nicht unsere modernen Unterscheidungen zu legen; für Johannes sind das verschiedene Bezeichnungen ein und desselben Glaubensakts. Trotz aller Manifestationen ‚in Zeichen' (2, 11; 11, 40) und der Selbstoffenbarung Jesu in Wort und ‚Werken' (14, 10; siehe 10, 38) ist der präexistente Jesus nur im Glauben faßbar. Es besteht jedoch ein Unterschied zwischen dem Glauben an Jesus vor und nach der Geistmitteilung an Ostern: Der heilige Geist führt die Gläubigen „zur vollen Wahrheit" (16, 13). Deshalb spricht Joh 17, in der (letzten) Abschiedsrede, mehr vom ‚Erkennen' als von Glauben: Die Stunde ist nahe, da ihr Glaube „zur vollen Wahrheit" gelangt. „Das ist das ewige Leben, daß sie dich *erkennen,* den einzig wahren Gott, und den, den du gesandt hast, Jesus Christus" (17, 2.7.8).

Der Erste Johannesbrief hat diesen Aspekt genauer dargestellt. „Es bestand von Anfang an – wir haben es gehört und mit eigenen Augen gesehen; wir haben es geschaut, und unsere Hände haben es berührt – davon sprechen wir, vom

Wort, das Leben ist" (1 Joh 1,1), „denn das Leben ist erschienen; das ewige Leben, das beim Vater war, hat sich uns offenbart, wir haben es gesehen. Was wir gesehen und gehört haben, das verkünden wir auch euch" (1 Joh 1,2–3). Wie im Prolog des Evangeliums wird hier der Kern des Glaubens der johanneischen Gemeinde wiedergegeben. Doch lebt sicher niemand mehr in der johanneischen Gemeinde, der den geschichtlichen Jesus noch gekannt hat. Wer sind dann diese „wir", die Zeugnis ablegen von der Wahrnehmbarkeit und Tastbarkeit des Ewig-Göttlichen im Menschen (sarx) Jesus? Der Erste Johannesbrief meint nicht alle Gläubigen, sondern ‚die Zeugen': Sie *zeugen* von dem, was sie *gesehen* haben (siehe Joh 1,34; 3,11; 3,32; 19,35; 1 Joh 1,2; 4,14). Johanneisch gründet Zeugen auf einem Gesehen- und Gehörthaben. Und was man sieht, ist Glaubensobjekt: „das Leben" (1 Joh 1,2), das Augenzeugen „erschien". Doch diese sind inzwischen verstorben. Die Kirchengemeinde geht auf den geschichtlichen Jesus zurück; dort liegt die Quelle. Der Erste Johannesbrief will deutlich die *Gemeinde* mit dem *geschichtlichen* Jesus, dem einzigen Mittler zwischen Gott und Mensch, verbinden (1 Joh 5,11–12; Joh 6,57; 14,6). Der Johanneismus will von keiner unmittelbaren Gottesmystik wissen, diese wird durch eine einmalige geschichtliche Menschengestalt vermittelt, die der göttliche Logos ist. Diese Einheit ist das eigentliche Glaubensobjekt. Daher kommt den ersten unmittelbaren Augenzeugen dieses Geschehens eine erste unmittelbare Aufgabe zu. Letzte Norm bleibt die Person Jesu von Nazaret. Wie kann aber dieses vergangene Geschehen zum Objekt des Glaubens späterer Generationen werden? Jesus selbst beruft sich im Johanneismus auf Zeugen für seinen Anspruch, eins zu sein mit Gott und von Gott gesandt zu sein; auf Johannes den Täufer (Joh 5,33), auf eigene Werke (Joh 5,36; 10,25; siehe 10,37–38; 14,11), auf die Heilige Schrift (Joh 5,39), auf seine Lehre (Joh 7,17) und seine Worte (Joh 10,38; 14,11). Für sich selbst lehnt Jesus das Zeugnis von Menschen ab (5,34). Das einzige Zeugnis, das zählt, ist das seines Vaters (5,37; 8,18) und das künftige Zeugnis des Parakleten, „des Geistes der Wahrheit" (15,26). Auch der Erste Johannesbrief legt den Nachdruck auf das Zeugnis Gottes (1 Joh 5). Noch gibt es Unterschiede zum Johannesevangelium. Im Blick auf Jesus als den in der Geschichte erschienenen Sohn Gottes spricht der Erste Johannesbrief nur von äußeren Zeugnissen der Verkündiger (1 Joh 1,2; 4,14), und in 1 Joh 5,9–10 bezieht sich das Zeugnis (im Perfekt) auf ein geschichtliches Ereignis. 1 Joh 5,10a.11 sagt: „Wer an den Sohn Gottes glaubt, trägt Gottes Zeugnis in seinem Herzen… Und das ist der Sinn des Zeugnisses: Gott hat uns ewiges Leben gegeben, und dieses Leben ist in seinem Sohn." Außerdem: „Es gibt drei Zeugen: den Geist, das Wasser und das Blut, und diese drei stimmen überein" (1 Joh 5,8). Das Zeugnis Gottes ist also offensichtlich von diesen drei verschieden. Es steht da: „memartyreken" (Perfekt), „Er hat Zeugnis abgelegt", mit dem Objekt: das Sohnsein Jesu (5,9–10), während das Zeugnis des Geistes in Taufe und Eucharistie in der Präsens-Form steht. Es geht deutlich nicht um ein ‚inneres Zeugnis' Gottes, sondern darum, ein äußeres Zeugnis im

Herzen zu bewahren[90]. Der Gläubige nimmt das Zeugnis Gottes in sich auf und trägt es in seinem Herzen, der Ungläubige tut dies nicht und hat daher nicht das Leben (5,10). In der *kirchlichen Verkündigung* erklingt das Zeugnis des Pneumas weiter (1 Joh 5,7–8) über das Leben und den Tod Jesu, und es ist fortan auch in den Sakramenten der Taufe („Wasser") und der Eucharistie („Blut") wirksam. Die Bedeutung von 1 Joh 5,9–12 ist also: Das von Gott einmal über seinen Sohn abgelegte Zeugnis haben die Gläubigen in sich aufgenommen, und es ist eine bleibende Wirklichkeit (menein!) in Glaube und Sakramenten. So erklärt der Johanneismus das Problem des „nicht sehen und doch glauben" der zweiten und dritten Generation von Christen. Es ist eine *pneumatische* Begegnung mit Jesus möglich, und diese steht in Kontinuität mit dem geschichtlichen Jesus dank dem Geist, der in der Kirche wirksam ist.

B. DIE SELBSTOFFENBARUNG JESU ‚IM WORT'

a) „Ich bin"-Aussagen

LITERATUR:

a) *„Ich bin"-Aussagen*
R. *Brown*, Gospel of John, a. a. O., I, 533–538; R. *Bultmann*, Evangelium des Johannes, a. a. O., 167 ff; D. *Daube*, The ‚I am' of Messianic Presence, in: New Testament and Rabbinic Judaism (London 1956); C. H. *Dodd*, Interpretation, a. a. O., 93–96; A. *Feuillet*, Etudes johanniques (Paris ²1966) 72–83; *ders.*, Les Ego Eimi christologiques du quatrième Evangile: RSR 54 (1966) 5–22 und 213–240; Ph. H. *Harner*, The „I am" of the Fourth Gospel (Philadelphia 1970); R. *Kysar*, The Fourth Evangelist, a. a. O., 119–127; G. *MacRae*, The Ego-Proclamation in Gnostic Sources, in: The Trial of Jesus (ed. E. Bammel) (London 1970) 123–139; I. *de la Potterie*, Je suis la Voie, la Vérité et la Vie (Jn 14,6): NRTh 88 (1966) 917–926; R. *Schnackenburg*, Johannesevangelium, a. a. O., II, 59–70; H. *Zimmermann*, Das absolute Ego eimi als die neutestamentliche Offenbarungsformel: BZ 4 (1960) 54–69, 266–276.

b) *Ich bin das Brot des Lebens, das lebendige Wasser, usw.*
J. *Blank*, ‚Die johanneische Brotrede' und ‚Ich bin das Lebensbrot': BuL 7 (1966) 193–207 und 255–270; P. *Borgen*, Bread from Heaven (Leiden 1965); *ders.*, Observations on the Midrashic Character of John 6: ZNW 54 (1963) 232–240; R. *Borig*, Der Wahre Weinstock (München 1967); G. *Bornkamm*, Vorjohanneische Tradition oder nachjohanneische Bearbeitung in der eucharistischen Rede Johannes 6?, in: Geschichte und Glaube (München 1971) Bd. 2, 51–64; J. D. *Derrett*, The Good Shepherd: St. John's Use of Jewish Halahah and Haggadah: ThS 27 (1973) 25–50; K. M. *Fischer*, Der johanneische Christus und der gnostische Erlöser, in Gnosis und Neues Testament, in: Studien aus Religionswissenschaft und Theologie (hrsg., K. W. Tröger) (Berlin 1973) 245–267; O. *Kiefer*, Die Hirtenrede (Stuttgart 1967); Th. *Preiss*, Etude sur le ch. 6 de l'Evangile de Jean: ETR 46 (1971) 144–156; G. *Richter*, Zur Formgeschichte und literarischen Einheit von Joh 6,31–58: ZNW 60 (1969) 21–55; R. *Schnackenburg*, Zur Rede vom Brot aus dem Himmel: eine Beobachtung zu Joh 6,52: BZ 12 (1968) 248–252; A. J. *Simonis*, Die Hirtenrede im Johannesevangelium (Rom 1967); J. *Whittaker*, A Hellenistic Context for Joh. 10,29: Vigiliae Christianae 24 (1970) 241–260.

Als präexistenter Sohn in Menschheit legt der johanneische Jesus „Zeugnis ab von dem, was er gesehen und gehört hat" (3,22). Wichtig dafür sind die „Ego eimi"-Aussagen: „Ich bin...". Die sieben Ich-Aussagen lassen sich in drei Kategorien unterteilen: – a) absolut gebraucht, ohne Prädikat: „Wenn ihr nicht glaubt, *daß ich es bin,* werdet ihr in euren Sünden sterben" (8,24), „wenn ihr den Menschensohn erhöht haben werdet, dann werdet ihr einsehen, daß *ich es bin*" (8,28), „bevor Abraham war, bin ich" (8,58), „damit ihr glaubt, daß ich es bin" (13,19); – b) mit einem indirekten Prädikat: „Wen sucht ihr? – Jesus, den Nazarener. Jesus sprach zu ihnen: Das bin ich" (18,5.6.8); so auch 6,20, nach dem Kontext „Ich bin (es), fürchtet euch nicht". Wenn man auf die grammatikalisch absolute Form achtet, klingt hier die hochheilig-himmlische Seinsweise des „Ich bin" der ersten Kategorie durch. Dazu können auch mehr verflachte Ich-Aussagen gerechnet werden (wie 4,26; 8,18; 8,23; 7,34.36; 12,26; 14,3; 17,24); – c) schließlich, mit einem (allegorischen) direkten Prädikat: „Ich bin das Lebensbrot – lebendiges Wasser – der wahre Weinstock – die Tür und der gute Hirt – die Auferstehung und das Leben – der Weg, die Wahrheit und das Leben (6,35.51; 8,12; 9,15; 10,7.9.11.14; 11,25; 15,1.5; 14,6).

Im Alten Testament sind absolute „Ich-bin"-Aussagen selten. Als direkte Quelle des Johannes kommen vor allem griechische Stellen aus Deuterojesaja in Betracht, vor allem Jes 47,8.10: „Jahwe sagt: ʾani hu (Ich bin; in der Septuaginta: „ego eimi"), aber außerdem auch Gen 28,13.15; Ex 3,14 und Ez 20,5 usw.[91]. In diesen Aussagen wird der jahwistische Monotheismus stark bejaht: So gibt es nur einen (Jes 45,5.6.18.21). Eigentlich ist es eine Namensandeutung für Jahwe. Der johanneische Jesus will damit sowohl den Monotheismus – den einen Vater – betonen als auch seinen einzigen endgültig Gesandten, Jesus. Dieses „Ich bin" Jesu wird von ihm schließlich zum Inhalt des christlichen Glaubens (8,24; 13,19) und der christlichen Glaubenserkenntnis (8,28) gemacht.

Anderseits ist der Ausdruck: „ʾani wehu" „ich bin derjenige, der..." vor allem in der Liturgie lebendig, ausgerechnet auch in der Liturgie des Laubhüttenfestes, wo er den Gottesnamen ersetzt[92]; verschiedene „Ich-Aussagen" Jesu stehen im liturgischen Rahmen dieses Festes (siehe unten). Außerdem gibt es Parallelen zur Weisheitsliteratur, in denen die Weisheit sich selbst präsentiert als „ich bin..." (Sir 24; Spr 5,5–6; 6,23; Tob 1,3; Ps 118; siehe Gen 24,48), und auch in späteren frühjüdischen Texten (4 Esr 5,1; 1 QS 4,16–30)[93]. „Ich bin" ist daher unverkennbar eine alttestamentliche Offenbarungsformel.

Doch diskutieren Exegeten noch immer über die Frage, ob die alttestamentliche und jüdische Literatur den bemerkenswerten johanneischen Gebrauch von ‚Ich bin' ganz erklären kann. Die Verwandtschaft dieses Gebrauchs mit der wohl nicht mandäischen, sondern vormandäischen Literatur, vor allem mit koptischen gnostischen Texten, scheint nach Ansicht mancher Wissenschaftler sehr frappant zu sein[94]. Ein synkretistisches, orientalisch-hellenistisches

Judentum scheint sich meines Erachtens im Johanneismus kaum leugnen zu lassen[95]. Aber früher wurde gesagt, daß man in den letzten Jahren immer mehr (aufgrund von Texten) zu der Einsicht kommt, daß bestimmte griechisch-jüdische Ideen sowohl den johanneischen Begriffen als auch *späteren* gnostischen Begriffen zugrunde liegen, und nicht umgekehrt. Außerdem kann man sich fragen, welchen Nutzen es hat, von vorgnostischen Elementen zu sprechen, wenn gerade alle Kernaussagen ausgesprochen nicht-gnostisch sind! Bei Johannes gibt der Erlöser Jesus selbst sein Leben für die Gläubigen (10,11.17); es geht um einen wirklichen geschichtlichen Menschen, der Gottes Wort ist; Erlöser und Erlöste bleiben in ihrer innigen Verbundenheit doch unterschieden (10,14); nirgends wird die Aufnahme der Erlösten in den Himmel als eine *Heimkehr* dargestellt; im Gegenteil, Jesus muß für die Gläubigen Plätze bereiten, sie gehören ‚als Menschen' nicht wesensmäßig in das himmlische, pneumatische Reich (14,1–4); schließlich wird die Himmelfahrt Jesu nirgends visualisiert[96]. Johannes verwendet Begriffe aus dem nicht-offiziellen, sogenannt ‚heterodoxen' synkretistischen Judentum, aus den letzten Jahrzehnten des 1. Jahrhunderts nach Christus, aus dem die *spätere* Gnosis entsteht.

Die ‚Ich-bin'-Aussagen mit allegorischen Prädikaten stellt Johannes in den Rahmen der für die jüdische Identität wichtigen liturgischen Feste, in denen die alttestamentlichen Ich-Aussagen besonders lebendig wurden (allerdings sind diese Feste nicht das literarisch strukturierende Prinzip). Nach der Erklärung seines Plans durch den Autor: „wurde das Gesetz durch Mose gegeben, die Gnade und Wahrheit kamen durch Jesus Christus" (1,17), wird das, was von Mose und dem Gesetz im Alten Testament gesagt ist, vom johanneischen Jesus in gesteigerter Form auf sich selbst bezogen. Zwar kann man in der jetzigen Redaktion des Johannesevangeliums den Rahmen der jüdischen Festtage, in dem Johannes sein Evangelium von Kap. 5–10 aufbaut, nicht streng aufrechterhalten, doch ist es mehreren Exegeten aufgefallen, daß die „Ich-bin-dies-oder-das"-Aussagen Jesu *an jüdischen Festen* erfolgen („Feste der Juden"; 2,6.13; 4,9; 5,1; 6,4; 7,2; 11,55; 18,20; 19,40.42; wie sehr Johannes auch an dem heilsgeschichtlichen Zusammenhang mit Israel festhält: 4,22; siehe: 1,31.49; 3,16; 12,13)[97].

Um den jüdischen Sabbat und die christliche Reaktion darauf (obwohl hier keine ‚Ich-Aussage' fällt) geht es in 5,1–47; um das Osterfest in 6,1–71; um das jüdische Laubhüttenfest in 7,1–8,59 und um dessen Nachfeier in 9,1–10,21; schließlich das Chanukkafest (Tempelweihe): An diesen Festtagen präsentiert Jesus seine einzigartige und überragende Eigenheit gegenüber der Heilsthematik dieser Feste. Es fällt außerdem auf, daß bei diesen ‚Ich-bin'-Aussagen, die Glauben und Unglauben bewirken, der johanneische Jesus in Jerusalem auftritt. In Jerusalem wird in der Sicht des Johannes der Kampf um Glauben und Unglauben entschieden. Hier fällt die letzte Entscheidung (7,25–26.32.45–52). ‚Jerusalem' ist für Johannes das Symbol des Nichtglaubens an Jesus, der ‚Welt‘, die Jesus, das Licht, das in der Welt erschienen ist, nicht angenommen hat (1, 10; 15, 18–25).

Vor der Analyse der sieben ‚Ich-bin‘-Aussagen erfolgt die Diskussion um den Sabbat (5, 1–47). Diese kennzeichnet schon im voraus die Atmosphäre, in der Jesus das ‚Ich bin‘ aussprechen wird.

Am Sabbat (5, 9 b) ist der johanneische Jesus tätig, zum Heil von Hilflosen, die mehr Opfer als Nutznießer dieses Ruhetages wurden. Am Schafstor in Jerusalem, in einer Badeanstalt, heilt Jesus am Sabbat einen Lahmen (5, 1–9) (die Badeanlage in Betesda bei Jerusalem ist durch moderne archäologische Funde bestätigt worden). Der genau 38 Jahre alte Kranke steht vielleicht symbolisch für das 38jährige Unterwegssein des jüdischen Volkes in der Wüste (Dtn 2, 14). Jesus bringt ihm Heilung. Das gibt Anlaß zu einem Streitgespräch (5, 10–47). Jesus antwortet: Wie mein Vater bis auf den heutigen Tag ständig am Werk ist, „höre auch ich nicht auf zu wirken“ (5, 17). Alle Tage ist Gott liebevoll wirksam; so auch Jesus. Weil sich Jesus hier als Sohn des Vaters präsentiert, sagen die Juden: „Er macht sich selbst Gott gleich“ (5, 18 c). Jesus reagiert darauf, indem er sagt, daß er aus dem heraus handelt, was er beim Vater erfahren hat (5, 19). „Wer auf mein Wort hört und an den glaubt, der mich gesandt hat, hat ewiges Leben und ist keinem Gericht unterworfen; denn er ist schon aus dem Tod in das Leben übergegangen“ (5, 25), „wie der Vater Leben in sich selbst hat, so gab er auch dem Sohn, Leben in sich selbst zu haben“ (5, 26). Johannes gibt einen Kommentar von dem ‚Leben‘ aus, das Jesus am Sabbat dem Lahmen schenkt, zu dem, was der Prolog gesagt hatte: „Das Wort ist Fleisch geworden ... Wir haben seine Herrlichkeit geschaut“ (1, 14), nämlich in den Wunderzeichen Jesu, eine Herrlichkeit, die der Einzigartige empfängt „vom Vater“ (1, 14 c), er ist „voll der Gnade und Wahrheit“ (1, 14 d). Die Einheit des Vaters und des Sohnes ist für diesen eine Gabe: *In sich selbst* (also in Fülle) besitzt Jesus, wie der Vater, die Fülle des Lebens, aber für Jesus ist dies eine Gabe und eine Sendung durch den Vater. Vater und Sohn, obwohl eins, stehen trotzdem als zwei Personen einander gegenüber. Jesus „kann nichts aus sich selbst; ich urteile *nach dem, was ich höre ...*, weil ich nicht meinen eigenen Willen suche, sondern den Willen dessen, der mich gesandt hat“ (5, 30). Das Zeugnis, das der Täufer von Jesus abgelegt hat (1, 15 und 1, 19–51), ist wertvoll (5, 33–35), aber wer Jesus ist, geht deutlicher noch aus seinen Werken (5, 36) und aus dem Zeugnis des Vaters selbst hervor (5, 37). Diese Perikope kennzeichnet schon die Atmosphäre der sieben folgenden ‚Ich bin‘-Aussagen.

1. Joh 6. – Nahe bei dem Fest (6, 4), das an anderer Stelle „das Pascha der Juden“ genannt wird (2, 13), nennt der johanneische Jesus sich das „Brot, das vom Himmel kommt“ (Joh 6). Zum Gedenken des Exodus am Paschafest gehört die Erinnerung an das Manna, ‚Brot vom Himmel‘, das den Israeliten zum Lebensunterhalt diente, trotz des Murrens des Volkes (Ex 16, 7.8.9; Joh 6, 41.43.61). In der jüdischen Tradition gab es manche Midrasch-Geschichten über das Manna, zum Gebrauch für die Predigten in der Synagoge. Das Pascha-

mahl der Juden wurde zudem auch in Zusammenhang gebracht mit dem Thema des messianischen Festmahls (Jes 25,6; 26,19 usw.) und mit sapientialen Themen: Die, welche die Weisheit „essen, behalten noch Hunger nach mir, und die mich trinken, wünschen stets mehr" (Sir 24,20). Im Rabbinentum wird das Manna außerdem in Verbindung gebracht mit der Nahrung der Tora[98]. Vor diesem Hintergrund nennt Jesus sich selbst das himmlische Brot; das wird *sichtbar* in der wunderbaren Speisung (6,1–15). Zuerst wird das Zeichen gesetzt, dann legt Jesus es aus (6,22–71), weil die Juden im Zeichen nicht die Bedeutung der Person Jesu erkennen (6,26–27): „den, den Gott gesandt hat" (6,29). Daher sagt Jesus: „Das wahre Brot vom Himmel wird euch von meinem Vater gegeben, denn das Brot Gottes steigt vom Himmel herab und gibt der Welt das Leben" (6,33). Die Person Jesu selbst, vom Himmel herabgestiegen, ist Heil für alle Menschen – Heil, ausgedrückt in dem Symbol des lebenspendenden Mannas oder Brotes, dessen an diesen Festtagen von den Juden gedacht wurde. Wiederum: Jesus ist der neue, aber größere Mose (siehe 1,17). Er gibt das wahre Brot (6,33). Jesus sagt ganz offen: „Ich bin das Brot des Lebens" (6,34.48). Auf Umwegen hat Jesus die Juden geduldig auf diese Selbstoffenbarung vorbereitet. Im Gegensatz zu den Synoptikern appelliert der johanneische Jesus unmittelbar an den Glauben *an seine Person* als den einzigen Heilsweg zum Leben (6,35; 6,36–40). Wie beim mosaischen Exodus ‚murrt das Volk' (6,42). Sie murren gegen diesen Präexistenzgedanken. Jesus legt dann aus, daß ‚zu Jesus kommen' – das heißt an ihn glauben – eine Gnade oder ein ‚Ziehen' des Vaters voraussetzt (6,44; 6,65). Da nimmt er seine Selbstoffenbarung wieder auf: „Ich bin das Lebensbrot" (6,48), um zu zeigen, daß der Lebensunterhalt, den dieses Brot gibt, *ewiges Leben* ist (6,48.51a). Dann erst schlägt der Gedanke implizit um auf die Eucharistie: „Das Brot, das ich geben werde, ist mein Fleisch für das Leben der Welt" (6,51b–58), „wenn ihr das Fleisch des Menschensohns nicht eßt und sein Blut nicht trinkt, habt ihr das Leben nicht in euch" (6,53–56). Wiederum schieben sich die geschichtliche Ebene des Lebens Jesu und die aktualisierende Ebene der johanneischen Gemeinde ineinander (Joh 6,51b–58 brauchen deshalb nicht von einer späteren Hand zu stammen). Brot und Paschalamm, Symbole des jüdischen Paschafestes werden in diesem Teil von Jesus aus deutlich eucharistisch interpretiert. Dies alles „sprach Jesus bei seinem Unterricht in der Synagoge von Kafarnaum" (6,59), als das Osterfest nahe war (6,4). Typisch johanneisch ist, daß das, was bei den Synoptikern als drei Versuchungen Jesu in einem dramatischen Geschehen mit dem Satan erzählt wird, bei Johannes als *verstreute Ereignisse,* undramatisch, dargestellt wird (6,15; 6,31; 7,3).

    2. Joh 7,1 – 8,59. – Diese Perikope steht im Rahmen des jüdischen Laubhüttenfests: Jesu Hinaufstieg zum Fest (7,1–13), Jesus inmitten des Laubhüttenfestes (7,14.25–36), Jesus am letzten Tag des Festes (7,32–52). Das Laubhüttenfest fand sechs Monate nach Ostern statt. Ursprünglich war es ein Erntefest im Herbst: „Sukkôt", Laubhüttenfest, weil es im Freien gefeiert wurde in den

Weingärten, wo Hütten aufgestellt worden waren. Später wurde dieses Fest historisiert; es wurde ein Gedenken an den Aufenthalt in Zelten in der Wüste, vor allem an das mosaische Bundeszelt, in dem die Bundeslade ruhte: Gottes Gegenwart unter seinem Volk. Zur Zeit Jesu war das Fest (das sieben Tage dauerte, sogar noch mit ein oder zwei Tagen Nachfeier) durch eine großartige Zeremonie von *Licht* und *Wasser* gekennzeichnet. Bei der ersten nächtlichen Feier ging es um ein Fest des Lichts, zum Gedächtnis an die Feuersäule, die den Israeliten zur Zeit des Mose voranging (Ex 13,21; siehe Sach 14,8; in Weish 18,3–4 ist die Feuersäule identifiziert mit der Tora, „Licht der Welt"). Während der Nacht wurden vier goldene Leuchter im Tempel angezündet, „im Saal der Frauen" (siehe Joh 8,20); ganz Jerusalem strahlte dann das Licht wider, das in den Badeanstalten brannte. Denn auch das Wasser spielte bei diesem Fest eine große Rolle (ursprünglich: Gebet um einen fruchtbringenden Regen). Nach der Mischna war das Fest „die Freude des Wasserschöpfens" (Sukka 5,1). Beim Licht wurden von achtbaren Männern rituelle Tänze ausgeführt. Sobald am Morgen die Hähne krähten, zog man in feierlicher Prozession zur Quelle von Siloe. Mit einer goldenen Kanne wurde dort Wasser geschöpft, und in Prozession ging der Zug durch das Wassertor zurück zum Tempel. Der Hohepriester hob die goldene Wasserkanne eine Zeitlang hoch und goß dann das Wasser in eine große Schale, aus der es über verschiedene Kanäle bis tief in den Boden abfloß (tehôm). Schließlich, weil bei diesem Laubhüttenfest die zyklische Vorlesung der Tora abgeschlossen wurde und mit dem Genesisbericht neu begann, fanden auch verschiedene Aufzüge mit den Tora-Rollen statt: Die Weisheit ist die Tora (Sir 24,23–29), und Weisheit oder Tora war „lebendiges Wasser". Mit anderen Worten: *Licht, Wasser, Lehre* oder *Weisheit* (das Gesetz) waren die drei Schlüsselbegriffe dieses Festes, das zur Zeit Jesu außerdem mit einer intensiven messianischen Erwartung verbunden war.

„Als eines der jüdischen Feste, das Laubhüttenfest, nahe war..." (Joh 7,2), sagten ‚die Brüder' zu Jesus: „Da du nun einmal solche Dinge tust, mußt du dich auch der Welt zeigen" (7,4b) – ein Verlangen nationalen, sensationellen Messianismus'. ‚Diese Brüder' haben Jesus noch nicht begriffen (7,5; siehe 6,26). Die Antwort ist deutlich: Jesus lehnt es ab (7,8): „denn für mich ist die Zeit noch nicht reif" (7,8). Später geht Jesus doch, „nicht öffentlich, sondern unauffällig" (7,10), zum Fest des Lichtes und des Wassers und der göttlichen Tora-Weisheit nach Jerusalem; aber nicht in dem Sinn, in dem seine Brüder dieses Hinaufgehen zum Fest verstanden. Jesus will keine ‚Epiphanie', er geht ‚inkognito'. In Jerusalem schwirrt es von ‚Gerüchten' über ihn (7,11–13).

In Joh 7 und 8 werden die drei Schlüsselbegriffe herausgestellt: Jesus der Lehrer; Jesus das Lebenswasser; Jesus das Licht der Welt.

Jesus, der ohne Wissen der Brüder heimlich nach Jerusalem geht, wird *lehrend* im Tempel angetroffen (7,14). Die Jünger gingen jedoch zum Fest der Tora-Weisheit, des Wassers und des Lichtes. Jesus nicht – wenn er auch in Jerusalem angetroffen wird: *Er* ist die Weisheit, das Lebenswasser und das Licht. Er ist die Weisheit, der Lehrer. Das Gesetz wurde im frühen Judentum schon als die präexistente Weisheit interpretiert, die in Israel Wohnung nahm, vor allem auf dem Berg Sion. Im Prolog des Johannesevangeliums ist diese präexistente Weisheit der Logos, der Mensch wurde: Jesus von Nazaret. Die Lehre Jesu ist die präexistente, göttliche Weisheit des Vaters. Auf das Unverständnis der Juden reagiert der johanneische Jesus, gleichsam den Johannes-Prolog kommentierend (7,16–24): „Meine Lehre ist nicht von mir, sondern von dem, der mich gesandt hat" (7,16): Er ist der inkarnierte Logos; das wird jetzt auf sein Lehren und seine Lehren angewandt. Was er lehrt, ist Lehre des Vaters. Jesus ist die neue Tora. Aber der Bericht läßt immer wieder erkennen, daß man die Präexistenz Jesu und sein Gesandtsein durch den Vater nicht versteht (7,25–36). Jesus spricht daher schon von „seinem Weggang" (7,31–36). Die Juden glauben, er werde in die Diaspora gehen, außerhalb des jüdischen Volkes, zu den Heiden, „den Griechen" (7,35–36). Das heißt, die Juden diskutieren über das Interesse Jesu an einer Sendung, die Israels Grenzen überschreitet. Hier haben *christliche Juden* aus der johanneischen Gemeinde das Wort. In 8,21–22 geht dieses Unverständnis so weit, daß Jesus mit ,seinem Weggehen' einen Selbstmord vorhaben soll. Johannes denkt hier an seine Gemeinde, die aus Christen aus dem Judentum und dem Heidentum bestand (siehe 11,51 und 12,20ff).

Am letzten Tag des Festes (7,37) findet die große Wasserzeremonie statt. Jesus sagt, er selbst sei „Quelle lebendigen Wassers" (7,37–52). Das Wasser, das Jesus gibt, ist das Pneuma (7,39, aber erst als Erhöhter schenkt Jesus diesen Geist). Lebendiges oder fließendes Wasser, Quellwasser – vor allem in kleinasiatischen Täuferkreisen bedeutsam – war schon längst ein Symbol für Gottes Heil (Jer 2,13; 17,13; Jes 12,3; 43,20; 44,3); auch Mose schlug Wasser aus dem Felsen (Ex 17,6), und es gibt die eschatologische Tempelquelle (Ps 78,16; Ez 47,1–12; Sach 13,1; 14,8; siehe Offb 22,1.10), schließlich ist dieses Motiv weiter ausgeführt in der Weisheitsliteratur, in der (noch ausdrücklicher als in Jes 44,3 und Ex 36,25) Wasser und Pneuma zusammenhängen (Sir 15,3; 24,30ff; Bar 3,12; siehe Weish 7,25; Hld 4,15). Für das Rabbinentum sind die Tora und auch das Pneuma ,Lebenswasser'[99]. Jesus sagt: Ich bin das Lebenswasser. Zwar ist dies im Sprechen des irdischen Jesus nur eine Verheißung; erst nach seiner Verherrlichung gibt er den heiligen Geist (siehe 17,1–2; 20,22), obwohl Jesus jetzt schon der Träger des Geistes ist (Sir 1,32–33): für die anderen „gibt es noch keinen Geist" (7,39b). Erst nach der Verherrlichung Jesu werden die Christen „Wasser schöpfen aus den Quellen des Heils" (Jes 12,3; Joh 7,37). Aber, schon wieder, man glaubt Jesus nicht (7,40–52).

Unmittelbar darauf (8,1–11) greift Jesus das dritte Motiv des Laubhüttenfestes auf: „*Ich* bin das Licht der Welt. Wer mir folgt, irrt nicht umher in der Finsternis, sondern wird das Licht des Lebens besitzen" (8,12; 9,15). Jesus kommt aus der himmlischen Lichtwelt in die irdische Finsternis (8,13–20):

„Solange ich in der Welt bin, bin ich das Licht der Welt" (9,5). Aber: „die Finsternis hat ihn nicht empfangen" (1,5; 8,19).

In den Bildern von Lehre, Lebenswasser und Licht verkündet der johanneische Jesus sich selbst als der präexistente, menschgewordene Erlöser oder Heilbringer der Welt; er läßt die Heilsbedeutung des Gesetzes als Lebenswasser und Licht der Welt hinter sich. Jesus geht nicht *zum Laubhüttenfest,* sondern nach Jerusalem, um sich selbst als das einzig wahre Laubhüttenfest zu verkünden: die Weisheit des Vaters, Lebenswasser und Licht für die Welt. Heil in Jesus von Gott her – etwas monoton; etwas anderes weiß das Johannesevangelium nicht zu sagen. Jesus ist ‚Ich bin': So sprach auch Jahwe von sich selbst. Allein in Jesus ist Heil, denn allein Gott ist Heil für Menschen; und von diesem ‚Ich bin'-Gott ist Jesus gesandt. Als Gesendeter identifiziert er sich mit dem, der ihn gesandt hat. Er vollbringt dessen Willen, bringt dessen Lehre und sagt nichts aus sich selbst, was er nicht vom Vater gehört hätte. Sich selbst offenbarend, offenbart er daher den Vater: Gott selbst.

3 Joh 9,1 – 10,21. – Wir befinden uns in den Tagen der Nachfeier eines Laubhüttenfestes. Daß Jesus ‚Licht' ist, wird jetzt sichtbar in der Heilung eines Blindgeborenen gezeigt (9,1–41, auch an einem Sabbat). ‚Sehend' glauben die Juden nicht (9,41). Seine Sendung zum Heil der Menschen wird von Jesus daher ausgelegt: „Ich bin die Tür der Schafe" (10,7), das heißt der Zugang zum himmlischen Vater (10,1–21). Wie ein Hirt geht Jesus der Herde voraus nach Hause (10,4). „Ich bin der gute Hirt" (10,11), ein Hirt, der sein Leben hingibt für seine Schafe (10,10b). Im frühen Judentum war Mose Hirt und Führer Israels; und Israel ist die Herde, wie auch der leidende Prophet ‚ein Lamm' genannt wird (im Sinn von Jes 53). „Mose sprach zu Jahwe: Jahwe, der Gott des Lebensodems in allem Fleisch, wolle einen Mann über die Gemeinde setzen, der vor ihnen her ins Feld und wieder heimziehe, der sie *ins Feld* und *wieder heimführe,* daß die Gemeinde Jahwes nicht sei wie *eine Herde ohne Hirt*" (Num 27,16–17); so wurde Josua Nachfolger des Mose. In Ez 34 ist Jahwe der Hirt Israels (Ez 34,12). Auch hier: Jesus ist der neue, größere Führer und Hirt Israels: Er gibt sein Leben für die Seinen hin.

4. Joh 10,1–6 und 10,22–29. – Der Zusammenhang, in dem Jesus hier zu einer Selbstoffenbarung kommt – „es war Winter" (10,22b) – ist das sogenannte „Kislewfest", das Dezemberfest der „Chanukka", im Griechischen „enkainia" oder ‚Erneuerung' (Tempelweihfest; ‚dedicatio'), drei Monate nach dem Laubhüttenfest (siehe 2 Makk 1,9). Dieses Fest ist, 2 Makk zufolge, nicht nur eine Feier der Reinigung des Tempels unter Judas dem Makkabäer, sondern auch eine Feier des wunderbaren Anzündens des Feuers auf dem Brandopferaltar unter Nehemia. Josephus nennt dieses Fest „phota", die Lichter: das Fest der Erleuchtung[100]. Die Verbindung des Tempelweihfestes mit dem Laubhüttenfest bestand schon seit langem in Israel. Nach 1 Kön 8,2; 2 Kön 5,8–10 wählte Salomo für die Einweihung des neuen Tempels das Laubhüttenfest; denn auch das Heiligtum von Betel wurde an diesem Fest eingeweiht (1 Kön 12,32).

Nach Esr 3, 1–4 wurde zum Laubhüttenfest der Altar des zerstörten Tempels wieder aufgebaut. So wurde mit diesem Fest auf die Dauer auch des Opferfeuers mit gedacht, der jüdischen Gotteslampe, die als Zeichen des Wohnens Jahwes inmitten der Seinen ewig im Allerheiligsten brannte – ein Feuer, das nach der Legende von *himmlischer Herkunft* war (das heißt Entzündung eines heiligen und ganz neuen Feuers allein durch die Kraft der Sonne am Himmel). Dieses Fest wurde daher „in der Weise" des Laubhüttenfestes gefeiert, als Gedenken an die makkabäischen Siege, das Fest der Reinigung des Tempels, nachdem 167–164 v. Chr. die Syrer den Tempel entweiht hatten; es wurde schließlich auch das Fest des Wohnens Gottes unter den Menschen, gefeiert am 25. Dezember (1 Makk 4, 41–61), an dem Tag, an dem die Christen später die Geburt Jesu feiern werden[101]. Beim Fest des heiligen Feuers beteten die Priester das Gebet: „Herr, Herr Gott, Schöpfer aller Dinge, du, der du ehrfurchtgebietend, stark, gerecht und barmherzig bist, du, der du allein König bist und gut, der du allein freigebig bist, ... du, der Israel aus aller Not rettet, du, der du unsere Vorväter *auserwählt* und *geheiligt* hast, nimm dieses Opfer an für dein ganzes Volk Israel; behüte *dein Heiligtum* und *heilige es.* Bringe uns aus der Zerstreuung wieder zusammen, gib denen die Freiheit wieder, die in Knechtschaft unter den Völkern leben... Pflanze dein Volk auf heiligem Boden, wie Mose es gesagt hat" (2 Makk 1, 24–29)[102].

Johannes wendet es nicht unmittelbar auf Jesus an. Zuerst wird eine andere Ich-Aussage eingeflochten. Jesus ist der Hirt. Darüber zu sprechen lag nahe, weil schon in 10, 19–21 die Rede war von einem ‚Schisma' anläßlich der Worte Jesu. In einer Schafthürde werden abends die Herden verschiedener Besitzer zusammengetrieben. Des Morgens kommt jeder Hirt „und ruft *seine* Schafe". Diese kennen die Stimme und kommen durch die Öffnung nacheinander nach draußen. Dann zieht der Hirt an der Spitze der Herde in Weidegebiete. Johannes zeigt die Verbundenheit von Hirt und Schafen (10, 3 b–4), die in Palästina alle einen eigenen Namen haben. Die Schafe folgen spontan ihrem Hirten. Die Gläubigen gehen ‚Jesus hinterher'; und der Hirt verläßt seine Herde nicht, wie Mietlinge es oft tun (10, 12). Für die Nichtgläubigen klingt Jesu Stimme ‚fremd'. Johannes wendet sich gegen die falschen Hirten Israels, die das Volk irreführen: Es sind „Diebe und Räuber – gemietete Hirten – Fremde". Jesus ist nicht nur der wahre gute Hirt; er ist auch die Öffnung oder Tür der Schafhürde (10, 7–10): der Weg zu überreichem Leben (10, 10); andere Wege führen ins Unheil. (In der späteren gnostischen Literatur sind Aussagen wie ‚ich bin die Pforte' Legion; siehe auch: „Ich bin der Weg", Joh 14, 6, womit 10, 9 ungefähr gleich ist.) Jesus führt die Schafe „auf fette Weiden" (Leben in Fülle) (siehe Ps 23, 2; Ez 34, 12–15). Er ist „der gute Hirt" (10, 11–15). Aber dieser Hirt, Jesus, hat auch Schafe außerhalb dieser Hürde (10, 16). Jesus gibt sein Leben für die Schafe (10, 11 b), aber auch diese anderen werden seine Stimme hören: Es wird „eine Herde und ein Hirt sein" (10, 16 b). Alle in der Welt verstreuten Gotteskinder (11, 52, siehe 17, 20) werden von Jesus zu der einen Kirchenge-

meinde, die auch Heiden und Samariter enthält, gesammelt. Die Kirchengemeinde ist jetzt die Herde Jahwes, aus Juden und Heiden – ‚aus Gott geboren‘.
Und diese Einheit ist die Frucht des Todes Jesu (10,11 und 10,17).

Das Bild vom Hirten geht in 10,22–30 über in Motive, die vom Tempelweihfest genommen sind (10,22–30). Dazu war das ‚sein Leben geben für die Herde‘
ein guter Anlaß. Im übrigen wird das Hirtenmotiv wiederholt in 10,26–30,
in der Perikope von Jesu Aufenthalt in Jerusalem während des jüdischen Tem-
pelfests (10,22). In 10,36 ist die Rede von „hagiazein“ (heiligen), ein typischer
Ausdruck aus dem Tempelweihfest (siehe griech. Num 7,1; dort gebraucht für
die Einweihung oder Konsekration des Bundeszeltes durch Mose, während
im griech. Num 7,10–11 ausgerechnet die Rede ist von „enkainizein“, streng
genommen ‚erneuern‘; daher: „enkainia“-Fest oder Tempelweihfest). Jesus ist
im Tempel, in der „Halle Salomos“ (der Stätte, wo nach Apg 5,12 die ersten
Christen ihre Versammlungen abhielten). Der johanneische Jesus spricht ‚mit
Juden‘ – mit Juden aus der Zeit Jesu, aber zugleich in der Sicht des Johannes
von der doppelten Ebene mit den christlichen Juden der johanneischen
Gemeinde. Es handelt sich ja um den Heilswert des Todes Jesu.

Der Disput mit ‚den Juden‘ über die Messianität Jesu (10,24–30) läßt verstehen, daß Jesus geschichtlich doch nicht so deutlich über seine Messianität
gesprochen hat (wie es im johanneischen Rahmen erscheint). Johannes ist sich
dieser ‚synoptischen Gegebenheit‘ bewußt. Aber er schreibt aus dem Glauben
für Gläubige. Und noch immer versteht man Jesus nicht ganz (vgl. Lk 22,68).
Aber für Johannes heißt dies: Sie sind vom Vater nicht auserwählt; sie sind
ihm vom Vater nicht gegeben. Die Sendung Jesu in die Welt ist eine „Heiligung“
(Weihe) durch den Vater (10,36). Jesus ist Gottes Tempel unter uns, er ersetzt
den Tempelaltar, da er in seiner Menschheit dadurch geweiht ist, daß er als
Jesus der Christus und Sohn Gottes ist (10,22–39). Hier ist die Heiligung Jesu
(anders als in 17,19) verbunden mit der Sendung in die Welt. Wieder sind die
Juden verärgert, weil „du, ein Mensch, dich selbst zu Gott machst“ (10,33).
Jesus ist das neue Heiligtum, der von Gott selbst geweihte neue Altar; er schenkt
denen die Freiheit, die in Knechtschaft unter den Völkern leben: Er schenkt
„ewiges Leben“ (10,28) – Gegenwart Gottes unter uns.

Im Rahmen jüdischer Hochfeste also, an denen die religiöse Identität Israels
als Gottes Auserwählte deutlich zutage tritt, sagt Jesus, daß er über dem Sabbat
steht (5,1–47), daß er das wahre Manna vom Himmel ist (6,1–71), daß er
die Tora oder Lehre und den Willen Gottes bekannt macht, lebendiges Wasser
– Schenker des heiligen Geistes – ist, Licht der Welt, so daß das Hüttenfest,
Fest der Tora, des Wassers und des Lichtes, überholt ist (7,1 – 8,59); er selbst
ist in seinem Menschsein persönlich der von Gott geweihte Opferaltar
(10,22–39) – dies alles, weil er aus seiner Präexistenz beim Vater in seinem
Menschsein („sarx egeneto“) himmlisches Licht in weltlicher Finsternis ist.
Aber nur einige erkennen das Licht, nämlich „denen er die Fähigkeit gab,
Kinder Gottes zu werden“ (1,12–13), „geboren aus Gott“ (1,13); nur das

Pneumatische erkennt die pneumatica oder ‚epourania‘ (das Himmlische). Viele aber erkennen ihn nicht: „Er kam in das Seine, aber die Seinen nahmen ihn nicht auf" (1,11).

Außerhalb eines jüdisch-liturgischen Zusammenhangs kennt das Johannesevangelium in einem anderen Kontext noch drei ‚Ich-bin‘-Aussagen (aus denen wiederum hervorgeht, daß die jüdischen Feste ‚als Rahmen‘ kein durchgehaltenes literarisches Verfahren sind, ebensowenig wie in Joh 1: der erste, zweite, dritte Tag nach dem ersten Schöpfungstag des Lichtes. Es spielt im Hintergrund mit, ist aber keineswegs das alles strukturierende Prinzip).

5. Joh 11,25. – „Ich bin die Auferstehung und das Leben. Wer an mich glaubt, wird leben, auch wenn er gestorben ist, und jeder, der lebt im Glauben an mich, wird in Ewigkeit nicht sterben" (11,25–26). Neben der absoluten Aussage: „Ich bin ‚ich bin‘", ist diese wohl die stärkste Ich-Aussage. In der Gegenwart Jesu heißt Tod nicht mehr Tod. Jesus *ist* das Leben, auch für Tote. Er ist der Spender des Lebens (siehe 5,21.26; 4,50–53), vor allem von innerem, göttlichem Leben; aber leibliches Leben, Auferstehung, ist das sichtbare Zeichen dafür. Denn das Leben wurde sarx oder Mensch (siehe Joh 1,14 und 1 Joh 1,1–3). Wer glaubt, daß Jesus Leben *ist,* konnte daraus schon wissen, daß Lazarus beim Erscheinen Jesu zum Leben erweckt würde – das wird in der Erzählung des Johannes nicht erst aus der kommenden Auferstehung Jesu deutlich. Aber zugleich wird diese Auferstehung des Lazarus ein ‚Werk‘ Gottes in Jesus, ein Zeichen für die kommende Auferstehung Jesu.

Jesus ist „die Auferstehung und das Leben" (11,25), das sind nicht einfach Synonyme. Gerade weil Jesus das Leben *ist* – „in ihm war Leben" (1,4) –, Leben, das Mensch wurde (wie der Erste Johannesbrief das Logoslied der johanneischen Gemeinde kommentiert: „Das Leben ist erschienen; das ewige Leben, das beim Vater war, hat sich uns geoffenbart, wir haben es gesehen", 1 Joh 1,2), ist er auch Leben für den Leib: Die leibliche Auferstehung ist paradoxerweise im „Sarx"-Aspekt des göttlichen Lebens Jesu in Menschlichkeit mitgegeben und somit ‚Zeichen‘ dieses göttlichen Lebens. Deshalb das gewagte Paradox des Johannes: Wer an das Leben, Jesus, glaubt, lebt, auch wenn er stirbt; wer an das Leben glaubt, wird nicht sterben (11,26). In diesem semitischen Parallelismus wird gesagt, daß der, der an Jesus glaubt, lebt: das heißt, auch wenn er stirbt, lebt er; und wer glaubt, stirbt nicht! Der Tod ist aus einem solchen Leben im Glauben verbannt. Mit anderen Worten, im Glauben ist das leibliche Sterben kein endgültiger Tod; der leibliche Tod erhält eine andere Bedeutung, er wird begrenzt. Die Glaubensgemeinschaft mit dem Leben, das Jesus ist, ist stärker als der Tod. „Glaubt ihr das?" (11,26c), worauf Marta, wie einst Petrus, das Glaubensbekenntnis ablegt: „Ich glaube fest, daß du der Messias bist, der Sohn Gottes, der in die Welt kommt" (11,27); „der in die Welt kommt" ist ein johanneischer Zusatz zu dem „klassischen Credo": „Du bist der Messias, der Sohn Gottes", (Joh 20,31).

6. Joh 14,6. – „Ich bin der Weg und die Wahrheit und das Leben. Niemand

kommt zum Vater außer durch mich" (14,6). Der Nachdruck in dieser Perikope fällt auf „ich bin der Weg"; Jesus ist der Weg, das heißt zur Wahrheit und zum Leben. Jesus offenbart die Wahrheit, die zum wahren Leben führt, und so führt er den Gläubigen zum Vater. Er ist der einzige Weg, der Zugang zum Vater verleiht. Wenn Johannes vor allem immer Mose im Hintergrund sieht, können wir dabei mit Recht an Dtn 1,29–33 denken: „Laßt euch nicht grauen und fürchtet euch nicht vor ihnen! Jahwe, euer Gott, geht vor euch her … (wie) in der Wüste, wo ihr erfahren habt, wie Jahwe euer Gott euch getragen hat, wie jemand seinen Sohn trägt, auf dem ganzen Weg, den ihr gewandert, bis ihr an diesen Ort gekommen seid. Trotzdem vertrautet ihr nicht auf Jahwe, euren Gott, der vor euch herging auf dem Weg, euch die *Stätte zu suchen,* wo ihr lagern solltet…" Auch Joh 14,1–4 beginnt mit „Euer Herz möge nicht beunruhigt werden. Ihr glaubt an Gott – siehe Dtn 1,30 –, *glaubt auch an mich*" (14,1). Wie Mose, mit Jahwe an der Spitze, auf die Suche nach einem Lagerplatz geht, so „geht Jesus hin, um euch eine Stätte zu bereiten" (Joh 14,2b.3). „Und wenn ich hingegangen bin und euch eine Stätte bereitet habe, komme ich zurück, um euch zu mir aufzunehmen, damit auch ihr dort seid, wo ich bin. Ihr wißt, wohin ich gehe, und kennt auch *den Weg dorthin*" (14,3–4). Wie Jahwe früher dem Volk voranging, so geht Jesus den Seinen voraus, um eine Lagerstätte – einen Platz im Himmel – vorzubereiten. Er selbst ist dieser Weg. Darauf sagt Philippus: „Zeige uns den Vater" (14,87, worauf die Antwort folgt: „Wer mich sieht, sieht den Vater" (14,9b). Jesus ist der einzige Weg zu Gott, er bringt den Vater zu uns, in seinem eigenen Menschsein und seinem menschlichen Auftreten. „Glaubt mir" (14,11a), und wenn ihr mir nicht auf mein Wort hin glauben könnt: „glaubt dann um der Werke willen", die ich tue (14,11b).

7. Joh 15,1–10. – „Ich bin der wahre Weinstock, und mein Vater ist der Winzer" (15,1). Nach jüdischen Zeugnissen stand unmittelbar vor dem Eingangsportal zum ‚Heiligen' des herodianischen Tempels, zu dem auch Jesus kam, ein großer goldener Weinstock: Israel, der von Gott selbst gehegte ‚Weinstock des Herrn'[103]. In der Weisheitsliteratur sagt die Weisheit von sich selbst: „Ich bin wie ein Weinstock": „wie ein Weinstock sproßte ich lieblich auf, und meine Triebe waren voll Schönheit und Reichtum. Kommt her zu mir, die ihr meiner begehrt, und sättigt euch an meinen Früchten… Wer von mir trinkt, wird weiter nach mir dürsten" (Sir 24,17). Die Weisheit präsentiert sich in Sir 24 auch selbst: „Aus dem Mund des Allerhöchsten bin ich hervorgegangen… Inmitten eines glorreichen Volkes habe ich Wurzeln geschlagen…" (Sir 24,3–12). Israel ist der Weinberg des Herrn, und die jüdische Weisheit ist wie Wein. „Ich hatte dich gepflanzt wie einen edlen Weinstock feinster Art" (Jer 2,21), „aus Ägypten hast du einen Weinstock genommen, hast Völker vertrieben und ihn gepflanzt" (Ps 80,9.12), „Gott der Heerscharen, ach, komm zurück, blicke hernieder aus dem Himmel und siehe und besuche diesen Weinstock, den deine rechte Hand gepflanzt hat, den Sohn, den du für dich stark gemacht hast" (Ps 80,15–16; in der Septuaginta: ‚Menschensohn'. Siehe auch

Ez 2, 21). Israel, Gottes Sohn, ist ein Weinstock, den Jahwe gepflanzt und gehegt hat. In Ez 17, 6–8 wird dieses Bild auf Israels König Zidkia übertragen. Erst in der außerbiblischen Literatur wird das Bild auf den Messias bezogen [104]. Aber bei Johannes fällt das hervorgehobene ‚wahre‘ auf („der Weinstock, welcher der wahre ist“, ist Jesus). Der johanneische Jesus ist selbst das wahre Israel; die ekklesiale Bedeutung erhält ein christologisches Fundament. Die Ich-form wird schon durch den sapientialen Hintergrund erklärt, in dem die Weisheit von sich selbst sagt: „Ich bin wie ein Weinstock“ (Sir 24, 17).

Was tut ein guter Winzer? Im Winter schneidet er die dürren Zweige ab, und im Frühjahr entfernt er überflüssige Triebe an den Zweigen (siehe Joh 15, 2); er schneidet weg und säubert, damit der Weinstock viele Frucht trage. Johannes hat den Weinstock also unter dem Aspekt vieler Früchte im Auge (wie übrigens in Sirach), nicht unmittelbar die nährende Kraft des Weines. Jesus ist der Weinstock, die Christen sind die Reben, die „in ihm“ sind (15, 4). Johannes spielt dabei auf Christen an, die, weil sie dürr geworden, schon entfernt sind (15, 6; siehe 1 Joh 2, 19). Die Frühlingssäuberung der Reben gibt Johannes Anlaß, (innerhalb der Abschiedsrede) zu sagen, daß die Jünger Jesu „schon gereinigt“ sind „dank dem (lebenspendenden) Wort, das ich zu euch gesprochen habe“ (15, 3 b; die Jünger Jesu sind im Johannesevangelium zugleich die johanneischen Christen, die durch das Wasser der Taufe im Namen Jesu gereinigt sind). Voraussetzung dafür, viele Frucht zu tragen, ist: „in Jesus bleiben“ (15, 4): „Ich bin der Weinstock, ihr seid die Reben“ (15, 5); die Immanenz des Weinstocks in den Reben und der Reben im Weinstock (15, 4.5.9). Johannes betont die Gegenseitigkeit in der Liebe (15, 9–10), denn das schenkt die Vollkommenheit der Freude (15, 11): „Ohne mich könnt ihr nichts“ (15, 5 c). Frucht tragen ist letztlich Liebe zu Jesus und seine Gebote befolgen, wie Jesus den Vater liebt und dessen Gebote befolgt (15, 9–10).

Damit hat Johannes sieben „Ich-bin“-Aussagen. Da er auch sieben ‚Werke‘ Jesu berichtet, ist diese Siebenzahl nicht zufällig, sondern gemeint als Ausdruck der ‚Vollkommenheit‘. Eine vollkommene Soteriologie auf christologischer Basis (aber das ist kein literarisch strukturierendes Prinzip, sondern nur Äußerung des johanneischen Denkens auf verschiedenen Ebenen. Sich auf eine dieser pistes festlegen beeinträchtigt das johanneische Denken.) Jesus ist nicht der Vater, er ist aber die eschatologische Offenbarung Gottes, der ihn dazu gesandt hat. Er spricht aus eigener Erfahrung (3, 11.31–32; 8, 26; 12, 49); deshalb ist er der einzige Zugang zum Vater (14, 6). An ihn glauben ist Teilhabe am Heil, an dem Leben, das er vom Vater erhalten hat: Er ist gekommen, damit wir Leben hätten, und zwar in Überfülle (10, 10), weil er selbst diese Überfülle ist (1, 16; 5, 25–26; 6, 57). Er *ist* das, was er *gibt*, sagt Johannes letztlich; modern ausgedrückt: er ist das ‚Ursakrament‘ Gottes. Deshalb wurden manche Johannes-Texte schon in der johanneischen Gemeinde – und in dem Werde-prozeß bis zur Endredaktion des vierten Evangeliums – auch ‚kirchlich-sakra-mental‘ weiter verarbeitet. Typisch dafür ist das, was man ‚johanneisch‘ zu

Unrecht die Doubletten in Joh 6, 51c – 59 nennt. Die Exegeten kann man dabei einteilen in ‚Sakramentalisten‘[105], in Exegeten, die behaupten, Johannes interpretiere die Sakramente spiritualistisch[106], und schließlich die Exegeten, die behaupten, im ursprünglichen Johannes sei weder die Rede von Sakramenten noch von ihrer pneumatischen Interpretation, aus dem einfachen Grund, weil man nicht annehmen könne, daß die Eucharistie anfangs in allen christlichen Gemeinden praktiziert wurde[107]. Aber alle sind überzeugt, daß Jesus Gott in menschlicher Sichtbarkeit offenbart, mit anderen Worten, daß *Jesus* Sakrament Gottes ist; er ist Gottes Gabe an diese irdische Welt (3, 16; 6, 32). Das Johannesevangelium *aktualisiert* diese Gegebenheit jedoch in der johanneischen Gemeinde, in welcher Taufe und Eucharistie den geschichtlichen Jesus aus dem in der Gemeinde wirksam gegenwärtigen Christus Jesus fortsetzen.

c) Letzte ‚öffentliche‘ Worte Jesu ‚an die Welt‘

Vorab hatte das Johannesevangelium den Leser davon unterrichtet, daß der Sanhedrin beschlossen hatte, Jesus zu töten: „Es ist besser für euch, daß ein Mensch für das Volk stirbt, als daß das ganze Volk zugrunde geht" (11, 50). Darin sieht Johannes schon eine Aussage über den Erlösungstod Jesu „nicht für das Volk (Israel) allein, sondern auch um die zerstreuten Kinder Gottes (siehe 1, 12) zusammenzubringen" (11, 52).

Jesus ist in Jerusalem zum letzten Paschafest. Einige *Griechen* baten Philippus darum, „Jesus zu sehen" („idein", das heißt nicht einfach: um Jesus „zu sprechen"). Das johanneische ‚Sehen‘ ist der Anfang möglichen *Glaubens*. Diese Griechen wollen wissen, wer Jesus eigentlich ist. Die Frage nach Glaubenswohlwollen wird von Philippus und Andreas Jesus überbracht. Aber in diesem johanneischen Bericht antwortet Jesus (für das erste Empfinden) unbegreiflicherweise recht abrupt: „Die Stunde ist gekommen, da der Menschensohn verherrlicht wird... Wenn das Samenkorn nicht in die Erde fällt und stirbt, bleibt es allein; aber wenn es stirbt, bringt es viele Frucht... Jetzt ist meine Seele gerührt. Was soll ich sagen? Vater, rette mich aus dieser Stunde? Aber gerade deshalb bin ich in diese Stunde gekommen. Vater, verherrliche deinen Namen!" (12, 23–28). Einige Griechen wollen Jesus sehen, und ... dieser beginnt, über seinen Tod als Kreuzigung (12, 32. 33) zu sprechen. Besteht hier ein sinnvoller Zusammenhang? Joh 12, 20–22 ist eine Episode, die weithin dunkel bleibt. Doch geht die Antwort Jesu unmittelbar auf das religiöse Suchen dieser Heiden (faktisch wohl jüdische Proselyten) ein: Erst durch seinen Tod wird Jesus wichtig für die Heiden. Die Verherrlichung Jesu macht ihn *universal* zugänglich. Bei seinem Tod wird Jesus „*alle* an sich ziehen" (12, 32), auch die Heiden. (Nicht ohne Nebenabsichten ließ Johannes ‚die Juden‘ das Wort Jesu über seinen ‚Fortgang‘ falsch interpretieren als „fortgehen zu den Heiden", 7, 35. Jesu Hingehen zum Vater ist durchaus auch ein Gehen zu den Heiden.)

Plötzlich ist in der Geschichte „das Volk" wieder bei Jesus (12,29). Und Johannes fügt hier ein, was aus den Synoptikern als das Getsemanegeschehen bekannt ist. „Jetzt ist meine Seele gerührt. Was soll ich sagen? Vater, rette mich aus dieser Stunde! Aber: Gerade deshalb bin ich bis zu dieser Stunde gekommen. Vater, verherrliche deinen Namen!" (12,27–28). Das wurde zuvor in dem Gespräch Jesu mit Andreas und Philippus erläutert durch Logien, die wir auch in der synoptischen Tradition finden: Das Samenkorn muß sterben, um Frucht zu tragen (12,24)[108], und „wer sein Leben liebt, verliert es; aber wer sein Leben in dieser Welt haßt, wird es zum ewigen Leben bewahren" (12,25), schließlich: „Wenn jemand mir dienen will, dann muß er mir folgen" (12,26). Was die Synoptiker ‚Jesus nachfolgen' nennen, wird bei Johannes „Jesus dienen" (12,26; 13,13.16; 15,20). Jesus selbst spricht, zuerst zu ein paar Jüngern, dann zum Volk über die *Notwendigkeit* – „dei" – seines Todes. Sterben heißt für Jesus „heimgehen" (siehe 7,34.36; 8,21.22; 13,33.36; 14,2–4; 17,24), zum Vater gehen. Es ist die Stunde der Verherrlichung (siehe unten). Jesus ist verwirrt durch die Aussicht auf seinen Tod (12,27), von dem er weiß, daß er gewalttätig sein wird (12,32–33). Aber der johanneische Jesus weiß, daß diese Perspektive gerade der Sinn seines ganzen Lebens ist: der Wille des Vaters (10,38), der diesen Kelch reicht (18,11). Für Johannes ist Sterben der Zugriff des „Fürsten dieser Welt" (12,31; siehe 14,30 und 16,11) – eine allgemeine frühjüdische und neutestamentliche Gegebenheit („der Gott dieses Äons": 2 Kor 4,4; Beliar: 2 Kor 6,15; siehe auch Eph 2,20; „um durch seinen Tod den Fürsten des Todes, den Teufel, zu entthronen": Hebr 2,14 b). Die Finsternis ist das Gebiet, in dem der Tod herrscht, aus dem allein der Sohn befreien kann (5,24), denn Jesu Licht ist *Leben* (12,50 a; Prolog). Aber weil Jesus eins ist mit dem Vater, ist dieser satanische Angriff zugleich die Entmachtung des Fürsten dieser Welt: „Er wird hinausgeworfen" (12,31). Woraus? Nicht aus dem Himmel (wie in Offb 12), auch nicht aus der Welt, die für Johannes ja Finsternis bleibt (12,25; 13,1; 15,18–19; 16,33; 17,15–16; siehe: „die ganze Welt liegt im argen", 1 Joh 5,19). Hinauswerfen bedeutet für Johannes ‚verwerfen', ablehnen: Den *Gläubigen* gegenüber, die zum erhobenen Kreuz hinaufblicken (siehe 3,14–15; 19,37) und von dem Gekreuzigten ‚gezogen' werden (12,32), verliert der Satan all seine Macht. Auf Gläubige hat der Satan fortan keinen Einfluß mehr. Johannes sieht im Tod Jesu seine Lebensgemeinschaft mit dem Vater, durch die dieser Tod überwunden ist und vielen zum Heil gereichen wird (12,32). Jesus zieht alle ‚an sich' (14,3); die räumliche Vorstellung von einem Hinaufgehobenwerden zum Himmel (Kreuzerhöhung) ist ein personales Geschehen: Jesus ist derjenige, der die Gemeinschaft mit dem Vater vermittelt. Seine letzte Ermahnung ‚an die Welt' ist: „Glaubt an das Licht" (12,36).

Die letzten Worte Jesu in der Öffentlichkeit „an die Welt" vermitteln einen Ausblick auf seinen Kreuzestod als Verherrlichung und Sieg über Tod und Satan und auf den Beginn des rettenden ‚An-sich-Ziehens' aller Menschen. ‚Dazu' ist er in die Welt gekommen (12,27 c). Aber auch diese letzten Worte stoßen auf Widerstand (12,34): ,Die Welt' versteht Jesus nicht: „Als Jesus dies gesagt hatte, ging er fort und verbarg sich vor ihnen" (12,36b). Von jetzt ab wird er nur noch ,zu den Seinen' sprechen (13,1), nicht mehr zur Welt, die ihn abgeschrieben hat (siehe 18,20). Er verbirgt sich jetzt vor der Welt, bis er vor dem Forum des heidnischen Pilatus wiederum mit den jüdischen Führern konfrontiert wird: Weder diese noch Pilatus – ,die Welt' – verstehen ihn, sie ,werfen Jesus hinaus'.

Den ersten Teil seines Evangeliums beschließt der Evangelist mit einem Rückblick; – 1) „Solche große Zeichen... hatte Jesus verrichtet, doch sie glaubten nicht an ihn" (12,37–43), und – 2) mit einer kurzen Zusammenfassung der Selbstoffenbarung Jesu (12,44–50).

Johannes sucht diese globale Ablehnung theologisch aus dem Alten Testament zu verstehen. Offensichtlich will der Evangelist Einwände in seiner Gemeinde entkräften: Wenn es so deutlich ist, daß Jesus ,von oben' ist, wie erklärt man dann diese Verwerfung? Johannes beruft sich auf die jüdische und allgemein neutestamentliche Lehre von der ,Verstocktheit' des Herzens: göttliche Fügung, die aber die Freiheit der menschlichen Schuld nicht wegnimmt (12,38–43). Die eschatologische Offenbarung Gottes in Jesus stellt jeden Menschen vor eine definitive Lebensentscheidung. Aber Johannes geht es außerdem um ein Nicht-glauben-Können mancher Menschen. Auf besondere Weise verarbeitet er Jes 6,9–10. Seine Lehre von der Verstocktheit ist härter als die der Synoptiker (siehe Mk 4,12; Mt 13,13–15; Lk 8,10 und Apg 28,26–27). Johannes macht es weniger Mühe, sowohl das Gute als auch das Böse, das der Mensch tut, in Zusammenhang mit dem alles entscheidenden Gott zu bringen. Auch Jesu Leiden und Tod scheinen ihm ein positiver Wille Gottes zu sein (18,11). Jesus *ist* der Retter der ganzen Welt (4,42 und 12,47); die nicht gerettet werden, sind gerichtet (3,17–18; 12,47). Doch kennt sogar Johannes keinen göttlichen verwerfenden Ratschluß, denn viele Juden, sogar Ratsherren unter ihnen, glauben an Jesus (12,42; siehe 3,1; 7,50–51; 19,38–39). Wer nicht glaubt, ist somit schuldig (9,39–41), und doch sucht Johannes den letzten Grund dafür in Gott. Diese Texte spiegeln die antichristliche Propaganda einer militanten Synagoge gegen die johanneische Gemeinde wider. In der Zusammenfassung der Selbstoffenbarung Jesu (12,44–50) resümiert der Evangelist schließlich die johanneische Christologie (3,13–21.31.36), die er Jesus als letztes öffentliches Bekenntnis in den Mund legt („mit lauter Stimme", 12,44, wenn auch nirgends ,Umstehende' festzustellen sind). Die Perikope ist gleichsam eine für sich stehende literarische Einheit. Wer an Jesus glaubt, glaubt eigentlich an den Vater, der ihn gesandt hat. Wer Jesus sieht, sieht den Vater. „Als ein Licht bin ich in die Welt gekommen, damit jeder, der an mich glaubt, nicht in der Finsternis bleibt" (12,46; siehe Prolog). Jesus ist nicht gekommen, um zu richten, sondern um „die Welt zu retten" (12,47); das Gericht ist nur die Kehrseite der Ablehnung dieser Gnade (12,48). Er spricht nur Worte des Heils – von Gott her –; ihn ablehnen heißt Gott, den Vater, ablehnen. Alles, was Jesus tut und sagt, tut er als Gesandter, nicht aus sich selbst; dieser Auftrag bedeutet ‚ewiges Leben', Heil. Doch fällt auf, daß in dieser Zusammenfassung das eigentliche ‚Katabasis-anabasis'-Modell im radikalen Sinn fehlt. Zur Sprache kommt hier nur das ‚Sendungs'-Modell, in dem der Gesandte ist wie der, der sendet (siehe auch: 6, 32–33.38.46; 7, 18.28; 8, 18.26.29.42), ein Modell, das wir auch an anderen Stellen im Neuen Testament finden [109], eine prophetische Identifizierung des Gesandten mit dem, von dem er gesandt ist – das Modell des ‚Gottesboten'. Doch liegt etwas Eigenes im Johannesevangelium: *Gerade die Person* des Gesandten ist entscheidend. Es geht um den *eschatologischen* Boten Gottes, der Glauben an die eigene Person fordert, nicht nur an die Worte, die er im Namen Gottes spricht: Seine Person selbst ist ‚aus Gott', die Gegenwart Gottes unter uns. „Ihr glaubt an Gott, glaubt auch an mich" (14, 1): Man muß an Jesus glauben, um Gemeinschaft mit Gott zu haben (siehe auch 14, 8–11). Jesus ist ein Licht: In ihm sieht der Gläubige den Vater. Deshalb will Johannes Jesus gleichsam ‚rechtfertigen': Jesus kann auch nichts dazu, daß ‚er es ist', er tut nichts aus sich selbst, kann es nicht einmal (5, 19): er tut die Werke des Vaters. Man kann es sozusagen allein Gott übelnehmen, aber das ist für Juden ausgeschlossen (siehe 12, 47–48.49–50). Seine Worte sind daher nur reinigend (15, 3), heiligend (17, 17), lebenspendend (8, 51) und befreiend (8, 31–32). Daß sie auch *richten*, liegt allein am Unglauben (17, 6.14.17). Wer nicht glaubt, ist schon gerichtet: Sein Unglaube richtet ihn (3, 18), dafür ist das eschatologische Gericht (12, 48) nur die ewige Bestätigung. In diesem Sinn *richtet* Jesus nicht (8, 26 a und 12, 47). Gott allein ist (jüdisch) der endgültige Richter. Zwar gibt der Vater dem Sohn ‚das Gericht' (5, 22), aber dann richtet er trotzdem nach dem, was er vom Vater gehört hat (5, 30). Johannes will offensichtlich das *eigene* harte Urteil über die ungläubigen Judäer theologisch und christologisch untermauern. Dies alles verrät deutlich die damaligen Spannungen zwischen dem Judentum (vielleicht auch christlichen Juden) und der johanneischen Gemeinde.

Als Zusammenfassung des öffentlichen Auftretens Jesu gilt also für das Johannesevangelium: Jesus ist das Licht der Welt (12, 46.35–36; siehe 1, 9), er spricht vom Vater (12, 49–50, siehe 1, 18) und hat für uns eine Botschaft zum Leben (12, 44–50; siehe 1, 12–13). Jetzt beschränkt Jesus sein Sprechen auf ‚die Seinen'.

d) Gespräche mit ‚den Seinen': Abschiedsrede(n)

Joh 13 beginnt mit dem Abschiedsmahl (das im Johannesevangelium im Gegensatz zu den Synoptikern kein jüdisches Paschamahl ist). Die eigentliche Abschiedsrede ist 13, 31 – 14, 31, abgeschlossen durch „laßt uns gehen" (13, 31–35). In Wirklichkeit folgen noch zwei Abschiedsreden und darauf noch ein feierliches Gebet (Joh 17) im Beisein der Jünger. Hier sind deutlich verschiedene Schichten sichtbar. In zunehmendem Maß glauben die Exegeten, daß

Joh 15 die Grundgedanken aus der Abschiedsrede des Evangelisten (13,31 bis 14,31) im Hinblick auf die damalige Situation der johanneischen Gemeinde noch einmal aktualisiert, während Joh 16 eine Neufassung oder ‚relecture‘ von Joh 13,31–14,31, der ‚eigentlichen‘ Abschiedsrede, ist. Joh 15–17 ist, was man an verschiedenen Nahtstellen erkennen kann, später in den ersten ‚Entwurf‘ des Evangeliums eingearbeitet worden, wenn auch ‚das Ganze‘ *johanneische* Theologie wiedergibt. Für unseren Zweck ist diese redaktionelle Frage nicht besonders wichtig. Es geht um die Theologie dieses kanonischen Evangeliums, nicht formal um seine komplizierte Entstehungsgeschichte.

In Joh 13–17 spricht Jesus zu ‚den Seinen‘ (13,1; siehe 10,3.12; 10,14; 17,6.10), „die der Vater ihm gegeben hat" (17,2.12.24) und die das vierte Evangelium jetzt zum erstenmal „teknia" (13,33), Kindlein, nennt (im Ersten Johannesbrief üblich). In 15,14–15 sagt der johanneische Jesus: „Ich nenne euch nicht mehr Knechte…, sondern… Freunde (wie Mose mit Gott ‚als einem Freund‘ sprach, Ex 33,11). Unter ‚den Seinen‘ und ‚den Jüngern‘ versteht Johannes alle Gläubigen, die Christen; die Jünger Jesu werden in 13–17 deutlich nicht als ‚Amtsträger‘ gesehen, sondern als Repräsentanten der christlichen Glaubensgemeinde. Der Ausdruck „hoi idioi", die Seinen, erinnert an das, was Johannes über den guten Hirten gesagt hat: „Die Schafe hören auf seine Stimme; er ruft sie bei ihrem Namen" (10,3), „sie kennen seine Stimme" (10,4b). „Der gute Hirt gibt sein Leben für seine Schafe" (10,11): er kennt die Seinen. Die Abschiedsrede(n) und das feierliche Gebet (Joh 17) sind daher Worte eines guten Hirten, der dabei ist, sein Leben für die Seinen zu geben (‚hohepriesterliches‘ Gebet ist unjohanneisch, weil das vierte Evangelium Jesus nicht als Hohenpriester sieht, sondern als mosaischen Hirten, größer als Mose). Diese Kapitel bilden ein Ganzes (trotz ihrer Entstehungsgeschichte): Gespräche Jesu mit den Seinen, „hoi idioi" (13,1), einerseits mit den Jüngern (13–16), anderseits mit dem Vater (Joh 17), der ja „Pater *idios*" ist (5,18): „mein eigener Vater". Die Liebe des Vaters zu Jesus und dessen Jüngern, die Liebe Jesu zum Vater und zu den Jüngern, und die Liebe dieser zum Vater und zu Jesus, liegt als Gefühlsmoment über all diesen Gesprächen. Es sind jene, die „nicht aus der Welt sind" (17,14.16): Gott oder „aus Gott geboren" (1,3): Damit ist zugleich die Scheidung der Geister vollzogen. „*Jetzt* ergeht das Gericht über diese Welt" (12,31).

Johannes beginnt die Abschiedsgespräche mit einer Reflexion: „Jesus, der wußte, daß seine Stunde gekommen war… und der die Seinen in der Welt geliebt hatte, gab ihnen einen Beweis seiner Liebe bis zum Ende und zum Äußersten" (13,1). Denn *während* des Abschiedsmahls steht Jesus auf, um eine ‚Zeichenhandlung‘ zu setzen: die Fußwaschung. Das tut er, so sagt der Evangelist, „in dem Bewußtsein, daß der Vater alles in seine Hände gegeben hatte und daß er von Gott ausgegangen war und zu Gott zurückkehrte" (13,3; siehe 7,28.33; 8,14.21–22; 16,18–30). Die Zeit des Auftretens in der Welt (9,5) ist vorbei (17,11.13). Die Vollmacht, die der Vater Jesus gegeben hat, bedeutet *hier* (13, 3), wenn man auf den Kontext achtet, die Freiheit Jesu, der nicht gegen seinen Willen in den Tod geschickt wird; denn wenn dieser Tod auch das Werk des Satans, „des Fürsten dieser Welt", ist (14, 30), dieser Weltherrscher „vermag nichts gegen mich" (14, 30b; siehe 7, 30. 44; 10, 28–29). Denn Jesus „ist von Gott ausgegangen" (13, 3), er „steht über allem" (3, 31; siehe 8, 44). Mit anderen Worten, das Sterben Jesu ist das letzte ‚Werk', das er im Auftrag des Vaters vollzieht. In dieser Perspektive steht die Fußwaschung, von der Johannes eine doppelte Interpretation gibt: – a) als Vorbild für die Christen, welche die Diener der anderen sein müssen (13, 12–17): dazu werden auch sie in die Welt gesandt (13, 20; siehe 17, 18); – b) als Vorzeichen des dienenden Heilswertes des Todes Jesu (13, 6–10); dies letztere versteht Petrus jetzt noch nicht. Schon in früheren Abschnitten war offensichtlich geworden, daß „das Fortgehen Jesu" nicht nur von den Judäern falsch verstanden wurde (7, 33–34), sondern es wird auch von den Jüngern nicht verstanden (7, 36; 13, 36). Jesus hatte auch in einem ‚Rätselwort' (maschal, siehe 17, 29; 17, 17–19), nämlich „hypagein" (hinaufsteigen, weggehen) gesprochen. Ihr werdet mich suchen (7, 34), aber „wohin ich gehe, dahin könnt ihr nicht kommen" (7, 34), zumindest vorläufig nicht (13, 36). „Wenn ich fortgegangen bin und euch einen Platz bereitet habe, komme ich wieder, um euch aufzunehmen zu mir, damit auch ihr dort seid, wo ich bin" (14, 3). In dieser Erwartung gibt Jesus sein Testament bekannt: das neue Gebot der Liebe (13, 31–35; 14, 15–24; 15, 12–17; 16, 27; 17, 21–26). Das ‚Neue' dieses Testaments steht nicht dem ‚Alten' Testament entgegen, das auch selbst die Liebe als größtes Gebot kannte (Lev 19, 18 mit Dtn 6, 4–5). Es ist *neu*, weil die Liebe Jesu bis zum Tod ihm ein neues Fundament gibt (siehe 15, 13), wie der Erste Johannesbrief sagen wird: „Was Liebe ist, haben wir von Christus gelernt: Er hat sein Leben für uns hingegeben. Also sind auch wir verpflichtet, unser Leben für unsere Brüder hinzugeben" (1 Joh 3, 16). Der Erste Johannesbrief selbst denkt darüber nach, warum in seiner Gemeinde das Liebesgebot ‚neu' genannt wird (1 Joh 2, 7–8; auch 2 Joh 5). Die brüderliche Liebe in der johanneischen Gemeinde ist auf ihre Erfahrung der Liebe Jesu gegründet, die das Maß („kathōs", wie) der brüderlichen Liebe ist (Joh 13, 34). Und eine *solche* Liebe ist das Erkennungszeichen wahren Christentums (13, 35); „Wir sind vom Tod ins Leben hinübergegangen; wir wissen es, weil wir unsere Brüder lieben. Der Mensch ohne Liebe ist noch im Bereich des Todes" (1 Joh 3, 14). In 17, 21–26 wird dieses Gebot noch ausdrücklicher auf die Situation der johanneischen Kirche hin aktualisiert: „daß alle eins seien"; das Fundament dessen wird christologisch untermauert: „*Wie* du, Vater, in mir und ich in dir: daß auch sie in uns seien, damit die Welt glaube, daß du mich gesandt hast." Die johanneische Liebe steht in einem Kreislauf: „Wer mich liebt, wird von meinem Vater geliebt werden; auch ich werde ihn lieben" (14, 21), „denn der Vater selbst liebt euch, weil ihr mich liebt" (16, 27), „der Vater hat mich geliebt vor der Erschaffung der Welt" (17, 24), „die Liebe, mit der du mich geliebt hast, möge auch in ihnen sein und ich in ihnen" (17, 26): „ich in ihnen und du in mir, damit sie vollkommen eins seien und die Welt erkennen wird, daß du mich gesandt und daß du sie geliebt hast, wie du mich geliebt hast" (17,23). Und das Maß dieser Liebe ist: „sein Leben hingeben für seine Freunde" (15,13). Der Ursprung dieses Kreislaufs der Liebe liegt beim Vater und ist manifestiert im Sohn: „Nicht ihr habt mich erwählt, sondern ich euch" (15,16), was der Erste Johannesbrief wie folgt formuliert: „Darin besteht die Liebe: Nicht wir haben Gott geliebt, sondern er hat uns geliebt, und er hat den Sohn gesandt, um durch das Opfer seines Lebens unsere Sünden zu tilgen" (1 Joh 4,10). Die Lebensgemeinschaft von Vater und Sohn wird erweitert bis in die wechselseitige Verbindung der Gläubigen (14,20; 10; 17,21.23; 17,11.21.22). ‚Zwischen' Gott-in-uns und wir-in-Gott steht Jesus der Sohn. Das Erkennungszeichen (13,25; siehe 17,23) des Christentums findet seine Grundlage letztlich in der gegenseitigen Liebe der Christen als Widerspiegelung der gegenseitigen Liebe des Vaters und des Sohnes und als Teilnahme an dieser; aufgrund der Lebenshingabe Jesu bis zum Tod sind die Christen in diese Liebe aufgenommen. Brüderliche Liebe hat eine *christologische* und *religiöse* Basis, sie ist ein religiöses Geschehen. Eine solche Liebe ist eine pneumatische Lebenstätigkeit, nicht ‚aus dieser Welt', die dafür nicht empfänglich ist (siehe 14,22–24). Brüderliche Liebe und kirchliche Einheit gründen auf einer Lebensgemeinschaft mit Gott in Christus (17,23; 10,38; 14,10.11.20.23; 15,4–5). Letztlich wird deshalb die Herrlichkeit, die Jesus von Gott her besitzt, auch der Anteil der Christen (17,22). Diese brüderliche Einheit ist so stark, daß Johannes, im Gegensatz zu 10,16 und 11,52, nicht mehr von einer Kirche aus Juden und Heiden spricht; dieser Unterschied ist überholt: sie sind eins. Dies alles wird in Joh 15 durch ein Bild anschaulich gemacht: „Ich bin der wahre Weinstock…, ihr seid die Reben" (15,1.5), „Bleibt in meiner Liebe" (15,9b), und das bedeutet zugleich „haltet meine Gebote" (15,10; siehe 1 Joh 3,24; 2 Joh 6). Aus dieser ganzen Darlegung über die Liebe geht hervor, daß für Johannes das *tiefste Wesen* Jesu in seiner *persönlichen Verbindung mit dem Vater* liegt und daß darin das Geheimnis der christlichen Erlösung steckt: *Abba!* Außerdem wird durch die *Gegenseitigkeit* in diesen Formeln (ich in euch, ihr in mir, wir in ihnen) die Räumlichkeit der johanneischen Bilder (von Gott ausgehen; zu Gott zurückkehren) gleichsam ‚entmythologisiert', wie sogleich aus dem johanneischen Begriff ‚himmlische Wohnstätten' hervorgehen wird.

Neben dem Liebestestament kommt in den Abschiedsreden und im Hirtengebet Jesu ‚vorab' eine Interpretation vom Inhalt des Geschehens zur Sprache, das der johanneische Jesus „zum Vater gehen" nennt. Zu den durch den kommenden Tod bestürzten Jüngern (14,1) sagt Jesus: „Ihr glaubt an Gott, glaubt auch an mich" (14,1b). Der Glaube an Jesus muß von derselben rückhaltlosen Art sein wie das Gottvertrauen. Oder besser noch: Durch ihren Glauben an Gott müssen sie auch weiter ihr Vertrauen in Jesus setzen. Daß Jesus fortgeht, ist „gut für die Jünger" (16,7; 14,28). Er geht ja nicht einfach weg. Er geht fort, *um* gerade für die Jünger *etwas zu tun*, die nicht ‚von Hause aus' zum pneumatischen, himmlischen Bereich gehören: Er geht, um den Seinen „einen Platz zu bereiten" (14, 1–3).

Man stellte sich den Himmel damals als einen Raum mit verschiedenen Plätzen vor[110]. Jesus spricht vom „Haus meines Vaters" (14, 2), wo Jesus also eigentlich ‚zu Hause' ist. Hier ist nicht die Rede von einer gnostischen ‚Heimfahrt' von Menschen, die ihrer Seele nach ‚pneumatisch' wären. Gerade ihnen muß Jesus, der doch von Gott ausgegangen ist, einen Platz reservieren; aus sich selbst sind sie ‚von der Welt', nicht aus dem Pneuma. Das erste, was also geschehen muß, ist, daß Jesus von dort oben ‚Pneuma' senden wird. Das ist der Sinn seines Fortgangs. *Letztlich* meint Johannes jedoch einen Platz im Himmel nach dem Tod, aber *direkt* hat er etwas anderes im Auge, was allerdings erst in Joh 20 offenkundig werden wird. Aber 14, 3 läßt davon schon etwas durchscheinen: „Ich komme wieder" (siehe auch 14, 8). In seiner aktualisierten Eschatologie meint Johannes damit keineswegs die Parusie am Ende der Zeiten, sondern die *Ostergabe:* Dann, am Ostertag, werden Jesus und der Vater zu den Jüngern kommen und „Wohnung bei ihnen nehmen" (14, 23). „Ich werde euch nicht verwaist zurücklassen: *Ich* kehre zu euch zurück" (14, 18). „An jenem Tag" (14, 20; 16, 23), das heißt am Ostertag (siehe unten), „werdet ihr wissen, daß ich in meinem Vater bin und ihr in mir und ich in euch" (14, 20). Die „monai" oder Wohnstätten, die Jesus bereiten will, haben mit dem johanneischen „menein" (bleiben) zu tun[111]: das „In-Jesus-Bleiben" und das Bleiben Jesu in den Jüngern, als Ostergabe. Gerade durch sein Sterben und sein Gehen zum Vater macht Jesus es möglich, daß er in seinen Jüngern „Osterwohnung" nimmt („menein"). Was in der frühen Kirche der Parusie Jesu zugeschrieben wird, ist für Johannes schon ein Ostergeschehen (aber noch mit einem weiteren Ausblick auf die Zeit nach dem Tod): Dann sind die Jünger schon dort, „wo Jesus ist" (14, 3; siehe 12, 26; 17, 24), weil Jesus selbst dann wiederkehrt und ‚in ihnen wohnt'. *Sie selbst* sind dann die ‚himmlischen Werkstätten'. Denn schon vom Kreuz an beginnt Jesus „empor", das heißt „an sich zu ziehen" (12, 32). Der Weg zum Himmlischen (14, 4) ist euch ja bekannt, sagt Jesus: „Ich bin der Weg, die Wahrheit und das Leben" (14, 6), das heißt, Jesus ist der Weg zur vollen Heils- und Weisheitsoffenbarung, die das Leben schenkt. „Niemand kommt zum Vater außer durch mich" (14, 6 b). Wie einst Mose Gott bat: „Zeige mir deine Herrlichkeit" (griech. Ex 33, 18), bittet Philippus: „*Zeige* uns den Vater" (14, 8). Aber Joh 14, 9–11 erinnert an den Prolog: „Wir haben seine Herrlichkeit geschaut, eine Herrlichkeit, wie sie der Einziggeliebte vom Vater empfängt" (1, 14 c): „Philippus, wer mich sieht, sieht den Vater" (14, 9). „Denn so sehr hat Gott die Welt geliebt, daß er seinen einziggeliebten Sohn hingegeben hat" (3, 16).

Wenn Jesus dieser Lebensweg ist, müssen sich die Jünger ausschließlich an ihn wenden: „Wenn ihr mich um etwas bitten werdet in meinem Namen, werde ich es tun" (14, 14; ausgeführt in 16, 23–24.26–27; siehe auch 1 Joh 5, 14–15 und 2, 1). Seinerseits wird Jesus, der schon während seines irdischen Lebens ein guter Hirt, ein Helfer oder Paraklet war, nach seinem Tod „einen anderen Helfer" senden, „der immer bei euch bleiben soll" (14,16), „den Geist der Wahrheit" (14,17), für den die Welt nicht empfänglich ist, „den heiligen Geist" (14,26). Fünfmal kommt Johannes darauf zurück (14,12–17; 14,26; 15,26; 16,7b–11.13.14), immer wieder mit neuen Nuancen (über die Funktionen des johanneischen Parakleten siehe unten). An Ostern wird der Vater auf das Bittgebet des auferstandenen Jesus den Jüngern den Geist schenken. An Ostern kommen also nicht nur „der Vater und Jesus", um bei den Jüngern zu wohnen, auch der heilige Geist wird bei ihnen einziehen. „Wir – der Vater und Jesus – werden zu ihm kommen und Wohnung bei ihm nehmen" (14,23). Dann wird die alte Erwartung erfüllt sein: „Gottes Wohnen unter den Menschen" (Ex 25,8; 29,45; Lev 26,11–12; Ez 37,27; 43,7; 48,35; Joel 4,21; Sach 2,14 usw.). „Und daß er in uns wohnt, wissen wir durch den Geist, den er uns gegeben hat" (1 Joh 3,24). Die Fleischwerdung des Wortes (1,14a) war zwar schon ein ‚Wohnen Gottes unter uns' (1,14b), aber für Johannes ist die Christologie eine *Soteriologie,* Heil: das Wohnen Gottes *unter uns* kommt erst an Ostern *in uns* zur Wirklichkeit.

Verherrliche mich, hebe mich auf das Kreuz, „damit ich dich verherrliche", das heißt, indem ich vom Kreuz aus alle an mich ziehe (17,2; 12,31); denn der Vater hat Jesus alle Autorität über die Menschen gegeben (5,27), um ihnen ewiges Leben zu schenken (17,2). „Macht über alles Fleisch" (pasa sarx) (17,2 zu vgl. mit 5,27, die Macht des Menschensohns) verbindet ‚Macht' (exousia) offensichtlich mit dem Begriff ‚Menschensohn' (siehe Dan 7). In diesem Hirtengebet Jesu (Joh 17) geht es daher eindeutig um die Inthronisation des Menschensohns. Auf die Frage: „Wer ist dieser Menschensohn?" (12,34c) gibt Joh 17 die Antwort: Das ist Jesus, der heimkehrt in seine Herrlichkeit. Jesus betet um die Herrlichkeit (17,5), die er nach dem Prolog Joh 1,1–4 „beim Vater" besaß. Der Menschensohn ist also der Logos.

Die aktuelle Eschatologie beginnt für Johannes erst an Ostern (20,19–20), nicht mit der Inkarnation als solcher, die jedoch deren Fundament ist. Während des irdischen Lebens Jesu wird das Heil nur in Vorzeichen gegeben, erst bei der Kreuzerhöhung und Auferstehung schenkt Jesus die Lebensgabe des Geistes.

Johannes sagt also keineswegs, daß Jesus *im* Geist kommt. Jesus selbst kommt, und außer dieser Gabe ist auch der Geist eine kommende Gabe des Auferstandenen (20,22). Unverbunden und ohne Synthese stehen im Johannesevangelium das Kommen Jesu und die Sendung des Geistes nebeneinander (14,17–18; wiederholt in 16,16.19, wo das Fortgehen Jesu mit Geburtswehen verglichen wird: ein kurzer Schmerz, dann die Freude: neues Leben (16,20–22). Der Tod Jesu ist nur eine kurze Unterbrechung: Dann „komme ich zu euch" (14,18), „ihr werdet mich *sehen*" (14,19), nämlich bei den Ostererscheinungen: „Sie *sahen* den Herrn" (20,20), „wir haben den Herrn *gesehen*" (20,25; siehe auch 20,18.29).

Zur Ermutigung während seiner kurzen Abwesenheit gibt und verheißt Jesus den „Frieden" (14,27, wiederholt in 16,33), nicht den Frieden von hinieden, der ‚von der Welt' ist (14,27b), sondern den Frieden als eschatologisches Heil (Jes 52,7; Ez 37,26) – das erste Geschenk, das der Auferstandene seinen Jüngern am Ostertag anbieten wird (20,20.21). Deshalb müssen diese jetzt, da Jesus für eine Weile fortgeht, eher froh sein (14,28), „denn der Vater ist größer als ich" (14,28b): Verherrlicht durch den Vater, wird Jesus mit reicheren, endgültigen Gaben zurückkehren. Deshalb „ist es gut für euch, daß ich hingehe: Denn wenn ich nicht hingehe, wird der Helfer (Paraklet) nicht zu euch kommen" (16,7). Das Fortgehen Jesu *ist* die Sendung des heiligen Geistes (siehe 16,7b; auch Joh 20). Daraus geht wiederum hervor, daß für Johannes das Menschsein Jesu (1,14) nicht ohne weiteres Erlösung und Heilsgabe ist: Der Tod als Erhöhung beim Vater ist ein wesentliches vollendendes Element, ohne das die eschatologische Geistesgabe unmöglich ist. Daß das Johannesevangelium die Heilsbedeutung des Todes Jesu minimalisieren soll, widerspricht dem Wesen des ganzen vierten Evangeliums. Das *irdische Leben* Jesu ist ein ‚Vorzeichen'; *Zeichen* ist sein Tod; *Wirklichkeit* (das Bezeichnete) ist seine Auferstehung, die Ostergabe des erhöhten Christus.

Doch stehen der Frieden und die Liebe der stark ‚nach innen gekehrten' johanneischen Gemeinde „unter dem Haß der Welt" (15,18–27). „Bedenkt dann, daß sie mich eher gehaßt hat als euch" (15,18). Der Evangelist will seine Gemeinde aus seiner Sicht Jesu Christi trösten. Die nahe gelegene Synagoge, unter der die johanneische Gemeinde einiges zu leiden gehabt hat, stellt die Christen vor Probleme. Der johanneische Jesus ermutigt sie, wenn auch in scharfen Worten gegenüber dem Unglauben, den er für sehr schuldig hält und der sich letztlich gegen Gott richtet: „Sie hassen meinen Vater" (15,22–25). Aber wiederum wird appelliert an den Parakleten, der auch als offizieller Ankläger der ‚Welt' des Unglaubens auftreten wird: Er wird von Jesus Zeugnis ablegen (15,26) in und durch das Zeugnis der Jünger (15,27): Er wird die Welt von ihrem Unrecht überzeugen (16,8). ‚Die Juden' werden die Jünger endgültig aus ihrer Synagoge verbannen (16,2; siehe auch 9,22 und 12,42 – typische Züge aus der Zeit der johanneischen Gemeinde), ja, es kommt eine Zeit, da man die Christen tötet und dabei noch glaubt, ein Gott wohlgefälliges Werk zu tun, wisset dann, daß sie dies tun, „weil sie weder den Vater noch mich erkannt haben" (16,2–3).

Schließlich erhält in 16,16–33 die johanneische Christologie eine gewisse Schärfe: „Ich bin vom Vater ausgegangen und in die Welt gekommen, ich verlasse die Welt wieder und gehe zum Vater" (16,28) – das ausdrücklich formulierte ‚Katabasis-anabasis'-Modell, das gleichsam – im Entwicklungsprozeß des johanneischen Evangeliums – in einer zweiten Version auf das Modell des eschatologischen Propheten-wie-Mose, unvergleichlich größer als Mose, gelegt wurde in einer Zeit, da man sich der Göttlichkeit Jesu immer mehr bewußt wird. Daher die Reaktion der Jünger: „Siehe, jetzt sprichst du offen und gebrauchst kein einziges Bild" (16,29), „wir glauben, daß du von Gott ausgegangen bist" (16,30) – das johanneische Gemeindebekenntnis. In dem Bericht aber ist es eine Neuformulierung früherer Worte Jesu, jetzt im Licht des nahenden Ostergeschehens gesehen. Wir dürfen nicht vergessen, daß Jesus immer in der dritten Person vom Menschensohn gesprochen hatte, sogar im Johannesevangelium. Evangelisch und literarisch hing noch ein Geheimnis über seiner Person.

Aber wenn die Jünger dies nun auch begeistert bekennen, Johannes erinnert seine Leser an die Panik der Jünger bei der Verhaftung Jesu: Sie wurden „nach allen Seiten zerstreut", „ihr laßt mich allein" (16,32; wenn es auch in 18,8 Jesus selbst ist, der als guter Hirt die Initiative ergreift, damit die Seinen freigelassen werden: „Laßt diese dann gehen", 18,8–9). Johanneisch fügt Jesus jedoch hinzu: „Doch ich bin nicht allein, denn der Vater ist bei mir" (16,32b).

Die Kohorte, die Jesus verhaften wird, Werkzeug des „Fürsten dieser Welt", ist im Anmarsch (14,30). „Steht auf, laßt uns von hier weggehen" (14,31; daran schließt sich ‚ursprünglich' der Passionsbericht an: 18,1). Aber der aktualisierende Johannes hat noch mehr zu erzählen.

§ 3. Heimgang zum Vater: Gabe des Heils

I

Das Lamm Gottes

Das Johannesevangelium spricht zweimal von Jesus als dem „Lamm Gottes" (1,29; 1,36; mit dem Wort „amnos", im Gegensatz zu dem „arnion" aus der Offenbarung), also nur in der Perikope von Johannes dem Täufer.

Von altersher war im Alten Testament das Lamm Bild *unverschuldeten* (2 Sam 24,17) und *ohnmächtigen* Leidens (Ps 44,12.23). Schon in Israels Nomadenzeit wurde das Volk Gottes eine „Herde von Schafen" genannt, mit einer Spitze gegen die Kultur des Ackerbaus (Abels Schafsopfer war Gott wohlgefälliger als Kains Bauernopfer von Feldfrüchten). Schaf oder Lamm *ist* das Gott wohlgefällige Opfer. Und Hirten genießen auch Gottes Vorliebe: Vom Schafshirten wurde Mose zum Propheten und Hirten, und der kleine Hirt David wurde zu Israels König berufen. „Sie wollen mich wie ein armes Schaf zur Schlachtbank führen": Dieser Text von Jer 11,18–19 inspirierte Deuterojesaja, wenn er den „leidenden Gottesknecht" mit einem Lamm vergleicht, das geschlachtet wird (Jes 53,7). Das Neue dabei (gegenüber Jeremia) ist, daß der Gedanke an Leiden für andere mit der Vorstellung ‚Lamm' verschmilzt. Dies alles hat in und aus sich selbst keine *messianische* Bedeutung. Der leidende Knecht weckt nicht die Vorstellung von einer Messiasgestalt, sondern das Bild vom leidenden Propheten, zumindest läßt sich der Begriff damit verbinden. Im äthiopischen Henoch 89–90 wird Israel eine Schafsherde genannt und *David* ein *Lamm;* vielleicht sind „die Lämmer" hier sogar ursprünglich ‚Propheten‘ (Mt 7, 15 nennt bemerkenswerterweise die falschen Propheten Wölfe in Schafsfellen, was das Bild, daß Propheten Lämmer sind, vielmehr *voraussetzt).* Der Grundgedanke ist jedoch: „Das Lamm" ist Bild des *leidenden Propheten.* Und das scheint das urchristliche Selbstverständnis des Propheten zu sein. Auch der synoptische Bericht vom Letzten Abendmahl wird nicht verständlich ohne den Hintergrund von Jes 53 (wenn dieser auch nie *explizit* in den älteren neutestamentlichen Texten zitiert wird). Typisch ist, daß Apg 8, 31–33 ausgerechnet Philippus, einen aus dem Stephanuskreis und Leiter der Samariamission, Jes 53, 7–8 auslegen läßt: „Wie ein Schaf wurde er zur Schlachtbank geführt und wie ein Lamm…"

Wenn dann der eschatologische Prophet wie Mose, der leidende Gottesknecht, der Hintergrund des Johannesevangeliums ist (wie schon gesagt wurde), liegt es nahe, im johanneischen Lamm Gottes primär den leidenden Knecht zu sehen, den *mosaischen Messias.* Der Umweg, um über das aramäische „talja", das sowohl Lamm als auch Sohn und Knecht bedeuten kann, den *messianischen* Charakter des deuterojesajanischen Ebed (griech. Jes 53, „pais Theou") zu erklären, scheint mir von dem Augenblick an unnötig, da ‚der leidende Gottesknecht‘ in die Perspektive des mosaischen leidenden Gottesknechtes tritt, welcher der eschatologische Prophet ist. Der leidende Ebed hat keine *davidisch*-messianischen, sondern *mosaisch*-messianische Züge. Ganz abgesehen von der Frage, ob schon in Deuterojesaja selbst „Ebed Jahwe" und eschatologischer Prophet-wie-Mose explizit verbunden sind, die Tendenz dazu liegt deutlich im Ganzen der jesajanischen Endkomposition. Man kann somit den mosaisch-messianischen Charakter des Ebed kaum leugnen. „Das Lamm Gottes, das die Sünden der Welt trägt", wie der leidende Mose die Lasten und Sünden des Volkes trug, ist also der Prophet, der wie ein Lamm zur Schlachtbank geführt wurde (Jes 53, 7).

Weil aber das frühe Christentum Jesus auch mit dem Osterlamm identifiziert (u. a. 1 Kor 5, 7; weniger deutlich in 1 Petr 1, 18–19, wo eher allgemein das Opferlamm gemeint ist), kann man zugeben, daß das johanneische Lamm Gottes *sekundär* auch die Nebenbedeutung von Osterlamm (zumindest Opferlamm) erhält, nämlich Joh 19, 14.36: Johannes läßt Pilatus das Todesurteil um die sechste Stunde fällen, um die Zeit, in der die Osterlämmer geschlachtet wurden, und mit einem Schriftverweis läßt er die Vorschrift über die Osterlämmer: „von seinem Gebein soll nichts gebrochen werden" (19, 36) an Jesus in Erfüllung gehen. Aber diese beiden Andeutungen können den Gebrauch von „das Lamm Gottes, das die Sünden der Welt trägt" aus Joh 1 nicht erklären. Dahinter steht das deuterojesajanische Lamm, in Jes 53 (innerhalb des ganzen jesajanischen Kontextes) vielleicht schon identifiziert mit Mose, dem Hirten, der das Leben hingibt für seine Schafe, das Volk; jedenfalls sieht *Johannes* in Jesus den „Ebed Jahwe" als identifiziert mit dem mosaisch-messianischen eschatologischen Propheten, „der die Lasten des Volkes trägt" (Num 17, 14;

siehe Jes 53,4). Auf der Linie des frühjüdischen Sinaitismus kann das vierte Evangelium daher im Tod Jesu selbst schon eine Erhöhung sehen. Es gibt zumindest frühjüdische Andeutungen in dieser Richtung.

II
Die Kreuzerhöhung

Das Kreuz eines Gekreuzigten wurde aufgerichtet. Das wird für Johannes das Bild, in dem er zum Ausdruck bringt, daß der Tod Jesu selbst schon eine *Erhöhung* ist, eine Verherrlichung. Jesu Hoheit und Herrlichkeit vollziehen sich schon im Tod. Das ist einigermaßen neu gegenüber der synoptischen Auffassung von Jesu Tod.

Es gibt vor dem Passionsbericht im Johannesevangelium schon wiederholt Anspielungen auf den Tod Jesu: 2,17; 5,18; 7,1.19.25; 12,23.27; und auf die Kreuzerhöhung: 3,14; 8,28.38; 12,32–33; siehe 18,32; 19,37. Es gibt vor allem die Salbung Jesu in Betanien (12,1–11). Sechs Tage vor dem Pascha salbt Maria, im Beisein des zum Leben erweckten Lazarus, Jesus die Füße mit Balsam aus echter und kostbarer Narde. Johannes erklärt dies so, sie habe damit bewiesen, das wahre, hochheilige Wesen Jesu erkannt zu haben. Die dem Tod vorausgehende Salbung war so reichlich, daß diese Tat Ausdruck des Glaubens an Jesu Herrlichkeit, auch im Tod, war.

Aber schon in 3,14–15 wurde der Tod Jesu, ebenfalls im Bild der ,Aufrichtung', als eine Erhöhung gesehen: „Dieser Menschensohn muß emporgehoben werden, wie Mose einstmals die Schlange emporhob, damit jeder, der an ihn glaubt, ewiges Leben habe" (siehe Num 21,8–9). Der Tod Jesu ist eine heilbringende Erhöhung. Doch bleibt dieser Tod bestürzend, auch für Jesus (12,27; Ps 43,5). Im Johannesevangelium ist dieses Ärgernis des Kreuzes jedoch nicht weggenommen, sondern aufgenommen in die Hoheit der Person Jesu, durch die der Tod gleichsam ,ipso facto' überwunden ist. Sein Tod ist „die Stunde des Vaters" (7,30; 8,20; 12,23; 13,1; 17,1), die „Stunde der Verherrlichung" (12,23; 17,1; 13,1). Der Grund, Jesu Tod so zu sehen, liegt im johanneischen Begriff vom „Lamm Gottes", das in seiner fundamentalen Bedeutung deuterojesajanisch ist. In Jes 52,13 finden wir die beiden von Johannes gebrauchten Begriffe: ,erhöht werden' (hypsothesetai) und ,verherrlicht werden' (doxasthesetai). Johannes gebraucht, als neue Auffassung gegenüber anderen neutestamentlichen Christen, zwei Kategorien: einerseits Erhebung oder Erhöhung ,auf das Kreuz', andererseits Auferstehung und Verherrlichung nach dem Tod. Hat dies mit den beiden Kategorien zu tun, die wir im Urchristentum finden: ,Erhöhung' und ,Auferstehung', ein (zumindest formaler, nicht inhaltlicher) Unterschied, dessen Problematik im Johannesevangelium eine andere Lösung erhalten hat als im außerjohanneischen Christentum?

Im Johannesevangelium geht es meines Erachtens, wenn die Analyse vom

‚Lamm Gottes‘ und vom mosaischen Sinaitismus des frühen Judentums richtig ist, primär (nicht ausschließlich) um die Erhöhung und Verherrlichung des mosaischen leidenden Gottesknechtes. Heilswirkung geht von Jesus erst voll aus, wenn er am Kreuz aufgerichtet wird: Dann wird er alle an sich ziehen (12,32), dann wird er zur Quelle „ewigen Lebens" (3,14–15). Darin schenkt Gott das Kostbarste, das er schenken konnte: seinen Sohn (3,16), und zwar „damit die Welt gerettet würde" (3,17; siehe 4,42b).

Vor seinem Leiden sagt der johanneische Jesus: „Die Stunde ist gekommen, da der Menschensohn verherrlicht wird" (12,23). Und Jesus betet: „Vater, verherrliche deinen Namen" (12,28). „Da kam eine Stimme vom Himmel: Ich habe ihn verherrlicht und werde ihn wieder verherrlichen" (12,28b), wozu Jesus bemerkt: „Nicht meinetwegen erfolgte diese Stimme, sondern euretwegen" (12,30). Johannes denkt bei ‚Verherrlichung‘ an die Fülle der Heilsmacht: „Wir haben seine Herrlichkeit gesehen, ... voll der Gnade und Wahrheit" (7,14c.e; 13,32; 17,1–2). Christologische Aussagen sind bei Johannes immer auch soteriologische Aussagen: Mitteilung von Jesu Herrlichkeit an die Gläubigen. „Vater, die Stunde ist gekommen. Verherrliche deinen Sohn, damit der Sohn dich verherrliche. Denn du hast *ihm* Macht gegeben über alle Menschen, ewiges Leben zu schenken allen, die du ihm gegeben hast" (17,2; in seinem Gebet mit dem Vater spricht Jesus vom ‚Sohn‘ in der dritten Person), das heißt: der eigentliche, letztliche *Sinn* der Verherrlichung Jesu ist die Ostergabe ewigen Lebens an die Gläubigen. Jesu Leben wird erst durch seinen Tod fruchtbar für die Menschen (12,24). Jesus bittet dabei um „die Herrlichkeit, die ich bei dir hatte, ehe die Welt bestand" (17,5). Und immer wieder steht da: „Verherrliche mich *jetzt*" (17,5; siehe ‚jetzt‘ in 12,27.31a.b.23; 13,31): jetzt, in der Stunde des Leidens (12,27); jetzt, in der Stunde des Verrats (13,31); jetzt, in der Stunde der Aufrichtung des Kreuzes (12,31); jetzt, in der Stunde der Verherrlichung (12,23). Dies alles ist ‚notwendig‘ („dei": 12,24). Der Welt absterben heißt leben (12,25). Die Stunde der Herrlichkeit fällt zum Teil schon mit dem Tod Jesu zusammen, der als Wille des Vaters erlebt wird (18,11). Wenn Jesus gekommen ist, „damit sie das Leben haben, und zwar in Fülle" (10,10), dann ist Jesus gekommen, um ‚diese Stunde‘ durchzustehen (12,27c), denn allein der verherrlichte Gekreuzigte kann vom Vater aus die Lebensgabe schenken (3,14–15; 7,39; 16,7; 17,1–5). Daraus geht hervor, daß Johannes Jesus nicht als ‚einen auf Erden wandelnden Gott‘ in einer geliehenen Gestalt sieht (wie bei Engelerscheinungen). Warum sollte er denn kein göttliches Leben schenken können, als er auf Erden war (7,39; 16,7)? Noch weniger als jemand, der bei seinem Tod alle Menschlichkeit wieder ablegen würde, um bloß ‚präexistenter Sohn‘ zu werden. Warum erschien er denn eigentlich als Mensch, da er ja erst bei seinem Fortgang den Geist schenken kann (7,39; 16,7)? Und wie erklärt man dann Jesu „Auferstehen von den Toten" (20,9)? Die Annahme, vor allem von E. Käsemann, eines naiven Doketismus, der wiederum auf ein postexistentes Dasein ohne Menschheit hinausläuft[112], findet im Johannesevangelium nirgends eine Grundlage. Das Samenkorn – Einheit von Tod und Auferstehung – widerspricht dem schon (12,24), wie auch die Aussage: „Ich gebe mein Leben hin, um es später wieder zurückzunehmen" (10,17–18), schließlich die urchristliche Auferstehungsterminologie in Verbindung mit Jesus (vor allem 2,22; und 20,9).

Das *fleisch*gewordene Wort kann daher im Johannesevangelium nur Zeichen des kommenden Heils setzen; seine große Heiltätigkeit beginnt erst mit seinem ‚Ziehen' vom Kreuz aus (12,32). Die Entsprechung dieses Ziehens ist in 19,31 bis 37: das Hinaufschauen zum durchbohrten Jesus am Kreuz (siehe 19,37; 17,28)[113]. „Verherrliche deinen Namen" (12,28; siehe 17,2): Zeige, daß du Gott-für-uns bist; halte deinen Namen hoch – heilige ihn (vgl. Ez 36,23; 28,23; Ps 138,2). Der Name Gottes ist die dem Menschen zugewandte Seite Gottes[114], Gott-als-Offenbarung. Aber dieser Name – das Geoffenbarte – ist im Johannesevangelium die Einheit von Vater und Sohn (siehe u.a. 13,31; 17,5; 5,36; 10,38; 11,4.40; 14,10), wie die Herrlichkeit oder ‚doxa' der Vater ist als sich offenbarend im Sohn. Diesen Namen hat Jesus seinen Jüngern offenbart (17,6) und „sie haben angenommen und in Wahrheit erkannt, daß ich von dir ausgegangen bin, und sie haben geglaubt, daß du mich gesandt hast" (17,8d), „ich habe ihnen die Herrlichkeit gegeben, die du mir geschenkt hast, damit sie eins seien, wie wir eins sind" (17,22), „deinen Namen habe ich ihnen geoffenbart" (17,26): „Wir glauben daher, daß du von Gott ausgegangen bist" (16,30). Darin liegt der große Unterschied zum Zeichen-Glauben des Nikodemus, der in Jesus nur einen von Gott in und durch Zeichen legitimierten Lehrer sah, mehr nicht (3,2; siehe auch 2,23; gegenüber 3,36: „glauben an den Sohn", an die Einheit von Vater und Sohn, 3,35b). Verherrlichung ist daher die *Offenbarung* der Liebeseinheit des Vaters und des gesandten Sohnes. Diesen Namen hat Jesus geoffenbart: Gottes Heiligkeit („*heiliger* Vater", 17,11), Gottes Gerechtigkeit („*gerechter* Vater", 17,25), Gottes Liebe: „Deinen Namen habe ich ihnen geoffenbart, und ich werde dies weiter tun, damit die *Liebe, mit der du mich geliebt hast,* in ihnen sei und ich in ihnen" (17,26): „Gott ist Liebe" (1 Joh 4,8.16) (zugleich ein Echo des frühchristlichen: „Dein Name werde geheiligt", Lk 11,2; Mt 6,9).

„Ich habe diesen Namen verherrlicht" und „ich werde ihn wiederum verherrlichen" (12,28): so die himmlische Stimme, Botin des Vaters. Joh 13,31.32 (nach dem Weggang des Judas) gibt davon ein recht detailliertes Bild, sowohl des ‚vergangenen' (Aorist) als auch des ‚kommenden' Geschehens (Futur): – a) *Jetzt* ist der Menschensohn verherrlicht, und – b) Gott ist in ihm verherrlicht. – c) Wenn Gott in ihm verherrlicht ist, – d) *wird* Gott auch ihn in sich selbst verherrlichen, – e) er *wird* ihn bald verherrlichen" (13,31–32). Zunächst ist deutlich, daß es um eine gegenseitige Verherrlichung geht (in Vergangenheit und Zukunft): des Menschensohnes und Gottes. In b) und c) wird gesagt, daß Jesus Gott verherrlicht; in d) und e), daß Gott Jesus verherrlichen wird. In der Person (siehe auch 14,13; 17,10) des Menschensohns wird Gott selbst verherrlicht (b) und c); in d) wird gesagt: Seinerseits verherrlicht Gott den Menschensohn in seiner Person. Verherrlichung und Menschensohn gehören zusammen. Das ‚wiederum verherrlichen‘ aus 12,28 bezieht sich dann auf das ganze Ostergeschehen: Tod und Auferstehung, Geistsendung. Wann jedoch hat der Vater Jesus schon verherrlicht? Das hat er unter anderem und vor allem bei den ‚Zeichen‘ getan, die Jesus verrichtete (2,11; 9,3), vor allem bei dem großen Vorzeichen, der Erweckung des Lazarus: „Diese Krankheit führt nicht zum Tod, sondern ist wegen der *doxa* (Herrlichkeit) Gottes, damit der Sohn Gottes dadurch verherrlicht werde" (11,4). Schließlich meint Johannes mit „ich habe ihn schon verherrlicht" das ganze irdische Lebenswerk Jesu (siehe 17,4); denn der Vater war Jesus immer nahe, Jesus war nie allein (8,16.29.54; 16,32). Der Vater wurde in Jesus auch dadurch verherrlicht, daß die Seinen seine Worte angenommen haben (17,6.8–11). Das ganze Leben Jesu war eine *Offenbarung* Gottes als des Vaters Jesu. Verherrlichen bedeutet zugleich: jemanden rehabilitieren und rechtfertigen, zeigen, daß er, im Gegensatz zu allen seinen Feinden, recht hatte. Der Tod Jesu ist Triumph und Gericht über „den Fürsten dieser Welt" (12,32). Erst ‚von der Höhe‘ aus kann Jesus Menschen wegziehen aus der Finsternis, der Welt, in der der Satan herrscht. Die Finsternis bleibt, aber die Gläubigen (die selbst doch zu dieser Finsternis gehörten) sind verpflanzt in einen anderen Lebensbereich (siehe auch Kol 1,13: „dem Bereich der Finsternis entrückt und hinübergebracht in das Reich seines geliebten Sohnes", das ist ‚außerhalb der Sünde‘; siehe auch im Hebräerbrief). Johannes sagt dies plastisch von der Erhöhung des Kreuzes, das „weg von der Erde" (ek tēs gēs) aufgerichtet wird (12,32), zum Himmel hin. Die Bewegung nach oben ist rettend (siehe auch 3,14–15): „Sie werden aufblicken zu dem, den sie durchbohrt haben" (19,37). Johannes zitiert dabei Sach 12,10–14: eine Totenklage Israels um einen Mann, der mit Zutun des Volkes ermordet worden war (siehe auch Jes 53); dort ist dieses Aufblicken Ausdruck der Reue und Einkehr der Bewohner Jerusalems. Dann werden sie ihr Unrecht bekennen müssen: Wir haben einen ‚leidenden Gottesknecht‘ ermordet. Sie sehen dann ihr Unrecht[115]. Johannes meint damit weniger Verdammnis als vielmehr letzte Heilschance. Dann blickt er auf zu der erhöhten Schlange (3,14), „um am Leben zu bleiben" (Num 21,8). In 8,28 sagt Johannes: „Wenn ihr den Menschensohn erhöht haben werdet, dann werdet ihr einsehen, *daß ich es bin*", und „dann werde ich alle an mich ziehen" (12,32). Wenn Johannes an die durchbohrte Seite Jesu denkt, aus der wässeriges Blut fließt (19,34–35), denkt er auch an 7,38: „wie die Schrift sagt: Ströme lebendigen Wassers werden aus seinem Inneren fließen", und Johannes fügt hier hinzu: „Damit meinte er den Geist, den sie… empfangen würden" (7,39; siehe 4,14; 7,38). *Gläubig* (7,39) aufblicken zu dem durchbohrten Jesus (19,37) ist eine Gnade zum ewigen Leben; für Nichtgläubige ein Gericht. Glaube ist die einzige Bedingung (3,15.16; 6,37 mit 6,40; 6,45 b.c).

Für den jüdischen davidischen Messianismus war ein leidender Messias undenkbar. Johannes verbindet den *Tod* Jesu vor allem mit ‚Christus' (2,1–11; 6,1–15; 12,1–9; 19,13–42), während er für den Auferstandenen „der Herr" (20,18.20.25) und vor allem „Sohn Gottes" gebraucht (2,13–22; 5,1–18; 9,1–44; 20,1–23). Aber Menschensohn, Christus und Sohn Gottes ist Jesus von Nazaret. Johannes selbst kennt Jesus wohl als Messias, aber nicht als Davidsmessias, sondern als mosaischen Messias, ein Begriff, der, so wurde schon gesagt, sich im frühen Judentum, vor allem im Sinaitismus und in dem mit diesem verwandten Samaritanismus, schon gebildet hatte: der messianische Mose (Ex 16,7.8.9 spielte darin eine Rolle). Der messianische Prophet würde eine neue Mosegestalt sein; Jesus ist die Erfüllung von Dtn 18,15–19 (siehe Joh 4,25; 8,28; 12,49–50; 6,14; 7,40.52; 5,44–47). Für Johannes *ist* Jesus der königliche Messias, aber nicht ein davidischer, sondern ein mosaischer, selbst schon der „leidende Gottesknecht" genannt. Man kann nicht sagen, daß ‚Mose' ein strukturierendes Prinzip des Johannesevangeliums ist, ebensowenig wie die jüdischen Festtage dies sind: eine Mischung verschiedener Modelle, hervorgerufen durch die Erinnerung an die Jesustradition, kennzeichnet das ganze vierte Evangelium.

Die Kreuzerhöhung, unerkennbar für ‚die Welt', ist für gläubige Augen die Inthronisation Jesu. Wie auf späteren byzantinischen Darstellungen des kaiserlichen Jesus am Kreuz ist für Johannes das Kreuz ein Thron: „Seht euren König" (19,14; siehe 19,19), läßt Johannes Pilatus ungewollt eine tiefe Wahrheit aussprechen. Für Jesus ist sein Tod das allerletzte ‚Werk', die Vollendung seines ganzen Auftrags: „Es ist vollbracht" (19,30).

Johannes läßt Jesus noch eine letzte Offenbarungsrede halten, in einer Art Welttribunal wie in Jes 40ff. Im Prätorium des Pilatus, des Repräsentanten des heidnischen Unglaubens, und der Hohenpriester (die Johannes ebenfalls zu Pilatus kommen läßt), ihrerseits Repräsentanten des jüdischen Unglaubens, steht Jesus vor Gericht: als „König der Judäer". Jesus gibt zu, daß er König ist (18,33–38a), aber seine königliche Würde und sein königliches Auftreten sind nicht ‚von dieser Welt'. Doch ist er König, stellt Pilatus fest (18,37). Aber auch Pilatus ist ‚von dieser Welt', nicht ‚aus der Wahrheit', und versteht dies daher nicht (18,37–38): Er ist nicht „aus Gott". Nach der Verspottung und Geißelung durch Soldaten will Pilatus, einerseits weil er die Motive der Ankläger durchschaut hatte, andererseits aus einer heidnisch-religiösen Scheu (19,8.9–12), Jesus freilassen. „Seht, hier ist dieser Mensch!" (19,5). Die Anklage richtete sich gegen „diesen Menschen" (18,29). Pilatus selbst meint damit nichts Tiefsinniges; nur Verachtung für die Judäer: Dieser Mann, im lächerlichen Königskostüm, ist nur ein Mensch, ohne Königsambitionen; eure Anklage ist blödsinnig. Kurz zuvor hatte er gesagt: „Seht, hier ist euer König" (19,14). Der Bericht ist so angelegt, daß die Hohenpriester (jüdisches *Volk* läßt sich in dieser ganzen Szene bei Pilatus im Johannesevangelium nicht erkennen) so unjüdisch wie nur möglich rufen: „Wir haben keinen anderen König als Cäsar" (19,15). Nach dem Jahr 70 beteten die Juden täglich in der elften Segnung des Achtzehn-Bitten-Gebets: „Sei du, Gott, König über uns, du allein." Aber wenn auch Pilatus mit dem „ecce homo" nichts Tiefsinniges meint, so doch Johannes: Dieser Mensch ist für ihn der königliche Sohn Gottes. Das Kreuz, als sarkischer Tiefpunkt, ist für Johannes ein Höhepunkt in der irdischen Manifestation dessen, was Jesus in Wirklichkeit ist: ein König aus dem Bereich des Pneuma, nicht von ‚dieser Welt'. Joh 19 ist von starker theologischer Dichte[116]. Pilatus findet Jesus nicht schuldig der Anklage, er werfe sich im Machtbereich des Prokurators Pilatus (Jerusalem und Umgegend) zum König Judäas auf. Doch fällt er, um die Gunst des Kaisers nicht zu verlieren (19,12), das Todesurteil, und zwar aus dem Rechtsgrund „König der Judäer" (19,19). Letzlich *ist* Jesus König. Der ganze Prozeß im Johannesevangelium ist eine Königsepiphanie: eine Stunde der Verherrlichung. Jetzt sagen die Judäer: „Er gibt sich als *Sohn Gottes* aus" (19,7), und Lev 24,16 fordert dafür die Todesstrafe. Nachdem sie Jesus zuerst aus politischen Gründen angeklagt hatten, wird Jesus durch die neue Anklage eines religiösen Vergehens geziehen. Dadurch entlarven sie sich selbst; ihre erste Anklage war nur ein Alibi. Johannes legt eine starke Ironie in seinen Bericht: Der *Heide* schreckt davor zurück, diesen König der Judäer kreuzigen zu lassen, er sieht dessen Unschuld ein und spürt etwas Numinoses in diesem Mann; die *Hohenpriester* dagegen (18,35; 19,6; 19,15) rufen nach seiner Kreuzigung.

In 19,16b – 22 schließt Johannes dieses Königsthema ab. Sterbend vertraut Jesus seine Mutter, als Repräsentantin des gläubigen, heilserwartenden Israels, der Sorge der christlichen Gemeinde an, „dem Jünger, den Jesus liebte" (19,26–27; vgl. das Thema des „geliebten Jüngers": 13,23–26; 19,26–27; 20,3–10 und das Schlußkapitel des vierten Evangeliums: 21,7.20–23.24). Dieser Jünger ist der große, ursprüngliche Traditionsträger der johanneischen Gemeinde, auf dessen Zeugnisse und Tradition sich der Evangelist stützt. Er tritt im Johannesevangelium zum erstenmal ausdrücklich beim Abschiedsmahl auf (13,23–26), vermutlich war er ein griechisch sprechender Jude aus Jerusalem, aus dem sogenannten ‚Stephanuskreis', der schnell aus Jerusalem floh, wahrscheinlich nach Samaria. Der geliebte Jünger ist für das Johannesevangelium sozusagen, was Paulus für die Deuteropaulinen ist. Nach der Adoptionsformel (jemand zum Bruder und jemand zur Schwester erklären; siehe: Ps 2,7 und griechisch Ijob 12) (Joh 19,26–27) muß die johanneische Gemeinde alle aufnehmen, die, wie Maria, das messianische Heil suchen und auf Jesus vertrauen (Kanawunder: 2,1–11). Dies ist ein bleibender Auftrag an die christliche Gemeinde. Aber auch Maria nimmt den Lieblingsjünger auf[117].

Schließlich zeigt Johannes, daß ‚den Geist aufgeben' oder das Sterben Jesu eine letzte Opfertat ist. Er verwendet dafür einen außergewöhnlichen Begriff, nämlich: „paredoken" (19,30b), im Gegensatz zum gewöhnlichen Sprachgebrauch ‚den Geist aufgeben' oder den letzten Atemzug tun (so Mk 15,37; Lk 23,46; und mit einem ähnlichen Wort Mt 27,50). Bei Johannes wird es zu einer Gabe und Hingabe: Jesus gibt sein Leben hin. „Deshalb liebt mich der Vater, weil ich mein Leben hingebe, um es später wieder zurückzunehmen. Niemand nimmt es mir ab, sondern ich gebe es aus mir selbst" (10,17–18). Dies alles legt Johannes in das Wort „paredôken": „Er neigte das Haupt und gab den Geist auf" (19,30b). „Soll ich den Kelch nicht trinken, den mein Vater mir gegeben hat?" (18,11). Deshalb sagt der johanneische Jesus noch: „Ich habe Durst" (19,28), nämlich um diesen Kelch des Vaters zu trinken, wie an anderer Stelle gesagt wird: „Meine Speise ist ... der Wille des Vaters" (4,34). Jesus will sein Werk vollenden. Man gibt ihm einen sauren Trank (damals ein Erfrischungsmittel), aber dies ist eine Erfüllung der Schrift: Ps 69,22, wo der leidende Gerechte in einer häßlichen Hohngebärde einen Essigtrank erhält: Leiden. Dann sagt Jesus: „Es ist vollbracht" (19,30). Der Auftrag des Vaters ist zu Ende (siehe 14,31; 17,4).

III
Verherrlichung des Vaters und des Sohnes:
Auferstehung und Geistsendung als Ostergeschenk

LITERATUR (außer den Johannes-Kommentaren):
J. E. *Alsup*, The Post-Resurrection Appearance Stories of the Gospel-Tradition (Stuttgart 1975); J. *Baumbach*, Gemeinde und Welt im Johannesevangelium: Kairos 14 (1972) 121–136; O. *Betz*, Der Paraklet. Fürsprecher im häretischen Spätjudentum, im Johannesevangelium und in neu gefundenen gnostischen Schriften (Leiden – Köln 1963); J. *Blank*, Krisis, a. a. O.; P. *van Boxtel*, Die präexistente Doxa Jesu im Johannesevangelium: Bijdr. 34 (1973) 268–281; R. *Brown*, The Paraclete in the Fourth Gospel: NTS 13 (1966–67) 113 bis 132; W. H. *Cadman*, The Open Heaven. The Revelation of God in the Johannine Sayings of Jesus (Oxford 1969); G. *Caird*, The Glory of God in the Fourth Gospel: An Exercise in Biblical Semantics: NTS 15 (1968–69) 265–277; W. *Grossouw*, La glorification du Christ dans la quatrième Évangile, in: L'Évangile de Jean (Brügge 1958) 131–145; E. *Haenchen*, Der Vater, der mich gesandt hat: NTS 9 (1962–1963) 208–216; R. G. *Hamerton-Kelly*, Preexistence, Wisdom and the Son of Man (Cambridge 1973) 197–242; J. *Heise*, Bleiben. ‚Menein' in den johanneischen Schriften (Tübingen 1967); G. *Johnston*, The Spirit-Paraclete in the Gospel of John (Cambridge 1970); E. *Käsemann*, Jesu letzter Wille nach Johannes 17 (Tübingen 1966); Th. C. *de Kruyff*, The Glory of the Only Son (Jn 1,14), in: Studies in John (Leiden 1970) 111–123; J. *Kuhl*, Die Sendung Jesu und der Kirche nach dem Johannesevangelium (St. Augustin 1967); G. N. *Locher*, Der Geist als Paraklet: EvTh 66 (1966) 578ff; J. P. *Miranda*, Der Vater, der mich gesandt hat (Bern – Frankfurt 1972); J. *McPolin*, Mission in the Gospel: IrThQ 36 (1966) 113–122; I. *de la Potterie*, L'exaltation du Fils de l'homme: Greg 49 (1968) 460–478; *ders.*, L'onction du Christ: NRTh 80 (1950) 225–252; *ders.*, L'onction du chrétien dans la foi: Bibl 40 (1949) 12–69; *ders.*, Le Paraclet, in: J. de la Potterie und S. Lyonnet, La vie selon l'esprit, condition du chrétien (Paris 1965) 85–105; F. *Porsch*, Pneuma und Wort. Ein exegetischer Beitrag zur Pneumatologie des Johannesevangeliums (Frankfurt 1974); P. *Ricca*, Die Eschatologie des vierten Evangeliums (Zürich 1966); H. *Schlier*, Der H. Geist als Paraklet nach dem Johannesevangelium: IKZ Communio 2 (1973) 97–103; J. *Schreiner*, Geistbegabung in der Gemeinde von Qumran: BZ 9 (1965) 161–180; W. *Thüsing*, Erhöhung und Verherrlichung Jesu im Johannesevangelium (Münster ²1969); Br. *Vawter*, Ezekiel and John: CBQ 26 (1964) 451–458.

Johannes spricht von Hinaufsteigen (6,62), von Erhöhung (8,28; 12,34) und von Verherrlichung (12,23; 13,31), ohne die Motive einer ‚Himmelsreise' zu gebrauchen. Er denkt einfach im antiken Weltbild: Gott wohnt oben, auf der höchsten Etage des Alls (siehe Ps 29,3.10; 104,3; usw.). Katabasis und Anabasis, herabsteigen und hinaufsteigen, haben (innerhalb dieses Weltbildes) mit der *Offenbarung von doxa,* von Gottes Herrlichkeit, zu tun („Gott steigt herab" bedeutet: Er zeigt seine Herrlichkeit; siehe Ex 24,16; Ez 9,3; 11,23; Jes 13,14–15). Für diese Rückkehr zum Vater verwendet Johannes vor allem drei Begriffe: – a) „hypagein", hinaufgehen zu (7,33; 8,14.21.22; 13,3.33.36; 14,4.5.28; 16,5.10,17), – b) „poreuesthai", hingehen (7,35; 14,2.3.12.28; 16,7.28), – c) „anabainein", hinaufsteigen (u.a. 3,13; 6,62; 20,17). Man wird zuerst bemerken müssen, daß auch die Synoptiker in Verbindung mit dem Tod Jesu genauso von „hypagein" sprechen (Mt 26,24; Mk 14,21), von „poreuesthai" (Lk 22,22.23), und Lukas gebraucht auch den dritten Begriff als Wort mit doppelter Bedeutung: „anabainein", hinaufgehen nach Jerusalem, aber um dort zu sterben (Lk 18,31). Auch bei Lukas verstehen die Jünger den Sinn dieses Hinaufgehens nicht (Lk 18,34), wie bei Joh 16,16–19). „Hinaufgehen nach" ist also ein doppelsinniges Wort: ein Rätselwort[118]. Erst Joh 16,29 sagen die Jünger, daß sie etwas davon zu verstehen beginnen, nämlich: „Ich bin vom Vater ausgegangen und in die Welt gekommen; *ich verlasse die Welt wieder* und gehe zum Vater" (16,28). Fortgehen schließt also den Tod Jesu ein, aber damit ist das volle Verständnis der ‚anabasis' nicht gegeben. Die anderen Aspekte dieser Rückkehr müssen jetzt näher untersucht werden.

Zunächst muß gesagt werden, daß der Tod Jesu, sein Fortgang, ein *endgültiger* Abschied von der Welt und deshalb ein Gericht über die Welt ist: Die Welt, die Ungläubigen „sie werden ihn nicht mehr sehen" (14,19; siehe 7,34–37), aber das ist auch ihr Tod (8,21–22). Für ‚die Seinen' jedoch, die Jünger, ist sein Tod nur eine kurze Trennung: „Ihr aber werdet mich sehen, denn ich lebe, und auch ihr werdet leben" (14,19); für sie kommt Jesus wieder (14,3.18.28; 16,16–17). Gerade dieser Aspekt findet im Vollendungselement der Verherrlichung seinen Ausdruck.

Nach seinem Tod, beim Besuch am leeren Grab denkt – außer „dem geliebten Jünger", der „sah und glaubte" (20,8) – niemand, weder Magdalena noch Petrus, an die Auferstehung Jesu. Johannes betont ausdrücklich: „denn sie hatten noch nicht begriffen, was geschrieben stand, daß er nämlich von den Toten auferstehen müsse" (20,9; „ek nekrōn anastēnai"). Johannes gebraucht also durchaus die urchristliche Auferstehungsterminologie, wie er es übrigens in Verbindung mit Jesus schon in 2,22 („egerthe") getan hatte. Der Gedanke an eine Verherrlichung in der Form eines nochmaligen Ablegens seiner ‚menschlichen Gestalt' ist ihm völlig fremd. Daß das Menschsein Jesu nur zeitlich und vorläufig sein soll, ist vollständig unjohanneisch, wenn auch mit dem Tod und der Auferstehung die *sarx*-Bedingtheit Jesu verschwunden ist. Für Johannes ist diese sarx ein Tempel – „das Zelt der Begegnung" (1,14a; schon in 2,21 läßt er Jesus von dem „Tempel seines Leibes" sprechen, den die Judäer abbrechen werden, den Jesus selbst aber in drei Tagen wieder aufbauen wird

(2, 19–20). Das ist die Antwort Jesu auf das von den Judäern verlangte *Zeichen* (2, 18), das also kein Vorzeichen mehr ist, wie alles, was der irdische Jesus getan hat, wohl aber das Geschehen, das durch all diese Zeichen vorgebildet war: ‚das Bezeichnete‘ in allen Zeichen, und in diesem Sinn „das Zeichen". Nach der Inspektion des leeren Grabes, als ob nichts geschehen wäre, „kehrten die Jünger nach Hause zurück" (20, 10). Ohne Ostergnade kein Glaube an die Auferstehung, und ein leeres Grab ist noch keine Ostererfahrung. Es gibt anderseits auch keinen Schrecken und keine Furcht wegen der leeren Felshöhle. Im Gegenteil, Petrus verhält sich im Bericht des Johannes wie jemand, der eine genaue Inspektion vornimmt und bemerkt, daß das Schweißtuch schön zusammengefaltet daliegt. Johannes wendet sich hier offensichtlich gegen die Legende, die „unter den Juden" in den Jahren 70–90 umging, daß man den Leichnam Jesu gestohlen habe. Diebe werden das Totenlinnen sicher nicht so genau und ordentlich zurückgelassen haben. Aber mehr Bedeutung hat diese Grabesinspektion für Johannes nicht. Zugleich zeigt 20, 9, daß Johannes die urchristliche Tradition kennt: Jesus mußte (gemäß den Schriften) von den Toten auferstehen (das göttliche ‚Müssen‘ geht aus den Schriften hervor: 1 Kor 15, 5–8).

Die Erscheinung Jesu vor Maria von Magdala, eine Wiedererkennungsszene, in der Maria den Meister als den guten Hirten an seiner Stimme erkennt, der die Seinen bei ihrem eigenen Namen ruft (10, 3–4; 19, 27): ‚Mariam‘, ist deshalb bedeutsam, weil Johannes eine nähere Präzisierung des Hinaufsteigens Jesu zum Vater gibt. „Halte mich nicht fest, denn ich bin noch nicht aufgestiegen zu meinem Vater" (20, 17). Macht Johannes denn einen Unterschied zwischen ‚Auferstehung‘ und ‚Gehen zum Vater‘? Ist Jesus in der Erscheinung vor Maria wohl auferstanden, aber noch nicht aufgestiegen, während in 20, 19 am selben Abend Jesus seinen Jüngern die Ostergnade schenkt und dann offensichtlich vom Vater her? Gerade hier wird offenkundig, daß dies, johanneisch gesehen, unechte Probleme sind. ‚Zum Vater gehen‘ ist für Johannes ein einziges Geschehen: Sterben, Auferstehung, Ostergabe. Was könnte es anders bedeuten, daß Jesus ‚auferstanden‘, aber noch nicht ‚verherrlicht‘ ist, und am selben Abend ist er es doch? Der Evangelist präzisiert übrigens seinen Gedanken. Maria muß den Jüngern sagen (nicht, wie bei den Synoptikern, daß Jesus auferstanden ist, sondern): „Geh zu meinen *Brüdern* und sage ihnen: ich steige hinauf zu *meinem* Vater und *eurem* Vater, zu *meinem* Gott und *eurem* Gott" (20, 17 b.c.). Der johanneische Jesus nennt ‚die Seinen‘ absichtlich Brüder, und er erklärt es: Mein Vater ist *jetzt* auch euer Vater. Die Ostergabe *hat* schon begonnen. Denn Jesus ging fort, um „im Haus des Vaters" einen Platz zu bereiten (14, 1–3), und er läßt jetzt, durch Magdalena, den Jüngern sagen: Mein Vater ist jetzt auch *euer* Vater. Das zu ‚bereiten‘ war der ganze Sinn seines Fortgangs. „*An diesem Tag* – Ostern – werdet ihr wissen, daß ich in meinem Vater bin und ihr in mir und ich in euch" (14, 20), und „Wir werden zu ihm kommen und Wohnung bei ihm nehmen" (14, 23 b). Jesus ist noch nicht ganz ‚aufgestiegen‘, weil er gerade diese Verheißung konkret einlöst. „Ich bin noch nicht

aufgestiegen" (20,17a) und „ich steige auf" (20,17b) sind dann zwar räumliche
Vorstellungen, aber es geht um das eine Ostergeschehen: Auferstehung und
Verherrlichung, als vollzogen an der Person Jesu, und die Ostergnade, als vollzogen an den Jüngern [119]. Ostergnade ist: die Gabe des verheißenen Parakleten
(14,16–17.26; 15,26–27; 16,7b–11.13–15), die Gebetserhörung (16,23–26),
das Vollbringen größerer Werke (14,12), das Kommen des Vaters und des
Sohnes (14,21–23) und somit die Erfahrung der großen Liebe Gottes (14,23;
siehe oben). „Ich steige auf" ist ein immerwährender Prozeß: die bleibende und
stets neue Ostergabe des Auferstandenen an seine Gemeinde, der *Prozeß* der
Heiligung der Seinen, die Jesus jetzt schon „meine Brüder" nennt. Die doppelte
Traditionsgegebenheit von ‚Auferstehung' und ‚Erhöhung' erhält in der johanneischen Christologie eine überraschende Lösung, nämlich soteriologisch:
Jesus wird auch *in* seinen Jüngern verherrlicht (durch ihre Ostererfahrung), wie
der Vater verherrlicht wird *in* dem auferstandenen Jesus (siehe 17,22). „Zum
Vater gehen" ist für Johannes: Jesu Leiden und Tod, seine verherrlichende Auferstehung und Inthronisation bei Gott und die Ostergnade des Geistes an die
Jünger. Die Geistsendung gehört zu dem Begriff ‚zum Vater gehen'. Solange
der Geist noch nicht explizit gegeben ist, ist Jesus ‚noch am Aufsteigen'. Daraus
wird deutlich, daß Johannes selbst sich bewußt ist, daß der ganze Begriff ‚aufsteigen' ein Modell oder eine Vorstellung ist. Magdalena geht zu den Jüngern
und sagt ihnen, mit der kirchlich schon gebräuchlichen Osterformel: „Ich habe
den Herrn *gesehen*" (20,18) [120].

Man darf also die ‚Erhöhung' mit Jesu Tod nicht trennen von der Erhöhung
bei der Auferstehung. Das ganze Leben Jesu ist ein „Verherrlichtwerden": Das
Kreuz ist der Höhepunkt der Verherrlichung durch das ganze irdische Leben
Jesu und zugleich Beginn der Verherrlichung durch die Auferstehung. Johannes
sieht Tod und Auferstehung zusammen, nach dem Bild des Samenkorns, das
stirbt, *um* Frucht zu tragen (12,23–24). Daß Jesus um die Verherrlichung bittet,
die er präexistent bei Gott besaß (17,5), schließt ein, daß er diese in seinem
irdischen Leben nicht besitzt. Aber Johannes sieht dieses ganze irdische Leben
als einen dynamisch fortschreitenden Verherrlichungsprozeß. So erschien
Gottes doxa oder Herrlichkeit schon in dem Kanazeichen (2,11) und in der
Auferweckung des Lazarus (11,40). Johannes braucht daher keine besondere
Verklärung, wie die Synoptiker (Mk 9,2–10; Mt 17,1–9; Lk 2,28–36). Das
Leben Jesu selbst ist ein einziges dynamisches Offenbarungsgeschehen der Einheit zwischen Vater und Sohn, ein Geschehen der Verherrlichung in Leben, Tod
und Auferstehung. Sterben und Tod sind darin keine *Voraussetzung*, auf die
in Form einer Belohnung die Auferstehung folgen würde. Die ‚Kreuzerhöhung'
(hypsothesetai) (12,34) ist nicht dasselbe wie die Verherrlichung (doxathesetai)
(12,23), aber sie dürfen auch nicht voneinander getrennt werden. Für Johannes
hat tatsächlich schon der Tod selbst eine Wirkung, die sonst im Neuen Testament der Auferstehung zugeschrieben wird, aber es bleibt eine Sicht des Todes
von der Auferstehung und trotzdem, von daher, von der Präexistenz *aus*. Ver-

herrlichung ist für Johannes Offenbarung der Liebeseinheit von Vater und Sohn; diese zeigt sich am stärksten am Kreuz: beim Vater, der seinen Sohn für uns dahingegeben hat (3, 16), beim Sohn, der im Tod seinen Gehorsam gegenüber dem Vater gezeigt hat (17, 4; 10, 30; 14, 20; 17, 1 ff).

Am Abend desselben Tags – des Ostertags (nach dem folgenden Geschehen zu schließen) – erscheint Jesus seinen Jüngern (20, 19–23). Die ängstlichen, aus Furcht vor ‚den Judäern‘ hinter verriegelten Türen verborgenen Jünger sind plötzlich voller Freude, als Jesus in ihrer Mitte steht und ihnen die verheißene (14, 27) Osterfreude wünscht (20, 20.21). Jesus zeigt seine Hände und seine durchbohrte Seite; Johannes will sagen: Der Gekreuzigte *ist* der Auferstandene (20, 20 b). Der Auferstandene sendet dann seine Jünger aus und gibt dazu den heiligen Geist: „Wie mich der Vater gesandt hat, so sende ich euch. Nach diesen Worten hauchte er über sie hin und sagte: Empfangt (den) heiligen Geist“ (20, 21.22; siehe Weish 15, 11 und vor allem Gen 2, 7). Die Anspielung auf das ‚Einhauchen von Lebensgeist‘ wird betont, weil Johannes den Artikel wegläßt: „heiligen Geist“; empfangt den neuen Lebensodem von oben; dadurch sind die Jünger aufgenommen in einen pneumatischen, himmlischen Lebensbereich: Sie sind ‚aus Gott‘ (siehe 1, 13), ‚Kinder Gottes‘ (1, 12; siehe 3, 5–9). Das Gehen Jesu zum Vater bedeutet für die Jünger, selbst gesandt zu werden in die Welt, dazu ausgestattet mit dem heiligen Geist. Mit anderen Worten, Auferstehung wird vollendet in der Geistessendung und ist unlöslich mit ihr verbunden. Auch die synoptischen Erscheinungen sind alle mit der Sendung in die Welt verbunden (Mk 16, 15; Lk 24, 47; Mt 28, 19–20). Schon zuvor hatte Johannes auf eine Sendung angespielt (13, 20; insbesondere im Abschiedsgebet Jesu, 17, 18) und vor allem auf die Sendung des Geistes: „Ströme lebendigen Wassers werden aus seinem Innern fließen.“ Damit meinte er den Geist, den jene, die an ihn glaubten, empfangen würden, „denn ‚Geist‘ gab es noch nicht, weil Jesus noch nicht verherrlicht war“ (7, 39). Die christliche Gemeinde, die nicht ‚von der Welt‘ ist, wird von Christus in die Welt gesandt. Diese Sendung mit Hilfe des Geistes nennt Johannes an dieser Stelle primär eine Sendung der Versöhnung: „Denen ihr die Sünden vergebt, denen sind sie vergeben, und denen ihr sie nicht vergebt, sind sie nicht vergeben“ (20, 23). In der Verbindung von Pneuma und Sündenvergebung folgt Johannes einem alttestamentlichen und frühjüdischen Motiv (Ez 36, 25–27), aber vor allem einer frühchristlichen Tradition: Die Taufe ist Sündenvergebung und Gabe des Geistes (siehe 1 Kor 6, 11; Apg 2, 38; 22, 16; Hebr 10, 22). Die Traditionsgebundenheit des Johannes geht daraus hervor, daß er in seinem Evangelium sonst praktisch nicht von Sündenvergebung spricht (nur 1, 29; 8, 24, siehe 8, 34; 9, 34). Aber die christliche Taufe wurde auch mit der ‚Geistestaufe‘ verbunden (Mk 1, 8; Apg 1, 5; 2, 38; 11, 16). Diese Tradition steht deutlich vor dem gleichen Hintergrund wie Joh 3, 5–6 und 20, 21–23. Der Täufer hatte von Jesus, dem „Lamm Gottes, das die Sünde der Welt trägt“ (1, 29), gesagt: Er wird „taufen mit heiligem Geist“ (1, 35; auch hier ohne Artikel). „Wenn jemand nicht geboren wird aus *Wasser* und *Geist*, kann er in das Reich Gottes nicht eingehen" (3,5): „wer geboren ist aus Fleisch, ist Fleisch, und was geboren ist aus dem Geist, ist Geist" (3,6). Diese Geburt aus dem Geist ist das Ostergeschehen der Jünger. Es ist die jungfräuliche oder pneumatische Geburt, von der der Prolog schon gesprochen hat (1,13). Die *Herkunft* bestimmt daher das *Wesen* eines Menschen. Ostern ist für diese Jünger die Taufe mit heiligem Geist durch das Lamm, das die Sünde der Welt hinwegnimmt; aber sie selbst werden außerdem gesandt, um diesen Dienst der Versöhnung weiter in der Welt fortzusetzen[121].

Obwohl Johannes die Gabe des Geistes hier nur mit Sündenvergebung in Zusammenhang bringt, müssen wir dabei doch die fünfmal wiederholte Verheißung des Geistes mitbedenken (14,16–17.26; 15,26–27; 16,7b–11.13–15). In diesen Texten wird er „parakletos" genannt, ‚Helfer‘, vor allem der Anwalt bei einem Prozeß, daher auch Fürsprecher; im religiösen Zusammenhang: Fürsprecher bei Gott. In dem ersten Text, in dem vom Parakleten die Rede ist, sagt Jesus, er werde „einen *anderen* Parakleten" senden (14,16–17). Das bedeutet, daß Jesus während seines *irdischen* Lebens selbst auch ein Paraklet war, ein guter Hirt (1 Joh 2,1 dagegen nennt, neben dem Geist, den *himmlischen* Christus einen Parakleten). Aber dieser Paraklet ist „der Geist der Wahrheit" (14,16–17), „der heilige Geist" (14,26), so daß der Inhalt und die Funktionen des Pneumas auf den Begriff ‚Paraklet‘ übertragen werden. Welche Funktionen hat im Johannesevangelium der Geist in der christlichen Gemeinde und, vielleicht, gegenüber der Welt?

In 14,16–17 wird nur gesagt, daß der Geist eine Ostergnade ist (siehe auch 7,39); vom Vater auf die Bitte Jesu (14,16) gesandt (in 15,26; 16,7), sendet Jesus ihn, aber des Vaters wegen (15,26). Hier wird der Paraklet „der Geist der Wahrheit" genannt. ‚Wahrheit‘ hat im Johanneismus, so wurde schon gesagt, die Bedeutung von *Offenbarungs*weisheit: ‚von droben‘ (14,17b; siehe 7,16–17.28; 8,28). ‚Aus Gott sein‘ (8,47) und ‚aus der Wahrheit sein‘ (18,37) sind Synonyme (14,17b): Dieser Geist der Offenbarungseinsicht „bleibt bei euch und wird in euch sein" (14,17b). Der Erste Johannesbrief präzisiert dies näher: der Geist, der Zeugnis von der Wahrheit ablegt (1 Joh 5,6) und die Gemeinde vor Unwahrheit und Lüge bewahrt (1 Joh 4,6). Der Geist leitet also die Kirche in der Wahrheit (Joh 16,13; auch dies ist Sinaitismus)[122]. Seine Aufgabe ist: ‚belehren‘ und ‚erinnern‘ (14,26), das heißt, der Geist bringt den Jüngern nach Jesu Fortgang alles in Erinnerung, was Jesus gesagt und getan hat; er erinnert an Jesu Selbstoffenbarung (16,13–15). Er führt „in die volle Wahrheit", so wird, gegenüber der bloßen ‚Erinnerung‘ (14,25–26), weiter gesagt (16,12–13). Denn Jesus hatte gesagt: „Noch vieles habe ich euch zu sagen, aber ihr könnt es jetzt nicht ertragen" (16,12). Johannes legt also nahe, daß die Gemeinde, geleitet vom Geist, nicht nur eine Interpretationsgemeinschaft gegenüber der Offenbarung Jesu ist, sondern daß der Geist „in die volle Wahrheit" einführt. Die Gemeinde ist gleichsam die *Fortsetzung* der Gottesoffenbarung in Jesus, sie ist es immer als Hinweis auf den einen Jesus: „Er wird euch verkünden, was er *von mir* empfangen hat, *weil* alles, was der Vater hat, auch mein ist" (16,14–15). Was Gott also durch den Geist noch tun wird, hat mit Christus selbst zu tun. In diesem Sinn sind *neue* Geistesoffenbarungen unmöglich. Aber man kann nicht leugnen, daß Johannes auch *Initiativen* des heiligen Geistes anerkennt: er führt „in die volle Wahrheit", „er wird reden, was er gehört hat, und *euch die kommenden Dinge* verkünden" (16,13). Mit anderen Worten, die christliche Gemeinde wird durch den Geist an Jesus von Nazaret, den Christus, gebunden. Der Geist ist das leitende Prinzip der kirchlichen Überlieferung. Er bestätigt und vollendet die Jesusoffenbarung. Er legt von Jesus Zeugnis ab (15,26). 1 Joh 5,6 nennt ihn daher: „der Geist ist der, der bezeugt", während er ‚die Welt' von ihrem Unrecht, also von dem Recht Jesu (Joh 15,26) überzeugt (16,8–11). Der Geist stellt den Zusammenhang zwischen der Selbstoffenbarung Jesu und der ‚Lehre' der Kirche her in einer Welt, die das Pneumatische oder ‚die Wahrheit' nicht verstehen kann. Der Geist ist der Deuter der Gottesoffenbarung Jesu: „Später werdet ihr *verstehen*" (dann werdet ihr „wissen", 14,20). Wie die Sendung des Geistes innerlich auf die Sendung der Jünger in die Welt bezogen ist (20,21.22) – so hatte auch Jesus es versprochen: „Wenn der Paraklet kommt, den ich euch vom Vater senden werde – wird er von mir Zeugnis ablegen." Aber „auch ihr müßt Zeugnis ablegen" (15,26–27): *Durch die Kirche* spricht der Geist zur Welt. Für Johannes ist der Geist nur in der Kirche und erst durch die Kirche in der Welt wirksam. Eine unmittelbare Wirksamkeit des Geistes in der Welt kennt das Johannesevangelium nicht; der Geist überzeugt die Welt nur von ihrem Unrecht, aber selbst das tut er durch die Gemeinde (auch durch das Johannesevangelium).

Der Erste Johannesbrief spricht in diesem Zusammenhang von ‚chrisma', welches dieselbe Funktion hat wie der Geist im vierten Evangelium (1 Joh 2,20.27). Auch Johannes hatte gesagt, daß die Herkunft zutiefst das Wesen eines Menschen bestimmt (Joh 3,5–6). Für den Ersten Johannesbrief ist das Pneuma ein himmlisches, pneumatisches Prinzip, verliehen ‚bei' der Taufe, durch die man zur Kindschaft Gottes wiedergeboren wird (1 Joh 3,1; 3,24; 4,13)–„Brüder" Jesu sagt Joh 20,17. Die Ostergabe des Geistes ist im Johanneismus zutiefst die Gabe eines göttlichen Lebensprinzips, durch das jemand zum Gotteskind geboren wird – eine göttliche Lebensgabe. Nun, „aus Gott geboren werden" ist zugleich „*aus* Gott sein" (1 Joh 3,9.10; siehe 4,4, vgl. mit 5,4). „Dies ist der Beweis dafür, daß wir in ihm (Gott) bleiben (wie er in uns bleibt), daß er uns *von* seinem Geist gegeben hat (1 Joh 4,13), das heißt, daß er uns an seinem Geist Anteil gegeben hat. Der Geist ist daher das christliche Lebensprinzip (siehe den „lebendigmachenden Geist", Joh 6,63). Deshalb wagt der Erste Johannesbrief mit einem Bild aus der Zeugung von „to sperma tou Theou" (1 Joh 3,9), „einem göttlichen Lebenskeim", zu sprechen, wodurch nicht nur alle Sünden vergeben sind, sondern der pneumatische Mensch oder das „Kind Gottes" nicht mehr sündigt: „Er kann nicht einmal sündigen, denn er ist aus Gott geboren" (1 Joh 3,9, der dann doch wieder vor falschen Schlußfolgerungen daraus warnt). In diesem Zusammenhang erwähnt der Erste Johannesbrief das ‚chrisma‘ oder die Salbung mit dem heiligen Geist: „Aber auch ihr habt vom Heiligen das chrisma empfangen, ihr besitzt alle Erkenntnis" (1 Joh 2,20); auch hier ist die Funktion des Geistes ‚lehren‘: „Das chrisma, das ihr von ihm empfangen habt, *bleibt in euch,* ihr braucht keinen anderen Lehrer. Seine Salbung unterrichtet euch in allem (1 Joh 2,27). Typisch ist denn auch, daß man an dem richtigen, orthodoxen Christusbekenntnis erkennen kann, ob jemand „den Geist Gottes" besitzt (1 Joh 4,2): „Jeder Geist, der bekennt, daß Jesus Christus im Fleisch gekommen ist, ist aus Gott" (1 Joh 4,2b). So aktualisiert der Erste Johannesbrief die johanneische Lehre vom Geist in der konkreten Situation der Gemeinde, in der Irrlehren entstanden waren: Diese Menschen sind ‚von anderen Geistern‘ erfüllt (siehe 1 Joh 4,1). Durch die innere Belehrung des heiligen Geistes weiß man sich offensichtlich in allem geleitet und erfüllt von der Ostergnade des heiligen Geistes, die mit der Taufgnade verbunden wurde (Joh 3,5–6). Man kann außerdem behaupten, daß die johanneische Kirche die *altsyrische* Taufform gebraucht. Hier geht der Taufe eine Salbung voraus, die den heiligen Geist mitteilt, dann folgt die Taufe mit Wasser, sodann die Eucharistie; der Erste Johannesbrief spricht – und zwar genau in dieser Reihenfolge – von „Pneuma, Wasser und Blut" (1 Joh 5,7): präbaptismale Salbung, Taufe, Eucharistie[123]. Das Pneuma wird vor der Taufe verliehen; die Absicht dabei ist: Der Geist bringt das von den Katechumenen gehörte Wort zu einem vollkommenen Glaubensakt: zum Verstehen dessen, was sie gehört haben. Das ist johanneisch (siehe aber auch Apg 10,44; vgl. mit Tit 3,5; 1 Petr 1,23; Jak 1,18). Man spendet die Taufe Menschen, *die schon gläubig sind.* So wird die Lebensgemeinschaft mit dem Vater und dem Sohn dem geschenkt, der schon glaubt (14,23). Auch der auferstandene Jesus zeigt sich nur Gläubigen, nicht ‚der Welt‘ oder dem Unglauben (14,19). (Dies alles würde dann auf eine Verschiebung in der frühesten johanneischen Tradition hinweisen: griechische Juden in *Jerusalem* über *Samaria* und Umgegend nach *Syrien.* Für manche geht die Bewegung von Syrien aus weiter *entweder* nach Kleinasien *oder* nach Alexandrien in Ägypten. Beide letzteren Hypothesen kann man meines Erachtens nicht beweisen. Die Frage ist zudem, ob dieses altsyrische Taufmodell nicht das ursprüngliche *palästinensische* Taufmodell gewesen ist.)

Der Geist ist im Johanneismus daher die Oster- und Taufgnade, die im Zusammenhang steht eben mit dem Wesen des Christseins – Prinzip der Lebensgemeinschaft mit Gott in Christus –, also im Zusammenhang mit der geschichtlichen Gottesoffenbarung in Jesus, mit dem der Geist die Kontinuität gewährleistet, und schließlich auch im Zusammenhang mit dem Eschaton. Es bleibt jedoch eine (religionsgeschichtliche) Frage, warum Johannes Paraklet und Pneuma identifiziert. Nach G. Johnston[124] gibt es im Johannesevangelium einen doppelten Parakletbegriff. Einerseits einen polemischen Gebrauch desselben gegen frühjüdische Spekulationen über einen Engel-Parakleten, Fürsprecher bei Gott. In Qumran heißt dieser Engel, dieser Paraklet, „der Geist der

Wahrheit", und der Engel Michael wird mit dem Patron Israels identifiziert. Um die Heilsausschließlichkeit Jesu zu betonen, habe Johannes den heiligen Geist, die Ostergabe Jesu, *Paraklet* genannt, der völlig abhängig sei von Jesus. Anderseits habe Johannes die aktive Macht, die in bestimmten Vorstehern der Gemeinde vorhanden sei, mit Gottes Geist identifiziert. Durch die Verbindung beider wird dann der Geist Christi derjenige, der in den Lehrern der Kirche wirksam gegenwärtig ist, der die Kontinuität mit und die Treue zu der ursprünglichen Jesusoffenbarung gewährleisten soll. Nach R. Brown[125] gibt Johannes dem heiligen Geist den Namen Paraklet nur in einer bestimmten Hinsicht; insofern der Geist die Gegenwart Christi an und in den Christen in der Zeit nach Ostern gewährleisten muß, wird der Geist Paraklet genannt (Brown nimmt – zu Unrecht – für Joh 14,17–23 nicht ein Kommen des Geistes *und* Jesu an, sondern nur ein Kommen Jesu *im* Geist). Er gründet dies auf die Tatsache, daß alles, was im Johannesevangelium vom Parakleten gesagt ist, in diesem Evangelium an anderen Stellen auch von Jesus gesagt wird. Der Begriff Paraklet wurde notwendig, um den Abstand zwischen Jesus und der Kirche, der seit dem Tod der Augenzeugen offengelassen ist, zu überbrücken. Darin spielt das doppelte Motiv von Mose-Josua und Elija-Elischa eine Rolle; so auch das „tandem relationship motive", nämlich Jesus und der heilige Geist: der eine stirbt, und sein ‚prophetischer Geist' geht auf seinen Nachfolger über (siehe Dtn 34,9; 2 Kön 2,9.15)[126]. I. de la Potterie[127] nennt es eine theologische Identifikation. Johannes wolle damit die beiden Phasen der Heilsgeschichte unterscheiden, einerseits das irdische Werk Jesu, anderseits die Zeit des kirchlichen Lebens, in welcher der Geist als Geist Christi wirksam ist. R. Schnackenburg[128] leugnet nicht verschiedenartige andere Einflüsse, sieht jedoch den *Inhalt* des Begriffs in Wirklichkeit in der frühen palästinensischen christlichen Gemeinde vorgegeben (sowohl in der Markus-Tradition: Mk 13,11, zu vergleichen mit Joh 15,26–27, als auch in der Q-Tradition: Lk 12,11–12 par Mt 10,20; siehe auch Lk 21,14–15). Bruce Vawter[129] macht die interessante Bemerkung, der johanneische Paraklet sei von Ezechiel abhängig; der Begriff habe eine doppelte Funktion: einerseits der *‚prophetische Zeuge'* Jesu (siehe Joh 15,26–27; 16,8–11), anderseits die *‚priesterliche'* Funktion eines Fürsprechers bei Gott (15,26). (Heißt das aber nicht zu sehr vom Hebräerbrief aus argumentieren? Man kann jedoch nicht leugnen, daß auch die Apokalypse den himmlischen Christus als Hohenpriester kennt; siehe unten.) Andere Autoren[130] nehmen an, der Parakletbegriff sei für Johannes ein Mittel, um das Pneuma, den Geist Gottes, christologisch zu deuten und so völlig ‚abhängig' von Jesus zu machen. Schließlich gibt es unter den Exegeten eine bestimmte Tendenz, den Begriff ‚Paraklet' als einen Versuch des Johannes anzusehen, den *allgemeinen* Begriff *Pneuma* zu *verchristlichen:* Der Paraklet sei eine christologische Interpretation des Pneumas, um so ein Band der Kontinuität zwischen der geschichtlichen Jesusoffenbarung und der zeitgemäßen hermeneutischen Situation der johanneischen Gemeinde herzustellen. Aber warum hat Johannes dazu den Begriff

‚Paraklet' nötig? Er hätte genausogut unmittelbar *Pneuma* verchristlichen können; wie im Paulinismus und sonst im Neuen Testament! Es müssen also andere Faktoren mitgespielt haben. Jedenfalls ist „der Geist der Wahrheit" (gern gebraucht von Joh 14, 17; 15, 26; 16, 13) ein geläufiger Begriff auch in Qumran (QM 4, 23–24). Das bedeutet, daß in bestimmten frühjüdischen Kreisen „der Geist der Wahrheit" eine gebräuchliche Formel war. Der Paraklet, als Geist der Wahrheit, hatte hier vor allem eine rechtliche Bedeutung: Anwalt[131]. In Qumran spielen durchaus solche Fürsprechergestalten eine wichtige Rolle[132]. Das frühe Judentum gebraucht den Begriff ‚Paraklet' als Berater und Advokat des ‚leidenden Gerechten' in einer Welt, in der offensichtlich vor allem das Gute zu leiden hatte und das Böse zu triumphieren schien (ein ‚Dualismus', der dem Johanneismus nicht fremd ist). Ich glaube daher, daß wir kaum umhin können, die frühjüdische Paraklet-Gestalt Michael als das *Modell* zu sehen, das Johannes vor Augen stand, um vom „Geist der Wahrheit" als Parakleten zu sprechen (deshalb nicht in *literarischer* Abhängigkeit von Qumran). Ich sehe keinen gnostischen, wohl aber sogenannten ‚heterodoxen' frühjüdischen Einfluß auf Johannes. Daher muß die Arbeit von G. Johnston meines Erachtens ernster genommen werden. Bei der Analyse des Hebräerbriefs wurde gesagt, daß der Autor dieser Homilie einen starken Nachdruck darauf legt, daß *nicht ein Engel,* sondern der *Mensch* Jesus, der Sohn, zur Rechten Gottes gesetzt wurde. Unverkennbar gab es in frühchristlichen Kreisen Widerstand gegen eine Art Engel-Christologie. Außerdem war das griechische Wort „parakletos" in der ganzen hellenistischen Welt, auch im frühen palästinensischen Judentum so weit verbreitet, daß man im Hebräischen einfach das griechische Lehnwort gebrauchte („peraklît", neben dem hebräischen „melîz"). Der Engel-Vermittler und Fürsprecher scheint schon im Buch Ijob ein geläufiger Begriff zu sein. Johannes wendet sich daher, von seiner Christologie aus, offensichtlich *auch* gegen den Begriff eines ‚Engel-Parakleten', eines geistigen Führers der christlichen Gemeinde, wie Michael dies für Israel war. Man wird jedoch Hinweisen von R. Brown, G. Johnston und O. Betz zustimmen müssen, daß der johanneische Paraklet-Begriff einerseits durch die frühjüdische Engellehre eingegeben wurde, anderseits von Johannes auch polemisch gebraucht ist (oder das Ergebnis eines früheren, in der johanneischen Gemeinde vor dem Evangelium schon gelösten Problems); die ‚Gnosis'-Hypothese scheint mir völlig überflüssig zu sein.

In den fünf Pneuma-Texten des Johannes ist das Selbstverständnis der johanneischen Kirche und damit auch des vierten Evangeliums wiedergegeben: thematische und wohlbewußte *kirchliche Aktualisierung* der Botschaft Jesu. Die Autorität dafür sieht Johannes in der Ostergabe des Geistes, der die Kirche zur vollen Wahrheit führt. Das Johannesevangelium ist sich der Traditions- oder Dogmenentwicklung bewußt, welche die johanneische Gemeinde selbst vollzieht. Und mit einer Berufung auf Jesus bittet Johannes um offizielle Anerkennung dieser eigenen Sicht Jesu (Joh 21): Petrus muß das besondere Lebensschicksal des „geliebten Jüngers" anerkennen (21, 21–22). Der Johanneismus schreibt den überlieferten apostolischen Glauben *neu,* indem er ihn auf die eigene Gemeinde hin aktualisiert. Johannes spricht nicht aus sich selbst, sondern in seinem Sprechen *von* Jesus spricht der heilige Geist „nicht aus sich selbst" (16, 13): „Er wird euch verkünden, was er von mir empfangen hat" (16, 15). In diesem Bewußtsein *wagt* Johannes ein *eigenes* Evangelium zu schreiben, in dem jedoch – wenn auch neu interpretiert – die ältere Jesustradition weiter- wirkt. Auf der Linie dieser pneumatischen Aktualisierung der Botschaft Jesu vom Reich Gottes durch Johannes wird das Schlußwort des vierten Evangeliums verständlich: „Es gibt noch vieles andere, was Jesus getan hat. Wollte man dies zusammenschreiben, ich glaube, die Welt selbst reichte nicht aus für die Bücher, die man schreiben müßte" (21, 25). Denn jede Gemeinde auf der ganzen Welt muß im Geist des Johanneismus ihre eigene Geschichte von Jesus, dem Lebenden, schreiben. In all diesen Geschichten ist der Johanneismus *eine* Auf- fassung von Jesus neben der des Paulinismus und der Synoptiker. Die große Kirche hat sie als eine legitime Auffassung anerkannt; für diese Anerkennung kämpft Joh 21.

Durch diese Darlegung dürfte klargeworden sein, daß Johannes eine stark aktualisierte Eschatologie vertritt, personalisiert in der Person des verherr- lichten Jesus, der mit dem Vater und dem Geist in der christlichen Gemeinde ‚wohnt'. Der Gläubige *besitzt* schon das ewige Leben. Gericht und ewiges Leben sind mit dem Tod Jesu als Hingang zum Vater eingetreten. Der Tod *ist* schon der Beginn der Verherrlichung – eigentlich nicht in und aus sich selbst (selbst für Johannes nicht), sondern *als Moment* des Aufstiegs zu Gott. Die bestürzende Realität des Todes wird von Johannes nicht beseitigt, sondern sie wird durch den präexistenten Sohn erlitten. So ist der Tod selbst von der Auferstehung kaum zu trennen: Dieses Sterben ist ein Sieg über den Tod, mit anderen Worten eins mit der Auferstehung. Für Johannes ist die Auferstehung (20, 9) – un- sichtbar für ‚die Welt' – die Kehrseite des Sterbens Jesu. Aber Auferstehung sagt dann doch, daß Jesus gerade auch als *Mensch* seine präexistente Herrlich- keit (17, 5) zurückgewinnt. Er legt sein Menschsein nicht ab, nur die Vergäng- lichkeit der *sarx.* In diesem Sinn besteht ein radikaler Unterschied zu damaligen Auffassungen von Himmelswesen (z. B. einem Engel wie Raphael im Buch Tobit), welche die ‚Gestalt eines Menschen' annehmen und bei ihrer Rückkehr zum Himmel diese Gestalt wieder ganz ablegen. Wäre das die Auffassung des Johannes, müßte man Joh 20 aus dem vierten Evangelium streichen. Der jo- hanneische Jesus zeigt seine Hände und seine durchbohrte Seite (20, 20) nicht aus Antidoketismus, sondern um die Identität zwischen dem historischen Jesus und dem himmlischen Christus zu unterstreichen.

Doch ist es so, daß für Johannes ‚*ewiges Leben*' *nicht mit der Auferstehung zusammenfällt,* wie für Paulus. Das ewige Leben hat schon jetzt begonnen, aber gerade deshalb kann auch, dank der Lebensgemeinschaft Gottes in Christus, der Tod dem Christen nicht mehr schaden: Der Tod ist ein Gehen zum Vater.

Ich sehe auch keine zwingenden Gründe, den aus-stehenden, futurischen Aspekt (der trotz der aktualisierten, weil personalisierten Eschatologie im Johannesevangelium zu finden ist) auf den Eingriff eines späteren kirchlichen Zensors zurückzuführen, wenn sich auch Spannungen zwischen Tradition und Redaktion im kanonischen Evangelium nachweisen lassen. Die Erfahrung des eschatologischen Jetzt herrscht in der johanneischen Gemeinde vor, so stark sogar, daß eine Reaktion gegen eine Art antizipierter Gottesanschauung deutlich vom Evangelisten selbst kommt (1,18; 5,37; 6,46; 14,8). Obwohl er selbst in einer sinaitischen Tradition steht, weiß Johannes darin zu mäßigen, wenn auch ‚die himmlischen Wohnungen‘, die Jesus vorbereiten ging (14,1–4), seit Ostern von den Christen ‚bewohnt‘ sind, denn „wir werden (nämlich an Ostern) zu ihnen kommen und Wohnung (mone; menein) bei ihnen nehmen" (14,23). Die *Gegenseitigkeit* der Liebe – ich in euch, ihr in mir, schließlich: ich-in-euch-in-mir – bricht die räumlichen Vorstellungen vom Herabsteigen und Aufsteigen. Aber sogar *dieses* himmlische Leben der Christen *auf Erden* kennt noch eine Zukunft. Auch Johannes kennt eine Zukunft für Tote: „Es wird eine Stunde kommen, in der alle, die in den Gräbern sind, seine Stimme hören werden" (5,28). Johannes unterscheidet zwischen „jenem Tag" (vor allem 14,20), das heißt Ostern, und „der Auferstehung am Jüngsten Tag" (6,39b). Ausdrücklich wird der Unterschied gemacht: „Wer mein Fleisch ißt und mein Blut trinkt, hat *ewiges Leben,* und ich werde ihn *auferstehen lassen am Jüngsten Tag"* (6,54; *dies* steht jedoch in einer sogenannten Dublette, in der das schon Gesagte jetzt ‚sakramental‘ ausgeführt wird; siehe auch 12,48); aber den gleichen Unterschied macht der Evangelist selbst in 6,40. Johannes *christologisiert* die allgemeine Eschatologie, aber er ent-eschatologisiert nicht das christliche Eschaton. Das ‚schon jetzt‘ und ‚noch nicht‘ bleibt aufrechterhalten, jedoch in einer Gemeinde, die im Jetzt der Ostergnade lebt. Die Spannung ist in einem eindeutig echt-johanneischen Text wiedergegeben: „Ich bin die Auferstehung und das Leben. Wer an mich glaubt, wird leben, *auch wenn er gestorben ist,* und jeder, der lebt und an mich glaubt, *wird in Ewigkeit nicht sterben"* (10,25). Gerade darin liegt das johanneische Paradox des schon begonnenen ewigen Lebens des Christen, der ja seit Ostern ‚aus Gott‘ ist (wie Jesus) und der trotzdem noch die endzeitliche Auferstehung kennt – Weizenkorn wie Jesus!

§ 4. Die Person Jesu im Johanneismus: der Sohn

Für Johannes ist Jesus eine Gabe des Vaters: das wahre Brot für alle Menschen (6,32). Gott schenkt seinen Sohn (3,16), den einzigartigen, den kostbarsten Besitz des Vaters (1,14.18; 3,16.18; 1 Joh 4,9). Deshalb spricht Johannes oft von „dem Sohn" im absoluten Sinn (3,16.17.35.36 a.b; 5,19 b.c.20.21.22.23 a.b.26; 6,40; 8,35–36; 14,13; 17,1; und der umstrittene

Text 1,18), einigemal von „dem Sohn Gottes" (3,18; 5,25; 10,36; 11,4; und in den Bekenntnissen: 1,34; 1,49; 11,27; 20,31); ferner „der Vater und der Sohn" (5; 3,35; 6,40; 14,13). Im Neuen Testament finden wir diesen absoluten Gebrauch außer bei Johannes nur ausnahmsweise (Mt 11,27 = Lk 10,22; Mk 13,32 par Mt 24,36; Mt 28,19; ferner: 1 Kor 15,28; Hebr 1,2.8; 3,6; 5,8; 7,28). Das Prädikat ‚Sohn Gottes' ist traditionsgeschichtlich ursprünglich deutlich verbunden mit der Erhöhung/Auferstehung Jesu (Apg 2,36; 4,25–26; 5,30–31; 13,13; Röm 1,3–4); erst später wird es mit der *Taufe* Jesu im Jordan verbunden (Mk 1, 11; Mt 3, 16–17; Lk 3, 21–22; Joh 1, 34). Danach wird das Prädikat auf den *präexistenten* Jesus angewandt (Gal 4,4; Röm 8,3; 1 Kor 2,7; 8,6; Phil 2,6ff; Johannesevangelium) und in einem noch späteren Stadium auf seine *Empfängnis und Geburt* (Mattäus und lukanischer Kindheitsbericht). Das Bekenntnis der Gemeinde, daß Jesus der Sohn Gottes ist, wird denn auch zu einem Taufbekenntnis (siehe Apg 8,37, sogenannter westlicher Text; Hebr 4,14; vgl. Kol 1,12–13). Deshalb, wie Jesus im Zusammenhang mit seiner Taufe ursprünglich als der Sohn Gottes erscheint, erscheinen auch die Christen im Zusammenhang mit der christlichen Taufe als ‚Söhne Gottes' (Gal 3,26–27; 4,6; Röm 8,14–15 mit 1 Kor 12,13).

Schon in dem vorpaulinischen Stück Röm 1,3–4 wird bezeugt, daß Jesus seiner menschlichen Herkunft nach von David abstammt, aber durch seine Auferstehung und seit dieser zum Sohn Gottes eingesetzt wurde. Die Auferstehung wird hier als Gottes Bestätigung dessen gesehen, was im ersten Absatz gesagt wurde, nämlich der davidisch-messianischen Würde Jesu. Im frühen Judentum ist es äußerst ungewiß, ob der Messias tatsächlich jemals den Titel ‚Sohn Gottes' erhalten hat. Wie ist das frühe Christentum dann dazu gekommen, Jesus den Sohn Gottes zu nennen?

Da gibt es zunächst Jesu eigenen bittenden Anruf Gottes als Abba. Wie in den synoptischen Evangelien (vor allem Mk 14, 36) spricht auch der johanneische Jesus *im Gebet* Gott mit Abba, „Vater", an (Joh 11,41–42; 12,27–28; 17). Geschichtlich steht fest, daß die Vatergestalt Gottes das Bewußtsein Jesu gänzlich füllte[133]. Zwar haben wir im Neuen Testament keine eindeutigen Angaben darüber, aber man kann aus der feststehenden Tatsache des starken Bewußtseins Jesu von Gott als Vater verstehen, daß, damit korrespondierend, er sich auch als *Sohn* dieses Vaters fühlte. Denn das eine *ist* das andere. Das christliche Bekenntnis hat daher eine Grundlage *im* eigenen Selbstverständnis Jesu schon vor Ostern – wie es auch in einem Q-Logion zum Ausdruck kommt: „Alles ist mir von meinem Vater in die Hände gegeben. Niemand erkennt den Sohn als nur der Vater, und den Vater erkennt niemand als nur der Sohn und wem es der Sohn offenbaren will" (Mt 11,27 = Lk 10,22; vgl. Joh 10,15, obwohl hier von einer direkten Abhängigkeit von Johannes kaum zu sprechen ist). Das ist ein frühjüdischer, sapientialer Gedanke. Diese Q-Tradition weist darauf hin, daß die *Sohn-Christologie* ein sehr altes Stadium der christlichen Jesus-Interpretation gewesen ist und keine Erfindung des Johanneismus.

Sowohl die Q-Tradition als auch das Johannesevangelium verweisen auf eine *palästinensische* Tradition, wahrscheinlich *vor allem* sapientialer Art, wenn hier auch andere Traditionslinien zusammenlaufen, vor allem auch die apokalyptische Sohn-Spekulation (siehe unten). In Wirklichkeit macht das Q-Logion das Selbstverständnis Jesu in Beziehung zu seinem Abba-Erlebnis explizit. Andere neutestamentliche Äußerungen weisen in dieselbe Richtung: Jesus ist ,der geliebte' (Mk 1,11; 9,7; 12,6 par), ,der einzigartige' (Joh 1,14.18; 3,16.18; 1 Joh 4,9), ,der erstgeborene Sohn' (Röm 8,29; Kol 1,15.18; Hebr 1,6).

Es gibt sodann den Beweis aus der Schrift. Jesus wurde von Pilatus letztlich unter dem Titel „König der Judäer" zum Tode verurteilt. Auch das steht historisch fest. Das Auferstehungsereignis, schon in 1 Kor 15,3 ff bezeugt, wurde von den Christen als Gottes Bestätigung des messianischen Anspruchs Jesu gesehen. Aber hier lag für die Juden der große Stein des Anstoßes: ein am Kreuzesholz verfluchter Gekreuzigter soll von Gott bestätigt worden sein! Deshalb waren die Christen darauf bedacht, in den Schriften Beweise zu finden, aus denen hervorgehen kann, daß nach Gottes Absichten der Messias leiden mußte, und andererseits, daß dieselben Schriften einen Zusammenhang herstellen zwischen Auferstehung und Sohnschaft Gottes (2 Sam 7,12–14). Gerade dieser Text aus 2 Sam steht hinter verschiedenen neutestamentlichen Ausdrücken: hinter Röm 1,3–4 [134], Lk 1,32–33; Hebr 1,5; Apg 13,33–34, sämtlich Texte, die auf ältere Traditionen zurückgehen. Außerdem wurde, vor allem in Apg 13,33–34 und Hebr 1,5 der Schriftbeweis aus 2 Sam mit dem aus Ps 2,7 verbunden. Und aus Ps 2 wie auch Ps 89 ergibt sich eine enge Verbindung zwischen *Messias* und *Sohn Gottes*. Lukas nennt die ,Söhne der Auferstehung' geradezu „Söhne Gottes" (Lk 20, 36): „Sie können nicht mehr sterben" (20, 36a).

Es gibt vor allem die sapientiale Linie. Im Buch der Weisheit wird der „Sohn Gottes" als der charakterisiert, der „ewiges Leben" besitzt (Weish 2,23; 6,19; 1,15; 3,4; 4,1; 8,13.17; 15,3). Damit ist zugleich der deuterojesajanische Gottesknecht in sapientialen Zusammenhang gebracht (Weish 2, 13) [135]. Auch Martyrer werden, weil ihnen ewiges Leben zugesagt ist, „Söhne Gottes" genannt (2 Makk 7,34). Man denke an die früher schon zitierte Stelle: „Wer ist zum Himmel aufgestiegen und wieder herabgestiegen? ... Wie lautet der Name seines Sohnes?" (Spr 30,4). Von dem Sohn Gottes, Jesus Christus, wird gesagt, seine Auferstehung *manifestiere* oder mache offenbar, daß er der Sohn Gottes ist und schon war (Röm 1,4). So ist es auch im Buch der Weisheit: Die Erhöhung des Weisen und Gerechten durch Gott zeigt an, daß er schon ,Sohn Gottes' war, als andere ihn schmähten und verwarfen. Weil er es war, konnte es bei der Erhöhung offenbar werden: Die verborgene Identität wird dann enthüllt. In diesem Zusammenhang wird auch die Bedeutung der neutestamentlichen *Erscheinungen* deutlich: Dann wird es für die Gläubigen offenkundig, daß Jesus in der Tat der Sohn Gottes war und ist, daß er ewiges Leben besitzt. Der ,Sohn Gottes' wird darin geoffenbart, eben als der Lebendige (siehe Gal 1,12.16; Apg 9,3 ff). Es geht um eine Erkenntnis der Sohnschaft Gottes, die nicht „von Menschen" (Gal 1, 1.16; Mt 16, 16–18) kommt, sondern eine geoffenbarte (Gal 1, 16; Mt 16, 17) Erkenntnis der Sohnschaft Jesu ist (Gal 1, 16; Mt 16, 16). Der Topos in Weish 2–5, den Synoptikern und Paulus (Gal 1, 12–16) ist deutlich erkennbar: Der Sohn Gottes ist zuerst verborgen, wird in seiner wirklichen Identität zunächst nicht erkannt, aber bei seiner Erhöhung oder Auferstehung in seiner wahren Identität erkannt. Auch das Johannesevangelium geht von dieser Apokalypse oder Offenbarung bei der Auferstehung Jesu aus, schiebt jedoch die vor- und nachösterlichen Perspektiven ineinander: Trotz Mißverständnissen erkennen die Jünger schon vor Ostern im geschichtlichen Jesus den Sohn Gottes; ,die Juden' tun dies nicht. Wie das Gesetz (Jes 51, 4–6), wie Mose (Sir 24, 27), wie der Prophet (Jes 42, 6.7.16; 49, 5–6.8–9), ist *Jesus*, als Sohn Gottes, „das Licht der Welt" (Lk 2, 32; Johannesevangelium). Gerade weil Jesus verborgen schon der Sohn Gottes *ist*, kann er – vor der Ostermanifestation – seine Herrlichkeit schon ,zeigen', entweder durch eine Verklärung (Mk 9, 2–13) oder durch Werke und Zeichen (Johannesevangelium). Es gab also, außer im eigenen Selbstverständnis der Abba-Erfahrung Jesu, auch in den alttestamentlichen und frühjüdischen Traditionen mancherlei Anstöße, den Messias Jesus mit Recht „Sohn Gottes" zu nennen, jüdisch begründet.

Es gibt schließlich auch die apokalyptische Linie, welche die Sohn-Christologie mit beeinflußt hat. Doch findet man in der apokalyptischen Literatur (meines Wissens) nirgends den *Titel* ,Sohn' als Ausdruck für den eschatologischen Bringer des Heils, aber in der späteren Apokalyptik ist der Begriff Menschensohn mit den Begriffen Messias und Sohn Gottes verschmolzen, vor allem in 1 Hen 48, 10[136]. Der Begriff Menschensohn war zur Zeit Jesu vor allem ein geläufiger Begriff im nicht-offiziellen, sogenannten ,heterodoxen' Judentum. Auch in den „Odae Salomonis" ist die Rede von einer herabsteigenden und aufsteigenden Erlösergestalt, vor allem Logos (Odae 12, 16.29.37.41), Sohn Gottes (Odae 36, 41.42) oder Menschensohn (Odae 36, 41) genannt. Hier ist außerdem der absolute Gebrauch von ,der Vater' und ,der Sohn' vorhanden (Odae 3, 7; 7, 7.12.15; 19, 2; 23, 18.22; 31, 4 usw.). Zwar sind diese Oden christlich (höchstwahrscheinlich jedoch nicht johanneisch) beeinflußt, aber sie sind Zeugen des Begriffskomplexes: Sohn, Weisheit, Logos und Mensch oder Menschensohn, im palästinensischen hellenistischen Judentum[137]. In diesen Kreisen ist der Menschensohn ein Wesen, das aus dem Himmel kommt. Auch im Stephanuskreis spielte der Menschensohn eine Rolle (Apg 7, 56). Früher wurde schon gesagt, daß im frühen Judentum, zum Teil unter griechischem Einfluß, Gottes Transzendenz dadurch ausgedrückt wurde, daß man ihm viele, verschiedene Namen gab. Die Vielnamigkeit drückte die Einzigartigkeit jemandes aus. Vor allem im Stephanuskreis wuchs das Bewußtsein, daß in Jesus die endgültige Heilsoffenbarung Gottes vollzogen war und die Heilsoffenbarung der Weisheit in der Tora übertraf. Diese Tora und die Weisheit Gottes, der aus ihr spricht, galten aber schon zuvor als präexistent. Jesu Überlegenheit über die Heilsoffenbarung im Gesetz zog denn auch wie von selbst den

Gedanken der Präexistenz an sich[138], in dem Sinn von Dasein vor aller Schöpfung, und schließlich auch in dem Sinn von Schöpfungsmittler – Qualifizierungen, die zuvor für die Weisheitsoffenbarung im Gesetz galten. Durch die Übernahme dieser Prädikate haben die Christen zum Ausdruck gebracht, daß *Jesus* die eschatologische, das heißt die volle und endgültige Heilsoffenbarung Gottes ist. Dies ist auch die Grundintention des ganzen Johannesevangeliums. Paulus hatte dasselbe schon gesagt: „Durch ihn seid ihr in Christus Jesus, der *von Gott her unsere* ganze *Weisheit* geworden ist, *unsere Gerechtigkeit, Heiligung* und *Erlösung*" (1 Kor 1,30). Für Johannes ist Jesus selbst das Evangelium, die Botschaft: „das Wort". Das Reich Gottes, das Jesus predigt, ist für Johannes *Jesus selbst:* Gottes Liebe hat in der Gabe Jesu von Nazaret, des einzigartigen Sohnes, ein für allemal Gottes Heil allen Menschen angeboten, ein Heil, das nicht aus der Welt kommt, sondern *von Gott* in und durch den Menschen Jesus, der sich mit dem Heilswillen des Vaters identifiziert und sich zugleich mit den Menschen identifiziert, deren Lasten und Sünden er trägt: das Lamm Gottes. Als Sohn Gottes hat dieses ‚Heilswesen', das Jesus ist, seinen Ursprung in Gott: Jesus ist Gottes eigene, von keiner menschlichen Anstrengung abhängige Initiative. In seiner ‚sarx' oder menschlichen Verfassung hat er uns gezeigt, wer Gott für uns ist und was der Mensch für Gott bedeuten muß. Das ist die johanneische Botschaft, ausgedrückt in den Schlüsselbegriffen des palästinensischen ‚heterodoxen' Judentums. Das Ungesehene – der unerreichbare Gott – kam in Jesus sichtbar nahe. Hinter Jesus von Nazaret steht eine göttliche Absicht und ein göttlicher Plan, die mit Gottes eigenen Schöpfungsabsichten zu tun haben. Daß Jesus nicht einfach eine zufällige, historische ‚religiöse Erscheinung' ist, die Menschen tatsächlich inspirieren kann, sondern die geschichtliche Verkörperung einer ganz bewußten Absicht Gottes, des Schöpfers und Heils, ist der Kern des Johanneismus: Jesus ist „der Erlöser der Welt" (Joh 4,42; 1 Joh 4,14). Daher ist dieser Mensch nur *von Gott her* (6,46; 7,29; 9,33; 16,27–28; 17,8) oder aus der pneumatischen Welt (4,24; 3,6) zu verstehen. *In* der freien Initiative dieses Menschen Jesus ist eine fundamentalere Initiative wirksam: die des Vaters. Jesus ist *gesandt* (3,17.34; 4,34; 5,23.24.30.36.37; 6,29.38.39.40.57; 7,16.18.29; 8,16.18.26.29.42; 9,4; 10,36; 11,42; 12,44.45.49; 13,20; 14,24; 15,21; 16,5; 17,3.8.18.21.23.25; 20,21). Gerade deshalb wiederholt der johanneische Jesus fortwährend: Ich tue nichts aus mir selbst (5,30), kann es nicht einmal (5,19); ich tue die Werke des Vaters (3,35b; 5,20b.23.36; 14,10); ich sage und tue das, was ich beim Vater gesehen und gehört habe (8,28.38.40; 12.50; 15,15; siehe 5,20 und 3,11). Ich tue nur den Willen des Vaters (4,34; 8,29; 10,18; 12,49–50; 14,31). Der Vater gibt Jesus, das zu sein, was er in Wirklichkeit ist: ‚seinen Namen' (17,11.12). Er gibt Jesus seine eigene doxa oder Herrlichkeit (17,22.24). Er legt Jesus seine eigenen Worte in den Mund (17,8); er gibt ihm alles (4,34; 13,3). Vor allem: er gibt Jesus, „Leben *aus sich selbst* zu haben" (5,26), Lebensfülle, die anderen mitgeteilt werden kann. Der Vater gibt Jesus auch jene, die an ihn glauben (6,37.39;

9,24; 10,29; 17,2.6.9; 18,9). Mit anderen Worten: *Gott gibt seinen Sohn* (3,16). Er gibt *sich selbst* in Jesus als Heil für die Welt. In dieser großartigen Heilsinitiative fallen das Tun des Vaters und das Tun Jesu zusammen: Der Vater ist mit Jesus (8,29; 16,30), sie sind – obwohl der Vater größer ist (14,28) – eins (10,30; 17,11.22) in einer gegenseitig – immanenten Liebe (10,38; 14,10.11.20; 17,21.23). Einheit mit und Abhängigkeit von Jesus gegenüber dem Vater, „ho Theos".

Aus all dem wird deutlich, daß Johannes eine *funktionale* Christologie vertritt, aber nicht in dem modernen Sinn dieses Wortes. Die Vorliebe des Johannes für Verben statt Substantiven ist sehr auffallend. Das Verhältnis zwischen Jesus und Gott sieht er funktional, wie deutlich aus der Argumentation des johanneischen Jesus hervorgeht (10,34–38): Für Johannes ist Jesus wirklich Mensch, aber in einer einzigartigen, alles übertreffenden Beziehung zu Gott. Wer ihn kennt, kennt den Vater (8,19), und wer ihn sieht, sieht den Vater (14,9). Was Jesus sagt und tut, offenbart seine Person[139], das heißt das Mysterium seiner Lebenseinheit mit dem Vater. In diesem Sinn ist die Funktion *seine Person selbst*. Der Vater und Jesus sind *zwei Personen,* eins in Liebe, in Wille und Werk: Jesus offenbart Gott, den Vater, indem er sich selbst offenbart. Selbst präzisiert der Johanneismus nicht diese Zweiheit in der Einheit des Vaters und des Menschen Jesus (1,14; 1,30; 4,29; 8,40; 9,11.16; 10,33), welcher der Sohn ist. In dieser Einheit von zwei miteinander innig verbundenen Personen bleibt auch für Johannes der Vater „der größere" (14,28): der Vater ist das Ziel des Lebensweges Jesu (13,1; 14,12.28; 16,10.17.28; 17,11.13; 20,17). In Jesus ist Gott selbst zu uns gekommen. In der Person, dem Leben, dem Tod und der Auferstehung hat sich Gott als ein Gott der Menschen geoffenbart: „Gott ist Liebe" (1 Joh 4,8 und 16). „Wer Gutes tut, ist aus Gott; wer Böses tut, hat Gott nie gesehen" (2 Joh 11b).

Aus all dem geht hervor, daß die Alternative einer Christologie ‚von unten' oder ‚von oben' ein modernes, unechtes Dilemma ist – der Grund dafür, warum ich in diesem und in meinem ersten Jesusbuch diese Terminologie selbst nie habe übernehmen wollen.

SECHSTES KAPITEL
CHRISTUS, DER ZEUGE VON GOTT-IST-GERECHT:
DIE APOKALYPSE

LITERATUR: *H. Bietenhard,* Das Tausendjährige Reich. Eine biblisch-theologische Studie (Zürich ²1955); *O. Böcher,* Die Johannesapokalypse (Darmstadt 1975); *J. Bonsirven,* L'apocalypse de saint Jean (Paris 1951); *Ch. Brütsch,* La clarté de l'Apocalypse (Genf ⁵1966); *L. Cerfaux* und *J. Cambier,* L'Apocalypse de saint Jean lue aux chrétiens (Lectio Divina, 17) (Paris 1955); *J. Comblin,* Le Christ dans l'apocalypse (Bibl. de Theol. III–6) (Tournai – Paris 1965); *O. Cullmann,* Die Christologie des Neuen Testaments (Tübingen 1957); *A. Feuillet,* L'apocalypse. État de la question (Studia Neotest., 3) (Paris–Brüssel 1963); *A. Gelin,* L'apocalypse (Paris 1938); *T. F. Glasson,* The Revelation of John (Cambridge 1965); *Tr. Holtz,* Die Christologie der Apokalypse des Johannes (TU, 85) (Berlin 1962, ²1970); *M. Kidle,* The Revelation of saint John (Moffat NTC) (New York 1940); *H. Kraft,* Die Offenbarung des Johannes (HNT, 16 a) (Tübingen 1974); *E. Lohmeyer,* Die Offenbarung des Johannes (HNT, 16) (Tübingen ³1970); *E. Lohse,* Die Offenbarung des Johannes (NTD, 11) (Göttingen ²1966); *U. Müller,* Messias und Menschensohn in jüdischen Apokalypsen und in der Offenbarung des Johannes (StNT, 6) (Gütersloh 1972); *H. H. Rowley,* The Relevance of Apocalyptic (London 1944, ⁴1966); *A. P. van Schaik,* De Openbaring van Johannes (Roermond 1976); *A. Visser,* De openbaring van Johannes (Nijkerk 1965); *P. Volz,* Die Eschatologie der jüdischen Gemeinde im neutestamentlichen Zeitalter (Tübingen ²1934).

Auch von diesem merkwürdigen „hymnischen Evangelium", wie das Buch der Offenbarungen genannt worden ist, analysiere ich nur die sogenannten theologischen Implikationen: Wie sieht die Apokalypse Heil-in-Jesus von Gott her? Natürlich hat diese christliche Apokalypse stark auf die Phantasie der Christen, auch der Wissenschaftler, eingewirkt. Einen gut lesbaren, aber oberflächlichen Überblick über die Apokalypse-Exegese seit 1700 findet man in dem kleinen Buch von Otto Böcher[140].

Der Autor der Geheimen Offenbarung gibt eine christliche Apokalypse, die in einer jüdischen apokalyptischen Tradition steht und mit vorhandenen Traditionen arbeitet. Er sieht den Kampf der Menschengemeinschaft, der Kirche, für das Gute und gegen das Böse – den Kampf um Gerechtigkeit – im Licht des apokalyptisch-eschatologischen Kampfes zwischen Gott, dem geopferten Christus und Jerusalem einerseits und dem Drachen, dem Tier und Babel anderseits; schließlich zwischen dem Christus und dem Satan. Das *Eschaton* gewährt uns Ausblick auf die Verfassung unserer Geschichte; nicht so, als ob die apokalyptische Schau den konkreten Verlauf der menschlichen Geschichte zeichnen wollte, es geht vielmehr um eine großartige apokalyptische Inszenierung: die souveräne Macht des gestorbenen und auferstandenen Christus, der neben Gott auf ewig den Thron bestiegen hat (Kern des christlichen Kerygmas) und Gottes Gerechtigkeit in der Welt durchführt. Denn im literarischen Genus der Apokalyptik wird die irdische Geschichte gleichsam auf zwei Ebenen gespielt: in himmlischen Sphären von den Archonten oder himmlischen Schutzengeln der Völker[141] und anderseits in unserer irdischen Geschichte. Der apokalyptische Seher schaut gleichsam in die Himmelssphären und erhält dadurch einen tiefen Einblick in die menschliche Geschichte.

Das Besondere dieser christlichen Apokalypse liegt darin, daß sie nicht einer großen alttestamentlichen Gestalt zugeschrieben wird, wie Henoch, Mose, Elija; der Autor stellt sich selbst als „euer Bruder und Mitgenosse in der Trübsal und im Reich und in der Erwartung Jesu, Johannes" (1, 9) dar, als einen „Knecht Gottes" (1, 1; 22, 6) – offensichtlich ein kirchlicher Leiter, da er sich berufen und auch befugt weiß (10, 7), an die Kirchen zu schreiben; er besitzt das Charisma der Prophetie (19, 10; 22, 8) und richtet eine Botschaft an sieben Ortskirchen, von denen Ephesus, die Hauptstadt des römischen Prokonsulats Asia, gleichsam die Metropolitankirche ist.

Auffallenderweise ist dieses Buch, das als Brief an Kirchen Kleinasiens gerichtet ist, obwohl es zwischen 120 und 150 in der ganzen Kirche schon bekannt war, eher im Westen als kanonisch anerkannt worden als im Osten, wo es erst 691 (Trullanische Synode) endgültig angenommen wurde. Die Schlußredaktion dieses Buches der Offenbarungen datiert man meistens in die Jahre 81–96 (Ende der Regierung Kaiser Domitians), und zwar wegen der Tatsache, daß Christen offensichtlich zum Kaiserkult gezwungen werden. Historisch steht fest, daß Kaiser Domitian in Kleinasien Tempel für den Kaiserkult bauen ließ. Christen verweigern diesen Kult (Offb 13,4.12; 14,9.11; 16,2; 19,20). Die Apokalypse ist in ihrer endgültigen Fassung höchstwahrscheinlich nach dem Mord an Domitian geschrieben, also um den Beginn der friedlichen Regierung unter Nerva (96–98).

Ursprünglich schien sich der Plan auf das Buch mit den sieben Siegeln zu beschränken, worauf Gottes Erscheinung, Auferstehung und allgemeines Gericht stattfinden sollte. In Wirklichkeit kommt nach dem siebten Siegel eine Reihe neuer Visionen: die Visionen der sieben Posaunen und der sieben Schalen. Darin fehlen dann noch drei große Komplexe der apokalyptischen Enderwartung: das Auftreten des endzeitlichen Propheten, die große Endprüfung und der Ansturm der Heiden nach Jerusalem mit der Rückkehr aller verstreuten Juden. Die Ereignisse unter Domitian bewogen den Autor offensichtlich, seinen ursprünglichen Plan zu ändern. Durch die Umstände gezwungen, sieht er in Domitian die Gestalt, in welcher sich der Satan endzeitlich manifestiert. Was anfangs als Endzeitgeschehen gemeint war (Inhalt des Buches mit den sieben Siegeln), wird jetzt vor-eschatologisch. Dann erst wird die Endzeit eingeleitet durch die Gestalten Satans, des Antichrists und des Pseudopropheten, der Widersacher Gottes, Christi und des eschatologischen Propheten. So kommt es zu einem etwas ‚dualistischen‘ Schema; auch die Kirchengemeinde erhält eine Gegenspielerin in der großen Hure, der ‚irdischen Stadt‘.

Die sieben Sendschreiben (2,1 – 3,22) stehen in ziemlich lockerem Zusammenhang mit der Apokalypse, sind aber später organisch in das Ganze eingearbeitet worden. Daher hat die Christophanie (ursprünglich vor 4,1) jetzt eine doppelte Funktion: gegenüber den sieben Sendschreiben (1,9–11) und (als ursprünglicher Plan) gegenüber der Apokalypse der Endereignisse (1,19). Offb 2,1 bis 3,22 unterbricht somit die eigentliche Bedeutung der Christophanie. Die Vision der Christuserscheinung bezieht sich offensichtlich ursprünglich nur auf die Apokalypse, wurde dann aber so umgearbeitet, daß sie zugleich ein Auftrag zur Ermahnung an sieben kleinasiatische Kirchen wurde.

Häufig nimmt man an, der Autor sei ein Jude, ursprünglich nicht einmal ein Diasporajude. Aber diese Annahme kann sich nicht auf die Tatsache stützen, daß der Autor offensichtlich hebräisch denkt und ein nur mangelhaftes Griechisch schreibt. Gerade in apokalyptischen Kreisen entstellt man oft mutwillig das Griechisch (sogar die alltägliche koine). Die Apokalyptiker sind ‚Exegeten‘ des Alten Testaments, wollen nichts Neues bringen, sondern durch Kombination verschiedener alttestamentlicher Texte das Alte Testament selbst etwas über die zeitgenössischen und endzeitlichen Ereignisse sagen lassen. Sie *zitieren* eigentlich nicht einmal, sondern *denken* in alttestamentlichen Texten. Sogar das jüdische Griechisch ist für diese Apokalyptiker zu alltäglich, um diese erhabenen, eschatologischen Dinge aussprechbar zu machen. Das kann nur in „der Sprache Kanaans" geschehen. Nicht Unvermögen, sondern Absicht bringt all diese semitischen ‚Barbarismen' in ihr Griechisch.

Wie jedes apokalyptische Buch ist die Geheime Offenbarung ein Buch des geistigen Widerstandes der Christen; der Autor will die Gläubigen ermutigen: Christus kommt bald. Die Endzeit ist in Sicht. Die Apokalypse stammt ungefähr aus derselben Zeit wie die großen jüdischen Apokalypsen, das vierte Buch Esra und der syrische Baruch – alle geschrieben in einem neuen Aufflackern der alten Apokalyptik nach dem Höhepunkt der Verfolgung von Juden und Christen unter Domitian.

§ 1. Glanzvolle Christustitel und die vorläufig unbekannte Personidentität Jesu

Unter den Exegeten wird viel diskutiert über das Verhältnis der Begriffe ‚Menschensohn', ‚königlicher Messias' und „das Lamm", im Sinn des Ebed Jahwe von Jes 53 oder im Sinn des Osterlamms, im Ganzen des Buches der Offenbarungen. Manche schreiben diese Unbestimmtheit den von der Apokalypse gebrauchten verschiedenen Quellen zu (U. Müller), andere den zwei Schreibern, die der Autor beschäftigt haben soll (A. Feuillet), andere sehen darin keine Unebenheiten, sondern eine Synthese der Begriffe Menschensohn, königlicher Messias und Ebed Jahwe (das Lamm) (J. Comblin), wieder andere erklären die Unebenheiten durch die Treue des apokalyptischen Autors gegenüber den alttestamentlichen Traditionen, die sich selbst auch nicht immer harmonisieren lassen (H. Kraft) usw. Die apokalyptische Gattung eignet sich schlecht für eine systematisch-logische Behandlung, sie hat eine eigene Logik. Der Autor selbst huldigt einer Lamm-Christologie (siehe unten). Christus, gestorben und erhöht, Herr der Gemeinde, jetzt schon; dem steht eine Messias-Christologie im jüdisch-nationalen Sinn gegenüber, eine Kämpfergestalt, welche die Weltvölker besiegt. Der Autor findet diese letzte Tendenz in seinen alttestamentlichen Quellen (wie sie zu seiner Zeit in der zwischentestamentlichen Exegese *lebendig sind*) und schaltet diese Tradition ein, in Unterordnung unter seine Lamm-Christologie. Unebenheiten muß man dabei in Kauf nehmen. Die palästinensische jüdische Apokalyptik war partikularistisch und national, das Diasporajudentum dagegen universalistisch. Diese nicht zu einer Synthese gebrachten Tendenzen gingen in das frühe Christentum über. Im Buch der sieben Siegel tritt vor allem die Lamm-Christologie in den Vordergrund.

Jesus Christus wird bei seiner ersten Präsentation in der Apokalypse dargestellt als „der getreue Zeuge, der Erstgeborene von den Toten und der Fürst
der Könige der Erde" (1,5). Hintergrund dieser drei Titel scheint zu sein: das
kirchliche Kerygma von Jesu Tod, Auferstehung vom Tod und Erhöhung zur
rechten Hand Gottes. Der Begriff „martys" oder Zeuge wird in der Apokalypse
sowohl auf alle christlichen Bekenner (alle werden weissagen, Joel 3,1–6) als
auch vor allem auf den Propheten angewandt, genauso wie sich der Titel
„Knecht Gottes" (1,1), mit dem sich der Autor vorstellt, sowohl auf charismatische Propheten als auch auf alle Christen bezieht. Gottesknecht ist ein alter
Prophetenname (Am 3,7). Ein Prophet ist als Zeuge (vorexilisch) vor allem ein
‚Unheilsprophet'; deshalb wurde das Leiden des Propheten (im Gegensatz zu
den Wunderpropheten) als eine Legitimation ihres prophetischen Wortes angesehen. „Martys" ist in der Apokalypse daher nicht per se ein Blutzeuge, sondern
der *‚leidende Prophet'* (siehe ferner in Verbindung mit dem Lamm). „Zeugnisse
Jesu" verweisen gerade auf den leidenden Propheten Jesus, der durch seinen
Tod und seine Auferstehung Zeugnis von der allgemeinen Auferstehung abgelegt
hat. Dies wurde *der* Begriff ‚Prophet' zur Zeit des Neuen Testaments. Auch
in der Apokalypse umfaßt der Begriff Zeuge sowohl das prophetische Leiden
als auch den Glauben an die Auferstehung (1,5; 3,14; 2,13; vgl. 10,11 in Verbindung mit dem endzeitlichen Propheten, auch 17,6: der Gedanke des Mordes
an den Propheten). Jesus hat sein Leben am Kreuz für die Sache der Herrschaft
Gottes hingegeben; deshalb ist er „der getreue Zeuge". Er ist auch „der Erstgeborene aus den Toten", nicht etwa in dem Sinn von Hebr 1,6, sondern einfach
als „der erste Auferstandene" (allerdings gebraucht die Apokalypse außer in
20,5.6 nie den Ausdruck Auferstehung, sondern „der tot war und jetzt wieder
lebendig ist") (vgl. Röm 8,29; Kol 1,15.18). Der Titel „Erstgeborener" (1,5–6)
weist also auf Christi Verhältnis zur Kirchengemeinde. Er ist Herr der
Gemeinde. Im dritten Absatz wird dann von der Weltherrschaft Christi gesprochen. Die Reminiszenz an Ps 89,28 ist auffallend: „So lasse ich ihn *meinen
Erstling* sein: *über Königen der Erde* thront er" (Ps 89,28). Und in demselben
Psalm (89,38) ist auch die Rede vom *„getreuen Zeugen"*. Christi Erhöhung
wird hier nicht formal gesehen, wie z.B. im Hebräerbrief als eine Erhöhung
über die Engel, sondern über die irdischen Könige und Kaiser, die in Wirklichkeit die Gemeinde Christi verfolgen und Macht über sie ausüben – wenn auch
der Autor im Hintergrund dieser irdischen Großmächte, welche Christen martern, himmlische dämonische und satanische Kräfte wirksam sieht (17,18;
19,19; siehe 21,24).

„Herr der Herren und König der Könige" (1,4; siehe auch 17,14 und 19,16)
ist ursprünglich ein Prädikat Gottes (siehe Dtn 10,17; Ps 89,28; 136,2–3;
2 Makk 13,4; und in der ganzen zwischentestamentlichen Literatur, z.B.
Henoch 9,4; 63,4; 3 Makk 5,35. An anderer Stelle im Neuen Testament: 1 Tim
6,15)[142]. Wie Gott besitzt Christus die „basileia tou kosmou" (11,15), das
heißt, er übt die aktuelle Weltherrschaft aus.

Mit dieser dreifachen Titulatur (1, 5) wird das christliche Grundcredo ausgedrückt, aktualisiert aus einer ganz besonderen kirchlichen Verfolgungssituation. Durch seine Auferstehung vom Tode, mit der sich Christus seine Gemeinde erworben hat, wird er auch Weltherrscher, das heißt (siehe unten), er übt Weltherrschaft aus über seine Kirchengemeinde auf Erden, die im Kampf gegen die bösen Mächte und ihre Trabanten, das römische Imperium, steht. Die Reihenfolge dieses Kerygmas ist also: Jesu (Sühne-)Tod, seine Einsetzung zum Herrn der Gemeinde, schließlich zum Herrn der Geschichte (1, 5; siehe Offb 5) – meines Erachtens kennzeichnend für die kleinasiatische Christologie, die hier, im Gegensatz etwa zum Epheser- und Kolosserbrief, in ein apokalyptisches Drama gestellt ist.

In der Christophanie (beschrieben in 1, 12–20) erscheint dieser Zeuge, Herr der Kirche und Weltherrscher, dem Autor *als Menschensohn* (vorher „kommend auf den Wolken" genannt, nämlich in 1, 7, in bewußter Anknüpfung an Dan 7, 13–15; 7, 27; 10, 5–6). Menschensohn ist ein zentraler apokalyptischer Begriff und in der Apokalypse, obwohl in christlicher Interpretation, nach seinem Begriffsinhalt rein jüdisch apokalyptisch gebraucht. Zwar sind in *Jesus Christus* Begriffe wie Menschensohn, messianischer König und Gottesknecht oder Lamm identisch, aber die Apokalypse hält die Begriffe selbst getrennt und vermischt den *Begriff* Menschensohn nicht mit Messianismus oder dem Lamm. Der ‚Menschensohn' ist also nicht der kommende Richter, ebensowenig, wie er es bei Daniel ist, wo auch das Gericht allein Gott zukommt (siehe Offb 1, 14.16). Als Menschensohn tritt Christus in der Apokalypse nur als Herr und Beschützer der christlichen Gemeinde auf. In der Christophanie 1, 12–20 erscheint er als Herr der Gemeinde und gibt daher dem Autor den Auftrag, an die christlichen Gemeinden Briefe zu senden. Der Menschensohn erscheint zwischen sieben goldenen Leuchtern (1, 12; siehe die Vision des Mose von den sieben Leuchtern, Ex 25, 40; auch Sach 4, 2–6, wo die Leuchter ein Bild des heiligen Geistes sind), und das sind, so erklärt der Autor selbst (1, 20; siehe 2, 5), die sieben Kirchengemeinden, „zwischen denen der Menschensohn wandelt". Vielleicht denkt er an den siebenarmigen Leuchter des Tempels (Ex 25; in Offb 11, 1–2 ist der Tempel ‚die Gemeinde'). Außerdem trägt der Menschensohn in seiner Rechten die sieben Planeten (1, 16), und das sind nach 1, 20 „die sieben Engel" der sieben Gemeinden. Dieses Bild gestattet kaum, in den Engeln der Gemeinden (mit H. Kraft) offizielle Boten der Gemeinden zu sehen (Dienstleute und Vertreter untergeordneter Kirchen bei der Hauptkirche von Ephesus). Vielleicht sind sie doch wirkliche Engel, Archonten, Schutzherren der Gemeinden und gleichsam mit der Gemeinde identifiziert. (Das Unlogische, daß der Menschensohn dem Seher den Auftrag gibt, einem Engel zu schreiben, entfällt bei dieser apokalyptischen Identifizierung.)

Christus ist also der Herr der himmlischen Ikonen der sieben Kirchen auf Erden. Der apokalyptische Seher sendet im Namen des Menschensohns oder Herrn der ganzen Kirche seine Briefe daher an jeden der sieben (himmlischen)

Leiter der sieben Kirchen, das heißt an die gesamte Kirche (nach 70 lag das Zentrum des Christentums in Kleinasien). Weil Herr der Kirche, schildert die Apokalypse den Menschensohn außerdem als *Hohenpriester* (1,13; undeutlicher in Dan 10; Ex 28,4.27; Ez 9,2): Er trägt das priesterliche Gewand und (nicht den fürstlichen Gürtel, wie oft gesagt wird, sondern) einen mit Gold bestickten Gürtel, der *wie bei den Priestern* über der Brust gefaltet ist[143]. Der danielische Menschensohn wurde nach Daniel zweifellos zu einer Erlösergestalt: Er wird in der Apokalypse als der beschrieben, der über die siebenfachen Geister, das heißt über den heiligen Geist, verfügt (1,13). Die Apokalypse verstärkt damit noch den priesterlichen Charakter, der in Dan 10,5 nur angedeutet war – obwohl der Autor sonst keineswegs an Priestertum und Kult interessiert ist. Insoweit dabei dem *Menschensohn* eine richterliche Funktion zugeschrieben wird (2,18.23), betrifft diese nur die Kirchengemeinde, nicht deren Feinde. Auch das Motiv des zweischneidigen Schwertes, des Gerichtssymbols (1,16, wieder aufgenommen in 2,12.16), weist auf das Gericht über die Kirchengemeinden hin (siehe Jes 49,2 und 11,4; vgl. Jes 27,1; 34,5; 66,16). Schließlich, wenn in späteren Teilen der Apokalypse der Begriff Menschensohn wiederkehrt (14,14–20), ist der Menschensohn der „Sammler der Gläubigen". Kurz, die Apokalypse gebraucht ‚Menschensohn' im danielischen Sinn: der Menschensohn „mit den Heiligen des Allerhöchsten" (Dan 7,13.18.27), mit denen sich der Menschensohn identifiziert – der elastische ‚kollektive' und doch ‚individuelle' Begriff des danielischen Menschensohns. Das ist ein Hinweis darauf, daß für den Autor das Schicksal der Kirche im Mittelpunkt seines ganzen Schreibens steht. In allen Abschnitten, die nicht jüdisch vorgegebene Traditionen gebrauchen und in denen der Autor formal als Christ spricht (vor allem 1–3; 5,1–14; 7,13–17; 14,1–5; 22,6–21, um nur die größeren christlichen Fragmente zu nennen), geht es um die Kirchengemeinde: die Verheißung an die gemarterten Christen (7,13–17), die mit dem Namen des Lammes Versiegelten (14,1–5), um das Ausharren der Christen (14,12–13), die Gemeinde als Braut des Lammes (19,7b–8; 21,9; siehe auch das ganze Kapitel 5; die Verheißung an die treuen Christen, 22,7.12.14.17 und die Ermahnungen an die sieben Kirchen, 1–3). In der Apokalypse geht es um eine ekklesiologisch orientierte Christologie.

Die Heilstat *Christi* zum Vorteil seiner Gemeinde wird in einer dreifachen Perspektive erhellt. Gegenüber der Gemeinde ist Jesus Christus „der Liebende" (1,5–6). In dieser Liebe wurzeln die beiden Gaben, die er der Gemeinde geschenkt hat (vgl. 3,9; 3,19 und, vielleicht, 20,9), nämlich a) die Erlösung durch sein Blut und b) die Übertragung der Herrschaft Jesu auf die christliche Gemeinde (1,5b–6).

a) Der Tod Jesu wird als Sieg über Satan und den Tod und, deshalb, als Sündenvergebung gesehen: *Freikauf* mit dem Blut Jesu als Lösegeld (über diesen Begriff später in der Synthese). Jesus hat gegen ein Lösegeld seine Gemeinde freigekauft, von der Erde erkauft (14,3), sie mithin aus dem dämonischen

Machtbereich geholt (siehe auch 5,9; 7,14; 12,11; 14,3–4). Gemeint ist damit die Sündenvergebung, aber darin auch die Freiheit, sich gegen die absolute Vergöttlichung der kaiserlichen Macht zur Wehr zu setzen. Eigentlich sieht die Apokalypse drei Aspekte in der Erlösung: Triumph über den Tod (esphages), Erlösung (egorasas) und Einsetzung zum priesterlichen Gottesvolk (epoiesas basileian (5,9–10). Wie im Hebräerbrief (siehe auch Röm 3,25; 5,9; 1 Kor 11,25; Eph 2,13) bedeutet: „sein Blut" (wahrscheinlich ein Topos der christlichen Abendmahlstradition) Jesu Tod im Sinn sühnenden Heilswertes. Die Gläubigen sind dadurch „die Erstlinge der Menschen vor Gott und dem Lamm" (14,4), sie sind „im Blut des Lammes gewaschen" (Offb 7,14); in Christus haben sie neue, „weiße Gewänder" angezogen (auch 6,11; 7,9.13; 22,14). Das gilt nicht nur eschatologisch (3,5; 6,11), sondern auch jetzt schon (3,4; siehe 3,18; auch 7,14, das nicht nur auf die ‚vollendeten Martyrer', sondern auf alle Gemeindemitglieder hinweist). Dieses weiße Gewand, auch ganz real bei der christlichen Taufe angezogen, *ist* die Sündenreinigung. Daher die Seligpreisung: „Selig jene, die ihre Kleider rein waschen" (22,14), das ist die Grundlage der eschatologischen himmlischen Bürgerschaft (22,14b). Auch in Ex 19,10.14 ist das „Weißwaschen der Gewänder" ein inneres Element der Heiligung. Die Apokalypse denkt also nicht (wie z. B. der Hebräerbrief) in kultischen Kategorien. Der Autor nennt den Erlösungstod Jesu nicht im Zusammenhang mit dem Begriff Menschensohn, sondern *häufig* im Zusammenhang mit dem Christustitel ‚das Lamm', mit dem auch andere Christusereignisse in Zusammenhang gebracht werden (siehe 7,14; 7,17; 12,11; 13,8; 14,1.4; 15,3; 19,7.9; 21,9.27). Der Heilstod Jesu ist somit das Fundament dieser ganzen christlichen Apokalypse.

b) Dank diesem Tod-aus-Liebe werden die Christen „ein königliches Geschlecht von Priestern vor Gott, dem Vater Christi" (1,6; siehe auch 5,9–10; 20,6; siehe 7,15; – mit 1 Petr 2,5–9 die einzige Stelle im Neuen Testament, wo Ex 19,6 auf die christliche Gemeinde angewandt wird). In Ex 19,6 ist das Ziel des Bundes die Errichtung eines Königreichs von Priestern. Der Autor denkt offensichtlich unmittelbar an Jes 61,6; aber was hier eschatologisch gemeint ist, ist in der Apokalypse jetzt schon Wirklichkeit. In der Apokalypse ist nicht nur das Gottesvolk als ganzes, sondern jedes Gemeindemitglied ‚königlich und priesterlich'. Christen haben Anteil an der Herrschaft Christi, durch seine Liebe. Darin steht die Apokalypse dem Paulinismus näher (z. B. Röm 8,34–35; 2 Kor 5,14–15; Gal 2,20) als dem Johanneismus, in dem vor allem die Gegenseitigkeit der Liebe betont wird und Christi Liebe umfassender (Joh 13,1) und nicht so eng (auch: Joh 15,13; 1 Joh 3,16) auf den Kreuzestod konzentriert ist. Die Apokalypse betont vielmehr die Initiative der Liebe, die von Christus ausgeht – in diesem Sinn auch johanneisch: „*Er* hat uns (zuerst) geliebt" (1 Joh 4,10 und 16).

Die christliche Gemeinde ist als priesterliches Gottesvolk also schon jetzt Verwirklichung der alttestamentlichen Vision. Sie herrscht. Das schließt den

Fall des Satans und seiner irdischen Trabanten, denen die Gemeinde Widerstand leistet, ein – dank „dem Blut des Lammes": „Denn der Ankläger (= der Satan) unserer Brüder ist niedergeworfen, der sie bei unserem Gott Tag und Nacht verklagte. *Sie* haben ihn besiegt durch das Blut des Lammes und durch das Wort ihres Zeugnisses, denn sie haben ihr Leben gering erachtet bis in den Tod" (12, 10d–11). Christus triumphiert jetzt schon, in der Dimension unserer irdischen Geschichte, über Satan und Kaiser, weil *Christen* sich dem Kaiserkult widersetzen und als Zeugen der Sache Gottes (der ausschließlichen Herrschaft Gottes) durch ihren Martertod schon über das Böse triumphieren. Durch die Kirche übt Christus seine Weltherrschaft aus. Der Satan ist durch Jesu Tod und Erhöhung schon *aus dem Himmel* gestoßen (12, 12), aber jetzt irrt er auf Erden umher (eine apokalyptische Vorstellung) und bedrängt die Kirche. Aber sie setzt sich zur Wehr, das heißt, sie triumphiert, wenn auch als leidende Zeugin kraft des Blutzeugnisses Jesu.

Damit ist das Verhältnis zwischen Christus als „Herrn der Gemeinde" (Menschensohn) und Christus als „König der Könige" (messianischer König) angegeben. Die beiden Begriffe sind durch den Begriff „das Lamm" miteinander verbunden. Was meint der Autor mit „arnion", das Lamm? Etwa achtundzwanzigmal wird dieser Titel gebraucht, obwohl er sicher nicht ein frühjüdischer Messiastitel ist. Eigentlich bedeutet „arnion" ein Lämmchen (Diminutiv von „aren") oder Widder oder Sturmbock; aber „arnion" erhielt mit der Zeit einfach die Bedeutung: Schaf oder Lamm. Die Apokalyptik hat die Neigung, eschatologische Gestalten in Tiergestalten darzustellen, und zwar wegen ihrer bestimmten und besonderen Tiereigenschaften. In der Apokalypse erscheint das apokalyptische Lamm als Gegenstück zum apokalyptischen ‚Tier' (dem römischen Kaiserreich) (Offb 12–14). Wenn man ein apokalyptisches Tier brauchte, um Christus gegenüber den anderen apokalyptischen Gestalten darzustellen, lag das Bild des Lammes sehr nahe. In der oben gegebenen Analyse des Johannesevangeliums wurde gesagt, daß das Lamm ein alttestamentliches Bild unverschuldeten und ohnmächtigen Leidens war und in Wirklichkeit ein Name für die Propheten und Zeugen wurde und mehr als wahrscheinlich letztlich auch auf den mosaischen eschatologischen Propheten angewandt wurde (siehe dort). Vor allem über Jesus, anerkannt als der Messias, erhielt die Identifizierung Jesu mit einem unschuldigen Opferlamm eine wirklich messianische Bedeutung. Das Johannesevangelium hat außerdem das gewagte Bild der Identifizierung des Hirten mit seiner Herde, eines guten Hirten, der sein Leben für die Schafe, die Herde Jahwes, hingibt. So entsteht der Begriff „Lamm Gottes", das nicht nur die Sünde Israels, sondern „die Sünde der Welt hinwegnimmt"[144]. Auch im Buch der Offenbarungen hat das „Lamm" schlechthin eine ‚messianische' Bedeutung. In der Apokalypse wird bei der ersten Präsentation des Lammes gesagt: *„wie* geschlachtet" (5, 6); in 5, 12 heißt es: „das Lamm, *das* geschlachtet wurde" (auch in 13, 8). Dieses „hos" (wie), z. B. auch *„wie* ein Menschensohn" (Dan 7, 13), ist bloß eine apokalyptische Stilfigur, um ‚himmlische', für Menschen kaum durchsichtige Dinge zum Ausdruck zu bringen. So sieht der Autor den Sühnetod Jesu als den Brennpunkt des Christustitels ‚das Lamm‘. Durch diesen Tod sind die Christen „Volk Gottes" geworden, wie durch den Auszug aus Ägypten – gefeiert im Pascha – Israel zum Gottesvolk wurde (typisch ist, daß gerade Mose in 15,3 „Ebed Jahwe" genannt wird). Der leidende Knecht wird von Gott rehabilitiert; „Gottes gerechte Gerichte werden offenbar" (15,4c, im Lied des Mose, Ex 15,1). Mose, Ebed Jahwe, leidender Prophet, eschatologischer Prophet und Opferlamm fließen in Jesus Christus zusammen.

Jesus, der als das Lamm sein Leben für die Seinen hingegeben hat und jetzt, zu Gott erhöht, als Menschensohn Herr der Kirche ist, ist letztlich auch Weltherrscher, und zwar in dem Sinn: gerade aufgrund dessen, was Jesus Christus durch seinen Tod für das christliche Gottesvolk getan hat, erhält er von Gott die universale Weltherrschaft (1,17b–18). Außer den sieben Sternen – den christlichen Gemeinden –, die Christus in seiner Hand hält, besitzt er außerdem „sieben *Geister* Gottes": „So spricht der, der die sieben Geister Gottes und die sieben Sterne hat" (3,1; siehe auch 4,5; 5,6 und 1,4). Aus 4,5 und 5,6 geht hervor, daß es um sieben Engel geht, die im Dienst Christi stehen, ursprünglich vielleicht die sieben Thronassistenten Gottes, die Erzengel (siehe 1,4; Tob 12,15), aber in der Apokalypse einfach „der heilige Geist" in seiner siebenfachen Kraft und Gabe (siehe Sach 4,2–6; griech. Jes 61,1–2, wenn auch wegen der verwendeten Traditionen die beiden Auffassungen noch ziemlich durcheinanderlaufen. Gott ist so erhaben transzendent, daß er allein mit Hilfe höherer, himmlischer Wesen zur Sprache gebracht wird). In 1,4 haben wir eine ‚trinitarische‘ Formel: Gnade sei euch von Gott – von „den sieben Geistern vor seinem Thron", offensichtlich dem heiligen Geist – und von Jesus Christus, die älteste Reihenfolge in der trinitarischen Formel. An anderer Stelle in der Apokalypse kommen noch ‚ternäre‘ Formeln vor wie: Gott, Christus, Engel (3,5). Wie Gott verfügt Christus über „die sieben Erzengel". Er schenkt den Christen Gottes Geist. Nur noch in 5,6 (Sach 4) ist die Rede von diesen „sieben Geistern Gottes" als den sieben Augen des Lammes, die in die ganze Welt ausgesandt sind: also Dienstleute Christi: Christus auf Erden wirksam durch seinen Geist. Damit ist die „göttliche Kraft" Christi übertragen: Er ist Herr des Heilshandelns Gottes in der Welt. In 6,10 nennt der Autor Gott „den heiligen und wahrhaftigen Herrscher"; in 3,7 nennt er Christus „den Heiligen und Wahrhaftigen". Nirgends im Judentum hören wir, daß der Messias „der Heilige" genannt wird. Gott allein ist „der Heilige" (Jes 40,25; Joel 6,10; Hab 3,3; siehe Jes 1,4; 41,14). Diesen Gottesnamen überträgt die Apokalypse auf Christus. Er erhält außerdem den Titel „die arche der Schöpfung" (3,14; vgl. „arche" in 21,6 und 22,13). Das kann bedeuten „Erstling der Schöpfung", aber auch „Schöpfungsmittler" (z.B. Spr 8,22; Weish 6,22; 9,2; Sir 24,9; auch Kol 1,15–17). Auffallend ist, daß der Autor dies an die Gemeinde von Laodicea schreibt, die deutlich Kontakte mit dem Paulinismus hat. Aus der Apokalypse läßt sich kaum entscheiden, ob der Autor auch eine Schöpfungsvermittlung meint; die eher ekklesiologische

Konzentration der sieben Sendschreiben scheint jedoch in die Richtung von „Erstling der Schöpfung" zu gehen (und dies wird bestätigt durch die Tatsache, daß der Autor den Namen ‚Allherrscher', pantokrator, Gott allein vorbehält. Siehe unten). Deshalb ist der Vorschlag, anstelle von „amèn" (Jes 65, 16) *amôn* zu lesen, das heißt in sapientialem Sinn „Berater" bei der Schöpfung und somit Schöpfungsmittler, eine bloße Hypothese. Auch in Henoch ist der Menschensohn vor allen Geschöpfen, jedoch ohne jede vermittelnde Funktion bei der Schöpfung[145]. Die Präexistenz ist hier eschatologisch: als erhöht, ist Christus der Erste und Haupt der Schöpfung. Christus ist nicht nur „Amen" und „Erstling der Schöpfung", er ist auch „Alpha und Omega". Die Dreiheit in den Formeln, welche die Apokalypse immer wieder gebraucht, steht unter griechischem Einfluß; sie wurde frühjüdisch allgemein, vor allem um Gottes Ewigkeit über Gegenwart, Vergangenheit, Zukunft auszudrücken. Von Christus wird jetzt gesagt, daß er „der Erste und der Letzte ist" (siehe 1, 17; 22, 13). Im griechischen Jesaja wird bei dem hebräischen „der Erste und der Letzte" (Jes 41, 10.14; 43, 1.5; 44, 2) der Begriff „der Letzte" immer beseitigt. Gott kann von einem griechischen Juden unmöglich ‚der Letzte' genannt werden, denn ‚Letzter' ist wesentlich ein Zeitbegriff (in Ijob 19, 25 wird das hebräische ‚der Letzte' typischerweise im Griechischen wiedergegeben durch „der Ewige"). Ein hebräisch und christlich denkender Mensch schreckt aber nicht davor zurück. Das setzt jedoch die Auffassung voraus, daß unsere Geschichte ein Ende kennt, ein Ziel, auf das sie hingeordnet ist; und dieses Ganze, Anfang und Ende, ist in Gottes Hand, auch in der Hand Christi. In 1, 17–18 wurde „Anfang und Ende" ergänzt durch „der Lebendige. Ich war tot, und siehe, ich lebe von Ewigkeit zu Ewigkeit". Auch „der Lebendige" ist ein Gottesprädikat (Ps 42, 3; 84, 3; Jos 3, 10; siehe Dtn 32, 40; Dan 4, 31 und 12, 7). Doch ist ‚Leben' im frühen Christentum und Judentum Ausdruck des Ganzen der eschatologischen Heilsgaben geworden (vor allem Johannesevangelium; Offb 2, 7; 2, 10; 3, 1; 7, 17). In Fülle besitzt Christus alle eschatologischen Gaben, „die sieben Geister"; er ist „der Lebendige", er besitzt daher die Schlüsselgewalt über das Totenreich (1, 18b), alttestamentlich eine Vollmacht, die Jahwe allein vorbehalten ist (1 Kön 2, 6; Weish 16, 19; Ijob 13, 2). Eines der Endereignisse in den eschatologischen Ereignissen wird denn auch sein, daß „der Tod und der Hades" selbst vernichtet werden (20, 14).

In dem Sendschreiben an die Kirche von Philadelphia wird von Christus, dem Menschensohn, gesagt; daß er den Schlüssel Davids besitze (3, 7). In Jes 22, 22 hat der Hofmarschall den goldenen Schlüssel, Zeichen der Macht des Königs David; er hat die Macht, „zu schließen und aufzuschließen". Diese Schlüsselgewalt bedeutet, daß Christus die Macht hat, jemanden zum Reich Gottes zuzulassen oder von ihm auszuschließen (vgl. 3, 8) (im Neuen Testament: die Macht, zur Taufe zuzulassen oder sie jemandem zu verweigern. Siehe Mt 16, 18.19 und Apg 8, 20–25). Gerade weil Christus, Herr der Kirche, diese Schlüsselgewalt besitzt, können weder Tod noch Unterwelt die Kirche überwältigen.

Nur an einer Stelle, und zwar in einem Zitat aus Ps 2, nennt die Apokalypse Christus „Sohn Gottes" (2,18; vgl. 2,26–27). Aber anderseits wird von Gott allein in Beziehung zu Christus als von „dem Vater" gesprochen (1,6; 2,28; 3,5.21; 14,1). Diese ‚Zurückhaltung' gegenüber dem Titel ‚Sohn Gottes' ist vielleicht jüdisch zu erklären aus den vom Autor benutzten Traditionen: Das Judentum kennt „Sohn Gottes" nicht als spezifisch messianischen Titel.

Im eigentlich apokalyptischen Zusammenhang wird von dem jüdisch-messianischen Gesalbten gesagt: Er ist angetan mit einem „in Blut getauchten" Gewand (19,13). Hier handelt es sich nicht um das Blut des Lammes, sondern um das in blutigem Kampf befleckte Gewand des kämpfenden Messias. Der Name dieses messianischen Kämpfers lautet: „das Wort Gottes". Das bedeutet hier: in ihm wird Gottes triumphierendes Handeln sichtbar. Wort ist nicht der Name oder die ‚Person' Jesu, sondern eine Bezeichnung; es steht da: „kekletai", so wird er genannt, oder: diesen Namen erhielt er bei seiner Erhöhung zu Gott; so ist er „König der Könige" (19,16). Es bedeutet aber auch ‚treuer Zeuge'. In 1,2.9; 6,9 und 20,4 erscheint der Titel „das Wort Gottes" immer im Zusammenhang mit den „Zeugnissen Jesu" („martyria Iesou"). Der Autor spricht nie absolut von „dem Logos", wie das Johannesevangelium. Christus ist als *bestimmte* Person die Manifestation der Heilswirksamkeit Gottes. Er ist Offenbarung Gottes. Nirgends wird dem Logos Gottes, im Gegensatz zum vierten Evangelium, eine Schöpfungsvermittlung zugeschrieben. Als Wort ist Christus in der Apokalypse der einzige Träger der Heilsoffenbarung.

Einigemal wird außer Gott (13mal) auch Christus ‚Kyrios', der Herr, genannt (11,8; 14,13; 22,20.21. Es ist in 11,4 unklar, ob Gott oder Christus gemeint ist). Doch fällt auf, daß dieser urchristliche Christustitel eigentlich nur in einer traditionellen Formel vorkommt (14,13). Im eigentlich apokalyptischen Teil der Offenbarung wird allein Gott der Herr genannt. Auch die Traditionsformel: „maranatha" („erchou Kyrie Iēsou", „komm, Herr Jesus") ist dem Autor bekannt (22,20.21). Er selbst behält den Namen Kyrios Gott vor, sogar im antikaiserlichen Sinn. Wo Domitian sich „unser Herr und Gott" nennen ließ[146], nennt die Apokalypse Gott „ho Kyrios kai Theos hēmōn" (4,11).

Obwohl die Apokalypse also Christus verschiedene Gottesprädikate zuerkennt, bleibt der Autor doch sehr zurückhaltend bei bestimmten Gottesnamen. Allein Gott, nicht Christus ist der „pantokrator", der Allherrscher (1,8; fortan noch achtmal). In der Septuaginta ist „pantokrator" stets die Wiedergabe des hebräischen „Gott der Heerscharen" (Deus Sabaot), das Gottesprädikat der späteren Propheten. Nirgends wird Christus jedoch der pantokrator oder Allherrscher genannt. Gott allein ist Schöpfer, offensichtlich ohne jeden Schöpfungsmittler. Christus ist jedoch über alle Geschöpfe, auch die Engel, erhaben. Und diese erhabene Stellung ist ihm bei seiner Erhöhung nach seinem Tod gegeben worden. Sein Reich – er hat „seine Macht vom Vater empfangen" (2,28) – erstreckt sich in der Ordnung des Heils: über seine Gemeinde und die Völker. Gott allein ist „der, der ist und der war und der kommt" (1,8; 4,8c).

Nach Ansicht verschiedener Exegeten ist dieses Gottesattribut bewußt gewählt *gegenüber* dem damals geltenden Slogan vom *Nero redivivus*, von dem das Gerücht ging: „Er, der war und nicht ist und erscheinen wird" (siehe ferner bei der Synthese: Die Kirche und die Staatsautorität). Vom toten Nero glaubte man, daß er noch irgendwo lebte, untergetaucht im Osten, von wo er mit einem Heer zurückkehren werde, um Israel zu bestrafen und triumphierend in Jerusalem zu herrschen. Schließlich wurde Nero zum eschatologischen Anti-Messias, bei den Christen zum Antichrist: Satan in Nerogestalt. Diese römische, verjüdischte und von Christen übernommene Legende spielt unverkennbar in die Apokalypse hinein (siehe 17,8; 13,3.14). Das weist darauf hin, daß es in der Apokalypse um die Kirche gegenüber der sie verfolgenden kaiserlichen Staatsgewalt geht.

Schon jetzt sind die Welt und die Gemeinden Christus unterworfen; der Grund dafür ist sein Sühnetod. Wer ist dieser ‚Christus' in der Apokalypse? Es fällt auf, daß dieses Buch nirgends den Namen Jesus als Subjekt des eigentlichen, apokalyptischen Dramas gebraucht. Achtmal gebraucht der Autor diesen Namen selbständig (immer im Genitiv). Gemeint ist dann: Jesus, nach dessen Kommen die Gemeinde Ausschau hält (1,9; 14,12; 17,6) und auf den man gläubig hofft und vertraut und für den und von dem man bis zum Tod Zeugnis ablegt (1,9; 12,17; 19,20,4). Stets also, um Jesus als *Objekt* eines Handelns der Gemeinde anzudeuten. Tritt Christus selbst handelnd auf, dann gebraucht die Apokalypse nie die Bezeichnung Jesus. Außerhalb des großen, apokalyptischen Korpus der Geheimen Offenbarung, wo „Jesus Christus" handelndes Subjekt ist, tritt er als derjenige auf, der die Offenbarung bringt (1,1), Frieden und Gnade seinen Jüngern verheißt (1,5; 22,21) und nach einer Weile kommen wird (22,20).

Das weist darauf hin, daß die Begriffe, welche die Geheime Offenbarung in dem großen apokalyptischen Mittelstück ihres Werkes gebraucht, in ihrer formalen Bedeutung alttestamentlich und jüdisch bestimmt sind: der Christus oder der Gesalbte. Als Schriftgelehrter macht der Autor offensichtlich einen persönlichen Versuch, jüdische Begriffe auf Christus Jesus anzuwenden; mit anderen Worten, einen persönlichen Versuch, die jüdische Apokalyptik (manchmal sogar vorhandene Traditionsstücke wie Offb 12) christlich zu deuten. Methodisch bedeutet das denn auch, daß diese christliche Apokalypse primär aus alttestamentlichen und frühjüdischen Voraussetzungen von eindeutiger, ziemlich rein gehaltener apokalyptischer Prägung ausgelegt werden muß.

Mit all diesen glanzvollen Ehrentiteln des Christus ist dessen Wesen nicht erschöpft und ausgedrückt. Erst bei der Parusie und der vollendeten Gottesoffenbarung wird sein eigentlicher Name offenbar werden. Schon in 3,12 sagt der Autor: „Ich werde auf ihn schreiben den Namen meines Gottes und den Namen der Stadt meines Gottes, des neuen Jerusalem, und den *neuen Namen*, den ich trage": das sagt der Menschensohn. Aber dieser neue Name wird nicht genannt. Der Seher selbst kennt ihn offensichtlich nicht. Von dem Sieger Christus wird auch in 19,12 gesagt: „Auf seinem Haupt trägt er viele Diademe, in die ein Name eingeschrieben ist, *den niemand kennt als er allein.*" Wir Christen nennen ihn jetzt „das Wort Gottes" (12,13), aber das ist noch nicht sein endgültiger Name. Welches dieser ist, wird erst bei der Parusie offenbar. Person und Name sind identisch. Die Apokalypse beläßt also ausdrücklich das Geheimnis über der eschatologischen Personidentität Jesu. Sie kann auch nur bei der Vollendung der Offenbarung offenkundig werden. Auch der apokalyptische Seher erhält keine Erkenntnis von diesem „Neuen Namen". Das tiefste Wesen Christi ist uns noch verborgen. Wir wissen nur, was er als Heil von Gott her für uns bedeutet; das erfährt die Gemeinde Christi. Seinen eigentlichen, die Person identifizierenden Namen kennen wir noch nicht. Wir wissen nur, daß er uns Gott offenbart. Der Autor will offensichtlich sagen, daß das Wesen Christi innig mit dem Gottes selbst verbunden ist. Das ‚Wie' wird die Parusie erweisen. Wir wollen also bescheiden bleiben; nicht aus Minimalismus (der Autor läßt etwas Großartigeres ahnen, als man, nach all diesen glanzvollen Ehrentiteln, noch erwarten kann), sondern aus religiöser Scheu und vor allem weil Gottes Offenbarung erst endgültig ist bei der Parusie. Wir können dieser nicht vorgreifen.

§ 2. Die Vision einer neuen Welt

Nach den Botschaften an die sieben kleinasiatischen Kirchen geht der Autor über zu einer apokalyptischen Deutung der Geschichte. Der Seher schaut in die himmlischen Sphären. Was er zuerst sieht, ist die himmlische Liturgie, in welcher der ganze himmlische Hof Gott zusingt als Pantokrator (4,8), Schöpfer des Alls (4,11). Was an anderen Stellen im Neuen Testament der Ratschluß Gottes genannt wird, wird hier apokalyptisch aufgeführt: der Lobpreis für den Schöpfergott, der Welt und Geschichte in seiner Hand hält. Dann erst kommt die Ausführung des Zieles des göttlichen Schöpfungsplans. Denn dann erscheint das verherrlichte Lamm.

Was anderswo im Neuen Testament bekennend und hymnisch ausgedrückt ist, wird in Offb 5 in einer großartigen Vision dargestellt: die Verherrlichung Jesu nach seinem Tod. Christus hat gesiegt, es steht also in seiner Macht, das große Buch der Geschichte, des apokalyptischen Geschehens, zu öffnen. Er ist der Herr der Geschichte. Der Seher schaut seine Inthronisation. Erschienen vor dem himmlischen Rat, ‚nimmt' das Lamm die Macht aus der rechten Hand dessen entgegen, der ‚unsichtbar' auf dem Thron sitzt (5,7), woran sich die Akklamation aller anschließt (5,9–13); in sie stimmt die ganze Schöpfung ein (5,13). (In einer Vision wird hier gesagt, was wir sonst in hymnischen Zitaten finden; z.B. Phil 2,9–11; 1 Tim 3,16). Damit beginnt (nach der Christophanie von 1,9 und 19, die durch die Sendschreiben von 4,1 getrennt wurde), der

Bericht der apokalyptischen Vision: sie spielt sich in Himmelssphären ab. Offb 5 gibt sozusagen die dogmatische (christologische) Grundlage (in der Vergangenheit) für das, was jetzt folgt: für „all das, was geschehen muß" in der richtigen Reihenfolge (1, 20). Der Tod Jesu, die Grundlage seiner Erhöhung und seiner eschatologischen Herrschaft, ist der dogmatische Kern dieser Vision. (Auch in Offb 12 wird ein vergangenes Geschehen, nämlich Geburt und Leben Jesu, zum Inhalt einer apokalyptischen Vision.) Grund für die Weltherrschaft Christi ist: „Der Löwe aus dem Stamm Juda, der Sproß Davids, er hat gesiegt: er darf das Buch öffnen und die sieben Siegel brechen" (5, 5). Dieser Sieg („enikesen") wird in 5, 9 näher präzisiert: „Du hast sie erkauft für Gott mit deinem Blut". Das heißt: Weil Jesus sich seine Gemeinde aus allen Nationen und Sprachen durch seinen Tod erworben hat, wird er der Herr der Geschichte (5, 9). Jesu Freikauf seiner Gemeinde ist also sein Triumph, sein Tod selbst ist der Sieg; er ist „der Sieger" (Offb 2 und 3). Das ist er als „der Löwe aus dem Stamm Juda" (Gen 49, 9), verbunden mit der „virga Jesse" oder dem Sproß Davids aus Jes 11, 10. (Apokalyptisch-jüdisch wird z. B. in 4 Esr 12, 31–32 der Messias „der Löwe aus dem Samen Davids" genannt.) Als messianischer Sieger vollendet Christus alttestamentliche Verheißungen. Der Grund für den Gebrauch des Begriffs ‚Sieg' für den erlösenden Sühnetod Jesu scheint in der frühjüdischen und frühchristlichen Vorstellung von der Welt als Machtbereich des Satans in seinem Kampf gegen Gott und sein Volk zu liegen. Der Sieg über die Welt ist zugleich ein Eintreten in den Machtbereich Gottes, die Garantie für den historischen Sieg im eschatologischen Kampf Satans gegen Gott. Aber himmlisch *ist* der Sieg schon mit dem Kreuzestod Christi gegeben.

In der Apokalyptik geht es immer um eine Interpretation der Geschichte – Vergangenheit, Gegenwart, Zukunft; dabei wird die Gegenwart als die Anfangszeit unmittelbar vor der Endzeit gesehen. Als Herr *der Gemeinde* ist Christus für den Gläubigen auch die alles bestimmende Macht der Gegenwart der Gemeinde. Diese Vision schickt die Apokalypse voraus, bevor der Autor auf das irdische Geschehen zurückblickt: Das in der Vergangenheit mit Jesus Christus schon Erfolgte ist *bestimmend* für das, was in der Gegenwart geschieht. Das „Buch der Geschichte" ist das apokalyptische Symbol der Weltherrschaft Christi. Daß das Buch eine Urkunde sei, wie man sie im Altertum kannte: eine Urkunde in doppelter Ausfertigung, in dem Sinn: der Text auf der Innenseite ist versiegelt, das Doppel auf der Außenseite ist nicht versiegelt[147], mag richtig sein, aber das spielt in der Apokalypse gar keine Rolle. Der Autor denkt an das „versiegelte Buch" von Jes 29, 11–12: „Jede Vision ist für euch wie die Worte in einem versiegelten Buch; gibt man es jemandem, der lesen kann, mit der Bitte: ‚Lies dies einmal', dann wird er sagen: ‚Das kann ich nicht, es ist versiegelt'." Darin ist die alttestamentliche „Theorie der Verstocktheit" ausgedrückt. Wegen seiner Sündhaftigkeit hat kein Mensch Einblick in Gottes Ratschluß und Weltregierung. Niemand ist offen für die (alttestamentlichen) Prophetien: Sie alle sind aufgezeichnet in dem Buch mit den sieben

Siegeln, das von dem charismatischen Exegeten, dem Seher, jedoch verstanden wird. Er begreift, was die Propheten gemeint und was sie über die Endereignisse vorausgesagt haben. Dazu war die Christophanie notwendig: Der Herr der Geschichte gibt dem Seher diese Einsicht; aus sich selbst weiß der Autor das nicht. Seine Visionen sind denn auch links und rechts gefüllt mit Fetzen aus dem ganzen Tenach, dem Wort Gottes. Als *Seher* ist er der *Exeget* der alttestamentlichen Prophetien. Das Lamm „mit sieben Hörnern und sieben Augen" (5,6), das heißt mit aller Kraft und allwissender Weisheit, ist allein würdig, dieses Buch zu öffnen. Der Seher schaut dabei zu.

Damit ist auch der Inhalt des versiegelten Buches klar. Darin einen Schuldbrief zu sehen (so O. Roller) – etwa in der Art von Kol 2,13–15 – wäre völlig verfehlt. Denn die Schuld *ist* schon durch Christi Tod vergeben; und so ist die Voraussetzung für die Öffnung des Buches gegeben, nämlich die Sündenvergebung, welche der Gemeinde durch das Blut des Lammes zuteil geworden *ist* (5,9–10). Das versiegelte Buch kann also kein Schuldbrief mehr sein. Warum befürchten denn die himmlischen Höflinge so sehr, daß niemand gefunden werden könne, der imstande sei, die Siegel zu brechen? Eben weil sie verlangend Ausschau halten nach dem Ende der Tränengeschichte der Menschheit, also nach jemandem, der würdig ist, das Buch zu öffnen. In der apokalyptischen Logik finden die Endereignisse nämlich nach einer bestimmten Ordnung und einem Schema statt. Die Endwehen können nicht beginnen, bevor sie angekündigt sind, das eine Geschehen bedingt das andere (darauf spielt auch 2 Thess 2,5–8 an, in Verbindung mit dem ‚katechon' – „etwas, was die Ankunft des Antichristen noch aufhält"). So kann der Beginn der Endereignisse nicht kommen, bevor die Siegel des Skriptums dieser Endereignisse nicht gebrochen sind.

Das Lamm erhält dieses Buch: Christus ist der Herr der Geschichte, kraft seiner Erhöhung nach seinem Tod. Durch das Öffnen des Buches – wobei ein Siegel nach dem anderen gebrochen wird – wird Geschichte *End*geschichte, zum Trost der verfolgten und leidenden Gemeinde, die jetzt unmittelbar vor der Endzeit steht: Christus kommt, Maranatha! Inhalt des versiegelten biblion sind also die Endereignisse: „Alles, was *danach* (meta tauta) geschieht" (4,1; *konkret* ist das der Inhalt von 6–22,5). Der Besitz des Buches ist also zugleich Symbol der Weltherrschaft Christi (siehe 5,9 mit 5,12). In Offb 5 wird letztlich, doxologisch, die Übermacht des Lammes gefeiert (5,9): Er, der Christus, hat den Schlüssel zu aller Geschichte in den Händen, denn er hat alle Schuld schon getilgt in seinem Blut. Er macht aus einer Geschichte der Tränen ein Geschehen, in dem Gott selbst alle Tränen wegwischt (7,17c; 21,4).

Jedesmal, wenn der Autor von der Weltherrschaft Christi spricht, wird dieses Herrschen mit seiner Beschaffenheit als Lamm verbunden (neben dem Block, in dem der ‚jüdische Messias' zur Sprache kommt). Dieses Lamm ist nicht nur *Subjekt der Erhöhung* (so Tr. Holtz); im Gegenteil, in der Apokalypse ist „das Lamm" vielmehr sowohl *geschlachtet* als auch *erhöht*. Die Erhöhung gehört zum Begriffsinhalt des Lammes (wie zum Begriff des leidenden, aber erhöhten

Gottesknechts). Deshalb folgt, aufgrund der Schlachtung und Erhöhung des Lammes: „Du hast ihn vor unserem Gott zu einem königlichen Geschlecht von Priestern gemacht, und sie werden herrschen auf Erden" (5,9.10). Der deutero-jesajanische Ebed, das Lamm, ist ‚kollektiv' und ‚individuell' zugleich, wie der Menschensohn: Menschensohn und „das Volk der Heiligen des Allerhöchsten". Dies alles bestätigt die Auffassung (die übrigens der kleinasiatischen Theologie eigen ist), daß Christus als Herr der Gemeinde auch über die ganze Menschen-geschichte herrscht. In der Apokalypse wird das jüdische apokalyptische Geschichtsbild – das selbst schon auf das Gottesvolk konzentriert ist – *ekkle-siologisch* verdichtet, und erst von der Ekklesia aus ist der Blick auf die ganze Weltgeschichte gerichtet. Verchristlichung eben des Kerns der jüdischen Apo-kalyptik! Für die Apokalypse ist „das Gottesvolk" (ohne jeden Gegensatz zwi-schen Israel und Kirche) schlechthin das Volk, das Gott sich durch den Tod Christi erworben hat (5,9). Gerade Jesu Gründung dieses Gottesvolkes, eine Erfüllung der alten Verheißung, nämlich durch seinen Tod, ist *Voraussetzung* der Inthronisation Christi als Weltherrscher; dieses Herrschen in der Welt ma-nifestiert sich in der Zeit *vorläufig schon* im ‚(Mit-)Herrschen' der Christen (5,10; siehe 1,6; 7,1–17; 14,1–4): durch den christlichen Widerstand gegen die bösen Mächte. Darin liegt, jetzt schon, der Grund für eine universale Lob- und Danksagung, um so mehr, da Christen „aus allen Stämmen und Sprachen und Völkern und Nationen" berufen sind (7,9; siehe 10,11; 13,7; 14,6; 17,15). Christen „werden herrschen auf Erden" (5,10). Schon das Brechen des ersten Siegels zeigt, daß die Kirche, „die zwölf Stämme Israels", in der Weltherr-schaft Jesu im Mittelpunkt steht (7,1–8). Weil Christus einen Sühnetod ge-storben ist und sich so ein Gottesvolk erworben hat, *deshalb* wird ihm gehuldigt als dem Herrn der Welt und der ganzen Geschichte. Die Weltherrschaft Christi, die alle frei macht, wird verwirklicht durch die *Sendung* der Kirche in die Welt – in der Apokalypse konkretisiert nicht so sehr in der Verkündigung durch das Wort, durch das Kerygma oder Evangelium, sondern durch die evangelische Praxis des Widerstandes gegen die verabsolutierte Macht des Kaisers. Das Herrschen der christlichen Gemeinde *ist,* vorläufig geschichtlich, ihr Wider-stand – als leidende Zeugin – gegen die absolute kaiserliche Macht. Diese Auf-fassung ist, allerdings in anderen Situationen der Gemeinde, Eph 2,14–18 nicht fremd, selbst Mt 28,18–19 nicht, wo Jesus alle Macht gegeben wird und ist, wo aber deswegen die Kirche in die Welt gesandt wird. In dieser Apokalypse ist das messianische Geschehen – Christus – nicht das *Eschaton* der Zeiten, sondern der *Mittelpunkt* unserer wirklichen Geschichte, deren Bedeutung erst im Eschaton, bei der Parusie, offenbar werden wird. *Dies* ist eine unjüdische, spezifisch christliche Auffassung vom Messianismus, wenn auch der Autor an-nimmt, daß dieser Mittelpunkt der Vorabend der Endzeiten ist. Darin ist aber der harten, fortschreitenden Wirklichkeit der irdischen Geschichte Raum gegeben.

Das Lamm aber hat „sieben Hörner und sieben Augen, das heißt die sieben Geister Gottes" (5,6), die Kraft und Weisheit des Heiligen Geistes. Im Martyrerwiderstand der Gemeinde *regiert* Christus kraft der Macht Gottes schon über die Welt. Im Himmel ist Satan durch Jesu Tod schon überwunden, ausgestoßen, aber jetzt ist er tätig gegen das freigekaufte Gottesvolk Christi auf Erden. Dieser Sieg Christi wird, nach Offb 5, in prophetischen Visionen geschaut.

Zuvor wird der endgültige Sieg des Lammes (gemeinsam mit Gott) doxologisch gefeiert; denn durch seinen Tod und seine Erhöhung hat Christus sich schon das königlich-priesterliche Gottesvolk erworben (5, 9). Dieses schon vollzogene Geschehen wird sogar in einem universalen „Amen" von der ganzen Schöpfung bejaht (5, 13). Man kann in einer Apokalypse nicht nach einer genauen Chronologie suchen und braucht es auch nicht. Geschichte wird nach ihrem tiefsten, letzten Sinn erforscht. Der Blick des Sehers mag schon in Himmelssphären weilen, aber der Apokalyptiker weiß nur allzu gut, was auf Erden mit dem Gottesvolk geschieht. Wenn das himmlische Regieren Christi, des Herrn der Kirche, in diesem ersten Äon zunächst noch der Widerstand der Kirche auf Erden ist, fließen himmlische und irdische Ereignisse unweigerlich wirbelnd durcheinander. Gerade das ist Apokalyptik. Christus: „Er *hat* gesiegt" (5, 5). Anderseits wird gesagt: „Sie werden Krieg führen gegen das Lamm, aber das Lamm *wird* sie besiegen, denn er *ist* der Herr der Herren und der König der Könige, und jene, die mit ihm sind, die Gerufenen, Auserwählten, Getreuen, werden teilhaben an seinem Sieg" (17, 14). Diese apokalyptische Dialektik liegt über dem ganzen Buch der Offenbarungen. Schon jetzt, durch seine Kirche, herrscht Christus über die Welt, aber erst mit seiner Parusie herrscht er unmittelbar über alles, doch bleibt seine Gemeinde auch dann im Mittelpunkt stehen. Sie herrscht. In der Zeit steht die Kirche somit im Zeichen des Schon-jetzt und Noch-nicht. Sie wird von Feinden verfolgt, wie nach dem Brechen der Siegel der Buchrolle offenkundig wird. Ganz verschiedene Feinde greifen die Gemeinde Christi an. Die Kirche wird verfolgt. Beim Brechen des fünften Siegels sieht man, daß schon viele gefallene Martyrer vom Himmel aus sehnsuchtsvoll Ausschau halten nach dem Ende all dieser Prüfungen. Sie schreien nach Gottes Vergeltung wegen so viel vergossenen Blutes (6, 10; siehe Ps 79, 5.10). Sie erhalten ein weißes Gewand, aber „ihnen wird angekündigt, daß sie noch eine kurze Weile warten müßten" (6, 11): es kommen noch mehr Blutzeugen (6, 11c). So ist es für den Seher klar, daß auf Erden die große eschatologische Prüfung noch kommen muß. Daraus muß man folgern, daß die schon gefallenen Martyrer *hier* die alttestamentlichen Martyrer sind. Sie sind schon bei der ,himmlischen Geschichte' dabei und haben Einblick in sie (7, 14–17). Beim Brechen des sechsten Siegels (6, 12–17) ist es klar, daß auch in der irdischen Geschichte der Höhepunkt erreicht wird (6, 12 – 7, 17). Aber bevor der schwere Schlag kommt, muß – apokalyptisch, zur Tröstung und Ermahnung der Gemeinde – gesagt werden, wer verschont bleiben wird. Daher die Vision der versiegelten Gottesknechte. Der Autor sieht die durch Christus Geretteten als ein priesterliches Gottesvolk (siehe oben). Die ,Versiegelung' der Gezeichneten liegt auf der gleichen Linie. Der Hohepriester trug eine Art Brustschild mit Siegeln, auf welche die Namen der zwölf Stämme Israels geschrieben waren (siehe Ex 28, 11.21; 39, 6.14 = griech. 36, 13.21). Außerdem trug er „auf der Vorderseite der Kopfbedeckung" (Ex 38, 37), auf seiner Stirn also, ein Siegel mit den Worten: „Jahwe geweiht" (Ex 28, 36; siehe Ez 9, 4). Der Autor denkt also an *Israels* heiligen Rest, der mit dem christlichen ‚priesterlichen Gottesvolk' gleichgestellt wird. Aus den verschiedenen Listen der zwölf Stämme Israels (Gen 49, 1–28; Num 13, 4–16; Ez 48; Dtn 33, 6–29; 1 Chron 2, 1 – 8, 40) nahm der Autor die von Gen 49. Hier ist der Stamm Dan „eine Schlange auf dem Weg, eine Natter auf dem Pfad" (Gen 49, 17), der Grund, warum die Apokalypse diesen Stamm nicht erwähnt (nach einer jüdischen Tradition kommt der Antichrist aus diesem Stamm; und Christen haben dies umgewandelt: Judas Iskariot kam aus diesem Stamm). Außer Israels heiligem Rest gehört zu den eschatologisch Geretteten noch eine unzählbare Menge aus dem Heidentum, gekennzeichnet mit ‚Jahwe geweiht' (7, 9). Der alles deutende Engel erklärt dann diese Vision (7, 13–17): Es sind die Getauften, die im Blut des Lammes von Sünden gereinigt sind: das priesterliche Gottesvolk besteht aus Israels heiligem Rest und der Kirchengemeinde.

Beim Öffnen des letzten Siegels, das – ursprünglich – die Endapotheose einleiten sollte, „wurde es still im Himmel, wohl eine halbe Stunde lang" (8, 1). Das geht zurück auf 1 Kön 19, 11–12, wo die Erscheinung Gottes vor Elija auf dem Horeb erzählt wird: Gott war nicht im Sturm, noch im Erdbeben, noch im Feuer, sondern in der Stille einer sanften Brise (siehe auch Hab 2, 20; Sach 2, 17). Aber der Autor hat diesen ersten redaktionellen Plan aufgegeben. Die Endapotheose wird ausgesetzt. So erhält die Stille eine andere Funktion: Das Atemberaubende des wütenden Endkampfes zwischen göttlichen und satanischen Mächten wird erst noch in den neuen Visionen von den sieben Posaunen und sieben Schalen beschrieben. Jetzt erscheint ein gewisser ‚Dualismus' zwischen Gut und Böse. Die ersten vier Posaunen kündigen viele verheerende kosmische Erscheinungen an (8, 2–12). Es wird noch schlimmer bei den drei folgenden Posaunenstößen (8, 13 – 11, 19). Fast alle alten ägyptischen Plagen suchen, noch schlimmer als damals, die Erde heim. Zwischen dem Schall der sechsten und der letzten Posaune findet eine besondere Theophanie, die eines Engels des Herrn, statt (10, 1–7), worauf die Berufung des endzeitlichen Propheten folgt (10, 8 – 11, 2; die hier ‚zu zweit' sind, um ein *rechtsgültiges* Zeugnis ablegen zu können; vgl. 11, 4 mit Sach 4, 3.11–14). Aber dann wird auch ein Tier aus den Abgründen emporsteigen (11, 7), der Antichrist – das römische Imperium als Handlanger des Satans. Ihm tritt dann (nach der siebten Posaune) „sein Gesalbter" entgegen, der Christus, der Messias (11, 15). Damit ist eine neue Phase in der eschatologischen Zeit erreicht: der Messias, dem der endzeitliche Prophet vorausgegangen ist, anderseits der Anti-Messias, das Tier, dessen eigener endzeitlicher Pseudoprophet auch bald erscheinen wird.

Von Offb 12 an erhalten wir ‚Apokalyptik' in ihrer ganzen Fülle. Der Kampf zwischen Gut und Böse wird auf zwei Ebenen geführt: der ‚metaphysische'

Kampf zwischen Satan und Gott (Offb 12), beantwortet auf Erden durch einen politischen Kampf des Tiers (des Kaisers) und seines Pseudopropheten gegen Christus und seine Kirche (Offb 13). Dies wird im *allerletzten* Kampf (der Apokalyptiker erweitert durch neue Kommentare immer wieder die Perspektive) wiederholt, einerseits auf Erden die Vernichtung der irdischen politischen Mächte, die sich Gott und seinem Gesalbten widersetzen (Offb 19), anderseits auf ‚himmlischer‘ Ebene die Vernichtung aller dämonischen und chaotischen Mächte, die unter Leitung des Drachen (Satans) gegen Gott, Christus und seine Gemeinde gekämpft haben.

In der apokalyptischen Einheit Offb 15 verarbeitet der Autor eine jüdische Tradition des Kampfes zwischen Michael und dem Anti-Messias. Alles geschieht noch ‚im Himmel‘ (siehe 12, 1). Satan hat es auf die schwangere Frau abgesehen, auf Israel, die den Gesalbten trägt. Der messianische Knabe (siehe Jes 7, 14; 26, 17; Mich 4, 10) wird zwar geboren, aber (nach einer jüdischen Tradition) zu Gott ‚entrückt‘ (12, 5–6); seine Rolle ist rein eschatologisch. Der Autor fügt diese Tradition einfach in seine Erzählung ein (mit allen dadurch bedingten Unebenheiten). Die Absicht ist: Die messianischen Geburtswehen beginnen (siehe Jes 66, 6–8). Aber Michael triumphiert im Himmel über Satan (12, 7–9), „die alte Schlange“ (12, 9; „alt“, das heißt: denkt an Gen 3, 1. Schon im griech. Jes 27, 1 wird die Schlange mit Satan identifiziert). Dieser kommt jetzt aber aus dem Himmel auf die Erde und wird hier seinen Kampf fortsetzen. Gerade durch den Fall Satans auf die Erde (siehe auch Lk 10, 18; Joh 12, 31) beginnt hier der (vor-)letzte Kampf: „Wehe euch, Erde und Meer, weil der Teufel *zu euch* (auf die Erde) mit großem Zorn herabgestiegen ist“ (12, 12). Aber im Himmel hallt das Loblied über Satans Fall wider (12, 10–12). Zugleich wird angedeutet, daß die Zahl der Bezeichneten (6, 11) jetzt ‚voll‘ ist: „Die Brüder“ der alttestamentlichen Martyrer, nämlich die Christen, haben „durch das Blut des Lammes und durch das Wort ihres Zeugnisses“ (12, 11) die Zahl der ‚vorgesehenen‘ Martyrer voll gemacht. Jetzt kann das Heil endgültig beginnen.

Aber nicht für einen Apokalyptiker. Auf Erden greift Satan jetzt Frau Sion an (der schon geborene Messias ist ‚für eine Weile‘ im Himmel verborgen). Aber die Frau (Frau Sion und die Kirchengemeinde in einem) flieht in die Wüste (12, 14). „*Satan blieb am Strand des Meeres stehen*“ (12, 18; das Meer ist im Alten Testament Symbol der chaotischen Macht). Das bedeutet etwas Unheilverkündendes.

Der himmlische Kampf (in Offb 12) erhält jetzt eine irdische, politische Dimension (Offb 13). Aus dem Meer kommt tatsächlich ein Tier – Satans Handlanger: das römische Imperium, das siebenköpfige Ungeheuer. Satan schenkt Rom „seine Macht und seinen Thron, eine große Autorität“ (13, 2b). Der Autor parodiert den römischen Kaiserkult, indem er ihn kühn beschreibt in Ausdrücken der himmlischen Erhöhung Christi und der darauffolgenden Doxologie. Das ‚dualistische‘ Schema erfordert dieses Vorgehen (vgl. 2 Thess 2, 8–9). Aber hier wird dann doch (ganz anders als Paulus in Röm 13, 1, wo die kaiserliche Autorität ,von Gott' kommt; – diasporajüdische Auffassung) palästinensisch-jüdisch gesagt, daß die konkrete kaiserliche Gewalt *von Satan* gegeben ist. Wie Christus Gott gleicht, gleicht der Antichrist – das Tier, ein teuflisches Gegenbild Christi – zugleich dem, der es sendet: Satan. Der Autor sagt von dem siebenköpfigen Tier (sieben Kaiser, welche es sind, läßt sich nicht mehr ausmachen): „Einer seiner Köpfe war wie zum Tod getroffen, aber seine Todeswunde ward geheilt" (13,3). Wiederum eine Parodie, in Begriffen der Auferstehung – vielleicht eine Anspielung auf die damals verbreitete Legende vom „Nero redivivus" (siehe unten) oder vielleicht eine Anspielung auf die gerade erfolgte Ermordung Kaiser Domitians. Der eine Kaiser stirbt, aber der andere kommt! Die feierliche Machtübertragung wird in fast blasphemischen Bibeltermini mit einer satanischen Doxologie beschlossen (13,4).

Um das Gegenbild abzurunden, erhält – wie der Messias seinen Vorläufer – das römische Tier seinen Pseudopropheten: Es kommt „ein zweites Tier aus dem Land" (13,11–18). (Auch Ijob 40 sprach von einem Tier aus dem Meer und einem Tier aus dem Land: Leviatan und Behemot.) Deshalb: Satan, der Antichrist, und der Pseudoprophet, als Gegenspieler Gottes, des Christus und des endzeitlichen Propheten (aus 10,8 – 11,2). (Hier ist Christus also nicht mehr ,der Prophet' oder Zeuge oder das Lamm, sondern der jüdische Messias, der einen prophetischen Vorläufer hat. Deshalb wird hier eine andere Tradition wirksam. Das Lamm wird hier auch nicht erwähnt.) Der satanische Pseudoprophet ist nach der *älteren* Interpretation Christi als *des* Propheten entworfen. Denn das Lamm ist eine prophetische Gestalt. Das zweite Tier erscheint denn auch „wie ein Lamm" (13,11), das heißt wie ein Prophet, „aber es sprach wie ein Drache" (13,11c), also ein Pseudoprophet. Das zweite Tier, der Pseudoprophet, ist offensichtlich keine politische Gestalt; es steht für sich. Gemeint ist vielleicht jeder, der Kompromisse mit dem ersten Tier schließt: ,es anbetet' (siehe 13,12); er bewirkt, daß man dem Kaiserkult verfällt. (Pseudochristi und Pseudopropheten sind eine urchristliche Gegebenheit; siehe Mk 13; Mt 24,24.) Es sind *Pseudo*propheten: Sie *leiden* nicht, aber wirken aufsehenerregende Wunder (siehe oben, bei Offb 1,5; diese Pseudopropheten lassen Standbilder reden – ein antiker Topos, 13,15; vielleicht hätte ich ,antik' streichen sollen). Wer dem Kaiser opfert, wird irgendwie unauslöschlich gekennzeichnet oder tätowiert (13,16–17, offensichtlich mit der Zahl „666", die für die Leser – nicht mehr für uns – verständlich war; der Name oder die Abkürzung des Namens des damaligen Kaisers?).

Offb 14 läßt dann das Lamm wieder auftreten: die Phase der endgültigen Rettung (14,1–5), die Ankündigung des Endgerichts (14,6–13) und der ,Ernte' (14,14–20). „Die Erstlinge der Menschen" (14,4b) singen ein nur ihnen bekanntes neues Lied (14,3), geschart um das Lamm auf dem Berg Sion. „Sie sind freigekauft" (14,4b; 14,4–5 scheint eine Glosse zu sein, nicht im aszetischen Sinn, welcher der Apokalypse fremd ist, aber vielleicht im Sinn der „fünf klugen Jungfrauen", der Gemeinde. Siehe Mt 25,1–12; Kol 1,22). In 14,6–13

wird vor allem das Gericht über die Kaiserverehrer verkündet und auf ein Ausharren der Christen gedrängt. Denn bald kommt die Getreide- und Trauben-
ernte (14, 14–20; siehe Joel 4, 13; auch wohl Dan 7, 13. Dieser Teil stammt
aus einer Tradition, in der „jemand, einem Menschensohn ähnlich", 14, 14,
ein Engel neben anderen Engeln zu sein scheint. Der Autor bindet sich aber
an sein Traditionsmaterial und läßt Unebenheiten stehen).

Ein Apokalyptiker scheint niemals zur Apotheose kommen zu können. Es
ist, als wolle er in und durch seine Geschichte seinen Lesern den Seufzer aus
seinem Schlußkapitel: „Maranatha!", „Komm, Herr" entlocken. Ein zweitesmal bleibt die Apotheose aus. Es kommen erst noch die Visionen der sieben
Schalen mit Gottes Zorn (Offb 15–16; siehe Ez 9 und 10; und wieder eine Reihe
ägyptischer Plagen). Aber der Autor tröstet die Gemeinde. Das bekannte Mose-
lied wird jetzt neu gesungen als Loblied für das Lamm (15, 1–4; Ex 15; Dtn 32).

In Offb 17 finden wir einen anderen ‚Dualismus': Babel, „die große Hure",
wahrscheinlich die Göttin Roma, welcher Kaiser Augustus mitten in Kleinasien,
in Pergamon, einen großen Tempel errichtet hatte (Hurerei bedeutet alttestamentlich Götzendienst). Rom ist „Babylon, die große Stadt, die Mutter der
Huren und der Greuel der ganzen Erde" (17, 5), sie war „trunken vom Blut
der Heiligen und dem Blut der Martyrer Jesu" (17, 6): „Das Weib, das du gesehen hast, ist die große Stadt, die über die Könige der Erde herrscht" (17, 18):
Rom und das römische Imperium. Von 14, 7 an (ein späterer Zusatz) erklärt ein
Engel ‚das Geheimnis' (das heißt einen zu entschlüsselnden Code oder ein Bild;
nicht ein Mysterium). Für uns ist beim ersten Hören seine Enträtselung noch
geheimnisvoller. Aber offensichtlich beruft er sich auf die damals allgemein bekannte Legende vom „Nero redivivus". Das Weib sitzt auf einem Tier „mit
sieben Köpfen und zehn Hörnern" (17, 3), „es ist die Stadt mit den sieben
Hügeln" (17, 9), also eindeutig die Sieben-Hügel-Stadt Rom; es gibt auch
„sieben Könige" (17, 10a): „Fünf von ihnen sind gefallen; einer ist da, der
letzte ist noch nicht gekommen; und wenn er kommt, soll er nur kurze Zeit
bleiben. Und das Tier, das war und nicht ist, ist selbst der achte und doch einer
von den sieben, und es geht zugrunde" (17, 10). Vor allem aus Sueton, Tacitus
und den Sibyllinen (siehe unten, Synthese: „Gnade und politische Macht")
wissen wir, daß nach dem Tod des Tyrannen Nero, wie oft, eine Legende entstand: Nero sei nicht tot, sondern in den Osten geflüchtet, von wo er zurückkommen werde, um sich an Jerusalem und den Juden zu rächen. So wurde Nero
zum Anti-Messias, von den Christen in den Begriff Anti-Christ übernommen.
Nero kennt also seine Parusie, nämlich die Rückkehr des Antichrists („der
achte, der doch einer von den sieben ist", „der war und nicht ist, aber kommen
wird"). Aus den „sieben" Kaisern läßt sich weiter nichts erschließen, da sieben
eine apokalyptische, keine ‚historische' Zahl ist. Wohl bestand nach der Ermordung Domitians (worauf 13, 3 vielleicht anspielt) damals eine allgemeine
Erwartung, daß das Römische Reich zusammenstürzen werde. Der Mord an
diesem Kaiser brachte Juden wie Christen eine kurze Zeit lang Ruhe. Mit der

Parusie des Antichrists setzt die letzte Phase ein. Offb 18 hebt schon die Weh-
klage auf den Fall der großen Stadt an (18,9–20), die plötzlich ein anderes
‚Gesicht' erhalten hat. Hier kommt eine andere, anti-metropolitane Tradition
zum Vorschein: „Zieh fort, mein Volk, *verlaß die Stadt,* damit du nicht teilhast
an ihren Sünden und nicht Anteil erhältst an ihren Plagen" (18,4; siehe Jer
51,45; auch Hebr 13,13). Es scheint in dieser Stadt nicht mehr um den Kaiserkult zu gehen; die Stadt ist einfach eine ‚große Stadt' von Kaufleuten, Seeleuten
und Königen, eine ‚schlechte' Hafenstadt (siehe 18,9–20, wo diese drei Kategorien als Entsprechungen haben: Heilige, Apostel und Propheten).

In Offb 19 wird das Danklied für die Vernichtung der großen Hure angestimmt. Der Seher schaut außerdem, daß die zwei Tiere – das römische Imperium und der Pseudoprophet – von dem messianischen Feldherrn vernichtet
werden (19,11–16). Dieser ‚militärische Messias' spielt in der Apokalypse nur
eine Nebenrolle, aber der Autor findet ihn in seinen Traditionen und fügt ihn
ein: Es ist „der Gesalbte", „der Reiter auf dem weißen Pferd" (19,11.19), der
Messias der nationalen jüdischen Erwartung. Dieser Messias vernichtet den
Antichrist und den Pseudopropheten. Vielleicht eine Anspielung auf die Ermordung Domitians, auf die für die Kirche eine Ruhepause folgte. Der Messias
„richtet und führt Krieg mit Gerechtigkeit" (19,11; siehe Jes 11,4). Von einer
Unterscheidung zwischen dem Gericht über die Kirche und dem Gericht über ihre
Feinde ist hier keine Spur zu finden. Es geht um den Gegensatz zwischen dem
jüdischen Messias und ‚den Völkern' (siehe PsSal 17, wo der Messias auch in
einem blutbefleckten Gewand eines Kriegshelden erscheint). Offb 19,11–16
(oder 19,11–21) verarbeitet eine jüdische Tradition. Die Christologie von Offb
19,11ff stimmt nicht mit der ekklesiologischen Lamm-Christologie des Autors
überein. Der Messias besitzt hier kein einziges Merkmal des Lammes. Von ihm
wird nur gesagt, daß er einen Namen trägt, der allen Sterblichen unbekannt ist
(19,12; siehe Jes 62,2b).

Daß nach Domitians Tod auf Erden für die Kirche eine Ruhepause eintrat,
bedeutet nach apokalyptischer Logik, daß auch mit Satan etwas geschehen sein
muß; wenn das nicht so wäre, ließe sich diese Ruhe auf Erden nicht erklären.
In der Tat: der Seher schaut, wie ein großer Engel (vielleicht Michael) den Satan
packt und ihn in den tiefen Höllenschlund einschließt und das Schloß versiegelt
(20,1–3, „danach muß er für eine kurze Zeit losgelassen werden", 20,3b; siehe
auch Jud 6 und 2 Petr 2,4). Von Offb 12 an war der Satan aus dem Himmel
auf die Erde geworfen. Jetzt wird er von der Erde weggenommen und in die
Unterwelt verbannt. Später wird er freigelassen „für eine kurze Zeit", das heißt
für den allerletzten Kampf. Die Frage, warum der so fest eingeschlossene Drache
für den Endkampf wieder freigelassen wird, stellt sich der Autor nicht. Die Apokalyptik (Kampf zwischen Gut und Böse) verlangt dies einfach, und der endgültige Kampf des Chaostieres gegen Gott ist ein verbreitetes antikes Motiv. Wie
die Schöpfung der Triumph Gottes über Mächte des Chaos war, so wird die
Schöpfungswelt ständig von chaotischen Mächten bedroht. Hintergrund von

Offb 20,1ff ist ein alter Mythos von dem ‚Fall der Engel'. Einer der Engel hat sich des Schlüssels zu den unterirdischen Chaosmächten, die durch die Erschaffung bezwungen wurden, bemächtigt und öffnet nun den Höllenschlund, um in der Endzeit – Pendant zur Anfangszeit – mit diesen Mächten des Chaos einen gewaltigen Angriff auf die gute Schöpfung Gottes zu wagen. Dieses Motiv wurde im frühen Judentum mit verschiedenen alttestamentlichen Traditionen verknüpft (siehe Jes 24,21–22).

Aber wenn der Satan für eine Zeitlang ausgeschaltet ist, bedeutet dies unweigerlich, daß auch auf Erden eine Ruhepause anbricht. Und so hat der Autor die Gelegenheit, ein anderes Traditionsmotiv einzuschieben: das *tausendjährige messianische Reich*. Die gemeinte Ruhepause dauert tausend Jahre; dabei muß man an Ps 90,4 denken: ein Schöpfungstag, oder *Tag Gottes*, dauert nämlich tausend irdische Jahre. Gemeint ist also der siebte Schöpfungstag, an dem Gott ruht. In der frühjüdischen Tradition wird dann daraus, daß, während Gott ruht, der Messias die Weltregierung Gottes in dieser Zeit übernimmt: messianisches Zwischenreich. (Anklänge davon findet man auch bei Paulus: später gibt Christus seine Herrschaft an Gott zurück, und nach diesem Christusreich beginnt erst das eigentliche Reich Gottes, 1 Kor 15,17–28.) Offb 20,4ff sieht diese Zwischenherrschaft. Wer aber auf dem Herrscherthron sitzt (20,4), bleibt dabei unbestimmt (wie in Dan 7,9 und 7,26–27; vgl. auch Mt 19,28: die Apostel werden mit Christus auf dem Thron sitzen und über die zwölf Stämme Israels richten). Gemeint ist ‚das Endgericht', bei dem ‚manche' an der königlichen Herrschaft Christi teilhaben. Wer? Alle Enthaupteten: „Die Seelen derer, die um des Zeugnisses Jesu und um des Wortes Gottes willen enthauptet worden waren" (20,4b) „und die das Tier und sein Bild nicht angebetet hatten" (20,4c). Diese „wurden wieder lebendig" (20,4d): Sie sind nicht mehr tot, sie leben und herrschen mit Christus, tausend Jahre lang. „Das ist die erste Auferstehung" (20,5b). Das heißt, Zeugen, Martyrer für Gottes Sache (aus Israel und der Gemeinde) werden bevorzugt: sie stehen schon auf, bevor die allgemeine (oder ‚zweite') Auferstehung stattfindet. Hier spielt der doppelte Auferstehungsbegriff aus dem Alten Testament eine Rolle: die *individuelle* Auferstehung, „die Frommen sind in Gottes Hand", bei Gott (Ps 19,9; 49,16; 73,23ff; Ijob 19,25), und die Auferstehung des ganzen Volkes (griech. Jes 26,19 →Ez 31,1–14 →Dan 12,2). Um das ‚jetzt schon lebendig bei Gott sein' der Frommen, Zeugen, Martyrer von der Auferstehung des ganzen Volkes zu unterscheiden (die allgemeine Auferstehung als Vorbedingung für das allgemeine Gericht), spricht der Autor davon wie von „der ersten *anastasis* (Auferstehung)". (Der Autor denkt dabei eher an eine Form der ‚Entrückung zu Gott' als an eine leibliche Auferstehung: „die *Seelen* der Enthaupteten"; die Leiblichkeit bleibt außerhalb seines Gesichtskreises.) Die anderen aber sind *tot* (20,5a), bis zum Gericht in der Endzeit. Allein die Lebenden sind „Priester des Heiligen" (20,6; siehe Jes 61,6).

Das messianische Zwischenreich ist hier also eine Folge von zwei frühjüdischen messianischen Auffassungen[148]. Für die eine war der Sieg des Messias über die Feinde Israels der Beginn der endgültigen Heilszeit, die kein Ende kennt. Daneben gab es eine zweite, die das gesamte Gottesreich völlig transzendent sah. Dann hat die irdische Geschichte ein Ende, worauf die allgemeine Auferstehung folgt, als Bedingung dafür, „gerichtet zu werden"; erst danach beginnt der neue Äon. Die beiden Strömungen flossen zusammen (z. B. 4 Esr 7, 28 ff). Unter diesen Bedingungen geht dem endgültigen Gottesreich ein messianisches Reich voraus, das nicht endgültig, sondern nur vorübergehend ist (4 Esr spricht von 4000 Jahren). Nach 4 Esr 11–12 soll das Römische Reich durch das Imperium des nationalen Messias Israels abgelöst werden. Verbreitet war dabei die Auffassung, daß der Messias schon irgendwo lebte und bald öffentlich auftreten werde. Aus Offb 12 geht hervor, daß sich die Tradition vom jüdischen Messias schon mit der Tradition vom ,himmlischen Menschensohn' verbunden hatte, und zwar durch den Begriff ,Entrückung' (siehe 4 Esr 13 und syrBar 53). Der Einschub in Offb 20, 1–6 ist also aus der Vermischung von zwei frühjüdischen messianischen Heilsauffassungen zu verstehen. In 4 Esr 7, 26 ff verschwindet nach dem messianischen Reich der Messias für immer; dann beginnt allein die Herrschaft Gottes. Die Apokalypse verleiht aber dem Messias eine endgültige Bedeutung, gerade auch im neuen Äon; das himmlische Jerusalem ist die Braut des Lammes (21,9). In der Apokalypse wird das tausendjährige Reich eine himmlische *Durchgangszeit:* das Leben der Heiligen bei Gott noch vor der allgemeinen Auferstehung. (In der Dogmatik wurde daraus die unmittelbare Anschauung Gottes nach dem Tod durch die Heiligen, noch vor der allgemeinen Auferstehung. Im Kern ist das die Bedeutung von Offb 20, 4–6.) ,Tausendjähriges Reich' hat unter dem Namen Chiliasmus oder Millenarismus später auf die Phantasie vieler Christen gewirkt. Eine bestimmte Theologie, der die historischen Hintergründe dieses Begriffs und die Absichten der Apokalypse unbekannt waren, hat diese Gegebenheit dadurch ,neutralisiert', daß sie die Epoche der Kirche zwischen dem Tod Jesu und der Parusie mit diesem tausendjährigen Reich identifizierte. In der Apokalypse wird aber eine frühjüdische Tradition einfach zu einer Theologie des Endschicksals der Zeugen und Martyrer.

Offb 20–21 ist übrigens nach dem Vorbild von Ez 37–40 komponiert (messianisches Reich: Ez 37; Gog und Magog: Ez 38–39; das neue Jerusalem: Ez 40 ff). Nach den tausend Jahren wird der Satan wieder losgelassen (Offb 20, 7). Gog ist der Fürst, der Anführer der Feinde Israels; Magog dagegen ursprünglich der Name eines Landes oder Volkes (Gen 10, 2; 1 Chron 1, 5), aber im Lauf der Zeit wurden „Gog und Magog" eine Präfiguration des späteren Antichrists. Das ,dualistische' Schema wirkt weiter, und weil die Apokalypse sämtliche Traditionen aufnehmen will, wird die Komposition des Buches jetzt durch mehrere Dubletten etwas wirr. Anderseits ist die apokalyptische Logik starr. Da es durch den Einschub eines tausendjährigen Reiches *zwei* Heilszeiten gibt, werden nun auch der endgültigen, transzendenten Heilszeit von neuem eschatologische Wehen vorausgehen müssen. Immer wenn das Heil erscheint, ist auch der Satan präsent. Deshalb wird er unmittelbar vor dem allerletzten Schlußakt der apokalyptischen Ereignisse wieder freigelassen. Zu diesem Zweck nimmt der Autor die Tradition von Gog und Magog auf: den Endangriff der Völker auf Gottes heilige Stadt (20,9). Hier sind es alle Dämonen der unterirdischen Höllenkräfte, die, durch den losgelassenen Satan befreit, unter dessen Leitung die Endentscheidung erzwingen wollen. Aber der Autor der Apokalypse läßt diesen satanischen Aufstand mit einem Schlag mißlingen: Der Teufel und all seine Trabanten werden vernichtet (ohne daß von göttlicher Seite eigentlich etwas getan zu werden scheint): geworfen werden sie „in den Pfuhl aus Feuer und Schwefel", von dem die beiden Tiere schon endgültig verschlungen waren (20,10). Nach Ansicht des Autors ist dies nicht eine Vernichtung, sondern eine ‚ewige Pein' (20,10b), im Gegensatz zu den Sündern, die durch dieses Feuer *vernichtet* zu werden scheinen (20,15).

Diesem Endkampf folgt das allgemeine Gericht (20,11–15) und damit die Apotheose (im ursprünglichen Plan als Ereignisse nach dem Öffnen des siebten Siegels vorgesehen, 8,1). Die Theophanie wird nicht beschrieben (Gott ist zu transzendent): Es gibt einen Gerichtsthron „und *den, der* darauf sitzt" (20,11). Sein Erscheinen wird beiläufig erwähnt: „Die Erde und der Himmel flohen vor seinem Antlitz, und ihr Platz wurde nicht mehr gefunden" (20,11). Kein Weltbrand und kein kosmisches Zusammenstürzen von Sonne, Mond und Sternen, wie in dem früheren Bericht über die Visionen von den Posaunen (8,5–12; 9,1–21). Das Verschwinden des alten Tränentals ist nur die Konsequenz des Erscheinens des lebendigen Gottes. Gott kommt, um zu richten. Jüdisch gesehen, steht das Endgericht nur Gott zu: In der rabbinischen Literatur ist der Messias nicht der eschatologische Weltenrichter [149], auch in der Apokalypse nicht. Christus ist bei diesem Gericht nur der Anwalt der Seinen (siehe 3,5). Das Gericht erfolgt genau und gerecht auf der Grundlage von Büchern. Es gibt deren zwei (20,12): einerseits das Buch, in dem aufgezeichnet ist, was jeder getan oder nicht getan hat: ‚Lohn nach Werken', anderseits „das Buch des Lebens", das heißt, in dem die Namen der auserwählenden Gnade Gottes stehen – die beiden großen jüdischen Traditionen: ‚gerechtfertigt durch die Werke' und ‚gerechtfertigt durch die Gnade, umsonst'. Auch hier schafft der Autor keine Synthese; es gibt nun einmal diese beiden Traditionen. Beide erhalten ihren Platz: Gerechtigkeit und Liebe. Das Endgericht ist universal: Tod und Hades müssen alle Toten freigeben (20,13), und sie selbst, Tod und Unterwelt, werden jetzt für immer in den Feuerschlund geworfen (siehe Jes 25,8; vgl. 1 Kor 15,26; der Tod als letzter Feind): „das ist der zweite Tod" (20,14). Mitsamt dem Tod und dem Hades wird jeder, dessen Name nicht im Buch des Lebens stand, „in den Feuerpfuhl geworfen" (allerdings wird hier nicht gesagt, im Gegensatz zu 20,10, wo es um den Teufel und die beiden Tiere ging, daß sie gefoltert werden. Hier ist offensichtlich der Feuerpfuhl ein Ort der Vernichtung.) Letztlich entscheidet also die Gnade: „das Buch des Lebens". Nicht im Lebensbuch stehen ist das endgültige Ende: Diese Leute verschwinden; man kann mit 20,11 sagen: „Und ihr Platz ward nicht mehr gefunden." Die Apokalypse scheint keine ‚Hölle der Sünder' zu kennen.

Dann kann die Apotheose beginnen: der neue Himmel und die neue Erde. Im frühen Judentum gab es hierüber zwei Auffassungen: Die alte Erde (und das alte Jerusalem) wird selbst erneuert (weil man von der neuen Einsicht ausging, daß Gottes Werke kein Ende kennen und Gott sein Schöpfungswerk nicht vernichtet), und anderseits, die alte Welt ist so verdorben, daß eine völlig neue Schöpfung kommen muß, während die alte Welt vergeht. Als wahrer Apokalyptiker verteidigt der Autor die ‚neue Schöpfung', jedoch ohne die dramatische Vernichtung der alten Welt: diese flieht wie von selbst beim Erscheinen Gottes (20,11). Der Autor läßt sich von Jes 65,17 inspirieren, wo die beiden Auffassungen schon vereint sind; der hebräische Text spricht von einer völlig ‚neuen Schöpfung' („ich will... *erschaffen*"), die griechische Version läßt „ich will erschaffen" weg und übersetzt: „so daß man sich des Früheren nicht mehr erinnern wird". Es ergeht dem Zukunftsmenschen wie einem Kind am Weihnachtsabend. Es hat sich eine Eisenbahn gewünscht und sich alle Details und Möglichkeiten derselben lebendig ausgemalt. Aber wenn es dann an Heiligabend die lang erwartete Eisenbahn erhält, ist sie ganz anders. So schön, daß es alle seine früheren Vorstellungen schon längst vergessen hat. Etwas Derartiges suggeriert der Autor. Die ‚neue Schöpfung' steht in der Apokalyptik im Mittelpunkt.

Die neue Schöpfung ist schließlich das Herabsteigen des himmlischen Jerusalem ‚auf die Erde' als strahlende Braut des Lammes (21,1–2; siehe 22,17): Das himmlische Jerusalem wird jetzt irdische Realität (denn Erde gab es nicht mehr). Schon in 19,7.9 war gesagt worden: „Die Zeit ist gekommen für die Hochzeit des Lammes, und seine Braut hat sich schon bereit gemacht", „Selig, die geladen sind zum Hochzeitsmahl des Lammes" (vgl. 2 Kor 11,2; Eph 5,31–32, aber in der Apokalypse ist das ein rein eschatologisches Geschehen). Die Hochzeit Gottes mit Israel ist eine traditionelle Vorstellung (aus Hosea, in: Jer 2,2; Ez 16,1–63; Jes 50,1; 54,5–6; 62,4–5. Städte werden regelmäßig personifiziert). Auch das frühe Judentum kennt nur Gott, nicht den Messias, als Bräutigam – Bild der Inauguration der eschatologischen, endgültigen Heilszeit. Auch hier gab es zwei Auffassungen: die eschatologische Erneuerung des alten Jerusalem, wenn auch nach dem himmlischen Vorbild (z. B. Ijob 13,10–18; 14,15; Jes 52,1 ff) und anderseits das völlig neue Jerusalem (spätere Apokalyptik: 2 Bar 4,3; 4 Esr 7,26; Henoch 90,29; siehe Hebr 12,22), eine jüdische Auffassung vor allem aus der Zeit nach dem Fall Jerusalems im Jahr 70. Das neue Jerusalem ist die vollendete Gemeinde, „die geliebte Stadt" (20,9). Der Autor stellt sie sich nicht als eine römische, sondern als eine große babylonische Stadt in der Form eines Kubus vor (vgl. Ez 40; 48,31–35).

In der visionären Beschreibung der himmlischen Stadt (21,9 – 22,5; vgl. Jes 60,1–11) fallen vor allem auf: die Leichtigkeit und Helligkeit (21,22–27) und das für Orientalen äußerst lebenswichtige Wasser (21,6; siehe auch 7,17; 22,17). Wasser ist Heilsgabe des Lebens (Gott ist der Quell des Lebenswassers,

Jer 2, 13). „Wen dürstet, der komme. Wer will, nehme das Wasser des Lebens umsonst" (22, 17; 21, 6). Im Gegensatz zu Joh 4, 7 ist das in der Apokalypse ein eschatologisches Geschehen: die Paradiesesströme des Eschaton (Apk 22, 1; Ez 47, 1). Der Strom kommt jedoch nicht mehr aus dem Tempel, sondern unmittelbar aus Gott und Christus: Heil ohne jede kultische Vermittlung.

Diese Nicht-Vermittlung wird vor allem durch das Fehlen eines Tempels in der Gottesstadt ausgedrückt: „Einen Tempel sah ich nicht, denn Gott, der Herr, der Allherrscher, ist ihr Tempel, ebenso das Lamm" (21, 22). Meistens ist im frühen Judentum, auch in Qumran, die Wiederherstellung des Tempels das eschatologische Geschehen[150]; aber es herrscht auch eine gewisse Feindseligkeit gegenüber dem konkreten Tempel. Beide Anschauungen finden wir auch im frühen Christentum (manchmal verbunden: ich will diesen Tempel abbrechen, aber in drei Tagen wiederaufbauen. Vgl. Jes 66, 1–3; Apg 7, 49). In Offb 3, 12 und 11, 1–2 wird die Gemeinde selbst Tempel genannt, zumindest ihre Säulen. Außerdem war an anderer Stelle die Rede von einem himmlischen Tempel (also eine andere Tradition; 7, 15; 11, 19; 14, 15.17; 15, 5.8; 16, 1–17).

Jetzt ist das Frühere vergangen (21, 4; siehe Jes 43, 18–19). Jeder sieht Gott und Christus (22, 3–4). Die Erde selbst ist zum Himmel geworden. Es gibt einen Thron, auf dem Gott und Christus, das Lamm, sitzen. Beide sind Objekt der ‚latreia‘ oder Anbetung (22, 3 c). Dann ist verwirklicht, was Dtn 10, 12 gefordert hat: Jahwe ehren „mit deinem ganzen Herzen und deiner ganzen Seele". *Gottesdienst* erfüllt die himmlische Stadt *aus der Gegenwart Gottes*. Israels Traum, Jahwe werde in der Endzeit wieder seinen Einzug bei seinem Volk halten (Lev 26, 11: „Ich will meine Wohnung unter ihnen haben"; Ez 37, 27; Sach 2, 14; siehe auch Jes 52, 8; 60, 2; Sach 8, 8; 9, 14; Ps 102, 17; griech. Jes 38, 33). „Opsontai to prosōpon autou" (Offb 22, 4): „Sie werden sein Antlitz schauen" (siehe Ps 17, 15; 42, 3; auch 1 Kor 13, 12; 2 Kor 3, 18; usw.). Jüdisch war das die kultische Begegnung mit Gott im Tempel. Aber hier gibt es keinen Tempel mehr. Kerngeschehen in der endgültigen Heilszeit ist die strahlende Gegenwart Gottes durch Christus inmitten der Seinen. Daher die Helle der ganzen Stadt, ihr Lichtglanz (21, 22–27). Die Erhellung von Himmel und Erde kommt nicht mehr von Sonne und Mond: Durch Christus, „die Leuchte", fällt „Gottes Glanz" auf alle und alles (21, 23; Christus gibt seine Herrschaft also nicht dem Vater zurück. Er leuchtet herrlich mit dem Vater). Sonne und Mond sind bei Gottes Erscheinen geflohen; sie sind als Lichter für den Tag und die Nacht nicht mehr nötig. „Es wird keine Nacht mehr sein" (21, 25; 22, 5; siehe Jes 60, 11; Sach 14, 7). „Siehe, Gottes Wohnung unter den Menschen! Er wird bei ihnen wohnen. Sie werden sein Volk sein, und er, Gott-mit-uns, wird ihr Gott sein. Und er wird alle Tränen von ihren Augen abwischen, und der Tod wird nicht mehr sein; keine Reue, kein Weinen, kein Schmerz wird mehr sein, denn alles Frühere ist vergangen" (21, 3–4; siehe 7, 17b; der Text enthält eine Anhäufung biblischer Texte; siehe oben: „Ich will meine Wohnung unter euch haben"; ferner: ‚Tränen abwischen‘, Jes 25, 8; die Wehen sind vorbei, Jes 65, 16; alles

Frühere ist vergangen, Jes 43,18–19). Gottes Stimme war erschollen: „Siehe, ich mache alles neu" (21,5). Auf dieses Neue hin ist die ganze christliche Apokalypse ausgerichtet (1,8.17 → 21,6; 3,12 → 21,2; 7,17 → 21,4; 19,20 → 21,8), die großartigste Erfüllung der Jesaja-Vision (Jes 65,17): eine neue Menschheit ohne Leidensgeschichte, ohne Bosheit und Tränen – Gottes Heilswille vor aller Zeit: Die dämonischen Wasser sind nicht mehr (21,1), nur noch die heilige und gerechte Stadt Gottes (21,2; siehe Jes 65; 64,11–13; 60,10–14; Hag 2,7–9; Sach 2,1–5). Es besteht dann ein unmittelbarer Umgang mit Gott, wie einst im Garten beim frühen Schöpfungsbeginn.

Das ist die Zukunftsvision dieses Apokalyptikers, er entnimmt sie dem kirchlichen Kerygma und Jesu Tod und Erhöhung und verdichtet dieses Kerygma zu einem Epos aus einem Wirrwarr alttestamentlicher Texte: zu dem Epos des Zukunftsmenschen, wie Gott ihn von Ewigkeit her gesehen hat.

An diesem Schlußstück (22,6–21) des Buchs der Offenbarungen haben offensichtlich mehrere Hände gearbeitet. Apokalyptiker drehen sich ständig im Kreis und können kaum mehr enden. Der Kern dieses Schlußstücks ist der Seufzer des „Geistes und der Braut": „Komm!" (22,17). Dem Autor steht die Liturgie der Gemeinde vor Augen, in der jemand den Text vorliest: „Komm, Herr Jesus" (22,17a), und die Gemeinde *hört* die Vorlesung und *bejaht*: „Komm" (22,17b) (siehe Didache 10,6: „Wenn jemand würdig ist, so komme er"; vgl. Jes 55,1). „Der Geist" ist hier offensichtlich eine Gestalt, die der Gemeinde beisteht und ihr Gebete und Flehrufe einflüstert (siehe Röm 8,26); gerade wegen dieser Eigenschaft nennt das Johannesevangelium den Geist „einen anderen Parakleten". Auch in den Sendbriefen ist es „ein Geist", der die Botschaft an die Gemeinde weitergibt (vgl. Joh 16,13). Faktisch ist hier dasselbe gemeint wie der Paraklet der johanneischen Gemeinde. Christus ist durch das Pneuma in der irdischen Kirche wirksam (allerdings ist in der Apokalypse das Pneuma offensichtlich eine Engelgestalt, wie sich in ihr überhaupt mehr Züge der Tradition einer Engel-Christologie finden).

In dieser Zukunftsperspektive ist von den Menschen fast keine Rede, wenn es auch um sie geht. Der Seher ist aber von dem überwältigt, was er sehen darf: Gott und Christus, die alles gut machen durch eine völlig neue Schöpfung. Von den Menschen sagt der Seher nur: Alle herrschen (22,5b), *niemand ist geknechtet*. Die Mächte des Bösen sind einfach verschwunden, wie die alte Erde voller Tränen und Schmerz: „Niemand findet noch ihren Platz." Das letzte Buch der jüdischen und christlichen Bibel läßt die Gnadenvision, die *chesed* oder *charis* Gottes, einstmals als priesterlicher Segen über Israel ausgesprochen, in Erfüllung gehen: „Möge Jahwe *den Glanz seines Antlitzes über dich breiten und dir gnädig sein*" (Num 6,25; siehe Ps 118,27). Mehr noch, die Bitte des Mose, auch Gottes *Antlitz* sehen zu dürfen, einstmals verweigert (Ex 33,12–23), ist jetzt positiv beantwortet: „opsontai prosōpon autou" (Apk 22,4), sie werden sein Antlitz schauen und „herrschen in alle Ewigkeit" (22,5b). Demütige und Unterdrückte, Leidende und Verfolgte, sie werden erhöht.

In für uns oft unverständlichen Bildern (die damals lebendig waren) ist das Buch der Offenbarungen eine bilderreiche Hermeneutik des Glaubens an Christi „Sitzen zur rechten Hand Gottes". Der Hebräerbrief hatte dieses urchristliche Dogma in den Begriffen eines großartigen himmlischen, liturgischen Kultes dargestellt. Die Apokalypse schildert es als einen dramatischen Kampf zwischen den Mächten des Guten und den Mächten des Bösen, in dem das Gute den Sieg davonträgt. In grellen Farben werden die Angriffe des Bösen dargestellt; Christus und Gott scheinen wenig oder nichts zu tun: Sie triumphieren nur (abgesehen von der jüdischen Tradition des messianischen Reiters auf dem weißen Pferd; dieser kehrt mit blutbespritzten Kleidern – an der Außenseite: das Blut *anderer* – aus dem Kampf zurück!). Aus diesem Glauben lebt die verfolgte Gemeinde. Der Seher hat nur die Kirche und die bösen Mächte im Auge. So ist diese Schrift die ekklesiozentrischste des ganzen Neuen Testaments.

Aber dieser christliche Glaube und diese Hoffnung der damals im ganzen Reich vorhandenen Minderheitsgruppen von Christen brachten (abgesehen von manchen anderen Faktoren oder diese miteingerechnet) das Römische Imperium schließlich zu Fall. Die Apokalypse ist auch für uns nicht nur ein Evangelium der Hoffnung, sondern darin zugleich – in der Situation unserer Zeit – eine wirkliche Basis für eine *christliche* Befreiungstheologie, die gleichwohl eine Theologie des ,martyrion' ist: Zeugen für das Existenzrecht des Guten allein, bis zum Tod. Förderung alles Guten, Widerstand gegen alles Böse, als Traum Gottes: eine neue Schöpfung, als ein Kampf aller gegen das Urtier Leviathan, unergründliche Möglichkeit der tiefsten Tiefen unseres Menschseins. Schildert das Buch der Genesis Gottes Anfang mit der Schöpfung, so sieht das letzte Buch des Neuen Testaments die Endzukunft dieser Schöpfungswelt. Es gibt keine gute Schöpfung ohne wiederholten Kampf gegen die Mächte des Bösen, in welchen konkreten Gestalten sie sich geschichtlich auch offenbaren mögen. Für die Apokalypse war dies vor allem die Versklavung durch das römische Imperium als eine *Christen* verfolgende Macht. Diese Apokalypse hat noch keinen Blick für *Menschen* verfolgende Mächte. Als die Christen von den Römern nicht mehr verfolgt wurden, standen sie (was schon aus dem Ersten Klemensbrief hervorgeht) wie der Römer Paulus dem loyal gegenüber, was damals vor allem für die Christen *in Rom* keine Besatzungsmacht, sondern *eigene* politische Obrigkeit war.

Im Buch der Offenbarungen ist der apokalyptische Seher von dem, was er sieht, so überwältigt, daß er den Menschen selbst dabei fast vergißt. Vielleicht das Geheimnis dieser ganzen Apokalypse! Denn wer sich selbst verliert, wird sich selbst wiederfinden. Die Stadt Gottes ist eine Stadt der *Menschen,* weil sie ,von Gott' ist. In ihrer damals zeitgemäßen – geschichtlich bedingten – Art ist diese Apokalypse eine Inspiration und Orientierung für heutige Christen – wenn man darauf verzichtet, das, was eine *für uns* zeitgemäße *Aktualisierung* ist, in das Buch der Offenbarungen zurückzuprojizieren.

DRITTER ABSCHNITT

GNADENERFAHRUNG UND IHRE NEUTESTAMENTLICHEN INTERPRETATIVEN MOMENTE

Es ist unmöglich, aus der vorausgegangen Detailanalyse zu einer völlig abgerundeten Synthese zu kommen. Doch liegt im ganzen Neuen Testament den unterschiedlichen Interpretationen eine fundamental gleiche Erfahrung zugrunde: Alle Schriften zeugen von der Erfahrung von Heil-in-Jesus von Gott her. Diese Erfahrung ist nicht nur geographisch-kulturell gefärbt, sondern auch je nach den Schwierigkeiten, die sich in den vielen Ortsgemeinden ergaben. Die Analyse gestattet trotzdem eine beschreibende synthetische Zusammenfassung. Daraus können dann die bildenden Strukturelemente herausgelöst werden, die uns heute noch als Christen in der Formulierung unserer Erfahrung von entscheidendem Heil in Jesus orientieren.

ERSTES KAPITEL
DER BEGRIFF GNADE UND DIE DAMIT GEMEINTE HEILSWIRKLICHKEIT

§ 1. Der Begriff charis oder Gnade

I
Geschenkte und erfreuliche neue Lebensmöglichkeit

Den alttestamentlichen Schlüsselbegriffen chesed und chânan entsprechend bedeutet Gnade im Neuen Testament die wohlwollende und barmherzige und zugleich souverän-freie Menschenliebe Gottes, jedoch nicht ausschließlich in verinnerlichtem Sinn zu verstehen, als wohlwollende Gesinnung Gottes und in Gott, sondern eher als ein tatsächlich heilbringendes Wohlwollen Gottes, das sich freigebig in geschichtlich erwiesenen und von Menschen im Glauben erfahrbaren Gunstgeschenken der Rettung und Befreiung, des Heils und Glücks manifestiert oder offenbart (der alttestamentliche chesed- und chânan-Begriff macht jeden Dualismus zwischen Innerlichkeit und ihrem Ausdruck für jüdische Christen unmöglich).

Gnade ist ein uns von Gott in Jesus Christus zubereiteter, auf der Ebene unserer eigenen irdischen Geschichte angebotener, geschenkter (Paulus) und froh-machender (Lukas) *neuer Lebensweg* (Hebr 10,20; 2 Petr 1,15; Joh 14,6; ein Heilsweg, Apg 16, 17; 9, 2; 19, 23; 24, 14; 1 Kor 12, 31. ‚Der Weg‘ ist ein ori-entalischer und auch spätantiker Ausdruck für eine bestimmte Lebenspraxis und -anschauung, die zum Heil führt). Eine neue menschliche Lebensmöglich-keit also, eine bestimmte Existenzweise, durch die und in der der Mensch wirk-lich Heil und Erlösung, Befreiung und Lebenserneuerung, Glück und Vollen-dung erfährt. Für das Neue Testament ist das der Weg der Nachfolge des Lebens Jesu mit Gott, ausgedrückt in seiner Sorge für die Menschen, solidarisch mit der erfahrenen Sorge Gottes um alle; eine Lebenshaltung oder Existenz, durch die der eigene Elan Gottes, seine barmherzige Liebe und Treue – chesed und ’emeth –, auf die man sich verlassen kann, von Menschen in unserer irdi-schen Geschichte fortgesetzt werden.

Dazu stattet Gott selbst den Menschen aus. Denn diese neue Lebensmöglich-keit des Menschen, von Jesus in seiner Verkündigung und in seinen Gleichnissen proklamiert, in seiner Lebenspraxis und in seinem Tod demonstriert und vorge-lebt, erhält im Neuen Testament zwar verschiedene Namen, aber in ihnen wird grundlegend eine einzige Wirklichkeit ausgesprochen. Der Paulinismus nennt sie *Annahme an Kindes Statt* (hyiothesia), der Johanneismus *Geburt aus Gott.* Beide Auffassungen wollen damit ausdrücken, daß der Christ Anteil hat an der besonderen Lebensbeziehung, die den Menschen Jesus, als den Sohn, durch den Geist mit dem Vater verbindet – drei Begriffe (Vater, Sohn, Geist), die im Neuen Testament auf Gott hinweisen, aber *in* seiner Zuwendung zum Menschen.

Der Begriff Gnade weist daher zunächst auf die *Berufung zu* dieser beson-deren Lebensgemeinschaft mit Gott: die christliche Lebensberufung, als Folge der freien und gnädigen Vorentscheidung Gottes, der Menschen zum Weg des Evangeliums beruft (Gal 1,6; Tim 1,9). Und anderseits kraft dieser Berufung, nämlich als Glaubensgehorsam (Gal 3,5; 1 Kor 1,12; Röm 6,16; 5,15 usw.), auf das *christliche Leben* selbst: die begnadete Existenz, in Sein und Handeln, wobei dieses verantwortliche Handeln erfahren wird als getragen, gelenkt und ausgerichtet von der Kraft Jesu, die als göttliche ‚dynamis‘ (Lk 4, 33; 6, 8; 20,32; 14,26; 15,40; 18,27; 1 Kor 1,18; 6,14; 2 Kor 4,7; 12,9–10; 2 Tim 2,1; Röm 1,16; Eph 2,12–13 usw.) „alles in uns vollbringt" (Kol 1,6–7), „durch den in (Nächsten-)Liebe wirksamen Glauben" (Gal 5,6).

Diese göttliche Berufung ist uns persönlich erschienen in Jesus und erlangte Gestalt in seinem persönlichen Appell: umzukehren, einen anderen Lebensweg einzuschlagen als den, den wir gingen, denn die Herrschaft Gottes ist jetzt nahe (Mk 1,14–15). Deshalb gibt es für die, welche diesen geschichtlichen Appell Jesu nicht selbst gehört haben, die evangelische frohe Botschaft von diesem Geschehen durch die christliche Gemeinde in der Welt, selbst schon eine Gnade und Kraft (Apg 5,20; 20,24–32; Lk 4,22; 1 Kor 15,2; Jak 1,1; 2 Tim 1,1; Eph 6,15 usw.). Darüber hinaus ist vor allem das Geschehen selbst, Jesu per-sönliche Erscheinung in unserer Geschichte, die Gnade, von der das Neue

Testament eigentlich spricht. Einzelne Texte, aus den verschiedensten neutestamentlichen Schriften genommen, suchen in knappen Formulierungen wiederzugeben, was diese Christen als Heil von Gott erfahren und wie sie Gott selbst als Heil erfahren:

– „Die Gnade und Wahrheit sind zu uns gekommen in Jesus Christus" (Joh 1,17),

– „Die große Gabe der Gnade Gottes: der eine Mensch Jesus Christus" (Röm 5,15; mit 5,17),

– „Die heilbringende Gnade Gottes erschien allen Menschen" (Tit 2,11),

– „Die Güte und Menschenliebe – (philanthropia als exzeptionelle Septuagintaübersetzung von *chesed*) – Gottes unseres Heilandes ist erschienen" (Tit 3,4),

– „In ihm hat Gott alle Fülle wohnen lassen" (Kol 1,9),

– „In Christus ist die Gottheit in ihrer ganzen Fülle leibhaftig gegenwärtig, und in ihm habt ihr teil an dieser Fülle" (Kol 2,9),

– „Ein Mittler zwischen Gott und dem Menschen, der Mensch Christus Jesus" (1 Tim 2,5),

– „Er ist der Zugang zum Vater" (Röm 5,2),

– „Er hat den Geist reichlich über uns ausgegossen durch Jesus Christus unseren Heiland" (Tit 3,6),

– „Die Liebe, die Gott ist, hat sich unter uns dadurch geoffenbart, daß er seinen einzigen Sohn in die Welt gesandt hat" (1 Joh 4,9) und: „Wie groß ist die Liebe, die der Vater uns bezeigt hat: wir werden Kinder Gottes genannt, und wir sind es auch" (1 Joh 3,1),

– „Gott..., der uns berufen hat, ... Anteil zu erhalten an Gottes eigenem Wesen" (2 Petr 1,4c).

Schon aus diesen Texten geht hervor, wie das religiöse Bewußtsein, die religiöse Gotteserfahrung, im Neuen Testament ihren Brennpunkt in der Beziehung zum Menschen Jesus Christus hat. Ist Jesus dabei der symbolische Bezugspunkt einer Art *Seinsmystik?* Oder ist wirklich ein *historisches* Geschehen der spezifisch christliche Zugang zu Gott? Das Neue Testament verteidigt, manchmal mit großer Hartnäckigkeit, den letzteren Standpunkt. Der Johanneismus, der am stärksten eine bestimmte Gottesmystik vertritt, wendet sich trotzdem gegen jedes „lyein ton Iesoun" (1 Joh 4,3), das heißt gegen alle, welche zugunsten eines himmlischen oder pneumatischen Christusprinzips Jesus von Nazaret ‚zunichte machen' (siehe auch den bewußten Gebrauch von „Jesus" – nicht „Jesus Christus" – in Eph 4,21). Darin verrät sich ein gleiches Interesse wie das, aus dem die drei ersten Evangelien geschrieben sind.

Dieses Erscheinen von Gottes Huld in Jesus Christus, der uns seinen und Gottes Geist schenkt, hat eine Vorgeschichte. Aber da das Neue Testament im Bann der Gnadenerfahrung Jesu lebt, zeigt es weniger Interesse für Gottes Gnadenoffenbarung außerhalb des Christentums. Dadurch tritt psychologisch eine gewisse Blickverengung auf und schon bald ein Denken in These und Antithese. Trotzdem, am Rande dieser Glaubensbegeisterung darüber, was man in Jesus Christus erfahren hat und weiter erfährt, sind sich diese Christen bewußt, daß schon vor Jesus Christus universale Huld auf vielerlei Weise geoffenbart war: grundlegend in der alle Menschen umfassenden gemeinsamen Geschichte, als Geschehen von Menschen in der Natur, die ein ethisches und sogar religiöses Bewußtsein erweckt (vor allem Röm 1, 18–22), und insbesondere durch Israels eigene Geschichte im Schmelztiegel der Geschichte der Völker, die es umgaben (Hebr 1, 1; Röm 2, 1 – 3, 20). Vor diesem allgemeinen und dem besonderen geschichtlichen Hintergrund kommt Jesus von Nazaret zur Sprache (Röm 3, 21 bis 4, 5), und zwar als das ‚Amen‘ Gottes auf alle seine Verheißungen an Israel und damit an alle Völker (2 Kor 1, 20).

II
Jesus als Gnade; der auferstandene Christus als Gnade

Daß die irdische Erscheinung Jesu *die* Gnade Gottes ist, wird in allen Teilen des Neuen Testaments behauptet. Doch bestehen starke Unterschiede in der Akzentuierung. In den vier Evangelien ist das ganze Geschehen von und um Jesus ein Zeichen der Gnade Gottes. Für Markus von der Taufe Jesu an, für Mattäus, Lukas und Johannes vom ersten Augenblick seines Kommens in die Welt (Joh 1, 14; 3, 16; 12, 46–47; siehe auch 1 Joh 4, 9 und 14). Nicht nur sein Tod und seine Auferstehung, sondern auch seine Botschaft von der auf Menschlichkeit bedachten Herrschaft Gottes und seine ganze Lebenspraxis sind Gnadengaben; sein Umgang mit den Menschen, vor allem in Tischgemeinschaft und sorgendem Wohltun und insbesondere sein Kontakt mit Sündern, Armen und Unterdrückten, die religiös geächtet wurden und die gesellschaftlichen Konsequenzen dieser Diskriminierung erfuhren. Es geht vor allem aus der schon vorösterlichen Vermutung hervor, daß für oder gegen Jesus Stellung nehmen mit einer Entscheidung über das eigene Lebensschicksal zu tun hat: eine Entscheidung für oder gegen das kommende Gottesreich[1].

Überaus gnadenvoll ist aber, auch in den kanonischen vier Evangelien und vor allem im ganzen übrigen Neuen Testament, Jesu Liebe bis zum Tod: sein Leiden und Sterben als ein Scheitern seines Lebens, das er, in Schmerzen, aber von Herzen, seinem Gott anvertraut (siehe Röm 5, 9–11; 1 Kor 15, 2–3; 2 Kor 3, 17–18; Hebr 10, 29; 1 Petr 2, 21; 2 Tim 1, 10b usw.): „Er hat sogar seines eigenen Sohnes nicht geschont, für uns alle hat er ihn dahingegeben. Und sollte er uns nach einer solchen Gabe *nicht auch alles andere schenken?*" (Röm 8, 32), „So sehr hat Gott die Welt geliebt, daß er seinen eingeborenen Sohn hingegeben hat, damit jeder, der an ihn glaubt, nicht verlorengehe, sondern ewiges Leben habe" (Joh 3, 16). Vor allem bei Paulus und den von Paulus beeinflußten neutestamentlichen Traditionen verdichtet sich die Gnade Gottes in Christus so stark in Tod und Auferstehung Jesu, daß sie dazu neigen, die charis, als erschienen in Jesus, exklusiv auf Jesu Tod und Auferstehung zu konzentrieren und zu beschränken. So wird Paulus selbst den Begriff charis nie mit der Botschaft und dem Auftreten Jesu von Nazaret verbinden, sondern nur mit dem vom Tod auferstandenen Christus Jesus. Paulus verbindet *charis* nie mit *Jesus,* allein mit (Jesus) *Christus,* dem Auferstandenen (Gal 2, 19; siehe 1 Kor 1, 30; 2 Kor 5, 21). Allein der *Herr* Jesus ist Gnade. Ohne die Auferstehung vom Tod bleibt das irdische Auftreten Jesu tatsächlich offen, sogar problematisch. Die vier Evangelien vermeiden aber diese ausschließlich *kerygmatische* Auffassung vom gestorbenen und auferstandenen Jesus; in ihrer *evangelischen* Verkündigung erkennen sie (allerdings von der Auferstehung her) auch den gnadenvollen Charakter der Botschaft und Lebenspraxis Jesu an.

Aber für das ganze kanonische Neue Testament gilt, daß Tod und Auferstehung der konstitutive Höhepunkt der Gnade Gottes in Jesus Christus sind. Erst nachdem Jesus, sterbend, Gottes Hand festgehalten hat und sich seinerseits in dieser für ihn undurchsichtigen Situation auch von Gott festgehalten wußte[2], wurde er von Gott bestätigt: „Durch Gottes Gnade kam Jesu Sterben allen zugute" (Hebr 2, 9). Vor allem der Hebräerbrief betont nachdrücklich, daß ein exklusiv-göttlicher Akt des Vaters der Wirksamkeit des Lebensopfers Jesu die ‚vollendende‘ konstitutive Bedeutung gibt. Das nimmt keineswegs das Element der eigenen Liebe Jesu bis zum Tod weg, ja, es setzt sie sogar voraus, die durch Gott in der Auferstehung oder Verherrlichung Jesu bestätigt und besiegelt wird. Jesu Auferstehung ist somit eine souverän-freie Tat Gottes, sei es, daß sie sich schon als beginnend *in* der Lebensgemeinschaft Jesu mit Gott manifestierte, in die er sein Leiden und Sterben aufgenommen hat. Gerade diese Gemeinschaft ist von Gott her schon ein *Gnadenerweis* an Jesus, eine Gnade, die in seiner Erhöhung oder Auferstehung nur ihre innere Dynamik zeigt und zur Endvollendung gebracht wird. Erst bei dieser Endvollendung – in Phil 2, 9 ausdrücklich für Jesus selbst eine Gnade genannt: „echarisato"; siehe auch Hebr 2, 9 – kann man sagen, daß Jesus „Ursache (Quelle) ewigen Heils wird" (Hebr 5, 9). Im Zusammenhang mit dem historischen Jesus sagt auch das Johannesevangelium (das jedoch den Nachdruck auf die Gnade legt, die sich schon im irdischen Jesus manifestiert): „Geist gab es noch nicht, weil Jesus noch nicht verherrlicht war" (Joh 7, 39, ein Text, der radikal ausschließt, daß Jesus nach seinem Tod wieder postexistenter ‚Logos a-sarkos‘ würde, nicht inkarniert wie in seiner Präexistenz).

Die neutestamentliche Auffassung besagt also, daß erst der auferstandene Jesus eschatologisch Heil schenkt: das Pneuma, seinen, Gottes eigenen Geist (Röm 8, 14–18; 8, 29; Gal 4, 4–7; Eph 1, 3–5; Tit 3, 6 usw.; siehe unten); den Geist nämlich, durch den der Christ dank der Gnade des Glaubens und der Taufe (Röm 6; Gal 3, 26–27; Tit 3, 5) Jesus gleichförmig wird, das heißt Anteil erhält sowohl an seiner Beziehung zu Gott als auch an seinem brüderlichen (Röm 8, 29) radikalen Dienst und an seiner Hingabe an die Mitmenschen.

§ 2. Der Heilsinhalt dieses Gnadenbegriffs

I
Adoption und Neuschöpfung (Paulinismus) und Geburt aus Gott (Johanneismus): Gabe des Pneumas

Das Heil von Gott, das uns durch das Leben Jesu geschenkt ist und in Tod und Auferstehung kulminiert, wird thematisiert als a) Kindschaft Gottes und b) Gabe des Heiligen Geistes. Bevor wir zusammenfassen, was das Neue Testament unter den „Reichtümern der Gnade Gottes" versteht (Eph 1,7b; 2,4–7; 3,8), müssen diese fundamentalen Gaben genauer analysiert werden, denn sie bilden die Grundlage für alle übrigen Auslegungen.

A. KINDSCHAFT GOTTES

Schon die Synoptiker sprechen von Kindschaft: „Selig, die Frieden bringen, denn sie werden Kinder Gottes genannt werden" (Mt 5,9), „damit ihr Kinder eures Vaters seid, der im Himmel ist" (Mt 5,45). An sich ist das ein Begriff aus dem allgemein-menschlichen religiösen Bewußtsein. Das Eigene des Neuen Testaments liegt darin, daß diese besondere Lebensgemeinschaft mit Gott vermittelt wird durch Jesus von Nazaret, den Christus, Sohn Gottes, „aus dessen Fülle wir alle empfangen haben" (Joh 1,16; siehe Kol 2,9.10). Nach welchem Modell deutet das Neue Testament diese neue, gnadenvolle Beziehung zu Gott?

Neben den Stellen, in denen nur von Kindschaft Gottes ohne nähere Präzisierung gesprochen wird (z.B. Mt 5,9; 5,45; Eph 1,5 usw.), finden wir zwei Modelle, in denen eine gleiche christliche Erfahrung thematisiert wird: das eher *juridische* Modell der Adoption und das eher *ontologische* Modell der Geburt aus Gott, denen das Schöpfungsmodell als Präzisierung des Inhaltes des juridischen Adoptionsmodells hinzugefügt werden muß. Das erste Modell ist alttestamentlich jüdisch: „Sie sind Israeliten, ihnen gehört die hyiothesia, die Adoption" (Röm 9,4). Erst in hellenistischer Zeit begann Israel, von Gott als Vater auch der *einzelnen* Frommen zu sprechen (vor allem Weish 2,13–16; 12,21; 14,5; Sir 23,1–4; 51,10; siehe 3 Makk 5,7; 6,8; 7,6). Schon vorher war die Rede vom *Gottesvolk* als Sohn Gottes (Ex 4,22–23; Hos 11,1–11; Jes 43,1–7; 63,8–9; Mal 1,2–3), jedoch nicht gegründet auf eine natürliche Herkunft oder Geburt aus Gott, wie Nachbarvölker oft die Schöpfung Gottes darstellten, sondern durch gnädige Auserwählung (Dtn 14,1–2; Jes 1,2–9; Mal 1,2–3): durch Bundesschließung, was in und aus sich selbst ein mehr juristischer Begriff ist, wie tief und real das Leben im Bund mit Gott auch sein mag. Sie sind vom Vater zum Sohn Gottes *gemacht* (Dtn 32,6–43; Jes 43,6–7; 63,16–17; Mal 2,10). Von einer Geburt aus Gott ist nicht die Rede, allerdings finden wir im

Alten Testament häufig ein Echo dieser Auffassung der Nachbarvölker; sogar Dtn 32,6 sagt: „Er ist doch euer Vater. Er hat euch *gezeugt,* er hat euch geschaffen, euch das Leben geschenkt."[3] In der frühjüdischen Zeit wird die Kindschaft Gottes, wie auch der Geist, ein eschatologisches Heilsgut der messianischen Zeit (Mal 3,17–18; siehe auch Weish 2,18; 5,5; und in der zwischentestamentlichen Literatur)[4]. Diese Kindschaft ist gemeint, wenn Mt 5,9 die eschatologische Seligpreisung mit der Kindschaft Gottes verbindet.

Der Paulinismus wird diese Tradition aufnehmen und von hyiothesia oder Adoption sprechen (Röm 8,14–17; 8,23; 9,26; Gal 3,26–28; 4,5–7). Der Johanneismus dagegen geht in eine ganz andere Richtung; er spricht nie von „hyioi tou Theou" (Söhnen Gottes), sondern von *„tekna* tou Theou" (Joh 1,12–13; siehe auch „Kindlein", Joh 13,33; und wiederholt im Ersten Johannesbrief). ‚Tekna' sind die Geborenen. Die johanneische Literatur kennt also keine Adoption, sondern eine Geburt aus Gott (Joh 3,3–8; vor allem: 1 Joh 2,29 mit 3,1; 3,9 mit 3,10; 5,1 mit 5,2; auch 4,7; 5,4.18) (vgl. außerdem 1 Petr 1,3; 1,23; Tit 3,5). Wie die gebrauchte Terminologie: „sperma tou Theou", Samen Gottes (1 Joh 3,9) schließen läßt, denkt der Autor nicht an eine Annahme an Kindes Statt, sondern eindeutig an eine Geburt aus Gott, wobei die menschliche Zeugung als Vorbild dient (1 Joh 5,1). Es ist aber keine menschliche oder irdische, sondern eine *pneumatische* Geburt: „Denen, die an seinen Namen glauben, gab er die Macht, Kinder (tekna) Gottes zu werden. Sie sind nicht aus Blut noch aus der Begierde des Fleisches oder dem Willen eines Mannes, sondern *aus Gott geboren*" (Joh 1,12–13); mit anderen Worten, sie haben eine pneumatische Geburt: Sie sind vom Heiligen Geist empfangen. Herkunft durch Geburt bestimmt besser als eine Adoption die Art und das Wesen des Geborenen, das heißt dessen, was Christsein ist. Denn „was aus Fleisch geboren ist, ist Fleisch, und was aus dem Geist geboren ist, ist Geist" (Joh 3,6; vgl. Röm 8,5 und 8,9; ohne den Geburtsbegriff). Also *„geboren* sein aus Gott" heißt „aus Gott *sein*" (1 Joh 3,9 mit 3,10; siehe auch 4,4 mit 5,4). In dem Ausdruck „aus dem Geist geboren werden" (Joh 3,6) hat Pneuma zuallererst die alttestamentliche und zwischentestamentliche Bedeutung von wirksamer Kraft Gottes, das heißt Pneuma als „Kraft von oben" oder als die Art, wie sie himmlischen Sphären (den ‚epourania', siehe Joh 3,12) und somit, auf außerordentliche, transzendente Weise, Gott eigen ist: „Gott ist pneuma" (Joh 4,24), wie Paulus einmal sagen wird: „Christus ist pneuma" (2 Kor 3,17), ebenfalls noch in dem allgemeinen (traditionellen) Sinn: Der auferstandene Jesus gehört vollkommen zum himmlischen pneumatischen Bereich, zu dem Anderssein des Göttlichen gegenüber dem Irdischen. Die pneumatische (höhere) Welt steht hier der irdischen, sogar menschlichen Welt gegenüber. Durch die Geburt aus dem Geist *erhalten* auch die Christen eine ‚himmlische', pneumatische Art. Der Geist ist daher wie ein ‚chrisma', eine Salbung unseres Menschseins zu pneumatischer Seinsweise (1 Joh 2,20.27). Das „sperma tou Theou" (1 Joh 3,9) ist inhaltlich identisch mit unserer neuen, pneumatischen Seinsweise aus dem Pneuma; es besagt faktisch dasselbe wie Joh 1, 12–13 („nicht aus dem Willen von Menschen geboren"). Als Christen sind wir alle ‚jungfräulich empfangen', das heißt aus dem Geist. Diese *Terminologie* stammt vielleicht schon aus der griechisch-jüdischen synkretistischen Umwelt des Johanneismus, aber das johanneische ‚sperma pneumatikon' widerspricht radikal der stoischen und anderen spätantiken Bedeutungen dieses Wortes. Der Mensch hat nicht aufgrund seines Geistes natürlicherweise einen pneumatischen Wesenskern; nur durch Wiedergeburt ist er, kraft der Gnade, von pneumatischer, ‚himmlischer', gottgleicher Art. Allein und gerade deshalb umfaßt diese neue Seinsweise, und für den Johanneismus jetzt schon, ewiges Leben. Gottes eigenes Leben (Joh 3, 16–18.36; 5, 24; 1 Joh 3, 14; 5, 11–13). Der Geist ist „ein lebenspendender Geist" (Joh 6, 63; 2 Kor 3, 6; 1 Petr 3, 18), denn wirkliches Leben ist Leben aus dem pneuma, von oben (Paulus wird dabei, vgl. z.B. Röm 8, 2 mit 8, 11, eher das Noch-nicht als das Schon-jetzt betonen).

Die aus Gott Geborenen, die ‚tekna' oder gezeugten Kinder, sind mit dem göttlichen Lebensprinzip, dem heiligen Pneuma, ausgestattet. Daher übersteigen sowohl die paulinische Adoption als auch die johanneische Geburt aus Gott[5] die rein juridische oder gar moralische Adoption: „Wir *sind* es auch" (1 Joh 3, 1), wenn auch durch Gnade. Deshalb wird vor allem im Ersten Johannesbrief schon deutlich, daß das christliche *Handeln* (1 Joh 2, 29; 3, 9–10; 4, 7; 5, 1–2) ein tieferliegendes, pneumatisches *Fundament* hat (3, 9). Hier erscheint ein Gnadenbegriff, der sowohl (pneumatische) Erhöhung als auch heilende Gnade umfaßt, in dem Sinn von Prinzip und Kraft ethischen Handelns eines Christen in einer noch unerlösten und bedrohten Welt.

Wir können im Paulinismus vielleicht ein drittes Modell finden, das die realistisch gemeinte Bedeutung des jedoch juridischen Modells ‚Adoption' vertieft, nämlich das Schöpfungsmodell: Gnade als Neuschöpfung des Menschen. Im johanneischen Modell fehlt dies, weil das Geburtsmodell selbst schon ganz realistisch ist. Paulus gebraucht neben der Adoption auch dieses Schöpfungsmodell: „Wer in Christus ist, ist ein neues Geschöpf" (kaine ktisis) (2 Kor 5, 17; Gal 5, 15). Auch in den Deuteropaulinen wird dieses Modell aufgenommen: „geschaffen in Jesus Christus" (Eph 2, 10), „geschaffen zu einem neuen Menschen, der nach (dem Bild von) Gott ist" (Eph 4, 24), „der neue Mensch, der ... sich erneuert nach dem Bild dessen, der ihn geschaffen hat" (Kol 3, 10). Die Tatsache, daß dieses Schöpfungsmodell dem Paulinismus eigen ist, weist darauf hin, daß es als Präzisierung des Adoptionsmodells gemeint ist. Sie weist auch darauf hin, daß die Erlösung ein schöpferisches Werk Gottes ist, verbunden mit Christus, so daß dadurch ‚Schöpfung' und ‚Heil' in Christus vereint werden (Eph 2, 15; 3, 9; 4, 24; Kol 1, 15–16; 3, 10). Mit all dem ist der Grundgedanke gegeben, der in der späteren Gnadentheologie strukturierend auftreten wird: *Schöpfung, Neuschöpfung, Vollendung*, dies alles in Gottes besonderem Plan mit den Menschen. Die Gnade als Rettung des Menschen ist in eine alles umfassende Friedensordnung aufgenommen.

Die Adoption und gnadenvolle Neuschöpfung (Paulinismus) oder die Gnadengeburt aus Gott (Johanneismus) werden, gerade weil sie Gnade und keine menschliche Wesensart sind, vollzogen – dank Glauben, Joh 1,12; und die Rechtfertigung bei Paulus durch den Glauben – in der Taufe und durch den Geist (Joh 3,5 mit 3,6; 1 Petr 1,3; 1,23; Tit 3,5; siehe Röm 6). Obwohl ursprünglich im Neuen Testament die christliche Taufe mit der Sündenvergebung verbunden wurde (siehe z. B. Apg 2,38; 22,16; 1 Kor 6,11; auch Hebr 10,22), wurde jedoch durch das ebenfalls altchristliche Verständnis der Taufe als Geistestaufe (Mk 1,8 par; Apg 1,5; 2,38; 11,16; 19,2–3) die Auffassung der Taufe als Geburt betont: „Bad der Wiedergeburt und Erneuerung durch den heiligen Geist" (Tit 3,5).

Obwohl also das Adoptionsmodell als solches minimalistisch ist, das Geburtsmodell dagegen maximalistisch, bleibt das damit Gemeinte in beiden Fällen genauso wirklich: „Gleichförmigkeit mit Gott" (Johanneismus: Joh 5,18; Paulinismus: Phil 2,7). Anders gesagt: Der Paulinismus erfüllt, auch dank dem Schöpfungsmodell, die Adoption mit einer Wirklichkeit, welche das juridische Wesen dieses Modells übersteigt, während der Johanneismus das ontologische Modell zu einer Gnadengeburt abschwächt (und auch der Nicht-Gebrauch der *ktisis-* oder Schöpfungsterminologie) und die Geburt keineswegs als eine natürliche Wesensbestimmung des Menschen sieht. Dies alles wird dadurch bestärkt, daß die Sohnschaft Gottes – durch Adoption oder durch Geburt – für beide Interpretationen (Denkmodelle) das Werk des Pneumas Gottes ist und ‚Pneumabesitz' impliziert.

B. GABE DES HEILIGEN GEISTES

Als Grundlage aller anderen Gaben ist die mit der Kindschaft Gottes geschenkte Gabe des Heiligen Geistes die große Heilsgabe Gottes in und durch den auferstandenen Jesus (Gal 3,5; 4,6; 5,18.25; 1 Kor 2,4; 2,10–12; 6,11; 7,40; 2 Kor 1,22; 4,13; 5,5; 13,13; Röm 5,5; 8,9–11; 8,14–15.23; 12,11; 15,13.19; Phil 1,27; 2,1; 1 Thess 4,8; – Apg 1,5; 2,4.17.38; 4,31; 5,22; 6,3; 8,15.17–19; 10,44.47; 15,19; 19,2; – Joh 3,6; 6,63; 14,17; – Eph 1,14; 2,18.22; 3,16; 4,30; 5,18; Kol 1,8; 2 Thess 2,13; 1 Tim 3,16; Tit 3,5; Hebr 6,4; 10,15.29; 1 Petr 1,2; 4,6; 1 Joh 3,24; 4,13).

Die Verbindung, die der Johanneismus zwischen Geburt aus Gott und Pneumabesitz und der Paulinismus zwischen Adoption und Pneuma herstellt, führt im letzteren Fall zu der Formel: „pneuma hyiothesias", Geist der Adoption (Röm 8,14–17; 8,23; 9,26; Gal 3,26–28; 4,5–7. Vgl. Mt 5,9; 5,45; Joh 12,36; Eph 1,3–5). Paulus wird dabei, im Gegensatz zum Johanneismus, den Nachdruck darauf legen, daß wir nur einen Vorschuß oder ein Unterpfand, „ein arrha (arrhabon)" des Heiligen Geistes erhalten haben (2 Kor 1,22; 5,5; siehe Eph 1,14).

Die Lebensgemeinschaft mit Gott (1 Petr 1,4) durch Adoption oder Geburt nennt das Neue Testament daher nebeneinander: a) eine „Gemeinschaft (koinonia) mit dem Vater" (1 Joh 1,3; 1, 6; von Johannes häufiger ausgedrückt mit dem Wort „menein", bleiben in; siehe unten); – b) eine „Gemeinschaft mit dem Sohn" (1 Kor 1,9; Kol 2,6; 1 Joh 1,3; 2,24); – c) eine „Gemeinschaft mit dem heiligen Geist" (2 Kor 13,13; Phil 2,1; Hebr 6,4); – d) eine Gemeinschaft der Menschen untereinander, einer im Pneuma wurzelnden menschlichen Brüderlichkeit (Joh 17,11.21–22; 1 Joh 1,3.7 und passim; 2 Kor 9,13 usw.). In dieser Lebensgemeinschaft mit Gott sind wir „Genossen Christi" (Hebr 3,14) und, in einem, „des heiligen Geistes teilhaftig" (Hebr 6,4), was in schon von der Stoa her bekannten Begriffen 2 Petr 1,4 als ein „consortium divinae naturae" (theias koinōnoi physeōs) bezeichnet, aber es von seiner griechischen Bedeutung löst (siehe den ethischen Kontext) und damit meint, was der Paulinismus unter Adoption oder der Johanneismus unter Wiedergeburt aus Gott versteht. Doch müssen wir dabei feststellen, daß immer mehr orientalisch-hellenistische religiöse Begriffe gebraucht werden; ein an sich berechtigter Vorgang, wenn das Heil in Jesus für alle Menschen und nicht nur für die ‚die Sprache Kanaans' sprechenden bestimmt ist. Aber wenn die Kirche fast ausschließlich von Christen aus dem Heidentum gebildet wird, werden sich daraus Schwierigkeiten ergeben, die in dem Maße größer werden, wie das Christentum seiner jüdischen, alttestamentlichen Herkunft fremd wird. Denn das Neue Testament setzt die ganze alttestamentliche Schrift voraus und beschränkt sich zudem auf die Erfahrung mit Christus. Ohne die alttestamentliche Tradition ist das Neue Testament, als Buch für sich, ein Torso.

Die Lebensgemeinschaft des Christen mit Gott ist wie eine ungeschuldete, gnadenvolle Teilhabe an der Lebensbeziehung und gegenseitigen Gemeinschaft zwischen dem Vater und Jesus Christus, dem Sohn (Joh 14,20; 17,21.23; siehe Kap. 10 und die ganze Abschiedsrede, vor allem von 13,31 an). Allein durch das Band mit Jesus, nicht ohne Jesus Christus ist Gottesgemeinschaft möglich (und das unterscheidet diese Gemeinschaft von jeder griechischen Teilhabe an der göttlichen Natur). ‚Zwischen' Gott-in-uns und wir-in-Gott (Johannesevangelium) gibt es stets den vermittelnden Menschen Jesus, den Christus und Sohn. Im Johanneismus wird von dieser Gottesgemeinschaft gesprochen vor allem in Ausdrücken wie ‚bleiben in' (menein) (1 Joh 1,10; 2,14; 1,8; 2,4.6.24.27.28; 3,6; 3,24; 4,13.15.16; im Johannesevangelium: Joh 15,4.5.7; 14,17; 15,9.10 usw.), oder Gott oder den Sohn „haben" (1 Joh 2,23; 5,12; 2 Joh 9), oder *„sein in* Gott" (1 Joh 3,10 mit 3,9; 2,5; 5,20), immer mit dem Nachdruck auf der Gegenseitigkeit („Vater in mir, ich im Vater") (Joh 6,56; 15,4–11; 14,20; 17,21.23.26; 1 Joh 3,24; 4,13.15.16) (Formeln, die oft keine eigenen Erfindungen des Johanneismus sind, sondern offensichtlich aus der jüdisch-griechischen und orientalisch-synkretistischen religiösen Kultur stammen, in der die johanneischen Gemeinden leben. Meines Erachtens stimmen diese Formulierungen am ehesten mit jener mystischen Strömung überein, die in die sogenannte hermetistische Mystik mündet; auch hier ist die Rede von einer „Geburt im Pneuma"[6]. Außerdem ist die Vorstellung einer Geburt aus Gott im Osten schon seit langem verbreitet). ‚Erkenntnis Gottes' ist bei Johannes (übrigens auch schon grundgelegt im alttestamentlichen und judaischen Begriff ‚Gott erkennen') ein äquivalenter Ausdruck für Gottesgemeinschaft (z. B. Joh 17,3; und wiederholt im Ersten Johannesbrief) – allerdings ist im Johanneismus keine Rede von Heil-durch-Erkenntnis, und Johannes scheint sich sogar gegen Irrlehren in der johanneischen Gemeinde zu wenden, nach denen es schon eine Art ‚seliger Anschauung Gottes' auf Erden gebe (Joh 1,18; 5,37; 6,46; 14,8–9; 1 Joh 4,12) und dann vor allem gegen eine Art Identitätsmystik, in der Jesus nicht vorkommt (vor allem Joh 1,18; siehe auch 14,9 und 12,45).

C. ERFAHRUNG DES GEISTES: RELIGIÖSE UND ETHISCHE EINSICHT

Diese Gemeinschaft mit dem Vater durch den Sohn im Geist ist tatsächlich eine *erfahrbare* Lebenskommunion. Der Adoptionsgeist oder unsere pneumatische Seinsweise durch die Wiedergeburt aus Gott kraft der Einwohnung des Heiligen Geistes schenkt die Erfahrung unserer Kindschaft Gottes, denn dieser Geist ist es, der uns befähigt, wie Jesus zu Gott „Abba", Vater, zu sagen (Röm 8,15; Gal 4,6). Zugleich jedoch erfährt man den Vater nur *im* Menschen Jesus (Joh 1,18; 6,57; 14,6–9; 16,26–27; 1 Joh 2,23; 5,11–12; Joh 8,19; 14,19–20), den man jedoch nur durch den Geist als den Christus oder von Gott gesandt erkennen kann (1 Joh 4,2–3; 1 Kor 12,3). Für spätere christliche Generationen stellt daher der Geist die Verbindung zwischen dem apostolischen und gegenwärtigen Zeugnis über Jesus Christus und dem historischen Jesusgeschehen her. In der christlichen Erinnerung an den geschichtlichen Jesus ist der Geist wirksam (Joh 14,26; 15,26; 16,13–14, zu vergleichen mit 1 Joh 1,1–3: „Was wir gehört und mit eigenen Augen gesehen haben" – obwohl es hier doch nicht um unmittelbare Augenzeugen geht, sondern um das, was auf der Grundlage früherer Augenzeugen und auf der Grundlage apostolischer Überlieferung hier und jetzt in der Gemeinde erfahren wird. In diesem ganzen Prozeß ist das Pneuma wirksam).

Die Gottesgemeinschaft wird vermittelt durch Jesus Christus. So ist die Lebensgemeinschaft mit Gott im Glauben erfahrbar dank der Gabe der pneumatischen Seinsweise des getauften Gläubigen, eine Implikation der Einwohnung des Geistes (Röm 8). Zu Anfang wurde der Nachdruck vor allem auf den Besitz des Pneumas gelegt, der sich in manchen außergewöhnlichen charismatischen Erfahrungen äußerte (Apg 2,38; 8,15–16; 10,45; 19,6), Erfahrungen eher äußerer Art, wenn auch nicht ohne ganz intensive innere Bewegung. Aber mit der Zeit wird im neutestamentlichen Christentum die Geisterfahrung immer mehr zu einer nüchternen realen und doch intensiven ethischen Ergriffenheit: „Gottes *Liebe* ist in unsere Herzen ausgegossen durch den heiligen Geist, der uns geschenkt wurde" (Röm 5,5), „wer seine Gebote hält, bleibt in Gott, und Gott bleibt in ihm. Und daß er in uns wohnt, *wissen wir* durch den Geist, den er uns geschenkt hat" (1 Joh 3,24), „das ist der Beweis, daß wir in ihm bleiben, wie er in uns bleibt, daß er uns Anteil gegeben hat an seinem Geist (1 Joh 4,13; der griechische Text lautet: „Er hat uns *aus* seinem Geist gegeben"). Die Frucht des Geistes ist Liebe, Freude, Frieden, Geduld, Freundlichkeit, Güte, Treue, Sanftmut, Sittsamkeit (Gal 5,22), „ein Geist der Kraft, der Liebe und Besonnenheit" (2 Tim 1,7), „ein Geist der Weisheit und Offenbarung" (Eph 1,17).

Die Lebensgemeinschaft mit Gott, die durch den Geist im Glauben erfahrbar ist, schenkt dem Gläubigen daher eine besondere Erkenntnis der „ta tou Theou", der pneumatischen oder ‚himmlischen' Dinge, dessen, „was Gottes ist" (1 Kor 2,11), das heißt dessen, was nach der Art des himmlischen Pneumas ist (1 Kor 2,10–17; siehe 1 Kor 12,8; Eph 1,7–8; Kol 4,1–2). So fließt die Gnade über „in Weisheit und Einsicht" (Eph 1,8), und sie ist eine ‚Erleuchtung des inneren Auges' (a. a. O.). Diese pneumatische Einsicht ist theologal (das heißt Gott betreffend), aber auch ethisch: Gottes Pneuma in uns, unsere aus Gnade geborene pneumatische Seinsweise, führt „zu den *Werken* des Geistes Gottes" (1 Joh 4,2), denn dieses Pneuma schenkt uns „die Unterscheidung der Geister" (1 Kor 12,10; 1 Joh 4,1–6; vor allem 4,1 und 4,6c; und 1 Thess 5,20–21), eine Fähigkeit, zwischen dem ethisch Guten und ethisch Schlechten zu unterscheiden (Kol 1,9 mit 3,10; Röm 12,2). Das Pneuma in uns ist daher sowohl der Grund einer gewissen ‚mystischen' (theologalen) Gotteserkenntnis als auch einer pneumatisch-ethischen Einsicht; außerdem schenkt es einen bestimmten ‚sensus fidei', einen Glaubenssinn, der zu unterscheiden weiß zwischen christlich-richtigen und falschen Glaubenssätzen (zumindest wenn, was ich meine, in Hebr 5,14: „Die Sinne (von Erwachsenen) sind durch Erfahrung und Übung geschärft, zu unterscheiden zwischen Gut und Böse", so verstanden werden muß. Die ganze Tendenz des Hebräerbriefs ist die Frage nach der Fähigkeit der Unterscheidung zwischen einer richtigen christologischen und einer falschen Jesus-Interpretation). Siehe auch 1 Kor 12,3: „Niemand kann sagen: ‚Jesus ist der Herr', außer durch den heiligen Geist", zu vergleichen mit 1 Joh 4,2–3: „Jeder Geist, der bekennt, daß Jesus Christus wirklich Mensch geworden ist, ist aus Gott; aber jeder Geist, der Jesus nicht bekennt, ist nicht aus Gott"; in beiden Fällen geht es um ein christologisches Unterscheidungsvermögen (u. a. beruht auf diesen Texten die spätere kirchliche Lehre von ‚sensus fidei' der Glaubensgemeinschaft). Mit anderen Worten, kraft seiner pneumatischen Lebensweise hat der Christ ein gewisses Unterscheidungsvermögen aufgrund einer Erfahrungserkenntnis (im Mittelalter ein Urteil aufgrund erfahrener Konnaturalität genannt) hinsichtlich des Göttlichen und der Forderungen eines konsequent-christlichen Lebensverhaltens. Diese Fähigkeit ist wesentlich mit dem Pneuma gegeben, das göttlicher Herkunft ist, so daß der Mensch, der den

Geist empfangen hat, beurteilen kann, was von Gott und was von anderswoher kommt (siehe vor allem 1 Joh 4, 1–6) (allerdings werden wir dabei bedenken müssen, daß dieses Unterscheidungsvermögen erst sicher und richtig wirkt aufgrund einer Analyse der historischen Vermittlungen, für die das Neue Testament keinen Blick hat).

D. GLEICHFÖRMIGKEIT MIT CHRISTUS: JESUS NACHFOLGEN

Die Lebensgemeinschaft mit Gott durch die Vermittlung Christi macht den Gläubigen „gleichförmig mit Christus" (Röm 8, 29; Gal 3, 27; 4, 19; Kol 3, 9). Dies wird durch verschiedene Bilder ausgedrückt: die alten Gewänder ablegen und neue anziehen (Eph 4, 17–32; Röm 13, 12; Kol 3, 8–11; Hebr 12, 1). Kol 3, 10 spricht von Erneuerung *„nach* dem Schöpfer"; Eph 4, 24 von neu geschaffen „kata Theon". Während nach Paulus die Christen „Christus anziehen" (wie ein neues Gewand), sprechen die Deuteropaulinen vom Anziehen des ‚neuen Menschen', der nicht ohne weiteres mit Christus identisch ist, wohl aber an Christus gemessen wird. Es geht um die Aktualisierung des Paradiesesmenschen, und dieser erneuerte Genesis-Mensch wird durch Christus ermöglicht (siehe auch: Kol 3, 10; 1, 15; 2 Kor 4, 4; Eph 4, 21c). Gleichförmigkeit mit Christus ist daher zugleich „Gleichförmigkeit mit Gott" (Phil 2, 7; Joh 5, 18). Sie bewirkt, daß die Gläubigen teilhaben an der „chesed und 'emeth" Gottes; „Seid *barmherzig* wie euer himmlischer Vater" (Lk 6, 36). Lukas schreibt dabei „oiktirmos", die Septuagintaübersetzung des Hebräischen „rachâmim", das ist Gottes mütterlich-zärtliche Liebe zum Menschen, denn „rachâmim" (zärtliche Liebe) gibt dem Begriff Gnade (chesed) die Bedeutung von Liebe und Zärtlichkeit. Mt 5, 47 gebraucht hier einen mattäischen Sonderbegriff: „Seid *vollkommen* wie euer himmlischer Vater", aber auch er kennt den Lukas-Gedanken der zärtlich-besorgten Liebe: „Lernt von mir: ich bin sanft und demütig von Herzen" (Mt 11, 29). Beide ergänzen also das paulinische und johanneische „gleichförmig werden mit Christus und Gott", indem sie präzisieren, daß der Christ dieselbe Sorge um den Mitmenschen an den Tag legen muß wie Christus, die persönliche Erscheinung der Liebe und Treue Gottes unter uns. An anderer Stelle wird dies ausgedrückt durch die Ermahnung: „dieselben Gedanken zu hegen", wie sie Christus beseelten (Phil 2, 5; 1 Kor 2, 16), denn: „die vom Geist geleitet werden, sinnen auf die Dinge des Geistes" (Röm 8, 5b–6). „Leben des Geistes" ist, in eins, „Leben *nach* dem Geist" (Gal 5, 25). Und weil das Pneuma das Besondere des göttlichen Bereichs andeutet, wird dies alles, dem damaligen Weltbild entsprechend, gesagt in Ausdrücken wie: „Sucht, was droben ist, dort, wo Christus zur rechten Hand Gottes sitzt. Sinnt auf das Himmlische, nicht auf das Irdische" (Kol 3, 1–4, usw.). Konkret wird es jedoch ergänzt durch die brüderliche Liebe und das konsequent-ethische Lebensverhalten des Christen (siehe die Paränesen im Neuen Testament, die sich fast sämtlich in ethischen Forderungen und in Sorge für den Mitmenschen zusammenfassen lassen).

E. SCHON-JETZT UND NOCH-NICHT IM REICH GOTTES. ZUGANG ZUM VATER

Die Schicksalsgemeinschaft mit Christus als Weg zur Gottesgemeinschaft macht den Gläubigen „des Erbes Christi" teilhaftig (Gal 3,29; 4,7; Röm 8,17; Tit 3,7; Eph 1,14–18; Hebr 1,2; 9,15; 1 Petr 1,4), als Folge der Kindschaft durch Adoption oder Geburt. Der heilige Geist ist ein erster Vorschuß auf diese Erbschaft, die ist: „eintreten in das Reich Gottes" (Gal 5,1; 1 Kor 6,9; Kol 1,13–14; Eph 5,5; Jak 2,5; 1 Petr 1,4; 1,5b; 1 Thess 2,12; 2 Thess 1,5; 2 Tim 4,1; 4,18; 2 Petr 1,10b–11; Hebr 12,28; Offb 12,10; Joh 3,3.5; 18,36; und der Reich-Gottes-Gedanke bei den Synoptikern). Durch den „Vorschuß des heiligen Geistes" ist dieses Eintreten in das Gottesreich sowohl aktuell als auch eschatologisch, das heißt eschatologisch in seiner Aktualität und daher in der Gegenwart auf eine kommende Endvollendung ausgerichtet. Die Gnade des Neuen Testaments steht in der Spannung zwischen dem *Schon-jetzt* und dem *Noch-nicht*, auch im Johanneismus, in dem das ewige Leben schon eine aktuelle Wirklichkeit ist, aber trotzdem auf die Endvollendung der Auferstehung ausgespannt bleibt. Christen „sind erlöst" oder geheiligt (hegiasmenoi: Hebr 10,10; sesosmenoi: Eph 2,5.8), anderseits auf dem Weg zur Heiligung (hagiazomenoi: Hebr 10,15–18; „beglaubigt für den Tag der Erlösung"; Eph 4,30; siehe Eph 1,13–14). Sie sind „in der Ruhe" (Hebr 4,3) und: „sie werden in die Ruhe kommen" (Hebr 4,11).

Diese aktuelle Lebensverbundenheit mit Gott wird an vielen Stellen als „ein Zugang zum Vater" beschrieben; für den Hebräerbrief ist dies sogar der spezifische Ausdruck für unsere Begnadung in Christus (Hebr 4,16; 7,25; 10,22; 12,22; 13,15 usw.), aber auch sonst kommt der Ausdruck ständig vor (Gal 4,6; Röm 8,15–16; Eph 1,3; 2,18; 1 Petr 1,5–7). Im Gegensatz zum Alten Testament, in dem allein – und dann nur jährlich – der Hohepriester Zugang zum Allerheiligsten hatte, wo Gott unter seinem Volk wohnte, hat der Christ, ohne eine andere Vermittlung als die Christi, *freien* Zugang zu Gott (Hebr 4,16; 10,19; Eph 3,12; 1 Joh 3,21. Dabei vergleicht der Hebräerbrief ein *rituelles* Geschehen aus dem Judentum mit einem ‚inneren' Geschehen im Christentum und verschweigt die tief-religiöse Gotteserfahrung in Israel, so daß der Vergleich hinkt und verletzend ausfallen kann). Dadurch ist die christliche Gemeinde selbst ein priesterliches Gottesvolk (1 Petr 2,9–10; Offb 20,6). Dieser freie Zugang – der beim Vater ein- und ausgehenden Kinder – kennzeichnet die „parrhesia", die Furchtlosigkeit von Kindern, die sich bei Gott zu Hause fühlen. Dieser Zugang ist (neben dem doxologischen Gebet; siehe unten) die Grundlage der neutestamentlichen Fürbitte oder des Bittgebets: „Der Vater wird euch alles geben, um was ihr ihn in meinem Namen bittet" (Joh 15,16b; 16,23b); „bis jetzt habt ihr ihn um nichts in meinem Namen gebeten. Bittet, und ihr werdet empfangen, damit eure Freude vollkommen sei" (Joh 16,24 und Synoptiker).

II
KONKRETE ERGÄNZUNG DIESER GRUNDLEGENDEN GNADE

Das Neue Testament nennt die grundlegende Gnade eine Adoption oder eine Geburt aus Gott und bezeichnet das als Erlösung und Befreiung. Wovon und wozu werden wir befreit? Die Thematisierung dessen im Neuen Testament ist abhängig auch von der damaligen Erfahrung von Unheil und von der Art und Weise, wie erfahren wurde (etwa die spätantike Dämonenfurcht, die wie eine schwere Last auf dem damaligen Leben lag). Zudem wurde das von Jesus gebrachte Heil nicht sofort als eine Geburt aus Gott oder eine Adoption dargestellt, sondern zunächst und zuerst als neuer Lebensweg und Lebenserfüllung, als Rettung und Sündenvergebung. Erst später beginnt man sich auf den Ursprung und die Grundlage für all das zu besinnen; man sucht diese Quelle mit dem Modell der ‚Adoption‘ und der ‚Geburt aus Gott‘ zu identifizieren.

Zwar lassen sich bei einer genauen Erhebung aller neutestamentlichen Aspekte noch andere finden, aber sechzehn Schlüsselbegriffe, die wiederholt und in allen Teilen des Neuen Testaments vorkommen, gewähren einen guten Einblick in das neutestamentliche ‚Woraus‘ und ‚Wozu‘ der Erlösung durch Jesus Christus.

A. HEIL UND RETTUNG

Im Neuen Testament wird das Heil, das Christen in Jesus erfahren, oft durch das griechische Wort *soteria* ausgedrückt (Lk 1,69.71.77, Zitate aus der Septuagintabibel; Apg 4,12; Röm 1,16; 10,1; 2 Kor 7,10; Eph 1,13; Phil 2,12; 1 Thess 5,8–10; 2 Thess 2,13; 2 Tim 2,10; 3,15; Hebr 2,10; 5,9; 1 Petr 1,9.10; 2,2; 2 Petr 3,15; Jud 3; Offb 12,10b; Tit 2,11), oder mit der Verbform *sozein* (Mt 1,21; 9,21.22 par; 27,42 par; Mk 5,23; 16,16; Lk 8,12; 8,50; 19,10; Joh 3,17; 5,34; 10,9; 12,47; Apg 2,21.47; 4,12; 11,14; 14,9; 15,11; 16,30; 27,40; Röm 5,8; 8,24; 10,9–10; 1 Kor 1,21; 3,15; 5,5; 15,2; Eph 2,6–7.8; 1 Thess 2,16; 1 Tim 1,15; 2,4; Hebr 5,7; 1 Petr 2,24). Es scheint eindeutig mehr Vorliebe für die Verbform (sozein) als für das Substantiv soteria zu bestehen. Dieses letztere ist eher ein Begriff aus dem religiösen Hellenismus, wo es bedeutet: Vergebung von Schuld dank ritueller Initiation, zugleich Schutz gegen dämonische Gefahren (auch die aus der Unterwelt des Todes) und deshalb schließlich unsterbliches und ewiges Leben. Soteria oder Heil kann so verstanden schon bedeuten: Sündenvergebung, Sieg über den Satan und ewiges

Leben. Vor allem Paulus erfüllt diesen Begriff mit christlichem Sinn, wobei ‚ewiges Leben' das Heil der leiblichen Auferstehung wird. Erlösung hat dann, wie bei den Synoptikern, eine rein eschatologische Bedeutung, während Sündenvergebung und Sieg über die Dämonen zumindest bei diesem soteria-Begriff in den Hintergrund treten. Doch ist gerade die Sündenvergebung in der Gabe des heiligen Geistes die Grundlage dieses kommenden Heils. Mit anderen Worten, Heil ist für Paulus wesentlich der Sieg über den Tod. Für den Johanneismus dagegen ist soteria oder Heil gleichfalls ‚ewiges Leben' und daher Sieg über den Tod, aber in der Gabe des heiligen Geistes ist dieses ewige Leben schon eine aktuelle Wirklichkeit. Heil wird dann stärker auf das neue Leben in Christus bezogen, und zwar schon jetzt. Die Deuteropaulinen geben soteria oder Heil eine schon aktuelle Bedeutung, so daß bei ihnen die Sündenvergebung in den Mittelpunkt rückt. In den späteren neutestamentlichen Schriften wird aus dem Hellenismus[7] auch das Substantiv *Soter* übernommen, das ist Heiland, Heilbringer oder Wohltäter. Er wird zuerst auf Gott, später auch auf Christus angewandt (Lk 2,11; Apg 5,31; 12,23; 1 Joh 4,14; Tit 1,4; 2,13; 3,6; 2 Tim 1,10; 2 Petr 1,1.11; 2,20; 3,2.18); Nebenbedeutung ist dann: nicht der Kaiser, sondern Gott in Jesus Christus ist der wahre Heilbringer und Wohltäter der Menschheit. Vor allem Soter bringt in den Begriff von soteria oder Heil die Bedeutung von ‚Heil für die ganze Welt' (wie der Kaiser ‚der Wohltäter der ganzen Menschheit' oder des ganzen Gemeinwohls genannt wurde).

In den Verbformen von „sozein" aber klingen stärker die hebräischen als die hellenistischen Bedeutungen von Heil (soteria) an. In der Septuaginta ist „sozein" meist die Wiedergabe von „jasch'" (im Hifil)[8] und auch von „pâlat" (im Piel)[9]. Das erste Verb bedeutet allgemein ‚helfen', oft in der Bedeutung von Rechtsbeistand, das heißt, jemandem, der um Hilfe fleht, helfen und ihn damit aus der Not erretten (von daher der SOS-Ruf jedes Bedürftigen: „hoschî'â" [Hilfe], vor allem in den Klagepsalmen, Ps 18,28; 72,4; 109,31; auch Ijob 5,15). Gott ist „der Gott meiner Hilfe" (Ps 48,47; 25,5; 65,6; 79,9; 85,5). Er ist „jeschâ'" (Ps 12,6) oder „jeschu'â" (Ps 9,15; 13,6; 21,2; 1 Sam 2,1; Jes 25,9; Ps 20,6; 35,9; „aus Sion kommt jeschu'â für Israel", Ps 14,7; Ps 74,12). In späteren Texten, vor allem nach dem Exil, wird Gottes Hilfe eschatologisch und apokalyptisch (Jes 25,9; 33,22; 35,4; 60,16; 63,1; Sach 8,7.13; 9,16). Es ist dieser jeschu'â-Begriff, den auch das Neue Testament mit dem griechischen Wort soteria wiedergibt, in dem dann – vor allem in Soter – auch hellenistisch-religiöse Untertöne mitschwingen. Das zweite Verb „pâlat" bedeutet (im Piel) ‚entrinnen lassen' und so in Sicherheit bringen: erretten (Ps 18,49; 22,9; 31,2–3; 71,2; 82,4; in den Psalmen ist Gott immer das Subjekt dieser Verbform)[10]. Auch diese Bedeutung spielt im Neuen Testament mit: Erlösung ist auch Befreiung im Sinn eines Entrinnens aus Gefahren oder Bedrängnissen. Sie ist Rettung.

B. FORMEN DER VERSKLAVUNG UND KNECHTUNG
ENTRISSEN WERDEN

Im Neuen Testament werden durch Wörter wie ‚entrissen werden' (rhyesthai; – oder aktiv: rhyomai, exagein, exairein: „führen aus") verschiedene hebräische Wörter wiedergegeben, die (mit Gott als Subjekt) auf eine bestimmte Form göttlicher Befreiung hinweisen, vor allem: „jâzâ'" (im Hifil), „nâzal" (ebenfalls im Hifil)[11]. Das erste hebräische Verb deutet, in seiner Wurzel, auf das Verlassen eines Ortes, um etwas zu unternehmen. Im Hifil bedeutet es: jemanden erretten in dem Sinn von ‚führen aus': retten aus der Hand von Feinden oder aus mancherlei Gefahren: aus Netzen oder Stricken und Bedrängnissen (Ps 68,7; 107,14; 31,5; 107,28; 143,11), aus dem Gefängnis (Ps 68,7; 107,14; 142,8). Dieses Wort ist, neben „'lh" und „g'l", einer der drei technischen Begriffe, mit denen die Befreiung aus Ägypten ausgedrückt wird, das Urbekenntnis des Glaubens Israels[12]; oft mit der Bedeutung: „Befreiung aus dem Sklavenhaus"[13]. Die Septuaginta und das Neue Testament gebrauchen dafür „exerchomai" und „ekporeuomai". Das Wort „nâzal" (im Hifil mit „min" = aus) bedeutet erretten aus etwas, was fest- oder abhält, von daher erretten aus manchen Bedrängnissen[14] (rhyesthai; exairein).

Erlösung als Entreißen finden wir schon in dem ältesten Text des Neuen Testaments: „Jesus, der uns dem kommenden Zorn entreißt (Jēsoun ton rhyomenon hēmas)" (1 Thess 1,10); im Vaterunser: „entreiß uns aus dem (der Hand des) Bösen" (Mt 6,13). Der Retter oder Erlöser ist „ho rhyomenos" (Röm 11,26), das heißt der, „der uns entreißt aus": „Gott ist es, der uns diesem gefährlichen Tod entrissen hat" (2 Kor 1,10), oder „der uns dem Fluch des Gesetzes entrissen hat (exagorazein)" (Gal 3,11), „der uns dem Bereich der Finsternis entrissen und in das Königreich seines geliebten Sohnes versetzt hat" (Kol 1,13), „der sich für unsere Sünden hingegeben hat, um uns der gegenwärtigen schlechten Welt zu entreißen" (Gal 1,4). Erlösung durch Christus bedeutet hier dann: behütet werden vor dem ewigen Gericht, den Händen des Teufels entrinnen (siehe unten), dem Tod entrinnen, befreit werden von dem Zwang gesetzlicher Vorschriften und aus diesem Äon in die bessere Welt der Zukunft versetzt werden – ein neuer Exodus, Befreiung aus verschiedenen Formen von Sklaverei.

C. ERLÖSUNG ALS BEFREIUNG
DURCH KAUF ODER GEGEN EIN LÖSEGELD

Wiederholt wird im Neuen Testament von Befreiung im Sinn von „apolytrosis" und „lytrosis" gesprochen (Lk 1,68; 2,38; 21,28; Röm 3,24; 8,23; 1 Kor 1,18.30; Eph 1,7; 1,14; Hebr 9,12.15), oder von dem Verb „lytrousthai" (Lk 24,21; Tit 2,14; 1 Petr 1,18).

Manche profane und von daher theologisch gebrauchte hebräische Begriffe liegen dieser neutestamentlichen Formulierung der Erlösung durch Jesus Christus zugrunde. Ihre allgemeine Bedeutung ist: die Freiheit verschaffen aus mancherlei Formen der Entfremdung und Versklavung, aber gegen Bezahlung eines Lösegelds. In Betracht kommen „pâdâh" und „gô'êl"[15]. (Die Septuaginta übersetzt „pâdâh meist mit „lytrousthai", das jedoch auch wiederholt die Übersetzung von „g'l" ist, während manchmal „rhyesthai" auch die Wiedergabe von ..pâdâh" ist; ausnahmsweise wird es auch mit „sozein", erretten, wiedergegeben.)

„Pâdâh" (Substantiv: pidjôn, „lytron", ist dann der Kaufpreis oder das Lösegeld, Ex 21,30 und Num 3,49) ist ein Begriff aus dem Sklavenrecht (Ex 21,7–11), aber er besitzt auch eine allgemeinere Bedeutung: Freikauf eines Armen, der seine Schuld nicht bezahlen kann (Ijob 6,23). Im kultischen Bereich bedeutet Freikaufen das Bezahlen eines Lösegelds für Erstgeborene, bei Mensch oder Tier (Ex 34,14–26; Num 18,16). Aus der Abhängigkeit von Gott kann sich niemand freikaufen (Ps 49,9). Aber weil bei Gott alles möglich ist (Ps 49,4b; siehe 49,8–10a), kann Gott doch Menschen ‚freikaufen' und so erretten, sowohl den einzelnen (2 Sam 4,9; 1 Kön 1,29; Jes 29,22; in der Gegenwart wie in der Zukunft: Jer 15,21; Hos 7,13; 13,14 usw.) als auch das ganze Volk (Dtn 7,8; 9.29; 13,6; 15,15; 21,8; 2 Sam 7,23; Mich 6,4; Ps 25,22; 78,42; Neh 1,10), vor allem in der eschatologischen Zukunft (Jes 35,10; 51,11; 50,2; Jer 31,11; Sach 10,8). Woraus wird Israel oder der Israelit von Jahwe freigekauft? Aus der Hand der Mächtigen (Jer 15,21), aus der Macht des Totenreichs, „loskaufen vom Tod" (Hos 13,14); „aus aller Not" (2 Sam 4,9; 1 Kön 1,29), „von dem, was Israel rundum einschließt" (Ps 25,22), „von Beherrschern" (Jer 31,11), aber vor allem von „dem Unterdrücker" (Ps 78,42), das heißt (siehe Ps 78,43) Pharao, Ägypten, das Sklavenhaus (Dtn 7,8; 9,26; 13,6; 15,15; Mich 6,4).

Die Befreiung aus Ägypten (die, siehe oben, zuerst mit „'lh", später mit „jâzâ"' wiedergegeben worden war), wird im Deuteronomium auch als ein Freikauf (pâdâh) verstanden (Dtn 13,6; 15,15; 21,8; 24,18; 7,8; und 9,26). Die Frage, wem und wie Jahwe dann Lösegeld zahlte, ist sinnlos: ‚Freikaufen' aus Sklaverei (wofür tatsächlich ein Lösegeld bezahlt werden mußte) wird zu einem Bild, das ausdrückt, daß wir religiös gesehen in Sklaverei leben und befreit werden müssen. Wenn man das Bild im Detail und ‚für sich' weiter ausführt, wird es unlogisch. Ein Bild wird ‚angetippt', mehr nicht, oder es überschlägt sich. Deshalb kann wiederholt gesagt werden: „Ich habe mein Volk freigekauft", in absolutem Sinn (sowohl mit einer Anspielung auf die Befreiung aus Ägypten als auch schlechthin eschatologisch) (Dtn 21,8; 2 Sam 7,23; Jes 29,22; 35,10; 50,2; 51,11; Neh 1,10; Sach 10,8).

Gerade weil im Deuteronomium die Befreiung aus Ägypten auch mit „pâdâh" wiedergegeben wird, das ‚Freikaufen' und somit Lösegeld einschließt (was bei den anderen Ausdrücken, die diese Befreiung wiedergeben, nämlich

„jâzâʾ" und „ʿlh", nicht der Fall war), konnte man die Befreiung aus Ägypten schließlich auch mit der Wurzel von „gôʾêl" ausdrücken. Dieser Begriff entstammt dem Familienrecht. Er hat mit dem Sabbat- und Jubeljahr zu tun, in dem die Besitzverhältnisse in ihrem früheren, ursprünglichen Zustand wiederhergestellt werden müssen (Lev 25, 8–55): Der „gôʾêl" oder Retter der in Not geratenen Verwandten muß dann die Kaufsumme bezahlen, um das Land dem früheren Eigentümer zurückzugeben; der „gôʾêl" ist ein nahes Familienmitglied, das einspringen muß, um den ‚Familienbesitz', der verringert wurde, zurückzukaufen[16] (siehe Jer 32, 6–15; Rut 4). Im theologischen Sinn wird „gʾl" dann zu befreien und erretten, oft im kultischen Sinn (Lev 27). Schließlich wird (nicht nur das Verb: loskaufen, sondern auch das Substantiv) „gôʾêl" auf Gott übertragen, im Sinne von Beschützer der Schwächeren (Spr 23, 10–11; Jer 50, 34), Anwalt oder Fürsprecher (Ijob 19, 25; Ps 72, 13–14; 119, 154; Klgl 3, 58). Weil es ursprünglich die Bedeutung hatte: ‚verlorenen Besitz ersetzen', konnte „gʾl" schließlich auch für die Befreiung aus Ägypten gebraucht werden (Ex 6, 6; 15, 13; Ps 74, 2; 77, 16; 78, 35; 106, 10; Jes 63, 9). Exodus ist dann: das Zurückgewinnen des versklavten Israels für seinen rechtmäßigen Besitzer, Jahwe, und darin die Wiederherstellung der Freiheit Israels. Deuterojesaja kann deshalb die Rückkehr aus der Babylonischen Gefangenschaft (nicht mehr wie Deuteronomium mit „pâdâh", Freikauf, sondern) mit „gʾl" wiedergeben: Rückgabe Israels an seinen ursprünglichen Besitzer (Jes 48, 20; 43, 5–6; 49, 12.18.22.23): Jahwe ist der „gôʾêl" (Jes 44, 6), der Retter Israels, das sein Besitz ist. In Jes 43, 1–7 wird das Lösegeld dabei präzisiert: „Ich gebe Ägypten als Lösegeld für dich, Äthiopien und Saba an deiner Statt: So kostbar bist du in meinen Augen, so wertvoll: Ich habe dich lieb" (Jes 43, 3–4; siehe 43, 1–7), „andere Menschen gebe ich an deiner Statt und Völker im Tausch für dein Leben" (43, 4b). Auch Tritojesaja gebraucht den „gôʾêl"-Begriff (Jes 59, 20; 60, 16) und verbindet ihn schließlich mit Gottes Vaterschaft: „Du, Jahwe, bist unser Vater, von altersher heißt du unser *Erlöser*" (Jes 63, 16). Erlöste („geʾulim") sind dann die aus der Diaspora gesammelten Mitglieder des Gottesvolkes (Jes 62, 12)[17].

Im neutestamentlichen „(apo)lytrosis" klingen alle diese Bedeutungen nach, aber wie in der jüngeren Literatur des Alten Testaments ist auch im Neuen Testament der Unterschied zwischen ‚erretten' und befreien und aus der Sklaverei gegen ein Lösegeld befreien (pâdâh) und schließlich Rückkauf eines verlorengegangenen Besitzes fast verschwunden (Lk 24, 21; 1, 68; 21, 28; Röm 3, 24; 1 Kor 1, 30; Hebr 11, 35). Doch kann man nicht leugnen, daß die hebräische Bedeutung weiterwirkt, und dabei war die Art und Weise, wie Jesus starb – eine Hinrichtung –, ein willkommener Anlaß. „Ihr seid freigekauft, und der Preis ist bezahlt" (1 Kor 6, 20; 1 Kor 7, 23); auch Mk 10, 45 und Mt 20, 28 sprechen von dem bezahlten ‚lytron': „als Lösegeld für viele". „Ihr wißt, daß ihr nicht mit vergänglichen Dingen, wie Gold und Silber, aus dem sinnlosen Dasein erlöst seid ... Ihr seid freigekauft durch das kostbare Blut Christi, des Lammes ohne

Flecken und Makel" (1 Petr 1,17–18), „Freikauf durch sein Blut" (Eph 1,7). Doch muß man sagen, daß der Gebrauch der Wörter ‚Rettung' (sozein; soteria) und ‚Entreißen' (rhyomai) u. a., Wörter, in denen von Lösegeld keine Rede ist, die Terminologie von ‚Freikaufen' weit übertrifft. Aus der Verschiedenartigkeit des soteriologischen Vokabulars im Neuen Testament geht außerdem der gegenseitige Einfluß von Erfahrung und Interpretation hervor. Er bringt uns zu einem neuen Block von Interpretationen, zu denen, die mit Sündenvergebung und Rechtfertigung, Versöhnung und Heiligung zu tun haben.

D. VERSÖHNUNG NACH STREIT

Im ganzen Neuen Testament ist es allein Paulus, der die Erlösung auch eine Versöhnung nennt in dem spezifischen Sinn der Wörter *katallage* (Versöhnung), *katallassein* (jemanden mit sich versöhnen) und *katallagenai* (versöhnt werden) (2 Kor 5,18.19.20.21; Röm 5,10.11; 11,15), während die Deuteropaulinen diesen Inhalt in einem Neologismus ausdrücken: *apokatallassein* (Kol 1,20.22; Eph 2,16).

Vor der Versöhnung befinden sich die beiden Parteien im Unfrieden: Sie sind Feinde oder geschieden (wie aus dem profanen Gebrauch desselben Wortes hervorgeht: Geschiedene Eheleute müssen ‚sich versöhnen', 1 Kor 7,11): „als wir Feinde waren, sind wir mit Gott versöhnt worden" (Röm 5,10; siehe auch die Scheidewand in Eph 2,14), „auch ihr (Heiden) wart einst Gott entfremdet und ihm feindlich gesinnt, und eure Taten waren schlecht; aber jetzt hat Gott euch mit sich versöhnt" (Kol 1,21–22). Obwohl zwischen Gott und Mensch diese Feindschaft dann gegenseitig ist (Gottes Zorn: Röm 1,18–32; 2,2.5; 3,26; 8,8), wird doch nicht Gott mit dem Menschen versöhnt, sondern allein der Mensch mit Gott: Wir werden mit Gott versöhnt (Röm 5,10; 2 Kor 5,20), Gott versöhnt uns mit sich (2 Kor 5,18–21; Kol 1,22; Eph 2,16) und so auch die Menschen miteinander, und zwar dadurch, daß die Feindschaft zwischen Juden und Heiden (Eph 2,16; 2,14) in der Kirche aufgehoben wird (Eph 2,16). Das schließt ein, daß Versöhnung mit Gott keine Beschwichtigung des Zornes Gottes durch irgendeine besänftigende Tat ist, z.B. den Tod Jesu, der Gott wohlgefällig ist. (Daß auch dieser Gedanke an anderer Stelle im Neuen Testament mitspricht und welchen Sinn er dann hat, wird sich später noch zeigen, wenn es um Sündenvergebung aufgrund eines Opfers geht.) Es spielt im Versöhnungsgedanken überhaupt keine Rolle. Wo das Wort Versöhnung (katallage und Ableitungen) im Neuen Testament gebraucht wird, wird nirgends gesagt, daß *Gott* versöhnt wird. Er selbst ergreift die Initiative und versöhnt uns mit sich durch den Tod Jesu. „Wir empfangen Versöhnung" (Röm 5,11). Darin liegt zwischen Paulus und den Deuteropaulinen kein Unterschied; wohl darin, daß für Paulus Gott allein Subjekt der Versöhnung ist, wenn auch in und durch Christus; für den Kolosser- und den Epheserbrief kann darüber hinaus auch Jesus als Subjekt genannt werden, das die Versöhnung bewirkt (Kol 1,22; Eph

2, 16), wenn auch gerade diese Versöhnung *durch* Christus letztlich genauso von Gott ausgeht (siehe Kol 1, 20). Paulus wird Jesus nie ‚verselbständigen‘ und zum *Subjekt* der Erlösungstätigkeit machen: Gott, und das ist der Vater, ist erlösend *in* Christus wirksam (2 Kor 5, 19).

Das Besondere der Versöhnung (das, in diesem Sinn, keine alttestamentliche Entsprechung kennt) bedeutet (nach der Wurzel des griechischen Wortes: katallasso: einen anderen, ‚allos‘, aus jemandem machen; ver-ändern, was auch das deutsche Wort genau wiedergibt): anders machen oder erneuern. Das Verhältnis zwischen Gott und Mensch, und den Menschen untereinander, wird durch unsere Versöhnung von Gott verändert: Wir sind keine Feinde, keine Gottlosen, keine Hilflosen mehr (Röm 5, 6 in Verbindung mit 5, 10), keine Sünder (Röm 5, 8). „So ist also der, der in Christus ist, eine neue Schöpfung… Dies alles kommt von Gott. Er hat uns durch Christus mit sich versöhnt“ (2 Kor 5, 17–18), „er zählt daher die Fehler des Menschen nicht“ (2 Kor 5, 19), denn „die Liebe Gottes ist ausgegossen in unsere Herzen“ (Röm 5, 5); so „haben wir Zugang zum Vater“ (Eph 2, 18). Versöhnung besagt also mehr als ‚iustificatio‘ oder Rechtfertigung: Aus Feinden macht sie uns zu Freunden Gottes, zu neuen Menschen. ‚Versöhnt sein‘ bedeutet: sündelos vor Gottes Gericht erscheinen (Kol 1, 22), in Frieden leben (Kol 1, 20; Eph 2, 15), ein neuer Mensch (Eph 2, 15), eine neue Schöpfung (2 Kor 5, 17), schließlich in Kol 1, 20 sogar die Versöhnung der Himmelswesen mit Gott.

Ist die Versöhnung schon ganz vollbracht? Auffallend ist einerseits der Ausdruck ‚Versöhnung der Welt‘ (2 Kor 5, 19; auch Röm 11, 15, während Paulus sonst immer sagt: „Wir (Christen) sind versöhnt“ (Röm 5, 9.10; 2 Kor 5, 18 – im *bekennenden* Sinn, nicht als objektivierende Feststellung), andererseits der komplizierte Ausdruck: „Theos *ēn* en Christō kosmon *katallassōn*“, wörtlich: „Gott war im Begriff, in Christus *die Welt* zu versöhnen“ (2 Kor 5, 19), während in 2 Kor 5, 18 gesagt war: „ek tou Theou tou *katallaxantos hēmas*“, dies alles kommt „aus Gott, der *uns versöhnt hat*“. Gegenüber ‚der Welt‘ war es Gott, der ‚im Begriff ist, sie zu versöhnen‘; wir, die Christen, sind aber ‚schon versöhnt‘ (Aorist; 2 Kor 5, 18 und Röm 5, 9–10). Die Versöhnung ist erst dort erfolgt, wo Menschen sich durch Jesus mit Gott versöhnt haben. Für die übrigen muß diese Versöhnung noch erfolgen; daher „der Dienst der Versöhnung“ und das „Wort der Versöhnung“, das die Kirche für die Welt erhalten hat (2 Kor 5, 19).

E. ERLÖSUNG ALS GENUGTUUNG: FRIEDEN

Zwar hängen im Paulinismus ‚Versöhnung‘ (im Sinn von „katallage“, Veränderung) und ‚Friedenstiftung‘, was die Sache selbst betrifft, eng zusammen, aber beide Begriffe sind, besonders vor dem jüdischen Hintergrund von „schalom“, in ihrem Begriffsinhalt ganz verschieden. Versöhnung als *schalom* stammt aus einer völlig anderen Lebenswelt als der der griechischen „katallage" (Versöhnung als Veränderung, ein Begriff, der, soweit ich feststellen konnte, im Hebräischen, zumindest in dem des Tenachs, eigentlich keine Entsprechung hat). Die griechische Wiedergabe von schalom durch „eirene", Frieden, hat daher eine ganz spürbare Begriffsverengung zur Folge.

In der Wurzel von schalom[18] steckt formal nicht die Bedeutung von Heil oder Heilsein oder Frieden, sondern von ‚Genugtuung', ‚Schadensersatz' und ‚Bezahlen', deren Grundbedeutung in allen anderen Wortableitungen weiterwirkt. Hat beispielsweise jemand einen Brunnen unbedeckt gelassen, so daß irgendein Lasttier hineingefallen ist, dann muß der Eigentümer dieses Brunnens „schalom bezahlen" (Ex 21, 33–34), also Schadensersatz oder Genugtuung leisten. Schalom verweist auf den Bereich von: Pflichten, Ansprüchen oder Versprechen nachkommen, ‚befriedigen', ‚Genugtuung verschaffen', sei es in positivem Sinn (genugtun oder versprechen), sei es im negativen Sinn (strafen), mit anderen Worten: vergelten (1 Sam 24, 20; Dtn 32, 41). So bezahlt man seine Schuld (2 Kön 4, 7) oder ein Dankopfer (Ps 56, 13). Der Begriff hat also, ob juristisch oder nicht, mit der Regulierung von Schaden zu tun; für die eine Partei: Genugtuung haben oder ‚genug haben', befriedigt sein; für die andere: den Schaden oder die Strafe tragen, sühnen. Außerhalb des Bereichs der Strafe kann schalom daher einfach bedeuten: ‚eine Übereinkunft treffen' oder sich miteinander verständigen (Dtn 20, 12; Jos 9, 15; 11, 19; Jes 27, 5). Wer seine Lebensbedürfnisse hinreichend befriedigen kann, ist daher ‚vergnügt', wohlgemut, happy (Gen 33, 18). Das Substantiv schalom bedeutet daher nicht so sehr Frieden, Heil oder Heilsein als vielmehr Vergeltung, vor allem in positivem Sinn: sich in einem Zustand befinden, in dem man ‚genug hat' (das reichlich Genügende), äußerlich wie innerlich, das heißt innere Befriedigung, Lust oder Freude. Als Gruß bedeutet schalom daher eigentlich: Es möge dir gut gehen (Rich 6, 23; 19, 20). Liegt der Nachdruck auf dem Zustand, der durch die ‚Vergeltungstat' erreicht wird, dann bedeutet schalom ‚Frieden', das heißt den Zustand, der aus gegenseitigen Leistungen oder aus einer Übereinkunft resultiert, vor allem nach einem Krieg (also Friede). In dem Begriff Friede klingt daher stets der Gedanke an den Friedensschluß oder an die Übereinkunft mit. Daher: Friedensbund (berît schalom: Num 25, 12; Jes 59, 10; Ex 34, 25): ein Bund, in dem die Wiedergutmachung geregelt und somit dem Sieger Genugtuung geschenkt wird. So auch: Gott Genugtuung schenken (Joel 2, 25). Der ‚Friedensfürst' bedeutet dann eigentlich der Fürst der Vergeltung (Jes 9,), Belohner des Guten und Bestrafer des Bösen. Dies umfaßt dann oft den Zustand der Unterwürfigkeit, z. B. eines Vasallenkönigs (melek schâlêm) unter einen höheren König; daher auch ein ‚bezahlendes' oder unterwürfiges Herz: Bereitwilligkeit.

Der hebräische Schalombegriff hängt also mit der allgemeinen jüdischen Auffassung zusammen, daß Gott den Zusammenhang zwischen gutem oder schlechtem Handeln und dem Wohlergehen oder Unglück und Mißgeschick gewährleistet, das deren Folge ist (siehe oben, bei der Analyse des Begriffs zedâqâ oder Gerechtigkeit). Gott ist der Belohner des Guten und der Bestrafer des Bösen, und daher ein Gott des Friedens. „Das Werk der zedâqâ wird schalom sein" (Jes 32, 17) oder auch: „zedâqâ und schalom umarmen einander" (Ps 85, 11). Schalom bedeutet schließlich ‚gut sein' (‚so ist alles gut'), aber dann nicht im Sinn einer subjektiven Erfahrung, sondern einer objektiven Ordnung. Dabei fällt auf, daß das jüdische Denken von Mißständen ausgeht, die in Ordnung gebracht werden; Gerechtigkeit muß geschehen. Die Septuaginta-Übersetzung von schalom durch „eirene", Frieden, läßt daher die typisch jüdischen Anklänge des Begriffs wegfallen.

Deshalb hat das Neue Testament, neben dem der Septuaginta entnommenen Begriff Frieden (eirene), auch nach einigen anderen Begriffen gesucht, die den Gedanken an Genugtuung, Versöhnung aufgrund von Vergeltung ausdrücken. Der Begriff unterscheidet sich also nicht nur von „katallage" (Versöhnung), sondern auch von ‚apolytrosis' (Befreiung), bei der man ein Lösegeld bezahlt (für einen Sklaven, einen Armen usw.). Es bedeutet eher: ‚in Übereinstimmung sein' mit Gott und den Menschen, auch wenn dafür etwas ‚gezahlt' werden muß. Die Äußerung des Paulus: „Deine Gnade genügt mir" (2 Kor 12, 9) hängt genau mit diesem Verständnis von schalom zusammen, ‚Vergeltung' und somit befriedigt sein oder genug haben: ‚So ist es gut'. Versöhnung bedeutet dann auch den Zustand der Unterwerfung unter Gott nach einer Situation der Sündhaftigkeit, wobei der jüdischen Auffassung entsprechend etwas *wiedergutgemacht werden muß*. Die sogenannte ‚Satisfaktions'-Lehre des Neuen Testaments hat jüdische Wurzeln. Daß das Neue Testament die Erlösung, die Jesus brachte, als eine Genugtuung oder Satisfaktion interpretiert, ist schon in den deutenden Begriffen *vorgegeben*, welche die *Juden*-Christen aus ihrer eigenen jüdischen Erfahrungs- und Interpretationsgeschichte mitbekamen. Vor allem das Wiedergutmachen unserer Sünden durch den Tod Jesu eignete sich zur Anwendung mancher jüdischer Begriffe auf die Selbsthingabe Jesu bis zum Tod. Das geht auch aus den folgenden Begriffen hervor.

F. ERLÖSUNG ALS SÜHNE VON SÜNDEN DURCH EIN SÜHNOPFER

Sündenvergebung und Sühne von Sünden betreffen, jüdisch wie neutestamentlich, zwei verschiedene Bedeutungsfelder. Der Tod Jesu aus Solidarität mit den Menschen in Treue zu Gott (so vor allem der Hebräerbrief) eignet sich dazu (für Christen aus dem Judentum), diesen Tod vom „k-p-r" (kippurîm)-Begriff oder vom Sühnopfer her zu deuten (hier liegt der große Unterschied zur Versöhnung im Sinn von „katallage" als dem exklusiven Handeln Gottes). So müssen wir Erlösung als Sühnopfer für Sünden und als Sündenvergebung gesondert behandeln.

„Kippurîm", im Tenach ganz auf die priesterlichen Traditionen beschränkt, bedeutet ‚Versöhnung‘, aber durch das Bringen eines Sühnopfers[19]. In der hebräischen Piel-Form bedeutet die Wurzel „k-p-r“ das *Sühnen von Sünden* durch ein *Sühnopfer* (‚expiatio‘). Auffallend ist, daß (statistisch) nur ein Zehntel der Texte, die von Sühnopfer sprechen, aus der Zeit vor dem Exil stammt: Dreiviertel aller Texte stammen außerdem aus der priesterlichen Tradition, und dann aus Ezechiel, Jesaja, Deuteronomium und den Psalmen.

Die Bedeutung des Wortes in der priesterlichen – vor allem kultischen – Tradition ist: durch die Darbringung eines Opfers Sühne von Sünden bewirken ‚*für* jemanden‘, einen einzelnen oder das Volk (das Wort „hyper“: für jemanden, aber nicht in dem Sinn von Stellvertretung, ist wesentlich für das Sühnopfer, das durch den Priester vollzogen wird, wenn ein Sünder ihm irgendein vom Gesetz bestimmtes Opfertier gebracht hat). Die Sühne selbst wird durch den Priester vollzogen (Lev 16,32; siehe oben). Es ist allgemein jüdisch, daß Gott allein Sünden vergeben kann. ‚Sünden *sühnen*‘ liegt jedoch in einem ganz anderen, nämlich kultischen und gesetzlichen Bereich. Die technische Formel ist: „Der Priester erwirkt Sühne *für* ihn“ (Individuum oder Volk) (Lev 4,25,31.35; 5,6.10.13.18.26; 14,18.20; 15,15; 19,22); das ist das Kernstück in Lev 4,1 – 5,13, im Zusammenhang mit den Opfern als Sühne von Sünden. Worauf dann in einer ebenfalls kultisch geprägten Formel folgt: „und es wird ihm (Individuum oder Volk) vergeben“ (a.a.O.). Es geht, nach dem vollbrachten Opfer, um eine forensische oder juristische Reinerklärung durch den Priester: Dieser ist „nicht (mehr) schuldig im Sinn des Gesetzes“, er darf leben (siehe Ez 18,9). Der Grundgedanke dabei ist, daß Sühne eine Kompensation oder Gegenleistung (für die begangene Sünde) fordert (Lev 5,16; Lev 16; Num 5,7.8), durch welche die durch die Sünden (gegen die Tora) gestörte Beziehung zu Gott wieder hergestellt wird. Sünde sühnen schließt daher sowohl ‚Reinigung‘ (von Sünde) als auch Heiligung oder Hingabe an Gott ein (Ex 29,36–37; 30,10; Lev 8,15; 16,18). Außerdem muß das Opfer, wenn es wirksam sein soll, „Gott wohlgefällig sein“[20], das heißt, Gott muß es gut finden, das heißt mit dem Sünder zufrieden sein, ihn akzeptieren: Du, du darfst leben. Oben sahen wir, daß der Hebräerbrief gerade diesen Aspekt die „teleiosis“ oder Vollendung des Opfers durch Gott nennt. Das Sühnopfer für die Sünde *ist* also keine Sündenvergebung; dieses Opfer wird für die zu erlangende Sündenvergebung dargebracht, die von Gottes souveräner Freiheit abhängig bleibt. Die Gefahr eines Opferformalismus ist dann jedoch groß. Man kann in den alttestamentlichen Opfern eine Entsprechung der kirchlichen ‚kanonischen Buße‘ sehen, die nach der Kirchenordnung, rein juristisch, auferlegt wird. Die genaue Leistung dieser auferlegten Buße sagt als solche nichts über die innere Umkehr oder metanoia, aber es wird doch angenommen, daß sie ausgeführt wird. Daß die jüdische ‚Bluttheologie‘ bei all dem eine Rolle spielt, aufgrund der priesterlichen Theologie in Lev 17,11, wurde bei der Auslegung des Hebräerbriefs schon gesagt. Nur in einigen jüngeren Texten fällt die Sühne der Sünde einfach mit dem exklusivgöttlichen Akt der Sündenvergebung zusammen (Ps 65,4; 78,38; 79,9), wo

das Verb „k-p-r" (im Piel: Sühnopfer darbringen) letztlich mit dem neutestamentlichen „katallage" oder Sühne als dem ausschließlichen Handeln Gottes
zusammenfällt (auch Ex 32,30; Dtn 32,43; Jes 27,9; Dan 9,24). Man muß daher sagen, daß das Alte Testament keine eindeutige Sühnetheologie besitzt und
daß man diese jedenfalls nicht ohne weiteres mit der priesterlichen Auffassung
vom Sühnopfer identifizieren darf. Welche Opfertheorien es im Tenach auch
geben mag, sowohl aus den älteren als auch den jüngeren Texten geht hervor,
daß allein Gott Sünden *vergibt*. Außerdem ist nirgends, selbst nicht in den priesterlichen Opfertheorien, die Rede von einer ‚Substitution' im Sinn einer Stellvertretung oder Übertragung eigener Sünden auf Opfer- oder Schlachttiere.

Die Septuaginta und das zwischentestamentliche griechische Judentum geben
den jüdischen ‚kippur'-Gedanken durch „hilaskesthai" (sühnen für Sünden)
wieder. Im griechisch-biblischen jüdischen Kanon wird (wie auch in der apokryphen Literatur) die wirksame Kraft des Sühnopfers, sogar für Verstorbene
(die sich für die Sache Israels eingesetzt hatten) betont (2 Makk 12,45; siehe
Sir 45,16.23). Schließlich rückt vor allem in der zwischentestamentlichen Literatur der Gedanke der Sühne von Sünden durch stellvertretendes Leiden in den
Vordergrund (4 Makk 6,29; 17,22). Im Alten Testament läßt sich nur eine
Stelle anführen, die in gleicher Richtung interpretiert werden kann: das vierte
'Ebed Jahwe-Lied (Jes 52,13–53,12, aber auch hier wird die ‚Kippur'-Termi-
nologie nicht gebraucht). Man kann mit Recht behaupten, daß der ganze jüdische Opferapparat mit seiner Kippurim-Terminologie schon vor dem Fall Jerusalems (70 n. Chr.) außerhalb der priesterlichen Kreise an Bedeutung verloren
hatte. In Qumran (1 QS 9,4–5) und in der anderen frühjüdischen, zwischentestamentlichen Literatur (z. B. TestLev 3,6) wird denn auch aller Nachdruck
auf das „sacrificium laudis", das Lobopfer oder das „unblutige Opfer des
Gebets", gelegt. Sühne für Sünden wird metanoia, Gebet, Fasten, Almosen-
geben, denn dieser Gedanke muß auch die blutigen Tieropfer zur Sühne von
Sünden beseelen (siehe schon im Alten Testament: Sir 3,30; Tob 4,10–11; und
schließlich die Kritik der Propheten am Ritus der Schlachtopfer ohne Gerechtigkeit; Am 5,22; Mich 6,7–8; Jer 6,20; Hos 9,4, oder auch ohne ‚Lobopfer' oder
das ‚Lied der Lippen' [Ps 104,34], das heißt der aufrichtig betende Lobpreis
Jahwes).

Das Neue Testament geht ganz in die Richtung dieser neueren und zwischentestamentlichen Abwertung der sakrifiziell-priesterlichen Opfertheorie, und es
legt für die Christen den Nachdruck auf ‚das Leben' selbst als ‚geistiges Opfer'
(1 Petr 2,5; Phil 2,17: „die Liturgie eures Glaubens"; Röm 12,1; und das größte
aller Opfer ist die Bruderliebe, Mk 12,33). Trotzdem wird der erlösende
Tod Jesu, und zwar in allen Traditionen des Neuen Testaments, als ein Opfer
in *Begriffen* der alttestamentlichen Opfertheologie verstanden: Sein Tod ist ein
Sühnopfer, wir sind durch sein Blut erlöst (siehe oben: der Hebräerbrief und
die dort erwähnten Hinweise auf die allgemein-christliche Tradition)[21]. Der
große Unterschied zu der Opfertheologie des Alten Testaments ist, daß dieses

Sühnopfer zugleich Sündenvergebung *ist,* weil es *selbstverständlich* von Gott angenommen und in Jesu Auferstehung wohlgefällig befunden wird. Nur der Hebräerbrief wird die schärfere, in diesem Sinn formale (jüdische) Unterscheidung zwischen dem Sühnopfer, als Reinigung und Heiligung, und dem Akt der wohlgefälligen Annahme durch Gott oder der ‚Vollendung‘ dieses Opfers beibehalten: „*Durch Gottes Gnade* kam sein Sterben allen zugute" (Hebr 2,9c).

G. ERLÖSUNG ALS SÜNDENVERGEBUNG

Vergebung von Sünden (aphesis tōn hamartiōn; auch „hilaskesthai", Sühne für Sünden hier im abgeschwächten Sinn) kommt im Neuen Testament wiederholt vor als die Frucht des Todes und der Auferstehung Jesu (Mt 18,11; 26,28; Mk 1,4; Lk 1,77; 4,18; 19,19; Apg 2,38; 5,31; 16,43; 13,38; Röm 4,5; 5,6; 11,32; Gal 3,22; Eph 1,7; 2,5; Kol 1,14; siehe 1 Tim 1,15; Jak 5,20; 1 Joh 1,9; 2,1–2). Der Tod Jesu, und deshalb auch die christliche Taufe, ist ein „der Sünde absterben" (Röm 5,6; 6,2; 6,6–8.10.18). Nur an zwei Stellen wird die Sündenvergebung mit dem Auftreten Jesu, also vor seinem Tod, verbunden (Mk 2,10 parr; 2,15–17).

Daß Heil oder Erlösung wesentlich auch Sündenvergebung bedeutet, ist schon eine alttestamentliche Lebenserfahrung[22]. „Sâlach" ist der einzige, eigentliche Ausdruck für ‚Vergebung schenken‘, von der allein Jahwe das Subjekt sein kann (allerdings wird der Begriff auch mit der priesterlichen Fürbitte verbunden: Lev 4–5; 19,22; Num 15,25–26.28). „Selichâ", Sündenvergebung (Ps 130,4; Dan 9,9; Neh 9,17), bedeutet genau: Zudecken von Sünde, Sühne für Sünde, Reinigung oder (kultisch) der Sünde nicht mehr gedenken; bildlich dann: die Sünde hinter sich lassen (Jes 38,17) oder in die Tiefe des Meeres werfen (Mich 7,19). Jahwe ist ein Gott der Vergebung (Neh 9,17), „gut im (bereit zum) Verzeihen" (Ps 36,5). Da im Tenach Sündenvergebung rein eschatologisch ist, wird die aktuelle Sühne ‚forensisch‘, äußerlich und juristisch gesehen, im Sinn eines priesterlichen ‚Freispruchs‘. Aber das betrifft eigentlich nicht eine sogenannte forensische *Sündenvergebung;* das Juristische bezieht sich auf die priesterliche ‚Rein‘-Erklärung nach dem vollbrachten Opfer, das heißt, von seiten des Menschen ist rechtlich jetzt alles in Ordnung, *um* Sündenvergebung von Gott erlangen zu können. Der Sünder ist dann nicht mehr schuldig ‚im Sinn des Gesetzes‘. Aber auch dann ist Gott (der Herzen und Nieren erforscht) frei, die dann nicht-forensische Sündenvergebung zu schenken. Nicht die Sündenvergebung, sondern die Sühne oder Büßung der Sünde ist rechtlich und formal ein forensischer Prozeß.

Das Neue Testament kennt auch den Ausdruck: „die Sünde tragen oder wegnehmen" (Joh 1,29; 1 Joh 3,5). Das geht auf einen hebräischen Begriff zurück: nâsâ‘"[23] (etwas aufheben, tragen oder wegnehmen); daher „Sünden tragen", sowohl in der Bedeutung von Sünden auf sich laden, also sündigen, als auch vom Tragen der Folgen der Sünden, nämlich sie sühnen (Lev 5,1.17; 7,18; 17,16; 19,8.17; 20,17.19.20; 22,9; 24,15; Num 5,31; Ez 14,10; 18,19–20). Dieses Wort steht jedoch in demselben juristischen oder ‚kanonischen' Bereich des Vollzugs der vom Gesetz vorgeschriebenen Buße für eine Sünde. Gerade deshalb ist *hier* Stellvertretung möglich: Der Priester kann ‚die Sünde' anderer tragen, ihre Buße auf sich nehmen (Ex 28,38), auch die Propheten tun dies (Ez 4,4–6), oder Söhne für ihre Väter (Num 14,33), schließlich auch der Knecht Jahwes (Jes 53,12). Allein in diesem Sinn bedeutet, alttestamentlich, ‚Sünden tragen oder wegnehmen' Sündenvergebung (Gen 4,13; 18,24–26; Lev 10,17; Jos 24,19 usw.), das heißt jemanden wegen der (von anderen vollbrachten) geschuldeten Buße für ‚unschuldig' erklären (Num 14,18–19). Im Neuen Testament wird dieser Semitismus (Sünden tragen) übernommen, zwar in dem Sinn von *Sündenvergebung,* aber doch dank dem sühnenden Kreuzesopfer: „Lamm Gottes, das die Sünden der Welt hinwegnimmt (trägt)" (Joh 1,29). Wichtig beim neutestamentlichen Gebrauch vieler dieser jüdischen Begriffe ist, daß Erlösung wesentlich auch Sündenvergebung ist und daß diese Vergebung in wesentlicher Verbindung mit dem Kreuzestod Jesu steht. Mit anderen Worten, daß man die Heilsbedeutung Jesu ohne dessen Tod und Auferstehung nicht voll bestimmen kann.

Gerade weil im Tenach nur an wenigen Stellen von Sündenvergebung gesprochen wird, während sich alles Interesse auf die ‚kanonische' Sühne oder Buße von Sünde (allerdings mit dem Blick auf Sündenvergebung) richtet, kommt die reale ‚iustificatio impii' oder göttliche Annahme gerade des *Sünders* und nicht nur des Gerechten oder zaddiq (des ‚im Sinn des Gesetzes' für unschuldig Erklärten, entweder weil er gerecht ist oder weil er die vorgeschriebene Buße verrichtet hat) kaum zur Geltung. Nur in einigen Texten (Ps 65,4; 78,38; 79,9; Ex 32,30; Dtn 32,43; Jes 27,9; Dan 9.24) hören wir davon, und dann vor allem in außerbiblischen, frühjüdischen Kreisen, wie z.B. in Qumran (siehe oben, bei der Analyse der zedâqâ). Gerade diese Annahme des *Sünders* durch Gott ist der Kern der neutestamentlichen Erlösung als Sündenvergebung, vor allem in der paulinischen und johanneischen Erfahrung des christlichen Heils: Jesus Christus *ist* Gottes Vergebung, er ist ‚das Leben'; in ihm sind wir zum Leben ermächtigt: Wir dürfen sein. Daß in manchen neutestamentlichen Texten die forensische Bedeutung mit anklingt, ist eher den gebrauchten jüdischen Begriffen zuzuschreiben, die dem juristischen priesterlichen Freispruch von Sünde entlehnt sind, als der neutestamentlichen Erfahrung von Heil in Jesus von Gott her.

H. RECHTFERTIGUNG UND HEILIGUNG

Nur im Paulinismus wird die ‚iustificatio impii' oder Rechtfertigung zu einem technischen (wenn auch nicht ausschließlichen) Begriff für die Erlösung im Sinne des bei der Taufe im Glauben erfolgenden Zutritts zur ‚Gemeinschaft der Geheiligten'. „Wir sind *gerechtfertigt*" (Aorist) und „wir werden *erlöst werden*" (soteria, sozein, bezieht sich bei Paulus auf die Auferstehung des Leibes: Röm 8,23–24). Paulus macht einen Unterschied zwischen Rechtfertigung und Heiligung. Selbst die Deuteropaulinen behalten diesen Unterschied eigentlich nicht bei. Heiligung (hagiasmos; hosiotes, als Septuagintaübersetzung von zedâqâ oder Gerechtigkeit) und eusebeia, beide letzteren Begriffe aus der hellenistischen Frömmigkeit: Röm 6, 16.19.22; 1 Kor 1, 30; 1 Thess 4, 3–4.7; 5, 23; 2 Thess 2, 13; Eph 4, 24; 1 Tim 2, 15; 6, 11; 1 Petr 1, 2; 2 Tim 2, 22; Hebr 12, 14; eusebeia: 1 Tim 2, 2; 4, 7–8; 6, 3.5.6.11; 2 Petr 1, 3.6–7; 2 Tim 3, 5; Tit 1, 1. Christen werden Heilige, Geheiligte oder ‚auf dem Weg zur Heiligkeit' genannt (Röm 1, 7; 8, 27; 12, 13; 12, 25–31; 16, 2.15; 1 Kor 1, 2; 6, 1; 14, 33; 16, 1.15; 2 Kor 1, 1; 8, 4; 9, 1–12; 13, 12; Apg 9, 13.32.41; Eph 1, 1.15.18; 2, 19; 3, 8.18; 4, 12.24; 5, 3; 6, 18; Phlm 5; Kol 1, 2.4.26; 3, 12; 1 Thess 3, 13; 2 Thess 1, 10; Hebr 3, 1; Jud 3; Offb 11, 18; 13, 7.10; 20, 9). Der Begriff Rechtfertigung wurde früher bei Paulus und in Verbindung mit zedâqâ ausführlich analysiert, so daß es in dieser Synthese nicht wiederholt zu werden braucht[24].

I. HEIL IN JESUS ALS RECHTSBEISTAND

Im Hebräerbrief wird die Heilstätigkeit des himmlischen Jesus als eine ewigwährende Fürsprache Jesu beim Vater verstanden. Jesus ist der Anwalt und Verteidiger der menschlichen Sache bei Gott (Hebr 7,25; 7,23–25; 9,24; 4,14–16; 2,17). Doch dieser Gedanke ist allgemein-neutestamentlich. 1 Joh 2, 1 sagt von dem erhabenen, himmlischen Christus, daß er ‚Paraklet', Fürsprecher und Anwalt bei Gott ist. Wenn Joh 14, 16 sagt, daß Jesus „einen *anderen* Parakleten senden wird", schließt dies ein, daß Jesus während seines *irdischen* Lebens (das ist der Unterschied zum Ersten Johannesbrief) selbst ein Paraklet ist. Der Gedanke der Fürsprache und des Parakleten hat forensische Konturen, das heißt, das Gericht Gottes wird als ein juristischer Prozeß dargestellt, bei dem der Sünder als Angeklagter erscheint. Der himmlische Jesus ist dann der Verteidiger (und, nach Offb 12, 10, ist der Teufel der ‚kategoros' oder Ankläger). Auch Paulus kennt diese Fürsprache Jesu (Röm 8, 34), wie auch das Johannesevangelium (Joh 16, 26 und 1 Joh 2, 1). Die Grundlage dafür findet sich bei dem synoptischen Jesus (Mt 10, 32–33 par; Mk 8, 38 par).

Das Besondere des Johannesevangeliums liegt darin, daß auch der irdische Jesus als Verteidiger und Paraklet dargestellt wird (Joh 14, 16), und was für 1 Joh 2, 1 der erhöhte Christus ist, ist für das Johannesevangelium der heilige

474

Geist als Paraklet (Joh 14,16.26; 15,26; 16,7). ,Paraklet' (im Griechischen: ein Anwalt bei einem Prozeß) wird als Begriff deutlich im Johannesevangelium erklärt: Das Pneuma, von Gott und Christus gesandt – nicht zur Welt (Joh 14,17), sondern – zu den Jüngern Jesu, ist Ankläger ,der Welt' bei Gott, um vom Recht Jesu Zeugnis abzulegen (15,26) und die Welt ins Unrecht zu setzen (16,8–11). Der Gedanke, daß der Geist Fürsprecher ist oder Rechtsbeistand gewährt, ist (ohne den Ausdruck Paraklet) auch sonst im Neuen Testament zu finden (Röm 8,26–27; siehe Mk 13,11 par; Lk 22,32).

Der Gedanke der Fürsprache Jesu für die Menschen, verstanden in der Form des Rechtsbeistands, hat alttestamentliche Wurzeln. Vor allem Mose wird als der bittende Fürsprecher und Beschützer Israels gesehen (Gen 18,23–33; 20,7.17). Immer häufiger kommt der Begriff eines himmlischen Fürsprechers auf (Jer 5,28; Ijob 29,16; vor allem Ijob 33,23), und dabei wird an einen bestimmten Erzengel gedacht (Ijob 33,19–25; 5,1). In der alttestamentlichen pseudepigraphischen Literatur wird entweder „der große Mose" oder der himmlische Henoch[25] der himmlische Fürsprecher, aber besonders irgendein Engel[26], vor allem Michael[27]. Neu dabei ist, daß „der Geist der Wahrheit" der große Fürsprecher im Himmel, Paraklet wird[28]. Ansätze dazu finden wir im (deuterokanonischen) Alten Testament. Zunächst wuchs der Gedanke der Solidarität, in dem Sinn von Pflicht, bei Gott füreinander Fürsprache einzulegen (2 Makk 1,2–6; 8,14–15; 12,39–45). Diese Solidarität mit dem Menschen erblickte man auch bei einigen Himmelswesen. „Ich bin Raphael, einer der sieben heiligen Engel, welche die Gebete der Heiligen emportragen und Zugang haben bis vor den herrlichen Thron des Heiligen" (Tob 12,15). In dieser frühjüdischen Zeit, in der Gott als der unnahbare Transzendente erfahren wurde, entstand von selbst eine Welt himmlischer Wesen, die zwischen Himmel und Erde ,vermittelten'. Diese neue Vorstellung wurde in Zusammenhang gebracht mit Gottes Huld und Gericht und mit dem forensischen und juristischen Charakter vieler jüdischer Begriffe: Als Sünder vor Gott wird der Mensch vor dem Forum Gottes angeklagt, und neben einem Ankläger steht ihm ein Verteidiger bei Gott zur Verfügung. Im Hebräerbrief erhält diese himmlische Fürsprache weniger einen juristischen als vielmehr einen kultischen Charakter. Auch der Gedanke des „gô'êl", des Helfers und Retters, kann dazu beigetragen haben, den Erlöser Jesus ebenfalls Fürsprecher und schließlich Paraklet zu nennen. Erlöstsein bedeutet, unter diesem Aspekt, durch das Leben gehen in dem ermutigenden Bewußtsein, daß dem Christen ein mächtiger Rechtsbeistand stets sicher ist.

Aus dieser Definition dessen, was christliche Erlösung ist, geht zur Genüge hervor, daß die neutestamentlichen Autoren ihre Interpretationsmodelle den einfachen Vorgängen der alltäglichen Erfahrung entnehmen, Vorgängen, aus denen Menschen Kraft schöpfen, um einfach dem Leben gewachsen zu sein. Vor allem mit Jesus dem Christus können diese Menschen das Leben mutig wagen.

J. ERLÖST ZUR GEMEINSCHAFT

Nach dem Neuen Testament ist die ‚erlöste Menschheit' die Kirchengemeinde, das heißt jener Teil der Welt, der sein Vertrauen und seine Hoffnung auf Jesus als entscheidendes Heil des Menschen setzt. Die Gnade wird nicht nur als eine Gabe an den einzelnen gesehen. Wie im Tenach der Bundesgedanke eine Gemeinschaft Gottes mit seinem ganzen Volk einschloß (Lev 26,11–12), verbindet die christliche Gemeinde einzelne zu einem zusammenhängenden Ganzen: zu einer Gemeinde, einer *ecclesia* oder „qâhal": die feierliche deuteronomistische Bezeichnung für das Gottesvolk in offizieller Versammlung. Jesus selbst sprach jeden Menschen persönlich auf seine Entscheidung gegenüber der kommenden Herrschaft Gottes an. Wer den Willen Gottes tut, ist Bruder, Schwester oder Mutter Jesu (Mk 3,35). Damit ist die Verbindung zwischen Gott, Volk und Land, die für das Judentum in einem gewissen Sinn zentral war[29], abgebrochen. Zu einem Volk, selbst zum auserwählten Volk zu gehören, genügt keineswegs, um Gottes Gericht zu entrinnen. Außerdem: Wer eigentlich zu den „Auserwählten des Vaters" gehört und zu denen, für die von Ewigkeit her das Reich Gottes bereitet ist, wird sich erst am Gerichtstag zeigen (Mt 25,31–46). Kriterium dafür ist die Haltung, die man gegenüber dem geringsten Mitbruder (Jesu) (Mt 25,40), gegenüber Jesus selbst (Mk 8,38) eingenommen hat. Die Folge dieser prononcierten persönlichen Konfrontation ist, daß Begriffe wie ‚Volk Gottes' und ‚Bund' in der Verkündigung Jesu keinen Sinn haben. Der Begriff ‚laos' (Gottesvolk) kommt selbst bei den Synoptikern selten vor, bei Markus eigentlich nur einmal (Mk 11,32; in Mk 7,6 ist es ein Zitat aus dem griechischen Jes 29,13, und in Mk 14,2 bedeutet es einfach ‚eine Volksmenge'). Ferner kommt das Wort noch vor in Mt 1,21; Lk 1,68.77; 2,32; 7,16; 24,19 (Mt 2,6 ist ein Zitat aus 2 Sam 5,2). Die Gnade als an nur ein Volk gerichtet ist dem Neuen Testament völlig fremd. Daher seine Scheu vor Ausdrücken wie ‚auserwähltes Volk'; auserwählt ist jeder, der, gleich aus welchem Volk, an Jesus den Christus glaubt. Gerade durch die Hinwendung der Botschaft Jesu an die menschliche Person (was noch keinen Heilsindividualismus bedeutet; siehe unten) ist das Reich Gottes vom ‚Volk Gottes' gelöst und erhält der Inhalt der Botschaft Jesu eine universal-menschliche Tragweite.

Erst nach Jesu Tod beginnen seine Jünger, die in seiner Auferstehung ein eschatologisches Ereignis sehen, als Beginn des allgemein-eschatologischen Geschehens sich selbst konsequent als die eschatologische Gemeinde zu verstehen. Sie greifen dabei zurück auf Jes 61 und Jer 31; so wird die christliche ecclesia das Subjekt des neuen Bundes mit Gott (vor allem und fast ausschließlich im Paulinismus und im Hebräerbrief. Außerhalb des Paulinismus kommt ‚diatheke' nur viermal in den Synoptikern und zweimal in der Apostelgeschichte vor). Durch dieselbe paulinische Schule wird später in Formulierungen, die eher dem Denken der Stoa entstammen, von der christlichen ‚Volksversammlung' oder Gemeinde als vom „soma Christou", den Leib des Herrn, gesprochen (Kol

1,18; 2,19; 3,15; Eph 1,23–24; 4,4.12.16; 5,23). Doch gibt es im Neuen Testament auch mystisch-privatisierende Tendenzen; vor allem im Ersten Johannesbrief finden sich Vorstellungen, die sich in der Richtung dessen bewegen, was später Seins- oder Wesensmystik genannt werden wird, wenn auch (im Johanneismus) innerhalb einer grundlegenden Gnadenerfahrung. Aber im ganzen Neuen Testament ist dies mit Gemeinschaftsaufbau und ‚Welterneuerung' verbunden, wenn auch (siehe später den Grund dafür) vorläufig in rein innerkirchlicher Perspektive.

Die in Christus „zur Einheit Versammelten" bilden das, was das Neue Testament allgemein „die Kirche *Gottes*" nennt (Apg 20,28; 1 Kor 1,2; 10,32; 11,16.22; 14,33; 15,9; 1 Thess 2,14; 1 Tim 3,5; 3,15), manchmal auch „Kirche *Christi*" (Röm 16,16), eine Kirche oder Versammlung schließlich, die ist „in Gott und dem Herrn Jesus Christus" (1 Thess 1,1; 2 Thess 1,1). Subjekt der Erlösung ist nicht das Individuum an sich, sondern die in eine neue Gemeinschaft, eine neue Brüderschaft aufgenommene Person, nur an zwei Stellen (mit einem alttestamentlichen Ausdruck) ein königlich-priesterliches Volk Gottes genannt (1 Petr 2,9–10 und Offb 1,6, siehe 5,9 und 20,6), die ecclesia oder „Versammlung der Erstgeborenen" (Hebr 12,23). Diese Kirche ist, in unserer Geschichte, die historische Soma-Manifestation der verherrlichten Leiblichkeit Jesu, das heißt der auf Erden öffentlichen Sichtbarkeit des wirklichen Lebens Jesu beim Vater (Kolosserbrief; Epheserbrief). Daher wird die christliche Gemeinde, die Kirche, zur sichtbaren Einheit gebildet und genährt durch die „Gemeinschaft mit Christus", das heißt durch die Teilnahme an dem einen Brot und dem einen Kelch der Eucharistie, die zugleich schon Ausdruck einer bestimmten erreichten Einheit und gegenseitigen Liebe ist (vor allem 1 Kor 10,16; 11,27).

K. BEFREIT ZU BRÜDERLICHER LIEBE

Die Selbstverständlichkeit, mit der alle neutestamentlichen Traditionen von Jesus als „dem Sohn" sprechen, schon im ältesten neutestamentlichen Zeugnis darüber (1 Thess 1,10) neben der ganz anders orientierten, altchristlichen (vor-)johanneischen Tradition, verrät den Grund der ebenso ursprünglichen, neutestamentlichen Gewohnheit, den Begriff ‚adelphos' (Bruder) im Sinne von ‚der Mitchrist' zu gebrauchen. Der Anlaß für diesen neutestamentlichen Brauch scheint Mt 23,8 zu sein, worin ein Jesuswort aufgenommen ist: Laßt euch nicht ‚Rabbi' nennen; einer nur ist euer Meister, „ihr alle seid Brüder" (ein Text, der sicher als echt angesehen werden kann).

Anderseits kannte das frühe Judentum viele Gemeinschaften, in denen alle Mitglieder der Gruppe Brüder genannt wurden. Das Christentum übernahm diesen Brauch, gab ihm jedoch eine spezifisch-eigene Fundierung in „dem Sohn", unserem Mitbruder. Bei näherem Zusehen möchte ich Joh 20,17 auch so interpretieren: „*mein* Vater, der jetzt auch *euer* Vater geworden ist", also nicht in der Perspektive des späteren dogmatisch-theologischen Interesses für einen Unterschied zwischen dem ‚Sohn-Sein' Jesu gegenüber dem Vater und unserem ‚Sohn-Sein'. Gerade die Sohnschaft Jesu ist die Grundlage der spezifisch-christlichen Brüderschaft.

Neben manchen Stellen, in denen ‚Bruder' unverkennbar im Sinn von ‚Mitjude' vorkommt oder, allgemeiner, in dem gebräuchlichen und tiefen Sinn von ‚Mitmensch', kennt das Neue Testament den häufigen Gebrauch von ‚Bruder' im Sinne einer Gruppenidentität: der Mitchrist. Neutestamentlich ist Jesus der „Erstgeborene unter vielen Brüdern" (u.a. Röm 8,29; Hebr 2,11.17). „Die Brüder" bedeutet in vielen Perikopen „die Hausgenossen des Glaubens", die Christen (Apg 1,15; 9,30; 10,23; 11,1.29; 12,17; 14,2; 15,1.3.22.32.33.36; 16,2; 17,6.10; 18,27; Röm 16,14; 1 Kor 5,11; 6,5–6; 6,8; 7,12; 8,11; 15,6; 16,11–12; 2 Kor 8,18.22; 8,23; 11,9; Gal 1,2; 1 Thess 4,10; 5,26–27; 2 Thess 3,6.15; 1 Tim 4,6; 6,22; Hebr 2,11–17; Jak 1,9; 4,11; 1 Joh 3,13; 3 Joh 3.5.10; Offb 6,11; 12,10; 19,10; 1 Petr 2,17; 5,9). In 1 Petr 5,9 wird der Ausdruck ‚die Brüderschaft' einfach in der Bedeutung von ‚die Christen' oder die christliche Gemeinde gebraucht. Doch bleibt es wegen der besonderen, nuancierten Auffassung des Ersten Johannesbriefs unsicher, ist aber trotzdem wahrscheinlich, daß auch in 1 Joh 2,9–11; 3,10 und 3,16–17 mit ‚die Brüder' insbesondere die Christen gemeint sind. Außerdem geht aus dem Ersten Johannesbrief hervor, daß eine Spannung besteht zwischen ‚eure Brüder', in dem Sinn von ‚allen Menschen', und den Brüdern im Sinne von Mitchristen (oder Hausgenossen des Glaubens; siehe auch 1 Thess 4,9–10; 5,5; Gal 6,10). Denn obwohl die Christen keine Liebe von der Welt erwarten können, müssen sie selbst bereit sein zur äußersten Liebe gegenüber allen (1 Joh 3,16–18). So ist in 1 Joh 3,13 ‚Bruder' der Mitchrist, in 3,14 dagegen alle Menschen, auch die Nichtchristen, während 3,16.18 wieder eine Ermahnung zur Liebe zu den Mitchristen wird. Bruderliebe und allgemeine Nächstenliebe (zu allen Menschen) fallen im Johanneismus zusammen und stehen doch in einer gewissen Spannung zueinander. Aber trotz dieser Spannung kennt das Neue Testament, auch im Johanneismus, keinen Haß der christlichen in-group gegenüber der out-group, wie er etwa in Qumran verkündet wurde.

Als Kernstück des Neuen Testaments darf deshalb bezeichnet werden: Wir sind erlöst zur brüderlichen Liebe. Es ist überflüssig, hier den zentralen ‚Agape'-Begriff des Neuen Testaments zu analysieren. Als Zusammenfassung kann dienen: „Wir sind vom Tod zum Leben übergegangen, wir wissen es, weil wir unsere Brüder lieben" (1 Joh 3,14), „von Herzen an seinen Sohn Jesus Christus glauben und einander lieben" (1 Joh 3,23), „wer einen Anspruch erhebt auf die Verbundenheit mit Gott, muß genauso leben, wie Christus gelebt hat" (1 Joh 2,6). Erlösung ist Befreiung zur Selbsthingabe in Liebe an den Mitmenschen; das *ist* Verbundenheit mit Gott. Ethik, und vor allem Nächstenliebe, ist die öffentliche Sichtbarkeit des Zustandes der Erlöstheit: „Daran kann man die Kinder Gottes von den Kindern des Teufels unterscheiden: Wer das Gute nicht tut, ist Gottes Kind nicht, am allerwenigsten der, der seinen Bruder nicht liebt" (1 Joh 3,10). Neben der ‚agape' kennt das Neue Testament das hellenistische Wort „agathosyne" (Eph 5,9; Gal 5,22; 2 Thess 1,11; siehe auch alle Tugendkataloge in den neutestamentlichen Paränesen oder Ermahnungen, z. B. Eph 4,2 b; 4,3; 4,31–32) (anderseits war Güte, „tub", auch ein hebräisches Wort, das oft mit chesed, Gnade und zedâqâ verbunden wurde).

L. BEFREIT ZUR FREIHEIT

In einer spätantiken, stoisch inspirierten, aber zugleich unmittelbar auch ‚modern' anmutenden Terminologie spricht das neutestamentliche Christentum von Heil-in Jesus von Gott her in Begriffen von Freiheit und Befreiung aus aller Entfremdung und Sklaverei. Die Gnade Gottes in Jesus hat für den, der dafür gläubig offenbleibt, als Ergebnis „die Freiheit der Gotteskinder" (Röm 8,21; 1 Kor 10,29). „Wo der Geist Christi ist, herrscht Freiheit" (2 Kor 3,17): „Freiheit in Christus" (Gal 2,4). Mit dem ihm eigenen Freiheitspathos sagt Paulus: „Für diese Freiheit hat Christus uns frei gemacht. Haltet daher stand und laßt euch nicht von neuem das Sklavenjoch auflegen" (Gal 5,1). Durch Christus sind wir von der (antik-)existentiellen Angst vor Dämonen und manchen versklavenden Mächten befreit (Paulus: Eph; Kol; Hebr; Offb usw.), von den Determinismen astrologischer Wesen und himmlischer Geister, die das Menschenschicksal bestimmen. Dank dieser kosmisch-ethischen Befreiung dürfen Christen die weltlichen Dinge souverän-frei genießen und gebrauchen, da sie frei sind von Tabuvorschriften (Kol 2,16–23). Die in Christus erlösten Gläubigen sind „zur Freiheit berufen" (Gal 5,13). Gottes „Kinder sind frei" (Mt 17,26); „Denn wenn der Sohn euch frei macht, werdet ihr *wirklich frei* (ontōs eleutheroi) sein" (Joh 8,36). „Das Jerusalem von oben ist frei; und das ist unsere Mutter" (Gal 4,26; siehe 4,31). Die christliche Freiheit unterscheidet sich daher wesentlich von den in den weltlichen, gesellschaftlichen Situationen faktisch geltenden Beziehungen; in der christlichen Erfahrung fallen die Unterschiede fort zwischen Jude und Nichtjude, zwischen Mann und Frau und zwischen Sklave und Freiem (1 Kor 12,13; 7,22; Gal 3,28; 4,7; 6,5; Kol 3,11; Offb 13,16).

Aber diese christliche Freiheitscharta, innere Konsequenz und Implikation der Gnade steht im Neuen Testament unter einer Mahnung: „Lebt als freie Menschen, aber macht als Dienstknechte (douloi) Gottes aus der Freiheit keinen Vorwand zur Untugend" (1 Petr 2,16; Gal 5,13–15; 1 Kor 6,12–14; 10,23–25). Gnadenfreiheit ist keine ungebundene Willkür, sondern „Unterwerfung unter Gott und Christus" (Röm 6,22; 7,3). Sie steht als „Gesetz der Freiheit" (Jak 1,25) unter einem „neuen Gesetz": „en-nomos" in Christus, das heißt, sie steht als Freiheit unter der Norm Jesu Christi, einem Gesetz der

Liebe. Vor allem der Judas- und der Zweite Petrusbrief üben Kritik am Mißbrauch dessen, was paulinische Freiheit genannt wird (Jud 4; 2 Petr 2,19;
3,15 b–16); sie wenden sich gegen einen charismatischen Enthusiasmus, der sich
über alle Dämonenfurcht erhaben wähnt, als stünden sie schon außerhalb aller
Entfremdungen. Dagegen gilt die Mahnung, das christliche Freiheitskerygma
nicht zu mißbrauchen (Jud 8–10 und 16; 2 Petr 2,10–11) oder besser, nicht
falsch zu verstehen.

M. ERNEUERUNG VON MENSCH UND WELT

Ein zweiter neutestamentlicher Begriff, der als solcher aus der Bibel uns regel-
recht modern anmutet, ist „Neuheit" („kainos" und „neos"). Die Erfahrung
von Neuheit ist kennzeichnend für das ganze Neue Testament. Es ist die Rede
von einer neuen Bundesliebe (Mt 26,28–29; Lk 22,20; 2 Kor 3,6), einer neuen
Lehre (Mk 1,27; Apg 17,19), einem neuen Gesetz (Joh 13,34; 1 Joh 2,7–8;
2 Joh 5; 1 Kor 11,25; 2 Kor 3,6; Hebr 8,8.13; 9,15.18); von ‚Neuheit des
Lebens' (Röm 6,5–6; 7,6; Eph 2,15), auch von der ‚Neuheit des Geistes' oder
der Mentalität, „andere Menschen mit einer neuen Auffassung" (Röm 7,6;
12,2), einer Erneuerung der Denkart (Eph 4,23); schließlich von einer Erneuerung, die den ganzen Menschen umfaßt, ihn zu „einem neuen Geschöpf" macht
(2 Kor 5,17; Gal 6,15; Eph 2,10; Röm 6,5.6; 7,6), mit anderen Worten zu
„einem neuen Menschen" (Eph 4,24), der keinen Unterschied mehr macht zwischen Jude und Nichtjude (Eph 2,14–15). Für die in Christus Erlösten wird
„alles neu" und anders (2 Kor 5,17; Offb 21,5). Es kommt „ein neuer Himmel
und eine neue Erde, auf der Gerechtigkeit wohnt" (2 Petr 3,13; Offb 21,1),
eine neue Gesellschaft ohne Entfremdungen, ein Reich, eine Gnaden- oder
Lebensherrschaft, in der alle „einen neuen Namen" erhalten (Offb 2,17; das
heißt semitisch, als Menschen zu völlig neuen, umgestalteten Wesen werden),
die dann auch „ein neues Lied singen können" (Offb 5,9· 14,3), – das Lied
ihrer dankbaren neuen Existenz, als Lob Gottes.

Im Evangelienbericht wird diese Neuheit-in-Jesus in Gleichnissen ausgedrückt, in alttestamentlichen Heilssymbolen von „neuer Wein" beim eschatologischen Festmahl (Mk 14,25), neuer Wein, der daher nicht in alte Schläuche
gefüllt werden darf (Mk 2,21–22). Jüdisch-eschatologisch wird diese Neuheit
im Bild des „neuen Jerusalem" geschildert (Offb 21,2; Hebr 12,22) oder „der
Stadt des lebendigen Gottes" (Hebr 12,22): realisierte Herrschaft Gottes unter
allen Menschen. Kurz: „Siehe, ich mache alles neu" (Offb 21,5): Umwandlung
des Menschseins (1 Kor 15,51; 2 Kor 3,18), eschatologische Neuschöpfung
aller bestehenden Zustände (Offb 21,1; Mt 19,28). Jetzt schon „eine Wiedergeburt" (1 Petr 1,3; 1,33 und der Johanneismus).

N. LEBEN IN FÜLLE

Schließlich geht es jedem Menschen um die Grundfrage: Ist das Leben sinnvoll? Darf ich leben? Bin ich dem Leben gewachsen? Und wie werde ich mit meinem Tod fertig? Der Begriff ‚Leben‘ nimmt im Neuen Testament daher einen weiten Raum ein („zoe", Leben; „zoopoiein", lebendig machen) (Mt 7,14; 19,16–17; 25,46; Mk 9,43.45; 10,17; Lk 10,25; 12,15; 18,18; Joh 3,15; 3,16; 3,36; 4,14; 4,36; 5,21.24.26.29; 5,39.40; 6,27; 6,33.35.40.47–50.53.63.68; 8,12; 10,10b; 10,28; 11,25; 12,25.50; 14,6; 17,2–3; Apg 3,15; 11,18; 13,46.48; 17,25; Röm 2,7; 4,17; 5,4; 5,10.17–18.21; 6,4.8.10.11.13.22–23; 7,10; 8,2.6.10.11; 11,15; 1 Kor 15,19.22; 15,36.45; 2 Kor 2,16; 3,6; 4,10; 6,14; Gal 3,21; 6,8; Eph 2,5; 4,18; Kol 3,4; 1 Tim 1,16; 6,12; 6,19; 2 Tim 1,10b; Jak 1,12; 1 Petr 3,7.18; 2 Petr 1,3; 1 Joh 1,2; 2,25; 3,14; 5,11–13; 5,16.20; Jud 21; Offb 2,10; 7,17; 11,11; 21,6; 22,1.17) (das Kreuz Jesu als ‚Lebensholz‘: Offb 2,7; 22,2.14.19).

Bei unserer Darlegung über zedâqâ ist ersichtlich geworden, daß im Tenach Gerechtigkeit innerlich mit einem blühenden und glücklichen Leben zusammenhängt und wie dieses israelitische und frühjüdische Prinzip zu einer Krise geführt hat, der vor allem Ijob Ausdruck verliehen hat: Ijob glaubte jedoch weiter an Gottes Mysterium und an die gegenseitige Beziehung zwischen dem Leben nach Gottes Willen und dem menschlichen Willen zu Glück und Lebensvollendung. Auch das Neue Testament kennt einen solchen inneren Zusammenhang, stellt ihn aber zwischen *Gnadenleben* und menschlichem *Leben* her, so daß Leiden und Elend an sich dieser Verbindung nicht zu widersprechen brauchen, daß sie sogar im Zusammenhang der Gnade eine neue Bedeutung erlangen können. Doch schließt Gnadengemeinschaft mit Gott ein, daß uns letztlich nichts von Gott trennen kann: weder Menschen (Hebr 13,5–6) noch Tod noch mächtige Wesen (Röm 8,38–39) und daß sie im Menschsein selbst eschatologische Konsequenzen hat: ewiges Leben, leibliche Auferstehung und „ein neuer Himmel und eine neue Erde" mit gerechten Verhältnissen, ein Leben ohne Entfremdung, ohne Leiden und Tränen.

In einer solchen christlichen Lebensauffassung und Praxis liegt auch ein evangelischer Trost, der nichts zu tun hat mit einer Flucht in Illusionen und Projektionen. 2 Thess 2,16 faßt dies wie folgt zusammen: „Möge unser Herr Jesus Christus selbst, möge Gott, unser Vater, der uns seine Liebe bezeigt und uns in seiner Gnade *ewigen Trost* und *frohe Hoffnung* geschenkt hat, eure Herzen ermutigen und stärken mit allem Guten in Wort und Tat." Heil in Jesus bedeutet von Gott her (Röm 15,5; 2 Kor 1,3) durch Jesus (Phil 2,1; 2 Thess 2,16; 2 Kor 1,5; 1,7; 7,4; 8,4) im heiligen Geist (Apg 9,31; 15,31) eine ‚paraklesis‘, das heißt Trost, „Überfülle von Trost" (2 Kor 1,5; 1,7; 7,4; 8,4; siehe 1 Thess 1,10; Hebr 6,18; 12,5), ein Trost, der Quelle beständigen Vertrauens ist und darin freie und beherzte Kühnheit (parrhesia) hervorbringt (2 Kor 3,12; Eph 3,12; Hebr 3,6; 4,16; 10,19; 10,35; 1 Joh 3,21; 5,14). Das Fundament

dieses Trostes ist Hoffnung: „Christus ist unsere Hoffnung" (1 Tim 1,1; siehe
1 Thess 1,3), „Gott ist unsere Hoffnung" (Apg 24,15; Röm 15,13) – „eine
Hoffnung wider alle Hoffnung" (Röm 4,18), „eine frohe Hoffnung" (1 Petr
1,3; siehe 2 Kor 3,12). Es ist eine Hoffnung, welcher der *Glaube* Substanz verleiht (Hebr 11,1), und „eine alles hoffende *Liebe*" (1 Kor 13,7): „damit ihr
nicht trauert wie andere, die keine Hoffnung mehr haben" (1 Thess 4,13) oder
die „ohne Hoffnung und ohne Gott leben" (Eph 2,12). Glaube, Liebe und Hoffnung sind die Pfeiler ‚des Lebens', von dem das neue Testament spricht (siehe
auch Gal 4,6.13.22; Röm 13, 8–9; 2 Kor 8, 4–5; Eph 4, 7–15; 1 Tim 1,14; 2,15;
Phlm 5; 1 Thess 1,14; 2,15; 4,12; Tit 2,2; 1 Petr 1,21–22). Wir sind zu Glauben, Hoffnung und Liebe erlöst; deshalb ist, trotz vieler negativer Erfahrungen,
das Leben nicht trostlos.

Ein solches Leben – „wer den Sohn hat, hat Leben gefunden" (1 Joh 5,12) –
ist letztlich ein Leben in Freude. Das Neue Testament verbindet daher gern
charis (Gnade) mit *chara* (Freude). Diese Verbindung (wie sie auch dem griechischen charis-Begriff eigen ist) ist sogar die für Lukas typische charis Jesu und
vor allem seiner Botschaft. Für ihn ist das Evangelium Jesu eine frohmachende
Neuigkeit, vor allem für die Geringeren – in Wort und Tat –, eine erfreuliche
Neuigkeit von radikaler Veränderung und Erneuerung. Lukas sieht in vielen
Ereignissen des Lebens Jesu mit Vorliebe das Erfreuliche. Die Ankündigung
der Geburt Jesu ist für ihn schon eine freudenvolle Botschaft (Lk 2,10). Gnade
ist Sündenvergebung; deshalb herrscht Freude über jeden Sünder, der sich bekehrt (Lk 15,7); Gnade ist die Auferstehung Jesu; deshalb herrscht Freude über
dieses Geschehen (Lk 24,41). Dies kommt auch an anderen Stellen im Neuen
Testament zum Ausdruck. Das bloße ‚Dabeisein' Jesu ist schon Freude und
Gnade (Joh 3,29), wobei Trauern oder Fasten existentiell nicht möglich ist (Mk
2,18–22 par). Gnade ist auch ethische Lebenserneuerung; deshalb ist die Befolgung der Gebote Gottes (Joh 15,10) Teilhabe an Jesu Freude (Joh 15,11;
17,13). Die Begegnung mit Jesus ist wie die frohe Erfahrung von Menschen
bei der Geburt eines Kindes (Joh 16,20–22). Die von Jesus proklamierte Herrschaft Gottes, wie sie in seiner Auferstehung vom Tod inauguriert wurde, ist
ein Ereignis des „Friedens und der Freude durch den heiligen Geist" (Röm
14,17). Der „Gott der Hoffnung", welcher der Gott Jesu ist, ist „Freude und
Friede" (Röm 15,13 usw.). „Die Frucht des heiligen Geistes ist Liebe und
Freude" (1 Thess 1,16). Dies alles ist Anlaß zu doxologischem ‚Rühmen': „Wie
unaussprechlich, wie himmlisch wird eure Freude sein, wenn ihr das Endziel
des Glaubens – die Rettung eures Lebens – erreicht" (1 Petr 1,8–9). Wie berechtigt diese begeisterte christliche Gnadenerfahrung auch ist, schon innerhalb
dieses antiken, kritisch verarbeiteten christlichen Enthusiasmus sind es vor
allem der Judas- und der Zweite Petrusbrief, die diese triumphalistische Alle-
luja-Stimmung zu Mäßigung und Urteilsfähigkeit mahnen.

O. BEFREIUNG IM SPÄTANTIKEN KONTEXT:
SIEG ÜBER MENSCHENENTFREMDENDE ‚DÄMONISCHE MÄCHTE'

Daß das Neue Testament an nicht wenigen Stellen von der Erlösung als ‚Nike', Sieg oder Triumph spricht, nämlich über Satan und mancherlei dämonische Mächte, verlangt vorab eine historische Erörterung der frühjüdischen und spätantiken Auffassungen über Dämonenglauben. Diese historische Erklärung ist um so notwendiger, weil viele Gläubigen mit dieser neutestamentlichen Gegebenheit nichts anzufangen wissen und gerade da in sich selbst beunruhigt sind.

LITERATUR: *J. Becker,* Das Heil Gottes. Heils- und Sündenbegriffe in den Qumrantexten und im Neuen Testament (SUNT, 3) (Göttingen 1964); *M. Black,* Apocalypsis Henochi graece (Leiden 1970); *O. Böcher,* Dämonenfurcht und Dämonenabwehr. Ein Beitrag zur Vorgeschichte der christlichen Taufe (BWANT, 90) (Stuttgart 1970); *G. B. Caird,* Principalities and Powers, a Study in Pauline Theology (Oxford 1956); Conc 11 (1975) H. 3 (Dämonen sind Nichtse); *A. Dupont-Sommer,* Exorcismes et guérisons dans les écrits de Qumrân: VTS 7 (1960) 246–261; *T. Glasson,* Greek Influence in Jewish Theology, with special Reference to the Apocalypses and Pseudepigraphes (London 1961); *H. Haag,* Teufelsglaube (Tübingen 1974); *M. Hengel,* Judentum und Hellenismus (Tübingen ²1973); *H. W. Huppenbauer,* Belial in den Qumrantexten: ThZ 15 (1959) 81–89; *B. van Iersel,* Jezus, duivel en demonen: Annalen van het Thijmgenootschap 55 (1968) 5–22; *O. Neugebauer,* The Exact Sciences in Antiquity (Providence ²1957) (in Zusammenhang mit Astrologie und Angelologie); *B. Noack,* Satanàs und Soteria (Kopenhagen 1948); *P. von der Osten-Sacken,* Gott und Belial (SUNT, 6) (Göttingen 1969); *B. Otzen,* s. v. belij'al, in: ThWAT, I 654–658; *B. Reicke,* The Dissonant Spirits and Christian Babtism (Kopenhagen 1946); *J. Reider,* The Book of Wisdom (New York 1957); *J. A. Sanders,* Dissenting Deities and Philippians 2, 1–11: JBL 88 (1969) 279–290; *H. Schlier,* Mächte und Gewalten im Neuen Testament (Quaest. disp., 3) (Freiburg 1958); *W. H. Schmidt,* Die Schöpfungsgeschichte der Priesterschrift (Neukirchen 1967); *Strack-Billerbeck,* Excursus 21: Bd. IV/1 (1928) 501–535; *M. Testuz,* Les idées religieuses du livre de Jubilés (Genf – Paris 1960); *J. Thomas,* Aktuelles im Zeugnis der zwölf Väter (BZNW, 36) (Berlin 1969).

Vor dem Exil sah Israel keine Probleme darin, Gott alles zuzuschreiben: Gott bewirkt das Gute und das Böse, verstockt den Menschen usw., jedoch so, daß der Mensch selbst für die Sünde verantwortlich ist. Aus den Nachbarländern gelangten Vorstellungen von Quälgeistern im Volksglauben an die Peripherie dieses Jahweglaubens. Aber im Namen des jahwistischen Monotheismus wurde dieser Volksglaube heftig bekämpft oder durch Integration neutralisiert. Während und nach dem Exil änderte sich jedoch das Gottesbild. Jahwe wird ganz transzendent verstanden. Die Folge ist: Er wohnt nicht mehr im Bundeszelt, dort werden nur noch die Gesetzestafeln aufbewahrt (Dtn 10, 1–5; 1 Kor 8, 9). Lediglich Jahwes Name wohnt dort noch (Dtn 12, 11), und gelegentlich erscheint Jahwe dort, um sich zu offenbaren. Daher: eine Verselbständigung des Wortes, der Weisheit und des Geistes Gottes; diese lösen sich gleichsam von dem transzendenten Gott, obwohl sie mit ihm identisch bleiben (Richtung: Deuteronomium und Priesterschriften). Diese Tendenz wird noch stärker nach dem Exil (siehe Jes 55, 10–11). Das Wort Gottes wird wie ein Bote, der selbständig seinen Auftrag ausführt. (In der Mitte des letzten Jahrtausends v. Chr. zeigt sich überall dasselbe Phänomen. Einerseits entsteht überall eine ganz transzendente Auffassung von Gott – in Israel, in Persien bei Zarathustra; in Indien beim Übergang von den Veden zu den Upanishaden, im Buddhismus und im Jainismus; in China im Konfuzianismus (Taoismus) und den „hundert Schulen"; in Griechenland im Übergang von Homer und Hesiod zu den Vorsokratikern und der klassischen Philosophie[30] – andererseits, als Rückwirkung dieser Vorstellung von Gott als dem ganz anderen entstehen überall verschiedene ‚Zwischenwesen' zwischen Gott und der Menschenwelt, zuerst nach der Theorie der verschiedenen ‚Ausstrahlungen' aus Gott (sein Wort, sein Geist), auch bei Zarathustra; später der Demiurg im mittleren Platonismus usw., dann in der persisch-hellenistischen Epoche durch die Explosion einer ganzen Welt von Myriaden Engeln und Dämonen. In Israel gewinnt die Dämonenwelt, die vorher im Namen des Monotheismus scharf bekämpft worden war, nach dem Exil gerade wegen dieses transzendenten Monotheismus allgemeine Bedeutung; es sind ‚Zwischenwesen' notwendig, um einen solch transzendenten Gott mit unserer nichtigen, irdischen Welt in Kontakt kommen zu lassen.

Doch ist der eigentliche Satan im Alten Testament unbekannt. Wohl ist das Wort „sâtan" und „Belial" bekannt. Hebräisch bedeutet sâtan einfach Feind oder Ankläger im profanen Sinn des Wortes, z. B. der Ankläger bei einem Rechtsstreit (Ps 109, 6). Die Etymologie von Belial dagegen ist sehr umstritten; sie steht im Zusammenhang mit dem Totenreich. Belialssöhne bedeutet im Alten Testament oft asoziale Menschen; wer die soziale Ordnung stört, ist gottfeindlich. Vor allem das Königtum ist eine gesellschaftliche Einrichtung; Belialssöhne untergraben das Königtum, und so wird Belial gleichsam zum Gegenbild des gerechten Königs; er ist ein Fürst der Ungerechtigkeit, ein schlechter König. Und weil auch der Kult eine gesellschaftliche Einrichtung ist, wird der ‚asoziale Belial' auch der Verführer zum Götzendienst. Diese profanen Begriffe werden erst später auf himmlische Wesen, Engel, angewandt.

Im Alten Testament gibt es drei Stellen, wo die Rede vom ‚Satan' in Verbindung mit ‚himmlischen Zuständen' ist (Sach 3, 1–7; Ijob 1, 6; 2, 1; 1 Chron 21, 1–27, vor allem 21, 1). In der ersten Stelle (Sach), wo ‚der sâtan' im Alten Testament als ein Himmelswesen erscheint, ist er der Ankläger beim himmlischen Gerichtshof (Sach 3, 1–7). Dieser Engel hat *im Namen* Gottes den Auftrag, für die Ordnung in der Welt zu sorgen, und muß als Ankläger (Satan) alle Ordnungsstörer vor Gottes Gericht bringen. ‚*Der* Satan' (mit Artikel) ist kein Eigenname, sondern weist auf die amtliche Funktion des Anklägers hin, es ist ein Titel (hâssâtan). In Sach 3, 1–7 wird er vom Verteidiger zurückgewiesen: „Geh weg von mir, Satan" (3, 2; übernommen in Mk 8, 32–33; Mt 16, 22). Gottes Heilsplan gegenüber repräsentiert der Ankläger (Satan) die rein menschliche Auffassung von den Dingen; er ist hier noch keineswegs ein dämonischer Gegenspieler Gottes (ebensowenig in Ijob 1, 6; 2, 1).

In 1 Chron 21, 1 wird das, was in 2 Sam 24, 1 „der Zorn Gottes gegen Israel" genannt wird, umgeändert in „Satan gegen Israel" (Satan, ohne Artikel; mit anderen Worten, es wird zu einem Eigennamen). Satan ist jetzt *der* Feind Israels, zwar kein Verführer zur Sünde, aber jemand, der Israel daran hindert, seine Ziele zu erreichen. Dies ist die einzige Stelle im Alten Testament, in der Satan etwas mit dem zu tun hat, was im Neuen Testament gemeint ist. Bis etwa um das Jahr 180 wird das Problem der Sünde ohne Berufung auf einen Satan gelöst werden. Sirach, der sich mit dem Problem des Bösen intensiv beschäftigte, wie früher Ijob, sagt, daß das Böse nicht von Gott kommen kann (Ijob sucht es noch irgendwo in Gott), sondern allein vom Menschen (Sir 15, 11–13.15–17) und löst das Problem durch die (kommende) Vergeltung (16, 1–14).

Nach dem Jahr 180 ist in Israel aber einiges geschehen, so daß die Lösungen des Theodizeeproblems, die der Prediger und Sirach gegeben hatten, nicht mehr genügten. Es gab zuviel sinnloses Leiden. Dieses Problem wurde akut für die chassidisch-apokalyptischen Kreise nach der Tempelentweihung durch Antiochos IV. Epiphanes, durch die blutigen Verfolgungen der Gesetzestreuen und, etwas später, durch die Enttäuschung über die makkabäischen Widerstandskämpfer, die, selbst zur Herrschaft gekommen, die falsche Richtung einschlugen. Das alles war zuviel für die Frommen Israels. Das Böse mußte tiefere Ursachen haben.

Eine neue Auffassung entwickelt sich in den außerbiblischen, pseudepigraphischen Schriften, und zwar auf der Grundlage verschiedener volkstümlicher Legenden. Die Theorie wird auf jeweils schärfere Weise entwickelt in 1 Henoch, dem Buch der Jubiläen, den Testamenta XII Patriarcharum, der Vita Adae et Evae und dann vor allem (aber in der Israel fremden Vorstellung von einer doppelten Prädestination) in den früh-essenischen Schriften von Qumran. Alle diese Werke stammen aus der Zeit um 150 v. Chr., allerdings enthalten die zuerstgenannten Werke spätere Teile (sogar aus der Zeit nach Christus), Um- und Bearbeitungen, manchmal sogar christliche Interpolationen, denn diese Werke wurden im frühen Christentum gern gelesen. Die Schriften sind ursprünglich in Hebräisch oder Aramäisch geschrieben (also palästinensischen Ursprungs) und später in das Griechische und andere Sprachen übersetzt (wir besitzen heute nur Übersetzungen).

1 Henoch (= äthiopischer Henoch, weil wir den vollständigen Text nur in einer äthiopischen Übersetzung kennen; kanonisches Bibelbuch in den christlichen Kirchen Äthiopiens, einige hebräische und aramäische Fragmente wurden in Qumran gefunden; das Buch wird auch im Neuen Testament zitiert, und zwar Jud 14–15, dort auch noch einige implizite Zitate desselben)[31].

Wesentlich darin ist die Legende aus Gen 6, 1–4: Engelfall und Gemeinschaft von Engeln mit schönen irdischen Frauen, woraus dann ein Geschlecht von Riesen geboren worden ist. Einerseits ist dieser Engelfall keine biblische Begebenheit, sondern eine volkstümliche Legende, die entstanden ist, um das Böse zu erklären. Der Engelfall hat mit der astronomischen Erscheinung *fallender Sterne* zu tun. Diese wurden im ganzen Altertum als lebende Wesen angesehen (siehe schon Rich 5,20; Ijob 38,7; Protest gegen Sternverehrung: Dtn 4,19; 17,3; Jer 8,2; 19,13) (später bei der Spiritualisierung – so schon in 1 Henoch – erhält jeder Himmelskörper, jedes stoffliche Wesen einen sorgenden Engel zugewiesen, wie es einen besonderen Engel des Regens, des Windes, des Hagels usw. gibt und auch jede Nation einen eigenen Engel hat; für Israel ist dies Michael). Das Phänomen fallender Sterne liegt der Legende von einem Sündenfall himmlischer Wesen zugrunde (siehe auch 1 Hen 21 ff; 86,1 ff; 90,21–24). Es war eine allgemein-antike Legende. Im hellenistischen Synkretismus von Judentum und Hellenismus wurde Gen 6,1–4 auch in Zusammenhang gebracht mit dem griechischen Mythos vom Titanensturz. Daß es Engel gibt, war inzwischen zu einem festen Bestandteil des alten Weltbilds geworden; sie sind in Israel die entmachteten Überbleibsel des alten kanaanitischen Polytheismus (elohim).

Die Dämonen auf Erden sind nichts anderes als die ‚Geister‘ der verstorbenen Titanen, Nachkommen der Gemeinschaft von Engeln mit Menschenkindern (1 Hen 18,13 ff; 21,6 ff; 86–88; 90,21), wie in Griechenland die guten Dämonen die Geister der Menschen aus dem vergangenen Goldenen Zeitalter sind.

Die Gedanken sind bei weitem nicht einheitlich. Der Fürst oder Anführer der bösen Geister heißt bald Semjasa (1 Hen 6,3; 9,7; 10,11; 69,2), bald vor allem Asasel (8,1–2; 10,4–8; 13,1). Auch die Sünde der Engel, die Ursache ihres Falles, war manchmal ihre Gemeinschaft mit irdischen Frauen; aber da dies jetzt theologisch schwierig denkbar ist, wird ihre Sünde dann der Verrat himmlischer, astraler Geheimnisse und himmlischen Wissens an den Menschen (1 Hen 9,6; 16,3. Man denke an den Prometheus-Mythos bei Aischylos): Die Menschen lernen von ihnen Astrologie, Kriegstechniken, Abtreibungsmittel usw. (7,1; 8,1–3; 69,4 ff). Schließlich *gibt* es auch Dämonen, schon bevor es gefallene Engel gibt (19,1). Kap. 37–71 spricht von einer oder mehreren Satansgestalten (doch das stammt aus späterer Zeit). Die Sünde der Engel besteht nun darin, daß sie dem Satan gehorchen und später den Menschen zur Sünde verführen (54,6). Satan existiert also schon vor dem Sündenfall der Engel. Mit anderen Worten, die Ursache der Entstehung der bösen Geister wird gleichsam vergessen, aber die Folgerung bleibt gültig: Es gibt Teufel. Diese sind keine gefallenen Engel mehr, sondern Trabanten Satans (verstärkter Dualismus).

Im *Buch der Jubiläen* heißt der Fürst der bösen Geister Mastema, das heißt Fürst der Feindschaft; sein Name selbst wird ‚der Feind‘ (auch im Neuen Testament). In 3,17–22 wird Adams Sündenfall erzählt, aber Adams Sünde hat keine Folgen für die Menschheit. Die sogenannte ‚Erbsünde‘ kommt allein von den Engeln, die jedoch mit guten Absichten – eine Art allgemeiner Inspektion – zur Erde kommen, aber schwach werden unter dem Einfluß schöner Frauen (das Buch der Jubiläen nimmt hier das Motiv von 1 Henoch auf). Zur Strafe werden diese Engel bis zur Endzeit in tiefe Höllenschlünde eingeschlossen; aber Mastema erlangt von Gott, daß ein Zehntel von ihnen freibleibt, um die Menschen heimzusuchen. Gott stimmt zu, setzt jedoch dafür eine bestimmte Zeit fest (10, 9–11). Diese bösen Geister verführen die Menschen zur Sünde und sind Ursache verschiedener Krankheiten unter den Menschen. Damit wird das Problem des Bösen erklärt: Das Böse kommt nicht von Gott, aber er läßt es zu (mittels der bösen Geister: „voluntas permissiva Dei"). Das restliche Zehntel wird erst in der Endzeit besiegt (23, 29): „dann gibt es keinen Satan mehr und keine Bösen, die den Menschen ins Verderben stürzen" (1, 20). Im Buch der Jubiläen wird der Fürst der bösen Welt auch Beliar (griechische Form des hebräischen Belial: belija'al) genannt; er verführt mit seinen Trabanten den Menschen zur Sünde und klagt ihn dann bei Gott an. Es sind vor allem diese Dämonen, die den Menschen zum Krieg treiben (11, 2–4).

In den *Testamenta XII Patriarcharum* stehen zwölf Abschiedsreden, von den zwölf Söhnen Jakobs (die Urfassung ist jüdisch; später jüdische Bearbeitung, schließlich mit christlichen Interpolationen). Der Engelfall wird einfach vorausgesetzt, aber die Gemeinschaft von Engeln mit Frauen wird nicht mehr erwähnt. Mit anderen Worten, das Dasein der bösen Dämonen wird von der Legende der Engelsünde gelöst; sie gehören jetzt einfach zum soziokulturellen Weltbild. Es sind böse Geister, die Menschen zur Eifersucht antreiben (TestSim 4, 9), unreine Geister (TestBenj 5, 2–3), Irrlehrer, vor allem Ursprung der acht Hauptsünden (TestRub 2, 1 – 3, 6), Geister des Fürsten Beliar (TestIss 7, 7), „Engel Satans" (TestAss 6, 4; TestDan 5, 6). Ihnen gegenüber steht „der Friedensengel", der den Menschen hilft (Schutzengel) (TestAss 6, 5–6; TestLevi 3, 2). Sie plagen und quälen die Menschen, diese bösen Geister (TestBenj 3, 3). Manchmal wird Satan oder Beliar „der Teufel" genannt (diabolos), im Sinn von „Geist des Betrugs" und der Lüge (TestSim 2, 7). Doch meidet Satan die Gesetzestreuen (TestDan 5, 1; TestNaph 8, 4). Der kommende Messias wird den Satan fesseln (TestLevi 18, 12) und für ewig ins Feuer werfen (TestJud 25, 3). Beim Tod des Menschen wird jeder entweder durch „einen Engel des Herrn" aufgeweckt (in paradisum deducant te angeli) oder durch „einen Engel des Satans" (TestAss 6, 4). Damit findet die Lehre von „den zwei Wegen" verstärkten Widerhall (TestAss 1, 3–5): Gott stellt den Menschen vor die Entscheidung zwischen Gut und Böse. Die Entscheidung liegt letztlich beim Menschen selbst (TestJud 20, 1–2). Bemerkenswert ist, daß man nicht mehr nach der Entstehung böser Geister (Sündenfall) sucht; sie sind einfach da. Und so kann man das Zuviel an Leiden und Bösem in der Welt durch Hinweis auf ein Gott untergeordnetes Prinzip des Bösen erklären: Satan. Ein abgeschwächter Dualismus als Theodizee.

In der *Vita Adae et Evae* (die auf ein hebräisches Original zurückgeht: 1. Jahrhundert v. Chr.; nur die lateinische Übersetzung ist bekannt; die Apoc. Moysis ist größtenteils eine Kopie davon. Es ist ein außerbiblisches Volksbuch, aber in ihm werden Ereignisse geschildert, die fast die ganze westliche christliche Kultur beeinflußt haben, manchmal mehr als die Bibel). Der Sündenfall Adams wird nicht dem Teufel zugeschrieben (die Exegese, daß die Schlange in Gen 3 ein Teufel war, stammt von anderswoher). Aus dem Garten Eden geworfen und bestraft, will Adam Buße tun. Er schlägt vor: Eva soll 37 Tage bis zum Hals im Tigris stehen, und er selbst wird 40 Tage im Jordan Buße tun. Satan, als Lichtengel verkleidet, holt Eva schon nach 18 Tagen aus dem Wasser und führt sie zum Jordan zu Adam, der sofort Satan erkennt (Vita Ad. 11). „Wehe! Warum bekämpfst du uns?" fragt Adam. Und dann vernimmt er die große Neuigkeit: Adam selbst ist die Ursache für die Strafe Satans. Und hier kommt dann erst die Legende, die auf einer bestimmten ‚Exegese' von Gen 1,26–27 basiert, in der in P (der priesterlichen Tradition) der Mensch Bild Gottes genannt wird. So ist der Mensch sogar schöner als die Engel. Diese müssen den Menschen, das Kronjuwel der Schöpfung, als Ebenbild Gottes ehren. Michael und die Seinen gehorchen, Satan und die Seinen weigern sich. Sie werden bestraft und aus dem Himmel *auf die Erde* vertrieben. Aber Satan ist eifersüchtig auf das Paradiesesglück der Menschen und will die Menschen zur Sünde bringen, so daß sie aus Eden vertrieben werden. Daher wird die Schlange in Gen 3,1–7 mit dem Teufel identifiziert (was sicher nicht die Bedeutung von Gen 3 selbst ist). Zur Strafe wird Satan jetzt auch *von der Erde* vertrieben. Das Motiv des *Neides* finden wir auch, wie einen erratischen Block, in Weish 2,24, wo es wahrscheinlich aus dem griechischen Topos „der Neid der Götter" kommt (diese Exegese von Gen 3,1–7 ist also keine Exegese, sondern ein Midrasch).

Schließlich *2 Henoch* (das ist der vorchristliche slawische Henoch, weil wir nur die slawische Version einer girechischen Übersetzung eines hebräischen Originals haben; 3 Henoch dagegen ist die hebräische Version). In diesem Buch wird der Engelfall wieder anders erklärt. Einer der Engel hat den Einfall, seinen Thron über den Wolken aufzuschlagen, um Gott gleich zu werden. Aber er wird hinabgestürzt, und mit seinen Trabanten schweift er seitdem „im Luftraum" umher (2 Hen 29,4–5). Auch hier der Neid Satans gegen den Menschen als Herrn der Schöpfung (31,7–8).

In der *früh-essenischen Apokalyptik* von Qumran erhält dies alles eine theologische Systematisierung innerhalb eines unjüdischen Dualismus, der jedoch von Gott überbrückt wird. Zwei zentrale Textstellen illustrieren diese vorchristliche essenische Theologie: 1 QS 3,15 ff und 4,26 (aus der Gemeinderegel von Qumran; geschrieben zwischen 150 und 130 v.Chr.). Diese Theologie will zu universaler Erkenntnis führen, sowohl „allen Seins" (Schöpfung) als auch „aller Worte" (Geschichte) (Konfrontation des jüdischen Denkens mit dem griechischen Seinsdenken). Gottes eigene vollkommen organisierende und prädestinierende Erkenntnis hat, ohne irgendeine Vermittlung ‚der Weisheit' oder ‚des Wortes', alles im voraus unveränderlich festgelegt, bis zum individuellen Schicksal aller Menschen, von denen die „Kinder des Heils" zum Heil, „die Kinder der Finsternis" zum Unheil von Gott prädestiniert sind, „der die Gerechten und die Gottlosen schuf" (1 QH 4,38). Aber zwischen Gott und den Menschen stehen, als Gottes ausführende Mächte, *zwei große Geister*, jeder mit einem eigenen Machtbereich: der „Engel der Finsternis" (1 QS 3,21–24), auch Beliar genannt (1 QS 1, 17–18.24; 2, 5.19, und „der Geist der Wahrheit", der niemand anderes ist als Michael (1 QM 17, 5 ff). (Bei Zarathustra finden wir das gleiche Modell: Gott, „der Vater des heiligen Geistes" und zugleich das Prinzip des „bösen Geistes", Zwillinge mit jeweils einem eigenen Machtbereich; beide sind Emanationen des einen Gottes, der in sich die ‚coincidentia oppositorum' umfaßt; allerdings verwandelt sich dies im späteren sogenannten „Zoroastrismus", um 400 v. Chr., in einen radikalen Dualismus zwischen Gott und bösem Geist). Der Kampf zwischen beiden Geistern geht bis ins menschliche Herz, so daß der Mensch ein gespaltenes Wesen ist (1 QS 4, 24–26). Auch das Leiden der zum Guten Prädestinierten wird als das Werk Beliars gesehen (1 QS 3, 21–24).

Aber Gottes Prädestination setzte auch eine zeitliche Grenze fest: bis zur Endzeit, die in Anbetracht des angehäuften Leidens sehr nahe ist. In einem eschatologisch verschärften Endkampf führt Michael den alles entscheidenden Schlag gegen Beliar und besiegt ihn. In kosmische Dimensionen gestellt, geht es in diesem Kampf letztlich um den Menschen: sein Heil – konkret das Heil der eschatologischen Restgemeinde von Qumran, der ‚Söhne des Lichts'; alle übrigen sind des ‚Teufels'.

Dieser ganze Geschichtsentwurf der Essener ist ein Versuch, in apokalyptischer Form Antwort auf das Problem des Bösen, auf Fragen nach dem Sinn, dem Ursprung und dem Ende alles Bösen zu geben. Die gebotene Lösung reicht tiefer als der Fatalismus Kohelets oder der irdische Vergeltungsoptimismus Sirachs; sie ist anders ausgerichtet als in Ijob, für den das Böse ein unergründliches Geheimnis bleibt, das in Gottes Ratschluß verborgen ist. Diese Lösung verfehlt jedoch durch einen exzessiven Dualismus ihr Ziel. Qumran suchte nach einer *rationalen* Erklärung, wenn auch aus einer Weisheit ‚von oben'. Die Frage nach dem Bösen wird (wie in der chassidischen Apokalyptik: Daniel) eine Frage nach dem Sinn der ganzen menschlichen Geschichte und damit nach der eschatologischen Befreiung aus dem Machtbereich des ‚Fürsten dieser Welt'. Konkret war sie die theologische Antwort auf die schmerzliche Herausforderung der schwierigen Zeiten seit Antiochus IV.: der jüdischen Erfahrung der Übermacht des Bösen und zugleich eines tiefen Strebens nach metanoia und Heilserfahrung (1 QH 2, 6 ff; 3, 3 ff). Letztlich ist die Gerechtigkeit der tiefste Sinn des Alls: der Erde und der Himmelssphären, der menschlichen, kollektiven und individuellen, Geschichte.

Satan, als „Fürst dieser Welt" ist also eine *außerbiblische* jüdische Gestalt, allgemein in Palästina eingebürgert von ungefähr 150 v. Chr. an. Dabei dürfen wir nicht vergessen, daß in breiten Strömungen außerbiblischer, nichtkanonischer, jüdisch-religiöser Schriften dieser Satansglaube völlig fehlt (nichts davon beispielsweise in 3 und 4 Makk; TestAbraham; PsSal), wie auch in den ungefähr zur gleichen Zeit entstanden (sogenannten deuterokanonischen) alttestamentlichen Schriften (nämlich Sirach; Weisheit – bis auf einen einzigen erratischen Text, Weish 2, 24 ff –; 1 und 2 Makk; Baruch, Judit). In Tobit (das im Land

Medien spielt) wird der uns aus ‚Zarathustra' bekannte Asmodi genannt (Tob 3, 8.17). Mit anderen Worten, das Alte Testament und selbst große Teile der außerbiblischen Literatur *kannten keine Satanologie.* Diese ist kein jüdisches Glaubensgut, sondern in der schon vorchristlichen, zwischentestamentlichen synkretistischen Literatur wird sie aufgrund mancher Legenden zu einem Bestandteil auch des palästinensischen Volksglaubens, auch – aber vielleicht etwas weniger – des Diaspora-Judentums. Satan besitzt, menschlich-psychologisch, jedoch eine gewaltige symbolische Kraft als Ausdruck des Übermaßes an Bösem in einer Welt, die es manchmal sogar gut meint, während doch alles scheitert. Die religiöse Bedeutung dieser Vorstellungen liegt in ihrer symbolischen Kraft.

Verglichen mit dieser außerbiblischen Literatur, bleibt das Neue Testament, zumindest was den Inhalt seiner Dämonologie und Satanologie betrifft, sehr nüchtern. ‚Der Satan', Fürst dieser Welt, wird einfach als selbstverständlich vorausgesetzt (z. B. Joh 12,31; 14,30; 16,11; 1 Joh 5,19; 2,13). Der Teufel oder Satan und die Dämonen sind ein Bestandteil des kulturell-religiösen Bewußtseins aller neutestamentlichen Autoren. Beim Aufzählen der Texte, die vom Teufel sprechen, fällt sogar die relativ hohe Zahl auf, auch in den vier Evangelien.

– *Teufel oder Satan:* Mt 12,26; 13,39; Lk 8,12; Apg 5,3; 10,38; Mk 1,13; 3,23.26; 4,15; Lk 9,16; 10,18; 13,16; 22,3; 22,31; Röm 16,20; 1 Kor 5,5; 7,5; 2 Kor 2,11; 11,14; 12,7; 1 Thess 2,18; 2 Thess 2,9; Eph 4,27; 6,11; Joh 13,27; 6,70; 8,44; 13,2; 1 Joh 3,8.10; 1 Tim 1,20; 3,6–7; 5,15; 2 Tim 2,26; Jak 4,7; 1 Petr 5,8; Hebr 2,14; Jud 9; Offb 2,9; 2,13.24; 12,9; 20,7.
– *Beelzebub* (oder Beelzebul): Mt 10,25; 12,24.27; Mk 3,22; Lk 11,15.18.19.
– *„Der Feind":* Mt 13,39; Lk 10,19.
– *„Der Fürst* (Archont: Herrscher) *dieser Welt":* Joh 12,31; 14,30; 16,11; 1 Joh 5,19 (siehe 2,13); oder „der Gott dieses Äons": Eph 2,2; 2 Kor 4,4.
– *Belial* (Beliar): 2 Kor 6,15.
– *Der Verführer:* 1 Thess 3,5, Hauptursache der Sünde in der Welt; 1 Kor 7,5; 2 Kor 2,11; Eph 4,26–27; 1 Tim 3,6–7; Joh 3,19; 7,7; daher „der Böse": 1 Joh 2,13.14; 3,12; 5,19; Mörder und Lügner von Anbeginn: Joh 8,44, siehe 1 Joh 3,8. Wer Böses tut, ist daher ein Teufelskind: 1 Joh 3,12; Joh 6,70; 13,2.27; 8,44, oder wer die Nächstenliebe verweigert: 1 Joh 3,11–18; er ist der Verführer der Gläubigen: 2 Thess 2,9; 1 Tim 3,6–7; 5,15; 2 Tim 2,26; Jak 4,7; 1 Petr 5,8. (Im sapiential inspirierten Johanneismus ist der Teufel nicht der Verführer und hat er auch keinen ‚Machtbereich', sondern nur einen *Rechts*bereich; der Teufel hat ein Recht auf Menschen, die das Licht ablehnen, siehe oben.)
– *Der Teufel des Todes:* Tod als Machtbereich des Teufels: Hebr 2,14 (was zugleich ‚Sündhaftigkeit' bedeutet).
– *Ursache von Besessenheit:* Mk 3,23–30; Lk 13,16; Apg 10,38; Hebr 2,14; Offb 2,9.10–13; 3,9; 12,9.12.13; Er ist ‚der Drache', der hinter dem Tier (dem

Kaiser) steht, das die Christen verfolgt: Offb 12,3–4.9.13.16.17; 16,13; 20,2; 11,7; 13,1; 13,4–7.11.12.16–17; 1 Petr 2,12.15.18–21; 3,1–2.9.15–17.

– *Engelfall:* nur in Jud 6 (mit implizitem Hinweis auf 1 Henoch) (Joh 8,44 kommt dafür nicht in Betracht). Also: Die einzige Stelle im Neuen Testament von einem Sündenfall der Engel ist ein Hinweis auf die Legende in 1 Henoch, während 2 Petr 2,4, das dem Judasbrief darin folgt, diesen Hinweis und eine Engelszeugung von Riesen kritisch streicht und allein die (dann ‚unerklärte‘) Tatsache des Falls von Engeln beibehält.

An der pyramidalen Hierarchie der Myriaden von Himmelswesen ist das Neue Testament nicht interessiert. Doch werden beiläufig verschiedene Arten genannt: „archai" (Mächte), „dynameis" (Kräfte) und „exousiai" (Hoheiten) (Eph 1,21; 1 Kor 15,24; Eph 6,12; 3,10); auch „kyriotetes" (Herrschaften) (Eph 1,21; Kol 1,16 und „thronoi" [Throne]) (Kol 1,16), dann wieder einfach „archai" und „exousiai" (Kol 2,10.15), wo Kol 1,16 von „thronoi, kyriotetes, archai, exousiai" sprach. Es kommt offensichtlich nicht so sehr darauf an. Auch die Götter anderer Religionen werden Götzen oder Dämonen genannt (1 Kor 10,19–22). „Kyrioi" (Herren) und „kyriotetes" (Herrschaften) scheinen mehr allgemeine, nicht hierarchische Namen zu sein; in 1 Kor 8,4–5 werden sie „theoi" genannt. Schließlich gibt es den allgemeinen *Namen* „stoicheioi tou kosmou" (Gal 4,3.9; Kol 2,8.20), das sind (im Gegensatz zu 2 Petr 3,10, wo es um die kosmischen Grundelemente geht, allerdings werden diese zuvor auch ‚vergöttlicht‘) die Kosmokratoren, Himmelswesen, die unsere Welt beherrschen, zum Guten oder zum Bösen (Eph 6,12) und die zweifellos auch als wirksam hinter und in den tatsächlichen menschlichen politischen Weltherrschern empfunden werden (siehe vor allem im ganzen Buch der Offenbarungen).

In den späteren neutestamentlichen Schriften (Jud; 1 Petr; 2 Petr; Pastoralbriefe; Apokalypse; 2 Thessalonicher) sind Erwähnungen von Dämonen (etwa 20mal) verhältnismäßig häufiger als in den früheren neutestamentlichen Schriften (der ‚spätere‘ Charakter geht schon aus 1 Petr 4,16 hervor, wo einfach der Begriff „als *Christ*" – „hōs christianos" – vorkommt).

Im Neuen Testament geht es nicht um den guten und den bösen Geist mit ihren jeweiligen Trabanten (außer in der Apokalypse), sondern um Jesus Christus und den Satan (letztlich ist das auch die Perspektive der Apokalypse). Die heilbringende Tätigkeit Jesu wird im Neuen Testament als ein Kampf gegen die dämonischen Mächte des Bösen geschildert (Mk 1,23–25.39; 4,39; Lk 13,16). Jesus selbst wird dargestellt als dreimal versucht vom Satan in höchst eigener Person, allerdings scheitert dieser völlig) (Mt 4,1–11; Lk 22,3; siehe 1 Kor 2,8–9; 15,55; Offb 12,13–14; und implizit auch in Hebr 4,15).

Für das Neue Testament ist es eine Selbstverständlichkeit, daß der Satan und alle dämonischen Mächte von Christus besiegt sind. Schon beim Kommen der Herrschaft Gottes in Jesus wird ihre Macht gebrochen (Lk 10,18; 11,20). Nach der Rückkehr von ihrer ersten apostolischen Reise sagen die Jünger zu Jesus:

„Sogar die Teufel unterwerfen sich uns in deinem Namen" (Lk 10,17), worauf Jesus antwortet, daß er Satan wie einen Blitz vom Himmel herniederfahren sah (Lk 10,18; wiederum das Bild von dem ,fallenden Stern'). Aber vor allem die Auferstehung und Erhöhung Jesu werden als Erhöhung und voller Sieg über alle Himmelswesen dargestellt (1 Kor 15,24; Röm 8,38; Eph 1,21; 3,10; 6,10; Kol 2,10.15; 1 Petr 3,22; Hebr 1,5–14; 2,8–9; Apokalypse). Paulus sieht dies als ein noch ausstehendes, völlig eschatologisches Geschehen (1 Kor 15,24). In den Deuteropaulinen ist diese Entmachtung aller Teufel ein schon geschehenes Ereignis, anderseits auch eine Aufgabe. Der Sieg Jesu (Eph 1,21 und 4,8–10) beseitigt die Notwendigkeit unseres Kampfes gegen alle bösen Himmelsmächte unter uns nicht (Eph 6,11–17). Der Johanneismus drückt diese Gegebenheit dualistischer aus: „Wir wissen, daß wir *aus* Gott sind – (das heißt aus Gott geboren sind) –, während die ganze Welt im (Rechtsbereich des) Bösen liegt" (1 Joh 5,19), und: „ihr habt den Bösen besiegt" (1 Joh 2,13). Mit anderen Worten, Satan ist noch in der Welt wirksam, aber die Glaubensgemeinde, die Kirche, ist der Ort, wo er in dieser Welt schon besiegt ist. Für die Christen sind Teufel *Nichtse,* für sie existieren sie nicht mehr. Die satanische Macht ist gebrochen (1 Joh 3,8), er ist schon gerichtet und hinausgeworfen (Joh 12,31; 16,11) und wagt (wie in der zwischentestamentlichen Literatur) jetzt die aus Gott geborenen Christen nicht mehr anzugreifen (1 Joh 5,18). Jetzt sind es bestimmte Christen, die das rechte christliche Verständnis Jesu zerstören, welche der eigentliche Satan, Antichrist, genannt werden (1 Joh 2,18–22); aber: Fürchtet euch nicht, auch dieser Feind wird besiegt (1 Joh 2,13–14).

Im Johanneismus steht der ganze Volksglaube an Satan und Dämonen unter dem „nenikeka" Christi: „Ich habe die Welt besiegt" (Joh 16,33; siehe 1 Joh 2,3; 4,4; und vor allem 5,4, wo der ,Sieg über die Welt' als sichere Verheißung – Implikation der pneumatischen Seinsweise des aus Gott geborenen Menschen, welcher der gläubige Getaufte ist – hingestellt wird). Auch 1 Joh 5,5 (ho nikōn ton kosmon = der Gläubige): Der Gläubige besiegt die satanische Welt. In der Apokalypse wird der ausharrende Gläubige stets „der Sieger" genannt (Offb 2,7; 2,11; 2,17; 2,26; 3,5; 3,12; 3,21; 21,7). Jesus, der Löwe von Juda, auch „das Lamm", „enikesen" – „er hat gesiegt" (Offb 17,14). Der *nike*-Begriff ist also ein wesentlicher Bestandteil der johanneischen Theologie (und er betrifft die Dämonen und Satan).

Schließlich gibt es noch etwas Besonderes im Judas- und im Zweiten Petrusbrief. Diese spät-neutestamentlichen Briefe, aus einem schon gefestigten Stadium der Kirche haben vieles gemeinsam (offensichtlich ist der Zweite Petrusbrief eine korrigierte Neufassung des Judasbriefes). Der Judasbrief ist voller Reminiszenzen an 1 Henoch und vielleicht auch an die Assumptio Moysis. So gibt es in Jud 6 und in 2 Petr 2,4 eine Anspielung auf 1 Hen 10,4–12; 18,11 bis 19,3, wo die Anführer der gefallenen Engel mit ihren Trabanten von guten Engeln in tiefen Höllenschluchten gefangengehalten werden (an anderen Stellen im Neuen Testament schweifen sie „im Luftraum" umher, etwa Eph 2,2).

Jud 8 wendet sich (wohl einmalig im Neuen Testament) gegen Christen, „welche die Herrschaft verachten und himmlische Mächte beschimpfen", Christen offensichtlich, die neutestamentlich überzeugt sind, daß Dämonen für Christen ‚Nichtse' sind, aber daraus augenscheinlich falsche ethische Schlußfolgerungen ziehen. Der Autor argumentiert von einer Legende aus, entstanden um Dtn 34, 5–6, wo Gott selbst Mose begräbt. Schon für die Septuaginta war dieser Anthropomorphismus über Gott zu kraß, und sie übersetzt: „*Man* begrub Mose." Bei Philo sind es „unsterbliche Himmelswesen", die Mose begraben (Vita Moysis II, 291). In der (verlorengegangenen, nur durch die Kirchenväter bekannten) Apokalypsis Moysis ist es Michael (wie in Jud 9), der Mose begräbt, aber daran durch den Teufel gehindert wird. Michael richtet den Satan nicht und überläßt Gott das Gericht. Diese Legende greift Jud 9 als Argument auf: Selbst der Erzengel hat das teuflische Himmelswesen respektiert. Aber 2 Petr 2, 4 streicht diesen ganzen apokryphen Einschub. In Jud 13 ist auch die Rede von irrenden Sternen (Engelfall) (1 Hen 18, 18–21) in Verbindung mit Gottlosen und Irrlehrern (ein fast wörtliches Zitat aus 1 Hen 60, 8 und 1, 9 in Jud 14–15); 2 Petr 2, 17 dagegen streicht dieses apokryphe Zitat wieder.

Wenn wir 2 Petr 2, 4 mit Jud 6 vergleichen, 2 Petr 2, 11–12 mit Jud 7–8; 2 Petr 2, 10b–11 mit Jud 8–9, dann wird offenkundig, daß der Judasbrief durch den Zweiten Petrusbrief korrigiert wird (*innerhalb* der heute kanonischen Schrift); und diese inner-neutestamentliche Kritik bezieht sich auf außerbiblische Engelvorstellungen. Auch die Legende von der Zeugung eines Geschlechts von Riesen durch Engel und irdische Frauen (Jud 6–7) wird in 2 Petr 2, 4 gestrichen und abgeschwächt zu „auch die *Engel, die sündigten*"; die außerbiblische Legende wird aus den für den Zweiten Petrusbrief allzu abenteuerlichen Vorstellungen gelöst, aber auch er bewahrt die (dann nicht erklärte) volkstümliche Vorstellung eines Engelfalls. (Man kann also mit diesem einen neutestamentlichen Text – der selbst ein Zitat aus einer apokryphen Schrift ist – kaum die Realität eines Engelfalls begründen.)

Dem widerspricht der allgemeine neutestamentliche Protest gegen irgendein Interesse an himmlischen Mächten außer Gott und dem auferstandenen Christus. „Wie könnt ihr euch von neuem diesen schwachen und armseligen Mächten zuwenden? Wollt ihr wieder von vornean ihre Sklaven werden?" (Gal 4, 9–11), und: Kol 2, 8–23 ist ein einziges großartiges christliches Plädoyer gegen „rein menschliche Erfindungen, welche die Mächte des Kosmos – Kosmokratoren oder andere Himmelswesen – verherrlichen, aber Christus bekämpfen" (Kol 2, 8), „Christus hat die Herrschaften und die Mächte entwaffnet und öffentlich bloßgestellt" (2, 15), „Laßt euch nicht den Preis nehmen von Menschen, die Genugtuung finden … in Engelverehrung" (2, 18). Mehr noch, es sind nicht die Engel, die uns richten werden, sondern *wir* werden die Engel richten (1 Kor 6, 2–3a). Im Neuen Testament ist es einzig und allein Jud 8–9, der von Christen ein wenig mehr Achtung erwartet vor himmlischen Engelwesen; aber dieser Abschnitt wurde vom Zweiten Petrusbrief zensuriert.

Eine allerletzte, keine unwichtige – wenn auch nicht entscheidende – Frage ist: Wie stand Jesus von Nazaret persönlich dem Glauben an Satan und Dämonen gegenüber? Nicht entscheidend, weil Jesus, wahrer Mensch, auch selbst in einer soziokulturellen religiösen Situation lebte; er konnte ebensowenig übergeschichtlich alle Probleme lösen. So spricht er, wie jeder Jude damals: ‚*Mose* hat gesagt‘, obwohl Mose zu diesem Problem oft nichts gesagt hatte, aber „das ganze Gesetz" Mose zugeschrieben wurde. So kann Jesus genausogut von Satan und Dämonen sprechen, ganz innerhalb einer kulturell-religiösen Gegebenheit.

Eines der ‚jesus-echten‘ Logien über den Teufel ist vermutlich (sogar nach R. Bultmann) Lk 10,18: „Ich sah den Satan wie einen Blitzstrahl vom Himmel fallen." Dieser Text bedeutet jedenfalls: Satan ist fortan bedeutungslos, es ist aus mit ihm. Nach dem, was wir von Jesus wissen, liegt für ihn das Böse *im* Menschen. Selbst gegenüber der allgemein-jüdischen Auffassung, daß Krankheit und dergleichen die Folge einer, wenn auch noch so verborgenen Sünde sind und somit letztlich von einem Dämon kommen, sagt Jesus: Weder er noch seine Eltern sind schuldig; das einzige, was relevant ist, ist, daß dieser Mann dank Gott Heil erlangt hat (Joh 9,3).

Eine zweite Stelle, die wohl ‚Jesus-Echtheit‘ beanspruchen kann, ist der sogenannte Beelzebub-Streit (Q: Mt 12,22–28.30 und Lk 11,14–20.23; und eine Markus-Tradition: Mk 3,22–30[32]). Schon allein daraus geht hervor, daß jene, die schon lange in Gottes Namen für das Heil der Menschen tätig sind, ‚Neulinge‘ – nicht aus dem eigenen Kreis –, die das gleiche tun, allzuleicht als Satanskinder brandmarken: „Jesus tut dies alles kraft des Beelzebub!" Darauf reagiert Jesus einfach: Mit welcher Kraft tut ihr es denn?

Alle übrigen Texte über Satan im Neuen Testament kommen, zumindest unmittelbar, nicht als historische Aussagen Jesu in Betracht. Mit anderen Worten, wie es auch um den zur Zeit Jesu in Palästina allgemein vorhandenen Satansglauben bestellt gewesen sein mag, Jesus sieht sein eigenes Auftreten als das Nahekommen des Heils von Gott. Nicht der Satan interessiert ihn, sondern der Mensch mit seinen Schwächen und Krankheiten, seiner Kleingläubigkeit und Sündhaftigkeit, die Gott beheben will – und das geht aus Jesu Auftreten hervor.

Doch sehen wir vor allem in dem Bericht über den Vorwurf, kraft Beelzebub zu handeln, den menschlichen Mechanismus wieder am Werk, das Gute bei anderen, namentlich bei Outsiders, aus zweifelhaften Motiven zu interpretieren. Der Outsider, der auch das Gute tut, ist „des Teufels". Dessen macht sich – was in der schmerzlichen Situation der Kirchenverfolgung einigermaßen verständlich ist – die Apokalypse schuldig: Der Autor spricht nur beiläufig über die positive Bedeutung des Leidens um Christi willen (wie 1 Petr 2,12.15.18–21; 3,1–2.9.15–17 und Hebr), seine öfters wiederholte Parole lautet ganz hart: ausharren und den bösen Feind besiegen (Offb 2,7.11.17.29; 3,6.12.21; 13,9–10). Vor allem im ganzen Johanneismus zeigen diese geschlossenen, jedoch mystischen Kirchengemeinden eine gewisse Härte gegenüber der out-group, das heißt gegen die nicht an Jesus glaubenden Juden (auch der johanneische Jesus ist aggressiv gegenüber diesem Unglauben). Im Ersten Johannesbrief werden Christen, die Irrlehren anhängen, scharf als Antichristen abgestempelt. Etwas wie Zorn auf die nichtchristliche out-group, der die Schuld an allen Leiden der Christen gegeben wird, wird im Johanneismus und in der Apokalypse spürbar, mit einem etwas triumphalistischen Hintergrund: Unser ist der Sieg. Mit anderen Worten, eine richtige Glaubensgegebenheit kann manchmal bedenkliche Wirkungen zeitigen (allerdings dürfen wir dabei die schmerzlichen Kirchenverfolgungen, vor allem in der Apokalypse, nicht vergessen!).

III
Gnade und Lobpreis: Gnade drängt zum Feiern

Die endgültige Dynamik dieser reichen Vielfalt der fundamental einen und doch unterschiedlich benannten Gnadengabe in Christus und seinem Geist ist das *Heil des Menschen* als *Verherrlichung der charis Gottes* (Eph 1,6): „zur Erlösung von Gottes eigenem Volk *und* zum Lob seiner Herrlichkeit" (Eph 1,14), „damit wir verbreiten das Lob seiner Herrlichkeit" (Eph 1,12; Röm 5,2; 2 Kor 4,15). Irenäus wird später sagen: „gloria Dei vivens homo". Das ist allgemeinbiblisch: Lobpreis der chesed und 'emeth Gottes; beides sind liturgisch gepriesene Gottesprädikate, so daß das preisende Danken dessen, der chesed und 'emeth empfangen hat, gleichsam zum *Begriff* dieser göttlichen Gnadenwirklichkeit selbst gehört[33].

In der Sicht der neutestamentlichen Erfahrung Jesu als des Christus und seines Geistes, des Ursprungs der christlichen Abba-Erfahrung (Röm 8,15; Gal 4,6; 1 Joh 3,24b) ist das menschliche Dasein letztlich ein frohes (Kol 1,12) Gnadenlied; dankbare Anerkennung und Lobpreis der überreichen Huld Gottes (siehe 1 Joh 3,1) sowohl in und durch das sittlich-religiöse Handeln in dieser Welt als auch durch ausdrückliche eucharistia: Feier und Danken und Preisen Gottes, Grund genug, warum vor allem Paulus charis gern mit *chara* (Freude) und mit *eucharistia* verbindet (z.B. 1 Kor 1,4; 2 Kor 4,15), ein Grund auch, warum er oft mit dem zweifachen Sinn von charis spielt (Gnade und Dankbarkeit; z.B. Röm 5; Röm 7; 1 Kor 1,4; vgl. Kol 3,16–17), „mit Freude dem Vater danken" (Kol 1,12). Anstelle theologischer Erörterungen über Gnade und Erlösung findet man im Neuen Testament dann vor allem Christuslieder und Hymnen auf die Größe der Gnade Gottes. Gnadenleben ist nach dem Neuen Testament schließlich „ein Herz, überfließend von Dank" (Kol 2,7). Im Lobpreis kommt die Gnade zu innerer Vollendung; dort ist Gnade tatsächlich ausdrückliche Gnadenerfahrung.

Schluß: Befreit wovon und befreit wozu? – Aus der vorausgegangenen Bestandsaufnahme der grundlegenden ‚Interpretamente', mit denen das neutestamentliche Christentum seine mannigfaltige ‚interpretative Erfahrung' von Heil-in-Gott durch die Vermittlung Jesu aufgefüllt hat, geht zunächst hervor, daß es nicht bei Allgemeinheiten und Verschwommenheiten oder Schlagworten über ‚wir sind befreit' bleibt. Das Neue Testament ergänzt die christliche Erfahrung von Erlösung, Heil und Befreiung konkret, indem es definiert, *wovon* Christen sich erlöst erfahren und *wozu* sie sich befreit wissen. Nirgends wird dies ‚objektivierend beschrieben', jedoch zeugnishaft bekannt, während das Zeugnis argumentativ erhellt wird.

Befreit wovon? Von Sünde und Schuld; von manchen existentiellen Ängsten, von ihnen als antiken Menschen vor allem als Dämonenfurcht, Verhängnis des Schicksals oder der „heimarmene" erfahren, einem Komplex von Ängsten, der sich um das Problem des Todes konzentrierte: „zu befreien jene, die durch die Angst vor dem Tod ihr ganzes Leben lang der Unfreiheit unterworfen waren" (Hebr 2,15); befreit auch von Lebensängsten und manchen Sorgen des Alltags (Mt 6,19–34); von Traurigkeit, Verzweiflung und Hoffnungslosigkeit; vom Unfrieden mit Mitmenschen und mit Gott; von Unfreiheit; von Ungerechtigkeit; von drückenden entfremdenden Bindungen; von Lieblosigkeit, Willkür und Egoismus; von Leichtgläubigkeit (Mk 13,5–7; Lk 17,22–37); von Ausnutzung der Gutgläubigkeit (Mk 9,42; Lk 17,1–3a; Mt 18,6–7); von unbarmherziger Beurteilung des anderen (Mt 7,1–5); von der Sorge um Probleme des Ansehens, jemand zu sein oder eine gute Figur zu machen (Mk 10,35–45); von Panik und Lustlosigkeit; befreit aus einem Leben wie von Menschen, „die keine Hoffnung haben" (1 Thess 4,13) usw.

Befreit wozu? Zu Freiheit, Gerechtigkeit, Frieden unter den Menschen und Frieden mit Gott; zu Lebensvertrauen; zu Neuschaffung und Wiederherstellung von allem; zu Freude und Glück; zum Leben und zum Leben in ewiger Herrlichkeit; zu Liebe und Hoffnung; zu Heiligung: „von aller Ungerechtigkeit befreit, zu seinem eigenen Volk gemacht, gereinigt von Sünde, voll Eifer für alles Gute" (siehe Tit 2,14); zu ethischem Einsatz „für alles, was gut ist, sehr gut und vollkommen" (Röm 12,2), zu allem, was wahr, was edel, was gerecht, was lauter, was liebenswert und anziehend ist, was Tugend genannt wird und Lob verdient" (Phil 4,4–9); „dazu, gütig gegeneinander und herzlich zu sein" (Eph 4,32); dazu, „durch das Gute das Böse zu überwinden" (Röm 12,21; 1 Petr 2,15); „ein gewisses Gleichgewicht" zustande zu bringen (2 Kor 8,13b, gemeint ist Besitz- und Vermögensverteilung, wenn auch unter spätantiken Bedingungen; siehe den ganzen Kontext 8,1–24: die Haltung begüterter griechischer Christen gegenüber den Armen in Jerusalem, wobei an Jesu Vorbild erinnert wird: „Wie er um euretwillen arm geworden ist, obwohl er reich war, damit ihr reich würdet durch seine Armut" (2 Kor 8,9). Befreit zum Heil, zum Heilen und Heilmachen aller und eines jeden einzelnen; zu „Nachahmern Gottes, wie es sich für geliebte Kinder geziemt" (Eph 5,1), zu „einem Leben der Liebe nach dem Vorbild Christi" (Eph 5,2).

Die Befreiung von den verschiedenen Formen menschlicher Versklavung und

Todesangst ist sowohl die *Konsequenz* der Gnadenoption oder der Geburt aus Gott als auch *Auftrag aus* dieser Begnadung. Mit anderen Worten, die Befreiung ist nicht nur eine Befreiung aus unrechten Verhältnissen *zu* etwas Gutem, sondern auch dieses *Wozu* ist selbst wieder ein Auftrag, Menschen *aus* unrechten Verhältnissen zu befreien. Denn es ist eine Erlösung innerhalb einer noch versehrten und unheilen Welt. Dies alles weist darauf hin, daß Erlösung und Befreiung im Neuen Testament sowohl ein Geschenk als auch ein zu verwirklichender Auftrag sind. – Wo sind diese Erlösten? Dieser Vorwurf Nietzsches (historisch verständlich und berechtigt) verkennt aber den besonderen neutestamentlichen Geist der Erlösung, deren Dialektik die spätere Schultheologie nur formal gelöst hat, indem sie den wenigbesagenden Unterschied zwischen ,objektiver Erlösung' und ,subjektiver Erlösung' machte. Wenn auch in Begriffen seiner antiken Lebenswelt, sah der Autor des Hebräerbriefs (und das ganze Neue Testament) doch diese dialektische Spannung: „Daß Gott alle Dinge den Menschen unterworfen hat (das heißt, daß der Mensch überhaupt keine Versklavung und Entfremdung mehr kennt) – bedeutet natürlich, *daß nichts davon ausgenommen ist. In Wirklichkeit sehen wir noch nicht,* daß alle Dinge ihm unterworfen sind" (Hebr 2, 8–9). Das Schon-jetzt und das Noch-nicht stehen in einer starken Spannung zueinander, und zwar in einer zweifachen Perspektive: Alles ist *gegeben,* und alles ist *zu tun.* Darüber hinaus sind das Gegebene und das schon Getane auf ihre eschatologische Endvollendung hin ausgespannt. Aus einer durch Gnade ermöglichten metanoia oder Änderung des Lebensweges können und dürfen die Christen aufgrund der erhaltenen Lebensgemeinschaft mit Gott ans Werk gehen, wissend, daß es sinnvoll ist, wissend, daß sogar das menschlich Vergebliche letztlich nicht vergeblich ist, auch wenn wir sehen, wie wenig, trotz aller Anstrengungen, das Antlitz der Erde und des Menschen erneuert wird. So wird noch Freude gebracht selbst im negativen Leiden, in Scheitern und Ohnmacht. Auch das ist eine Form der Befreiung, wenn auch in einer noch unheilen Welt.

Diese Spannung in der Befreiung durch Christus steht im Neuen Testament unter der Zusage des „nenikeka": „ich habe die Welt besiegt" (Joh 16, 33; siehe 1 Joh 2, 3; 4, 4 und vor allem 5, 4, wo der Sieg über die Welt als sichere Verheißung hingestellt wird – als Implikation der pneumatischen Seinsweise des Begnadeten oder Gläubigen). Trotz dieser objektiv grundgelegten Hoffnung, nämlich dessen, was in Leben, Tod und Auferstehung Jesu schon vollzogen ist, bleibt die Befreiung ein Auftrag, der in der Dimension unserer Geschichte zu realisieren ist. Daß es um mehr geht als um einen Appell an guten Willen und Mitmenschlichkeit, zeigt die Tatsache, daß Großmächte der Versklavung *in* unserer Welt am Werk sind, die (nach dem damaligen Weltbild) mit dem Wirken himmlischer Dämonen identifiziert werden: „Unser Kampf richtet sich nicht gegen Fleisch und Blut – (den schwachen Menschen –, sondern gegen die Herrschaften, gegen die Mächte, gegen die Weltherrscher dieser Finsternis, gegen die bösen Geister in den Himmeln" (Eph 6, 11–12). Man kann kaum sagen, das Neue Testament habe nicht konkret zum Ausdruck gebracht, was es erfahrend unter „Befreiung von" und „Befreiung zu" verstand, in der konkreten Situation der damaligen Lebenswelt.

ZWEITES KAPITEL
„ALLES ZUR EINHEIT (FRIEDEN) BRINGEN"

§ 1. *„Alles ist Gnade". Schöpfung und Gnade im Alten und Neuen Testament*

LITERATUR: *K. Barth,* Kirchliche Dogmatik, Bd. III/1 (Zürich 1945); *H. Baumann,* Schöpfung und Urzeit des Menschen im Mythos der afrikanischen Völker (Göttingen ²1964, 1936); *P. Beauchamp,* Création et séparation. Etude exégétique du ch. 1 de la Genèse (Paris 1969; *H. Berkhof,* Christelijk geloof (Nijkerk ³1973); *H. A. Brongers,* De scheppingstraditie bij de profeten (Amsterdam 1945); *G. Fohrer,* Theologische Grundstrukturen des Alten Testaments (Berlin 1972); *J. Haspecker,* Natur und Heilserfahrung in Altisrael: BuL 7 (1966) 83–98; *ders.,* Religiöse Naturbetrachtung im Alten Testament: BuL 5 (1964) 116–130; *G. von Rad,* Das theologische Problem des alttestamentlichen Schöpfungsglaubens. Werden und Wesen des Alten Testaments (Beiheft ZAW, 66) (Berlin 1936) (siehe in: Gesammelte Studien zum Alten Testament [München 1958] 136–147; *ders.,* Theologie des Alten Testaments, Bd. 1 (München 1957) 140–144; *ders.,* Aspekte alttestamentlichen Weltverständnisses: EvTh 24 (1964) 57–73; *ders.,* Weisheit in Israel (München 1970); *W. H. Schmidt,* Schöpfungsgeschichte. Mythos und Glaube: Kirche in der Zeit 21 (1966) 260 ff; *C. Westermann,* Schöpfung (Berlin 1971); *ders.,* Das Loben Gottes in den Psalmen (Göttingen 1963); *ders.,* Genesis 17 und die Bedeutung von Berit: ThLZ 101 (1976) 161–170; *A. S. van der Woude,* Genesis en Exodus: Kerk en Theologie 20 (1969) 1–27. Auch die Autoren von Mysterium salutis (Einsiedeln 1965 ff).

Gegenstand der Untersuchung ist hier nicht der biblische Schöpfungsglaube als solcher, sondern die biblische Theologie der Gnade. Aber wie in der christlichen Tradition, so steht auch in der Heiligen Schrift die Frage nach dem Verhältnis zwischen ‚Natur' (Schöpfung) und Begnadung im Mittelpunkt: Schöpfung und Bund. Exegetisch und theologisch ist diese Problematik umstritten, sie wird oft durch konfessionelle Vorurteile erschwert.

Natur als Gegensatz zu *Gnade* ist, terminologisch, kein eigener Begriff in den Urdokumenten der jüdisch-christlichen Offenbarungstradition. Im Tenach findet man kein hebräisches Äquivalent für ‚natura' oder ‚physis'. Die wenigen Male, wo wir im (deuterokanonischen) Buch der Weisheit den Begriff Natur, ‚physis', antreffen (7,20; 13,1; 19,20), wie auch im Neuen Testament, hat dieser Gebrauch keine spezifisch-theologische Bedeutung. In die christliche Theologie hielt der Begriff seinen Einzug, als Theologen über die Offenbarung der Huld Gottes mit Hilfe von Kategorien der griechischen Philosophie nachdachten – zuerst vom popularisierten Naturbegriff der Stoa, später systematisch vom Aristotelismus aus. Begriffe wie ‚Natur' und ‚Schöpfung' (erschaffene Natur) decken sich nicht ganz. Was Gott geschaffen hat, ist nicht bloß eine neutrale Natur, die man naturwissenschaftlich analysieren kann, sondern erschaffene Natur, das heißt Ausdruck eines göttlichen Plans, der weiter reicht als ‚Natur'. Diese Natur kann dann, theologisch, nicht von diesem göttlichen Plan getrennt werden. Theologisch über die natürliche Welt sprechen bedeutet daher nicht nur, daß diese Natur kontigent ist, ‚in und aus sich selbst' nicht hätte zu sein brauchen und anders hätte sein können, mit anderen Worten, daß sie vergänglich ist; es bedeutet außerdem, daß sie lebendiger Ausdruck einer göttlichen Entscheidung ist, die sich letztlich als Heilswille erweist. Schöpfung und Vollendung werden von einem einzigen großartigen göttlichen Plan umfaßt. In diesem Sinn ist der theologische, der philosophische und der naturwissenschaftliche Gebrauch des Begriffs Natur jeweils ein anderer.

Die Menschen der Frühzeit und der Antike – auch die Hebräer, die Israeliten und die Gläubigen des Tenachs – lebten in einer Welt, in der jeder davon ausging, daß Gott – ein Gott oder Götter – diese Welt mit den Menschen darin gemacht oder erschaffen hatte. Für sie alle war dies eine Selbstverständlichkeit, ein Bestandteil ihres Weltbildes. Eine Alternative gab es damals nicht. Diese Selbstverständlichkeit wurde durch die sehr verdienstvollen Arbeiten von G. von Rad jedoch verkannt; damit steht er mit seiner Auffassung von Schöpfung und Bund am Beginn einer jetzt sowohl bei protestantischen als auch bei katholischen Exegeten und Theologen fast allgemein herrschenden *opinio communis.* Der Schöpfungsglaube sei eine unselbständige Extrapolation des Heilsglaubens und habe im Alten Testament nur eine marginale Bedeutung: „Die Schöpfung gehört zur *Ätiologie Israels.*"[34] Diese seit K. Barth und G. von Rad weit verbreitete Auffassung geht von der (materiell richtigen) Feststellung aus, daß nirgends in den Glaubenscredos des Tenachs Glaube an die Schöpfung ausgedrückt wird. Die Bundeserfahrung soll der Ursprung dessen gewesen sein, woraus der alttestamentliche Schöpfungsglaube entstanden sei. Nach dieser Erklärung ist für das Bewußtsein des Israeliten Jahwe nicht so sehr der Gott der Schöpfung als vielmehr der lebendige Gott, das heißt der Gott der Gnade, Auserwählung und Geschichte Israels. „Gehorsam gegenüber den Geboten, Vorschriften und Satzungen Jahwes wird also nicht wegen der Tatsache gefordert, daß der Schöpfer aufgrund seines Schöpferseins das Recht hat, seinen Geschöpfen bestimmte Forderungen zu stellen, sondern ausschließlich wegen der Tatsache, daß Jahwe sein Volk in alter Zeit aus fremder Beherrschung erlöst hat."[35] Grundcredo Israels ist das Bekenntnis von Gottes Errettung Israels aus Ägypten (Dtn 26,5–9). Aus diesem Credo erklärt und aktualisiert Israel seine Geschichte, und von daher entsteht, nicht sogleich, doch im Lauf der Zeit, auch Israels Schöpfungsglaube. Erst dann werden auch Schöpfungsberichte an den Anfang der heiligen Bücher gestellt. Zwar sind darin auch ältere Schöpfungsgeschichten aufgenommen; aber es sei die Eigenart Israels, daß dieser Schöpfungsglaube allein in der Perspektive des Bundes Jahwes mit Israel gesehen wird. Die Schöpfung sei also ein dem Bund untergeordnetes und kein selbständiges Thema im Tenach. Doch geben diese Autoren zu, daß in manchen Teilen, vor allem in Ps 8, aber auch in den Pss 19 und 104 und allgemein in der Weisheitsliteratur selbständige Schöpfungshymnen vorkommen; aber das sei dann entweder der Form der Litanei zuzuschreiben, in der Schöpfung und Bund neben- oder nacheinander besungen werden, oder es sei die Folge einer Israel fremden Beeinflussung. In der Tat, Ps 19 ist zum Teil ein altes Hymnenfragment aus Kanaan, und Ps 104 zeigt auffallende Übereinstimmungen mit der berühmten ägyptischen Hymne an Aton. Allgemein ist ein gleicher ägyptischer Einfluß in der Weisheitsliteratur spürbar, vor allem in der jüngeren Weisheitsliteratur ist der Einfluß der ägyptischen didaktischen Poesie erkennbar. Statt einer heilsgeschichtlich eingebetteten Schöpfungstheologie findet man hier einen fast metaphysischen, selbständigen Schöpfungsbegriff. In Ijob 28; Spr 8; Sir 24 wird die Schöpfung an sich, getrennt von der Heilsgeschichte, als ein selbständiges Thema behandelt.

Diese ziemlich weitverbreitete Interpretation stieß aber in den Untersuchungen von Cl. Westermann und A. S. van der Woude auf eine scharfe und meines Erachtens berechtigte Kritik. G. von Rad hat zwar später selbst schon zugegeben, in seinem Vorgehen vielleicht einseitig gewesen zu sein, aber das wurde von seinen Nachfolgern nicht zur Kenntnis genommen[36]; er erkennt daher dem sapientialen Schöpfungsglauben einen relativ besonderen Platz zu *neben* dem Glauben an Jahwes heilsgeschichtliche Machttaten. Die neuere Kritik räumt zwar ein, daß Israels Credo heilsgeschichtlich ist (vor allem Dtn 26, 5–9) und daß die Schöpfung in ihm nirgends als besonderes Glaubenscredo fungiert (wie zum Beispiel im christlichen apostolischen Glaubenssymbolum). Doch mit Recht hält sie der Schule von Rads vor, nicht eingesehen zu haben, daß, gerade weil die Schöpfung ein selbstverständlicher Bestandteil des damaligen antiken Weltbildes war, sie kein Glaubensartikel im Judentum geworden ist. Es gab damals keine Alternative für die Lösung der Frage nach der Entstehung des Menschen und der Welt[37]. Die Schöpfung gehört nicht in Israels eigenes Glaubenscredo, weil das *Schöpfungsbewußtsein* Bestandteil des Weltbildes jedes Menschen der Antike und Vorzeit, auch der Israeliten bildet. Früher postulierten Theologen oft eine (durch historische Fakten angeblich belegte) ,Uroffenbarung' – unter anderem durch eine falsche Auslegung von Röm 1, 18–20. Bei den Nicht-Juden soll diese Uroffenbarung durch Abnutzung der Zeit verdunkelt worden sein, jedoch so, daß daraus in ihrer Geschichte noch einige Spuren des Glaubens an einen Schöpfergott vorhanden waren. Man wunderte sich daher nicht über die Tatsache, daß es außerhalb der jüdischen Bibel Schöpfungsgeschichten gab – Reste also einer Uroffenbarung. Diese Theologie vergaß aber, daß kosmische Erlebnisse im Altertum die Matrix oder Erfahrungsgrundlage vieler Schöpfungsgeschichten waren, mit anderen Worten, daß das Schöpfungsbewußtsein wesentlicher Bestandteil des Selbstverständnisses des Menschen der Vorzeit und der Antike war, auch von jahwegläubigen Menschen, welche die Exoduserfahrung als ein ganz besonderes Geschehen allein von und für Israel erlebt hatten. Die Uroffenbarung, die allein in Israel in reiner Form lebendig geblieben sein soll, wurde dadurch gefährdet. Babylonisch-assyrische und kanaanitisch-phönizische Schöpfungstraditionen, die man entdeckte und die älter sind als die Traditionen Israels, stellten eher die Frage nach Abhängigkeit der Genesis von diesen fremden Berichten. Man fand in Memphis sogar einen Schöpfungsbericht, in dem Gott ‚solo verbo' erschafft, bloß kraft seines Wortes, wie in der priesterlichen Schöpfungstradition, die man als einzigartig für Israels Gottesoffenbarung ansah. Auch in babylonischen und anderen Mythen war ebenfalls die Rede von einer Erschaffung des Menschen aus Lehm und durch das göttliche Einblasen von Lebensodem in die Nase (wie in Gen 2,7). Schließlich konnte H. Baumann feststellen, daß Übereinstimmungen bestanden zwischen völlig voneinander unabhängigen, biblischen Schöpfungsberichten und primitiven afrikanischen Mythen: mit Sündenfall, Geschichten über die Entstehung von Leiden und Tod, von Kultur und Technik, symbolisiert vor allem durch den Bau eines Turms (Turm von Babel)[38]. Aus allen diesen Erkenntnissen wuchs bei den Kritikern die Einsicht, daß diese Schöpfungsberichte mit ihren parallelen Motiven, unabhängig voneinander, auf der ganzen Welt entstanden sind, nicht aus einer sogenannten Uroffenbarung, sondern aus kosmischen Erlebnissen und interpretativen Erfahrungen, die zu Mythen mit gleichartiger Struktur führen müssen. Mit anderen Worten, die moderne Kritik begann von neuem die positive Bedeutung von Mythenentstehung zu würdigen. In den Mythen sucht der Mensch Existenzsicherheit gegenüber der Sinnlosigkeit und dem Chaos im Dasein; die Frage nach dem Warum wurde, entgegen ständiger Erfahrung, durch einen Glauben an eine letztlich ursprünglich gute Weltordnung dank göttlicher Schöpfung gelöst[39].

Der Israelit gehörte zu keiner anderen menschlichen Art. Er hat diesen allgemeinen Schöpfungsglauben der Zeit nur in den monotheistischen Jahwismus Israels und vor allem in seine Auffassung von Gottes Geschichte mit seinem Volk Israel integriert. Daß aber dieses Schöpfungsbewußtsein kein Credo war, sondern Voraussetzung des antiken Weltbildes, hat bedeutende Konsequenzen. Denn zunächst ist es dann auch keine Glaubensfrage, wie Gott die Welt und den Menschen erschaffen hat. Das konnte man sich verschieden vorstellen (sowohl synchron als auch diachron). So haben wir in der Genesis selbst schon zwei verschiedene Schöpfungsberichte. Insgesamt gibt es vier Versionen des Vorgangs der Schöpfung Gottes in der Welt der Antike und der Vorzeit: a) durch Machen, Arbeiten, Modellieren, – b) durch Fortpflanzung oder Geburt aus Gott oder Göttern, – c) durch einen göttlichen Kampf mit einem Chaosungeheuer, – d) durch ein einfaches Wort („Er sprach, und es ward Licht"). In Gen 2,4b–24 finden wir das Modell des Bildners. Von den sumerischen, akkadischen und auch ägyptischen Kosmogonien durch Geburt aus den Göttern findet man ein schwaches Echo in Gen 2,4a: „dies sind die *toledot* (wörtlich: die Geburten) von Himmel und Erde" (später von manchen Exegeten schon wieder ‚heilsgeschichtlich' interpretiert. Siehe auch den Stammbaum Jesu nach Mt 1,1, in dem „biblos geneseōs" – das Buch des Werdens – den ‚toledot' der Welt in der Genesis entspricht).

Durch Verkennung dieser allgemeinen mythischen Struktur des vor allem (allein?) archaischen Bewußtseins kam G. von Rad mit seinen zahlreichen Schülern zu einigen Schlußfolgerungen, die sehr problematisch sind. So sieht er im priesterlichen Schöpfungsbericht, Gen 1,2 – 2,4a, das Sabbatgebot, Zeichen des Sinaibundes (Ex 31,12–17), auf die Schöpfungsstruktur gegründet. Denn in der Schöpfungstradition, die P gebraucht, so argumentiert er, kommen ursprünglich acht Schöpfungswerke vor und somit acht Schöpfungstage. Der Tagesverlauf wird liturgisch durch das Morgenopfer bestimmt, bei dem man des Sinaibundes gedachte (Num 28,6), und das Abendopfer als Gedächtnis an den Auszug aus Ägypten (Dtn 16,6). Die Genesis nun beschränkt das ganze Geschehen auf sechs Tage, am siebten Tag ruhte Gott. Deutlich will der Verfasser in einem älteren Schöpfungsbericht – „es ward Abend und es ward Morgen; das war der erste Tag" – die Sabbatpflicht als eine ‚Schöpfungsanordnung' darstellen. Aber die Schwierigkeit bei dieser Deutung ist, daß auch außerisraelitische, ältere Schöpfungsberichte von der ‚otiositas' oder dem Ruhetag Gottes nach der Schöpfung sprechen und ebenfalls mit einer offensichtlich älteren Tradition von ‚acht Schöpfungstagen' manipulieren. Alle diese einseitig heilsgeschichtlichen Interpretationen des Schöpfungsglaubens sind von einem bestimmten Apriori eingegeben, während man doch bedenken müßte, daß das Selbstverständlichste oft am wenigsten beachtet wird. Daraus dann zu schließen, daß die ‚Schöpfung' im Alten Testament nur am Rande steht, läßt sich kritisch nicht mehr verantworten.

Formkritisch zeigt sich außerdem, daß sowohl in dem ersten (Gen 1,1–2,4a) als auch in dem zweiten (Gen 2,4b–24) biblischen Schöpfungsbericht zwei anfänglich selbständige Mythen miteinander verbunden sind – eine häufig vorkommende Erscheinung in der Mythologie[40]. Im ersten Bericht war die Erschaffung des Menschen (Gen 1,26–31) ursprünglich ein selbständiger Bericht: In diesem Fragment wird der Mensch ‚gemacht'; in anderen Teilen des P-Berichts steht dagegen: ‚scheiden', Gen 1,4.7.9; ‚erschaffen', Gen 1,21.27, und nicht ‚durch ein einfaches Wort' erschaffen, wie in dem übrigen Teil des Berichts. In diesem priesterlichen Bericht spricht der Mensch seine Freude aus über seine Verbundenheit mit dem ganzen Kosmos; er läßt Gott sagen: „Und Gott sah, daß alles, was er gemacht hatte, sehr gut war" (Gen 1,31). Eine gleiche Äußerung dieser Schöpfungsfreude des Menschen finden wir zum Beispiel in Pss 104 und 148. Im Altertum konnte der Mensch nicht über das Ganze von ‚allem, was ist', sprechen außer von der Schöpfung her, in welcher der Mensch seine Verbundenheit mit dem All ausspricht. Und bemerkenswert dabei ist, daß in diesem Bericht Gott zuerst ‚einen Lebensraum' schafft (Gen 1,1–10), in diesem dann das Anorganische, das Organische und schließlich den Menschen (1,11–19; – 1,20–25; – 1,26–31). Im zweiten, jahwistischen Schöpfungsbericht (Gen 2,4b–24) sind ebenfalls zwei Mythen miteinander verschmolzen[41]. In dem ersten wird erzählt, wie Gott dem Menschen, den er in den Garten Eden gesetzt hatte, verbot, von *einem* Baum zu essen, denn sonst würde er mit dem

Tod bestraft werden. Von der Schlange ließ sich der Mensch verführen; Gott vertreibt ihn aus dem Garten. Im zweiten Mythos wird erzählt, wie Gott den Menschen erschuf: aus Lehm und durch Einblasen von Lebensatem oder Lebensgeist. Gott sah aber die Einsamkeit des Menschen. Er erschuf Tiere. Aber immer noch war der Mensch einsam (zugleich vielleicht Kritik am damaligen Umgang mit Tieren oder gegen Tiertotems). Dann erschuf Gott aus der Rippe des Mannes die Frau. Erst da fühlte sich der Mensch glücklich. Der Jahwist verbindet beide Berichte, a) um zu zeigen, daß Gott den Menschen ‚gut' erschaffen hat, aber daß die Unordnung in der Welt die eigene Schuld des Menschen ist; und b) daß auch die zwischenmenschliche Beziehung für den Menschen wesentlich ist. Die hier gegebene Anthropologie lautet: Für den Menschen ist seine Beziehung zu Gott („mit Gott im Garten wandeln") und zum Mitmenschen *konstitutiv*. In diesem Bericht tritt das Modell des Töpfers in den Vordergrund (siehe auch Jes 45,9–13; Ijob 4,19; 10,8; Ps 103,3.14; 104,29 und 146,4), ein Modell, das sich in vielen Schöpfungsmythen findet.

Von diesen Interpretationen her muß die biblische Auslegung von G. von Rad und H. Brongers auch in bezug zu Deuterojesaja revidiert werden. Doch ist es eine Tatsache, daß, wie nirgends sonst im Tenach, bei diesem Propheten Schöpfung und Bund eng aufeinander bezogen sind. Aber man kann keineswegs sinnvoll behaupten, der ‚Schöpfungsglaube' stehe im Rahmen der Heilsgeschichte. Doch verbindet der Prophet den Glauben an den Gott des Bundes (Israels Credo) mit dem Gott der Schöpfung, um Israel im Exil zum Vertrauen auf diesen Gott mit seinem starken Arm aufzurufen. Grund dieses festen Vertrauens auf Gott ist dessen *Allmacht*, die besonders in der allen zugänglichen Schöpfung zum Ausdruck kommt (siehe vor allem Jes 51,9–10). Mit Recht sagt auch A. van der Woude, es sei bemerkenswert, „daß Deuterojesaja Exodus und Auserwählung nicht mit der Terminologie des alten ‚historischen Credos' kennzeichnet, sondern mit der der Schöpfung. Die Heilsgeschichte – die frühere und die kommende – wird also eher mit der Heilstat der Erschaffung in Zusammenhang gebracht, als es umgekehrt geschieht[42]. Deuterojesaja gebraucht das Wort bârâ, erschaffen (im Qal und Nifal) für ein Handeln, dessen Subjekt allein Gott sein kann, und zwar um Gottes Handeln in Schöpfung und Bund zum Ausdruck zu bringen (Jes 51,9–10; 43,1; 45,18–19; siehe 40,22–24; 44,24–28)[43]. Es weist auf Gottes Machttat hin, die *völlig Neues* schafft: Schöpfung und Heil. Die *Machttat* des einen Gottes, die das Neue schafft, verbindet Schöpfung und Heil. Das Urungeheuer Rahab – durch Jahwes Schöpfertum besiegt – ist zugleich Ägypten, wie die „tehôm" oder das Chaoswasser der Urzeit, durch Jahwes Erschaffung geordnet, zugleich das Schilfmeer ist, durch das Israel aus Ägypten fliehen konnte und so gerettet wurde.

Die Psalmen zeigen das gleiche Bild. In seinem großen Werk über die Psalmen unterscheidet Cl. Westermann in den biblischen Psalmen oder ‚tehillim', das heißt Lobpreisungen, wie die Juden ihre Psalmen nennen, zwischen ‚informativem und bekennendem Lobpreis' und ‚beschreibendem Lobpreis'[44]. In diesen

Psalmen wird Gottes Lob entweder um seiner Schöpfung oder um seiner Befreiung aus Ägypten willen besungen. So wird, *einerseits*, in Pss 33; 136 und 148 Jahwe gepriesen, weil er seine Macht und Majestät auf Erden in Schöpfung und Exodus oder Befreiung zeigt. Was aber Schöpfung und Heilsgeschichte verbindet, sind nicht die Heilstaten Jahwes, sondern seine *mächtigen* Wundertaten, die er sowohl in der Schöpfung als auch in der Befreiung vollbracht hat. *Anderseits* werden zum Beispiel in Pss 8; 9 und 104 nur Gottes Wundertaten in der Schöpfung besungen als völlig unselbständiges Thema. Letzteres geschieht auch oft in der Weisheitsliteratur. In Ijob 37, 27 – 37, 13 und Ijob 38 dient das Thema der Erschaffung dazu, zur Einkehr aufzurufen. Auch in Kohelet (passim) verweist die Welt der Schöpfung auf Gottes Allmacht und Majestät, ebenfalls in Weish 13, 5. Die Schöpfung führt deshalb zum Lobpreis Gottes, zu einem Aufruf, dem allmächtigen Gott zu vertrauen, und schließlich zu dem Bewußtsein, daß der Mensch das Lebens- und Weltgeheimnis nicht enträtseln kann (Ijob 28) und das Leben, wie es ist, aus Gottes Hand entgegennehmen muß (Kohelet).

Die Schlußfolgerungen werden also nuancierter als in der ‚Schule‘ von Rads. Daß der Schöpfungsbegriff gerade in der Literatur aus der Zeit nach dem Exil stärker betont wird, vor allem durch Kontakt mit anderen orientalischen Völkern (später auch mit dem Hellenismus), braucht indes nicht geleugnet zu werden. (Ist die ‚berît‘-Terminologie nicht genauso allgemein altorientalisch?) Aber diese Tatsache kann nicht aus der Welt schaffen, daß die Hebräer und Israel schon längst mündliche Schöpfungstraditionen besaßen[45]; Schöpfungsglaube aufgrund primitiver und antiker Naturerlebnisse ist eine allgemeine religionsgeschichtliche Tatsache. Ebensowenig braucht man zu leugnen, daß die Schöpfung nicht zu Israels eigenem Glaubenscredo gehört (abgesehen vom frühen Judentum), aber dann aufgrund der Tatsache, daß sie ein Bestandteil des selbstverständlich bejahten Weltbildes ist. Anderseits wird die Schöpfung nicht als Voraussetzung des Bundes gesehen. Rettung und Bund stehen im Mittelpunkt (sogar erkennbar im Aufbau des ganzen Pentateuch); von hier blickt man zurück auf die Geschichte der Patriarchen und schließlich auf die ‚Urgeschichte‘. Die Schöpfung wurde aber nicht aus der Heilsgeschichte abgeleitet, sondern Israel stellt die Heilsgeschichte – nach eigenem Glauben – vor den Hintergrund der damals allgemeinen menschlichen Erfahrung, daß wir in der Welt Geschöpfe Gottes sind, daß wir in Gottes eigener Welt leben. Dadurch wird dieser selbstverständliche Schöpfungsglaube im Stil des Jahwismus und der Heilserfahrung Israels neu geprägt, aber er behält seinen selbständigen Charakter. Israel sah und erfuhr daher auch in der Natur seinen Gott, den Gott der Heilsgeschichte Israels, Jahwe, den Schöpfer (Ps 33, 6–9; 139, 13–15). In Dunkel und Licht, Regen und Schnee, in Kamel und Nilpferd, Mond und Sternen, in Kraft oder Anmut von Blumen, Pflanzen und Tieren, in der Geburt eines Kindes – in allem erfuhr Israel Gottes schöpferische Kraft, die Macht Jahwes, des Gottes Israels, des Schöpfers Himmels und der Erde[46]. Für Israel ist die Schöpfungswelt Ausdruck der Kraft und Majestät Gottes, Grund der Geborgenheit, des Vertrauens, der Verbundenheit mit allem, der Dankbarkeit und des Glaubens, daß Chaos und Sinnlosigkeit nicht von Gott kommen und auch nicht das letzte Wort haben dürfen. Doch bleibt es im Tenach eine offene Frage, ob die Schöpfung auch Ausdruck der *chesed* Gottes, das heißt seiner barmherzigen, vergebungsbereiten und erlösenden Menschenliebe ist. Ijob rang mit diesem Unergründlichen des Schöpfungsgeheimnisses. In diesem Sinn liegt schon im Alten Testament implizit etwas von der späteren theologischen Unterscheidung zwischen ‚Natur' und ‚Gnade'. Diese Unterscheidung beruht auf der relativen Selbständigkeit des Schöpfungsthemas gegenüber der Heilsthematik. Wie die Einheit dieser relativ selbständigen Themen letztlich gesehen werden soll, wurde vom Tenach nicht weiter ausgeführt.

Die alttestamentliche Auffassung von Schöpfung und Bund kann wie folgt zusammengefaßt werden. – a) Alles ist von Gott geschaffen; die Art und Weise, wie dies geschah, wird offengelassen, das heißt, kann unterschiedlich gesehen werden. – b) Das Schöpfungsbewußtsein besitzt eine relative Selbständigkeit neben dem eigenen Glauben an Jahwes Heilshandeln mit Israel. – c) Doch werden die Macht und die Zuverlässigkeit Gottes, wie sie in der Schöpfungswelt zum Ausdruck kommen, als Motiv angeführt, dem Gott der Geschichte und des Heils zu vertrauen. „Herr, Jahwe, du König, der über alles herrscht: deiner Macht ist alles unterworfen, und wenn du Israel erretten willst, gibt es niemanden, der sich dir widersetzt. Du hast den Himmel und die Erde geschaffen und alles, was unter dem Himmel zu bewundern ist; du bist Herr über alles, und es gibt niemanden, der sich dir, dem Herrn, widersetzen wird" (Ester, ‚Ergänzung D' zu c. 4; siehe Vulgata: 13,9–12). Erschaffung ist daher ein Grund für bewußte Abhängigkeit von Gott und zu Vertrauen, Dankbarkeit und Gehorsam (Jes 17,7; 22,11; 40,26ff; 43,1; 44,2; Ps 103,22; 119,73; Dtn 32,6.15 usw.). Der Glaube an Gottes schöpferische Allmacht ist sogar ein Grund, auf die Verwirklichung der Barmherzigkeit des Gottes des Heils zu hoffen: „Und doch, Jahwe, bist du unser Vater. Wir sind der Ton und du unser Bildner, und wir alle sind das Werk deiner Hände, Jahwe, zürne nicht allzusehr. Gedenke nicht ewig unserer Schuld: siehe auf uns herab, wir sind alle dein Volk" (Jes 64,8–9), und: „Jahwe, Gott Israels, ... du, der du den Himmel und die Erde erschaffen hast, Jahwe, neige dein Ohr und höre..., errette uns doch aus seiner Hand (der des Feindes), damit alle Königreiche der Erde erkennen, daß du, Jahwe, allein Gott bist" (2 Kön 19,15.16.19). Hier geht es deutlich um Israels Gott des Heils, aber mit einem Appell an seine *Allmacht,* die aus der Schöpfung hervorgeht (siehe: Jes 43,1–3; 40,12–14; 40,20.26; 42,5; 45,18; auch: 43,1.15.21; 44,2.21.24; 45,11; 51,13; 54,5; 40,22–24; 44,24–28; 61,9–10). – d) Schöpfer schließlich des Himmels und der Erde ist *Jahwe,* der Gott Israels, kein anderer (Jer 10,12–16; 44,24; 51,15–19; Jes 44,24; Sir 1,8; Ps 96,5; 115,3–4; 2 Esr 9,6). Mit dieser Einsicht sind ‚Universalismus' und ‚Partikularismus' in der Religion Israels in eine Spannung zueinander gesetzt. Der selbstverständliche Universalismus des Schöpfungsglaubens wird daher zugleich mit der Zeit Israels Heilsauffassungen erweitern. Daß Gott alles ‚mit einer Absicht‘, mit Einsicht und Weisheit erschaffen hat (Spr 16,4; Sir 39,21; nämlich: „zum Lobpreis Gottes“, Sir 42,24–25 mit 42,23–24; Ps 147,5; 149; 150; 95,1–5, und Ps 8; Dan 3,52ff; 43,21; 45,24; 43,7), weist nicht so sehr in die Richtung der Schöpfung als *Voraussetzung* des Heilshandelns, als vielmehr in die Richtung der Schöpfung als Fundament einer religiösen Beziehung zu Gott, wobei Schöpfung und Heil gemeinsam unter den höheren Begriff von ‚wunderbare Machttaten‘ oder „bârâ“-Tätigkeit Gottes fallen. Weish 11,24–26 sagt, daß Gott allem aus Liebe das Dasein gab; kraft der Schöpfung Gottes sind alle Geschöpfe gut (Gen 1,13.18.21.25.31; 8,22; Dtn 32,4; Jer 5,22–24; Sir 39,21; Ps 103,31–35; Koh 3,11; Spr 16,4, hebräischer Text). Der sogenannte Necessitarismus wird hier geleugnet. Gott erschafft aus freiem Willen, nach seinem Wohlgefallen (Ps 113,2–3; 134,5–7); aus Liebe und somit nicht, um das Geschaffene wieder zu zerstören oder zu vernichten (Ps 102,26–28; 103,29; Dtn 32,33; Weish 11,26, siehe Koh 3,14)[47]. – e) Zwar ist alles von Gott geschaffen, aber wir können und dürfen nicht denken: „meine Sünde kommt von Gott; denn was er verabscheut, verursacht er nicht“ (Sir 15,11–20; Dtn 30,15–19). – f) In der frühjüdischen synagogalen Spiritualität wurde die Schöpfung ein jüdisches *Glaubensdogma,* das in das heilsgeschichtliche Credo Israels aufgenommen wurde (siehe unten).

Man kann kaum von einer alttestamentlichen ‚orthodoxen Lehre‘ sprechen. Zwar gibt es ein deutliches Grundcredo, aber in verschiedenen Epochen und in gleichzeitigen verschiedenen Tendenzen der Spiritualität kann man Israel keine einheitliche Orthodoxie andichten. Es gibt daher nicht nur *eine* ‚alttestamentliche‘ Auffassung von Schöpfung und Bund. Das hat auch Konsequenzen für das Neue Testament.

Wie der Tenach vor allem an Israels *eigenem* Glauben – Jahwes Handeln mit seinem Volk – interessiert war, so hat auch das Neue Testament seinen Brennpunkt in der Erfahrung von Heil-in-Jesus, einem Heil, das aber wesentlich Heil-von-Gott ist. Über die innere Art der Schöpfungswelt sagt das Neue Testament nichts; der Schöpfungsglaube ist einfach selbstverständlich und der Hintergrund, vor dem das ganze Jesusgeschehen gesehen wird (Mk 10,6; 13,19; Mt 19,4.8; 13,35; 25,34; Lk 11,50; Röm 1,20; 2 Petr 3,4; Offb 3,14; 13,8; Hebr 1,10; 4,3; 9,26; 2 Thess 2,13; 1 Joh 1,1; 2,13–14; 3,8; Joh 17,24; Eph 1,4; 1 Petr 1,20). ‚Die Schöpfung‘ wird oft als das erste Entstehungsmoment der Welt aufgefaßt (‚creatio ab initio mundi‘) (Joh 8,58; 17,5.24; Eph 1,4). Daß alles von Gott geschaffen ist, wird als selbstverständlich vorausgesetzt (Kol 1,16; Eph 3,9; Hebr 3,4; Offb 4,11; 10,6; Apg 4,24; 14,14–15; 17,24; Joh 1,3). In Apg 17,28 wird sogar angedeutet, daß dies eine universal-menschliche Voraussetzung ist. Dasselbe gilt für den Glauben an Gottes fürsorgliche Führung (Mt 6,25–34; 10,29–31; Lk 12,22–31; 12,6–7; 1 Petr 5,7; siehe auch

Mt 5,45; 6,28.30; 10,29–30; 6,26). Das Leben der Schöpfungswelt wird nicht als ein System von Naturgesetzen gesehen, sondern unmittelbar als das Werk des lebendigen Gottes, obwohl man anderseits nicht blind ist für eine gewisse Eigengesetzlichkeit der Natur (siehe Mk 4,28: „automate"). Wie im Tenach ist die Schöpfungswelt für uns Grund zum Lobpreis Gottes (Apg 4,24; Offb 4,8–11; 10,6; 14,7).

Mit allen antiken Völkern und vor allem mit dem Alten Testament setzt sowohl Jesus als auch das Neue Testament Glauben an die Schöpfung als lebendige Spiritualität voraus. Zudem war in der jüdischen zwischentestamentlichen Literatur, vor allem im Zusammenhang mit Proselyten – Zutritt von Heiden zur Synagoge –, die Schöpfung (im Gegensatz zum Tenach) ein jüdischer Glaubenspunkt geworden, und nicht nur Bestandteil eines antiken Weltbildes. In dem jüdischen Schemâ wird der Glaube an den einen Schöpfergott als erster Glaubensartikel hingestellt: „Höre, Israel, der Herr, unser Herr, der Herr ist einer"; hier wird zwar die Schöpfung nicht ausdrücklich erwähnt, aber in der „berâkhâ" und den „haggadôt" oder in den Lob- und Danksagungen wird dieser Monotheismus mit dem Glauben an die Schöpfung aufgefüllt. Im synagogalen Gebet wandte man sich an Gott, „den allmächtigen Schöpfer". Das Urchristentum steht darin in der Tradition der frühjüdischen synagogalen Spiritualität, in der die Schöpfung ein *Glaubensdogma* geworden war.

Auffallend ist in diesem Zusammenhang ein sehr altes christliches Kerygma, das Paulus in 1 Thess 1,9–10 erwähnt und das wir ebenfalls in Apg 14,15; 17,22–31 und in Hebr 6,1–2 finden. Es ist ein vorpaulinisches Kerygma an Heiden, das auf das hellenistisch-jüdische Modell einer Missionspredigt oder eines Unterrichts für Heiden, die der Synagoge beitreten wollen, zurückgeht. In dem frühjüdischen Modell ist ein dreigliedriges Credo für Proselyten zu erkennen: a) Glaube an einen Gott, den Schöpfer, – b) Glaube an das Gericht über Nicht-Bußfertige, – c) eschatologische Hoffnung für die Neubekehrten[48]: Schöpfung – Gericht – Heil. Das Modell wird noch sichtbar in seiner christlichen Version: „Wir bringen euch die frohe Botschaft, daß ihr euch abwenden müßt von diesen eitlen Götzen und hinwenden zu dem lebendigen Gott, der Himmel und Erde erschaffen hat" (Apg 14,15), mit anderen Worten, der Glaube an den Schöpfergott wird zu einem Glaubensartikel des christlichen Evangeliums, wie es den *Heiden* gepredigt wird. In der Areopagrede von Apg 17,22–31 lautet es: a) „Ich verkünde euch Gott, der die Welt und alles, was in ihr ist, geschaffen hat, ihn, der der Herr Himmels und der Erde ist ...", – b) „Er hat einen Tag festgesetzt, an dem er die Welt nach Gerechtigkeit richten wird ...", – c) „durch einen Mann, den er dazu bestimmt hat. Allen gab er den Beweis dafür, indem er ihn von den Toten auferstehen ließ". Hier ist die Verchristlichung des frühjüdischen missionarischen Glaubensbekenntnisses auffällig und wird außerdem die urchristliche Funktion der Auferstehung Jesu deutlich: auferstanden, um zu richten, Gericht und Heil. In Hebr 6,1–2 wird als Grundlage des christlichen Lebens genannt: – a) die Abkehr von toten Werken, das heißt in Wirklichkeit vom heidnischen Götzendienst; Glaube an den einen wahren Schöpfergott; – b) das eschatologische Gericht durch Gott; – c) die Funktion des auferstandenen Christus bei diesem Gericht. Auch in zwei von Paulus nicht abhängigen Quellen finden wir also das Kerygma, das Paulus in Thess 1,9–10 aufnimmt: „Wie ihr euch von den Götzen zu Gott bekehrt habt, um dem lebendigen und wahren Gott zu dienen – um aus dem Himmel seinen Sohn zu erwarten, den er von den Toten auferweckt hat, Jesus, der uns von dem kommenden Zorn rettet." Schöpfung – Gericht – Heil: das gleiche Schema wie bei den Juden; anders gesagt: Protologie, Eschatologie, Christologie. Das frühjüdische Schema von Protologie und Eschatologie wird von Christen christologisch gefüllt. Das Band zwischen Schöpfung und Heil wird im Neuen Testament durch den Begriff ‚eschatologisches Gericht' geknüpft, aufgrund der wesentlichen Verbindung zwischen ‚proton' und ‚eschaton': Gott selbst ist Alpha und Omega, Anfang und Ende der Schöpfung. Und Jesus ist beim Eschaton der Schöpfung beteiligt, und gerade deshalb wird vor allem der Kolosserbrief Christus auch beim Beginn der Schöpfung beteiligt sein lassen, wie die Weisheit als Beraterin bei Gott weilte, als er die Welt erschuf (siehe unten). In einem anderen Zusammenhang, nämlich um Jesu Leiden verständlich zu machen, beruft sich der Hebräerbrief auf das gleiche Band zwischen Schöpfung und Eschatologie: „Es ziemte sich, daß Gott, *Ursprung* und *Ende* von allem, wenn er viele Kinder in die himmlische Herrlichkeit führen wollte, auch den Anführer, der sie rettet (Christus), durch Leiden zur Vollendung brachte" (Hebr 2,10; siehe Hebr 1,1–4). Auch hier wirkt das frühjüdische missionarische Glaubensbekenntnis weiter, in christologischer Interpretation. Nach diesem christlichen Credo ist Jesus in den Schöpfungsplan Gottes aufgenommen als auferstandener Christus, der bei seiner Parusie Unbußfertige richten wird und Bekehrten Heil bringt, indem er ihnen Zugang zum Vater gewährt. Die Erlösung wird in diesem Kerygma ausgesprochen eschatologisch verstanden. Dieses dreigliedrige Credo nennt Paulus „unsere Verkündigung der frohen Botschaft" (1 Thess 1,5). Glaube ist hier: Glaube *an Gott* (1 Thess 1,8–9), und Christologie ist Bestandteil des Gottesglaubens. Es ist noch nicht ausdrücklich die Rede von *Glaube* an Jesus Christus; dieser ist Objekt der eschatologischen *Hoffnung*, während der Mitmensch Objekt der *Liebe* ist (1 Thess 1,4; 2,8–9; 3,12; 4,9). Glaube an Gott – Hoffnung auf Christus – Liebe zum Nächsten: das ist die charakteristische urchristliche Struktur des Gnadenlebens (aus dieser Struktur sind später die sogenannten ‚drei göttlichen Tugenden' erwachsen).

Auch in Hebr 11, wo (ebenfalls auf der Grundlage eines hellenistisch-jüdischen Modells) den großen Gestalten des Glaubens aus der Vergangenheit Verehrung bezeigt wird, beginnt die Darlegung über das, was konkret Glauben ist, mit der Erwähnung des fundamentalen Glaubensaktes: Glaube an den Schöpfergott: „Glaube *läßt uns sehen,* daß das All durch Gottes Wort zustande gekommen ist, so daß das Sichtbare aus dem Unsichtbaren entstanden ist" (Hebr 11,3; zugleich Verchristlichung eines griechischen Gedankens); zusammengefaßt: „Wer zu Gott kommen will, muß glauben, *daß es ihn gibt* und *daß er alle belohnt,* die ihn suchen" (Hebr 11,6) – schon wieder das frühjüdische Glaubensmodell.

Soweit sich die neutestamentliche Glaubensverkündigung an Juden wendet, ist fast keine Rede vom Schöpfungsglauben; dieser stand bei Juden außer jedem Zweifel (siehe Apg 4,24). Aber Nicht-Juden gegenüber mußten die Christen (wie auch das frühe Judentum) den Nachdruck auf den einen wahren Gott, den Schöpfer Himmels und der Erde, legen. So wurde im Neuen Testament der Glaube an den Schöpfergott zur Matrix des Glaubens an den gnädigen Gott, der sich in Jesus geoffenbart hat. Wie Jahwe, der Gott der Heilsgeschichte Israels, der allmächtige Schöpfer ist, so wird im Neuen Testament der Schöpfungsglaube in die Form des Glaubens an den Schöpfergott, den Gott Abrahams, Isaaks und Jakobs und den Vater Jesu Christi, umgebildet (siehe Mt 25,34; 1 Kor 8,6; Kol 1,15–17; Röm 11,36; Hebr 1,2–3; 1,10; 2,10; 13,8; Joh 1,1–5; 1,10; 5,17.19; 3,3; 9,3; Röm 11,36; 1 Kor 15,28; Offb 22,13). Der lebendige Gott ist der Schöpfer sowohl alles dessen, was existiert, als auch des Heils. Schöpfung und Heil fallen im Menschen Jesus Christus zusammen. Die spezifisch-göttliche Tätigkeit ist schöpferischer Art, im Sinn von: sie bringt souverän-frei etwas *völlig Neues* zustande (bârâ). Der Zutritt eines Heiden war nicht nur eine Bekehrung zu Christus, sondern auch zum Schöpfungsmonotheismus des einen lebendigen Gottes. So wurde aus einem Bestandteil des antiken Weltbildes – gereinigt durch Israels Heilsgeschichte und durch das geschichtliche Auftreten Jesu – die Schöpfung als erster Glaubensartikel in das christliche Kerygma aufgenommen (später in das apostolische Glaubenssymbol), als Matrix des Glaubens an Gottes Huld in Christus.

Von dieser eschatologischen Stellung Jesu in der Schöpfung her wird im Neuen Testament Jesus Christus oft auch an ‚den Beginn' der Schöpfung gestellt. Zwar kommt dies in beinahe feststehenden Formeln zum Ausdruck, doch nirgends wird dieses Thema an sich weiter ausgeführt. Diese Texte sind hymnisch-liturgischer Art. Jesus ist ‚eikon', Bild des unsichtbaren Gottes (Kol 1,15; 2 Kor 4,4), oder ‚charakter', das heißt Abdruck oder Ebenbild des Wesens Gottes (Hebr 1,3). Vor allem in dieser Eigenschaft wird er dann ‚Schöpfungsmittler' genannt. „In ihm ist alles geschaffen" (Kol 1,16), „das All ist durch ihn und für ihn geschaffen" und „in ihm hat alles Bestand" (Kol 1,16b–17). „Er ist der Abglanz der Herrlichkeit Gottes und das Gepräge seines Wesens, und er trägt alles durch das Wort seiner Kraft" (Hebr 1,3). „Alles ist durch ihn geworden, und ohne ihn ist nichts geworden von dem, was geworden ist" (Joh 1,3). Paulus selbst hat gesagt: „Ein Herr Jesus Christus, durch den das All ist und auch wir sind" (1 Kor 8,6). In solchen Texten, die in christologischer Perspektive eine ältere sapientiale Tradition fortsetzen (siehe Weish 7,21.25 bis 26; 9,12 mit 16,21; 8,6; 9,2.19; 14,2; Sir 1,4; Spr 8,30), werden pythagoreische, platonische und stoische *Ausdrücke* mit jüdischem und christlichem Erbgut verbunden: ‚der Adam' aus Gen 1,26, der sowohl *Bild Gottes* als auch *Herr der Welt* genannt wird[49], ist, in seiner eschatologischen Gestalt, der Mensch *Jesus Christus* (siehe den typischen Übergang von ‚ihm‘, dem Menschen oder Adam, auf ‚Ihn‘, Jesus, in Hebr 2, 8). Paulus wird dieses Motiv in seiner Typologie weiter ausführen: der erste und der letzte, der eschatologische Adam (Röm 5, 12–21; 1 Kor 15, 22.45).

Weil Jesus Christus in der ‚Eschatologie‘ der Schöpfung eine wesentliche Heilsfunktion hat, muß er schon am Anfang der Schöpfung in Gottes Heilsplan aufgenommen sein. Christus ist „der Ursprung der Schöpfung Gottes" (Offb 3, 14) sapiential im Sinn von ‚Ratgeber bei der Schöpfung‘. Schöpfung, Heil und Vollendung werden in Jesus verbunden.

Im Kolosser- und im Epheserbrief wird die Erlösung durch Christus gerade als ein ‚apokatallassein‘, die große Versöhnung des *Alls,* dargestellt (Kol 1, 20a; Eph 2, 16). Nur in diesen beiden Briefen wird ein inniger Zusammenhang hergestellt zwischen Schöpfung und Sündenvergebung (in Hebr 1, 2–4 ist dieser Zusammenhang auch vorhanden, aber viel schwächer). Mit anderen Worten: Die Verbindung zwischen Schöpfungsvermittlung und Sündenvergebung ist dem Epheser- und dem Kolosserbrief eigen und hat auch einen besonderen Hintergrund. Daß Schöpfung und Erlösung im Judentum bereits verbunden waren, geht schon aus Röm 4, 17 und 2 Kor 4, 6 hervor[50]. Doch steht noch mehr dahinter: Die Vorstellung von dem ‚polemos‘, dem Kampf oder Unfrieden im All, aufgenommen in den *jüdischen* Pythagoreismus, der wahrscheinlich die vom Kolosserbrief bekämpfte ‚philosophia‘ ist. Schon nach Heraklit[51] besteht die Wirklichkeit aus Krieg und Streit (polemos kai eris). Der menschliche Geist irrt durch diese entfesselten Weltelemente, auf der Suche nach Ruhe und Frieden. Diesem Kreislauf zu entrinnen ist nur möglich durch Reinigung, vor allem Aszese, durch Verehrung der Götter und Dämonen, durch Reinigungsbäder, Waschungen und Besprengungen und Enthaltung von bestimmten Speisen und Getränken[52] – genau die vom Kolosserbrief gemeinte ‚philosophia‘, die in die christliche Gemeinde eingedrungen war. Durch diese ganze Initiation entrinnt man dem ‚Naturkampf‘ oder dem ‚polemos‘ durch Verweilen in einer „höheren Welt‘ der Harmonie und des Friedens. Diese Christen konnten sehr wohl den Hymnus, der hinter Kol 1, 15–20 steht, mitsingen. Für sie liegt die geheilte Welt droben bei Christus. Aber der Autor des Kolosserbriefes hat etwas gegen den *Weg,* den diese Christen wählen, um der teuflischen Welt zu entfliehen; denn um diese heile Überwelt zu erreichen, sind all diese Praktiken nicht nötig: mit Christus sitzt der Christ schon ‚droben‘ (Kol 2, 12), aber dank der Sündenvergebung, das heißt nicht durch eine kosmische, sondern eine anthropologische Versöhnung und daher durch ein ethisches Leben in dieser Welt. Der ursprüngliche Hymnus, Kol 1, 15–20, steht gleichsam in der Mitte zwischen den Auffassungen des Autors des Kolosserbriefs und der ‚philosophia‘, die er bekämpft. Der Hymnus lobt Gott, den Schöpfer, in dem alles ‚Bestand‘, Frieden und Harmonie hat; aber das tut Gott durch Vermittlung Jesu Christi, dank der Auferstehung Jesu, so interpretiert der Autor den Hymnus: nur *als versöhnte Sünder* werden wir an einer versöhnten Welt teilhaben. Es geht letztlich um einen totalen Weltfrieden, aber in und durch die ethisch-religiöse Versöhnung des Menschen mit Gott und, so sagt vor allem der Epheserbrief, der Menschen untereinander. „Alles (ta panta) zu Einheit und Frieden (anakephalaiosis) bringen in Christus" (Eph 1, 9–10), „durch ihn das All mit sich versöhnen und Frieden stiften" (Kol 1, 20): „Alles im Himmel und auf Erden zu versöhnen, durch ihn allein" (Kol 1, 20). Im Hintergrund steht das antike Lebensgefühl der Versöhnung und Beseitigung des Bruchs zwischen den ‚epigeia' (der irdischen Welt) und den ‚epourania' (der himmlischen pneumatischen Welt), aber dies alles geschieht im Neuen Testament in und durch Sündenvergebung und dadurch, daß der Mensch ethisch-religiös und nicht ‚kosmisch' lebt. Doch fließen in Jesus Christus, der Schöpfungsmittler genannt wird, Schöpfung, Erlösung und Begnadung – und Vollendung zusammen. So – von dem einen Schöpfergott aus – kann in der Tat alles Gnade werden („Tout est grâce", sagte Therese von Lisieux, von Bernanos oft zitiert). Nur an einer Stelle im Neuen Testament kommt auch der kosmisch-leibliche Aspekt der Erlösung (selbstverständlich außer in der Auferstehung) in den Blick: wo Paulus die materielle Schöpfungswelt nach der Offenbarung der Freiheit der Kinder Gottes seufzen läßt (Röm 8, 20–22), ganz auf der alttestamentlichen Linie der Schicksalsverbundenheit zwischen Mensch, Tier und Natur. Im Kolosser- und im Epheserbrief werden pankosmische Auswirkungen der Erlösung besprochen vor einem spätantiken Hintergrund – an dem man ‚kosmisch' interessiert ist – und aus einem pneumatischen Enthusiasmus über den Auferstandenen, „das alles in allem" (siehe Kol 1, 23).

Die Folge ist, daß die stoische Autarkie des selbstherrlichen, innerlich-freien Menschen umgebogen wird zu einer durch Gnade befreiten Freiheit, die in Christus genauso unantastbar ist, ganz gleich gegenüber wem, wie die stoische innere Freiheit dies zu sein behauptete: „Wenn Gott für uns ist, wer wird dann gegen uns sein?" (Röm 8, 31b), „wer wird uns trennen von der Liebe Christi?" (Röm 8, 35; siehe Hebr 13, 6), – „selbst der Tod nicht" (Röm 8, 36–39), – „ich lasse euch nicht allein, ich werde euch nie im Stich lassen" (Dtn 31, 6.8). Deshalb können wir vertrauensvoll sagen: Der Herr ist mein Helfer, ich habe nichts zu fürchten. Was kann *ein Mensch* mir antun? (Ps 118, 6), (Hebr 13, 5b–6), – was können *Dämonen* uns antun? (Röm 8, 36–39). Man kann sagen, daß vor allem im Kolosser- und im Epheserbrief alles Gnade ist, außer der Sünde, die aber auch noch durch Gottes Vergebung getilgt wird. Zwar weiß Paulus manchmal selbst nichts Rechtes anzufangen mit einem vor allem ekstatischen und in Zungen sprechenden Enthusiasmus, aber ihn ohne weiteres zu verurteilen, wagt er ebensowenig, außer wenn er die richtige Auffassung von Jesus Christus als dem Herrn bedroht (siehe 1 Thess 5, 20–21, auch 1 Kor 12, 10; 14, 1–25.26 bis 33.39–40; und vor allem die scharfen Reaktionen auf einen eklektischen religiösen Enthusiasmus von Christen, die einem falschen Gnadenmonismus huldigen, im Judas- und im Zweiten Petrusbrief).

In dieser neutestamentlichen Perspektive, in der Schöpfung und Heil Komponenten eines einzigen Heilsplans in Christus sind und in der also alles Gnade werden kann, erhalten auch Scheitern, Mißlingen und besonders unnötiges und entfremdendes Leiden (vor allem in der Tradition: Markusevangelium; Erster Petrusbrief; Hebräerbrief) in Christus eine Gnadendimension (Markusevangelium; 1 Petr 2,22–25; 3,13 – 4,6.16; der ganze Hebräerbrief; ferner auch Jak 1,2; Mt 5,4.10–11; Phil 1,29; 3,10; 4,11–13; Röm 8,17; 2 Kor 4,10–11 usw.). Obwohl das Leiden als solches negativ erfahren wird, kann es zu „einer Teilnahme am Leiden Christi" umgeformt (Röm 5,3; 8,17; Kap. 6; Gal 3,10; 3,26–27; 2 Kor 1,7; Phil 3,10; Kol 1,24; 1 Petr 4,13; Hebr 12,5–13, wo es ein Zeichen der Sohnschaft genannt wird; siehe Hebr 2,10) und damit der Weg zur Teilhabe an Jesu Verherrlichung werden. Christus selbst hatte teil an unserem Leiden (Hebr 12,7; siehe 1,9; 2,14; 3,1.14; 6,4). Dieses Anteilnehmen-Wollen an unserer menschlichen Leidensgeschichte ist für den Hebräerbrief gleichsam das Lebensprojekt Jesu auf der Schwelle seines Eintritts in unsere Geschichte (10,5–7; 2,14)[53].

Diese Gnadenmystik, die Schöpfung und Heil umfaßt, mündet in die Glaubenssicherheit: „ihre Schwachheit wird ihre Kraft" (Hebr 11,34b), „Kraft wird gerade in Schwachheit vollendet" (2 Kor 12,9; siehe Röm 8,26; 2 Kor 4,7; 13,4b), nach dem Vorbild Jesu: „Zwar wurde er in Schwachheit gekreuzigt, aber er lebt jetzt durch Gottes Kraft" (2 Kor 13,4a). „Wir tragen diesen (Gnaden-)Schatz in irdenen Gefäßen; deutlich zeigt sich (damit), daß diese übergroße Kraft von Gott kommt und nicht von uns" (2 Kor 4,7).

Aus diesem Überblick geht hervor, daß ein gewisses selbständiges religiöses Erfahren Gottes aus Naturerlebnissen nicht ausgeschlossen zu werden braucht. Auch in diesem Sinn kann der Glaube an Jesus durch Sinnerfahrungen gestärkt werden – vielleicht ist es sogar möglich, daß der moderne Mensch in seinem Protest gegen Umweltverschmutzung zu Naturerlebnissen als einer Art ,praeambulum fidei', zu einer Offenheit für tiefere Sinnerlebnisse zurückfindet. Anderseits versteht das Neue Testament, mit dem frühen Judentum, den Glauben an die Schöpfung als den alles tragenden Grund des jüdisch-christlichen Kerygmas. Dabei dürfen wir in unserem Erfahrungshorizont nicht vergessen, daß trotz des wirklichen Unterschieds zwischen Kosmos und Geschichte die Natur immer mehr an unserer menschlichen Geschichte teilhat. Doch gibt es eine unüberwindliche Grenze zwischen beiden; die Natur behält einen Rest von Selbständigkeit und daher auch von Widerstand, sie läßt sich nicht ganz in unsere planende menschliche Geschichte aufnehmen. Darin liegt sowohl unüberwindliches menschliches Leid (die dialektische Spannung zwischen Natur und Geschichte) als auch ein gewisser Schutz des Menschen vor bloß technischer Naturbeherrschung. Das verweist uns – auch ökologisch – auf die bleibende relative Selbständigkeit der Natur gegenüber der menschlichen Geschichte, was zugleich die Frage nach einem transzendenten Prinzip aufwirft, das durch

Immanenz Natur und Geschichte übersteigt – die Frage nach Heil oder Heilsein und Heilmachung nicht nur unserer Geschichte und unseres Menschseins, sondern auch der materiellen Welt, die Frage schließlich nach der Universalität der christlichen Erlösung, die ja letztlich in dem einen Gott *aller* Menschen, dem Schöpfer Himmels und der Erde, begründet liegt[54]. Mit Recht läßt Paulus die ganze Schöpfung nach der Offenbarung der Herrlichkeit Gottes im vollendeten menschlichen Heil seufzen (Röm 8,19–22). Deshalb ist der Schöpfungsbegriff von fundamentaler Bedeutung in jeder Theologie der Gnade. Wenn der Mensch allein gelassen wird mit einer Welt-für-den-Menschen, die nicht zugleich und fundamentaler die Welt Gottes ist, bleibt die Glaubenssicherheit in der Subjektivität des Menschen und deshalb ständig dem Verdacht reiner Projektion ausgesetzt. Der Gott des Alls, auch der Natur, ist eines der Elemente, welche die religiöse Subjektivität von ‚Subjektivismus' freihalten können.

§ 2. Gnade als sittlich-religiöse oder ontologische Kategorie?

Vor allem dem westlichen (durch Philosophie geprägten) Menschen fällt es auf, daß im Neuen Testament charis oder Gnade nicht Natur oder Schöpfung *gegenüber*steht (wie in der späteren scholastischen Theologie: ‚Natur' und das ‚Übernatürliche'), sondern Sünde und Ohnmacht (Galater- und Römerbrief); als das Feste und Unvergängliche gegenüber dem Unheiligen, dem irdischen Vergänglichen (dem ‚ersten Äon') (Hebr 12,15.28; 13,8–9); als Ruhe und Heiterkeit gegenüber Furcht, Lebens- und Todesangst (Hebr 2,14–15) und Dämonenfurcht; gegenüber dem Stehen unter dem Gesetz (Röm 6,14; 5,2; Gal 5,4.18), gegenüber all den Tabuvorschriften: „Rühre nicht an! Koste nicht! Halte dich davon fern!" (Kol 2,20–23), gegenüber Selbstgerechtigkeit, Eigenmächtigkeit durch selbstherrliches Ethos aufgrund von persönlicher Leistung oder eigenen ‚Verdiensten' im paulinischen Sinn (Röm 1,5; 9,12; 9,16; 11,6; Gal 1,15; 2,21; 5,4; Eph 1,4; 2,8; 2 Tim 1,9; Tit 3,7); schließlich als Überfülle von Gnade in Christus gegenüber der schon milden Gnade des Tenachs (z. B. Hebr 13,9; Joh 1,17). Wo Gnade deutlich ‚der Welt' gegenübersteht (vor allem im Johanneismus), ist die zwitterhafte, doppeldeutige und des Lichtes beraubte, letztlich auch sündige Welt gemeint (Joh 1,9; 3,19; 6,14; 9,39; 10,36; 11,27; 12,46; 16,28; 17,18; 18,37; 1 Joh 2,15–17; 4,9).

Daraus geht hervor, daß im Neuen Testament Gnade ein sittlich-religiöser Begriff aus der Glaubenssprache oder dem religiösen Sprechen über die Wirklichkeit ist. Gnade wird nicht thematisiert als metapyhsischer Begriff (der vor allem die mittelalterliche Theologie beschäftigen wird). Trotzdem ist auch im Neuen Testament die Gnade mehr als nur eine bestimmte, nämlich religiöse Sprechweise, nur sinnvoll innerhalb eines absolut geschlossenen Sprachsystems. Oder richtiger: Es geht nicht nur um ein *Sprechen über* Gnade, sondern um eine Wirklichkeitserfahrung, die allein in Glaubenssprache ausgedrückt werden kann. Lebendige Wesensrealität von und aus Gott – uns in Jesus erschienen und durch den auferstandenen Jesus im Geschenk des Geistes zu uns kommend –, ist die Gnade im Neuen Testament auch eine Realität von und in uns (vom Mittelalter innerhalb eines metyphysischen Bezugsrahmens geschaffene Gnade – ‚gratia creata‘ – genannt, als *Folge von* und zugleich *Disposition zu* der unerschaffenen Gnade oder den einwohnenden göttlichen Personen). Denn Gottes Gnade macht den Menschen zu einem wahrhaft „neugeborenen Wesen" (Joh 1,13; 3,3.6.7.8; 1 Joh 2,29; 3,9; 4,7; 5,1.4.18; 1 Petr 1,3.23) dank dem Glauben und dem „Bad der Wiedergeburt" (Tit 3,5; Joh 3,5; 1 Petr 1,3; 1,23; siehe 2,2; Joh 3,3–8; 1 Joh 3,9; 5,8; vergleiche Röm 6,4; 2 Kor 5,17). Die Gnade macht uns zu „neuen Geschöpfen", „geschaffen in Christus" (Eph 2,10; Kol 3,10; 2 Kor 5,17; Gal 6,15; Röm 6,5–6; 7,6); sie gestaltet das Leben um (Röm 6,5–6; 7,6), unsere ganze Psyche: unser Denken (Eph 4,23), unseren Geist (Röm 7,6; 12,2), unser ‚Sinnen‘ (1 Kor 2,12–16); sie macht uns zu „anderen Menschen mit einer neuen Anschauung" (Röm 12,2), kurzum zu „neuen Menschen" (Eph 4,24; individuell, aber auch kollektiv: Eph 2,14). Durch die Gnade erhalten wir schließlich einen „neuen Namen" (Offb 2,17; siehe 3,12), das heißt, erst eschatologisch wird sich zeigen, was die tiefste Identität der durch die Gnade erneuerten Wesen ist; es wird sogar als Identität öffentlich sichtbar, in die verherrlichte Leiblichkeit eingeschrieben werden (u.a.: Röm 8,11.23–24; 1 Kor 15,12–57), öffentlicher Ausdruck der vollkommenen christlichen Identität.

Wer in Freiheit und Glaubensgehorsam auf diese charis Gottes hört, lebt daher in einem Gnaden*stand* oder ‚Stand der Gnade‘ (Röm 5,1–2; 6,1–23; Joh 8,44; 2 Kor 1,24; Phil 4,1; 1 Petr 5,12), in dem der Begnadete jedoch verharren muß (Apg 13,43; siehe Mt 10,22; vor allem wiederholt im Hebräerbrief). Denn man kann auch ‚aus der Gnade fallen‘ oder „der Gnade verlustiggehen" (Hebr 12,15; Röm 11,22; 2 Kor 6,1; Gal 5,4; siehe 2,21) und damit „den Geist beschimpfen" (Hebr 10,29), „den Geist auslöschen" (1 Thess 5,19) oder „den Geist kränken" (Eph 4,30; „lypein" ist nicht so sehr betrüben als vielmehr kränken, beleidigen. Siehe Jes 63,10. Es ist also ein biblischer Topos). Aber bei gnadenvollem Ausharren wird Gottes Gnade in Christus als konsequent bejahte Wirklichkeit vom Gläubigen persönlich aufgenommen, zum Grund der Hoffnung auf Auferstehung (Röm 8,11.23–24) und eschatologische Vollendung (Röm 8,17; 8,29; Gal 4,5; Tit 3,6; 1 Petr 1,7–10; 3,7; 4,10–11; 5,10; Offb 21,23; Eph 4,30).

Trotz oder gerade in diesem Realismus der neutestamentlichen Auffassung von einer nicht nur forensischen Begnadung erweist sich zugleich die Transzendenz der Gnade: „unabhängig von menschlichen Taten, nur abhängig von dem, der ruft" (Röm 9,12); „es hängt also nicht von dem Willen oder der Anstrengung des Menschen ab, sondern von Gottes Erbarmen" (Röm 9,16; siehe Eph 3,20–21).

Doch muß diese Gnade in uns fruchtbar werden in sittlich-religiösem Tun (Röm 6,1–23; 7,4; 1 Kor 15,10; 2 Kor 6,1; Epheserbrief; Kolosserbrief; Hebräerbrief usw.). Das von Menschen selbst zu lebende, eigene theologale und ethische Leben ist, in einem, gerade Gottes Gnadenwerk, durch das „der Geist unserer Schwachheit zu Hilfe kommt" (Röm 8,26). Selbst das Flehen um Gnade *ist* schon das Werk des Geistes in uns (Röm 8,6b): „Ihm, der durch die Kraft, die in uns wirksam ist, unendlich mehr zu vollbringen vermag als alles, was wir erbitten oder denken können..." (Eph 3,20). „Gott ist es, der sowohl das Wollen als auch das Tun bei euch zustande bringt, um seinen Heilsplan zu verwirklichen" (Phil 2,13). Die Gedanken, das ‚Sinnen' Jesu auch in uns zur Geltung kommen zu lassen, bedeutet daher: handeln und denken wie Jesus (1 Kor 2,16b), der, in Selbstentäußerung (siehe 2 Kor 8,9, im Zusammenhang mit der Kollekte für die arme Gemeinde in Jerusalem; auch Phil 2,6–11), andere reich machte. Begnadung umfaßt immer eine völlige Selbstverleugnung, Offenheit für andere, Disponibilität und Lernbereitschaft, in Freude über die Kostbarkeit des gefundenen Schatzes, eine Perle (orientalisches Symbol für das Lebensgeheimnis, um das man alles andere hingibt; Mt 13,44). Darin handelt der Christ im Geist Jesu, „der statt der Freude, die ihm zukam, ein Kreuz auf sich genommen hat" (Hebr 12,2). Gnade, Reich Gottes, Herrschaft Gottes, Quelle und Grund menschlichen und weltlichen Friedens erfordern also fundamental ‚metanoia': Umstellung unserer selbstverständlichen, allzu menschlichen Lebenshaltungen (siehe Mk 1,14–15; 2 Kor 7,10 usw.). Das neue Leben mit Gott in Christus fordert ein Leben für und mit Gott in Dienstbarkeit gegenüber den Mitmenschen: Anteil haben an der Fülle der chesed und 'emeth Gottes, die persönlich in Jesus gegenwärtig sind (siehe Joh 1,17).

§ 3. Differenzierungen der Gnade „zum Wohl aller"

Innerhalb der einen „allen gemeinsamen Gnade" (koine charis, Jud 3) und „des einen Geistes" als Gabe an alle (1 Kor 12,4) erhalten alle – sowohl einzelne als auch Ortskirchen (z. B. 2 Kor 8,1) – verschiedene besondere Gnadengaben oder ‚charismata' für einen eigenen, besonderen Dienst an der Gemeinschaft: „zum Wohl aller" (1 Kor 12,4–31; Röm 12,6; siehe 1 Kor 12–14; 2 Tim 1,6; Eph 4,7.11), jeder gemäß seiner eigenen Berufung und Art (1 Kor 7,7; 1 Petr 4,10). Die mittelalterliche Scholastik und die spätere Theologie nennen diese Gnadengaben ‚gratiae gratis datae' gegenüber der ‚gratia gratum faciens' oder rechtfertigmachende Gnade (die nach dem Tridentinum heiligmachende Gnade oder ‚gratia sanctificans' genannt wird). Man muß dies so verstehen, als erhalte die eine Gnade in der komplizierten und ‚verzweigten' Struktur des Menschseins und der menschlichen Psyche gleichsam verschiedene umfangreiche Verästelungen.

Es fällt jedoch auf, daß das Wort ‚charisma' (abgesehen von dem auch paulinisch orientierten Text in 1 Petr 4, 10) allein in den Paulinen vorkommt und immer in Zusammenhang mit dem Werk der Erlösung. „Charisma" knüpft einerseits an charis, anderseits an pneuma an, weil auch manche pneumatischen Phänomene in der Kirche vom Paulinismus charismata genannt werden. Besonders bedeutet charisma einfach die fundamentale charis-Gabe (2 Kor 1, 11; Röm 5, 15–16; Anlehnung von charisma an charis), während die Verwandtschaft mit pneuma am stärksten zum Ausdruck kommt in dem Begriff: „charisma pneumatikon" (Röm 1, 11; 6, 23). Die Bedeutung schwankt daher, obwohl alles, was zum gegenseitigen Aufbau und zum Aufbau der Kirche dient, charisma genannt werden darf (1 Petr 4, 10).

In 1 Kor 12, 4–6 teilt Paulus diese besonderen Gnadengaben in drei Kategorien auf: „charismata, diakoniai, energemata", mit einer Beziehung zum Geist (charisma) bzw. zum Kyrios oder Herrn (diakonia) oder zu Gott (energema), obwohl diese Beziehungen exegetisch nicht so deutlich sind; relevant darin ist allein die Vielheit und Verschiedenheit von Gnadengaben, die alle das Werk des einen Geistes sind (1 Kor 12, 11). Auffallend ist, daß diese Gnadengaben sozusagen gepflegt (zeloun) werden können (mit anderen Worten, sie hängen mit der Psychologie jedes einzelnen zusammen; 1 Kor 12, 31 in Verbindung mit 14, 1).

Eine weitere Entwicklung zeigen die Pastoralbriefe. In ihnen ist die Rede von einem *Amtscharisma* in der Kirche, das durch Handauflegung (Weihe) erlangt wird (1 Tim 4, 14; 2 Tim 1, 6). Es fällt dabei auf, daß in diesen Briefen keine Rede mehr ist von den Charismen der Gläubigen, die keine Amtsträger sind (entsprechend dem allgemeinen Trend in diesen späteren neutestamentlichen Briefen – der inneren Konsequenz der Trennung der christlichen Brüderschaft von der Synagoge – muß sich die Gemeinde innerlich ordnen oder eine eigene Kirchenordnung schaffen, wobei in jüdisch-christlichen Gemeinden die jüdische, presbyterale Struktur übernommen wurde, in den Gemeinden aus den Heiden eher die ‚episkopale' Struktur der hellenistischen Gesellschaft). Bald darauf wird – unbiblisch – die Rede sein von einem Unterschied zwischen kleros und laikos[55]. Dies alles steht vielleicht im Zusammenhang mit der (oben erwähnten) neuen, kaiserzeitlichen Entwicklung der Bedeutung des profangriechischen Wortes charis, nämlich als Macht, Vollmacht von oben, wobei also nicht so sehr die Gabe im Mittelpunkt steht als vielmehr die überirdische Macht – eine profane Wortentwicklung also, die sich auch in der spätesten neutestamentlichen Literatur manifestiert (und die die spätere theologische Entwicklung stark beeinflussen wird).

DRITTES KAPITEL
GOTT DER GNADE, JESUS CHRISTUS, UND DAS PNEUMA

Was das Neue Testament „die Gabe des Heiligen Geistes" nennt (z. B. Apg 2, 38; 10, 38), stellt verschiedene Probleme. Alle Christus zugeschriebenen Heilsgaben – Heil, Rettung, Erlösung, Rechtfertigung, Heiligung, Zugang zum Vater usw. – werden unproblematisch auch dem heiligen Geist zugeschrieben. Er ist ein „pneuma hagiasmou" (Röm 15, 13.16; 1, 4; 2 Thess 2, 13; Gal 5, 6; Apg 11, 24; 26, 10; 1 Petr 1, 2), ein Geist der Heiligung; ein „pneuma dikaiosynēs", Geist der Rechtfertigung (1 Kor 6, 11; 1 Tim 3, 16; 1 Petr 1, 2); ein „pneuma apoly-trōseōs", ein Geist der Befreiung (Eph 4, 30); ein „pneuma zōēs", Geist des Lebens (Röm 8, 2.6.10–11; 2 Kor 3, 6; Joh 6, 63; 1 Petr 3, 18; Gal 5, 25); ein „pneuma tēs pisteōs", Geist des Glaubens (2 Kor 4, 13; Apg 11, 24). Die Gnade ist auch eine „koinōnia pneumatos", Gemeinschaft des Geistes (Phil 2, 1; 2 Kor 13, 13), die (wie Christus) „Zugang zum Vater verleiht" (Eph 2, 18) in „einem Geist der Lebenserneuerung" (Tit 3, 5; Eph 4, 23). Er ist „der Geist der Freude" (Röm 14, 17; Gal 5, 22; 1 Thess 1, 6), „der Geist des Friedens" (Gal 5, 22; Röm 14, 17; 8, 6) und „der Geist der Liebe" (Röm 15, 3; 1 Kor 4, 21; Kol 1, 8; siehe Röm 5, 5; 2 Tim 1, 7 usw.). Zudem wird im Neuen Testament der Geist einerseits auch von Christus her verstanden (Röm 8, 9; 1 Kor 15, 45; Gal 4, 6), anderseits Christus vom Geist her: Jesus ist die Frucht des Geistes, der ihn zeugt (Mt 1, 18; Lk 1, 35); er ist „geboren aus dem Geist" (Lk 4, 18), der auf Jesus bei seiner Taufe herabsteigt (Mk 1, 10 parr); Jesus „ist auferstanden aus der Kraft des Geistes" (Röm 1, 4; 1 Tim 3, 16). Schließlich bedeutet Christus „gesalbt sein mit dem Geist" (Apg 10, 38) [56]. Daher das wechselnde Vorkommen der inhaltlich gleichen Ausdrücke wie „in Christus" und „im Geist", zumindest bei Paulus und in den vom Paulinismus inspirierten Schriften (im Johanneismus ist diese Gleichstellung unmöglich, weil der Pneuma-Paraklet dort eine andere Bedeutung und Funktion hat). Schließlich ist die „hyiothesia" oder Adoption (Gal 4, 5; Röm 8, 15.23; Eph 1, 5; siehe Röm 9, 4: „hyiothesia" als Vorrecht Israels), vor allem wenn wir Gal 5, 5–6 und Röm 8, 15–16 miteinander vergleichen, eine Gabe des Geistes: Christen empfangen die „hyiothesia" (Röm 8, 15), wie sie das „pneuma" empfangen (siehe Gal 3, 2.14; Röm 8, 15; 1 Kor 2, 12). Das Pneuma, das wir empfangen, ist „der Geist des Sohnes Gottes" (Gal 4, 6). Wird der Geist uns eingegossen, weil wir Adoptionssöhne werden, oder gießt Gott den Geist ein, so daß wir Söhne werden? Ich glaube nicht, daß wir diese Frage vertheologisieren dürfen: Der Empfang der Sohnschaft *ist* der Empfang der Geistesgabe; das wird noch deutlicher im Johanneismus, der von einer pneumatischen Geburt aus Gott spricht. Die Sohnschaft oder die Adoption wird konkret verwirklicht durch Glaube, Taufe und Geistesgabe; dies bildet ein einziges (liturgisches) Geschehen, deren Elemente kaum analytisch auseinandergelegt werden können (daher der Aorist: der Geist ist bei der Taufe gegeben). Der „Geist des Sohnes" ist der Sohn selbst in seiner pneumatischen Gegenwart (siehe

Röm 5,5). Der Geist selbst gibt dem Christen daher die Erfahrung des Vaters (Röm 8,14; Gal 4,6; siehe 1 Joh 3,24). Die Gnade des Vaters in Christus ist Gnadenpneuma: „Pneuma tēs charitos" (Hebr 10,29; siehe Sach 12,10).

Durch die Gnade Jesu Christi ist das Pneuma „der in uns wohnende Geist" (2 Tim 1,14; Röm 8,9.11; 1 Kor 3,16; Jak 4,5); daher ist der Gnadenmensch „eine Wohnstätte Gottes" (Eph 2,22; siehe 1 Kor 3,16 und 6,19). Das Verhältnis des erlösenden Heilswerkes Jesu Christi zu demselben Werk des heiligen Geistes wird im Neuen Testament nicht näher präzisiert, und vielleicht ist dies auch nicht notwendig. Deshalb ist es (außer bei einigen Texten im Johannesevangelium) unklar, ob man ‚*der* pneuma' oder ‚*das* pneuma' übersetzen muß. Seinerseits nennt der johanneische Jesus den heiligen Geist „einen *anderen* Parakleten" (Joh 14,16), während 1 Joh 2,1 Christus selbst offensichtlich „unseren Parakleten bei Gott", das heißt Fürsprecher, nennt[57]. Die Identifizierung von Pneuma (Geist der Wahrheit) mit Paraklet ist johanneisch. Die Absicht des Johannes ist vielleicht, den zwischentestamentlichen Parakleten völlig abhängig von Christus zu machen (siehe oben). Der Begriff Paraklet ist die Art und Weise, wie Johannes den Begriff pneuma *verchristlicht*; durch den Begriff Paraklet wird der Pneuma christozentrisch. So ist es der Geist, der den Zusammenhang zwischen dem historischen Jesus von Nazaret und dem heutigen Glaubensleben der johanneischen Gemeinde herstellt: Der Paraklet verbindet die Vergangenheit mit der Gegenwart; er aktualisiert die Offenbarung, die in Jesus vollzogen ist. Die heutige Kirche ist der Ort, an dem das Heilswerk, das Gott in Christus begonnen hat, durch den Geist fortgesetzt wird.

Der Vater schenkt uns den Sohn (Joh 3,16), und der Vater schenkt uns den Geist (Joh 14,16). Der Geist ist sowohl „Pneuma Gottes" (des Vaters) (Mt 10,20; 12,28; Lk 11,13; Apg 5,32; Röm 8,9.13; 1 Kor 12,11–14; 3,16; 6,11; 7,40; 12,3; 2 Kor 3,3; Eph 4,30; 1 Petr 4,14; 1 Joh 4,30) als auch „Pneuma Christi" (oder Jesu; des Sohnes; Jesu Christi) (Gal 4,6; Röm 8,9; 2 Kor 3,17–18; Joh 14,16–17; 1 Petr 1,11; Phil 1,19). Christus und der Geist tun dem Neuen Testament zufolge offensichtlich dasselbe. Das stellt uns vor die Frage nach dem Verhältnis zwischen *Christologie* und *Pneumatologie*. Außerdem wird auch Gott Pneuma genannt (Joh 4,24); das ist keine Wesensbestimmung, sondern ein Hinweis auf seinen himmlischen Lebensbereich und eine Benennung Gottes nach seiner handelnden Beziehung zum Menschen, nämlich weil er den Geist schenkt (Joh 14,16; wie: „Gott ist Licht", 1 Joh 1,5, und „Gott ist Liebe", 1 Joh 4,8, nämlich als den Menschen erleuchtend und liebend). Wie Christus bewirkt auch „der Heilige Geist alles" (1 Kor 12,11). Auch Christus selbst wird einmal „Pneuma" genannt (2 Kor 3,17).

Aus all dem folgt, daß, abgesehen von einigen johanneischen Texten, pneuma im Neuen Testament eine schwebende, eher noch alttestamentliche und außerbiblische, judaische Bedeutung hat[58]. „Ruach" – Wind und Lebensatem – ist ein Begriff, der sich wegen des beweglichen und explosiven Charakters von Wind und Sturm für manche übertragene und symbolische Bedeutung eignete (siehe die vortheologischen Bedeutungen in der Anmerkung)[59]. Der *spezifisch-theologische* Gebrauch von ruach oder Geist in Verbindung mit Gott ist im Tenach nicht so verbreitet, wie man manchmal glaubt. R. Albertz und Cl. Westermann fanden nur 20 Stellen (Rich 3,10; 6,34; 11,29; 13,25; 14,6.19; 15,14; 1 Sam 10,6; 16,13.14; 2 Sam 23,2; 1 Kön 22,24 = 2 Chron 18,23; Jes 11,2; 63,14; Ex 11,5; Mi 3,8; 2 Chron 20,14; Jes 61,1). In den ältesten Texten ist die Rede vom Geist Gottes – a) in Verbindung mit charismatischer Führung des Volkes, und – b) in Fällen ekstatischer Prophetie. In beiden Fällen geht es um die Vorstellung von einer dynamischen explosiven Kraft, die den Menschen ,überfällt‘ und ihn für eine (kurze) Zeit zu besonderer Aktivität befähigt. Im ersten Kontext, dem der charismatischen Führerschaft, ist die Rede von *„ruach Jahwe“*. Der ,Geist Gottes‘ weist dann auf die Art und Weise hin, wie Jahwe in der Zeit der Richter die Rettung seines Volks bewirkte, nämlich durch vom Geist getriebene, charismatische Führer. In ihren militärischen Aktionen führte Jahwe selbst Krieg. Die deuteronomistische Tradition sah scharf die Besonderheit dieser charismatischen Epoche Israels; sie setzt vor die Geschichten von den Richtern eine Einleitung, die gleichsam das Programm dieser Volksführer wiedergibt (Rich 3,7–11). Darin wird das ältere Schema: Abfall, Gericht, Klage, Rettung (2,11–16) geändert: der ruach Gottes kommt über Otniel (Rich 3,10). Es geht ursprünglich nicht um ein Amt, sondern um eine vorübergehende Episode. Mit dem Aufkommen einer bleibenden politischen Institution, dem Königtum (gescheitert bei Gideon, aber geglückt im Versuch des Saul, Rich 8,22ff; 1 Sam 11,14), erfährt der dynamische ruach-Begriff eine starke Veränderung, nachdem er zuerst gleichsam verwildert war. In den Geschichten von Samson erhält dieser Held durch Gottes Geist plötzlich gewaltige Kraft. Ruach scheint reine Machtdemonstration zur Folge zu haben (Rich 14,6; 15,14).

Im zweiten Kontext, dem der ekstatischen Prophetie, ist die Rede von „ruach Elohim“ (was auf kanaanitischen Ursprung hinweist). Gottes Geist kommt auf die ganze Gruppe der Propheten (nabi) (allerdings wird sein Kommen gleichsam durch Musik hervorgerufen, 1 Sam 10,5–6). Später wurde dieses Phänomen, im Gegensatz zum „ruach Jahwe“, eher negativ gewertet (1 Sam 10,10.13a; 19,8–24) (,Geist Gottes‘ und ,Hand Gottes‘ sind dabei synonym, 2 Kön 3,15; 1 Kön 18,46).

Aus allem wird deutlich, daß ursprünglich kein Zusammenhang zwischen ,Geist Gottes‘ und der Vermittlung des ,Wortes Gottes‘ durch ihn bestand. Diese Verbindung fehlt fast völlig in der ganzen prophetischen Literatur von Amos bis einschließlich Jeremia[60]; nur Ezechiel bildet eine Ausnahme. Dieses Fehlen läßt sich daraus erklären, daß die ganze prophetische Literatur die Heilsprophetie bekämpft (siehe 1 Kön 22; 2 Chron 18). Die Heilspropheten verstanden ihre Worte als Worte des Ruach oder Geistes Gottes; für die Schriftpropheten dagegen war das Wort Gottes ohne Vermittlung des Geistes die einzige Legitimation. Erst nach dem Exil wird das prophetische Wort ,neu interpretiert‘ und dann selbstverständlich als Wirkung des Geistes Gottes verstanden. In dieser Zeit wird, bei einem Rückblick, vor allem in der deuteronomistischen Tradition[61], auch das prophetische Wort als das Werk des Geistes Gottes verstanden (Neh 9,30; Sach 7,12; Mich 3,8; Ez 11,5 in einer Glosse). Das Werk der Chronisten sieht alle Propheten als von Gottes Geist inspiriert an (2 Chron 15,1; 20,14; 24,20).

Das Aufkommen des Königtums als Institution war ein Bruch mit der alten, dynamischen Vorstellung vom Geist Gottes. Jetzt wird der Geist eine bleibende Gabe an den Gesalbten (das heißt König) Jahwes; diese Gabe weist in besonderer Weise auf das ‚Mit-Gott-Sein' des Königs oder des ‚Christus' und auf seine spezielle Begabung (und das gilt dann vor allem für den messianischen König). Der explosive Charakter des ruach ist verschwunden: er *ruht* jetzt auf jemandem (Num 11,25.26; 2 Kön 2,15; Jes 11,2); jemand ist ‚voll des' Geistes (Ex 31,3; 35,31; Dtn 34,9; Mich 3,8). Die Gabe des Geistes wird mit Riten verbunden: Salbung (1 Sam 16,13; Jes 61,1) oder Handauflegung (Dtn 34,9); sie ist verknüpft mit amtlicher Sukzession: Bei der Salbung Davids weicht der „ruach Elohim" von Saul (2 Chron 2,9.15; Num 11,17), allerdings ist dies alles offensichtlich erst eine spätere Interpretation, vor allem in Verbindung mit dem messianischen König (Jes 11,2; 42,1; 61,1). Der verheißene Messias ist Träger des Geistes Gottes (Jes 11,2), und das gilt für seine ganze Regierung: in Weisheit, Einsicht und Stärke (Jes 28,5). Der Gottesknecht besitzt den Geist (Jes 42,1) und er muß durch sein Leiden über alle Völker Recht sprechen. In den Ebed-Jahwe-Liedern sehen wir eine Verschmelzung von charismatischer Führerschaft (die alte ruach-Auffassung), prophetischem Amt (spätere Interpretation von ruach) und schließlich königlichem Amt. Tritojesaja stellt seine Botschaft des Trostes ausdrücklich in die Tradition dieser Verheißung (Jes 61,1). In derselben Zeit, nämlich nach dem Exil, deutete man schließlich die Führer aus Israels frühesten Zeiten, vor allem Mose und Josua, daher als Geistträger (Num 11,17; 27,18; Dtn 34,9). Zugleich ist (neben der Gabe des Geistes an bevorzugte einzelne) auch die Rede von der Gabe des Geistes an das ganze Gottesvolk (Ez 36,27; 37,14; 39,29; siehe 11,19; 18,31; 36,26; Joel 3,1–4; Jes 32,15; 44,3; 59,21; Hag 2,5) (darin laufen disparate Vorstellungen zusammen, obwohl sich hinsichtlich der Gabe des Geistes an einen einzelnen eine ziemlich geschlossene Tradition feststellen läßt). In den beiden Fällen ist, im Gegensatz zur ursprünglichen Auffassung vom Geist Gottes, seine Geistesgabe ein *bleibender* Besitz.

Von der eschatologischen Gabe des Geistes an das ganze Volk sprechen vor allem Ezechiel (36,27; siehe 11,19; 36,26), in Verbindung mit einem ‚neuen Herzen' im Menschen (11,19–20) und einem (erneuerten) Lebensatem (37,14; 39,29), und Joel (3,1–2), bei dem diese Geistesgabe mit ‚prophezeien' verbunden ist. Prophet sein ist jetzt aber ein permanenter Zustand, im Sinn einer besonders engen Beziehung zwischen Gott und seinem Volk (vgl. Num 11,29), wodurch alle gesellschaftlichen Unterschiede aufgehoben sind (Joel 3,1–2). Geist und Segnung (berâkhâ) werden dabei fast synonym (Jes 32,15–20; siehe

44,1–5). Der Geist bringt schalom in Israels Gemeinschaft. In der späten Zeit des Tenach wird ruach schließlich ein allgemeiner theologischer Begriff; er verweist nicht mehr auf ein *spezifisches* Handeln Gottes, sondern auf Gottes Tätigkeit schlechthin. Ruach und Gott sind miteinander austauschbar (Jes 34,16; 63,10.11.14; Ps 51,13; 139,7; 143,10; Neh 9,20; siehe auch Mich 3,8; Sach 7,12 und Neh 9,30). So entsteht schließlich der Ausdruck *„der heilige Geist"* (Jes 63,10.11; Ps 51,13).

Im Neuen Testament finden wir die beiden konkurrierenden Linien der späten alttestamentlichen Heilsprophetie; einerseits den ruach des messianischen Königs (Taufe Jesu, Mk 1,10–11 parr), anderseits die Ausgießung des Geistes über das ganze Volk Gottes (Apg 2). Erst durch die Johannes eigene Verbindung von ‚Paraklet‘, als Personbegriff, mit dem traditionellen Pneumabegriff setzt im Johanneismus unverkennbar eine *Personalisierung* des pneuma ein: „ein *anderer* Paraklet", verschieden von Gott und zugleich verschieden von Christus. In den anderen neutestamentlichen Texten bedeutet *pneuma* eher das göttliche Heilshandeln mit dem Menschen, die Gabe oder die Frucht dieses göttlichen Handelns im Menschen oder einfach Gott selbst als Gabe an den Menschen kraft des gestorbenen, aber auferstandenen Jesus – die Gottesgabe, Besitz Jesu, wird auch der Anteil der Christen. Der Geist weist damit, spät-alttestamentlich, auf die enge Verbundenheit der durch Jesus zur Kirche gesammelten erlösten Menschen mit dem lebendigen Gott. Deshalb ist es der Geist Gottes, der im Herzen des getauften Gläubigen ‚Abba‘ ruft (Gal 4,6; Röm 8,15; auch 1 Joh 3,24b).

VIERTER ABSCHNITT

DIE NEUTESTAMENTLICHE THEOLOGIE DER GNADE UND DAS LEBEN DER CHRISTEN IN DER WELT

EINFÜHRUNG: ‚MATERIALISTISCHE‘ EXEGESE?

Schon in der Einleitung zu diesem Buch (S. 19) wurde gesagt, daß eine *theologische* Analyse neutestamentlicher Texte erst dann sinnvoll sei, wenn sie zugleich mit einer Analyse *sozialgeschichtlicher Vermittlungen* verbunden ist. Im Zusammenhang mit dieser Einsicht kann man nicht umhin, ein Wort über die vor einigen Jahren aufgekommene ‚materialistische‘ Bibelexegese zu sagen[1]. Das ist ein neuer Umgang mit Bibeltexten, man kann sagen auf der Grundlage des „historischen Materialismus" von Karl Marx und größtenteils mit Hilfe besonders der strukturalen Textanalyse. Die wirklichen Ergebnisse dieser exegetischen Methode sind noch zu gering, um ein verantwortbares Urteil darüber zu fällen. Doch sind schon einige Bemerkungen möglich und angebracht.

Einerseits kann man zeigen, daß eine strukturale Textanalyse, als vorausgehende Phase, *notwendig* ist, um das naturgemäß subjektive Element in jeder hermeneutischen Textanalyse einzuschränken und die hermeneutische Auslegung bei den im Text selbst objektiv angedeuteten Richtungen beginnen zu lassen, wodurch zumindest hermeneutische *Willkür* ausgeschlossen wird. Anderseits scheint eine rein strukturale Textanalyse, vor allem wenn ihr nicht eine hermeneutische Analyse folgt, recht banal und unbedeutend. Dann erreicht man nur anonyme Typologien und Codes und nie die eigentliche Ursprünglichkeit des Textes. Die ‚materialistische‘ Textexegese benutzt die strukturale Analyse, aber unter einem bestimmten Aspekt. Ich meine zu Recht, aber mit einem fundamentalen Vorbehalt. Eine rein ‚ideengeschichtliche‘ Analyse von vor allem weltanschaulichen Texten ist in der Tat gefährlich einseitig. Eine Analyse der gesellschaftlich-historischen und sogar ökonomischen Vermittlungen ist dabei stets notwendig. Anderseits scheint es mir, anthropologisch, genauso gefährlich einseitig, zu leugnen, daß es auch ‚systemimmanente‘ „Ideengeschichte" gibt, das heißt aus der besonderen Struktur des jeweiligen *Problems*. Wer dies leugnet, verwirft letztlich das Ursprünglich-Persönliche (das zwar zugleich sozial und ‚kulturbedingt‘ ist). Der Mensch ist eine Person in Entfremdung, kein Engel. Die strukturale und auch die materialistische Textanalyse untersuchen in Wirklichkeit und – sogar prinzipiell, aufgrund ihrer Methode – allein den (realen) Aspekt der Entfremdung und der darin enthaltenen Beziehungen zu dem größeren sozialen Ganzen. Wesensgemäß können sie denn auch nichts über die Besonderheit und Ursprünglichkeit eines einzelnen Textes aussagen; sie destillieren nur anonyme, allgemeine Typologien. Als wissenschaftliche Reduktion ist dies legitim (und sogar Voraussetzung ihrer besonderen Fruchtbarkeit) – solange man sich dieser epoché oder Abstraktion bewußt bleibt. Außerdem wird die Gefahr der Grenzüberschreitung noch verdoppelt durch ein (sogar in dieser materialistischen Methode) nicht seltenes fundamentalistisches Prinzip: „Die Bibel hat doch recht" (auch beispielsweise auf sozialpolitischem Gebiet), und dann wird etwa der Pfennig der Witwe im Neuen Testament eine Bestätigung heute berechtigter, aber bibelfremder Einsichten.

Anthropologisch entsteht eine dialektische – und nicht einspurige – Beziehung zwischen sozialen Veränderungen und ‚Ideengeschichte'. Gerade deshalb kann weder die strukturale noch die materialistische Bibelexegese die historisch-kritische hermeneutische Methode ersetzen oder überflüssig machen. Doch wird diese letztere Methode, wenn sie sich selbst treu bleibt, die neueren Methoden *bei ihrem eigenen Vorgehen* anwenden müssen, und dann wird sie dadurch weniger subjektivistisch. Alles Heil aber allein von der strukturanalytischen und materialistischen Texterklärung zu erwarten, wäre die Sanktionierung der zunehmenden Ent-Subjektivierung des Menschen, wären die feierlichen Exequien – „nach dem Tod Gottes" – zum Tod des Menschseins.

In der folgenden Analyse habe ich das, was in einer materialistischen Bibelexegese wertvoll ist, noch nicht benutzen können. Doch wurde die Analyse von der anthropologischen Einsicht bestimmt, daß das Verhältnis zwischen ‚Ideen' (in diesem Fall: den neutestamentlichen Auffassungen von Gnade, Heil und Erlösung) und dem sozialpolitischen Kontext nicht einseitig, sondern dialektisch ist.

ERSTES KAPITEL
„SUCHT ZUERST DAS REICH GOTTES UND SEINE GERECHTIGKEIT"
(Mt 6,33; Lk 18,14)

„Alles übrige wird euch dazugegeben werden" (Lk 12,31; Mt 6,33). Diese Texte dürfen wohl als das zentrale Motto des ganzen Neuen Testaments bezeichnet werden. Sie kommen offensichtlich aus der ältesten Schicht der Q-Tradition und kennzeichnen den Geist der geschichtlichen Verkündigung Jesu. Der Zusammenhang dieser neutestamentlichen Interpretation geht aus Lk 12,22 bis 31 und Mt 6,25–33 hervor. Dieser Kontext ist offensichtlich sapiential[2]. Daher ist die christliche Interpretation des Reiches Gottes im Neuen Testament primär nicht apokalyptisch, das heißt nicht von dem Zwei-Ebenen-Schema her zu verstehen – allerdings ist in der hellenistisch-römischen Zeit die Weisheitstradition doch mit Apokalyptik verflochten.

Das Verbot, sich um Nahrung und Kleidung zu sorgen, kommt aus der Überzeugung vom nahenden Reich Gottes. Es ist ein Aufruf zum Glauben an Gott, den Schöpfer von allem, den lebendigen Gott, der selbst auch ‚sorglos' sein Weltregiment ausübt. Schaut auf die Lilien des Feldes, die Vögel in der Luft! Das ist ein frühjüdisches Theologumenon, Ausdruck täglicher Erfahrung, die eine Quelle der Gotteserkenntnis ist (Ijob 12,7ff; Spr 6,6; siehe Dtn 32,1–3)[2a]. Das ist sapientiale, chassidische Apokalyptik: „Siehe, wie alle Werke am Himmel ihre Bahnen nicht ändern...; siehe auf die Erde...; auf den Sommer und den Winter... siehe... merk doch auf... Aber ihr habt nicht ausgeharrt und Gottes Gesetz nicht befolgt, sondern ihr seid abgefallen" (1 Hen 2,1 – 5,4). Die Absicht dabei ist: das alles hat Gott für die Gerechten getan, aber ihr erweist keine Gegenliebe. Im Neuen Testament ist die Schlußfolgerung dagegen: Sucht also das Reich Gottes, reiht euch in seine Praxis ein. Die nicht arbeitenden Vögel und Lilien sind kein Vorbild für Nichtstuer, sondern zeugen von Gottes Sorge. Diese täglichen Sorgen nimmt Gott auf sich, unsere Verantwortung ist es, Gottes Reich zu suchen. Was bedeutete das für die neutestamentlichen Christen?

Die Verkündigung des Reiches Gottes oder der Gerechtigkeit Gottes erhält erst ihre Prägnanz im Horizont der Frage nach Gerechtigkeit – der Gerechtigkeit Gottes, der Menschen, der Welt[3]. Die Seligpreisungen stellen die sogenannte Gerechtigkeit der Welt auf den Kopf. Auch die Antithesen, welche die Gemeinde aus diesen Seligpreisungen gebildet hat, stehen in einer gleichen Perspektive; sie nehmen mir das Recht, auf meinem eigenen Recht zu bestehen, und sie weisen mich auf das Recht des anderen hin. Sie gestatten nicht, daß ich mich anderen gegenüber abgrenze, abriegele und zur Wehr setze, indem ich Schutz im Gesetz suche. Im Gegenteil, sie künden mir an, daß das Gesetz die anderen *gegen* mich in Schutz nimmt (siehe die Bergpredigt bei Mt 5 und die Feldrede bei Lk 6,17ff).

Um diese Gerechtigkeit ging es letztlich auch in den Gleichnissen. Nach menschlichen Maßstäben gemessen, geht es darin oft ‚ungerecht' zu[4]. Aber Gleichnisse nehmen ihren konkreten Ausgangspunkt in Erfahrungskontexten des Alltags. Ja, so geht es in der Welt! Aber zugleich gilt, gewollt paradox: So ist es um das Reich Gottes bestellt. Die Erfahrung, daß Gott seine Sonne über Guten und Bösen aufgehen läßt, daß er regnen läßt über Gerechte und Bösewichter und daß jemand, der zwei Stunden gearbeitet hat, genausoviel erhält wie jemand, der sich sieben Stunden lang abgerackert hat, hat die jüdische Tradition oft mit einem gewissen Unterton des Vorwurfs an Gott formuliert, der es offensichtlich versäumt, seine Gerechtigkeit durchzusetzen[5]. Für Jesus dagegen wird diese alltägliche Erfahrung Anlaß zu einer positiven Lehre: zum Gebot der Feindesliebe. Der Zweifel an Gottes Weltregierung wird nicht weggewischt, sondern von Jesus ergriffen, um zu verkünden: in der Tat, so ist Gott! Genauso, wie ihr ihn erfahrt, als jemanden, der sorglos die Sonne über Guten und Bösen scheinen läßt. Daß Gott die Lilien des Feldes und die Vögel ernährt und kleidet, wie er Salomo und die Königin von Saba, Tyrannen und Heiden gekleidet hat, ist eine Erfahrung, welche Juden oft als eine unbegreifliche Haltung Gottes interpretieren (PsSal 5) und deshalb als eine wohlüberlegte göttliche Pädagogik ansehen. Gerade das muß begreiflich machen, warum es Gottlosen in dieser Welt oft besser geht als Frommen. Jesus aber zieht aus den gleichen Erfahrungen andere Lebenslehren. Die Hörer werden in den Evangelien, im Stil der alten Weisheit, auf ihre alltäglichen Erfahrungen und eine schon durch Jahrhunderte hindurch formulierte Lebensweisheit angesprochen. Das frühe Judentum hatte verlernt, von Gott ‚im Horizont von Welterfahrungen' zu sprechen[6]. Der neutestamentliche Jesus holt Gott wieder in die Erfahrung des Menschen. Gerade weil man dies verlernt hatte, war ein Realitätsverlust eingetreten, der vor allem in der Apokalyptik zu einer Welt in zwei Ebenen geführt hatte.

Jesus greift gerade jene Erfahrungen auf, die im Widerspruch zu Gottes Gerechtigkeit zu stehen scheinen. Die menschliche Klage über Gottes Ungerechtigkeit wird ‚beim Wort genommen', um Gottes Gerechtigkeit artikulierbar zu machen. Das schließt jedoch ein, daß die Maßstäbe der göttlichen Gerechtigkeit ganz anders sind als weltliche Normen. Das Reich Gottes wird im Tun und Sprechen Jesu auch in dieser Welt wieder erfahrbar. Dem entspricht bei Paulus das Auseinanderfallen von Christologie und Eschatologie. Christologie ist die Gegenwart Gottes eben in dieser Welt, aber im Zeichen von Schwachheit und Kreuz, von Fluch und Tod. *Diese Welt* ist und bleibt Gottes Schöpfung, Gott hat sich aus ihr nicht zurückgezogen. Gottes Gerechtigkeit ist *in* dieser Welt und stellt zugleich diese Welt in Frage, denn er ist häufig im Zeichen der Ohnmacht und des Mißlingens. Der Konflikt zwischen Schöpfungsglaube und dem empirischen Widerspruch der alltäglichen Erfahrung ist das Grundthema des Gottesglaubens im Tenach, im Neuen Testament und in der frühen Kirche, in Zeiten, da der Glaube noch nicht auf die innere Beziehung zwischen Gott und Mensch unter Preisgabe von Natur, Welt und Gesellschaft reduziert war.

Wesentlich in der Verkündigung Jesu war; „der *kairos* ist zur Vollendung gekommen, und das Reich Gottes ist nahe" (Mk 1, 15). Dieses *unvermittelte* Nebeneinanderstehen und Durcheinanderlaufen von Gegenwart und Zukunft ist charakteristisch für das neutestamentliche Jesusbild. Wenn wir aber die Gegenwart als das Vorhandene, die Zukunft als das Nichtvorhandene verstehen, ist ein solches ‚Zugleich' von Gegenwart und Zukunft tatsächlich absurd. Aber dann sprechen wir in banalen Zeitbegriffen. Doch darf *dieses* Zeitmoment in Jesu Verständnis der Gottesherrschaft, die im Kommen ist, nicht daraus beseitigt werden. Für Jesus ist das Eschaton auch eine chronologische Wirklichkeit[7]. ‚Es ist Zeit' bedeutet in seinem ursprünglichen Erfahrungssinn immer: es ist Zeit *für* etwas (Essenszeit; Schlafenszeit; Arbeitszeit). So kann es eine ‚Gleichzeitigkeit' vieler Zeiten geben: Für das eine Kind ist es Zeit, schlafenzugehen, für das andere, Schularbeiten zu machen. Zeit ist gefüllte Zeit, nicht nur ein äußeres Maß. Gerade diese ursprüngliche Zeiterfahrung ermöglicht auch das Zusammengehen von Gegenwart und Zukunft.

Nun, Jesus kündet die Zeit des Offenbarwerdens der Herrschaft Gottes an. Das heißt: Wir müssen uns darauf einstellen, wie bei der Ankündigung: Essenszeit! Zeit ist kairos, die Zeit, etwas zu unternehmen. Zeit ent-zieht uns einer Sache und gibt uns einer anderen Sache; das ‚Entziehen‘ ist die Voraussetzung dafür, sich an etwas anderes ‚hinzugeben‘. Dieser Heideggersche Zeitbegriff – der nicht die Zeit als abstraktes Maß, sondern die Erfahrungszeit analysiert – gibt uns einen klareren Blick auf das ‚Zugleich‘ von Gegenwart und Zukunft im Hinblick auf das Reich Gottes. Die Zeit ist erfüllt, und das Reich Gottes ist nahe bedeutet deshalb: jetzt ist es Zeit sich zu öffnen für das Heil Gottes, jetzt muß man es greifen. Das Kommen des Reiches Gottes – das Herr-Sein des auf Menschlichkeit bedachten Gottes – ist die Zeit, um Heil zu verwirklichen: Heilszeit. Und sie ist die Erfüllung alter Erwartungen (‚die Zeit ist voll‘). ‚Metanoia‘, zur Umkehr kommen, ist daher das erste, was zu tun ist: ‚sich entziehen‘, *um* ‚sich einzustellen auf‘. Und diese Forderung nach Umkehr wird deutlich in der Begegnung mit Jesus; wer ihm begegnet, wird mit der Ankündigung konfrontiert: ‚es ist Zeit um‘…, denn wer einen Standpunkt für oder gegen Jesus einnimmt, entscheidet sich für oder gegen das Gottesreich (Lk 12,8–9 par; siehe Mt 10,32–33). Kriterium bei dem kommenden, eschatologischen Gericht ist die jetzige Haltung gegenüber Jesus (Mt 25,31–46).

Wie haben die neutestamentlichen Christen die Zeit der Heilserfahrung gefüllt? Vor allem, wem haben sie sich entzogen, um sich auf das Heil einzustellen? Wie war also ihre Haltung gegenüber der irdischen Wirklichkeit: im allgemeinen, gegenüber der Gesellschaft und ihren Strukturen, gegenüber der politischen Macht, gegenüber der sittlichen Lebensweise ihrer jüdischen und heidnischen Umgebung und schließlich gegenüber dem Stamm, von dem sie ein spätes Reis waren, Israel?

ZWEITES KAPITEL
DIE NEUTESTAMENTLICHEN KIRCHEN
ALS EXODUS-GEMEINDEN IN GESCHICHTLICH
VERMITTELTEN SITUATIONEN

Da in der neutestamentlichen Gnadenerfahrung und ihrer Artikulation auch lebensanschauliche und anthropologische Voraussetzungen aus der Kultur des 1. Jahrhunderts eine Rolle spielen, müssen diese zuerst untersucht werden. Erst dann kann sich zeigen, was eine typisch-christliche Reaktion war und inwieweit diese Christen sie kritisch oder unkritisch als Kinder ihrer Zeit formuliert haben.

§ 1. Das Lebensempfinden und die Lebenstheorien der Spätantike

LITERATUR: D. *Amand*, Fatalisme et liberté dans l'antiquité grecque (Löwen 1945); P. *Benoit*, Sénèque et saint Paul: RB (1946) 7–33; H. *Bietenhard*, Die himmlische Welt im Urchristentum und Spätjudentum (WUNT, 2) (Tübingen 1951); O. *Böcher*, Der johanneische Dualismus im Zusammenhang des nachbiblischen Judentums (Gütersloh 1965); E. *Brandenburger*, Die Auferstehung der Glaubenden als historisches und theologisches Problem WuD 9 (1967) 16–33; W. H. *Cadman*, The Open Heaven. The Revelation of God in the Johannine Sayings of Jesus (Oxford 1969); F. *Cumont*, Lux perpetua (Paris 1949); J. *Daniélou*, Odes de Salomon, in: DBS, Bd. 6, 677–684; D. *Davies*, ‚Knowledge' in the Dead Sea Scrolls and Matthew 11,28–30: HThR 46 (1953) 113–139; W. D. *Davies* and D. *Daube* (ed.), The Background of the New Testament and its Eschatology (in honour of Chr. H. Dodd) (Cambridge 1964); A. J. *Festugière*, L'idéal religieux des Grecs et de l'Evangile (Paris 1932); *ders.*, La révélation d'Hermes Trismégiste, 4 Bde. (Paris 1950–1954); G. *Friedrich*, Utopie und Reich Gottes (Göttingen 1974); H. A. *Fischel*, Rabbinic Literature and Greco-Roman Philosophy (Leiden 1973); W. *Harnisch*, Verheißung und Verhängnis der Geschichte. Untersuchungen zum Zeit- und Geschichtsverständnis im 4. Buch Esra und in der syrischen Baruchapokalypse (FRLANT, 97) (Göttingen 1969); H. *Hegermann*, Die Vorstellung von Schöpfungsmittlern im hellenistischen Judentum und Urchristentum (TU, 82) (Berlin 1961); M. *Hengel*, Judentum und Hellenismus (WUNT, 10) (Tübingen ²1973); Hermetica (ed. W. Scott), 4 Bde. (Oxford 1924–1936) (siehe auch bei: Festugière); J. *Jervell*, Imago Dei. Gen 1,26 ff im Spätjudentum, in der Gnosis und in den paulinischen Briefen (FRLANT, 76) (Göttingen 1960); H. *Jonas*, Gnosis und spätantiker Geist. I. Die mythologische Gnosis (FRLANT, 51) (Göttingen ²1964); II. Von der Mythologie zur mystischen Philosophie (Göttingen 1954); U. *Luck*, Das Weltverständnis in der jüdischen Apokalyptik, dargestellt am äthiopischen Henoch und am 4. Ezra: ZKTh 73 (1976) 283–305; J. *Neusner*, The Rabbinic Traditions about the Pharisees before 70, 3 Bde. (Leiden); J. *Neusner* (Hrsg.), Christianity, Judaism and other Greco-Roman Cults, Bd. 1 (Leiden 1975); M. P. *Nilsson*, Geschichte der griechischen Religion, 3 Bde. (München 1955–1961); E. *Peterson*, Frühkirche, Judentum und Gnosis (Freiburg i. Br. 1959) 107–128; S. *Pétrement*, Le dualisme dans l'histoire de la philosophie et des religions (Paris 1946); M. *Pohlenz*, Die Stoa, 2 Bde. (Göttingen 1959); *ders.*, Paulus und die Stoa: ZNW 42 (1949) 69–104; H. Ch. *Puèch*, Le manichéisme, son fondateur, sa doctrine (Paris 1949); G. *Quispel*, Gnosis als Weltreligion (Zürich 1951); E. *Rohde*, Psyche (Darmstadt ²1961); M. *Rostovtzeff*, Gesellschafts- und Wirtschaftsgeschichte der hellenistischen Welt, 3 Bde. (Darmstadt 1955–1965); H. H. *Schmid*, Altorientalische Welt in der alttestamentlichen Theologie (Zürich 1974); W. *Schmithals*, Die Apokalyptik. Einführung und Deutung (Göttingen 1973) (siehe auch die Literatur in Bd. 1); G. G. *Scholem*, Major Trends in Jewish Mysticism (Jerusalem 1941); *ders.*, Recent Trends in Jewish Gnosticism (New York 1961); A. *Strobel*, Kerygma und Apokalyptik (Göttingen 1967); S. *Schulz*, Salomon-Oden, in: RGG³, V, 1339–1342; G. *Vermes*, Scripture and Tradition in Judaism, Haggadic Studies (Studia Post-Biblica, 4) (Leiden 1961); U. *von Wilamowitz-Moellendorf*, Der Glaube der Hellenen, 2 Bde. (Darmstadt 1959); H. W. *Wolff*, Anthropologie des Alten Testaments (München 1973).

Jesu Aufruf, „zuerst das Reich Gottes" zu suchen, wobei alles andere uns zugeworfen wird (Mt 6,33), ein Aufruf, der im Munde Jesu ein Aufruf zu einer Praxis gemäß den Forderungen der auf Menschlichkeit bedachten Herrschaft Gottes war, erhielt in den neutestamentlichen Kirchen tatsächlich konkret Gestalt, aber nicht in historischen Vermittlungen, welche die Christen – damals zudem eine Minderheit – nicht nach ihren Wünschen lenken konnten.

Daß in einer nicht-christlichen, heidnischen Gesellschaft Christen sich aus ihrer Gnadenerfahrung mit Jesus Christus in dieser zeitlichen und vergänglichen, außerdem sündigen Welt „als Fremdlinge und Pilger" fühlten, kommt in fast allen Teilen des Neuen Testaments prägnant zum Ausdruck (Hebr 13,13–14 und passim; 1 Petr 2,11–12.13–17; 3,9.15–16; 4,3–4; 4,14; 2 Petr 1,11; Phil 3,20; Kol 1,13; 3,1–2; Eph 2,19; Joh 3,12.13.31; 8,21; 1 Joh 2,5c.10; 5,20c usw.). Darin ist einerseits die Dialektik des alt- und neutestamentlichen Gottesglaubens wirksam wie auch der Aufruf Jesu, „zuerst das Reich Gottes zu suchen", und anderseits der kulturgeschichtliche Umkreis, das spätantike Lebensgefühl mit seinen synkretistischen Versuchen, einen Heils- und Lebensweg zu finden in einer Welt, die nur zu tiefem Pessimismus stimmen konnte.

Seit der Entstehung der hellenistischen Reiche hatte sich der griechische Geist durch die allgemein gebrauchte griechische Sprache im ganzen Römischen Reich Geltung verschafft. Dieser Geist ist aber nicht so eindeutig, wie oft angenommen wird. Das griechische Denken hatte einen tief-religiösen Ursprung. Dieser Geist ist bestimmt von einer fundamentalen Spannung, einerseits: ‚der Mensch ist das Maß aller Dinge' (Protagoras), anderseits: ‚Gott ist das Maß aller Dinge, auch des Menschen' (Plato), nicht so sehr als einschränkende Norm, sondern als Ziel aller Menschlichkeit. Einerseits: der Mensch ist ‚von göttlicher Art', Sohn Gottes (Plato; Stoa; Epiktet, Arat). Anderseits, gerade in der griechischen Religiosität und Dichtung erklang die Mahnung: „Suche nicht zu werden wie Zeus" (Pindar), und das war die eigentliche, urgriechische Lebenshaltung seit den Homerischen Epen: Gott und Mensch sind zwei völlig verschiedene Rassen. Daher: das permanente Schwanken des griechischen Geistes zwischen *condition humaine* und der *Assimilation an* Gott, Ziel sowohl der griechischen Philosophie als auch der hellenistischen Religionsmysterien: das *dionysische* oder mystische Element in der griechischen Seele und das *apollinische* Element mit seinem Verlangen auch nach rituellen Formen (was gerade die jüdische Beschneidung für Heiden in dieser synkretistischen Kultur ‚in' sein ließ). Und doch besteht zwischen beiden keine Kluft. Vor allem Plato, voller Ehrfurcht vor den Göttern Delphis (logos oder ‚ratio'), läßt in seinem Phaidon dem ekstatischen Element seine volle Bedeutung. Nicht der Mensch, sondern die Gottheit ist das Maß aller Dinge, sagt Plato (Nomoi IV,716b.c). Der alte Orphismus wollte durch Aszese das ‚titanische' oder irdische Element im Menschen frei machen, um diesem göttlichen Kern näherzukommen. Auch Plato ging es um *Angleichung* an Gott, nicht um Vergöttlichung. Gottes eikon oder Bild liegt im Menschen, und um dieser Gottesgemeinschaft willen muß der Mensch lernen, Gott gleichförmig zu werden. Es gibt nur das ‚fascinosum' des Göttlichen. Gott ist auf den Menschen nicht eifersüchtig: dieser darf sich selbst übersteigen. Aristoteles lehnt die alten Auffassungen ab, denn dem Menschen entsprächen nur menschliche Dinge, er billigt dem Menschen jedoch das Verlangen nach göttlicher Unsterblichkeit zu.

Dieser Stolz auf das Menschsein selbst (typisch griechisch) hat religiöse Wurzeln: Wir sind aus Gott geboren. Die Stoa wird dieses Motiv in einer besonderen Weise besingen. Humanismus und Religion fallen hier zusammen, während doch ,der Wille Gottes' alles beherrscht. So war vor allem die mittlere und jüngere Stoa eine Ausführung von Platos Testament, das in der Form des *mittleren Platonismus* in der ganzen hellenistischen Welt popularisiert wurde: eine bestimmte Synthese von Platonismus und Stoizismus. Seneca (kurz vor Christus geboren) stellte das allgemeine Aufkommen eines neuen, pessimistischen Zeitgefühls fest. Nach dem Auseinanderfallen der demokratisch gemeinten Einrichtungen der griechischen Polis und der Entstehung der kaiserlichen Alleinherrschaft verliert die Philosophie ihre politische, gesellschaftskritische Funktion. Die stoische Philosophie (die damals das Denken beherrschte und popularisiert wurde) wurde entpolitisiert; sie wurde verinnerlicht und gewann einen tieferen religiösen Charakter, wodurch dem Menschen ein sinnvoller Lebensweg in dem allgemein aufkommenden Kultur- und Lebenspessimismus gezeigt wurde. Es war das entstanden, was Seneca eine allgemeine existentielle Leere nennt (das „sibi displicere" fand er typisch für den Menschen des 1. Jahrhunderts), die Folge des Verlustes der politischen Freiheit. In dieser Zeit erarbeitete die Stoa einen ganz neuen Freiheitsbegriff. Freiheit ist nicht mehr die bürgerlich-politische Freiheit (welche die Bürger zumindest in der ,polis' oder der ,respublica' genossen hatten), sie wurde verinnerlicht. Freiheit ist die innere Unabhängigkeit, die nichts und niemand uns nehmen kann, und Seneca nimmt Paulus vorweg, wenn er schrieb: Niemand kann uns diese Freiheit nehmen, „weder Tod noch Armut, weder der Mensch noch der Zorn der Götter" (Paulus wird diese stoische Auffassung nur christlich ergänzen). Deshalb findet die Stoa (zumindest während dieser Phase ihrer Entwicklung), daß – wie sehr sie auch den Nachdruck auf die Menschlichkeit und das Menschsein des Sklaven und die Notwendigkeit humaner Behandlung legte – die Sklaverei nicht abgeschafft werden müsse. Denn wozu auch, wenn die Tugend und die wahre Menschlichkeit, die innere Freiheit, von äußeren Verhältnissen völlig unabhängig sind? Die innere Sklaverei kann auch bei äußerer gesellschaftlicher Freiheit bleiben (so urteilt auch Paulus). Aber etwas später, unter Nero (der im Jahr 54 Kaiser wurde), sind die Philosophen der Stoa die einzigen Freiheits- und Widerstandskämpfer, die sich der Unmenschlichkeit der Kaiser öffentlich widersetzen. In den Jahren 70–72 (als die jüdischen Zeloten in Palästina geschlagen wurden) wurden auch die Philosophen der Stoa aus Italien verbannt; viele von ihnen mußten ihren Widerstand mit dem Leben bezahlen. Senecas schon früher ausgesprochenes Prinzip erhielt historische Bedeutung. Er sagte: Wahre Lebensphilosophie ist politisch relevant und muß zu politischer Praxis führen, *es sei denn,* daß etwas den Philosophen innerlich oder äußerlich davon abhält – äußerlich, wenn politische Übermacht die Arbeit aussichtslos macht; innerlich, wenn die Pflicht von einem sachkundigen Philosophen verlangt, in seinem Studierzimmer zu bleiben.

Man hat den aufkommenden ,Irrationalismus' oft als eine anti-griechische

Reaktion des ‚Gemüts‘ auf die griechische Vernunft derer interpretiert, die zugleich die Okkupanten waren. Das ist offensichtlich ein Kurzschluß, denn dieser Lebenspessimismus ging gerade auch von Griechenland aus. Unter griechischem Einfluß stand schon die Skepsis des Predigers gegenüber der traditionellen jüdischen Auffassung, daß die Verheißung von Leben mit dem Gesetz verbunden sei. Sündern geht es gut, und wer nach Gerechtigkeit verlangt, wird verspottet. Er plädiert für bescheidene, ‚kleinbürgerliche‘ Freude. Die jüdische Apokalyptik ist gerade aus dieser Kontrasterfahrung und diesem Pessimismus geboren. Im Gegensatz zu der sapientialen Lösung, daß die Weisheit sich im Gesetz inkarniert habe, hat sie Gesetz und Weisheit voneinander getrennt. Doch kam die Weisheit nach Israel, aber es war dort für sie kein Platz: Unverrichteter Sache kehrte sie zurück und schlug ihre Wohnstätte unter den Himmelswesen auf (äthHen 42, 1–2). Die tägliche Erfahrung widersprach radikal dem Zusammenhang von ‚Gerechtigkeit‘, ‚Leben‘ und der ‚Befolgung des Gesetzes‘. Das Vertrauen auf die göttliche Weltordnung war erschüttert. Doch wollen die Apokalyptiker gerade dieses Vertrauen wiederherstellen (äthHen 37, 1–5). Aber dazu lassen sie Gesetz und Weisheit auseinandergehen – ein *Novum* gegenüber der Weisheitsliteratur. Sie wollen eine Antwort auf das brennende Verlangen nach Gerechtigkeit geben, die das Gesetz nicht geben kann. Weisheit ist ein ‚esoterischer‘ Blick auf die von Gott gewollte Weltstruktur. Menschlich aber läßt sich die Frage nach Sinn und Gerechtigkeit nicht beantworten. Dazu muß man *das Ganze* überblicken. Das ist nur durch eine besondere Offenbarung über einen von Gott dazu berufenen Mittler möglich, der in einer Vision Zeit und Raum überschaut. Wie „alles seine Zeit hat" (Koh 3, 1–8), hat auch die Gerechtigkeit ihre Zeiten. In Gottes Plan hängen Weltordnung und ethische Gerechtigkeit eng zusammen; das sieht nur der Apokalyptiker, der in Ekstase eine Reise durch das All unternimmt und die astronomische Harmonie mit eigenen Augen schauen kann (äthHen 17–18; 41, 3–9), aber auch die Folterstätten der gefallenen Engel, den Aufenthaltsort der Toten, das Paradies der Gerechten (18, 11 bis 19, 3; 22; 27; 32); er sieht die Geschichte von der Sintflut bis zum Letzten Gericht (83–90). In der Tat: Recht triumphiert (93; 91, 12–17). Dies alles entgeht der normalen Erfahrung, die dem sogar widerspricht. Aber diese Welt ist, so wie sie ist, gut, wenn dies auch nur endzeitlich offenbar wird. Die Stoa und die Aufklärung des 18. Jahrhunderts sagen ungefähr das gleiche wie diese frühe Apokalyptik, die noch keineswegs eine ‚doppelte‘ Welt kannte. Es ging um die Tiefendimension dieser unserer Welt.

Aber auch diese frühapokalyptische Auffassung gab keine befriedigende Antwort auf das Problem von Unrecht und Leiden. Die neue Apokalyptik, das Vierte Buch Esra (Ende 1. Jahrhundert n. Chr., aber schon zuvor vorbereitet), stellt „quälende Fragen" (4 Esr 14, 14), die kein Mensch beantworten kann. Hier muß höhere Weisheit ‚von oben‘ zu Hilfe kommen (4, 21). Menschen kennen nur das Irdische; das Himmlische kennen allein die Himmelsbewohner. In dieser Apokalyptik geht es nicht mehr um das unserer Welt ‚noch Verborgene', das in Visionen enthüllt wird. Diese Welt liegt ganz in den Fesseln der Ohnmacht. Nur eine völlig neue Schöpfung, „ein neuer Himmel und eine neue Erde", bringt Gerechtigkeit (4 Esr 7, 10–14), und dann durch den Tod aller, auch den des kommenden Messias. Erst durch eine *Auferstehung* kommt es zu einer neuen Welt (7, 26–33).

Auffallend ist, daß gerade Esra auserwählt wird, um das (im Weltbrand zerstörte) Gesetz des Mose neu zu schreiben. In vierzig Tagen hat er vierundneunzig Bücher vollendet. Von ihnen werden nur vierundzwanzig veröffentlicht (die vierundzwanzig „kanonischen Bücher" der Juden); die übrigen siebzig werden zurückgehalten, und nur ‚Weise' erhalten Zugang zu ihnen (4 Esr 14, 47), denn gerade in diesen ‚außerkanonischen' Büchern liegt die Weisheit! Stärker konnte diese Apokalyptik den Bruch mit der Weisheitsliteratur – der Tenach selbst ist die Weisheit – nicht ausdrücken. Erst das *Gesetz,* verbunden mit dieser (esoterischen) *Weisheit,* hat zur Folge, daß die Befolgung der Tora tatsächlich leben- und heilbringend ist (4 Esr 14, 30). Israel und das Gesetz, einst Wohnstätten der Weisheit (Sir 24; Bar 3, 9 – 4, 4), haben inzwischen ihre politische Bedeutung verloren; Israel und das Gesetz werden verfolgt: es gibt keine Gerechtigkeit. Diese Apokalyptik behauptet: *doch!* Die Lebensverheißung, verbunden mit dem Gesetz (4 Esr 4, 27), bleibt in Kraft, aber die *heutige* Welt ist zu brüchig, um diese Verheißung zu tragen: Im neuen, kommenden Äon wird sich zeigen, daß das Gesetz tatsächlich Leben verleiht. Es gibt Gerechtigkeit nur *durch das Gesetz,* aber … im neuen Äon. Diese Apokalyptik will dem jetzt Gesetzestreuen einschärfen: Behalte Mut, trotz aller negativen Erfahrungen, das Gesetz schenkt Leben, wenn auch erst im kommenden Äon. So erhält die Gegenwart eine positive Bedeutung: Sorge dafür, daß du zur ‚Zahl der Auserwählten' gehörst (4 Esr 4, 35–36). So steht das Gesetz nicht im Dienst des Menschen, sondern der Mensch im Dienst eines apokalyptisch verselbständigten Gesetzes. Die Apokalyptik läuft auf den krassesten ‚Offenbarungspositivismus' hinaus: den Positivismus der Tora wider alle menschliche Lebens- und Welterfahrung. Nichts kann uns trennen vom Heil – im neuen Äon –, wenn wir nur das Gesetz befolgen: das Joch des Gesetzes tragen, es aushalten, ist die große Ermutigung der Apokalyptik. *Durch die esoterische Weisheit* schaut der Apokalyptiker die tiefste Bedeutung *des Gesetzes,* aber diese Auffassung hat (im Gegensatz zur frühen Apokalyptik) eine ‚doppelte Welt' zur Folge.

Schon vor 4 Esr waren diese Vorstellungen in einem synkretistischen Gemenge lebendig. Diese Welt des Unrechts schien der Verbesserung nicht fähig. Daher die Ausrichtung auf eine völlig andere, bessere Welt als dieses irdische System. Vom Osten her stand dies alles auch unter dem Einfluß der Astrologie, welche die ‚höheren Himmelssphären' dem Irdischen gegenüberstellte als eine mächtigere und erhabenere, harmonischere und bessere Welt, was allgemein dem antiken Lebensgefühl entsprach. Anderseits hausten zumindest in der untersten Himmelssphäre manche Dämonen, die das Diesseits bedrohten und das menschliche Lebensschicksal stark nach ihrem Willen bestimmten. Mit der

frühjüdischen zwischentestamentlichen Literatur spricht das Neue Testament
dabei von „dem Fürsten dieser Welt" (Eph 2,2; 2 Kor 4,4; Joh 12,31, 14,30;
16,11). Daher ein allgemeines Verlangen, ‚in höheren Himmelssphären' zu
weilen. In der Apokalyptik stellte man dies so dar, als werde ein Stück Menschenwelt, die Gerechten, in himmlische Bereiche ‚aufgenommen' und ‚droben
seßhaft'; andere stellten es umgekehrt dar, nämlich die von Ewigkeit her von
Gott zubereitete ‚bessere Welt' werde als ein himmlisches Jerusalem oder eine
‚himmlische Stadt' auf die Erde herabsteigen. Die ganze zwischentestamentliche
Literatur spricht von diesem himmlischen Jerusalem und von einer ‚Stadt
droben' (1 Hen 90,29). Das Drama des ganzen Buches Henoch, das von den
neutestamentlichen Christen begeistert gelesen und in Jud 14 sogar ausdrücklich zitiert wird, spielt sich in den „epourania" oder himmlischen Sphären ab;
dabei werden genau alle Sonnen- und Mondstände beschrieben, eine Weisheit
aus dem Osten, die der Autor offensichtlich mit einer mystischen Bewunderung
vernimmt, ein astronomisches Geschehen, das unter der Leitung des Engels
Uriel perfekt geregelt wird (1 Hen 71–78; siehe auch Bar 4,3; 4 Esr 7,26 usw.;
vor allem nach der Zerstörung des Tempels im Jahr 70 wurde das Reden vom
künftigen ‚himmlischen Jerusalem' ein allgemeiner jüdischer Topos, während früher diese himmlische Stadt eher der Prototyp war, nach dem die irdische
Stadt Jerusalem erbaut werden mußte).

Auch im sogenannten jüdisch-heterodoxen Qumran finden wir dieselbe
Scheidung zwischen einer ‚Welt der Finsternis', der Welt von unten, und einer
‚Welt des Lichtes', der ‚von oben', bei der das kosmische Zwei-Ebenen-Schema
vor allem eine ethisch-eschatologische Bedeutung hat. Richtiger sollte man unsere moderne scharfe Unterscheidung zwischen kosmischem Dualismus und
ethischem Dualismus nicht auf diese spätantike Welt anwenden. Das Ethische
wurde damals nie vom Kosmischen getrennt, weil Ethik stets in irgendeiner
Weise mit dem Kosmos zusammenhängt, und sei es auch nur durch den physischen Tod des Menschen, der einen Schatten auf alle seine ethischen Anstrengungen wirft. Das sah die antike Kultur überaus deutlich. Es hat keinen Sinn,
dies alles als Gnosis (oder Gnostizismus) zu bezeichnen, die ja als neues kohä-
rentes Lebenssystem erst im 2. Jahrhundert entstand, gerade aus dem Synkretismus des 1. Jahrhunderts. Doch finden wir im „Corpus Hermeticum" eine
erste Synthese der verschiedenen synkretistischen Elemente, in denen sich
schon etwas von der Gnosis ankündigt, aber diese Hermetica unterscheiden
sich in ihren Auffassungen über das Verhältnis Gottes zur Welt wesentlich von
der Gnosis.

Soweit ich sehe, war es allein die Stoa, die eine Vernunftreligiosität gegen
alle Volksreligionen und gegen die Kultur der Zwei-Ebenen-Welt verteidigte;
sie entging der Verführung der ‚epourania' oder himmlischen Wohnstätten.
Trotzdem konnte sie das nur dadurch, daß sie die beiden Ebenen gleichsam
ineinander schob (wie es zuvor gegenüber Plato Aristoteles mit dessen eidos-
oder Ideenlehre getan hatte) und von dem einen Logos sprach, der, ohne mit

der vergänglichen, materiellen Welt völlig identisch zu sein, die Allnatur war, die Seele alles dessen, was existiert, und woraus, wodurch und worin alles lebt und sich bewegt. Auch hier ist das Gesetz des Kosmos nicht von dem ethischen Gesetz zu trennen, das den Menschen gerade in den All-Logos des Kosmos einfügt (,nach dem Naturgesetz' leben heißt ,nach der Vernunft leben'). Auch hier bleibt eine kosmische Dualität, die für den Menschen zu einer ethischen Aufgabe wird: Logos oder Geist und Stofflichkeit stehen in der All-Einheit in einer inneren Spannung.

Die Epikuräer dagegen zogen aus dieser allgemeinen Krise der Spätantike und dem allgemeinen Gefühl der Ohnmacht die Schlußfolgerung: Pflücke den Tag, *carpe diem.* Sie leugneten die Krise, ignorierten die menschliche Leidensgeschichte, wie sie auch die Tragik des menschlichen Todes ein Scheinproblem nannten; für sie war dies Aszese.

Das Volk aber suchte seine Zuflucht – einen neuen Lebensweg – in den verschiedenen Mysterienreligionen, die ihre Adepten mystisch ,in höhere Lebenssphären' einweihten, ihnen Schutz gegen dämonische Mächte gaben, sie mit himmlischen Erlebnissen und Segnungen erfüllten: letztlich die Gnade der Erlösung oder ,soteria'. Das Neue Testament wird in den eigenen Gemeinden wiederholt gegen Christen vorgehen müssen, die sich von einer supplementären ,himmlischen Erfüllung' angezogen fühlen, einem pleroma-Gefühl, das die etwas nüchterne, auch ethisch orientierte Taufinitiation ihnen nicht gegeben zu haben schien (vor allem der Kolosserbrief; der Judasbrief; der Zweite Petrusbrief). Diese Religiosität war tatsächlich auf Innerlichkeit gerichtet, auf das Herz und das Gemüt; doch hier von Heilsindividualismus zu sprechen wäre nicht korrekt, weil diese spätantike, orientalisch beeinflußte religiöse Erfahrung stark zu Gruppenbildung trieb; schon seit etwa 150 vor Christus verbreitete sich in der ganzen hellenistischen Welt ein allgemeines Bedürfnis nach Offenbarungs- (oder Mysterien-)Religiosität. Viele Brüderschaften erlebten seit dieser Zeit bis weit in das 1. Jahrhundert nach Christus eine große Blüte.

In den Städten bestand eine andere Situation. Hier herrschten akademische Skepsis und popularisierter ,Zynismus' (der ,kynikoi'). Alte und neue Religionen waren eine Sache der ,pagani', das heißt der Landbevölkerung (es ist aber eine Tatsache, daß das Urchristentum sich gerade in den großen Städten verbreitet hat). Aber seit der Herrschaft des Augustus waren verschiedene Versuche gemacht worden, die alten Volksreligionen neu zu beleben. Von einer Art ,religiösen Apriori' war in den damaligen Städten kaum die Rede. Die antike Aufklärung – die Entgöttlichung des Sternenhimmels, der geheimnisvollen Pflanzen- und Tierwelt, schließlich auch des Menschen – hatte der Selbstverständlichkeit der Religiosität einen harten Stoß versetzt. Die Welt war, vor allem in den Städten, weitgehend säkularisiert; das war keineswegs die Folge des Christentums, sondern das den neutestamentlichen Christen vorgegebene Klima. Daß die Christen später von den Heiden ,atheoi' genannt wurden, Menschen ohne Religion, bedeutet keineswegs, daß sie die religiösen Formen der alten Religion ablehnten[8], wie es oft in einer bestimmten Literatur gesagt wird. Diese Christen verteidigten sich gerade damit, daß sie behaupteten, die *wahre* Religion zu besitzen. Ein ursprünglich ,religionsloses' Christentum hat es nie gegeben; das ist eine Erfindung von Gelehrten. Daß die ersten Christen keine *spezifisch-eigene* religiöse Sprache und Kultformen besaßen, wird daraus verständlich, daß sie *Juden* waren und nach ihrer Bekehrung zum Christentum einfach weiter in den Tempel oder die Synagoge mit deren sakral-religiösen Formen gingen. Als sie sich von der Synagoge trennten, ersetzten sie diese und kamen zu spezifisch-eigenen religiösen Formen. In den Pastoralbriefen des Neuen Testaments und im Judas- und Zweiten Petrusbrief wird dies alles deutlich: Es gibt ein Amt, es gibt eine Glaubensnorm, das Bewußtsein einer beginnenden Anerkennung spezifisch-christlicher ,heiliger Schriften' nimmt zu usw. Aber daß das Christentum vorher eine Zeit des Glaubens ohne Religion gekannt hätte, ist historisch eine Fabel; sie verkennt darüber hinaus die anfängliche, wenn auch kurze Blüte des Christentums als Brüderschaft innerhalb der *jüdischen Religion*. Von einem ,Frühkatholizismus' oder einer Repaganisierung des christlichen Glaubens kann hier also überhaupt keine Rede sein, wohl aber von den inneren Konsequenzen der Loslösung des Christentums von der jüdischen Religion und auch der Trennung von Heiden, die Christen wurden, von ihren sakralen Bindungen. Aber man kann kaum behaupten, daß die Heilsbedeutung, welche die Christen im Neuen Testament Jesus, seinem Kreuzestod und seiner Auferstehung zuerkannten, nicht genauso sakral oder ,Religion' und gerade darin ,christlicher Glaube' sei.

Vor diesem weltanschaulichen Hintergrund des 1. Jahrhunderts kann man jetzt das Spezifisch-Christliche analysieren, das in kritischer Beziehung zu diesen religiösen Voraussetzungen konkrete Gestalt im Neuen Testament erlangte.

§ 2. Neutestamentliche Spiritualität
als kritische Variante des spätantiken Lebensgefühls

Wenn Paulus dann sagt: „Unsere Heimat ist im Himmel" (Phil 3,20) oder „unser politeuma ist droben", und der Kolosserbrief: „Er hat uns dem Bereich der Finsternis entrückt und in das Königreich seines geliebten Sohnes versetzt" (Kol 1,13), oder: „Wenn ihr dann mit Christus zum Leben erweckt seid, *sucht, was droben ist,* dort, wo Jesus zur rechten Hand Gottes sitzt. Sinnt auf das Himmlische, nicht auf das Irdische" (Kol 3,1–2), oder der Hebräerbrief: „Wir haben hier keine bleibende Stadt, sondern sind auf der Suche nach der kommenden Stadt" (Hebr 13,14), und wir müssen daher „einen himmlischen Lebenswandel führen" (Hebr 12,14 – 13,9), oder wenn der Johanneismus von dem Verweilen in einem göttlichen Gebiet, dem Bereich „des Lichtes", spricht (1 Joh 2,10; 2,5c; 5,20c); wenn Jak 1,17 sagt: „Jede gute Gabe, jedes vollkommene Geschenk *kommt von oben herab,* vom *Vater der Himmelslichter",* schließlich daß wir hier auf Erden nur Verbannte, „Fremdlinge und Passanten" sind (Hebr 13, 14c; 1 Petr 1, 17; 2, 11), aber jetzt schon „Mitbürger der Heiligen und Hausgenossen Gottes" (Eph 2, 19) usw., dann sprechen alle diese Autoren eine Sprache, die damals von jedem verstanden wurde und an die tiefsten Lebenssehnsüchte der ganzen spätantiken Kultur anknüpfte. Das Modell wird aber mit einem christlichen Lebensinhalt gefüllt, der auf ein ganz konkretes geschichtliches Geschehen hinwies. „Ihr seid mitgestorben und mitauferstanden mit Christus, und mit ihm sitzt ihr zur rechten Hand Gottes" (Eph 2, 6; Kol 1, 13; 2, 12; 3, 1–4; Hebr 12, 22–23). Denn die Himmelssphären waren in dem damaligen Weltbild der Ort, wo Gott selbst wohnt, also auch die Stätte, wo der bei Gott lebende, auferstandene Jesus weilt. Deshalb besaß das Droben für die Christen auch die eigentliche Anziehungskraft. Der Hebräerbrief sagt daher frei heraus: „wegziehen aus den Stadttoren!" (das heißt aus dieser Welt) (Hebr 13, 13–14; vgl. Offb 18, 4), auf zur ,oikoumene mellousa' (Hebr 2, 5), zur kommenden Welt, die droben bei Gott von Ewigkeit her für die Gerechten zubereitet ist – auf also „zur Ruhe" oder zur himmlischen Stadt des ewigen Sabbats Gottes (Hebr 4, 3; 3, 18; 4, 1; 4, 4; 4, 10–11). Was ein wenig später die Didache ausspricht: „Die charis (oder Gnade) *komme* – eltheto –, und diese Welt *komme um* – pareltheto"[9], darf als eine Grundtendenz der ganzen neutestamentlichen Spiritualität bezeichnet werden: „Maranatha" (1 Kor 16, 22; Offb 22, 20b.c). Die christliche Gemeinde ist eine Exodusgemeinde, die aus der irdischen Stadt der ,Heiden' wegzieht, um durch die Wüste ins Land der Verheißung zu gelangen, das ist die himmlische liturgiefeiernde Stadt (Hebr 12, 22–23; Offb 18, 4; auch in Qumran), an der man durch die christliche Gemeindeliturgie teilnimmt. Sie macht sich auf zur „neuen Erde und zum neuen Himmel, wo Gerechtigkeit wohnt" (2 Petr 3, 13), die schon im konkreten Aufbau der neuen Gesellschaft, die ,christliche Gemeinde' heißt, in ihren Anfängen sichtbar und erfahrbar verwirklicht wird.

Das ,irdische Tränental' und das ,Droben' (mehr noch als das Jenseits) ist ein allgemeines, spätantikes Lebensgefühl und eine konsequente Weltanschauung. Aber sogar die griechisch-platonische Philosophie mit ihrer Ideenwelt und Schattenwelt – zu Unrecht oft als Ursprung der Zwei-Ebenen-Welt bezeichnet – ist selbst schon die philosophische Säkularisierung einer bestehenden religiösen Lebenshaltung. Doch dürfen wir uns – ganz abgesehen von der kritischen Variante, die das Christentum bringt (siehe unten) – nicht in diesem spätantiken Modell täuschen. Denn wie sehr im Altertum Wirklichkeit und Modell ineinander übergehen, die *räumliche* Art der Darstellung darf uns nicht vergessen lassen, daß die Apokalyptik darin zugleich die ältere jüdische *zeitliche* Vorstellung von einer kommenden Welt, die besser als die heutige ist, mit versteht und sogar wesentlich findet (deutlich zum Beispiel im Hebräerbrief). Schon früher, vor allem in den Psalmen Israels, geht es um das ,Antreten' der Herrschaft Jahwes, den man vielleicht am Neujahrstag kultisch als den feierte, der die Chaosmächte und alle Feinde unterwirft. Reich Gottes wurde in der Weltordnung *erfahren*, in der man sich sicher geborgen wußte. Doch wurde dies, und zwar von Anfang an, *nur als Hoffnung* erfahren, Hoffnung auf eine Wende in Israels Schicksal (Jes 52,7)[10]. Diese Hoffnung blieb wiederum mit der Erfahrung verbunden, daß es mit der Welt und mit Israel einmal anders gewesen war. Je radikaler diese Welt von Gottes schöpferischer Ordnung abweicht und ihr widerspricht, um so weniger ist, wenn man von Reich Gottes spricht, die Rede von dieser Welt, die eben nicht ‚in Ordnung' ist, wie der Mensch täglich erfährt; um so mehr wurde das Reich Gottes etwas, was man nicht in dieser Welt erfuhr. Und erst so erscheint das Gottesreich als eine *Alternative* zu ‚dieser Welt', eine Alternative, deren Wirklichkeit erst bei der Endzeit geoffenbart wird. So entstand die apokalyptische Zwei-Ebenen-Welt, wo – in einer himmlischen Welt von Ewigkeit her – alles zubereitet war, was einmal unter den Menschen verwirklicht werden wird. Israel will trotz aller empirischen Erfahrungen seinem Glauben an den Schöpfergott, den Hüter und Leiter der ganzen Schöpfungswelt, der Natur und der Menschengeschichte, treu bleiben. Es glaubte auch weiter an Gottes *gerechte* Weltherrschaft. Israels Geschichte ist gleichsam ein einziger großartiger Versuch, gerade die täglichen Erfahrungen in Übereinstimmung zu bringen mit Gottes Gerechtigkeit und mit seiner Verheißung an die Gerechten. Typisch ist daher, daß, wo der göttliche Heiland im Römischen Reich und in Byzanz ‚Conservator' genannt wurde, der Aufrechterhalter der Weltordnung und der gesellschaftlichen Ordnung, die Christen bald von ‚Salvator', *Retter* und Gesundmacher, ‚Heiler', sprechen werden.

Denn die Frage nach Gerechtigkeit ist in Wirklichkeit eine Frage nach der Beziehung zwischen Gott und Mensch, aber sie wird als Frage gerade aus den Erfahrungen mit der Gerechtigkeit in dieser Welt gestellt. Die Geschichte des Ijob ist charakteristisch für dieses Problem, genauso wie die prophetische Gesellschaftskritik[11]. Dasselbe Problem sucht die Apokalyptik zu lösen. Sie ist daher vor dem Hintergrund des Glaubens an Gottes Weltherrschaft eine massive Kritik an Welt und Gesellschaft. Illustrativ dafür ist 1 Hen (der äthiopische Henoch), dessen Schauspiel sich visionär tatsächlich fast ausschließlich in Himmelssphären abspielt, aber (in seiner Schlußredaktion) zu einer der schärfsten antiken Gesellschaftskritiken wird, die ich kenne, ziemlich ohnmächtig, weil die Ausbeuter allein von ewigen höllischen Verdammungen unter eschatologischem lautem Hohngelächter der dann Glücklichen bedroht werden (1 Hen 98,4–8). Diese Kapitel sind ein Stück Verfluchung aller Ungerechtigkeit auf Erden: fast ausschließlich gegen die politische Macht, die mit Reichtum und Geld verbunden ist. Der Autor wendet sich voller Schärfe (wie kein einziger früherer Prophet) gegen die Reichen, welche die Armen auspressen und „Paläste mit dem Schweiß anderer bauen", Monumente, „von denen jeder Stein, jeder Mörtelbrocken aus der Sünde mächtiger Reicher gemacht ist (1 Hen 99,13). Als wahrer Apokalyptiker sagt er schließlich: „Aber ich, ich sage euch" (1 Hen

103), und dann spricht er das „selig seid ihr" zu den jetzt leidenden Gerechten (1 Hen 104). Aber das ‚selig' betrifft hier in der Tat erst das letzte Gericht, das Jenseits, und darin liegt ein wesentlicher Unterschied zu den Seligpreisungen Jesu, die präsentisch-eschatologisch gemeint sind: Jetzt kommt das Reich Gottes: mit Jesus selbst, „dem Finger Gottes" (Lk 11, 20). Doch zeigt sich auch in der Apokalyptik, daß das, was in unserer zeitlichen Welt einmal verwirklicht werden wird, zwar ‚droben' schon von Ewigkeit her zubereitet ist, das heißt, Heil und Gerechtigkeit können nicht aus unserer Welt, sondern allein von droben kommen –, aber zugleich, daß *Lokalisierung* (im Himmel) und geschichtliche *Zeitlichkeit* apokalyptisch nicht zu trennen sind. Das apokalyptische Eschaton ist ein vages Ineinanderflechten endzeitlicher, noch irdischer Ereignisse und nachhistorischer Zustände: Himmel und Erde scheinen dann eins zu werden, die eine Wirklichkeit, in der Gott und alle Gerechtigkeit erfahren und aus der alle Ungerechten verbannt sind. Mit anderen Worten: Wo Ungerechtigkeit verschwindet, herrscht Gott.

Wir dürfen uns also in dieser jüdischen Welt über das allgemeine spätanike Modell als solches keine falschen Vorstellungen machen. Man muß unbedingt ausfindig zu machen suchen, was im Neuen Testament eigentlich auf das Denken in Modellen zurückgeht und was die damit gemeinte christliche Heilswirklichkeit ist; und was deshalb die christliche kritische Variante dieses spätantiken Lebensgefühls ist. So ist es schon bemerkenswert, daß etwa der Epheserbrief, der dieses ‚schon Sitzen' von Christen mit Christus in den Himmeln (Eph 2, 6) stark betont und darauf hinweist, daß wir schon „Mitbürger der Heiligen und Hausgenossen Gottes" sind (Eph 2, 19), seine Darlegung doch damit beschließt, daß er alles auf den Kopf stellt (nicht wir sind dort oben, sondern Gott ist hier unten): „In ihm werdet *ihr* mitaufgebaut *zu einer Wohnstätte Gottes*" (Eph 2, 22), hier und jetzt, durchaus auf Erden, in dieser Welt. Wir müssen unsere Begriffe von ‚Welt' und ‚Himmel' aufgeben, um das Neue Testament zu verstehen; wir müssen auch sparsam sein mit Vorwürfen wie ‚platonischer' oder mittelplatonischer Einfluß – als wäre dieser Platonismus (übrigens nach eigener Aussage) keine Rationalisierung der Vorstellung der *Religionen* von Himmel und Erde.

Was meint das Neue Testament mit: ‚*diese* Welt'? Der Hebräerbrief hat uns schon viel darüber gelehrt (siehe oben). Aber da der sogenannte Dualismus noch am stärksten im Johanneismus erscheint, ist er der beste Zugang, um eine bessere Einsicht in das zu erlangen, was das Neue Testament mit seinem Hinweis auf die ‚Himmelssphären' und seiner Ablehnung ‚dieser Welt' und seiner Flucht aus ihr meint. Typisch ist der ‚Kosmos'-Begriff in Joh 1, 9; 3, 19; 6, 14; 9, 39; 10, 36; 11, 27; 12, 46; 16, 28; 17, 18; 18, 37; 1 Joh 2, 15–17; 4, 9; alles Stellen, in denen irgendwie Gnade und Welt einander gegenüberstehen. ‚Die Welt' ist tatsächlich ein für Christen gefährliches Gebiet. Sie ist in sich selbst ambivalent oder doppeldeutig, wie sie das schon in der noch nicht mit der Apokalyptik vermengten Weisheitsliteratur war. Zwar ist diese Welt ein gutes Schöpfungswerk Gottes (Joh 1,10b; siehe 13,17.24), aber der kluge Mensch steht einer Schöpfungswelt, in der das Licht der Offenbarung Gottes nicht zu finden ist, recht skeptisch gegenüber (Joh 1,4; siehe Spr 30,1–14; Ijob 28; Weish 7 und 9; der ganze Prediger oder Kohelet). In sich selbst trägt der Mensch keine Heilsprinzipien, kein Wissen, das über die Grenzen der Welt hinausreicht (Weish 9,13–17). Der Mensch ist ein Wesen, das Bedürfnis nach geschenkter Weisheit hat (Weish 7,1–2; 10,17; auch Qumran: 1 QH 15,21–22). Ohne geschenkte Weisheit oder Offenbarung lebt die gute Schöpfungswelt daher ‚in Finsternis‘; die Welt wird dann ‚skotia‘, Finsternis (Joh 1,10), nicht im Sinn einer Art kosmischer Macht zum Bösen, sondern als Schöpfung ohne Erleuchtung. Damit wird das Nicht-Gott-Sein des Geschöpfs ausgedrückt – orientalisch-hellenistischer Ausdruck für eine alttestamentliche Glaubenseinsicht, wie sie im Schöpfungsbericht ihren Ausdruck gefunden hat (siehe Sir 1,9–10; 24,6–7; Bar 3,38; Spr 8,1; 11,1 ff; auch in der damaligen außerbiblischen jüdischen Literatur: 1 Hen 93,8; 69,8; 101,8; 11 QPsᵃXVIII, 5–6, dem Qumran-Psalter)[12]. In dieser zwischentestamentlichen Literatur ist die sapientiale Richtung schon mit Apokalyptik vermischt, wodurch die Beziehungen nur verstärkt werden. Geschöpfe sind *Nicht-Gott*, in dem Sinn: Nicht-Licht und so schon ‚Finsternis‘. Die wahre Wirklichkeit ist Gott. In sich selbst ist die Welt ohne ‚Offenbarung‘ (siehe Joh 9,4–5; 11,9–10; vgl. 3,19–21). In erster Linie geht es um eine sapientiale Erfahrung der *Vergänglichkeit* ‚dieser Welt‘ und nicht um eine böse Macht. Außerdem ist es auffällig, daß gerade diese sapientiale Tradition (die neben andern Einflüssen auf Johannes, wie die Apokalyptik und die sogenannte heterodox-jüdische Mystik, wie wir sie auch in Qumran finden, den Johanneismus stark geprägt hat) nicht an dämonische Mächte dachte, die zum Bösen verleiten[13]. Das Johannesevangelium kennt, im Gegensatz zur synoptischen Tradition, daher überhaupt keinen Fall von Teufelbesessenheit. Doch kennt auch diese Tradition den Teufel, „den Fürsten dieser Welt" (Joh 12,31; 14,30; 16,11), und 1 Joh 5,19 sagt sogar: „Die ganze (nicht-christliche) Welt steht unter dem Bösen", aber damit ist, zumindest im Johanneismus, eben kein *Macht-*, sondern ein *Rechts*gebiet gemeint, das heißt, der Satan hat Anspruch auf eine Welt, die das Licht ablehnt, aber er wird in dieser Tradition nicht als eine dämonische Macht verstanden, die den Menschen zum Bösen antreibt. Der Satan ist daher eher Bild und Prototyp des Unglaubens oder der Ablehnung des Lichtes (Joh 8,44). Durch die Tatsache, daß Jesus Licht in die Welt bringt, wird für den, der das Licht annimmt, von Jesus dieses Recht dem Satan genommen (Joh 12,31; 14,30; 16,11).

Was also aus der schon endlichen Welt eine sündige Welt macht, ist die Ablehnung des Lichts. Denn von Gott her offenbart sich die Weisheit immerfort dem Menschen, aber sie wird nicht aufgenommen (Sir 24,7; Bar 3,12–13; 4,1; Spr 1,24–25.29–30.32; – 1 Hen 42,1–2; 93,8; 94,5). Schließlich kommt die Weisheit zu Israel (Sir 1,10–20; vor allem 24,3.6–8; Bar 3,36–37; – siehe auch 1 Hen 42; 11 QPs XVIII, 20), aber ‚Gottes Eigentum‘, das heißt Israel, nimmt sie ebensowenig auf (Spr 1,24–25.29–32; Bar 3,12–13; 4,1–2; – 1 Hen 93,8; 94,5)[14]. Doch gibt es ‚einen Rest‘, der die Weisheit – oder Offenbarung – doch annimmt (Weish 6,12–16; 7,27–28; 8,21; 9,2.17; Sir 24,19–22; 1,10–20; Spr 8,7–11; – 1 Hen 5,8). Schließlich erscheint der Weisheit/Logos leiblich im Menschen Jesus. Die Christen nehmen ihn auf: Sie erkennen in ihm die ‚doxa‘ oder Herrlichkeit Gottes (Johannesprolog). Dadurch entsteht ein in Jesus erneuerter Gegensatz zwischen ‚der Welt‘ (Unglauben) und ‚der Gnade‘ (Glaube). ‚Die Welt‘, auch von der Gnadenerfahrung mit Christus aus gesehen, ist also durchaus die Wohnstätte der Menschen, aber als Stätte, die durch die Sünde des Menschen, durch seine Ablehnung des ‚Lichtes von oben‘, vor allem des Lichtes, das Jesus selbst ist, verdunkelt ist (Joh 3,19; 8,12; 9,5; 12,46).

Trotzdem ist gerade diese sündige Welt Objekt des Erbarmens Gottes: „So sehr hat Gott ‚die Welt‘ geliebt“ (Joh 3,36; auch 1 Joh 4,9). Jesus wird „sōtēr tou kosmou“ genannt (Joh 4,42; 1 Joh 4,14), Bringer des Heils gerade für diese Welt, obschon sie durch Verharren im Bösen unter dem Gericht steht (Joh 12,31; 16,11; – 1 Kor 6,2; 11,32). Daher kann der Johanneismus die Welt auch als die Wohnstätte böser Begierden ansehen (1 Joh 2,15–17), die schlechte Welt als *ethischen* Gegensatz zu Gott; das Gute gegenüber dem Bösen. Und so steht die Liebe zu Gott der Liebe zur Welt, das heißt zur Sünde, gegenüber. Das ist allgemein-urchristlich (Jak 4,4; 1,27; 2 Petr 1,4; 4,20; 1 Kor 5,10; 7,31; Gal 6,14; Röm 12,2; Eph 2,2). In dieser sittlichen Hinsicht ist die Welt der Rechtsbereich (an anderer Stelle des Neuen Testaments der Machtbereich) des Bösen (1 Joh 5,19). Wegen dieser Relativität – dem Nicht-Gott-Sein der weltlichen Dinge (und auch des sündigen Mißbrauchs) – steht diese Welt unter eschatologischem Vorbehalt, dem „hōs mē“: die Welt besitzen, als besäßen wir sie nicht (1 Kor 7,29–31); das Weltliche darf daher nicht das *ultimate concern* des begnadeten Menschen sein. Die *ideologische Verabsolutierung* des Weltlichen steht unter der religiösen Kritik der Gnade. Das ist der Grund für den Gegensatz zwischen ‚dem ersten‘ und ‚dem zweiten Äon‘, als räumlicher, aber zugleich zeitlicher Gegensatz.

Neben und in diesen geschichtlichen Vermittlungen wirkt also eine tiefchristliche Auffassung von der Welt. Das Neue Testament beruft sich gerade auf den Kern der jüdischen Jahwe-Erfahrung: „Seid heilig wie er…, denn es steht geschrieben: ‚seid heilig, denn ich bin heilig‘ (Lev 11,44)“ (1 Petr 1,14–16). Das heißt, Gott ist nicht die Welt und nicht der Mensch, er ist der schöpferische und heilbringende Transzendente, und *gerade deshalb* kein Außenstehender für einen Menschen in *der* Welt – der antike Mensch wird nicht einmal sagen: in *seiner* Welt, denn diese steht unter einer nicht-menschlichen fremden Macht, die über das Schicksal der Menschen und der Welt verfügt (die „heimarmene“); selbst für den monotheistischen Juden (nach dem Exil) ist ‚unsere‘ Welt eher der Machtbereich (bzw., sapiential, Rechtsbereich) Satans, und so war es auch für die Christen: „der Fürst dieser Welt“. Weil Jahwe, der Gott Israels, heilig ist, muß auch sein Volk „der Heilige“ sein (Num 15,40; Dtn 7,6; 26,19), das heißt

‚abgesondert' vom nicht-heiligen Verhalten der Welt. Das Neue Testament übernimmt diesen Begriff: Auch die Kirche ist „von der Welt abgesondert" (1 Petr 1,1), das heißt „geheiligt" (1 Petr 1,2; auch Apg 9,32; Röm 1,7; Eph 1,5; Offb 5,8), wie Christus „der Heilige" ist (1 Petr 1,19). „Ihr seid nicht von der Welt, wie ich nicht von der Welt bin (Joh 17,16) und wie Jesu Königreich nicht von dieser Welt ist" (Joh 18,36). Kern dieser Äußerungen ist: die religiöse Forderung, heilig zu leben, ethisch und religiös, was allein als eine Gabe Gottes erfahren werden kann, und zwar in einer Welt, die gerade nicht diese Heiligkeit in Anwendung bringt. Dadurch entsteht ein faktisches *Anderssein* des konsequenten Christen, der nicht die weltlichen Maßstäbe anlegt, sondern *in der Welt einen anderen Lebensweg* geht. „Vater, ich bitte nicht, daß du sie aus der Welt wegnimmst", sagt Joh 17,15: „Ich sende sie in die Welt" (Joh 17,18). Denn vor allem im Johannesevangelium kommt zum Ausdruck, daß die Trennung zwischen den ‚epigeia' oder dem Irdischen und den ‚epourania' oder dem Himmlischen (siehe Joh 3,12) durch Christus überwunden ist. Im Erscheinen des *himmlischen* Sohnes Gottes, des Menschensohnes, *auf Erden,* und zwar in wahrer Menschheit (sarx; Joh 1,14), ist die Zwei-Ebenen-Welt durchbrochen und haben irdische Menschen Zutritt zu Gott. Die Welt, als unter dem Rechtsbereich des „Fürsten dieser Welt" stehend, ist besiegt: „Ich habe die Welt besiegt" (Joh 16,33c). *In* der Welt kann man von jetzt an, dank der Sündenvergebung, sittlich-religiös leben, und das bedeutet – in dem gegebenen Weltbild – ‚himmlisch leben, aber durchaus *auf Erden.* Mit anderen Worten, auf Erden kann man fortan ein Stück Reich Gottes verwirklichen.

Die Art und Weise, wie dieses Befreitsein und somit dieses faktische Anderssein gegenüber einer sündigen, ungerechten, unbefreiten Welt erfahren wird, ist im Neuen Testament mit vermittelt durch die Art und Weise, wie die heidnische Welt lebte, mit bestimmt von den geschichtlichen Möglichkeiten, die den damaligen Christen offenstanden.

Daß hier geschichtliche Vermittlungen eine Rolle spielen, wird sichtbar in der kritischen Variante, die im neutestamentlichen Christentum gegenüber dem spätantiken Kulturpessimismus entstand, auf der Suche nach Heil und Glück in ‚höheren Sphären'. Diese Christen erkennen klar, daß der Aufruf, „heilig zu leben und zuerst das Reich Gottes zu suchen", nicht nur eine Frage des Herzens oder bloß innerer Lebenserneuerung bedeuten kann (wie das Neue Testament oft heilsindividualistisch interpretiert wird). Tatsächlich wird jeder einzelne persönlich angesprochen und herausgefordert[15], aber dieser Aufruf, in das Reich Gottes einzutreten, hatte auch mit der Schaffung einer besseren Gesellschaft *auf Erden* zu tun, einer Gesellschaft, in der Gerechtigkeit herrscht. Darin haben sie Jesu Verkündigung der nahenden Herrschaft Gottes genau verstanden. Aber die Situation gestattete nicht, daß diese christliche Minderheitengruppe direkt auch nur etwas an der damaligen Gesellschaftsstruktur ändern konnte. Man vergißt dabei meistens, daß sie das wohl tun an Orten, wo sie dazu imstande waren, nämlich in der eigenen christlichen Gemeinde. Diese bauen sie als eine neue Gesellschaft mit gerechten Strukturen und Verhältnissen aus, wobei sogar die diskriminierende Unterscheidung zwischen Mann und Frau, Jude oder Nichtjude, Sklave oder freiem Menschen überwunden werden mußte. In einem anderen, nämlich christlichen Inhalt praktizieren die neutestamentlichen Christen das, was Seneca von der Philosophie der Stoa erwartet hatte: Unser Evangelium (für Seneca die stoische Philosophie) ist seinem Wesen nach politisch-gesellschaftlich relevant und muß politisch wirksam werden, außer wenn geschichtliche oder konkrete Situationen dies unmöglich machen. Aber wo es möglich ist, muß es geschehen. In der kleinen Gesellschaft der eigenen christlichen Gemeinden wollen die neutestamentlichen Christen tatsächlich eine neue Welt aufbauen. Trotz aller spätantiken Begrifflichkeit ist ihre welt- und gesellschaftskritische Auffassung keine Flucht in höhere Sphären, sondern ein Versuch, der Erneuerung der irdischen Gesellschaft Gestalt zu geben, zumindest an *einer* Stelle und von *einem* Gesichtspunkt aus, der für sie zugänglich war: in ihren eigenen christlichen Gliedern. Gerade weil die weltlichen Strukturen unchristlich sind, dürfen sie keinen Platz in der Kirchengemeinschaft erhalten. Ein prägnantes Zeugnis dafür ist Lk 22,25, der darin den Geist der Botschaft Jesu von der Herrschaft Gottes genau verstanden hat: „Jesus sprach zu ihnen: Die Könige der Völker üben Herrschaft über sie aus, und ihre Machthaber lassen sich (dann noch) Wohltäter nennen. Hymeis de ouch houtōs: So darf es bei euch nicht sein." Quälende und kränkende Strukturen und tyrannische Macht dürfen in den christlichen Gemeinden nicht herrschen. Das Neue Testament anerkennt zweifellos, daß die Praxis des Reiches Gottes außer innerer Lebenserneuerung eine Erneuerung und Verbesserung der Gesellschaftsstrukturen einschließt. Diese neutestamentlichen Christen praktizieren dies denn auch auf dem Gebiet, auf dem sie es wirklich konnten: in der Strukturierung der eigenen christlichen Gemeinde, die gerade deshalb als ein Stück realisierten Reiches Gottes und „ein Sitzen zur Rechten Hand Gottes gemeinsam mit Christus" erfahren wird; die christliche Gemeinde ist „der Leib Christi", mit anderen Worten der Beginn des verwirklichten Reiches Gottes auf Erden. Wie das Reich Gottes unter uns in der Person des Menschen Jesus erschienen ist, so muß die Menschwerdung des Menschen durch die Praxis des Gottesreichs verwirklicht werden. Die damaligen Christen verwirklichten dies, indem sie in der Kirche begannen. Außerhalb der Kirche war für diese Christen nichts möglich. Man kann sogar behaupten, daß, nach dem Ersten Petrusbrief zu schließen, sich auch das Bewußtsein einer erneuerten Gesellschaft *in* der Kirche bildete als *Paradigma* für das, was in der Welt geschehen müßte, denn der Autor sagt: „Führt unter den Heiden ein vorbildliches Leben; dann werden sie, die euch jetzt als Übeltäter lästern, bei näherem Zusehen Gott wegen eurer guten Taten verherrlichen" (1 Petr 2,12). Diese Christen begegnen der weltlichen Struktur mit Kritik, können sie aber unter den gegebenen Verhältnissen nicht verändern; sie leben daher neben der heidnischen Gesellschaft her und bauen am Rande eine eigene neue Gesellschaft auf. Daß dies damals die geschichtlich vermittelte, einzig sinnvolle Möglichkeit war, der Praxis des Reiches Gottes Gestalt zu geben, wird vielleicht durch die Geschichte der erfolglosen Unternehmungen der jüdischen Aufstände und des in Blut erstickten Protestes vieler stoischen Philosophen gerechtfertigt. Doch kann man einwenden: Ist dieses *Schweigen* in der Öffentlichkeit nicht Komplizenschaft? Und hat Jesus geschwiegen? Auch Jesus behauptete sich allem gegenüber und mußte dafür mit seinem Blut büßen. War dies sinnlos und vergeblich? Es standen doch offensichtlich noch andere Wege offen als die, welche die neutestamentliche Kirche gegangen ist, Wege jedoch, von denen man im voraus wußte, daß sie mit Blut versperrt werden würden. Doch können wir diese Lage nicht mit ähnlichen modernen Situationen vergleichen, in denen hartnäckiger öffentlicher Widerstand letztlich den Sieg davonträgt: „We shall overcome." Außerdem: Sind diese Christen in Wirklichkeit, auf ihre Art, nicht gerade diesen Weg gegangen, wie aus den blutigen Kirchenverfolgungen hervorgeht? Sie lehnen es ab, den Kniefall vor der politischen Macht zu tun, die ihre Ungerechtigkeit religiös unter Berufung auf ihre Sakralität legitimierte. Diese Gemeinden waren in der bestehenden Situation tatsächlich ‚subversive‘ religiöse Gruppierungen, aber dann durch eine ganz bewußte Zurückhaltung, weil der zelotische Widerstand geschichtlich sinnlos war und außerdem weil sie, von Jesus inspiriert, kein Heil in blutiger Gewalt sahen, die ihnen keine Praxis des Reiches Gottes zu sein schien. Doch muß man zugeben, daß die neutestamentlichen Christen wenig Gespür für die Möglichkeit einer weltlichen humanistischen Inspiration hatten. Dem ‚Christsein‘ stand ‚Sündhaftigkeit‘ gegenüber, vor allem in dem Sinn von Atheismus (im antiken Sinn): das heißt, das nicht anerkennen, was Heiden, Juden oder Christen als den *wahren* Gott bekennen (siehe Eph 2, 1–3 und 2, 11–12; „ohne Gott in der Welt").

Das Neue Testament prägt uns unverkennbar ein, daß der Exoduscharakter ein Wesensmerkmal der jüdisch-christlichen Gemeinde ist. Welche Gestalt dieser Exodus annehmen muß, muß immer wieder neu innerhalb geschichtlicher Vermittlungen in christlicher Freiheit entschieden werden. Das ist das *Modell*, welches das Neue Testament uns für den Ausbau der christlichen Gemeinden in der Welt und für den Ausbau einer besseren Gesellschaft gibt. In Wirklichkeit erkennt die christliche Bibel in der Praxis schon das vatikanische Prinzip: Die Kirche *ist* (ein performatives ‚ist‘, das heißt: muß sein) ‚sacramentum mundi‘, paradigmatisches Instrument bei der Einswerdung und Befriedung der Welt (wir haben gesehen, daß vor allem der Epheserbrief diesen Aspekt betonte). Dabei sind wir, trotz des Unterschieds zwischen Gott und der Welt der Menschen, keineswegs gebunden an die apokalyptischen, mittelplatonischen und spätantiken Formen eines ‚two story universe‘ mit seinen zwei Ebenen, auch nicht an die vielen hyperbolischen Aussagen, die im Neuen Testament damit innerlich verbunden sind. Aber der gleiche Exodus-Gedanke, als Konsequenz einer aktuellen und doch bleibend eschatologisch ausgerichteten Gnadenerfahrung muß in anderen geschichtlichen Vermittlungen auch konkrete Gestalt erlangen in jeder Gemeinde, die sich künftig christliche „Gemeinde Gottes" nennen will. Nicht direkt, sondern nur indirekt kann das neutestamentliche Christentum Modell sein. Der eschatologische Vorbehalt, der darin zum Ausdruck kommt, ist – in einer Analyse der geschichtlichen Vermittlungen – normierend: Die Endvollendung des Gnadenlebens gehört nicht zu dieser Welt, aber *in unserer Geschichte* muß die Gnade, in jeder Person und in der ganzen Gesellschaft, in immer wieder neuen Gestalten einen erkennbaren Heilsinhalt erhalten. In heutigen Situationen schließt das ein, daß dieser Versuch von Christen die historische Vermittlung einer pluralistischen Gesellschaft kennen wird und nicht das Monopol der Weltverbesserung und Sorge für unsere menschliche Zukunft besitzt; außerdem, daß dieser christliche Versuch unglaubwürdig wird, wenn in den christlichen Kirchen gerade diese ‚Neuheit', ‚Freiheit' und ‚Gerechtigkeit' nicht herrschen würden.

DRITTES KAPITEL
NEUTESTAMENTLICHE GNADENERFAHRUNG UND GESELLSCHAFTLICHE STRUKTUREN

Inspiriert durch die gnadenvolle Heilserfahrung mit Jesus Christus, wollen die neutestamentlichen christlichen Gemeinden sich als eine neue Gesellschaft *in,* aber *neben* der Gesellschaft oder der nicht-christlichen Welt einrichten. Dabei müssen diese Christen (gegenüber dieser Welt) „bereit sein, jedem Rechenschaft abzulegen von der Hoffnung, die in ihnen lebt" (1 Petr 3, 15 b), einer Hoffnung, welche die Christen zu einer solchen vom öffentlichen (heidnischen) Leben distanzierten Lebensweise trieb. Man kann also nicht behaupten, daß das neutestamentliche Christentum Strukturveränderungen zum Guten grundsätzlich distanziert gegenübergestanden oder diese sekundär gefunden hätte. Dort, wo sie konnten, taten sie es nämlich: im Aufbau der christlichen Gesellschaft, der Gemeinde, gemäß den Normen der kommenden Herrschaft Gottes. Zu Unrecht behaupten viele Christen, das Neue Testament sei grundsätzlich nicht an Strukturen interessiert, und sie begründen dann, ebenfalls zu Unrecht, diese Haltung theologisch als eine biblische Forderung. Man vergißt dann zu analysieren, wie diese tatsächliche Haltung des neutestamentlichen Christentums *geschichtlich vermittelt war.* Jesus und das Christentum finden angeblich Strukturen unwichtig, weil das Heil und die Botschaft der Gottesherrschaft eigentlich nur ein Appell an das Herz, an die menschliche Person seien: eine innere metanoia. Daß das Heil als Konsequenz auch innere Lebenserneuerung umfaßt, sei selbstverständlich. Aber warum bauen die neutestamentlichen Christen dann, zumindest in ihren eigenen Gemeinden, eine neue Gesellschaft auf, bilden eine

Gemeinschaft, in der weltliche, ungerechte Machtstrukturen eben nicht herrschen? Sie fassen das Heil also keineswegs privatisierend und individualistisch auf; sie wollen tatsächlich eine bessere Welt und eine neue Gesellschaft, in der Gerechtigkeit wohnt. Das Problem liegt also weder in einer neutestamentlichen sogenannten privatisierenden Heilsauffassung noch auch in einer Vorliebe für innere Lebenserneuerung und eine damit verbundene Relativierung der strukturellen Probleme. Sowohl die Person als auch die Strukturen stehen im Neuen Testament unter der Forderung der Umkehr, welche die Gnade hervorruft. Das Problem liegt nur darin, daß die Kirchen diese Erneuerung der Person und der Strukturen nur innerhalb der Kirche und ‚am Rande‘ der großen Gesellschaft realisieren konnten. Das ist schon wieder eine geschichtlich vermittelte konkrete Wahl oder Entscheidung gewesen. Wenn überhaupt von einer wirklichen Wahl die Rede sein konnte. Sie hatten als Minderheitsgruppe im mächtigen hellenistisch-römischen Reich nur geringe Wahlmöglichkeiten. Der oft gemachte Einwand, daß etwa ein Spartakus doch einen Sklavenaufstand zustande gebracht habe, während die Christen – übrigens auch die elitäre, gesellschaftskritische Stoa – die Sklaverei hätten fortbestehen lassen, scheint mir ein Sophismus zu sein. Der Aufstand des Spartakus ging aus einer kollektiven Kontrasterfahrung hervor, die zu einer Explosion führen mußte. Man kann den Sklavenstatus bei den Juden und Christen, die anfangs gerade viele aus den untersten Schichten der Bevölkerung, auch zahlreiche Sklaven an sich zogen, nicht mit der Sklaverei vergleichen, um die es Spartakus zu tun war. Dieser wollte ebensowenig den ‚Sklavenstatus‘ durchbrechen, sondern empörte sich gegen ganz konkrete unmenschliche Ausbeutung und Quälereien.

Die Tendenz mancher Christen und Theologen, aus der Religion bloß eine Sache des Herzens zu machen, läßt sich nicht auf das Neue Testament gründen; sie setzt außerdem einen philosophisch falschen Personalismus voraus, der die Person den Strukturen und dem Institutionellen *gegenüber*stellt. Daß sich die christliche Botschaft an Personen wendet, ist selbstverständlich (wem sonst sollte eine Botschaft gebracht werden?). Aber ein Mensch kommt zur Personidentität auch durch Vermittlung historischer Institutionen, aufgrund einer anthropologischen Konstante: *Identität* wird erst durch die gegenseitige Bestätigung von *Person* und Institution oder durch sozialen Konsens voll verwirklicht. Dem Altertum war das moderne, personalistische Dilemma von Person oder Institution unbekannt, ebenso die Position der Priorität des persönlichen Bereichs und die daher auch nur sekundäre Bedeutung des institutionellen Elements im menschlichen Leben. Gerade deshalb verstehen die neutestamentlichen Christen den Aufruf zur metanoia oder Einkehr, als Implikation des kommenden Reiches Gottes, keineswegs als eine bloß innere Lebenserneuerung, sondern auch als eine sozialpolitische Veränderung der Gesellschaftsstruktur. Allerdings, sie tun dies, so sagten wir schon, nur *innerhalb* der Gemeinden Gottes, der sie mit der Norm des Reiches Gottes vor Augen gerechtere Strukturen geben. Es ging im Neuen Testament nicht um das Dilemma Person (Herz) und Strukturen, die dann von sekundärer Bedeutung wären, sondern darum, daß man den strukturellen Aufbau einer besseren Welt und einer neuen Gesellschaft *neben* der großen Gesellschaft im ‚geschlossenen Garten‘ der Kirchengemeinden realisieren will. In der heutigen Exegese wird diese – für das Neue Testament doch relevante – Unterscheidung kaum gemacht (wenn man auch zugeben muß, daß dieses Neue Testament manchmal dazu neigt, faktische Situationen theologisch zu unterbauen). Damit ist also keineswegs geleugnet, daß die Botschaft und die Realität des kommenden Reiches Gottes – die Gnade – auch eine politisch-gesellschaftliche Bedeutung hat. Nur die *Art und Weise, wie* diese Christen die Gesellschaft erneuern wollen, ist geschichtlich vermittelt. Das Neue Testament bezieht also sehr wohl aus der gnadenvollen Erscheinung Jesu Christi Erwartungen, Inspiration und Orientierung für den erneuernden gesellschaftspolitischen Aufbau unserer Welt. Wegen der historischen Situation beginnen sie damit jedoch nur in der Dimension der Kirchengemeinde. Die Kirchengemeinde wird gerade als der Teil der großen Gesellschaft gesehen und aufgebaut, deren Strukturen und Relationen an der Norm des Reiches Gottes gemessen und nach der Norm des Reiches Gottes, „des neuen Himmels und der neuen Erde, wo Gerechtigkeit wohnen wird“ (2 Petr 3, 13), verwirklicht werden. Daß unter anderen geschichtlichen Umständen (vor allem, wenn das Christentum über die Grenzen seiner unbedeutenden Minderheitsgruppierung herausgewachsen ist) die wesentlichen Relationen zwischen Gnade und Politik, zwischen christlicher Botschaft und Weltverbesserung die geschichtliche Forderung einschließen, dies nicht nur in der Kirchengemeinde, sondern auch in der Welt selbst zu verwirklichen, darf denn auch (über geschichtliche Vermittlungen und somit indirekt) als biblisch fundiert bezeichnet werden.

Man kann die Frage stellen: Gibt es im Neuen Testament schon Symptome dieser inneren, weitergehenden Dynamik als Konsequenz des für diese Christen wesentlichen Zusammenhangs der Gnade sowohl mit Lebenserneuerung als auch mit Verbesserung der Gesellschaftsstrukturen – ein innerer Zusammenhang, der unter neuen sozialgeschichtlichen Bedingungen auch zur Veränderung der zivil-gesellschaftlichen Strukturen zwingt? Der einzige Text, der dafür auf den ersten Blick in Betracht kommt, scheint mir der kleine Brief des Paulus an Philemon zu sein.

Onesimus (ein typischer griechischer Sklavenname: ‚der Dienstbereite‘), Sklave eines begüterten Mannes, der von Paulus zum Christentum geführt worden war, Philemon, aus einem Hause, in dem eine christliche Gemeinde ihre Gottesdienstversammlungen abhielt (Phlm 2), war (wie dies öfter geschah) seinem Herrn weggelaufen. Entlaufene Sklaven begannen dann ein Vagabundenleben, aber sie wurden nach einer Anzeige von Reichsbeamten gesucht. Wie, wissen wir nicht, aber dieser Sklave Onesimus kommt in Kontakt mit Paulus, der (in Ephesus?) im Gefängnis sitzt. (Für Sklaven bestand damals ein Recht auf Asyl bei anerkannten römischen Bürgern.) Unter seinem Einfluß wurde Onesimus ein Christ. Paulus, immer ein kränklicher Mann, außerdem schon älter werdend, möchte Onesimus gern bei sich behalten (oft waren es Sklaven, welche die diktierten Briefe schrieben). Aber Paulus erkennt die bürgerlichen Rechte Philemons auf seinen Sklaven oder Hausknecht an. Deshalb schickt er den Sklaven mit einem Begleitschreiben zu seinem Herrn zurück. Bruder Philemon (Phlm 7) wird in dem Brief zuerst noch beglückwünscht zu allem, was er für die Gemeinde tut. Dann kommt Paulus zur Sache.

Er gibt Philemon zu verstehen, daß er ihn kraft seiner apostolischen Autorität eigentlich verpflichten könnte, den Sklaven freizulassen, aber Paulus will lieber von diesem Recht absehen und an das Christsein Philemons appellieren (8–9). Denn der Sklave Onesimus sei inzwischen Christ geworden, daher „ein geliebter Bruder" (16). Deshalb müsse auch Philemon diesem Sklaven „als Menschen und Christen" begegnen (16 b), ihn sogar so behandeln, wie er Paulus, seinem guten Freund begegnet (17). Sollte durch das Entlaufen des Sklaven dem Herrn irgendein Schaden entstanden sein, so will Paulus selbst diesen finanziell ersetzen (18). Eigentlich ist dies nur rhetorisch gemeint (19), doch will Paulus dies kurz bemerken, um Philemon zu zeigen, daß es ihm um diesen Onesimus zu tun ist. Paulus drückt seine feste Hoffnung aus, daß der Herr mehr tun wird, als was er selbst von ihm erbittet (21). Mit anderen Worten, Paulus hofft, daß Philemon dem Sklaven nicht nur als Menschen und Christen begegnen, sondern ihn außerdem zu einem *gesellschaftlich* freien Mann erklären, daß Philemon also die bürgerlichen Konsequenzen aus der Tatsache ziehen werde, daß dieser Sklave ein ‚freier Christ' geworden und daß im Christentum der Unterschied zwischen Sklave und Freiem aufgehoben ist.

Das scheint beim ersten Lesen der Zweck des ganzen Briefes zu sein. Und das ist er auch. Aber die Schwierigkeit dieser Interpretation liegt, beim zweiten Lesen, darin, daß Paulus mit diesem Fall *keine Prinzipienfrage* lösen will. Der konkrete Zweck ist eigentlich folgender: Paulus gewann den jungen Mann lieb, und dieser ihn. Paulus möchte Onesimus gern als seinen Helfer bei sich behalten, aber mit Rücksicht auf die bürgerlichen Rechte Philemons kann er das nicht (allerdings droht er, im Hintergrund, ein wenig mit seiner apostolischen Autorität). Die Verse 13–14 und 19–20 machen es daher schwierig, in dem Brief eine Prinzipienfrage zu sehen. Und dann wird er zu einem bloßen Gelegenheitsschreiben, in dem Paulus mit viel Diplomatie und ‚für eine gute Sache' einen Sklaven seinem Herrn ‚ausspannen' will. Jedenfalls will er, wenn auch ‚zum eigenen Vorteil', nämlich als Hilfe bei seinem apostolischen Werk, *unter Berufung auf christliche Prinzipien*, daß sein Mitchrist Philemon den Sklaven auch gesellschaftlich für frei erklärt. Das damals geltende ‚Eigentumsrecht' des Herrn an dem Sklaven wird keineswegs bestritten, und doch wird, zumindest in *diesem* Fall (und somit unter nicht allzu ‚harmlosen' Umständen), dieses Recht ziemlich entwertet durch die christliche Auffassung, daß es innerhalb der Kirche keinen diskriminierenden Unterschied zwischen Sklave und Freiem geben darf.

Aber an anderer Stelle ziehen weder Paulus noch die paulinische Schule diese grundsätzliche Konsequenz. Paulus widerspricht ihr sogar ausdrücklich: „Bist du als Sklave berufen, laß es dich nicht verdrießen; und selbst wenn du frei kommen kannst, *bleib dann doch lieber Sklave*. Denn der christliche Sklave ist der Freigelassene des Herrn" (1 Kor 7, 21–22). Hier spricht Paulus aus einem verchristlichten stoischen Begriff von innerer Freiheit (wie etwa auch Sartre in seinem anfangs rein personalistischen Freiheitsbegriff. Der innerlich freie Mensch, selbst wenn er in äußerer Knechtschaft gebunden liegt, ist souverän-frei). Prinzipiell zieht Paulus daher keineswegs bürgerlich-gesellschaftliche Folgerungen aus einer seines Erachtens für die Kirchenordnung doch wesentlichen Stellungnahme. Den Brief des Paulus an Philemon sehe ich daher als eine ‚geschäftliche Angelegenheit‘ unter zwei Christen an, nicht als eine christliche Prinzipienfrage (– leider!).

Man darf aber den jedenfalls aufrichtigen Willen zur Behebung aller Diskriminierungen *innerhalb* der Kirchengemeinde nicht minimalisieren. Sklaven werden in der Kirchengemeinde zu freien Menschen (manche von ihnen werden bald sogar Bischöfe und Papst). Auf die Dauer, nämlich durch geschichtliche Vermittlungen, wird diese innerkirchliche Erneuerung der Gesellschaft auch nach außen wirken. Gnade hat politisch-gesellschaftliche Konsequenzen (wenn auch oft dieser christliche Anstoß als sozialisiert in der Kultur, das heißt als Säkularisat in die Kultur aufgenommen, nicht selten von Nichtchristen zu seinen gesellschaftlichen Konsequenzen gebracht werden wird. Das soll nur heißen, daß die christliche Erlösung auf die Dauer auch ‚säkularisiert‘ wird, das heißt zu einer inneren Triebfeder des ‚saeculum‘ oder sozialisiert wird).

Inzwischen aber akzeptierten die neutestamentlichen Kirchen, auch die paulinische, den außerkirchlichen zivilen Status des Rechtsverhältnisses Sklave–Herr. Jedoch nicht ohne einen für jene Zeit bedeutsamen Vorbehalt. In dem heidnischen ethischen Ehrenkodex jener Zeit (den „Haustafeln") geht es immer wieder um die geltenden ethischen Normen zwischen Mann und Frau, Obrigkeit und Bürgern usw., nie um die ethischen Regeln über das Verhältnis des Herrn zumindest gegenüber dem *eigenen* Sklaven. Hier hatte der Herr offensichtlich absolute Rechte. Das Neue Testament fügt zu all diesen – „im Herrn" anzuwendenden – geltenden ethischen Normen stets die ethische Regelung des Verhältnisses des Sklaven zum *eigenen* Herrn hinzu, und umgekehrt (Eph 6, 5–8; Kol 3, 22–25; 1 Tim 5, 1; 1 Petr 2, 18–25). Rein gesellschaftlich gesehen, ist dies schon eine neue Sicht der Sklaverei. Die Beziehung der Unterworfenheit (Gehorsam; Autorität) wird hingenommen, aber die schmerzlichen Seiten dieser Beziehung müssen durch die christliche Liebe, sowohl von seiten des Herrn (wenn dieser Christ ist) als auch durch den Sklaven, gemildert werden. Vor allem der Erste Petrusbrief, der weiß, daß es auch unvernünftige und ungerechte Leute, Herren von Sklaven, gibt, ist darin typisch für das neutestamentliche Christentum. Der Autor bringt das gesellschaftliche Leiden des Sklaven zur Sprache (1 Petr 2, 18–25); und er meint *unverschuldetes* Leiden von zu Christen gewordenen Sklaven mit schwierigen Herren (2, 18.20). Wie allgemein (siehe 2, 21–25; 4, 14; 4, 16 und 19; 3, 14 und 3, 17) wird auch in diesem Fall unverschuldetes Leiden (siehe 4, 19), „Leiden um der Gerechtigkeit willen" (3, 14) oder „Leiden für das Gute" (3, 17), in das Licht des Beispiels Jesu gestellt (2, 21–25). Leiden „mit Gott in Gedanken" nennt der Autor eine *charis* (2, 19). Der griechische Text lautet: „Touto gar charis ei dia syneidēsin Theou hypopherei tis lypas, paschōn adikōs." Verdientes Leiden ist nichts Besonderes, aber „um guter Taten willen leiden müssen, das ist es, *was Gott gefällt*" (2, 20 c). „Charis" wird hier also nicht im Sinn von ‚Gnade' gebraucht, sondern im Sinn des hebräischen „cheen" (siehe oben). Dieser Begriff hat als solcher keine ‚theologische' Bedeutung. Im Altertum war der Sklave Eigentum des Herrn, so daß dieser dem *eigenen* Sklaven gegenüber (das ist jedoch eine Einschränkung) nie Unrecht begehen konnte (dieser Auffassung zufolge). Diese Interpretation von charis (als „cheen") *lehnt es ab*, das unverschuldete Leiden, in diesem Fall eines Sklaven, als ein „Geschenk Gottes" anzusehen (charis im neutestamentlichen technischen Sinn, wie manche Exegeten diesen Text aus dem Ersten Petrusbrief interpretieren). Doch wird gesagt – und das atmet einen ganz anderen Geist der Einstellung zu diesem Leiden, das als solches dann als Negativität verurteilt wird –, daß „mit Gott in Gedanken" unverschuldetes Leiden Gott angenehm ist, ihn milde stimmt. Der Autor sagt: Auch Jesus „überließ seine Angelegenheit dem, der gerecht urteilt" (1 Petr 2, 23). *Dieses* Leiden gilt keineswegs als Geschenk Gottes, im Gegenteil: Gottes Verurteilung droht denen, die dieses Leid zufügen. Der Autor sagt jedoch, wobei er sich auf Gottes schöpferische Souveränität bezieht, daß Gott dann dieses Leiden „nur zuläßt" (4, 19). Daher müssen unschuldig Leidende, in diesem Fall Sklaven, „sich ihrem Schöpfer anvertrauen" (4, 19 b). Aber trotz aller Gesellschaftskritik, die darin liegt, ist im ganzen Neuen Testament nirgends die Rede von sozialpolitischem Widerstand gegen weltliche Strukturen, die dieses – im Neuen Testament jedoch verurteilte – unverschuldete Leiden faktisch verursachen. Es verlangt nur, daß es in kirchlichen Verhältnissen solche Strukturen nicht geben darf. Diese gleichsam ‚doppelte' Haltung kennzeichnet das neutestamentliche Christentum: – a) so darf es in einer von Jesus Christus beherrschten Gesellschaft, konkret: in den christlichen Gemeinden, nicht sein; – b) in der außerkirchlichen Welt gelten diese Gesetze zwar in Wirklichkeit, aber daran können Christen im 1. Jahrhundert doch nichts ändern. Letzteres kennzeichnet die Situation und impliziert also keineswegs ein Desinteresse von Christen an Strukturen und institutionellen Problemen. Darin kommt sowohl die bleibende, christlich normierende Einzigartigkeit der neutestamentlichen Gnadenerfahrung zum Ausdruck als auch die geschichtlich vermittelte (und veränderliche und somit immer wieder zu verändernde) Gestalt, in der Christen ihrer Gnadenerfahrung im Blick auf die gesellschaftlich gegebenen Strukturen konkrete Form geben. Die damalige konkrete ethische Form kann keineswegs als christliche Lebensnorm gelten; sie ist eine situationell bestimmte, begrenzte, verständliche, in der damaligen Situation vielleicht sogar einzige Möglichkeit und so eine echt-christliche Stellungnahme. Aber sie kann nicht direkt als Norm für christliche Optionen in völlig veränderten geschichtlichen Situationen dienen. Die neutestamentliche Norm und Orientierung, die auch für heutige Christen in ihr vorhanden ist, liegt darin, daß in anderen geschichtlichen Vermittlungen dieselbe christliche Gnadenauffassung zu ebenfalls eigenverantwortlichen und deshalb – in Anbetracht der anderen, neuen konkret-geschichtlichen Situationen, sowohl der ‚Welt‘ als auch der ‚Kirche‘ – völlig anderen christlichen Optionen orientieren und anregen kann, sogar so, daß dies jetzt, wegen unserer geschichtlichen Situation, eine christliche Forderung unserer Gnadenerfahrung wird. Ein Christentum, das – in seinem offiziellen Status – soziologisch keine quantité négligeable in unserer heutigen Welt genannt werden kann, wie sehr es auch als christliche Gemeinde immer mehr zu einer Diasporakirche wird, kann als ‚kognitive Minderheit‘ durchaus aktiv auftreten. Darin folgt sie dann der Inspiration und Orientierung des Neuen Testaments.

VIERTES KAPITEL
GNADENLEBEN UND POLITISCHE MACHT IM NEUEN TESTAMENT

LITERATUR: *J. Blank,* Schriftauslegung in Theorie und Praxis (München 1969) 174–186; *S. Brandon,* Jesus and the Zealots. A Study of the Political Factor in Primitive Christianity (Manchester 1967); *O. Cullmann,* Jesus und die Revolutionäre seiner Zeit (Tübingen ²1970); *ders.,* Der Staat im Neuen Testament (Tübingen ²1961); *J. P. Farla,* Het oordeel over Israel. Een Form- en Redaktionsgeschichtliche Analyse van Mc. 10, 46–12, 40 (Dissertation, Nijmegen); *G. Friedrich,* Utopie und Reich Gottes. Zur Motivation politischen Verhaltens (Göttingen 1974); *E. Gräßer,* Der politisch gekreuzigte Christus, in: Text und Situation, Gesammelte Aufsätze zum Neuen Testament (Gütersloh 1973) 302–330; *M. Hengel,* War Jesus Revolutionär? (Stuttgart 1970); *ders.,* Gewalt und Gewaltlosigkeit. Zur „politischen Theologie“ in neutestamentlicher Zeit (Stuttgart 1971); *ders.,* Die Zeloten. Untersuchungen zur jüdischen Freiheitsbewegung in der Zeit von Herodes I. bis 70 n. C. (Leiden – Köln 1961); *A. Hertz – E. Iserloh – G. Klein – J. B. Metz – W. Pannenberg,* Gottesreich und Menschenreich. Ihr Spannungsverhältnis in Geschichte und Gegenwart (Regensburg 1970); *E. Käsemann,* War Jesus liberal? in: Der Ruf der Freiheit (Tübingen ⁴1968) 19–53; *H. M. Kepplinger,* Rechte Leute von links. Gewaltkult und Innerlichkeit (Olten – Freiburg 1970); *G. Kittel,* Das Urteil des Neuen Testaments über den Staat: ZSTh 14 (1937) 651–680; *H. W. Kuhn,* Jesus als Gekreuzigter in der frühchristlichen Verkündigung bis zur Mitte des 2. Jahrhunderts: ZThK 72 (1975) 1–46; *H. Kuitert,* Om en om (Kampen 1972), vor allem 137–157; *G. Petzke,* Der historische Jesus in der sozialethischen Diskussion. Mk 12, 13–17 par, in: Jesus Christus in Historie und Theologie (hrsg. von G. Strecker) (Tübingen 1975) 223–235; *H. Schlier,* Der Staat nach dem NT, in: Besinnung auf das NT (Freiburg 1964) 193–211; *ders.,* Mächte und Gewalten im NT (Freiburg 1958); *L. Schottroff,* Gewaltverzicht und Feindesliebe in der urchristlichen Jesustradition. Mt 5, 38–48; Lk 6, 27–36, in: Jesus Christus in Historie und Theologie (Tübingen 1975) 197–221; *R. Schnackenburg,* Die sittliche Botschaft des Neuen Testaments (München ²1962) 88 ff; *W. Schrage,* Die Christen und der Staat nach dem Neuen Testament (Gütersloh 1971); *G. N. Sevenster,* Geeft den Keizer, wat des Keizers is, en Gode, wat Godes is: NTT 17 (1962) 21–31; *E. Stauffer,* Die Geschichte vom Zinsgroschen, in: Christus und die Caesaren (Hamburg 1956) 121–149; *A. Strobel,* Zum Verständnis von Röm.

13: ZNW 47 (1956) 67–93; *G. H. ter Schegget,* Het lied van de Mensenzoon (Baarn 1975); A. *Wlosok,* Rom und die Christen (Stuttgart 1970).

Aus ihrer Befreiungstheologie, ihrer politischen Theologie oder ihrer gesellschaftskritischen Einstellung neigen viele Christen dazu, den biblischen Christus *politisch* zu nennen, während Kirchen, die eine apolitische oder sogar neutrale Haltung einnehmen wollen, im Neuen Testament Argumente finden, Jesus eine apolitische Haltung zuzuschreiben. In beiden Fällen befragt man von einer bestimmten, schon vorgegebenen Option aus die Bibel theologisch, ohne eine Analyse der geschichtlichen Vermittlungen. Das Problem wird von Theologen oft bei der Frage nach der politischen Bedeutung der Hinrichtung Jesu am Kreuz gestellt. Daß dies von seiten der Römer eine politische Hinrichtung war, darf unter den Exegeten als opinio communis bezeichnet werden. Für manche Autoren war sie aber ein geschichtlicher Irrtum[16]; mit anderen Worten, das unpolitische Leben Jesu hat durch einen geschichtlichen Irrtum ein politisches Ende gefunden. Andere Autoren dagegen behaupten, der politische Kreuzestod Jesu sei die innere Konsequenz des von Anfang an politisch zu verstehenden Auftretens Jesu gewesen[17].

Auffallend ist, daß beide Richtungen mit einem festgelegten Interesse das Neue Testament befragen; die einen, weil sie auf dem Standpunkt stehen, die heutige Kirche müsse sich apolitisch oder politisch neutral verhalten: Die Kirche muß „zwischen den Fronten stehen"[18], die anderen dagegen wollen ihre politische Theologie biblisch begründen. Beide Positionen scheinen mir eine Form von – rechtem oder linkem – Fundamentalismus zu sein; sie vergessen die Analyse der geschichtlichen Vermittlungen. Das ist keine fruchtbare Fragestellung, die uns weiterhilft, solange nicht geklärt ist, *warum* diese Frage gestellt wird. Will man die eigene politische Stellungnahme daran messen, dann verliert die Frage sofort an Bedeutung. Jesus war auch kein Demokrat! Die Frage ist nicht sinnvoll, wenn man das konkrete Problem heutiger Stellungnahmen für oder gegen Teilnahme an revolutionären Bewegungen damit lösen will (das heißt, das Problem muß auf anderen Wegen gelöst werden). Sie erkennen in Jesus etwas, was sie selbst beseelt (beispielsweise Pazifismus oder Widerstand). Aber „man will mit Hilfe der Frage, ob Jesus ein Zelot war, eigentlich eine andere Frage lösen", nämlich, wie wir uns heute in den Problemen von Institution und Strukturen zu verhalten haben[19]. Anderseits sagt O. Cullmann, Jesu *Naherwartung* sei verantwortlich für sein geringes Interesse an Strukturen und an der institutionellen Seite des menschlichen Lebens, während wir die Naherwartung nicht mehr haben. Und die Folgerung könnte dann sein: Die institutionellen Seiten sind doch wichtig. Aber Cullmann zieht diese Folgerung nicht: Der Kern des Glaubens bleibt eine personale Angelegenheit, eine Sache des Herzens. Diese Problemstellung ist doppelbödig. Zeloten sind dann Menschen, die in erster Linie Institutionen und Strukturen umstürzen wollen, während es sich um Widerstandskämpfer handelt. Man tut so, als hätte es damals schon unseren

Unterschied zwischen Person und Struktur gegeben. Warum sind O. Cullmann, M. Hengel und E. Gräßer so interessiert daran, zeigen zu können, daß Jesus kein Revolutionär war? Selbst wenn er es nicht war, bedeutet das noch nicht, daß ein Christ es heute nicht sein dürfe oder manchmal vielleicht sein müsse. Fragen an die Geschichte haben einen Grund, warum sie gestellt werden. Sie sind ‚voreingenommen‘, wir wollen unsere eigene politische Entscheidung mit ihnen rechtfertigen und eine andere verurteilen.

Indessen bleibt die Frage nach der Haltung Jesu gegenüber der Politik eine historisch legitime Frage. Aber man wird dann auch das Interesse, das die neutestamentlichen Kirchen gehabt haben können, Jesus als politisch ungefährlich darzustellen, untersuchen müssen. Denn diese Christen hatten alles Interesse daran, den christlichen Glauben so darzustellen, daß er auch eine loyale Haltung gegenüber der heidnischen Obrigkeit gestattete, solange diese von den Christen keine Anerkennung der Sakralität der politischen Autorität forderte. Denn es ist auffallend, daß das Neue Testament die Christen auffordert, loyal zu sein gegenüber der Reichsobrigkeit und für die weltlichen Autoritätsträger zu beten, „*damit* wir, ungestört und friedlich, ein in jeder Hinsicht gottesfürchtiges und würdiges Leben führen können" (1 Tim 2,1–2). Die Sorge, Christenverfolgungen zu verhindern, ist in jedem Fall einer der Gründe, warum das Neue Testament dazu neigt, politische Aspekte im Leben Jesu zu ‚übermalen‘. Brandons Deutung Jesu als eines politischen Eiferers mag falsch sein, seine Analyse der Tendenz der neutestamentlichen Autoren, Jesus apolitisch zu machen, um so keinen Anlaß für Reaktionen der heidnischen Obrigkeit zu geben, ist unbestreitbar richtig[20]. Sowohl die Analyse des Passionsberichts in den vier Evangelien als auch die des vierfachen Berichts über Johannes den Täufer zeigen, daß Jesus in zunehmendem Maß als apolitischer, friedlicher ‚König der Juden‘ dargestellt wird. Lk 23,2 erwähnt eine Tradition, nach der Jesus offensichtlich keine Steuer zahlen wollte; Mk 12,13–17 weiß davon offensichtlich nichts oder verschweigt es. Für die Römer waren seit dem Jahr 66 ‚Juden‘ fast synonym mit Zeloten, den ‚Räubern‘ – wie sie sagten –, die einen Aufstand gegen Rom angezettelt haben. In Rom war bekannt, daß das Christentum aus dem Judentum stammte[21]. Daher bestand im römischen Imperium eine Neigung, auch das Christentum, zumindest seit den Jahren 66–70, mit dem jüdischen Zelotentum in Verbindung zu bringen, und es gibt den Versuch insbesondere bei Markus (vor allem wenn er sein Evangelium an die Christen in Rom richtet), Christentum und Zelotentum als zwei voneinander völlig verschiedene Größen darzustellen. Markus verwischt sogar den Zelotennamen eines der Jünger Jesu, Simon (und transkribiert in für Römer nicht zu verstehenden griechischen Buchstaben diesen Zelotennamen: Kananaios). Daß Rom Jesus hingerichtet hat, versucht Markus zu beseitigen. Was für palästinensisch-jüdische Christen ein achtbarer Tod war (ein Martyrer-Tod, durch Eingreifen der Besatzung), war das weniger für Christen aus dem Heidentum. Markus interpretiert daher den Tod Jesu neu und läßt die Hauptschuld auf die jüdische Obrigkeit fallen;

und schon vom Mk 3,6 an wird dies vorbereitet. Pilatus wird von den Juden gezwungen, Jesus zu verurteilen (15,10–11). Johannes läßt nach seiner (aus Palästina stammenden) Quelle die Römer Jesus verhaften; bei Markus wird Jesus ,wie ein Räuber' (14,8) von Mannschaften der jüdischen Behörde gefangengenommen (Mk 14,43). Markus interpretiert die Tradition neu: Der Römer Pilatus findet ihn unschuldig, will ihn mit Hilfe des ,Barabbas' retten. Die Tendenz, aus Jesus einen apolitischen, sogar fast pro-römischen Pazifisten zu machen, läßt sich als Tendenz des Markusevangeliums nicht leugnen (allerdings wissen wir dann noch nicht, wie Jesus selbst sich in Wirklichkeit politisch verhalten hat). Nicht unwahrscheinlich ist außerdem, daß, da in einer Handschrift von *,Jesus* Barabbas' (Mt 27,16–17: „Jēsous, ho legomenos Barabbas") die Rede ist, es Kreise unter den Römern gab, die Jesus von Nazaret mit einem aufständischen Jerusalemer Volksführer assoziierten. Markus will Jesus in den Augen seiner Leser von jedem Verdacht des Zelotismus völlig freimachen. Gerade diese Tendenz macht es für uns unmöglich, den wirklichen Grund für die Kreuzigung Jesu durch die Römer historisch zu beurteilen, wenn auch die römische Kreuzigung deutlich ein politischer Akt war. Für Markus sind die Pharisäer tatsächlich die Exponenten alles dessen, was die Heiden im Judentum merkwürdig fanden; sie werden daher in seinem Evangelium *die* Feinde Jesu. Gemeinsam in einem Komplott mit den Herodianern wollen auch sie Jesus in eine Falle laufen lassen, im Zusammenhang mit der heiklen Frage nach der römischen Steuerbelastung (Mk 12,13–17). Aber Jesus ist ein loyaler Untertan (12,17). Markus hat die Absicht, Jesus aus seinem judaischen historischen Kontext zu lösen; es ist daher ein *Heide,* der zum erstenmal das offizielle Glaubensbekenntnis ausspricht: ,Dieser ist wahrlich Sohn Gottes" (Mk 15,39; siehe 1,24–34; 3,11–12). Das Markusevangelium bedeutet tatsächlich einen Bruch mit dem alten palästinensischen Christentum, das vielleicht in Transjordanien und in Ägypten Zuflucht gesucht hatte, während das paulinische Christentum Syrien, Kleinasien und Griechenland beherrschte. Markus will seinen Lesern auch eindringlich zeigen, daß Blutsbeziehungen bedeutungslos sind (3,20–30; 3,31–35), daß Jesus von seiner eigenen Familie nicht akzeptiert wurde, ja daß man ihn dort sogar für verrückt erklärte (3,21; 3,31–35; 6,1–6). Die ,davidische Herkunft', zumindest im nationalpolitischen Sinn, ist eine Phantasie (12,35–37; siehe auch 14,1–2; 15,31–32). Jesus *ist* der Bruch mit dem Judaismus, das kann man als Tendenz bei Markus kaum leugnen. Petrus erkennt Jesus zwar als Messias an, versteht aber anfangs die paulinische Lehre vom Heilswert des Todes Jesu nicht (Mk 8,31–32). Markus erweckt den Eindruck, als erkenne das palästinensische Christentum, die Zwölf, Jesus zwar als den einen Messias an, sei aber unfähig, die paulinische Auffassung vom soteriologischen Wert des Todes Jesu zu bekennen. Mit anderen Worten, Markus will die Lücken der palästinensischen Christologie füllen. Jesus stirbt unter dem Bekenntnis eines *Heiden,* der seine Gottessohnschaft anerkennt, während in Jerusalem der Tempelvorhang entzweireißt; das Christentum ersetzt das Judentum, und deshalb wird Jesus aus dem konkreten politischen Kontext gelöst, in dem das jüdische Volk vor allem seit 66–72 in den Augen von Heiden, und auch für Juden außerhalb Palästinas, gestanden haben muß[22]. Dies alles weist darauf hin, daß (entgegen der vorherrschenden Meinung) Markus erst nach dem Jahr 70 geschrieben ist und offensichtlich die Verbindung zwischen Judentum und Rebellion gegen Rom in den Augen der Heiden *voraussetzt*. Lukas (Evangelium und Apostelgeschichte) verschweigt denn auch die Kirche in Ägypten und Alexandrien (seit langem Zufluchtsort für Juden), das heißt die dort weiterlebende palästinensische Christologie. Die Christen hatten aus den Ereignissen der Jahre 66–70 gelernt, daß sie, um zu überleben, sich Rom gegenüber besser loyal verhalten sollten. „Wer nicht wider uns ist, ist für uns": sagt Mk 9, 40. Als später die Christen selbst schwere Verfolgungen erlitten haben und neue drohen, schildert dagegen das Buch der Offenbarung Jesus als einen furchtbaren Reiter auf einem weißen Pferd, „mit Augen wie Feuer, mit blutigen Kleidern", und man nennt ihn „das Schwert Gottes", und er will alle Nationen mit einem eisernen Zepter regieren; auf seinem Gewand steht: „König der Könige und Herr der Herren" (Offb 19, 12 ff), der gegen Roms blutige Unterjochung in den Kampf zieht.

Daraus geht hervor, daß das Neue Testament anfangs ein apologetisches Interesse daran hatte, Jesus apolitisch darzustellen, während die Geheime Offenbarung ihn als den großen eschatologischen Kämpfer gegen ungerechte politische Mächte sieht. Das bedeutet noch nicht, daß das Neue Testament einen politischen Jesus entpolitisiert; wohl aber, daß es alle für die Römer unangenehmen Elemente – sicher soweit sie Anlaß dazu gegeben hätten, einen Zusammenhang zwischen Christentum und den Ereignissen von 66–77 herzustellen – aus dem Leben Jesu verwischt, um eine Kirchenverfolgung zu vermeiden.

Im Altertum bildeten Religion und Staat eine unverbrüchliche Einheit; die Religion war die gesellschaftliche Grundform. Die Gottesverehrung stand im Katalog der bürgerlichen Tugenden vornean, denn das Heil des Staates („salus reipublicae") war von den Staatsgöttern abhängig. In diesem Sinn gab es eine Identität von Staat und Religion. Im theokratischen Judentum galt dasselbe, allerdings jahwistisch.

Mit der Entstehung des Christentums wurde dies für die Christen aber zum Problem. Es entstand eine Dualität, einerseits die christliche Gemeinde, andererseits die politische Macht (der fremde Staat mit seiner integrierenden heidnischen Religiosität). Außerdem wurde diese Obrigkeit rasch antichristlich. So entstand die Dialektik zwischen christlichem Glauben und Politik. Bietet die christliche Heilserfahrung Jesu darauf eine Perspektive? Es ist auffallend, daß in der bekannten Perikope des Paulus, Röm 13, 1–7, überhaupt keine christologische Anspielung vorhanden ist. Die konkrete Haltung, die Paulus Christen gegenüber der (heidnischen) politischen Macht vorschreibt, wird von Paulus nicht von Christus oder von der evangelischen Botschaft her gedacht, sondern sie wurde aus anderen Quellen (siehe unten) gespeist. Es fällt außerdem auf, daß Paulus die loyale Haltung gegenüber der politischen Macht „um eines guten Gewissens willen" fordert (Röm 13,5). Er hebt den Fall also ausdrücklich auf ethische Ebene, ohne einen Zusammenhang zwischen Evangelium und Politik herzustellen; es geht bei Paulus gleichsam um ein autonom-ethisches Problem. Die Situation ließ etwas anderes kaum zu. Hier werden wir also sehr auf die geschichtlichen Vermittlungen bedacht sein müssen, bevor wir von *dem* biblischen Verständnis der politischen Macht sprechen können.

Welches ist die diesbezügliche Auffassung des Paulus? Es geht um die „archai kai exousiai" (Röm 13,1), hellenistische Bezeichnungen einerseits für die höhere und höchste Reichsgewalt (archai; lateinisch: „imperia"), anderseits die Reichsbehörden (exousiai; lateinisch: potestates oder magistratus)[23]. Ferner kommen in dieser Perikope die folgenden technischen Wörter vor: der Hinweis auf das „agathon" (das Gute), womit Paulus den paränetischen Teil seines Briefs beginnt (Röm 12,2; einigemal wiederholt in 13,1–7, wo es um die politische Macht geht); das ist offensichtlich im Sinn der ‚kalokagathia" gemeint, das ist der römisch-griechische Ausdruck für die öffentliche Bürgertugend. Ferner: direkte Steuern (phoros) und indirekte Steuern oder Zollrechte (telos) (Röm 13, 6–7). „Leitourgos" (13,6) ist die allgemeine Bezeichnung für jemanden im Reichsdienst, also: Reichsbeamter.

Paulus beginnt seine Argumentation mit dem (diasporajüdischen; siehe unten) Begriff: „Alle Autorität kommt von Gott", „auch die bestehende Autorität ist von Gott eingesetzt" (Röm 13,1) (mit scharfer Ironie wird Offb 13,2.4 sagen: Die römische Staatsautorität stammt vom Satan). Sich zelotisch der bestehenden Autorität wiedersetzen ist nach Paulus daher ein Verstoß gegen Gott. Die Träger der staatlichen Autorität und Reichsbeamten sind „Liturgen (Diener) Gottes für euer Wohl" (13,4.6). Die ethische Forderung wird (nicht christologisch, sondern) theologisch unterbaut (die Deuteropaulinen werden „im Herrn" hinzufügen). Die bürgerliche Autorität ist daher Schirmherr der ‚Anordnungen Gottes'; nach Paulus ist der Staat also eine göttliche Einrichtung, und er meint durchaus das heidnische römische Imperium (*hai de ousai* exousiai: die *faktisch gegebene* Staatsautorität, für viele Christen außerhalb Roms also eine Besatzungsmacht) (Röm 13,1 c). Paulus selbst besitzt das römische Bürgerrecht und ist zudem ein Diasporajude; zwei Elemente, durch die eine offene loyale Haltung gegenüber Rom schon in etwa mitgegeben ist. Vor allem Juden aus der Zerstreuung hatten oft, wegen des überall herrschenden Antisemitismus, dem römischen Rechtsschutz viel zu danken (Paulus selbst wird an den Kaiser appellieren, wodurch ihm damals das Schlimmste erspart blieb). Gerade die Theologisierung (alle Autorität kommt von Gott) ist eine Theorie, die sich in Kreisen von Diasporajuden entwickelt hatte.

Schon seit etwa sechs Jahrhunderten bestand in diesen Kreisen das Problem der Beziehung zwischen Synagoge und Staat, denn die jüdische Religion war nicht die allgemeine Religion des Imperiums. Gerade im babylonischen Exil begann das Problem dringend zu werden: Jahwe, der Gott Israels, wurde mitsamt Israel fremden Göttern unterworfen. Die Propheten wollen in dieser Glaubenskrise Trost und Ermutigung geben. Vor allem Jeremia: „Das spricht Jahwe ... zu all den Verbannten, die *ich aus Jerusalem nach Babel geführt habe:* Ihr müßt Häuser bauen und darin wohnen, Gärten anlegen und ihre Frucht verzehren; ihr müßt heiraten und Kinder bekommen ... sorgt dafür, daß ihr größer werdet an Zahl, nicht kleiner. Setzt euch ein für die Wohlfahrt der Stadt ... und *betet für sie* zu Jahwe, denn von ihrer Wohlfahrt hängt die eure ab ... ich kenne die Pläne, die ich mit euch habe; sie haben euer Heil im Auge, nicht euer Unheil, und bereiten euch eine hoffnungsvolle Zukunft ... ich stelle euch in euren früheren Zustand wieder her, aus der Zerstreuung über alle Völker und Orte bringe ich euch wieder zusammen – ein Gottesspruch Jahwes ..." (Jer 29,1–22). „Jahwe, der Herr der Heerscharen, der Gott Israels", ist der absichtliche Beginn. Denn Jahwe hat nach dieser Auffassung seinen Machtbereich über Israel und Judäa hinaus ausgedehnt. Jeremia ruft die Verbannten auf zu einem längeren Verbleiben und wendet sich damit gegen irreale, törichte Träume von einer baldigen Rückkehr (Jer 29,8). Die Blüte Babels kommt den Verbannten zugute. Und deshalb erscheint hier zum erstenmal das Gebet der Glaubensgemeinde für die ‚res publica' in einer neuen Situation, nämlich in der Situation einer *Nichtübereinstimmung* zwischen *Glaubensgemeinde* und *politischer Macht*. So entstand das Problem der Beziehung des jüdischen Gottesglaubens zur politischen Macht. Jeremia und vor allem Ezechiel, der große religiöse Begleiter der Verbannten, geben eine erste Antwort auf dieses neue Problem; Ezechiel weist in dieser geschichtlichen Situation auf die Notwendigkeit einer *inneren* Lebenserneuerung Israels als Glaubensgemeinde hin, die dann aber die Züge einer der Welt abgewandten Gettogemeinde mit einer neuen Form der Religionsübung, nämlich dem synagogalen Wortdienst, und einer Art kanonischer innergemeindlicher Rechtsordnung erhält (eine Situation, die vieles mit den neutestamentlichen Kirchen gemeinsam hat). Deuterojesaja (vor allem Jes 40–55) geht näher auf das Problem ein. Als Heilsprophet sieht er die heidnische politische Macht positiver. Den persischen König Kyros nennt er einen „Christus" in positivem Sinn, einen Gesalbten Gottes (45,1), einen König, ein Heilsmedium in Gottes Hand (Jes 44,24–28; 45,1–7). Der paulinische Begriff der Reichsobrigkeit als ‚Dienerin Gottes' ist damit schon gegeben[24]. Aber sie ist ein Heilsinstrument in Gottes Händen *um* Israels und Israels allein *willen*. Mit anderen Worten, der politischen Macht selbst wird keine religiöse Bedeutung zuerkannt. Die den Juden gegenüber anfänglich recht milde persische Regierung stimmte diesen Propheten positiver gegenüber der politischen Macht und drängte zur ‚Kollaboration'. Vor allem Esra, der am persischen Hof Beamter für jüdische Angelegenheiten war, wurde nach Jerusalem gesandt, um das Verhältnis der Glaubensgemeinde zur politischen Macht „nach den jüdischen Gesetzen" zu regeln (Esr 7). Gerade in diesem Glaubenskampf um das Verhältnis des Jahweglaubens zur politischen

Macht entwickelte sich unter den Diasporajuden der Begriff Israel als „Licht der Welt", *lumen gentium* (Jes 42, 1–7).

In der Apokalyptik erhält die Beziehung zwischen Gottesglaube und politischer Macht eine zentrale Bedeutung, vor allem in dem palästinensischen Buch Daniel (in dem zeitgenössische Situationen in die Zeit des Exils zurückprojiziert werden – woraus hervorgeht, daß der Verfasser ein Diasporaproblem von damals aufnimmt). Der Jude Daniel steht in hohem Ansehen beim babylonischen Hof und bleibt trotzdem dem Glauben der Väter treu. Die jüdische Weisheit übertrifft in ihm die chaldäische Weisheit. Der Gott Jahwe steht über den vier Weltreichen (Dan 2, 20–22). Und in Dan 2, 37 wird das Prinzip formuliert, daß alle Autorität von Jahwe stammt: „König, König der Könige, dem der Gott des Himmels die Königsherrschaft, die Macht und die Majestät geschenkt hat" (2, 37). Diese Staatsmacht kennt aber Grenzen (die drei Jünglinge im Feuerofen), denn ein *Kult* der Obrigkeit verstößt gegen den Jahwe-Glauben (Dan 3, 16–18). Die heidnische Obrigkeit darf von ihren jüdischen Untertanen alles fordern, solange es nicht gegen den jüdischen Glauben verstößt; dann entsteht Widerstand bis zum Tod (wie unter Antiochus IV.). Weish 6, 3 formuliert es in der gleichen Weise: „Hört, Könige…, eure Macht wurde euch vom Herrn verliehen und eure Herrschaft vom Allerhöchsten, der eure Taten prüfen und eure Pläne durchforschen wird." „Alle Autorität kommt von Gott" ist also nur eine Äußerung des jahwistischen Glaubens an nur einen Gott: den Gott Israels, und will somit die nichtjüdische Autorität zugleich unter die Drohung des Gerichtes Jahwes stellen. Ihre Autorität ist ethisch normiert. Durch diese loyale Haltung der Diasporajuden erhielt das Judentum im römischen Imperium die Rechte einer ‚religio licita‘, sie wurde vom Reich geschützt. Nach dem Jahr 70 wird das Gemeindegebet: „Domine, salvum fac regem" eine rabbinische Vorschrift. Die Diasporajuden hatten sich von den palästinensischen Zeloten und von priesterlichen Widerstandskämpfern distanziert.

Die Darlegungen des Paulus Röm 13, 1–7 sind also einfach die diasporajüdische Tradition, die in der Kirche fortgesetzt wird (daher fehlen die christologischen Elemente in der ganzen Perikope). Vor allem als sich die Christen aus der Synagoge zurückgezogen hatten oder aus ihr verbannt worden waren, stand die christliche Gemeinde tatsächlich fast rechtlos geworden – „Fremde und Pilger" – im großen Imperium. Doch nahmen die Christen das geistige Erbe der Diasporajuden, in ihrer Haltung gegenüber dem Reich, mit sich. Die Gemeinde richtete sich nach christlich interner Jurisdiktion (der Kirchenordnung) ein (siehe z.B. 1 Kor 5 und 6), wobei sie von diasporajüdischen Modellen geleitet wurde; und als Gemeinde steht sie der heidnischen politischen Macht gegenüber – a) in einem Verhältnis staatsbürgerlicher Loyalität, – b) in passivem, aber hartnäckigem Widerstand bei Verfolgung, – c) im übrigen in einer positiven Erfüllung bürgerlicher Verpflichtungen (Steuer, Zoll usw.) und später sogar in positiver Mitarbeit bei den Angelegenheiten des Staates. Der politischen Macht wird alle sakrale Bedeutung genommen, aber für den christlichen

Glauben des Paulus ist die Reichsobrigkeit eine „göttliche Anordnung". Das schließt zugleich ein, daß Christen wegen ihres Glaubens keine besonderen Rechte im Staat beanspruchen können; sie sind, wie alle, schlichte Staatsbürger. „Um eines guten Gewissens willen" (Röm 13,5) und nicht aus Furcht vor Strafen müssen sie ihre Bürgerpflichten erfüllen; Paulus sieht darin somit eine ethische Frage. Darüber hinaus geht die *christliche* Pflicht – Paulus nennt sie „eine Schuld (der Christen)" – der gegenseitigen Liebe, die aber als solche keine Bürgerpflicht ist (Röm 13,8). Christen sind der Welt Liebe schuldig.

Mit geringen Nuancen finden wir an anderen Stellen im Neuen Testament die gleiche Haltung. Aber drohende und schon vorhandene Kirchenverfolgungen verschärfen den Ton. So steht der Erste Petrusbrief der heidnischen politischen Macht kritischer gegenüber als Paulus. Für ihn ist der Staat „eine menschliche Einrichtung", Produkt (ktisis) sagte der Autor (1 Petr 2,13) (aber der Gebrauch des Wortes ktisis, Geschöpf, erinnert in etwa an das, was Paulus eine „Anordnung Gottes" nennt). Wo Paulus einfach von staatsbürgerlichem Gehorsam „um eines guten Gewissens willen" sprach, spricht der Erste Petrusbrief schon von Gehorsam „um des Herrn willen" (2,13). Auch hier gilt das Prinzip, daß die Autorität von Gott eingesetzt ist (2,14b). Sanktionen der Obrigkeit sind daher fast a priori richtig und billig (2,14b). Bürgerlicher Gehorsam ist nicht Unfreiheit, sondern freier Dienst für Gott (2,16; Dienst hier als „douleia", Sklavendienst, aufgefaßt im orientalischen, kleinasiatischen Sinn. Im Orient ist der Mensch ein Sklave, das heißt Eigentum Gottes; als Sklave macht man vor Gott eine Prostration. Römer und Griechen stehen aufrecht vor Gott, man *dient* Gott nicht)[25]. Der Verfasser weiß indessen wohl, daß diese Reichsobrigkeit antichristlich ist (1 Petr 3,14.17; 4,1.12–19; 5,13). Er weiß, daß es auch unter den Reichsbeamten und Statthaltern „unvernünftige Leute" geben kann (2,15). Er ruft daher nicht auf zum Widerstand, sondern zu guten Taten, die den Unverstand und die Ungerechtigkeit zum Schweigen bringen können (2,15b). Während Paulus fordert, Gott und den Kaiser „zu fürchten" (Röm 13,7; übrigens orientalisch und sapiential, diasporajüdisch; Spr 24,21), macht der Erste Petrusbrief einen scharfen Unterschied: „*Fürchtet* Gott, *ehrt* den Kaiser" (2,17b; siehe Mt 10,28), das heißt, ein Christ fürchtet den Kaiser nicht. Die „Furcht Gottes" darf in dieser heidnischen Umgebung mit ihrem Kaiserkult gerade nicht dem Kaiser gelten. Kaiserliche Macht hat von der christlichen Gnadenauffassung her gesehen *Grenzen*. Der Kaiserkult wird vom ganzen Neuen Testament verworfen (siehe Mt 22,15–22; Röm 13,1–7; 1 Tim 2,1–3; Tit 3,1–3.8).

In den späteren Schriften des Neuen Testaments, nach oder während blutiger Kirchenverfolgungen, wird der Ton ausgesprochen scharf. Offb 13 nennt das römische Imperium „ein Ungeheuer", ein Raubtier, und Offb 17,18 nennt, wenn auch verdeckt, Rom die große babylonische Hure (vielleicht beginnt dies schon in 1 Petr 5,13, wo dieser Autor – wenn er seinen Brief aus Rom schreibt, was nur wahrscheinlich ist – Rom „Babylon" nennt). Außerdem kann 1 Petr

5, 8–9 angesichts des ganzen Kontextes die gleiche Bedeutung haben: „Euer Feind, der Teufel, geht umher wie ein brüllender Löwe und sucht, wen er verschlinge. *Widersteht* ihm, stark durch den Glauben. *Ihr wißt, daß ähnliches Leiden der Anteil eurer Brüder auf der ganzen Welt ist"*, das ist im ganzen römischen Imperium. Es geht hier meines Erachtens eindeutig um die Verfolgungsleiden der Christen; der Verfasser sieht genauso wie die christliche Apokalypse den Teufel im Hintergrund dieser römischen Verfolgungen.

Das Buch der Offenbarungen selbst ist in apokalyptischem und visionärem Stil die Geschichte des Endkampfs Jesu gegen die Dämonen dieser Welt; auf der einen Seite die himmlischen Archonten, auf der anderen die kaiserlichen und königlichen politischen Mächte dieser Welt; denn apokalyptisch wird der irdische Kampf gegen menschenentehrende Mächte in himmlischen Bereichen vorgespielt, wo gute Kräfte gegen böse Kräfte streiten. Gleichsam durch einen visionären Blick in die himmlische Geschichte weiß der Autor, daß auch auf Erden der Kampf gegen die Mächte des Bösen gut verlaufen wird: Christus, „der treue Zeuge, der Erstgeborene von den Toten und der Fürst der Könige der Erde" (Offb 1, 5), ist Gewähr dafür. Wo in anderen Schriften des Neuen Testaments der Sieg und die Erhöhung Jesu über ‚himmlische Engelmächte' wiederholt erwähnt werden, wird die Apokalypse, in Verbindung mit Kirchenverfolgungen durch das Imperium, den Sieg Jesu über den Drachen, das Tier und die Könige der Erde beschreiben (17, 4; 19, 16), das heißt über alle irdischen politischen Mächte, vor allem den großen römischen Kaiser (das Tier mit der weiblichen Reiterin, der Göttin ‚Roma', siehe 17, 8), hinter welchen Menschen- und Kirchenverfolgern der Autor Satan (den Drachen) wirksam sieht. Christus wird darin als der Sieger gezeichnet, mit den wesentlichen Eigenschaften Gottes: Alpha und Omega (1, 17–18). Diese Apokalypse ist eine harte *religiöse* Kritik an der absoluten, willkürlichen kaiserlichen Machtfülle. Der Kaiser, damals „Victor" – der große Sieger und Wohltäter oder Soter (Lk 23, 25–26) genannt – muß dem Christus Victor (ein Begriff, der in der Patristik eine große Rolle spielen wird) unterliegen. Nicht der römische „Caesar Victor", auch nicht die griechische „psychē nikē" (der Geist überwindet), sondern Jesus Christus ist die Nike oder der Sieg. „Er hat gesiegt" (Offb 5, 5, so nimmt der Autor das bekannte „nenikeka" des Johannesevangeliums wieder auf: „Ich habe die Welt besiegt", Joh 16, 33 c). Er ist zwar „das geschlachtete Lamm", aber ein Lamm „mit sieben Hörnern und sieben Augen", d. h. mit dem Besitz aller Macht und aller Erkenntnis, die alles erforscht. Ergebnis dieses himmlischen und irdischen Kampfes ist die neue Schöpfung und das neue Jerusalem (Offb 21, 1 – 22, 5). Die bösen Mächte der Geschichte – der Drache, die beiden Tiere und das babylonische Rom – werden hinweggefegt. Alles wird neu; die Prophetie von Jes 65, 17 ist erfüllt: eine neue Menschheit ohne Leidensgeschichte, ohne Bosheit und Tränen (21, 4), nach Gottes Heilswillen von Ewigkeit her. Mit dem apokryphen Buch der Jubiläen könnten wir sagen: „Dann gibt es keinen Satan mehr und keine Bösen, welche die Menschen ins Verderben stürzen" (Jub 1, 20), sondern ein ‚himmlisches Jerusalem‘, das vom Himmel auf die Erde herabsteigt (Offb 3,12; 21,2.10), „Gottes Wohnung unter den Menschen" (21,3). In all seiner dramatisch-apokalyptischen Inszenierung ist das Buch der Offenbarungen nicht nur ein Evangelium der Hoffnung, sondern darin zugleich die Grundlage für eine – immer wieder in neuer geschichtlicher Vermittlung – religiöse Gesellschaftskritik, eine christlich orientierte Befreiungstheologie, die zugleich eine Theologie des ‚martyrion‘ oder Martyriums ist; denn für das ganze Neue Testament steht Gottes Gerechtigkeit im Zeichen des angenommenen Kreuzes.

In der Perspektive der neutestamentlichen religiösen Kritik an den politischen Mächten rückt, auf mancherlei Umwegen, schließlich das Theologumenon des *Antichrists* in den Vordergrund (ausdrücklich unter diesem Namen nur in 1 Joh 2,18.22; 4,3; und 2 Joh 7). An anderen Stellen wird, unter anderen jüdischen Bezeichnungen, von einer eschatologischen Anti-Gestalt gesprochen: Mk 13,14; Mt 24,15; 2 Thess 2,3–12; Offb 13,1.11; 16,13; 17,1; 17,19. Mk 13,22 spricht jedoch von „Schein-Christussen", aber nicht im Sinn *der* Anti-Gestalt von Mk 13,14).

Schon die Juden kannten die Vorstellung einer gottfeindlichen politischen Macht, einer Anti-Gestalt des Messianismus. Schon in der Geschichte von Gog und Magog (Ez 38–39) tritt der Begriff „der Widersacher" auf; aber vor allem während der Makkabäerkämpfe wurde Antiochus Epiphanes „der Widersprecher": „Sohn des Verderbens", „der Mensch der Gesetzlosigkeit" genannt, weil er die jüdischen Bräuche und Gesetze angriff und sich selbst zu Gott erklärte (1 Makk 1,41–58; 2,15–18). Aber schon Dan 9,26–27 und 12,11 interpretiert diese Anti-Gestalt *eschatologisch:* Er ist der Widersacher des eschatologischen Heilsbringers, die eschatologische antigöttliche Gestalt – bald als ein individueller Tyrann gezeichnet (Dan 7,25), der ein religiöser Greuel ist (8,13; 9,27; 11,31; 11,36), dann wieder als eine kollektive politische Macht (Dan 7); „das vierte Tier", nämlich das Reich der Seleukiden, später von Juden auch auf das römische Imperium angewandt (Ascensio Moysis 10,8; syrBar 36–40; 4 Esr 12,11–12).

Im gleichen Sinn spricht 2 Thess 2,3–12, wo diese eschatologische Anti-Gestalt schon als ein Werkzeug Satans gesehen wird (2 Thess 2,9–10). Auch das ist ein jüdischer Begriff, der später mit der danielischen antigöttlichen Gestalt, die sich selbst zum Gott macht und deshalb allen Dienst für irgendeinen Gott außer sich selbst (Dan 11,36) ausrotten will, verschmolz. Denn Satan (in der zwischentestamentlichen Literatur schließlich mit Belial identifiziert) erhält in der Gestalt des Belial die Bedeutung der Anti-Gestalt; er ist der Fürst der Finsternis, mit einem eigenen antigöttlichen Anhang. Bevor er am Ende der Zeiten seine Macht niederlegen muß, mobilisiert er sein ganzes Heer, um noch möglichst viele Menschen in seine Gewalt zu bekommen[26]. Auch in Offb 13,1 hat „das Tier aus dem Meer" dieselben Züge: eine menschliche Anti-Gestalt,

die ihre Macht von Satan (dem Drachen) erhält (Offb 13,2.4), und zwar gegen
Gott (13,5–6), eine Gestalt, die sich selbst anbeten läßt (13,8), aber am Ende
vom Messias besiegt wird (19,19ff). Auch hier schwankt die Bedeutung zwischen einem individuellen Tyrannen und einer kollektiven politischen Macht
(daher: das Tier hat mehrere Köpfe, von denen ein Kopf sich offensichtlich auf
ein Individuum bezieht, 13,5). In Offb 13,1ff ist dieses Tier deutlich als ein
Machtinstitut gemeint, während sich „das Tier aus dem Land" (13,11–12),
Wegbereiter des ersten Tieres, auf eine einzelne Person bezieht; vgl. 17,9ff).
Der Unterschied zu 2 Thess 2,3–12 liegt darin, daß inzwischen zu der Gestalt
der antigöttlichen, individuellen oder kollektiven Erscheinung – schon zum
Trabanten des antigöttlichen Satans gemacht – ein *drittes* Element gekommen
ist, nämlich die Sage vom „Nero redivivus". Bei bestimmten – im Guten oder
Bösen – großen Gestalten wird ihr Tod vom Volk nicht leicht hingenommen
(irgendwo lebt er noch; siehe: Hitler; J. F. Kennedy). Sowohl Tacitus[27] als auch
Sueton[28] berichten, daß der Volksglaube davon überzeugt war, daß der verstorbene Nero ‚noch irgendwo lebe'. Die Legende entwickelte sich weiter. Später
sagte man, er sei im Osten untergetaucht, von wo er mit einem Heer wiederkommen werde, um Rache zu nehmen[29] und triumphierend in Jerusalem zu
herrschen[30]. Die Folge ist, daß mehrmals bestimmte Personen sich als Nero
redivivus ausgeben. Auch die Juden kannten diese Legende[31], aber sie wurde
von ihnen mit jüdischen Elementen vermischt (nämlich vor allem mit Dan 7):
mit dem antigöttlichen Widersacher[32]. Das Christentum übernahm auch diesen
jüdischen Begriff; Nero wurde der eschatologische Antichrist[33]. Der geschichtliche Nero wurde so durch Legendenbildung und Verschmelzung mit anderen
Motiven eine eschatologisch-dämonische Gestalt, von Satan zum Leben erweckt, um als Antichrist aufzutreten[34]. Er ist der Satan in Nerogestalt[35]. Diese
römische und judaisierte Nerolegende spielt im Buch der Offenbarungen eine
zentrale Rolle (z.B. 17,8; 13,3.14).

Der neutestamentliche Begriff des Antichrists ist in seinen drei Elementen (von
den neutestamentlichen Autoren unterschiedlich gebraucht) somit jüdisch vorgegeben. Der große Widersacher ist: – a) eine antigöttliche Macht (Daniel;
Apokalypse), – b) eine antimessianische, teuflische Macht (zwischentestamentliche Literatur), – c) die Anti-Israel-Gestalt (nach der Nerolegende). Diese drei-
fach gedeutete Anti-Gestalt wird gleichsam schon vorgebildet in dem
Schöpfungsmythos, in dem die Schöpfung als ein Kampf Gottes gegen das Urtier
Leviathan dargestellt wird. Dieses Denken in These und Antithese ist typisch
für ein Volk, daß sich von allen Völkern abgesondert und auserwählt weiß;
dieses dialektische Denken wird dann apokalyptisch-eschatologisch weiter ausgeführt. Die neutestamentliche Kirche, die sich ebenfalls auserwählt weiß und
auch äußere Verfolgungen erfährt, übernimmt dieses antithetische Denken.
Neben „Christus" gibt es den „Antichrist": eine antigöttliche, antimessianische
und antikirchliche Macht, die vor allem in der Endzeit all ihre Kräfte sammelt

gegen die Christen (apokalyptische Vorstellung von den stärker werdenden Endwehen) und sie zum Glaubensabfall bringen will.

In den johanneischen Briefen, den einzigen Texten, in denen die Anti-Gestalt mit einem terminus technicus und ausdrücklich *Antichrist* genannt wird, verliert sie zugleich ihre mythischen Züge. „Anti-Christ" ist jeder, der Jesus nicht als den Christus bekennen will: die Ungläubigen und die christlichen Verkünder von Irrlehren der damaligen Zeit; das sind für den Ersten Johannesbrief Christen, die in der Kirche Irrlehren verkünden. Für ihn liegt die Gefahr des Antichrists *in* der Kirche selbst (1 Joh 2,18.22; 4,3; 2 Joh 7).

„Der Antichrist" ist also nicht das, was man eine ‚Glaubenswirklichkeit' nennen kann. Aber was dahinter steckt, bleibt theologisch relevant: der hartnäckige Kampf zwischen Gut und Böse auf Erden, bei dem der Mensch die Kräfte des Bösen nicht immer unter Kontrolle hat: Es ist eine Macht (allerdings weiß der Christusgläubige, daß Christus als die Macht des Guten das letzte Wort hat). Außerdem nimmt diese Macht oft die Gestalt politischer Mächte an: In der Gestalt des Kampfes gegen den Antichrist hat das Neue Testament, in damaligen Modellen und eigenen Handlungsmöglichkeiten, also durchaus die Christen zu einem Widerstand gegen politische Mächte, die Menschen knechten, aufgerufen. Der heutige christliche Widerstand gegen solche Mächte mag dann die konkrete Ergänzung dessen sein, was der Glaube an den Antichrist früher gewesen ist. Und es ist auch auffallend, daß, seit Christen sich vom Evangelium her für Weltverbesserung einsetzen und sich gegen die Versklavung der Menschheit wehren, der „Glaube an den Antichrist", in seiner mythischen Bedeutung, irrelevant geworden ist und… verschwindet. Die *christliche Praxis* hat damit die tiefste Absicht der neutestamentlichen Aussagen über den Antichrist *übernommen*. Orthodoxie in der Form des Mythos wird auf diese Weise zur Orthodoxie in Form von Orthopraxis.

In der neutestamentlichen Auffassung vom Verhältnis der Gnadenerfahrung zu politischen Mächten spielen, außer der inneren Dynamik der Gnade, des Reiches Gottes und der neuen Praxis des Gottesreiches, deshalb auch viele geschichtliche Vermittlungen eine Rolle – vor allem der problemlose Ausdruck, daß „alle Autorität von Gott kommt" (ursprünglich übrigens nur im Sinn der Übermacht Jahwes über alle irdische Autorität gemeint, die er als Werkzeug für seine Heilsabsichten mit Israel gebraucht), und der faktische Umstand, daß die neutestamentlichen Christen die gegebenen weltlichen Strukturen doch nicht verändern konnten und sich deshalb von ihnen abwandten. Von diesen Strukturen gilt nur: „So darf es *unter euch* Christen nicht sein." Das setzt voraus, daß die politische Macht damals völlig in fremden Händen lag, daß keine demokratischen Verhältnisse herrschten, in denen alle Menschen – auch Christen – aus ihrer Inspiration und Orientierung aktiv an einer Verbesserung der sozialpolitischen und wirtschaftlichen Gesellschaft arbeiten konnten. Gerade *weil* außerdem diese weltlichen falschen Strukturen nicht in die neutestamentlichen Kirchen eingedrungen waren (wie es später, als die Kirche Staats-kirche wurde, geschehen sollte), war die altchristliche Stellungnahme eine ethisch verantwortete, situationsbedingte, authentisch christliche Option, die jedoch keine direkte Norm für jedes christliche Verhalten gegenüber der politischen Macht ist. Der grundlegende Unterschied zu damals liegt zudem darin, daß die konkreten Kirchen selbst *ein Stück* der Welt mit ihrer beherrschenden Kultur und ihren Strukturen mit ihren entfremdenden Wirkungen geworden sind, so daß sie in dem versagen, was für das Neue Testament die erste Konsequenz der Praxis des Reiches Gottes genannt wurde: aus der inneren Lebenserneuerung, auch der Kirchengemeinde selbst, ein Stück realisierten Gottesreiches auf Erden zu machen. Implizit steckt in diesem neutestamentlichen Christentum daher ein Stück Kirchenkritik.

Aus alldem geht zur Genüge die Bedeutung der Analyse der geschichtlichen Vermittlungen für eine theologisch richtige Hermeneutik des Neuen Testaments hervor wie auch, bei deren Vernachlässigung, die drohende Gefahr eines reaktionären Fundamentalismus, der im Namen Gottes und Christi ungerechte Strukturen festigt und aufgrund von Schrifttexten theologisch legitimiert, die in einem ganz anderen sozialen und geschichtlichen Zusammenhang standen und deshalb eine ganz andere Intention hatten als die, die man jetzt in sie legen will. Man wird dann blind für die neutestamentliche Einsicht, daß die Praxis des Reiches Gottes wesentlich auch Weltverbesserung einschließt (wenn auch das neutestamentliche Christentum dies zunächst nur in der Gesellschaft der christlichen Gemeinde verwirklichen konnte, die sie zu einem „neuen Himmel und einer neuen Erde, in der Gerechtigkeit wohnt", ausbauen wollte, 2 Petr 3, 13). Die politisch gefärbte ,Antichrist-Gestalt' weist im Neuen Testament auf den Kampf hin, den Christen von ihrem Evangelium her in unserer Gesellschaft zu kämpfen haben.

Oft wird auch Joh 19, 8–12 in dem Sinn ausgelegt, daß der johanneische Jesus anerkennt, daß die Staatsautorität von Gott kommt. Aber Jesus sagt darüber kein Wort. Auf die Drohung des Pilatus, daß er die Macht habe, Jesus freizulassen oder zu kreuzigen, antwortet Jesus, der „von Gott kommende": „Du hättest überhaupt keine Macht *über mich,* wenn sie dir nicht *von oben* gegeben wäre" (Joh 19, 11). Es geht hier bei Johannes um den königlich-himmlischen Wert Jesu und den Willen des Vaters (Joh 18, 11), daß Jesus den Kelch des Leidens trinken soll. Das Johannesevangelium macht hier überhaupt keine lehrhafte Aussage über das Verhältnis des Christentums zur Staatsgewalt.

Einer der Gründe des jüdischen Aufstandes (66–72) war die Einführung besonderer Steuern schon vor der Zeit Jesu. Aber Josephus erwähnt die Einführung – später durch Kaiser Vespasian – einer Taxe (phoros) von zwei Drachmen, welche die Juden für den Kapitolstempel in Rom bezahlen mußten[36]. Im Jahr 71 fand in Rom der feierliche Einzug des neuen Kaisers Vespasian und seines Sohnes statt, bei dem der Sieg über den jüdischen Aufstand gefeiert wurde (und

im Jahr 81 wurde der Triumphbogen des Titus auf dem *forum Romanum* er-
richtet). In diesem Triumphzug wurde der jüdische Krieg bildlich dargestellt [37].
Es wurden Münzen geschlagen: „Judaea capta", mit dem Bild der geschlagenen
Personifikation Israels. Im Triumphzug wurde neben anderer Kriegsbeute auch
der violette Vorhang des Jerusalemer Tempels mitgeführt [38]; Symbol jetzt des
Eintritts der Römer in das Allerheiligste. Ganz Rom konnte damals den dramatischen Bericht und die Niederschlagung des jüdischen Aufstandes *sehen,* dieser
Zug war wie ein Fernsehbericht vom Krieg. Judentum und Aufstand gegen Rom
wurden in den Augen von Nicht-Juden, vor allem in Rom, in den ersten Jahren
nach 70 daher wie von selbst assoziiert. Die Römer wußten außerdem, daß
das Christentum jüdischer Herkunft war. Wahrscheinlich in diesem Zusammenhang muß Mk 12, 13–17 par gelesen werden.

Dieses Steuerproblem kommt in Mk 12, 13–17 par zur Sprache, einem Text,
der zu den unterschiedlichsten Interpretationen Anlaß gegeben hat. Welches
ist die Beziehung zwischen Mk 12, 13–16 und 12, 17? Es geht darum, Jesus
eine Falle zu stellen, um einen Grund für eine Anklage zu finden: „Ist es erlaubt,
dem Kaiser Steuern zu zahlen?" Aus ihrem theokratischen Verständnis des jüdischen Staates lehnten die Zeloten jede Steuer an die Besatzungsmacht ab. Aber
Zeloten bleiben völlig außerhalb des Geschehens von Mk 12, 13–17. Doch
scheint Lukas eine Tradition zu kennen, die sagt, daß Jesus seine Jünger davon
abhielt, Steuern zu zahlen (Lk 23, 2, oder ist dies Lukas-Redaktion?). Bei
Markus handelt es sich um Pharisäer und Herodianer (Mk 12, 13; in Mt 22, 15
allein um Pharisäer; siehe auch Lk 20, 20–25). Als Kollaborateurin der Römer
war die herodianische Aristokratie eindeutig für die Entrichtung von Steuern
an die Römer; die Pharisäer leisteten nur moralischen Widerstand und fügten
sich äußerlich den römischen Vorschriften (sich dabei entschuldigend mit einer
Berufung auf Dan 2, 22.37 ff; 4, 14.29; die Duldung einer fremden Herrschaft
aus der Hoffnung auf baldige Erlösung durch Jahwe).

Im Markusevangelium muß der Bericht in die Intention des Markus gestellt werden. Er will zeigen, daß Jesus in einen tödlichen Konflikt mit allen
jüdischen Führern verwickelt ist: mit Hohenpriestern, Schriftgelehrten und
Ältesten (Mk 11, 27), mit Pharisäern und Herodianern (12, 13), mit Sadduzäern
(12, 18), schließlich in 12, 28.35.38 noch einmal ausdrücklich mit den Schriftgelehrten. Welches auch die Form des Berichts in der vormarkinischen Tradition
gewesen ist, im Markusevangelium geht es um ein Streitgespräch, bei dem
Markus immer wieder die Überlegenheit Jesu über die jüdischen Führer zeigen
will. Mk 12, 18–19 ist also als Fangfrage gemeint, bei der sowohl eine positive
als auch eine negative Antwort Jesus kompromittiert. Sagt er nein, dann werden
seine Gegner ihn antirömischer Volksaufhetzung beschuldigen. Antwortet er
ja, dann kränkt er die jüdischen theokratischen Empfindungen. Aus diesem
Zusammenhang gesehen, soll die Perikope also nicht dazu dienen, eine Lehre
Jesu über die Haltung dem Staat gegenüber zu erhellen. Das liegt außerhalb
der unmittelbaren Absicht des Markus. Worum es geht, ist: Wie soll Jesus in

dieser heiklen Situation seine Überlegenheit über seine Gegner beweisen? Wie rettet er sich, ohne sich zu kompromittieren, während seine Feinde in die Falle gehen, die sie selbst gestellt haben? Die Perikope gibt daher direkt kein informatives Lehrgespräch wieder (über die Haltung Jesu gegenüber der politischen Macht), sondern ein Streitgespräch, wie aus der stereotypen Struktur hervorgeht: feindliche Gesinnung der Fragesteller (Mk 12, 13), Jesus durchschaut ihre Heuchelei und erkennt die Falle (12, 15), er stellt eine Gegenfrage (12, 15, wie er dies bei Markus in solchen Situationen immer tut; er beantwortet dann nie unmittelbar die Frage; siehe Mk 12, 24; 11, 33 b). Jesus ist auch nicht am Inhalt der Frage interessiert, die mit anderen Absichten gestellt ist. Er will diese Absicht gegen seine Fragesteller wenden, und dann hören wir unmittelbar eigentlich nichts über Jesu eigene Haltung zu den römischen Steuern. Feinsinnig läßt er durchblicken, daß sie selbst die Frage schon gelöst haben und daß sie ihm also nur eine Fangfrage stellen. Er sagt: „Zeigt mir eine Münze." Spontan nimmt einer der Fragesteller eine Münze aus der Tasche. Damit ist die Frage eigentlich schon entschieden. „Was steht darauf? – Das Bild des Kaisers mit seinem Namen" (12, 16). Dieses Ergebnis wird in 12, 17 a nur formuliert: „Zahlt dem Kaiser, was ihm zukommt" (apodidonai heißt nicht ‚zurückgeben‘, sondern ist der terminus technicus für ‚Steuer zahlen‘, was manche allerdings bezweifeln). Nicht Jesus hat Münzen bei sich, sondern seine Fragesteller! Mit anderen Worten, *sie* stehen ‚im System‘; wohlan denn, handelt entsprechend: Gebt dem Kaiser, was ihm zukommt! Jesus und die Seinen haben alles weggegeben, sie fallen aus dem Geldsystem heraus. Deshalb fügt Jesus hinzu: „und gebt Gott, was Gott zukommt". Es gibt keinen einzigen literarkritischen Hinweis dafür, diesen Satz als sekundär zu erklären, wie manche es tun; er gehört wesentlich zu der Geschichte und vor allem zu der fundamentalen Botschaft Jesu vom kommenden Reich Gottes, demgegenüber die Frage nach Steuern völlig zurücktritt. Mit anderen Worten, Jesus gibt seinen heuchlerischen Fragestellern zu verstehen, daß sie sich besser um das Reich Gottes sorgen sollten als um solche niederträchtigen Fangfragen. Über Entrichtung von Steuern hören wir dabei kaum etwas, außer dem Eingeständnis der *tatsächlichen* Macht des Kaisers, der sich dann vor allem seine Feinde selbst ausgeliefert haben; sie haben sich schon für die Welt entschieden. Jesus ruft sie auf zur Sorge um das Reich Gottes. Dieses nicht-direkte Interesse Jesu an der Politik ist ein *Politikum* ersten Ranges[39]. Vom kommenden Reich Gottes aus ist für Jesus Rom schon passé. Roms Macht ist eschatologisch überholt.

Das literarische Genus des *Streitgesprächs* im Markusevangelium verbietet uns also, Mk 12, 17 als eine *dogmatische* Aussage Jesu (was ein ganz anderes Genus ist) über Glaube und Politik anzusehen. Leider ist Mk 12, 17 später als eine absolute, dogmatische Aussage interpretiert worden, losgelöst vom Kontext. Aber die Trennung zwischen dem religiösen und dem sozialen Bereich, die dann die Folge ist, ist bei Markus und im Neuen Testament undenkbar. Man kann nicht zwei Herren dienen, Gott und dem Mammon (Mk 6, 24; Lk 16, 13). Auch der gesellschaftliche Bereich des Geldes wird in Beziehung zu Gott gesehen; und der stellt den Christen vor Entscheidungen.

Wenn Markus in seinem Passionsbericht die Tendenz zeigt, die Römer nicht allzusehr zu belasten, um so den Christen Verfolgungen zu ersparen, liegt es nahe, daß er auch mit dieser Perikope *zugleich* zeigen will, daß Jesus und die Christen loyale Staatsbürger sind und daß sie darin keinen Widerspruch zu ihrem christlichen Glauben sehen. Darin stimmt Mk 12, 13–17 dann mit Röm 13, 1–7 (das chronologisch übrigens früher ist) überein. Das war die allgemeine Haltung der Christen, wie aus den Gebeten hervorgeht, in denen gebetet wird „für Könige und alle Hochgestellten", „*damit* wir ungestört und ruhig ein in jeder Hinsicht gottesfürchtiges und würdiges Leben führen können" (1 Tim 2, 1–2). Dies alles schließt ein, daß wir die geschichtliche Haltung Jesu gegenüber politischen Mächten nur *über* eine *kirchliche Apologetik* kennen, welche die christliche Gemeinde vor Verfolgungen bewahren will[40].

Im Neuen Testament wird einfach die Lebenshaltung des Diasporajudentums gegenüber einer Besatzungsmacht (sie selbst lebten in der Fremde) fortgesetzt. Es war auch die Haltung des griechisch sprechenden Juden Sirach, und zwar mit einer gleichen Motivierung: „Widerstrebe keinem mächtigen Mann: du könntest einmal in seine Hände fallen" (Sir 8, 1), zugleich eine Haltung der jüdischen ‚traditionellen Weisheit' (Sir 4, 7; 7, 14; 8, 10–11.14; 9, 13; 13, 9–13; 26, 5). Es herrscht bei diesen Juden weniger Achtung als vielmehr *Furcht* vor der (fremden) Obrigkeit.

Kann man weiter gehen und eine ursprüngliche Tradition hinter Markus rekonstruieren? Von den vielen Versuchen dazu finde ich die Rekonstruktion von P. Farla am besten geglückt[41]. Allgemein kam er zu der Schlußfolgerung, daß die Hypothese von einer schon vor Markus vorhandenen Sammlung von *Streitgesprächen* unhaltbar sei. Markus selbst macht aus Wunder- und lehrhaften Erzählungen oder aus einem Logion oft Streitgespräche. In Mk 12, 14 beginnt ein deutliches Traditionsstück (12, 14–17). Da Jesus mit ‚Meister' (didaskale) angeredet wird, ist die Absicht der Fragesteller im vormarkinischen Stück nicht feindselig[42]; sie stellen also keine Fangfrage, sondern fragen Jesus tatsächlich nach seiner Auffassung über das heiße Eisen der Steuer an den (römischen) Kaiser. (Daraus folgt dann, daß Mk 12, 13.15 a.17 c mit Sicherheit redaktionell sind; Umarbeitung zu einem Streitgespräch; vielleicht auch das diplomatische 12, 14 b.c.) Nach Farla ginge dann der Ursprung dieser Tradition auf die Katechese der palästinensischen Gemeinde zurück, weil die Perikope als Lehrstück kaum sinnvoll sei in der Diskussion mit Juden, für welche die Steuer ein ebenso brennendes Problem war wie für die Christen. Diese Katechese griffe dann *einen* Vorfall aus dem Leben Jesu auf oder bloß ein einzelnes Logion (Mk 12, 17 a.b.). Um die Haltung Jesu gegenüber der Politik festzustellen, bringt uns diese Rekonstruktion nicht weiter, als was schon gesagt wurde: Die Politik wird von Jesus nicht verabsolutiert, die dringendste Angelegenheit ist das Reich Gottes.

Daraus folgt, daß sowohl ein ‚politischer Jesus' als auch ein ‚unpolitischer

Jesus' direkt nicht zu beweisen ist. Es ist daher falsch zu sagen, wir könnten positiv zeigen, daß Jesus ,unpolitisch' war. Man kann nur sagen, daß Jesus nicht direkt politisch interessiert war, wobei wir uns bewußt sind, daß seine Verkündigung des Reiches und vor allem seine Praxis des Umgangs mit den Unterdrückten politische Implikationen hatte. Deshalb: Wer jetzt Mk 12, 13–17 unpolitisch nachvollziehen will, hat zweifellos eine *ganz andere Intention* als Jesus, der Verkünder des nahenden Gottesreiches und der Seligpreisung von Armen und Unterdrückten. An die Stelle der eschatologischen radikalen Weltkritik Jesu tritt das Bestreben, sich zwischen Mächtigen und Unterdrückten unpolitisch und neutral zu verhalten, was dann in Wirklichkeit den Mächtigen hilft, entgegen der ausdrücklichen Praxis Jesu. Wo Paulus und Markus einer christlichen Minderheitengruppe Verfolgung ersparen und die ungehinderte evangelische Verkündigung möglich machen wollen, kommen moderne Christen dann, zu Unrecht aufgrund von Mk 12, 17, zu einer völligen Trennung von Glaube und Politik und festigen damit die herrschenden Machtverhältnisse. „Aus Unterdrückten, die sich zu schützen versuchten, wurden später herrschende Schichten, die unter Berufung auf denselben Text Mk 12, 17 Kompromisse mit den Staatsmächten schließen und selbst Herrschaft ausüben."[43] Daraus geht hervor, daß bei Vernachlässigung des sozialgeschichtlichen Kontextes Bibelexegese reaktionär und unchristlich ausfallen kann. Denn eine solche Hermeneutik von Mk 12, 17 läuft tatsächlich der Grundintention der Botschaft Jesu von dem auf Menschlichkeit bedachten Gott zuwider. Justin, der erste große Theologe der etablierten Kirche, ist tatsächlich der Beginn einer unpolitischen ,politischen Theologie'[44], wenn er die Aussage Jesu in Mk 12, 17 als eine Lehraussage, losgelöst sowohl vom literarischen Genus von Mk 12 als auch vom sozialgeschichtlichen Zusammenhang des neutestamentlichen Christentums, interpretiert.

Die Gefahr einer Berufung auf einen ,politischen' oder einen ,unpolitischen' Jesus besteht darin, daß man sich so von notwendiger politischer Argumentation für dispensiert hält. Selbst wenn Jesus zu seiner Zeit politisch – oder unpolitisch – war, dann sagt dies unmittelbar noch nichts über das, was aus demselben Glauben das ethische Verhalten von Christen in anderen geschichtlichen Situationen sein muß. Die Gesellschaftskritik, die im Neuen Testament wie auch im Tenach zu finden ist, ist immer eine *religiöse* Gesellschaftskritik; damit ist aber noch nichts gesagt für oder gegen eine nicht-religiöse Gesellschaftskritik und die notwendigen ethischen Konsequenzen, die sich für einen Christen daraus ergeben können.

Wir dürfen schließen: Das Neue Testament läßt erkennen, wie Paulus und der Paulinismus sich zur Politik verhalten, wie es das Buch der Offenbarungen tut, wie Markus es tut. Mit anderen Worten, wir finden darin verschiedene *Modelle*, wie sich Christen unter gegebenen Verhältnissen im Neuen Testament gegenüber der Politik verhalten. Mit Jesus war es ebenso, aber wir erreichen seine genaue Haltung nur über die politischen Modelle des Neuen Testaments.

Das Ganze dieser Modelle sagt uns als Orientierung etwas über Glauben und Politik: Einerseits, unbiblisch ist eine völlige Identifizierung mit oder eine Verabsolutierung der Politik; anderseits, der evangelische Aufruf zur metanoia betrifft nicht nur die Innerlichkeit des Menschen, sondern – unter Umständen – auch die Erneuerung von Gesellschaftsstrukturen, die den Menschen knechten (siehe vor allem Lk 22,35). Aber es bleibt etwas ‚Spielerisches‘ in jedem Modell, und auch diese Haltung ist befreiend. Das Christentum kennt nicht den Ingrimm, der mit Unmenschlichkeit die Welt verbessern will. Eschatologischer Vorbehalt bedeutet hier: keine Ideologisierung der Politik. Jede christliche Generation wird, wenn sie dies bedenkt, aus dem Glauben ihre Haltung gegenüber der politischen Situation bestimmen müssen, vor allem wenn die bestehenden Strukturen Menschen knechten.

FÜNFTES KAPITEL
GNADENLEBEN UND SOZIOKULTURELL BESTIMMTE ETHIK IM NEUEN TESTAMENT

Zutiefst hängen die oben besprochenen Fragen zusammen mit der Frage nach der Stellung des Neuen Testaments zum Verhältnis von Kerygma oder Glaubensverkündigung zum menschlichen Ethos; von Gnade zu Ethik; vom Reich Gottes, wie es von Jesus proklamiert und uns in seinem Leben nahegekommen ist, zu seinen ethischen Konsequenzen oder der Praxis des Reiches Gottes. In diesem Teil wird daher gleichsam die strukturelle Tiefe der drei zuletzt besprochenen Probleme aufgedeckt.

Die Frage ist nun, ob das Neue Testament uns darin nichts anderes zu sagen hat, als daß ein Christ die menschlichen ethischen Normen aus seiner Gesellschaft in seine Gnadenerfahrung integrieren muß, während es uns nichts über die Ethik selbst zu sagen hat. In diesem Fall hätte die theologische Hermeneutik der ethischen Aussagen in der Bibel nur eine historische Bedeutung, nämlich das Ausfindigmachen des ethischen Standes der Dinge im neutestamentlichen Christentum, aber dieser würde sich nicht für eine hermeneutische oder aktualisierende Auslegung eignen. Manche Moraltheologen behaupten, daß es eine spezifisch christliche Hermeneutik des Neuen Testaments gebe, mit anderen Worten: eine spezifisch neutestamentliche Ethik, die daher auch heutigen Christen noch etwas zu sagen habe. Andere dagegen behaupten, die Bibel habe die in der damaligen Gesellschaft geltenden ethischen Normen einfach akzeptiert, aber dann als von Christen „im Herrn" zu vollziehende. Wie steht es damit nun genau im Neuen Testament? Es lassen sich verschiedene Aspekte unterscheiden.

1. Im Alten und Neuen Testament ist von sittlichen Normen und Richtlinien immer nur vor dem Hintergrund und im Kontext eines religiösen Sprechens

von Gott die Rede; im Neuen Testament in Beziehung zu Christus und dem Eschaton. Das Ethos wird im Zusammenhang mit dem kommenden Reich Gottes und nur in einer christologischen oder zumindest theologischen Perspektive besprochen. Mit anderen Worten, Gnade und Religion sind auch wesentlich ein ethischer Auftrag. Gotteserlebnis ist *auch* Ethik; ein religiöser Mensch kann Gnadenleben und ethisches Leben nicht voneinander trennen. Dies ist schon eine erste, wichtige Gegebenheit: „Seid *Täter* des Wortes und nicht nur *Hörer*" (Jak 1,22), „makarios en tē poiēsei autou", „der wird selig sein durch sein Tun" (Jak 1,25 c). Der Jakobusbrief wendet sich gegen einen religiösen Gnadenmonismus: „Was nützt es einem Menschen zu behaupten, er habe Glauben, wenn er keine Taten zeigen kann? Kann ein solcher Glaube ihn vielleicht retten?" (Jak 2,14). „Die an Gott glauben, müssen sich bemühen, die ersten zu sein bei jedem guten Werk. Das ist für sie eine Ehrenpflicht, und die Welt wird gut dabei fahren" (Tit 3,8 b).

Das hat Konsequenzen. Charakteristisch ist ein Text wie Phil 4,4–9: „Freut euch im Herrn allezeit...; der Herr ist nahe... Haltet eure Aufmerksamkeit gerichtet auf alles, was wahr ist, was edel ist, was gerecht ist und rein, liebenswert und anziehend, auf alles, was Tugend genannt wird und Lob verdient." Darin kommt einerseits der Ansporn zum Befolgen der geltenden Ethik zum Ausdruck; hier nämlich ist die einzige Stelle im ganzen Neuen Testament, in der das Wort *arete* vorkommt im hellenistischen Sinn ethischer Bürgertugend, „die Lob verdient" (beide Begriffe: ‚Tugend' und ‚Ansehen' aufgrund von Tugendhaftigkeit sind typisch hellenistisch). Anderseits wird dieses Ethos mit der Eschatologie verbunden; gerade deshalb ist die Freude eine Grundbefindlichkeit des christlichen ethischen Handelns. Christlich wird Ethik mehr ein gnadenvolles *Dürfen* als ein grimmiges *Müssen*. Das Ethos partizipiert am Gnadengeschehen, das den Menschen zu einem neuen Geschöpf macht. Es stellt sich dann die reale Frage: Wie wird die Wirklichkeit des Menschen im Licht des christlichen ‚religiösen Bewußtseins' beurteilt?

Was aber die ethischen Normen nach ihrem spezifischen Inhalt betrifft, so ist im Neuen Testament tatsächlich nirgends ein Einheitsprinzip zu finden, wie das für die neutestamentlichen Auffassungen von der Gnade selbst der Fall ist. Mit anderen Worten, es kennt kein eigenes ethisches Prinzip und gibt daher auch kein ethisches Grundprinzip an. Doch nehmen ethische Ermunterungen einen großen Platz in der neutestamentlichen Literatur ein, so stark sogar, daß bei Herausnahme aller ethischen Texte etwa aus dem ‚corpus Paulinum' dieses nur noch halb so umfangreich wäre. Doch kommt das Ethische nur vor einem religiösen und christologischen Hintergrund zur Sprache.

2. Als zweite nachweisbare Tatsache steht fest, daß das Neue Testament die in der es umgebenden Kultur vorgegebene Ethik, nämlich die aus dem Judentum und aus der hellenistisch-römischen Gesellschaft, zum größten Teil übernimmt und auch für Christen gelten läßt. Am deutlichsten zeigt sich das in der Auf-

nahme alles dessen, was man vor allem in der deutschen Exegese und jetzt allgemein die sogenannten ,Haustafeln', Hausspiegel oder den ethischen Ehrenkodex jener Zeit nennt, vor allem wie das alte griechische Volksethos durch die Stoa veredelt wurde (siehe Kol 3,18 – 4,1; Eph 5,22 – 6,9; 1 Tim 2,1–15; 6,1–2; Tit 2,1–10; 1 Petr 2,13 – 3,9, alles eher relativ spätere Schriften aus einer Zeit, da die christlichen Gemeinden schon einige Generationen bestehen). In großen Linien sind diese Haustafeln die gleichen wie die, die wir in der hellenistisch-stoischen Gesellschaft finden[45], auch in der jüdischen Gesellschaft (die selbst schon von der hellenistischen Ethik seit der griechischen und römischen Besetzung beeinflußt wurde, siehe beispielsweise Ijob 4,3–21; Sir 7,18–35 usw.). In diesen neutestamentlichen Haustafeln kommt zum Ausdruck, daß die Christen sich hinsichtlich der ethischen Normen damals einfach an die geltenden Normen für das Familien- und das Staatsleben hielten. Da aber in der griechisch-römischen Kultur die Verehrung der Staatsgötter eine Bürgertugend war, lassen die Christen diese Gottesverehrung aus ihren ethischen Hausspiegeln heraus, so daß darin – trotz des inneren Zusammenhangs zwischen Gotteserfahrung und Ethik – das Neue Testament zugleich einen scharfen Unterschied zwischen Ethik und Religiosität sieht und somit implizit die geschichtliche Vermittlung zwischen Religion und Ethos bejaht.

3. Ein drittes nachweisbares Faktum ist, daß die neutestamentlichen Christen das geltende menschliche Ethos „im Herrn" befolgen (Eph 5,25–33; 1 Petr 2,13–14; Kol 3,18); Paulus selbst gebraucht das „im Herrn" noch nicht für die Ethik, allerdings gibt es einen ersten Ansatz in 1 Kor 7,39: „einen Christen heiraten", das heißt auch um Christi willen und somit als Christ.

Doch scheint dabei im Paulinismus die Neigung zu bestehen, das geltende Ethos christologisch oder zumindest theologisch zu unterbauen und auf diese Weise als (geschichtlich damals geltende) Normen zu theologisieren und deshalb zu verabsolutieren. Damit wird beispielsweise die patriarchalische und androzentrische ethische Norm der Antike: „Die Frau ist dem Mann untertan" (Eph 5,21–33; Kol 3,18; 1 Kor 14,34; 1 Tim 2,11–15; 1 Petr 3,1 u. Tit 2,5) im Neuen Testament nicht nur übernommen und unter „den Herrn" gebracht, wodurch die sozialen Unterschiede schon zu einem Teil behoben werden durch aufrichtige gegenseitige Liebe, vor der alle gleich sind. Aber manchmal, und auch in diesem Fall, wird diese gesellschaftliche Norm ideologisch unterbaut: „wie die Kirche Christus untertan ist". Diesen Satz könnte man noch einfach als ein Synonym für „im Herrn" interpretieren. Aber es wird anders, wenn Paulus selbst der gesellschaftlichen Gegebenheit: „Der Mann ist das Haupt der Frau" (1 Kor 11,3; siehe Eph 5,23), paterfamilias, einen theologisch-erhöhten Sinn gibt. In 1 Kor 11,3 scheint Paulus das Haupt-Sein des Mannes außerdem als universal hinzustellen (nicht nur in der Familienhierarchie) und dafür einen theologischen Grund anzuführen. Der paulinische Epheserbrief sagt nur: „wie Christus das Haupt der Kirche ist" (Eph 5,22–24; siehe 1 Kor 11,8–9; 1 Tim

2,13), aber Paulus sagt: „Der Mann ist nicht für die Frau erschaffen, sondern die Frau für den Mann" (1 Kor 11,9; als Midrasch zu Gen 3,16), und deshalb muß sie verschleiert sein[46]. Wenn wir Kol 3,18 – 4,1 (wo zu dem Profanen nur „im Herrn" hinzugefügt wird) mit 1 Petr 2,13–17 vergleichen (wo die christlichen Aspekte verstärkt sind) und mit der Paulus eigenen Tendenz, Gewohnheiten theologisch zu unterbauen, stellen wir fest, daß das Neue Testament noch auf der Suche ist nach der rechten Beziehung zwischen Erlösung-in-Christus und Ethik. Auch die langen Haare für die Frau und die kurzen Haare für einen Mann (1 Kor 11,14) – ein damals bekanntes Stoa-Argument – werden von Paulus wiederum theologisiert; selbst die Engel müssen dafür herhalten (1 Kor 11,7–10). Trotz aller seiner theologischen Argumente ist Paulus selbst aber nicht davon überzeugt, daß seine Argumentation sich für seine Leser als zwingend erweisen wird, denn er fügt hinzu: „Und wenn jemand glaubt, dies bestreiten zu müssen, *wir* kennen eine solche Gewohnheit nicht, und die Gemeinden Gottes ebensowenig" (1 Kor 11,16). Es sind also nur ehrwürdige Bräuche! Aber in einer weltlichen Stadt wie Korinth war dies nicht ohne jede Bedeutung. Auch 1 Tim 2,9–10 (siehe 1 Petr 3,3–4) will durch seinen Ausfall gegen Damen „mit Geflecht oder Gold oder Perlen oder kostbarer Kleidung" die christliche Mäßigkeit einprägen und darin zugleich die vielen ärmeren Mitchristen in Schutz nehmen (siehe sehr deutlich in Jak 2,1–9, wo die christliche Parteinahme für die Armen stark zum Ausdruck kommt). Die ‚Theologisierungen' des Paulus darf man deshalb nicht ernster nehmen, als er sie selbst meint! Schon in der Q-Tradition ist es eine Gewohnheit, sich auf in stereotypen Erzählungen formulierte menschliche Weisheitserfahrungen zu berufen, Geschichten wie Adam und Eva, die Sintflut, Sodom und Gomorrha, Jona, die Königin von Saba usw. Diese Geschichten selbst nehmen immer wieder neue Erfahrungen in sich auf und gestatten, neue Erfahrungen zu verarbeiten – wie für uns etwa „Hiroshima" als Wort schon genügt, um eine ganze Situation wachzurufen. Solche Hinweise auf schon gemachte Erfahrungen zwingen die Hörer zu einem Konsens, zu dem sie aus sich selbst nicht so spontan geneigt wären. Wenn Hebr 13,2, das die Gastfreundschaft von Christen einprägen will, sagt: „es könnte einmal ein Engel sein", der einen besucht, ist beim Leser sofort die Geschichte Tobits (Tob 12) angedeutet, der Besuch von einem Engel Gottes erhielt. Der Autor will damit keineswegs seine Paränese mit einer Engellehre theologisch unterbauen. Aber seine Evokation macht den damaligen Leser nachdenklich. Diese ersten Christen leben in und von den alten biblischen Geschichten, in denen übrigens ein Schatz von menschlicher und jüdischer, jahrhundertelang angesammelter Weisheit aufbewahrt wurde. Ich glaube, daß man die sogenannten Theologisierungen des Paulus so interpretieren muß. Sie sind keineswegs als theologischer Unterbau gemeint, sondern als Evokation der mahnenden Weisheit eigener Volkserzählungen. Man findet diesen Gebrauch überall im Neuen Testament wieder (siehe das großartige Beispiel in Hebr 11; auch 2 Petr 2,4–22, wo auch apokryphe Erzählungen aufgenommen sind; und in jedem Brief des Neuen Testaments). Aber das spätere Christentum löste sich völlig von der Weisheit aus dem Tenach; es dachte eher von einem System – nicht von evokativen Geschichten aus, und erst dann begann man Paulus anders zu lesen und theologische Argumente bei ihm zu finden, z. B. zur theologischen Legitimierung der androzentrischen männlichen Auffassungen einer bestimmten Kultur, in der auch das Neue Testament steht. Dadurch wirkt jetzt noch in der Kirche diese vergangene Kultur weiter und erhielt sie zu Unrecht und unbiblisch eine theologische Aureole.

Jedenfalls werden durch die Aufnahme der kulturell bestimmten menschlichen Ethik „im Herrn" die scharfen Kanten der damals geltenden gesellschaftlichen Ungleichheit durch die Forderung gegenseitiger christlicher Liebe abgeschliffen. Die christliche Liebe kann ihre kritische Kraft gegenüber der Gesellschaft selbst jedoch nur unter der Voraussetzung einer Analyse der gesellschaftlichen Strukturen ausüben. Typisch ist jedoch, daß die neutestamentlichen Christen, die zumindest innerhalb ihrer eigenen Kirchengemeinde eine neue Gesellschaft aufbauen wollten, die gesellschaftliche Hierarchie in der Familie von Christen beibehalten. Die Familie vor allem ist der Punkt, wo weltliche Strukturen in die Kirche eintreten.

Hat die Ethik, die wir im Neuen Testament finden, uns also nichts zu lehren? Was gerade aus dieser kurzen Analyse hervorgeht, ist, daß die Menschen selbst nach ethischen Normen suchen müssen. Ethische Fragen sind tatsächlich ihrem Wesen nach Fragen von hier und heute, der Gegenwart; und was als Antwort auf eine ethische Frage in der Gegenwart entworfen wird, mag dann der Mensch der Gnade in seiner religiösen Sprache „den Willen Gottes" nennen, d. h. „im Herrn" leben. Nicht die in der Bibel konkret gegebenen Antworten auf ethische Fragen sind per se normierend, sondern die Tatsache, daß das Neue Testament die Ethik nicht von der Religion trennen will. Leben in und aus der Gnade ist auch ein ethisches Leben. Aber es ist deutlich, daß viele ethischen Richtlinien in der christlichen Bibel auf bestimmte anthropologische Voraussetzungen, auf sozialgeschichtliche Situationen usw. zurückgehen. Wenn diese Voraussetzungen entfallen, verlieren die *durch sie vermittelten* Antworten auf ethische Fragen ihre Kraft; die Schlußfolgerung wird überflüssig.

4. Mit dem Vorausgegangenen ist noch nicht alles gesagt. Es gibt eine dialektische Beziehung der christlichen Ethik zur sozialpolitischen Wirklichkeit, sagte ich. Doch haben Moraltheologen, die mit Recht die unmittelbare Autonomie der Ethik auf menschlicher Grundlage verteidigen, die Neigung, den Unterschied zwischen ‚natürlicher' Ethik und christlicher Ethik allein in die Gesinnung zu verlegen (Gesinnungsmoral). Gibt es auch eine spezifisch-christliche Ethik? Und dann stellt sich die Frage, ob das Neue Testament dazu vielleicht *ethische Modelle* liefert. Zwar sind viele ethische Fragen der Bibel nicht mehr die unseren, aber in ihnen kommt eine ethische Seite zum Vorschein, die wir spezifisch-christlich (religiös – in der Gnade gründend) nennen können. Allge-

mein sahen wir schon, daß die Begnadung auch in ein besonderes Erfahrungs-
wissen einmündet, in eine ,discretio spirituum' (wie sie allen geistlichen
„Gurus" eigen ist), sowohl kontemplativ (mystisch) als auch ethisch (Thomas
von Aquin nennt dies ein „iudicium connaturalitatis", d. h., ein feines Urteilen-
Können in und durch die tägliche Praxis eines ethisch orientierten Lebens).
Natürlich gibt ein solches Urteil uns keine Einsicht in soziale Strukturen! Es
setzt die rationale Analyse dieser Strukturen voraus. Wenn wir von *spezifisch-
christlicher* Ethik sprechen, ist damit nicht gemeint: einzig und allein dem Christentum eigen! Man kommt aus einer christlichen Inspiration zu einem bestimmten ethischen Urteil und einer ethischen Praxis. Aber diese ethische
Einsicht ist dann doch mitteilbar und daher universalisierbar, das heißt, der ethische Inhalt selbst ist auch Nicht-Christen zugänglich (also im Sinn von universaler
Kommunizierbarkeit gibt es in der Tat keine spezifisch-christliche Ethik).

Wir werden hier schließlich nicht so sehr mit dem Problem: Kerygma und
Ethik konfrontiert, sondern mit der neutestamentlichen Praxis des Reiches
Gottes gegenüber der weltlichen Ethik; wir könnten sagen: einer Konfrontation
zwischen christlicher Ethik und weltlicher Ethik. Auffallend ist, daß von der
katholischen Moraltheologie die Bergpredigt (Mt 5–7) oft spitzfindig wegargu-
mentiert wurde. Man entkräftete die Bergpredigt durch die Unterscheidung:
– a) *praeceptum* oder Gebot und – b) *consilium* oder Rat im Sinn einer ethisch
nicht bindenden Einladung. Die ganze utopisch-kritische Kraft der Bergpredigt,
durch die sogar das modernste Ethos unter die Kritik des Evangeliums kommen
kann, wurde durch diese Unterscheidung neutralisiert. Außerdem führte das
zu einer doppelten Kategorie von Christen: Christen zweiten Ranges, die an
der (sogar modernsten) Ethik („im Herrn" zu vollziehen) genug haben, und
andere Christen, die außerdem die Räte befolgen, das heißt in Wirklichkeit eben
den Kern der neutestamentlichen Ethik. Andere Theologen, die den Unterschied
zwischen praeceptum und consilium nicht gelten lassen, sprechen von einer
Gesinnung, von der die Bergpredigt Zeugnis ablegen würde – als ob die Bergpredigt keine Taten, keine Praxis wolle, die das Antlitz der Erde erneuern kann!

Die Bergpredigt, die (formgeschichtlich) zumindest den Geist Jesu von Nazaret
widerspiegelt, zeigt uns aber, daß christliche Ethik eine eigene Inspirationsquelle
hat. In diesem Sinn gehört ethischer ,Nonkonformismus' zum Wesen der
„Nachfolge Jesu": „Stimmt euer Verhalten nicht auf diese Welt ab; werdet andere Menschen, geleitet durch eine *neue Einsicht*" (Röm 12, 2, allerdings weist
hier „diese Welt" deutlich auf den apokalyptischen ,ersten Äon' hin: die *sündige*
Welt). Die Bergpredigt ist von der Art, daß ihr Inhalt tatsächlich nicht in legalistischen Begriffen formuliert werden kann. Aber diese Eigenart ist ebensowenig durch die Unterscheidung zwischen Gebot und Rat oder durch eine
Gesinnungsethik aufzufangen. Die Bergpredigt gehört zu dem literarischen
Genus eines Paradoxon und einer Utopie[47]. Man darf ihr die evangelisch bindende ethische Kraft nicht nehmen, auch keine Elite-Ethik daraus machen. Als
evangelischer, utopisch-kritischer Ansporn gilt sie für alle Christen und ist sie

nicht beliebig oder ein bloßer Rat. Wie Mt 5,48 (siehe Lk 6,36): „seid vollkommen, *wie* Gott es ist", gilt auch die Bergpredigt für alle begnadeten Sünder. Sie ist ein ethisch bindender Auftrag.

Formgeschichtlich zeigt sich der wesentliche Zusammenhang zwischen der Botschaft Jesu vom nahenden Kommen des Reiches (Armen wird frohe Botschaft gebracht) und Kranke werden geheilt und Blinde sehen (Mt 11,5; 10,1–8). Außerdem sieht auch das Vaterunser einen wesentlichen Zusammenhang zwischen „Dein Reich komme" und „Dein Wille geschehe auf Erden" (wie in den Himmeln die Engel den Willen Gottes vollbringen). Es geht im Neuen Testament um die auf Menschlichkeit bedachte Herrschaft Gottes (dieser biblische Ausdruck selbst ist schon ‚politischen' Ursprungs, politisch in seiner Implikation und Konsequenz). Die christliche Ethik ist wesentlich mit der Person Jesu verbunden, der sowohl die konkreten jüdischen Gesetze als auch das geltende Ethos durchbrechen konnte. Einige Beispiele dieser ‚biblischen Ethik' (als Quelle bleibender *Modelle* für Christen) können dies verdeutlichen.

Nach Paulus hat der Apostel Christi das Recht, eine Frau zu haben (1 Kor 9,5), das Recht auch auf finanziellen Unterhalt durch die Gemeinde (1 Kor 9.2–27); „das sind nicht nur menschliche Erwägungen, das Gesetz selbst sagt es" (1 Kor 9,8; dieses jüdische Gesetz ist dann für Paulus offensichtlich nicht so tot, wie er an anderen Stellen behauptet. Er weist auf Dtn 25,4: „Du sollst einem Ochsen beim Dreschen keinen Maulkorb anlegen"). Paulus beschränkt seine ganze Argumentation auf den zweiten Fall. Dieses Recht, das ist Ethik. Aber dann kommt eine christlich-ethische Entscheidung: „Aber wir haben von diesem Recht keinen Gebrauch gemacht. Ich will lieber alles ertragen, als die Verkündigung des Evangeliums Christi behindern" (1 Kor 9,12) und „will allen alles werden" (9,22), „ich kann nicht anders" (9,15–16). Also, einerseits wird deutlich das ethische Recht festgestellt, das niemand Paulus nehmen kann; aber anderseits kann er selbst doch, aus freier Entscheidung, auf dieses Recht verzichten, wenn die (apostolische) Situation es verlangt. Hier wirkt die utopisch-kritische Kraft der Bergpredigt, die für Paulus hier und jetzt bindend ist, aber die nie legalistisch in einem Gebot (oder kirchlichen Gesetz) festgelegt werden kann. Es kann für den Gläubigen eine evangelisch bindende Kraft ausgehen, die zu einer ethischen Entscheidung führt, die jedoch durch kein Gebot oder Verbot vorgeschrieben werden kann. Die Bergpredigt in Gesetze fassen hieße ihr literarisches Genus verkennen. Aber ein Christ, der einmal diese Wahl getroffen hat, wie Paulus, kann diese Wahl trotzdem für Nichtchristen klar und akzeptabel machen.

Ein ebenso deutliches Beispiel ist das Problem einer zweiten Heirat nach einer völlig zerrütteten Ehe. Man muß in der Tat sagen, daß eine solche Ehe kaum in Einklang zu bringen ist mit dem, was ‚die Bergpredigt' genannt werden kann, das heißt die utopisch-kritische Kraft der christlichen ethischen Inspiration. Aber auch das kann dann nicht in ein kanonisches oder juristisches Verbot oder in Gesetze gefaßt werden. Jesus fordert die gegenseitige Treue auf eine radikale

Weise (Mk 10,11) und wendet sich dabei sogar gegen das mosaische Gesetz. Paulus spricht schon von „einem *Gebot* des Herrn" (1 Kor 7,10–11), entgegen dem ganzen prophetischen Stil der Verkündigung Jesu, der eher vom Ideal des kommenden Gottesreiches aus spricht. Aber Paulus selbst unterscheidet dann doch Situationen, denen dieses Gebot weichen muß: Aufgrund radikal veränderter, nämlich religiöser Überzeugungen kann – wenn dadurch die Ehe innerlich zerrüttet wird – ein Christ seinen nichtchristlichen Lebenspartner doch wegschicken; denn, und die Argumentation ist relevant (allerdings wird sie nur zum Vorteil von Christen angerufen): *„Gott hat uns zum Frieden berufen"* (1 Kor 7,5). Hier fungiert die völlige Ehezerrüttung sachlich als Argument für die legitime Entlassung. Dies wird kanonisch dann das „privilegium Paulinum" genannt, aber auch dies ist wiederum ein Versuch, in legalistische Begriffe zu fassen, was sich ihnen entzieht. Mit anderen Worten: auch hier haben wir ein Modell. Was die Ehe, von der das Neue Testament sagt, daß sie unauflöslich ist, genau ist, wird nicht gesagt. Das ‚Wesen der Ehe' ist ein sozialgeschichtliches Kulturphänomen, und dieses wird auch kulturell bestimmt. Was also nicht gelöst werden darf, ist ein kulturell wechselndes Phänomen. Deshalb kann die Vergangenheit nie *unmittelbar* eine Antwort auf ethische Fragen geben, die von einem geänderten Kulturmuster aus jetzt gestellt werden. So ist die Ausnahmeklausel von Mt 5,32 nicht eine Art Dispens, sondern eine andere, jüdisch-christliche Interpretation, die in dieser Gemeinde anders ausfiel als in anderen Gemeinden [48]. Man kann die (sogar sakramentale) Ehe nicht ontologisieren, und die christliche Gemeinde darf das Gebot Jesu nicht als ein Gesetz erzwingen.

Das christliche Verkündigungsideal kann nicht in einer kasuistischen Gesetzgebung eingefangen werden. Deshalb ist auch das *Suchen nach* Ehescheidungsgründen schon ein Aufgeben des christlichen Ideals. Nach einer völlig zerrütteten Ehe nicht wieder heiraten wollen kann daher konkret eine ethische Antwort auf die utopisch-kritische Kraft der Bergpredigt sein, die also nach zwei Seiten – positiv und negativ – kritisch wirksam sein kann. Sowohl das Suchen nach Ehescheidungsgründen als auch das kanonische Veto gegen eine zweite Ehe verkennen die prophetische Bedeutung der Worte Jesu. Dies alles weist auch auf einen tieferen Unterschied zwischen einer religiösen und einer ethischen Auffassung vom Bösen. Vor allem die religiöse Auffassung will dem Gescheiterten *Zukunft schenken*. Deshalb ist das christliche Ethos im Zusammenhang mit der Ehescheidung von einer spezifisch anderen Art als das faktische bürgerliche Ehescheidungsethos.

Schließlich gibt das Neue Testament noch ein Modell im Zusammenhang mit dem Essen von heidnischem Opferfleisch, dem Paulus drei Kapitel widmet (1 Kor 8,1 – 11,1). Es geht um das Essen von Fleisch, das man auf dem Markt kaufen konnte. In Wirklichkeit war dies immer Opferfleisch, das beim heidnischen Opferkult verwendet worden war. Aber ist dies für Christen nicht eine Art stillschweigender Teilnahme am heidnischen Kultmahl? Die Lösung, die

Paulus diesem für uns überholten Problem gibt, bleibt aber als ethisches Modell für den Christen bestehen und ist als Modell neu aktualisierbar. Die Antwort des Paulus ist typisch neutestamentlich: Was oder wer könnte mir verbieten, dieses Fleisch zu essen? (Das ganze Neue Testament spricht nicht von ‚Speisegesetzen‘.) Ob wir essen oder trinken, wir tun alles zur Ehre unseres Gottes. Kol 2,20–23 wandte sich schon scharf gegen manche Tabus: „Rühre nicht an! Koste nicht! Bleib davon! Und dies alles betrifft Dinge, die ihrer Art nach dazu bestimmt sind, gebraucht zu werden." Auch 1 Tim 4,3–4 wendet sich gegen „Leute, welche die Ehe ablehnen und den Gebrauch bestimmter Speisen, obwohl Gott sie geschaffen hat…" Offensichtlich wirkt in diesem neutestamentlichen Realismus die nüchterne Lebenshaltung des freien Menschen Jesus nach. Paulus verteidigt das *Recht,* als Christ dieses Opferfleisch zu essen. Seine Argumentation verrät seinen exklusiven Gnadenmonismus, denn: „wir wissen, daß es in der ganzen Welt keinen Götzen gibt, daß es keinen Gott gibt außer einem" (1 Kor 8,4) (allerdings verkennt er damit die religiöse Sprache anderer Religionen. Das Argument ist historisch bedingt). „Nahrung bringt uns nicht näher zu Gott; wir verlieren nichts dabei, wenn wir nicht essen: Und wenn wir doch essen, werden wir davon nicht besser" (1 Kor 8,8).

Damit ist für Paulus aber, christlich gesehen, die Sache nicht erledigt. Es gibt auch so etwas wie Glaubensbarmherzigkeit (1 Kor 8,7–13). Diese Perikope wird eingeleitet durch ein allgemeines Prinzip christlicher Orthopraxis. Manche Christen hatten aus dem Freiheitsprinzip des Paulus manche Formen von Libertinismus abgeleitet, oder, vielleicht richtiger: ethischer Gleichgültigkeit, auf der Grundlage eines hellenistisch-synkretistischen Pathos der Überlegenheit von ‚Wissen‘: Wir wissen es doch besser, dieser heidnische Götzendienst ist nichts und von keinerlei Wert; daß wir Christen freiwillig ihr Opferfleisch essen, zeugt von unserem ‚besseren Wissen‘. Paulus will nun sagen, daß das christliche Wissen, daß es außer dem Gott Christi keine Götter gibt, nicht das einzige Prinzip ist, welches das Essen von (heidnischem) Opferfleisch ethisch bestimmt. Diesem Intellektualismus einer bestimmten Orthodoxie stellt Paulus noch andere Forderungen gegenüber. „Was das Opferfleisch betrifft: (ihr behauptet:) ‚Wir alle besitzen die Gabe der Erkenntnis‘; gewiß! aber Erkenntnis allein führt zu Dünkel, es ist die Liebe, die erbaut" (1 Kor 8,1). Denn: „Wenn jemand glaubt, Kenntnis zu besitzen, kennt er noch nicht in der rechten Weise. Aber wer liebt, der ist erkannt" (8,2–3; Paulus will sagen: „Der ist von Gott erkannt"; siehe Gal 4,9). Für ihn konkretisiert sich wahre Orthodoxie in der Orthopraxis der Liebe. Gewiß, von unseren christlichen Prinzipien aus haben wir das Recht, dieses Fleisch zu essen, aber man muß alles situationsbedingt betrachten, auch als Christ. Denn es gibt unter euch Christen, so fährt Paulus fort, die wegen ihrer heidnischen Vergangenheit diese innere Freiheit gegenüber dem Opferfleisch noch nicht aufbringen können. Situational stellt dies euch vor eine ethische Entscheidung, aus Glaubensbarmherzigkeit: „Sorgt dafür, daß eure Handlungsfreiheit nicht zum Anstoß für die Schwachen wird" (8,9).

Paulus scheint hier nicht ganz konsequent zu sein, wenn man sich seiner bitteren Reaktion gegen Petrus erinnert, der sich – wahrscheinlich aus dem gleichen Prinzip der Glaubensbarmherzigkeit – weigert, das Brot mit Christen aus dem unbeschnittenen Heidentum zu brechen, um jüdische Christen dadurch nicht zu kränken. *Scheint* – denn hier geht es in der Tat um die Auffassung davon, was eine Gemeinde Christi, aus Juden und Heiden, ist. Eure Erkenntnis, sagt Paulus ironisch – obwohl er selbst Erkenntnis sehr hoch schätzt –, ist ein Hohn für diese schwächeren, gerade erst vom Heidentum losgekommenen Glaubens-brüder: „der Bruder, für den Christus gestorben ist" (8, 11). Die ethische Richt-linie des Paulus lautet dann deutlich: „Daher: wenn mein Essen meinem Bruder Anstoß gibt, will ich in Ewigkeit kein Fleisch mehr essen, um meinem Bruder keinen Anstoß zu geben" (in Korinth war im ‚macellum' oder in der öffentlichen Markthalle faktisch nur heidnisches Opferfleisch zu bekommen. Beim Kult-opfer wurde nur ein kleines Stück Fleisch vernichtet, ein anderer Teil wurde verzehrt, aber der große Rest ging zum Konsum auf den Markt). „Mein Leben lang kein Fleisch essen" war für Paulus also keine bloße Rhetorik, sondern harte Konsequenz aus seinen ethischen Prinzipien. Paulus, der seine Darlegung mit einer Reverenz der souveränen Freiheit des Christen gegenüber allem Opfer-fleisch begann, endet in einem pathetischen, für ihn als hier und jetzt situiertem Christen todernsten, ihn verpflichtenden Ethos, nie mehr irgendwelches Fleisch anzurühren, wenn einige Christen dadurch in ihrem beginnenden Glauben tief beunruhigt werden. In der christlichen Tradition hat man dieser ethischen Situation einen Namen gegeben: ‚scandalum pusillorum', den schwächeren Glaubensbrüdern Ärgernis geben. Wenn wir von der historischen Vermittlung absehen, kann das ethische Prinzip des Paulus vom scandalum pusillorum nicht absolut gelten; dann wäre jeder Christ fast zur Untätigkeit verdammt, weil sich in der christlichen Gemeinde immer jemand finden wird, der an dem noch so gerechtfertigten handelnden Auftreten von Mitchristen Anstoß nimmt. Vor allem heute sind es insbesondere politische und gesellschaftliche Optionen, die Trennung unter den Christen verursachen. Man kann dabei kaum das Prinzip des ‚scandalum pusillorum' vorbringen, um diesen politischen christlichen Optionen Schweigen aufzuerlegen, erst recht nicht, wenn diese Optionen – wenn auch in historischer Vermittlung – die Konsequenzen aus der auf Mensch-lichkeit bedachten Herrschaft Gottes ziehen. Dann geht es um die christliche Orthopraxis selbst, und Paulus ist es doch offensichtlich gerade darum zu tun. Doch bleibt das ethische Modell des Paulus von der Glaubensbarmherzigkeit weiterhin gültig – zumindest wenn es der neutestamentlichen Forderung christ-licher Orthopraxis nicht widerspricht; denn in diesem letzteren Fall geht es – wie in dem Konflikt zwischen Paulus und Petrus – um den Sinn und die Exi-stenzberechtigung der Gemeinde Gottes selbst. Deshalb kann beispielsweise die Weigerung von Priestern, zu heiraten, bei all ihrer Anerkennung, daß Amt und Zölibat nicht legalistisch-juristisch, durch ein kanonisches Gesetz, aneinander gekoppelt werden dürfen, ein evangelischer Ausdruck dessen sein, was Paulus hier als allgemein christlich-ethisches Prinzip hinstellt – ganz abgesehen von der utopisch-kritischen Kraft der ,Bergpredigt', die jemand von innen her um des Reiches Gottes willen zu dem Entschluß bringen kann, das kirchliche Amt in einem zölibatären Stand zu leben. Hier spielen zwei christlich-ethische Prinzipien eine besondere ethische Rolle: 1. Einerseits die persönliche ethische Entscheidung für den Zölibat, um frei zu sein für alle (zumindest wenn dies keine unreife Entscheidung ist), und 2. anderseits das paulinische ,scandalum pusillorum', angesichts der ganzen vor allem katholisch-christlichen Vergangenheit. Bei aller, vor allem evangelischen Kritik an der kanonischen Koppelung von Amt und Zölibat darf man diese beiden evangelischen Modellprinzipien nicht aus dem Auge verlieren. Trotz anderen ethischen Problemsituationen bietet uns das Neue Testament darin weiterhin normierende Modelle an: Der neutestamentliche Christ weiß sich als ein freier Mensch, zugleich aber gebunden – a) durch die utopisch-kritische, prophetische Perspektive der Bergpredigt – b) durch die mögliche – das heißt nicht verantwortliche – Kränkung und Beunruhigung seines Mitgläubigen; ,nicht verantwortliche': das bezieht sich auf die Tatsache, daß das Evangelium und seine geschichtlich vermittelten ethischen Forderungen in der Tat eine (evangelisch verantwortbare) Kränkung bestimmter Auffassungen von Christen (Gemeindemitgliedern oder Leitern) zum Inhalt haben kann und daß dann eine christliche Berufung auf ,Ärgernisgeben' tatsächlich zu einer Ideologie wird. Das geht im Neuen Testament selbst aus der – auf den ersten Blick – widersprüchlichen Haltung des Paulus gegenüber Opferfleisch und seinem Konflikt mit Petrus hervor. Paulus lehrt uns: Wissen (es theologisch in der Tat ,besser wissen' als andere) darf nicht das letzte ethische Prinzip sein. Das ,,allen alles werden" (1 Kor 9, 22–23) darf und muß dabei eine Rolle spielen. Zwar ist der konkrete Anlaß zu diesem ganzen Problem, nämlich heidnisches Opferfleisch, für uns überholt, aber das ethische Lösungsmodell, das Paulus gibt, bleibt für Christen in Kraft. Christlich ist es allgemein gültig und somit in neuen geschichtlichen Vermittlungen aktualisierbar. Deshalb können wir die kritische Kraft des neutestamentlichen Ethos bei einer Ethik, die wirklich christlich sein will, nicht entbehren. Das Im-Herrn-Erleben der auch modernsten menschlichen Ethik muß daher in der utopisch-kritischen Perspektive dessen stehen, was wir – paradigmatisch – die evangelische Bergpredigt nennen[49].

Im 20. Jahrhundert werden wir mit völlig neuen Situationen konfrontiert, in denen aber die ethische Forderung des Neuen Testaments als Modell für unsere neue, kreative Antwort dienen kann. Man kann auf noch mehr biblische Perikopen hinweisen, in denen die ethische Situation für uns vielleicht vergangen ist, aber in denen eine christliche Intention zum Vorschein kommt, die Modell steht für eine – in veränderten historischen Situationen – geschichtlich-ethische Entscheidung von Christen. Das neutestamentliche Christentum besitzt in seiner eschatologisch-kritischen Kraft auch einen Überschuß, der sich nie adäquat in Neustrukturierungen und neuen Institutionen fassen läßt. Es will

‚evangelischen Trost' auch Menschen bieten, die in bestehenden Strukturen gefangen sind. Dieses therapeutische Bemühen neutestamentlicher Christen um
konkrete Menschen wird dann logisch – vorläufig – die bestehenden Strukturen
in gewissem Maß festigen; aber der neutestamentliche Christ ist der Meinung,
daß er nicht warten kann, bis es gerechtere Strukturen gibt, um dem unschuldig
leidenden, konkreten Menschen, dem er begegnet, und vor allem einem Menschen, der inzwischen um dieser Strukturen willen in Bedrängnis ist, tatkräftig
zu helfen – um seiner selbst willen. Das neutestamentliche Christentum sieht
den konkreten Menschen-in-Not und will diesen nicht einer besseren Welt opfern, die jedoch in Begriffen des Reiches Gottes auch seine Zukunftsvision ist,
die in erkennbaren Gestalten schon jetzt, in unserer Geschichte, eine beginnende
Konkretisierung erhalten muß. Die allgemeine Auffassung des Neuen Testaments ist, daß zumindest in der Gesellschaft der weltkritischen Gemeinden
Gottes etwas von dem eschatologischen Reich Gottes geschichtliche Sichtbarkeit erhält. Dieser Blick auf die historische Erkennbarkeit des christlichen
Inhalts der Heilsverkündigung ist meines Erachtens tatsächlich Modell für das,
was wir heute, im 20. Jahrhundert, tun müssen, zwar in anderen geschichtlichen
Vermittlungen als denen, die der neutestamentliche Christ kannte. Die sogenannte neutestamentliche Ethik ist offensichtlich sozialgeschichtlich bedingt
und ist deshalb für uns zum größten Teil überholt, aber sie liefert, global gesehen, *ethische Modelle,* an denen ein Christ nicht vorbeigehen kann. In ihnen
wird – wenn auch in geschichtlichen Vermittlungen – ein ethisches Empfinden
offenkundig, das aus der christlichen Sicht der Gnade Gottes, aus dem Glauben
und der Unruhe der Liebe, getrieben von der eschatologischen Hoffnung, inspiriert wird zur Verwirklichung von Heil in einer heillosen Welt. Ohne legalistisch
zu sein – sie ist prophetisch –, ist die neutestamentliche ‚Bergpredigt' für den
Christen nicht unverbindlich: Sie ist in jeder menschlichen Ethik von Christen
der utopisch-kritische Stachel – nie unverbindlich, aber nie in Gesetzen zu
fassen. Moderne Kirchengemeinschaften – vor allem in katholischer Formgebung –, die sich bemühen, die Hüter des ethischen ‚Naturrechts' zu sein,
haben sich in Wirklichkeit oft nicht solidarisch gezeigt mit dem, was – in antiken Formulierungen – das Neue Testament letztlich die ‚bedrohte Menschheit', das bedrohte *humanum* nennt. Die heutige Krise des sogenannten
‚Naturrechts' ist augenblicklich zugleich eine Vertrauenskrise gegenüber den
Institutionen, die behaupteten, das Naturrecht zu schützen, aber es in der Praxis
negierten. Die Geschichte selbst klagt heute diese Institutionen an[50]. Den Kern
der Haltung Jesu hat das Neue Testament richtig verstanden, vor allem in der
Geschichte vom Zöllner und vom Pharisäer. „Zwei Menschen gingen hinauf
zum Tempel, um zu beten; der eine war ein Pharisäer und der andere ein Zöllner.
Der Pharisäer stand mit erhobenem Haupt da und betete bei sich so: Gott, ich
danke dir, daß ich nicht so bin wie die übrigen Menschen, Räuber, Ungerechte,
Ehebrecher oder auch wie dieser Zöllner da. Ich faste zweimal in der Woche
und gebe den Zehnten von all meinen Einkünften. Der Zöllner aber stand von

fern und wagte nicht einmal, die Augen zum Himmel zu erheben; sondern er schlug an seine Brust und sprach: Gott, sei mir Sünder gnädig. Ich sage euch: Dieser ging gerechtfertigt nach Hause, der andere nicht; denn jeder, der sich selbst erhöht, wird erniedrigt, aber wer sich selbst erniedrigt, wird erhöht werden" (Lk 18, 9–14; die Geschichte steht im Dienst dieses letzten Verses, den wir auch in Mt 23, 12 finden).

Diese Geschichte setzt die jüdische Tempeleinlaßliturgie voraus[51]. Wenn die frommen Juden zum Tempelkult gingen, mußten sie eine Art ,Beichte' ablegen, bei welcher der Priester fragte, ob sie alle Tora-Bestimmungen befolgt hätten. War dies der Fall, dann gab der Priester eine Erklärung ab: „Er ist gerechtfertigt, er wird leben", nach dem liturgischen Modell in Ez 8, 9: „Wer nach meinen Vorschriften lebt und meine Gebote genau befolgt, ein solcher ist zaddiq (gerechtfertigt): *Er wird leben,* spricht Jahwe, der Herr." Mit anderen Worten, das ethische Problem stellt uns eigentlich vor die Frage: Darf ich leben? Hat das Leben letztlich Sinn? Lev 18, 5 sagt ausdrücklich: „Wer das Gesetz erfüllt, wird durch das Gesetz leben"; die Befolgung des Gesetzes rechtfertigt, der jüdische Priester kann dies nur feststellen und eine forensische Erklärung abgeben. Zwar wurde diese Rechtfertigung auch im Tenach nicht immer so legalistisch verstanden (siehe Hab 2, 4), doch war dies zur Zeit Jesu in offiziellen Kreisen deutlich der Fall. Aus dem Lukas-Bericht geht hervor, daß Jesus diese ethischen Beziehungen auf den Kopf stellte: der Zöllner und der Pharisäer, mit anderen Worten ein notorischer Sünder und ein professioneller Frommer. Der Pharisäer war daher über die Schwelle geschritten: er war kultisch für gerecht erklärt. Der Zöllner blieb an jener Seite der Schwelle, hinten im Tempel: er war kein zaddiq! Aber er war doch voller Reue, während der Pharisäer geringschätzig auf Zöllner herabblickte. Nun: Der neutestamentliche Jesus erklärt, eigenmächtig, diesen Zöllner zum zaddiq – entgegen dem Gott der Tora („so spricht Jahwe"). In dieser Geschichte liegt das, was Paulus (chronologisch übrigens früher, wenn auch deshalb nicht per se früher als die Tradition, die Lukas vielleicht aufnimmt) die Rechtfertigung durch den Glauben nennt gegenüber der forensischen Rechtfertigung dessen, der das Gesetz befolgt hat und deshalb am Kult teilnehmen darf (ein solcher hatte Lebensrecht im Gottesbund und in Israel).

In dem gleichen Sinn war die Frage des Jünglings gemeint: „Meister, was muß ich *tun,* um *das Leben* zu gewinnen?" (Mk 10, 17 parr): Befolgung des Gesetzes, Rechtfertigung durch das Gesetz und Leben hängen frühjüdisch zusammen. Mit Ausnahme vor allem der Qumrankreise ging man zudem davon aus, daß man imstande sei, dieses Gesetz (sogar mit den Zusätzen der Väter) selbst zu befolgen: Sie können es schaffen. Das dachte auch Saulus (siehe Phil 3, 6): Er verdiente früher das Recht, zaddiq genannt zu werden. Jesus dreht die Relationen um: „Der Zöllner ging gerechtfertigt nach Hause, der andere nicht" (Lukas hat diese Geschichte schon christologisch gefärbt: *Jesus* erklärt den Mann für gerechtfertigt, Jesus spricht ihn frei, entgegen dem Gesetz.) Hier wird also ein anderer ethischer Maßstab angelegt. Zum Sünder sagt Christus: Du darfst bestehen, du darfst leben! Hier erscheint eine religiöse Auffassung des Bösen, die das Böse nicht bagatellisiert oder relativiert, sondern Gott größer sein läßt als alles Böse zusammen. Ein reumütiger Sünder ist ethisch besser als eigenbrödlerische, selbstherrliche ethische Leistungen. Die Ethik selbst kann kein Leben geben. Leben im vollen Sinn des Wortes kann nur Gott schenken.Die Wende, die Jesus vornimmt, drückt Paulus dadurch aus, daß er dem ethischen Imperativ immer einen Indikativ vorausgehen läßt. Der Judaismus nach dem Exil sagte: Du mußt das tun, dann wirst du leben. Das neutestamentliche Christentum sagt: Lebe! Und dann tust du von selbst auch deine Pflicht. Das Gutsein ist auch die Quelle guter Taten. So gesehen, kann man sagen: „Die neutestamentliche Ethik ist keine Ethik des kategorischen Imperativs, von Geboten und Verboten, selbst keine Wertethik und keine Tugendethik. Sie ist eine Ethik, die auf der ,iustitia Dei‘, das heißt auf Gottes heilsschöpferischem Handeln beruht"[52], das heißt auf dem Recht Gottes, der Gerechtigkeit unter den Menschen verwirklichen will. Das Leben, als eschatologische Gabe, wird uns als neue Schöpfung geschenkt, und deshalb können wir auch nach den Forderungen des Gottesreiches leben. Das ethische Leben, in seinen mikro- und makro-ethischen Dimensionen, ist der *erkennbare* Lebensinhalt, die historische Manifestation oder das Sichtbarwerden des Nahens des Reiches Gottes. Königreich Gottes und Ethik hängen daher wesentlich zusammen. Das Religiöse manifestiert sich im Ethischen und transformiert denn auch die bloß ,natürliche‘ Bedeutung des Ethos. Das Reich Gottes wird also, durch das wirksame Ethos, in unserer Geschichte in nicht-definitiven, immer überholbaren Gestalten gegenwärtig. Ethische Weltverbesserung *ist* nicht das Reich Gottes (ebensowenig wie es die Kirche ist), aber sie ist doch seine antizipative Form. Dies alles ist, in Begriffen der Modernität ausgedrückt, das, was das Neue Testament so formuliert: „Ihr seid gestorben und auferstanden mit dem Herrn, und ihr sitzt schon zur rechten Hand Gottes." Diesem Reich konform muß ein Christ daher in der Welt handeln. Übrigens, Paulus sagte dies schon wörtlich: „Stimmt euer Verhalten nicht auf ,diese Welt‘ ab (sondern auf den ,zweiten Äon‘, das Reich Gottes). Werdet andere Menschen, mit einer neuen Anschauung. Dann seid ihr imstande festzustellen (dokimazein, das heißt kritisch zu prüfen), was Gott von euch will und was gut ist, was sehr gut und vollkommen ist" (Röm 12,2). Die Gerechtigkeit Gottes ist das definitive *Ja* Gottes zum Menschen, ein Ja, verhüllt in die menschliche Gestalt Jesu, der Gutes tuend umhergeht. Durch den Glauben an dieses „Amen Gottes" (2 Kor 1,20), Jesus Christus, wird Gottes Gerechtigkeit von Menschen angeeignet. Dem unsicheren, gebrochenen, sündigen Menschen, der eigentlich wenig zustande bringt, wird gesagt: Du darfst leben; trotz allem hat das Leben Sinn; trotz allem sind Ethik, Güte, Gerechtigkeit realisierbar, trotz allem besteht Hoffnung. Bleibe in der Liebe, auch wenn diese Liebe offensichtlich keinen Erfolg hat und vergeblich ist: Glaube an die vergebliche Liebe und das Dasein für den anderen. Christliche Ethik ist christologisch und eschatologisch begründet: Dadurch tritt sie in die Perspektive der wirksamen Hoffnung, „des Glaubens, der in der Nächstenliebe wirksam wird" (Gal 5,6). Zwar sieht der Gnadenmensch das ethische Böse sogar tiefer, als das bloß ethische Bewußtsein es sieht, aber er urteilt milder über die Geschichte; er will teilhaben an Gottes Barmherzigkeit.

Schließlich, oben wurde deutlich, daß die Parabel vom Zöllner und Sünder uns eine religiöse Perspektive auf die Ethik eröffnete; es geht um das Recht Gottes, Gerechtigkeit unter den Menschen zu verwirklichen. Die Gnade gibt dem menschlichen Ethos, das die historische Gestalt einer Praxis gemäß dem Reich Gottes wird, Zukunft. Christliche Ethik, wie ernst sie auch sein mag, wird nie grimmig werden, wenn sie christlich bleiben will. Die Ethik als solche hat es oft schwer, zu vergeben; Ohnmacht zur Vergebung. Es gibt in der Tat Fälle, bei denen unser Gefühl für das, was menschlich erlaubt ist, so grundlegend verletzt wird, daß wir ethisch ohnmächtig werden, Vergebung zu schenken. P. Berger sagt: „Es gibt Taten, die zum Himmel schreien, und deshalb zur Hölle."[53] Eine grundlegende, nicht wiedergutzumachende Schändung der Menschlichkeit läßt keine Relativierung zu; dann besteht die „Unmöglichkeit der Vergebung". In der Tat! Aber die Frage ist nur, ob uns dieses Urteil und diese Verurteilung zustehen. Verdammung – wenn sie konkret realisiert wird –, ist mehr die Tat des Menschen, der sich der Liebe und sogar der Vergebung verschließt, als daß sie eine positive Tat Gottes ist. Geschweige denn, daß *wir* dann ein endgültig verdammendes Urteil aussprechen können oder dürfen. Gott hat uns geliebt, „als wir noch Sünder waren" (Röm 5,8). Deshalb ist Gottes Erbarmen größer als alles Böse in der Welt. 1 Petr 3,18–20 und 4,6 sprechen sogar von Versöhnung für verstorbene Sünder.

SECHSTES KAPITEL
ISRAEL UND DIE NEUTESTAMENTLICHE KIRCHE

Konkrete Fakten liegen vor uns: Anfangs war die Kirche eine jüdisch-christliche Gemeinde, eine christliche Variante im Ganzen jüdischer Brüderschaften; dann wurde sie eine Kirche aus Juden und Heiden; später wurde sie (bis heute) praktisch nur eine Kirche aus den Heiden ohne Juden. Sind diese historischen Fakten theologisch relevant? Die Frage ist: Liegt dieser Bruch im Wesen des Christentums, zumindest was die Besonderheit des Judentums mit seiner religiösen Verbindung zwischen Jahwe, Volk und Land betrifft? Hat die Kirche den Platz des alten Gottesvolkes eingenommen, oder besitzt Israel neben der Kirche eine eigene unwiderrufliche Auserwählung und Berufung zum Heil? Und wenn das der Fall ist, wie bringen wir das ‚Heil durch die Juden‘ mit dem ‚Heil durch Jesus Christus‘ in Einklang, wobei man sich auf ein und denselben Gott beruft:

„den Gott Israels, der Väter ... und den Vater unseres Herrn Jesus Christus"? Das bloße Nebeneinanderstellen von zwei parallelen Heilsprinzipien wird durch dies letztere tatsächlich schon sehr schwierig.

Wie wird das neutestamentliche Christentum selbst mit diesem Problem fertig? Denn eine christliche Theologie ohne eine Theologie der Gnade Israels untergräbt ihr eigenes Grundprinzip: das der rückhaltlosen und unwiderruflichen Treue Gottes, „der keine Reue kennt über seine Gnadengaben noch über seine Berufung" (Röm 11,29). Das ist ein *christliches* Motiv, die „Theologie Israels" nicht zu vernachlässigen. Aber für uns gibt es (mehr als für das Neue Testament) ein zweites Motiv: um der Juden selbst willen. Denn Christen sind im Lauf ihrer Geschichte wenig dankbar gewesen für ihre geistige Herkunft aus Israel. Es ist noch mehr. Wenn auch nicht im Neuen Testament, so doch oft mit einer Berufung auf dieses Neue Testament, haben sie nicht nur die Juden furchtbar diskriminiert, sondern dem schon von alters her bestehenden, vorchristlichen Antisemitismus sogar eine christliche Variante gegeben. Und seit dem Mittelalter[54] haben hohe kirchliche Würdenträger bis in die Ökumenischen Konzilien hinein (das Vierte Laterankonzil im Jahr 1215) diskriminierende Maßnahmen gegen die Juden getroffen[55]. Vor allem aus wirtschaftlichen Gründen kam es seit dem 11. Jahrhundert im ganzen Westen zu einer antisemitischen Explosion, unter anderem durch die Verleumdungen, Juden begingen rituelle Morde an christlichen Kindern und entweihten konsekrierte Hostien. Eine Gesellschaft sucht oft Sündenböcke für ihre eigenen Krisen. In Wirklichkeit hatte diese Explosion mit der Entstehung der feudalen und städtischen Welt zu tun[56]. Die Juden wurden von den neuen Sozialsystemen, vom Lehnswesen und von den Stadtgemeinden ausgeschlossen. Die Folge war, daß ihnen nichts anderes übrigblieb, als marginale, oft zweifelhafte Geschäfte (Darlehen zu Wucherzinsen) zu betreiben. Jedoch erst im Konzil von Trient forderte die römisch-katholische Kirche offiziell die Errichtung von Judengettos. Der Antisemitismus wurde damit um sogenannte christliche Motive angereichert, ein Bestandteil des auch europäischen, westlichen Bewußtseins.

Als Folge der nationalsozialistischen Ausrottung der Juden wurde später der neue Staat Israel errichtet, in dem viele Juden von neuem die wesentliche Verbundenheit zwischen ihrem Gott, seinem Land und Volk feiern konnten, der aber damit zugleich ein Staat unter anderen modernen weltlichen Staaten wurde; damit war zugleich auch die palästinensische Frage ins Leben gerufen. So hat sich sowohl für Juden als auch für Christen ein neues Problem gestellt. Christlich gesehen geht es nicht mehr nur um das Verhältnis: Kirche und Synagoge, sondern auch um das Verhältnis der christlichen Kirchen zum jüdischen Staat und zur palästinensischen Frage.

Die Frage, ob – abgesehen von dem schon aus menschlichen Gründen verwerflichen Antisemitismus – das Neue Testament spezifisch-christliche Motive bietet, um von den christlichen Kirchen eine besondere Sorge für das jüdische Volk zu verlangen, oder ob das Neue Testament Anlaß gegeben hat für die

Entstehung einer christlichen Variante des Antisemitismus, ist in unserer Untersuchung nach der neutestamentlichen Heilsauffassung daher innerlich notwendig.

Das Neue Testament spricht tatsächlich von den alten Bünden oder Verheißungen und von dem neuen Bund, aber es war später vor allem Marcion, der schlechthin vom „Neuen Testament" *gegenüber* dem „Alten Testament" sprach, welches dann das veraltete genannt wird. Er lehnt das Alte Testament denn auch für die Christen ab. Dagegen wendet sich die Kirche, die gerade auch aus dieser Schrift ihren Jesus interpretiert hatte; *Schrift* wird für sie sowohl das Alte als auch das Neue Testament, beide werden als die heiligen Bücher der Kirche angesehen. Aber ein Teil aus diesem Ganzen ist und bleibt auch das eigene heilige Buch der Juden, das Buch der Verheißungen an das jüdische Volk. Das neutestamentliche Christentum (das damals offiziell noch kein kanonisches Neues Testament kannte, wohl die lex credendi oder Norm der apostolischen Überlieferung) erkennt dieses noch an, und die jüdischen Christen diskutieren mit Juden auf der Grundlage der ihnen beiden gemeinsamen Schrift. Außerdem können wir kaum an der Tatsache vorbeigehen, daß die meisten neutestamentlichen Schriften von Juden, meistens Diasporajuden, stammen. Antisemitismus ist daher schon von vornherein kaum zu erwarten; dann müssen schwere Vorwürfe von *Juden* an Juden eine andere Quelle haben.

Deshalb müssen wir der Frage nachgehen, wie das neutestamentliche Christentum sein Verhältnis zu Israel sieht. Und dann fällt, trotz einem grundlegenden gleichen Urteil, eine reich nuancierte Beurteilung auf. Wir beginnen mit Paulus, der am meisten über dieses Problem nachgedacht hat, und zwar aus einer persönlich tiefen Betroffenheit: Er ist im Neuen Testament der einzige, der bei diesem Problem zu einer Synthese zu kommen und dabei die *Besonderheit* des Tenach zu respektieren sucht.

LITERATUR: *D. Crossan*, Anti-semitism and the Gospel: ThSt 26 (1956) 189–214; *P. J. Farla*, Het oordeel over Israel. Een Form- en Redaktionsgeschichtliche Analyse van Mc. 10, 46–12, 40 (erscheint demnächst); *D. Flusser*, De joodse oorsprong van het christendom (Amsterdam 1964); *T. F. Glasson*, Anti-Pharisaism in St. Matthew: JQR 51 (1960–61) 316–320; *J. Gnilka*, Die Verstockung Israels: Isaias 6, 9–10 in der Theologie der Synoptiker (München 1960); *G. G. O'Collins*, Anti-semitism in the Gospel: ThSt 26 (1965) 663–666; *E. Gräßer*, Die antijüdische Polemik im Johannesevangelium: NTS 10 (1964–65) 74–90; *W. Trilling*, Das wahre Israel. Studien zur Theologie des Matthäusevangelium (München 1964) (siehe auch oben beim Johannesevangelium).

1. Gerade in seinem Brief, der eine Hymne an die „chesed und 'emeth", Gottes Liebe und Treue, ist, dem Brief an die Christen von Rom, zugleich eine ruhige christliche Synthese ohne persönliche Reaktionen auf nachweisbare Gegner, widmet Paulus dem Judenproblem drei Kapitel (Röm 9,1 – 11,35).

Die beklemmende Frage lautet: Ist durch Gottes Gnade in Jesus Christus die von alters her von Israel bezeugte und gepriesene Liebe und unwandelbare Treue Gottes zu seinem auserwählten Volk zunichte gemacht worden? Der Jude und der Expharisäer Paulus liebt sein Volk (siehe den nicht nur rhetorischen Herzenserguß in Röm 9, 1–3). Paulus hält daher an dem jüdischen Prinzip fest, daß die Adoption (hyiothesia) tatsächlich dem jüdischen Volk zugesagt ist (Röm 9,4; siehe 3,2). Außerdem ist Jesus, in dem für die Christen Gottes Verheißungen ‚amen‘ geworden und somit verwirklicht sind (2 Kor 1,20) selbst ein Jude (Röm 9,5). „Hat Gott denn sein Volk verstoßen? Durchaus nicht!“ (Röm 11, 1–2); „sein Wort ist keineswegs hinfällig“ (9, 6). Denn im Alten Testament ist immer die Rede davon, daß, angesichts der Untreue vieler, „nur ein Rest von Israel“ das Heil erbt (9,27; 11,5.7). Das ist in der Tat ausgesprochen judaisch. Ein Teil versagt immer (9,7; 11,7). Paulus erklärt diese Untreue christlich und paulinisch: Das Volk wollte seine *eigene* Gerechtigkeit durch eigensinnige Befolgung des Gesetzes, nicht „durch Gottes Gerechtigkeit aus dem Glauben“ (9,30 – 10,5.17, wie Abraham und Habakuk dies schon erfahren haben). Übrigens auch von der großen prophetischen Tradition her gesehen, ist die Behauptung, daß die rein physische Kindschaft Abrahams keine Heilsgarantie bietet, gut jüdisch. Es ging „nicht um die Kinder dem Fleische nach, sondern um die Kinder der Verheißung“ (9,8). Deshalb konnten auch Nicht-Juden als Proselyten zum Gottesvolk zugelassen werden. „Jude-Sein ist etwas Inneres, und die wirkliche Beschneidung ist eine Beschneidung des Herzens, eine geistige und nicht eine nach dem Gesetz“ (Röm 2,29). Darin klingt schon eine christliche Interpretation mit; aber wir dürfen doch nicht vergessen, daß dies auch die Auffassung vieler liberaler Diasporajuden war, während es in Jerusalem ganz anders gesehen wurde. Mit anderen Worten, es ist keine spezifisch-christliche Relativierung des ethnischen Jude-Seins.

Trotz der Verwerfung des christlichen Evangeliums (9,30 – 10,1; 10,18–21) des Juden Jesus durch viele Juden bleiben auch „die Kinder dem Fleische nach“ „Gottes Freunde kraft seiner Auserwählung. Denn Gott kennt keine Reue über seine Gnadengaben noch über seine Berufung“ (11,29; siehe auch 3,3–4). Dieser Text ist entscheidend. Wie sehr Paulus das Jude-Sein als eine religiöse Wirklichkeit interpretiert, Subjekt der göttlichen Auserwählung sind auch für ihn die Abrahamskinder; „die Kinder dem Fleische nach“, sie sind zu diesem religiösen Heil berufen.

Paulus geht jetzt auf die Suche nach dem Sinn „dieses Versagens“ (11,12) vieler Juden (11,11b), die ihren eigenen Christus nicht anerkennen. Zunächst lehnt er es ab, dieses Versagen „ein Gestraucheltsein“ zu nennen (11,11). Das bedeutet: Die besondere Heilsberufung bleibt in Kraft. Und wie einst die alten Propheten bei einem schweren Versagen des Gottesvolkes nach Gottes Absichten suchten, um aus diesen dann doch wieder eine Prophetie künftigen Heils aufleuchten zu lassen, tut Paulus dasselbe gegenüber der jüdischen Ablehnung Jesu Christi. Er sucht nach verborgenen, möglichen heilsgeschichtlichen Bedeutungen. Durch ihr Versagen „ging das Heil (auch) *zu den Heiden*“ (11,11b). Ihr Versagen war „Reichtum für die Heiden“ (11,12). In der Tat, Paulus selbst begann bei seiner Verkündigung des Christus zuerst bei den Juden;

erst als diese seine Botschaft ablehnten, brachte er sie den Heiden[57]. Das Evangelium ist daher „eine göttliche Kraft zum Heil eines jeden, der daran glaubt, zunächst des Juden, aber auch des Heiden" (Röm 1,16; auch 2,10). Daher ziemt dem nichtjüdischen Christen Bescheidenheit (11,12–24), denn sie sind „*wilde* Zweige, aufgepfropft auf einen ihnen *fremden* Stamm", und „sie erhalten damit Anteil an dem Saft des – edlen (11,24) – Ölbaums (11,19), das heißt des Gottesvolkes Israel. Mehr noch: Für Juden ist es daher leichter, nach einem vorübergehenden Fehltritt „wieder auf den eigenen Stamm aufgepfropft zu werden" (11,24), als für Nichtjuden.

Paulus durchschaut das Heikle des ganzen Problems. Einerseits „haben wir Juden", „in jeder Hinsicht", den Heiden „viel voraus": vor allem die göttlichen Verheißungen (Röm 3,1–2); aber anderseits, unter dem Aspekt des *tatsächlichen* Verhältnisses von *Menschen zu Gott* „haben wir Juden den anderen überhaupt nichts voraus" (Röm 3,9), denn „alle, sowohl Juden als auch Heiden, befinden sich in der Gewalt der Sünde" (3,9; auch 11,30–32). Auserwählung oder Heidentum, wie wichtig dieser Unterschied prinzipiell auch ist, kann man nicht als ‚Wert an sich' ansehen: Es zählt nur, wie jeder Mensch sittlich-religiös lebt. Und dann sagt Paulus: Wir waren alle Sünder. Außerdem gibt das Besondere der christlichen Verkündigung keinen Anlaß zu irgendeiner Bevorzugung für Juden oder Heiden, denn: „wir verkündigen einen *gekreuzigten* Christus", und der ist „für die Juden ein Ärgernis, für die Heiden eine Torheit" (1 Kor 1,23). In diesem Sinn ist es für keinen von beiden leichter, sondern eher schwieriger, zum *Glauben an Jesus Christus* zu kommen. „Ist Gott vielleicht nur der Gott der Juden und nicht auch der Heiden?" (Röm 3,29–30).

Diese Argumentation des Paulus, der, obwohl selbst Jude, „Apostel der Heiden" ist, ist äußerst subtil. Letztlich scheint er die Auserwählung der Juden doch zu leugnen: Gott ist ein Gott *aller* Menschen und nicht eines einzigen Volkes. Doch will Paulus seine erste Aussage nicht heimlich entkräften: Er nimmt wohl die *universale* Tendenz auf, die sich im Judentum nach der Verbannung zu manifestieren begann: Gott kennt tatsächlich keine Auserwählung eines einzigen Volkes „an sich"; dieses Volk ist als „Licht der Heiden" dazu auserwählt, das Heil *allen* Völkern zu bringen. Deshalb bringt der Jude Jesus allen Völkern das Heil. Der Gedanke an die Auserwählung bleibt gewahrt, wird aber ausdrücklich in die Perspektive der universalen Dienstbarkeit gegenüber allen Menschen gestellt. Die Treue der Juden zu ihrer eigenen Berufung enthält für Paulus die Bejahung dieses universalen Heils, zu dem das jüdische Volk von Gott als Werkzeug berufen war.

Doch läßt die tatsächliche Verwerfung Christi Paulus nicht los. Denn das Alte Testament spricht oft von den vielen Formen der Untreue des jüdischen Volkes, stellt aber immer eine Zeit in Aussicht, in der Gott und Israel ganz versöhnt sein werden. Das glaubt Paulus auch als Christ noch. Diese Verwerfung der Juden nennt er „ein Gottesgeheimnis" (Röm 11,25); sie ist, wie immer im Alten Testament, „nur vorübergehend"; und Paulus interpretiert: „bis daß die Menge der Heidenvölker eingegangen ist" (11,25); dann „wird ganz Israel gerettet werden" (11,26). Das ist eine Idee des Paulus. Jüdischerseits stellte man es gewöhnlich so dar, daß erst dann, wenn alle Juden geheiligt und auf dem Sionsberg versammelt sind, auch alle heidnischen Völker nach Sion strömen werden. Durch die faktische Situation, daß die christlichen Kirchen immer weniger jüdisch-christliche Kirchen waren, sondern vor allem – und später fast ausschließlich – Bewerber aus dem Heidentum erhielten, dreht Paulus dieses jüdische Argument um: Erst wenn das christliche Heil allen Völkern gebracht ist, wird sich auch Israel zu Christus bekennen. So hat es Paulus verstanden, seine universale Heilsauffassung mit seiner jüdischen Auffassung von der endgültigen und unwiderruflichen Auserwählung Israels zu verbinden. Das ist offensichtlich das Ergebnis seines persönlichen Ringens mit einem Problem, das er selbst ein Gottesgeheimnis nennen muß. So erklärt er seine fieberhafte Mission unter den Heiden – einerseits „um die Juden zur Eifersucht anzustacheln" (11,11c), anderseits um ihr Heil zu beschleunigen (siehe 11,13–14 mit 11,25). Die kirchliche Mission unter den Heiden ist nach Paulus die große Hoffnung für Israel. Nach dieser paulinischen Auffassung steht das heutige Christentum *im Dienst des* kommenden Heils Israels. Und so deutet Paulus das göttliche Geheimnis, daß es ohne Erlösung und Versöhnung *unter allen Menschen* auch keine Erlösung und Versöhnung *für Israel* gibt. (Das erhält eine besondere Bedeutung im heutigen Konflikt im Mittleren Osten. Da wir noch unerlöste Menschen sind, bringt niemand diesen Konflikt zu einer Versöhnung außer in Gerechtigkeit und Liebe, vor allem in opfernder Liebe.) Christen müssen daher recht bedenken, daß, „wenn ihre (= jüdische) Verwerfung der Welt (= allen Menschen) Versöhnung gebracht hat, ihre (= jüdische, endgültige) *Annahme* nichts anderes bedeuten kann als Leben aus den Toten" (11,15): Auferstehung. Mit anderen Worten: Paulus sieht das jüdische Volk Anteil erhalten an der Auferstehung der durch Christus Erlösten, das heißt an der Versöhnung aller Völker. Damit ist die *durch Israel* von alters her verkündete Huld Gottes *eine Gnade für alle,* für Israel und die Heiden (11,25–32; 9,24–29). „Das nicht mein Volk war, werde ich nennen: mein Volk" (Hos 2,22; von Paulus zitiert: Röm 9,24–29), aber: nicht-mein Volk sind hier die Heiden, die mit Israel Gottes eigenes eschatologisches Volk werden. Alle haben „denselben Herrn, reich an Gaben für alle, die ihn anrufen" (10,12; siehe auch Gal 3,28; vgl. Kol 3,11). „Ich ließ mich finden von denen, die mich nicht suchten. Ich habe mich Menschen gezeigt, die nicht nach mir gefragt haben" (Jes 65,1) zitiert Paulus zum Schluß seiner Darlegung (Röm 10,20). Auserwählung und Universalität (sowohl der Sünde als auch des Heils) hat er also miteinander versöhnt. Aber es bleibt ein Geheimnis, das „in den Ratschluß der Auserwählung Gottes" übergeht (9,11–12) und daher in einen Lobpreis Gottes am Schluß seiner eigenen theologischen Reflexionen über das Problem: Synagoge und Kirche (11,33–36).

In seinem ersten Brief (1 Thess) ist Paulus schärfer gegen die Juden, wie er dies rasch wird, wenn er in Polemik verwickelt ist. Aber höchstwahrscheinlich ist diese Perikope ein Traditionsstück, das Paulus übernimmt. „Brüder... ihr habt das gleiche von den eigenen Landsleuten erlitten wie sie von den Juden, die den Herrn Jesus und die Propheten getötet und uns verfolgt haben, die Gott nicht gefallen und allen Menschen feindlich sind, da sie uns daran hindern wollen, den Heiden das Heil zu verkünden... Aber der Zorn Gottes ist denn auch in vollem Maß über sie gekommen" (1 Thess 2, 14–15). Paulus spielt hier auf konkrete Christenverfolgungen durch Juden an, spricht aber darüber nach einem bekannten *jüdischen* Modell, nach dem Israel seine Propheten ermordet (Neh 9, 26; Esr 9, 10–11; 2 Kön 17, 7–20)[58]. In dem Abschnitt kommen auffallende nicht-paulinische Wendungen vor (vgl. auch Mk 12, 1 b–5). Die Perikope verrät eine vorpaulinische, christliche Aufnahme einer *jüdischen* Überlieferung[59]. Rabbinen sagen dasselbe. Bei diesem Text von Antisemitismus zu sprechen wäre reine Ideologie.

In seinem kurz vor dem Römerbrief geschriebenen Brief an die Galater ist der Ton weniger friedlich, sogar heftig, und wir finden bestimmte Aspekte aus dem Römerbrief nicht wieder; an einigen Stellen ist das, was Paulus sagt, für einen religiösen Juden sogar verletzend. Man darf aber nicht vergessen, daß dieser Brief an Heidenchristen geschrieben ist, die sich durch ‚Eindringlinge‘ zu einem Synkretismus von Christentum und Judentum verführen lassen; diese Eindringlinge üben auf die Galater einen Druck aus, sich beschneiden zu lassen (6, 12–13; 5, 2–3). Es geht hier nicht um ‚Judaisanten‘ im älteren Sinn des Wortes. Dieser ‚Judaismus‘ ist schon mit synkretistischen, vielleicht auch heidnischen Elementen vermengt, eine Art verschwommenen Übergangs von der Lehre der Anhänger der ‚Peritome‘ (der Beschneidung) in Apg 15, 5 auf die spezifische kleinasiatische „Peritome"-Religion, gegen die sich der Kolosserbrief wendet – in Kolossä orientalisch beeinflußt, in Galatien eher griechisch. Ob Paulus die galatische Situation richtig eingeschätzt hat, ist unsicher; nur, er reagiert aus seinem Glauben „an Christus allein", und dann ist jeder Synkretismus vom Bösen. Es geht um die Alternative: Christus oder Nicht-Christus; eine Verbindung des Heidentums mit anderen Heilswegen hält er für eine Perversion des christlichen Glaubens. Daher ist seine Reaktion besonders scharf, so scharf sogar, daß er praktisch den religiösen Wert der Tora leugnet und den Wert Israels allein in den „epangelia" sieht: in den *Verheißungen* Gottes an Abraham, die in Christus erfüllt sind. Das ist unverkennbar eine *christliche* Interpretation, keine jüdische Interpretation des Tenach. Der Gnadenradikalismus ist im Galaterbrief absolut christlich, mit Recht, aber dadurch ist es in dieser Polemik für Paulus schwierig, Israel noch in seinem eigenen religiösen Wert zu sehen: Er sieht es, außer was die Verheißungen betrifft (in denen Israel den Heiden etwas voraus hat, 3, 15–21), als überholt an. Das Gesetz, von Jesus selbst noch in seinem tiefsten Wesen als Ausdruck des Willens Gottes erfahren, sieht Paulus von Kosmokratoren erlassen, von geistlichen kosmischen Mächten, welche die Menschen knechten (3, 49–4, 7), wie sie auch die Natur in ihrer Gewalt haben.

Im Galaterbrief sagt Paulus nirgends, daß aufgrund der Verheißung Gottes die Auserwählung Gottes bleibend auf Israel ruht. Er sagt dies zwar in seinem etwas späteren ruhigen Brief an die Christen Roms, wo auch viele jüdische Christen lebten. Im Galaterbrief will er gleichsam nichts Positives sagen, um den Gegnern überhaupt keinen Anlaß zu einem möglichen Kompromiß zu geben. Ein Kompromiß ist für Paulus grundsätzlich ausgeschlossen. Mit anderen Worten, aus taktischen Gründen verschweigt er bestimmte Einsichten. Ob er in 6,16 in seinem Schlußwunsch den Heilswunsch „für das Israel Gottes" für die Juden meint (im Sinn dessen, was er im Römerbrief über Israels Endbekehrung sagt), das anzunehmen ist zwar verführerisch, aber dieser Brief, vor allem der grimmige Schluß, läßt kaum diese Interpretation zu. Dann hätten wir hier schon, und zwar zum erstenmal, eine ausdrückliche Identifizierung der Kirche Christi mit „dem wahren Israel". Inhaltlich aber geht seine ganze christliche Abraham-Hermeneutik (3,6–14; 3,15–29) doch in diese Richtung. Die Deuteropaulinen und andere Briefe paulinischen Charakters haben diese ‚objektive Tendenz' des Galaterbriefs deutlich verstanden und zum Ausdruck gebracht. Die entscheidende Frage für Christen wird immer sein: Wie muß die Christus-Exklusivität (solus Christus): Heil allein in Christus durch den in Nächstenliebe wirksamen Glauben (Gal 5,6), in allen konkreten Verhältnissen verstanden werden? (Würde Paulus etwa ein Christentum, das sich des Zen-Taoismus bedient, als eine Perversion des „solus Christus"-Prinzips ansehen?) Aus Paulus lernen wir jedoch: In jedem Fall läßt sich christlicher Glaube nicht mit einer Erwartung entscheidenden und endgültigen Heils, das auf menschlichen Leistungen beruht, vereinbaren. Die Frage nach dem, was das Heil, für das wir Jesus Christus nötig haben, genau ist, hat dabei fundamentale Bedeutung. Das Heil-in-Christus ist bedingungslose Gabe Gottes; alles, was dem widerspricht, widerspricht tatsächlich dem Kanon des Christentums. Nach der Interpretation des religiösen Judentums durch Paulus, vor allem noch in der Form, in der es sich in christlicher Gestalt in die Kirche eindrängen wollte, war dieser wesentliche Widerspruch tatsächlich vorhanden. Man vergesse nicht, daß Paulus im Galaterbrief eigentlich nicht direkt gegen Juden polemisiert, sondern gegen Christen, die einen Kompromiß zwischen Gesetzesgerechtigkeit und Glaubensgerechtigkeit für möglich hielten; seine Kritik am Judentum gilt allein der Nichtannahme Jesu Christi, allerdings sieht er die Ursache dafür gerade in ihrem Heilsweg, nämlich durch Selbstleistung. Zwar ist dies eine Wiedergabe der offiziellen jüdischen Orthodoxie seiner Zeit, aber es ist nicht die ganze jüdische Wirklichkeit. Das Judentum war sehr pluriform. Außerdem zeichnet sich im Galaterbrief eine Tendenz ab, die in den Deuteropaulinen für die Verfasser des Kolosser- und des Epheserbriefs deutlichere Züge erhalten hat, als die galatische Tendenz für Paulus hatte: Die Vorliebe für den Nomos oder das Gesetz hat mit der spätantiken Tendenz einer tiefen Furcht vor den Kosmokratoren oder Weltherrschern (damals Engel und Dämonen) zu tun, die sowohl die Tora als auch die Naturgesetze als Werkzeug ihrer geistigen Bevormundung von Menschen gebrauchen. Christus oder diese Himmelsgeister wurde damals die große Alternative, während manche glaubten, die beiden miteinander in Einklang bringen zu können. Schon in 1 Kor 2, 8 sagt Paulus: „Wenn die Machthaber dieser Welt davon gewußt hätten, hätten *sie* den Herrn der Herrlichkeit nicht gekreuzigt."

2. Im Epheserbrief aus der paulinischen Schule finden wir schon eine andere Auffassung. „Israel" ist in der geschichtlichen Situation kein aktuelles Problem mehr. Denn die Gegenwart ist durch „das dritte Geschlecht" gekennzeichnet, die christliche Kirche (vgl. 1 Kor 10,32). Eine Perspektive auf die Zukunft Israels wird hier irrelevant. Mit Paulus akzeptiert der Verfasser des Epheserbriefs, daß das alte Israel die Verheißung besaß (Eph 2,12), aber jetzt gilt allein die Kirche, in der diese Verheißungen erfüllt sind (3,6). Der Autor steht also dem alten Israel positiv gegenüber; aber in den Jahren des Epheserbriefs war in Kleinasien das Verhältnis zu den Juden kein akutes christliches Problem mehr. Diese Kirchen bestehen zum größten Teil aus Christen aus dem Heidentum (siehe Eph 2,11).

Der Verfasser sieht in der Vergangenheit die Menschheit in Feindschaft gespalten: zwischen Juden und Heiden (Griechen und Barbaren) (schon ein jüdischer Topos)[60]. Die Heiden waren von den Verheißungen ausgeschlossen, die allein auf Israel ruhten (der Epheserbrief betrachtet die Situation vor Christus von einem christlichen Standpunkt aus; denn die Messiaserwartung ist jüdisch nicht ein Spezifikum Israels). Hier wird nicht nur (wenn auch vor allem) das Gesetz ungünstig beurteilt, der Autor vergißt sogar die universalistische Tendenz, die in den Verheißungen, selbst nach jüdischer Interpretation, in den alten, tatsächlich allein für Israel gemeinten Verheißungen vorhanden war (wenn dieser Universalismus auch Israel zum Mittelpunkt hat). Paulus dagegen wollte den Universalismus dieser Verheißungen, wenn auch auf dem Weg über Israel, in den Vordergrund rücken. Die Frage dabei ist, ob der Verfasser des Epheserbriefs ein Christ aus dem Heidentum ist und somit (obwohl im Paulinismus und in der jüdisch-christlichen Denkart des Paulus gut geschult) vom alten Israel tatsächlich so viel weiß wie ein jüdischer Christ. Doch muß man sagen, daß die meisten Verfasser des Neuen Testaments jüdische (wenn auch hellenistische) Christen waren. Wenn frühere Heiden zu Wort kommen, erhält das trotzdem echte Christentum einen anderen Ton. Heiden waren also von Israels politeia ausgeschlossen: sie standen außerhalb der jüdischen Theokratie. Darin waren sie auch Gott entfremdet (siehe Eph 4,18; Kol 1,21). Mit Paulus sieht der Epheserbrief das Wesen Israels nicht im Gesetz, sondern in den „epangelia", den Verheißungen (in der Mehrzahl): der Verheißung an Abraham (Gen 15,7–21; 17,1–22), an das Volk unter Mose (Ex 24,1–11) und der prophetischen Verkündigung des Neuen Bundes (Jer 31,31–34; 32,40; Jes 55,3; Ez 37,26). Das Gesetz, das Israel zu einem Getto in der Welt der Völker machte, sieht er eher als Ursache des Unfriedens und der Feindschaft unter den Völkern (Eph 2,14–15).

Von den Verheißungen ausgeschlossen, „hatten die Heiden keine Hoffnung"
(Eph 2, 12); dies war ein allgemeines jüdisches Urteil über die Heiden [61]. Allein
Jahwe gibt begründete Hoffnung (siehe Kol 1, 5). Heiden nennt der Epheserbrief
daher „atheoi", das heißt Menschen ohne Gott (siehe Jer 10, 25 griech.; 1 Thess
4, 5; vgl. Gal 4, 8).

Mit Christus kommt die große Wende. Als Heilsmittler durch seinen Kreuzestod hat er die Heiden nahegebracht (Eph 2, 13). ‚Nahebringen' ist ein Prosely-
tenausdruck; er bedeutet: „sich einer Gemeinde anschließen"; damit ist der
christliche Initiationsritus der Taufe gemeint. „Christus ist unser Friede": Die
Feindschaft zwischen Juden und Heiden wird durch ihn beseitigt; er hat die
beiden Volksgruppen miteinander und so mit Gott in der einen universalen
Kirche versöhnt (Eph 2, 14–18), weil er die Trennwand, das Gesetz, abgebrochen hat (Eph 2, 16) (anders interpretiert, ist dies das gleiche ungünstige Urteil
über das Gesetz wie im Galaterbrief). Die Befriedung der Welt ist nach dem
Epheserbrief das Ziel der Ankunft Jesu. Er brachte „die neue Menschheit", in
Frieden in ein und derselben Kirchengemeinde versammelt, zustande: Jude und
Heide sind versöhnt; so ist die Völkergemeinschaft auch mit Gott versöhnt (Eph
2, 16), sie bildet in der Kirche „einen Leib".

Der Epheserbrief besinnt sich schon nicht mehr auf das weitere Schicksal
Israels. Die Verheißung, die an Israel ergangen war, ist erfüllt, nämlich in der
Kirche. In diesem Sinn hat nach dem Epheserbrief Israel seine Rolle erfüllt; für
ihn scheint diese Rolle daher ausgespielt zu sein. Die Tatsache, daß die ‚große
Kirche', obwohl ihrem Wesen nach eine „Kirche aus Juden und Heiden" (dies
bleibt der Standpunkt des Epheserbriefs), *faktisch* allein aus Christen aus dem
Heidentum bestand, war auch die Ursache dafür, daß man nicht weiter mehr
über Israels Zukunft nachdachte. Allmählich wurde die Kirche selbst als das
neue Israel gesehen, an dem Israels Verheißungen in Erfüllung gingen, wenn
auch die Kirche im Epheserbrief nicht ausdrücklich das neue Israel genannt
wird. Sogar in Kreisen, die im Geist des Paulus lebten (wie die Epheser), faßte
dieser Gedanke allgemein Fuß. Wir dürfen die geschichtlichen Faktoren, die zu
einer Vernachlässigung der Reflexion über das weitere Schicksal Israels beigetragen haben, nicht verschweigen. Schon im biblischen Christentum wurde
Röm 9–11 rasch zu einer vergessenen Wahrheit.

3. 1 Petr 2, 9–10 ist noch weiter von der Auffassung des Paulus entfernt; die
Kirche ist jetzt das wahre Israel (2, 9; vgl. Phil 3, 3; Gal 6, 16). Alle Verheißungen
an Israel sind in der Kirche erfüllt. Die deuterojesajanische Prophetie (Jes 43, 20;
und Ex 19, 6, griechisch) über ein „auserwähltes Geschlecht, ein königliches
Priestertum, ein heiliges Volk" wird jetzt auf die Christen (im Prinzip eine
Gemeinschaft von Juden und Nichtjuden) angewandt. Israels Ehrentitel werden
zu kirchlichen Qualifizierungen (vgl. Jes 61, 6; 62, 3). Das ganze christliche Volk
hat Zugang zu Gott (= königliches Priestertum) (auch Offb 1, 6 und 5, 10).
Aufgrund des Kreuzesopfers Jesu (1 Petr 1, 19) ist die Kirche zum Volk Gottes

abgesondert (siehe 1 Petr 1, 15–16; „das zu eigen erworbene Volk"; Jes 43,21; Mal 3,17). Und dieses kirchliche Volk muß jetzt die großen Machttaten Gottes, die es erfahren hat, verkünden (2,9). Der Text von Hos 2,25, einstmals zu Juden gesprochen: „Nicht-mein-Volk wird mein Volk", wird in 2,10 auf die Christen aus den Heiden angewandt. ‚Laos', im Judaismus allein auf Israel angewandt, im Gegensatz zu ‚ethne' (die Völker), gilt jetzt auch von den Heiden*christen*. Inhaltlich heißt das in Wirklichkeit, daß die Kirche das wahre Israel ist. Der Gedanke, daß die Kirche ihrem Wesen nach eine Kirche aus Juden und Heiden ist (Paulus und der Epheserbrief), ist in diesen hauptsächlich heidenchristlichen Kirchen nicht mehr lebendig. Auch die Heiden sind, in der Kirche, Volk Gottes: *laos* (vgl. Apg 15,14; Röm 9,25–26; Tit 2,14; Offb 18,4) (im Tenach wird „laos", Volk, fast ausschließlich für das Gottesvolk gebraucht). Auch Röm 9,25 zitiert Hos 2,25; aber außer Röm 9,25 und 1 Petr 2,10 finden wir im Neuen Testament nirgends diese christliche Neuinterpretation des *laos*-Begriffs. Statt der heiligen Bücher der Synagoge ist der Tenach jetzt das Buch der Kirche geworden: Altes Testament, wodurch das kirchliche Selbstverständnis erklärt wird. Ob man Jude oder Heide ist, hat seine Bedeutung verloren (der Erste Petrusbrief hat in erster Linie mit früheren Heiden zu tun; siehe auch Phil 3,20). ‚Politisches' Jude- oder Nichtjude-Sein ist irrelevant: Unser *politeuma* oder unsere Heimat ist der Himmel (denn Religion war im Altertum Grundlage des ganzen politeuma).

Nach außen erschienen die Christen jedoch als eine jüdische Brüderschaft. Der damals allgemein verbreitete Antisemitismus galt auch den Christen. Auch sie waren, wie die Juden, für die Heiden ‚Sonderlinge', fern vom ganzen öffentlichen Leben, das von heidnischer Religiosität durchtränkt war. Christen waren tatsächlich, wie auch die Juden, Fremdlinge im öffentlichen Leben; sie wurden vom Volk verspottet und gehaßt (siehe 1 Petr 4,3–4; auch 1,1 und 2,11). Weil Heiden von den christlichen Zusammenkünften ausgeschlossen waren, wurden diese suspekt. Tacitus schrieb: „Nero ließ viele Christen ergreifen, weil sie einem verderblichen Aberglauben huldigten und beim Volk wegen ihrer Schandtaten verhaßt waren."[62] Dies alles wurde schon früher von den Juden gesagt. Den Christen warf man (offensichtlich wegen ihrer gewollten Absonderung) insbesondere „Haß gegen das Menschengeschlecht" vor[63].

Auch in Phil 3,4a wird die Beschneidung einfach zur geistlichen Beschneidung, das heißt zur christlichen Taufe, in der das neue Volk Gottes durch Glauben entsteht (siehe auch Gal 6,15). Tit 1,10–11 äußert seinen Unmut über die Schwierigkeiten und die Irrlehren „von unbotmäßigen Leuten, hohlen Schwätzern und Verführern" und fügt hinzu: „Man findet sie vor allen unter den Beschnittenen". Es sind offensichtlich Juden aus Kreta (1,12), wobei sich der Autor gegen „jüdische Fabeln und allerlei Vorschriften, wie sie von Menschen erdacht sind, die der Wahrheit den Rücken kehren", wendet (Tit 1,14). Es geht dabei keineswegs um die sogenannten alten Judaisanten unter den Christen, sondern um diaspora-jüdische Christen mit heterodox-jüdischen, synkretistischen Auffassungen, die außerdem das Losungswort des Paulus: „Den Reinen ist alles rein" (Tit 1,15) falsch interpretieren – eine Art Mischung aus äußerer aszetischer Strenge und ethischer Gleichgültigkeit (kein Libertinismus), charakteristisch für den damaligen religiösen Synkretismus unter manchen Diasporajuden (siehe auch Kol, 1 Joh, 1 Tim und 2 Tim), die alle eine gleichartige, orientalisch-hellenistische, synkretistische jüdische Religion praktizieren. Von Antijudaismus ist auch hier keine Rede, allerdings nimmt der christliche Unwille darüber zu, daß vor allem jüdische Christen die christliche Identität zu verdunkeln schienen. Vermutlich huldigen diese jüdischen Christen einer (gegenüber der in der Kirche schon weiterentwickelten Christologie) noch einer allgemein-christologischen Auffassung, in der einerseits Jesus zwar Gottes großer und endgültiger Prophet ist, in der aber anderseits ein mystischer Kontakt mit ‚dem Himmlischen' auch über andere geschichtliche Gestalten, vor allem über Mose, angenommen wurde (der frühjüdische sogenannte Sinaitismus). Derartige Irrtümer, sagt später Ignatius, haben eine erkennbare Beziehung zu Christen, die aus dem Judentum der Kirche beigetreten sind (ad Magn. 9–8). Sie haben offensichtlich die Erlösung durch den Kreuzestod Jesu nicht nötig (siehe 1 Joh 1,7; 5,6) und dünken sich erhaben über Sündhaftigkeit (1 Joh 1,8–10; siehe 3,6.8; 5,18); sie verkennen also die brüderliche Einheit (1 Joh 2,9–11; 3,10.14–15; 4,8.20; 5,2)[64].

4. In dem Brief an die Hebräer kommen, wenn auch in äußerst feinen Formulierungen, vielleicht die radikalsten Ausdrücke über das Überholtsein der jüdischen Religion durch das Christentum vor. Dies geschieht zwar in einer komplizierten christlich-rabbinischen Hermeneutik der jüdischen Heiligen Schrift, so daß wir Abendländer die Pointe der Schlußfolgerung kaum verstehen. Diese synagogale Exegese setzt nämlich voraus, daß für den Autor die Entscheidung schon gefallen war, bevor er mit einer solchen Exegese des Alten Testaments begann.

Im Gegensatz zu Paulus steht bei diesem Autor nicht die Tora, sondern der jüdische Kult im Mittelpunkt (nicht der Tempeldienst Jerusalems, der nicht einmal genannt wird). Es geht bei ihm um die Aufhebung des Kults (durch Christus), der im Alten Testament mit dem mosaischen Bundeszelt, dem begründenden Ursprung des Kultes Israels, verbunden ist. Der Autor führt die Juden gleichsam auf das zurück, was er als Höhepunkt der Geschichte Israels sieht: das Volk in der Wüste auf dem Weg zur Verheißung. Er will Christen einprägen, daß das, was damals das unwillige und murrende Volk getan hat, eine immer drohende Möglichkeit für Christen ist und daß eine solche Eventualität noch schlimmer wäre (Hebr 2,1.3; 3,8.12–13.18; 4,1.11; 6,6; 10,26). Für den Autor bringt Christus den wahren Kult. Er ist das wahre Opfer, der Opfernde und die Opfergabe, der um seines Leidens und Todes willen verherrlicht und von Gott zum ewigen Hohenpriester proklamiert wurde (5,7–10) und als himmlischer Hoherpriester „für uns bei Gott eintritt" (7,24–25 b; 9,24;

10,12), als Hauptliturge der Engelliturgie, der sich die irdische Kirche anschließt (1,7.14; 8,6; 9,21; 10,11; siehe auch 3,6; 10,21; und: 7,25; 13,15; 9,24; vgl. 12,22–23). Ein Anlaß zu diesem Brief scheint zu sein, daß Christen aus dem christlichen Gottesdienst wegzubleiben begannen (10,25). Das verrät offensichtlich eine Erschlaffung im Glauben oder, bei dem religiösen Synkretismus jener Zeit (siehe schon Galater- und Kolosserbrief), ein Angezogenwerden von mehr pneumatischer Erfahrungs- und Erfüllungsreligiosität, die damals oft mit einer für Nichtjuden bestimmten Attraktivität ‚jüdischen Esoterismus‘‘ einherging. Der Autor des Hebräerbriefs, der ein Experte in rabbinischer Exegese ist, muß selbst wohl aus dem Judentum gekommen sein. Er will in einer sehr feinfühlenden Art seine Gläubigen letztlich vor die Wahl zwischen Judentum und Christentum stellen. Sein ganzer Brief will eigentlich beweisen, wenn auch das Wort nicht ausdrücklich fällt, daß allein die christliche Gemeinde das wahre Israel ist, während Israel nur Träger der *Verheißung* war. Selbst dieser letzte, noch paulinische Gedanke wird vom Hebräerbrief in einer äußerst komplizierten synagogalen Exegese weitgehend entkräftet. Der Autor relativiert den Segen über Abraham (das exegetische Argument des Paulus) und zeigt auf dem Umweg über eine sehr subtile Exegese, daß „der Unbekannte‘‘, dessen Eltern man nicht kennt, der anfanglose, geheimnisvolle Melchisedek selbst Abraham seinen priesterlichen Segen gab (7,5–6, zu vergleichen mit Num 6,22–27) und daß Abraham ihm den Zehnten zahlte (7,4). Außerdem ist nach dem Hebräerbrief das Priestertum die Grundlage des Gesetzes, und nicht umgekehrt. Melchisedek, der nichts mit dem priesterlichen Stamm zu tun hatte und Abraham priesterlich segnet, erklärt damit das aaronitische Priestertum für unzureichend und vorläufig. Dieses Priestertum des Melchisedek, das nach Ansicht vieler Rabbinen von Melchisedek auf Abraham übergegangen war [65], wird vom Hebräerbrief mit Christus identifiziert (7,4–18). Der Zugang zu Gott (7,19b; vgl. 4,16; 7,25; 10,19; 10,22; 12,22; vor allem der großartige Abschnitt: 12,18–19) ist der letztliche Sinn jedes Kultes. Dieses Ziel konnte im Judentum (siehe 12,18–21) selbst der Hohepriester nicht erreichen; denn zwar durfte er, und er allein, einmal im Jahr am großen Versöhnungstag das Allerheiligste betreten (wo Jahwe thront), aber dann doch nur, indem er eine Weihrauchwolke vor sich hergehen ließ, so daß er die Lade nicht einmal sehen konnte (9,1–10). Deshalb ist der jüdische Kult nur ein Schatten des wahren Kultes Christi (8,5; 9,4). Es geht im Hebräerbrief nicht um eine Erneuerung des Alten Bundes, sondern schlechthin um einen neuen Bund: Durch seine Verherrlichung bei Gott hat Christus den Zugang zu Gott vollzogen, was das Alte Testament nicht vermochte (8,9–10); das wurde endgültig dank der Selbstaufopferung Jesu verwirklicht (9,22; 10,19–20), und zwar (statt durch das Blut von Böcken und Stieren) durch sein eigenes Blut (9,12; siehe 9,7; 9,25; 9,14): durch sein freiwilliges Lebensopfer. Dadurch ist uns Befreiung von Sünden gegeben (9,18–23) und das Erbteil geschenkt (9,15–17): Sündenvergebung und Heil, Vereinigung mit Gott oder Zugang zu Gott (10,19–25).

593

Diese großartige Verheißung oder dieses Erbe ist nicht dem fleischlichen Samen Abrahams vorbehalten, sondern allein dem, der berufen ist (11, 8.18), nämlich dem Christen (6, 17). So ist Jesus allein Quelle ewigwährenden Heils (10, 1–18), „ein für allemal" (10, 10). Es fällt auf, daß in dieser ganzen Darlegung der Hohepriester Christus schließlich als „der neue Mose" hervortritt, der im frühen Judentum nicht nur Führer seines Volkes ist, sondern außerdem „Prophet, König und Priester" (auf der Linie von Dtn 5, 23; 9, 9.18.26), sogar der leidende Knecht (Hebr 11, 26), ja, bei Philo ist er sogar der „divus Moyses" oder ‚göttliche Mose'[66]. Gerade deshalb nimmt der Hebräerbrief nicht die Tempelliturgie, sondern den mosaischen Kult als Vergleichspunkt. Mose–Hoherpriester ist im Hebräerbrief (neben ‚Melchisedek') ‚Modell' für das Hohepriestertum Christi (siehe auch 11, 23–31).

Doch sieht der Hebräerbrief in dem großen Loblied auf den Glauben der großen Glaubensgestalten Israels die Gläubigen aus dem Alten und Neuen Testament als das eine gottgläubige Volk(Hebr 11), und er fügt hinzu: Bei allen war eigentlich *der Christus* Objekt ihres Glaubens; Jesus, „derselbe gestern und heute" (13, 8).

Der Hebräerbrief beschreibt auf der Linie der prophetischen und deuteronomistischen Tradition Israel als das auserwählte Volk, das sich aber weigert, auf Gottes Stimme zu hören (12, 18–21). Der Autor vermag als jüdischer Christ diese zeitgenössische Atmosphäre gut nachzuempfinden, sagt aber schließlich: In Christus findet man hundertfältig das, was man anderswo suchen will; deshalb: „Laßt uns hinausgehen" (13, 13), wie sich Mose nach der Geschichte mit dem goldenen Kalb weigerte, inmitten seines Volkes – der Lagerstätte – zu bleiben, und sein Zelt draußen aufschlug (siehe Ex 33, 3.5.7). „Und es geschah, daß jeder, der den Herrn suchte, zum Zelt außerhalb der Lagerstätte hinausging." Erst dort draußen fand Mose Gott. Juden wie Philo hatten schließlich schon etwas Ähnliches gesagt[67], und der Autor des Hebräerbriefs kennt zweifellos die Tradition, die in Philo zum Ausdruck kommt.

Der Verfasser fühlt sich völlig eins mit der „ecclesia ab Abel", die er in Hebr 11 beschreibt als, gemeinsam mit den Christen, das eine Gottesvolk, das alt- und neutestamentlich eigentlich „denselben" Christus bekennt, und in diesem Sinn stellt er keineswegs die „Kirche Christi" als das wahre Israel dem Israel *gegenüber*, das nur vorläufige Bedeutung hatte; aber *seit Christus* ist es für ihn vorbei mit dem Judentum: Er denkt nicht weiter, wie Paulus in Röm 9–11, über die Juden nach, die sich jetzt außerhalb der christlichen Gemeinde Gottes befinden.

5. Seit J. Louis Martyn[68] hat man das Johannesevangelium als das schärfste antijüdische Dokument aus dem Neuen Testament bezeichnet. Zweifellos ist das Johannesevangelium beim ersten Lesen der schärfste antijüdische Teil des Neuen Testaments. Es kommt jedoch darauf an, die historisch vermittelte Bedeutung des johanneischen Antijudaismus zu erkennen. Mit Antisemitismus

hat sein Evangelium – und das ganze corpus Johanneum – nichts zu tun. In den letzten zehn Jahren ist es unter den Exegeten verschiedenster Richtung zu einem wachsenden Konsens über die jüdischen – alttestamentlichen und jüdisch zwischentestamentlichen – Wurzeln des Johannesevangeliums gekommen, das sowohl auf jüdisch-orthodoxen als auch auf jüdisch-heterodoxen, synkretistischen Traditionen fußt. Der Ursprung der johanneischen Tradition geht sogar auf *Palästina* zurück. Von einer jüdischen (wenn auch verchristlichten) Tradition kann man kaum Antisemitismus erwarten – wohl aber die schärfste Kritik! Außerdem bedeutet bei Johannes „die Juden" nicht das, was wir darunter verstehen; es ist die nicht-diasporajüdische, sondern *palästinensische* damals geläufige Bezeichnung von Juden für die Bewohner Jerusalems und der Umgegend: die Judäer (siehe oben beim Johannesevangelium).

Woher kommt dann die nicht zu leugnende anti-judaische Tendenz dieses Evangeliums, obwohl es (mit dem ganzen übrigen Neuen Testament) „Israel" als Ehrentitel des jüdischen Volkes bewahrt (Joh 1,39.49; 3,10; 12,13) und den heilsgeschichtlichen Zusammenhang des Christentums mit dem Judentum ausdrücklich anerkennt (Joh 4,22)? Denn in diesem Text erkennt Johannes (wenn auch durch den Mund anderer) an, „daß das Heil aus den Juden kommt".

Oben wurde schon gesagt, daß in den letzten Jahren eine erkennbare Übereinstimmung unter den Exegeten wächst, daß das Johannesevangelium mit sehr alten vorjohanneischen Jesustraditionen arbeitet, die, obwohl nicht direkt von der synoptischen Tradition abhängig, doch deutlich gemeinsame Berührungspunkte mit ihr zeigen. Johannes macht mit diesem Material, was die Synoptiker mit ihrem Material machen: Von der eigenen kirchlichen Situation aus wird die überlieferte Tradition in der Situation und in den Fragen der eigenen Gemeinde, in denen der Evangelist steht, und von seiner persönlichen theologischen Konzeption aus aktualisiert. Eine gute Kenntnis der besonderen Situation der johanneischen Gemeinden ist also für eine richtige Interpretation des Johannesevangeliums notwendig. Denn im Johannesevangelium spielt sich das Drama tatsächlich gleichsam auf zwei Ebenen ab: der christlichen Tradition über das Leben Jesu und dem heutigen Konflikt in den späteren johanneischen Kirchen. So entsteht eine komplexe Verwobenheit zweier geschichtlicher Situationen. Diese These wurde in ihrer Allgemeinheit von den meisten Exegeten übernommen[69]. Sie identifiziert die Situation der johanneischen Gemeinden als eine christliche Gemeinde, die in der Nähe einer sehr aggressiven griechisch-jüdischen Synagoge lebt, so daß das Leben der Gemeinde durch eine Polemik zwischen Kirche und Synagoge gekennzeichnet wird. Das Johannesevangelium müßte dann wesentlich vor dem Hintergrund der Polemik zwischen Christentum und Judentum, zwischen „den Jüngern des Mose" und „den Jüngern Jesu" gelesen werden (Joh 9,27–28). Die Gegner Jesu seien im Johannesevangelium in Wirklichkeit – auf der Grundlage historischer Erinnerungen an das Leben Jesu – die jüdischen Protagonisten von etwa 50–60 Jahren später, nämlich der Synagoge in den Tagen des Evangelisten. Dahin tendiert die ganze heutige

Johannesexegese [70]. Meeks [71] meint, soziologisch gesehen stehe das Johannesevangelium unter dem Trauma der von der Synagoge abgetrennten Kirche. An
Jesus glauben bedeutet für die johanneischen Kirchen auch eine Veränderung
ihrer sozialen Situation, nämlich eine Isolierung von ihrer früheren jüdischen
Umgebung und eine neue Lokalisierung in einer Gruppe, die jetzt von ihrer
früheren Gemeinschaft angegriffen wird. Daß es in der unmittelbaren Nähe der
johanneischen Gemeinde(n) eine den Christen feindlich gesinnte griechisch-jüdische Synagoge gibt (Alexandria käme dann sicher in Betracht; aber auch eine
große Stadt in Kleinasien) [72], ist höchst wahrscheinlich. Im ganzen Neuen Testament spricht allein das Johannesevangelium dreimal von „aposynagogos" (Joh
16,2, von wo aus auch Joh 9,22 und 12,42 verstanden werden können), das
heißt „aus der Synagoge ausgestoßen werden". Dies setzt eine Situation aus
der Zeit nach dem Jahr 70 voraus, als sich der offizielle Bruch zwischen Kirche
und Synogoge überall zu vollziehen begann, bis er, um das Jahr 90, durch den
Einschub des Fluches über alle Ketzer (birkath ha-minîm) in das tägliche Gebet
der Juden durch Gamaliel II. gleichsam legalisiert wurde [73]. Daß konkrete historische Reibungen zwischen Kirche und Synagoge im Hintergrund des Johannesevangeliums stehen, will ich nicht leugnen. Aber ob das den ganzen Geist
des Johannesevangeliums *bestimmt*, scheint mir von diesen Exegeten nicht bewiesen zu sein. Obwohl sich dieser Hintergrund nicht leugnen läßt, scheint mir
das eigentliche Problem der Johannes-Kirchen in einer *innerkirchlichen* Spannung zu liegen, nämlich zwischen jüdischen Christen und Christen aus dem
Heidentum, eine Spannung, welche die Einheit der Kirche zu zerstören drohte –
der Grund dafür, warum *ausgerechnet* die ganze johanneische Literatur den
Nachdruck darauf legt, „daß alle eins seien" (z.B. Joh 17,11; 17,21; 17,23;
10,16; 11,52; 13,34–35; 14,12–17), und auf die brüderliche Liebe. Johannes
ist es um die Reinheit der christlichen Identität zu tun – glauben ist eine persönliche Bindung an die Person Jesu Christi (schon wieder das „solus Christus"-
Prinzip) –, eine Identität, die man nicht gefährden darf durch einen Versuch,
zugleich die ‚jüdische Identität' zu behalten, sei es insgeheim, sei es öffentlich.
Die johanneische Nikodemus-Gestalt (auch Josef von Arimatäa, „ein Jünger
Jesu, aber insgeheim aus Furcht vor den Juden") ist im Johannesevangelium
der Typ des Judenchristen, der aus Furcht vor den Juden heimlich Christ ist,
aber in der Öffentlichkeit mit der Synogoge in Kontakt bleibt (Joh 2,23–25;
9.16; 12,42–43; 19,38; 19,39). Die jüdischen Christen, zumindest in den johanneischen Gemeinden, überschätzen offensichtlich ihre jüdische Blutsverwandtschaft als Heilsvolk (siehe die Korrektur des Johannes an dem vorjohanneischen Hymnus im Prolog: Joh 1,12c.13; auch 8,21–59). Sie hatten in
der Kirche ein Gefühl der Überlegenheit über die Heidenchristen, die jedoch
zunehmend die Mehrheit in der Kirche bildeten. So wurden die Einheit und
die Liebe in der Kirche gefährdet. Paulus hinwiederum hatte „den wilden
Sproß" (die Heidenchristen) tatsächlich auch zu Bescheidenheit gegenüber den
zuerst zum Christentum Berufenen, den Juden, gemahnt. Aber diese neutesta-

mentlich allgemein anerkannte Priorität der Berufung der Juden wurde in der johanneischen Gemeinde ein Grund zu Zwietracht und Unbrüderlichkeit. Dagegen wendet sich das Johannesevangelium in scharfer Form. Die Tatsache, daß die nahe gelegene Synagoge sehr feindlich war, geht aus der von Johannes erwähnten Tatsache von „geheimen Christen" (aus Furcht vor den Juden) hervor; aber Johannes sieht darin auch eine Gefahr für die christliche Identität. Außerdem stehen diese (Juden und) jüdischen Christen offensichtlich in der judaischen Mosetradition und der judaischen Sinai-Mystik[74] (siehe oben). Mose wurde neben dem zwar höhergeschätzten Jesus Christus ebenfalls zu einem selbständigen Heilsprinzip für diese jüdischen Christen. Für Johannes ist damit das apostolische „solus Christus"-Prinzip sehr gefährdet, und Johannes duldet keinen Kompromiß. Das Johannesevangelium wendet sich auch gegen eine ‚zurückgebliebene' jüdisch-christliche Christologie, die mit ihrer allgemein-christologischen Konzeption leicht eine Mose-Mystik verbinden kann; aber diese läßt sich nicht mit der hoch-christologischen Auffassung Jesu als des von Ewigkeit her beim Vater lebenden, zu uns herabsteigenden und wieder aufsteigenden Sohnes und Menschensohnes vereinbaren. Die Polemik im Johannesevangelium sehe ich daher (obwohl vor dem Hintergrund der Polemik zwischen Kirche und Synagoge) doch durch *innerkirchliche* Spannungen mit den jüdischen *Christen* veranlaßt. Die Debatten Jesu über seine Messianität spiegeln die Situation der späteren johanneischen Gemeinden wider (siehe z.B. Joh 7,27.41–42; 12,34). Die Schärfe, in der Joh 8,12–59 verfaßt ist, verrät deutlich den kalten Krieg zwischen Kirche und Synagoge zur Zeit des Johannes[75]. Auffallend ist eine Perikope, in der Jesus bei Johannes auf seinen Weggang anspielt. Darauf sagten „die Juden": „Wohin sollte er wohl gehen, so daß wir ihn nicht finden können? *Er wird doch nicht* in die Diaspora *unter die Heiden* gehen und die Heiden unterrichten?" (Joh 7,33–36). Offensichtlich ein Bedenken *jüdisch-christlicher* Kreise gegen eine Kirche, die immer mehr eine Kirche-aus-den-Heiden wird. Mit anderen Worten, die Synagoge scheint die Ursache zu sein, warum *in* der johanneischen Kirche eine gewisse Spannung zwischen den jüdischen Christen und den anderen Christen besteht.

Die Frage ist also, was Johannes mit „die Juden" meint. Nach E. Gräßer[76] stehen „die Juden" (für die Zeit Jesu aber als ‚Judäer' gemeint) Modell für alle, die aufgrund der Tora das christliche Evangelium verwerfen (mit Hinweis auf Joh 1,17), wobei ‚Tora' die Opposition der Synagoge gegen den Messianismus Jesu, wie die Christen ihn bekennen, bedeutet. Meines Erachtens drückt sich hier der ‚Zwei-Ebenen-Bericht' des Johannesevangeliums am deutlichsten aus: Die Juden, mit denen *Jesus* im Bericht in eine Diskussion eintritt, sind tatsächlich die jüdischen Führer und Pharisäer, mit denen Jesus geschichtlich den Kampf aufnahm, aber sie werden gezeichnet und übermalt mit den Zügen des pharisäischen Rabbinentums aus der Synagoge zur Zeit des Johannes, und das geschieht *im Blick auf* die *jüdischen* Christen in der (den) johanneischen Gemeinde(n). Allgemein sind die Führer des Volkes (Joh 1,19; 2,18) auch die

Pharisäer – wenn auch in der doppelflächigen geschichtlichen Perspektive. Nach Johannes sind diese Führer verantwortlich für den Unglauben der Juden und für das Scheitern Jesu unter den Juden, verantwortlich für seine Verfolgung bis zum Tod (Joh 11,47–53). Aber auch zur Zeit des Johannes sind sie die Ursache dafür, daß Juden nicht zum Glauben an Christus (Joh 16,1–4) kommen. Johannes will das jüdische *Volk* schonen und alle Schuld seinen Führern geben; deshalb legt er immer wieder den Nachdruck auf die Manipulation des Volkes durch Führer und Pharisäer (die nach 70 die Führer des Volkes werden) (Joh 7,32.47–48; 9,3.15.40; 11,46; 12,19 und 12,42)[77]. Der prägnante Gebrauch von „die Juden" im Sinn der jüdischen Führer (vor allem der Pharisäer zur Zeit des Johannes) spricht deutlich aus dem Abschnitt, in dem gesagt wird, daß „*unter dem* (selbstverständlich jüdischen!) *Volk* heimlich viel über ihn gesprochen wurde ... aber niemand wagte frei und offen über ihn zu sprechen aus Furcht vor den Juden" (Joh 7,12–13; siehe das gleiche etwa Joh 9,22). Das (jüdische) Volk wagt nicht zu sprechen „aus Furcht vor den Juden"! Hier finden wir außerdem in typischer Weise die beiden historischen Ebenen ineinandergeschoben: Einerseits wagen während des irdischen Lebens Jesu viele aus dem jüdischen Volk nicht öffentlich mit Jesus zu sympathisieren „aus Furcht vor ,den Juden'", das heißt den Jerusalemer Führern des Volkes, wie zur Zeit des Johannes viele jüdische Christen die Verbindung zur Synagoge nicht abbrachen und, wie Nikodemus, heimlich Christen waren aus Furcht vor den Leitern der Synagoge. Für den, der so das Johannesevangelium liest, werden viele Perikopen verständlicher. „Wenn wir ihn gewähren lassen, werden sie alle an ihn glauben. Dann werden die Römer kommen und mit den heiligen Stätten auch unser Volk hinwegfegen" (Joh 11,48, was den tatsächlichen Fall Jerusalems im Jahr 70 voraussetzt!) berücksichtigt zugleich den Zorn der Synagoge über den Verlust ihrer Mitglieder an die Johannes-Gemeinde, aber auch der jüdischen Christen, die in derselben Gemeinde gegenüber den Heidenchristen in die Minderheit geraten. Der sogenannte Antijudaismus des Johannesevangeliums hat also seinen Ursprung in *kirchlichen* Schwierigkeiten seiner Zeit, Schwierigkeiten zwischen jüdischen Christen und Heidenchristen, die zum größten Teil durch die Geschäftigkeit und die Anziehungskraft einer nahegelegenen (feindlichen) jüdischen Synagoge verursacht wurden, die denn auch, in ihren Führern (damals dem pharisäischen Rabbinentum), für Johannes zu dem *Typ* werden, nach dem der Autor das geschichtliche Verhältnis zwischen Jesus und den jüdischen Führern zeichnet und übermalt, nämlich: sowohl damals als auch heute ist das jüdische Volk das Opfer *seiner Führer*. An sich ist dies nicht nur eine alttestamentliche, vor allem prophetische, sondern auch eine zwischentestamentliche, frühjüdische Traditionsgegebenheit, eine innerjüdische Kritik. Als Mose starb, wurde Josua zum Führer des Volkes eingesetzt, „denn sonst würde die Gemeinschaft Jahwes eine Herde ohne Hirt sein" (Num 27,17). Aber bald hören wir Jahwes Klage über die Führer und Hirten Israels: „Menschenkind, weissage gegen die Hirten Israels, weissage und sprich zu den Hirten:

Dies sagt Jahwe der Herr: wehe den Hirten Israels, die sich selbst weiden...
Ich wende mich gegen die Hirten! Ich will meine Schafe von ihnen einfordern
und sie selbst als Hirten entlassen... Ich werde meine Schafe aus ihrem Mund
befreien... Ich werde mich selbst um meine Schafe kümmern... *Dann werde
ich über sie einen Hirten einsetzen, der sie weiden wird ...*" (Ez 34, 1–31; ein
Text, den man durch die Rede des Johannes über „den guten Hirt" im Licht
Jesu neu lesen kann: Joh 10, 1–21). Auch: „Wehe den Hirten, durch welche
die Schafe meiner Herde umkommen und verlorengehen... Durch eure Schuld
sind meine Schafe verlorengegangen und auseinandergetrieben: Ihr habt nicht
auf sie geachtet... Dann setze ich Hirten über sie ein, die sie wirklich weiden"
(Jer 23, 1–8). In beiden Fällen ist der kommende gute Hirt „ein rechtmäßiger
Sproß aus David" (Jer 23, 5–6; Ez 34, 23). Mk 6, 34 hatte dieses Motiv schon aufgenommen: Jesus hat Mitleid mit der Menge und sieht, daß es „ein Volk ohne
Hirt" ist. Johannes übernimmt also bloß eine innerjüdische Jahwekritik an den
jüdischen Führern und verwendet sie in einer christlichen Polemik. Alle Hirten
oder Führer, die vor Jesus gekommen sind, „sind Diebe und Räuber" (Joh
10, 8). Diese Ezechiel-Schärfe klingt im Mund eines Christen doppelt scharf.
Die ganze lange Darlegung über Jesus als den „guten Hirt", den guten Führer
des Volkes, ist in der Tat zugleich ein heftiger Angriff auf die jüdischen Führer
(Joh 10, 1–21 mit 10, 22–39). Aber was uns im Johannesevangelium als Antijudaismus erscheint, hat tiefe jüdische Wurzeln; als solches hat dies alles mit Antijudaismus nichts zu tun, oder man müßte alle Unheilsprophetien der jüdischen
Propheten als Antijudaismus bezeichnen. Die (jüdischen) Christen in den johanneischen Gemeinden sind Opfer der Betriebsamkeit der Führer der nahen
Synagoge, wie das jüdische Volk oft Opfer seiner Führer war, auch beim Auftreten Jesu von Nazaret.

Anderseits kann man kaum leugnen, daß, wenn eine solche von alters her
gegebene (innerjüdische) Jahwekritik an den jüdischen Führern von einer von
der Synagoge getrennten und/oder ausgestoßenen Kirche verwendet wird, die
außerdem je länger, je ausschließlicher aus Nichtjuden bestehen wird, sie durchaus antijudaische (wenn auch keineswegs antisemitische) Nebenklänge haben
wird. Aber in jedem Fall hat dieser sogenannte Antijudaismus im Johannesevangelium *jüdische* Wurzeln.

Das ganze vierte Evangelium wird, schon vom Prolog an, nach dem Schema
aufgebaut: Jesus, der als der Christus, der Sohn aus der Höhe, unter uns erscheint als die ‚Krisis' zwischen Glaube und Unglaube: Er kam zu den Seinen,
und die Seinen haben ihn nicht aufgenommen. Der johanneische Jesus ist aggressiv gegenüber Unglauben (Joh 3, 19–21; 8, 21–24.40–44; 12, 35.46.48).
Bei der Situation der johanneischen Gemeinden wird ‚Glaube' und ‚Unglaube'
(stets in bezug auf Jesus Christus) konkret ein Gegensatz zwischen ‚Christentum' und ‚Judentum'. Und hier wird das Tor zu einem gewissen antijudaischen
Unmut im Johannesevangelium eröffnet, der in der späteren Kirche nicht ohne
Wirkung bleiben wird.

Um des Glaubens oder der christlichen Identität willen („solus Christus")
spricht Johannes immer distanziert von den jüdischen Besonderheiten: *„euer
Gesetz"* und *„euer* Vater" (Abraham) (Joh 6,49; 8,38). Schließlich, während Paulus von den Juden als von dem „edlen Ölzweig" und von den Heiden
als dem „wilden Sproß" im Christentum, von der Erfüllung der alttestamentlichen Verheißungen Gottes sprach, finden wir bei Johannes genau das Gegenteil:
Die „verdorrten Zweige" sind die Juden gegenüber den Christen, die „das grüne
Holz" sind. Der traditionelle jüdische Topos von dem Volk, das durch seine
Führer in die Irre geführt wird, wird in der Feder des Johannes unverkennbar
zu einem *Klischee* – es wird zu einem absichtlichen *Redaktionsprinzip* (deutlich
finden wir darin die Psychologie von zwei rivalisierenden Religionen innerhalb
einer Region wieder). Vermutlich sind die johanneischen Kirchen in einer spür-
baren Minderheit in den großen Diasporastädten, in denen es oft große jüdische
Niederlassungen gab. Durchweg wahrt das Johannesevangelium den guten
Ton. Aber die kontroverse Situation (zu seiner Zeit) läßt es beispielsweise das
Schriftargument in einer recht aggressiven Weise verwenden, während es
voraussetzt, daß die jüdischen Rabbinen, die ebenfalls diese Schrift studieren,
darin ihre eigene Ehre suchen (Joh 5,42–44): Sie loben das Gesetz des Mose,
aber befolgen es nicht (7,19; 7,22; 8,39). Deshalb ruft es Mose als Ankläger
der Juden an (5,45).

Von Joh 13,31 – 18,12 (dem Prozeß Jesu) verschwinden aber „die Juden"
aus der Perspektive des Johannes. In diesem ganzen Komplex wendet sich Jesus
gleichsam allein an die johanneische Gemeinde, „die Kindlein" (13,33, vertreten durch die Jünger, die an Jesus glauben). In auffallender Weise ist diese
Wende gekennzeichnet, wenn wir Joh 13,33 mit 7,33–36 vergleichen. In beiden
Fällen ist die Rede vom Weggang Jesu, aber das erstemal sagte Jesus das zu
„den Juden", jetzt sagt er es zu der „johanneischen Kirche" (den Jüngern oder
„Kindlein"): „Wie ich (es schon) *den Juden* gesagt habe: Wohin ich gehe, dahin
könnt ihr nicht kommen, so sage ich es jetzt *euch*" (13,33, wobei er hinzufügt:
„später wohl", 13,36b). Der Gegensatz zwischen ‚Ungläubigen' (den Juden)
und den Jüngern als der Gemeinde der Christusgläubigen ist frappant. Und es
geht um diese gläubige Gemeinde. Bei dieser Abschiedsrede Jesu läßt sich
Johannes vielleicht von der deuteronomischen Abschiedsrede des Mose inspirieren[78]. Beide Abschiedsreden finden vor dem Tod des großen Führers statt,
beide Gruppen von Jüngern stehen vor einer neuen Situation, beide Reden
wollen die Jünger festigen und ermutigen und enden mit einem Aufruf zu gegenseitiger Liebe.

Jesus betet, „daß sie eins seien" (13,34–35; 14,12–17; 17,21–23). Er warnt
die Gemeinde, daß, wie er verfolgt wird, „auch sie verfolgt werden" (15,20).
Aber der Gegenpol sind jetzt nicht mehr „die Juden", sondern „die Welt" –
die nichtgläubige Welt ganz allgemein (15,19), „die euch haßt" (15,19), „weil
ihr nicht von der Welt seid" (17,14), wie Jesus es nicht ist (17,16), und ebensowenig „sein Königtum" (18,36): „die Welt ... die den Vater nicht erkannt hat"

(17,25). Auch die Verfolger werden jetzt wiederholt allgemein mit „sie" angedeutet (15,20.21.22.24.25; 16,2.3), allerdings wird auch gesagt: „*Sie* werden
euch aus der Synagoge ausstoßen" (16,2, was sich deutlich auf die Situation
der johanneischen Christen bezieht). Aber zu den Seinen sagt Jesus, sie brauchen
sich nicht zu fürchten: „Ich habe die Welt besiegt" (16,33c). Die kirchliche
Einheit, für die Jesus betet, bezieht sich auf die Einheit zwischen *jüdischen* Christen und Christen *aus dem Heidentum;* für beide muß in der Kirche Platz sein:
„Im Haus des Vaters ist Raum für viele" (14,2). Jetzt, in diesem Augenblick,
betet Jesus nicht für „die Welt" (17,9), sondern um die Einheit der „Kirche
aus Juden und Heiden". In diesen letzten Abschnitten ist der polemische Ton
aus den Worten des johanneischen Jesus völlig verschwunden (er kehrt im
Johannes-Bericht nur noch beim Prozeß Jesu wieder). Zwar gibt es im Johannesevangelium scharfe Züge gegenüber den jüdischen Führern (auf der Linie der
religiösen jüdischen Tradition), aber sein Evangelium ist doch ein Aufruf zu
Einheit und Liebe unter Juden und Nichtjuden in der einen Kirche Christi.

6. Im Buch der Offenbarungen wird die Rede des Menschensohnes an die
Adresse der Kirche von Smyrna und Philadelphia (2,9 und 3,7–13) oft als die
schärfste antijudaische Äußerung des Neuen Testaments gesehen: „die Satans-
synagoge" (Offb 3,9; vgl. Joh 8,39–59). Aber dieser Text wird meistens entgegen den Absichten der Apokalypse falsch interpretiert. Die Apokalypse fügt
jeweils hinzu: „Ich kenne die Lästerung derer, *die sich Juden nennen* und es
nicht sind; sie sind eine Synagoge des Satans" (2,9), und „jene, die zur Synagoge
Satans gehören, die sagen, daß sie Juden seien – und *sie sind es nicht, sondern
sie lügen*" (3,9). Für das Neue Testament ist Jude nirgends ein Schimpfwort,
eher ein *Ehrenname* des Volkes, das Träger der Verheißungen Gottes ist.
,Satanssynagoge' sind nicht ,die Juden', sondern jüdische *Christen,* welche die
Bedeutung des Kreuzestodes und der Auferstehung Jesu entkräften und dadurch
den Glauben der christlichen Gemeinde in Gefahr bringen. Indem sie sich
,Juden' nennen, entziehen sie sich den römischen Verfolgungen der Christen.
Die Apokalypse meint eine synkretistische Tendenz unter bestimmten Christen,
die außerdem mit den Römern kollaborieren; es sind die lügnerischen Apostel
aus Offb 2,2. Vielleicht sind es unbeschnittene Proselyten, die Christen wurden,
aber den apostolischen Glauben nur zum Teil angenommen hatten (was in der
Geschichte als „Nikolaitismus" gilt)[79]. Auch in dem übrigens echt-jüdischen
Buch der christlichen Apokalypse ist selbst von einem Anschein von Antijudaismus keine Rede.

Schluß und Nachbetrachtung: Kirche und Zionismus

Biblisch-neutestamentlicher Antisemitismus ist eine reine Legende. Anderseits besteht unverkennbar eine *religiöse* Spannung zwischen jüdischen und christlichen Jesusinterpretationen.

Christen tun jedoch Unrecht, wenn sie behaupten, daß durch Jesus Christus jede besondere Beziehung zwischen Gott und einem Volk oder einem einzelnen geschichtlichen Menschen überholt sei (sie würden damit den tiefsten Sinn ihrer eigenen Religion zerstören: Jesus war ein ganz bestimmter, historisch nachweisbarer individueller Mensch, außerdem ein Jude). Einerseits läßt sich diese Behauptung neutestamentlich nicht wahrmachen: Jesus selbst fühlte sich zu Israel gesandt, Gottes Zeuge im Angesicht und zum Vorteil aller Völker zu sein; zur Treue gegenüber diesem Auftrag ruft er ganz Israel auf. Anderseits ist die ursprüngliche Jesusinterpretation von Christen eine jüdische Interpretation, und das Christentum war anfänglich eine innerjüdische Brüderschaft, die ganz Israel zur Treue gegenüber seiner Berufung herausforderte: zum Vorteil aller Völker ‚heilig vor Gott' zu leben (Dtn 7,6; 14,2; 14,21), wie Gott ‚der Heilige Israels' ist (Jes 30,11; 41,14; 43,3.14.15).

Was, nach christlicher Auffassung, auf der Linie vor allem des jüdischen Prophetentums Jesus durch sein Leben und seinen Tod deutlich gemacht hat, liegt eher darin, daß Gottes besonderer Beistand und Gottes Hilfe Objekt des Glaubens sind, nicht empirisch nachweisbar sind und ebensowenig empirische Stützpunkte bieten. In diesem Sinn haben Propheten und vor allem Jesus von Nazaret alle empirischen Garantien und irdischen ‚Definitionen', auf die der Gottesbund und das Vertrauen auf Gott einen Anspruch erheben oder auf welche sie sich berufen wollten, zerschlagen. Man kann den Gott Israels nicht mit einer einzigen göttlichen Heilstat identifizieren! Die Geschichte Gottes ist nicht abhängig von der Geschichte Israels: Auch Israel kann nicht über Gott verfügen. Vor allem die späteren, großen Propheten machten diesem Volk deutlich, daß die Zukunft Israels keine automatische Folge des Heilshandelns Gottes *in der Vergangenheit* sei. Sogar in der jüdischen Theokratie der Zeit nach dem Exil ist das Heilshandeln Gottes nicht zu einem endgültigen Ende gekommen. Gerade gegen jene, die dies (durch die Praxis des ‚Establishment') annahmen, protestierten die eschatologischen jüdischen Bewegungen. Gott ist auch der Herr der ‚Heiden', ohne daß diese deshalb Juden zu werden brauchen. Das ist jedoch ein Höhepunkt im Verständnis der jüdischen Religiosität: Volk Gottes als Vorgänger aller. Das erlangte in Jesus eine unerwartete konkrete Gestalt, übrigens schon vorbereitet durch die Diasporajuden außerhalb Jerusalems, die immer mehr die Beschneidung als eine Frage des Herzens ansahen. Vor allem der christliche Paulinismus setzte, allerdings aus anderen Gründen, eine authentisch-jüdische Tendenz fort.

Die nichtchristlichen Juden und die zu Christen gewordenen Juden haben einander schließlich gegenseitig in den Bann getan, so daß sie als ‚jüdische Religion' und ‚christliche Religion' auseinandergingen. Durch diese geschichtlichen Ereignisse und tiefer (vor allem nach der Überzeugung des Markusevangeliums) durch das, was in Jesus als dem Christus vollzogen worden war, mußte sich dieser Bruch vollziehen. Aber nach der Grundtendenz vor allem des Paulus ist damit die *Berufung* Israels keineswegs ungeschehen gemacht. Christliche, manchmal halboffizielle kirchliche Interpretationen, nach denen das neutestamentliche Gottesvolk das ältere Volk Gottes ersetzt habe, lassen sich theologisch kaum rechtfertigen; sie verkennen dabei auch die *theologischen* Implikationen von Jesu Einschränkung seiner universalen Botschaft auf das jüdische Volk.

Wer die religiöse Bedeutung des jüdischen Gottesvolkes leugnet oder minimalisiert, hat gerade dadurch im Kern auch die Bedeutung Jesu Christi und des Christentums geleugnet und dadurch die universale Herausforderung nicht nur Israels, sondern auch Jesu von Nazaret ins Herz getroffen. Anderseits ist meines Erachtens eine Verkennung Jesu zugleich die Leugnung eines echt-jüdischen, prophetischen Geschehens in Israel selbst und, auf der Linie von Israels Prophetismus, eine Verkennung der Dynamik einer typisch-jüdischen Traditionslinie.

„Jahwe sprach zu Abraham: Ziehe fort aus deinem Land, deinem Stamm und deiner Familie in das Land, das ich dir zeigen werde" (Gen 12, 1–4). In Israels religiösem Selbstverständnis spielt die Verbundenheit zwischen Religion, Volk und Land eine unübersehbar große Rolle. Es ist ein Grundthema der offiziell-jüdischen Religion als gläubige *interpretative* Antwort auf Gottes Handeln mit diesem Volk – letztlich nach spezifisch-religiöser tiefster Intention nicht egoistisch gesehen, sondern gerade als ein *allen* Völkern Vorangehen. Zum Inhalt dessen, was eine Religion die fortschreitende Gottesoffenbarung nennt, gehört wesentlich auch die interpretative Antwort der Gläubigen selbst und somit die menschliche kontingente Geschichte und ihre Interpretation (siehe oben, erster Teil). *Diese* Religion und *dieses* Volk gehören darin grundlegend zusammen, während anderseits ein Volk ohne Land letztlich kaum vorstellbar ist. Die wesentliche Verbindung zwischen jüdischer Religion und jüdischem Volk ist auch der Grund dafür, warum diese Religion nie zu einer Weltreligion geworden ist und auch nicht werden konnte oder kann. Nur *über* andere wirkliche Weltreligionen, nämlich den Islam und das Christentum, die beide ihre Verbindung mit dem Judentum nicht aufgeben können und wollen, ist die jüdische Religiosität eine Weltreligion geworden, in der die wesentliche Verbindung zwischen ‚Religion' und ‚*diesem* Volk' gebrochen ist. *Israel* konnte dies nicht, kann dies sogar niemals (in Anbetracht seines wesentlichen Credos) für sich allein. Aber das weist zugleich auf das *Besondere* der jüdischen Religion, mit der dann das Christentum, bei aller Kontinuität, doch keine Kontinuität besitzt. Wir haben dies einfach als Tatsache festzustellen; es wäre falscher Irenismus, das zu verschleiern.

Seit dem 19. Jahrhundert haben vor allem in Deutschland christliche Alttestamentler – jüdische Bibelgelehrte beteiligten sich übrigens intensiv dabei – die jüdische Religion zu einer *Konfession* gemacht (wie man jetzt auch in den Niederlanden und anderswo von „israelitischen Kirchengemeinden" spricht). Dies war vom bürgerlichen oder zivilrechtlichen Stand her gesehen eine bequeme Lösung für verschiedene Probleme der Juden in der Diaspora, eine damals für die bürgerliche Gesellschaft fast selbstverständliche Regelung – ein Grund, warum sich viele Juden überzeugt dabei beteiligten. So konnte man in manchen westlichen Ländern die „jüdische Kirchengemeinde" neben anderen Kirchengemeinden offiziell anerkennen. Aber damit war, nach späterer jüdischer Selbstbesinnung, doch eine gewisse, wenn auch nicht wesentliche Entkoppelung der jüdischen Religion von Land und Volk verbunden. Nach eigenem jüdischen Selbstverständnis begriff man nachher wiederum scharf, daß der Sinaibund nicht nur eine ‚rein' religiöse, sondern zugleich eine gesellschaftliche und politische Wirklichkeit bedeutet. Das mag für Nichtjuden ein ‚Ärgernis' oder skandalon sein; aber nicht wir, sondern die lebendige Gemeinde der Juden selbst sind der zuständige Interpret des eigenen religiösen Selbstverständnisses. In der heutigen Sicht vieler Juden, auch wenn sie säkularisiert sind, ist die Verbindung zwischen ‚Volk' und ‚Land' ein grundlegendes, sogar äußerst sensibles Element der jüdischen Spiritualität. „Bis zum nächsten Jahr in Jerusalem" ist nicht einfach ein konventioneller frommer Wunsch vieler Juden.

Daß das Christentum aus seinem tiefsten Wesen heraus diese Verbindung zwischen Religion, Volk und Land brechen mußte, aber anderseits ‚das ‚Ärgernis' einer wesentlichen Verbindung zwischen Heil-von-Gott und der Person Jesu von Nazaret anerkennt, der selbst als ‚Israel', „aus Ägypten gerufen", gedeutet wird (Mt 2,15; siehe Hos 11,1), ja als *der* Mensch, „der zweite Adam" (siehe Lk 1 und 2), bringt das Christentum in seiner Besonderheit jedoch in eine fundamentale, aber dialektische Spannung zur jüdischen Religion mit ihrer inneren Verbindung von ‚Religion', ‚*diesem* Volk' und ‚*diesem* Land'. Viele Elemente – vor allem der Tempel, aber in bestimmten prophetischen Strömungen auch ‚das Land' – haben im Lauf der jüdischen Geschichte symbolische Umwandlungen erfahren, sie wurden ‚vergeistigt' und entkonkretisiert, vor allem eschatologisiert. Von dem Thema ‚Land' läßt sich das nicht ohne weiteres behaupten, allerdings wurde auch es eschatologisch um-gedeutet zu einem künftigen „himmlischen Jerusalem" auf Erden, dem Sionsberg, auf dem sich in der Endzeit alle Völker versammeln würden. Aber nach den Prüfungen vor allem des Jahres 135 n. Chr. wurde „das Recht auf Rückkehr" in der jüdischen Literatur zu einer lebendigen Wirklichkeit. Nach dem Exodus aus Ägypten und dem zweiten Exodus aus dem babylonischen Exil wurde damals die Erwartung eines dritten Exodus lebendig. Als Vision einer konstanten jüdischen Tradition haben wir das ernst zu nehmen, wenn wir nicht genauso die zwei ersten biblischen Exodusberichte bagatellisieren wollen (wie sehr dies auch von vielen anderen Volksstämmen gelten mag). Religiöse Juden erleben dies keineswegs als ein *Recht,* sondern als eine *Gabe Gottes,* der seiner freien Güte treu ist, so daß sie sich für dieses Land und seinen Ausbau, vor allem im Geist der sozialen Gerechtigkeit des Sinaibundes, verantwortlich wissen. Doch kann man nicht leugnen, daß, wie beispielsweise alle christlichen Kirchen, auch die Juden – in der Krise aller Religionen seit der Religionskritik und dem sogenannten Säkularisierungsprozeß – ihren „quest for Jewish identity" (Rabbiner Edw. Zerin) kennen. Wir können der Erörterung dieses Problems nicht vorgreifen. Tatsache ist, daß sogar nichtgläubige Israeli großwerden mit der Bibel als dem Manifest des eigenen Volksethos. Das sind Lebenswirklichkeiten, keine Abstraktionen.

In unserer Zeit sind wir mehr denn je zu der Einsicht gekommen, daß jede religiöse Anschauung unter Ideologieverdacht gerät, wenn sie auf Kosten menschlicher Rechte geht. Aufgrund der hermeneutischen Funktion der Ethik für jedes Glaubensverständnis darf man apriori behaupten, daß ‚Gott dienen' *zum Nachteil des Mitmenschen* die religiöse Anschauung unglaubwürdig macht und innerlich zerstört. Diese Erkenntnis der Religionskritik kann niemand bestreiten, weder Juden noch Araber, noch Christen.

Außerdem werden dem modernen Problembewußtsein entsprechend Streitigkeiten unter Völkern aus historischen und politischen Gründen nach der Norm der sozialen Gerechtigkeit, des Völkerrechts und der Menschenrechte geregelt. Der Beitrag einer *theologischen* Auffassung, nach der irgendein Volk auch „*rein* von Gott her" einen Anspruch auf ein bestimmtes Land erheben könnte, ohne daß dies ‚frontal' oder horizontal – in der Dimension unserer irdischen Geschichte – zu verwirklichen ist, gilt in der sozialpolitischen Ordnung unserer heutigen Welt als ein ‚Fremdkörper'. Damit ist *an sich* nichts für oder gegen eine solche Auffassung auf religiöser Ebene gesagt.

Was kann vor dem Hintergrund alles dessen und innerhalb des modernen Problembewußtseins ein christlicher Theologe sagen, wenn er mit zwei ihm vorgelegten Stellungnahmen zum Konflikt zwischen Juden und Palästinensern im Mittleren Osten konfrontiert wird, nämlich *einerseits:*der erste Schritt ist die feierliche Anerkennung, daß das jüdische Volk Anspruch auf ein Land, und zwar auf *dieses* bestimmte Land hat; *anderseits:* die erste Voraussetzung ist die feierliche Anerkennung, daß das palästinensische Volk einen Anspruch auf Rückkehr als vollwertige Bürger in ihr eigenes Land: das heutige Israel, hat? Denn das sind die beiden prononciertesten Stellungnahmen, die augenblicklich von den streitenden Parteien vorgebracht werden.

Vorab sage ich folgendes: Wie das palästinensische Volk ist auch die Existenz des jüdischen Volkes für mich eine Evidenz. Die Existenz der jüdischen Religion ist ebenfalls evident. Schließlich, daß das jüdische Volk ein Recht ‚auf Land' hat, ist genauso eine Evidenz. Allerdings werden diese Evidenzen oft aus bisweilen nicht zu verstehenden theologischen Dogmatismen verschwiegen.

Wenn wir politisch von ‚Recht auf *dieses* Land' sprechen, kommen wir genausowenig mit Abstraktionen zurecht. Der Tatbestand ist: der Wille eines Volkes, in *diesem* Land zu wohnen, das viele Juden in der Tiefe ihres Herzens als „heiliges Land" erfahren. Das mag religiöse Gründe haben, aber ipso facto ist dieser Wille zugleich eine *politische* Realität. Und diese politische Realität ist ein nicht zu übersehendes Element dieser Problematik. Es ist außerdem eine Realität für nicht wenige Juden, die keine Religiosität mehr kennen. Als politisch-kollektiver Wille (mit oder ohne religiöse Inspiration) kann man dies mit Recht als Zionismus bezeichnen (der, als solcher, ebensowenig ein häßliches Wort ist wie ‚Christentum', ‚Islam' oder auch nationale Bewegungen, wenn sie auch alle in ihrer Geschichte schwere Fehler begangen haben). Auch und vor allem wenn man als Theologe mit dem modernen Problembewußtsein sagt, daß die Frage auf politischer Ebene völlig enttheologisiert werden müsse, kann man nicht an der Wirklichkeit des *politischen* Willens vorbeigehen, der die Folge oder (bei vielen) der heutige säkulare Rest dieser religiösen Auffassung ist. Dieser politische Wille kann aus historischen Gründen untersucht werden und ist in der Diskussion daher ein reales und vernünftig zu besprechendes Element; aber die *unmittelbare* Berufung auf eine *religiöse* Forderung bringt ein intersubjektiv nicht-diskutables Element in die Debatte, für das naturgemäß keine rationalen Gründe angeführt werden können. Es muß daher möglich sein, diesen politischen Willen auf seine historischen Gründe zu untersuchen und mit in die Debatte zu bringen. *In diesem Sinn* bin ich davon überzeugt, daß die Theologisierung des „Israel-Palästinenser"-Konflikts theologisch falsch ist. Wer in diesem Kontext vom Willen Gottes – sei es des Gottes der Juden, sei es des Gottes des Islams, sei es des Gottes der Christen (gibt es denn verschiedene Götter?) – sprechen will, wird diese dann zuerst in der sozialen Gerechtigkeit, den konkreten Menschenrechten aller, die in den Konflikt verstrickt sind, und außerdem in Gerechtigkeit und Liebe suchen müssen. ‚Gottes Rechte' können nie zum Nachteil von Menschenrechten gelten, während anderseits der leidende Mensch und sein Leid keine Abstraktionen sind. Der politische Wille des jüdischen Volkes wird also mit den Rechten anderer Parteien versöhnt werden müssen und umgekehrt. Und ich denke, daß ohne wirkliche *Versöhnung* tatsächlich keine Lösung möglich ist.

Aber falsche Argumente müssen dann auch vermieden werden, sie trüben das Problem. Die Berufung auf größere Verantwortung bei der *Kultivierung* und *Industrialisierung* dieses Landes als besonderer *ethischer* Anspruch auf dieses Land führt daher meines Erachtens nicht weiter, weil ihr mancherlei westliche Voraussetzungen zugrunde liegen. Daß Araber tatsächlich den palästinensischen Boden weniger bearbeitet haben, ist eine Tatsache. Aber aus welchem Grund kann jemand das sinnvolle Existenzrecht einer ‚Nomadenkultur' (einst auch das Ideal der alten Hebräer) leugnen und dann behaupten, daß Nomaden *somit* praktisch keine Verantwortung für das eigene Land besessen hätten? Die besondere, nämlich ‚naturbeherrschende' Verantwortung ist zwar eine echt-menschliche Lebensmöglichkeit, aber wer kann das Recht und den Sinn der nomadischen Lebensmöglichkeit leugnen (wenn sie auch allmählich aus modernen Kulturen verschwindet)? Deshalb glaube ich, daß das manchmal verwendete Prinzip einer größeren oder geringeren Verantwortung für ‚dieses Land' einfach soziokulturell bestimmt ist und außer Betracht bleiben muß.

Wegen all dem muß auf der gesellschaftlich-politischen Ebene der Konflikt im Mittleren Osten von *unmittelbar-theologischen* Auffassungen gelöst werden. Leider muß man auch zugeben, daß der bestehende Konflikt schon lange keine Frage der Israeli und der arabischen Länder allein mehr ist, sondern zugleich westlicher Großmächte, die eigene Absichten damit verfolgen.

Bei allem Respekt vor der Eigenart der jüdischen Spiritualität wie auch vor der Muslimreligiosität, soweit diese in der vorliegenden Problematik eine Rolle spielen sollten, sehe ich die Aufgabe von Christen und vor allem von christlichen kirchlichen Führern oder Führungsgremien primär darin, daß man auf der politischen Ebene diese Problematik *enttheologisiert* und sie erst recht nicht mit einer fundamentalistisch interpretierten Bibel lösen will und schließlich – in der Tat! – zuerst Ordnung in die eigenen Angelegenheiten bringt. Man kann kaum vergessen, daß vieles von dem, was in der Bibel ‚*heilige* Geschichte' genannt wird, aufgrund des modernen Menschen- und Völkerrechts viele Menschen heute in Protestmärschen auf die Straße bringen würde, und einige alttestamentliche Propheten würden dabei an der Spitze marschieren. Außerdem müssen die Kirchen für die Rechte oder verletzten Rechte aller betroffenen Parteien eintreten und mit anderen gemeinsam erfinderisch sein bei der Suche nach einer für alle Parteien befriedigenden Lösung innerhalb der Forderungen der sozialen Gerechtigkeit. Mehr kann ein *Theologe* zu dieser Frage kaum sagen. Theologen haben die Neigung, durch eigene theologische Problematik die Frage noch unklarer zu machen; bei theologischen Reflexionen werden sie bedenken müssen, daß nicht nur das Christentum, sondern auch der Islam ihren fruchtbarsten Boden gerade im Tenach gefunden haben. Von seiten der Christen erfordert dies alles außerdem ein *mea culpa* wegen der eigenen geschichtlichen Vergangenheit (und Gegenwart), in der oft eine verletzende Haltung sowohl vor allem gegen Juden als auch gegen Muslims mit theologischen Argumenten begründet wurde und wird. Religionen machen sich unglaubwürdig, wenn sie Anlaß von Religionskriegen werden. In Wirklichkeit zeigt uns jedoch die Geschichte, daß es *reine* Religionskriege nie gegeben hat; immer ging es auch um sozialgeschichtliche, wirtschaftliche und politische Faktoren. Auch deshalb ist die Forderung einer Enttheologisierung politischer Konflikte dringlich, selbst dann, wenn theologische Faktoren mit im Spiel sind. Diese letzteren werden dann nach ihren sozialpolitischen Implikationen beurteilt werden und auf dieser Ebene ihre Lösung finden müssen. Hier gilt: „Sey keinem Juden, keinem Musulmanne zum Trotz ein Christ" (*G. E. Lessing*, Nathan der Weise IV, 4).

DRITTER TEIL

STRUKTURELEMENTE
DER NEUTESTAMENTLICHEN GNADEN-
THEOLOGIEN

ZUR EINFÜHRUNG

1. Was die nähere Bestimmung der Eigenart des erlösenden Handelns betrifft, durch das Gott im Begriff war, die Welt in und durch Jesus zu versöhnen (so wörtlich 2 Kor 5,9), muß man feststellen, daß manche damals vertrauten Schlüsselbegriffe unterschiedlicher Herkunft aus der israelitischen und frühjüdischen Erfahrungs- und Interpretationsgeschichte dem Neuen Testament das Ausdrucksmaterial gegeben haben, um die christliche Erfahrung der Erlösung durch Jesus und des Heils in Jesus, dem Christus, für die Hörer (Leser) verständlich zum Ausdruck zu bringen. Was sie in Jesus erfahren hatten, veranlaßte die Christen, sich dieser vorgegebenen ‚Interpretamente‘ aus ihrer Erfahrungstradition zu bedienen. Ihrerseits haben diese Schlüsselbegriffe ihren Erfahrungsinhalt gefärbt und ihnen neue Entwicklungsmöglichkeiten gegeben. Diese Erfahrung von Heil in Jesus von Gott her lebte aus dem Erfahrenen – Jesus von Nazaret –, aber auch aus ihrem eigenen, fortschreitenden interpretativen Selbstausdruck; er vertiefte diese Erfahrung und offenbarte, von der Erfahrung aus, diese immer besser und schärfer dem erfahrenden Subjekt. Alle ‚Interpretamente‘, das heißt (in dem Zusammenhang, in dem ich diesen etwas doppeldeutigen Begriff gebrauchen will): vorgegebene verständliche Erfahrungsinhalte aus dem schon gegebenen Leben, übernommen von den Ereignissen der damaligen religiösen Gesellschaft, werden verwendet, um Erfahrungen mit Jesus wiederzugeben. Jeder wußte aus Erfahrung, wie man einen Sklaven freikaufen konnte. Jeder wußte, wie wichtig es in einem menschlichen Leben sein kann, einen mächtigen Fürsprecher, einen Rechtsbeistand zu haben. Juden vor allem hatten ein in ihrem Herzen wurzelndes Gespür für das ‚Auge um Auge‘, nicht im Sinne von Rache, sondern eher im Sinn gleichwertiger Vergeltung (nur *ein* Auge für *ein* Auge). Viele, vor allem auch soziale Einrichtungen, die im Lauf der Jahrhunderte geschaffen worden waren, um Arme oder Verarmte zu schützen, z. B. das System des „go'el" oder ‚Retters‘, waren bekannte nationale Institutionen. Vor allen war der Tempelkult, mit seinen Opfern, um Verstöße gegen das jüdische Gesetz wiedergutzumachen, ein wesentlicher Bestandteil der jüdischen Religiosität (wenn auch sein Prestige im 1. Jahrhundert n. Chr. schnell abnahm). Genugtuung verschaffen, Opfer bringen lassen durch den Priester – teure Schlachttiere bei Vornehmen, ein Paar Turteltauben bei Armen –, jeden-

falls: eine Hand wäscht die andere war für den Juden das grundlegende Rechts-
gefühl in Gesellschaft und Religion. Der „schalom"-Gedanke (im dargelegten
Sinn) umfaßte, angesichts der unheilen Situation, in der Menschen miteinander leben, wesentlich Schadenersatz und Genugtuung. Alles, was im Leben
verkehrt gemacht worden war, mußte wieder gutgemacht und gebüßt werden.
Kurzum: Die Grundbegriffe der jüdischen Gesellschaft werden gebraucht, um
wiederzugeben, was man in Jesus und vor allem im Hinblick auf den Tod eines
solchen Menschen erfahren hatte und erfuhr. Auch gab es damals Juden und
Heiden, die ihr Heil in überirdischen, himmlischen Regionen suchten, mit
ihren geheimnisvollen Sphären voll mächtiger Geister, der Quelle alles dessen,
was hier auf der Welt geschah oder nicht geschehen konnte. Für Griechen und
römische Bürger, Christen aus dem Heidentum, kam dann noch die große
Erfahrung jener Zeiten, in welcher der Kaiser als Soter, Wohltäter und Heiland
der ganzen ‚oikoumene' gefeiert und in Triumphzügen bejubelt wurde. Dies
alles wird im Neuen Testament dazu dienen, etwas von dem, was man in Jesu
Leben, Tod und Erhöhung zum Vater erfuhr, in Worte zu fassen und sogar
breit auszuführen.

Man darf aber – vor allem fast 2000 Jahre später – bei dieser Aufeinander-
häufung von verschiedenen ‚Interpretamenten' die Wirklichkeit nicht vergessen,
die so interpretiert wird. In dem einleitenden Teil über Erfahrung und Interpretation wurde gesagt, daß es in unseren Erfahrungen Interpretationselemente
gibt, die ihren Grund und ihre Quelle unmittelbar im Erfahrenen selbst finden,
und zugleich Interpretationselemente (‚Interpretamente'), die uns zumindest
außerhalb dieser Erfahrung von anderswo angeboten werden und tatsächlich
geeignet sein können, eine erste, schon interpretierte Erfahrung für andere (oder
auch für sich selbst) noch mehr zu verdeutlichen. Eigentlich tun die neutestamentlichen Autoren nichts anderes, und das mit Recht. Und sie tun es dann auch
auf eine unterschiedliche Weise, weil sie nicht alle nach denselben ‚Interpretamenten' greifen. So denkt etwa außer dem Hebräerbrief eigentlich kein anderer
neutestamentlicher Autor daran, das Erlösungswerk Jesu als ein priesterliches
Dienstwerk zu sehen; im Grund leugnen sie das sogar, weil für sie Priestertum
nun einmal und wesentlich *levitisches* Priestertum ist. Aber was der Hebräerbrief inhaltlich damit sagen will, ist letztlich ein allgemeines neutestamentliches
Grundcredo: Jesu *Solidarität* mit dem leidenden und sündigen Menschen aus
einer radikalen *Treue* zu Gott, beides bis zum Tod, bis zum Lebensopfer, und
Gottes schöpferische gutheißende Annahme eines solchen Lebens in Solidarität
und Treue. Bestimmte Begriffe, mit denen diese Erfahrungswirklichkeit wiedergegeben wird – z.B. Genugtuung, blutige Kultopfer, Sühne und Entthronung
tyrannisierender Himmelswesen –, sind das wert, was sie wert sind, das heißt,
sie gelten in einer Kultur, in der diese Begriffe lebendiger Ausdruck täglich er-
lebter Erfahrungen sind. Die Tatsache allein schon, daß verschiedene neutestamentliche Autoren nach anderen ‚Interpretamenten' und Bildern suchen, um die
Heilsbedeutung etwa des Todes Jesu auszudrücken, läßt aber genügend deut-

lich werden, daß das ‚interpretandum' der verbindende Faktor ist, nicht per se das ‚Interpretament'. Nicht nur das Leben, die Botschaft und Praxis Jesu, sondern auch sein Tod im Zusammenhang seines ganzen Lebens haben für einen Christen Heilsbedeutung, erlösenden und befreienden Wert. Das ist die apostolische Erfahrungswirklichkeit, ausgedrückt in kerygma (Verkündigung), didache (Katechese und Unterricht) und schließlich in Symbolum und Dogma. Ob man diese Glaubensgegebenheit in unserer heutigen Kultur, der vor sakralen Schlachtungen graut, ein blutiges Kultopfer nennen muß, ist die Frage. Das hindert jedoch nicht, daß der Hebräerbrief etwa für seine Hörer genau das gesagt hat, worauf es dem christlichen Glauben ankommt. Es werden im Lauf der nachbiblischen Geschichte der Theologie sicher noch mehr Erlösungstheorien entstehen als jene, die das Neue Testament schon bietet, die oft ganz konkret auf kulturell bestimmte Empfindsamkeiten und zeitgenössische Heilserwartungen eingehen, und zwar mit Recht. Aber man kann einen Christen, der an den soteriologischen Wert von Jesu Leben, Tod und Leben-bei-Gott und unter uns glaubt, nicht dazu verpflichten, einfach an alle diese *Interpretamente* zu glauben, was für viele außerdem den Glauben an den Heilswert des Lebens und Todes Jesu gefährden kann. Ich finde es anderseits genauso untheologisch, durch rationale hermeneutische Manipulationen aufzeigen zu wollen, daß beispielsweise Paulus (oder eine andere neutestamentliche Schrift) keine bestimmte Opfervorstellung – etwa Genugtuung durch Blutvergießen leisten – gelehrt habe. Das steht durchaus da und läßt sich nicht wegexegesieren. Es ist aber ein *Problem* nur für fundamentalistische Bibelleser (oder dann eben kein Problem). Eine andere Lösung: Ich entnehme der Bibel nur das, was mit paßt, den Rest lasse ich das sein, was er ist, scheint mir christlich-theologisch unverantwortlich; denn dann entscheiden wir selbst letztlich darüber, was Jesus für uns bedeuten dürfte, könnte oder müßte. Dann frage ich mich, warum wir ihn eigentlich noch nötig haben. Man findet in jedem Menschenleben irgendwie Inspiration, die unser Leben lenkt und besser machen kann. Aber das ist doch nicht das, was die Bibel und die ganze christliche ‚große Überlieferung' mit Heil-in-Jesus von Gott her meinen!

In all diesen Auffassungen steckt meines Erachtens auch ein philosophischer Fehler: eine falsche Einsicht in das Verhältnis von Erfahrung und Interpretation und ‚interpretative Erfahrung' und ihre weitere Thematisierung. Bei ihrem rechten Verständnis (und dieses Problem müßte noch tiefer erforscht werden, als ich es im ersten Teil getan habe) wird man (zumindest als Christ) keine Auswahl aus den Bibeltexten treffen, sondern danach trachten, sie insgesamt als ein sehr menschliches literarisches Dokument zu *verstehen*, in dem die für Christen normierende *apostolische Glaubensüberlieferung* über Jesus als den Christus tatsächlich zu Wort kommt und dem realen Heilshandeln Gottes in Jesus, dem Christus, authentisch Ausdruck verleiht, das heißt als dem, der als entscheidendes, endgültiges und eschatologisches Heil erfahren wird, sowohl dank seinem Leben als auch dank seinem Tod und dank Gottes Erbarmen über diesen Tod. Ein solches Geschehen kann tatsächlich unerschöpflich, jeweils immer wieder mit anderen Bildern und ‚Interpretamenten‘, artikuliert werden und muß es auch, wenn Menschen in immer wieder anderen Kulturen eben das, was das Neue Testament sagen will, bekennt und verkündet, authentisch zu seinem Recht kommen lassen wollen. Das nenne ich nicht einmal – und das *ist* es auch nicht – ‚Entmythologisierung‘; es ist eher *Inkulturation* der einen christlichen Glaubensgegebenheit; einfacher gesagt: das *Lebendighalten* des christlichen Glaubensinhalts. Die älteren Bilder und ‚Interpretamente‘ werden daher in ihrem eigenen Zusammenhang nicht ‚unwahr‘; sie können für uns jedoch irrelevant werden. Eine Einsicht gerade in die Vorgeschichte, die Entwicklung und oft auch den gesellschaftlichen ‚Sitz‘ der gebrauchten explizitierenden Begriffe (z. B. Buße, durch blutige Tieropfer versöhnen usw.) und in die Art und Weise, wie sie im Neuen Testament gebraucht werden, ist auch ein Faktor, der zum Unterscheidungsvermögen beiträgt. Ich meine damit eine Fähigkeit, zu unterscheiden zwischen dem, was das *christliche Erfahrene* selbst an Interpretation mit sich bringt (und sogar darin liegt geschichtliche und gesellschaftliche Mit-Bestimmung, wenn auch in der Erfahrung Jesu als des Christus oder des entscheidenden und endgültigen Heils zugleich allgemeingültige menschliche Urerfahrungen mit sich selbst ins reine kommen), und dem, was ich die kulturgeschichtlich ganz bestimmte, weitere Thematisierung und Theoretisierung dieser christlichen ‚interpretativen Erfahrungen‘ nennen möchte. Diese Einsicht läßt sehr weit die Möglichkeit offen, mit Ehrfurcht das, was sich in der christlichen Erfahrung an ‚Wirklichkeitsangebot‘ anmeldet, in einer neuen, zeitgemäßen Weise zur Sprache zu bringen. Man kann nur Bewunderung empfinden für die manchmal meisterhafte Findigkeit, mit der da neutestamentliche Autoren – wie etwa das Johannesevangelium, der Kolosserbrief, der Epheser- und der Hebräerbrief – gewagt und vermocht haben, das sich schon bildende apostolische Glaubensgut in neuen Thematisierungen neu zu formulieren, ohne dieses Glaubensgut zu beeinträchtigen. Auch *darin* ist die Heilige Schrift für uns Inspiration und Orientierung. Und dann ist zugleich zu bedauern, was man leider feststellen muß, wie wenig das heutige Christentum imstande ist, in gleicher Weise – genauso treu und kreativ – diesen apostolischen Glauben so zu formulieren, daß er auch dem modernen Menschen Freude und Heil bringt. Ein Mangel an wahrhaft lebendigem Glauben? Oder Angst vor Heterodoxie unter dem Druck dessen, was ‚Orthodoxie‘ als Tabu statt einer befreienden Norm des apostolischen Glaubensgutes bedeutet? oder beides? – Kleingläubigkeit.

2. Alle unterschiedlichen und doch *fundamental*-gleichen neutestamentlichen Auffassungen von Heil, Erlösung und Befreiung werden von einem inneren Band zusammengehalten, nämlich der Korrelation zwischen Gottes Vorherbestimmung oder absolut-freier Heilsinitiative und der Erfahrung gefundenen Lebenssinns und entdeckter Lebenserfüllung bei denen, die an Jesus glauben.

Die neutestamentlichen Christen fanden ihre Selbstbestimmung, die Definition ihres Menschseins in einem persönlichen Verhältnis zu Gott, wie Jesus ihn geoffenbart hatte.

Das Heilswerk Gottes in Jesus Christus wurde als Gnade erfahren, in dem ausgesprochen biblisch-hebräischen („chesed") und jüdisch-griechischen („charis") Sinn frohmachender *göttlicher Auserwählung* einschließlich einer *weltlichen Marginalisierung* („prothesis", als souverän-freier Ratschluß oder Plan Gottes: Röm 8,28; 9,11; Eph 1,11; 3,11; 2 Tim 3,10; 1 Petr 1,20 usw.). Diese Prädestination geschieht aus Liebe (2 Tim 1,9), sie ist eine freie chesed (Röm 9,15), wie Jahwe sie Mose bezeigte (Ex 33,19). Sie ist einzig und allein abhängig von Gottes eigenem Gutdünken (eudokia) (Eph 1,5.9.11; Lk 2,14; 12,32; Kol 1,19; Phil 2,13), aber eine „eudokia agathōsynēs" (2 Thess 1,11), das heißt keine Willkür, sondern Äußerung der Güte. Gottes *Berufung* folgt aus dieser Prädestination (vor allem Röm 8,30; auch Eph 1,18; 4,1.4; Phil 3,14; 2 Thess 1,11; 2 Tim 1,9; Hebr 3,1; 2 Petr 1,10). Christen sind daher Berufene (Röm 1,6–7; 8,28; 1 Kor 1,2.24; Jud 1; Offb 17,14) oder Auserwählte (Mk 13,20; Lk 18,7; 1 Kor 1,27; Röm 8,33; Eph 1,4; Kol 3,12; 2 Tim 2,10; Tit 1,1; Offb 17,14), während Christus selbst „ho hyios mou eklelegmenos" ist (Lk 9,35), der auserwählte Sohn oder der Auserkorene (Lk 23,35). Nach Mt 22,14 sind viele ‚gerufen' (kletoi), wenige ‚auserwählt' (eklektoi). Am stärksten kommt diese Prädestination (wie auch im Qumran und allgemein in der spätjüdischen Literatur) zum Ausdruck in Röm 8,29–30; 9,1 – 11.35; Eph 1,4–5; auch Gal 1,15; Röm 1,6; 11,5; 1 Petr 1,2.10; 5,10; 4,10.

Damit will das Neue Testament deutlich machen, daß der Sinn des menschlichen Lebens nicht einfach ein Zufall und die Folge eines Schicksals ist oder abhängig von manchen willkürlichen, überirdischen Kräften oder Dämonen, sondern durch Gott in aller Freiheit und Güte gelenkt gemeint ist: Frucht also einer sorgsamen Liebe, die alles zum Guten lenken will für den, der Gott liebt (Röm 8,28). Mit anderen Worten, wenn wir auch Gottes Willen nicht im Detail identifizieren können, so werden doch die Natur, die Geschichte und darin vor allem Jesus getragen und gelenkt von einer transzendenten göttlichen Absicht. Es gibt eine Entsprechung zwischen Gottes Willen und dem letzten Sinn des menschlichen Lebens. Glauben ist daher sowohl ein Glaube an die fundamentale Güte der Absichten Gottes mit den Menschen als auch ein Glauben an den letzten Sinn des menschlichen Lebens – sich selbst und den anderen Gott anvertrauen. Das ist, biblisch gesehen, Erlebnis der Gnade.

Nicht trotz, sondern gerade um dieses ewigen Ratschlusses Gottes willen wagt das Neue Testament jedoch zu sagen (ohne die darin mitgegebene Spannung von Universalität und Auserwählung aufzuheben): „Gott will, daß *alle* Menschen gerettet werden" (1 Tim 2,3–4), „die heilbringende Gnade Gottes erschien *allen* Menschen" (Tit 2,11; siehe Offb 21,3); er ist „der Heilbringer" (Retter, Heiland, Wohltäter: Soter) der *Welt*" (Joh 4,42; 1 Joh 4,14), „das Lamm Gottes, das die Sünden *der Welt* hinwegnimmt" (Joh 1,29). „Der lebendige Gott, der ein Heiland ist für *alle* Menschen, *insonderheit* für die Gläubigen" (1 Tim 4,10).

In diesem Gedanken der Auserwählung kommt der tiefste Sinn des neutestamentlichen religiösen Sprechens und Bekennens zum Ausdruck. Dieses Bekennen ist kein eigenmächtiges Sprechen, es ist eine ‚homologia': „übereinstimmendes Sprechen", „das gleiche sagen" oder be-jahen, das heißt, der Gläubige, der von Gott angerührt wurde und seine Gnade erfahren hat, *gibt* im bekennenden Lobpreis Gottes ihm das *zurück,* was er von Gott empfangen und erfahren durfte. Dankend bejaht er, was Gott ihm getan hat. Denn der Gläubige kann nur deshalb religiös sprechen (wobei er die bloß beschreibende Sprache verläßt), weil Gott selbst ihn dazu ermächtigt und befähigt; in diesem Sinn ist Gottes Gnade in Jesus nicht nur der *Inhalt,* sondern zugleich der *Möglichkeitsgrund* der gläubigen ‚Homologie' oder des bejahenden Preisens und dankenden Bekennens Gottes.

Vor allem im bekennenden *Bezeugen,* in der Verkündigung, kommt die göttliche, auserwählende Gnade zu einem prägnanten Ausdruck. Das Neue Testament verkündet, was Christen in ihrer Begegnung mit Jesus von Gott her erfahren haben. Verkündend erfahren sie aber auch die Ablehnung durch andere. Diese Ablehnung des Zeugnisses Jesu und der christlichen Verkündigung läßt noch schärfer erleben und verstehen, wie unverdient die Gnade Gottes ist. Die Ablehnung durch andere brachte die Christen in die Isolation. Darin erleben sie Gottes Solidarität mit Marginalisierten oder ‚Randmenschen', um so mehr, weil das frühe Christentum seinen Anhang vor allem aus den untersten Schichten der Bevölkerung gewann. Dies alles macht den Prädestinationsgedanken, die Auserwählung, zu einem zentralen neutestamentlichen Schlüsselbegriff. Annahme des Zeugnisses Jesu und der Christen läßt diese ihre Heilserfahrung als eine Auserwählung erleben; nicht als eigenen Ruhm, sondern als Rühmen Gottes, wie es das Neue Testament in einem fort wiederholt in dem Bewußtsein der tödlichen Gefahr, die Menschen aus einem vielleicht zu menschlich verstandenen Bewußtsein, ‚auserwählt' und ‚gesandt' zu sein, bedrohen kann. Unter dieser realen Ermahnung stehend, wird jedoch, aufgrund der Ablehnung durch andere (oder der Tatsache, daß sie noch nicht wissen, was „in diesen Tagen" in Jerusalem geschehen ist), das gläubige Bewußtsein der Christen geschärft, vor allem, daß ihr Ja zu Jesus als dem Christus nicht die Folge eines blinden Schicksals oder Zufalls ist, sondern Frucht der Sorge Gottes.

Über das Geheimnis dieses Zusammengehens von Gottes huldvoller Auserwählung und der menschlichen Wahl und Entscheidung haben vor allem Paulus und das Johannesevangelium nachgedacht, aber auch sie werden nicht ganz damit fertig. Jedenfalls ist die Gnade der Annahme, der Glaube, zugleich ein Auftrag zum „Dienst der Versöhnung" (Paulus; Epheserbrief) und nicht ein Stimulans zur Bebauung des eigenen geschlossenen Gartens. Dieser Glaube ist eine Sendung in die Welt, sogar für die recht introvertierte johanneische Kirche (Joh

17, 15–18). Das Neue Testament kennt nicht die Vorstellung einer abgesonderten Restgemeinde. Außerdem, selbst wenn das Neue Testament auch die unergründbare Ambivalenz der menschlichen Freiheit kennt, dominant bleibt doch eine durchweg unausgesprochene, untergründige Auffassung: Gott liebte uns, „als wir noch Sünder waren" (Röm 5, 8). Das ist unmittelbar auf die *Christen* gemünzt, die vor ihrer ‚Kenntnis' des Jesusgeschehens „noch Sünder waren", aber es läßt sich kaum leugnen, daß dieser neutestamentliche Begriff der Gnade (chesed und charis) untergründig weiterdrängt, so weit sogar, daß der Erste Petrusbrief von einer Heils- oder Lebenschance für *verstorbene Sünder* spricht (1 Petr 3, 19–21; 4, 6; allerdings läßt der Autor offen, ob sie in Wirklichkeit dieses allerletzte Erbarmen und die darin gegebene Lebenschance auch ergreifen). Diese Auffassung ist später häresieverdächtig geworden durch die Lehre des Origenes von der *apokatastasis* oder der endgültigen Versöhnung aller (nicht so sehr wegen dieser Auffassung, sondern wegen dessen, was alles damit verbunden war: Präexistenz der Seele, Reinkarnation usw.) – ein Grund dafür, warum der Erste Petrusbrief später in viele andere Richtungen gepreßt wurde, jedoch ohne irgendeine Stütze in diesem apostolischen Brief selbst. Das Neue Testament kennt nur eine einzige Sünde zum Tod: derer, die bewußt und gewollt, gegen besseres Wissen, eben das Prinzip des Erbarmens Gottes (in Jesus) verwerfen (Hebr 9, 28 mit 4, 4–6 und 10, 26–31); das ist die Sünde gegen den Heiligen Geist, die in dieser und in der kommenden Welt nicht vergeben wird (Mt 12, 32; Lk 12, 10; Mk 3, 28; vgl. 1 Joh 5, 16). Die Ablehnung der erbarmenden Liebe Gottes ist die einzige Schranke, die gegen Gottes Erbarmen errichtet werden kann (ob es Menschen gibt, die dies mit Wissen und Willen tun, wird nicht gesagt). Auch unabhängig vom origenistischen Kontext der apokatastasis bleiben wir herausgefordert durch die *neutestamentliche* Aussage: Gottes erbarmende Liebe *geht* allen unseren Sünden *voraus:* „Er hatte uns schon lieb, als wir noch Sünder waren." Nicht der Sünder hat das letzte entscheidende Wort, sondern Gottes Barmherzigkeit, die Vergebung schenkt – ‚umsonst'. Wenn Gerechtigkeit und Liebe im eigenen Modus des Gottseins Gottes eins sind, dann können wir nur stammeln bei der Frage, wie Gerechtigkeit und heilige Entrüstung über all das, was von Menschen Mitmenschen, Gottes eigenen Geschöpfen, kränkend angetan wird, sich vereinbaren läßt mit Gottes Erbarmen sowohl über den Gekränkten als auch über den noch elenderen Unterdrücker. Hier gehen menschliche und göttliche Gerechtigkeit offensichtlich auseinander.

Jedenfalls, von einer Auserwählung einzelner *aus* einer ‚massa damnata' ist im Neuen Testament keine Rede: Gottes uneigennützig-parteiliche Liebe richtet sich gerade auf die Sünder. Diese Perspektive umfaßt keineswegs – im Gegenteil! für den, der von Gottes Erbarmen weiß – die Möglichkeit eines „pecca fortiter, sed crede fortius"; die *göttlichen* Möglichkeiten dieser rückhaltlosen Solidarität gerade mit dem zutiefst unfreien Menschen, dem Sünder, sind das *Geheimnis* der zuvorkommenden Gnade Gottes, die in der Tat in und aus sich selbst wirksam wird und das geknickte Rohr nicht brechen will. Ein paar Gerechte hätten Sodom retten können (Gen 18,23–32); ein einziger Gerechter hätte genügt, Jerusalem zu retten (Jer 5,1), und ‚viele‘ werden gerettet dank den prophetischen ‚leidenden Gerechten‘ (Jes 53). So gesehen, sind die neutestamentlichen Christen davon überzeugt, daß um des einen und einzigartigen, endzeitlichen ‚leidenden Propheten‘, Jesu Christi, willen die ganze Welt gerettet ist: Er ist „der Retter der Welt“ (Joh 4,42; 1 Joh 4,14), „das Lamm Gottes, das die Sünde der Welt auf sich nimmt (hinwegnimmt)“ (Joh 1,29).

Die neutestamentliche Beziehung zwischen Gottes universalem Heilswillen und der menschlichen Erfahrung des letzten Sinns des eigenen Lebens, der christlichen Erfahrung von Heil-in-Gott in und durch die Erfahrung eigener Lebenserfüllung ist ein Leitfaden bei dem Versuch, die Strukturelemente der neutestamentlichen Gnaden- und Erlösungstheologien in ihrem inneren Zusammenhang zu artikulieren, und zwar von der Grundgegebenheit aus: Es begann mit einer Begegnung des Menschen Jesus mit seinen Mitmenschen. Heil-von-Gott offenbart sich in der Begegnung Jesu mit Mitmenschen. Begegnung, Heil und Glück sind Erfahrungsbegriffe. Darüber wird weniger argumentiert als erzählt, in einer Geschichte, die zu einer kritischen, befreienden Praxis aufruft.

Nach all dem Vorausgegangenen kommen wir dann zu *vier Strukturelementen,* die Christen in einer zeitgemäßen Aktualisierung, in der ein Echo des Evangeliums Jesu Christi vernommen werden kann, berücksichtigen müssen, wenn sie dieses Evangelium unverkürzt und doch zeitgemäß in Wort und Tat lebendig halten wollen.

I
Gott und seine Geschichte mit dem Menschen

Die christliche Erfahrung einer – ursprünglich jüdischen – Gruppe von Menschen mit Jesus von Nazaret entwickelte sich zu dem Bekenntnis, daß für diese Menschen, Christen, die schmerzliche und menschlich unlösbare Frage nach dem Warum und Sinn des Lebens als Mensch in Natur und Geschichte, in einem Kontext von Sinn und Sinnlosigkeit, von Leid und Momenten der Freude, eine positive und einzigartige, alle Erwartungen übertreffende ‚Antwort‘ erhalten hat: Gott selbst steht dafür ein, daß das Menschenleben eine positiv-sinnvolle Bedeutung erlangt. Er selbst hat es zu seinem Anliegen gemacht und seine eigene Ehre aufs Spiel gesetzt: Seine Ehre ist seine Identifizierung mit dem armen Schlucker und ausgebeuteten Menschen, mit dem unfreien Menschen, vor allem dem Sünder, das heißt dem Menschen, der den Mitmenschen so kränkt, daß dieses Kränken ‚zum Himmel schreit‘ (siehe Ex 2,23–25; 3,7–8). Dann „steigt Gott herab“ (Ex 3,8): „So sehr hat Gott die Welt geliebt, daß er seinen einziggeliebten Sohn dahingegeben hat, damit jeder, der an ihn glaubt, nicht verlorengehe" (Joh 3,16). Letztlich – und das ist zugleich protologisch: von Anfang an – *entscheidet* Gott über den Sinn und die Lebensbestimmung des Menschen zum Vorteil des Menschen. Er überläßt diese Entscheidung nicht der Willkür kosmischer und historischer, chaotischer und dämonischer Mächte, auf deren krummen Zeilen er gerade zu schreiben weiß, und vor allem, deren krumme Zeilen er geradeziehen will. Als Schöpfer ist Gott der Urheber des Guten und der Bekämpfer des Bösen, von Leiden und Unrecht, das den Menschen in Sinnlosigkeit stürzt. In ihrer Erfahrung von Lebenssinn und Lebenserfüllung erleben die Jünger in ihrer vertrauensvollen Begegnung mit Jesus Heil-von-Gott-her. Als Initiative Gottes, die alle Erwartungen übertrifft, wird diese Lebensbestimmung als unverdientes Geschenk, als Gnade, erfahren. Darin sind sich Altes und Neues Testament gleich: Jahwe ist ein Gott der Menschen, er ist der „Er-Ist" (Ex 3,14), das heißt, „Ich trage Sorge für euch" (Ex 3,16). Gottes Name lautet: „solidarisch mit meinem Volk". Gottes eigene Ehre liegt im Glück und Heil der Menschen. Gottes Vorherbestimmung und die Sinnerfahrung des Menschen sind zwei Aspekte ein und derselben Heilswirklichkeit. Heil hat mit menschlichem Heilsein und Glück zu tun, und dieses steht in einer wesentlichen Wechselbeziehung zu der Solidarität des Menschen mit dem auf Menschlichkeit bedachten lebendigen Gott. Das ist Gottes Geschichte mit dem Menschen.

II
Das Wesen der Geschichte Gottes mit dem Menschen wird in der Person und im Leben Jesu erfahrbar

Der von Gott schon seit alters her bereitete und beabsichtigte Sinn oder die Lebensbestimmung der Menschen ist erschlossen und somit in einer Erfahrung von Gläubigen erkennbar geworden in der Person, im Lebenslauf und in der Lebensbestimmung Jesu von Nazaret: in seiner Botschaft und seinem Leben, seiner Praxis und in den konkreten Umständen, unter denen er hingerichtet wurde. Ein solches Leben und ein solcher Tod haben Wert *in* und *aus sich selbst.* Aber gerade deshalb primär auch für Gott, der darin die eigene Solidarität mit seinem Volk, den eigenen Ruf und die eigene Ehre erkennt, sich daher nicht nur mit den Idealen und Visionen Jesu identifiziert, sondern auch mit der Person Jesu von Nazaret selbst: So wird die Lebensbestimmung Jesu über den Tod hinaus vollendet in seiner Auferstehung von den Toten, dem Amen Gottes zu der Person Jesu, zugleich der göttlichen Bejahung des eigenen Wesens: „solidarisch mit dem Volk". „Gott ist Liebe" (1 Joh 4,8; 4,16).

Gott mag allgemein-religiös und in einzelnen Religionen viele Namen haben, dem Christen zeigt er sein *wahres Antlitz* in der selbstlosen Parteilichkeit Jesu Christi als des guten Hirten auf der Suche nach dem verirrten und verlorenen Schaf. Zwar ist der Vater größer als sein Kommen in Jesus Christus – „der Vater ist größer als ich" (Joh 14,28) –, trotzdem wohnt in Jesus „die Fülle

Gottes" (Kol 1,19). Wer ihn sieht, sieht den Vater (Joh 14,9b). Jesus ist das den Menschen zugewandte Antlitz Gottes, der sich um alle kümmert, insbesondere und unparteiisch um die Geringsten der Erde: alle Gekreuzigten. „Deshalb hat Gott ihn erhoben und ihm den Namen gegeben, der über alle Namen ist" (Phil 2,9): der Herr, „Ich bin" (Ex 3,14; Joh 8,24; 8,28; 8,58; 13,19), ich-bin-für-euch-da. Darauf kann nur gläubige Homologie, Bejahung, folgen: „damit beim Nennen seines Namens sich jedes Knie beuge" (Phil 2,10).

In Jesus ist sowohl die Prädestination Gottes als auch der Sinn des menschlichen Lebens ganz gezeichnet: Förderung des Guten, Widerstand gegen alles Böse. Deshalb stand sein Lebensschicksal unter einer besonderen Sorge Gottes. Er ist der Einziggeliebte Gottes als Geschenk an die Menschheit. Sein Lebenslauf ist Erfüllung und Ausführung der göttlichen Sorge für die Menschen, jedoch in und durch die freie und verantwortliche, menschliche und religiöse Initiative Jesu selbst, in Konflikt und Widerstand zugleich durch das, was sein Auftreten als Vorkämpfer der Sache des Menschen als der Sache Gottes geschichtlich ausgelöst hat.

An diesem Lebensschicksal erweist sich die Ohnmacht des doch notwendigen Wortes, der Botschaft oder der Vision ‚aus sich selbst'. Botschaften kann man ablehnen, Visionen kann man als unrealistische Träume verspotten. Aber wer als Blutzeuge und Gemarterter seine Botschaft mit der Hingabe seines Lebens bekräftigt, „um dieser Botschaft willen", als „Dienst der Versöhnung", beweist dadurch die *Ohnmacht* derer, die ihr Recht nur im mordenden Beseitigen des Zeugen für Gerechtigkeit und Liebe finden können. Ihr kurzer Sieg trägt die sichtbaren Zeichen der Selbstauflösung, wenn auch ihre Raserei in dem Maß gewalttätiger wird, als sie die Verwesung riecht. Denn die durch sie erstickte, sterbende Fackel wird von anderen übernommen.

Nicht das Leiden selbst ist erlösend. Aber Leiden durch und für andere, für die Sache des Menschen als die Sache dessen, der sich „solidarisch mit meinem Volk" nennt, der die Welt „besiegt hat" (Joh 16,33b). Das Neue Testament preist nicht das Leiden, nur das Leiden beim und im Widerstand gegen Unrecht und Leiden, es preist das Leiden „um des Königreichs Gottes" oder „des Evangeliums willen" (Mk 8,35; 10,29), „um der Gerechtigkeit willen" (1 Petr 3,14), „unverschuldetes Leiden" (1 Petr 3,17), „für das Gute" (1 Petr 3,17), „leiden, obwohl man doch etwas Gutes verrichtet" (1 Petr 2,20–21): „solidarisch mit seinen Brüdern" (Hebr 2,17–18). Das Leiden selbst ist keine Gnade, keine „chesed" von seiten Gottes; es ist ein „cheen", das heißt etwas im Menschen, was je nach dem Zusammenhang, in dem es steht, „angenehm ist in den Augen Gottes" (1 Petr 2,19–20b und 4,14). Das Leiden gehört zu den krummen Zeilen, die Menschen ziehen. „Es kommt eine Zeit, da jeder, der euch tötet, glauben wird, Gott einen Dienst zu erweisen" (Joh 16,2b) … „aber habt guten Mut: Ich habe die Welt besiegt" (Joh 16,33b). Statt einem ‚göttlichen Müssen' oder einer apokalyptischen Notwendigkeit sagt der Hebräerbrief daher verhaltener, mehr auf der Höhe dessen, was des Menschen ist, als dessen, was Gottes ist: „Es *geziemte* sich, daß Gott, Ende und Ursprung von allem – wollte er viele Kinder in die himmlische Herrlichkeit führen –, auch den Anführer, der sie rettet, durch Leiden zur Vollendung brachte" (Hebr 2,10). Denn der Name Gottes lautet: „solidarisch mit meinem Volk"; und dieses Volk leidet.

III
Unsere Geschichte, Jesus folgen

Die Erinnerung an die Geschichte Gottes mit den Menschen in Jesus Christus ist, im Sinn der biblischen ‚Anamnese' (zikkaron) oder Erinnerung, nicht nur ein Sich-Erinnern an das, was früher stattfand. Es ist ein erzählendes Zurückgreifen in die Vergangenheit mit dem Blick auf ein Handeln in der Gegenwart. Gott ‚erinnert sich' seiner früheren Heilstaten in und durch neue Taten der Befreiung. So ist christlicher Glaube eine Erinnerung an das Leben und den Tod des auferstandenen Jesus durch eine Praxis der Nachfolge Jesu – nicht durch nachahmendes Tun dessen, was er getan hat, sondern indem man wie Jesus aus einem intensiven Gotterleben auf eigene, neue Situationen antwortet. Die Zukunft Jesu, bekräftigt durch seine Auferstehung, ist in der Kirchengemeinde zugleich eine Erinnerung an das Leben Jesu. Es geht um eine lebendige Tradition auf die Zukunft hin. Das christliche Leben selbst muß und kann ein *Gedächtnis* Jesu Christi sein. Das rechtgläubige Bekenntnis ist nur der Ausdruck wahrhaft christlichen Lebens als „memoria Jesu". Getrennt von der Praxis konform dem Reich Gottes, ist das christliche Bekenntnis ungefährlich und von vornherein ‚unglaubwürdig'. Die lebendige Gemeinde ist die einzig echte Reliquie Jesu. „Nicht jeder, der zu mir sagt: Herr! Herr!, wird in das Himmelreich eingehen, sondern wer den Willen meines Vaters tut, der im Himmel ist" (Mt 7,21; siehe 7,22–23) – oft die Haltung derer, die mit Recht die gläubige Orthodoxie der Auferstehung Jesu hochhalten wollen, aber durch ihre kleingläubige Lebenspraxis deren Glaubwürdigkeit zerschlagen. Gerade in der christlichen Praxis zeigt sich, wer wirklich an den auferstandenen Jesus, die Zukunft einer heilvolleren Welt, glaubt. Das Neue Testament (vor allem Paulus; auch der Kolosser- und der Epheserbrief; Johannes; der Hebräerbrief) läßt uns verstehen, daß die Kirchengemeinde, die Versammlung derer, die Jesus gedenken, die öffentliche lebendige Erinnerung an Jesus ist, deshalb „mit der Fülle Jesu erfüllt" (Eph 3,19; 1,29) und daher mit der Vision, der Praxis und der Bereitschaft zum Leiden durch und für andere, wie sie Jesus beseelte, indem er sich mit Gott identifizierte, dessen Name ist „solidarisch mit dem Volk".

So wird die Geschichte Gottes in dem Menschen Jesus, dem Auferstandenen, auch unsere Geschichte, vor allem in und durch die Praxis der Solidarität mit einem auf Menschlichkeit bedachten Gott. Indem wir Jesus nachgehen, uns auf ihn hin orientieren und von ihm inspirieren lassen, indem wir sein Abba-Erlebnis und seine selbstlose Parteilichkeit für ‚die Geringsten der Meinen' (Mt

25,40) teilen und dabei das eigene Lebensschicksal Gott anvertrauen, geht die ‚Geschichte' Jesu, des Lebenden, weiter in der Geschichte, als ein Stück lebendiger Christologie, dem Werk des Geistes unter uns: des Geistes Gottes und des Geistes Christi. So arbeitet der Christ in freier Verantwortung an der Vollendung von Gottes Plan, dem Leben der Menschen einen letzten Sinn zu geben. Darin aktualisiert sich die Korrelation zwischen Gottes universalem Heilswillen in Jesus und menschlichem Heil oder Glück für alle und für jeden einzelnen.

Von der Geschichte Jesu können wir daher nur in Begriffen der Geschichte der christlichen Gemeinde sprechen, die Jesus nachfolgt. Vor allem das (manchmal geschmähte) Johannesevangelium ist Modell für eine solche Geschichte, in der die historische Ebene des eigenen Lebens Jesu mit der Geschichte der späteren Gemeinde gleichsam verschmilzt. Auferstehung, Gemeindebildung und Welterneuerung gemäß der Praxis des Reiches Gottes (unter den gegebenen Umständen) bilden also ein einziges Geschehen mit einer pneumatischen und einer geschichtlichen Seite. Die Gegenwart des lebendigen Christus und seines Pneumas ist zugleich die historische Geschichte der Glaubensgemeinschaft in betendem Bekennen und in tatkräftigem Handeln in Solidarität mit der Sache des Menschen als der Sache Gottes.

IV
Geschichte ohne geschichtliches Ende

Das Ende dieser Geschichte Gottes mit den Menschen in Jesus, von der „Gemeinde Gottes" weitergegeben und praktiziert, kann in den engen Grenzen unserer weltweiten Menschengeschichte von niemandem vollendet oder bis zu Ende erzählt werden. Der Tod jedes einzelnen zerreißt immer wieder den Faden der Geschichte. Gibt es dann kein Heil mehr, selbst nicht für den, der die Fackel der Geschichte weitergegeben und unter den Lebenden brennend erhalten hat und vielleicht deshalb beseitigt wurde? Die Endvollendung der Vorherbestimmung Gottes und der Realisierung menschlichen Sinns und menschlicher Lebensbestimmung und somit von Gnade, Erlösung und Befreiung, ist ‚nicht von und aus dieser Welt', obwohl diese Befreiungsgnade, die Menschen heil macht, in stets wiederholbaren und stets eingeholten Gestalten einen erkennbaren, historisch wahrnehmbaren Heilsinhalt auf der Ebene unserer irdischen Geschichte erhalten muß.

Obwohl das definitive Heil eschatologisch ist und als solches selbstverständlich nicht als vorhandener Erfahrungsinhalt erfahren wird, ist doch das gläubige Bewußtsein dieser endgültigen Perspektive – der Verheißung – in einer Erfahrung hier und jetzt gegeben, nämlich in Fragmenten einzelner Heilserfahrungen, die, wie es bei und durch Jesus der Fall war, eine innere Verheißung in sich tragen. Allein aus solchen fragmentarischen Heilserfahrungen erhält das kirchliche verkündende ‚An- und Zusagen' endgültigen Heils – die eschatologische

Verheißung – eine reale Bedeutung. Das endgültige Heil überschreitet tatsächlich unsere heutigen Erfahrungen – wir erfahren letztlich kein aktuelles Heilsein –, aber die Gültigkeit dieser verheißungsvollen Ansage hat dann doch ihre Grundlage *in* einem Erfahrungszusammenhang, hier und heute, mit Jesus und dem christlichen Leben in dieser Welt. Sie kann sich nicht bloß auf eine *Wort*-Offenbarung stützen – ,Wort' ist anthropologisch übrigens ein Ausdruck menschlicher Erfahrung und Praxis –, noch auf ein *bloß* (aufgrund wessen denn?) verkündendes *Ansagen* eines kommenden, endgültigen und allgemeinen Heils. „Das Wort Gottes" ist, ohne alle Vermittlung menschlichen, eigene Grenzen überschreitenden Erfahrens und Verwirklichens von Heilsfragmenten, nicht nur keine Metapher, sondern eine reine Illusion. *Im* Kontext fragmentarischer Heilserfahrungen aber dürfen wir, mit Recht, metaphorisch und tief-real vom Wort Gottes sprechen und von seiner Verheißung eschatologischen Heils, das alle Erfahrungserwartungen übertrifft und doch als das vertraute Evidente erkannt werden wird: „Siehe! Gottes Wohnung unter den Menschen! Er wird bei ihnen wohnen. Sie werden sein Volk sein, und er, Gott mit ihnen – (der alte Name Jahwes: „solidarisch mit meinem Volk") –, wird ihr Gott sein, und er wird alle Tränen von ihren Augen abwischen, und der Tod wird nicht mehr sein; keine Trauer, kein Weinen, kein Schmerz wird mehr sein, denn alles Alte ist vergangen" (Offb 21, 3–4).

Schluß

In die Kategorie der Erzählung gestellt – neutestamentlich heißt dies übrigens „eu-angelion", Evangelium oder freudenbringende Kunde –, scheinen mir diese vier fundamentalen Perspektiven die wesentlich strukturierenden Elemente in der neutestamentlichen interpretativen und thematisierten Erfahrung, der Grundlage des christlichen Bekenntnisses von erfahrenem Heil-von-Gott-her in Jesus dem Christus.

Dieser Bericht und die dadurch geschaffene kritische Praxis erhält aber eine immer wieder neue Folge durch und in der Vermittlung der fortschreitenden Menschengeschichte. Die Geschichte Jesu ist nicht zu Ende, wenn wir erzählt haben, was das Neue Testament darüber sagt. Dann sind *wir* selbst davon noch keineswegs betroffen, wir, die wir hier und jetzt diese Geschichte kommenden Generationen weitergeben müssen. Oder tun wir dies einzig und allein dadurch, daß wir Bibeln verkaufen? Die große Frage für viele Christen ist: Wo ist das Identifikationsmodell? Christliche Personidentität und kirchliche Identität entsprechen sich: Sie bedürfen der gegenseitigen Bestätigung. Wo diese fehlt, wo nur Teilidentifizierung möglich ist – sei es des Gläubigen mit der Kirche, sei es der ,großen Kirche' mit Gläubigen, sei es der christlichen Kirchen untereinander –, erlebt die Geschichte ein Moment der Krise. Nicht als ob die gegenseitige Bestätigung auf ein uniformes Modell hinzielen müßte. Auch die johanneische Gemeinde erkannte die Autorität der Zwölf an, aber forderte das Vertrauen des Petrus in das eigene Lebensschicksal und die christliche Besonderheit der johanneischen Gemeinde (Joh 21,15–17 gegenüber 21,20–23).

Die Art und Weise, wie das Neue Testament den vier soeben analysierten Strukturelementen konkrete Gestalt gegeben hat, ist zweifellos mit bestimmt durch das Lebensgefühl der Antike, die damaligen historischen Vermittlungen und konkreten Möglichkeiten. Auch viele Konsequenzen, die das Neue Testament für das Verhalten der Christen daraus abgeleitet hat (übrigens damals schon auf ganz unterschiedliche Weise im Neuen Testament selbst), sind geschichtlich vermittelt. Und gerade in ihrer geschichtlichen Vermittlung sind sie direkt keine Norm für die zeitgenössische „memoria Jesu", auch wenn sie sogar Modell dafür sind, wie wir, in veränderter geschichtlicher Vermittlung und in geänderten Möglichkeiten, hier und jetzt der Geschichte Jesu, des Lebendigen, ein Kapitel hinzufügen können.

VIERTER TEIL

GOTTES EHRE UND DAS WAHRE, GUTE UND GLÜCKLICHE MENSCHSEIN

Gottes Ehre liegt in der Aufrichtung der
Verworfenen: „damit sie das Leben haben,
und zwar in Fülle haben" (Joh 10,10).

EINFÜHRUNG

1. Mancher Leser, der bisher dem Gedankengang dieses Buches gefolgt ist, wird vielleicht die Frage stellen: Na und? Was tun *wir,* im Jahr 1977, mit dieser Anschauung der christlichen Bibel in einer modernen Welt, in der zum Nachteil der um Gerechtigkeit und Liebe flehenden zwei Drittel der Weltbevölkerung der mächtige Block des restlichen Drittels, in Ost und West, all seine Kenntnis und sein Wissen, seine Macht, seine Diplomatie und seine Unterwerfungstaktiken und -mittel zusammenballt, um in dem Besitz dessen zu bleiben, was es erworben hat, *persönlich* oft nicht einmal mit unfeinen Praktiken, aber in Wirklichkeit und geschichtlich auf Kosten vieler anderer? Ob diese großen oder kleinen, aber alles beherrschenden Machtblöcke ‚Kapitalismus‘, Rußland oder China, multinationale Unternehmen oder wie auch immer genannt werden, es wird nichts an der Tatsache ändern, daß die *große Mehrheit* derer, die sich *Menschen* nennen dürfen, hier und anderswo niedergehalten und unterdrückt wird, konkret unfrei gemacht trotz der stets gleichen Slogans all dieser Machtblöcke, welche Freiheit und Glück und wahre Demokratie versprechen und zugleich selbst bestimmen, was für die anderen gut ist. In einer dialektischen Taktik hält ein Block dem anderen vor, er selbst müsse noch so – in Wirklichkeit unmenschlich – handeln, *weil* es den entgegengesetzten Block noch gibt. Gäbe es den westlichen Kapitalismus nicht, dann hätte der kommunistische Staatskapitalismus den Prager Frühling nicht grausam mit Panzern niedergewalzt. Gäbe es den Kommunismus nicht, dann hätte der amerikanische Kapitalismus ebensowenig den sinnlosen Vietnamkrieg gewollt. ‚Der andere‘ sei schuld daran, daß man selbst schmutzige Hände habe. Man handle ‚unter äußerem Druck‘. So diese Dialektik.

Die Existenz ‚des anderen‘ scheint den Willen zur Menschlichkeit dialektisch unmöglich zu machen. Nach diesem Gedankengang wäre nur dann Frieden möglich, wenn es ‚den anderen‘ nicht gäbe – wenn also nur eine Partei zu sagen hätte und die Welt regierte und alle anderen das dächten, was diese eine Parteianschauung oder was finanzielle Technokraten und Machthaber als alleinseligmachende Lehre vorschreiben. Das ist verbunden mit der Parole: „Friede“, ja, aber im Zeichen des (durch finanzielle Macht) verschleierten oder auch ausdrücklichen Einparteiensystems westlicher, östlicher oder gleich welcher Prägung; Friede unter der Voraussetzung, daß ‚der andere‘ verschwindet oder liquidiert wird.

Da aber niemand die Wahrheit gepachtet hat, ist, was das gesellschaftspolitische System zur Gründung und Förderung der für alle und jeden einzelnen wahren, guten und glücklichen, möglichst gerechten menschlichen Gesellschaft betrifft, ein *wirklich demokratisch funktionierendes Zweiparteiensystem* als Minimalerfordernis (und somit als allergeringstes von allen Übeln) die *allererste, grundlegende Voraussetzung.* Mit Absolutisten läßt sich nicht reden, sie nehmen jedem, der anders denkt und spricht, die Luft. Ein System, das ausdrücklich (nennen wir es „den Kommunismus“) oder durch faktische wirtschaftliche Machtpositionen (nennen wir es kurz der Bequemlichkeit halber „den Amerikanismus“) unter diesem minimalen Niveau bleibt, maßt sich einen Wahrheitsabsolutismus an, der in den Händen endlicher Menschen für die Menschheit immer tödlich gewesen ist und sein wird. Selbst wenn dann eine strahlende Vision dies alles lenkt und begleitet, ist diese Vision innerlich schon nicht mehr echt; dann birgt der Traum in sich die wirklich bitteren Folgen, die das System hervorbringt. Sie sind dann nicht nur zufällig oder vermeidbar; denn sie sind jedem menschlichen Wahrheitsabsolutismus inhärent.

Aus der ganzen vorausgegangenen biblischen Analyse klingt mir ständig das Wort des lukanischen Jesus in den Ohren: „Die Könige (Herrscher oder Machtblöcke) der Völker üben Herrschaft über sie aus, und ihre Machthaber lassen sich *Wohltäter* nennen. *So dürft ihr es nicht machen*“ (Lk 22,25–26a), das heißt: das ist keine christliche Lebensführung. Durch dieses Wort werden alle beschämt – leider auch die Christenheit selbst, die seit dem 4. Jahrhundert (trotz ständiger marginaler und unbeachteter Proteste aus allen Schichten) der Ausübung dieser weltlichen Macht zum Opfer gefallen ist und getan hat, was ‚die Welt‘ tut, trotz ihrer antiweltlichen Aussagen.

Es ist eine Binsenwahrheit, daß man das Ideal, die Vision der einen Richtung nicht messen darf an der *empirischen* Wirklichkeit der anderen. Ebensowenig darf man – es wäre unrealistisch – an der Frage vorbeigehen, ob die faktische, empirische Erscheinung etwas mit der Reichweite und der Art der eigenen Vision zu tun hat oder ob sie mit dieser kraß und inkonsequent kontrastiert. Über Verwandtschaften zwischen Visionen unterschiedlicher Bewegungen zu jubeln, scheint mir ziemlich überflüssig zu sein. Seit es die Menschheit gibt, ist, im Gegensatz zu dem, was Menschen wirklich tun, gerade bei den Unterworfenen und ihren prophetischen Wortführern *die Vision* entstanden. Sie waren stets die authentischen Träger der Vision, allerdings mußte sie vielleicht von anderen in Worte gefaßt werden, weil die Unterdrückung ihnen die Luft zum Sprechen nahm. Als Vision ist sie überall vage und gleich – wenn auch nach der jeweiligen kulturellen, gesellschaftlichen und geographischen Situation immer wieder in anderen Farben gemalt; eine ‚feuchte‘ Eschatologie in trockenen Wüstengegenden; eine ‚trockene‘ Eschatologie in immer wieder überschwemmten Ländern; ein Reich der Gerechtigkeit für unterworfene Völker usw.; jedenfalls immer wieder: nicht das jetzt bestehende Elend. Diese Menschheitsvision – „dann wird es sein: alles und alle für jeden und alle", schon das Ideal des primitiven Clans (wenn auch nur ,nach innen') – können Menschen für ein Linsengericht, das heißt für das, was sie in Wirklichkeit schon sicher und reichlich besitzen, bisweilen vergessen. Auch religiöse Menschen vergessen es oft bei dem, was sie selbst schon besitzen, so daß dann nicht-religiöse Menschen die Geschichte der alten Menschheitsvision weitergeben. Aber kein Volk, keine Bewegung hat ein Monopol darauf. Immer werden es die Unterworfenen selbst sein, aller Sprachen und Farben, die in ihrer Erniedrigung die Vision hochhalten werden. Auch für Jesus sind, wie für den Deuterojesaja, die Armen nicht nur die Adressaten, sondern auch die *Träger* der frohen Botschaft.

Aber Visionen und Utopien haben eine Geschichte. Es hat mörderische Visionen gegeben, für die Millionen von Menschen in unserem zwanzigsten aufgeklärten und ,säkularisierten' Jahrhundert – hier wie drüben – in den Tod getrieben worden sind (Historiker sagen: 6 Millionen Juden hier, mehr als 10 Millionen sogenannter ,Antikommunisten' dort). Selbst für religiöse Zukunftsvisionen hat es Brudermorde gegeben, haben Christen Muslime und diese wiederum Christen ermordet, haben Katholiken Protestanten und diese wiederum Katholiken an den Galgen gebracht und halten heute andere ausgebrannte menschliche Wracks gefangen, als Ausdruck ,menschlicher' Gerechtigkeit. Alles zur Ehre der verabsolutierten Vision. Eine ,Vision' hat einen gefährlichen Januskopf. Wo in Händen endlicher Wesen das grimmige Ideal des *fernen* Absoluten hochgehalten wird, schlägt man in der *unmittelbaren* Nähe einen Jesus von Nazaret ans Kreuz. Absolute Ideale, wenn sie nicht eine Vision *der Liebe* sind, das heißt selbstloser Parteilichkeit, sind lebensgefährlich, auch wenn sie Freiheit und Menschlichkeit in ihrem Banner tragen. Diese Begriffe sind schon genauso mit Schmutz besudelt, wie der Name Gottes durch alle Zeiten hindurch entehrt wurde.

2. Eine Reflexion auf all dies macht schon von vornherein den verdächtig, der sich darauf besinnt. Denn es impliziert, daß er ,freigestellt' ist, um sich ruhig darüber Gedanken zu machen. Ihm ist die Luft zum Sprechen nicht genommen. Er gehört schon von vornherein zu dem einen Drittel der Weltbevölkerung, zu den Bevorzugten. Dadurch wird seine Besinnung schon suspekt. Es ist ein Vorwurf, der auch dem in Bibliotheken studierenden Karl Marx gemacht wurde, trotz der Tatsache, daß er dort aus einem Pathos der Menschlichkeit theoretisch eine neue Beziehung zwischen Theorie und Praxis herausfand und das doch erst deshalb konnte, weil er diesen qualitativen Wandel gegenüber dem in der Praxis engagierten Leben mitmachen konnte.

Man kann westlichen Theologen vorwerfen, sie dächten sich politische Theologien und Befreiungstheologien in komfortablen Studierzimmern aus, während beispielsweise ihre lateinamerikanischen Mitbrüder aus am eigenen Leib erfahrenen Leid, sogar aus Folterungen und aus einem neuen Gemeinschaftserlebnis von Menschen, die am Rande stehen, dazu kommen. Diese Situation muß den ‚alten Westen' zwar zu Zurückhaltung und zu vorsichtigen Aussagen veranlassen, aber nicht zum puren Schweigen des Komplizen. Reue und Einkehr haben ihre eigenen Intuitionen, die einer anderen Erfahrung entstammen als der Erfahrung Unterdrückter. Die Theologie des Unterdrückten ist eine andere als die des Bekehrten. Beide haben uns etwas zu sagen.

Es ist eine Tatsache, daß in der Neuzeit der eigentliche Gesprächspartner der westlichen Theologie der *Ungläubige* gewesen ist, der Humanist. Man kann es ihr kaum übelnehmen: dies war von ihrer eigenen Freiheitstradition her das gegebene Problem! Es war (von der faktischen theologischen Thematik aus gesehen) ein Gespräch des gläubigen mit dem ungläubigen Bürger, ob Gott die begründende Ursache ihrer (bürgerlichen) Freiheit sei oder nicht. Aus Lateinamerika hören wir: Unsere ‚Befreiung' ist nicht eure ‚Freiheit' (so etwa G. Gutiérrez Merino; R. Alves; T. M. Bonino). Der Gesprächspartner dieser nicht-westlichen Theologie ist nicht mehr der ungläubige Mitbürger, sondern der verhöhnte, unterworfene, in Unterdrückung gehaltene Mitmensch: der Arme (gläubig oder ungläubig), das Opfer unserer selbstgeschaffenen Systeme. Zu ihrem Wortführer macht sich die lateinamerikanische Theologie. Das ruft in der Tat eine *andere* Theologie ins Leben.

Jede Theologie ist zeit- und situationsbedingt. Deshalb ist sie, trotz ihrer tiefsten Intention, in Wirklichkeit ‚regionalisiert', auch wenn sie das früher selbst nicht wußte. Gerade das Aufkommen von Befreiungstheologien, ‚schwarzen Theologien', ‚feministischen Theologien' usw. hat uns die Tatsache, daß Theologie – auch die früher allein gültige (in Wirklichkeit damals einzig bekannte) westliche Theologie – immer schon *regionalisierte* Theologie gewesen ist, deutlich gemacht. Es bedeutet zugleich, daß dort, wo sie importiert wurde, sie in Wirklichkeit, auch wenn man es anfangs nicht so erfahren konnte, ein (neo-)kolonialistisches Unternehmen war, nachträglich gesehen. Daß die neuen Formen von Befreiungstheologien sich jetzt gegen den Import westlich-regionaler Theologien sperren, ist eine unvermeidliche Folge dieser Tatsache. Ihre Theologie ist auf einem anderen Erfahrungsboden gereift, wenn man auch nicht vergessen darf, daß es, wie profiliert sie auch im einzelnen ist, letztlich doch um allgemeine Wahrheit geht.

Zudem haben sich gegenüber der biblischen Geschichte auch in unserer westlichen Gesellschaft die Zeiten und Mentalitäten verändert. Die Bibel spricht tatsächlich vor allem vom ‚leidenden *Gerechten*'. Das war damals das brennende Problem. Zwar spricht sie daneben auch vom ‚leidenden *Propheten*', wobei es also weniger um seine eigene Gerechtigkeit geht als vielmehr um das Leiden um der Heilsbotschaft oder des Gerichts willen, das er ankündigt, aber das Problem des ‚leidenden *Menschen*' schlechthin, ob zaddiq oder nicht, gläubig oder ungläubig, kam unmittelbar nicht zur Sprache. In der heutigen Phase menschlicher Bewußtwerdung liegt gerade hier das bedrängende Problem. Es geht um den *leidenden Mitmenschen,* der unter Ausbeutung und Unterdrückung oder Ausgestoßensein nicht nur durch einzelne Mitmenschen, sondern vor allem durch gesellschaftspolitische, wirtschaftliche und bürokratische Systeme, anonyme, aber nicht weniger reale Mächte leidet. Schon seine ständige Ausbeutung scheint es von vornherein unmöglich zu machen, daß er die Kraft und die Zeit findet, ‚zaddiq‘ oder ‚ein Gerechter‘ zu werden. Er leidet nicht einmal *um* des Reiches Gottes oder *um* einer guten Sache *willen*. Er leidet. Und leidet vor allem *unter* etwas, nicht *um* einer Sache *willen*. Dumpfes Leiden. Das ist gegenüber dem, wovon die Bibel spricht, eine neue Situation, zumindest eine neue Bewußtwerdung. Es erinnert mehr an die allerälteste biblische Geschichte: die bloße Tatsache des Jammerns über das Sklavendasein der Hebräer (Ex 2,23–25; 3,7–8). *Das* veranlaßte Gott herabzusteigen, um das Volk zu befreien (Ex 3,8).

Doch ist es der Kern der christlichen, evangelischen Botschaft, daß Gott – dem jedoch Heiligkeit oder Sündhaftigkeit keineswegs gleichgültig sind – *sich um den Menschen kümmert*, mag er nun ‚zaddiq‘, heilig sein oder nicht; daß die Solidarität Gottes mit dem Menschen nicht vorher die Bedingung stellt, daß er kein Sünder, sondern ein ‚zaddiq‘ sei: „Er hat uns geliebt, als wir noch Sünder waren" (Röm 5,8). Hier liegen im Neuen Testament Impulse, die noch nicht genügend aktualisiert sind, vor allem seit der (langen) Zeit, da die Kirche weniger auf den Propheten Jesus als vielmehr auf die Kirche konzentriert war und sich selbst als ‚Leib Christi Jesu‘ gleichsam selbstverständlich mit Christus identifizierte, eine Auffassung, die die eigentliche Absicht des Epheser- und Kolosserbriefes verfehlt. Gerade der Epheserbrief hat die Vision einer Menschheit dargestellt, aus der die Trennwand zwischen den Völkern abgebrochen worden ist durch die Ankunft Jesu und sein Blutzeugnis für die Botschaft der Befriedung unter den Völkern durch die Vergebung der Sünden, deren alle bedürfen, und durch ihre Verankerung in dem einen Gott aller Menschen. Die neue, moderne Bewußtwerdung artikuliert sich daher, mit Recht, in dem, was „die Menschenrechte" genannt wird – nicht nur die Rechte dessen, der gut und gerecht ist; nicht nur die Rechte der „Hausgenossen des Glaubens". Schon das Neue Testament verwirft die Einseitigkeit dieses ‚nur‘ und sagt lediglich: „der lebendige Gott, der ein Retter ist für *alle* Menschen, *insonderheit* für die Gläubigen" (1 Tim 4,10).

Daß die historischen Impulse zur Solidarisierung mit dem leidenden *Menschen* (nicht nur mit dem nahen, dem Mitglied der eigenen Sippe oder Partei, nicht nur mit dem Christen, nicht nur mit dem Heiligen, nicht nur mit dem Gerechten) zumindest in jüngster Zeit vor allem von kirchenfremden Instanzen und Bewegungen gekommen sind, hindert nicht, daß die Christen, damit konfrontiert, als Träger der evangelischen Tradition ein gewisses *Feedback* erfahren können, wodurch deutlich wird, daß sie auch eigene Tradition vernehmen können und verstehen müssen. Dabei werden sie dann nicht nur das Pathos anderer für das ‚humanum‘ seinem eigenen Wert entsprechend fair zu erkennen wissen, sondern zugleich dem Echo (früher verdrängter) ‚vergessener Wahr-

heiten' und bedeutungsvoller Aussagen ihrer eigenen christlichen Glaubenserfahrung Gehör schenken. So werden Aktualisierung und Aktivierung evangelischer Impulse möglich. Nicht durch imitierende Wiederholung, sondern durch
Schaffung neuer und doch christlicher Traditionen: eine kommende Tradition,
wenn auch aus schon erworbenen Weisheiten!

Die biblische Vision von der kommenden Herrschaft Gottes sieht eine
Menschheit, in der es keine Ausbeuter, aber auch keine ausgebeuteten Menschen mehr gibt. Ohne individuelle oder strukturelle Knechtung auch keine
Knechte. Gerade deshalb ist Gottes Heilswille universal. Sein Heilswille kennt
nicht die Übergangsphase eines zeitweiligen Triumphs ausgebeuteter Menschen über dann geschlagene und erschlagene Ausbeuter. Das ist für das Christentum wesentlich und wird uns als Kriterium in der weiteren Darlegung begleiten müssen. Sonst droht die Gefahr verschiedener (rechts- oder links-
gerichteter) Pseudo-Solidaritäten, eine moderne Wiederholung dessen, was
früher, inspiriert durch eine ebenso absolute Vision, *Kreuzzüge* genannt wurde.
Es geht um die Frage nach dem wahren, dem guten und dem glücklichen
Menschsein in einer möglichst gerechten Gesellschaft. Was ist Menschsein und
Menschenwürde?

ERSTER ABSCHNITT

ZWISCHEN ZUKUNFT UND ERINNERUNG

Bei der Analyse der einzelnen Schriften des Neuen Testaments wurde nicht nur nach dem fundamentalen Heilsinhalt des christlichen Glaubens gesucht, sondern auch jeweils nach seinen geschichtlichen Vermittlungen: nach den Voraussetzungen der neutestamentlichen Verfasser, nach den Bewegungen und Tendenzen in der Umwelt des frühen Christentums, nach dem ‚Zeitgeist‘, der auch von den neutestamentlichen Christen eingeatmet wurde – um so zu einem gewissen Verständnis kommen zu können, wie diese Christen der überlieferten Botschaft des Evangeliums oder dem apostolischen Glauben immer wieder neu Ausdruck verliehen haben aus neuen Erfahrungen und Herausforderungen heraus, mit denen sie selbst kritisch solidarisch gewesen sind.

Für uns stellt sich dann die Frage: In welchen historischen Vermittlungen müssen wir, im Jahr 1977, den Faden des apostolischen Glaubens aufnehmen? Deshalb, wo muß heute, unter Berücksichtigung heutiger Erfahrungen und Herausforderungen, unsere christliche *kritische Solidarität* ihren Mittelpunkt finden? In welchen neuen Erfahrungen vernehmen Christen heute ein Echo ihrer eschatologischen Erinnerung an Jesus Christus, und in welchen neuen Erfahrungen und Aufforderungen sehen sie eher eine Verzeichnung, Verblendung und Verkümmerung oder sogar Verfremdung ihrer christlichen Identität? Damit begeben sich Christen natürlich auf das Gebiet geschichtlicher Entscheidungen, wofür sich gute Gründe anführen lassen und die deshalb hier und heute christlich verantwortbar sind, aber über die allein die Geschichte wird urteilen können, ob sie geschichtlich die verantwortlichste Entscheidung gewesen ist. Sich jedoch in einem bestimmten Augenblick unserer Geschichte weigern, eine der geschichtlich möglichen Alternativen zu wählen, kann der praktischen Preisgabe des evangelischen Impulses und der evangelischen Orientierung gleichkommen.

Die Herausforderung von heute läßt sich um so schwieriger beantworten, weil es mehr Alternativen gibt. Ich glaube, daß die bedrängende Frage, die in den nächsten dreißig Jahren über die Zukunft unserer Welt wie auch des Christentums entscheiden wird, die ist, ob sich der ‚Marxismus‘ oder das ‚christliche Evangelium‘ oder die Technokratie des humanistischen ‚kritischen Rationalismus‘ (auf der Linie von H. Albert und K. Popper und ihrer vielen westlichen

Adepten) als der kräftigste weltgeschichtliche Impuls erweisen wird. Denn sie sind die Kräfte, die hier und jetzt als geschichtliche Impulse für eine Verbesserung unserer weltlichen Gesellschaft in Frage kommen. Trotz spürbarer Verwandtschaften und Berührungen sind das Humanitätspathos und die ‚Vision‘ (Traum, Verheißung oder Planung), welche diese drei Bewegungen begleiten, *ihrem Wesen nach* sehr verschieden. Dies nicht einzusehen, scheint mir Naivität oder einfach Unkenntnis zu sein. Dieses Urteil vorausgesetzt, ist es außerdem eine grundlegende Frage, inwieweit eine Solidarität von Christen mit den anderen – und mit welchen? – geschichtlichen Impulsen des Augenblicks eine christliche Forderung sein wird oder vielmehr Verblendung und Selbstentfremdung der Christen.

ERSTES KAPITEL
DER MENSCH UND SEINE ZUKUNFT

§ 1. *Problemstellung: Heutige Verantwortung der Menschheit für die eigene Zukunft*

Im vierten Teil versuche ich theologisch das gleiche zu tun, was, in einer anderen geschichtlichen Situation, spätere neutestamentliche Schriftsteller (z. B. die Autoren des Epheser- und Kolosserbriefs, des Mattäus- und Lukasevangeliums) gegenüber früheren neutestamentlichen Autoren (z. B. Paulus oder dem Markusevangelium) getan haben. In bewußter Treue zur apostolischen, evangelischen Norm, ‚dem überlieferten Glaubensgut‘, haben sie letztlich, wie im zweiten Teil dargelegt wurde, kritisch solidarisch sein wollen mit ihren eigenen Mitmenschen, die gläubig wurden. *Heutige* Aktualisierung dieser neutestamentlichen Inspiration und Orientierung setzt daher, außer der theologischen Analyse des Neuen Testaments ohne Vernachlässigung seiner nicht-theologischen, geschichtlichen Vermittlungen, ein kritisches Verständnis dessen voraus, was die heutigen Menschen, an die hier und heute dieselbe frohe Botschaft gerichtet wird, erfahren und wollen und denken. Diese Botschaft gerät nie in ein geistiges und sozial-geschichtliches Vakuum oder auf eine tabula rasa.

Die heutigen drängenden Forderungen und Verantwortungen der Menschen liegen auf einer ganz anderen Ebene als der der antiken und spätantiken Menschen, die Christen wurden und im Neuen Testament zu Wort kommen. In ihren eigenen sozialgeschichtlichen Verhältnissen haben neutestamentliche Christen, innerhalb ihres Glaubens an Jesus als den Christus, auch über ‚menschliche Ethik‘ gesprochen, das heißt über das, was aus dem (geschichtlich situierten) Menschsein auch für die Christen zu einem ethischen Imperativ wird. Schon ein flüchtiger Überblick darüber, wie im Lauf der Zeiten Christen ihre ethische Verantwortung gesehen haben, kann dabei schon eine erste Hilfe bieten.

Im Geist der (nicht nach ihren historischen Vermittlungen analysierten) ‚neutestamentlichen Ethik' wurde in der Patristik und im frühen Mittelalter die Ethik – durchsetzt mit stoischen, später auch neuplatonischen Elementen – unmittelbar auf den Logos Gottes fundiert, auf Gottes Willen und ‚ewiges Gesetz', wie dieses von der kirchlichen Überlieferung konkret interpretiert wurde. Aber vom 12. Jahrhundert an und vor allem im 13. Jahrhundert wandten sich gewisse Theologen gegen diesen ethischen Extrinsezismus und Autoritarismus, was (in moderner Terminologie) mit Recht ‚Offenbarungspositivismus' genannt werden darf. Angeregt von den in Europa gerade wieder bekanntgewordenen Werken des Aristoteles und von der mittelalterlichen ‚östlichen Aufklärung' der jüdisch-arabischen Philosophie, hat vor allem Thomas von Aquin das göttliche ‚ewige Gesetz' verinnerlicht, das heißt vermittelt, indem er es in das Menschsein selbst interiorisierte, nämlich indem er als *Vermittlung* zwischen dem Gesetz oder dem Willen Gottes („lex aeterna") und dem menschlichen Gewissen das Element ‚Naturrecht' („lex naturae") einbaute, und zwar in der Art des Menschen selbst, als Geschöpf Gottes. Ganz abgesehen von dieser ‚Natur'-Terminologie (einer „universalen Natur" für alle Menschen, wenn auch eine gewisse Geschichtlichkeit dieser Natur von Thomas anerkannt wurde), wird darin jedenfalls die Intention deutlich, der Ethik – die *letztlich* auf dem Gottsein Gottes gründet – doch *unmittelbar* eine humane Basis im Menschsein selbst zu geben. Für Thomas wird damit die menschliche Vernunft zum schöpferischen Prinzip menschlicher ethischer Normen: „Lex naturalis est aliquid per rationem institutum"[1], das heißt, die Vernunft des Menschen setzt ethische Normen fest, zwar nicht willkürlich, sondern nach der Eigenart des Menschseins, das damals als Bestandteil des großen Kosmos gesehen wurde: als eine ‚natura'; der Mensch als ‚animal rationale'. Damit war die relative Selbständigkeit der Ethik auf menschlicher Grundlage zum erstenmal mit Entschiedenheit in der christlichen Tradition bejaht, wenn auch in einer letztlich religiösen Perspektive.

Diese Auffassung triumphierte nicht lange. Kurz darauf kam schon eine Reaktion von seiten der Vorkämpfer der älteren Tradition, wenn auch angeregt durch neue Erfahrungseinsichten. Duns Scotus, später Wilhelm von Ockham und schließlich die ganze ‚via moderna' des Nominalismus verteidigten gegenüber Thomas die These, daß die menschliche Vernunft keineswegs imstande sei, die Beweislast der Begründung ethischer Verhaltensnormen zu tragen. Normen werden durch die Autorität einer lebendigen Tradition *überliefert* (als vorwissenschaftliche Empirie konnten sie dafür in der Tat eine Menge Material, wenn auch keine theoretischen Argumente beibringen). Die lebendige, in Wirklichkeit kirchliche Tradition wurde damit von neuem zum Maßstab normierender Autorität, der Menschen sich zu unterwerfen haben, auch wenn sie die Sinnhaftigkeit des Gebots oder Verbots nicht verstehen; darüber entscheidet, dieser Auffassung zufolge, nämlich allein Gottes souveräner freier *Wille*. Auf kirchlichem Gebiet ist damit der Keim dafür gelegt, was in der Ethik der ‚moderne Positivismus' genannt wird. Die ethische Norm, Ausdruck des souveränen *Wil-*

lens Gottes (Thomas sagt: souveränen *Verstandes* Gottes), macht sich fortan, nominalistisch-voluntaristisch, rein äußerlich, ‚von außen her' geltend. Später, in der Zeit der Gegenreformation, wird diese ‚lebendige Tradition' *praktisch* fast mit der Autorität des Papstes von Rom identifiziert werden.

Durch die Reformation wurde jedoch die Autorität sowohl der kirchlichen Tradition als auch der menschlichen Vernunft der Kritik ausgesetzt. Die ethische Normierung wurde mit *persönlichem Glauben* auf der Grundlage des Wortes Gottes in der Bibel verbunden. Aber gerade weil seit der modernen Spaltung der Christenheit der christliche Glaube als Grundlage universaler Geltung der Ethik problematisch wurde, suchte man seit der Aufklärung den Grund und die Quelle der ethischen Normierung anderswo, vor allem in dem allen gemeinsamen Menschsein und somit in der *praktischen Vernunft* (wenn auch in einer anderen Interpretation, als es bei Thomas der Fall war). Im Lauf dieses Säkularisierungsprozesses hat die Ethik sich aus ihrem traditionellen theologischen Kontext befreit. Ethik mit einer vagen Religiosität oder ohne Religiosität erwies sich als konkret möglich, sogar als eine faktische Realität, und effizient.

In einer anfänglich apologetischen, aber für die neuen Tendenzen aufgeschlossenen Reaktion auf diese Verstoßung der Religion aus der Ethik antworteten Christen dieser neuen Herausforderung mit der Aussage, daß *Religion* und *Ethik* nicht zu identifizieren seien. Religion ist mehr und anders, wenn auch ethisch. Man darf Religionen und das Christentum nicht auf Ethik reduzieren.

So entstand eine rein ethische, nicht-religiöse, säkulare Grundlegung der Ethik, die Basis einer gemeinsamen, wahrhaft menschlichen Kultur. Bemerkenswert ist, daß gerade diese Emanzipation der Ethik aus ihrem früheren theologischen Zusammenhang eine *wirkliche* Radikalisierung der Ethik im modernen Bewußtsein gezeigt hat. Dies hatte aber auch geschichtlich zufällige Umstände.

Denn der Zufall will es, daß die Ethik, als sie sich verselbständigt und vom christlichen Glauben frei gemacht hatte, mit völlig neuen Fragen konfrontiert wurde, nämlich mit einer kulturellen Situation, in der sozialpolitische Probleme durch die Industrialisierung und Technifizierung des gesellschaftlichen Lebens wichtige und völlig neue ethische Fragen aufzuwerfen begannen. Das waren gerade Probleme, mit denen die alte, christliche Moral (die in anderen sozialen Infrastrukturen ausgearbeitet worden war) nichts zu tun gehabt hatte. Sie hatte im 16. Jahrhundert, vor allem in der spanischen Neuscholastik, zwar eine großartige koloniale Ethik ausgebaut, die sich fundamental gegen die technokratischen Tendenzen der kolonisierenden Länder zur Wehr setzte, gegenüber denen sie das Naturrecht anderer Völker gegenüber dem „Sacrum Imperium" verteidigte; die Souveränität aller Völker und Staaten wurde verteidigt. Aber bei der späteren Mündigsprechung der Ethik von der Theologie durch die Aufklärung hatte sich die geschichtliche Situation schon wieder völlig verändert. Die Folge war, daß die neue, autonome Ethik in Gegensatz und Widerspruch zur älteren, christlichen, eher privatisierenden oder individuellen Moral geriet. In ihren großen Linien war die ältere, katholische und protestantische Ethik hauptsächlich eine Mikroethik; die emanzipierte, menschliche Ethik dagegen wurde, durch ein Zusammentreffen geschichtlicher Umstände, eher eine Makroethik. Das verschärfte den Gegensatz zwischen alt und neu und ließ die aktuelle Unfruchtbarkeit dessen, was als ‚christliche Moral‘ galt, die ihre Positionen verhärtete, nur noch schmerzhafter empfinden. Die brennenden ethischen Fragen kamen so nur *außerhalb* der Traditionen der protestantischen und katholischen Moraltheologie zur Sprache. In Anbetracht der neuen Probleme warf man der christlichen Moral ihre reaktionären Tendenzen vor. So entstand, vor allem seit Fichte, eine rationale Ethik auf humaner Basis und – im Gegensatz zu der ebenfalls human begründeten Ethik des Thomas – in der Perspektive der emanzipierten Freiheitsgeschichte des Menschen. Die ethischen Normen wurden als eine Kulturschöpfung von Menschen auf der Suche nach höherer Menschlichkeit erkannt. Geleitet von seiner Vernunft, muß der Mensch einen menschenwürdigen Weg in der Geschichte zum Aufbau einer menschlichen Welt finden. Abgesehen von der Frage nach der endgültigen Begründung der Ethik, war damit der Streit für eine Ethik gewonnen, die *zumindest direkt* ihre Basis in dem gemeinsamen Humanen oder Menschenwürdigen in den jeweils neuen geschichtlichen Situationen findet.

Die Emanzipation der Ethik aus der Religion hatte jedoch noch weitere Konsequenzen. Denn wir sehen, daß die Lösung der Ethik von der Theologie mit Hilfe einer Ethik auf rein menschlicher Grundlage in eine Emanzipation des *Menschen* aus der *Ethik* selbst umzuschlagen beginnt. In unserer Gesellschaft wird ein deutlicher Ruf nach einer normenfreien Ethik laut. Die Befreiung aus dem, was ‚repressive ethische Normen‘ genannt wird, wird für viele sogar zu einem Hauptpostulat. Man hatte inzwischen (sogar in der so aufgeklärten ‚Aufklärung‘) erfahren, was Menschen unter der Losung ‚Freiheit‘, ‚Demokratie‘ und ‚Menschlichkeit‘ alles verstanden. Der *eigentliche* Kolonialismus begann erst mit der Verbreitung der Ideale der Aufklärung, die der westliche Mensch anderswo predigte. Als Reaktion auf diese Vergangenheit – christlicher, später aufgeklärter – ‚absoluter Werte‘ (die man gepachtet zu haben schien), wird seitdem nicht nur die Religion aus der Ethik verbannt, sondern wird auch die moderne säkularisierte Ethik verstoßen unter der Parole: Wir müssen versuchen, rein experimentierend eigene Grenzen zu finden. In der Tat, man hatte sowohl in der christlichen als auch in der säkularisierten Ethik oft zu absoluten und unwandelbaren Normen erhoben, was in Wirklichkeit nur das Lebensideal einer liberalen, (spät-)kapitalistischen, bürgerlichen Gesellschaft war, oder man hatte biologische Gesetze naiv zu unmittelbaren ethischen Normen erhoben.

Wenn unter einer normenfreien Ethik verstanden wird, daß ethische Normen keine entfremdende äußere Funktion haben dürfen, sondern eher die Möglichkeiten und Perspektiven offenlegen müssen, um in einer konkreten Geschichte soviel wie möglich *wahrhaft Mensch* sein zu dürfen und zu können, pflichten wir dem gern bei; das war sogar das besondere *Anliegen* des heiligen Thomas.

Wahrhaft-menschliche Ethik ist nicht repressiv, zumindest nicht für den ethisch gutwilligen Menschen; sie unterzieht jedoch Willkür einer ernsthaften Kritik. Doch scheint der moderne Mensch mit dem Problem, das er selbst ins Leben gerufen hat, allein nicht fertig werden zu können; und mit dem Ethos steht *unser Menschsein selbst* auf dem Spiel. Man kann Christ oder Buddhist, Muslim oder religiös ‚nichts‘ sein, ohne daß dabei die Welt sichtbar in ihren Fugen erschüttert zu werden scheint. Das „etsi Deus non daretur“ (handeln, als ob es Gott nicht gäbe) ist unverkennbar für viele eine bedeutsame Erfahrung, die wir nicht bgatellisieren dürfen. Aber anderseits kann das Ethische (wenn auch innerhalb sehr fließender Grenzen) auch nicht der Willkür überlassen werden, ohne daß die Welt dadurch in ihren Grundfesten erzittert. Denn hier geht es um die Frage, ob der Mensch das Recht und die Pflicht hat, letztlich nicht wie ein Hund zu leben (E. Bloch). Das Ethische trägt für unser Menschsein – wenn auch variierend in Zeit und Raum – in seiner fundamentalen Intention tatsächlich das Merkmal einer gewissen universalen Dringlichkeit und Gültigkeit.

Aus dieser Situation – nämlich dem Bruch zwischen Ethik und Religion und der Gefahr eines Bruchs zwischen Menschsein und Ethik – können wir schon einige Folgerungen für den christlichen Glauben formulieren.

Der christliche Glaube muß – wie jede Religion – *dem Ethos eine gewisse Priorität* vor dem Religiösen verleihen (damit ist für *Gläubige* keineswegs ihre wechselseitige Priorität geleugnet!). Denn das Ethos hat den Charakter einer höchst notwendigen Dringlichkeit, die nicht warten kann, bis unter den Menschen Einmütigkeit über letzte Lebensfragen besteht. Doch ist es so, daß das Ethische wesentlich mit der Grundfrage zu tun hat: „Was ist denn eigentlich der Mensch?“ und deshalb mit der Frage: „Wie will man letztlich sein Menschsein leben?“, „für welche Weise von Menschsein entscheidet man sich letztlich?“ Diese ethische Grundfrage hat wesentlich auch mit weltanschaulichen und religiösen Optionen zu tun: als Christ oder Buddhist, als Humanist oder Agnostiker usw. Es ist eine Frage nach Endgültigkeit, die implizit *in* jeder Frage nach ethischer Unmittelbarkeit und Vorläufigkeit enthalten ist.

Daß Ethik und Lebensanschauung einander innerlich berühren, kann also kaum geleugnet werden. Aber nochmals, wir können die Antwort auf dringende, hier und jetzt ethische Herausforderungen nicht hinausschieben, bis alle Menschen zu einer einmütigen Auffassung über den endgültigen Sinn des menschlichen Lebens gekommen sind. Trotz des religiösen und weltanschaulichen Pluralismus muß, hier und jetzt, auf die konkrete innere Forderung und auf den Appell der ethischen Situation geantwortet werden: Diesen Menschen, hier und jetzt – und in unserer Zeit: *der Menschheit* (siehe unten) – muß, in Anbetracht ihrer Notsituation, tatkräftig und sofort (direkt intersubjektiv und durch Strukturen) geholfen werden. Die Situation selbst stellt uns konkret vor diese ethische Forderung, ob ich nun Christ bin oder nicht, Buddhist oder Humanist oder was auch immer. Ich bin Mensch.

Die frühere, scholastisch-traditionelle, aber auch moderne Ethik des Naturrechts oder, moderner ausgedrückt, des Primats der im Gewissen herausfordernden und erlebten Wirklichkeit setzte voraus, daß ,die Ordnung' normal vorgegeben war; daß wir sie also vorfinden und daß daraus dann das Gebot folgt, diese Ordnung nicht zu verletzen. Trotz der *abstrakten* Richtigkeit seiner Artikulation war dieses Naturrecht irreal. Allzu selbstverständlich ging diese Auffassung von einer im Guten schon etablierten Ordnung aus, die dann nicht gestört werden dürfe. Aber wenn wir genauer zusehen, sehen wir, daß der Mensch zwar *Möglichkeit*-zum-Guten ist, aber daß der geschichtlich-konkrete Ausgangspunkt eines jeden Ethos nicht eine vorgegebene *Ordnung*, sondern *der schon verletzte Mensch ist:* Unordnung, sowohl im eigenen Herzen als auch in der Gesellschaft. Das bedrohte und faktisch schon verletzte Humanum führt konkret-geschichtlich zu der ethischen Aufforderung und dem ethischen Imperativ, also in Konfrontation mit ganz bestimmten, negativen Kontrasterfahrungen. Die ethische Aufforderung oder Forderung ist daher nicht eine abstrakte Norm, sondern, geschichtlich, ein *herausforderndes Geschehen:* unsere konkrete Geschichte selbst: Menschen in Not; die Menschheit in Not.

,Ethisch gut' ist infolgedessen – *konkret* – das, was das Böse überwindet; das, was ,gut-macht', im doppelten Sinn des Wortes: a) was das Gute verwirklicht und dadurch b) das Alte, Schlechte und Schiefe zurechtrückt, es wieder in Ordnung bringt und es erneuert; mit anderen Worten: gutmachen im Sinn von Befreiung und Versöhnung[2]. Ethik hat konkret mit Erlösung und Befreiung zu tun. Widerstand gegen das Böse, Förderung des Guten und unter Berücksichtigung der tatsächlichen Situation daher Versöhnung, dies alles bildet das, was man Ethos, ethische Haltung nennt. Wenn daher das gefährdete Humanum der *unmittelbare* geschichtliche Antrieb zur ethisch guten Tat ist, erfordert die Ethik unter modernen Verhältnissen auch eine sehr genaue, sogar *wissenschaftliche Analyse* der konkreten menschlichen Situationen, in denen wir leben. Situationsanalyse und *-interpretation* ist in modernen Verhältnissen wesentlich für eine richtig ausgerichtete ethische Antwort auf die konkreten Herausforderungen.

Wenn wir (in diesem Zusammenhang) *Orthopraxis*[3] – wie gefährlich dieses Wort auch sein mag – das konkrete ethisch-gute Handeln des Menschen in der Welt nennen, soweit dieses Handeln darauf gerichtet ist, die Bedrohung des Humanum zu überwinden und menschliche Lebensmöglichkeit in der gegebenen Situation zu fördern (was nur als Frage nach *Sinn* möglich ist), dürfen und müssen wir sagen, daß die Orthopraxis ein fundamentales hermeneutisches Prinzip ist, ein Vorverständnis, in dem die aktualisierende Interpretation der christlichen Botschaft erst konkret sinnvoll möglich wird. Denn diese Botschaft ist eine frohe Botschaft der Erlösung und Versöhnung, der Freiheit und des universalen Friedens. In völlig anderen geschichtlichen Verhältnissen handelte das neutestamentliche Christentum in Wirklichkeit nicht anders. Gerade darin (nicht in seinem buchstäblichen, in seiner historischen Vermittlung nicht analysierten Inhalt) ist das Neue Testament für uns Modell und für Christen eine Norm, Inspiration und Orientierung. Schon daraus können wir die Tendenz vieler heutiger religiöser Menschen verstehen, auch das Ethos als ein Kriterium religiöser Echtheit anzusehen. Die religiöse Haltung steht tatsächlich unter Ideologieverdacht, wenn sie sozial, politisch und persönlich ethisch neutral ist. Der durch die Geschichte und in der Geschichte zu sittlichem Handeln herausgeforderte Mensch ist ja das Subjekt, an das sich die christliche Botschaft hier und jetzt richtet. Der *ethisch herausgeforderte Mensch* ist daher die *Voraussetzung für das Verständnis* der christlichen Glaubensverkündigung selbst. Wenn daher das, was dem Glauben vorgegeben ist, nämlich das Menschsein als Subjekt, das in seiner konkreten Situation die Botschaft hört, in der Theologie selbst nicht mitbedacht und reflektiert wird, wird der christliche Glaube unglaubwürdig und unverständlich. Das Ethos, als *Situation des* gläubigen Menschen, hat daher eine hermeneutische oder interpretative Funktion auch im theologischen Selbstverständnis des christlichen Glaubens. Christen brauchen offensichtlich den Umweg über eine säkularisierte Ethik, um zu diesem Selbstverständnis zu kommen! Aber diese Herausforderung von außen ist damit noch nicht zu Ende.

Seit der modernen Wende von einer kirchlich bevormundeten zu einer rationalen Ethik auf der Grundlage wahrer Menschlichkeit ist nämlich in den letzten Jahrzehnten noch mehr geschehen. Durch die technologischen Konsequenzen der Wissenschaften hat das menschliche Handeln – im Tun und Lassen – eine so weitgehende Trag- und Reichweite erhalten, daß es nicht mehr möglich ist, sich mit ethischen Normen zu begnügen, die das Leben und Zusammenleben einzelner und kleinerer Gruppen, mit ihren Forderungen eines Gruppenverhaltens, regeln. Bei unserem modernen Handeln steht nicht mehr die kleine Gruppe, sondern oft die Sache der ganzen Menschheit auf dem Spiel – um zwei Beispiele zu nennen: sowohl durch den Umgang mit der Atomenergie als auch durch die Vernichtung der ökologischen Lebensprinzipien durch unsere technokratische, wissenschaftlich gelenkte industrielle Gesellschaft. Zur Verdeutlichung der Konsequenzen und Implikationen des menschlichen Handelns in den möglichen Wirkungen und Nebenwirkungen dieses Handelns unterscheiden Fachleute mit Recht zwischen – schematisch – drei deutlich umgrenzten Bereichen (die auf die Dauer immer mehr *ineinander*greifen), nämlich: a) der *Mikrobereich*: Familie, Sippe, Nachbarschaft, Wohnviertel usw., – b) der mittlere oder *Mesosektor*: die Wirkungen vor allem der Politik eines Landes, – c) der *Makrobereich*: die Auswirkungen unseres Handelns auf eine immer mehr wachsende Gesamtheit, schließlich auf das Schicksal der ganzen Menschheit. Es ist eine Tatsache, daß sich bis vor kurzem die ethischen Normen, die Menschen anlegten, nur auf den Privat- und Mikrobereich des menschlichen Lebens bezogen; sogar im Mittelbereich der Staatspolitik spielten oft noch Impulse aus Gruppeninteressen und Forderungen nach Gruppenidentität eine Rolle. Nur die großen politischen Entscheidungen – nachdem die eigenen Gruppen- und

Staatsinteressen gesichert sind – werden in Wirklichkeit der sogenannten ethisch neutralen Staatsraison überlassen.

Infolge der weltweiten Expansion der technisch-wissenschaftlichen Zivilisation haben die Wirkungen unseres Handelns aber eine *alle Menschen* berührende Tragweite. Mit anderen Worten: Wenn man den Stand der Wissenschaft und Technik berücksichtigt, sind die Folgen unseres heutigen menschlichen Handelns im Makrobereich der gemeinsamen Interessen aller Menschen zu lokalisieren. Ungeachtet ihrer gruppenspezifischen und -kulturell-ethischen Traditionen werden durch unsere heutige Zivilisation alle Völker und Kulturen mit einer gleichen, allen gemeinsamen ethischen Problematik konfrontiert. Das bedeutet, daß zum erstenmal in der menschlichen Geschichte die Menschheit als solche sich vor die Aufgabe gestellt sieht, *solidarische Verantwortung* für die Konsequenzen ihres Handelns auf sich zu nehmen. Diese internationale, allgemein-menschliche Solidarität erfordert daher universal-gültige, *alle Menschen bindende ethische Normen oder Grundprinzipien,* wenn diese Situation nicht zu einer Farce oder zu einer Weltkatastrophe werden soll. Der Notwendigkeit dieser solidarischen Verantwortung entspricht natürlich die Forderung einer Ethik weltweiter Verantwortung[4].

Zum erstenmal in unserer Menschengeschichte steht also die Menschheit am Kreuzweg einer kritischen Veränderung, wo sie durch ihr Handeln – in Tun oder Lassen – über die Zukunft der Welt und somit auch über ihren Sinn entscheidet. Die Situation erfordert außerdem ein menschliches Handeln, das nicht länger mehr die Sache des einzelnen sein kann; sie verlangt eine Ordnung auf gesellschaftlich-politischer Basis. Die Situation erfordert also eine Sozialisierung. Aber in kritischer Erinnerung an die Geschichte der Vergangenheit und Gegenwart verlangt diese Situation nach einer Sozialisierung, die – ich bin mir bewußt, daß jetzt deutlich auch persönlich-ethische und religiöse Wertungen mitsprechen – einerseits den individuellen Menschen nicht isoliert absolut setzt, ihn anderseits ebensowenig beiseite schieben darf. Mit anderen Worten: Man könnte die heutige drängende Forderung als einen Ruf nach personalisierender und demokratischer Sozialisierung bezeichnen. Diese Weltsituation verlangt nach Kräften und Impulsen, die nicht nur das menschliche Überleben, sondern das sinnvolle Überleben der Menschen gewährleisten können.

Was ist aber sinnvolle Menschlichkeit, die diese solidarische Verantwortung wird lenken müssen? Denn es ist die Frage, ob es darüber eine universal gültige, intersubjektiv bindende und trotzdem nicht-dogmatische – das heißt nicht durch Autorität von außen her auferlegte – Auffassung gibt, die in Freiheit von allen angenommen werden kann. Was kann hier als universal gültig in Aussicht gestellt werden? Wir wollen zu diesem Zweck als Terrainerkundung vorab die tatsächliche Beschäftigung von Menschen mit ihrer Zukunft erforschen.

641

§ 2. Das utopische Bewußtsein des Menschen

LITERATUR: *F. Baumer*, Paradijs en heilsstaat, dromen van een beter leven (Amsterdam 1967); *E. Bloch*, Geist der Utopie (Frankfurt ²1964, ¹1918); *ders.*, Das Prinzip Hoffnung (Gesamtausgabe, Bd. 5) (Frankfurt 1959); *M. Buber*, Pfade in Utopia, in: Werke I (München – Heidelberg 1962) 833–1002 (Paths in Utopia, Boston 1958); *F. Chirpaz*, Aliénation et utopie: Esprit 36 (1969) 80–88; *N. Cohn*, Pursuit of the Millennium (Oxford ³1970); *M. Demaison*, Les sentiers de l'utopie chrétienne: LV 95 (1969) 87–110; *G. Durand*, L'imagination symbolique (Paris 1964); *Chr. Gremmels* und *W. Herrmann*, Vorurteil und Utopie. Zur Aufklärung der Theologie (Stuttgart 1971); *G. Kateb*, Utopia and its Enemies (New York 1963); *P. Ludz*, Utopie und Utopisten, in: RGG³, Bd. 6, 1217–1220; *K. Mannheim*, Ideologie und Utopie (Frankfurt ³1952); *Fr. E. Manuel* (ed.), Utopias and Utopian Thought (Boston 1967); *H. Marcuse*, Das Ende der Utopie (Berlin 1967); *ders.*, Kultur und Gesellschaft, 2 Bde. (Frankfurt 1965); *W. D. Marsch*, Zukunft (Stuttgart – Berlin 1969); *ders.*, Hoffen worauf? Auseinandersetzung mit E. Bloch (Hamburg 1963); *Th. Molnar*, Utopia: the perennial heresy (New York 1967); *J. Moltmann*, Theologie der Hoffnung (München ⁴1965); *L. Mumford*, The Story of Utopias (New York 1962); *A. Neusüss*, Utopie. Begriff und Phänomen des Utopischen (Neuwied – Berlin 1968); *G. Picht*, Mut zur Utopie (München 1969); *M. Plattel*, Utopie en kritisch denken (Bilthoven 1970); *W. de Pree*, Maatschappijkritiek en theologische kritiek (Assen 1971); *R. Ruyer*, L'utopie et les utopies (Paris 1950); *J. P. Sartre*, L'imaginaire (Paris 1940); *H. Schaeffer*, ‚Politieke theologie' in een tijd van ‚religieuze renaissance': TvTh 12 (1972) 226–242; *H. Schlette*, Utopisches Denken und konkrete Humanität: Conc 8 (1972) 355–362; *J. Servier*, Histoire de l'utopie (Paris 1967); *S. Thrupp* (ed.), Millennial Dreams in Action (New York 1970); *P. Tillich*, Politische Bedeutung der Utopie im Leben der Völker, in: Gesammelte Werke, Bd. 6 (Stuttgart 1963) 157–210; Säkularisation und Utopie (E. Forsthoff zum 65. Geburtstag) (Stuttgart 1957); Temporalité et aliénation (Centre International d'Études Humanistes de Rome) (Paris 1975).

I

Konservative und progressive Utopien

In den traditionellen Kulturen ging man von der Annahme und dem Willen aus, daß die Zukunft der Vergangenheit gleich sein müsse (wobei man jeweils ‚zufällige' Abweichungen in der Gegenwart wegließ). Dies war, in Anbetracht der damaligen Verhältnisse, tatsächlich ein Zeichen praktischer Lebensweisheit. Die Sippenväter hatten die Weisheit gesammelt, daß allzu viele Veränderungen eben das Dasein (der Sippe) gefährdeten. Um sich gegen eine zerstörende Zukunft zu sichern, wurde die Vergangenheit zur Norm erhoben. Jedoch nie die Vergangenheit insgesamt. Es ging um das *Bild,* das man sich von dieser Vergangenheit machte; *dieses* wird als Norm festgelegt, während andere Aspekte verschwiegen oder verdrängt werden. Durch das Prisma des kollektiven Gedächtnisses wird ein *selektives Bild* der Vergangenheit, schon in traditionellen Kulturen, zu ‚Utopie' und Modell erklärt. Eine mystifizierte Vergangenheit, die es als solche nie gegeben hatte, wurde so die ‚primitive' Form der Utopie, der *Kanon* der menschlichen Gesellschaft. Diese Vergangenheit ist daher ein ‚ou-topos', ein *non-lieu,* Niemandsland: ‚nie existiert': „la belle époque" oder „das goldene Zeitalter" (golden für die oberen Zehntausend, nicht für die Masse). Daraus geht schon hervor, daß die Vergangenheit erst dann als Norm gilt und gelten kann, wenn sie nicht mehr ‚die Vergangenheit‘ ist, denn man weigert sich, eine bestimmte Epoche in der Vergangenheit abzuschließen, und erhebt sie zur Repräsentantin der ganzen Geschichte. Eine bestimmte Vergangenheit wird in einem Bild ‚eingefroren‘. Als leuchtende Epoche ist diese Vergangenheit Garantie für die Zukunft, unter der Voraussetzung, daß man die Zukunft diesem Bild angleichen will. Aber dieser Zukunftswille und die entsprechende Praxis sind wesentlich für die (konservativ eingestellte) Utopie.

So sieht man in *diesem* utopischen Bewußtsein die ‚bestehende Ordnung‘ sowohl in der Natur als auch vor allem in der Gesellschaft bestätigt, sei es vom normativen Wert patriarchalischer Überlieferungen aus, sei es aus der ‚klassischen Kultur‘, oder – in einer religiösen Interpretation *in* einer solchen patriarchalischen und auf die klassische Kultur gebauten Gesellschaft – durch von Gott gegebene Gesetze (allerdings konnten inzwischen, trotz dieses statischen Gesellschaftsbildes, Kaiser, Feudalherren und Könige auf ihre Art die Zukunft weithin ‚manipulieren‘). Als die Grundpfeiler dieser konservativen Utopie mit ihrer statischen Politik können, kurz gefaßt, genannt werden: die bestimmten Wohngemeinschaften, wie die Sippe, später die Städte und Staaten mit ihren jeweiligen Werten und Rechten; die Familie als der Kern dieser gesellschaftlichen Ordnung; die Arbeitsgemeinschaft als ein organischer Vertragsverband; die Herrscher als eine natürliche Elite, dazu berufen, die Führung zu übernehmen; schließlich die überlieferten Kulturwerte, die als normativ angesehen wurden; im Westen vor allem die ‚unsterblichen‘ griechischen Kunstprodukte, die „philosophia perennis“, das byzantinisch-römische Recht, dies alles gesehen als ein Umschlagplatz und Erbpfand menschlicher Klugheit und Weisheit, vorbildlich für alle Völker. Diese statische Kultur und Politik hatte infolgedessen einen Universalitätsanspruch und, trotz aller Beweglichkeit um einen festen Kern, auch den Anspruch der Unwandelbarkeit.

Die konservative Utopie läßt aber keinen neuen Sinn mehr entstehen; der Sinn ist schon vorgegeben und schließt in seinem Modell- und Normcharakter künftigen neuen Sinn gerade aus.

Gegenüber der traditionalistischen Utopie kennen unsere modernen Zeiten die futuristischen Utopien. Hier gilt als Voraussetzung der Wille, daß alles sich ändern muß. Denn inzwischen hat man die Veränderlichkeit der Gesellschaft als eine Möglichkeit erfahren: Unsere Gesellschaftsstrukturen sind nicht notwendig, sondern historisch gewachsen, also kontingent, daher veränderbar und vor allem wandelbar. Doch ist hier die Ablehnung der Vergangenheit durchweg nicht allgemein, außer in der radikalen sogenannten ‚großen Weigerung‘. Auch dann noch. Denn man stellt die Vergangenheit zur Diskussion oder begegnet ihr mit ‚Protest‘, *insoweit* unsere Gegenwart konkret das Ergebnis dieser Vergangenheit ist. Verschwiegen oder ausdrücklich spielt hier ebenfalls ein selektives Bild der Vergangenheit zumindest eine inspirierende und aktivierende Rolle: verdrängte und verkannte Knotenpunkte aus der Vergangenheit greift man auf, um den Gang der Geschichte hier und jetzt zu ändern. Man bemüht sich um das, was in vielen Ländern die ‚Anti-Geschichte‘ genannt wird: die Geschichte von Besiegten mißglückter Revolutionen, ausgestoßener Ketzer und Millenaristen, nicht erfüllter Erwartungen. Man sucht nach ‚vergessenen Wahrheiten‘ in der Vergangenheit, nach allem, was durch bürgerliche Vorurteile, rationalistische Zensur und kirchliche Ketzerbekämpfung aus unserem historischen Gedächtnis verdrängt wurde. Auch hier sucht man also nach Stützpunkten und Inspirationskräften in der Vergangenheit. Ein einziges Moment aus der Vergangenheit wird auch hier zur Norm für die Zukunft erhoben; aber dabei geht man nicht von einer goldenen Vergangenheit, sondern von einer unausgegebenen Zukunft aus. Von hier aus blickt man zurück auf bestimmte Aspekte im vergangenen Geschehen: die menschliche Leidensgeschichte. Hier gilt nicht ein vergangenes ‚goldenes Zeitalter‘ als Modell und Norm, sondern man will *auf* ein goldenes Zeitalter *hin leben,* auf eine Gesellschaft hin, die es noch nie gegeben hat. Man weigert sich, die Zukunft *auf der Linie* der offiziellen Überlieferung zu schaffen. Die Zukunft hat eine Priorität des Willens, während die Vergangenheit nur inspirierend wirken kann.

Statt eines vorgegebenen Sinns drückt sich hier der jetzt noch ‚offene‘ Sinn der Geschichte aus; Sinn muß noch *geschaffen* werden.

Geschichte lebt also aus Utopien traditionalistischer oder futuristischer Art. Eigentlich sind die Bezeichnungen: konservative oder gesellschaftsbestätigende und progressive oder gesellschaftskritische Utopien *moderne* Kategorien. Man kann erst von dem Augenblick an von konservativer Politik sprechen, da die konkrete Möglichkeit grundlegender Veränderungen als Wirklichkeit in den Blick kommt; dann ist die Konservativität ein Nein zur Herausforderung der Möglichkeit grundlegender gesellschaftlicher Veränderungen. Es hat eine Zeit gegeben, da man der konservativen Politik keinen Namen geben konnte, nicht weil es sie nicht gab, sondern weil es keine andere gab. Aber von modernen Situationen aus kann man mit Recht von traditionalistischen und futuristischen Utopien sprechen; beide sind Formen des Verstehens und Wollens einer *bestimmten Zukunft* und nicht ein und derselben (allerdings durchbreche ich damit in etwa die geläufigen Vorstellungen der vorliegenden Literatur über ‚Utopie‘).

Im utopischen Bewußtsein spielt die Vergangenheit, entweder als ‚goldenes Zeitalter‘ oder, kritisch erinnert, als Leidensgeschichte eine grundlegende aktivierende Rolle. Beide Anschauungen stehen daher deutlich unter einem *ausgerichteten* Zukunftswillen: Man *will* die Zukunft wie im vergangenen goldenen Zeitalter (oder wie die patriarchalischen Traditionen es sahen); oder man *will* die Zukunft anders als in der Vergangenheit und Gegenwart, das heißt, man will ein noch nicht erschienenes kommendes goldenes Zeitalter. Zukunftsträume haben in beiden Fällen mit einer selektiven Erinnerung an die Vergangenheit zu tun. Die kritisch-selektive Erinnerung wird in den Dienst der Zukunft gestellt. Bilder der Vergangenheit und Zukunft sind daher naturgemäß emotional geladen; sie sind nicht neutral. Sowohl das Gute als auch das Schmerzliche der Vergangenheit hat *wegen seiner Zukunftsmöglichkeit* emotive und handlungsorientierende Kraft. Auschwitz und Buchenwald sind für uns beängstigend, nicht nur – trotz des Makabren, aber vielleicht nicht vor allem – um dessentwillen, was geschehen ist, sondern *wegen ihrer möglichen Wiederholung* in der Zukunft. Auch die Freude und die Liebe von gestern sind erst wahres Glück wegen ihrer erhofften Wiederholung und weiteren Fortdauer in der Zukunft. Die grundlegenden Stimmungen des menschlichen Lebens – Angst und Verzweiflung, Freude und Hoffnung – sind offensichtlich an die Zeitstruktur der Einnerung und Erwartung gebunden. Gerade darin liegt ihre kritische und produktive Kraft – in ihrer Erinnerung *und* Erwartung.

Sowohl die rein konservative als auch die progressive Utopie der ,Großen Weigerung' sind ,Ideologien', ein falsches Bewußtsein – ein Bewußtsein also, das ein gebrochenes Verhältnis zu den realen Gegebenheiten unserer menschlichen Geschichte hat. Der Mensch ist nicht *Schöpfer* der Zukunft, noch ist er im Besitz eines vorgegebenen Sinnes derselben. Er ist eine situierte und thematische Freiheit – daher mit Möglichkeiten und Grenzen einer in der Tat selbstgemachten menschenwürdigen Geschichte. Beide Bestrebungen bergen daher in ihrer extremistischen und absoluten Einseitigkeit aus sich selbst naturgemäß den Keim *anti-humaner* Bewegungen in sich, weil sie Fragmente und Phasen in unserer Geschichte – sowohl Vergangenheit als auch Zukunft – verabsolutieren und zur Norm der ganzen Geschichte machen. Damit wird die tatsächlich geltende Priorität der Zukunft *mit dem Bild verwechselt,* das wir uns von der Zukunft machen (eine Verwechslung, welche die ganze Heideggersche Hermeneutik – und was daraus als Frucht in vielen modernen Theologien gefolgt ist – in Wirklichkeit beherrscht). In ihren beiden Extremen verweisen sie jedoch, dialektisch, auf reale Dimensionen wahrer Humanität: einerseits die kritische Erinnerung an große Menschheitstraditionen[5], anderseits den Willen zu einer besseren, menschenwürdigeren kommenden Welt.

Es ist auffallend, daß es in der konservativen und progressiven Utopie um ausgewählte *ideale Thesen* geht, die sich auf nachweisbare und identifizierbare historische Tendenzen beziehen und gerade dadurch wirksam sind, daß sie Theorie und Praxis verbinden. Das Menschen- und Gesellschaftsbild der Utopie, der man anhängt, wird zu einem ethischen Imperativ. Aus der Utopie den Bezug zur Praxis wegnehmen macht sie zu einer bloßen *Vision*, während ihre besondere Kraft doch in ihrem utopisch-kritischen und praktischen Druck liegt. Die Utopie, der man in Wirklichkeit anhängt, hat also einen *hermeneutischen*, einen *kritischen* und einen *orientierenden* Wert; sie verbindet Rationalität mit Phantasie. Der Druck, der in der Geschichte (ganz gleich in welcher Richtung) von Utopien ausgegangen ist, läßt sich kaum messen, ist jedoch nicht zu unterschätzen. Sie hat eine größere subversive Kraft – entweder gegenüber der bestehenden Ordnung oder gegenüber dem, der verändern will –, als man vermutet.

Außerdem ist es auffallend, daß die Menschheit in den ersten Stadien ihrer Geschichte aus konkreten Kontrasterfahrungen nicht zu Utopien einer besseren Zukunft kam, sondern zu einer zurückblickenden Utopie, einer ‚Protologie': dem idealen Bild der ursprünglichen Unschuld, des anfänglichen irdischen Paradieses, im Mittelalter charakteristischerweise die ‚ursprüngliche Gerechtigkeit' (iustitia originalis) genannt. Man erhellt die heutige Situation auf den Beginn hin (der Adamsmythos): irdisches Paradies und Sündenfall. Erst später, in weiter fortgeschrittenen Gesellschaften, werden die *protologischen* oder Ursprungsmythen zu *eschatologischen* Mythen aktualisiert: zu Verheißungen, daß es einmal eine alleserfüllende Endzukunft geben wird. Eschatologische oder Zukunftsmythen setzen offensichtlich eine schon längere Geschichte und einen höheren Grad von Reflexion voraus als protologische Mythen. Die Erinnerungsstruktur des menschlichen Bewußtseins scheint also primitiver als seine utopische Struktur, wenn auch gerade, paradoxerweise, die Erinnerung eine Form von Zukunftsutopie ist.

II
Kritisch-rationale Utopie in einer wertfreien Wissenschaft: Aporie der Zukunftsplanung

Gegen beide ‚kritische' Formen, sagen wir: gesellschaftsbestätigender und gesellschaftsverändernder Utopien hat sich in unseren Tagen der Anspruch der *kritischen Wissenschaft* zur Wehr gesetzt. Tatsächlich konnte man sich die Zukunft bis vor kurzem unmöglich als Wissenschaftsobjekt vorstellen. Aber seit etwa fünfundzwanzig Jahren beschäftigen sich auch Wissenschaftler ernsthaft, methodisch und systematisch mit der rationalen Prognose der Zukunft und der daraus folgenden rationalen Zukunftsplanung. Der Mensch ist zu der Einsicht gekommen, daß er selbst für die irdische Zukunft der Menschheit verantwortlich ist – zu der festen Überzeugung, daß er selbst Zukunft *produzieren* kann. So taucht in unserer modernen Zeit ein neuer Begriff auf: Zukunft als Produkt menschlichen, rationalen und gezielten Handelns. Das Bewußtwerden dieser qualitativ anderen menschlichen Existenzweise hat zu einer systematischen Forschung nach rationalen Garantien für das menschliche, individuelle und gesellschaftliche Überleben geführt. Im Gegensatz zur *Science-fiction* und zur phantastischen Futurologie, im Gegensatz auch zu den (beschriebenen konservativen und progressiven) Utopien spricht man heute von einer wissenschaftlichen oder rationalen Futurologie (von der die ‚Ökologie' nur ein Bestandteil ist). Die Zukunft der Menschheit in ihrer Welt wird, soweit sie Produkt des Menschen selbst ist, in dieser Futurologie vor allem eine Frage einerseits von

Wissenschaft und Technologie und anderseits des rationalen politischen Handelns, m. a. W., eine Frage kritischen, freien und befreienden Gebrauchs der menschlichen Vernunft, die dazu auch die Voraussetzungen, die gesellschaftlichen Konsequenzen, die ethischen Implikationen und schließlich die Zielsetzungen der Wissenschaften und des politischen Handelns kritisch untersucht.

Zukunft der Menschheit in diesem wissenschaftlich-futurologischen Sinn bedeutet daher eine vorauszusehende, berechenbare und selbst zu verwirklichende Zukunft. Die drei grundlegenden Aspekte dieser futurologischen Zukunft aufgrund wissenschaftlich begründeten antizipierenden Denkens sind: Prognose, rationales oder ‚aufgeklärtes‘ Zukunftsprojekt und Planung[6]. *Prognose*, das ist das durch wissenschaftliche Analyse ermöglichte Vorhersehen zukünftiger Situationen, die mit einem hohen Grad an Zuverlässigkeit berechnet werden können (jedoch unter manchen Voraussetzungen, die man selbst nicht in der Hand hat!), etwa das Bevölkerungswachstum und seine Konsequenzen für die Menschheit; das Problem der Welternährung und der Wasser- und Energieversorgung; die Folgen der Umweltverschmutzung usw. *Rationaler Zukunftsentwurf*, das ist das Entwerfen jener Situationen, die durch zielbewußtes Handeln verwirklicht werden können und von der menschlichen Vernunft als notwendig vorgeschrieben werden (z. B. durch rationale Geburtenregelung). *Planung*, das ist die konkrete Organisation der Maßnahmen, die erforderlich sind, um das Zukunftsprojekt zu realisieren (z. B. eine bestimmte Strukturreform des Unterrichts auf allen Ebenen).

Das Problem besteht jedoch darin, daß die szientistische Auffassung von der ‚wertfreien Objektivität‘ der Wissenschaften unmöglich eine rationale Grundlegung der Makro-Ethik geben kann, während gerade seit der Lösung der Ethik aus ihrer traditionellen religiösen, kirchlichen und theologischen Bevormundung die ethische Vision auf eine menschliche Grundlage gestellt und damit *rational* fundiert wurde. Man ist seitdem aber offensichtlich nicht mehr imstande, universal gültige, intersubjektiv bindende und doch nicht-dogmatische (das heißt nicht auf äußere Autorität hin zu akzeptierende, sondern in Freiheit angenommene) *ethische Normen* zu schaffen, die eine solche Zukunftsplanung leiten müssen. Die Trennung des wertfreien Objektivismus vom Bereich der ethischen, religiösen und weltanschaulichen Überzeugungen, die man auf das Gebiet des ‚existentiellen Subjektivismus‘ verwiesen hat, macht eine solche Zukunftsplanung daher zu einem schwierigen Unternehmen. In den westlichen Demokratien wurde die ethische Geltung oder Normativität in den Bereich dessen zurückgedrängt, was dann irrationale Subjektivität genannt wird. Schematisch kann man dabei drei Zukunftsmodelle unterscheiden[7]. – (1) Das *dezisionistische* (in Wirklichkeit positivistische) Zukunftsmodell. Dieses Modell beruht auf einer strengen Trennung zwischen einerseits Wissenschaft und Technologie und anderseits Politik. Die Wissenschaften bieten nur alternative Mittel, aber die Politiker entscheiden über die Ziele und die bestimmte Auswahl der Mittel. Durch Übereinkünfte (aufgrund parlamentarischer Demokratie) werden die subjektiven Gewissensentscheidungen aufgrund verschiedener Kompromisse gleichsam zusammengebracht, sie werden schließlich durch Abstimmung in einem Gesetz festgelegt. Das heißt, die repräsentative demokratische Bündelung unterschiedlicher subjektiver Gewissensentscheidungen vermittelt zwischen Theorie (der wissenschaftlichen Analyse) und der Praxis. – (2) Das *technokratische* Zukunftsmodell. Hier liegen die Verhältnisse umgekehrt: Die wissenschaftlichen und technischen Mittel und Möglichkeiten bestimmen die (politischen) Ziele. Die Politiker treffen dann nur noch technische Entscheidungen, sie führen die Aufträge einer wissenschaftlichen und technokratischen Elite aus. – (3) Das *pragmatistische* Zukunftsmodell (vor allem J. Habermas). Die Verfechter dieses Modells wenden sich sowohl gegen den Dezisionismus als auch gegen die Leitung der Welt durch Technokraten. In diesem Modell wird die strikte Trennung zwischen wissenschaftlicher und technischer Sachkunde und der Politik aufgehoben. Es besteht eine kritische Wechselwirkung zwischen beiden, eine dialektische Beziehung zwischen Werten und wissenschaftlichem Wissen. Nicht nur die wissenschaftliche Erkenntnis, sondern auch die Werte und Zielsetzungen, auf welche diese Erkenntnis bezogen ist, werden zum Objekt einer rationalen Diskussion. In diesem Modell stehen die wissenschaftlichen Experten nicht souverän über den Politikern, bleibt aber anderseits auch keine wissenschaftliche ,sturmfreie' oder unantastbare Zone übrig, in der nur noch Entscheidungen allein aufgrund von Willensentscheidungen von Politikern getroffen werden. Zwischen Wissenschaft und Politik besteht eine Zusammenarbeit auf rationaler Grundlage (zumindest ist dies die erhoffte Perspektive, trotz vieler konkreter Probleme).

Gegenüber diesen drei Modellen in den westlichen parlamentarischen Demokratien wird dagegen in den marxistischen Systemen die persönliche Gewissensentscheidung schlechthin überflüssig, weil eine Elite von Parteiführern aufgrund einer dialektischen Superwissenschaft die Einheit von wissenschaftlicher Erkenntnis und ethischen Werten gewährleistet. Die Einsicht in die Rationalität des unvermeidlichen geschichtlichen (durch wissenschaftliche Analyse erforschbaren) Prozesses *ersetzt* hier eigentlich die Ethik; sie vermittelt zwischen Theorie und Praxis[8]. Letztlich drängen also sowohl die ,westlichen modern-liberalen' als auch die marxistischen Systeme die Gewissensentscheidung in die Privatsphäre zurück, wo sie keine intersubjektive Gültigkeit besitzen[9]. In dem einen Fall bestimmt dann die wertfreie wissenschaftliche Technokratie durch einen Mehrheitsbeschluß von Politikern unsere Zukunft[10]; in dem anderen Fall entscheidet ein durch Technokratie und Wissenschaft aufgeklärtes Gremium von Parteiideologen über das, was in Zukunft gut für die Menschen ist. Keines von beiden Systemen kann man ,voll und ganz' als menschenwürdig bezeichnen.

Aus den (etwas schematisch, aber hoffentlich doch hinreichend charakterisierten) verschiedenen Arten von ,Utopien' geht hervor, daß sich der menschliche Zukunftswille *auf bestimmte Prinzipien* stützt, die jedoch sehr unterschiedlicher Art sind.

Die wissenschaftliche Utopie ist *pragmatisch*. Als ihr *Vorzug* läßt sich kaum leugnen, daß zumindest ein Teil der menschlichen Praxis durchaus nach dem wertfreien Standard der Wissenschaft, vor allem dem instrumental-technischen und strategischen Teil der menschlichen Praxis ‚objektiviert‘ und analysiert werden kann. *Ein bestimmtes Ziel vorausgesetzt*, kann die Wissenschaft tatsächlich aufzeigen, welches seine technischen Realisierungsmöglichkeiten sind; sie kann auch wissenschaftlich nachweisen, welches wahrscheinlich die Wirkungen und Nebenwirkungen eines bestimmten menschlichen Handelns sein werden. Sogar Computer werden dabei effizient eingeschaltet. Aber dieser wissenschaftlich-technologisch objektivierbare Teil der Vermittlung von Theorie und Praxis läßt die Frage nach dem Ziel selbst aus der rationalen Diskussion. ‚The open society‘ von K. Popper und die ‚Kritische Vernunft‘ des ihm geistesverwandten Hans Albert – der „kritische Rationalismus"[11], eine der Haupttendenzen unserer Zeit – liefern sozusagen ein Paradigma dieser Tendenz. In diesem Modell werden aber die Entscheidungen über das Ziel des menschlichen Handelns *vorausgesetzt*, nämlich der Privatsphäre subjektiver Entscheidungen überlassen. Dieser kritische Rationalismus vermag also keine positiven Kriterien für die Erwünschtheit, Vernünftigkeit und Menschenwürdigkeit der konkreten Zielsetzungen zu geben. Das ‚utopische *humanum*‘ wird dadurch schon von vornherein reduziert, halbiert durch eine szientistisch-rationale Vermittlung von Zweck und Mitteln[12], die, beiläufig gesagt, meist von ökonomischen Interessen gelenkt wird. Eine Diskussion über die Zielsetzungen selbst kann man gegenüber dieser Theorie in der heutigen Situation jedoch nicht mehr umgehen. Dieses Freiheitsideal des kritischen Rationalismus läßt außerdem die heikle Frage der strukturellen Gewalt außer Betracht und durchschaut dann nicht, wie oft diese Freiheit eine Pseudo-Freiheit ist, eine durch wirtschaftliche Belange schon manipulierte Freiheit.

Gegenüber dieser ‚rationalen Utopie‘ sind die (konservativen und progressiven) visionären Utopien *dogmatistisch*: Sie erheben eine einzige Phase, in der Vergangenheit oder in der erhofften Zukunft, zur absoluten Größe: ein ‚goldenes Zeitalter‘ in der Vergangenheit oder in der projizierten Zukunft – beiderseits eine Art Blaupause davon, wie die Gesellschaft aussehen muß. Diese Bilder und Visionen lassen sich weder überprüfen noch kritisieren. Wie man es auch dreht und wendet, es liegt diesen Utuopien ein bestimmtes, dogmatisch festgelegtes Menschenbild zugrunde, und dieses führt naturgemäß und innerlich auch zu einer Verabsolutierung der Macht. Man darf bei alldem nicht vergessen, daß jede rational geplante Zukunft nur eine halbierte Geschichte ist, eine Geschichte, aufgefaßt nach dem Modell einer Mittel-Zweck-Relation. Denn das rationale ‚futurum‘ fällt nicht mit dem zusammen, was in Wirklichkeit geschehen wird. *Einerseits* ist ‚die Zukunft‘ eine Fülle von Möglichkeiten, von denen einige tatsächlich verwirklicht werden; darin können einige Momente mit einer mehr oder weniger großen Wahrscheinlichkeit rational berechnet werden. Die entscheidende Frage dabei ist schon: Welche Möglichkeiten ergreift der Mensch und welche nicht? Dadurch wird die Geschichte zu einem wirklichen Abenteuer, in dem menschliche Entscheidungen eine große Rolle spielen, ganz abgesehen von der Tatsache, daß manche ‚imponderabilia‘ die Zukunft anders ausfallen lassen, als Menschen geplant hatten. *Anderseits* ist die Menschheit nicht die universale Vorsehung ihrer eigenen Geschichte. Wenn ‚die Fülle der Möglichkeiten‘, welche die Zukunft heute für uns ist, wirklich Gegenwart geworden ist, ist nur ein einziges komplexes Ganzes aus diesen vielen Möglichkeiten verwirklicht, und dieses tatsächliche Ganze kann nicht einmal aus den augenblicklichen ‚geschichtlichen Trends‘ abgeleitet werden, die wir in der Tat analysieren können. Die Geschichte folgt keiner logischen Evolution! Aber dann sind Gegenwart und Vergangenheit mit der Zukunft nur durch jenen dünnen Faden des konkreten komplexen Geschehens verwoben, in dem Zukunft in ihren vorhergesehenen und nicht-vorhergesehenen, unerwarteten Elementen faktisch Gegenwart wird. Nur als tatsächlich kommend hat die Zukunft eine sinnbestimmende Bedeutung für Vergangenheit und Gegenwart. *Zukunft* ist mithin letztlich das immer wieder auf die heute lebenden Menschen *Zu-kommende,* auch dank, aber auch trotz aller Prognosen, aller Zukunftsprojekte und aller Planung. Zukunft kann nie rein teleologisch, technologisch oder entwicklungslogisch interpretiert werden. Die Zukunft übersteigt die menschliche Rationalität, nicht nur vorläufig, sondern prinzipiell. Die Zukunft der Menschheit steht, schon rein menschlich gesehen (ganz abgesehen von religiösen Anschauungen), unter dem fundamentalen Vorbehalt der ‚ignorantia futuri‘: der unbekannten Zukunft (die den Menschen vielleicht die Frage nach Gott stellen lassen kann). Die Folge ist, daß eine rein teleologische Auffassung der Geschichte nach dem Mittel-Zweck-Modell die Menschheit in entfremdende Frustrationen stürzt und sie letztlich zu Verzweiflung und Defätismus bringt.

Früher wurde schon gesagt, daß unser Verhältnis zur Zukunft, die eine bestimmte Praxis wachruft, nur durch unser Verhältnis zur Vergangenheit möglich ist, während das (hermeneutische) Verhältnis zur Vergangenheit schon eine Entscheidung für die Zukunft impliziert. Aus dem selektiven Rückblick sowohl der konservativen als auch der progressiven Utopien ist dies auch deutlich geworden, während anderseits eine rein wertfrei-wissenschaftliche Zukunftsplanung zu manchen Aporien führt, zu einem Bruch zwischen wissenschaftlichem ‚Objektivismus‘ und Subjektivismus der individuellen Gewissensentscheidungen. Die Frage ist daher, unter welche herausfordernden, durch die kritische Vernunft nicht zu beherrschenden oder theoretisierbaren erinnerten Wirklichkeiten sich der Mensch bei seinem Ausschauhalten nach einer lebbaren, guten, wahren und glücklichen Zukunft, und in seiner Praxis zum Vorteil einer solchen, wird stellen müssen.

ZWEITES KAPITEL
KRITISCHE ERINNERUNG AN DIE LEIDENDE MENSCHHEIT

> „Si Deus est, unde malum?
> Si non est, unde bonum?"

ZUR EINFÜHRUNG

Schreiend kommt jeder Mensch zur Welt. Und es besteht doch Grund zur Freude! Leiden hat offensichtlich mehr als ein Gesicht.

Die Klage: „Die Welt liegt im argen" ist, so I. Kant, „so alt wie unsere Menschengeschichte"[13]. Dabei zitierte er die Heilige Schrift: „Die ganze Welt liegt in der Macht des Bösen" (1 Joh 5,19). In allen uns bekannten Kulturen und Gesellschaften haben Menschen, mit ganz unterschiedlichen Kategorien und in verschiedenen Anschauungen vom Menschen, theoretisch, aber doch vor allem praktisch mit ihrer Erfahrung menschlicher Leidensgeschichten fertig zu werden versucht. Auch vor dem Hintergrund sinnvoller, freudvoller und frohmachender Erfahrungen und erhofften Heils ist die Leidensgeschichte der Menschheit, ja der Tierwelt und des ganzen Universums das ständige Thema jedes Lebensentwurfs, jeder Philosophie und jeder Religion; heute sogar von Wissenschaft und Technik.

Um dem Problem des leidenden Menschen einigermaßen näherzukommen, können wir uns nicht nur beim heutigen kritischen Denken Rat holen. Dieses Problem ist zu umfassend, als daß ein einziges Fragment in unserer Geschichte darüber das alleinige befreiende Wort sprechen könnte. Es geht dabei um Menschen, und dann haben *sie* – und wir unter ihnen – das Recht, zuerst zu sprechen. Dann ist es also richtig, sich bei dem Rat zu holen, was im Lauf ihrer Leidensgeschichte Menschen selbst an Leiden erfahren und darüber gedacht haben und wie sie *menschliches Heil* erfahren. Die kritische Vernunft ist vor allem hier nicht allein auf eigene Reflexion angewiesen, sondern auch und vor allem auf die kritische Erinnerung an menschliche Leidensgeschichten und die Art und Weise, wie Menschen, unter verschiedenen Umständen und in wechselnden Bezugsrahmen, mit eigenem Leiden und dem Leiden anderer fertig zu werden versucht haben. Selbst dieser Rückblick auf die menschliche Geschichte, in der gerade etwas von dem, was *Menschsein* ist und sein will, zutage tritt, wird naturgemäß noch begrenzt sein – vielleicht sogar ,elitär'. Philosophische und religiöse, marxistische und humanistische ,Denker' kommen darin zu Wort, nicht die leidende Menge. Doch kann man nicht behaupten, daß sie gerade das, was unter allen lebendig ist, nicht prägnant in Worte gefaßt hätten.

In den Mythen sowohl primitiver als auch kulturell höher entwickelter Völker geht es seit alters um die undurchdringliche Wirklichkeit der leidenden Menschheit. In Projektionen kosmischer Mythen und Vegetationsmythen (Sommer–Winter) haben Menschen stets den Konflikt im menschlichen Leben zum Ausdruck gebracht, und sie haben eine praktische Lebenseinsicht geben wollen, die das Handeln orientiert. Auch belehrt durch das, was sie in der sie umgebenden Natur geschehen sahen, haben sie die eigene Geschichte ihres Menschseins und deren interpretative Lesung gleichsam ,projiziert' (hermeneutisch zur Sprache gebracht) in Mythen vom Kampf Gottes (der Götter) gegen ,das Ungeheuer' (verschieden nur dem Namen nach, nicht in Funktion und Bedeutung, in allen alten über die ganze Welt verbreiteten, voneinander oft unabhängigen Mythen – bis zu der unserer Zeit näher liegenden Geschichte von St. Georg und dem Drachen)[14]: Der Konflikt zwischen Eros und Thanatos, erlebt von der Menschheit lange bevor Freud eine bestimmte ,Erklärung' desselben gegeben hatte[15]: Lebensinstinkte und Todesinstinkte, Unheilserfahrungen und Heilserwartungen. Charakteristisch ist, daß eigentlich *keine Religion* – wohl die ,kritische' Vernunft – das Leiden bagatellisiert hat und daß in der vergangenen Geschichte mehr Protest gegen das Leiden vom religiösen als vom kritisch-rationalen Ansatz ausgegangen ist. Religionen haben ihren Ursprung nicht *im* Leiden, aber erst für an Gott glaubende Menschen wird das Leiden zu einem aktuellen Problem. Dies ist schon eine Lehre, die wir uns aus der Geschichte der Menschheit kritisch ins Gedächtnis rufen sollten.

§ 1. Die Menschheit auf der Suche nach einer Praxis zur Überwindung des Leidens

I
Eine Ausnahme in der religiösen Bewältigung des Leidens: Der Dualismus (,Manichäismus')

Die jüdischen, griechisch-römischen, christlichen, hinduistischen, buddhistischen und islamischen Religionen mögen in ihrer Behandlung des Problems des leidenden Menschen noch so verschieden sein, sie haben alle dies gemeinsam, daß sie den Dualismus ablehnen, das heißt das Dasein eines doppelten ersten und höchsten Prinzips, eines Prinzips des Guten und eines Prinzips des Bösen. Das verleiht ihnen allen unverkennbar eine gleiche Grundintuition: Das Herz der Wirklichkeit ist *Erbarmen*. Der wahre Dualismus, falls es je einen metaphysischen Dualismus gegeben hat, ist eine *Ausnahme* im Leben der Religionen und der Menschheit.

Doch gibt es eine Religion, die (wenn auch mit Nuancen) das Problem des leidenden Menschen aus einer dualistischen Weltanschauung angeht: nicht Zarathustra selbst, aber eine spätere Phase der persischen Religion, der Zoroastrismus, ist stark dualistisch, wie auch der Manichäismus[16]. Doch ist diese religiöse Ausnahme wichtig, schon wegen ihres Einflusses auf die spätere jüdische Religion, auf das Christentum, den Islam und auch auf orientalische Religionen. Deshalb beginnen wir mit einem ‚religiösen Außenseiter‘, der als lebendige Religion, trotz sporadischen Wiederauflebens, aufgehört hat zu bestehen.

Zoroaster (oder Zarathustra; etwa 630–550 v. Chr.) war selbst, nach der heutigen Kenntnis der Religionswissenschaften, ein strenger Monotheist, wenn auch bei ihm schon die Theorie von den „Zwei Geistern“, Zwillingsbrüdern, eine wichtige Rolle spielt. Diese beiden haben je einen eigenen Wirkungsbereich, scheinen jedoch Ausstrahlungen des einen Gottes zu sein, der in sich selbst die ‚coincidentia oppositorum‘ umfaßt. Aber im 4. Jahrhundert v. Chr. wurden in der Zendavesta-Version des Zoroastrismus die Zwillingsbrüder tatsächlich zu zwei ersten Prinzipien: der Geist der Finsternis und der Geist des Lichtes. Unsere Welt ist ihrer beider Wirkungsbereich, in ihr wird daher der Kampf zwischen den Kindern des Lichtes und den Kindern der Finsternis ausgefochten. Diese persische Religion will damit das Problem des Bösen nicht erklären. Das Problem besteht einfach. Dieser Dualismus ist nur eine Verdoppelung der widerspenstigen Undurchsichtigkeit von erfahrenem Leid und Bösen auf *theoretischer* Ebene. Die Theorie formuliert nur das Problem. Die große Schwierigkeit dabei ist jedoch, daß sie, so formuliert, in ihrem Wesen amoralisch ist. Denn wenn beide, sowohl das Gute als auch das Böse, auf eine besondere absolut-erste Ursache zurückgehen, läßt sich überhaupt kein Grund mehr dafür finden, warum man das eine Prinzip dem anderen vorziehen sollte. ‚Satanismus‘ ist dann „genauso gut“ wie Gutheit! Und doch scheint man gerade diese Konsequenz nicht zu akzeptieren; in der Perspektive bleibt schließlich die (dann unberechtigte) Hoffnung, daß letztlich in diesem kosmischen und universal-menschlichen Kampf zwischen den Mächten des Guten und denen des Bösen diese letztere die Niederlage erleidet. Aus dem dualistischen Beginn wird die eschatologische Priorität des Guten, das jetzt schon produktiv wirksam ist. Hier ist das Leben stärker als die Theorie.

Nach dieser Auffassung werden in unserer Welt unterschiedliche und konträre Funktionen wahrgenommen. Dies stellt kein Problem dar, aber Gut und Böse sind ihrem Wesen nach *Antipoden,* nicht nur konträr, sondern kontradiktorisch: Sie vernichten einander, indem sie das sind, was sie sind. Das ist eine Erfahrungstatsache. Die geistige Welt, Ursprung unserer irdischen Welt, muß daher diesen Dualismus schon in sich tragen. Der gute Schöpfer wird also mit einem Antiwesen konfrontiert, denn das Gute ist allein Ursprung dessen, was gut ist. Der gute Gott muß also reine Positivität sein, nicht ein Herr über Leben und Tod, sondern Quell einzig und allein des Lebens. Doch gibt es Leiden, auch Tod. Diese Phänomene haben daher als erstes Prinzip einen ‚Anti-Schöpfer‘, den Satan.

Das bedeutet, daß diese Phase in der persischen Religion eine radikale Kritik an der vorausgegangenen Religiosität einschließt, in der ein und dasselbe göttliche Prinzip die Macht der Lebensgabe und der Lebensvernichtung war. Gott wird reine, rettende Güte, das Böse kommt von anderswoher. Die alten Kultstätten, an denen man den ‚Gott des Lebens und des Todes‘, des Todes und der Fruchtbarkeit verehrte, wurden systematisch zerstört. Wenn Gott reine Güte ist, besteht Raum für kulturschaffende Tätigkeit und für den damals aufkommenden persischen Drang nach Gerechtigkeit (diese Perser sind es, die Israel aus dem Exil in ihr Land zurückkehren ließen). Das Böse ist das antigöttliche Prinzip und muß daher auch vom Menschen bekämpft werden. Bemerkenswerterweise war gerade dieser Dualismus der Anfang einer dynamischen Entwicklung zur Gerechtigkeit, zur Überwindung des Leidens und zur Freude an den Werken der Kultur.

Aber dieser Dualismus erhielt viel später auch andere Erscheinungsformen. Mani (Manichäismus) entwickelte einen Dualismus zwischen ‚Geist‘ und ‚Materie‘. Er lebte in Mesopotamien und wurde von den Persern um 276 n. Chr. getötet. Was wir von ihm wissen, stammt in vielen Fällen von Augustinus, der selbst eine Zeitlang Manichäer gewesen war. Der Manichäismus war ein eklektisches System aus dem Zoroastrismus und dem Christentum. Gott muß von allem Bösen frei bleiben. Aber das Böse ist schlechthin eine harte Wirklichkeit unter uns. Das Böse, das Leiden muß also auf das Eindringen einer fremden, antigöttlichen Macht zurückgeführt werden. Bevor es zur Schöpfung kam, gab es schon eine antigöttliche Wirklichkeit. Als Gott seine Welt schuf, wurden das göttliche und das antigöttliche Element gleichsam in seinen Geschöpfen vermengt. Die konkrete menschliche Erfahrungswelt hat daher etwas von beiden Ersten Prinzipien in sich. Die Welt ist das großartige Unternehmen, in dem das Gute sich aus dieser bösen Vermischung befreien will. Die leuchtende Sonne war wie eine hoffnungsvolle Verheißung; der zunehmende und abnehmende Mond war ein Zeichen sich entziehender Lichtfragmente aus dieser hybriden Mischung. Die Perspektive war jedoch auch hier, daß die leuchtende Sonne triumphieren werde. Dieses kosmische Drama spielt sich in jedem Individuum ab. Der Manichäismus versinnbildet also den großen Emanzipationskampf der Menschheit zur Befreiung des Guten. Dazu ist zuerst das klare Bewußtsein von der Realität dieser beiden ersten ihrem Wesen nach kontradiktorischen Prinzipien notwendig; dann erst kann konsequente Praxis Erfolg bringen. Der Weg dorthin ist äußerst strenges Asketentum, die Forderung, sich ‚des Materiellen‘ zu entäußern. Allein schon eine Frucht von einem Baum pflücken läßt die Natur, den Baum, weinen. Augustinus, der dies alles erzählt und inzwischen dem Manichäismus abgeschworen hat, bleibt jedoch von der theoretischen Kohärenz dieses Systems, vor allem von dessen Treue zu den wirklichen menschlichen Erfahrungen, fasziniert.

Der *Jainismus*, als eine dritte ‚dualistische‘ Strömung, hat vor allem den Osten, Indien, beeinflußt. Hier ist sicher keine Rede mehr von einem metaphysischen Dualismus (falls es diesen je gegeben hat). Die Seele oder das Ich ist völlig in die Materie verstrickt. Heil liegt in Befreiung aus dieser Verstrickung. Jedes Ding im All hat eine eigene Seele, in immer geringerem Maß, je nachdem, ob es fünf, vier usw. Sinnesorgane hat; die niedrigste Kategorie hat nur den Tastsinn (wozu, jainistisch, auch die anorganische Welt gehört). Das Universum ist also voll von ‚lebenden Wesen'. Auch Steine haben ihre Tränen, wenn sie auch nicht laut weinen können. *Karma* ist (hier) die Verstrickung des Guten in das Böse. Freiwillig angenommenes Leiden bricht die Anhäufung von karma und befreit die Seele. Solange das nicht geschehen ist, muß die Seele ständig neugeboren werden in den Gestalten von Steinen, Bäumen, Eisen usw. Sie wird gesägt, geschmolzen, mit Messern bearbeitet, sie stirbt tausende Tode. Die ganze Welt leidet.

Anderen kein Leid zufügen ist daher eine Lebensaufgabe; man darf nicht einmal unachtsam Insekten zertreten. Die Jain-Mönche gehen durch die Welt mit einer überempfindsamen Scheu, auch nur einem Baum oder Strauch weh zu tun. Dem Körperlichen völlig abzusterben ist die höchste Lebensaufgabe, um die Seele frei zu machen. Der Dualismus, um den es hier geht, ist ein Dualismus zwischen ‚Geist' und ‚Materie' – *jiva* und *ajiva*, Geist und Un-Geist, aber ein metaphysischer Dualismus, vor allem der beiden ersten Prinzipien, wird als nicht der menschlichen Erfahrung entsprechend verworfen. Der Jainismus ist darin indisch (siehe bei Hinduismus und Buddhismus): Was Wirklichkeit in sich selbst auch sein mag, sie wird aus ihren Manifestationen in verschiedenen Erscheinungsformen erkannt. Absolut benennendes Wissen ist daher unmöglich. Jedes Phänomen hat mehr als ein Gesicht.

Der Jainismus kennt keine Schöpfung als Wirkung eines göttlichen Plans. Das Dasein des Bösen macht einen Schöpfer undenkbar und unmöglich. Vor allem eine ‚creatio ex nihilo' ist völliger Unsinn. Wie kann ein ewiger Gott plötzlich auf den Gedanken kommen, zu erschaffen? Dann wäre er zuvor nicht vollkommen, Nicht-Gott; und wie sollte ein Nicht-Gott die Welt erschaffen können? Und wenn er aus reiner Liebe lebende Wesen erschuf, warum dann all dieses Elend? Gott würde selbst sündigen, wenn er die Kinder, die er erschafft, mit Schmerzen und Leiden schlagen würde.

Der Grundgedanke dabei darf nicht vergessen werden: Wenn Gott wirklich Gott ist, ist er reine Positivität. Das scheint mir die richtige Intuition in jedem ‚Dualismus' zu sein, richtiger als zu sagen: daß Gott der Grund sowohl der Lebensgabe als auch der Lebensvernichtung sei. Um diese Grundauffassung wird es letztlich in allen Religionen gehen. Der Dualismus ist eine falsche Schlußfolgerung aus einer grundlegend richtigen Einsicht: Wenn Gott wirklich Gott ist, ist er Liebe und Barmherzigkeit. Aber der Jainismus lehnt einen persönlichen Schöpfergott ab. Die Existenz von Gut und Böse ist eine Art Naturgesetz.

Religionen sind erst dann ‚glaubwürdig', wenn sie alle Gegebenheiten der menschlichen Erfahrung berücksichtigen: Leiden und Freude, und wenn sie dort keinen Schein behaupten, wo allzu deutlich harte Wirklichkeitserfahrung gegeben ist. Die Religionen, die jetzt in großen – etwas allzu globalen – Zügen charakterisiert werden, haben alle das gemeinsam, daß sie dem *Guten*, nicht dem Bösen und dem Leiden das letzte Wort geben. Keine von ihnen vertritt eine Art Dolorismus; im Gegenteil: Das Leiden zu überwinden ist ihre tiefste Intention. (Doch sei vorab gesagt, daß in all diesen Religionen eine große Distanz zwischen der offiziellen Orthodoxie und der faktischen Volksreligiosität bestehen kann und in Wirklichkeit besteht.)

II
Israels Protest gegen Leiden und sein Leiden durch und für andere

In der Religiosität Israels war der leidende Mensch ein zentrales Lebensproblem. In einer Zeit der Sippenkriege waren es auch die Sippengötter, die gegeneinander kämpften; der Sieg des einen Stammes über den anderen war auch die Vernichtung des Gottes des anderen. Aber auf die Dauer sah Israel dies anders. Auch wenn Israel geschlagen wurde, blieb Jahwe der Mächtige, denn zwar ist das Gottesvolk abhängig von Gott, aber Jahwe ist nicht abhängig von seinem Volk. Das Leiden des Volkes ist dann die Folge des Zornes Gottes über die Sündhaftigkeit des Volkes. Jahwe ist deshalb das eine Prinzip, sowohl des Guten, das wir genießen, als auch des Leidens des Menschen. Aber gerade dieser Jahwismus der jüdischen Religion – Jahwe ist der Herr der Geschichte – machte das Leiden, vor allem unverschuldetes Leiden, zu einem Kernproblem in Israel, bedeutungsvoller als in anderen Religionen.

Der Grundgedanke ist: Gott hat alles ‚in guter Ordnung‘ erschaffen (Gen 1,31; Ps 105). Daraus folgt, daß Unordnung, vor allem das Leiden, auf menschliche Sündhaftigkeit zurückgeht. Sünde und Leiden hängen jüdisch eng zusammen. Vor allem im Deuteronomium und in der deuteronomistischen Tradition wird vom Bundesgedanken aus diese Theorie entwickelt, sowohl im Hinblick auf das Volk als auch auf den einzelnen. Das Wort ʿawon (von dem Stamm: krümmen, verbiegen) bedeutet sowohl Sünde als auch Strafe für die Sünde. Sünde ist eine Verdrehung, etwas ‚Verkehrtes‘; gerade deshalb schließt der Begriff auch die Folgen der Sünde ein: die Sündenschuld oder Sündenstrafe. Was krumm ist, tut weh (siehe Gen 15,16; 1 Kön 17,18; Jes 30,13; 64,6; Jer 13,22; Ps 32,2–5 usw.). Wer Verkehrtes tut, muß die Schuld tragen (Gen 4,13; Ex 34,7; Ps 85,3). Sünde ist daher eine Tat, die Bestrafung und Leiden wachruft (Ez 18,30; 44,12; Jes 30,13; Hos 5,5; Ijob 31,11.28 usw.). ʿAwon ist gleichsam das Band zwischen Sünde und Leiden oder Strafe (siehe auch das lateinische ‚poena‘, das sowohl Sünde als auch Strafe für die Sünde bedeutet, nämlich Leiden). Außerdem wird dieser Zusammenhang nicht nur individuell gesehen, sondern auch gemeinschaftlich: Nachkommen werden wegen der Sünde ihrer Väter bestraft (Lev 26,39–40; Jes 14,21; 53,11; Jer 11,10; Ez 18,17.19.20 usw.). So ist die Strafe für die Sünde der ‚ersten Eltern‘, daß jede Mutter unter Wehen Kinder gebären wird und daß der Mann hart für das tägliche Brot arbeiten muß (Gen 3,14–19). Die Furcht des Herrn verlängert das Leben, aber die Jahre des Gottlosen werden verkürzt (Spr 10,27).

Dabei drehten viele Juden das Verhältnis auch um: Aus dem Leiden schlossen sie auf die Gegenwart irgendeiner, wenn auch verborgenen Sünde. Und dies mußte zu manchen Aporien führen. Außerdem ist es wegen der Beziehung zwischen Sünde und Leiden stets Gott, der das Leiden als Strafe für Sünden schickt (Hos 4,9).

In der Zeit eines mehr verinnerlichten Individualismus wenden sich manche Propheten gegen die These vom Kollektivzusammenhang zwischen Sünde und Leiden: „Ihr fragt: Warum braucht der Sohn nicht zu büßen für die Ungerechtigkeit seines Vaters? Weil der Sohn nach Recht und Gesetz gehandelt und all meine Gebote genau befolgt hat, bleibt er am Leben. Nur der Sünder selbst wird sterben. Der Sohn braucht nicht zu büßen für die Sünden seines Vaters und der Vater nicht für die Sünden seines Sohnes. Die Gerechtigkeit wird allein dem Gerechten zugerechnet und die Bosheit allein dem Missetäter" (Ez 18,19–20). Ezechiel sieht den Zusammenhang also personalistisch; außerdem wird Reue mit der Sünde auch die Strafe wegnehmen (Ez 18,21–22): „Habe ich etwa Wohlgefallen am Tod des Sünders, lautet der Gottesspruch Jahwes, des Herrn, und nicht vielmehr daran, daß er sich von seinem Wandel bekehre und am Leben bleibe?" (Ez 18,23). Gegenüber dem Vorwurf, daß Gottes Wege nicht richtig seien, lautet die Antwort: „Höre doch, Volk Israels: mein Weg sollte nicht richtig sein? Sind nicht vielmehr eure Wege nicht richtig?... Habe ich doch kein Wohlgefallen am Tod dessen, der sterben muß, lautet der Gottesspruch Jahwes, des Herrn. Bekehrt euch denn, auf daß ihr lebet" (Ez 18,25.32). In das *religiöse* Verständnis des Leidens kommt damit nicht nur ein stärkerer personalistischer Ton, sondern auch die göttliche Bestrafung wird im Hinblick auf *Bekehrung* gesehen. Gott selbst findet kein Gefallen an menschlichem Leiden. Der Mensch selbst zieht sich durch Sündhaftigkeit Leiden zu, aber Gott steht vergebungsgesinnt immer bereit. Das ist deutlich ein Versuch, die ältere Auffassung: Jahwe ist „ein Gott, der sterben läßt und lebendig macht" (1 Sam 2,6) gründlich zu korrigieren. Gott hat mit dem Leiden nichts zu tun, außer durch die Sündhaftigkeit von Menschen, die er jedoch durch Reue zum Leben bringen will. Ezechiel wehrt sich zugleich gegen Versuche, darin ein Alibi für eigenes Leiden zu suchen, daß man auf die Sünden anderer hinweist; er legt allen Nachdruck auf die eigene persönliche Verantwortung, allerdings läßt er diese auch Folgen für das ganze Gottesvolk haben.

Deuterojesaja wendet sich gegen seine persischen Zeitgenossen, die einem gewissen Dualismus von Gut und Böse huldigten. Gott ist der Schöpfer des Lichts und der Finsternis, von Heil und Unheil (Jes 40–55). Aber wie groß auch das Leiden des Volkes ist, Israel erinnert sich der göttlichen Befreiung aus dem Leiden in ägyptischer Sklaverei. Das ist Israels Hoffnung auch für die Zukunft. Vor allem in der hellenistischen Zeit des Judentums wird die griechische Lebensauffassung: Leiden als Lernschule der Lebensweisheit, vor allem von Diasporajuden in ihren Jahweglauben eingefügt (Spr 3, 11–12; 6, 1; 13, 24; Ps 94, 12; Ijob 5, 17; – siehe Hebr 12, 5–6; Offb 3, 19). Wahre Weisheit und weise Menschlichkeit ist Frucht des Leidens.

Doch laufen alte und neue Auffassungen in Israel durcheinander. Während Propheten die Klage des Volkes, Gott kümmere sich nicht um menschliche Rechte, widerlegen (Jes 40, 27), ist für Israel nicht das Leiden *als solches* ein Problem, sondern die ungleichmäßige, offensichtlich ungerechte Verteilung des Leidens unter Frommen und Sündern. Im ganzen jüdischen Psalterium kommt dies in einer heftigen Klage zum Ausdruck, und Koh 8, 10–14 formuliert das Problem messerscharf. Israel wird mit dem unbegreiflichen Faktum konfrontiert, daß auch und insbesondere Gerechte und Fromme leiden. Der Psalmist formuliert diese Situation scharf: „All das hat uns getroffen, und wir haben doch dein nicht vergessen und haben deinen Bund nicht verraten. Unser Herz ist nicht abtrünnig geworden, noch ist gewichen von deinem Pfad unser Tritt, daß du uns verstießest" (Ps 44, 17–19). Israel hat keine Probleme mit dem Leiden, das Menschen sich durch eigene Sündhaftigkeit aufladen, aber es protestiert und wehrt sich gegen unverschuldetes Leiden, unabhängig von eigener Torheit. Auch das ist typisch jüdisch. Religiös weiß Israel mit dem Leiden zwar fertig zu werden; aber abgesehen von Sündhaftigkeit, will es das Leiden nicht einfach als *gegeben* hinnehmen. Ein Fatum-Begriff ist Israel fremd. Aber wie löst es dann diese Schwierigkeit, wenn man, in Anbetracht des eigenen jahwistischen Gottesglaubens, nicht in die dumpfe ‚Faktizität‘ eines Schicksals flüchten kann, das Fragen sinnlos macht?

Aus seinem Jahweglauben läßt Israel nicht nach, harte Fragen gerade an Gott zu richten. Schläft Gott denn eine Zeitlang? fragt sich Ps 44, 23.26 zuerst. Äußerungen menschlicher Regungen, die sich gegen unverschuldetes Leiden empören! Dann wieder flüchtet man in das Bekenntnis des transzendenten Mysteriums Gottes. „Wie lange muß ich noch rufen, Jahwe, und du hörst nicht? Wie lange muß ich noch zu dir Gewalt! schreien, und du kommst nicht zu Hilfe? Warum läßt du mich ungerecht leiden und siehst dieses Elend nur an?" (Hab 1, 1–2; siehe auch 1, 12). Diese heftige Klage ist einerseits gerade durch das schwere Unrecht ausgelöst, das man erleidet, anderseits durch die Glaubensüberzeugung, daß Jahwe allein ein Verfechter des Guten und ein Bekämpfer des Bösen ist: „Du bist … der Sieger über den Tod … Deine Augen sind zu rein, als daß sie Böses ansehen könnten, und dem Argen vermagst du nicht zuzuschauen. Warum siehst du denn den Treulosen zu und schweigst, wenn der Gottlose den Gerechten verschlingt, wenn er den Menschen tut wie den Fischen im Meer, wie dem Gewürm, das keinen Herrscher hat" (Hab 1, 12.13–14). Israel attackiert heftig den eigenen Gott, wenn er schweigt und Israel ungerecht leidet. Aber immer taucht letztlich am Horizont der Triumph auf: „Wenn sie auch ausbleibt, so harre darauf, denn sie kommt gewiß und bleibt nicht aus" (Hab 2, 3). Die ungerechten Belagerer werden zerschmettert werden: „Wehe

dem, der eine Stadt mit Blut bauen und eine Festung auf Missetat gründen will"
(Hab 2,12). Schließlich „rückt Jahwe aus, um sein Volk zu befreien" (Hab
3,13). Die Kraft, ‚inzwischen' auszuharren, ist Israels Glaube: „Der Gerechte
bleibt am Leben durch sein Glaubensvertrauen" (Hab 2,4b). Mit anderen
Worten: Glaube an Gott, den Urheber des Guten und Bekämpfer alles Bösen,
der Glaube also, daß das Gute das letzte Wort hat, wird zur Grundhaltung
Israels, allerdings hegt es dabei einen Protest im Herzen, weil dies alles so lange
ausbleibt. Glaube an das undurchdringliche Wesen Gottes, dessen Güte im
Grunde nicht bezweifelt wird. Das ist letztlich auch die Grundhaltung Ijobs:
Der Protest verstummt in der Hingabe an Gottes Geheimnis; außerdem wird
die Pointe des Protestes einigermaßen ‚entkräftet', weil die Geschichte Ijobs
mit einem etwas zu leichten *happy end* endet, wenn darin vielleicht auch schon
die *erlösende* Kraft des Leidens gesehen wird (Ijob 42,10). In diesen Auffassungen kehrt der alte Gedanke wieder: Die Sünder erhalten ihre Strafe, man
fügt nur hinzu: früher oder später, mit einem Akzent auf ‚später' (Spr 24,19–20;
Ps 37,16–17.25.28–29).

Aber auch dieser verzweifelten Aussage widersprachen konkrete Erfah-
rungen. Manchmal befolgt man dann die Taktik: Stell keine Vergleiche an!
Blicke nicht auf Sünder, denen es gut geht, sondern pflege deinen eigenen Garten
(Ps 101,2–4.6.8). Diese Taktik behebt jedoch das unverschuldete Leiden der
Gerechten nicht. Eine schon ältere Antwort darauf ist: Leiden wird zu einem
Testfall für wahren Glauben (Gen 22,1–19; Ijob 1,6–12; Spr 3,11). Der Prediger nennt es eine ‚eitle', nicht zu begreifende Situation (Koh 8,10–14), auch
in dem Sinn: Menschen dürfen nicht Megalomanen werden und nicht alles Gute
erleben wollen: Es geht um die Qualität dessen, was man erlebt, um die ‚kleinen
Freuden' des Alltags. Alles hat seine eigene Zeit: Geburt und Sterben (Koh 7,29;
3,1–2.9–14).

Jeremia ist der erste, der vom leidenden Gerechten spricht wie von „einem
unschuldigen Lamm, das zur Schlachtbank geführt wird" (Jer 11,19) und ist,
wie Ijob, jemand, „der seine Sache in die Hände Gottes gelegt hat" (Jer 11,20).
Hier tritt Leiden als Bestandteil einer Sendung auf, das Motiv des Leidens *um
einer guten Sache willen,* wenn es auch nicht ganz ausgesprochen wird. Für
Jeremia ist die heutige Welt ein ‚tohuwabohu', ein Chaos wie vor Gottes erster
Schöpfung (Jer 4,23). Etwas von einer Hoffnung, daß Gott einen Strich unter
sein erstes Schöpfungsprojekt zieht und alles neu beginnt, klingt manchmal
durch (Jer 4,23ff). Jeremia sieht keine Lösung, außer in: ‚alles neu beginnen':
eine *neue* Schöpfung und ein *neuer* Bund – ein Gedanke, den vor allem die jüdische Apokalyptik weiter entwickeln wird. Man löst das Problem also eigentlich
nicht, man stellt ihm nur eine Vision gegenüber, in der es das Leidensproblem
nicht mehr gibt. Das erreicht im Alten Testament einen Höhepunkt in dem prophetischen leidenden Gottesknecht des Deuterojesaja (Jes 42,1–4; 49,1–6;
50,4–9; 52,13 – 53,12). Israel mußte leiden, denn es war sündig (Jes 40,2).
Der leidende Knecht ist jedoch unschuldig, aber er *leidet durch und für andere –*

Leiden, angenommen als ein freiwilliges Lebensopfer für andere. Hier haben wir den Gedanken des *erlösenden* Leidens. Der Prophet bleibt bei dem traditionellen Standpunkt, daß Sünde und Leid miteinander verbunden sind (Jes 40,2; 42,24–25; 43,22–28; 47,6; 50,1; 51,17–23; 54,6–9), aber er nimmt das Leiden, das andere wegen ihrer Sünden hätte treffen müssen, auf sich. Der Autor sagt nirgends, wie dieses Leiden anderen zugute kommen kann, aber er sieht diese Tat offensichtlich als einen ‚Weg Gottes‘, der Sünder dadurch zur Umkehr zu bringen vermag. Doch kann in der Perspektive des Glaubens an Jahwe als den Herrn des Lebens und nicht des Todes dieses Opfer in jüdischer Perspektive nicht das letzte Wort sein: Die Erhöhung und Verherrlichung des leidenden Gottesknechts ist Gottes überreiche Gutheißung dieser Solidarisierung mit dem sündigen und daher leidenden Volk. Wie das Volk einst aus Ägypten befreit wurde, wird es auch aus der babylonischen Gefangenschaft befreit werden: Der neue Exodus wird Israel verherrlichen (Jes 40,3–5; 49,7). Leiden hat eine erlösende Bedeutung, es ist die Basis für Großartigeres. Letztlich ergibt sich hier zugleich die Perspektive auf die Einsicht, daß Leiden und sogar Tod nicht das letzte Wort haben, dank der Treue und Solidarität, die der Mensch im Leiden bewahrt.

Doch ist es auffallend, daß Israel das Leben nach dem Tod nicht als eine Lösung des Leidensproblems ansieht. Daß das Leben nach dem Tod ein Postulat oder eine Projektion aus der heutigen menschlichen Leidenssituation ist, geht vorläufig für Israel nicht auf; es ist historisch einfach unwahr. Auch in den jüngeren Teilen des Alten Testaments, wo jedoch ausdrücklich von der kommenden Auferstehung die Rede ist, ist diese keine ‚übernatürliche‘ Projektion aus der Ohnmacht des Menschen, etwas an der Situation leidender Menschen zu ändern. In ihr erscheint eher Gottes Ja zu einem Leben, das sich für eine gute und gerechte Sache einsetzt. Vor allem in den Prüfungen der makkabäischen Kriege kommt dies zum Ausdruck. Leiden und Sterben um der Sache Gottes willen, Martyrium, zeigen, daß der Gottesglaube stärker ist als der Tod (Dan 6,11; 11,32; 1 Makk 1,54; 6,7; 2 Makk 6,1 – 7,42) und ein Leben nach dem Tod (Auferstehung) eröffnet (Dan 12,1–3; 2 Makk 7,9; 7,28–41). Im Gegensatz zu den ‚zynischen‘ und stoischen ‚griechischen Heiligen‘ ist hier keine Rede von einer eigenen Leistung oder dem Anspruch, ‚heiliger‘ zu sein als andere. Das Leiden wird *weniger* in seiner Beziehung zur Sünde gesehen (obwohl sie nicht geleugnet wird), sondern als Leiden für eine gute Sache, die höchst relevante Sache: Gott selbst. Auch hier spielt der Gedanke mit: Lebensopfer für die gute Sache und damit Gott „sich bald unseres Volkes erbarme" (2 Makk 7,37a und 38), wie auch zur Bekehrung derer, die foltern (2 Makk 7,37b). Leiden also als Sühnopfer, „damit Gottes Zorn gegen das Volk nachläßt" (2 Makk 7,38). Das Böse durch das Gute überwinden – Gottes eigenes Wesen! Sich damit identifizieren hat für vergängliche Menschen in einer bösen Welt Martyrerleiden zur Folge. Die Auferstehung wird nicht als ein ‚happy end‘ trotz allem gesehen; sondern als die Implikation der Lebensgemeinschaft mit Gott.

Als solcher trennt der Tod den Menschen von Gott (Ps 6, 5), während der Martyrer sein Leben für Gott hingibt. Das ist der Widerspruch, den der Gläubige nicht akzeptieren kann, dieser Widerspruch würde den Einsatz für eine gute Sache zu einer Illusion machen. Nicht das Leiden, sondern der Glaube an Gott war die Quelle des jüdischen Auferstehungsglaubens, der erst am Ende des Alten Testaments bezeugt wird. Der Gläubige ist „in Gottes Hand" (Weish 3, 1–9). Wenn dieser Auferstehungsglaube aber einmal besteht, dann wird er auch zu einem ermutigenden Gedanken bei den Martern der Toragetreuen Israels. Und doch beruft sich das Zweite Makkabäerbuch eigentlich nicht auf die Auferstehung als Lösung des Leidensproblems: „Alle, die dieses Buch in die Hand bekommen, ermahne ich, sich durch derartige Heimsuchungen nicht aus der Fassung bringen zu lassen, sondern zu bedenken, daß solche Strafen nicht zum Verderben, sondern zur Besserung unseres Volkes dienen sollen" (2 Makk 6, 12–16). Nicht die Auferstehung, sondern die älteren jüdischen Motive: Gottes Barmherzigkeit bis in das Leiden hinein, werden mit dem Problem des leidenden Menschen in Verbindung gebracht.

Erst in der außerbiblischen jüdischen Literatur wird das Leben nach dem Tod und die Bestrafung des Bösen nach dem Tod zu einem Bestandteil der Lösung des Leidensproblems. Vor allem 1 Hen 102, 6–11 (Problemstellung) und 103, 1 ff („Lösung') sind dafür ein gutes Beispiel: Der Himmel führt genau Buch über all das Gute und Böse, das Menschen tun. Das Letzte Gericht bringt alles wieder in das richtige Verhältnis. Aber Henoch weiß dies nur durch eine ganz besondere ‚Privatoffenbarung'. Das ist die apokalyptische Auffassung vom Leiden: die absolut-neue Zukunft, die denn auch das jetzige Leiden und die Probleme der Welt heute relativiert oder zumindest sehr stark unter den Druck der späteren Belohnung stellt.

Vor allem der Fall Jerusalems im Jahr 70 war zumindest für die Apokalyptik ein Katalysator für das Problem des ‚leidenden Gerechten': Das gerechte Jerusalem leidet, und die gottlosen Heiden triumphieren (2 Bar 14, 4 ff), aber Jerusalem darf sich trösten: Die Krone der Herrlichkeit kommt nach dem Leiden (2 Bar 15, 8). Außerdem werden große Katastrophen als die Beschleunigung des triumphierenden Kommens Gottes gesehen (2 Bar 20, 2); die Leiden sind die Geburtswehen der neuen Welt. Aber die Schlußantwort ist auch hier: Wer kann Gottes unerforschliche Wege ergründen (4 Esr 4, 11)? Menschen müssen ihre eigenen Grenzen erkennen (4 Esr 4, 13–19). Auf die Pharisäer, die mit der sadduzäischen Haltung im Tempel überhaupt nicht einverstanden waren, hat diese Zerstörung keinen Eindruck gemacht. Außerdem war die Wirkung dieser Zerstörung, daß gerade die pharisäische Auffassung zur beherrschenden Interpretation der jüdischen Religion wurde: zum rabbinischen Judaismus. (Dabei hatte Jerusalems Fall etwas von ‚déjà vu' an sich: Juden hatten es früher schon einmal erlebt[17]. Leiden bringt auch Verhärtung.) Der rabbinische Judaismus wiederholt und verfeinert nur die vielfältigen alttestamentlichen Antworten auf die Fragen, die das Leiden stellt, aber untereinander bleiben sich die Rabbinen doch uneinig über den Zusammenhang zwischen Leiden und Sünde. Der mittelalterliche jüdische Philosoph Maimonides wird sagen: Die Existenz ist an sich schon ein großes Gut[18] (was Thomas von Aquin, von Maimonides angeregt, sagen läßt: „melius est sic esse, quam non esse"; Existenz, sogar leidende Existenz ist immer noch besser als Nicht-Existenz). Manche Dinge verdanken ihr Dasein dem Aufbau und Abbruch; das Leiden gehört dazu, in Veränderung befindliche Wesen sind leidende Wesen. Aber es gibt auch Leiden, das Menschen einander antun; und diese Form von Leiden kommt sogar häufiger vor als die erstere Form. Und schließlich gibt es das Leiden, das der Mensch *sich selbst* antut: und dieses Leiden kommt am häufigsten vor, und darauf beziehen sich auch die meisten Klagen der Menschen. Aber es ist ihre eigene törichte Schuld, sagt Maimonides. Rabbi Aha sagte: „Gott hat dem Menschen vier Dinge geben wollen: die Tora, Leiden, Opfer und Gebet; aber die Menschen haben diese Segnungen nicht angenommen." Und Rabbi Simeon ben Yohai sagte: „Der Heilige – gesegnet sei sein Name – gab Israel drei kostbare Geschenke: die Tora, das Land Israel und die kommende Welt; aber keines von allen wurde ohne Leiden gegeben."[19] Für das Rabbinentum hat das Leiden eine reinigende Funktion, es ist ein Weg zum Leben. Rabbi Huna fragt: „Gott sah, daß alles sehr gut war... Kann Leiden ‚sehr gut' sein? Ja, denn durch Leiden erreicht der Mensch das Leben in der kommenden Welt." Leiden vergibt Sünden. Heilbringendes Leiden ist gleichsam die Seele des jüdischen Volkes, wie die Rabbinen sie in Worte faßten. Heutige Juden sehen die Wiederherstellung des Staates Israel als einen Aspekt des Heils, als Frucht ihrer Leiden unter dem Nationalsozialismus: die Israelis, auferstanden aus der Asche von Buchenwald und Auschwitz. Der Jude lehnt es ab, ‚übernatürliche' Erklärungen für das rational nicht zu begreifende Leiden zu geben, er hat das Leiden jedoch religiös zu verarbeiten gelernt.

III
Die Griechen und der leidende Mensch

Die Griechen dachten nicht anders, als was alle Mythen auszudrücken versuchten. Ihr reflexives Denken ist übrigens aus diesen religiösen Mythen geboren. In Homers Ilias ist ein tiefer Pessimismus über unser Menschsein spürbar: Eines ist sicher – daß wir sterben. „So haben es zugesponnen die Götter den elenden Sterblichen, daß sie leben in Kummer, selbst aber sind sie unbekümmert" (Ilias 24,518). „Geschöpfe eines Tages! Was ist ein Mensch? Was ist er nicht? Ein Mensch ist der Traum eines Schattens..." (Pindar, Pythische Oden 8,95). Aber gewöhnlich lassen die Griechen auch ihre Götter leiden[20], ihre Götter sind menschlich – Samenkörner, die sterben müssen, um wieder leben zu können (Homerische Hymnen 2,480–82). Menschliches und göttliches Leiden ist ein Bestandteil des Leidens des Alls: kein Sommer ohne Winter. Gerade in den eleusinischen Mysterien wird dieses Geheimnis des Übergangs

vom Untergang zum Leben gefeiert. Die großen griechischen Dramen, vor allem
Orest und Prometheus von Äschylus, kennen kein anderes Thema. Es gibt eine
Erlösung von dem Leiden, diese Hoffnung, diesen Zukunftswillen kann man
nicht unterdrücken. Aber Leiden scheint ein ‚Müssen‘ zu sein für wahres und
endgültiges menschliches Glück. „Weisheit ist das Kind des Leids, geboren unter
vielen Tränen (Äschylus, Eumeniden 517ff). Die Goldene Regel ist: keine
Tyrannei, auch keine Anarchie, sondern sich unter das Gesetz stellen (a. a. O.
526 f), dann wird Leiden ein Erfolg als Gabe Gottes. Für die Griechen ist das
Leiden also eine Lernschule der Weisheit („pathos" gibt „mathos" sagte das
griechische Sprichwort: Leiden ist eine Lernschule; siehe Hebr 5,8). Von
Sokrates belehrt, ging der Philosoph Plato tief auf dieses Problem des Leidens
ein. Beide stellen das Leiden in einen gesellschaftlichen Kontext: Demokratie
(Athen) oder eine Oligarchie (Sparta) als die beste Regierungsform, unter der
lebbare Menschlichkeit möglich ist. Sokrates war antidemokratisch, weil
Demokratie einen zu hohen Grad an Tugendhaftigkeit und Kenntnissen erfordert, die für diesen geistigen Aristokraten kein Besitz normaler Sterblicher sind.
Undisziplinierte Demokratie bewirkt nur Katastrophen. Der Mann wurde zum
Tode verurteilt, weil er die demokratisch gesinnten jungen Leute ‚verdarb‘.
Obwohl er die Gelegenheit hatte zu fliehen, lehnte er dies ab: „Ich habe Gesetz
und Disziplin akzeptiert, als sie mir zum Vorteil gereichten, warum sollte ich
ihnen entfliehen, wenn sie gegen mich ausfallen?" Plato sollte diese Haltung
so formulieren: „Es ist schlimmer, Ungerechtigkeit zu begehen als ungerecht
leiden zu müssen" (eine Losung, die der Erste Petrusbrief in christlicher Perspektive ausgearbeitet hat). Wenn Tugendhaftigkeit (kalokagathia) der Sinn des
menschlichen Lebens ist, warum sollte dieses dann etwas mit Glück und Wohlstand zu tun haben? Dieser griechische Ton klingt ganz anders als das jüdische
Problem: ein *zaddiq* oder Gerechter muß auch glücklich leben. Der Grieche
relativiert das Leiden von dem aus, was man die Priorität des Geistes nennt.
Schlechtes Handeln vollzieht sich im Geist und ist daher nicht menschenwürdig;
Leiden trifft den Leib und die Psyche, aber das ist vorübergehend und vergänglich; Güte und Gerechtigkeit bleiben. Leiden und Kasteiung durch das Leben
sind der Anfang menschlicher Weisheit, und der Gerechte darf daher Leiden erwarten. So etwas wie der Gedanke des ‚leidenden Gerechten‘ ist dem Platonismus eigen. Das Leiden hat eine erlösende Funktion, es ist eine Durchgangs-
phase. Vor allem Aristoteles wird daher das Leiden sogar als etwas
‚Nicht-Seiendes‘ bezeichnen, im privativen Sinn. Und das schließt ein, daß nur
dem Guten alle Positivität zuerkannt wird, in einem eindeutig antidualistischen
Sinn. Man darf gut und böse nicht als gleichberechtigt behandeln; das würde
dem Menschen seine Würde rauben.

Nach diesen ‚klassischen‘ Griechen haben sich die Zyniker, die Stoa und die
Epikuräer näher auf das Leiden besonnen. Zwar sind dies drei verschiedene
Schulen, aber sie haben doch vieles gemeinsam. Die Zyniker – genannt nach
dem Beinamen des Diogenes „der Hund" (woher auch unser Wort Zynismus

kommt) – waren nur zynisch in einer ganz bestimmten und begrenzten Hinsicht. Ihre Hauptabsicht lag anderswo: in der Sorge um wahre Menschlichkeit; sie waren die Wachhunde für die grundlegenden menschlichen Lebenswerte, wie sie diese griechisch interpretierten. Entsagung, Selbstentäußerung war ihre Lebensparole: auf alles verzichtend und deshalb auch ‚Weltbürger‘, verheiratet mit Frau Armut. Diogenes ‚verließ alles‘. Sein Leben selbst war als zeitgenössische Gesellschaftskritik beabsichtigt, ein Hippie, wie er im Buch steht, mit einer Vorliebe für ‚Handarbeit‘ zur Verspottung der davon freigestellten besitzenden Klasse. Der Zyniker ist der wahre, hochmenschliche König in Sklavengestalt, leidend unter der Arroganz der gutsituierten und mächtigen Patrizier. Sklaven aber sind für die Zyniker jene Menschen, die ihren Leidenschaften, ihren Aggressionen und ihrer Sinnlichkeit unterworfen sind. Aber die Zyniker sind zugleich zynisch, weil sie kein Mitleid kennen, weil sie Mitmenschen, die nicht wie sie sind, zutiefst verachtet haben; sie allein sind die wahren, aber verschmähten Menschen, die *Übermenschen,* die sich außerdem selbst aus eigener Kraft zu dieser Höhe durch Disziplin und Askese ‚emporgearbeitet‘ haben. Sie kennen kein Mitleid mit Mitmenschen, weil sie, sogar im Leiden, souveränfrei über allem Leiden stehen.

Die großen Philosophen der Stoa sind von der Lebenslehre der Zyniker beeinflußt, zeigen aber eigene Merkmale. Aus einer Art pantheistischer Weltanschauung, bei der Gott alles in allen und in allem ist, ist die heutige Welt, so wie sie ist, die beste aller Welten. Dieser ontologische Optimismus, im Gegensatz zum fundamentalen Lebenspessimismus der Zyniker, sah alles, auch Leiden, geheimnisvoll in das gutgeordnete Universum, von göttlicher Vernunft erfüllt, integriert. Das Böse und das Leiden können den wahren, lebensweisen Menschen nie treffen; denn er trägt das Wahre und Gute wie einen kostbaren Schatz in seiner inneren Lebenshaltung; äußere schmerzhafte Umstände können daran nichts ändern. Er spürt zwar den Schmerz, aber sein mannhaftes Ertragen steht darüber. Und sollte der äußere Druck zu schwer werden, dann steht dem stolzen ‚Stoiker‘ noch die Tür zum freigewählten Selbstmord offen, durch den der innerlich freie Mensch seine Unabhängigkeit gegenüber allem Unheil auf eine souverän-königliche Weise dokumentiert. Leiden ist, in diesem Pantheismus, ein Aspekt des universellen Gottseins; es ist also wohlgeordnet und gut. Der Zeushymnus des Kleanthes ist dafür kennzeichnend: „Ah! Du verstehst es, das, was krumm ist, gerade zu machen, du bringst Ordnung in das Chaos, Liebe, wo keine Liebe ist. So hast du all das Böse mit dem Guten ineinandergepaßt, um beide zu einem zu machen, in einem einzigen und ewigen Prinzip." Und Epiktet, ein ehemaliger Sklave mit einem verkrüppelten Bein, erfuhr diese Behinderung als eine Äußerung der besten aller Welten: Es ist ein Opfer für das Gut des ganzen Universums. Er fragt sich dabei nicht, warum und wie dieses Leid zum Wohl von allem gereicht; das *ist* so für den stoischen Weisen.

Die entscheidende Frage bei dieser Weisheit der Stoa ist: Wenn das Leiden eine

Form der Illusion ist, ist diese Illusion dann selbst kein Übel? Und warum haben Menschen dann einen solchen Abscheu vor allem, was sie *sich einbilden* an Schmerzen zu verspüren? Nimmt man dann das Leiden wirklich ernst?

Die Epikuräer waren nicht die Vergnügungs- und Genußsüchtigen, wie uns unser Wort ‚Epikuräer‘ vermuten lassen könnte. Es waren Aszeten mit dem Lebensmodell: *ataraxia*, Gleichmut und Gemütsruhe. Schon wieder die griechische Entsagung und innerlich-freie Selbstgenügsamkeit (autarkia); zufrieden sein mit dem, was man hat und bekommt, nicht hat und ‚entbehrt‘. Epikur ging von der These aus, daß der ursprüngliche Zustand des Menschen barbarisch und armselig sei, daß sich der Mensch aber daraus emporgearbeitet habe. Das ist seine Ehre und sein Ruhm. Jetzt lebt er im aristokratischen Bereich des Geistes. Wahrer, unseliger Schmerz ist nur das Leid des Verlangens, der Begierde nach mehr. Der Weise versteht es, sowohl das Kleine als auch das Große zu genießen; er versteht es, Armut zu erleiden und in Überfluß zu leben (vieles von dieser griechischen – zynischen, stoischen und epikuräischen – Weisheit finden wir, in eine christliche Gnadenperspektive umgedeutet, auch im Neuen Testament, vor allem im Paulinismus). Im Gegensatz aber zu Aristoteles, den Zynikern und den Weisen der Stoa, die Zärtlichkeit und vor allem Mitleid als eine niedrige menschliche Untugend disqualifizieren, sind Freundschaft und Mitleid für Epikur eine hochmenschliche Tugend (nach dem Testament des Epikur in: Diogenes Laertius X, 16–21): Man muß mit den Weinenden weinen können, leiden mit jedem, der leidet, dann erst gelangt man zur höchsten inneren Gemütsruhe. Es geht dabei weniger um den anderen als anderen, sondern um die eigene aszetische Vollkommenheit der unverletzbaren Gemütsruhe. Das Leid darf nie das Übergewicht über den Lebensgenuß erhalten, aber eine gewisse Dosis Leiden läßt sich durchaus mit Lebensgenuß vereinbaren. Warum dies alles? Das fragt Epikur sich nicht; das Leiden wird als *gegeben* akzeptiert; die Frage ist für ihn, wie für alle Griechen: Welchen Sinn gibt man ihm?

IV
Die Römer: „per aspera ad astra"

Die Römer hatten – obwohl sie auch später von der Stoa stark beeinflußt waren (die ‚kaiserzeitliche Stoa‘ ist sogar echt-römisch, aber durch den griechischen Geist verfeinert) – eine eigene Auffassung vom Leiden des Menschen (zu verstehen als: der Römer), weniger reflexiv, aber als wesentlichen und wirksamen Bestandteil dessen, was sie als die Weltberufung des römischen Volkes erfuhren. Vergil hat dies scharf ausgesprochen: „Andere werden – ich will es glauben – das Erz zärtlicher schmieden zu Leben atmenden Formen und aus dem Marmor ein beseeltes Antlitz hauen, besser eine Rechtssache führen, die Bahnen des Himmels mit dem Stift zeichnen und den Aufgang der Sterne beschreiben. Du, Römer, gedenke deiner Aufgabe, über die Völker zu herrschen – das wird deine

Kunst sein –, das Gesetz vor den Frieden zu stellen, den zu schonen, der besiegt wurde, die Stolzen durch den Krieg niederzuschlagen" (Äneis VI, 842 ff).

Die römische Lebensweisheit steht unter der Parole: „virtus", nicht in unserem Sinn von ‚Tugend', sondern als Stärke: „vir-tus", Mannhaftigkeit, hartnäckiges Ausharren (eine für Römer ausgesprochen nicht-weibliche Fähigkeit) – die Tugend des hart Arbeitenden, in guten wie in schlechten Zeiten, für die eigene Familie und vor allem für die römische *respublica;* die Tugend des Kämpfens bis zum äußersten für das Wohl des römischen Ackerbaus und vor allem des römischen Gemeinwohls. Das römische Buch „De viris illustribus" gibt ein klares Bild der römischen Auffassung vom Leiden, zusammengefaßt in dem geflügelten Wort: „moribus antiquis res stat Romana *virisque*" (Ennius), Roms Wohl steht und fällt mit der uralten römischen juristischen Lebensweisheit und den *Männern,* das heißt der *vir*-tus oder der hartnäckigen Mannhaftigkeit der Römer. „Und sollte auch die Welt in Stücke springen, ihn (den echten Römer) wird ihr Fall unverzagt finden" (Horaz, Oden III, 3, 1 ff). Auch hier ist der Ausgangspunkt: die Erfahrung von Feindseligkeit in unserer Welt. Eine solche Welt verlangt nach tapferen, hart arbeitenden und ringenden Menschen – nach Kerlen. Leiden und Prüfungen sind in unserer Welt *gegeben* – auch hier kein Versuch, die Ursachen des Leidens zu analysieren –, aber eine kraftvolle und tapfere Lebenshaltung führt in und durch diese Prüfungen zu ruhmvoller wahrer „humanitas". Die stoischen Elemente werden dieser harten römischen Soldatenanschauung nur einen verfeinerten, griechisch-kultivierten Hintergrund mitgeben und bei Kaiser Marc Aurel zu einer bis dahin unbekannten Höhe persönlicher, liebenswerter und gerechter Menschlichkeit führen, der als Kaiser sich selbst vorschrieb, vor allem nicht ‚Kaiser zu sein' über sein Volk.

Ohne den harten römischen Blick auf die Welt preiszugeben, bringt Vergil (der in seinen jüngeren Jahren Epikuräer gewesen war) einen menschlich warmen Ton in diese Weltanschauung. Man kann sie mit seinem berühmten Wort zusammenfassen: „*Sunt lacrimae rerum* et mentem mortalia tangunt" (Äneis I, 462), was in der im Lateinischen mitgemeinten Möglichkeit des genitivus obiectivus und zugleich subiectivus bedeutet: Es gibt Tränen im Herzen der Wirklichkeit, und: Das Herz der Wirklichkeit ist Mitleid (eine östliche, vor allem tibetanische Weisheit). Und „vergängliche Dinge rühren das Herz". Zwar beschreibt Vergil seinen Held Äneas in Ausdrücken eines erfolgreichen stoischen Weisen (Vergil lebte von 70 bis 19 v. Chr.) – „durch Leiden zum Sieg" –, aber er gibt ihm zugleich den ‚human touch' eines epikuräischen Mitmenschen, der Mitleid mit dem Leiden und Schicksal anderer hat. Viele Klassiker haben auf einen tief-menschlichen Zug in Vergil hingewiesen. „Sage mir, warum mußte Äneas... so viel Leid ertragen? Sitzt so viel Rache in den Herzen der himmlischen Götter?" (Äneis I, 11). Und dann sein berühmter Seufzer: „Tantae molis erat Romanam condere gentem" (Äneis I, 33); so vielen Leids und so vieler Mühe bedurfte es, das römische Volk zu gründen. Vor allem in seinen *Georgica* stellt sich der Dichter das Problem des „labor improbus", der schweren menschlichen Arbeit, gegen die er zwar nie protestiert, obwohl ihn das Schmerzliche daran rührt. Schade! wirklich schade, aber es scheint nicht anders sein zu können. Menschsein ist eine harte Aufgabe, ein „durum genus" (Georg. I, 63), und sie ist nie beendet (II, 397–401). Doch ist das kein Pessimismus. Jupiter selbst hat die Dinge so geregelt: „per aspera ad astra", Schwierigkeiten und Leiden machen Menschen groß. Dies geht aus der Freude nach der schweren Arbeit beim Anblick der lachenden Üppigkeit blühender Felder hervor. Eine freundliche göttliche Macht steht hinter unserer menschlichen realen Lebenshärte. Vergil huldigt in seinen Georgica der Mystik der Lebensfreude durch harte Arbeit, Italiens Größe (Georg. II, 136–176). Schwierigkeiten sind da, um überwunden zu werden. „O socii (neque enim ignari sumus ante malorum), o passi graviora, dabit deus his quoque finem" (Äneis I, 198–199), Freunde, wir haben schon früher Unglück erlitten, schwerer als dieses; auch jetzt wird die Gottheit Rettung schenken. Ende gut, alles gut: „forsan et haec olim meminisse iuvabit" (Äneis I, 203): ‚(Faßt neuen Mut, laßt fahren eure traurige Furcht), vielleicht gedenkt ihr später auch dieser Dinge mit Freude.‘

V
Leiden im Hinduismus

Dem Hinduismus zufolge[21] kann man aus verschiedenen Gesichtspunkten auf ein und dieselbe Sache schauen. Jede Sicht hat völlig eigene Rechte, aber keine von allen ist erschöpfend. Ein ‚universeller‘ Standpunkt ruft bei den Hindus schon von vornherein Bedenken hervor – auch eine Minderheit kann recht haben. Auf religiösem Gebiet bedeutet dies, daß keine Religion den Anspruch erheben darf, die eine wahre Religion zu sein. Jede Religion ist ein *Hinweis* auf die eine Wahrheit, *ist* aber nicht diese Wahrheit. Daraus ergibt sich konsequent die Toleranz des Hindus sowohl nach innen (Hinduismus) als auch nach außen. Aber das macht es vor allem den westlichen Menschen schwer, den Hinduismus zu fassen: Er birgt in sich vieles, was westliche Menschen Widersprüche nennen würden. Jeder Hindu muß die Wahrheit aufrichtig suchen und sich aneignen.

Das Kastensystem, in dem jeder vom anderen verschieden, aber deshalb nicht besser als der andere ist, ist gut, auch wenn es für manche Leiden bedeutet. Ein Fischer ist ein Fischer, ein Philosoph ein Philosoph, aber beide haben in sich denselben Gott. Jeder bewirkt also sein eigenes Heil. Diese Sicht wird ermöglicht durch das *Karma* und das *Samsara*.

‚Samsara‘ ist der Zyklus von Tod und Wiedergeburt in anderen Existenzformen, deren qualitatives Niveau abhängig ist von dem ‚Karma‘, das heißt der genauen Bilanz des Handelns, mit anderen Worten der Lebensqualität, die im früheren Dasein erreicht wurde. Der Hindu ist bei weitem nicht so stark auf das Ego eingeschworen; der Mensch muß sich eher konzentriert im göttlichen Grund verlieren. Solange dieser ‚Verlust‘ nicht vollzogen ist, steht der

Mensch im endlosen Samsara-Prozeß. Das Karma ist also das Prinzip, das unsere werdende Welt beherrscht: Alles hat seine eigenen, inneren Gesetze – das *Seinsgesetz* aller Dinge. Die Seele zieht gleichsam in jedem neuen Dasein andere Kleider (Leib) an, geschnitten nach dem Maß der früheren Lebensqualität. So wird ein wahrhaftiges Leben in den Lebensmustern und Gesetzen einer niederen gesellschaftlichen Kaste eine höhere Lebenskaste in der neuen Lebensform zur Folge haben. Das ist, grob ausgedrückt, der *Dharma*-Gedanke (das Gesetz). Die Forderung ist also, daß man keine Taten vollbringt, die nicht zu der eigenen Lebenskaste passen (Adharma, Gesetzlosigkeit). Völlige Selbstentäußerung – sich selbst ‚loslassen‘ (Moksha) – ist das große Lebensgesetz, und dieser Verlust seiner selbst führt zur Erkenntnis der wahren Art des *Atman*, des Selbst. Dieses wahre Selbst erscheint in verschiedenen vergänglichen Gestalten, aber es ist selbst unvergänglich.

Der Hinduismus betrachtet das Atman oder das Selbst letztlich als eine Manifestation Brahmans, des Seins selbst. Das Sich-selbst-Loslassen ist verwirklicht, wenn der einzelne ‚sich vergegenwärtigt‘ (was nicht ein bloßer Erkenntnisprozeß ist), daß er das Brahman *ist*, das heißt, Atman *ist* eine Manifestation Brahmans. Wie? Das ist abhängig von der Ansicht, ob Brahman in ‚theistischem‘ oder in ‚nicht-theistischem‘ Sinn verstanden wird. Daß die weltlichen Dinge verschieden zu sein scheinen, ist in der Tat nur Schein, nicht ihre wahre Identität. Was von fern gesehen einer Schlange gleicht, ist in Wirklichkeit eine Schnur oder Kordel. So geht es im All: Es ist gefüllt mit Schein, Erscheinungen: *Maya,* was jedoch etwas Tieferes und Subtileres ausdrückt als das Wort ‚Illusion‘.

Innerhalb dieser wenigen Schlüsselbegriffe, die außerdem nicht alle von sämtlichen Hindus akzeptiert werden (wie es scheint, eine Folge der Invasion der Arier, welche die altindische Kultur überrumpelte und die Veden beeinflußte), erhält das Leiden seinen Platz. Leiden gehört zur Welt des Maya (im ganzen Samsara-Prozeß). Diese Relativierung ‚mitvollziehen‘ zu können, ist für den einzelnen der aszetische Weg zur Moksha oder zum Selbst-Loslassen.

In den Schriften der Hindus – den vier Veden, den Brahmanas und den Aranyakas und deren Entwicklungen in den Upanishaden (Vedanta) – erhält das Leiden eine ganz besondere Bedeutung. Vor allem die Veden vergegenwärtigen ein sehr altes Stadium religiösen Bewußtseins, wo die Naturkräfte noch als Götter personifiziert sind. Ein kompliziertes Bezugssystem zu diesen Göttern wird durch Opfer und Riten angelegt (‚theistischer‘ Hinduismus). Leiden konnte also als eine Rückwirkung persönlichen Handelns von seiten der Götter verstanden werden, mit denen man sich durch Riten in ein besseres Einvernehmen versetzt. Leiden ist wie das Wesen der Dinge, in denen die Tiere, um leben zu können, einander auffressen. Das Opfer war eine Art Identifikation mit der Wirklichkeit, zugleich eine Art und Weise, sie zum Vorteil des Opfernden zu beherrschen. Bestimmte Götter wurden ursprünglich mit dem Bösen und den zerstörerischen Kräften des Daseins identifiziert (Siwa, Rudra, Kali). Mit anderen Worten, Leiden stammt aus dem fundamentalen Konflikt im All. In ‚den Göttern‘ erhält die massive, bild- und antlitzlose Welt ein deutlicheres Gesicht: *Eros* und *Thanatos* als die zwei in Konflikt befindlichen Prinzipien. Doch ist dies keineswegs Dualismus, denn beide sind Aspekte ein und derselben Wirklichkeit, von verschiedenen Gesichtspunkten aus betrachtet. Dieselben Götter (z. B. die des Todes) kann man auch von einem anderen Standpunkt aus betrachten, und dann haben sie ein liebenswürdiges Antlitz: ein lachender Tod, aber ein destruktiver Tod für den Sünder. Der Herr des Todes ist auch der Vernichter des Todes. Der Gott der Tränen, Rudra, ist zugleich der Gott liebenswürdiger Freude und Wohltat.

Man kann Leiden daher nicht farblos objektiv ‚von außen‘ definieren. Leiden hat so viele Bedeutungen, wie es leidende Menschen gibt. Leiden muß also ‚perspektivisch‘ gesehen werden, und darin hat das freiwillig gewählte Leiden eine grundlegende Bedeutung im Moksha-Prozeß der Selbstentäußerung.

Darin liegt jedoch der Gedanke, daß Leiden *im Blick auf das Ganze* beurteilt werden muß (etwas, was in der Stoa und in der Aufklärung auch allen Nachdruck erhält); die ‚Maya‘-Idee, die ‚Art und Weise, wie‘ Dinge erscheinen, ist hier schon präsent, auch die ‚Karma‘-Idee. Vor allem in der Vedanta wurden diese Veda-Gedanken weiter ausgeführt und zu Ende gebracht, allerdings polemisieren sie auch gegen den Ritualismus der Veden. Die Upanishaden wollen gerade ein tieferes Verständnis der alten Mythen und Riten, sie sind philosophischer angelegt. Das Leiden ist auch hier Ergebnis einer tiefen Spannung in der Wirklichkeit, oft beschrieben in den Mythen von Konflikten zwischen Göttern und Dämonen, die beide von Prajapati, dem Gott der Schöpfung, abstammen. Die verschiedenen Geschöpfe sind Aspekte des Ganzen, des Brahman, des Seins selbst. Dualität *ist* Leiden, Folge eines Schaffens von Dualität in einer nicht-dualistischen Situation. Aber der rechte Blick auf das Wesen der Dinge ist das Sehen ihrer Einheit, und gerade deshalb kann Leiden nicht das letzte Wort haben; wenn es auch Wirklichkeit ist, es ist doch nur relativ. Leiden ist das Ergebnis einer menschlichen Bindung an vergängliche Dinge, als wären sie die Wirklichkeit. Wo unser Herz ist, ist auch das Selbst, wir werden das, wonach wir verlangen. Gerade das ist Sklaverei.‘ Leiden ist nur so lange ein wirkliches Problem, wie es als letzte, unentrinnbare Wahrheit gesehen wird. Leiden kann eine Erscheinungsform des Brahman sein, aber es *ist* nicht Brahman. Leiden ist ein Moment in einem Karma-Prozeß.

Anders als im Judentum werden auch im Hinduismus *Sittlichkeit* und *Leiden* wesentlich miteinander verbunden. Aber hier gibt es keine Ijobsklagen, denn das jetzige Leiden kann die Konsequenz unserer früheren Lebensform sein. Wer seine Identität im Brahman findet, steht auf der anderen Seite von Leiden und Genuß; dann ist *Atman* identisch mit Brahman, wie Salz in Wasser: „das bist du“. Damit ist das Leiden nicht zu einer Illusion geworden, so als wäre die aktuelle Erfahrung des Leidens trügerisch und nicht-existent. Der Leib leidet dann tatsächlich, aber nicht das Selbst, das sich wie in einem traumlosen Schlaf befindet, in Liebe und Freude.

Aber das ist kein bloß theoretischer Prozeß. Man muß die Welt in der richtigen Perspektive sehen und entsprechend handeln. Ohne ein solches Handeln wäre der Hinduismus eine Art intellektueller Flucht. Die entsprechende Praxis in der Welt ist wesentlich (Dharma-Idee). Ist das Indifferentismus gegenüber der Welt und unseren Aufgaben in dieser Welt? Gibt es ein Hindu-Mitleiden mit dem Menschen, der noch leidet? Oder herrscht Verachtung für die noch leidende Sklaverei anderer, wie bei den Stoikern? Sind es auf sich selbst konzentrierte Menschen, verdammt zu Nichttätigkeit, die Welt das sein lassend, was sie ist? Und ist dies alles Heilsindividualismus?

Das wäre eine Karikatur des Hinduismus. Die ‚Selbstentsagung‘ wird gerade am und durch das ‚Engagement‘ geprüft. Denn die Entwicklung des Menschen findet in vier allgemeinen Bereichen statt: Dharma – Artha – Karma – Moksha. Ohne verschiedene (notwendige) Nuancen mit zu besprechen, kann man sagen: *Dharma* betrifft das Gebiet der sittlichen und geistigen Bedürfnisse des Menschen, konkret: die Forderungen des Kastensystems der Hindugesellschaft; *Artha* betrifft die materiellen Bedürfnisse und steht in besonderer Beziehung zur Ausübung der Autorität; *Karma* betrifft den Bereich der Sinnlichkeit. Diese drei Bereiche umfassen alles außer Weltflucht und Nichttätigkeit, und alle drei Bereiche verlangen Beachtung. Erst das Endstadium ist *Moksha*, entäußert sein, eins mit dem Brahman, und „das bist du“. Das rechte Gleichgewicht in der Beziehung zu Gesellschaft und individuellem Leben ist der einzige Weg zum Moksha. Wenn Taten einer früheren Lebensform uns stets folgen, dann ist die Samsara ein Aufruf zu einer hochgestimmten Verantwortung für das, was wir tun – aber in den Mustern der vorgegebenen gesellschaftlichen Ordnung (man müßte auch den sozialwirtschaftlichen Hintergrund des Hinduismus als Spiritualität ‚gesellschaftskritisch‘ untersuchen). Innerhalb der Kaste, in der man lebt, muß man so angepaßt wie möglich leben: ein Jäger muß ein guter Jäger sein, ein Fischer ein sachkundiger und tüchtiger Fischer usw. (diese Menschen müssen töten, es ist ihre Pflicht). *Anderen* Schmerzen verursachen kann also die Folge von Dharma-Verpflichtungen sein. Ein Mensch kann übrigens keinen Kilometer weit gehen, ohne verschiedene Tierchen und Mikroorganismen zu töten. Persönliches Wachstum ist abhängig von gesellschaftlichen Verpflichtungen, und zwar in dem Sinn: nicht heilsindividualistisch. Die gesellschaftlichen Pflichten sind das eine Boot, das den Menschen zu Heil und Erlösung bringt. Aber die Bhagavadgita, die mit dem ‚Leidensproblem‘ beginnt, legt den Nachdruck darauf, daß alle vier Kasten es sich versagen müssen, anderen – Menschen, Tieren, sogar ‚Dingen‘ – in einer ungesetzlichen Weise (Adharma) Schmerzen zuzufügen. Mit anderen Worten, Dharma erfordert eigentlich die grundlegende Haltung von Gewaltlosigkeit (Ahimsa). Leiden ist an sich kein Übel (man kann es sogar aszetisch suchen), aber man muß die Ursachen des Leidens aufspüren, so daß es erleichtert und behoben werden kann. Man muß die Situation in einer vernünftigen Weise analysieren und interpretieren. Gerade die Gita bekommt das Problem des Leidens des anderen, als mögliche Folge der Dharma-Verpflichtungen, scharf in den Blick (aufgrund eines historischen Kampfes zwischen zwei Stämmen, die beide denselben Vorfahr hatten). Der Held der Geschichte weigert sich, gegen einen Stamm zu kämpfen, in dem seine eigenen Freunde und seine Familie leben – das Problem eines Bruderkriegs. Krishna antwortet ihm, daß er trotzdem zu den Waffen greifen muß, aus zwei Gründen: 1) Das echte wahre Selbst kann nicht leiden; 2) es gibt die Dharma-Pflicht! Ein Krieger muß in einem verpflichteten oder legalen Krieg kämpfen: „Selig die Krieger." Einerseits ‚attachment', anderseits ‚engagement'. Die Gita beantwortet diesen ‚Widerspruch' so: Es darf auch kein ‚attachment' zur Nicht-tätigkeit sein. Gefestigt in Yoga oder Geistesgleichmut, muß der Held zu Felde ziehen. Das ist typisch hinduistisch.

Der Hindu entscheidet sich in der nicht-dualistischen Dualität z.B. von Leiden und Genuß nicht für einen der beiden Pole als das höchste Gut, er sucht über die Dualität hinaus die Identität mit dem Brahman zu finden: Gleichmut (= Yoga) gegenüber Leiden und Genuß. (Das sagt auch die griechische Stoa, die übrigens nicht-griechische, orientalische Ursprünge hat.) *Bhakti*, Hingabe an Gott, gibt dem Brahman personalistische, ‚theistische' Züge (in der Bhaga-vadgita). Vor allem die *Advaita*-Hinduschule betont, daß auch die ‚Götter' Manifestationen des Brahman sind. Die Verehrung und der Lobpreis Gottes sind dann nicht ein vorübergehendes Stadium, sondern die höchste Segnung für den Menschen. Das Selbst, eins mit Brahman, verliert seine Individualität nicht: Es steht lobend und bittend Gott in Gott *gegenüber*. Die Welt der verschiedenen Individuen ist dann wie der Leib des einen Gottes, der ihrer aller *eine* Seele ist. So kennt die Gita so etwas wie ‚Inkarnationen' (Avatars). In inkarnierter Form kann Gott also ‚persönlich' den leidenden Menschen helfen und sie trö-sten. *Hari* ist in Wirklichkeit Vishnu in der Rolle des Siegers über Leiden. Auf-fallend ist, daß der Hindugedanke von Gottes ‚Menschwerdung' in Beziehung steht zu der harten Wirklichkeit menschlichen Leids, das jedoch der Ordnung der Maya angehört. Die spezifische dem Hinduismus inhärente *Gefahr* ist tat-sächlich die Verschiebung von der ‚Selbstentäußerung zum Indifferentismus und zum Sich-Fügen in den Status quo. Viele Hindus selbst legen den Finger auf diese besondere Versuchung und Gefahr, vor allem der heutige Hinduismus wendet sich gegen die falsche Interpretation, daß das Dasein in dieser Welt eine Illusion sei. Wem nützt eine Flucht-Haltung? Weder Gott, der souverän-frei ist, noch der Welt, denn die Flucht eines Individuums in rein personalistisches Heil erlöst die Welt nicht vom Leiden. Dann gäbe es im einzelnen etwas, was weder von Gott noch von der Welt ist! Es ist dann die Flucht eines illusorischen, nicht-existierenden Ichs aus einer illusorischen Sklaverei in eine illusorische, nicht-existierende Welt, als das höchste Gut, dem dieses illusorische Wesen nachjagen würde [22]. Dann gibt es weder Sklaverei noch Befreiung, noch ein Suchen nach Freiheit. Es gibt eine Legende über Buddha: Als er auf der Schwelle des Nirwana stand, wandte sich seine Seele zurück und schwor, nie den unwiderruflichen Schritt über diese Schwelle zu setzen, solange noch ein einziges Wesen auf Erden unbefreit aus der Verstrickung des Leidens und aus der Sklaverei des Egos wäre! Nehru sah Indiens Elend gerade als die Folge eines falsch praktizierten Hinduismus: Gleichgültigkeit und Hinnahme des Status quo.

VI
Das Leiden des Buddhisten

Mehr als in irgendeiner anderen Religion steht das Leidensproblem beim Buddhismus im Mittelpunkt[23]. Die vier großen Wahrheiten sind: die Existenz des Leidens, seine Ursachen, die Aufhebung alles Leidens, indem man seine Ursachen beseitigt, und die Wege dazu. Diese Religion beginnt mit der universalsten aller Erfahrungen: Leiden („Dukkha").

Leiden gibt es auf drei Ebenen: 1) das Leiden, das mit dem Lebensprozeß verbunden ist (vor allem: Geburt; Krankheit; Altwerden; Sterben); 2) Leiden als Folge des Bewußtseins des Bruchs oder des Abstands zwischen dem, was wir verlangen, und dem, was wir erreichen, und des Bewußtseins der Vergänglichkeit; 3) Leiden als Folge der aktuellen Art und Verfassung menschlicher Wesen, der ‚menschlichen Natur'. Das führt Buddha zu der Frage: Was ist denn dieses Selbst, das in all dieses Leiden verstrickt ist? Die Antwort darauf ist, daß es dieses Ego nicht gibt. Es gibt kein Ich, das leidet. Es gibt nur ein komplexes Ganzes, das zusammen ‚Mensch' genannt wird und sich in ständiger Veränderung befindet. Der Buddhist spricht vom „Anatta", dem Nicht-Ich. Das hängt mit dem „Samkhara-Dukkha", dem Leiden auf der dritten Ebene zusammen. Der Mensch ist nicht *mehr* eine Einheit als das Blatt eines Baumes. Es läßt sich nichts Beständiges aus diesem ganzen Werdeprozeß retten. Es steckt keine ‚Seele' im Leib. Für Buddha war dies eine erschütternde Erfahrung – eine Art Erfahrung von ‚Selbst'-Vernichtung. Doch gibt es etwas Beständiges: „das All ist dieses Atman" und „nach meinem Tod bin ich das", für ewig: Nirwana.

Der Mensch ist eine Ansammlung von fünf Bestandteilen: das Körperliche, die Gefühle, Wahrnehmungen, geistige Triebkräfte und Bewußtsein. Es gibt also Leiden, aber niemanden, der leidet. Alles ist fließende Beweglichkeit und Strom. Menschliches Dasein hat also keine Beständigkeit, es ist eine Sequenz in einem Ursache-Wirkung-Ganzen. Aber der Mensch hat einen Bestandteil (‚geistige Ausrichtungen'), durch den er imstande ist, in begrenzter Weise den Lebensstrom einigermaßen zu *lenken*. Buddha will nun die Richtung zeigen, in der eine Beruhigung dieses ununterbrochen wirbelnden Stroms zu finden ist. Es ist *ein Weg* mitten in dem Strom von Ursachen und Wirkungen. Es ist eine „Ordnung in der Art von Kausalität" oder bedingtem Werden. Dadurch wird der unendliche zyklische Strom (Geburt, Tod, Leben) gleichsam in zwölf – bedingte oder bedingende – Sequenzen ‚gebrochen', obwohl der Prozeß endlos weitergeht. Alles geht so schnell, daß wir den Eindruck einer Kontinuität und somit eines ‚Selbst' haben. Buddha lehnt die beiden Extreme ab: einerseits völlige Vernichtung, anderseits ein ewiges Atman; es gibt einen *Mittelweg:* Wenn das Leben eine Art Kettenreaktion ist, dann ist der erste Moment nach dem Tod das erste Glied der Kette, die weitergeht. Der Tod ist nur ein Moment, das wieder ein folgendes Geschehen entstehen läßt. Es gibt somit kein ‚wiedergeborenes Ich'. In jedem Augenblick gibt es Geburt und Tod – wie eine brennende Kerze, die immer wieder erlischt und aufflammt: So brennt sie in einem ‚kontinuierlichen' Prozeß von Leben und Tod – oder wie beim Anstecken einer Kerze mit einer anderen brennenden Kerze. Eine Tür ist sowohl ein Eingang als auch ein Ausgang; das hängt von dem eigenen Standpunkt ab. In jedem Augenblick liegt der ganze Strom. *Karma* ist hier die genaue Wirkung des vorausgegangenen ‚Geschehens' usw. Menschliche Taten verschwinden nicht im Nichts, ohne Spuren zu hinterlassen. Das Eisen bringt Rost hervor, der selbst das Eisen auffrißt. Wer schlecht handelt, ist wie Eisen, das eisenzerfressenden Rost hervorbringt: Leiden. Alle Leidenssequenzen sind unmittelbare Folge einer vorausgegangenen Ursache (Dukkha, Samsara, Karma). Die Kausalitätskette ist unerbittlich. Deshalb ist die Richtung, die ihr der Mensch gibt, so wichtig, denn ein Entrinnen aus dem Zyklus ist unmöglich. Es gibt eine Glückskette, aber auch eine Kette gehäuften Leidens. Der flüchtige Charakter von Glück und Freude aber ist an sich schon Leiden. Die erste Wahrheit ist: Leiden ist eine *Tatsache.*

Daraus erwächst eine zweite Wahrheit: ‚Durst' oder Verlangen (Tanha) ist die Ursache von Leiden. Verlangen will im Strom etwas ‚greifen', als wäre es etwas Substantielles. Aber das heißt nach Wasser oder Luft greifen. Man verlangt nach *etwas:* nach Sinnengenuß, bald einmal hierin, bald dort, man greift nach der eigenen Existenz oder eigenen Vernichtung. Aber ‚Verlangen' ist selbst schon wieder Wirkung von etwas, was voraufging. Würden wir die Dinge nicht in einem possessiven Sinn betrachten, sondern entäußert, dann würden wir überhaupt keinen Schmerz oder keine Enttäuschung in diesem ewigen Werdeprozeß empfinden. Nicht die Welt, sondern wir selbst sind Ursache des Leidens durch eine falsche Haltung gegenüber der Welt.

Aber es gibt eine dritte große Wahrheit: Leiden kann beendet werden; die Erfahrung von diesem Ende ist genauso wirklich wie die Leidenserfahrung selbst. In seiner vollkommenen Realisierung ist dies das Nirwana (oder Nibbana), die Beendigung des Kausalitätsstroms, wenn dieser Zustand auch nicht *beschrieben,* sondern nur verwirklicht werden kann. Er ist jedoch das Ende allen Durstes. Nirwana ist kein ‚Himmel', auch keine Stätte, die man nach dem Tod betritt. Nirwana wird durch Auslöschung aller Sehnsüchte ‚verwirklicht', wodurch kein neuer Werdeprozeß entsteht. Es ist (auch etymologisch) ein ‚Ausgehen' – wie das Ausgehen einer Kerze. Man kann es sozusagen nur negativ umschreiben.

Die vierte vornehme Wahrheit liegt in dem *Weg zu* dem großen ‚Erlöschen' und Verschwinden allen Leidens. „Nirwana heißt *anhalten*": nicht mitgerissen werden vom Strom; aufhören zu verlangen heißt aufhören zu greifen, und aufhören zu greifen heißt das Karma-Werden stoppen; und das ist wiederum das Anhalten von Geburt, von Altwerden und Sterben, Leiden und Verzweiflung. Die Beschreibung desselben ist negativ, nicht das Nirwana, das weder Vernichtung oder Absorption noch ewiges Atman ist, sondern etwas ‚dazwischen'. Was ist eine völlig gelöste Person? Menschen, die diesen Zustand nicht kennen, ist dies offensichtlich schwer zu erklären. Der Buddha ist kein Nihilist, er predigt jedoch die Möglichkeit vom Ende allen Leidens, und zwar so, daß dies eine *reale Erfahrung* ist. Denn Nirwana ist nicht einmal ein ‚kommender' Zustand nach dem Tod. Höchste Freiheit, Erlösung und Befreiung, ungefährdetes Dasein; ein Ruheort, ein sicherer Hafen, eine kühle Grotte, eine Insel inmitten der Flut, Emanzipation, absolute Stille, Geborgenheit, höchste Freude, die heilige Stadt. Das Unaussprechliche, *über* allem, was ‚negativ' oder ‚positiv' benennbar ist.

Sind das Wunschträume, Utopien aus Kontrasterfahrungen von Leiden? Hier kann der Buddhismus vielleicht Kritik üben an bestimmten westlichen Auffassungen von ‚Kontrasterfahrung', in denen allein der negative Aspekt zum Vorschein kommt (z.B. Th. Adorno). Was ist die Garantie für die Realisierbarkeit des Nirwana? Die Erfahrung Buddhas, der verkündet, was er selbst erfahren hat. Auch andere haben es erfahren, und das bekräftigt sein Zeugnis. Erfahrung und Bezeugen desselben durch Buddha und schließlich es selbst zu experimentieren geben diese Garantie. Die Verheißung ist gegeben, denn sie wurde in Buddha realisiert; es ist also konkret möglich: auf dem Mittelpfad (majjhima patipada), der übertriebene Selbstkasteiung meidet, aber auch Zugeständnisse an Genuß, zwei Wege, die Buddha selbst zuerst ohne jeden Erfolg erprobt hatte. Es ist ein achtfacher Weg: richtige Einsicht, richtig denken, richtig sprechen, richtig handeln, richtig leben, richtige Anstrengung, richtige Aufmerksamkeit und richtige Konzentration – zusammengefaßt in: 1) Weisheit (Panna), 2) ethischem Lebensverhalten (Sila) und 3) geistiger Disziplin (Sumadhi). „Laßt die Vergangenheit Vergangenheit sein; laßt die Zukunft sein, was sie will, ich lehre euch Dharma", sagt ein buddhistischer Vers. Ziel von all dem ist die *Befreiung* des Menschen.

Zwar wurden die grundlegenden Gedanken Buddhas vom Buddhismus angenommen, doch entstanden unterschiedliche Interpretationen (die wir hier nicht näher verfolgen können). Nur noch dies. Es entstanden vor allem zwei Schulen: die des ‚großen Fahrzeugs' (Mahayana) und die des ‚kleinen Fahrzeugs' (Hinayana). Geht es um ein individualistisches Suchen nach Heil, oder besteht auch Interesse für das Heil des anderen? Der Mahayana-Buddhismus arbeitet gerade diese letztere Perspektive aus im Bodhisattva-Ideal, dem Versuch eines Schülers, *Erleuchtung* (Einsicht in das eigene Wesen) zu erlangen und auf diese Weise ein ‚Buddha' zu werden. Aber wenn er auf dem Gipfel der großen Heilsverwirklichung steht, kehrt er zurück, setzt die eigene letzte Heilsverwirklichung aus, um zuerst anderen auf denselben Heilsweg zu helfen. Hier äußert sich Mitleid: „Kann es Segnung geben, wenn alles, was lebt, leidet? Sollst du gerettet werden, während die ganze Welt stöhnt?" Der erleuchtete Mensch vergißt den leidenden Mitmenschen nicht (allerdings unterscheidet sich dieser offizielle Buddhismus – wie in vielen Religionen – stark vom Volksbuddhismus). Diese Solidarität des Bodhisattva richtet sich auch auf die leidende Tierwelt und das leidende All. Ein Fürst aus Indien (Buddha selbst in einer seiner früheren Lebensformen) bot aus Mitleid mit einer hungrigen Tigerin den eigenen Leib zur Nahrung an. „Aus Mitleid gab ich mein Leben hin." Erleuchtete Menschen werden zu Erlösern von Mitmenschen: sich identifizierende Solidarität mit jedem, der leidet. Es geht im Buddhismus weniger darum, dieses oder jenes einzelne Leiden ‚reformistisch' zu lindern oder zu beheben; sondern um die Überwindung des universalen Leidens durch Behebung dessen, was man als dessen Ursachen ansieht. Die Selbstverbrennung vietnamesischer buddhistischer Mönche ist keineswegs unabhängig von diesem Buddha-Ideal der Solidarität mit leidenden Menschen zu sehen; die Tat ist gemeint als *Aufbau*, nicht als *Zerstörung*. Wirklicher Selbstmord dagegen ist für den Buddhisten eines der schwersten Verbrechen.

VII
Das Christentum und der leidende Mensch

Aus der Analyse im zweiten Teil ging zur Genüge hervor, daß das Neue Testament der Tatsache des ‚leidenden Christen' eine Bedeutung gab. Das Neue Testament bringt keine Spekulationen über das Problem des Leidens, besinnt sich ebensowenig auf die Tatsache des leidenden Menschen, sondern nur auf die für Christen schockierende Tatsache ihrer Verfolgung. Die Aufmerksamkeit ist auf die ‚leidenden *Christen*' gerichtet. Wir können daher, zumindest direkt, im Neuen Testament keine Lösungen für das Problem des leidenden Menschen suchen; dieses Problem wird einfach nicht gestellt. Wohl lassen sich einige allgemeine Perspektiven finden.

Zunächst: Die frohe Botschaft ist für die Armen. Zeichen für das Kommen des Reiches und der Gerechtigkeit Gottes (Mt 6,33) im Kommen des Messias („der da kommen soll", Mt 11,3) sind auffallenderweise: „Blinde sehen und Lahme gehen, Aussätzige werden rein und Taube hören, Tote stehen auf, und Armen wird die frohe Botschaft verkündet" (Mt 11,4–5). Jesu Interpretation des Leidens hat mit seinem persönlichen innigen Umgang mit Gott, dem Kern seines Lebens, zu tun. Gott und Leiden stehen einander diametral gegenüber; wo Gott erscheint, müssen Übel und Leiden weichen. Im messianischen Reich ist denn auch kein Platz für Leiden und Tränen, nicht einmal für den Tod; es ist ein tiefes Gemeinschaftserleben, welches die Macht hat ‚zu heilen' (Apg 2,43 – 3,10), bis endlich alles Übel, Leiden und Tränen aus diesem ankom-

menden Reich verschwunden sein werden (Offb 21, 3–4). Außerdem bricht Jesus
mit dem Gedanken, Leiden hänge zwangsläufig mit Sündhaftigkeit zusammen.
In zwei Texten wird dies ausdrücklich erklärt. Beim Blindgeborenen fragen die
Jünger: „Wer hat gesündigt, er selbst oder seine Eltern, daß er blind geboren
wurde?" Jesus antwortet: „Weder er noch seine Eltern haben gesündigt" (Joh
9,2–3), und als Jesus hört, daß Pilatus einige Galiläer ermorden ließ, sagte er
nach Lukas: „Glaubt ihr, daß unter allen Galiläern allein diese Sünder waren,
weil sie dieses Schicksal erfahren haben?" (Lk 13, 1–5). Beide neutestamentlichen
Äußerungen lassen schließlich erkennen, daß man zwar von der Sünde auf
Leiden, nicht aber vom Leiden auf Sünde schließen kann. Einerseits muß Leiden
aufgrund von Sünde ein Ergreifen der Bekehrung bedeuten (Lk 13,3.4–5), anderseits ist ‚Leiden' (abgesehen von der Beziehung zu irgendeiner Sünde) etwas,
was Gott beseitigen will (siehe Joh 9,3–4: Heilung als Jesu „Werk des Vaters").
Hier zeigt sich schon eine doppelte Möglichkeit; in Anbetracht der Art des
Johannesevangeliums: Leiden „offenbart die Werke Gottes", weil Gott das
Leiden heilt und wegnimmt, es offenbart auch Gottes ‚Herrlichkeit', weil Jesus
selbst Leiden-durch-andere für andere freiwillig auf sich nimmt. Zwar werden
vor allem bestimmte Krankheiten (in unserer Zeit ‚psychosomatische' Krankheiten genannt) nach den damaligen medizinischen Auffassungen (nicht: *Teufel*besessenheit, sondern) *dämonische* Besessenheit genannt (siehe z.B. Mk
2, 1–12; 9, 14–29; Lk 5, 17–26), ohne daß dabei aber zwangsläufig der Gedanke
an Strafe für Sünde mit anklingt.

Anderseits ist das messianische Kommen Gottes, vor dem das Böse weicht,
kein Kommen in Macht, die das Böse mit national-messianischer Waffengewalt
zerschmettern will, sondern durch metanoia und Einkehr. Es ist ein Sieg über
das Böse durch Gehorsam gegen Gott, nicht durch menschliche Kraft. Den,
der mit menschlicher Gewalt ein Reich des Friedens ohne Tränen errichten will,
nennt Jesus „einen Satan" (Mk 8,27–33 parr; siehe auch Mt 4,1–12; Lk
4,1–13; Mk 1,13). Jesus entscheidet sich für die erlösende und befreiende
Liebe, die zwar nicht *unmittelbar* entwaffnend ist und den anderen zur Einkehr
bringt – im Gegenteil –, aber ‚trotzdem' wird die Liebe letztlich über die Gewalt
siegen. Man treibt Beelzebub nicht mit Beelzebub aus gilt auch hier. Als zwei
Jünger Jesu Feuer auf eine ungastliche Stadt herabrufen wollen, „wies Jesus
sie in strengem Ton zurecht" (Lk 9,51–55). Was für Jesus galt, läßt das Neue
Testament auch für die Christen gelten: Jesus nachfolgen bis in das Leiden durch
andere und für andere. Leiden als faktische Implikation des gänzlichen Einsatzes
um der Sache der Gerechtigkeit willen und als Anklage gegen Ungerechtigkeit
(so daß man nicht unglaubwürdig wird, indem man selbst nach Waffen der
Ungerechtigkeit greift) ist der Befreiungsweg Jesu. Leiden wird im Neuen Testament daher als die Geburtswehen einer neuen Zeit wahren Friedens und wahrer
Gerechtigkeit gesehen (Mk 13,8; Mt 24,8; Röm 8; siehe Jes 26,17; 66,8–9;
Mich 4,9–10 usw.). In diesem Sinn ist Jesus kein ‚Befreier', sondern tatsächlich
ein ‚Erlöser'. Aber der Auftrag, den Menschen so weit wie möglich von Leiden

zu befreien, bleibt ein christlicher Auftrag; nach Mt 25, 31–46 wird der Mensch letztlich *danach* von Gott beurteilt. Gerade in dem Leiden, das man bei dem verantwortlichen Bemühen, Leiden zu überwinden, selbst hat auf sich nehmen müssen, liegt nach dem Neuen Testament die erlösende und letztlich wirklich befreiende Bedeutung des Leidens. Das Leiden aber, das man selbst anderen zufügt, steht unter dem Anathem der christlichen Bibel. Bloßes Leiden durch und für andere hat nicht die Kraft, Menschen von Gott zu trennen (siehe Röm 8, 35–39); und so kann das Neue Testament sogar von Freude im Leiden sprechen (Kol 1, 24; Röm 5, 2–5; Jak 1, 2–3), nicht masochistisch, sondern wegen der erlösenden Kraft und dem Wissen, daß Gott einen solchen Menschen schweigend an der Hand hält: Teilhaber am erlösenden Leiden Jesu (Phil 3, 10). Dieser „Dienst der Versöhnung" (2 Kor 5, 18–19) ist allen Christen anvertraut. Vor allem der Erste Petrusbrief, der Hebräerbrief und das Markusevangelium betonen diese Bedeutung *unverschuldeten* Leidens. Das Neue Testament lehnt es dabei ab, dieses schmerzliche Leiden als Schein oder Illusion zu sehen, sein Gottesbild geht nicht in einem ozeanischen Einheitsempfinden unter, sondern hält das Bild menschlicher Gerechtigkeit hoch. „In den Tagen seines Fleisches hat er unter lautem Rufen und Weinen Gebete und Bitten Gott vorgetragen", der ihm diesen Tod hätte ersparen können (Hebr 5, 7). Das ist keine stoische Weisheit! Gerade deshalb hat dieses Leiden eine kritische und produktive Kraft.

Wie haben die Christen in der nachapostolischen Kirche diese neutestamentliche Spiritualität praktiziert und auch thematisiert? Das zu erzählen würde ein neues Buch erfordern – eine Geschichte rührender Erbauung, von Zeugnissen unbegreiflich tiefer Menschlichkeit, wobei wir uns vor allem nach den vielen anonymen Christen umsehen müßten, das heißt den wahren Christen an der Basis, die nie in die Geschichte eingehen – ein Bericht auch von Christen, die zwar in die Geschichte eingegangen sind, einerseits mit der gleichen wahrhaft evangelischen Menschlichkeit, anderseits auch von Christen, deren sich die Geschichte allzugut erinnert und die uns, unter der vielleicht nicht einmal heuchlerisch gemeinten ‚christlichen Flagge', eine Geschichte erzählen von dem, was Christen heute nur als eine unmenschliche Karikatur christlichen ‚Evangelismus' ansehen können: *Mißbrauch* der evangelischen Geschichte vom ‚erlösenden Leiden' durch Christen. Diese lange Geschichte will ich hier nicht bringen, ebensowenig eine gewisse Dosis von Apologie derselben, nämlich aufgrund der Einsicht, daß das, was für eine spätere Bewußtwerdung der Menschheit *evident* ist, dies keineswegs in einer früheren Phase menschlicher Bewußtwerdung hat zu sein brauchen – wenn auch immer einzelne ihrer Zeit weit voraus waren.

In der nachapostolischen Zeit gehörten Kirchenverfolgungen zum normalen Schicksal der Christen. Die Teilnahme am Leiden Jesu durch das Martyrium erwies sich letztlich als eine der stärksten Kräfte des Christentums. Tacitus, der der Verfolgung von Christen keineswegs kritisch gegenüberstand, war trotzdem der Meinung, daß Nero ‚durch Übertreibung‘ bewirkte, daß die Heiden den Christen eher sympathisch gegenüberstanden. Tertullian sollte es später so formulieren: „Das Blut der Christen" ist der Samen, der dem Christentum in der Antike seine Verbreitung gab[24]. Das Leiden wird hier vor allem als Blutzeugnis gesehen, in der Nachfolge Jesu, und als ein Kampf der Wahrheit gegen Macht und Lüge, mit anderen Worten: Leiden als Konfliktsituation im Kampf um die Wahrheit[25]. Schließlich wurde auch die erlösende Kraft dieses Leidens betont, zunächst für den Gemarterten selbst – Martyrium ist „eine Bluttaufe, die Sünden vergibt"[26]–, aber auch zum Vorteil derer, die andere leiden lassen[27].

Augustinus dachte als Philosoph und Theologe über das Leiden nach. Vor allem seine Theorie über die Erbsünde und die Rolle des Teufels beim ‚ersten Sündenfall‘ sollte die ganze westliche Auffassung von Sünde, Leiden und Erlösung stark beeinflussen. *Heil* wird auf den sensiblen Punkt beschränkt: Sündenvergebung, erlöst werden durch Christus aus der ‚massa damnata‘, welche die ganze Menschheit seit dem Sündenfall ist. Daraus folgte das Schema: Der Mensch wurde in höchster Vollkommenheit erschaffen, aber er kam zu Fall und verdunkelte damit sein Menschsein. Dem steht das griechische Modell des Irenäus gegenüber: Der Mensch ist in höchster Unvollkommenheit erschaffen, und mit Gottes Gnade arbeitet er sich empor zu der Vollkommenheit, die Gott für den Menschen gewollt hat. Für Irenäus ist der erste Sündenfall keine reife Tat von erwachsenen Menschen, sondern eher eine Kindersünde; für ihn ist das Leiden daher keine Strafe für die ‚Erbsünde‘, sondern ein Zeichen für die Mischung von Gut und Böse einer Menschheit auf dem Weg zum Heil; es ist gleichsam die göttlich gewollte ‚Ökologie‘, der Lebensraum der menschlichen Entwicklung zur endgültigen Vollkommenheit[28].

Diese beiden christlichen Auffassungen stehen einander gegenüber; die augustinische Auffassung wurde vorherrschend (sogar offiziell sanktioniert) in den westlichen Kirchen, aber ‚Irenäus‘ bleibt eine christlich legitime Alternative, die zumindest genausogut ‚aktualisiert‘ werden kann. Augustinus ist vor allem von der Freiheit des Menschen fasziniert, die von Gott als eine Freiheit zum Guten gewollt ist, mit der jedoch als endlicher Freiheit die *Möglichkeit* zum Bösen wesentlich verbunden ist. Um der Freiheit zum Guten willen hat Gott diese hinzukommende Möglichkeit ‚in Kauf‘ genommen: Gott *zwingt* den Menschen nicht zum Gutestun, er will, daß der Mensch in souverän-freier Weise selbst das Gute um des Guten willen will. Gott trägt außerdem die Folgen dieses selbstgewählten Risikos: In seinem Sohn erlöst er die Menschheit vom Mißbrauch des freien Willens. Erlösung ist also eine *zum Gutestun befreite* Freiheit[29]. Gott weiß das Böse des Menschen doch noch in eine heilvolle Perspektive zu wenden.

Bei all ihrem Gegensatz konvergieren die Auffassungen des Augustinus und des Irenäus in einem fundamentalen Lebensgefühl: Es ist besser, *menschliches Dasein* gekannt zu haben als nicht – ein gründlicher Antidualismus und eine Art Entzücken, ‚Mensch zu sein‘, trotz allem. Bei dem für Menschen sensiblen

Augustinus kommt dies zum Ausdruck, als ein Jugendfreund von ihm, mit dem er gespielt und sich gestritten, gelacht und gekämpft hatte, in seiner Abwesenheit starb. Der Theologe vergißt dann alle seine Gedankengespinste. Er erfährt den Ort, wo er mit seinem Jugendfreund gelacht und gestritten hatte, jetzt plötzlich als ein Gefängnis. Ohne ihn sind nun all seine Jugenderinnerungen reine Qual. Und dann die tiefmenschliche Reaktion: „*Ich* wurde für mich selbst zu einem großen Rätsel.“[30] Und die eigenen Theorien vergessend, sagt Augustinus realistisch: „Ich wußte keine Antwort.“ Auch die Antwort: „Vertraue auf Gott“, war keine Lösung: denn der Jüngling, „den ich geliebt hatte, war edler und wirklicher als ein imaginärer Gott“[31]. Dieser Christ will die Wirklichkeit des Leidens nicht wegdenken. Das ist eine der wesentlich-christlichen Auffassungen vom Leiden: es nicht zu einer Illusion abwerten. Das macht das Leiden zu einem so undurchdringlichen Schmerz: nicht ‚schwimmen‘ wollen in einem großartigen, allesumfassenden göttlichen Mysterium, in dem das Ich, die Person, eigentlich als Illusion oder Schlaf verschwindet. Der Mensch selbst ist der erste, der das Recht hat zu sprechen, wenn es um das menschliche Leiden geht. Aber Augustinus zieht die Schlußfolgerung daraus: Wenn das Dasein des Menschen für das Gute und das Glück geschaffen ist, dann ist allein Gott imstande, ihm Heil zu geben (a. a. O.). Und dann kommt er auf einen Gedanken, der nicht weit von dem des Irenäus liegt: den menschlichen Entwicklungsprozeß. Es ist mit dem Gottesglauben wie mit der Liebe, sagt Augustinus eigentlich: Die Liebe erlebt zu haben wiegt das Leid der Trennung nicht auf: das Wunder, gelebt, existiert zu haben. Das übrige wird Gott anvertraut. Dem Leiden gegenüber *argumentiert* man nicht, sondern man erzählt eine Geschichte und macht Aussagen aus Erfahrungen, ohne eine ‚Erklärung‘ dafür zu geben – einfach dadurch, daß man als Christ zum Leiden und zum Tod *Jesu* aufblickt: Es muß einen Sinn haben[32], wenn auch kein Mensch weiß, wie oder warum, und wenn auch die wesentliche Voraussetzung ist, daß man das Leiden nicht bagatellisiert. Glaube an Jesus den Christus ist eine ‚Antwort‘ ohne Argumente: ein Trotzdem. Christentum gibt dem Leiden keine Erklärung, es zeigt einen Lebensweg: Leiden ist destruktiv *real*, hat aber nicht das letzte Wort. Beide Aspekte will das Christentum festhalten: keinen Dualismus, keinen Dolorismus, keine Illusionstheorien – Leiden ist Leiden und unmenschlich –, jedoch: es ist mehr, nämlich Gott, wie er sich in Jesus Christus zeigt.

Im Mittelalter, als das Volk keine Bücher las, sondern sich mit greifbaren, sichtbaren Dingen zufriedengeben mußte, wurde diese christliche Auffassung ‚visualisiert‘. Krippe und Kreuzweg waren eine Initiation in den ‚leidenden Jesus‘; ein hilfloses Kind zwischen Ochs und Esel und Jesus, der strauchelnd hinauf nach Golgota zieht – Jesus, erlebt als derjenige, der das Leiden der Menschheit trägt, Prototyp der mittelalterlichen leidenden Volksmenge. Wie echt dieses Erlebnis auch sein mag, hier tritt die christliche Auslegung des Leidens zugleich in eine Phase ein, in der das Symbol des Kreuzes zu einer verdeckenden Legitimation gesellschaftlicher Mißstände wird, wenn auch anfangs noch unbewußt. Die Stigmatisation des Franziskus von Assisi weist darauf hin, wie tief die mittelalterliche Identifizierung mit dem leidenden Jesus gewesen ist, anfangs in Solidarität mit dem leidenden Menschen selbst; außerdem war dies beim heiligen Franziskus sicher kein ‚Dolorismus‘.

Doch ist damit zugleich ein Weg geöffnet zur Konzentration auf *eigenes* Leiden, losgelöst vom Leiden *um* einer Sache *willen;* so kann ein Leidenskult entstehen, losgelöst von der kritischen und produktiven Kraft des Leidens. Leiden und Tod Jesu wurden zugleich aus den historischen Umständen herausgelöst, die ihm Leiden und Tod brachten. ‚Leiden an sich‘, nicht mehr: das Leiden durch und für andere, erhält eine mystisch-positive Bedeutung, so daß es statt einer kritischen Kraft eigentlich eine reaktionäre Bedeutung erlangte. Leiden an sich wird zu einem ‚Symbol‘[33]. Theologen beginnen das Leiden zu ‚systematisieren‘. Zunächst sucht man die theoretische Schwierigkeit zu bekämpfen durch eine Berufung auf den Unterschied zwischen dem, was Gott positiv zum Guten will, und dem Bösen, das er im Hinblick auf das Gute nur *zuläßt* (allerdings haben die Theologen, im Gegensatz zu den Aufklärern, diese göttliche Zulassung meistens nicht als eine metaphysische Notwendigkeit in Gott aufgefaßt). Aber eigentlich ist dies eine nichtssagende Ausflucht für eine theoretisch nicht mehr einzuordnende erfahrene Wirklichkeit. Soweit dieser Unterschied etwas besagt, bedeutet der Ausdruck ‚göttliche Zulassung des Bösen‘ nur (und das ist Tautologie), daß einerseits das Böse tatsächlich böse ist, keinen Existenzgrund und deshalb auch keine Existenzberechtigung hat, und daß anderseits Gott doch Gott bleibt, das heißt Urheber des Guten und Bekämpfer des Bösen. Der Ausdruck ‚Gottes permissiver Wille‘ hat daher als *Erklärung* überhaupt keine theoretische Bedeutung, er beschreibt nur die Sackgasse des menschlichen Denkens, wenn es mit der unverständlichen Leidensgeschichte von Menschen konfrontiert wird. Die Gefahr liegt dann nahe, daß man *in* Gott selbst einen Kampf zwischen Gott und Gott verlegt: zwischen seinen allgemeinen Willen, der nur das Gute will, und die Notwendigkeit des Bösen in einer endlichen Welt[34]. Den Begriff „aufgrund einer wie auch immer notwendigen Fatalität zur Zulassung gezwungen werden" nennt I. Kant schlechthin undenkbar „für das höchst selige Wesen"[35].

Theologen gingen aber über die Theorie von Gottes permissivem Willen hinaus. Von dem Augenblick an, da sich der Tod Jesu verselbständigt hatte, losgelöst von den geschichtlichen Ereignissen, die ihn wegen seiner kritischen Verkündigung zu einem Leiden durch und für andere führten, begann man außerdem den Tod zu theologisieren: Der Tod wird zu einem notwendigen Bestandteil der Versöhnung des sündigen Menschen mit Gott, der seine göttliche Ehre verteidigt. Auf den unschuldigen Jesus lädt Gott die Sünden der Welt, er muß büßen für das, was andere verbrechen und was sie selbst nicht vollwertig büßen können. So werden Leiden und Tod eine ‚göttliche Notwendigkeit‘, ohne die Versöhnung unmöglich ist. Verschiedene Bilder, die wir tatsächlich im Neuen Testament kurz angedeutet finden, ohne jede Theoretisierung, werden später in ein ,schlüssiges' rationales System gebracht, wodurch die kritische Kraft des Kreuzestodes Jesu zugleich entkräftet und ,gezähmt' wird: Das Leiden als Leiden (wie auch immer) erhält einen theologisch positiven Sinn: Die Ehre Gottes, wie Theologen sich diese Ehre vorstellen, wird durch Leiden und Blut gerächt. Zwar ist dies nicht genau die Bedeutung, die Anselm seiner Erlösungstheorie gab, aber so wurde sie tatsächlich in vielen geistlichen Büchern lebendig. In ihr sind die älteren Christen von uns großgeworden, sowohl in reformatorischen als auch in katholischen Kirchen – trotz des Kampfes und des Streites zwischen Martin Luther und Thomas Münzer und trotz der Polemik zwischen Zwingli und Conrad Grebel.

Wie das Leiden ,Predigtthema' im 19. Jahrhundert bis weit in das 20. hinein war, wird aus bischöflichen Hirtenbriefen deutlich[36] – sie sind Beispiele der Integration des Leidens durch Abschwächung seiner kritischen Kraft: Mystik des Leidens zur Festigung der kirchlichen und gesellschaftlichen ,bestehenden Ordnung'.

VIII
Das Leiden im Islam

Stärker noch als für Juden und Christen ist für Muslime die heilige Schrift, der Koran, Gottes Wort für die Menschen: „das Buch ohne Zweifel". Der Koran sieht sich selbst in der religiösen Tradition Abrahams, Noahs, Moses und Jesu von Nazaret. Gott ist ,der Eine', und deshalb gibt es auch nur eine Gottesoffenbarung, nur eine frohe Botschaft von Gott. Für die Muslime ist die Tatsache, daß Judentum und Christentum auseinandergegangen sind und somit unterschiedliche religiöse Auffassungen haben, denn auch der Beweis dafür, daß beide die eine unverfälschte Gottesoffenbarung getrübt haben. Der Koran will diese eine Gottesoffenbarung unverderbt und ohne Abweichungen darbieten: die arabische Offenbarung Gottes, das heißt die arabische Version der einen Gottesoffenbarung; eine *zeitlose* Botschaft, wenn auch verbunden mit den ganz besonderen arabischen Lebensverhältnissen des Propheten Mohammed.

Das mohammedanische Leidensproblem spiegelt daher das bedrohte Dasein von Wüstenmenschen inmitten von Trockenheit, Nahrungsmangel und Angriffen durch benachbarte Stämme wider, denen es nicht besser geht. Der Koran geht auf diese konkreten Leidenssituationen ein und nicht auf ein theoretisches Problem – eine allgemeine Praxis, früher schon und später im 7. Jahrhundert: das Leiden als konkreter Anteil jedes Menschenlebens. Leiden ruft Fragen wach. Aber welche Fragen stellt das Leiden von Arabern?

Auffallend ist, daß arabisches Leiden eben keine Fragen wachruft. Der Gott der Araber ist nicht nur Liebe, sondern auch Macht: Allmacht. Gott ist der Barmherzige und der Herr des Alls. Das Leiden wird islamisch nicht ein Problem der Liebe Gottes, sondern seiner Allmacht: Bestimmte Dinge scheinen sich der

Kontrolle Gottes zu entziehen. Das Problem des Leidens muß also weniger in Begriffen der Liebe Gottes als vielmehr seiner Allmacht gelöst werden. Es muß für den Araber deutlich werden, daß auch das Leiden unter Gottes allmächtiger Weltregierung steht. Und deshalb muß, in Anbetracht der *Tatsache* des Leidens, Leiden irgendwie von Gott mitgewollt sein: Es gehört zu seinem Ratschluß [37]. Wohin man sich auch wendet, nach Osten oder nach Westen, „dort ist Gottes Antlitz" (Koran II, 109), er ist deshalb auch „der Herr über Leben und Tod" (VI, 95; XXII, 5, 6). Gott erschuf „den Menschen zusammen mit all seinen Werken" (XXXVI, 94). Religiös sein ist deshalb schlechthin Unterwerfung unter Gottes fast ‚willkürliche‘ Allmacht (III, 25). Gott duldet keinen Zweifel über sich selbst. Das Leiden kommt daher von Gott. Der Islam kennt zwar den aufsässigen Iblis – den Teufel, aber dieser steht unter Gottes Kontrolle: Gott läßt Iblis eigenes böses Verführungswerk tun. Es geht nicht so sehr um die Behauptung, daß Gott *Leiden schickt,*sondern daß es unter seiner Kontrolle bleibt. Doch hat Gottes Allmacht *Leiden* als *Bestandteil* seiner Schöpfung gewollt. Deshalb suchen Muslime nach den vielen Weisen, wie Leiden sinnvoll in Gottes Absichten passen kann.

Zunächst gibt es die Antwort, daß Leiden eine Strafe für Sünde ist (IV, 80–81), und das wird vor allem an Geschichten aus dem jüdischen Tenach, an Beispielen von aufblühenden und vernichteten arabischen Städten und an Beispielen aus Mohammeds eigenem Leben bewiesen. Der Sieg in einer Schlacht ist die Frucht islamischen Kämpfens „für die Sache Gottes" (III, 11); verliert man aber eine Schlacht, dann hat der Fromme nicht nach Gottes Gründen zu fragen: „Gott vergibt, wem er will, und straft, wen er will, und Gott ist Vergebung, barmherzig" (III, 123–124).

Gibt es keine Diskriminierung in diesem Leiden? Mit anderen Worten, läßt sich unverschuldetes Leiden in der gleichen Art mit Gottes Willen vereinbaren wie schuldhaftes Leiden? Der Koran lehnt es ab, vom Leiden *auf* Sünde zu schließen (XXIV, 60); leidende Menschen stehen nicht per se unter Gottes Zorn. Außer als Strafe für Sünde ist das Leiden auch ein Prüfstein des wahren Glaubens (II, 150–151; XXI, 36; III, 134–135). Glaube muß ‚auf die Probe gestellt werden‘; aber Glück und Erfolg sind genausogut ein Test (XXXIX, 50). Islamischer Glaube verlangt auf die Probe gestellt zu werden. Manche rituellen Verbote sind bloß als ‚Test‘ gemeint (V, 95). Leiden offenbart die wirkliche Art und Wahrhaftigkeit eines Menschen; erst dann zeigt er, was er wert ist. Leiden als Sündenstrafe und als Prüfstein wahren Glaubens steht islamisch völlig unter der sinnvollen Weltherrschaft Gottes, der alles unter Kontrolle hat.

Wenn Leiden Sühnung von Sünde ist, kann der Muslim auch selbst die Initiative zur Sühne von Sünde ergreifen. Außerdem sind Situationen, in denen der Gerechte leidet und es Sündern in Luxus und Wohlstand gut geht, gerade die Gelegenheit, den Glauben aufzubringen, daß Gott beide Lebenssituationen in Händen hat und weiß, was und warum er dies tut oder zuläßt. Verzweiflung paßt nicht in diesen Zusammenhang, auch nicht die jüdischen Klagen über

Gottes Zögern und Säumen, einzugreifen (V, 69). Juden machen auch Gott gegenüber *Menschenrechte* geltend; der Muslim tut dies nicht: Vor Gott *verneigt sich* der Mensch apriori. Der Islam kennt daher nicht die ratlosen und doch hoffnungsvollen Klagen des jüdischen Psalmisten. Der Führer hat von vornherein immer recht; ihm gegenüber gibt es keine Menschenrechte. Leiden ist aber auch eine Art, der Bosheit anderer zu widerstehen (IX, 14).

Die islamische Gottesauffassung führt, in Verbindung mit menschlichen Leiden, zu der einzig möglichen Haltung: „sabr", das heißt bejahend *dulden*, Geduld, es ,ertragen'. Die einzige Antwort ist: „Wir gehören Gott an, und zu Gott kehren wir zurück" (II, 150–151). Also: „Gott ist unsere Zuflucht" (VII, 199): ,Unterwerfung' (VI, 163).

Und doch ist dies kein Fatalismus für den Glauben der Muslime. Dieser ,Prädestinationsglaube' nimmt alle Sorgen um die eigene kleine Person. Gott weiß, was für mich gut ist. Der Agnostizismus des Inhalts dieses Wissens schafft ein personalistisches Vertrauensverhältnis zu Gott, wodurch der Gottgläubige alles vermag. Vergleiche des eigenen Lebens mit dem anderer anzustellen wird dann zu einem törichten Tun. Von einem solchen Gottesglauben scheint keine ,gesellschaftskritische' Kraft im Sinn einer Besserung der Gesellschaft auszugehen. Aber warum sollte man eine Gesellschaft, in der man sich glücklich fühlt, *verändern* müssen? In diesem Sinn ist der Islam gesellschaftskritisch, das heißt eine Kritik an dem Willen anderer – von Menschen des Westens –, die, ohne darum gebeten zu sein, die arabische Gesellschaft ,verwestlichen' oder, in westlichen Augen, bessermachen wollen. Für orthodoxe Muslime bedeutet dies dann nur: die Übernahme *schlechter* Dinge aus der westlichen Kultur.

Schließlich ist der Gott des Islams eschatologisch der genaue Belohner alles Guten und Bestrafer des Bösen (II, 286); Gott prüft niemanden über dessen eigene Kräfte hinaus (a. a. O.). Doch kommt hierzu so etwas wie: jeder für sich und Gott für alle, das heißt: nicht die Lasten anderer tragen (siehe XVII, 16). Ein Muslim ist nicht „der Hüter seines Bruders" (siehe die arabische Version von Kain und Abel: V, 30–34). Der Islam gibt schließlich dem Problem des Leidens eine ,übernatürliche' Lösung: Das *Jenseits* stellt das Gleichgewicht wieder her. Paradiesesfreuden und Höllenqualen lösen, letztlich, alles auf. Die Abrechnung findet später statt. Das Jenseits ist für den Islam ein entscheidendes Motiv, gut in dieser Welt zu leben. Das ist sicher unjüdisch und auch nicht ursprünglich-christlich. „Wenn es Allah gefällt" – wie bei Christen: „Wenn es Gott gefällt" – *ist* kein Fatalismus, *kann* aber schnell ein solcher werden. *Als solcher* ist dieser Fatalismus aber weder islamisch noch jüdisch-christlich, wenn auch Muslime (auch Christen) manchmal einem solchen Fatalismus zum Opfer fallen.

Trotz dieser Haltung gegenüber dem Leiden kennt der Islam sowohl den Protest gegen das Leiden als auch die Pflicht, das Leiden der Menschen so weit wie möglich zu erleichtern. In der vom Islam geprägten Gesellschaft müssen Leiden und Ungerechtigkeit möglichst eliminiert werden. Die Islam-Gemeinschaft muß Gottes Barmherzigkeit widerspiegeln (II, 172). Im Gegensatz zur Zeit Mohammeds verurteilt der Koran einen Aggressionskrieg, nur Defensivkriege sind erlaubt und ‚Krieg gegen das Böse‘, der ‚heilige Krieg‘ (jihad) für die Sache Gottes.

Charakteristisch für den Islam ist auch seine Bewertung des Kreuzestodes Jesu: er hat überhaupt keine Bedeutung. Jesus war ein treuer Diener Gottes; mithin haben jene, die ihn zu Tode brachten, ihn falsch beurteilt (IV, 156). Eine der vielen, vielleicht die richtige Musliminterpretation dieses berühmten Textes (IV, 156) ist: In Wirklichkeit wurde nicht Jesus gekreuzigt, sondern jemand, der ihm ähnlich sah, statt seiner hingerichtet. Wie dem auch sei, der Tod des auch vom Islam verehrten Propheten Jesus hat keine besondere Bedeutung. Der Islam kennt Leiden als Strafe und Glaubenserprobung, kein erlösendes Leiden, allerdings kennt er das Blutzeugnis für die Sache Gottes (II, 148–149). Aber dieses wird nicht auf Jesus angewandt, denn das ist ja gerade die *christliche* Interpretation. Jesus wählte das Kreuz, Mohammed wählte (bei einer ähnlichen Entscheidung) die „Heira": den Weg des Erfolgs und der Macht, Werkzeug Gottes in der Bekämpfung des Bösen. Hier laufen zwei Wege radikal auseinander.

In der späteren islamischen Theologie empfand man jedoch die Aporien, zu denen der Koran führen muß. Die Übermacht Gottes verdunkelte den freien Willen des Menschen. Es kam zu einer theologischen Reaktion gegen die Ansicht von Gottes ‚Alleinwirksamkeit‘, welche die Menschen zu Marionetten zu machen schien. Zwei Schulen bekämpfen sich seitdem, aber der Koran bleibt dabei das Kriterium.

Im 8. Jahrhundert entstand im Islam der *Sufismus* als eine mystische Bewegung, die in der Nachfolge der frühen Mönche freiwillig Leiden auf sich nahm. Ein Sufi ist „jemand, der nichts besitzt und von nichts besessen wird" (Alkalabadhi), kein Sklave irgendeines Verlangens. Leiden und Schmerzen machen einen Menschen sensibel für Gott.

Das erste große Schisma im Islam zwischen ‚Sunni Islam‘ und ‚Shia Islam‘ stand im Zusammenhang mit der Legitimität der Nachfolge Mohammeds, die Anlaß zu Brudermorden gab. Die drei Morde wurden die Grundlage der Theologie der Shia-Muslime: die Heilsbedeutung unschuldigen Leidens, nämlich je mehr Leiden jetzt, um so mehr Freude im Himmel. Der Ermordete wird zu einem universalen Mittler, zum himmlischen Fürsprecher für alle Sünder – ein für die Sunni-Muslime völlig fremder Gedanke –, eine Art arabischer Apokatastasis für alle Sünder auf die Fürsprache der drei Martyrer (vor allem von Hussein). Aber der Buchstabe des Koran holt solche theologischen Intermezzi wieder ein: Der Muslim ist in Gottes Hand, in Leiden und Mißgeschick, in Erfolg und Wohlfahrt. Gott fügt alles zum Besten.

IX
Die Rationalisierung menschlichen Leidens durch die Aufklärung

Der ontologische Optimismus der Stoa lebte ganz wieder auf im 17. Jahrhundert und in der frühen *Aufklärung* vom Ende des 17. und Anfang des 18. Jahrhunderts. Die Theodizee der Aufklärung systematisierte den Gedanken: diese Welt als „die beste aller denkbaren Welten". Diese Aufklärer wollen aus der menschlichen Vernunft Gott rechtfertigen gegenüber dem menschlichen Ärgernis unserer Leidensgeschichte. Die Aufklärung ist neben der Stoa der große Versuch, das Leiden *theoretisch* zu rationalisieren, eigentlich zu *erklären* und damit im buchstäblichen Sinn des Wortes wegzudenken, aber (im Gegensatz zur antiken Stoa) aus einem anfänglichen Erfahrungsprotest gegen die Sinnlosigkeit des Leidens heraus, ein Protest, der jedoch als unvernünftig entlarvt wird. Leibniz und Chr. Wolff, Shaftesbury und Alexander Pope (der dem Leiden eine lange Hymne widmet) bagatellisieren spekulativ das wirkliche Leiden und das ärgerniserregende Böse zu einer Form intellektueller Sinnestäuschung. Wir betrachten das Böse und das Leiden, so sagen diese Systematiker, zu kurzsichtig nach ihrer eigenen direkten Wirklichkeit, die gerade unklar und schmerzlich ist; zu Unrecht – und darin liegt die Sinnestäuschung – sehen wir es nicht in dem größeren Sinnganzen der besten aller denkbaren Welten. Das Böse ist nur die Folge einer vorläufigen, oberflächlichen Ansicht der Dinge; denn innerhalb des Sinnganzen der Gesamtgeschichte ist es heilsam und gut: ,All partial evil, universal good', ... ,one truth is clear: whatever is, is *right*', so formulierte 1734 Pope in ,An Essay on Man' [38] die allgemeine Auffassung der frühen Aufklärung. Religionsgeschichtlich gesehen, ist dies ein einzigartiges Problem, das auf die Aufklärung beschränkt ist (mit einigen akademischen Ausläufern in der späteren scholastischen Handbüchertheologie, die deutlich unter dem Einfluß der Metaphysik Wolffs steht). Die Aufklärer wollten Gott tatsächlich mit der menschlichen Vernunft rechtfertigen, die jetzt selbst Gott für seine augenscheinlich schlechte Leitung von Welt und Geschichte zur Verantwortung rief. Im Jahr 1710 schrieb G. W. von Leibniz seine ,Essais de théodicée' [39] gegen das 1697 erschienene ,Dictionnaire historique et critique' des Meisters des Zweifels und des Mißtrauens, Pierre Bayle. Dieselbe Vernunft, die aus der Erfahrung der menschlichen Leidensgeschichte Gott wegen seiner schlechten Leitung anklagt, will auch Gottes Leitung verteidigen. In der vorkritischen Zeit wurde Gott nie direkt angeklagt; selbst Ijob klagt Gott nicht an, er klagt nur bei Gott über die Unbegreiflichkeit von so viel Sinnlosigkeit in seinem Leben, und es ist schließlich Gott selbst, der Ijob rechtfertigt, nicht umgekehrt. Anderseits spricht dieselbe aufgeklärte Vernunft, die Gott anklagt, ihn auch frei, das heißt, die aufgeklärte Vernunft glaubt weiter an eine von einem intelligenten Schöpfer wohlgeordnete Welt. Sie versteht Gott im Horizont einer metaphysisch interpretierten, von Gott wohlgeordnet geschaffenen Natur, nicht in einem geschichtlichen Horizont von Entstehen, Tradition und eschatologischer Vollendung. Die *Versöhnung* ist gleichsam vor allen Jahrhunderten in der ‚harmonia praestabilita‘ gegeben. Es kommt nur darauf an, sich dieser ewigen Versöhnung bewußt zu werden: ‚metanoia‘ besteht aus dem Verzicht auf kurzsichtiges Denken und der Annahme der befreienden Einsicht, welche die Perspektive auf die vorgegebene Versöhnung bietet. Das Böse und die Sinnlosigkeit in unserer Geschichte sind, im großen ganzen gesehen, ein ‚Fast-Nichts‘[40], eine einfache Voraussetzung für die gute Weltharmonie und eine Implikation derselben. Der Gott, den Leibniz und Wolff verteidigen, ist letztlich nicht der ‚Gott Abrahams, Isaaks und Jakobs und der Vater unseres Christus Jesus‘, sondern der Gottesbegriff der ‚rechten Vernunft‘, der gegen die Einwände der skeptischen Vernunft verteidigt wird. Die Vernunft verteidigt hier sich selbst.

Voltaire wandte sich dagegen und benutzte dazu das große Ereignis von 1755, dem Jahr, in dem die ganze Welt durch ein Erdbeben erschüttert wurde, das die Stadt Lissabon zerstörte und den ontologischen Optimismus der Aufklärung in allen Fugen wanken ließ. Auch damals noch verteidigten viele unentwegt das Gutsein alles dessen, was geschieht: ‚Tout est bien‘. Voltaire, der sich schon länger gegen diesen Optimismus gewandt hatte, schrie einige Monate später ganz Europa sein herzzerreißendes Veto zu:

„Philosophes trompés qui criez: ‚Tout est bien.‘
Accourez, contemplez ces ruines affreuses,
Ces débris, ces lambeaux, ces cendres malheureuses.“[41]

Voltaire will damit keineswegs Gott anklagen oder eine Perspektive auf den Atheismus eröffnen, sondern nur die Grenzen der menschlichen Vernunft aufzeigen: Theoretisch kann die Vernunft kein sinnvolles Wort über das Ärgernis unserer Leidensgeschichte sagen. Die Aufklärung in ihrer späteren Phase wird dann zum erstenmal die theoretische Ohnmacht der menschlichen Vernunft auf diesem Gebiet erkennen. I. Kant wird die leicht demagogische Ansicht Voltaires genauer ausarbeiten. Er nennt jeden Versuch, Gott zu rechtfertigen, „schlimmer als die Anklage“ gegen Gott[42]; eine solche Theodizee sei eine Verzeichnung des rechten Gottesverständnisses und gefährlich für das menschliche Handeln in der Welt: Dann gebe es keinen heiligen und gnädigen Gott, auf den das sittliche menschliche Subjekt vertrauen und auf den der Mensch seine Hoffnung auf Beistand und Vergebung setzen könne. Kurzum: Die menschliche Person wird in der Theorie der Aufklärung von der Weltharmonie als Mittel zu einem größeren Zweck, dem Ganzen gesehen. Und dieses Argument entscheidet an sich schon gegen alle Formen einer Theodizee, die von einer vorgegebenen Weltharmonie aus argumentiert. Die *Vernunft* kann Gott weder anklagen noch rechtfertigen.

X
Marxismus und menschliches Leiden

„Euch allen, spekulativen Theologen und Philosophen, gebe ich den Rat, euch selbst frei zu machen von den Begriffen und Voraussetzungen der alten spekulativen Philosophie, wenn ihr zumindest die Dinge so sehen wollt, wie sie in Wirklichkeit sind, nämlich wenn ihr der Wahrheit näherkommen wollt. Es gibt für euch keinen anderen Weg zur Wahrheit und Freiheit als den Weg durch den Feuerbach. Denn Feuerbach ist das Fegefeuer unserer Zeit."[43] So K. Marx.

Durch den Feuerbach gehen heißt den Idealismus ablegen, den Ludwig Feuerbach scharf kritisiert hatte, und einen ‚dialektisch-materialistischen' Standpunkt einnehmen. In seinem Nachwort zur 2. Auflage von „Das Kapital" sagt Marx: „Die Mystifikation, welche die Dialektik in Hegels Händen erleidet, verhindert in keiner Weise, daß er ihre allgemeinen Bewegungsformen zuerst in umfassender und bewußter Weise dargestellt hat. Sie steht bei ihm auf dem Kopf. Man muß sie umstülpen, um den rationellen Kern in der mystischen Hülle zu entdecken." Marx wendet sich gegen die Apriori-Dialektik Hegels, die er ‚Mystik' nennt. Für ihn selbst ist die Dialektik eine wissenschaftliche Hypothese, die nicht dogmatisch sein will, sondern der Überprüfung bedarf[44]. Es geht um eine Dialektik auf der Grundlage von Beobachtung und Analyse, in der die Bewegung des Geistes eine Widerspiegelung der Bewegung der Wirklichkeit, das heißt für Marx immer des historischen Werdeprozesses ist.

Ich möchte zuerst einige Begriffe, vor allem den Begriff ‚Dialektik', verdeutlichen. Im Gegensatz zum vor-hegelianischen, scholastisch-philosophischen Begriff ‚Dialektik' und ‚dialektisch' (im Sinn von ‚argumentativ'), haben vor allem Hegel und Feuerbach diesem Wort eine neue Bedeutung gegeben. Für Hegel ist Dialektik der ganze Entwicklungsprozeß der Wirklichkeit und deshalb auch der Prozeß des Denkens, das diese Wirklichkeit so zu erkennen sucht, wie sie ist. Denken spiegelt Wirklichkeit wider. Diese Wirklichkeit sieht Hegel als eine *triadische* Struktur: Fortschritt oder Entwicklung durch These, Antithese und Synthese. These und Antithese stehen dabei zueinander in einer wesentlichen Beziehung des Widerspruchs, und beide Begriffe haben eine wesentliche Beziehung zur Synthese, der höheren Transposition ihrer beider.

Vor diesem hegelianischen Hintergrund gebraucht auch Karl Marx den Begriff ‚dialektisch', jedoch in einem ganz besonderen Sinn, angeregt durch den von ihm jedoch kritisierten Feuerbach. Marx und vor ihm Feuerbach leugnen den apriori-triadischen Charakter der historischen Dialektik.

Abgesehen von dem präzis-triadischen Charakter der Dialektik weist ‚dialektisch' für Marx eher und allgemein auf den Gedanken der natürlichen, wesentlich *gegenseitigen* – interdependenten – Abhängigkeit der realen Erscheinungen hin. In der *Wirklichkeit* – und diese ist für Marx immer der menschliche geschichtliche Prozeß – gibt es eine gegenseitige Abhängigkeit, die sich auf alle Wirklichkeitsaspekte erstreckt. Deshalb nennt Marx ‚die Wirklichkeit' selbst einen *dialektischen* Prozeß, also aufgrund dieser Interdependenz. In Anbetracht der erkenntnistheoretischen, klassischen Theorie von der Erkenntnis als Widerspiegelung der Wirklichkeit („adaequatio rei et intellectus") ist für Marx auch das Denken dialektisch. Dialektisch denken ist jene Weise des Denkens, die gerade darauf aus ist, überall gegenseitige Abhängigkeiten offenzulegen und zu entlarven. Nicht nur ist die historische *Wirklichkeit,* nicht nur ist das *Denken* dialektisch, sondern auch die *Methode,* die Art und Weise und die Figur des Denkens muß man dialektisch sehen. Eine dialektische Methode ist dann jene Methode, die auf die ständigen interdependenten Transformationen der Wirklichkeit und in der Wirklichkeit achtet. *Dialektisch* wird letztlich synonym für *Werden,* den historischen Werdeprozeß.

Bei näherer Analyse hat das Wort ‚dialektisch' bei Marx jedoch eine ganz besondere Bedeutung, die, auch wenn dies nicht ausdrücklich immer wieder erwähnt wird, unverkennbar mitspielt. Die universale Dialektik oder der Werdeprozeß der Geschichte ist auch eine Dialektik in dem Sinn, daß das eine Phänomen (z.B. Kapitalismus) unwiderstehlich (und doch frei) eine Gegenbewegung (z.B. Kommunismus) auslöst. Es liegt in der Geschichte eine unvermeidliche und unaufhaltsame rationale Logik. Das Neue, das sich darin zeigt, ist zugleich rational notwendig. Außerdem wird für die rationale Analyse deutlich, daß, gerade weil der Gegensatz zwischen These und Antithese oft nicht nur ein logischer Gegensatz zwischen diesen beiden Begriffen, sondern auch ein *Kampf* auf Leben und Tod (z.B. Klassenkampf) ist, ‚Dialektik' auch Kampf, Konflikt bedeutet. An sich ist Kampf schon ein dialektischer Begriff. Und da Geschichte dialektisch ist, ist sie ein Kampf (in Wirklichkeit ein Klassenkampf zwischen der besitzenden und der arbeitenden Klasse).

‚Dialektik' hat schließlich noch eine besondere Nuance, und zwar wegen der Tatsache, daß zwischen der These und der Antithese die Synthese *vermittelt* („Vermittlung"). Aber es handelt sich bei Marx um eine Vermittlung ganz besonderer Art: Vermittlung vor allem durch Transposition der beiden extremen Begriffe auf eine höhere Ebene (dialektische Vermittlung). Nun gibt es in der Wirklichkeit (man verstehe immer wieder: im geschichtlichen Prozeß) oft vermittelnde Begriffe, die sich nicht-aufmerksam (und somit nicht-dialektisch) denkenden Menschen entziehen. Dialektische Denker sind darauf aus, verschleierte Vermittlungen zu entdecken. Der Übergang vom Gegensatz der beiden Begriffe in die Synthese geschieht nämlich oft sprunghaft, und zwar in einem doppelten Sinn: – a) Die Synthese ist oft etwas Neues, das sich wesentlich von den beiden vorausgehenden Momenten unterscheidet, und – b) die Synthese erscheint plötzlich in der Zeit. Eine quantitative allmähliche Entwicklung kann in einem bestimmten Augenblick einen solchen Grad erreichen, daß sich ein qualitativer Umschlag vollzieht (z.B. Wasser, das immer kälter, aber in einem bestimmten Augenblick zu Eis wird).

Dialektisches Denken ist bei Marx außerdem wesentlich mit Praxis verbunden, auch mit dem Blick auf das Erkennen selbst. Es gibt nämlich auch eine

Erkenntnis in und durch Praxis. Marx will auf diese Weise einen theoretischen Humanismus mit dem praktischen Humanismus verbinden. Die Menschheit steht vor der Aufgabe, ihre „naturwüchsige Vorgeschichte", das heißt ihre ganze irrationale Vorgeschichte, zu übersteigen, eine Periode privater Interessen und Klasseninteressen. Diese Vorgeschichte der Menschheit ist eine Epoche, in der Interessen und Habgier in ihrer ‚Verdinglichung' oder in quasi-natürlichen historischen Kräften zu einer unveränderlichen Situation objektiviert werden (wie in der tierischen Natur). Die ‚Versachlichung' des Menschen verhinderte die zweckmäßige Selbstkontrolle des menschlichen Handelns, sie machte es unmöglich, daß die Menschen in internationaler Solidarität die Verantwortung für die menschliche Geschichte auf sich nahmen. In der kommenden Geschichtsperiode, wie sie von Marx aufgrund einer wissenschaftlichen Analyse der heutigen Situation vorgezeichnet wurde, muß eine solidarisch geplante und menschlich verantwortliche Praxis die illusorische Freiheit von einander bekämpfenden Aktionen einzelner und Gruppen ersetzen.

Marx bejaht den Unterschied zwischen dem, was ist, und dem, was sein muß (ein in der Aufklärung von Hume ausgearbeiteter Unterschied), aber er bejaht das nicht als einen Unterschied, der in Begriffen einer unüberwindlichen Trennung zwischen *wissenschaftlich erkennbaren* Fakten und *subjektiv* festzulegenden *Normen* formuliert wird. Denn im orthodoxen Marxismus hält man an dem Postulat der teleologischen Ontologie fest („ens et bonum convertuntur"), jedoch im marxistischen Sinn, das heißt: Richtig (d. h. marxistisch) verstanden, ist Sein und Gut-Sein identisch, nicht in aristotelischem und scholastischem Sinn, sondern historisch-dialektisch. Denn mit Hegel versteht der Marxismus die historische Wirklichkeit als rational (vernünftig) und das Rationale als das Wirkliche. Aber Marx geht über Hegel hinaus, insofern er die Einheit der historischen Faktizität (z.B. Kapitalismus) und ihre *bestimmte* Negation (Antithese) – These und Antithese, welche die historisch-dialektische Einheit der rationalen Wirklichkeit ausmachen – nicht nur spekulativ (also ‚nachträglich') verstehen will. Marx glaubt, daß diese Einheit der Geschichte (und somit auch die durch Kritik und revolutionäre Praxis erst noch zu schaffende Zukunft) Objekt einer *objektiv-materialistischen wissenschaftlichen Analyse* werden kann. Die Vermittlung zwischen Theorie und Praxis wird im Marxismus von Marx also durch eine objektivistisch-wissenschaftliche Reduktion gegeben (gerade hier liegt ein Aspekt von ‚Dogmatismus')[45]. Die dialektische Analyse und Synthese des unvermeidlichen geschichtlichen Verlaufs scheint den Unterschied zwischen dem, was ist, und dem, was sein muß, von vornherein in das Ganze der als rational verstandenen Wirklichkeit aufzuheben. Eine ‚Super'-Wissenschaft begründet und vermittelt die Einheit von Theorie und Praxis. Und es geht dabei um eine *totale* Vermittlung von Objektivität und Subjektivität, nämlich durch die dialektische Wissenschaft auf der Grundlage wissenschaftlicher objektiver Analyse. Marx vertritt also das Konzept von der

Möglichkeit einer empirisch-objektiven Wissenschaft der Geschichte als Totalität („wissenschaftlicher Sozialismus').

Wie sieht Marx unter diesen Voraussetzungen das Problem des leidenden Menschen? Er blickt auf die Fakten und analysiert ihre Ursachen. So kommt er zu der Entdeckung, daß viele Leiden und vor allem überflüssiges Leiden ihre Ursache in der objektiven Gesellschaftsform haben, in der wir leben, konkret im Kapitalismus. Eigentlich geht Marx das Problem des Leidens von einer *ökonomischen Theorie* aus an, die ihn befähigt, das gesellschaftliche Leiden gleichsam in einer Summe als die Endsumme eines ökonomischen Systems darzustellen, das auf Gewinnsucht und Konkurrenz gegründet ist. Leiden vieler Menschen ist die berechenbare Summe von Produktionsverhältnissen, mit denen eine innere Logik gegeben ist, nämlich einer Entwicklung von Tauschwaren zu Geld und von Geld zu Kapital, basierend auf der Lohnarbeit derer, die wesensgemäß nicht die Besitzer des Kapitals sind[46]. Das Ergebnis dieser inneren Logik ist der Prozeß der Entfremdung der Arbeitnehmer: entfremdet ihrer Arbeit und sich selbst, rein dinglicher Bestandteil in einem Wirtschaftsprozeß, der ihnen außerdem nicht gehört und außerhalb ihrer Kontrolle steht. Das System ist so, daß es Menschen zwingt, den Mitmenschen durch Konkurrenz umzubringen, um selbst überleben zu können. Leiden läßt sich in *diesem* Wirtschaftssystem wissenschaftlich beziffern und schließlich in einer Gleichung formulieren. Vereinfacht dargestellt, sieht diese Rechnung so aus. Ein Produkt ist das wert, was seine Produktion kostet. Darin liegen zwei Faktoren: – a) Alles, was man an schon fertigen Produkten braucht, um einen bestimmten Artikel liefern zu können, plus die Kosten alles gebrauchten Materials (zusammen bildet dies das ‚feste Kapital'; bezeichnen wir es mit K); – b) alles, was an Löhnen für die Herstellung des angebotenen Artikels bezahlt werden muß (nicht über dem Lebensunterhalt der Arbeitnehmer) (das ist das ‚variable Kapital', angedeutet mit V). Das Mehr des Gesamtwertes des Produktes gegenüber der Summe des Wertes der einzelnen Faktoren ist der Mehrwert des zugenommenen Kapitals gegenüber dem ursprünglichen Kapital. Die Produktionsmittel einerseits und die Arbeitskraft anderseits sind nur verschiedene Existenzweisen, die den Wert des ursprünglichen Kapitals angenommen haben, wenn es *von* Geld *in* die verschiedenen Bestandteile des Arbeitsprozesses transformiert ist. Dieser bestimmte Teil des Kapitals, der durch die Produktionsmittel, die Grundstoffe, das hinzukommende Material und die Maschinen repräsentiert ist, erfährt im ganzen Produktionsprozeß keine quantitative Wertänderung (Marx nennt dies das feste Kapital). Aber jener Teil des Kapitals, der durch die Arbeitskräfte repräsentiert wird, erfährt im Produktionsprozeß wohl eine Wertänderung. Er produziert sowohl das Äquivalent seines eigenen Wertes als auch den Überschuß, den Mehrwert (M) (der je nach den Umständen variieren kann). Dieser Teil des Kapitals befindet sich in ständiger Transformation aus einer festen in eine variable Größe (Marx nennt dies das variable Kapital). Der Wert eines Artikels ist also konkret: K + V. Aber in Kombination können beide einen Mehrwert über die genauen Produktionskosten hinaus produzieren. Die Summe ist deutlich: $K + V + M = W$ (der Wert des Artikels). Was nun in kapitalistischen Gesellschaften den Wert verzerrt, ist nach Marx ausgerechnet der *Mehrwert*, der nicht an die Arbeitnehmer geht; er geht an die Geldbesitzer. Wenn wir nun die beiden Prozesse von Wertproduktion und Hervorbringung von Mehrwert vergleichen, wird deutlich, daß der Mehrwert nichts anderes ist als die Verlängerung des Wertes über einen bestimmten Punkt hinaus. In der Gleichung: $K + V + M = W$ ist gerade der Faktor M (Mehrwert) das entfremdende Element, das, was menschliches Leiden hervorbringt. Denn dieser Mehrwert muß irgendwo herkommen. Woher? Marx weist darauf hin, daß der Mehrwert nicht dasselbe ist wie der *Gewinn* (denn ein Artikel muß mit Gewinn verkauft werden, und sei es auch nur für die neuen Investierungen zur Produktion eines weiteren Artikels). Der Mehrwert wird durch *hinzukommende* Kosten gebildet, und in einer kapitalistischen Gesellschaft beruhen diese auf der Tatsache, daß man die Arbeit der Arbeitnehmer auf einen Handelsartikel *reduziert*. Ein Beispiel macht dies deutlich. Angenommen, ein Arbeitnehmer arbeitet sieben Stunden pro Tag, dann hat er die Kosten seines eigenen Dienstverhältnisses in zwei Stunden und die Kosten der Grundstoffe in einer Stunde ($K + V$). In den übrigen vier Stunden produziert er den Mehrwert zum Profit der Geldbesitzer. Es ist gerade diese eingebaute Ausbeutung, die nach Ansicht von Marx den Arbeitnehmer um mehr als die Hälfte seines Produkts beraubt, wodurch er dem Produkt seiner eigenen Arbeit und Anstrengung völlig entfremdet wird und auf diese Weise auch sich selbst und dem Mitmensch. Der Mehrwert (M) ist die Zahl, die die Menge menschlichen Leidens wiedergibt (Das Kapital I, 9, 1). Marx drückt es in folgender Gleichung aus:

Verhältnis des Mehrwerts: $\dfrac{M}{V} = \dfrac{\text{mehr Arbeit}}{\text{notwendige Arbeit}}$:

Beide Verhältnisse drücken dasselbe auf eine andere Weise aus. Die Höhe des Mehrwerts ist daher ein exakter Ausdruck für den Grad der Ausbeutung von Arbeitskräften durch das Kapital[47]: das zu beziffernde menschliche Leid.

Marx hat also die gesellschaftlich-wirtschaftlichen Ursachen des Leidens untersucht, Ursachen, die behoben werden können. In welcher Richtung sucht er dann nach einer Praxis, dieses Leiden zu überwinden? Marx wußte sehr wohl, daß viele Menschen sehr vieles taten, um dem leidenden Menschen beizustehen und ihm zu helfen, aber sie ließen die Ursachen unangetastet. Auch alle Religionen hatten bei ihrer Überwindung des Leidens in erster Linie deren Ursachen angepackt, aber gesellschaftlich-wirtschaftliche Ursachen bekamen sie nicht genügend in den Blick. Die Konsequenz der Marxschen Praxis ist daher: die wirtschaftlichen Bedingungen selbst gründlich ändern. Er träumte (im Gegensatz zu den französischen sozialistischen Utopisten) keineswegs von einer utopischen Zukunft, zudem noch ohne vorausgehenden harten Kampf, in der es kein Leiden mehr gebe, aber er war doch sicher, daß viel Leiden durch eine andere wirtschaftliche und gesellschaftliche Ordnung aus unserer Welt verschwinden werde. Eine revolutionäre Praxis ist für Marx der einzige Weg, diesen Rest an Leiden zu besiegen. Aber es ist kaum zu erwarten, daß die besitzende Klasse selbst zu dieser revolutionären Praxis übergehen wird. Diese Kraft kann nur von der Arbeiterklasse ausgehen, die dann selbst eigenes Interesse preisgeben muß. Sie haben dabei nichts anderes zu verlieren als ihre Ketten, sagt das kommunistische Manifest.

Das Problem ist, daß gerade diese Revolution nicht nur Leiden für eine gute Sache bedeutet, sie ist auch selbst Ursache vielen Leidens, weil gesellschaftliche Veränderungen nicht ohne Kampf vor sich gehen: Klassenkampf. Das Mittel ist also eine sozialpolitische Bewegung, aber revolutionärer Art, jedoch *um* letztlich zu einer freien Gesellschaft zu kommen, in der Menschen ganz sie selbst sein können. Aber bevor dieses Ergebnis erreicht ist, besteht das Interim des Konflikts zwischen These und Antithese. Die Macht des Proletariats ist die vorläufige Antithese, aber noch nicht die endgültige Synthese. Dieses Interim wird jedoch dadurch zum Dauerzustand, daß (entgegen den Erwartungen Marxens) die Thesis (der Kapitalismus) zäher ist, als die Marxisten ursprünglich gedacht hatten. Neue Formen von Unmenschlichkeit, die dann ein Produkt der Revolution selbst sind, werden der noch bestehenden Dialektik von These und Antithese zugeschrieben, die noch nicht in einer Synthese aufgelöst ist (allerdings werden zumindest unter den europäischen Kommunisten Stimmen laut, welche die Antithese der Macht des Proletariats schlechthin als eine veraltete These bezeichnen. Aber damit wird doch ein wesentliches Element aus dem Marxismus entfernt, worüber die führende Orthodoxie nicht sehr erfreut ist).

Diese Auffassung impliziert in der Praxis jedoch, daß, wer gegen den Kommunismus ist, *gegen die Wahrheit* und gegen wahre Menschlichkeit ist. Allein der Kommunismus ist Wahrheit und wahre Menschlichkeit. Innerhalb der Orthodoxie werden Andersdenkende daher als ‚anomal‘ angesehen (und in psychiatrischen Anstalten untergebracht). Nur durch Diktatur kann die ‚soziale Befreiung‘ aufrechterhalten werden. Marx besaß unverkennbar ein tiefes Pathos für Menschlichkeit, und seine Anschauung entstammt gerade tiefer Solidarität mit dem leidenden Menschen. Doch sah er ein, daß die kommunistische Befreiung während des ‚Interims‘ gegen Reaktion und Zögern geschützt werden müsse. Aber die ganze Frage konzentriert sich jetzt auf dieses lange Interim, in dem zumindest der Eindruck erweckt wird, als rechtfertige der Zweck alle Mittel. Gerade hier ist eine *Konfrontation* zwischen Marxisten und den religiösen Traditionen der Menschheit höchst notwendig.

Die wissenschaftlichen Analysen von *Marx* (allerdings müssen sie in einer spät- und fast postkapitalistischen Zeit kräftig überarbeitet werden) implizieren *als solche* keinen Atheismus (jedoch ist dies ganz anders bei Lenin, der aus der wissenschaftlichen Hypothese von Marx ein metaphysisches System gemacht hat. Die Entwicklungen von Marx und Engels zu Lenin, Stalin und dem maoistischen China können wir im Rahmen dieses Buches nicht verfolgen. Doch wird man bedenken müssen, daß – wie alle Religionen – auch der Marxismus eine

692

Bewegung ins Leben gerufen hat, die selbst auch einen hermeneutischen und aktualisierenden Prozeß durchmacht, mit jeweils den gleichen Gegensätzen: Fundamentalismus und ‚Ketzerei‘). Seinem Wesen nach ist der Marxismus eine *Wirtschaftstheorie,* die als solche außerhalb des Für oder Wider von Religiosität steht. Wohl übt Marx, soweit er von Religion spricht, auch Kritik an der Religion, welche die sozialen Mißstände mit hermeneutischen Interpretationen zudecke. Der junge Marx hat darauf hingewiesen, daß alle Religionen eine richtige Intuition hätten: sie seien ein Protest gegen das Leiden des Menschen. Marx wirft ihnen nur vor, sie hätten eine falsche Lösung gesucht, nämlich in einer fiktiven Überwelt und in einem Jenseits (historisch ist dies übrigens falsch. Doch bewegte sich in allen Religionen die Volksreligion in diese Richtung). Für Marx ist es eher so, daß, wenn die soziale Revolution vollzogen ist, die Religion *von selbst* abstirbt, weil ihr Ursprung – das Leiden – dann verschwunden ist. Diese Auffassung schließt jedoch die Neigung in sich, alle Leiden auf gesellschaftlich-wirtschaftliche Ursachen zu reduzieren; so bedeutend diese auch sind, sie sind nicht der ganze Mensch! Das Leiden ist außerdem nicht der Ursprung der Religionen; erst der Glaube an Gott hat in den Religionen das Leiden gerade zu einem akuten Problem gemacht. Wohl sind alle diese großen Weltreligionen in einer Zeit entstanden, die nicht reif war für die Einsicht, die, nach der Aufklärung und mit Hilfe der modernen Wissenschaften, Karl Marx entdeckt hat: Die objektive Gesellschaftsform, in der wir leben, ist eine der vielen Ursachen von Leiden – wenn auch (was Marxisten leicht vergessen) nicht die einzige und vielleicht nicht einmal die Hauptursache (wie einschneidend auch). Auch der Buddhismus suchte beispielsweise eifrig nach den Ursachen des Leidens; er *beobachtet* (wie Marx) das Leiden, um dann dessen Ursachen zu beheben. Dasselbe hat Marx getan; nur sah er auch dort Ursachen, wo andere sie nicht gesehen hatten, oder, denn auch sie kannten ‚soziales Leiden‘, wo die gegebene Gesellschaftsform als ein unveränderlicher (manchmal sogar durch ‚Schöpfungsordnungen‘ vorgegebener) Zustand angesehen wurde.

In Religionsangelegenheiten war Marx, wie viele Intellektuelle seiner Zeit „Feuerbachianer“ (trotz seiner Kritik an Feuerbach). Für Feuerbach ist das absolute Wesen ‚Gott‘ nur ein Spiegelbild des ‚Wesens Mensch‘. Gott ist das objektivierte Wesen der Gattung Mensch. Das Bewußtsein Gottes ist das Selbstbewußtsein des Menschen[48]. Die Religion ist die festliche Enthüllung des verborgenen Schatzes des Menschen. Als Transzendentalphilosoph sagt Feuerbach, daß das Selbstbewußtsein nicht in einer unmittelbaren Intuition zugänglich ist, sondern nur über das Erkennen des *Objekts* des Bewußtseins. Selbstbewußtsein *mittels* des Objekts. Durch Erziehung und Bekehrung des Herzens kann der Mensch zu der Einsicht kommen, daß er sein eigenes tiefstes Wesen nur auf Gott projiziert.

Marx verwirft sowohl Feuerbachs naive Überwindung der Religion durch Erziehung als auch dessen nicht in Frage gestellte transzendentale Philosophie von der Objektivierung des Selbst. In seiner vierten These über Feuerbach begründet er die Selbstverdoppelung des Menschen in seiner Welt mit der „Selbstzerrissenheit" und dem „Selbstwidersprechen"[49] der weltlichen Basis. Gerade diese muß in ihren inneren Widersprüchen verstanden und durch eine revolutionäre Praxis gestürzt werden. Und dann ist der religiösen Projektion aller Boden entzogen. Feuerbach irrte nach Ansicht von Marx darin, daß er die Bedingungen der Objektivierung des Selbst nicht im Menschen selbst gesucht hat. Feuerbach sah den Menschen als ein ‚abstraktes Etwas', das in allen Menschen vorhanden ist (sechste Feuerbach-These), und nicht, wie Marx es tut, als „das Ensemble der gesellschaftlichen Verhältnisse". Marx (darin von Feuerbach inspiriert) faßt die Religion als „das Selbstbewußtsein und das Selbstgefühl des Menschen auf, der sich selbst *entweder* noch nicht gefunden hat *oder* schon wieder verloren hat"[50]. Die Religion ist nur der „Heiligenschein" oder das geistliche Aroma des menschlichen Tränentals, Ausdruck von und zugleich Protest gegen das wirkliche Elend, ein Protest jedoch, der sich selbst nicht genau verstanden hat. Die Religion befindet sich in Unwissenheit über ihr eigenes Wesen und deshalb auch in Unkenntnis über das Elend, der sie ihr eigenes Dasein zu verdanken hat. Deshalb ist sie Opium *des* Volks. Die Religion spiegelt passiv die wirtschaftlichen Gegensätze in der Gesellschaft wider[51]. In einem Brief vom September 1843 schreibt Marx an Ruge, was er eigentlich meint, wenn er sagt, daß die Religion (das Mystische) ein falsches Bewußtsein von sich selbst habe: „daß die Welt längst den Traum von einer Sache besitzt, von der sie nur das Bewußtsein besitzen muß, um sie wirklich zu besitzen. Es wird sich zeigen, daß es sich *nicht* um einen großen Gedankenstrich zwischen *Vergangenheit* und *Zukunft* handelt, sondern um die Vollziehung der Gedanken der Vergangenheit ... Es wird sich endlich zeigen, daß die Menschheit keine neue Arbeit beginnt, sondern mit Bewußtsein *ihre alte Arbeit* zustande bringt."[52] Marx will also keinen radikalen Bruch mit der Menschheitsgeschichte. Reduziert Marx alles doch ‚restlos' auf wirtschaftliche Faktoren? Eine solche Reduktion versteht die Relation der wirtschaftlichen Basis zum ideellen (philosophischen oder religiösen) Überbau (bei aller ihrer Rückwirkung auf die Basis) bloß als Widerspiegelung *von* Gegensätzen in der Basis *auf* den ideologischen Überbau. Neomarxistische Interpreten zeigen, daß die Basis-Überbau-Beziehung nach Ansicht von Marx keineswegs eine völlige *Bestimmung* des Überbaus durch die Basis einschließt, es geht vielmehr um eine Interdependenz, die aber (unter nicht-kommunistischen Bedingungen) doch auf eine *fast bestimmende* Weise von der Basis beherrscht wird[53]. Selbst Marx konnte also dem Überbau eine gewisse relative Selbständigkeit zuerkennen, aber dann eine, die im Kapitalismus arg unter die Füße getreten wird. Falls dies richtig ist, kann man *apriori* kaum den selbständigen Wert der Religion leugnen, trotz dem, was Marx ihre gesellschaftsfestigende Funktion nennt.

Man kommt jedoch nicht daran vorbei, daß Marx schon im Pariser Manuskript von der Aufhebung der wirtschaftlichen Entfremdung wie von selbst die Aufhebung der Religionen erwartet; für ihn sind diese also nur ein Epiphänomen oder eine Nebenerscheinung der eigentlichen, wirtschaftlichen Entfremdung. Deshalb ist, zumindest für Marx selbst, nicht Religionskritik, sondern Gesellschaftskritik das eigentliche und unmittelbare Objekt seiner Ideologiekritik[54]. „Da aber das Dasein der Religion das Dasein eines Mangels ist, so kann die Quelle dieses Mangels nur noch im Wesen des Staates selbst gesucht werden. Die Religion gilt uns nicht mehr *als der Grund,* sondern nur noch *als das Phänomen* der weltlichen Beschränktheit. Wir erklären daher die religiöse Befangenheit der freien Staatsbürger *aus ihrer weltlichen Befangenheit.* Wir behaupten nicht, daß sie ihre religiöse Befangenheit aufheben müssen, *um* ihre weltlichen Schranken aufzuheben. Wir behaupten, daß sie ihre religiöse Beschränktheit aufgeben, *sobald* sie ihre weltliche Schranke aufheben."[55] Das klingt anders als der leninistische Kommunismus in der Praxis der orthodoxen Parteilinie. Für Marx selbst steht die Religion außerhalb seines Marxismus, das heißt, echter Marxismus schließt nicht *per se* Atheismus ein. Aber der Marxismus kennt doch die hinzukommende *Behauptung,* daß, wenn die sozialistische Gesellschaft eine Tatsache sein wird, auch kein einziges religiöses Bedürfnis mehr bestehen wird. Mit anderen Worten, Marx gibt doch eine zu seiner Wirtschaftstheorie *hinzukommende* Interpretation dessen, was Religion ist, aber diese Interpretation steht *recht* isoliert von seiner Theorie (*es sei denn,* er sähe tatsächlich den ideellen Überbau als bloße Widerspiegelung des Unterbaus). Sicher ist jedoch, daß Marx, im Gegensatz zu vielen Marxisten, die Religion nicht als *die* Quelle aller Entfremdung sieht, vielmehr als ein Opfer der sozialwirtschaftlichen Entfremdung, welche gerade als Opfer diese wirtschaftliche Entfremdung dann selbst fest im Sattel hält.

Daß die Religion in einer kommunistisch geordneten Gesellschaft von selbst verschwindet, wird dann jedoch aus den Fakten hervorgehen müssen! Diese faktische Erfahrung kann dann die marxistische Theorie der Widerspiegelung verifizieren oder falsifizieren. Man kann diese Widerspiegelungstheorie, Lenin zum Trotz, kaum als Dogma verwenden. In „Das Kapital" hat Marx diese Widerspiegelungstheorie breit dargelegt, und zwar gerade im Zusammenhang mit der Religion[56]. Religion wird als ‚Widerschein' nichtreflektierter, entfremdeter Lebensverhältnisse bestimmt. Mit der Aufklärung (ihrer wissenschaftlichen Analyse), die revolutionäre Praxis auslöst, verschwindet – er wiederholt es – als logisch konsequente Folge die Religion von selbst. Die Religionen durchschauen nicht, so sagt Marx und auch Friedrich Engels[57], daß die gesellschaftlich-wirtschaftlichen Kräfte, weil sie nicht wissenschaftlich analysiert werden, gerade *wegen ihrer Herrschaft* einen ‚überirdischen' Charakter zeigen. Gott ist „die entfremdende Herrschaft der kapitalistischen Produktionsweise": Der Mensch denkt, aber ‚Gott' lenkt[58]. Sobald aber die Arbeiterwelt nicht nur „denkt, sondern auch lenkt", verschwindet diese fremde Macht, die sich jetzt in der Religion widerspiegelt. Dann verschwindet auch die Widerspiegelung, aus dem einfachen Grund, weil es nichts mehr widerzuspiegeln gibt. Heil von Gott her wird sinnlos, wenn im Menschen die herrschenden Gesetzmäßigkeiten, die sie als Naturgesetze interpretieren, in ihrer historischen Kontingenz, also als veränderlich und veränderbar, durchschaut haben.

Die entscheidende Frage ist aber, wie man beweisen kann, daß Religionen in der (aufhebbaren) Widerspiegelung gesellschaftlich-wirtschaftlicher Gegensätze *aufgehen*? Vor allem der spätere Marx gibt zu, daß die Behebung des durch die objektive Gesellschaftsform „*zugefügten* Leidens" (H. Marcuse) das anderen Ursachen entspringende Leiden (z. B. die Natur, letztlich: der Tod) nicht behebt[59]. Marx hat nirgends bewiesen, daß Religion eine Widerspiegelung wirtschaftlicher Faktoren *ist* und nicht vielmehr eine Gegebenheit, die dem *Menschsein selbst* schlechthin – wenn auch in konkreten Situationen – entspringt. Das Menschsein ist in seinen bis heute schon verwirklichten Erscheinungsformen nicht *erschöpft*. Jedes voreilige Urteil über das *Wesen des Menschen* ist ,unhistorisch'. Daß die Religion einen eigenen Wert besitzt, schließt tatsächlich ein, daß das Menschsein Dimensionen umfaßt, die nicht mit dem Bereich rein materieller Praxis identisch sind. Letztlich geht es beim Marxismus um die Frage, ob das Menschsein nicht reduziert wird. Für eine marxistische Sicht des Menschen wird Sprechen über Heil-von-Gott-her tatsächlich sinnlos. Aber die entscheidende Frage ist, ob nicht gerade diese Auffassung eine anthropologische Reduktion in sich schließt. Ist der Mensch allein Arbeit und ein Produktionsmensch? Marx spricht nur von der Selbstrealisierung des Menschen *durch die Arbeit*. Ist die menschliche Identität eine durch und für uns so ,verfügbare' Identität?

§ 2. Die Herausforderung dieser Leidensgeschichten

In ihrer erregenden und erbärmlichen Geschichte fand die Menschheit manche Formen von Praxis, das Leiden zu überwinden, ohne je eine gelungene rationale Theoretisierung allen Leidens geben zu können. Wo eine Theoretisierung gegeben wurde, wurde das Leiden entweder bagatellisiert oder auf bestimmte Erscheinungsformen des Leidens reduziert (oder, eventuell ohne Reduktion, betraf die Theoretisierung nur bestimmte Bereiche menschlichen Leidens).

Es würde aber gegen die historischen Fakten verstoßen, wollte man behaupten, die Menschheit habe – durch ihre Gurus oder Weisen, Philosophen, Theologen und Wissenschaftler – mehr über das Leiden *nachgedacht* als etwas *getan*, um das Leiden und seine Ursachen zu beheben. In allen Religionen wurde eifrig nach den Ursachen des Leidens gesucht, um gerade durch eine bestimmte Praxis diese Ursachen zu beseitigen; es ging keineswegs darum, das Leiden als Faktum zu heiligen oder ihm irgendeinen ,übernatürlichen' Sinn zu geben. Darin besteht kein Unterschied etwa zwischen den Religionen und dem Marxismus. Die entscheidende Frage ist nur: Worin sehen Menschen Ursachen von Leiden? Der Blick auf diese Ursachen, wie jede Bewußtwerdung der Menschheit, ist auch von den geschichtlichen Verhältnissen abhängig, in denen der gläubige Mensch oder die kritische Vernunft leben. Diese geschichtlichen Situationen sind nicht nur mehrdeutig und somit anfällig für unterschiedliche Interpretationen, sondern man kann seine Zeit und Situation auch falsch beurteilen. Im Grunde ist das Urteilsvermögen der menschlichen Reflexion selbst mit abhängig von dem geschichtlichen Zustand, in welchem sich die menschliche Vernunft befindet. Nicht jede Zeit hat ein Auge für alles. Dies alles schließt ein, daß sich sowohl der gläubige rational denkende als auch der nicht-religiöse rational denkende Mensch nur in bestimmten geschichtlichen Verhältnissen bestimmter Dimensionen des menschlichen Lebens bewußt werden kann. So sah Marx die wichtige Bedeutung einer ganz konkreten, von ihm analysierten gesellschaftlich-wirtschaftlichen Struktur vor allem als Ursache übermäßigen und überflüssigen Leidens; vorher hatte man dies nicht so durchschaut. Aber das Phänomen selbst: wo man Ursachen des Leidens entdeckt, auf die Suche nach einer passenden Praxis gehen, um diese Ursachen zu beseitigen, war auch charakteristisch für alle Religionen. Insoweit sie etwa Ursachen des Leidens in der Sündhaftigkeit des Menschen sahen, war die Praxis zu ihrer Überwindung selbstverständlich: nicht sündigen. Insoweit sie das Leiden als durch Begierde und Verlangen verursacht sahen (Buddhismus) oder durch Habgier, Egoismus, den Zug zum Niederen (z.B. Stoa und die Zyniker usw.), arbeiteten sie auf eine entsprechende Praxis hin, um Habgier und Begehrlichkeit zu überwinden. Unterschiedliche Ursachen verlangen nach einer unterschiedlichen Praxis, die eine etwa aszetisch und personalbezogen, die andere gesellschaftspolitisch. Hier läßt sich nicht einsehen, warum die eine ‚religiös‘, die andere profan oder ‚säkular‘ genannt werden müßte, wenn gerade alle Religionen einen ihrer Aufträge in der Überwindung menschlichen Leidens sehen! Daraus muß man jedoch schließen, daß man die Ursachen des Leidens und das darauf gerichtete rettende und heilbringende Handeln unmöglich *entweder* auf bloß personalbezogenes *oder* ausschließlich gesellschaftspolitisches Handeln beschränken oder reduzieren kann. Dann wäre das heilbringende Handeln in der Tat nur eine halbe Erlösung und Befreiung, es würde den Menschen halbieren, indem es Bereiche des Unheils fixierte. Es scheint jedoch, als ob gerade diese halbierte Sicht auf das Menschsein die verschiedenen Formen leidenüberwindender Praxis mißtrauisch einander gegenüberstehen läßt.

Aus der historischen Übersicht ging schon hervor, daß man keine Bewegung, auch nicht die Religion, auf ihre Ursprungsdokumente festnageln darf, die selbst ja auch trotz ihrem ursprünglichen Impuls, ihrer ursprünglichen Inspiration und Orientierung auch geschichtlich vermittelt sind. Man darf das Wesen keiner einzigen Religion unhistorisch definieren, das heißt unter Auslassung der Beziehung ihres Impulses zu damals, bei ihrem Entstehen, und zur Gegenwart, in der sie sich jetzt aktualisieren muß, und zu allen Interimsepochen zwischen damals und heute. Das wird dann genauso für eine gesellschaftspolitische Bewegung wie den Marxismus gelten, der ebensowenig als ein ‚unveränderliches

Wesen' bestimmt werden kann. Daher können sowohl Religionen für die neuen Entdeckungen gesellschaftlicher und wirtschaftlicher Ursachen von Leiden offen sein als auch der Marxismus für andere als wirtschaftliche Ursachen von Leiden geöffnet werden. Besitzen sie nicht die Kraft, neue oder schon ältere wirklich menschliche Erfahrungen zu integrieren, dann geht es in der Tat um die Lebensfrage gespaltener Auffassungen davon, was Menschsein ist, und dann werden sie alle zu einer Gefahr für wahre Menschlichkeit. Denn Heil bedeutet Heilsein und droht Unheil zu werden, wenn man alles Heil in nur einer Dimension des Menschseins sucht – sei es seine gesellschaftspolitische, sei es seine personale Dimension und alles, was damit zusammenhängt.

Das schließt nicht per se oder unmittelbar ein, daß Religionen *deshalb* auch offen für die marxistische revolutionäre Praxis sein müßten. Das scheint mir ein naiver Trugschluß zu sein, vor allem für Religionen, die sich weigern, das Leiden dadurch zu überwinden, daß sie selbst Leiden (und sei es als Mittel zu einem guten Zweck) hervorrufen; sie lehnen es ab, Beelzebub mit Beelzebub auszutreiben. Die Bedenken, die man hier in jedem religiös-gläubigen Bewußtsein feststellen kann (auch wenn dieses ganz klar das gesellschaftlich-wirtschaftliche Leiden durchschaut), scheinen mir in der fast allen Religionen wesentlichen Intuition zu liegen, die sich jeder Form von Dualismus widersetzt. Oben wurde gesagt, daß ‚Dualismus‘ praktisch in keiner einzigen Religion akzeptiert wird. Daher fürchtet die Religion auch jede Bewegung, welche, wenn auch in moderner Gestalt, die Form eines *gesellschaftlichen* Dualismus oder Manichäismus anzunehmen droht, in dem „das Reich der Freiheit“ bloß zukünftig, ‚eschatologisch‘ qualifiziert wird, während Vergangenheit und Gegenwart als eine natürlich-tierische ‚Vorgeschichte‘ gesehen werden. Für fast alle Religionen wurde der Start in die Freiheitsgeschichte beim ersten Moment der Schöpfung Gottes gegeben und ist seitdem schon in vielen Fragmenten von Heil inmitten von noch viel Sinnlosigkeit und Leiden wirksam. Als Religionen können sie unmöglich an ein erst kommendes Reich der Freiheit nach der radikalen Revolution glauben. Das wäre eine moderne Version von Apokalyptik, in welcher der ‚alte Äon‘ erst zerschmettert werden muß, damit der ‚kommende Äon‘ endlich triumphiere (selbst die Apokalyptik ging in diesem Dualismus nicht so weit). Gerade weil die Solidarität mit dem leidenden Menschen zu den tiefsten spezifisch religiösen Erfahrungen aller Religionen gehört, werden sie eine instinktive Scheu gegenüber der kommunistischen totalitär-revolutionären Praxis zeigen und lieber nach eigenen Wegen suchen, um dem sozialistischen Humanitätspathos, das Marx deutlich an den Tag legte, Gestalt zu geben. Religiöse Menschen scheuen mit Recht ihrem Wesen nach davor zurück, das Leiden des Menschen auf ein gesellschaftlich-wirtschaftliches Problem zu *reduzieren,* wie sehr sie auch gerade nach einer sozialpolitischen Lösung für diese Form von Leiden suchen müssen.

Anderseits läßt sich kaum leugnen, daß viele Religionen in ihrem Ursprung (damals), am schärfsten noch der Islam (in Anbetracht seines Gottesbegriffs), von dem gegebenen Faktum *ausgehen,* daß es Leiden gibt, und dann oft (ohne Analyse sozialgeschichtlicher Vermittlungen) unmittelbar nach dem suchen, was dann Gottes Absicht mit diesem Leiden sein mag. Das führt tatsächlich in allen alten Religionen zu manchen Fehlschlüssen. Doch wir wollen dabei bedenken, daß die Einsicht in geschichtliche Vermittlungen und in die ,Machbarkeit' unserer Welt erst seit den modernen Zeiten tief in die Bewußtwerdung der Menschheit eingedrungen ist. Diese neue Erfahrung stellt anderseits jedoch die Forderung nach Aktualisierung all dieser älteren Religionen, wenn sie ihrem *eigenen* kritischen und produktiven Impuls für das Problem des leidenden Menschen treu sein wollen. Gerade hier tritt in allen Religionen dann oft das Phänomen eines inneren Kampfes zwischen ,Fundamentalisten' und ,Progressiven' auf. Konservative Gläubige besitzen offensichtlich einen gleichen *Willen zur Treue* gegenüber dem ursprünglichen religiösen Impuls wie die sogenannten ,Progressiven', aber die ersteren verkennen dabei die geschichtlichen Vermittlungen, während die letzteren aus Treue zum wahren religiösen Impuls gerade diese sozialhistorischen Vermittlungen mit berücksichtigen (was natürlich nicht *per se* diesen Letzteren konkret recht gibt. Sie haben wohl recht in ihrer Einsicht, daß Treue wesentlich nach ,Aktualisierung' verlangt, aber damit ist nicht automatisch die Richtigkeit dieser bestimmten Aktualisierung gegeben).

Der oben gegebene geschichtliche Überblick macht uns auf noch andere Aspekte aufmerksam. Auffallend darin ist die Tatsache, daß in Kulturen, in denen nicht die religiöse Vernunft, sondern die kritische Rationalität vorherrscht, der Mensch (in Wirklichkeit der Intellektuelle) sich offensichtlich schneller mit dem gegebenen Leiden abfindet, als Religionen dies zu tun bereit sind. Gerade das *religiöse* Bewußtsein ruft einen heftigeren Protest gegen das vor allem unverschuldete und ohnmächtige Leiden hervor, als ihn (den Marxismus ausgenommen) die kritische Rationalität je aufgebracht hat (was zugleich einzuschließen scheint, daß es auch im Marxismus so etwas wie ein zumindest ,parareligiöses' Pathos gibt). Säkularisierte Römer und Griechen und die europäische, vor allem die frühe Aufklärung haben weniger Protest gegen das Leiden der Menschheit vernehmen lassen. Marxens diesbezüglicher Vorwurf an die Religionen bezieht sich geschichtlich mit Recht mehr auf die ,kritische Vernunft' als auf die Religionen (allerdings muß dabei jeweils unterschieden werden zwischen den ,Ursprungsdokumenten' jeder Religion und der faktisch praktizierten Volksreligion). Religionen halten Leiden von Sündern (da wir schließlich Egoisten sind) für die normalste Sache der Welt, aber alle ringen sie mit dem Problem unverschuldeten Leidens, das man selbst nicht durch eigene Dummheit oder Kompliziertheit hervorruft. Gerade hier entsteht Protest. Das *Gottesbewußtsein* weiß sich dafür anfänglich keinen Rat. Ein ,Heide' wie Tacitus hält es für ein ungeheuer spannendes Schauspiel, wenn er, friedlich aus einem komfortablen Sessel an der sicheren Küste, Schiffer in Not während eines Orkans, der ihr Boot zu zerschmettern droht, amüsiert beobachten darf. Er nennt dies ein „seliges Erlebnis –" – „suavi mari magno...". Auch die aufge-

klärte Vernunft hat die Neigung, die Tragik, die ‚man' um die leidende Menschheit phantasiert, eigentlich als Schwindel zu bezeichnen, als einen Mangel an
Einsicht. Nicht umsonst ist die aufgeklärte Vernunft die Mutter unserer westlichen Bourgeoisie.

Vor allem Griechen und Römer suchen nicht so sehr nach den Ursachen der
Tatsache, daß es Leiden gibt. Ihre Schicksalsauffassungen spielen dabei eine
Rolle: Leiden ist für sie *gegeben*. Es geht nur darum, welche Haltung man ihm
gegenüber einnimmt. Gerade in der Praxis, die sie dem Leiden gegenüber fordern, zeigt sich dann jedoch, was sie als Ursachen von Leiden ansehen: ihre
Ansicht von dem, was edles Menschsein ist. Für Israel und die Juden ist Leiden vor allem aus der menschlichen Sündhaftigkeit zu erklären. Ein Problem
bildet nur unverschuldetes Leiden, das letztlich – nach vieler Polemik – als
Leiden durch und für andere, um einer guten Sache willen, schließlich um eines
Sühneopfers für die Sünden anderer willen erfahren wird. Aus ihrem Ver-
ständnis von Menschlichkeit – der griechischen Priorität des Geistes vor dem
Körperlichen, der römischen Priorität von Wohl und Erfolg der Familie
und des römischen Staates – sehen die Griechen und Römer das Leiden
als eine unvermeidliche (manchmal von Gott so vorherbestimmte) harte
Schule, die den Menschen zu Weisheit, wahrer Menschlichkeit und zu wahrem
Ruhm und Erfolg bringt. Der Grieche und der Römer (zumindest in den
Stimmen ihrer intellektuellen Wortführer) kennen zwar den Protest gegen
Unrecht, aber nicht gegen das Leiden als solches. Zwar ist das Leiden nicht
begehrenswert (obwohl bei manchen Zynikern ein masochistischer Zug vorhanden ist), aber es gehört einfach dazu; man protestiert nicht gegen das Fatum
oder gegen Mutter Natur. Doch müssen Menschen dem Leiden einen Sinn
geben. Griechen tun dies ‚anthropologisch': Ethische Geistesaristokratie relativiert alles Leiden; Römer tun es gesellschaftspolitisch: Das Leiden gehört zu
den Opfern, die ein Römer bringen muß, um fruchtbare Ernten zu haben, um
als mutiger Mensch aufzuwachsen, und vor allem um der Sache Roms willen.
Das ‚Leiden-um-willen' wird also humanistisch, nicht religiös interpretiert,
wenn man auch zugeben wird, daß die Götter es so gefügt haben; ‚Heiden'
leiden aber nicht für einen Gott oder für Gottes Sache. Israel dagegen sieht das
unverschuldete Leiden, schließlich, als ein Leiden für eine gerechte Sache,
welche die Sache Gottes ist. Für beide – Israel und die Griechen und Römer –
hat das Gute, nicht das Übel und Leiden das letzte Wort. Israel zeigt eine große
Sensibilität für das Leiden anderer, des Volkes; außer den Epikuräern und vor
allem Vergil kennen Griechen und Römer wenig oder kein Mitleid; das ist eher
eine menschliche Schwäche und Untugend. Israels Literatur dagegen spricht vor
allem vom Leiden der Geringeren, der ‚Unterworfenen'. Was wir über die griechische und römische Sinngebung des Leidens hören, ist eher die Stimme von
‚Aristokraten', nicht die des leidenden Volkes selbst. Die Stimme des leidenden
Sklaven Spartakus, der sich gegen menschenentehrende Zwangsarbeit auf-
lehnte, wird verschwiegen. Es geht um das Leiden von ‚Philosophen' und aristo-

kratische Lebensweisen. Zugleich aber ist bei den nachklassischen Philosophen, vor allem den Zynikern, aber auch bei den Weisen der Stoa und manchen Epikuräern, die Haltung gegenüber dem Leiden, in freiwilliger Armut, Entsagung und einem gesellschaftlichen Randleben, eine Art Gesellschaftskritik an dem damaligen Patrizierleben. In Israel und bei den Römern spielt der Sinn für Recht und Gerechtigkeit eine bedeutende Rolle; auch bei den Griechen, aber hier doch mehr aus ontologischen Totalitätsbetrachtungen als unmittelbar aus menschlichem Gerechtigkeitsbewußtsein. Außer der Stoa scheint aber niemand das Leiden als Schein und Illusion wegzuargumentieren, am allerwenigsten der Jude, der daher Gott heftige Klagen darüber vorträgt. Jude, Grieche und Römer haben einen Blick für Leiden, das die Folge gesellschaftlicher Strukturen oder des Mißbrauchs derselben ist. Dagegen wettern Israels Propheten religiös, das heißt von ihrem Gottesbegriff aus; Griechen ringen und diskutieren über die beste Gesellschafts- und Regierungsform im Hinblick auf mehr griechische Menschlichkeit, sie sind rationaler eingestellt. Römer diskutieren weniger darüber: Die alten vertrauten echt-römischen Gesetze und die Mannhaftigkeit des Volkes retten es jedoch. Aber ein gewisser ‚Pessimismus‘ über das, was des Menschen ist, Sinn für Tragik ist all diesen Menschen, vor allem den Griechen, nicht fremd.

Östliche Religionen sehen das Leiden weniger durch ‚objektive‘ Situationen verursacht als durch die Art und Weise, wie Menschen objektiven Situationen gegenüberstehen. Weniger als andere Religionen werden sie die objektiv gegebene, auch gesellschaftliche Situation in Zweifel ziehen. Sie machen den *persönlichen* Menschen in allen Situationen zum Gegenstand der Kritik, das heißt seine ‚Einstellung‘ dazu. Zur wirklichen Überwindung von Leiden haben sie konkrete Formen einer zweckmäßigen Praxis ausprobiert, durch die Leiden *persönlich* überwunden wird, wenn dabei auch die ‚objektive Situation‘ das bleibt, was sie war und ist, und wenn sie auch ihre Praxis gegen das Leiden in dem nichtkritisierten *gegebenen ‚System‘* erdacht haben. Zwar ist (vor allem elitärer) Heilsindividualismus dabei eine stets drohende Gefahr, doch haben die östlichen Religionen dies durch eine (für westliche Begriffe manchmal schwer zugängliche) Solidarität mit dem ‚persönlichen Heil‘ des anderen aufgefangen. Das ist um so auffallender, als das westliche Ego-Erlebnis – ausgedrückt in dem Begriff ‚Person‘ – stärker entwickelt zu sein scheint als das östliche ‚Ego‘. Das sieht zwar so aus, ist jedoch nur eine andere Äußerung dessen, was das Selbst, das Ego für Menschen des Ostens ist. Doch kann man sich nicht von dem Gedanken frei machen, daß für Asiaten der gesellschaftlich vorgegebene ‚Status quo‘ der unvermeidliche Bezugsrahmen (Dharma) ist, in dem die Praxis des persönlichen Sieges über das Leiden Gestalt erlangen muß. Vor allem für diese Religionen ist die marxistische Auffassung eine Herausforderung auf Leben und Tod. Es fragt sich, ob Hinduismus und Buddhismus ihr gewachsen sind und sich selbst treu bleiben. Das Christentum scheint darin beweglicher zu sein – ein Grund, warum es manchen, instinktiv, ‚unzuverlässig‘ erscheint.

Die arabische Muslim-Religiosität ist ein Problem für sich. Der Apriorismus: Gott hat immer recht (im Grunde eine religiös unfehlbare Wahrheit) wird bedenklich, wenn *Menschen* diese Wahrheit aussprechen. *Il Duce ha sempre ragione*, unser großer Führer, Mussolini, hat immer recht, war auch die Parole der Faschisten! Wenige Religionen haben diesen ‚Apriorismus' ohne Kritik einfach akzeptiert – selbst dem eigenen Gott gegenüber. Der Islam kennt genauso wie alle anderen Religionen die Reaktion des Protestes gegen unverschuldetes und ohnmächtiges Leiden. Die arabische *Allmacht* Gottes, der alles unter Kontrolle hält (allerdings sehen wir nicht genau wie), ist die unerschütterliche, felsenfeste Lebensüberzeugung. Der Araber ist ein ‚Dulder', aber seine fast ‚fatalistische Geduld' erweist sich oft als stärker denn manche aktivistische Ungeduld, die der Araber (oft mit Verachtung) als flatterhaftes Getue ansieht. Doch ist diese arabische Weisheit ‚argwöhnisch', nicht bereit, der Hüter des eigenen Bruders zu sein (Wüstensituationen geben dazu auch wenig Anlaß). Übrigens, auch ein niederländisches Sprichwort sagt: Eine Hand für das Schiff, die andere für mich selbst!

Das Leiden hat tatsächlich mehr rational-durchsichtige Aspekte, als man früher wissen konnte. Sowohl die Religionen als auch der Marxismus haben sich darauf eingestellt. Eine religiöse und rationale Aufklärung ist, gerade um unseres Menschseins willen, dringend notwendig. Aber das Leiden hat auch rational undurchsichtige Dimensionen. Es gibt auch das Leid unserer Endlichkeit, das bleibende Leid der unwiderruflichen Spannung zwischen *Natur* und *Mensch* (menschliche Geschichte), das schwer behindert geborene Kind, die Einsamkeit vieler, das Leid des Todes, das Leid der Schuld. Der Gläubige und der ‚säkulare' Mensch werden hier mit äußersten Problemen konfrontiert.

Für den *Gottgläubigen* wurde die theoretische Ausweglosigkeit scharf (wenn auch etwas kompliziert) formuliert von Epikur: „Entweder will Gott das Böse aus der Welt wegnehmen, kann es aber nicht. Oder er kann, aber will es nicht wegnehmen. Oder er will es nicht und kann es nicht. Oder will und kann es. – Wenn er will und nicht kann, ist er ohnmächtig. Wenn er kann und nicht will, liebt er uns nicht. Wenn er weder will noch kann, ist er nicht der gute Gott und außerdem ohnmächtig. Wenn er will und kann – und das ist das einzige, das ihm als Gott zukommt –, woher kommt dann das tatsächlich Böse, und warum nimmt er es nicht weg?"[60] Zwar wird hier das Gottesproblem kalt-syllogistisch angegangen, und zwar arbeitet Epikur mit einem bedenklichen menschlich-aprioristischen Begriff davon, was Gottes Allmacht und Liebe bedeuten müßte, aber seine Argumentation bringt die theoretische Ohnmacht der menschlichen Vernunft gegenüber dem Übel und Leiden sehr einfühlsam zum Ausdruck. Kant, der auch auf diesen bekannten Text hinweist, läßt Epikur selbst weiter gegen Aufklärer argumentieren, die mit einer Berufung auf die (für uns geheimnisvolle) Weltharmonie Übel und Leiden theoretisch mit Gott in Einklang bringen wollen: „Wenn die Harmonie, die ihr in der Welt seht, auch nach einer entsprechenden Weisheit verlangt, als dem lebendigen Grund, dann müßt ihr doch erkennen, daß die Welt ihrem größten Teil nach nicht von dieser Weisheit abhängt, denn für mehr als die Hälfte zeigt sie Ungereimtheiten und abscheuliche Abweichungen."[61] Die theoretische Vernunft des Menschen versagt gegenüber dem Leiden. Wenn sie aber kritisch befreiend wirksam bleiben will, dann wird das kritische Denken von gläubigen und nichtreligiösen Menschen sich ständig der herausfordernden Erinnerung menschlicher Leidensgeschichten stellen und immerfort lernen müssen, auf die eigene Geschichte leidender Menschen zu lauschen.

Für den nichtreligiösen Menschen ist die Herausforderung des leidenden Menschen genauso stark. In unserer säkularisierten Welt ist die Geschichte nicht mehr ‚larva Dei‘, ‚Maske Gottes‘, sondern sie ist uminterpretiert zur ‚Maske des Menschen‘, ‚larva hominum‘; das heißt, der Mensch selbst ist zum Herrn der Geschichte und zum Schöpfer der Zukunft befördert. Konsequent wird jetzt der Mensch – da er bleibend mit einer seitdem nicht zum Stillstand gekommenen Leidensgeschichte konfrontiert ist – selbst zur Verantwortung gezogen. Theo-dizee, Rechtfertigung Gottes, schlägt dann von selbst um in eine Anthropo-dizee, wie es im ‚homo homini lupus‘ des Thomas Hobbes geschieht; und anderseits wird Anklage Gottes oder Religionskritik konsequent zu Menschen- und Gesellschaftskritik. Nicht Gott muß zur Verantwortung gezogen werden, hatte schon Jean-Jacques Rousseau gesagt, sondern der Mensch, denn der Mensch selbst ist es, der seine eigene Welt zum Guten erschafft oder zerstört. Man darf, sagt Rousseau, bei einer schmerzlichen Erfahrung wie dem Erdbeben in Lissabon 1755, nicht ‚metaphysisch spekulieren‘, sondern muß ‚*historisch* denken‘ und sich fragen, warum wir Menschen uns zu Hunderttausenden auf einem Flecken wie Lissabon zusammendrängen[62]. Ein Erdbeben wie von Lissabon darf uns kein Theodizee-Problem stellen, sondern, so sagt Rousseau, den Beschluß fassen lassen, eine andere Kulturpolitik zu führen.

Wie aber früher das Theodizee-Problem eine subtile Technik der Entschuldigung verbarg und das Suchen nach einem Alibi war, zeigt sich in modernen, säkularen Verhältnissen eine gleiche ‚Strategie der Immunisierung‘[63]. Zwar nimmt man die Konsequenzen des ‚Todes Gottes‘ auf sich, auch der Beförderung des Menschen zum Subjekt der Geschichte: Jetzt wird der Mensch selbst verantwortlich für die menschliche Leidensgeschichte genannt. Aber, und das ist das neue Ablenkungsmanöver, ‚der Mensch‘ – Täter des Bösen – erhält jetzt das Gesicht des *anderen*, des Mitmenschen: des Gegners und Feindes. Der ideale ‚Ganz Andere‘ – Gott –, auf den man vorher alle Endverantwortung abschieben konnte, ist nämlich inzwischen aus dem Blick entschwunden. Was zuvor als eine Angelegenheit ‚transzendent-außenpolitischer Angelegenheiten‘ gedeutet werden konnte, als ein Gefecht des Menschen mit seinem Gott (ob man daraus nun eine Theodizee oder eine Anklage gegen Gott machte), wird jetzt zu einer Sache der ‚Innenpolitik‘: ein inner-weltliches Gefecht von Mensch gegen Mensch, ein Konflikt unter Menschen. Denn wo es den transzendenten Sündenbock nicht gibt, tritt der weltimmanente Sündenbock in den Vordergrund. So entsteht der Konflikt zwischen Menschen, welche die Welt und die Geschichte zu dem gemacht haben, was sie jetzt schmerzhaft sind und Menschen – und das sind wir selbst dann immer –, die eine andere, bessere Welt schaffen wollen und die ‚den anderen' beschuldigen, aus unserer Welt eine Leidensgeschichte gemacht zu haben. Wo sich Leiden und Übel zeigen, wird heute der Mensch zwar als schuldig gebrandmarkt, aber: der Mensch in der Gestalt des anderen, des Feindes, des Nicht-Ich oder des ‚Nicht-Wir'. Die Entschuldigungstaktik, das stets wiederkehrende Alibi ist jedoch deutlich. Das impliziert außerdem, daß ‚der andere' tatsächlich der *herrschende* Gegner ist; denn eine Geschichtsphilosophie, die den Menschen verantwortlich für die Leidensgeschichte der Menschheit macht und dabei zugleich auf die Suche nach Entlastung von eigener Verantwortung geht, kann die noch ungebrochene, aber allmählich verschwindende *Herrschaft* ‚des anderen' nicht entbehren; das ist ihr eigenes Apriori[64]. Das geht am deutlichsten aus bestimmten Formen ‚kritischer Gesellschaftstheorien' hervor, die den Sündenbock der menschlichen Leidensgeschichte mit dem noch herrschenden, aber deutlich in einen Engpaß geratenen Spätkapitalismus *identifizieren*. Man sucht offensichtlich weiter nach einem Schuldigen, der für unsere menschliche Leidensgeschichte verantwortlich ist. Dabei scheint man sich nicht klarzumachen, daß die so erhoffte bessere, irdische Zukunft kommender Generationen zumindest für die Generationen, die jetzt leben, genauso ein Jenseits bedeutet, wie der Himmel das für die Unterdrückten in der vorkritischen Zeit war. Daraus geht hervor, daß die ‚große Weigerung', die ‚große Alternative' oder die ‚radikale Revolution' ebensowenig eine plausible Lösung für das Ärgernis sind, das die menschliche Leidensgeschichte für uns in der Tat ist.

ZWEITER ABSCHNITT
ERLÖSUNG UND BEFREIUNG

ERSTES KAPITEL
GOTT WILL KEIN LEIDEN VON MENSCHEN

Durch eigene konkrete Lebenserfahrungen belehrt, wird kein Mensch leugnen, daß es bestimmte Formen von Leid gibt, die durch positive Sinngebung Menschen und ihr menschliches Gemüt bereichern, den Menschen sogar reif machen können zu einer durch und durch guten und weisen Persönlichkeit. Ein durch Leiden reif gewordener Mensch zwingt Bewunderung, tiefe Hochachtung ab und läßt einen still werden, selbst bereichert durch die Erfahrung einer solchen durch das Leben gediehenen milden Weisheit. Eine Welt, in der kein Platz für Leiden und Leid, sogar für tiefen Kummer wäre, wird eher als unmenschlich erfahren werden, als eine Roboterwelt, sogar als eine unwirkliche Welt. Nicht zu Unrecht spricht die Menschheit in fast allen ihren Sprachen von der „Schule des Leidens". Großartige Dinge werden in unserer Menschenwelt offensichtlich nur im Leid geboren.

Außerdem kann eine gewisse Dosis durchstandenen Leids Menschen sensibler machen für den Mitmenschen. Liebe und Zärtlichkeit, als Offenheit für den anderen, sind zugleich Leidensfähigkeit: Verletzbarkeit. Bei den Weisen der Stoa, die sich über wahres Leid erhaben glaubten, ist uns aufgefallen, daß sie dann auch das empfindsame Mitleiden mit dem leidenden Menschen konsequent ablehnen. Sie kennen kein Leiden, aber auch ... keine Liebe. Die gläubige Liebe zu Gott kennt aber auch ihre eigenen Leidensfragmente. Nicht alles Leid ist sinnlos. Das ist eine menschliche Erfahrungsweisheit, wie die ganze Menschengeschichte bezeugt.

Außerdem bildet eine gewisse Dosis Leid den Menschen um, uns selbst und andere, nicht nur in kleineren Dingen, sondern auch vor allem, wenn es Leiden um einer guten, gerechten oder heiligen Sache willen ist, die Menschen zu Herzen geht. Aber die menschliche Erfahrung lehrt zugleich, daß dies kein Leiden ist, das man sich selbst auswählt oder sucht. Was ausgewählt wird, ist die Sache, der man sich hundertprozentig hingibt. Das ist Berufung: Gehorsam gegenüber dem Guten, das uns auffordert und das wir der Mühe wert erachten – das Menschen lieber ist als das Leid, das dieser Einsatz mit sich selbst mitbringen kann. Leiden erhält also auch eine Bedeutung als *faktische* Implikation einer Berufung durch und einer Verantwortung für eine wahre und gute Sache (Mitmenschen; Gott). In diesem Sinn ist dieses Leiden einerseits nicht gesucht, anderseits freiwillig angenommen als faktisch mögliche Konsequenz eines bestimmten Engagements. In *dieser* Art von Leiden ist der Mensch gerade nicht auf sich selbst konzentriert, ebensowenig auf das eigene Leiden, sondern auf die Sache, für die er sich einsetzt. Dies alles gilt genauso für den *religiösen* Einsatz. Ein solcher Einsatz wird als opfernde Liebe erfahren; für den Christen heißt das: Teilnahme am Leiden Jesu Christi (2 Kor 1,5).

Trotz all dieser berechtigten Betrachtungen gibt es jedoch ein *Übermaß* an Leiden und Übel in unserer Geschichte. Es gibt ein barbarisches Zuviel, das aller Erklärung und Interpretation trotzt. Es gibt zuviel *unverschuldetes* und *sinnloses* Leiden, um dieses Unheil ethisch, hermeneutisch und ontologisch rationalisieren zu können. Es gibt Leiden, das nicht einmal ,um einer guten Sache willen' gelitten wird, sondern in welchem Menschen ohne jede ,Sinngebung' einfach brutal Opfer einer schlechten Sache sind, die anderen dient. Außerdem ist dieses Leid A und O der ganzen Menschheitsgeschichte; es ist der rote Faden, an dem jedes historische Fragment eben als *Menschengeschichte* erkennbar wird: Geschichte ist „eine Ökumene des Leidens"[65]. Durch ihren geschichtlichen Umfang und in ihrer geschichtlichen Dichte sind Übel und Leiden der dunkle Flecken in unserer Geschichte, ein Flecken, den kein Mensch durch eine Erklärung oder Interpretation auslöschen kann, die ihm einen verständlichen Platz in einem rational-sinnvollen Ganzen zu geben vermöchte. Oder wollte vielleicht jemand Buchenwald, Auschwitz oder Vietnam (oder wem auch immer) einen struktural gemeinten Platz in dem göttlichen Plan geben, der, wie Christen glauben, unsere Geschichte lenkt? Jedenfalls kein Mensch, der Wert darauf legt, Mensch zu sein und als Mensch behandelt zu werden. Und dann haben wir noch nichts gesagt über das unverschuldete Leid so vieler Namenloser unter uns, in unserer nächsten Umgebung. Vielleicht auch eigenes, unverstandenes Leid. *Wir* können Gott nicht rechtfertigen! Natürlich sind wir nun einmal nicht Gott und denken mit kleinmenschlichen Begriffen von Gottes Allmacht und Güte. In der Tat; aber die erfahrene, von uns nicht unterzubringende ärgerniserregende Leidensgeschichte der Menschheit ist deshalb in ihrer Negativität nicht weniger real.

Leiden und Übel können demnach Ärgernis erregen; sie sind aber nicht ein *Problem*, sondern ein unergründliches, theoretisch unfaßbares *Geheimnis* (außer man reduziert es – gegen alle menschliche Leidenserfahrung – auf einen *bestimmten* Sektor menschlichen Leidens, den wir wissenschaftlich und technisch eindeutig im Griff haben). Ein Problem kann man objektivieren, auf Distanz von sich selbst bringen; so wird auch eine distanzierte Erklärung möglich. Aber das Leiden und Böse in unserer menschlichen Geschichte sind auch *mein* Leiden, *mein* Übel, *meine* Agonie und *mein* Tod. Sie können nicht ,objektiviert' werden. In ,Die Brüder Karamasow' läßt Dostojewskij in einem ergreifenden Abschnitt Iwan sagen: daß, wenn dieses großartige Weltall mit seinen wunderbaren Wirklichkeiten und herrlichen Ereignissen eine einzige Träne eines unschuldigen Kindes kosten müßte, er es ablehnen würde, dieses Herrliche mit Dank aus den Händen des Schöpfers entgegenzunehmen. Mit dem historisch kompakten Leid und Übel weiß die menschliche Vernunft tatsächlich nicht fertig zu werden. Hier versagt der menschliche Logos, die Rationalität des Menschen: Er kann keine Erklärung geben.

Wenn der menschlichen Erklärungs- und Interpretationsfähigkeit der Versuch nicht gelingt, eine sinngebende Erklärung von Leid und Übel zu geben, sollte dann die Logik und der Wunschtraum aller nicht die Frage nahelegen, ob vielleicht die menschliche *Praxis* eine Lösung bieten kann? Als Antwort auf diese Frage wird man zunächst zugeben müssen: Wenn wir das Böse und die nicht zu ergründende Menge unschuldigen Leids nicht rechtfertigen oder als die *unvermeidliche* Kehrseite des fundamentalen Planes Gottes, der das Gute will, erklären können, dann ist gegenüber dieser Leidensgeschichte tatsächlich nur eine *Praxis des Widerstands* sinnvoll, ein Handeln, das die Geschichte zum Guten wenden will. Das ist denn auch dringend erforderlich. Denn man kann sich zwar weigern, dem Übel ein Daseinsrecht zu geben aus der Einsicht heraus, daß es keine Existenzberechtigung hat, und es deshalb ablehnen, eine theoretische Gesamtantwort auf das zu geben, was man als die finstere Wirklichkeit des Übels in seinen konkreten historischen Proportionen und Mißgestalten erfährt, aber das ist nur dann konsequent und mit sich selbst kohärent, wenn diese Weigerung verbunden ist mit einem tatkräftigen Engagement des Widerstands gegen alle Formen von Übel. Das bedeutet, daß man es auch *praktisch* ablehnen muß, dem Übel Existenzberechtigung zuzuerkennen, also Partei ergreifen für das Gute und es ablehnen, das Böse auf der gleichen Stufe mit dem Guten zu behandeln.

Theoretisch mag der Mensch nicht imstande sein, das Leiden und Übel zu *erklären*, aber die *Erinnerung* an das, was an sehr konkretem und geschichtlich situiertem Leid geschehen ist, gehört weiter eben zur Struktur der menschlichen Vernunft oder kritischen Rationalität[66]. Die Geschichte dieser konkreten Erinnerungen bleibt daher ein innerer Stachel für die praktische Vernunft, die befreiend tätig sein will. Diese ermahnenden Erinnerungen darf die menschliche Vernunft nicht einfach wegwischen, wenn sie noch *kritische* Vernunft bleiben will.

Es fragt sich nur, ob damit zugleich gesagt ist, daß dieser praktische Auftrag des Menschen, den er aus den vielen Berichten von Kontrasterfahrungen in unserer menschlichen Leidensgeschichte heraushört, auch tatsächlich zu einem erfolgreichen Ende gebracht werden kann. Denn die menschliche Praxis des Widerstandes gegen das Böse wird, zumindest in ihrem Totalitätsanspruch, selbst der Kritik unterworfen – nicht durch irgendeine Theorie, ebensowenig durch den religiösen und christlichen Glauben, sondern durch eine konkrete Erfahrungswirklichkeit, ein Stück eigenen menschlichen Lebens: die nie völlig zu behebende Spannung zwischen ‚Natur' und ‚Geschichte', aus der das vergängliche Leben des Menschen besteht, eine Dialektik, von der der Tod nur ein äußerster Exponent ist, die Grenzsituation. Zutiefst werden wir also, auf der Ebene unseres Entwurfs einer irdischen, menschlichen Zukunft, zugleich mit dem endgültigen Fiasko unserer Praxis des Widerstands gegen das Böse konfrontiert. Vor allem der Tod weist darauf hin, daß es illusorisch ist, auf Erden ein wahres, vollkommenes und universelles Heil für alle und jeden einzelnen zu verwirklichen. Doch ist Heil von Menschen nur dann Heil, Heil-Sein, wenn es universell und vollkommen ist. Solange es neben unserem erfahrenen persönlichen Glück, in unserer unmittelbaren oder entfernten Nähe noch Leid, Unterdrückung und Unglück gibt, solange unser Glück auf Kosten des Schmerzes anderer besteht, kann von Heil eigentlich keine Rede sein.

Dies alles bedeutet, daß wir den *Grund* des Leidens nicht in Gott suchen können, obwohl das Leiden den Gläubigen unverkennbar mit Gott *konfrontiert*.

Manche Theologen wollen die Notwendigkeit einer Erlösung durch Gott auf die theologisch bedenkliche Einsicht gründen, daß Gott selbst der eine Ausgangspunkt sowohl der Lebensbegründung als auch der Lebensvernichtung ist; die permanente Krise unserer menschlichen Existenz hat ihren Grund in dem Paradox Gottes – ‚fascinosum' und ‚tremendum' –: Der Ausgangspunkt unserer Lebensbegründung ist zugleich auch der der Lebensgefährdung, nämlich Gott selbst[67]. Daß dies eine fundamentale Vorstellung in vielen Religionen ist, anfänglich auch in Israel, will ich nicht leugnen. Zahlreiche Texte aus dem Alten Testament können diese Auffassung stützen: Jahwe ist ein „Gott, der sterben läßt und wieder lebendig macht" (1 Sam 2, 6). Aber früher wurde schon gesagt, daß Israel selbst auf die Dauer diese primitive Auffassung von Gott resolut verwirft. Gott ist reine Positivität, er will das Leben des Sünders, nicht seinen Tod. Anfangs hielt man Gott für das Prinzip von Leben und Tod. Die richtige Intuition darin war, daß der Gläubige sich dabei gegen einen metaphysischen Dualismus wehrte, der das Gute Gott, das Böse einem ‚ersten Prinzip' des Bösen zuschrieb. Eine solche Anschauung läßt sich tatsächlich mit dem allgemein-religiösen und, insbesondere mit dem jahwistischen Glauben an Gott nicht vereinbaren. Wenn Gott tatsächlich gleichermaßen als „Macht der Lebensgabe" und „Macht der Lebensvernichtung", in einem, bestimmt wird, wird die kritische und produktive Kraft der Religion unweigerlich schon ‚in der Wurzel' vernichtet. Dann hängt es bloß von Gottes Willkür ab, ob Heil oder Untergang das letzte Wort hat. Die für Menschen unverfügbare Freiheit Gottes wird dann menschlich, allzu menschlich als eine *endliche Freiheit der Entscheidung* zwischen Gut und Böse bestimmt.

Wenn man die richtige Intuition im Antidualismus dieser alten hebräischen und allgemein-religiösen Auffassung von Gott erkennt, wird man auch die richtige Intuition im persischen Dualismus erkennen müssen, nämlich daß ‚Gott' allein reine Positivität sein kann, ‚erstes Prinzip' des Guten und keineswegs

Grund irgendeines Übels. Gott ist Urheber des Guten und Bekämpfer des Bösen, allerdings wird man dann nach einem nicht-dualistischen ‚Grund' für das Böse suchen müssen.

Man tut gut daran, sich zunächst zu erinnern, daß nicht der Glaube die menschliche Vernunft und ihre befreiende Praxis disqualifiziert, um dann, nachdem er ihr dieses Unvermögen bescheinigt hat, selbst die Ehre für sich in Anspruch zu nehmen, eine richtige Lösung anbieten zu können. Denn nicht der religiöse Glaube klagt den Menschen wegen seiner endgültigen theoretischen Ohnmacht und seines praktischen Versagens gegenüber Übel und Leiden an. Diese schmerzliche Einsicht, diese ‚Anklage' entstammt unserer eigenen menschlichen Erfahrung und kritischen Vernunft. Der religiöse Glaube dagegen will uns gerade von dieser tödlichen Erfahrung erlösen und unserer Praxis einen neuen Sinn geben, indem er ihre Ohnmacht aufbricht auf eine neue Möglichkeit von Gott her: dank der verkündigenden Erinnerung an Jesus als Geschichte eines gekreuzigten Lebenden, durch welchen geschichtlich Gescheiterten Zukunft geschenkt wird; und das sind wir alle – auch jene, die (vorläufig) Sieger zu Lasten von Besiegten sind.

Die christliche Botschaft bringt keine *Erklärung* für das Böse oder unsere Leidensgeschichte. Das möchten wir vorab deutlich sagen. Auch für den Christen bleiben diese undurchsichtig und unbegreiflich, zum Widerstand aufrufend. Der Christ wird ebensowenig – gotteslästerlich – behaupten, Gott selbst habe den Tod Jesu als Kompensation für das, was *wir* aus unserer Geschichte machen, gefordert. Diese sadistische Leidensmystik ist zumindest den echtesten Tendenzen der großen christlichen Tradition fremd. Man kann ebensowenig, wie J. Moltmann[68], das Leidensproblem so lösen, daß man das Leiden in Gott ‚verewigt', in der Meinung, dadurch dem Leid letztlich einigen Glanz zu verleihen. Jesus ist nach Moltmann nicht nur solidarisch mit ‚Zöllnern und Sündern', mit Ausgestoßenen und überall Ausgeschlossenen; nicht nur habe Gott selbst ihn mit den Ausgestoßenen identifiziert; nein, Gott selbst habe ihn als Opfer für unsere Sünden ausgestoßen. Die Schwierigkeit in dieser Auffassung ist, daß man dabei Gott zuschreibt, was allein die menschliche Unrechtsgeschichte Jesus angetan hat. Irgendwie sucht man in Gott selbst die Ursache, den Grund oder das Motiv des Todes Jesu. Ich meine, daß wir damit in der Soteriologie oder Erlösungslehre auf eine falsche Spur geraten, trotz des tiefen und richtigen Gedankens darin, daß Gott der große Mit-Leidende ist, besorgt um unsere Geschichte.

Ich glaube, wir tun in diesem Punkt gut daran, Thomas von Aquin zu befragen. Zwar ist er eigentlich selten verstanden und wenig studiert worden, und er hat auch sein philosophisches oder theologisches Grundprinzip selbst nicht konsequent auf die christliche Soteriologie angewandt, aber er scheint mir doch einer der wenigen zu sein, der uns eine einigermaßen befriedigende Perspektive erschließen kann, die zugleich alles Dunkel in seiner Unbegreiflichkeit läßt.

Thomas, der wie kein anderer die Priorität der allesbestimmenden, positiven ‚ersten Ursächlichkeit' Gottes betont, wagt einerseits als Theologe zu schreiben: „Die erste Ursache des Mangels an Gnade liegt bei uns"[69], und anderseits als Philosoph: „Obwohl Gott die schöpferische – das heißt aus dem Nichts rufende – Ursache des (menschlichen) Willens ist, hat dieser Wille dieses ‚aus dem Nichts sein' doch von niemand anderem als von sich selbst; und gerade deshalb brauchen die Defekte des Willens, die ausgerechnet aus der geschöpflichen Defizienz folgen, nicht weiter auf eine weitere oder höhere Ursache zurückgeführt zu werden"[70]; darin ist die Endlichkeit gleichsam ‚erste Ursache'. Sobald es *Geschöpfe* gibt, gibt es die *Möglichkeit* (nicht die Notwendigkeit) einer negativ-ursprünglichen *Initiative der Endlichkeit,* wenn ich mich so ausdrücken darf.

In einem für uns etwas fremden Denksystem formuliert Thomas damit tiefe Lebenseinsichten, die, ohne die menschliche Leidensgeschichte theoretisch verständlich zu machen – also: ohne sie mit Gottes Gottsein oder unserem positiven Menschsein zu harmonisieren –, trotzdem auf die unergründlichen Tiefen hinweisen, in die sie gestellt werden müssen: einerseits die unbegreifliche Tiefe des Geheimnisses Gottes, anderseits die negative Tiefe dessen, was Endlichkeit und endliche Freiheit in sich schließen können. Für Thomas ist es philosophisch ein sinnloses Unternehmen, in Gott nach einer bestimmten Ursache, einem Grund oder Motiv des Bösen und der Leiden zu suchen, die zwar nicht notwendig aus unserer Endlichkeit folgen, aber von daher doch ihre fundamentale Möglichkeit beziehen. *Negativität* kann in Gott keine Ursache und kein Motiv haben. Aber dann können wir ebensowenig nach einem göttlichen *Warum* des Todes Jesu suchen! Daher werden wir, zunächst, sagen müssen, daß wir nicht *dank* dem Tod Jesu, sondern *trotz* seines Todes erlöst sind.

Anderseits kann man wahrhaftig auch nicht behaupten, der schöpferische Gott bleibe gleichsam ohne ein Bewußtsein davon, was endliche und freie Menschen in einer endlichen Welt und Natur aus ihrer Geschichte machen können; die Tatsache steht riesengroß vor uns: eine viele Menschenherzen zerreißende Leidensgeschichte. Die ‚Initiative' der Endlichkeit (ich setze *Initiative* in Anführungszeichen), nämlich eine Initiative, die – äußerst ursprünglich, wenn auch in Defizienz – *exklusiv* von dem Endlichen, ohne jede Mitwirkung Gottes, *ausgeht,* eine solche negative Initiative, die *in* dem positiv von Gott getragenen menschlichen Leben *beiläufig* mitspielt, setzt Gott jedoch nicht schachmatt; dies wissen wir zumindest meines Erachtens keineswegs aus einem allgemeinen ‚Gottesbegriff', sondern von dem ‚Gott Jesu', nämlich aus dem christlichen Glauben an die *Auferstehung* Jesu. Denn daraus geht hervor, daß Gott diese negativen Aspekte in unserer Geschichte übersteigt, nicht so sehr, indem er sie zuläßt, sondern *indem er sie überwindet,* sie ungeschehen macht: Die Auferstehung Jesu ist ihrem Wesen nach (neben anderen Aspekten und Bedeutungen) auch eine Korrektur, ein Sieg über die Negativität des Leidens und des Todes selbst. Christlich-biblisch gesehen, geht es – für den, der geschichtlich denkt –

nicht um eine ‚göttliche Zulassung‘ von Übel und unverschuldetem Leiden (dies ist die eigene Initiative der Endlichkeit), sondern um Gottes Sieg über diese eigene Initiative des Endlichen. Erst so, *in* deren Überwindung, können wir sagen, daß die negativen Aspekte in unserer Geschichte indirekt in Gottes Heilsplan mitspielen: *Gott ist der Herr der Geschichte.* Deshalb konnte auch Mk 8,31 intuitiv sagen: „Der Menschensohn mußte vieles leiden.“ Die heilsgeschichtliche Bedeutung dieses uneigentlichen Ausdrucks ‚göttliches Müssen‘ werden wir nie ergründen (ebensowenig wie Markus selbst dies konnte). Einerseits liegt darin die Einsicht, daß der Mensch durch Jesus erlöst ist *trotz* des Todes Jesu, gesehen als Negativität und menschliche Verstoßung Jesu aus unserer Mitte, einer der vielen Exponenten unserer Leidensgeschichte; aber anderseits, daß dieses ‚trotz‘ so sehr von Gott überstiegen wird, nicht indem er es herablassend zuläßt, sondern indem er das Leiden und das Böse durch die Auferstehung Jesu von den Toten *besiegt und ungeschehen macht*, daß der Ausdruck ‚trotz des Todes‘ genau *etwas zu wenig besagt.* Uns entziehen sich jedoch die Begriffe, dieses unergründliche ‚genau etwas zu wenig‘ mit endlichen, sinnvollen Kategorien positiv auffüllen zu können. Was dieses ‚genau etwas mehr‘ nahelegen kann, kommt noch am deutlichsten zum Ausdruck in der Weigerung Jesu, nach einem *Schuldigen* zu suchen. Auf eine Frage der Juden: „Rabbi, wer hat gesündigt, er selbst oder seine Eltern, daß er blind geboren wurde?“ antwortet Jesus nach Joh 9,3: „*Weder er noch seine Eltern* haben gesündigt, sondern *die Werke Gottes müssen an ihm offenbar werden.*“ Gott überwindet die Initiative dessen, was ‚Endlichkeit‘ rein aus sich selbst, ohne Gottes Hilfe tun kann: Leiden und Böses in unsere Geschichte bringen. Das ‚Mysterium der Ungerechtigkeit‘, das aus den unergründlichen Tiefen unserer Geschichte der Freiheit in Spannung mit der Natur kommt, ist offensichtlich schwächer als das ‚Mysterium des Erbarmens‘ des göttlichen Geschehens, das Gottes Wesen selbst ist: der Vater, der größer ist als alles Leid, weil er, solidarisch mit unserem Heil, es überwindet; größer auch als jede theoretische und praktische Unfähigkeit der Geschöpfe, die tiefste Wirklichkeit letztlich als eine unabdingbar zuverlässige Gabe zu erfahren. Zu einer *theoretischen* Versöhnung beider sind wir aber nicht imstande. Denn die Tiefe dessen, was die Negativität der ‚Endlichkeit‘ bedeuten kann (nicht: muß), und die Tiefe dessen, was Gottes wesenhafte Positivität bedeutet, lassen sich von uns nicht ergründen.

Aus der Einsicht, daß Gott kein Leiden von Menschen will, sondern es, wo es in der Geschichte erscheint, *überwinden will* (aus einer göttlichen Freiheit der Weisheit und des Willens, deren göttliche Art und Weise wir weder im vorhinein apriori bestimmen noch aus seinem Wesen ableiten können – kennen wir dieses denn so gut?), sind wir *auf unsere Geschichte* (in der Jesus selbst auch erschienen ist) angewiesen, um als Christen etwas Sinnvolles über Erlösung und Befreiung sagen zu können. Gott will das *Heil* von *Menschen* und darin Sieg über ihre Leiden. Das Neue Testament sagt kühn realistisch: „Seid Nachahmer Gottes“ (Eph 5,1), den wir in Jesus kennengelernt haben als Vorkämpfer für alles, was gut ist und glücklich macht – heil macht –, und als Bekämpfer des Chaos, des Bösen und des Unrechts: als den schöpferischen Kämpfer gegen das Tier Leviatan, unter welcher Gestalt sich dieses auch geschichtlich zeigt. Was aus diesem Auftrag Christen hier und jetzt zu tun obliegt, wird dann seinen inspirierenden und orientierenden Impuls einerseits im Evangelium des Heils-von-Gott-her in Jesus finden müssen, anderseits aus dem bis jetzt schon erreichten Problembewußtsein über das wahre und gute, glückliche und freie Menschsein.

ZWEITES KAPITEL
HÖHE UND BREITE UND TIEFE MENSCHLICHEN HEILS

§ 1. Was ist Menschsein?

Was ist das wahre und gute, glückliche und freie Menschsein, gesehen von dem Problembewußtsein aus, das die Menschheit bis heute entwickelt hat, während sie Ausschau hält nach einer besseren Zukunft, mit welcher der Mensch seit seinem Ursprung konfrontiert ist? Was ist lebbare Menschlichkeit?

Heute sind wir bescheidener geworden in der positiven Bestimmung dessen, was Menschsein bedeutet. Ernst Bloch beschreibt es als „dasjenige, was zwar noch nicht weiß was es ist, doch wissen kann was es, als sich entfremdet, sicher nicht ist und deshalb so falsch nicht bleiben will, wenigstens nicht soll"[71]. Die Definition von Menschsein ist uns nicht vorgegeben – für Christen ist sie sogar eine nicht nur künftige, sondern eschatologische Wirklichkeit. Doch gibt es Menschen, die den Eindruck erwecken, eine Blaupause des Menschseins zu besitzen. Sie haben ein vollständig gezeichnetes Menschenbild und ein konkretes Bild der kommenden Gesellschaft, eine ‚ganze Heilslehre' – ein dogmatisches System, das, paradox genug, wichtiger zu sein scheint als die Menschen, um die es eigentlich geht. Diese Totalitätsauffassung führt innerlich zu einem totalitären Handeln, das dann ja nur eine Frage der Anwendung, der Technologie und Strategie ist. Außerdem werden dann jene, die dieses Konzept des wahren Menschseins weder akzeptieren noch anwenden, selbstverständlich als Feinde wahrer Menschlichkeit angesehen. Auch Christen denken manchmal so.

Unsere Zeit ist darin bescheidener geworden. Natur, ‚Schöpfungsordnungen' und Evolution können uns keine Kriterien für das liefern, was lebbare und wahre, gute und glückliche Menschlichkeit ist, und somit für das, was sinnvolles, ethisch verantwortetes Handeln bedeutet, welches dieses wahre Menschsein fördert. Das kann ebensowenig eine sogenannte ‚universale menschliche Natur', die, wie Pflanze oder Tier, von innen her bestimmt und auf ein seinem Wesen nach vorausbestimmtes Ziel ausgerichtet wäre, und somit ebensowenig die modernen Versionen desselben: das sogenannte Naturrecht. Unabhängig von Zeit und Raum kann außerdem keine Selbstreflexion zu einer Auskristallisierung einer Art allgemeinen Substrats von Vernünftigkeit unter allen Menschen kommen.

Strukturalisten haben konstante Tiefenstrukturen in den menschlichen Gesellschaften erkannt, aber diese sagen nichts über die spezifische Besonderheit einer konkreten Gesellschaft. Diese Strukturen beziehen sich nicht unmittelbar auf die Wirklichkeit, sondern auf die *Modelle,* die der Mensch daraus gemacht hat. Dadurch hat der Strukturalismus zwar einen Aspekt der menschlichen Wirklichkeit offengelegt, nämlich daß der Mensch ein Modelle entwerfendes Wesen ist, aber der Strukturalismus (der in sich selbst konsequent ist) sieht von der Frage ab, wie diese Modelle sich zur Wirklichkeit verhalten (allerdings gibt es hier viele inkonsequente philosophische Grenzüberschreitungen, z. B. wenn man, wie Lévi-Strauss behauptet, sagt, die relative Wahrheit aller Modelle bestehe darin, daß sie mehr oder weniger geglückt Versuche von Menschen sind, das graue, sinnlose Dasein zu verschleiern. Das ist einstweilen eine *philosophische* Weltanschauung, welche die Grenze des Strukturalismus als *Wissenschaft* überschreitet). Der Strukturalismus schließt das menschliche Subjekt gerade aus und liefert daher keine Kriterien für eine menschenwürdige Gesellschaft.

Der Existentialismus wiederum hat zwar ‚existentialia‘ analysiert, das heißt Grundstimmungen des menschlichen Lebens: Angst, Verzweiflung und Hoffnung, Leiden, Tod und Glück, Vergänglichkeit und Schuld. Und diese Aspekte sind äußerst wichtig im menschlichen Leben; sie haben mit der *Frage nach* dem endgültig Menschenwürdigen zu tun, geben aber als solche keine Antwort darauf. Was ist der Grund der Hoffnung auf lebbare Menschlichkeit inmitten unserer Endlichkeit, unserer Schuld und unseres Leidens? Offensichtlich wird damit nur gesagt, *wovon* wir befreit werden müssen und *wozu:* zum Glück. Aber wie? Und was ist das wahre Glück für alle und einen jeden?

Schließlich können wir ebensowenig der positivistischen Auffassung von Werten und Normen beipflichten. Bei ihr läßt sich durch eine empirische Analyse zwar klären, welche Normen und Werte faktisch in einer bestimmten Gruppe oder Gesellschaft gelten. Diese soziologische Einsicht ist wichtig und sogar äußerst relevant etwa für die positive Gesetzgebung; um lebensfähig zu sein, muß sie nämlich von einem ziemlich großen Konsens aller Mitglieder dieser Gemeinschaft getragen werden. Aber wir können ‚das Faktische‘, das heißt die faktisch geltenden Normen, die bei einer statistischen Untersuchung die höchsten Zahlen bringen, unmöglich zur universalen Norm sittlichen und sinnvollen Handelns erheben. Gerade dadurch sind Kulturen mit einem anfänglich hohen Stand nach einer gewissen Zeit zugrunde gerichtet worden.

Das kritische Bewußtsein des Menschen muß uns daher auf den rechten Weg bringen. Wenn die Vernunft das Spezifisch-Menschliche ist, dann ist die Urteilsfähigkeit des Menschen, die doppeldeutigen Erscheinungen in der menschlichen Geschichte *aufgrund von Maßstäben* zu beurteilen, der eigene kritische Auftrag des Menschen. Der Mensch ist ein Wesen, das in Geschichten verstrickt ist. Sein *Wesen* ist selbst eine Geschichte, ein historisches Geschehen, ist nicht einfach *vorgegeben*. Etwas von diesem Wesen läßt er also nirgends anders sehen als im Verlauf seiner historischen Geschichte: in der Geschichte der Menschheit. Er ist eine situierte und thematische Freiheit, keine freie Initiative in einem Vakuum oder luftleeren Raum. Heil und Menschlichkeit, Heilsein, Integrität in wahrhaft menschlich-freier Weise ist gerade das *Thema* der ganzen Geschichte des Menschen. Weder eine idealistische noch eine materialistische Lesung dieser Geschichte kann ihm gerecht werden.

Kritisches Bewußtsein ist nicht nur – a) das Bewußtsein, daß es zum konkreten Wesen des Menschen gehört, daß er in eine Umgebung von Phänomenen verstrickt ist, die uns *nicht unmittelbar* das Wahre und das Gute *zeigen*, sondern dies *zugleich* unerkennbar machen und verschleiern, so daß sich ein Maßstab zur Beurteilung als nötig erweist; – b) aber auch das Bewußtsein, daß die kritische Kraft der menschlichen Vernunft mit abhängig ist von den geschichtlichen Verhältnissen, in denen sich die menschliche Vernunft befindet, so daß auch die Beziehung zwischen *Vernunft* und *geschichtlich-konkreten Verhältnissen* mitbedacht werden muß; – c) schließlich auch ein Bewußtsein, daß sowohl die Vergangenheit als auch die Gegenwart und die zwischen beiden liegende Zeit falsch beurteilt werden können, weil sie selbst wieder an dem Doppeldeutigen alles Geschichtlichen partizipieren. Die menschliche Vernunft ist erst dann kritisch – und nicht (autoritär) ‚dogmatisch‘ oder nihilistisch-skeptisch –, wenn sie der Doppeldeutigkeit der Phänomene Rechnung trägt, die das Wahre und Gute offenbaren und zugleich verschleiern, also: wenn sie die geschichtliche Bedingtheit des menschlichen Denkens berücksichtigt wie auch die unterschiedlichen Interpretationen offenstehende (oft doppel- oder mehrdeutige) Bedeutung jeder Zeitepoche – Vergangenheit und Gegenwart und der Zeit dazwischen. Deshalb ist das menschliche Bewußtsein erst dann kritisch, wenn es nicht nur die gegebenen Erscheinungen kritisch beurteilt, sondern wenn es außerdem zur *Selbstkritik* der *kritischen Vernunft* fähig ist – etwas, wozu die Aufklärung des 18. Jahrhunderts offensichtlich noch nicht imstande war[72].

Statt eines positivistischen Entwurfs, auch statt einer (z. B. aristotelisch-thomistischen oder auch Spinozistischen und Wolffianischen) philosophisch vorgegebenen Bestimmung der ‚menschlichen Natur‘ und, schließlich, statt eines historisch-notwendigen, durch den tiefen-rationalen Gang der Geschichte gleichsam von selbst gegebenen Produkts, das dann die (marxistische) Definition wahren und freien Menschseins wäre, steht uns nur so etwas wie *anthropologische Konstanten* zur Verfügung. Diese offenbaren uns zwar menschliche *Werte,* aber deren konkrete *Normen* müssen von uns in dem geschichtlich wechselnden Prozeß kreativ eingetragen werden. Mit anderen Worten, diese anthropologischen Konstanten weisen, sehr allgemein, zwar auf *ständige* menschliche Impulse und Orientierungen, Werte und Wertbereiche hin, aber sie liefern uns nicht *direkt* konkrete Normen oder ethische Imperative, nach denen hier und jetzt menschenwürdige und lebbare Menschlichkeit ins Leben gerufen werden müßte. Sie präsentieren uns zwar konstitutive (aus der Analyse und Interpretation der jeweils zeitgenössischen Situation) immer von neuem näher zu bestimmende Bedingungen, die in jedem menschlichen Handeln vorausgesetzt werden müssen, wenn der Mensch, seine Kultur und Gesellschaft auf keinen Fall geschändet, verletzt und unlebbar werden soll. Unter Berücksichtigung der jeweiligen sozial-historischen Gestalten der konkreten Gesellschaft und im Licht dieser (in unserem zeitbedingten Problembewußtsein) als konstant erkannten Wertbereiche können Menschen darin tatsächlich konkrete Normen für menschliches Handeln auf mittelfristige oder längere Zeit aufstellen.

Sieben dieser anthropologischen Konstanten will ich analysieren. Ich sehe sie als eine Art Koordinatensystem, deren Brennpunkt die menschliche *Person-identität* innerhalb der *gesellschaftlichen Kultur* ist. Es geht um Ansichten vom Menschen und seiner Kultur, um konstitutive Aspekte, die wir beim kreativen Aufstellen konkreter Normen für eine immer größere Menschenwürde und somit für das *Heil* von Menschen berücksichtigen müssen.

§ 2. Das Koordinatensystem des Menschen und seines Heils

I
Verhältnis zur menschlichen Leiblichkeit, zur Natur und zur ökologischen Umwelt

Das Verhältnis der menschlichen Person zur eigenen Leiblichkeit – der Mensch *ist,* aber *hat* auch einen Leib – und mittels der eigenen Leiblichkeit zur größeren Natur und zur eigenen ökologischen Umwelt ist eine für unser Menschsein *konstitutives* Verhältnis. Menschliches *Heil* hat auch damit zu tun.

Wenn wir bei unserem Handeln auf diese menschliche Beziehung keine Rücksicht nehmen, werden wir auf die Dauer in einseitiger Weise die Natur so beherrschen oder den Menschen so konditionieren, daß wir in der Tat die Grundprinzipien unserer eigenen natürlichen Lebenswelt zerstören und so durch Antastung unseres natürlichen Haushalts oder unserer ökologischen Basis unser eigenes Menschsein unmöglich machen. Unser Verhältnis zur Natur und zur eigenen Leiblichkeit stößt auf *Grenzen,* die wir, um menschenwürdig leben und, im äußersten Fall, sogar um überleben zu können, zu respektieren haben. Was technisch möglich ist, ist deshalb noch lange nicht eine ethische, menschlich sinnvolle und verantwortete Möglichkeit.

Das gilt auch für die physische und psychische Begrenzung unserer menschlichen Kräfte. Wenn wir auch nicht (oder vielleicht noch nicht) empirisch-wissenschaftlich feststellen können, wo die *Grenzen* der Veränderbarkeit, Konditionierbarkeit und Belastbarkeit des Menschen genau liegen, so sind wir doch außerwissenschaftlich gewiß, daß diese Grenzen unentrinnbar gegeben sind. Diese außerwissenschaftliche, jedoch *kognitive* Gewißheit offenbart sich denn auch spontan in den individuellen und kollektiven Protesten, wo Menschen sich als überfordert erfahren. Die elementaren Bedürfnisse des Menschen (z.B. Hunger; Sex), seine Triebe (z.B. Aggressivität) und seine Leiblichkeit im allgemeinen lassen sich daher nicht willkürlich manipulieren, ohne daß man *erfährt*, daß das Menschsein in seiner Güte, seinem Glück und seiner Realisierbarkeit davon angetastet wird (was sich in spontanem Widerstand äußern wird).

Die erste anthropologische Konstante eröffnet schon einen ganzen Bereich menschlicher Werte, der Normen für die Menschenwürdigkeit unserer Beziehung zur eigenen Leiblichkeit und ihrer natürlichen Lebenswelt des Menschen erfordert – Normen aber, die wir aus dem konkreten Zustand, in dem wir jetzt leben, selbst werden aufstellen müssen. Das eröffnet schon die Perspektive auf Beziehungen des Menschen zur Natur, die nicht ausschließlich durch den zwar menschlichen Wert der Beherrschung der Natur eingegeben sind, sondern auch durch den genauso menschlichen Wert ästhetischen und genießenden Umgangs mit der Natur. Die Grenzen, welche die Natur selbst ihrer technischen Manipulierbarkeit durch den Menschen zum Vorteil des Menschen setzt, offenbaren uns eine Dimension unseres Menschseins, die nämlich nicht in rein technokratischer Naturbeherrschung aufgeht.

Anderseits warnt dieselbe Konstante uns vor der Gefahr einer anti-technologischen oder anti-industriellen Kultur[73]. Naturwissenschaftler, die ihr eigenes Handeln mit bedenken[74], weisen mit Nachdruck auch auf die anthropologische Relevanz der instrumentalen Vernunft hin. Die Kulturphilosophie hat analysiert, daß in einer *rein natürlichen* Lebenswelt der Mensch eigentlich nicht lebensfähig ist. In der Natur muß sich der Mensch eine menschlich angepaßte Umwelt schaffen, wenn er, ohne den verfeinerten Instinkt und die Stärke, welche Tiere besitzen, faktisch überleben will. Eine rationale Naturveränderung ist daher nötig. So entsteht ein „Meta-Kosmos" (F. Dessauer), der den Menschen aus der tierischen Begrenzung erlöst und eine Öffnung für neue Möglichkeiten bietet. In Zeiten, in denen sich der ‚Meta-Kosmos' kaum von der Natur unterschied, hatte nur eine kleine Schicht der Bevölkerung teil an den Vorteilen der Kultur, und für die Befreiung einiger weniger aus materiellen Sorgen mußte die Masse der Menschen sklavisch arbeiten. (Doch kann man sich fragen, ob dies in einem hochindustriellen ‚Metakosmos' viel anders geworden ist. Daraus geht hervor, daß wir allein mit dieser ersten, grundlegenden ‚anthropologischen Konstante' nicht durchkommen.) Der Metakosmos bietet den Menschen daher eine bessere Wohnung und ein besseres Heim als der natürliche Kosmos. Deshalb ist Technik, aus sich selbst, nicht entmenschlichend, sondern eher ein Dienst an lebbarer Menschlichkeit; sie ist Ausdruck der Humanisierung und zugleich Bedingung für die Vermenschlichung des Menschen. Es ist übrigens eine Tatsache, daß die Errichtung eines ‚Metakosmos' geschichtlich die Voraussetzung gewesen ist für die Reflexion über Fragen nach dem Sinn des Lebens. Außerdem ist diese Vermenschlichung der Natur, wie man aufgrund der fortgeschrittenen Technik leicht annehmen könnte, noch nicht abgeschlossen. Der Mensch kann jedoch auf seine ökologische Stellung in der Natur einwirken, aber er bleibt davon abhängig, wie sich vor allem dann zeigt, wenn er diese Lebensbedingungen zerstört. Nun, die Sorge, den Menschen einerseits aus der Natur zu emanzipieren, ohne anderseits die eigene ökologische Basis zu zerstören, ist eine eminent menschliche Aufgabe, die ohne die ‚instrumentale Vernunft‘ nicht zu verwirklichen ist.

Außerdem zeigt sich, daß das Entwerfen von Sinn und bestimmter Welt- und Menschenbilder auch durch die instrumental-technische Vernunft vermittelt wird und nicht nur eine immanente Ideenentwicklung ist. Auffassungen über Ehe, Liebe und Sexualität haben sich in unserer Zeit verschoben (z. B. gegenüber den biblischen Auffassungen), zu einem großen Teil einzig und allein deshalb, weil Wissenschaft und Technik Mittel an die Hand geben konnten, über welche die Menschen früher nicht verfügten. Bei Verfügbarkeit technischer Möglichkeiten sieht ein Eingriff in die *Natur* tatsächlich anders aus als in Zeiten, in denen jeder Eingriff als eine leichtfertige und daher böse Antastung göttlicher Schöpfungsordnungen erfahren wurde. Doch entsteht damit zugleich die menschliche Gefährdung, daß allein schon aus der faktischen Verfügbarkeit technischer Möglichkeiten und Fähigkeiten Menschen glauben, alle ihre physischen und psychischen, gesellschaftlichen und allgemeinmenschlichen Lebensprobleme *rein technisch* lösen zu können und zu dürfen. Aber die technokratische *Interpretation* des Ideals eines lebbaren und menschenwürdigen Lebens ist nicht dasselbe wie die anthropologische Relevanz von Wissenschaften und Technik. Der in Wirklichkeit oft entmenschlichende Charakter derselben kommt nicht aus der Technologie als solcher, sondern aus der damit verbundenen *schon positivistisch* gelösten Frage nach Sinn. Nicht die Wissenschaft oder Technik mit ihren den Menschen fördernden Möglichkeiten erfahren also Kritik, sondern oft ihre impliziten Voraussetzungen.

Diese erste anthropologische Konstante zeigt also noch eine ganze Reihe von mancherlei Teil-Konstanten – so auch z. B., daß der Mensch nicht nur Vernunft, sondern auch Gemüt ist, nicht nur Vernunft, sondern auch ein Phantast, nicht nur Freiheit, sondern auch Instinkt, nicht nur Vernunft, sondern auch Liebe usw. Es geht also nicht nur um die aktive, weltbeherrschende Dimension des Menschen, sondern auch um seine kontemplativen, spielerischen, erotischen und anderen Dimensionen.

Wenn christliches *Heil* tatsächlich *Heil von Menschen* ist, wird es auch wesentlich mit dieser ersten ‚anthropologischen Konstante‘ zu tun haben. Um nur einen Aspekt aus dem Vorausgegangenen anzuführen: Christliches Heil hat auch mit Ökologie zu tun und mit den Bedingungen und Belastungen, die das konkrete Leben (hier und heute) Menschen auferlegt. Dies alles als dem fremd zu bezeichnen, was ‚christliches Heil‘ bedeutet, heißt vielleicht ein Heil für *Engel* träumen, aber nicht für *Menschen*.

II
Menschsein ist Mitmensch-sein

Menschliche Personidentität umschließt zugleich Zusammensein mit Menschen[75]. Das ist eine anthropologische Konstante, die einen Bereich menschlicher Werte offenbart, in dem Menschen nach Normen suchen müssen, damit sie ihnen hier und jetzt zum Heil gereichen.

Das Moment des Zusammenseins, der Mitmenschlichkeit, durch das wir uns selbst anderen mitteilen können und selbst von anderen in unserer Existenz und unserem Personsein bestätigt werden, gehört zum Aufbau der Personidentität: *sein dürfen;* die Ermächtigung durch die anderen und durch die Gemeinschaft, daß wir, daß auch ich sein darf, mit einem eigenen Namen, in meiner eigenen Identität, als persönliches und verantwortliches Selbst, mag dies auch noch so versehrt sein. Eine Gesellschaft, die aus sogenanntem Selbstschutz (manchmal verschönt ‚Gemeinschaftsaufbau' genannt) keinen Raum läßt für den versehrten Menschen, ist keinen Pfifferling wert.

Diese Personidentität ist nur möglich, wenn ich von anderen – Mitmenschen – ich selbst in meiner eigenen Unverfremdbarkeit sein darf, aber darin auch in meiner wesentlichen Begrenzung („divisum ab alio", sagte die ältere Philosophie), und wenn ich also meinerseits den anderen bestätige. In dieser begrenzten Individualität steht die Person in wesentlicher Beziehung zum anderen, zu den Mitpersonen. Vor allem das menschliche Gesicht – ein Mensch sieht nie sein *eigenes* Gesicht – weist schon darauf hin, daß der Mensch auf den anderen *ausgerichtet,* für den anderen *bestimmt* ist, nicht für sich selbst. Das Gesicht ist ein Bild von uns selbst *für andere.* Der Mensch ist somit, schon durch seine ganze konkrete Erscheinung, für die Begegnung mit Mitmenschen in dieser Welt bestimmt. Darin liegt der Auftrag, in Intersubjektivität den anderen in seinem Anderssein und in seiner Freiheit zu akzeptieren. Gerade in dieser gegenseitigen Beziehung zum anderen wird die Begrenzung der eigenen Individualität in der freien, liebevollen Bejahung des anderen transzendiert und kommt die Person selbst zur Personidentität. Die Mitmenschlichkeit, durch die wir einander als Person begegnen, das heißt als Ziel und Ende und nicht als Mittel für irgend etwas, ist eine anthropologische Konstante, die nach Normen verlangt, ohne die hier und heute heile und lebbare Menschlichkeit unmöglich ist. Das schließt auch ein, daß Wohl und Heilsein, heile und unverletzte Menschlichkeit *universal* sein muß, alle und jeden einzelnen betreffen muß, nicht nur einige Bevorzugte – wenn auch aus dem Vorausgegangenen schon hervorgeht, daß dieses Heilsein mehr umfassen wird als die Zwischenmenschlichkeit auf der *persönlichen* Ebene. Niemand kann mit allen Menschen in ein Verhältnis realer Begegnung treten. Es gibt übrigens nicht nur die Ich-Du-Beziehung. Die Gegenwart eines *Dritten,* eines „er", ist der Entstehungsgrund der *Gesellschaft,* die nicht auf eine ‚Ich-Du'- und ‚Wir'-Relation zurückzuführen ist, was vor allem E. Levinas scharf gesehen hat.

III
Die Beziehung zu gesellschaftlichen und institutionellen Strukturen

Es gibt, drittens, die Beziehung der menschlichen Person zu gesellschaftlichen und institutionellen Strukturen[76]. Diese Strukturen rufen wir Menschen zwar selbst im Lauf unserer Geschichte ins Leben, aber sie verselbständigen sich und entwickeln sich dann zu einer objektiven Gesellschaftsform, in der wir konkret leben und die wiederum auch unsere Innerlichkeit, unser Personsein tief beeinflußt. Die gesellschaftliche Dimension ist nicht etwas, was zu unserer Personidentität hinzukommt, sie ist eine *Dimension* dieser Identität selbst. Als verselbständigt erwecken diese Strukturen und Institutionen den *Anschein* unveränderlicher Naturgesetzmäßigkeiten, während wir selbst jedoch sie und damit auch ihre Gesetzmäßigkeit verändern können. Unabhängig davon, was Menschen tun, und unabhängig von der menschlichen Vernunft und dem menschlichen Willen, diese Strukturen zu erhalten, existieren diese hochgerühmten soziologischen und wirtschaftlichen Gesetzmäßigkeiten nicht; sie stehen wesentlich *unter der historischen Hypothese* des objektiv vorhandenen gesellschaftlichen und wirtschaftlichen Systems. Sie sind kontingent, veränderlich und somit durch Menschen veränderbar (allerdings werden Soziologen und Kulturanthropologen vielleicht in manchen, sogar gründlichen gesellschaftlichen Veränderungen eine tiefere, fast unveränderliche Schicht und deshalb strukturelle Konstanten entdecken können)[77]. Daß dieser Anschein von Gesetzmäßigkeit unter der Hypothese der uns vorgegebenen (veränderbaren) objektiven Gesellschaftsform steht, wird von den empirischen Wissenschaften oft nicht mit bedacht, welche – bei der Hypothese – diese soziologischen oder sozialpsychologischen Gesetzmäßigkeiten zu Recht entdecken, aber sie bisweilen wie ein Naturgesetz oder eine metaphysische Gegebenheit handhaben.

Auch diese Konstante offenbart uns einen Bereich von Werten, vor allem den Wert des institutionellen und des strukturellen Elements für ein wahrhaft menschliches Leben. Schon wieder ein Wertgebiet, das nach konkreten Normen verlangt. Einerseits: kein dauerhaftes menschenwürdiges Leben ohne eine gewisse Institutionalisierung; Personidentität verlangt auch gesellschaftlichen Konsens, will von Strukturen und Institutionen getragen werden, welche menschliche Freiheit und Verwirklichung von Werten ermöglichen. Anderseits: faktische, geschichtlich gewachsene Strukturen und Institutionen haben *keine allgemeine* Gültigkeit, sie sind veränderbar. Daraus erwächst die konkrete ethische Forderung, sie dort zu verändern, wo sie, durch veränderte Verhältnisse, statt menschenbefreiend und menschenbeschützend eher menschenversklavend und menschenentwürdigend wirksam geworden sind.

IV
Zeit-und-Raum-Struktur von Person und Kultur

Auch Zeit und Raum, historische und geographische Situiertheit der Person und Kultur sind eine anthropologische Konstante, aus der kein Mensch sich lösen kann[78].

Und hier werden wir dann zunächst mit einer auch nicht durch optimale gesellschaftliche Strukturen je aufzuhebenden, nämlich dialektischen Spannung zwischen Natur und Geschichte konfrontiert, die miteinander jedoch in der konkreten menschlichen Kultur zusammentreffen. Es ist eine gegebene Dialektik, die eben zum Bestand unseres vergänglichen menschlichen Daseins gehört und von der der Tod nur ein äußerster Exponent ist, eine Grenzsituation. Das bedeutet schon, daß es, außer manchen Formen von Leiden, die von Menschen zum größten Teil behoben werden können, Formen von Leiden und Lebensbedrohung gibt, auf die der Mensch durch Technik und gesellschaftliches Eingreifen keinen Einfluß gewinnen kann. Hier stellt sich die Frage nach menschlicher *Sinngebung*. Die Geschichtlichkeit und damit Endlichkeit des Menschen, der er nicht zu entrinnen weiß, um sich auf einen ausdrücklich überzeitlichen Standpunkt zu stellen, läßt das Menschsein als ein auch *hermeneutisches* Unternehmen erfahren, das heißt als eine Aufgabe zum *Verständnis* seiner eigenen Situation und zur kritischen *Entlarvung* des von Menschen verwirklichten Unsinns in der Geschichte. In diesem Versuch zum Selbstverständnis, in dem auch die Frage nach Wahrheit und Unwahrheit gestellt wird, kann dem Menschen zwar durch verschiedene empirisch-analytische und theoretische Wissenschaften geholfen werden, aber er wird sich doch der Erfahrung bewußt, daß die Wahrheit für den Menschen nur als *erinnerte* und zugleich *zu verwirklichende* Wahrheit möglich ist. Wenn das Verstehen die ursprüngliche Art und Weise ist, wie Menschen *erfahren,* dann ist dieses Verstehen genauso allgemein wie die Geschichte selbst. Damit ist gegeben, daß die Anmaßung, einen Standpunkt außerhalb des geschichtlichen Handelns und Denkens von Menschen einzunehmen, eine Gefährdung wahrer Menschlichkeit ist.

Zahlreiche andere Probleme sind mit dieser Konstante gegeben. Nur auf einige von ihnen will ich (innerhalb des Themas dieses Buches) noch hinweisen. Es können historische, auch geographisch mitbedingte Errungenschaften sein, die, obwohl spät in der menschlichen Geschichte aufgekommen, an bestimmten Orten und somit nicht apriori-notwendige oder apriori-universale Voraussetzungen genannt, *hier und jetzt* jedoch nicht als beliebig oder willkürlich angesehen werden können[79]. Hier sind Werte gewachsen, die nach Normen verlangen, die beispielsweise für hochindustrielle und hochkulturelle Bedingungen gelten, in denen westliche Menschen leben und die nicht direkt in anderen Kulturen zu gelten brauchen.

Einige Beispiele mögen genügen. Wegen ihres allgemeinen Wohlstands besteht für westliche Menschen (auch wegen der Pflichten, die aus der zweiten und dritten anthropologischen Konstante resultieren) die Pflicht zu internationaler Solidarität, vor allem gegenüber armen Ländern (ganz abgesehen von der geschichtlichen Frage, inwieweit sie selbst historisch Ursache der Armut dieser armen Länder sind). Aufgrund derselben Konstante, aus der die historischen und geographischen Begrenzungen jeder Kultur hervorgehen, folgt ebenfalls, daß unter Berücksichtigung auch des begrenzten Potentials an Phantasie von Menschen in einer bestimmten Kultur die kritische Erinnerung an die großen Überlieferungen der Menschheit, auch an ihre großen religiösen Traditionen, ein notwendiges Stimulans beim Suchen nach Normen für Handeln bedeuten wird, das hier und jetzt heile und realisierbare Menschlichkeit fördert (gerade diese kritische Erinnerung ist ein Bestandteil des hermeneutischen Unternehmens des Menschen, in dem er Erleuchtung für sein kommendes Handeln sucht)[80].

Schließlich erinnert diese vierte anthropologische Konstante uns auch an die Tatsache, daß gerade das explizite Entdecken dieser *konstitutiven Konstanten* nur in einem geschichtlichen Prozeß gegeben ist; ihre Bewußtwerdung *ist* schon eine Frucht menschlicher hermeneutischer Praxis.

V

Gegenseitiges Verhältnis von Theorie und Praxis

Das wesentliche Verhältnis zwischen Theorie und Praxis ist ebenfalls eine anthropologische Konstante. Es ist gerade insofern eine Konstante, als durch dieses Verhältnis die menschliche Kultur, als hermeneutisches Unternehmen oder Verstehen von Sinn und als Unternehmen von Sinnveränderung und Weltverbesserung, *Dauerhaftigkeit* erlangt. Auf der Ebene der untermenschlichen, z.B. tierischen Welt werden Dauerhaftigkeit und Möglichkeit des Überlebens der Art und des Individuums durch die Instinktnatur, die in dieser mitgegebenen Elastizität, sich der veränderten oder sich verändernden Umgebung anzupassen, und schließlich das Evolutionsgesetz der Stärksten im *struggle for life* gesichert. Nun, wenn Menschen aus ihrer Menschengeschichte nicht eine Art geistigen Darwinismus machen wollen, eine Geschichte also, in der nur der Wille und das Denken, die Macht der Stärksten und Sieger uns diktieren, was gut und wahr für unser Menschsein ist, dann wird auf menschlicher Ebene ein Zusammenspiel von Theorie und Praxis die einzige, menschlich verantwortliche Garantie für eine dauerhafte und immer menschenwürdigere Kultur sein[81] – für das, was Menschen zum *Heil* gereicht.

VI
Das religiöse und ‚para-religiöse‘ Bewußtsein des Menschen

Das ‚utopische‘ Moment menschlichen Bewußtseins scheint mir ebenfalls eine anthropologische Konstante, und zwar eine sehr fundamentale, zu sein.

Dabei geht es gerade um die Zukunft des Menschen (siehe oben). Welche Zukunft will er? Unter diesem utopischen Moment verstehe ich verschiedene (konservative oder progressive) Totalitätsvorstellungen, die es dem Menschen in der Gesellschaft möglich machen, der Kontingenz oder Endlichkeit, der Unbeständigkeit mit der darin gegebenen Problematik von Leiden, Fiasko, Scheitern und Tod in irgendeiner Weise Sinn zu geben oder sie zu überwinden. Mit anderen Worten die Art und Weise, wie eine bestimmte Gesellschaft in der Lebenspraxis des Alltags dem hermeneutischen Unternehmen (siehe die vierte Konstante) konkret Form gegeben hat oder in Protest gegen die vorgegebene ‚Sinngebung‘ ein anderes Gesellschaftssystem und eine andere Zukunft will. Totalitätsanschauungen, die das menschliche Leben und Zusammenleben, jetzt oder in Zukunft, als ein für Menschen sinnvolles, gutes und glückliches Ganzes zu erleben lehren – eine Vision *und* eine Praxis, die dem menschlichen Dasein in dieser Welt Sinn und Zusammenhang geben wollen (und sei es auch nur in einer fernen Zukunft).

Hier melden sich ‚Totalitätsanschauungen‘ sowohl religiöser Art (die Religionen) als auch nichtreligiöser Art an – Lebensanschauungen, Gesellschaftsanschauungen, Weltanschauungen und allgemeine Lebenstheorien, in denen der Mensch zum Ausdruck bringt, was ihn letztlich beseelt, welches Menschsein er letztlich wählt und wozu er eigentlich lebt und das Leben für wert hält, gelebt zu werden. Man kann dies alles auch *kognitive Wirklichkeitsmodelle* nennen, die das Ganze von Natur und Geschichte in Theorie und Praxis interpretieren und, jetzt oder später, als ein (zu realisierendes) ‚sinnvoll sein‘ erleben zu lassen.

In den meisten – wenn auch nicht in allen – dieser ‚Utopien‘ werden sich die Menschen als *Subjekt* des Handelns verstehen, welches das gute und als wahr interpretierte Menschsein und den Aufbau einer guten Menschenwelt fördert, ohne daß sie anderseits selbst einzelnen zugleich persönlich verantwortlich sind für das Ganze der Geschichte und deren Ergebnis[82]. Für den einen ist dieses allesbeherrschende Prinzip das Schicksal oder *fatum*, für den anderen die Evolution, für wieder andere die Menschheit, die ‚Gattung Mensch‘ als universales Subjekt der ganzen Geschichte oder, unbestimmter, ‚die Natur‘. Für religiöse Menschen ist dies der lebendige Gott, der Herr der Geschichte. Aber in welcher Gestalt auch immer – es sei denn, man huldigt dem Nihilismus und bekennt sich zur Absurdität des menschlichen Lebens –, eine solche Totalitätsanschauung ist immer eine *Form des Glaubens,* in dem Sinn einer wissenschaftlich nicht nachzuprüfenden, zumindest nie völlig zu rationalisierenden ‚Utopie‘. Und so gilt in der Tat: „Ohne Glaube geht es niemand gut.“[83] In diesem Sinn ist ‚Glaube‘, Grund der Hoffnung, eine anthropologische Konstante der ganzen Menschheitsgeschichte, eine Konstante, ohne die menschenwürdiges und realisierbares menschliches Leben und Handeln unmöglich wird, der Mensch seine Identität verliert und in neurotische Zustände gerät oder in Horoskopen und allerlei ‚mirabilia‘ irrational seine Zuflucht sucht. Glaube und Hoffnung werden als notwendige menschliche Konstante außerdem durch den nihilistischen Anspruch bestärkt, der lebbare Menschlichkeit eine Absurdität nennt und somit keinen Glauben und keine Hoffnung besitzt. Das impliziert, daß Glaube und Hoffnung – mit welchem Inhalt auch immer – zur Gesundheit und Integrität, zur Lebbarkeit und zum Heil unseres Menschseins gehören. Für die an Gott Glaubenden impliziert dies, daß die *Religion* eine anthropologische Konstante ist, ohne die Heil für Menschen, Erlösung und wahre Befreiung unmöglich sind. Mit anderen Worten, daß jede Befreiung, die an einer *religiösen Erlösung* vorbeigeht, eine halbierte Befreiung ist und außerdem, wenn sie sich als *totale* Befreiung des Menschen ausgibt, naturgemäß eine reale Dimension des Menschseins selbst zerschlägt und den Menschen schließlich entwurzelt, statt ihn zu befreien.

VII
Unreduzierbare Synthese dieser sechs Dimensionen

Soweit die sechs besprochenen anthropologischen Konstanten eine *Synthese* bilden, ist die menschliche Kultur tatsächlich eine *unreduzierbare* – weder idealistisch noch materialistisch zu reduzierende – *autonome Wirklichkeit*. In der *Synthese* liegt die menschenheilende und heilbringende Wirklichkeit (diese Synthese muß daher selbst eine anthropologische Konstante genannt werden). Die sechs Konstanten greifen ineinander und bedingen einander. Sie zeichnen die Grundform des Menschseins und halten einander im Gleichgewicht. Von der Priorität ‚geister Werte‘ sprechen mag schön, ja sogar berechtigt klingen, aber es kann in Wirklichkeit die materiellen Voraussetzungen und Implikationen ‚des Geistigen‘ gerade *zum Nachteil* dieser geistigen Werte, zugleich vernichten. Verkennung einer dieser tief-menschlichen Konstanten entwurzelt das Ganze, auch ‚das Geistige‘ darin. Es beeinträchtigt den Menschen und seine Gesellschaft und verzerrt die ganze menschenwürdige Kultur. Bewußt oder unbewußt – sogar unter der Flagge der „primauté du spirituel“ – wird dadurch ein Anschlag auf wahres und gutes, glückliches und freies Menschsein begangen.

Anderseits dürfte aus dem Vorausgegangenen deutlich geworden sein, daß diese anthropologischen Konstanten, welche die Perspektive auf die fundamentalen Werte des ‚Menschseins‘ eröffnen, uns aber keineswegs die konkreten *Normen* liefern, die hier und heute, unter Berücksichtigung unserer objektiven Gesellschaftsform und der gegebenen Kultur, *gelten müssen,* um zu menschenwürdigeren Verhältnissen zu kommen. Diese Konstanten, so wurde gesagt, zeichnen gleichsam nur das Koordinatensystem, in dem konkrete Normen in gemeinsamer Überlegung gesucht und nach Analyse und Interpretation der konkreten Gesellschaftsstruktur und der Stellung der Person in ihr gefunden werden müssen. Von der Ebene des *schon erreichten Problembewußtseins* aus (als erforderlicher Minimumstart – vielleicht ist auch dies ein wichtiger Faktor bei der Besinnung auf das, was konkret ‚menschenwürdig‘ ist) können wir dann, auch auf der Grundlage negativer Erfahrungen oder Kontrasterfahrungen, aber auch aufgrund von schon gemachten Sinnerfahrungen, *im Licht dessen,* was als ‚Utopie‘ angesehen wird, eine Analyse der Kluft zwischen Ideal und Faktizität durchführen, eine ‚Differenzanalyse‘, aus der (immer in verschiedenen Alternativen) die *Richtung,* die wir einschlagen müssen, sichtbar werden kann, eine Richtung, die wir gemeinsam bestimmen und für die wir hier und jetzt gültige, dringende konkrete Normen werden schaffen müssen.

Ich sagte: in verschiedenen Alternativen. Denn sowohl die Füllung des utopischen Moments unseres menschlichen Bewußtseins ist unter Menschen ganz verschieden als auch die Analyse und vor allem die Interpretation dieses analytischen Ergebnisses (denn *in* der Art und Weise des Analysierens spielt schon das bestimmt ausgerichtete, utopische Bewußtsein mit). Daraus entsteht, selbst bei wissenschaftlicher Analyse (die ja in einem bewußten oder unbewußten Interpretationsrahmen stattfindet), naturgemäß auch *Pluralismus* in dem Anbieten konkreter Normen – auch dann, wenn man dieselben *Grundwerte* anerkennt, auf welche die ‚anthropologischen‘ Konstanten uns aufmerksam machen. Die vorgeschlagenen Normen, die man auf eigenes Risiko für sich selbst gelten läßt, müssen aber, wenn wir auch andere mit ihnen herausfordern, auf ihre inneren Argumente geprüft und im Dialog diskutiert werden. Auch dann, wenn ihre fundamentale *Inspiration* etwa aus einem religiösen Gottesglauben kommt, müssen *ethische,* das heißt die Menschenwürdigkeit fördernde Normen in einer intersubjektiv-gültigen, das heißt für alle vernünftigen Menschen zugänglichen, Diskussion rational begründet werden können. Keiner der Gesprächspartner kann sich dabei hinter einem fadenscheinigen ‚Ich sehe etwas, was du nicht siehst‘ verstecken und trotzdem andere verpflichten, diese Norm einfach zu akzeptieren. Wie oft in Diskussionen kann die anfängliche Situation durchaus von der Art sein, daß einer der Gesprächspartner etwas sieht, was andere nicht sehen. Aber das muß dann in einem freien und vernünftigen Kommunikationsprozeß gerade zur Erhellung auch für die anderen gebracht werden. Niemand kann sich dabei auf eine ‚windstille Zone‘ berufen (auch wenn andere Gesprächspartner aufgrund der vorgelegten Argumente nicht per se zu einem Konsens kommen werden). Mit unterschiedlichen Auffassungen von konkreten Normen für eine hier und jetzt erforderliche Menschenwürde leben zu lernen wird zu den Aufträgen moderner lebbarer Menschlichkeit gehören. Die Trauer über diesen Pluralismus gehört zu unserer (vor allem modernen) *condition humaine,* mit der wir fertig werden müssen, und zwar eben nicht durch diktatorische Ablehnung anderer Auffassungen. Auch diese Lebenskunst gehört zum

724

wahren, guten und glücklichen Menschsein innerhalb der Grenzen unserer Geschichtlichkeit und Vergänglichkeit, wenn wir nicht ‚Megalomanen' werden wollen, die es sich in den Kopf gesetzt haben, über ihre menschliche *Vergänglichkeit* hinauszuschießen. Aber der Wille zum Heil aller und jedes einzelnen Menschen darf anderseits auch nicht von der ‚Politik' als der sogenannten Kunst des Möglichen, des Machbaren oder Erreichbaren ausgehen. Politik ist eher die schwierigere Kunst, das, was für menschliches Heil *notwendig* ist, tatsächlich auch *möglich* zu machen.

Christliches Heil, in der schon jahrhundertelangen biblischen Tradition Erlösung genannt und als Heil-von-Gott-her für *Menschen* gemeint, hat also mit dem ganzen Koordinatensystem zu tun, in dem der Mensch wirklich Mensch sein kann. Man kann dieses Heil – Heilsein von Menschen – nicht nur in der einen oder der anderen dieser Konstanten suchen, etwa ausschließlich in ‚ökologischen Appellen', im ausschließlichen ‚Seid nett zueinander', im ausschließlichen Umsturz eines Wirtschaftssystems (des marxistischen oder kapitalistischen) oder in ausschließlich mystischen Erfahrungen: „Halleluja! Er ist auferstanden!" Anderseits ist die *Synthese* von all dem ein eindeutiges ‚Schonjetzt' und ‚Noch-nicht'. Die Art und Weise, wie menschliches Scheitern und menschliche Mißerfolge verarbeitet werden, wird eine (vielleicht die wesentlichste) Form von ‚Befreiung' genannt werden müssen. Das könnte dann wahrscheinlich die allumfassende ‚anthropologische Konstante' sein, in der Jesus der Christus uns vorangehen wollte.

DRITTES KAPITEL
CHRISTLICHES HEIL

§ 1. *Heilsindividualistische Verzeichnungen*

Manche Christen betonen gern, daß das christliche Evangelium bloß eine Sache des Herzens sei, eine persönliche Angelegenheit, und daß Jesus und das Neue Testament zwar zur Bekehrung des Herzens, zur Innerlichkeit, aber nicht zur Reform von Strukturen aufgerufen hätten. Dabei setzen diese Christen Person der Struktur gegenüber, und sie reden dann von der Priorität des persönlichen Bereichs und der nur sekundären Bedeutung des institutionellen Elements im menschlichen Leben. Daß Jesus seine Botschaft an *Personen* richtet, ist ziemlich selbstverständlich; an wen sollte eine Botschaft anders gerichtet werden müssen? Aber man vergißt dabei, daß das Sprechen des Evangeliums, auch das Sprechen Jesu, zugleich geschichtlich vermittelt ist. Wer das vergißt, endet unmittelbar in einem krassen Fundamentalismus. Dann scheint man sich nicht bewußt zu sein, daß man auf diese Weise einem falschen, nämlich abstrakten Personalismus huldigt. Diese Christen arbeiten dann mit der Vorstellung von

725

einem abstrakten Individuum, das in seiner freien Subjektivität völlig isoliert von der objektiven Gesellschaftsform stände, in der Personen leben, und von der Macht, die darin herrscht. Sie vergessen, wie tief und innerlich das Individuum vergesellschaftet ist, vor allem wie es bis in den Kern der eigenen Innerlichkeit mit-bestimmt ist durch die konkrete Gesellschaft mit ihren eigenen, anerzogenen Bedürfnissen. Man braucht den Menschen keineswegs als einen bloßen Schnittpunkt oder als die Summe gesellschaftlich bestimmter Rollen zu bestimmen (selbst wenn man ihm noch einen bestimmten Privatraum gönnt), aber man wird doch die tiefe Vergesellschaftung des Ichs, der Person, anerkennen müssen. Was der existentielle Personalismus (wie er zum Teil in bestimmten charismatischen Bewegungen der Innerlichkeit wieder auflebt) als das Wesen und die Innerlichkeit des Menschen versteht, ist in Wirklichkeit bis tief in seine existentiellen Bedürfnisse hinein mitbestimmt durch die eigene Dynamik und die objektive Gesellschaftsform, in der wir heute leben. Und dieses Gesellschaftssystem basiert auf Gewinn, Leistung und Konkurrenz; weniger freundlich, aber genauso wirklichkeitsnah gesagt: auf Habgier, auf individuellem und Gruppenegoismus. Man kann ein solches System kaum als mit dem Evangelium vereinbar bezeichnen.

Eine Flucht in die Innerlichkeit ist, unter diesen Bedingungen, zugleich eine Flucht in die verinnerlichte ‚Gesellschaft‘, eine Flucht also *in* den gesellschaftlichen Status quo, statt einer Kritik an der tatsächlichen Entfremdung unserer Innerlichkeit. Gerade der „Gott der reinen Subjektivität"[84] hat zu den modernen Formen des Atheismus geführt. Diese moderne Subjektivität unterliegt zur Zeit einer ernsthaften Kritik, zumindest insofern die weltlichen und gesellschaftlichen Voraussetzungen der Innerlichkeit oder Freiheit nicht mitbedacht werden. Nicht mitbedacht, gewinnen sie den *Anschein* von Unbefragbarkeit und Selbstverständlichkeit: die Kraft einer Art von ‚Naturgesetzmäßigkeit‘.

Die Aporie, die mit all dem gegeben ist, wird sofort deutlich, wenn wir die Eigenart dessen bedenken, was das Christentum den Glauben an Heil-in-Jesus von Gott her nennt. Dieser Glaube ist eine freie menschliche Tat und wird zugleich Gabe Gottes genannt. Christlicher Glaube *setzt* Freiheit *voraus* und *erschließt* Freiheit. Die entscheidende Frage dabei ist dann, ob unter den heutigen gesellschaftlichen Bedingungen Selbstbefreiung und Emanzipation nicht eine Voraussetzung für einen möglichen Glauben an die religiöse Botschaft der Erlösung und darin zugleich schon ein fragmentarisches Zeichen von Heil sind. Infolge der extensiven und intensiven Zunahme einer recht gleichförmigen Vergesellschaftung wird die persönliche Identität und damit auch der christliche Glaube in zunehmendem Maße *gesellschaftlich* vermittelt. Der Gegensatz zwischen *Person* und *gesellschaftlicher Struktur* wird dann bis zu einem gewissen Grad eine Abstraktion mit gefährlichen Konsequenzen. Denn christliches Jasagen zum Personsein des anderen, sich mit dem anderen identifizieren und dessen eigenes Subjektsein bejahen, ist, gleichursprünglich, eine Bereitschaft, die wirtschaftlich-politische, gesellschaftliche Welt menschlich bewohnbar zu machen.

726

Die Freiheit (aus dem Glauben) besteht nicht bloß, wie die Stoa und noch Paulus behaupteten, in einem neuen *Verhältnis zu* unserer einfach vorgegebenen weltlichen Situation, die man dann sich selbst überläßt. Und dann fragt es sich, ob die Freiheit der Kinder Gottes nicht auch auf eine gesellschaftliche Befreiung als integralen Bestandteil des eschatologischen Heils von Gott her angewiesen ist. Mit anderen Worten, die Frage, ob die christliche Freiheit oder Erlösung auf politische und gesellschaftliche Befreiung als auf eine Bedingung ihrer eigenen Möglichkeit angewiesen ist. Auffallend ist schon, daß unsere *religiösen* Begriffe von Erlösung *profane* Begriffe der Rettung, des Heilseins und der Befreiung implizieren und außerdem gemäß den geschichtlich immer wieder wechselnden Formen begehrter Befreiung. Allein schon das mögliche Verstehen dessen, was Christen mit Erlösung meinen, setzt die Erfahrung irgendeiner Befreiung voraus. Denn was kann Liebe zu Gott für jemanden bedeuten, der als Mensch nie ‚Objekt‘ einer mitmenschlichen, befreienden Liebe gewesen ist, nie Liebe erfahren hat? Das völlig verborgene, bloß an- und zugesagte Heil ist der jetzt noch eschatologische *Grenzfall* der christlichen Existenz. In stets überholbaren und faktisch überholten Gestalten muß das eschatologische Heil in Fragmenten sichtbar auf der Grundfläche unserer menschlichen Geschichte verwirklicht werden – in Herz und Strukturen, weil (vor allem in unserer heutigen Gesellschaft) das Herz oder die Liebe auch durch Strukturen vermittelt wird. Wesentlich und substantiell ist Heil *Liebe,* aber nicht so, daß alles andere dann nur Heils*voraussetzung* bildet. Liebe ist eben nicht reine Innerlichkeit; das Leibliche und das Gesellschaftliche treten im Modus der Leiblichkeit und Gesellschaftlichkeit in die Substanz der Liebe ein. Doch ist es so, daß das Leibliche und die Strukturen das Heil nie *konstituieren;* deshalb kann es etwa auch in Armut und Knechtschaft doch partielle wirkliche Heilserlebnisse in Liebe geben (wodurch aber diese Knechtschaft keine Legitimation erhalten hat).

Für den an Gott glaubenden Menschen ist jede sozialpolitische Befreiung nur partiell, und zwar so, daß, wenn diese sich *als total* ausgibt, sie wesentlich eine neue Form der Knechtschaft und Sklaverei wird. Aber aus dieser christlichen Einsicht ist kein einziger Grund dafür gegeben, politisch-gesellschaftliche Befreiung zu bagatellisieren. Zentral steht im Augenblick das Problem des Verhältnisses der Ethik der menschlichen *Befreiung* zum *eschatologischen* Heil. In der Geschichte der Religionen fällt übrigens auf, daß Krankheit und manche Formen menschlicher Entfremdung immer mit religiösen Vorstellungen verbunden werden, wie auch umgekehrt Heilung, Genesung und Befreiung aus menschenentfremdenden Mächten immer als ein Zeichen des kommenden Reiches Gottes erfahren werden[85]. So ist es auch im Evangelium. Das Etymos des Wortes *salus* oder Heil hat, sowohl in den romanischen als auch in den germanischen Sprachen, mit *sanitas*, Gesundheit, zu tun: mit „Heilsein" oder Integrität. Mit anderen Worten, eschatologisches Heil wird stets in Begriffen der Integrität *menschlichen* Lebens ausgedrückt. Die Bibel drückt dies in „Schalom"-Begriffen aus, in denen auch die gesellschaftliche Dimension mit wesentlich ist.

In der Analyse des Neuen Testaments (Zweiter Teil) hat sich denn auch gezeigt, daß die neutestamentlichen Christen dem in Jesus religiös erfahrenen Heil auch *in der Gesellschaft* Gestalt geben wollen, in der sie es, in Anbetracht der damaligen Verhältnisse, tatsächlich konnten, nämlich in der eigenen christlichen Gemeinde, in der sie keine unterjochenden Machtverhältnisse duldeten. In unserer veränderten heutigen Situation wird aus diesem neutestamentlichen Impuls heraus die Frage nach dem Verhältnis des christlichen Glaubens zum politischen Handeln des Gläubigen eine unbestreitbare Herausforderung an das christliche Gewissen.

§ 2. *Streit um das Verhältnis zwischen ‚Geschichte' und ‚Heilsgeschichte'*

Die Tatsache ist bekannt, daß man oft im Namen des christlichen Heilsbegriffs die sozialpolitischen Versuche des Menschen, schon in unserer Geschichte Frieden und Gerechtigkeit zu verwirklichen, als ein humanistisches und ‚pelagianisches' Unternehmen ansieht, das die ‚Rechtfertigung allein durch den Glauben' ins Gedränge bringen würde. Manchmal wird es sogar als gottloser Aktivismus qualifiziert. So wird in fast allen Kirchen ein Keil getrieben zwischen sogenannte orthodoxe, kontemplativ ausgerichtete ‚Kirchen der Erlösung' und sogenannte heterodoxe, aktivistisch orientierte ‚Kirchen der Befreiung'.

Das gleiche Problem ist in der Theologie schon länger zur Sprache gekommen bei der Frage nach dem Verhältnis zwischen ‚profaner' Geschichte und Heilsgeschichte und zwischen dem eschatologischen Heil und dem menschenwürdigen Aufbau der Welt. Zwangsläufig muß ich hier eine repräsentative Auswahl aus vielen Autoren treffen. Deshalb will ich zuerst sechs moderne Lösungen analysieren, um eine schärfere Problemstellung zu erhalten.

a) In seinem Buch „Heil als Geschichte" behauptet O. Cullmann[86], daß menschliche Geschichte und Heilsgeschichte verschieden seien. Die Heilsgeschichte behandle ein besonderes Thema, verschieden von dem, was in der Profangeschichte zu Wort komme. Heil stehe weltlichem Leben gegenüber: „Die neutestamentliche Heilsgeschichte unterscheidet sich radikal von aller Geschichte." Cullmann gründet diese Abgrenzung der Heilsgeschichte gegenüber der allgemeinen Menschheitsgeschichte auf eine *Auswahl* bestimmter Ereignisse, die in der allgemein-menschlichen Geschichte eintreten[87]. Gott selbst wählt nur bestimmte Ereignisse aus, die durch einen konkreten Heilszusammenhang untereinander verbunden sind und damit eine besondere Geschichte vor dem Hintergrund der Profangeschichte bilden. Auserwählten – Propheten und Aposteln – offenbart Gott diesen inneren Zusammenhang. Dieser göttliche Offenbarungsakt gehört wesentlich zu dem, was Cullmann ‚Heilsgeschichte' nennt[88].

Heilsgeschichte ist somit ein dünner Faden im komplexen Ganzen der allgemeinen menschlichen Geschichte. Cullmann ist sich bewußt, daß diese Auswahl bestimmter Ereignisse und ihre ‚Erhebung‘ zur Heilsgeschichte vom historischen Standpunkt aus gesehen, willkürlich, ja sinnlos erscheint[89].

Daß nicht alle geschichtlichen Ereignisse für Heil gleich bedeutsam sind, ist selbstverständlich. Schon allgemein anthropologisch zeigt sich ein Unterschied zwischen alltäglichen menschlichen Handlungen und ‚Grundhandlungen‘ des Menschen, in denen er sein Menschsein konzentrierter zum Ausdruck bringt. Die Frage ist nur, ob diese bestimmte Auswahl von Ereignissen Grundlage einer besonderen Geschichte genannt werden kann. Jede historische Forschung arbeitet selektiv und wählt aus einem chaotischen Ganzen jene Gegebenheiten aus, die für das eigene historische Projekt relevant sind. Auch ein gläubiger Mensch hat also das Recht, aus seinem religiösen Projekt heraus eine bestimmte Auswahl zu treffen. Darin hat Cullmann recht. Aber als unbegründet erweist sich seine Behauptung, es bestünde daher ein fundamentaler Unterschied zwischen dieser aus ihrem eigenen Wesen erkannten Heilsgeschichte und der allgemeinen menschlichen, sogenannten Profangeschichte. Auf mehr oder weniger konzentrierte Weise ist jedes Handeln des Menschen auf das Heil bezogen: auf sein Menschsein und dessen Heilsein, wie man dieses selbst sieht und wertet. Und für den Gläubigen schließt dies denn auch ein, daß alles Handeln Gottes in Natur und Geschichte – wie auch immer – auf das Heil des Menschen bezogen ist. Wo findet man denn einen Grund, einen so radikalen Unterschied zwischen weltlicher Geschichte und Heilsgeschichte zu machen? Diese Auffassung widerspricht der Wirklichkeit, daß es in der ganzen Geschichte der Menschheit um den *Menschen* und somit um sein Menschsein, sein Heilsein oder Heil geht. Wir können nicht von einem – woher bekannten? – göttlichen Ratschluß und Plan ausgehen, um von dort her den dünnen Faden der Heilsgeschichte *in* der Profangeschichte zu erkennen. Nur aus einer interpretativen Erfahrung eben unserer Geschichte schlechthin können wir etwas über Gottes Plan mit unserer menschlichen Geschichte sagen, und nicht umgekehrt. In Cullmanns These steckt ein ‚offenbarungspositivistisches‘ Moment, dem daher ein gläubiger Dezisionismus entspricht: Die Auswahl jener Ereignisse, die Heilsgeschichte bilden, ist eine Sache der Glaubensentscheidung[90] und keiner historischen Prüfung zugänglich. Trotz allem, sogar gegen seine eigene Intention[91] fällt Cullmann in die Dichotomie von ‚Erfahrung‘ und ‚Interpretation‘ (siehe Erster Teil). Das Interpretationsmoment ist bei ihm offensichtlich ein *von außen kommendes,* auf Gottes Autorität hin anzunehmendes Element, das sich jeder kritischen Kontrolle entzieht. Heilsgeschichte ist dann innerhalb des Ganzen der menschlichen Geschichte eine besondere, sturmfreie Zone: die biblische Geschichte und ihre Überlieferungen.

b) Fast die gegenteilige Position von O. Cullmann vertritt W. Pannenberg[92]. Für Pannenberg geht es in aller Menschengeschichte um den Menschen selbst, um sein Heil. Nicht Subjekt, sondern *Thema* der ganzen Menschengeschichte ist der Mensch, sein Heilsein oder Heil. Menschengeschichte *ist* Heilsgeschichte. Aber was in der Geschichte für den Menschen auf dem Spiel steht, wird in den Religionen *thematisiert*. Mit anderen Worten, worum es implizit in der Geschichte geht, wird in den verschiedenen Religionen explizit zur Sprache gebracht. So besteht ein gewisser Unterschied zwischen *allgemeiner* Heilsgeschichte und *expliziter*, thematisierter Heilsgeschichte (der Geschichte der Religionen). Dabei leugnet Pannenberg, daß diese Religionen (oder eine unter diesen Religionen) eine *unfehlbar autoritätsvolle* Interpretation der Heilsthematik seien, die in der allgemein-menschlichen Geschichte impliziert ist. Doch sind die verschiedenen Religionen *besondere* Interpretationen der Heilsthematik aller menschlichen Geschichte, aber erst durch einen Vergleich der Religionen untereinander kann offenkundig werden, welche Religion das implizite Heilsthema der Universalgeschichte in der kohärentesten Weise zu artikulieren versteht. Dadurch wird auch die jüdisch-christliche religiöse Überlieferung dem entzogen, was für O. Cullmann eine sturmfreie Zone ist.

Gerade beim Vergleich der Religionen – Thematisierungen des Heils, das in jeder Geschichte auf dem Spiel steht – fällt Pannenberg auf, daß nicht alle Religionen zu dem Bewußtsein gekommen sind, daß das Heil oder Heilsein des Menschen *gerade in der Geschichte* verwirklicht werden muß, nämlich in einer Geschichte, in welcher der Mensch seinem Heil „als seiner künftigen Bestimmung" begegnet, die, eben als künftig, von ihm auch verspielt werden kann. Das ist die jüdisch-christliche Auffassung. Für andere Religionen, vor allem für jene, die von einer mythischen Urzeit sprechen, ist das Heil des Menschen in einer urzeitlichen Ordnung der Dinge grundgelegt. Daraus ist die Menschheit ‚herausgefallen‘; durch Kult will diese religiöse Menschheit den Urzustand wiederherstellen. So muß *Geschichte* durch *Kult* überwunden werden, denn Geschichte ist Veränderung, und je weiter sie sich von der Urzeit entfernt, um so mehr Verfall produziert sie. Heil ist in diesen Religionen daher nicht *in* der Geschichte zu finden, sondern in dem die Geschichte transzendierenden Kult: in dem eigenen liturgischen Leben der Gemeinde. Erst für Israels nomadischen Glauben an Gott als Lenker der Geschichte des Volkes Gottes wird die Geschichte selbst zum Ort der Selbstoffenbarung Gottes und der Offenbarung des Heils der Menschen. Im Gegensatz zum mythischen Bann der Urzeit ließ der Gott Israels, der Herr der Geschichte, der Lenker des Exodus Israels, das Bewußtsein entstehen, daß der Mensch noch nicht fertig ist, daß sein Heilsein und Heil noch künftig ist. Nach Pannenberg fand dieses Bewußtsein im Christentum seinen prägnanten Ausdruck im Bild von der antitypischen Spannung zwischen dem ‚ersten‘ und dem ‚zweiten Adam‘, erschienen in Jesus; für uns aber bedeutet dies eine noch unvollendete Zukunft.

Pannenberg vermeidet somit eine willkürliche Abgrenzung der Heilsgeschichte gegenüber dem Ganzen der Menschengeschichte; zugleich betont er, daß die Totalität des Menschseins – verborgenes Thema aller menschlichen Geschichte – nicht überall auch ausdrücklich thematisiert wird. Aber diese ausdrückliche Thematisierung geschieht nicht durch eine zur Geschichte von außen hinzukommende Offenbarungsautorität (so K. Rahner; siehe unten), sondern durch jedes religiöse Leben. Die Abfolge besonderer Ereignisse, denen Cullmann eine heilsgeschichtliche Qualität im engeren Sinn zuerkennt, ist für Pannenberg identisch mit der Reihe religiös relevanter Ereignisse, die den Sinn der ganzen Geschichte ausdrücklich zur Sprache bringen. Die Besonderheit Israels und des Christentums kommt dabei nicht unmittelbar von oben, sondern ist eine geschichtliche Ausbildung des religiösen Lebens, eine Besonderheit, deren Eigenheit darin liegt, daß sie allein die *Geschichtlichkeit* der Heilsthematik ausdrücklich formuliert: Gottes Offenbarung und somit das Heil des Menschen vollzieht sich in unserer normalen menschlichen Geschichte. Dabei erkennt Pannenberg also nur die Autorität der Geschichte selbst und der menschlichen Vernunft an. Ob das genügen kann, wird sich aus den folgenden theologischen Interpretationen ergeben.

c) Für Karl Rahner[93] ist die Heilsgeschichte keine Auswahl einer begrenzten Anzahl von Ereignissen aus dem Gesamt menschlicher historischer Ereignisse (O. Cullmann). Die ganze Menschengeschichte ist der Ort, wo über Heil oder Unheil des Menschen entschieden wird. Doch bejaht Rahner eine *besondere* Heilsgeschichte innerhalb der *allgemeinen* Heilsgeschichte, die genauso breit und tief ist wie die sogenannte ‚Profan'geschichte. Sie ist besonders, nämlich unter dem Aspekt, daß in ihr eine *besondere Interpretation* zur Sprache kommt, in der die Heilsbedeutung aller Geschichte geoffenbart wird. Wie für Pannenberg gibt es auch für Rahner nur *eine* Geschichte; man kann in ihr nicht einen abgegrenzten, besonderen Raum entdecken, der als Heilsgeschichte reserviert wäre, während die anderen Bezirke außerhalb der Gnaden- oder Glaubensgeschichte ständen. Im Heil geht es um die Gesamtheit unseres Menschseins und nicht um eine daraus zu lösende ‚besondere Thematik'. Für Rahner ist dies konstitutiv für seinen Begriff ‚Heilsgeschichte'. Geschichte *ist* Heilsgeschichte (wie für Pannenberg), und doch besteht ein Unterschied zwischen Heilsgeschichte und Profangeschichte, nämlich dadurch, daß in der Heilsgeschichte eine sonst nicht erreichbare *Interpretation* gegeben ist. Denn die Profangeschichte gibt in und aus sich selbst, „insgesamt und im allgemeinen", „keine sichere Interpretation, was Heil oder Unheil betrifft"[94]. Ohne das, was Rahner die ‚amtliche Offenbarung' nennt, bleibt jede Heilsinterpretation unserer Geschichte unsicher und ambivalent, einerseits weil der Mensch seine freien Taten nie erschöpfend durchschauen (‚durchreflektieren') kann, anderseits weil das Heil von einer Gabe Gottes abhängig ist, von einer Gnade, die auch als eine innere Veränderung der Struktur des menschlichen Bewußtseins ausgelegt werden muß. Verändert wird durch Gottes Gnade in erster Linie „der apriorische, unthematische Horizont, in dem sich das geistige Leben des Menschen bewegt"[95].

Die Geschichte des Heils erscheint somit als die verborgene Dimension aller Geschichte und fällt, insofern, mit der ganzen Profangeschichte zusammen, aber diese Dimension wird nur *innerhalb* einer besonderen Heilsgeschichte erkennbar, von Rahner „*amtliche* Heilsgeschichte" genannt[96], „die durch das interpretierende und offenbar machende Wort Gottes" konstituierte Geschichte. Diese letztere geschieht nicht überall, sondern nur in Israel und in der durch Jesus Christus initiierten Geschichte der kirchlichen Gemeinde Gottes. Die Auffassungen Rahners und Pannenbergs (der sein Konzept in Konfrontation mit dem Rahners entwickelt) berühren einander in vielen Punkten: Die Religionen interpretieren explizit die verborgene Heilsthematik der universalen Menschengeschichte. Für Pannenberg sind diese religiösen Interpretationen aber nicht ‚autoritativ', sondern einer vergleichenden rationalen Analyse unterworfen. Für Rahner ist nur die jüdisch-christliche Interpretation autoritativ und definitiv, eschatologisch, durch das Wort Gottes besiegelt. Gerade deshalb macht Rahner noch einen Unterschied zwischen der ‚offenen' Interpretation des Alten Testaments und der definitiv geltenden Interpretation des Neuen Testaments. Denn im Tenach gibt es „noch keine *institutionelle* Instanz, die mit einer absoluten Unterscheidung der Geister stets zwischen wahren Propheten, legitimer religiöser Erneuerung und Kritik einerseits und falschen Propheten und religiöspervertierenden Entwicklungen anderseits unterscheiden könnte"[97]. Dieses Unterscheidungsvermögen ist erst durch die absolute und unlösbare Einheit zwischen dem Göttlichen und dem Menschlichen in der Person Jesu Christi gegeben. Nach Rahner ist also *das, was* in der (jüdisch-)christlichen Religion interpretiert wird, fundamental wirklich auch in der allgemein menschlichen und in der allgemeinen Religionsgeschichte vorhanden, aber das unterscheidende Merkmal der ‚amtlichen Heilsgeschichte' (in Israel und im Christentum) liegt in ihrer *autoritativen* Interpretation, die sich auf die eschatologische Definitivität des Christusgeheimnisses gründet. So kommt es innerhalb der Heilsgeschichte (der Geschichte der Menschheit) zu einem Unterschied zwischen Heilsgeschichte im weiteren Sinn und im engeren, konzentrierten Sinn. Auch hier erscheint somit das Wahrheitselement in der Auffassung sowohl von O. Cullmann als auch von W. Pannenberg: Der Heilssinn der Geschichte ist nicht überall gleich explizit und deutlich. Zwar geht es in der ganzen Geschichte um das Heil oder Unheil des Menschen, aber dieses Heil oder Unheil kommt nicht in allen Fragmenten unserer menschlichen Geschichte gleich ausdrücklich und deutlich als das eigentliche Objekt, das Thema und der Inhalt unserer historischen Erfahrung, zum Ausdruck. In Jesus Christus wird der endgültige, definitive Sinn aller Menschengeschichte historisch bewußt. Das gibt der christlichen Bewegung um Jesus und ihrer weiteren Geschichte in der Welt einen *besonderen* heilsgeschichtlichen Charakter, selbst nach Rahner wieder unterschieden von der *religiösen* Geschichte der Menschheit, die keine autoritätsvollen, ‚unfehlbaren' Interpretationsinstanzen besitzt. Definitives Heil-von-Gott-her in Jesus Christus gibt der Geschichte des christlichen Glaubens – in all ihren ups und downs – trotzdem einen besonderen Offenbarungscharakter und damit Heilsverwirklichung.

d) Johann-Baptist Metz[98] geht wie die anderen Autoren davon aus, daß die *Geschichte* die Stelle ist, wo über das Heil oder Unheil des Menschen entschieden wird. Aber er vermißt in diesen gegebenen Interpretationen die Frage, was Heilsgeschichte *gegenüber* Unheilsgeschichte ist. Seine Aufmerksamkeit richtet sich weniger, zumindest direkt, auf eine Präzisierung dessen, was ‚Offenbarungsgeschichte‘ in Verbindung mit der Weltgeschichte und der Geschichte der Religionen ist. Angesichts der Leidensgeschichte der Menschheit ist für ihn deutlich, daß man ‚Geschichte‘ und ‚Heilsgeschichte‘ nicht identifizieren kann. Es gibt zu wenig Heil in unserer Geschichte. Metz sieht nicht so sehr auf das Verhältnis zwischen Geschichte und Heilsgeschichte, sondern auf die Feststellung, daß die konkrete Geschichte eine Leidensgeschichte ist. Er will daher den Begriff ‚Heilsgeschichte‘ der *Unheils*geschichte der leidenden Menschheit und deshalb auch den emanzipativen Befreiungsbewegungen gegenüberstellen. Sein unmittelbarer ‚Gesprächspartner‘ ist – wenn auch nicht ausdrücklich ausgesprochen – der marxistische, der (neo-)liberale und der positivistische, moderne ‚homo emancipator‘: der moderne Prozeß emanzipativer Selbstbefreiung, sei es in marxistischer, sei es in neo-marxistischer, sei es in liberaler und neopositivistischer, ‚technokratischer‘ Perspektive. Von der christlichen Auffassung aus will er gegenüber diesen modernen Strömungen mit ihren eigenen Auffassungen von der Zukunft des Menschen den ‚leidenden Menschen‘ in Schutz nehmen und ihm Zukunft zusprechen. Dieser *Kontext* des Metzschen Denkens charakterisiert auch seine Theologie, die dadurch ‚regionalisiert‘ ist (wie dies jede lebendige Theologie ist).

Für Metz ist die Heilsgeschichte nicht identisch mit der menschlichen Geschichte (die ja zuviel Unheil enthält), aber ebensowenig mit der emanzipativen Befreiungsgeschichte, die, soweit sie *total* sein will, neue Leidensgeschichten ins Leben ruft[99]. Metz strebt nach einem politischen Entwurf der Zukunft aus dem christlichen eschatologischen Gedächtnis Jesu Christi[100] – ein politischer Entwurf, der sich den totalitären Tendenzen entzieht, die inhärent jeden Marxismus bedrohen; gegen den Pragmatismus und die Irrationalität jedes positivistischen, liberalen und neoliberalen politischen Entwurfs; gegen eine Zukunft, die von Technokraten geschaffen werden könnte[101]. So ist diese Theologie deutlich ‚westlich‘ gefärbt durch die Auswahl ihrer impliziten ‚Gesprächspartner‘. Es geht um die Frage, wie man ‚Freiheit‘ und damit Befreiung des Menschen in einem westeuropäischen, durch die Aufklärung bestimmten Kontext versteht, wobei sich Metz nicht gegen die emanzipative Freiheitsgeschichte selbst wendet, wohl aber gegen ihre positivistischen und marxistischen Versionen.

Metz betont nachdrücklich, der Akzent dürfe nicht auf der *Interpretation* unseres Daseins liegen, auch nicht auf einer ‚wertfreien‘ und distanzierten historischen Kritik. „Die wesentliche Dynamik der Geschichte ist... das Gedächtnis des Leidens als negatives Bewußtsein von künftiger Freiheit und als Stimulans, im Horizont dieser Freiheit leidüberwindend zu handeln.“[102] Trotz aller

Akzentunterschiede ist damit noch nichts anderes gesagt, als was etwa Pannenberg sagt, wenn er „von dem handelnden und leidenden Menschen" spricht, der in einen Kampf für menschliches Heilsein verwickelt ist. Doch legt Metz den Nachdruck darauf, daß die Leidensgeschichte keine vorübergehende Vorgeschichte der Menschheit ist, sondern „ein inneres Moment der Geschichte der Freiheit ist und bleibt"[103]. Es ist ihm darum zu tun, den christlichen Glauben an die Auferstehung auch in gesellschaftlich mitteilbaren Symbolen zum Ausdruck zu bringen, die für uns eine kritisch-befreiende Kraft haben. „Das Sinnpotential unserer Geschichte hängt nicht nur an den Überlebenden, an den Erfolgreichen und Durchgekommenen!"[104] Totale Selbstbefreiung durch Emanzipation nennt Metz einen ‚Geschichtsdarwinismus', in dem das Recht des Stärkeren über die Zukunft unseres Menschseins entscheidet.

So widersetzt sich Metz einer oft wahrgenommenen Haltung, in der ein Unterschied gemacht wird zwischen der (inner)weltlichen Leidensgeschichte und einer überweltlichen Herrlichkeitsgeschichte, und erst so lehnt er auch die Dichotomie zwischen weltlicher Geschichte und Heilsgeschichte ab: Die Weltgeschichte selbst muß zur Heilsgeschichte gemacht werden. Man kann ‚beide' nicht spekulativ oder theoretisch in eine Art Deckungsgleichheit bringen, aber ebensowenig können sie bloß formal kontrastiert werden. Deshalb ist für Metz Heilsgeschichte tatsächlich die Weltgeschichte selbst, *insoweit* in ihr Heil und Sinn für die unterdrückten, verworfenen und verdrängten Erwartungen und für den leidenden Menschen eingeräumt werden. „Heilsgeschichte ist jene Weltgeschichte, in der den besiegten und vergessenen Möglichkeiten menschlichen Daseins, die wir ‚Tod' nennen, ein Sinn gegeben wird, der durch den Ablauf künftiger Geschichte nicht widerrufen oder aufgehoben wird."[105]

Metz wird nicht leugnen, daß unsere Geschichte der Ort ist, wo über Heil oder Unheil entschieden wird; er wird also mit Pannenberg und Rahner zugeben können, daß Heil oder Unheil *in* unserer ganzen weltlichen Geschichte vollzogen werden. Aber ihm geht es nicht um das Thema ‚Heil oder Unheil', mit dem unsere Geschichte tatsächlich zusammenfällt, sondern um die Momente in dieser Geschichte, in denen wirklich *Heil* realisiert wird; allein diese Geschichte ist Heilsgeschichte und damit Offenbarungsgeschichte. Wenn auch in einem ganz anderen, sogar konträren Kontext sieht er in der Heilsgeschichte tatsächlich einen *in Wirklichkeit* eher ‚dünnen Faden' in unserer allgemeinen Geschichte, die erst dort Heilsgeschichte ist, wo Heil konkret verwirklicht wird. Es geht ihm nicht darum, die Geschichte theoretisch zu thematisieren als den Ort, wo Heil *oder* Unheil verwirklicht wird – das ist ziemlich evident –, sondern um die *Verwirklichung* von Heil in dieser Geschichte, und zwar von universalem Heil, für alle – Lebende und Tote.

Mit der ganzen christlichen Tradition erklärt Metz Gott in seiner eschatologischen Freiheit als das universale Subjekt und den Sinn der Geschichte, und er zieht daraus dann die Schlußfolgerung, daß in unserer Geschichte somit kein *politisch identifizierbares* oder *gesellschaftlich nachweisbares* universales

Subjekt der Geschichte vorhanden ist[106]. Wo daher eine Partei, eine Gruppe, eine Rasse, eine Nation, eine Klasse, eine Gruppe von Technokraten usw. versucht, sich als dieses universale Subjekt der Geschichte zu bestimmen, wird sich ein Christ dem als einer menschenentfremdenden politischen Ideologie widersetzen.

Deshalb sagt Metz, daß im Licht der eschatologischen Erinnerung an den Gott des leidenden, gestorbenen, aber auferstandenen Jesus Christus – a) das politische Leben ‚freigesetzt' wird, – b) außerdem gegen Gefahren des Totalitarismus geschützt wird, – c) ohne jedoch richtungslos (und damit pragmatisch) zu werden. Denn dieses Gedächtnis antizipiert eine ganz *bestimmte* Zukunft, eine Zukunft, die vor allem eine Zukunft für Verzweifelte, Besiegte, Opfer, Menschen ohne menschlich begründete Erwartungen ist. Eine Zukunft, die aus Parteilichkeit für die Schwächeren und die Schwächsten unter uns zu schaffen ist.

Metz umschreibt nicht, was er unter ‚Heil' versteht; er wehrt sich jedoch wiederholt gegen die Reduzierung menschlichen Leidens auf sozialwirtschaftliches, politisches Leiden. Außerdem sagt er, daß das eschatologische Heil nicht aus unserem politisch-gesellschaftlichen Handeln ableitbar ist. Vor allem in seinem grundlegenden Aufsatz „Erlösung und Emanzipation" (in dem Metz – wenn auch in einer sehr schwierig verfaßten Konstruktion – meines Erachtens eben den Kern seines ganzen heutigen theologischen Denkens am besten formuliert hat) hat er die Frage gestellt: Gibt es eine Vermittlung zwischen ‚Heil' (Erlösung) und ‚Geschichte', bei der – a) Heil und Leidensgeschichte nicht theoretisch-rational miteinander versöhnt werden, und – b) die Nicht-Identität, also die reale Negativität des Leidens, nicht geleugnet wird, und – c) die Erlösung oder das Heil nicht völlig eschatologisch gesehen wird (ohne schon greifbare Verwirklichung in unserer Geschichte) und somit ebensowenig auf eine Angelegenheit reiner Innerlichkeit reduziert wird, und – d) Erlösung und Heilsgeschichte nicht ungeschichtlich als ein Paradox nebeneinandergestellt werden. Ich glaube, daß diese vier Fragezeichen tatsächlich grundlegend für die heutige Frage nach Heil sind. Metz selbst sieht die Lösung dieser Frage nach Vermittlung in der narrativen Tiefenstruktur der wahrhaft befreienden kritischen Vernunft liegen. Das bedeutet: Die Vermittlung kann nicht rational, das heißt theoretisch oder argumentativ, vollzogen werden, sondern ausschließlich durch ein erzählendes Gedächtnis der von Gott in Jesus Christus vollzogenen Erlösung. Diese Geschichte, als zur Sprache gebracht in der Nicht-Identität oder Endlichkeit unserer undurchsichtigen Leidensgeschichte, hat eine kritische und produktive Kraft, die zum Handeln antreibt. Diese Berufung auf die Erzählung ist für ihn kein Rückfall in die vorkritische Zeit vor der Aufklärung, weil die Ehrfurcht vor der Autorität des leidenden Menschen eben zur Struktur der befreienden kritischen Vernunft gehört. Mit anderen Worten, das vergangene Leid vergessen wäre für die menschliche Vernunft der Anfang ihres Marsches in die Barbarei. Die lebendige Geschichte (nicht die Geschichtswissenschaft) ist der kritischen Rationalität immanent. Es geht ihm also nicht darum, eine Vision totaler Befreiung aufrechtzuerhalten, sondern zugleich um das erzählende Gedächtnis eines sehr konkreten Geschehens: jemandes, der dem Zukunft schenkt, der menschlicherweise keinẹ Aussicht auf noch irgendeine Zukunft hatte: des gestorbenen, aber auferstandenen Jesus Christus.

Die politische Theologie von Metz hat viel Kritik erfahren, meines Erachtens häufig zu Unrecht, weil man den besonderen Blickwinkel und die Absichten von Metz übersah, der außerdem seine Auffassung in immer wieder präzisierenden Etappen dargelegt hat, wodurch die vorausgegangene Etappe stets nuanciert wurde. Man kann das einer Anschauung-im-Werden auch kaum übelnehmen. Doch glaube ich, daß Metz die Reflexion auf das Verhältnis der Heilsgeschichte zur emanzipativen Freiheitsgeschichte zu brüsk mit einer Berufung auf die Vermittlung der Erzählung menschlicher Leidensgeschichten abbricht. Die christliche Erlösung ist, so sagt er, nicht der Aspekt der Transzendenz der menschlichen Freiheitsgeschichte, die ihrerseits ebensowenig die Immanenz der christlichen Erlösung ist. Aber ob es nun eigentlich eine *positive* Beziehung zwischen beiden Geschichten gibt, hören wir eigentlich nicht. Mit vielen anderen lehnt Metz jedoch den Dualismus zwischen unserer Geschichte und dem eschatologischen Heil mit Recht entschieden ab. Die entscheidende Frage ist nur, ob die Vermittlung zwischen beiden damit genügend artikuliert ist, daß man ausschließlich auf die menschliche Leidensgeschichte hinweist. Ich selbst bin auch äußerst empfindsam für die menschliche Leidensgeschichte – sonst hätte der ganze Entwurf dieses vierten Teils wenig Sinn! Aber wie barbarisch es auch scheinen mag, Leiden ist für keinen einzigen Menschen das Resümee seines Lebens; auch Metz wird das nicht leugnen. Es ist jedoch eine brutale Realität, ein Scandalum, das sich außerdem theoretisch nicht einordnen läßt und bei dem auch eine totale Praxis scheitern muß, so daß zumindest darin das Leiden das letzte Wort hat. Das wird man Metz in jedem Fall zugeben müssen. Es ist seine Auffassung – und ich glaube mit Recht –, daß nicht-religiöse Emanzipationsbewegungen diese Gegebenheit nachlässig oder manchmal zynisch außer Betracht lassen. Es ist das große Verdienst der Theologie von Metz, daß er durch emanzipative Freiheitsbewegungen nicht-mitbedachte Zonen menschlichen Leidens in kritische Erinnerung gebracht hat. Zwar denkt etwa die sogenannte ‚menschliche Richtung‘ im Marxismus auch an dieses konkrete Problem, aber man wird doch kaum die offiziell-marxistische Reaktion bereit finden, diese Aspekte des menschlichen Lebens zu berücksichtigen. Darauf aufmerksam zu machen war gerade die Absicht von Metz. Doch hat er dabei meines Erachtens zu wenig den positiven Zusammenhang zwischen dem, was an Sinnerfahrung und vor allem an Sinnveränderung, an Gutem durch die menschliche Freiheitsgeschichte zustande gebracht wird, und dem eschatologischen Heil thematisiert. Dann fragt es sich in der Tat jedoch, ob die Erzählung von Leidensgeschichten diese exklusive Vermittlungsfunktion hat. Besser gesagt, ob Metz deren kritische und produktive Kraft (die er akzeptiert) genügend analysiert hat bis in die Strategien hinein, die sie von uns verlangt. Seine „memoria"-These ist, soweit sie sich auf die menschlichen Leidensgeschichten bezieht, vor allem philosophisch inspiriert (H. Marcuse, Th. Adorno und letztlich vor allem Walter Benjamin) (was als solches keineswegs ein Einwand ist!), während seine Berufung auf die Auferstehungsgeschichte naturgemäß eine christliche, religiöse Bedeutung hat. Aber ich vermisse bei Metz ein wirklich-*theologisches* Durchdenken der „memoria"-These. Der Begriff ‚Gott', wie er von Jesus her als Gott reiner Positivität verstanden wird, als Urheber des Guten und Bekämpfer des Bösen, wird von Metz nicht reflektiert. Und dieser Gottesbegriff muß dann doch die an sich richtige These von der narrativen Vermittlung der menschlichen Leidensgeschichte in einer besonderen, von Metz nicht mehr analysierten Weise färben.

Außerdem *scheint* Metz *aus* der christlichen Erkenntnis, daß Gott Subjekt und universaler Sinn der Geschichte ist, *zu schließen*, daß somit die Menschheit oder eine Gruppe in ihr unmöglich selbst Subjekt der totalen Geschichte sein kann. Ich bin mit diesem letzteren einverstanden, aber ich sehe nicht ein, wie man dies aus der Glaubenseinsicht ableiten kann, daß Gott der Herr der Geschichte ist. Gerade die menschliche Einsicht, daß ‚die Menschheit' (als solche übrigens eine Abstraktion; es gibt nur immer wieder überlebende Menschen) kein universales Subjekt der allgemeinen Geschichte sein kann und daß eine totale Selbstbefreiung der Menschheit theoretisch unhaltbar ist (aus Mangel an einem ‚Selbst', das Subjekt derselben sein müßte), scheint mir der menschliche Erfahrungskontext, in dem die *Frage nach* Gott als dem Herrn und universalen Subjekt der Geschichte (wie diese Frage in den Religionen beantwortet wird) sinnvoll gestellt werden kann. Darin scheint mir Pannenbergs Ausgangspunkt konsequenter zu sein: *Weil* sich nirgends ein politisches oder gesellschaftlich aufweisbares innergeschichtliches ‚universales Subjekt' der Geschichte finden läßt, sucht Pannenberg in der gegebenen Tatsache der Religionen nach der Bedeutung ihrer Aussage, daß allein Gott der Herr der Geschichte ist. In einem gewissen Gegensatz zu Pannenberg will Metz die Frage nach totalem Sinn der menschlichen Geschichte mit Recht nicht rein theoretisch thematisieren, sondern (mit einem Wort, das der Frankfurter Schule entnommen ist) eher „in praktisch-kritischer Intention", mithin als Vermittlung für eine gezielte Praxis. Man kann sich aber manchmal kaum des Eindrucks erwehren, daß bei Metz ‚der leidende Mensch' doch so etwas wie das universale Subjekt der menschlichen Geschichte wird. Mit anderen Worten, seine politische Theologie scheint mir nicht fertig und nicht ausgearbeitet.

e) In einem neueren Aufsatz: „Der Friede Gottes und der Friede der Welt" hat H. Kuitert [107] das Problem des Verhältnisses zwischen eschatologischem Heil und menschlicher Geschichte von einem ganz anderen Aspekt aus aufgegriffen als dem der vorausgegangenen Autoren, nämlich von der meines Erachtens (siehe Erster Teil: Die Autorität von Erfahrungen) richtigen These, daß Heil auch ein *Erfahrungsbegriff* ist. Das stellt einen positiven Zusammenhang zwischen eschatologischem Heil und „dem durch menschliche Anstrengung aufgebauten und aufzubauenden sozialen, gesellschaftlichen und politischen Frieden" her. Kuiterts These wird dadurch bedeutsam, daß er behauptet, der christliche Heilsbegriff verliere seinen vernünftigen Sinn, das heißt, er könne vernünftigerweise kein *Heils*begriff sein, wenn keine *positive* Beziehung zwischen (sagen wir biblisch) der ‚Rechtfertigung durch den Glauben allein' und dem ‚Frieden der Welt' besteht. Auch er geht von der christlichen Aussage aus: definitives Heil-von-Gott-her allein in Jesus Christus.

Seine Argumentation ist kurz folgende: Christliches Heil muß von den Betroffenen zumindest als Heil erfahren werden. Heil ist ein Erfahrungsbegriff; es muß also zumindest teilweise das widerspiegeln, was von einem Menschen als ‚heilmachend' *erlebt* wird. Die Erfahrung von Heil als heilmachend gehört mit zum Begriff Heil. Das bedeutet nicht, daß Heil „überall und voll und ganz Erfahrungswirklichkeit" ist, aber es muß doch „zu einem Teil und zumindest manchmal" von den Betroffenen konkret als heilmachend erfahren werden. Nicht alles, was Menschen für ihr eigenes Heil ausgeben, ist aber auch wirklich heilmachend; so wird Heil uns tatsächlich im Namen Gottes ‚angesagt'. Gott und Heil gehen nicht in unserer aktuellen Erfahrung auf. Im christlichen Heilsbegriff gibt es somit eine ‚oberste Grenze', ein Mehr, und eine ‚unterste Grenze'. In dem Sinn: Nach oben hin läßt sich am christlichen Heilsbegriff keine Grenze entdecken; aber es gibt doch eine ‚Grenze nach unten': „Christliches Heil ist zumindest *Heil,* und Heil muß zumindest einer Reihe von Bedingungen entsprechen, wenn wir auch das Wörtchen Heil – und somit christliches Heil – nicht den Tod von tausend näheren Qualifikationen sterben lassen wollen."[108] Durch diese ‚Unterscheidung' bleibt es möglich, daß Gott einerseits die Freiheit behält, „Gott zu sein", das heißt eine Wirklichkeit, die sich nicht auf unsere Heilsbegriffe festnageln läßt, daß auch anderseits der Mensch die Freiheit erhält, Mensch zu sein, das heißt ein lebendiger Mensch „mit ‚Mitspracherecht' in allem, was als Heil angesehen wird und was nicht".

Heil muß außerdem von den Betroffenen nicht nur als Heil erfahren werden, sondern es muß als heilmachend erlebt werden „von historischen Menschen von Fleisch und Blut, die auf die sie umgebende Natur und aufeinander angewiesen sind, um eine Lebenswelt aufzubauen, in der sie als Menschen existieren können"[109]. Nennen wir das ‚irdisches Heil', das heißt *wirkliche Menschen* heil machend. Gerade hier liegt das, was Kuitert ‚die unterste Grenze' des christlichen Heilsbegriffs nennt. Zwar ist christliches Heil auch mehr, aber es wird *zumindest irdisches Heil* sein müssen, das heißt Heil für den Menschen. Christliches Heil fällt also nicht mit bloßem Seelenheil zusammen.

Als drittes Argument trägt Kuitert vor, daß „Heil, um Heil genannt werden zu können, universal und vollkommen sein muß"[110]; das Heil des einen darf nicht länger anderen zum Unheil gereichen. Hier begegnen wir vor allem den gesellschaftlichen und politischen Institutionen, „die als Regulatoren des Lebens des einzelnen Menschen für dessen Heil oder Unheil bestimmend sind". Die Konsequenz ist: „Heil im Sinn, von was ‚heil' macht, hat – als Mindestvoraussetzung – soziale, gesellschaftliche und politische Institutionen nötig, die nicht die eine Gruppe auf Kosten der anderen ‚heil' machen, sondern die alle Menschen ‚heil' machen."[111] Das soll nicht heißen, daß christliches Heil auf die Ordnung einer guten Gesellschaft *reduziert* wird, sondern daß diese eine Voraussetzung ist, welcher der Heilsbegriff entsprechen muß, ‚wenn er noch Heilsbegriff genannt werden soll'. Es kann daher keinen inneren Frieden geben, „losgelöst von sozialem, gesellschaftlichem und politischem Kontext". Im Gegenteil: „Der Friede Gottes, der alles Begreifen übersteigt" (Phil 4, 7)...„besteht unter den obwaltenden Verhältnissen in innerem Unfrieden"[112]: „Bürgerliches Heil ist geronnenes Gut."[113] Schlußfolgerung ist also: „Als unterste Grenze dessen, was Heil genannt werden darf, möchte ich hier verteidigen, daß Heil nicht ohne Institutionen auskommt, die alles, was für das runde, heile, lebbare Leben notwendig ist, so verteilen, daß nicht nur bestimmte Gruppen ein Plätzchen in der Sonne erhalten, sondern alle Menschen an dem teilnehmen, was ‚heil macht'."[114] Mit Recht schließt Kuitert, daß, wenn diese Mindestvoraussetzungen nicht *im Heilsbegriff* zugelassen werden, auch keine Möglichkeit bestehe, eschatologisches Heil „positiv in Beziehung zu setzen zu der menschlichen Anstrengung, Frieden zwischen sozialen Gruppen, Rassen und Völkern zu stiften"[115].

Das Besondere an dieser Auffassung Kuiterts ist, daß er eine Lücke in den Betrachtungen vieler Theologen (Metz nicht ausgenommen) füllt: Die Vermittlung zwischen Geschichte und eschatologischem Heil legt er in den Erfahrungsbegriff ‚Heil' selbst, und so kann er die fundamental politische Relevanz des christlichen Glaubens an das eschatologische Heil besser und klarer begründen, als es viele andere getan haben. Kuiterts Absicht war nicht, das ganze christliche Heil zu beschreiben; ihm war es nur um die ‚unterste Grenze' zu tun: „Was Christen weiterhin auch über Heil sagen wollen, sie vertreten einen unmöglichen (von nichtssagend bis sogar verdächtig) Heilsbegriff, wenn sie mit ihren Heilsauffassungen unter diese Grenze kommen."[116]

f) Durch G. Gutierrez Merino, J. M. Bonino und viele andere erfahren wir etwas von der lateinamerikanischen Theologie. Diese Befreiungstheologien[117] wurden ursprünglich von den westlichen, vor allem europäischen Theologien der Hoffnung und der Revolution inspiriert, von den politischen Theologien, aber vor allem auch von den sozialen Humanwissenschaften, die in Lateinamerika intensiv betrieben wurden. Aber schon bald schienen die im Westen erdachten Entwicklungsideen in Lateinamerika Argwohn wachzurufen. Durch die Entwicklungsstrategie der großen Weltmächte verschlechterte sich die Lage der Entwicklungsländer noch mehr als früher, sie gerieten jedenfalls in eine noch größere Abhängigkeit. Die Besinnung darauf machte auch die westlichen

‚Befreiungstheologien' bei ihnen verdächtig. Dies alles wurde zu einem Nährboden für einen eigenen lateinamerikanischen theologischen Ansatz. Auffallend
ist dabei, daß diese Theologien nicht so vor ‚Totalitarismus' zurückschrecken
wie die westliche Theologie. Auf dem Kongreß in Löwen (1976) spottete
G. Gutierrez in seiner unbefangenen, freimütig-evangelischen Art über unseren
westlichen antitotalitären Horror. Diese Theologen wissen genausogut wie die
westlichen, daß Gott Herr der Geschichte ist, aber sie wollen dies gerade dadurch zum Ausdruck bringen, daß sie das durch jahrhundertelange Unterdrük-
kung fatalistisch gemachte Volk ‚konszientisieren' und ihm deutlich machen,
daß es auch anders geht. Diese Bewußtmachung bringt das Volk daher schon
in einen vorrevolutionären Zustand. Der politisch-gesellschaftliche Kampf um
wirtschaftliche und soziale Unabhängigkeit von lokalen, nationalen, interna-
tionalen und ‚multinationalen' Bevormundungen wird zum Ausgangspunkt
ihrer Theologie, die sich am alttestamentlichen Exodusmodell inspiriert. Christus ist dabei die Vollendung dieser alttestamentlichen Befreiungsgeschichte.
Ihre Theologie ist häufig fragmentarisch und in den letzten Jahren vor allem
auch kritisch antiwestlich. Weil der ‚Gesprächspartner' der Theologie nicht der
Atheist oder der Mensch der Aufklärung ist, auch nicht der Christ aus einer
anderen Konfession, sondern der ‚geknechtete Mensch', gewinnt diese Befreiungstheologie einen ganz untraditionellen Charakter, wodurch sie gleichsam
auf der anderen Seite der kirchlichen und der ökumenischen Theologie steht,
neben und bei dem leidenden Menschen. Zusammenarbeit mit Sozialisten,
echten Marxisten und Kommunisten ist für sie nicht Gegenstand kritischer
Besinnung; sie ist einfach eine erzwungene Notwendigkeit und Selbstverständlichkeit. Bei der Analyse der Gesellschaftsstrukturen schrecken sie nicht vor
einem marxistisch-analytischen Ansatz zurück. Trotz vieler gemeinsamer Züge
ist jedes lateinamerikanische Land für sich aber schon ein Kontinent, so daß
die konkrete Ausarbeitung einer Befreiungstheologie sehr unterschiedlich ist.
Auffallend ist aber, daß die christliche Befreiungspraxis Masse und ‚Elite' umfassen und in diesem Sinn die ganze Gemeinschaft Trägerin des Freiheitsim-
pulses sein lassen will (womit sie die westliche – übrigens christliche – Zurückhaltung, ein *einzelnes* tragendes Subjekt der Weltverbesserung zu nennen,
faktisch und in der Praxis vermeiden).

Man kann sagen, daß in diesen Befreiungstheologien die Praxis eine gewisse
Priorität vor der Theorie besitzt, wenn es auch eine bleibende Reflexion auf
die Befreiungspraxis gibt. Vor allem in dieser Theologie ist die Theorie das reflexive Moment einer lebendigen Praxis. Das kontrastiert stark mit der amerika-
nisch-europäischen Theologie, die, losgelöst von der Praxis der offiziellen Kirchen, eine sogar ‚moderne' Theologie ausbaut, in heftigem Konflikt mit der
offiziell *praktizierten* Theologie, wodurch sie gewissermaßen in einem luftleeren
Raum schwebt. Ihrerseits wird diese Befreiungstheologie, wie ihre vorausgehende Praxis, von lebendigen christlichen, auch pastoral engagierten Basisge-
meinden getragen. Wenn auch anders als in der früheren ‚kirchlichen Theologie'

ist diese Befreiungstheologie mehr als jede heutige westliche Theologie (mit ihrem stark akademischen Einschlag) kirchlich, „gemeinschaftlich': die eigene Theorie lebendiger Kirchengemeinden, wenn auch noch in kleinem Maßstab.

Gutierrez vor allem definiert die Theologie als eine „kritische Besinnung auf das Handeln", weil Glaube einerseits ein Akt des Vertrauens in Gott und damit zugleich ein Einsatz für den Mitmenschen ist[118]. Er meint damit, so sagt er ausdrücklich, „die Theorie einer *bestimmten* Praxis"[119] und deshalb wesentlich kirchen- und gesellschaftskritisch. Er betont (im Geist des Jakobusbriefs) eine Rechtfertigung durch den Glauben, der in einem geschichtlich situierten Liebeseinsatz für den Mitmenschen wirksam wird. „Theologie *folgt;* sie ist der zweite Schritt" (a. a. O. 11). Die Theologie muß gerade in der pastoralen Tätigkeit der Gemeinde nach der Gegenwart des Geistes suchen, der den Christen ihre Praxis eingibt. Die konkret lebende, betende, aktive und predigende Glaubensgemeinschaft ist der ‚locus theologicus', das heißt schlechthin die Fundstelle aller Theologie. Das Besondere der lateinamerikanischen Sicht dieser allgemein-theologischen Gegebenheit liegt darin, daß der ‚unterdrückte Mensch' Ausgangspunkt der theologischen Besinnung ist. Man will die evangelische Botschaft von einer befreienden Praxis aus neu lesen. Kirchliche Verkündigung ist eine politisch befreiende Verkündigung. Das ist sie etwa auch für J. B. Metz, aber hier wird sie nicht von einer lebendigen Basisgemeinschaft getragen, deren ‚theoretischer' Katalysator Metz wäre – wie Gutierrez es ist. Die Befreiungstheologie ist keine Theorie mit dem Blick auf eine daraus erhoffte kirchliche Praxis, sie wird durch die Praxis einer lebendigen Basisgemeinde in der Reflexion ins Leben gerufen. Der Theologe wird also weniger Träger oder Subjekt der theologischen Tradition; das ist die ‚kirchliche Gemeinde' selbst, für die der Theologe gleichsam nur der kritische Hermeneut ist.

Dies alles *sagen* die ‚kontinentalen' Theologen auch (und vor allem Gutierrez weiß sich von ihnen inspiriert), aber für sie ist es in Wirklichkeit unwahr! Sie sprechen *performativ:* So muß es sein, aber so ist es in Wirklichkeit nicht. In Lateinamerika dagegen ist es, trotz mancher Spannungen zur offiziellen Kirche, eine lebendige Realität. Und das gibt dieser Theologie (trotz vieler ‚westlicher' und an sich nicht einmal unberechtigter Bedenken) eine Glaubwürdigkeit, welche die modernen ‚westlichen Theologien' – trotz ihrer faktischen Kirchlichkeit – im Grunde vermissen lassen. In der lateinamerikanischen ‚politischen Hermeneutik' wird die Basisgemeinde selbst immer mehr zum eigentlichen und aktiven Träger. Der Theologe ist ‚dabei' wie ein kritisch-reflexiver Helfer, der außerdem eine mehr prophetische als akademische Sprache spricht; er ist *Priester*-Theologe – eine im Westen verschwindende Erscheinung (wenn sie auch hier, neben der ‚akademischen' Theologie, von der pastoralen Theologie, ob Laie oder Priester, übernommen wird).

Allgemein befindet sich die lateinamerikanische Theologie heute im Widerstand gegen eine ‚Freiheit' nach dem Modell unserer westlichen Welt, eine Freiheit, die bei der anfänglichen Entwicklungspolitik Modell stand. Sie will daher nicht mehr von ‚Entwicklung‘ hören, sondern allein von ‚Befreiung‘ von unmenschlichen Abhängigkeiten, eine Befreiung, die in den eigenen Möglichkeiten des Menschen selbst liegt.

Man kann dieser Theologie vielleicht den Vorwurf machen, sie habe fast ausschließlich makro-ethische, also gesellschaftlich-politische Probleme im Auge, zu wenig die Problematik, die aus der menschlichen Endlichkeit und Sterblichkeit resultiert, welche von keinem politischen Unternehmen besiegt wird. Aber dann beurteilen wir die Situation zu westlich. Zwar werden diese Aspekte in ihrer Befreiungstheologie fast nicht thematisiert, aber die lateinamerikanische Seele ist damit wohl oder übel *religiös* schon lange fertig geworden. Dort liegt für sie nicht der brennende Punkt. Im übrigen werden die mikro-ethischen Probleme oft genug mißbraucht, um den lateinamerikanischen Menschen makroethisch versklavt zu halten. Ein Vorwurf von westlicher Seite ist daher rein ‚theoretisch‘; er sagt mehr über das westliche als über das wirkliche lateinamerikanische Problem. Für ihn liegt das unmittelbar drängende Problem in der Tatsache, daß die lateinamerikanische Position der Abhängigkeit faktisch ein integrierender Bestandteil der Entwicklung und Wohlfahrt der westlichen Länder ist.

In der lateinamerikanischen Befreiungstheologie tritt also das gleiche Problem auf, wie wir es bei Cullmann, Pannenberg, Rahner und Metz (und so vielen anderen) antreffen: Man will eine Antwort auf die Frage nach dem Verhältnis zwischen unserer menschlichen Geschichte und dem Heil-von-Gott-her in Jesus Christus geben. Das alte Problem des Reiches Gottes in Beziehung zu unserer geschichtlichen Zukunft oder zum Aufbau unserer Welt in Liebe und Gerechtigkeit.

Die lateinamerikanische Theologie sieht gewiß in der besonderen Kirchengeschichte nicht länger die einzige Geschichte, in der Heil verwirklicht wird. Mit Pannenberg beispielsweise und Rahner durchbricht sie die Identifizierung von Heilsgeschichte mit der besonderen Geschichte der Offenbarungsreligionen. Gutierrez erklärt ausdrücklich, daß man ‚Geschichte‘ und ‚Heilsgeschichte‘ nicht einander gegenüberstellen kann[120]. An dem Prozeß menschlicher Befreiung mitzuwirken ist als solches schon Heilsgeschichte. Gutierrez unterscheidet vor allem zwischen drei aufeinander Bezug habenden Ebenen der Befreiung: politische Befreiung, Befreiung des Menschen zum ‚neuen Menschen‘ im Lauf seiner Geschichte, Befreiung von der Sünde durch Gemeinschaft mit Gott[121]. Christliche Erlösung ist daher sowohl wirtschaftliche, gesellschaftlich-politische Befreiung als auch die Schaffung eines ‚neuen Menschen‘ in einer solidarischen Gesellschaft, als auch Befreiung von der Sünde durch Lebensgemeinschaft mit Gott und communio mit allen Menschen. Das erstere kann der Mensch tatsächlich selbst realisieren (als Schöpfungsauftrag), das letztere ist erbarmende Gnade Gottes, und beide – politisches Handeln und christlicher Glaube – werden durch die ‚Utopie‘ miteinander in Zusammenhang gebracht[122]. Trotz des wirklichen Niveauunterschiedes ist dies alles in dem einen

Lebensziel, das der Mensch hat, Realisierung von *Heil für Menschen*. Gutierrez sagt etwa, daß die emanzipative Selbstbefreiung die Immanenz der christlichen Erlösung ist – Gottes Gabe in Christus erreicht uns durch die historische Vermittlung unserer Selbstbefreiung –, aber er korrigiert dies, indem er sagt, daß das Reich Gottes sich *nicht voll und ganz* in unserer Geschichte der Selbstbefreiung verwirklicht. Jedenfalls wird das eschatologische Heil zum Teil *in* unserer menschlichen Geschichte selbst realisiert. Diese lateinamerikanischen Theologen tun sich offensichtlich weniger schwer als ihre westlichen Kollegen – die sich der jahrhundertealten Polemiken um das Thema ‚Natur und Gnade‘ wie auch der *besonderen* Gratuität der Gnade gegenüber der Gabe der Schöpfung bewußt sind –, die verschiedenen Formen menschlicher Selbstbefreiung als ein Fragment von Gottes Huld zu betrachten. Sie kennen nicht das unechte Dilemma einer Entscheidung zwischen Gott und Mensch, vor allem nicht, weil sie Gott in der menschlichen Gestalt des mit Unterdrückten solidarischen Jesus Christus bekennen [123]. Für sie ist das Verhältnis zwischen ‚historischer Zukunft‘ und ‚eschatologischer Zukunft‘ nicht so kompliziert wie bei akademischen Theologen. Zwar sind diese letzteren Nuancen nicht unwichtig, aber es spricht doch eine tief-religiöse Intuition aus diesen manchmal etwas unbekümmerten lateinamerikanischen Aussagen. Wenn Gott ein Gott ist, der sich um Menschen kümmert, ist alles, was er durch Vermittlung von Mitmenschen zum Wohl und zur Menschlichkeit von Menschen gereichen läßt, tatsächlich Gabe Gottes, und zwar *zum Heil* von Menschen. Man kann Gottes Huld nicht auf einen bestimmten, inneren, vom sozialen Leben isolierten Bereich eingrenzen, vorausgesetzt, daß es einen solchen isolierten Bereich überhaupt gibt [124]. Die christliche Hoffnung umfaßt wesentlich eine Hoffnung auf eine bessere, gerechte und menschenwürdige Gesellschaft. Selbstbefreiung und christliche Erlösung sind keine Alternativen. Die eschatologische Zukunft, die nicht in menschlichen Händen liegt, wird durch den Einsatz für eine realisierbare menschenwürdigere und gerechtere irdische Zukunft vermittelt. Das menschliche Tun des Guten und Bekämpfen des Bösen ist die konkrete historische Vermittlung, die das Kommen des Reiches Gottes sich selbst gibt. Daher gebraucht beispielsweise G. Gutierrez den Begriff ‚Befreiung‘ als Synthese dessen, was Erlösung und Selbstbefreiung umfaßt.

Bis jetzt habe ich auf die positiven Seiten der lateinamerikanischen Befreiungstheologien hingewiesen. Es gibt jedoch auch Schattenseiten. Zwar wird die Kritik dieser Theologen an der westeuropäischen politischen Theologie und der Theologie der Hoffnung immer heftiger (J. M. Bonino spricht sogar von einer neoliberalen und technokratischen Ideologie im EWG-Zusammenhang, ohne dies im übrigen mit Texten zu belegen) [125], aber *theologisch gesehen*, habe ich in all dieser Literatur kaum mehr oder etwas anderes gefunden als das, was nicht etwa von den von ihnen heftig angegriffenen J.-B. Metz und J. Moltmann präziser gesagt wurde, wenn es auch bei den Befreiungstheologen in der Tat einen mehr prophetischen und lebendigeren Akzent erhält. Außerdem zeigt ihr

Marxismus keine echt-lateinamerikanischen Züge; auch hier wird nur wiederholt, was wir aus der westlichen marxistischen Literatur schon lange wußten. Aber mit der Anwendung dieser Analyse auf lateinamerikanische Zustände ist kaum begonnen. Dies alles bestätigt nur die von ihnen selbst so gerügte allgemeine Abhängigkeitsposition Lateinamerikas. Trotz allem Verheißungsvollen muß ich jedoch sagen, daß es eine spezifisch-lateinamerikanische Theologie noch nicht gibt, im Gegensatz zu anderen nicht-europäischen Theologien, wie beispielsweise der Black-Theology, die in der Tat eine eigene Prägung besitzt. Gerade im Westen hätten wir gern Ausschau gehalten nach dem eigenen Gesicht einer mündig werdenden lateinamerikanischen Kirche und Theologie.

§ 3. Heil von Gott her, erfahren durch Mensch und Welt hin

Zur Einführung: Die Geschichte von Jakob und Esau

„Jakob ... blieb allein zurück. Und ein Mann rang mit ihm, bis die Morgenröte anbrach. Als der Mann bemerkte, daß er Jakob nicht gewachsen war, stieß er ihn beim Ringen oben gegen die Hüfte, so daß diese ausgekugelt wurde. Darauf sagte der Mann: Laß mich gehen, denn der Tag ist angebrochen. Aber er antwortet: Ich lasse dich nicht gehen, wenn du mich nicht segnest. Er fragte: Wie ist dein Name? Er gab ihm zur Antwort: Jakob. Da sagte er: Fortan sollst du nicht mehr Jakob heißen, sondern Israel, denn du hast mit Gott gestritten und mit Menschen, du hast sie besiegt. Da bat Jakob: Mach du deinen Namen bekannt. Aber er sagte: Warum fragst du nach meinem Namen? Dann gab er ihm an Ort und Stelle seinen Segen. Jakob nannte diesen Ort Peniel, denn, so sagte er, ich habe Gott von Angesicht zu Angesicht gesehen und bin doch am Leben geblieben. Die Sonne ging auf, sobald er an Peniel vorbei war" (Gen 32, 25–32).

Um diese Geschichte richtig einzuschätzen, müssen wir sie in den Kontext des ganzen Genesisberichts stellen. Nach jahrelangem Dienst bei seinem Onkel Laban kehrt Jakob in sein Heimatland zurück (Gen 31). Dort sollte er seinem Bruder Esau, dem er den Segen des Erstgeburtsrechts entwendet hatte, zum erstenmal wieder begegnen. Inzwischen hatte er jedoch reichlich für seine Tat gebüßt, aber jetzt – da er auf dem Weg zu Esau ist – überfällt ihn doch die Schwere seines früheren Verhaltens; er hatte sich sowohl gegen Esau als auch gegen Gott vergangen (Gen 32, 4.17.21.22). Je näher die Begegnung rückt, um so mehr wächst die innere Spannung. Jakob wagt die frontale Begegnung nicht so recht, er zögert. Deshalb schickt er zuerst Boten voraus, um die baldige Konfrontation zu erleichtern. Aber auch in seinem Verhältnis zu Gott besteht unterwegs eine zunehmende Spannung. Er erlebt die frontale Begegnung mit dem benachteiligten Esau jetzt als eine unmittelbare Konfrontation mit Gott. Gott handhabt dieselbe Taktik wie Jakob. Auch er sendet zuerst einen Boten zu Jakob (32, 2). So erhalten wir eine doppelte Geschichte: vorab die Konfrontation Jakobs mit dem Boten Gottes, kulminierend in dem nächtlichen Ringen Jakobs mit dem Mann Gottes (32, 25), und die frontale Begegnung mit Esau. Was sich in Wirklichkeit in einem einzigen Geschehen abspielt, wird in zwei Geschichten erklärt: Die Versöhnung zweier Menschen hat etwas mit der Versöhnung mit Gott und von seiten Gottes zu tun. Später wird Jakob zu Esau sagen: „Ich habe zu dir *aufgeschaut,* wie man zu Gott *aufschaut;* aber du hast mich wohlwollend empfangen" (33, 10). In diesem Vers werden die beiden Geschichten zur Einheit gebracht; gerade darin liegt die Perle dieser Erzählung, die wir suchen müssen.

In der Geschichte vom Ringen mit Gott wird die *religiöse* Tiefe des mühsamen Versuchs der baldigen Versöhnung Jakobs mit Esau vorab erzählt, als ein Geschehen ‚für sich'. Jakob kämpft den Kampf bis zu Ende und kommt mit Gott und sich selbst in Einklang. In seiner allerpersönlichsten Konfrontation mit Gott hat er sich erprobt gezeigt (32, 29). Aus Jakob, das heißt Unterkriecher, wird er jetzt zu Jissrael, dem Kämpfer mit Gott – zu jemand, der sich mit Gott und sich selbst in einem mühsamen inneren Kampf ausgesöhnt hat.

Nachdem nun sein Verhältnis zu Gott geordnet ist, ist seine Beziehung zum Menschen, zu Esau, schon von vornherein erprobt. Jetzt zieht Jakob, ohne weitere Vermittlung eines Boten, freimütig Esau persönlich entgegen (33, 3): frontal. Selbst vom namenlosen Mann Gottes, mit dem er die ganze Nacht gerungen hatte, gesegnet, bringt er die Gabe des Gottessegens Esau zurück (33, 11). Nach einigem Zögern Esaus und Drängen Jakobs nimmt Esau den Segen an, froh seinen Bruder wiederzusehen. Und mit einem meisterhaften Wortspiel läßt der hebräische Text Jakob sagen: „Ich habe jetzt dein Angesicht geschaut, wie man Gottes Angesicht schaut, und du hast mich gütig aufgenommen" (33, 10). Das Wortspiel liegt im *„aufschauen zu* jemand" (im Sinne von: vor einer Aufgabe zurückschrecken) und „das Angesicht jemandes *schauen".* Noch am selben Morgen hatte Jakob zu Gott aufgeschaut und schließlich Gottes Antlitz schauen dürfen, das heißt, er hatte sich, in einer persönlichen Konfrontation, mit Gott ausgesöhnt, wie er es jetzt in einer persönlichen Begegnung mit Esau tat. In dem gegenseitigen Einander-Annehmen und -Bestätigen in einer persönlichen, versöhnenden Begegnung Jakobs und Esaus leuchtet das Antlitz Gottes selbst auf, wie eine *strahlende Sonne,* die nach dem nächtlichen Ringen, „sobald Jakob an Peniel vorbei war", in ihrem vollen Glanz aufgegangen war (32, 32). Auf dem Antlitz versöhnter Menschen strahlt wie die Sonne das eigene Antlitz Gottes. Deshalb nannte Jakob diesen Ort Peniel, das heißt ‚Antlitz Gottes', denn: „Ich habe Gott von Angesicht zu Angesicht geschaut und *durfte am Leben bleiben"* (32, 31). Versöhnte haben Existenzberechtigung, das Recht, zu leben. Versöhnung heißt leben, leben dürfen. Sie macht unser Leben, innerhalb unserer Geschichte des Leidens und Unrechts, der Mühe wert zu leben.

I

Irdisches Heil, innerer Bestandteil der christlichen Erlösung

A. CHRISTLICHE IDENTITÄT HAT MIT MENSCHLICHER INTEGRITÄT ODER MENSCHLICHEM HEILSEIN ZU TUN

Zwar kann auf leiblichem, psychosomatischem und gesellschaftlichem Gebiet, Faktoren, welche die menschliche Personidentität und Kultur bedingen, von Menschen vieles zur Heilung unseres Menschseins verwirklicht werden, aber wir werden doch ständig mit dem leidenden Menschen konfrontiert werden: dem Leid aus Liebe, dem Leid wegen Schuld, wegen unserer Endlichkeit und Sterblichkeit, dem Leid über Mißlingen und Versagen, schließlich dem Leid über die Unsichtbarkeit und Verborgenheit Gottes. Keine menschlichen Heilungstechniken und emanzipativen Praktiken können dieses Leiden je beheben oder bagatellisieren. Viele Formen emanzipativer, mitmenschlicher, medizinischer, agogischer und gesellschaftspolitischer Selbstbefreiung sind möglich – und auch dem Menschen im Namen des Schöpfergottes *aufgetragen* –, aber solche Siege über das Leiden, oft Tilgungen der Schuld unserer menschlichen Geschichte, sind im wesentlichen partiell und begrenzt. Mehr noch: Für Millionen Menschen, die in Vergangenheit und Gegenwart schon ausgeschaltet sind, gestorben oder zu Tode gemartert, von Krankheiten hinweggerafft, durch Verkehrsunfälle oder Erdbeben getötet usw., wird eine je gelingende sogenannte menschliche Selbstbefreiung zu spät kommen. Und zählen wir – wenn Heil *vollkommenes* und universales Heilsein bedeutet – diese dann nicht mit in unserem modernen Begriff von Heil? Sind sie dann die weggeworfene Spreu unserer Geschichte? Und was bedeuten dann die Opfer, welche die emanzipative Selbstbefreiung erfordert, für diese jemals sogenannte kommende (übrigbleibende) Generation, die in einem ,Heilsstaat' leben soll, dessen Kommen problematisch ist? Für die vergangenen Generationen ist dies zumindest genauso ein fiktives Jenseits, wie für die mittelalterlichen Unterdrückten das Jenseits ein wirkliches Jenseits von all ihrem Elend war. Es gibt deshalb keine wahre Befreiung, wenn nicht auch diese Formen von Leiden, die einer Selbstbefreiung nicht zugänglich sind, genauso überwunden werden.

Daraus aber zu folgern, daß Gottes Heil in Jesus sich auf diesen bestimmten Bereich beschränken und den Rest einer emanzipativen Selbstbefreiung überlassen würde, scheint mir ein verhängnisvoller Trugschluß zu sein. Das würde außerdem schon dem Neuen Testament widersprechen, das die beiden heilbringenden Tätigkeiten Jesu, außer seiner frohen Botschaft, gerade in der Heilung von Kranken und in der Befreiung der Menschen von entfremdenden – dämonischen – Mächten sieht.

Wenn die emanzipative Selbstbefreiung[126] wesentlich partiell ist, nicht-universal und außerdem vorläufig (und sei es auch nur, weil der Tod hinter jedes emanzipierte Leben einen Punkt setzt), schließt dies ein, daß die tiefsten Erwartungen, die am Ursprung des Emanzipationsprozesses stehen, dazu verurteilt sind, unerfüllt zu bleiben. Das darf uns nicht daran hindern, uns mit den menschlichen Freiheitsbewegungen solidarisch zu erklären, denn es ist für sterbliche Menschen als solche kein größeres Gelingen möglich, als an einem teilweisen Erfolg unserer Geschichte und an der Beseitigung von Ursachen des Leidens tatkräftig mitzuwirken, wo immer dies in unserer Macht steht. Es ist gut, sich dabei an das humanistische Wort eines großen Christen, Thomas von Aquin, zu erinnern: „Detrahere perfectioni creaturarum est detrahere perfectioni divinae virtutis" [127], ‚die menschliche (geschöpfliche) Selbstverwirklichung beeinträchtigen heißt die Vollkommenheit der Kraft Gottes beeinträchtigen'. Das schließt ein, daß die Hoffnung, die auf der menschlichen Kreativität gründet, mit aufgenommen werden muß in die christliche Hoffnung, die auf der eigenen heilbringenden Kreativität Gottes gründet. In der christlichen Praxis hat man oft die Einheit von Schöpfung und Bund zerstört. Der Schöpfer selbst *ist* der Erlöser, und selbst in seiner erlösenden Tätigkeit tritt er göttlich auf, das heißt wesensgemäß schöpferisch, ohne daß daher eine Rivalität besteht zwischen dem, was er tut, und dem, was wir, in ihm gründend, selbst tun.

Die emanzipative Selbstbefreiung – wo dies möglich ist – bleibt ein allgemein-menschlicher Auftrag im Namen des Schöpfergottes, des Erlösers. Sie hat in ihrem Entwurf und in ihrer Strategie, in ihren Analysen und in ihrem Verhalten nichts spezifisch Religiöses oder Christliches. Aber Christen begehen manchmal den Fehler, das *Christentum* mit dem *spezifisch Christlichen* zu identifizieren, sie engen damit den Raum des christlichen Lebens ein. Im Gegensatz zu dem im Westen erst spät aufgekommenen Verständnis von Religion impliziert Religion in allen Religionen das ganze Leben, keinen einzelnen Sektor, sondern eine bestimmte Beschaffenheit – eine Seinsweise – des menschlichen, persönlichen, gesellschaftlich-wirtschaftlichen Lebens. Im Westen dagegen dachte man oft in dualistischen Begriffen: Religion (Kirche) *und* Welt, Vernunft (Philosophie; Wissenschaft) *und* Glaube (Theologie), Kirche *und* Staat usw. Man kann sogar sagen: Zwei Arten des Glaubens stehen sich hier letztlich gegenüber: Glaube an die Vernunft und Glaube an Gott. Die Neigung des Westens, in der Religion einen Ausschnitt des Lebens zu sehen, darf wohl als auffallend bezeichnet werden. Drei westliche Tendenzen werden daraus begreiflich. – a) *Die korrelative Auffassung:* Kultur und Religion gehören zusammen, sei es, daß beide (wie im Mittelalter) durch eine christliche Theorie miteinander verbunden werden: kirchliches und weltliches Leben werden in einem einzigen (sinnvollen) gesellschaftlichen Lebensmuster zusammengehalten, durch die Offenbarung legitimiert (zwei Jurisdiktionen mit einem gleichen Muster), sei es (wie gegenwärtig) in der Form der ‚Juxtaposition': Die beiden Bereiche werden durch eine weltliche Theorie verbunden. Die Kirche als institutioneller Sektor befaßt sich offiziell nicht mit der Politik, der Staat sieht die Aufgabe der Kirche als sinnvoll an. – b) *Die exklusive Auffassung:* in positiver oder negativer Form. Positiv: Glaube an die Vernunft und Glaube an Gott sind faktisch zwei Formen des Glaubens, jede mit einer eigenen konstruktiven Inspiration (seit der Aufklärung). Negativ: nein gegen die Religion, aber mit der Leugnung jeder konstruktiven humanitären Bedeutung (vor allem seit dem englischen „secularism" des 19. Jahrhunderts). – c) *Die inklusive Auffassung:* auch hier in einer positiven und in einer negativen Form. Positiv: ‚Christliche Säkularität', als Reaktion auf die korrelativen und exklusiven Strömungen. Was im Westen die weltliche Welt genannt wird, ist auch Sache des Christentums. Mit anderen Worten, in Begriffen, die gerade aus dem dualistischen westlichen Denken kommen, will man die Religion bestimmen, wie sie immer in den nichtchristlichen Religionen gesehen worden ist: als Qualität des ganzen Lebens. Aber das führte zu der Unterscheidung zwischen Religion (nicht-christlichen Religionen) und Glaube (Glaube an Jesus Christus): Man glaubt, Christ sein zu können, ohne ‚religiös' zu sein. Negativ: Die Ablehnung der Religion zugunsten des Glaubens wird zu einem Bildersturm. Das profanum ruft nicht mehr das fanum in Erinnerung. Das spezifisch Religiöse mit seinen eigenen Symbolen verliert seine Integrationskraft gegenüber dem ‚abgeleiteten' Religiösen (das ganze Leben) und wird dadurch un-konstruktiv. Das Leben, dieses spezifisch Religiösen beraubt, verarmt und wird selbst destruktiv.

Diese drei Richtungen (mit jeweils zwei Subrichtungen) dualistischen religiösen Denkens (Kirche *und* Welt) sind jedoch eher eine (schematische) Darstellung der offiziellen Religiosität im Westen, wie sie in der Theologie und den kirchlichen Dokumenten Gestalt angenommen hat. Aber das ist keineswegs schlechthin die christliche Religion im Westen. Neben diesem offiziellen Strom mit seinen Nebenflüssen gab es immer die konkrete Volksreligion („people's religion"). Und sie zeigt im Westen, was Religion im Osten und überall sonst konkret ist: ein Prinzip der Lebensorientierung, ein Lebensprojekt, das dem ganzen menschlichen, individuellen und kollektiven Leben Kohärenz, Einheit und Richtung gibt, ohne Spaltung in einen profanen und einen religiösen Bereich. Der wahrhaft religiös lebende Mensch hat, auch im Westen, die offizielle Trennung zwischen einem religiösen und einem profanen Lebensbereich theoretisch und vor allem praktisch nie anerkannt, trotz aller offiziellen Theorien. Das in Wirklichkeit ‚duale' Denken in der offiziellen westlichen Religiosität scheint daher mehr mit konkreten Autoritätsstrukturen zu tun zu haben, die fast zu einer Spaltung zwischen dem religiösen Volk und den religiösen Autoritätsträgern geführt haben (ungeachtet der besonderen Funktion, die ich ‚kirchlichen Leitern' im christlichen Glauben tatsächlich zuerkenne). Das bedeutet, daß gerade in der Volksreligion die Religion (wenn auch oft unkritisch) die gleiche Funktion hat, die sie im wesentlichen überall hat, nämlich als das totalisierende, integrierende, sinngebende Prinzip des ganzen Lebens des Menschen in Welt und Gesellschaft. Gerade deshalb ist Religiosität konkret konstruktiv, besitzt aber gleichzeitig auch eine destruktive Möglichkeit (eben weil sie als Religion alles umfaßt). Die theologische Reflexion hat daher auch den Auftrag, kritisch auf die Volksreligion zu blicken, in welcher die Trennung zwischen dem Profanen und Religiösen praktisch abgelehnt wird. In dieser religiösen Praxis des Volks liegen bedeutsame Modelle, welche, der ‚discretio spirituum' unterworfen, uns orientieren können. Denn diese unterschiedlichen Erfahrungen von einzelnen und von Subgruppen sind Momente der historisch-konkreten christlichen Religion insgesamt. So sind die Formen christlicher Gegenkultur, die wir abseits der christlichen großen Kirchen augenblicklich entstehen sehen, ein ‚locus theologicus' für die theologische Besinnung, genauso wie es die Volksfrömmigkeit und die Antigeschichte der sogenannten Häresien sind. Es kommt darauf an, Gebrauch und Mißbrauch der Volksreligion zu unterscheiden.

Man kann sagen, daß die genannten drei Strömungen repräsentativ für die westliche Religiosität waren (trotz der permanenten Gegengeschichte unterdrückter Proteste), bis – 1) die heutige Gegenkultur, – 2) politische Theologien (in neuer, kritischer Gestalt) und – 3) der thematisierte Unterschied zwischen der offiziellen Lehre der Kirche und dem Glauben des Volkes sowohl in Amerika als auch in Europa (manchmal unter anderen Bezeichnungen) allenthalben nachdrücklich von sich reden machten und Gegenstand öffentlicher Reflexion wurden. In ihrer frühen noch latenten Phase, sodann in ihren ersten expliziten Äußerungen und schließlich in ihrem Durchbruch in Wort und Tat erfolgt faktisch zur gleichen Zeit diese dreifache Reaktion gegen die herrschende Kultur (in Welt und Kirche). Sie alle gehen von einem Unbehagen an der repräsentativen, herrschenden Kultur aus, deren Träger und Tradenten vor allem die großen Institutionen (Staat, Kirche, Universität usw.) sind.

Als Reaktion von Menschen ist sie kulturbedingt im Modus einer Forderung nach einer neuen Kultur: *Gegen-Kultur,* wobei das ‚Gegen' die einseitige, repräsentative, herrschende Kultur betrifft, und das ‚Kultur' doch wieder verrät, daß man eine alternative Kultur verwirklichen will – nicht eine ‚Un'- oder ‚Nicht-Kultur' (was einem Menschen übrigens nie gelingen wird, weil ‚Un'-Kultur doch nur zu einer eigenen Getto-Kultur führt).

Nun ist es für das am Evangelium orientierte Christentum wesentlich, jeder – auch der eigenen – Kultur (sogar den selbstverständlich auch kulturellen Äußerungen eigenen Glaubensinhalts und kirchlicher Formgebung) aus dem eschatologischem Vorbehalt zu begegnen (Implikation des Glaubens an Jesus als eschatologisches Geschehen). Aber gerade dieser Vorbehalt ist auf besondere Weise kulturbildend. Im Christentum, das vom Volk mit Recht als Einheit des Religiösen und Profanen erlebt wird, herrscht jedoch eine wesentliche Spannung zwischen dem spezifisch religiösen Brennpunkt, der in geeigneten Symbolen thematisiert wird (und darin wesentlich ecclesia-bildend ist und, in diesem Sinn, sogar Eigen-Kultur stiftend, denn jede spezifisch menschliche Äußerung ist kultureller Art), und dem sogenannten abgeleiteten Religiösen (das ist das ganze Leben des Menschen in Welt und Gesellschaft), während doch das Ganze ein einziges integriertes Leben bildet. Diese Doppelheit der Aspekte läßt sich nicht vermeiden.

Ohne spezifisch christlich zu sein, kann der emanzipative Befreiungsprozeß doch wesentlich sein für das Christentum, das heißt eine konkret historisch notwendige Gestalt der christlichen Liebe, ihres Glaubens und ihrer Hoffnung. Ja, in einem bestimmten historischen Augenblick kann es ein Kriterium christlicher Authentizität werden, nämlich als geschichtliche Gestalt eines der fundamentalen Kriterien der christlichen Religion: der Menschenliebe. Was im empirischen Christentum den Forderungen kollektiver und persönlicher menschlicher Befreiung widerspricht, muß deshalb, gerade im Namen des christlichen Glaubens, zurückgewiesen werden. Außerdem darf die (kritische) Solidarität von Christen mit dem emanzipativen Befreiungsprozeß nicht von den wirklichen Verkündigungs- oder Evangelisationschancen des Christentums abhängig gemacht werden. Auch dann, wenn die Kirche selbst keinen Nutzen davon haben würde, hat sie die Pflicht, sich für den entrechteten Menschen, für ein Minimum an menschlichem Heil einzusetzen.

B. ENTFREMDENDER ANSPRUCH EINER TOTALEN SELBSTBEFREIUNG

Zwar sieht der Gläubige und Christ die *prinzipiellen* Grenzen jeder Selbstbefreiung, aber dadurch wird die christliche Legitimität des emanzipativen Befreiungsprozesses nicht geleugnet. Doch wird sich jeder Gläubige grundsätzlich jedem Totalitätsanspruch emanzipativer Selbstbefreiung widersetzen. Eine totale Selbstbefreiung ist für die Menschheit, angesichts ihrer Vergänglichkeit und der Tatsache, daß sie ‚als Menschheit‘ nur *Thema*, aber nicht *universales Subjekt* der Geschichte sein kann, außerdem verhängnisvoll und entfremdend, bestenfalls eine halbe Befreiung. Sie beschränkt und reduziert das Menschsein, was ipso facto entfremdend wirkt. In den heutigen Situationen ist gerade die Unmöglichkeit einer totalen, universalen und endgültigen Selbstbefreiung durch Emanzipation der Kontext, in dem sich die *Frage* nach dem letzten Sinn des menschlichen Lebens stellen kann. Das Emanzipationsprojekt wird also selbst mit einem fundamentalen Fragezeichen versehen, das zur Dynamik jedes geschichtlichen Emanzipationsprozesses gehört. Es geht nicht nur um vorläufige, sondern um unüberschreitbare Grenzen. In dieser Lage gibt es keine Alternative mehr, außer der *religiösen* Antwort: Erlösung oder Heil von Gott her.

Zwar müssen auch die Nicht-Gläubigen die Absolutheit dieser Grundfrage erkennen, aber für sie entspricht es eher der Menschenwürde, mit offenen Augen eigene Grenzen zu erkennen (*wenn* sie dies tun), als diese in Richtung dessen zu überschreiten, was sie die Illusion der Religion nennen. Doch ist es auffällig, daß diese Lebenstheorie von Menschen vertreten wird, die ‚zufällig‘ auf dieser, der westlichen Seite unserer Welt leben, wo man den größten Wohlstand genießt und wo die Möglichkeit, die Erfahrung, daß unsere Geschichte eine Mischung von Sinn und Sinnlosigkeit ist, vor allem zu persönlich sinnvollen Erlebnissen umzubiegen, reichlich gegeben ist. ‚Zufällig‘ wohnen sie nicht auf der anderen

Seite, wo Sinnlosigkeit, Versklavung und Leid das Dasein vieler Menschen bestimmen. Mit anderen Worten, man kann die Frage stellen, ob ein solches Lebensprojekt, das sich mit unserer Geschichte als einem Gemisch von Sinn und Sinnlosigkeit, von Glück und Leid ,versöhnt', den leidenden anderen genügend berücksichtigt. Ob es also nicht ein wesentliches Stück aus unserer realen Leidensproblematik wegschneidet? Die Frage liegt dann nahe, ob ein solches Lebenskonzept (bewußt oder unbewußt) nicht eine egoistische Lebensanschauung ist. Jedenfalls stellt die menschliche Erfahrung der Mischung von Sinn und Sinnlosigkeit, die unser Leben ist, die Frage, ob man letztlich dem Leben vertrauen kann. Ob unserer Geschichte zu trauen ist. Ob es einen totalen Sinn gibt. Denn sich aus der Frage nach Sinn, Erlösung und totaler Befreiung wegzustehlen ist noch keineswegs Befreiung! Die Leidensgeschichte der Menschheit selbst, unsere menschliche Erfahrung zwingt uns, diese Frage zu stellen. Der Nicht-Gläubige verweigert die *religiöse* Antwort auf diese Frage, weil er in dieser Antwort eine Projektion sieht: den Wunsch als Vater des Gedankens. Aber er selbst bleibt jede Antwort schuldig. Der Gläubige macht die Erfahrung der religiösen Bejahung, eine interpretative Erfahrung. So stellt sich in heutigen Verhältnissen das religiöse Problem sehr dringend mitten im emanzipativen Prozeß der Selbstbefreiung, als menschlicher, befreiender Impuls, der nur zu partiellen, nicht-universalen und vorläufigen Ergebnissen führen kann und sich letztlich nicht nur mit dem Scheitern jeder Selbstbefreiung, die total und universal sein will, konfrontiert weiß, sondern mit dem *menschenentfremdenden* Charakter jeden Anspruchs auf totale Selbstbefreiung. Ein solches Totalprojekt entfesselt neue unfrei machende irrationale Kräfte.

Die Emanzipationsgeschichte kann daher *nicht* mit der Geschichte der Erlösung-von-Gott-her *identifiziert* werden, während die letztere genausowenig von der menschlichen Selbstbefreiung losgekoppelt werden kann. Denn Heil von Gott her ist Heil *für Menschen* mit allem, was es – in Anbetracht der ,anthropologischen Konstanten' – für wahrhaft menschliches Leben in sich schließt. Das grundlegende Problem bleibt dabei die Realität der menschlichen Leidensgeschichte, die auch in einem angeblich gelungenen Emanzipationsprozeß bestehen *bleibt* und nicht nur Bestandteil einer prä-emanzipativen ,Vorgeschichte' der Menschheit ist (ein Aspekt, auf den vor allem J. B. Metz mit Recht hingewiesen hat). Heil wird daher nicht *außerhalb* von Leiden gefunden werden können. Emanzipative Selbstbefreiung außerhalb einer Perspektive auf religiöse Erlösung gewinnt daher problematische und gefährliche Dimensionen, weil sie blind wird für reale Aspekte des menschlichen Lebens und auf diese Weise den Menschen reduziert. Freiheitsgeschichte *bleibt* eine Leidensgeschichte. Das ist eine Wirklichkeit des Menschseins, die gerade von den religiösen Soteriologien ernst genommen wird. Christliche Erlösung ist ein Mehr gegenüber der emanzipativen Selbstbefreiung, mit der sie jedoch kritisch solidarisch ist.

Vor allem die mittelalterliche Theologie – insbesondere Albert der Große, Bonaventura, Alexander von Hales und Thomas von Aquin – hat nachdrücklich darauf hingewiesen, daß der Mensch ein Wesen ist, das sein eigenes Wesen, Verheißung und Zukunft, nicht selbst in einem vollständigen Emanzipationsprozeß verwirklichen kann[128]. „Quo magis creatura, eo amplius indiget Deo": ‚je höher Geschöpfe auf der Leiter der Wirklichkeit steigen, um so mehr bedürfen sie Gott', um so dringender und begründeter wird die Notwendigkeit, mit Hilfe der Kraft Gottes eigene Wesensverheißung zu verwirklichen. Das volle Erlebnis der Verheißung unseres Menschseins gründet auf geschenkter, überwältigender Gnade. Ein Mensch ist erst voll und ganz Mensch dank der Gnade Gottes. Selbstverwirklichung ist vor allem für Thomas Übernahme und Aneignung von Gottes Heil durch Menschen, aktive Annahme eines göttlichen Gebens: ein ‚Entgegennehmen'. Gerade weil Gottes Gnade vermittelt ist, durch Mensch und Welt hindurchgeht, ist für den Menschen die Möglichkeit gegeben, Gottes Gnade zu widerstehen. Was geschichtlich vermittelt ist, hat durch diese Vermittlung Anteil an der Ambiguität jeder Geschichte und ist daher nie unfehlbar eindeutig zwingend; es bleibt dem Menschen immer möglich, die göttliche Einladung darin nicht zu erkennen und ihr nicht zu folgen (so würde ich die in sich selbst richtige ‚thomasische Lehre' von der inneren Wirksamkeit der Gnade nuancieren). Die Implikationen dieser historischen Vermittlungen müssen wir jetzt analysieren.

II
Christlicher Glaube und Politik

A. FAKTISCHER PLURALISMUS UNTER CHRISTEN

Theorien und Behauptungen über die politisch-gesellschaftliche Relevanz des Gottesglaubens und insbesondere des christlichen Evangeliums stehen heute allenthalben im Mittelpunkt des Interesses. Aber der Fächer ihrer politischen Einfärbungen ist recht bunt.

Wegen dieser Relevanz sehen wir einerseits konfessionell gebundene politische Parteien neu erstehen und anderseits viele Christen gerade diese konfessionellen Parteien verlassen, um in progressiven Parteien ihre christliche Inspiration und Orientierung verwirklichen zu können. Wieder andere fordern aufgrund desselben Evangeliums eine Allianz mit marxistischen und sozialistischen Bewegungen als die einzig richtige, zwingende Konsequenz des Christentums („Christen für den Sozialismus"). Es gibt außerdem auch noch das apolitische Christentum, das die These verteidigt, die Religion müsse wegen ihrer Transzendenz und Ausrichtung auf das spezifisch Religiöse über aller Politik stehen – was bei dem tatsächlichen Antagonismus in der Sozialpolitik in Wirklichkeit unverkennbar auch eine *politische* Entscheidung ist: zum Vorteil der Machthaber und der wirtschaftlich Stärksten (allerdings kann unter besonderen Umständen eine solche Enthaltung auch die Absicht haben, progressiven Kräften eine Chance zu geben; daß beispielsweise die jetzigen spanischen Bischöfe die Christen frei entscheiden ließen – im Dezember 1976 – im Gegensatz zu dem, was unter dem Francoregime geschah, ist eindeutig kein apolitischer Indifferentismus, sondern eher Äußerung eines demokratischen Willens nach so vielen Jahren der Diktatur). Ferner gibt es Christen (vor allem unter Religionspsychologen, die sich seit R. Otto gegen eine *funktionalistische* Definition der Religion wehren), die der Religion jede (auch politische) Funktion absprechen und anderseits doch den Nachdruck darauf legen, daß der Gläubige *als Mensch* ethisch-politische Verpflichtungen hat. Die Reaktion, die sich in dieser letzteren Ansicht ausdrückt, wendet sich mit Recht gegen das alte Ideal einer „humanitas christiana", die normiert wird von dem, was „die christliche Soziallehre" der Kirche sein sollte. Man glaubte, aus der Welt eine besondere christliche Lebensordnung machen zu können und zu müssen. Christen glaubten damals wirklich, eine ganz besondere, eigene *Gesellschaftsauffassung* zu besitzen, zu der die menschliche Vernunft nicht aus sich selbst kommen könne. Diese Auffassung ist inzwischen mit Recht als Ideologie entlarvt worden. Eine ähnliche ‚christliche Politik' finden wir unter fundamentalistischen Christen, die Politik unmittelbar aus der Bibel als Blaupause für ein politisches Programm betreiben. Die entscheidende Frage ist aber, ob mit der berechtigten Absage an diese Ideologie das Kind nicht mit dem Bad ausgeschüttet ist, wenn man dabei auch die politische Relevanz des *Glaubens* (nicht einer ideologischen spezifisch-christlichen Soziallehre) leugnet aufgrund der Behauptung, daß der Glaube *nicht-funktional* sei[129]. Denn der durchaus berechtigte Widerstand gegen die Funktionalisierung des Religiösen kann auch nichterkannten, verschleierten ideologischen Funktionalisierungen gerade von seiten irgendwelcher an der These des Nicht-Funktionalen der Religion sehr interessierter (nichtreligiöser) politischer und wirtschaftlicher Mächte Tür und Tor öffnen (die diese Nicht-Funktionalität denn auch oft, sogar ungebeten, gern unterstützen). Die Frage nach der *Funktion* der Religion in Mensch und Gesellschaft nicht kritisch stellen zu wollen bedeutet sehr bald, daß man die mit Recht zwar nicht-funktionalen geschenkten religiösen Erfahrungen leicht von nicht-religiösen Zwecken der gesellschaftlichen Ordnung annektieren läßt. (Wegen ihrer besonderen psychologischen, sogar berechtigten Methode können Psychologen blind werden für andere Ansätze.) Vor allem von der jüdisch-christlichen Tradition her, die in Solidarität „mit den Geringsten der Meinen" (Mt 25, 40) die brüderliche Liebe (intersubjektiv und durch anonyme Strukturen) nicht nur als Ethik, sondern als ‚göttliche Tugend' (virtus theologalis) ansieht, könnte und müßte hier schon eine Mahnung vor allgemein-religiösen psychologischen Ansätzen gehört werden, in denen religiöse Erfahrungen geschenkter Gnade auf einen Nenner gebracht werden mit LSD-Erlebnissen, wie manche neuere Literatur (anknüpfend an das, was ‚religiöse Erweckung' genannt wird) uns glauben machen will (doch brauchen wir dabei keineswegs vor tatsächlich auffälligen psychischen Verwandtschaften zu erschrecken).

Abgesehen von den Auffassungen von Christen über Glaube und Politik, kommen auch soziologische Studien über das faktische Funktionieren von Religionen auf politischem Gebiet zu unterschiedlichen Ergebnissen. Doch ist die Soziologie noch weit davon entfernt, eine schlüssige Theorie über die Funktion der Religionen bei der Schaffung der Zukunft einer Gesellschaft geben zu können. Aber ein breiter Fächer empirischer Gegebenheiten läßt sich nicht leugnen. Daraus geht hervor, daß die Funktion der Religionen für das politische Leben einer Gesellschaft grundlegend ambivalent ist. Wir sehen nämlich, daß Religionen sowohl der Legitimierung bestehender Verhältnisse dienen als auch Motivationen für Reformen und sogar für Revolutionen liefern. Soziologisch und historisch gesehen, fördert die Religion daher zwei konträre Haltungen. Zudem sehen wir, daß immer wieder, wenn die Geschichte statische Epochen kennt, in denen also das Bedürfnis nach Revolution oder Reform fehlt oder ganz gering ist, in denselben Zeiten auch die religiöse Welt wenig Bewegung kennt und keine gesellschaftskritische oder -verändernde Kraft zeigt. In Zeiten sozialpolitischer Veränderungen dagegen ist es auffallend, daß neben einer großen Gruppe von kirchlich gebundenen Gläubigen, die stabilisierend orientiert bleibt, doch sehr aktive Zentren der Kirchengemeinschaften gerade aus religiösen Überzeugungen die bestehenden Verhältnisse angreifen und auf Veränderungen drängen. Besondere sozialpolitische Einstellungen bestimmen oft die Art und Weise, wie Christen das Evangelium verstehen, während anderseits eine bestimmte Interpretation des Evangeliums auch die politische Stellungnahme orientiert. Das Verhältnis ist also dialektisch. Die faktische Funktion der Religion ist also nicht nur ambivalent, sondern durch Polarisierung und religiöse Konflikte in den Glaubensgemeinschaften selbst werden außerdem gerade deshalb sozialpolitische Konflikte noch verschärft.

Dieser große Pluralismus auch unter Christen hinsichtlich des Verhältnisses des Glaubens zur Sozialpolitik ist an sich schon vielsagend. Die Relevanz des christlichen Glaubens für eine sozialpolitische Weltordnung erweist sich also nicht so ganz klar und eindeutig. Diese unterschiedlichen Auffassungen haben sowohl mit dem Pluralismus im christlichen Glauben selbst zu tun als auch mit der täglichen Erfahrung, daß konservative und progressive Sozialpolitik menschliche Emotionen, nicht-religiöse Bezugsrahmen und konkrete Errungenschaften positiv beeinflußt oder kritisch herausfordert.

Man darf in politischen Fragen den Glauben nicht zuviel, aber auch nicht zuwenig sagen lassen. Außerdem kann auch ein kritischer Theologe nur recht allgemeine Dinge sagen, wenn er seine Kompetenz nicht überschreiten will. Denn eine konkrete Orientierung angeben, in welche Richtung eine soziale und menschliche Politik gehen muß, um den christlichen Forderungen nach dem, was ,menschliches Heil' hier und jetzt an konkretem verpflichtetem Handeln von Gläubigen erfordert, wird durch die nicht-theologische Analyse und Interpretation der sehr konkreten heutigen Verhältnisse, in denen wir leben, *vermit-*

telt. In dieser Analyse und Interpretation ist der Theologe, zumindest als Theologe (genauso wie jeder andere Christ in höherer oder niederer Stellung), *als solcher* nicht kompetent. Daher bin ich eher skeptisch jedem Christen gegenüber, der glaubt, *als Christ* ein ganz klares, konkretes besonderes Aktionsprogramm zu besitzen (mögen sich diese Leute nun ‚Christen für den Sozialismus‘ oder CDA, CDU oder Democrazia Cristiana nennen). In ihrem konkreten Programm haben sie alle nicht-christliche und nicht-theologische Faktoren (zu Recht! Es geht gar nicht anders) mitverarbeitet; aber die entscheidende Frage dabei ist, ob sie ihre Schlußfolgerungen aus christlichen *und* nicht-religiösen Faktoren als *die* christliche Lösung vorlegen. (Allein darum geht es.) Als Christ und Theologe – also nicht als Politiker – weiß ich, daß ich nur *allgemeine* Aussagen machen kann, die aber für Politiker überlegenswert sind. Jedenfalls können diese theologischen Reflexionen schon viel an Ideologie auch bei Christen entlarven.

B. DIE POLITISCHE, PRAKTISCH-WIRKSAME KRAFT DES SPEZIFISCH RELIGIÖSEN

Das Wesen aller Religionskritik, in welcher Form auch immer sie erfolgt, besteht eigentlich darin, daß die Religion das Unvermögen des Menschen zu emanzipativer Selbstbefreiung proklamiert und demgegenüber ein geschenktes Heil von Gott her verheißt, obwohl die Religion dadurch in Wirklichkeit den Menschen gerade in diesem Unvermögen zur Selbstbefreiung bestätigen würde. Unter modernen Verhältnissen nutzen Christen diese Kritik oft wieder zu ihrem eigenen Vorteil, indem sie die christliche Religion plötzlich neu interpretieren: Sie weisen auf ihren emanzipativen und politischen Impuls und ihre Relevanz für Befreiung hin, obwohl die vergangene Geschichte dieser Religion dafür nur kümmerliche Legitimationspapiere zeigen kann (außer dem häufig verdrängten ‚häretischen‘ Beweismaterial).

Zunächst wird man zugeben müssen, daß es der Struktur der Entwicklung des christlichen Glaubens eigen ist, daß Gläubige gerade wegen auch äußerer, das heißt der Religion als solcher faktisch fremder, weltlicher Anstöße ein Gespür bekommen für die positiven Werte *in* ihrer eigenen christlichen Tradition, Werte, die früher vielleicht verdrängt oder wegen des gesellschaftlich beherrschenden Systems einfach unbeachtet blieben. Die Botschaft Jesu verlangt Freiheit und Liebe für alle und jeden einzelnen, ohne jede Ausnahme. Das läßt sich historisch kaum je bestreiten. Aber die Wirkkräfte dieser Botschaft offenbaren sich keineswegs automatisch und mit einemmal, sondern nur allmählich in der fortschreitenden Geschichte des wachsenden menschlichen Bewußtseins. Christliche, kritische Solidarität mit der emanzipativen Freiheitsgeschichte[130] und eine Koalition der Theologie mit kritischen Gesellschaftstheorien der Menschheit[131] können daher hier und jetzt eine notwendige Forderung der geschichtlich situierten Caritas oder christlichen Liebe und der Theologie werden – zur Notwendigkeit, neue Traditionen zu schaffen. Aber dann müssen wir doch untersuchen, inwieweit Christentum und Theologie dabei ihre *eigene* religiös-kritische Kraft entwickeln und nicht nur wiederholen, was menschliche Bewegungen und kritische Theorien schon gesagt haben. Übernehmen sie nur christlich-fremde, wenn auch menschlich berechtigte Anschauungen, oder werden sie sich *durch dieselben* (das ist keine Schande) ihrer eigenen ursprünglich-christlichen Impulse bewußt? Wir müssen uns nämlich die kritische Frage stellen, ob heutige Theologien der Hoffnung, der Emanzipation und Befreiung, alle mit Jesus von Nazaret als ihrem fundamentalen Grund, nicht wieder die Funktion von Lückenbüßern haben, zwar nicht mehr wie früher, sondern mit dem Blick auf noch weiterbestehende Dysfunktionen unseres konkreten persönlichen, interpersonalen und gesellschaftspolitischen Handelns. Mit anderen Worten, ob diese modern-wirtschaftlichen Versuche nicht eine neue *Sakralisierung* bedeuten können, diesmal nicht mehr des Status quo, sondern der politischen Forderung zu – auch revolutionärer – *Veränderung.*

Denn die Kernfrage ist, ob Gläubige und Nichtgläubige faktisch *dasselbe tun*, nämlich die Welt erneuern, während von dieser gemeinsamen Praxis der Gläubige nur eine andere *Interpretation* gibt, die aber als Interpretation keine Konsequenzen für die Praxis hat. Denn für eine Praxis, die *religiösen* und *nicht-religiösen* Interpretationen gleichgültig gegenübersteht, kann die Religion als solche keinen eigenen Beitrag leisten. Daraus folgt, daß der Anspruch einer Religion, der Welt einen eigenen, unreduzierbaren Dienst zu leisten, in dem Maß problematisch und arg doppeldeutig wird, wie dieser Dienst aus *außerreligiösen* Zielsetzungen verstanden wird. Umgekehrt ist der Anspruch der Religion, eine *eigene* Weltinterpretation zu bieten, genauso problematisch und arg doppeldeutig in dem Maß, wie diese Interpretation für die *Praxis* irrelevant bleibt. Wenn es also um eine Gläubigen und Nicht-Gläubigen gemeinsame Praxis mit zudem nur unterschiedlichen theoretischen Weltinterpretationen geht, dann haben wir den besonderen kritischen Impuls, der vom religiösen Bewußtsein ausgeht, verkannt. Denn die Religion ist nicht eine Weltinterpretation, die der Praxis fremd bleibt, und sie ist ebensowenig eine Praxis ohne jeden Bezug zu einer bestimmten Welt- und Menscheninterpretation. In der Praxis erleben wir daher oft folgendes: Anfangs redet man von einer evangelischen Inspiration, die zu Solidarität mit der (faktisch sozialistischen) emanzipativen Selbstbefreiung antreibt. In der zweiten Phase sieht man die eigene Rationalität dieser Emanzipation genauer. In einer dritten Phase erkennt man die Priorität der Emanzipation in ihrer eigenen Rationalität vor der evangelischen Verkündigung; und in einer letzten, vierten Phase endet dies alles oft mit der Ausstoßung der evangelischen Orientierung und Inspiration als irrelevant für die Befreiungsbewegung. Diese nicht selten festgestellte faktische Entwicklung [132] weist darauf hin, daß – obwohl man die Religion tatsächlich mißbrauchen kann, ganz gleich wofür – die Religion ihrem Wesen nach *nicht brauchbar* ist, ganz gleich für was. Gott ist nicht brauchbar als Mittel für menschliche Zwecke, und ebensowenig ist der Mensch brauchbar als Mittel für göttliche Ziele. Religion und auch Menschsein transzendieren die Kategorie des Brauchbaren und des Funktionalen – was nicht hindert, daß die Religion gerade darin ‚höchst funktional‘ für die Förderung von allseitig-menschlicher ‚Menschenwürde‘ sein kann. Denn Religionen sind keine inneren Anmutungen, sondern *heilbringend:* Sie bringen Heil *für Menschen.* Nur wenn wir die besondere kritisch-hermeneutische Kraft und den Impuls der Religion als Religion erkennen, kann die Religion (als innere Fülle, Implikation und Konsequenz) der Welt einen Dienst erweisen, der sowohl *spezifisch religiös* als auch *praktisch* (auch politisch-praktisch) in der Welt *wirksam* ist. Wird die spezifisch religiöse Interpretation und Kritik aus dem Auge verloren, mit anderen Worten, wird die Religion in nicht-religiösen Dienst genommen, dann werden *entweder* religiöse Mittel als Mittel für nicht-religiöse Zwecke angeboten, und dann wird Religion in der Tat zur Magie, *oder* die Religion wird bloß in die Rolle der Lehrerin und Erzieherin zur Sittlichkeit gedrängt [133] – früher war dies vor allem individuelle Ethik, heutzutage ist dies die Makro-Ethik der politisch-sozialen Gesellschaft. Mit anderen Worten, wenn die Religion in den Dienst von Aufgaben tritt, die ihr *von außen her* gestellt werden, etwa durch wirtschaftliche, gesellschaftliche oder politische Bedürfnisse, entartet sie zu Magie, oder sie wird ausgehöhlt und auf bloße Ethik reduziert (allerdings muß sie dabei bedenken, daß ihr spezifisch-religiöses Interesse sich menschlich sinnvoll nur *innerhalb* der *anderen* fünf anthropologischen Konstanten, die früher analysiert wurden, aufrechterhalten läßt). Zwar impliziert Religiosität eine ethisch-gute Lebenshaltung, aber sie läßt sich nicht auf Ethik reduzieren. Der einzige Unterschied zu früher läge dann darin, daß der fremde Dienst der Religion an der Welt früher eine rechte und restaurative Tendenz zeigte, während er heute einen linken und revolutionären Weg geht. In beiden Fällen geht es dann um Formen und Erscheinungen einer überholten „konstantinischen Theologie“. Oft ist dann die Berufung auf den christlichen Glauben zum Vorteil einer rechten oder linken Politik, oder zum Vorteil einer schrumpfenden, profillosen Partei der Mitte, nur ein Alibi für das Fehlen *vernünftiger Argumente.* Deshalb muß die Theologie Nachdruck legen auf die *spezifisch-religiöse* Form der Menschen- und Gesellschaftskritik; ihr kann ein Dienst der Religion an der Welt gegeben sein, den die Theologie nicht aus einer wiederholenden Verdoppelung dessen bezieht, was kritische Soziologen (vielleicht mit Recht) schon gesagt haben, sondern den sie *aus der Erfahrung des Heiligen* bezieht. Religionen wollen vom Heiligen, von Gott zeugen; gerade darin finden sie die Legitimation ihres Sprechens und Handelns. In ihrem *Dienst an Gott* – Gottesdienst – sind Religionen ein *Dienst am Menschen.* Wenn nicht, handelt es sich um eine bloße idealistische Verdoppelung [134]. Denn wenn wir von religiösem Bewußtsein (und seiner besonderen kritischen Kraft) sprechen, sprechen wir von einer bestimmten Gestalt menschlichen Bewußtseins. Und dann geht es um die Frage, was *das Religiöse* dieses Bewußtseins ist, das heißt, wir fragen dann, welches Wissen und welche Wirklichkeit unser Bewußtsein so bestimmen, daß dieses Bewußtsein ein religiöses Bewußtsein genannt wird. Das bedeutet zugleich: Wie ist die Wirklichkeit von Mensch und Welt im Licht des religiösen Bewußtseins zu beurteilen? In der Religion geht es nicht nur um Gott, sondern um die *Totalität,* deren tragender Grund und deren Hoffnung Gott ist.

Die Religion beurteilt den Menschen und die Welt im Licht ihrer Erfahrung des Heiligen oder Göttlichen. Jede religiöse Aussage über das Heilige ist in Wahrheit eine Aussage über den Menschen und seine Welt, aber in dem Sinn, daß jede religiöse Aussage über Mensch und Welt in Wirklichkeit auch eine Aussage über das Heilige, über Gott ist. Anders gesagt: Im Selbstverständnis der Religion liegt – gleich ursprünglich – ein bestimmtes, nämlich *religiöses* Welt- und Menschenverständnis. Die Frage nach Gott läßt sich nicht von der Frage nach dem Wesen des Menschen trennen, das dann letztlich auch religiös bestimmt werden muß, damit der Mensch voll und ganz Mensch sein kann. Die Religion bringt tatsächlich die Existenz des Menschen und der Welt zur Sprache, aber als doppeldeutige Erscheinung des Heiligen, nicht anders (ohne daß damit nicht-religiöses Sprechen über dieselben Erscheinungen abgelehnt würde). Für den Gläubigen ist der Mensch in der Welt das fundamentale Symbol des Heiligen, Gottes als des Vorkämpfers alles Guten und des Bekämpfers alles Bösen, mithin eine Erscheinung Gottes als Gnade und Gericht. Um *erscheinen* zu können, muß sich das Heilige stets in Bildern *verhüllen:* Es offenbart sich in Verschleierung, und zwar so, daß das Heilige nicht außerhalb dieser Erscheinungen zu erreichen ist, obwohl es doch selbst nie mit einer dieser Erscheinungen identisch ist. Deshalb besteht eine *notwendige* Identität zwischen *Erscheinung* und *Verhüllung.* Dieser Struktur hat die Religion unter dem Aspekt des religiösen Menschen- und Weltverständnisses eine besondere religiöse Symbolik zu verdanken, die trotz ihrer Besonderheit doch wieder auf die geschichtliche Realität des Menschen in der Welt hinweist.

Aus dieser kritisch-hermeneutischen Relevanz des religiösen Bewußtseins geht hervor: – a) die Unmöglichkeit für einen Gläubigen, auf irgendeine Weise eine bestimmte – vergangene, heutige oder zukünftige – Weltgestalt zu einer geheilten oder versöhnten Welt zu idealisieren. Denn alles ist nur Erscheinung Gottes und nie identisch mit dem Heiligen, als Heil des Menschen. Aber – b) zugleich verbietet die Religion die Weltflucht, die Verachtung irgendeiner – vergangenen oder künftigen – Weltgestalt, weil für den Gläubigen alles, und überall, Erscheinung des Göttlichen sein kann. Nichts darf deshalb geringgeschätzt werden; die Wirklichkeit ist nie völlig heillos, solange Gott noch da ist. Die Religion widersetzt sich daher *jeder Identitätsthese,* jeder Sakralisierung oder Verabsolutierung irgendeiner, rechten oder linken, Politik oder der Politik der Mitte, obwohl politisches Handeln zum Vorteil des Menschen zugleich *Erscheinung* Gottes unter uns ist: Verhüllung und Erscheinung sind ja identisch. Mit anderen Worten, die Religion, auch der christliche Glaube, hat schon darin politische Relevanz, daß er sich einer *völligen Identifizierung* menschlichen Heils mit der Politik widersetzt. Gottes Vorbehalt, der für den Menschen als eschatologischer Vorbehalt gilt, macht eine Verabsolutierung der Politik für den Gläubigen unmöglich. Das Christentum *entsakralisiert* die Politik. Denn wenn der Möglichkeitsgrund alles Daseins in Gott liegt und wenn anderseits unser menschliches Dasein bedroht wird, nicht nur von außen her: von der Natur, vom Mitmenschen und von der Gesellschaft, sondern zutiefst auch von innen her: durch eigene permanente Möglichkeit, nicht sein zu können, dann ist Heil in vollem Sinn des Wortes erst gerade dort möglich, wo der Mensch sich selbst dem Möglichkeitsgrund seines Daseins anvertrauen kann, das heißt der in dieser permanenten Existenzkrise verhüllten Lebenserneuerung durch den Heiligen. Das kritische Bewußtsein, das dem religiösen Bewußtsein eigen ist, kennt die Gültigkeit alles Weltlichen und zugleich dessen radikale Krisis. Das macht Hinwendung zum Menschen und zur Welt möglich *ohne* Weltvergöttlichung oder Idealisierung und Verabsolutierung irgendeiner Befreiungspolitik; es macht radikale Menschen- und Gesellschaftskritik und Förderung des Wohlseins möglich *ohne* Zuflucht zu einem erträumten Heilsstaat und ohne die Fiktion einer geheilten oder versöhnten Welt in den Grenzen unserer Geschichte: in Vergangenheit, Gegenwart oder Zukunft. Die Religion unterzieht daher sowohl den Status quo als auch die Verabsolutierung einer bloß politisch-gesellschaftlichen Erneuerung, der sich Menschen nolens volens unterziehen müßten, der Kritik. Und sie will trotzdem, in der Nachfolge des auf Menschlichkeit bedachten Gottes, *auf Menschlichkeit bedachte Menschen* und daher auch Strukturen, die dies möglich machen, unterstützen und fördern können.

Diese religiös begründete Kritik ist tatsächlich ein Beitrag der Religion zur Welt, aber ein Beitrag in und durch *Dienst an Gott*. Das werden wir uns in der weiteren Analyse fest vor Augen halten müssen, wenn wir *theologisch* sinnvoll über menschliche Befreiung sprechen wollen und nicht wie christliche Papageien (unter der Flagge der Theologie) nachplappern, was ernst zu nehmende Menschen schon längst gesagt haben!

C. POLITISCHES UNVERMÖGEN DES BLOSS FORMALEN ‚ESCHATOLOGISCHEN VORBEHALTS‘

Wenn man allein auf Gottes Vorbehalt achten würde, ohne den konkreten *Inhalt* des Gottesglaubens, vor allem des christlichen, auf Jesus von Nazaret orientierten Gottesglaubens dabei zu bedenken, könnte der eschatologische Vorbehalt eine äußerst reaktionäre Funktion bekommen, zum Unheil des Menschen. Denn Gottes Vorbehalt liegt über unserer ganzen menschlichen Geschichte und über allem, was der Mensch in ihr zustande bringt. Alle politischen Optionen werden dadurch relativiert. Aber das bedeutet denn auch, daß, wenn dieser reale Aspekt der Gottesoffenbarung *für sich* genommen wird, ohne in Betracht zu ziehen, was sich in Jesus für uns vollzogen hat, dieser eschatologische Vorbehalt jede weltliche Tätigkeit derart relativieren kann, daß sowohl eine konservative als auch eine für alle mehr Gerechtigkeit fordernde soziale Politik *gleichermaßen* neutralisiert werden. Der christliche Glaube würde die Politik dann nicht nur entsakralisieren und ihr den drohenden absolutistischen Charakter nehmen – *darin* liegt das besondere Recht und die Bedeutung des eschatologischen Vorbehalts oder der Freiheit des Gottseins Gottes –, sondern er würde aus sich selbst überhaupt keine Inspiration und vor allem keine (in eine ganz *bestimmte* Richtung weisende) Orientierung bei der Wahl einer sozial-wirtschaftlichen Politik zur Förderung wachsender Humanität und realisierbarer Menschlichkeit geben können. Gott könnte dann genausogut, das heißt indifferent, sowohl in der Erhaltung und der Erneuerung der Menschenwelt als auch in ihrem Leiden, ihrer Knechtung und ihrem Untergang als ‚Heil‘ erscheinen. Das richtige christliche Bekenntnis, daß für den Gläubigen (der zum Kreuz Jesu emporblickt) Untergang, Scheitern und Leiden in der Tat *Gestalt von Heil* sein können, Zeichen der schweigenden Gegenwart Gottes, kann dann in Wirklichkeit politisch zur Festigung und Fortsetzung tatsächlicher Unterdrückung mißbraucht werden. Mit dem bloß formal gebrauchten eschatologischen Vorbehalt würde man den humanitären Impuls, der in Freiheitsbewegungen vorhanden ist, schon von vornherein ersticken, während man zugleich durch Verschweigen Gottes Vorbehalt offensichtlich nicht gegenüber dem Status quo gelten läßt. Das ist dann die politische Konsequenz (stillschweigend oft auch die Intention) einer Berufung auf den eschatologischen Vorbehalt, wenn es um politische Fragen geht.

Der *Inhalt* des Gottesbekenntnisses bestimmt also mit das konkret ausgerichtete Handeln von Christen in dieser Welt. Wenn man tatsächlich davon ausgeht, wie es in primitiven und manchen anderen Religionen der Fall ist, daß Gott Grund und Ursprung sowohl aller Positivität als auch aller Negativität ist – ein Gott, der sterben läßt und lebendig macht –, dann besitzt die Religion in der Tat überhaupt keine kritische und produktive Kraft für das Handeln zum Heil von Menschen auf persönlichem, körperlichem, medizinischem, wirtschaftlichem, gesellschaftlichem, agogischem (usw.) Gebiet. Das menschliche Leben und die Geschichte sind in der Tat doppeldeutig, ambivalent, so daß sich selten zwingend genau sagen läßt, was auf seiten des Lebens und was auf seiten von Zerstörung, Tod und Untergang steht. Aber Ambiguität ist nicht dasselbe wie Neutralität. Wenn Recht wie Unrecht, Freude wie Kummer gleichermaßen ihren Grund und ihre Quelle in Gott hätten, wäre es für einen gläubigen Menschen vergeblich und sinnlos, daran etwas ändern zu wollen. Aber gerade wegen der besonderen kritisch-kognitiven Kraft menschlicher Leidenserfahrungen werden viele wahre Gläubige einen solchen Gottesbegriff ablehnen. Eine solche Auffassung von Gott hat jedoch durchaus zur Folge, daß „Gott die Stände gewollt hat“, dann hat er gleichermaßen Herren und Knechte,

Unterdrücker und Unterdrückte gewollt und die Familie der heiligen Hierarchie im Universum durch Befehl und Gehorsam zusammengehalten. Jedenfalls geht daraus hervor, daß Religion *immer* politisch relevant ist. Nicht diese Relevanz steht, wo auch immer, zur Diskussion; die einzige entscheidende Frage ist: *Welche* politische Relevanz mißt sich die Religion selbst zu, das heißt, welche soziale und menschenfördernde Politik will sie fördern und welche verhindern?

Aber der Gott der Christen ist „kein Gott der Toten, sondern der Lebendigen" (Mt 22,32). Mit anderen Worten, *dieser* Gottesbegriff erkennt Gott einzig und allein Positivität zu: „Gott ist Liebe" (1 Joh 4, 10.16), seinem Wesen nach ein Förderer des Guten und ein Bekämpfer alles Bösen. Und dann kann für den Gläubigen, der Gott nachfolgen will, die *Orientierung* für alles Handeln allein in der Förderung des Guten und im Widerstand gegen das Böse, gegen Unrecht und Leiden unter all seinen Formen liegen. Diese Auffassung von Gott, die uns nicht aus einem allgemein-religionsgeschichtlichen Gottesbegriff, sondern in jedem Fall aus und in Jesus von Nazaret gegeben ist, vermittelt dem Christen schon eine ganz bestimmte orientierende Richtung für sein Handeln innerhalb dessen, was ich die sieben anthropologischen Konstanten genannt habe: In diesem Rahmen hat er die Glaubenspflicht, das, was gut und wahr für realisierbare Menschlichkeit ist, zu fördern und alles, was den Menschen in seiner Leiblichkeit verletzt, in seinem psychischen Leben belastet, in seinem Personsein erniedrigt, durch gesellschaftliche Strukturen knechtet, durch Irrationalität in ein unverantwortliches Abenteuer treibt, die freie Ausübung seiner Religiosität unmöglich macht, und schließlich alles, was die Rechte des Menschen beeinträchtigt und durch Arbeitsbedingungen und Bürokratie den Menschen zu einer Sache macht, energisch zu bekämpfen. Dieser produktive und kritische Impuls christlichen Gottesglaubens sowohl für menschenheilendes Handeln als auch für eine zielgerichtete politische Praxis für eine bessere Zukunft der Menschheit neutralisiert seinerseits nicht den eschatologischen Vorbehalt. Er bleibt auch dann kritisch-produktiv, weil die Menschheit nicht das Subjekt einer ‚universalen Vorsehung' ist, und auch dann können Illusionen, Enttäuschungen und Mißerfolge trotz allen Einsatzes und Widerstandes letztlich noch Gott, dem einzigen Subjekt der universalen Vorsehung, anvertraut werden. Gottes Vorbehalt zeigt sich gerade darin, daß die Menschheit selbst nicht das universale Subjekt der Geschichte ist und daß ihre zeitliche Providenz vom Herrn der Geschichte überstiegen wird. Und dieser eschatologische Vorbehalt, der deshalb die vielfältige menschliche Sorge für die Zukunft eines wahren, guten und glücklichen Menschseins in möglichst gerechten Gesellschaftsstrukturen keineswegs neutralisiert – wohl entsakralisiert – und radikalisiert, ist dann zugleich eine grundlegende Kritik an aller Anmaßung, Heil ausschließlich mit politischer Selbstbefreiung zu identifizieren, ausschließlich mit ‚Nettsein zueinander' zu identifizieren, ausschließlich mit ökologischen Anstrengungen zu identifizieren, ausschließlich entweder mit Mikro- oder Makro-Ethik oder mit Mystik, Liturgie und Gebet zu identifizieren, ausschließlich mit pädagogischen, andragogischen und gerontologischen Techniken usw. zu identifizieren. Dies alles gehört zu dem Begriff *Heil* oder *Heilsein* von *Menschen* und hat deshalb auch wesentlich mit Heil-von-Gott-her zu tun, das als Gnade erfahren werden darf.

D. DER CHRIST UND SEINE WAHL EINER POLITISCHEN PARTEI

Es wurde schon darauf hingewiesen, daß die Zukunft unseres Menschseins, nach dem Stand des heutigen Problembewußtseins, mit abhängig ist von einem politischen Zukunftsprojekt, bei dem Gläubige sich durch ihre Erfahrung Gottes als des Förderers des Guten und des Bekämpfers von Übel und Leiden inspirieren lassen, Christen insbesondere durch den Gottesbegriff, wie er in Jesus Christus anschaulich Gestalt erhalten hat.

Christliche Hoffnung steht nicht Prognose, Planung und politischem Zukunftsprojekt entgegen, sondern Verzweiflung und Defätismus. Die christliche Hoffnung nimmt die menschliche Aktivität einer politischen Praxis in sich auf, aber dadurch geht sie in das Mysterium über. Insgesamt ist die Geschichte und ihr totaler Sinn ein Geheimnis, so daß die Zukunft auch verborgene, nicht zu beherrschende Züge enthält. Grund, Ursprung und Sinn der Menschheit ist der lebendige Gott, der Herr der Geschichte, in der es trotzdem um das Heil, das Wohl und das Glück der Menschheit geht. Die Wahl einer politischen Partei hat daher etwas mit der christlichen Hoffnung auf Heil für Menschen zu tun, weil (wie schon gesagt) ein wirklich demokratisch funktionierendes Zweiparteiensystem als Minimalforderung (und als geringstes von allen Übeln) die erste, grundlegende Voraussetzung für ein menschenförderndes gesellschaftspolitisches System ist. Und dann werden der Gläubige und der Christ vor eine ganz konkrete Wahl gestellt.

Von Politologen wird die Politik als das Bemühen verstanden, der künftigen Gesellschaft durch Machtausübung zielbewußt Form zu geben. Politik impliziert also auch einen Hinweis auf die Staatsführung und auf deren Zustandekommen und deren Wirkungen. Unter Politisierung wird dann die heutige Zunahme einer zielbewußten Formgebung der kommenden Gesellschaft verstanden, „einerseits durch den wachsenden Umfang der Staatsführung, anderseits durch ein genauso zunehmendes Bestreben der Bürger, den Inhalt und das Zustandekommen der Führung zu beeinflussen, sowie das Streben nach Vergrößerung der Effektivität der Staatsführung"[135]. So verstanden, hat im politischen Ethos eines demokratischen Systems und innerhalb des gesellschaftlichen Pluralismus die politische Parteibildung tatsächlich die Bedeutung von Machtkonzentration, die sich jedoch – wie jede menschliche Herrschaft – wird legitimieren müssen an demokratischen Kriterien, an der politisch befreienden

Relevanz ihres Inhalts und des verletzenden drangsalierenden Leidens, das sie anderen zufügen kann.

Progressive Politisierung ist nur dadurch und insoweit möglich, als das Bewußtsein vorhanden ist, daß die Menschen selbst aus einem politischen Zukunftsplan der künftigen Gesellschaft tatsächlich Gestalt geben können, mit anderen Worten, wenn unter den Menschen das Bewußtsein gewachsen ist, daß die Zukunft – bis zu einem gewissen, immer relativen Grad – auch ein Produkt menschlicher Kreativität, ein menschliches Werk ist: Ergebnis menschlicher Prognose, eines politischen Zukunftsprojekts und einer konkreten Planung. Erst auf der Grundlage dieses – geschichtlich neuen – Bewußtseins ist fortschrittliche Politik möglich.

Bemerkenswert dabei ist, daß fortschrittliche Politik wesentlich zugleich eine gewisse Verwissenschaftlichung der Politik mit sich bringt, zumindest in dem Sinn, daß die Politik immer mehr Wissenschaft und Technologie wird einschalten müssen, ohne sich jedoch vom Primat von Wissenschaft, Technokratie und Wirtschaft leiten zu lassen.

Die politische Relevanz des christlichen Glaubens impliziert zunächst, daß Gläubige, die aus dem Evangelium leben, stets eine aktive und ständige Sorge für die Unversehrtheit des politischen Ethos haben müssen, eine Sorge übrigens, die sie mit allen Gutwilligen teilen. Aber es bedeutet vor allem und spezifisch, daß die Gläubigen, als Träger der evangelischen Botschaft, in politischen Fragen eine zum Handeln antreibende, prophetisch-kritische Funktion haben, die, aus ihrem Glauben an die Prophetie der vollkommen neuen Erde und des vollkommen neuen Himmels (des Reiches Gottes, das heißt Gottes Gemeinschaft, die den Schalom, den Frieden und die Gerechtigkeit, die Einheit unter allen Menschen zur inneren Konsequenz hat), Kritik an jedem gesellschaftlich erreichten Status übt, der Ungerechtigkeiten und Unfrieden des Systems zu konsolidieren droht. In diesem Sinn begegnen die Gläubigen dem gesellschaftlichen Status quo mit Kritik, insoweit dieser nur so viel an neuer Humanität und Befreiung aller zuläßt, wie ihm passend erscheint, um die ‚eigenen Interessen‘ in neuen Verhältnissen planvoll und dauerhaft sichern zu können. Aus der evangelischen Prophetie müssen sich die Gläubigen daher als eine prophetisch-kritische und ideologiekritische Kraft gegenüber der Polis und ihrer Politik erweisen. Sie fordert alle Mächte, Herrschaft und Strukturen auf, sich für das *von ihnen* verursachte Leiden und die von ihnen verursachte Unterdrückung *anderer* zu verantworten. In ihrer kritischen Funktion ist sie praktisch-kritisch, das heißt eine prophetische Kritik, die zum Handeln antreibt.

Für die christliche Glaubensüberzeugung ist es nämlich wesentlich, an die reale Möglichkeit einer besseren Zukunft für alle Menschen in ihrer persönlichen und gesellschaftlichen Dimension zu glauben, an eine radikal-bessere Zukunft, die zwar Geschenk Gottes ist, aber als Geschenk zugleich Aufgabe, ein Auftrag, schon jetzt, in den historischen Dimensionen unserer gesellschaftlichen Geschichte Frieden, Gerechtigkeit und menschliche Einheit zu verwirklichen. Der Gottesglaube radikalisiert den Einsatz für eine bessere Welt. Der christliche Glaube an das menschlich Unmögliche, nämlich an eine radikal-neue Weltverbesserung, treibt den Christen von selbst auch zu einem ganz bestimmten politischen Handeln an. Denn die Bekehrung des Herzens, auf welche der christliche Glaube so starken Nachdruck legt, ist mitbedingt durch die gesellschaftlichen Strukturen, in denen die menschliche Freiheit steht, und ihrerseits beeinflussen die schlechten Intentionen des menschlichen Herzens diese Strukturen. Es besteht ein *dialektisches* Verhältnis zwischen ‚Umkehr des Herzens‘ und der ‚Umkehr gesellschaftlicher Strukturen‘, obwohl auch bei opti-malen Strukturen das menschliche Herz noch Unfrieden und Ungerechtigkeit stiften und obwohl auch in ungerechten Strukturen der Mensch persönlich zur höchsten Menschenwürde heranwachsen kann. Dies letztere schließt nicht aus, daß der ethische Imperativ, ungerechte Strukturen zum Guten zu verändern, eine nie aufgegebene ethisch-politische Forderung bleibt, mitinspiriert durch das Evangelium der Befreiungsbotschaft. Mit anderen Worten, das Evangelium in-spiriert den Christen zu einem *bestimmten* politischen Handeln.

Trotz seiner sozialpolitischen Relevanz kann uns das Evangelium oder der christliche Glaube aus sich selbst *direkt* kein konkretes politisches Aktionspro-gramm bieten. Die Stoßkraft und Inspiration wie auch eine gewisse Orientie-rung (durch Ausschluß bestimmter Richtungen), die vom Evangelium auf das politische Projekt, auf die Programmierung der politischen Aktion und schließ-lich auf die politische Praxis selbst ausgehen, verlaufen daher dialektisch, indi-rekt: einerseits über Kontrasterfahrungen und anderseits über die Vermittlung einer (wissenschaftlichen) *Analyse* der gesellschaftlichen Strukturen und deren (hermeneutische) *Interpretation.*

Von gesellschaftlichen Erfahrungen ist die wissenschaftliche Analyse und die Interpretation des Analysierten nur die notwendige, zeitgemäße Fortsetzung. Deshalb ist ohne die Vermittlung der Analyse und Interpretation dieser Erfah-rungen und der Gesellschaft, in der sie entstanden sind, die Stoßkraft oder Inspi-ration des Evangeliums politisch kraft- und bedeutungslos. Denn dann besteht ein Vakuum zwischen den Forderungen des politisch relevanten Evangeliums der Befreiung und der Forderung zu konkreter Inhaltsbestimmung des politi-schen Handelns. Bezeichnend ist jedoch, daß es letztlich nicht Christen gewesen sind, die aus ihrer Caritas oder christlichen Sorge für den Mitmenschen zuerst und massiv die Menschheit auf die institutionelle und persönliche Unterdrük-kung der Proletarier aufmerksam gemacht haben, obwohl diese Sorge doch die innere Forderung der christlichen Caritas ist. Zwar haben, damals und vorher, vor allem und fast ausschließlich die Christen aus ihrer sorgenden Caritas für den Menschen viel dazu beigetragen, die Unterdrückten zumindest sozialthera-peutisch aufzufangen, aber sie wurden nicht direkt dazu getrieben, die Struk-turen selbst, die Ursache dieses Leidens, verändernd anzugreifen. Denn dies letztere setzt die bereite Einsicht voraus, daß diese Strukturen verändert werden können, und dieses Bewußtsein wiederum setzt eine Analyse voraus, die zeigt, daß diese bestimmten Strukturen geschichtlich entstanden sind, daß sie sich hätten anders entwickeln und daß sie somit auch hätten verändert werden können. Diese Tatsache zeigt deutlich, daß die christliche Caritas (neben ihrer ebenfalls sinnvollen interpersonalen Wirkkraft) unter zeitgenössischen Verhältnissen doch erst durch die Vermittlung politischen Handelns voll zweckmäßig wird, zu dem die konkreten Imperative aus den empirischen Erfahrungen des Menschen gegeben werden.

Die Folgerung scheint zwingend: Der christliche Glaube mit seiner Inspiration zur Caritas ist erst dann konkret politisch relevant und aktiv, wenn durch die Analyse und Interpretation der Erfahrung des Menschen und der Gesellschaftsstrukturen (und somit auch aus politischem Sachverstand und prospektiver Phantasie bei der Programmierung eines Projekts für eine kommende Gesellschaft) die historische *Vermittlung* zwischen Glaube und politischem Handeln geschaffen ist. Die Vermittlung der politischen Phantasie, der wissenschaftlichen Zeit- und Gesellschaftsanalyse und der Interpretation dieser und auch des Ethos ist notwendig, um den Glauben an das Reich Gottes konkret auf dem Register der menschlichen gesellschaftlichen und politischen Geschichte zu entwickeln. Ohne diese besondere selbständige Vermittlung kommt es zu den gefährlichsten und naivsten Kurzschlüssen.

Doch darf man dabei nicht vergessen, daß die Anwendung des Instrumentariums der Analyse kein neutrales Unternehmen ist. Bewußt oder unbewußt liegt zwischen dem Glauben und der Anwendung von Analysetechniken (oder bei der Analyse selbst) schon eine politische Option. Denn die Frage ist, was und zu welchem Zweck man etwas untersucht. Will man im Hinblick auf reale Freiheit für alle die Machtverhältnisse, welche die Konflikte in unseren gesellschaftlichen Zusammenhängen auslösen, ermitteln? Oder will man von einem abstrakten Begriff von ‚Allgemeinwohl‘ aus die Gesellschaftsstrukturen analysieren, wobei man dann an Konfliktsituationen und dem Eigeninteresse einiger Menschen vorbeigeht, die sich dann dem sogenannten ‚Allgemeinwohl‘ unterwerfen müssen – was in Wirklichkeit oft nichts anderes bedeutet, als ein anderes Eigeninteresse unter dem Deckmantel des ‚allgemeinen Interesses‘ in den Vordergrund zu schieben? In diesem Fall hat man vor der Analyse in Wirklichkeit schon eine Entscheidung getroffen, die jedoch als solche weder durch den Glauben noch durch die wissenschaftliche Analyse bestimmt wird.

Aus all dem geht hervor, daß die unmittelbare Grundlage einer wirksamen Politik ein *politischer Zukunftsentwurf* ist, über den ein freier Konsens vieler erlangt werden kann. Dieser politische Entwurf wird sich der Wissenschaft und Technologie bedienen, ohne sich jedoch unkritisch den sogenannten (in Wirklichkeit vermeintlichen) Zwängen und Gesetzmäßigkeiten der technologischen und ökonomischen Prozesse auszuliefern.

Die Konsequenz ist, daß die unmittelbare Grundlage eines politischen Zukunftsentwurfs mit Prioritäten (darum auch die Parteibildung) nicht der christliche Glaube oder die Konfession als solche sein kann. Der Glaube ist selbst dann faktisch nicht die unmittelbare Grundlage ihrer bestimmten Politik, wenn eine Partei sich doch konfessionell konstituieren sollte. Denn auch in diesem Fall geht eine solche Partei politisch von Kriterien aus, die nicht unmittelbar der christlichen Religion als solcher entstammen; das Christsein an sich kann selbst dann nicht Kriterium der politischen Entscheidung sein. Dann gibt es im Grunde politisch und religiös gesehen eigentlich keine direkte Verbindung zwischen der (konfessionellen) Partei und dem christlichen Glauben, wohl zwischen dieser Partei und einer bestimmten sozialen Größe, aus der man konkret Mitglieder wirbt: Katholiken oder Christen (nicht das katholische Glauben oder das christliche Glauben), unter denen vor allen Gegensätze wirtschaftlicher Interessen bestehen.

Eine konfessionelle Partei besitzt als *politische* Partei geschichtlich eine Existenzberechtigung nur in Situationen, in denen eine mangelhafte politische Konstellation eine normale politische Daseinsentfaltung bestimmter Bürger, nämlich der Christen als Staatsbürger, nicht zu ihrem vollen Recht kommen läßt; mit anderen Worten, wo das politische System selbst schon falsch ist. Die sogenannte Konfessionalität einer politischen Partei ist daher nie eine Prinzipienfrage, sondern eine Frage geschichtlicher Opportunität. Und dazu bestand in der Vergangenheit tatsächlich Anlaß. Grund dieser ganzen Darlegung bleibt: die nur indirekte und dialektische politische Relevanz des christlichen Glaubens und damit die Notwendigkeit der *Vermittlung* der Analyse und Interpretation nicht-theologischer Faktoren. Auf der Analyse (von einem bestimmten Blickwinkel aus) und der Interpretation der Gesellschaftsstrukturen beruht ja der direkte Ansatz für ein konkretes politisches Aktionsprogramm. Und über diesen Blickwinkel und die Interpretation als Grundlage der politischen Entscheidung wird auch unter Christen faktisch unterschiedlich geurteilt. Man kann einem politischen Konsens nicht unmittelbar auf einen religiösen Konsens bauen (außer im fundamentalistischen und biblizistisch aufgefaßten Christentum, das sein politisches Aktionsprogramm glaubt direkt aus der Bibel schöpfen zu können). Die Geschichte lehrt denn auch, daß eine politische Partei, die in ihren politischen Stellungnahmen auf einer mehr oder weniger gemeinsamen religiösen Glaubensüberzeugung fußt: 1) einerseits inhaltlich manchmal weniger christlich inspiriert sein kann als nicht-konfessionelle Parteien; 2) anderseits gezwungen wird, in ihrem Programm und in ihrer politischen Praxis oft eine gewisse Zurückhaltung zu bewahren, weil ein politischer Konsens unter den Christen, unter denen sich doch eine solche Partei hauptsächlich rekrutieren wird, faktisch fehlt. Wer eine Partei bilden will, die zumindest über die grundlegenden sozialpolitischen Fragen politisch einmütig denkt (und somit effektiv arbeiten kann), wird seine Mitglieder nicht auf der Grundlage einer nahezu gemeinsamen religiösen Überzeugung, sondern auf der Basis einer *gemeinsamen politischen* Überzeugung gewinnen.

Ich komme daher zu einer ersten Schlußfolgerung. Einerseits aus der Aner-

kennung der politischen Relevanz des christlichen Glaubens, anderseits aus der
theologischen Einsicht, daß diese Relevanz politisch nur indirekt wirksam ist,
nämlich durch die Vermittlung einer Analyse *und* Interpretation der Gesellschaft, die letztlich bei vielen zu einer freien einhelligen politischen Option
führen, halte ich die folgende Formel, sowohl *theologisch* als auch *politisch*,
im Augenblick für die einwandfreieste: – a) *einerseits:* eine politisch relevante
oder politisch aktive *Kirche* oder Glaubensgemeinschaft, die frei, nicht an ein
politisches System oder eine politische Partei gebunden, sich als Kirche prophe-
tisch-kritisch und ideologiekritisch als kritisches Bewußtsein der Gesellschaft
und all ihrer politischen Parteien darstellt; – b) *anderseits:* Christen vereinigen
sich mit anderen, die gemeinsam (grundlegend) einen gleichen *politischen Konsens* teilen, im Hinblick auf einen politischen Zukunftsentwurf; mit anderen
Worten, Christen vereinigen sich politisch nicht auf der Grundlage einer katholischen oder christlichen mehr oder weniger gemeinsamen Glaubensüberzeugung, sondern auf der Basis einer gemeinsamen politischen Überzeugung.

Das Zweite Vatikanum hat die Legitimität eines politischen Pluralismus
unter Christen anerkannt. Faktisch war dies ein Fortschritt im Vergleich zu der
monolithischen oder uniformen Politik, die den Christen zuvor auferlegt war.
Anderseits liegt darin die Gefahr des politischen Liberalismus, als könnten
Christen denken, jede beliebige politische Option stimme mit dem christlichen
Glauben überein. Doch folgt aus dem christlichen Glauben, daß bestimmte
(seien es rechte oder linke) politische Optionen durchaus im Widerspruch zum
Evangelium stehen können und daß – wenn die allgemeine Einsicht in die politische Relevanz des Glaubens noch einen realen Sinn behalten soll – ein *Mini-
malkonsens* auf *politischem* Gebiet naturgemäß eine Folge gemeinsamen Glaubens an das Evangelium ist, das eine frohe Botschaft der *Befreiung* für *alle* ist
(ohne daß dieser Glaubenskonsens eine Basis für eine konfessionelle Partei
bilden kann, *es sei denn*, dieser Konsens könnte in der konkreten politischen
Konstellation in keiner anderen Weise wirksam werden). Allein, dieser freie
Konsens kann nicht einseitig von oben erzwungen werden und wird gemeinsam
erworben werden müssen. Christen dürfen daher, vom Evangelium aus, durch
ihre bestimmte politische Wahl – und sei es auch durch Neutralität – nicht
Partei für eine Politik ergreifen, in der durch strukturellen oder persönlichen
Zwang Schwächere geopfert und Ungerechtigkeit zum Dauerzustand wird. In
der Pastoralkonstitution ‚Gaudium et Spes‘ hat das Zweite Vatikanische Konzil
deutlich in diese Richtung gewiesen (n. 25–31; n. 34 und 35). Christentum hat
wesentlich mit fortschreitender Befreiung aller Menschen zu tun. Vom Evangelium her gesehen, müssen die Christen Parteigänger und Anwälte der Armen,
der Entrechteten, der nirgendwo Vertretenen sein. Eine politische Partei, die
diesem Ziel in ihrem Programm konkrete Gestalt gibt, wird daher für die Partei-
wahl der Christen als eine der ersten Möglichkeiten in Betracht kommen. Vom
Evangelium wird der Christ aufgerufen, mit dem geschichtlichen Befreiungsprozeß der Menschheit solidarisch zu sein; daher richtet sich seine Wahl auf

politische Parteien, die jede Diskriminierung und Knechtung, jede persönliche oder institutionelle Ausbeutung aus der Welt entfernen wollen durch ein situationell verantwortetes, politisches Zukunftsprojekt, ohne dabei das Menschsein zu reduzieren. Zwar ist dies noch sehr allgemein, aber eine erste Orientierung ist darin doch schon gegeben.

Ein Christ, dem die prophetische Befreiungsbotschaft des Evangeliums Ernst ist, kann in konkret gegebenen, sich progressiv nennenden Parteien jedoch manche Elemente entdecken, die er nicht als progressiv anerkennen kann. Oder er kann sich für andere Mittel und Wege bei dem einen selben fortschrittlichen Projekt entscheiden. Denn es kann nun einmal verschiedene Alternativen geben, und wegen der Eigenart seines christlichen Glaubens kann der Christ eine Vorliebe zeigen bei der Entscheidung zwischen Alternativen (etwa Gewalt oder Gewaltlosigkeit). Schließlich gibt es die Anschauung vom Menschen, das Menschenbild, die Antwort auf die Frage: „Für welche Weise des Menschseins entscheide ich mich letztlich?", „welche Vorstellung haben Menschen von einem ‚guten Leben'?" Die Antwort auf diese Frage erhält, ausdrücklich oder unausgesprochen, aber doch unvermeidlich, Gestalt in den konkreten sozialen Zusammenhängen der Gesellschaft, die der Mensch selbst schafft. Das jeweilige Menschenbild kann also ein fundamentaler Grund sein, warum Christen sich bestimmten, sich progressiv nennenden Parteien nicht anschließen. Denn ein bewußtes oder unbewußtes Menschenbild liegt immer der konkreten Organisation oder Artikulation einer Gesellschaft, ganz gleich zu welcher Zeit, und allen ihren Institutionen zugrunde. Indem man eine bestehende Gesellschaft analysiert, kann man das für sie modellhafte Menschenbild tatsächlich entdecken, und so kann man die Begrenztheiten und Unfreiheiten gegebener sozialer Gebilde und Institutionen entlarven. Dieses analytische und interpretierende Enthüllen des zumindest anfänglich oft unbewußten Menschenbildes, das den Gliederungen großer sozialer Zusammenhänge zugrunde liegt, ist sogar eine notwendige Voraussetzung, um die Begrenztheiten und Unfreiheiten einer etablierten Ordnung auf eine bessere Zukunft hin übersteigen zu können.

Nun, das bewußt oder unbewußt, aber trotzdem tatsächlich existierende Menschenbild in einem bestimmten, parteipolitischen Programm für eine künftige und in diesem Sinn progressive Gesellschaft kann in der Wertung eines trotzdem progressiven Christen tatsächlich als ein Torso erscheinen, auf den er eine kommende Gesellschaft wirklich nicht bauen will. Hier zeigt sich, daß, nach der Analyse der Gesellschaftsstrukturen, in deren *Interpretation* (als Grundlage für das Hinausgehen über den Status quo in eine bessere Zukunft) fundamentale Unterschiede auftreten können. Darin spielen anthropologische Auffassungen, Entwürfe vom Menschen eine wesentliche Rolle. Ein einziges Beispiel mag hier genügen. Für den Christen ist der Mensch nicht nur eine Person, sondern wesentlich auch sozial; nicht nur wesentlich sozial, sondern auch eine unantastbare Person. Deshalb werden für ihn, als Menschen und als Gläubigen, sowohl Individualismus und Liberalismus als auch Totalitarismus politisch nicht akzeptabel, auch wenn sie sich in einer eher progressiven Gestalt darbieten sollten. Außerdem ist der Mensch nicht nur ein homo oeconomicus, sondern auch ein ‚homo faber'; nicht nur ein ‚homo ludens', sondern auch ein Denker und Forscher, ‚homo philosophicus' und Wissenschaftler; nicht nur ein ‚homo eroticus', sondern auch ein ‚homo contemplativus', ein homo ethicus und oft auch ein ‚homo religiosus' usw. Deshalb kann man dem Torso eines Menschenbildes tatsächlich in einem politischen Parteiprogramm Gestalt geben. Die entscheidende Frage für den Christen, wie auch für das politische Ethos selbst, ist außerdem, welche Werte im Programm Vorrang erhalten – ein Vorrang nicht nach einer abstrakten Werteskala von oben nach unten, sondern als humane Forderung der konkreten menschlichen Notsituationen (so kann etwa die materielle Wohnungsnot konkret eine hohe Priorität fordern). Man kann zudem den Menschen auch völlig ‚funktionalisieren', ihn auf ein Zukunftsprojekt wissenschaftlicher und technologischer Planung reduzieren und diese wissenschaftliche Technokratie unkritisch schlechthin progressiv nennen, während diese technologische Eindimensionalität doch eine bedrohliche Gefährdung unseres Menschseins bedeutet.

Daraus schließe ich, daß niemand auf christlicher Grundlage verantwortlich behaupten kann, als Christ müsse man für diese *bestimmte Partei* stimmen, wenn man mit dem christlichen Evangelium konsequent sein wolle. Ich will nicht leugnen, daß sich ganz konkrete Umstände ergeben können, in denen eine bestimmte Wahl historisch vom Evangelium her notwendig werden kann; man könnte (um es einmal so zu nennen) als Christ kaum für eine Partei stimmen, die (auf der Linie heutiger satanischer Bewegungen) den Haß gegen die Menschheit und den Nihilismus propagiert. Der Glaube eignet sich nicht für alles Beliebige. Auch heutige Behauptungen, die marxistische Bewegung *müsse* die einzige konsequente Wahl eines Christen, der Parteigänger des Armen ist, sein, scheint mir eine leere Parole zu sein, die nicht aus christlichen Gründen vertreten werden kann. Zudem, daß es außer der marxistischen Gesellschaftsanalyse kein anderes Instrumentarium für Analysen gebe, ist kritisch-soziologisch überholt. Wir brauchen als Christen nicht Marxisten zu werden; und sich Parteigänger der Armen zu nennen ist noch kein ‚Marxismus', wie ebensowenig der Marxismus das beste Mittel ist, seine Solidarität mit den Unterdrückten und Armen konkret zu verwirklichen. Man kann nur sagen, daß Christen und Marxisten voneinander zu lernen und daß wir die aufrichtige Entscheidung anderer zu respektiveren haben.

Weil das Christentum auf die Notwendigkeit einer allgemeinen und völligen Befreiung hinweist, kann es in den Kampf der Sozialisten eine gewisse ‚Personalisierung' bringen, auch einen Widerstand gegen Haß, Unterdrückung und Rache in diesem Kampf. Christen können helfen, den Kampf zu humanisieren. Der Priester und Marxist G. Girardi sagt: „Christen, die sich für den revolutionären Kampf entscheiden, neigen oft dazu, *à l'extrême gauche* zu stehen. Sie werfen der kommunistischen Partei nicht mehr vor, wie sie es früher taten, revolutionär zu sein, sondern es nicht genug zu sein ... Man kann keineswegs die Doppeldeutigkeit leugnen, die oft in diesen raschen Radikalisierungen liegt, noch das Lächerliche, dem sich Menschen aussetzen, die, gerade erst politisch wach geworden, glauben, Unterricht in revolutionärer Reinheit Bewegungen geben zu müssen, welche die Trägerinnen einer langen und schmerzlichen Erfahrung sind."[136] Aber durch den Marxismus sind auch Christen darauf aufmerksam gemacht worden, daß gerade die Privatisierung der Religion sie den Forderungen der Gesellschaft unterworfen hat. Der Glaube wird ‚ideologisch‘, wenn er sich bloß verinnerlicht und glaubt, dann völlig geschützt zu sein vor Wissenschaft und politischen Kräften. Konkret steht fest, daß wohl niemand, auch der Christ nicht, sich je für eine Partei entscheiden kann, die völlig dem entspricht, was er als Mensch und an Gott Glaubender zum wahren, guten und glücklichen Menschsein in einer möglichst gerechten Gesellschaft für erforderlich hält. Man entscheidet sich dann für eine Partei, die ein mittelfristiges Programm vorzulegen weiß, in dem die drängenden Probleme des Menschen und der Gesellschaft hier und jetzt für eine für alle gerechtere und menschenwürdigere Lösung aus einer *selbstlosen Parteilichkeit* für die am meisten Unterdrückten erhalten. Aber es läßt sich kaum noch eine Partei finden, die sich nicht als Parteigänger der geschändeten und gekränkten Menschheit bezeichnen wird! Früher habe ich schon von der Notwendigkeit einer personalistischen und humanisierenden Sozialisierung gesprochen. Diese umfaßt naturgemäß auch eine demokratische Sozialisierung. Wir stellen aber fest, daß überall dort, wo der Sozialismus sich ein demokratisches und menschliches Gesicht geben will in Ländern, in denen der Kommunismus herrscht, jeder Versuch dazu im Keim erstickt wird. Ehrlichkeitshalber muß gleichfalls gesagt werden, daß überall dort, wo Versuche gemacht werden, „einen Kapitalismus mit einem menschlichen Gesicht" zu verwirklichen, dieser ebenfalls mit vielen subversiven Mitteln zerschlagen wird. Das entmythologisiert schon den Mythos ‚subversiver Schlagwörter‘! Denn es läßt sich kaum leugnen, daß der Kampf für das Humanum nicht nur eine wirtschaftliche Befreiung von Ausbeutung umfaßt, sondern ebenso notwendig die Demokratisierung aller Entscheidungen, bei denen das Schicksal der Menschheit auf dem Spiel steht. Realismus erfordert, daß jede Sozialisierung, die erworbene menschliche Rechte und Freiheiten (Freiheit der Meinungsäußerung, Pressefreiheit, Mitverantwortung für das politische Leben usw.), auch wenn diese noch nicht wie erwünscht funktionieren sollten, einschränkt, mit dem Widerstand des Volkes rechnen kann, wenn es einmal diese Rechte und Freiheiten genossen hat. Sozialismus ohne Personalismus und Demokratisierung ist ein Angriff auf realisierbare wahre Menschlichkeit. Aber ebenso ist der Ruf nach Freiheit und Demokratisierung ohne *Sozialisierung* in Wirklichkeit ein verkappter Egoismus und Ausdruck einer Forderung nach Freiheit für Gewinnsucht. Ein Christ wird deshalb jene Politik unterstützen wollen, die tatsächlich die wirtschaftlichen Bedingungen humanisieren und gerade deshalb auch zum Vorteil aller *sozialisieren*, aber zudem auch die sozialpolitischen Institutionen demokratisieren will. Und Demokratisierung fällt keineswegs mit einer strengen Etatisierung zusammen! Zwar ist ,die Menschheit' nicht das universale Subjekt der Geschichte insgesamt, aber menschliche Geschichte wird doch von Menschen gemacht, und so müssen sie selbst, das Volk, Subjekt ihrer eigenen Geschichte werden, und nicht rechte oder linke Diktatoren, die glauben, die Wahrheit gepachtet zu haben. Die Tatsache, daß Christen oft mit politischen Parteien konfrontiert werden, die eine dieser beiden Humanisierungsforderungen in großem oder kleinem Maß vernachlässigen, macht für Christen die konkrete Wahl einer Partei oft schwierig. Ein Christ wird sich oft in keiner einzigen konkreten politischen Partei ,zu Hause fühlen', allerdings wird er aus dem leitenden Gedanken einer humanisierenden, personalistischen und demokratischen *Sozialisierung* doch konkret Partei ergreifen müssen.

In diesen Zusammenhang gehört ein Wort über den antikommunistischen Instinkt, der für manche ein Charakteristikum des spezifisch Religiösen zu werden scheint! Es ist eine Tatsache, daß die Kirchen mit all ihren Institutionen einen integrierenden Bestandteil der bürgerlichen Gesellschaft bilden, mit der sie durch unzählige Nähte verbunden sind. Das soziologische ,Gesetz der Institutionen' spricht sich darin überdeutlich aus. Diese Kirchen können bei den gegebenen historischen Verhältnissen wirtschaftlich nur dann fortbestehen, wenn sie sich tatsächlich an diese bürgerliche Gesellschaft anlehnen. Sie passen sich denn auch dem herrschenden wirtschaftlichen und politischen System an. In dieser Situation ist die Entwicklungsmöglichkeit aller kirchlichen Einrichtungen, selbst wenn sie rein evangelisch gemeint sind, konkret abhängig von den Entwicklungsmöglichkeiten des Spätkapitalismus und an sie gebunden. Das ist eine Tatsache, die durch die Beiträge kapitalkräftiger Stellen für sogenannte ,nicht-progressive' Tätigkeiten der Kirchen dokumentiert ist. Die Folge dieser Situation ist, daß sie diese Kirchen auch daran hindert, in Krisenzeiten ein befreiendes Wort zu sprechen. Auch wenn Kirchen sich innerlich von einem System distanzieren, das Reiche reicher und Arme ärmer macht, sind sie doch institutionell so an das System gebunden, daß sie dann ihren Mund halten müssen. Um die Botschaft bringen zu können, müssen sie die Botschaft verschweigen! Das ist der Teufelskreis dieser Situation. Um als Kirche fortbestehen zu können, verschweigt man die evangelischen Forderungen. Sollten die Kirchen vergessen haben, daß die Jesus-Nachfolge auch sie das Leben kosten kann? Der primitive Antikommunismus vieler religiöser Menschen (irgendwo muß es offensichtlich einen allgemeinen Sündenbock geben) geht auf dieselben Urinstinkte der Selbsterhaltung zurück: behalten, was man hat. Daß aber der Anti-,Antikommunismus' dabei die flagrante Verletzung sozialer Freiheit und Menschenrechte auf seiten des kommunistischen Systems systematisch verharmlost und verschweigt, scheint mir menschlich gesehen genauso dogmatistisch-primär wie dieser primitive Antikommunismus zu sein. Ich lehne jeden ,Dogmatismus' ab, komme er von rechts oder von links oder von irgendeiner Kirche!

Doch gebe ich zu, daß es für Christen eine doppelte Prüfung bedeutet, wenn sie mit der Tatsache konfrontiert werden, daß bestimmte *christliche Kirchen* den Anschlag auf eine Regierung, die eine humanisierende Sozialisierung einführen wollte, als *Gottes Antwort* auf das Gebet vieler antikommunistischer Christen begrüßt haben, wobei sie den Mammon mit dem lebendigen Gott identifiziert haben. Das scheint mir eines der grausigsten Beispiele primitiven Antikommunismus' zu sein. Solche Reaktionen verlangen nach Gegenreaktionen, von denen ‚Christen für den Sozialismus' zweifellos eine ist. Anderseits werden diese bedenken müssen, daß Menschen sich nicht zu gerechteren wirtschaftlichen Verhältnissen, die allen zum Guten gereichen, *zwingen* lassen (außer durch Diktatur). Eine Diktatur, wenn auch für wirtschaftlich menschlichere Verhältnisse, bleibt eine Diktatur und unmenschlich. Ich glaube, daß dies auch die innere Aporie der Aufklärung war: Kann man Menschen zur Emanzipation und zum Dasein für den anderen zwingen? Die Welt zum Guten verbessern scheint doch nicht möglich zu sein ohne eine auch innere Bekehrung! Vielleicht haben die Religionen auch hier einen eigenen, unersetzbaren Beitrag zu leisten.

III
Eschatologisches oder endgültiges, wenn auch undefinierbares Heil

A. GOTTES EHRE IST DAS HEIL DES LEBENDIGEN MENSCHEN

> „Gloria Dei vivens homo"
> (Irenäus)

a) Undefinierbarkeit des vollen Heils von Menschen

Es gehört zum modernen Selbstbewußtsein der kritischen Vernunft, daß sie bei aller Anerkennung ihrer eigenen Zeitlichkeit und Begrenztheit gerade ihren eigenen Wert unterstreicht. Menschen sehen ein, daß ihr Leben in der Geschichte ein Gemenge von Sinn und Sinnlosigkeit ist und daß alle menschliche Ethik Grenzen kennt. Bei vielen wächst das Bewußtsein, daß endgültiger ‚Sinn' entweder noch nicht gegeben oder noch verborgen oder, wie manche glauben, einfach nicht vorhanden ist.

Gläubige wiederum sind zu der Einsicht gekommen, daß die gesellschaftspolitische Befreiung „ein integraler Bestandteil des Heils von Gott her" ist, so K. Rahner[137], oder „die unterste Grenze" oder eine „minimale Voraussetzung", um über christliches Heil sprechen zu können, so H. Kuitert[138] oder, so J. Moltmann, daß Selbstbefreiung oder „Heilung als Erschließung eines Zukunftshorizonts geschehen muß, wenn das kommende Heil ... überhaupt verständlich sein soll"[139], um Theologen aus drei verschiedenen Konfessionen zu nennen. Es sind Zeichen eines wachsenden Bewußtseins, daß man Theologie nicht von Grenzfällen her aufbauen darf, sondern von der Mitte des menschlichen Lebens aus, das sich konkret als eine emanzipative Freiheitsgeschichte manifestiert. Gläubige, die diesen Zusammenhang, in dem wir leben, übersehen, sind allein dadurch schon der Gefahr ausgesetzt, die menschliche Selbstbefreiung und manche heutigen Formen der Heilmachung des Menschen aufzuhalten: aus Furcht, es bliebe sonst kein Raum mehr, in dem man noch von Heil von Gott her sprechen kann!

Was früher fast nur das Interesse religiöser Menschen zu sein schien, ist heute eine Angelegenheit verschiedener Humanwissenschaften, Techniken und Aktionen geworden: Alle streben sie nach Heilung, Heilmachung oder Heil des Menschen und seiner Gesellschaft. Man kann nicht leugnen, daß – abgesehen von dem Unterschied zwischen Glaube und Vernunft – das Verlangen nach heiler und lebbarer Menschlichkeit, als Verlangen, mehr denn je in der ganzen Menschheit lebendig ist und daß in unserer Zeit die Antwort darauf um so dringender wird, je mehr wir einerseits feststellen, daß Menschen versagen, zu kurz kommen und vor allem benachteiligt werden, und wir anderseits schon Fragmente menschlicher Heilung und Selbstbefreiung erfahren dürfen. Denn die Forderung nach Heilung und lebbarer Menschlichkeit wird in faktischen Situationen der Desintegration, Entfremdung und vieler menschlicher Verletzungen gestellt. Die *Frage nach Heil,* das Thema aller Religionen, ist mehr denn je zum großen Stimulans in der ganzen heutigen menschlichen Existenz geworden, auch explizit außerhalb aller Religiosität. Nicht nur die Religionen sind eine ausdrückliche Thematisierung des allgemein-menschlichen Heils (so muß u.a. schon W. Pannenbergs Grundthese nuanciert werden). Die Heilsfrage ist nicht nur religiös und theologisch, sondern in unserer Zeit auch ‚thematisch‘ die große Triebfeder unserer heutigen Geschichte. Mehr denn je wird deutlich, daß die menschliche Geschichte der Ort ist, wo über die Heilung oder das Heil von Menschen entschieden wird, und zwar ist man sich dessen jetzt ausdrücklich bewußt.

Früher wurde schon gesagt, daß überall dort, wo Menschen (ob religiös motiviert oder nicht) das Gute fördern und das Böse und das Leiden bekämpfen, durch und in dieser Praxis ihres Lebens das Wesen Gottes selbst eigentlich bestätigen. Denn für die gläubige Interpretation ist Gott Quelle und Inspirator alles guten und darin zugleich Ursprung des Widerstandes gegen alle Formen des Bösen. Wo zum Nutzen von Menschen Gutes verwirklicht wird – intersubjektiv und politisch-gesellschaftlich –, sieht der gläubige Mensch Heil-von-Gott-her verwirklicht durch den Menschen und die Welt hindurch. Aber die göttliche Freiheit, Trägerin und Quelle der menschlichen Freiheit, erschöpft sich nicht in unserer emanzipativen Freiheitsgeschichte. Einerseits muß die endliche Freiheit Gott in seiner Freiheit lassen, so daß unser Begriff ‚Heil‘ nicht auf das fixiert werden kann, was wir uns davon erträumen und wünschen; es muß offen bleiben für die überraschende, weil absolute Freiheit Gottes, die für den religiösen oder betenden Menschen dann doch wieder das Vertraute und das

‚Selbstverständliche' ist (wenn es auch immer wieder seine Vorstellungen über-steigt). Anderseits ist für Christen diese besondere Weise göttlicher Freiheit sichtbar geworden in Jesus Christus. Als Exeget Gottes und Praktiker des Handelns entsprechend dem Reich Gottes hat Jesus ebensowenig *aus* einem festumrissenen Begriff eschatologischen oder endgültigen Heils gehandelt. Er sah eher *in und durch* eigene, geschichtliche und somit begrenzte oder endlich situierte *fragmentarische Praxis* ‚Gutes tuenden Umherziehens', durch Heilung, Befreiung von herrschenden, dämonischen Mächten und Versöhnung eine ferne Vision endgültigen, vollkommenen und universalen Heils aufleuchten – das Reich Gottes. So verstanden, lebte Jesus nicht aus einer utopischen, fernen Vision oder aus einer ‚ideell' schon vollzogenen Vollendung von allem in Gott, sondern er erkannte in seiner konkreten Praxis des Gutestuns eine *praktische Vorwegnahme* je zu vollendenden Heils. Damit ist die *bleibende Gültigkeit* jeder unvollendeten – weil historisch begrenzt situierten – Praxis des Gutestuns be-stätigt.

Gerade weil die Perspektive auf endgültiges Heil uns nur in historisch gebro-chenen Situationen von Erfahrungen von Sinn oder Sinnlosigkeit gegeben ist, ist das Bewußtsein endgültigen Heils vorläufig ein ‚negatives Bewußtsein', das jedoch zu einem kräftigen Anstoß wird, noch Sinn in unserer Geschichte zu verwirklichen. Früher wurde schon gesagt, daß sowohl schon erfahrener Sinn als auch Erfahrung widerspenstiger Sinnlosigkeit eine emotionale, handlungs-orientierende, produktive Kraft besitzen. Erfahrungen sinnlosen Leidens haben eine kritische Kraft wegen ihrer beängstigenden möglichen Wiederholung in der Zukunft; Erfahrungen von Sinn, von Liebe und Freude sind erst ganz sinn-voll wegen ihrer möglichen Festigung in der Zukunft, die nicht einfach automa-tisch vorgegeben ist. Auffassungen von einem unbedrohten, endgültigen, voll-kommenen und für alle geltenden Heil werden einerseits, wegen schon gemachter partieller Sinnerfahrungen, einigermaßen positiv formuliert; ander-seits aber können sie, innerhalb der wirklichen Leidensgeschichte, in der wir stehen, nur negativ ausgedrückt werden, in Gleichnissen und Visionen: eine Welt, in der Gerechtigkeit und Liebe herrschen, eine Welt ‚ohne Tränen'. Was dies aber, in Anbetracht der geistigen Offenheit und der geschichtlich noch zu realisierenden menschlichen ‚Selbsttranszendenz' und zudem in Anbetracht der absoluten Freiheit Gottes als des ‚Gottes der Menschen', eines Gottes, dessen Ehre im Glück von Menschen liegt, letztlich an Heil für Menschen einschließen wird, läßt sich von unserer Situation aus jetzt nicht in positiven Begriffen defi-nieren. Jede positive Bestimmung läuft Gefahr, entweder menschlich mega-loman zu werden oder Gottes Möglichkeiten herabzusetzen. Vor allem die grie-chischen Väter haben von einer *Vergöttlichung* des Menschen gesprochen, im Sinn einer gnadenvollen Teilhabe von Menschen an Gottes eigenem Leben. Aber damit wurde nur die Undefinierbarkeit der endgültigen Zukunft des menschli-chen Lebens aus Gnade in anderen Worten zum Ausdruck gebracht. Denn wir haben keinen aus unserer weitergehenden Geschichte herauszulösenden Begriff davon, was *Menschsein* letztlich bedeuten kann, noch einen unhistorischen tauglichen Begriff davon, was Gottes Gottsein – als Heil für Menschen – genau bedeutet. ‚Vergöttlichung des Menschen durch die Gnade' sagt daher nichts anderes als das positiv Undefinierbare, daß Gott das *Heil von Menschen* ist. Daher sagen das Alte und das Neue Testament: „Dies sind die Dinge, von denen die Schrift sagt: Kein Auge hat sie gesehen, kein Ohr hat sie gehört, kein Mensch kann sich vorstellen, was Gott denen bereitet hat, die ihn lieben" (1 Kor 2, 9; Jes 64, 3; 65, 17b).

Das soll keineswegs heißen, daß das endgültige Heil uns *von außen* ‚überfallen' würde, losgelöst und abgesehen von dem, was Menschen in ihrer Geschichte tatsächlich daraus machen. Das eschatologische oder endgültige Heil – nennen wir es Himmel – erhält Gestalt (himmlische Gestalt) *aus* dem, was Menschen auf Erden aus „der brüderlichen Liebe, (die) zu den Dingen gehört, die immer bleiben müssen" (Hebr 13, 1), an Heil für Mitmenschen verwirklichen. Dafür haben wir das biblische Zeugnis: „Kommt, ihr Gesegneten meines Vaters, und empfangt das Reich, das für euch bereitet ist seit Grundlegung der Welt. Denn ich hatte Hunger, und ihr habt mir zu essen gegeben. Ich war ein Fremdling, und ihr habt mich aufgenommen. Ich war nackt, und ihr habt mich bekleidet. Ich war krank, und ihr habt mich besucht. Ich war im Gefängnis, und ihr seid zu mir gekommen. Wahrlich, ich sage euch: Alles, was ihr einem dieser Geringsten meiner Brüder getan habt, habt ihr mir getan" (Mt 25, 34–40). So ‚atheistisch' sieht das Jüngste Gericht aus! Aber nicht umsonst nennt etwa Thomas von Aquin die Nächstenliebe eine ‚virtus theologalis', eine ‚göttliche Tugend' (und nicht bloßes Ethos). Gerade dem Gutes tuenden menschlichen Handeln schenkt Gott noch eine unerwartete Zukunft, in der seine Vergebung zudem die Hauptrolle spielt: „Er liebte uns (schon), als wir noch Sünder waren" (Röm 5, 10). Daß vor allem in der jüdisch-christlichen Spiritualität der lebendige Gott als der vergebungsbereite Barmherzige bezeugt wird, eröffnet eine Perspektive endgültigen Heils, wobei es vermessen wäre, dieses positiv fixierend füllen zu wollen. Denn dann laufen wir Gefahr, Gottes schöpferischer Huld Grenzen zu setzen. Etwas von diesem undefinierbaren Mysterium des Erbarmens Gottes mit unserer Geschichte kommt zum Ausdruck in der Praxis der römisch-katholischen Kirche, die zwar den Mut hat, exemplarische Brüder unter uns ‚heiligzusprechen', aber es zum Glück nicht wagt, einen der Menschensöhne namentlich ‚höllisch' zu erklären – nicht, weil keine höllischen Dinge in unserer Geschichte geschehen, sondern weil wir Menschen weder die menschliche Freiheit noch vor allem die Freiheit des *schöpferischen* Erbarmens Gottes völlig ergründen können. Das bedeutet aber nicht, daß wir wegen dessen, was mit Jesus geschehen ist und was von ihm durch Christen bezeugt wird, völlig sprachlos bleiben müßten. Der Glaube an den auferstandenen Jesus gibt uns eine *ganz klare* und nicht eine *unbestimmte* Perspektive. Gerade darin ist der Mensch Jesus Offenbarung dessen, was bei Gott möglich ist.

b) Überwindung im Tod

Der menschliche Erfahrungsbegriff: Heil *von Menschen,* wird in einer radikalen Weise zur Diskussion gestellt durch den Tod jedes einzelnen. Vollkommenes und universales Heil scheint dadurch unmöglich zu sein. Jede Heilmachung des Menschen bricht, von uns aus gesehen, ab beim Tod als der Desintegration jedes Menschen. Was als *Abschluß* des menschlichen Lebens Integration, Einheit und Heilmachung bedeuten müßten, ist in Wirklichkeit die Auflösung des geschichtlich konkreten Menschen. Als menschliches Geschehen ist der Tod, zumindest vordergründig, die Reduktion des einzelnen auf ein Moment der Gesellschaft oder der Geschichte. Gerade daraus erwächst aber zugleich der menschliche Widerstand gegen das Absurde oder das skandalon des Todes, vor allem besonders bei Menschen, die sich zudem aus menschlich berechtigten Gründen weigern, sich selbst – mit Name und Zuname – als ein flüchtiges, persönlich unbedeutendes und ersetzbares Element in einer Geschichte von Sinn und Sinnlosigkeit zu verstehen. Trotzdem ist der Tod des Menschen der Exponent seiner zeitlichen Leiblichkeit.

Daß Jesus sich mit dieser radikalen Endlichkeit versöhnte, gerade *im* Tod zur Versöhnung mit sich selbst und mit Gott kam, macht uns schon deutlich, daß innerhalb der Grenzen unserer Geschichte Erlösung nie durch irgendeine heldenhafte Aufhebung unserer *Endlichkeit* vollzogen werden kann, sondern nur in der Bereitschaft, es innerhalb unserer eigenen, historisch unvollendbaren Grenzen abzulehnen, das Böse als dem Guten gleichberechtigt anzusehen. Erlösung schließt vom Menschen her gesehen wesentlich ein: Versöhnung mit der eigenen Endlichkeit und darin radikale Liebe, auch dann, wenn man sieht, daß sie vergeblich ist, im Sinn von: ohne sichtbaren Erfolg, ja sogar Anlaß für Folter und Hinrichtung. Man findet seine Identität offensichtlich allein dadurch, daß man sich selbst an den anderen verliert. Aber – zwar ist dies kein Handlungsmotiv (sonst würde wiederum das Ich – die eigene Identität – und nicht die Identifizierung mit dem leidenden Menschen, also: das Transzendieren des Ich-Zentrums, im Mittelpunkt stehen) – doch erlangt man darin eigene Identität. Wie denn?

Mit Recht hat D. Sölle geschrieben: „Jesu Liebe war radikal in dem Sinn, daß der Blick auf die Konsequenzen für das eigene Leben nicht mehr wichtig war."[140] Gerade hier manifestiert sich die kritische Unproduktivität theologischer Spekulationen, welche die Umstände des Todes Jesu vernachlässigen und seinen Tod in und aus sich selbst, fast losgelöst vom konkreten Jesus von Nazaret, betrachten und diesem aus dem konkreten Leben Jesu isolierten Tod dann verschiedene weltumfassende, universale Heilsbedeutungen zuschreiben. Gerade wenn man von der Botschaft und Praxis Jesu absieht, die zu seinem Tod geführt haben, verdunkelt man die Heilsbedeutung dieses Todes. Vor allem von dem Augenblick an, da man (u. a. mit R. Bultmann) den Tod Jesu als einen tragischen Irrtum, als ein jüdisches oder römisches Mißverständnis und somit als ein zufälliges, bedauernswertes Zusammentreffen von Umständen interpretiert, nimmt man diesem historisch-konkreten Tod jede Heilsbedeutung und muß man ihn ‚mythisch‘ mit Heilsbedeutungen füllen. Der Tod Jesu war gerade nicht zufällig, sondern die innerlich-historische Konsequenz des Radikalismus sowohl seiner Botschaft als auch seiner Lebenspraxis, die alle ‚Herr-Knecht‘-Beziehungen als unvereinbar mit der Praxis des Reiches Gottes darstellte. Gerade der Radikalismus dieser Verkündigung als inneres Moment einer konsequenten Lebenspraxis rief den tödlichen Widerstand anderer hervor. So gesehen, ist der Tod Jesu der historische Ausdruck der *Unbedingtheit* seiner Verkündigung und Praxis, denen gegenüber die Bedeutung der fast verhängnisvollen Folgen für sein eigenes Leben völlig verblaßte. Jesus suchte nicht seinen Tod, auch wollte er nicht das Leiden – Getsemane widerspricht dem radikal –, aber er identifizierte sich so ganz mit seiner Verkündigung eines auf Menschlichkeit bedachten Gottes und mit deren konsequenter Praxis, daß die verhängnisvollen Folgen für ihn selbst unwichtig wurden. Diese radikale Universalität des Willens zum Heil für alle, ohne jede Exklusivität, hat gerade die bekannte, genauso radikale Gegenreaktion ‚dieser Welt‘ ins Leben gerufen. Am Ende seines Lebens hat Jesus die ‚menschliche historische‘ „Notwendigkeit“ dieses genauso radikalen Widerstandes gegen seine Botschaft und Praxis erkannt. Er nahm diese menschliche Endlichkeit an, im Vertrauen auf den nicht-endlichen Gott, der das letzte Wort hat. Zwar hat der geschichtliche Jesus mehr als wahrscheinlich seinen Tod nie als Heilsgeschehen *verkündet*, aber *der unter diesen bestimmten konkreten Umständen geschehene* Kreuzestod ist, in der Dimension unserer menschlichen Geschichte des Leidens und des Unrechts, tatsächlich eine innere Konsequenz seiner Verkündigung und Lebenspraxis, die ihm lieber waren als die Rettung seines Lebens. Das urchristliche, biblische Christentum hat daher mit Recht diese innere Konsequenz zum Ausdruck gebracht in der Geschichte dessen, was in den Evangelien die Leidensvorhersagen Jesu genannt wird. Mit Recht, weil in unserer menschlichen Geschichte des Leidens und Unrechts dieses Leiden und dieser Tod indirekt Ausdruck der *Unbedingtheit* der Verkündigung Jesu sind. Indirekt (in Anbetracht unserer Geschichte des Unrechts) kam die Unbedingtheit der Verkündigung eines auf Menschen bedachten Gottes durch Jesus tatsächlich einer Verkündigung des eigenen Todes gleich.

Im Leben Jesu zeigt sich die Nähe Gottes als *rettend,* nämlich in den praktischen Konsequenzen dieser Nähe: Kranke werden gesund, Lahme gehen, dämonische Kräfte werden ausgetrieben (siehe Lk 7,22–23). Gott ist, in seiner Güte, auch Anti-Übel und Anti-Leiden. Wo Jesus erscheint, beginnt Heil zu leben. Sein Tod war kein geschichtlicher Zufall. Für ihn wurde die Universalität der rettenden Nähe Gottes gegenwärtiggesetzt durch eine geschichtliche Praxis der Sorge für den Mitmenschen, ohne Ausnahme, wenn auch mit einer selbstlosen Parteilichkeit für leidende Menschen. Ob dieses Leiden die Folge von Sünde oder unverschuldetes Leiden war, interessierte Jesus offensichtlich weniger, er identifiziert sich mit dem Leidenden – ‚zaddiq' oder nicht; Frömmigkeit oder Nicht-Frömmigkeit setzten seiner Praxis keine Grenzen. Darin liegt der Universalismus, ohne jede Exklusivität, seiner faktischen Verkündigung und Praxis (auch dann, wenn er sein wirkliches Auftreten auf die Grenzen des jüdischen Volkes beschränkt). Im Auftreten Jesu wird das Leiden des anderen als eigener Auftrag erfahren. Der Tod Jesu ist die Folge der unwiderstehlichen Macht der Güte, vor der man sich geschlagen gibt oder gegen die man sich nicht anders zur Wehr setzen kann, als indem man einen solchen Menschen foltert und beseitigt – eine Tat, durch die die Gegner, indirekt, aber sehr real, die eigene Ohnmacht bezeugen. Das vor allem ist – schon vom Tenach aus – der Kern des neutestamentlichen Zeugnisses: Leiden durch und für andere als Ausdruck der *unbedingten Geltung* einer Praxis des Gutestuns und des Widerstands gegen Übel und Leiden. Wer seinem Einsatz für das Leiden anderer keine Grenzen setzt, wird es – bis auf den heutigen Tag – früher oder später mit seinem Tod bezahlen müssen. Gerade damit hat sich Jesus ‚versöhnt'.

Im zweiten Teil wurde gesagt, daß eine solche Lebenspraxis in der Schrift verschieden interpretiert wird. Es gibt viele Texte – alle Texte über den ‚leidenden Gerechten' gehören dazu –, in denen deutlich wird, daß eine solche Lebenspraxis *in und aus sich selbst* bleibende Gültigkeit hat und nicht erst aus einer später kommenden göttlichen Ratifizierung (gerade diese göttliche Ratifizierung ist nur – vor dem Forum des himmlischen Gerichtshofes, der die Widersacher blamiert – die *öffentliche* Anerkennung, daß der ‚leidende Gerechte' schon immer gerecht und ‚Sohn Gottes' war (siehe oben); in diesem Sinn ratifiziert die Auferstehung Jesu nicht korrigierend von außen her, was im irdischen Leben Jesu noch fehlen würde. In ihr wird offenbar, was er in Wirklichkeit vor und in seinem Tod schon war. Es gibt aber auch Texte, in denen die Auferstehung als eine *göttliche Korrektur* der tatsächlichen *Negativität* erscheint, die man vor allem in einem gewaltsamen Tod (auch wenn dieser von Jesus aus gesehen Ausdruck der Unbedingtheit seiner Verkündigung und Lebenspraxis ist) nicht leugnen kann. „Durch Gottes *Gnade* kam Jesu Sterben allen zugute" (Hebr 2,9), stärker Phil 2,9, wo Gottes Erhöhung Jesu eine charis oder *Gnade* von seiten Gottes an Jesus genannt wird (siehe oben). In der Tat, wenn in der Auferstehung (unter den weiteren Aspekten, die sie umfaßt) die Anerkennung der bleibenden Gültigkeit dessen sichtbar wird, was sich im konkreten Kreuzestod vollzogen hat, dann bedeutet dies, daß eine solche rückhaltlose Lebenspraxis, die ‚geschichtlich-verhängnisvoll' den Tod nach sich zog (eine ‚Unvermeidlichkeit', die vor allem den ganzen Bericht des Markusevangeliums kennzeichnet), *in und aus sich selbst* einen bleibenden Wert hat (für die ganze Geschichte) und nicht nur aus einer nachträglichen Ratifizierung von seiten irgend jemandes, und sei es auch von seiten Gottes. In diesem ersteren Sinn ist der Auferstehungsglaube tatsächlich eine evangelische *Wertung* des Lebens und Kreuzestodes Jesu: die Anerkennung des inneren, durch nichts ungeschehen zu machenden, unwiderruflichen Wertes dieser Verkündigung und Lebenspraxis.

Glaube an die Unwiderruflichkeit alles Guten, für das man sich rückhaltlos unter Außerachtlassung des eigenen Lebensschicksals einsetzt. So ist die Auferstehung ein Aspekt der Rückhaltlosigkeit der Verkündigung Jesu und des auf Menschen bedachten Gottes, ein inneres Moment der historischen konkreten Praxis des Gutestuns Jesu (im Rahmen damaliger geschichtlicher Vermittlung) und zugleich die verborgene Seite des Todes Jesu selbst.

Aber diese Sicht ist nicht vollständig. Denn *für wen* hat ein solcher Kreuzestod als innere Konsequenz radikaler Liebe definitiv-gültigen Wert? Zunächst für alle, die in ihm Inspiration und Orientierung für ihre Lebenspraxis in der ebenfalls endlichen, begrenzten Situation ihres Lebens finden. Aber können wir gerade als Gläubige *Jesus* selbst und vor allem *Gott* daraus herauslassen? Hat Jesus nur eine ideale Lebenspraxis rückhaltloser Liebe eingeführt, die dann gleichsam von seiner Person gelöst werden kann und als Ferment in unserer Geschichte weiterwirkt? Zweifellos auch das. Und das ist schon sehr viel. Aber wenn in der Praxis Jesu der Förderung des Guten und des Widerstandes gegen alle Formen von Leid das Wesen des Gottseins Gottes zur geschichtlichen Offenbarung gekommen ist, dann ist der definitiv-gültige Wert einer solchen Praxis (offensichtlich ohne eklatanten Erfolg) in erster Linie gültig ‚coram Deo‘ und nicht nur als Inspiration und Orientierung für uns Menschen. Die Vollendung einer solchen Praxis liegt Gott selbst am Herzen; es ist sein eigenes Wesen. „Gott ist Liebe", sagt der Erste Johannesbrief. Die durch Gott erfolgende *Bejahung* der definitiven Gültigkeit einer solchen rückhaltlosen Praxis der Identifizierung mit dem Leiden anderer ist daher göttlich, das heißt schöpferisch: definitive Gültigkeit der Person Jesu von Nazaret selbst. Auferstehung als Fortdauer des persönlichen Lebens Jesu als Mensch über den Tod hinaus. Gott heißt nicht nur ‚Ideale‘ gut; er ist ein Gott der Menschen. Gott identifiziert sich mit der Person Jesu, wie dieser sich mit Gott identifiziert hat: „Gott ist Liebe."

c) Sieg über den Tod, den ‚letzten Feind‘

Es ist auffällig, daß überall dort, wo Menschen vom Leben nach dem Tod sprechen, dieses Sprechen immer einen *religiösen* Zusammenhang verrät. Außer einigen Philosophien, aus der Renaissance und vor allem der Aufklärung – als man das Leben nach dem Tod auf rein anthropologische Gründe glaubte fundieren zu können –, wird der Nährboden des Glaubens an das Leben nach dem Tod und damit an einen gewissen Sieg über den Tod immer in der Lebensgemeinschaft zwischen Gott und Mensch gesehen. Selbst bei den Griechen war das, trotz vieler unterschiedlicher Interpretationen, nicht anders. Plato, der seinen Unsterblichkeitsglauben faktisch aus der griechisch-religiösen Frömmigkeit übernahm (Phaidros, 246d), behält in seinem Versuch, diesen Glauben philosophisch, rational zu ‚erhärten‘, die (griechisch-)*religiöse* Grundlage bei. Denn für ihn ist nicht die Geistigkeit der Seele als solche Grundlage für eine begründete Erwartung eines Lebens nach dem Tod, sondern der wesentliche Umstand, daß die menschliche Seele „eine Teilhabe an den *Ewigen* Ideen" ist, (Phaidon, 78 ff). Gemeinschaft mit dem Ewig-Göttlichen ist für Plato die eigentliche Grundlage seiner Überzeugung, daß es nach dem Tod ein neues Leben gibt. Aristoteles, der diese platonische Verbundenheit mit dem Göttlichen nicht anerkennt und doch die Geistigkeit der Seele bejaht, läßt konsequent mit dem Tod alles im Menschen ein endgültiges Ende finden. Dieser Unterschied zwischen Platon und Aristoteles gibt zu denken. Der Kern der griechischen Argumentation unterscheidet sich *in seiner Struktur* nicht von der christlichen. Der fundamentale Unterschied zur jüdisch-christlichen Tradition liegt darin, daß der Christ die Lebensverbundenheit mit Gott nicht als notwendig in das Leben des Menschen eingefaltet sieht, sondern als gnadenvolles Geschehen eines freien Angebots von Heilsgemeinschaft von Gott her und einer persönlichen menschlichen Entscheidung, durch die man entweder auf dieses Angebot eingeht oder es ablehnt oder einfach, uninteressiert, beiseite legt. Die zusätzlichen Differenzen, wie man sich dieses Leben nach dem Tod *vorstellt,* gehen auf Unterschiede zwischen dem griechischen und dem jüdisch-christlichen Menschenbild zurück, vor allem was beider Bewertung der menschlichen Leiblichkeit betrifft. Insgesamt ist dies aber nebensächlich (historisch außerdem oft übertrieben). Lebensverbundenheit mit Gott, bezeugt als Sinn, Grund und inspirierender Inhalt der Existenz des Menschen, ist das einzige Klima, in dem das gläubige Vertrauen auf ein Leben nach dem Tod historisch geboren wurde und offensichtlich geboren werden kann (wenn auch damit nicht geleugnet wird, daß es für die menschliche Vernunft in unserem Personsein selbst zumindest Gründe gibt, wenigstens *die Frage nach* einem Leben nach dem Tod mit Recht und vernünftig sinnvoll zu stellen). Außerhalb einer *religiösen* Perspektive gibt man diese Möglichkeit jedoch als unbegründet und grundlos, als einen Wunschtraum auf: reine Projektion, die sich auf nichts bezieht, weil – in der Tat – die nicht-religiöse, menschliche Erfahrungsevidenz keinen zwingenden Beweis für diese vielleicht erwünschte Perspektive liefern kann. Soweit ich sehe, läßt die Geschichte der Menschheit daher nirgendwo etwas von einem *nicht-religiösen* Vertrauen auf ein Leben nach dem Tod sichtbar werden, wie immer es auch formuliert sein mag (allerdings gibt es in unserer Zeit Versuche, auf wissenschaftlicher Basis aus sogenannten paranormalen Kontakten mit Verstorbenen etwas über menschliches ‚Überleben' sagen zu können, folglich als nicht-religiöse Wahrheit). Selbst die Auffassung der Aufklärung vom Unsterblichkeitsglauben stand in all ihrer Rationalität noch in einer christlichen Tradition; Jean-Jacques Rousseau – mit ihm die meisten Aufklärer – hielt zwei grundlegende religiöse Überzeugungen (sogar etwas krampfhaft) fest: den Glauben an Gott und an ein Leben des Menschen nach seinem Tod.

Die religiöse Verbindung zwischen Lebensgemeinschaft mit Gott und *Leben* nach dem Tod weist darauf hin, daß der Sieg über den Tod nie als irgendeine Forderung vom Menschen aus verstanden wird, sondern als besonderes

Geschenk Gottes. Eine solche Auffassung des Todes ist nicht rein anthropologisch, sondern religiös grundgelegt. Es geht um eine Befreiung, die Eröffnung eines neuen Lebensraums, durch Gott: Erlösung aus dem Negativen; das Schenken rein positiven Lebens.

Doch hatte diese religiöse Einsicht in den Zusammenhang zwischen Lebensgemeinschaft mit Gott und Leben nach dem Tod selbst eine lange Geschichte im Judentum. In einem religiösen, vor allem jüdisch-religiösen Verständnis des *Lebens* ist der Tod nicht nur ein Scheiden aus dem irdischen Lebensbereich, eine Trennung von lieben und nahestehenden Menschen, sondern das Ende von allem und somit, seinem Wesen nach, eine Trennung von Gott: Ende der Lebensverbundenheit mit Gott und, darin und deshalb, aller Mitmenschlichkeit und Mitgeschöpflichkeit.

Solange man jedoch den einzelnen Menschen im Kollektiv des Gottesvolks aufgehen ließ, machte der Tod, religiös gesehen, keine Sorgen: Nach und nach verschwanden zwar die einzelnen Menschen aus dem Leben des Gottesvolkes, aber Gottes Bund, seine Lebensgemeinschaft mit dem Volk war unvergänglich. Die religiöse Intuition des unverbrüchlichen Bandes zwischen der Gottesgemeinschaft und dem „Überleben" blieb unversehrt. Aber von dem Augenblick an, da sich innerhalb der gesellschaftlichen Verbundenheit das Bewußtsein der persönlichen Individualität, auch aufgrund von verschiedenen geschichtlichen Umständen, spürbarer verdichtete, wurde der Tod – religiös schon vor allem als Trennung von Gott erfahren – für Gläubige ein nicht mehr zu fassendes schmerzliches Geschehen: Verlust Gottes, des Mittelpunktes des religiösen Lebens, des Grundes, der Quelle und des Motivs ihres verantworteten Lebensverhaltens. Für den wahren Jahwegetreuen ein quälender, unerträglicher Gedanke! Auf die Dauer sogar eine absurde Vorstellung. Diese, vor allem für die Person selbst alles beendende Bedeutung des Todes – denn das ist er nach menschlicher (nicht-religiöser) Erfahrung – kann nicht für den aufgehen, der ‚mit Gott lebt'. Hervorgerufen durch unruhige Zeitverhältnisse, entstand daraus, ein paar Jahrhunderte vor Christus, in der jüdisch-religiösen Tradition der Glaube, daß der Jahwetreue trotz des Todes ‚in Gottes Hand' sei. Dieses Vertrauen in ihren Gott wurde von einigen Psalmisten nach dem Exil leidenschaftlich als ein religiöses ‚Trotzdem' gegen die Radikalität des Todes ausgesprochen (Ps 49, 16 und 73, 24–26). Später wurde dieses Vertrauen in manchen Kreisen zu einem Glauben an eine persönliche Auferstehung am Ende der Zeiten, in anderen jüdischen Kreisen zu einem Glauben an ein persönliches Aufgenommenwerden zu Gott, wie auch immer. Die *religiöse* Grundlage ist überall die gleiche, das *anthropologische* Menschenbild kann dabei verschieden sein. Der gegenüber dem Tod kritische Impuls aller dieser religiösen Intuitionen war: Selbst der Tod kann die wahre, treue Lebensgemeinschaft mit dem lebendigen Gott nicht zerstören; das Totenreich hat nicht das letzte Wort über unsere Geschichte. Leben mit Gott ist stärker als der Tod.

Dieses zarte, aber feste Vertrauen erhielt im Christentum eine neue, unerwartete Glaubenssicherheit auf der Grundlage der Auferstehung Jesu von den Toten. Sofern die Auferstehung Jesu Gottes Ja zur Person und zum Leben Jesu ist, heißt Gott Jesu Auffüllung seines Todes mit seiner Liebe zu Gott und den Menschen tatsächlich gut. Soweit die Auferstehung die Korrektur Gottes an dem Negativen des Todes ist, gibt Gott Jesus ein erneuertes, erhöhtes Leben.

Aus dem Glauben an den auferstandenen Jesus wurde es für Christen deutlich, daß dem Tod Jesu die Macht genommen wurde, diesen Jesus von seinem Gott zu trennen. Die irdische Lebensverbundenheit Jesu von Nazaret mit seinem Gott wird von diesem Gott selbst „festgehalten", und so wird Jesus über die Grenzen des Todes hinaus in seiner schon vorhandenen Gottesgemeinschaft gefestigt: Die Negativität dieses – wie jedes – Todes wird in Jesus durch Gott in einer dauerhaft gemachten und darin vollendeten Lebensgemeinschaft mit Gott überwunden. Über den Tod hinaus lebt Jesus aus Gott in einer neuen Weise unter uns. Seine Kommunikation mit Menschen wird in einer sehr realen, wenn auch schwer zu beschreibenden Weise dadurch wiederhergestellt. Im Grunde sagen die Christen: Es gibt, über den Tod hinaus, Lebensgemeinschaft mit Gott und daher auch mit Menschen (‚communio sanctorum'), auf eine ganz neue Weise – was auch die konkrete Auffüllung dieses neuen Lebens sein mag.

Man kann kaum leugnen, daß aus dieser Glaubenssicht der Tod eine andere Bedeutung erhält als die, die er für die nicht-religiöse menschliche Erfahrungsevidenz hat. Diese wird dadurch keineswegs geleugnet; in und aus sich selbst bleibt der Tod, auch für den Christen, eine weder theoretisch noch praktisch sinnvoll einzuordnende Gegebenheit, undurchsichtig. Der Christ wird dabei sogar Achtung aufbringen können für jene, welche die Frage nach totalem Sinn nicht stellen oder, wenn sie sie stellen, für unmöglich zu beantworten halten; die deshalb, in vollem Bewußtsein teilweisen Scheiterns und teilweisen Gelingens, nach verantwortlichen Teillösungen für das menschliche Leben suchen und behaupten, darin tatsächlich sinnvoll leben und sogar geglückt sterben zu können, ohne irgendeine weitere zumindest persönliche Perspektive. Außerhalb einer religiösen Lebensauffassung läßt sich, anthropologisch, in der Tat kaum Sinnvolleres sagen! Der Christ fügt dem jedoch hinzu: daß all diese (auch für ihn geltenden) Evidenzen für ihn doch nicht das letzte Wort über den Tod sind. Seine Erfahrung, vor allem seine religiöse Verbundenheit mit Gott, widerspricht dem. Durch den Tod Jesu, gesehen von seiner Auferstehung her, besitzt der Christ die Glaubenssicherheit, daß Leiden und Tod ihn nicht von Gott trennen können. Und dann erlangt für ihn der Tod – sein Tod – eine neue Bedeutung, ohne daß das ‚Sterben-müssen' eines Menschen für ihn irgendwie verständlich wird; er bagatellisiert das Sterben nicht; darin ist er solidarisch mit allen seinen Mitmenschen.

Hier steht menschliche Erfahrung nicht unbegründeter, zumindest nicht-nachprüfbarer Theorie gegenüber, sondern Erfahrung *gegen* „Erfahrung", nicht-religiöse menschliche Erfahrung gegen religiöse menschliche Erfahrung! Beiderseits wird man diese unterschiedlichen Erfahrungen nach ihren Implikationen, Konsequenzen und ihrem Funktionieren im persönlichen und gesell-schaftlichen Leben beurteilen können und müssen. Den anderen kann der Christ nur sagen: Schaut! So sehe ich es, im Geist der großen christlichen Tradition, in der ich stehe und auch stehen will; beurteilt mich nach meiner entsprechenden Praxis!

Im christlichen Auferstehungsverständnis des Todes liegt ja, falls es konsequent ist, eine gewaltige Lebenskraft. Nicht eine Flucht vor der Gegenwart ist darin die Quelle von Hoffnung auf ein Leben nach dem Tod, sondern das *Leben heute,* in Gottesgemeinschaft, ist die Quelle jedes Ausblicks auf diese Zukunft. Hoffnung auf Leben nach dem Tod ruft nicht aus der Gegenwart weg; *religiöse* Dichte gerade der Gegenwart ist ja das einzige, das Grund für diese Erwartung bieten kann. Daß diese Hoffnung Gläubige früher doch aus ihrer Gegenwart weggerufen hat, vor allem in Zeiten, da es für viele eigentlich keine menschliche Gegenwart und keine Erwartung besserer Zeiten gab und somit wenig anderes übrigblieb als Gottvertrauen und, in diesem Vertrauen, Ausschauhalten nach dem endgültig-besseren Jenseits, ist verständlich. (Die christliche Hoffnung wirkte in solchen, ohnmächtigen Situationen doch als ein Stück menschlicher Heilung!) Unter neuzeitlichen Verhältnissen dagegen erhält der Hinweis des Auferstehungsglaubens auf die Gegenwart selbstverständlich andere geschichtliche Formen. Denn in der Gegenwart wird gerade das vollzogen, was, über den Tod hinaus, wegen seiner eigenen Güte von Gott bestätigt werden soll oder wegen seiner Unmenschlichkeit von ihm nicht bekräftigt werden kann: Einsatz für den Mitmenschen, für unsere Geschichte (in den wandelbaren Ausdrücken und Bedingungen des jeweils heutigen Problembewußtseins) in Lebensverbundenheit mit Gott, bezeugt als der Herr der Geschichte. Der Auferstehungsglaube gibt dem Christen – in der gläubigen Sicherheit der Entmachtung des Todes – unerschrockene Freiheit, Freimut gegenüber den ‚Mächten dieser Welt'. (In den entsprechenden Situationen der Antike war es übrigens nicht anders; die Christen weigerten sich, sich vor einem wenn auch kaiserlichen Menschen zu beugen, der sich den totalen Sinn jedes menschlichen Lebens angeeignet hatte.) Der christliche Auferstehungsglaube ist daher ein fundamentaler Protest gegen alle Vergewaltigung persönlicher Freiheit, weil dieser christliche Glaube nur aus der Überzeugung geboren werden kann, daß ein definitiver Sinn möglich ist für die menschliche persönliche Freiheit innerhalb des Gesamtsinns der ganzen Menschengeschichte. Deshalb kann im christlichen Verständnis des Todes keine Rede von Heilsindividualismus sein. Heil ist Heilsein, und kein Mensch ist geheilt, solange neben ihm Unheil und Unterdrückung, Ungerechtigkeit und Elend herrschen. Tod und Auferstehung Jesu – des Mannes, auf den hin Christen ihr Leben wagen – ist für die Christen Grund zur Hoffnung auf eine allgemeine Auferstehung für alle. In Begriffen des heutigen Problembewußtseins bedeutet dieses Bekenntnis der Auferstehung Jesu für die Christen: Hoffnung für alle, eine Hoffnung, die zur Heilung von Mensch und Gesellschaft antreibt und zu einer Praxis, die Nicht-Christen sichtbar macht, daß und wie

Lebensgemeinschaft mit Gott in Jesus Christus in einer modernen Welt aussieht. Sorge um das Heil der anderen und um das Wohl der Gesellschaft ist daher von der christlichen Auffassung vom Tod nicht zu trennen. Es gibt nicht nur eine individuelle Hoffnung, der Christ übt die ‚göttliche Tugend der Hoffnung‘ auch gegenüber und zum Nutzen seines Mitmenschen. Das Vertrauen in Gott mündet in ein Vertrauen und einen Glauben an den Mitmenschen – an den Menschen.

Für die Gläubigen selbst ist die Folge dieser christlichen Auffassung, daß der Tod kein zentrales, alle Aufmerksamkeit in Anspruch nehmendes Geschehen in ihrem Leben ist; das ist ihr Tod gerade nicht; wegen der für sie fundamentalen Botschaft, die sie aus dem Tod und der Auferstehung Jesu hören durften und dürfen. Der wahre Christ wird daher das Leben nicht bloß von *Grenzsituationen* aus betrachten, wie etwa vom Tod aus; denn dadurch läuft man Gefahr, Gott aus dem alltäglichen Gewebe, dem eigentlichen Mittelpunkt unseres menschlichen Lebens, als einem Gemenge aus teilweisem Gelingen und teilweisem Scheitern, zu drängen. Für den Christen ist der menschlichen Leidensgeschichte und dem Tod der Stachel gezogen. Für ihn besteht kein Grund für Lebensängste und für Todesangst. So macht die christliche Auffassung vom Tod die Menschen frei für ihre Arbeit in dieser Welt, ohne Angst, in treuer Gottverbundenheit. Diese Befreiung von aller Angst darf jetzt schon ein Stück *verwirklichten Heils* genannt werden.

Ob in den für alle sichtbaren Dimensionen des geschichtlichen Daseins des Menschen das Christentum auch tatsächlich *realisiert*, was es im Glauben *behauptet,* wird aus seiner Lebenspraxis hervorgehen müssen: ob es nämlich imstande ist, Menschen genügend Licht, Zukunftserwartung und Motive für ein ganz bestimmtes Handeln zu geben, so daß sie fähig werden, in unserer Geschichte, hier und heute, sinnvoll, befreiend für- und miteinander zu leben? Anders gesagt: ob der christliche Auferstehungsglaube, durch den der Tod unverkennbar einen anderen Sinn erhält, wirkliche Zukunft für die Menschen eröffnet, wird das konsequente Lebensverhalten von Christen, ihr Handeln in dieser Welt, hier und heute, immer wieder ‚beweisen‘ müssen. Ohne diese Konsequenz wird das von Christen Behauptete tatsächlich unglaubwürdig, zudem ohne jede Werbekraft und vor allem: keine Hoffnung für die Welt.

d) Warum Jesus Christus?

Warum wird dies alles von Jesus Christus her gesehen? Hat es nicht viele Menschen gegeben, bis in unsere Zeit hinein, die wegen einer rückhaltlosen Praxis der Gerechtigkeit und Liebe gefoltert und beseitigt worden sind, „weil sie zu gut waren für diese Welt" (Hebr 11, 38)? Hat ihre Praxis nicht ebensogut Wert in und aus sich selbst und eine nicht zu unterschätzende Nachwirkung in unserer Geschichte? Warum alles an Jesus aufhängen?

Tatsächlich liegt hier theoretisch ein *nicht mehr zu vermittelnder* gläubiger

Akt des Vertrauens auf diesen Menschen, Jesus von Nazaret: christlicher Glaube. Aber, wenn man auch keinen einzigen Akt des Vertrauens in jemanden rational völlig zwingend machen kann, ein solches Vertrauen hat auch rationalisierbare Momente, gute Gründe als Stütze für die kritische Vernunft des Gläubigen selbst.

Zunächst gibt es die historische Tatsache, daß dieser Jesus bis zum heutigen Tag Menschen zu inspirieren und zu orientieren verstand – die Tatsache, daß er eine ‚Christusbewegung' entfesselt hat. In „Jesus, die Geschichte von einem Lebenden" wurde gesagt, daß auch die Zukunft oder die historische Wirkung einer Person zur Identität einer Person gehört[141]. Die heutigen lebendigen christlichen Gemeinden, eine lebendige Erinnerung an Jesus als den Christus, gehören also zur vollen Identität Jesu. Und nicht nur zufällig. Denn die Schrift läßt durchscheinen, daß Jesus selbst irgendwie seine Bedeutung für die ganze kommende Geschichte (wie er sich diese auch konkret vorgestellt haben mag) erkannte. Das Urchristentum hat dies mit dem Begriff ‚*eschatologischer* Prophet' ausgedrückt, das heißt, der Prophet, der eine definitive, für die ganze Geschichte gültige Botschaft zu bringen behauptete. Daß Jesus die globale Überzeugung besaß, daß seine Person eine Bedeutung für die ganze kommende, noch offene Geschichte hat, geht aus Texten der Q-Tradition hervor, in der ein historisches Echo des eigenen Selbstverständnisses Jesu zu hören ist: „Ich sage euch: jeder, der mich vor den Menschen bekennt, den wird der Menschensohn als den Seinen vor den Engeln Gottes anerkennen. Aber wer mich vor den Menschen verleugnet hat, der wird vor den Engeln Gottes verleugnet werden" (Lk 12,8–9 = Mt 10,32–33: „Jeder, der mich bei den Menschen bekennt, den werde auch ich als den Meinen bei meinem Vater anerkennen... Aber jeder, der mich vor den Menschen verleugnen wird, den werde auch ich verleugnen vor meinem Vater"; vgl. Lk 7,18–23 = Mt 11,2–6; und Lk 11,20 = Mt 12,28)[142]. Die Behauptung einer Beziehung zwischen der Entscheidung, die Menschen Jesus gegenüber treffen, und der Endbestimmung ihres Lebens geht zweifellos auf das Selbstbewußtsein Jesu zurück. Daß mit dem Kommen Jesu Gott selbst uns nahekommt, ist eine christliche Überzeugung, die in erster Linie auf dem Selbstverständnis Jesu gründet. Man kann kaum leugnen, daß Jesus seine *eigene Person* selbst in eine *wesentliche Beziehung* zur Geschichte der Menschheit stellt. Mit anderen Worten: In jedem Fall ist die historische Nachwirkung der Botschaft und Praxis Jesu auch von Jesus selbst *gewollt*. Und in einem solchen Fall gehört die historische Wirkung einer Person in einer wohl besonderen, einzigartigen Weise zur Wesensidentität Jesu von Nazaret. Er weist, in dem und durch das, was er selbst *ist,* über sich selbst hinaus auf die (in Wirklichkeit fortschreitende) Geschichte. Jesus als der ‚eschatologische Prophet'[143] oder, wie der Johanneismus sagt: „Erlöser der Welt" (Joh 4,42; 1 Joh 4,14), schließlich alle Hoheitstitel, welche die Kirche Jesus zuerkannt hat, oder die neuen, die sie ihm noch zuerkennen wird, sind nur eine *Explizitmachung* des *eigenen Selbstverständnisses* Jesu.

Man kann natürlich, wenn man nicht auf Jesus vertraut, behaupten, Jesus habe sich in seiner eschatologischen und daher ‚weltgeschichtlichen‘ Bedeutung getäuscht oder diese überschätzt. Es läßt sich *historisch* und *rational* nie zwingend beweisen, daß Jesus darin recht hatte. Das ist gerade der christliche Glaubensakt, der sich theoretisch-apodiktisch nicht mehr vermitteln läßt. Allein durch die lebendige Praxis von Christen, der ‚Gemeinden Christi‘ im Lauf der Zeiten, kann jedoch ‚gezeigt‘ werden, daß das befreiende und versöhnende Leben der Kirche als „Dienst der Versöhnung“ (2 Kor 5,19) kein zufälliges Geschehen ist, sondern *in* unserer Geschichte die Verwirklichung der Grundabsicht Jesu, der dadurch in der Geschichte ihre Wahrheit manifestiert. Kein Mensch und kein Prophet haben je diesen Anspruch gestellt. Wir haben es bei Jesus daher *entweder* mit einem Megalomanen (was übrigens im Widerspruch zum ganzen Leben und zur Praxis Jesu steht) *oder* mit einem Anspruch zu tun, der auch theoretisch ernste Aufmerksamkeit verdient, zumindest und vor allem in dem Maß, wie sein Anspruch im Lauf der Geschichte eine deutliche Wirkung in der faktischen erlösenden, befreienden und versöhnenden Tätigkeit aller, die sich zu diesem Jesus bekennen, gehabt hat. Eine solche weltgeschichtliche Bedeutung, die Jesus selbst auf eine Heilsinitiative Gottes zurückführt (das ist letztlich die ganze Tendenz auch des Johannesevangeliums), wird mit Recht in der neutestamentlichen Schlüsselform: endgültiges Heil-von-Gott-her in Jesus von Nazaret, ausgedrückt.

Die Universalität der Erlösung von Gott her in Jesus ist deshalb: 1) eine *gläubige Aussage* aufgrund einer interpretativen Erfahrung Jesu durch eine bestimmte, nämlich jüdisch-christliche Tradition und nicht ein ‚objektiv feststellbares Faktum‘, obwohl die Christen (wenn auch wiederum *im Glauben*) damit ‚Wirklichkeit‘ aussagen und nicht bloß subjektive Gefühle ausdrücken. – 2) Sie ist auch deshalb universal, weil Jesus in dem Scheitern seines Lebens und in seinem unverschuldeten Leid und in der Tatsache, daß er dieses ‚Fiasko‘ seinem Vater anvertraute – den er jetzt auch unseren Vater nennt („mein und euer Vater“, Joh 20,17) –, dabei von sich selbst weg und auf den einen Gott hin weist, den Gott aller Menschen und aller Religionen, und weil er die Menschen bei all dem auf ihr eigenes Lebensproblem und die unlösbaren Fragen ihrer aller anspricht: unsere eigene menschliche Leidensgeschichte. – 3) Sie ist universal, weil in Jesus, bezeugt als der Christus, *Heil* (Thema der ganzen Menschengeschichte) im vollen Sinn des Wortes Ausdruck findet, als *vollkommenes* und *universales* Heil oder Heilsein, für alle und jeden einzelnen, für den Menschen als Person, als leibliches Wesen, als Mitmensch, auch für den Menschen als auf frei machende Strukturen und Institutionen angewiesen, für den Menschen als ‚homo faber‘, als ‚homo ludens‘, als ‚homo emancipator‘, als ‚homo oeconomicus‘, ‚homo contemplativus‘, vor allem als Mensch, der nach Gerechtigkeit und Liebe verlangt; Heil schließlich für alle Menschen, in Gegenwart, Vergangenheit und Zukunft, Lebende und Tote. – 4) Ein universales Heil, das daher auch als ‚frohe Botschaft‘ oder Evangelium allen Menschen vermittelt werden kann und muß und vor allem darf, nicht nur durch Verkündigung, sondern durch diese Verkündigung als inneres Moment konsequenter Praxis der Nachfolge Jesu, des Weges praktischer Versöhnung und Befreiung; – eine Botschaft, die außerdem verkündet werden kann ohne irgendeine diskriminierende Haltung gegenüber allem Guten, allem Wahren, allem Feinen und Schönen und sogar allem Religiösen, das irgendwo außerhalb des christlichen Evangeliums auch zu finden ist. Dies alles schließt ein, daß das Evangelium der christlichen Gemeinden, wenn es konsequent gelebt wird, einen Lebensweg anbietet, der seinem Wesen nach eine Bereicherung der menschlichen Erfahrung und unserer Menschenwelt bedeutet. Ist dies alles nicht das Dogma von Chalcedon?

B. HEIL VON MENSCHEN IST DER LEBENDIGE GOTT

a) Politische und mystische Praxis

Als ein Westeuropäer mit seinem Flugzeug unter afrikanischen Eingeborenen gelandet war, die ungläubig diesen fremden großen Vogel anstarrten, sagte er stolz: „An einem Tag habe ich die Entfernung zurückgelegt, für die ich früher dreißig Tage brauchte." Darauf trat der kluge schwarze Häuptling vor und sagte: „Sir, was tun Sie denn mit den anderen neunundzwanzig Tagen?" Hier offenbart sich die zweifache Möglichkeit der fundamentalen Entscheidung des Menschen: technische *Rationalität* einerseits, Frage nach dem *Sinn* menschlichen Handelns anderseits.

Schon M. Heidegger hat vor fast fünfundzwanzig Jahren in seinen Büchern ‚Die Frage nach der Technik'[144] und ‚Zur Seinsfrage'[145] das gute Recht unserer westlichen Entscheidung für Wissenschaft und Technik anerkannt, aber zugleich auf die bestürzende Einseitigkeit dieses Interesses hingewiesen: sie gelte faktisch als fast der einzig sinnvolle Umgang mit der Natur. In kapitalistischen und kommunistischen Ländern wird infolgedessen sinnvolle Arbeit (und das ist dann Produktionsarbeit) mit sinnvollem Dasein identifiziert, und zwar in seinen klassisch gewordenen drei Phasen: der Schule als Vorbereitung auf die spätere Arbeit, dem Arbeitsleben selbst und schließlich dem pensionsberechtigten Alter als Ausruhen von der Arbeit. Alles, was außerhalb dieses Arbeitssystems steht, wird konsequent bemerkenswerterweise ‚Freizeitgestaltung' genannt. Theologen, manchmal treue Diener des Status quo, haben sich, ohne die anthropologischen Voraussetzungen dieses Systems zu analysieren, beeilt, dieses Arbeitssystem einerseits mit einer ‚théologie du travail', anderseits mit einer ‚théologie des loisirs', einer Theologie der Arbeit und der Freizeitbeschäftigung, zu begleiten.

In unserer westlichen Welt droht die Natur nichts anderes zu werden als verfügbare und manipulierbare Energie, der Mensch selbst nichts anderes als verfügender Beherrscher der Natur. Nun ist sowohl theoretische als auch praktische, erobernde Erkenntnis (niemand kann das leugnen) eine wahrhaft menschliche Lebensmöglichkeit, zu der sich die Natur tatsächlich eignet und der die Menschheit viel zu danken hat. Ihre faktische und sogar maximale Realisierung anzuprangern wäre reaktionär, naiv und primitiv. Aber der westliche Geist und die westliche Gesellschaft scheinen sich fast ausschließlich mit dieser wissenschaftlichen und technischen Vernunft zu identifizieren, und dann noch unter der als selbstverständlich vorausgesetzten Alleinherrschaft der technologischen Wirtschaft, und dies alles oft in einem positivistischen Geist. Dieses Ganze ist gleichsam die anthropologische Voraussetzung der beherrschenden, in Wirklichkeit westlichen Kulturform.

Durch diese Einseitigkeit ist dem modernen westlichen Menschen das Gebiet der ursprünglichen Erfahrungen fremd geworden. Unsere Fähigkeit, zu sehen und zu hören, zu tasten und zu riechen, unsere Wahrnehmung und unser Geist, die Fähigkeit, einander glücklich zu machen, sind durch die einseitige Ausübung von Wissenschaft und Technik abgestumpft. Ein unermeßliches Stück der Wirklichkeit ist dadurch aus dem Horizont unserer Erfahrungsmöglichkeiten entschwunden. Früher konnte der Mensch durchaus Gott *erfahren*. Glauben war eine besondere Form von Wahrnehmung; der Mensch erfuhr Gott mit einer selbstverständlichen und doch geschenkten Evidenz. Er lebte auch wahrnehmend zwischen Engeln und Heiligen, wenn auch anders, aber zumindest genauso wirklich, wie ein Bauer zwischen seinen Kühen und Schweinen, dem Hof und dem Acker lebte. Wenn religiöses Glauben tatsächlich eine bestimmte Form des *Wahrnehmens* ist (weil ich mir keine Form realer Erkenntnis vorstellen kann, die keine Basis in der Wahrnehmung hat), dann ist die Welt eines wirklich gläubigen Menschen ganz wesentlich eine andere Welt – auch psychologisch – als die einer rein wissenschaftlichen, technischen Welterfahrung. Und diese letztere ist unter uns modernen Menschen in einer einseitigen Weise kulturell popularisiert, das heißt: darin besteht gleichsam unsere faktische Akkulturation, wenn wir in diese westliche Welt hineinwachsen. Das bedeutet, daß das Leben in der einseitig ausgerichteten westlichen Gesellschaft das Glauben tatsächlich schwieriger gemacht hat, als es früher war. Es bedeutet zugleich, daß Glauben, das heißt gläubiges Wahrnehmen, unter modernen westlichen Bedingungen nicht mehr die Gestalt und Form einer ‚ersten Ursprünglichkeit‘ annehmen kann und daß somit diese ‚erste Ursprünglichkeit‘ durch Wissenschaft, Technik und Religionskritik des 19. Jahrhunderts für uns intellektuell unmöglich geworden ist.

Wenn anderseits echte menschliche Lebensfähigkeiten vergessen oder verdrängt werden, obwohl man als Mensch, der man ist, trotzdem unweigerlich, wenn auch unbewußt weiter nach ihrer Aktualisierung verlangt, dann machen sich diese vernachlässigten Fähigkeiten doch noch bemerkbar, wenn auch auf versteckte Weise, notfalls durch Neurose und Weltflucht. Viele heutigen synkretistischen religiösen Phänomene sind in erster Linie die konkrete Gestalt oder manchmal die Travestie des Protestes von Lebensfähigkeiten, die durch eine

788

eindimensionale Kultur verdrängt oder vernachlässigt wurden; sie sind die protestierende Äußerung ebenfalls menschlicher, nämlich nicht-beherrschender, sondern ästhetischer, kontemplativer, spielerischer, nutzloser und zielloser ‚let it be‘-Erkenntnismöglichkeiten des Menschen. In diesem Pantheon der Gegenkultur geschieht mehr als der uralte, immer wiederkehrende Generationenkonflikt; man will eine andere *Lebensalternative* ausprobieren, und zwar auf der Basis nicht-beherrschender, nicht-manipulierender, eher kontemplativer menschlicher Wahrnehmungsmöglichkeiten. Junge Leute, die sich dem westlichen Gesellschaftsmodell widersetzen (einer Gesellschaft, die sich gern eine säkularisierende Gesellschaft nennt, die sich nur an Wissenschaft und Technik orientiert und die, aus dem Munde ihrer eigenen Säkularisierungstheologen, den Tod Gottes in einer Hymne an ‚The Secular City‘ proklamiert hat), empören sich in ihrem Widerstand gegen diese Gesellschaft, zugleich aus dem tiefsten Grund ihrer menschlichen Psyche auch gegen die Ideologie dieser ‚Gott ist tot‘-Gesellschaft und werden deshalb provozierend rufen: Gott lebt, es lebe Jesus, Halleluja, ‚Jesus loves me‘. Was diese Bewegungen inhaltlich religiös auch sein mögen, ursprünglich und zutiefst sind sie ein Protest der auch kontemplativen Möglichkeit der menschlichen Psyche gegen die westliche Bevorzugung der aktiven naturbeherrschenden Fähigkeit derselben Psyche. Es ist in erster Linie eine Reaktion tief humanen Ursprungs, auch dann, wenn die konkrete Form dieser Reaktion manchmal krankhaft und neurotisch oder auch restaurativ und dann doch wieder entfremdend ist.

Das Harmonieren der kontemplativen mit der weltbefreienden Praxis scheint auf den ersten Blick eine Versöhnung des Unversöhnlichen zu sein. Sie scheinen sich gegenseitig auszuschließen [146]. Ist hier eine Vermittlung möglich? Die dialektische Spannung zwischen innerer Befreiung und Befreiung aus bestimmten, nämlich unfrei machenden Strukturen wird augenblicklich auch in den Raum der kirchlichen Liturgie verlegt. Einstmals war sie der bevorzugte Ort für den betenden Umgang mit Gott mitten in der wohltuenden Nähe von Brüdern und Schwestern, heute erleben viele sie vor allem als Ort, wo man ‚im Namen des Evangeliums‘ Unrecht, Unfrieden und Krieg anklagt, sich für Solidarität mit leidenden, entrechteten und verlorenen Menschen einsetzt und zu einer besseren, menschlicheren und freien Welt für alle aufruft. Hier ist die Zukunft primär.

Das Monopol der Zukunft war aber sowohl in Theologie und Liturgie als auch in der wissenschaftlichen Futurologie kaum etabliert, als Kulturkritiker kamen und uns mahnend sagten, nicht nur Sehnsucht nach der Vergangenheit, sondern genauso ein hastiges Eifern für eine bessere Zukunft könnten in Wirklichkeit ein Fluchtversuch sein. Und jetzt – *nach* der Festigung des Primats und Monopols der Zukunft und der schon begonnenen Korrektur daran in der These, daß ein Zukunftsprojekt ohne begleitende kritische Erinnerung der Vergangenheit ein lebensgefährliches Wagnis ist [147] – jetzt hört man überall den Ruf, der Gegenwart wieder mehr Wert beizumessen. Heute wird der Ruf nach

‚Leben in der Gegenwart' in einer prägnanten Form laut: in verschiedenen Disziplinen der Wissenschaft[148] und in neuen Therapien. Was dies letztere betrifft, statt der Freudianischen Heilmethode, welche die verdrängte Vergangenheit analytisch und hermeneutisch aufwühlt, um den Patienten davon zu befreien, vollbringt die in den letzten Jahren entgegengesetzte amerikanische ‚Gestalttherapie'[149] spektakuläre Wunder: Sie ist auf die Gegenwart gerichtet und schließt systematisch jeden Versuch aus, zu fliehen, mag es nun in die Vergangenheit oder Zukunft sein. Diese Therapie ist darauf gerichtet, jemanden im ‚hier und heute' mit sich selbst und mit anderen, mit allem auszusöhnen, was auch seine Vergangenheit war und was auch die Zukunft bringen wird. Ein gleiches Bemühen findet man in bestimmten literarischen Werken: Den Menschen, die unter anderem durch den Bestseller des ‚Club of Rome' in ihren Zukunftserwartungen aufgeschreckt sind, wollen sie wieder Vertrauen geben und ihnen konkrete Motive bieten, trotz vieler düsterer Perspektiven doch menschlich glücklich und sinnvoll leben zu können und auch wirklich zu leben[150]. Dies alles mag wahr sein, und ist es meines Erachtens auch; doch ist die Gefahr, diese Lebenswahrheiten auf einem umfassenderen Gebiet, nämlich sozialpolitisch, aus konservativen Absichten zu mißbrauchen (manchmal gegen die Absichten ihrer Autoren) in der Tat nicht gering. Persönliches Lebensglück wird tatsächlich durchaus in der Gegenwart entschieden, aber es geht letztlich doch um das Glück aller und jedes einzelnen (und nicht von Menschen, die zufällig wirtschaftlich bevorzugt sind); und das impliziert – aufgrund dieser universalen Sorge – die ethische Verpflichtung, eine Gesellschaft anzustreben, „in der die menschliche Entfremdung aufgehoben wird und der Mensch in eine neue Beziehung zu sich selbst, zu seiner Arbeit und zu seiner natürlichen und sozialen Umgebung tritt"[151].

Angesichts der Unsicherheit menschlichen Lebens, auch in der westlichen Gesellschaft, die ihre inneren Widersprüche zu erkennen beginnt, muß man jetzt besonderes Augenmerk darauf richten, daß der Mensch eine *verzeitlichte* Existenz hat; das bedeutet, daß ein ausschließlicher Nachdruck, ob nun auf der Zukunft, der Gegenwart oder der Vergangenheit, die Gefahr einer Schmälerung oder Verkrümmung wahrhaft menschlichen Daseins in sich trägt.

Wahres Menschsein kann keine dieser drei Dimensionen entbehren. Sie werden aber von innen durch unser zeitbewußtes Menschsein selbst zusammengehalten: ein Wesen, das weiß, daß es unterwegs ist. Diese drei Dimensionen können wir letztlich nur dann als sinnvoll erfahren, wenn wir einerseits unser *Zeitbewußtsein* und anderseits auch Gott dabei zur Sprache bringen. Doch wissen wir nicht genau, was Gott für uns ist. Wir haben ihn nicht in der Hand, und aus uns selbst verstehen wir auch unser eigenes Menschsein und seine Möglichkeiten nicht. Wer an Gott glaubt, weiß, daß er uns in seiner Hand hält, wie auch immer. Im Hebräischen wird das, was wir Glauben nennen, mit dem Stamm *'aman* angedeutet (noch erkennbar in ‚Amen'). Das bedeutet: eigene Unsicherheit und Unfestigkeit aufgeben, um sein Dasein auf etwas anderes zu gründen, auf jemand anders, der Festigkeit bieten kann. An Gott glauben, ihn be-jahen, bedeutet dann: sein ganzes Dasein, das heißt sich selbst, seinen Nächsten und seine Lebenswelt in Gott gründen. Der Gläubige setzt sich also selbst völlig aufs Spiel, indem er der Zuverlässigkeit dessen vertraut, den er nicht sieht: des lebendigen Gottes. „Glaubt ihr nicht fest, dann steht ihr nicht fest", sagt Jesaja (7, 9). Glauben heißt, fest gegründet sein, vertrauen auf das, was als festes Fundament geglaubt wird. Deshalb ist Glaube an Gott die Grundentscheidung eines Menschen, der sich selbst, den anderen und die ganze Geschichte Gott *anvertraut* und sich darin versöhnt weiß mit sich selbst, mit den anderen und mit der Geschichte – Gegenwart, Vergangenheit, Zukunft –, weil sich der Gläubige mit Gottes unbegreiflichem Verhalten versöhnt hat. Glauben ist Festigkeit in der Botschaft vom *Gott-sein* Gottes als Grund und Quelle der *Menschlichkeit* des Menschen.

Doch habe ich jetzt ganz spontan und offensichtlich naiv von Gott gesprochen, als ob ich ihm gerade begegnet wäre und seine Zuverlässigkeit konkret hätte erfahren dürfen, während er doch ein Gott ist, der sich vorläufig weigert, sein Beglaubigungsschreiben vorzulegen. Mose, der nach Gottes Namen fragte, erhielt denn auch keine direkte Antwort; nur: „Ich werde sein, der ich sein werde" (Ex 3, 14), das heißt, was ich bin, wird sich in eurer Geschichte selbst zeigen müssen. Ich bin solidarisch mit euch. Glauben heißt also sein Vertrauen auf jemanden setzen, der sich zunächst noch weigert zu sagen, wer er ist. Nur in einem historischen Prozeß können wir seine Identität ahnen. Er ist der Unnennbare. Wir benennen ihn daher seltsam doppeldeutig: den Fernen und den Nahen, den Unnahbaren und den sich Offenbarenden, den Unantastbaren und doch Verletzbaren. *Unsere* Identität als an Gott Glaubende wird dadurch ebensowenig deutlicher: der Gläubige ist geborgen, aber auch heimatlos; der verwaiste Sucher, aber zugleich der heimgekehrte Sohn: „in der Welt, nicht von der Welt". Der Christusgläubige weiß, daß die Wirklichkeit, die wir meinen, wenn wir von ‚Gott' sprechen, nicht undialektisch der Grund von allem ist, was ist. Er ist der Grund von dem, was sein soll und sein wird, und so – dialektisch – ist er der Grund auch von Gegenwart und Vergangenheit. Gerade deshalb ist Gott nicht die ideologische Festung von Tradition und Status quo, sondern ihre Bedrohung; er ist der Gott der ‚Veränderung *zum Guten*' und daher Gericht und Gnade, wenn auch in voller Treue.

Gegenwart, Vergangenheit und (unbekannte) Zukunft – Menschsein (oder ‚homo absconditus') – in lebendiger Beziehung zum verborgenen Gott (‚Deus absconditus'): hier rühren wir an das, was vielleicht der wundeste Punkt des heutigen religiösen Problems ist. Nachdem in unseren Tagen diese Beziehung anders qualifiziert wird, ist viel in Bewegung geraten. Es geht um das, was – mit vielen anderen – Dorothee Sölle (schon als Korrektur an der ‚Gott ist tot'-Theologie) den Tod der ‚Unmittelbarkeit' Gottes nennt; das heißt, der Mensch hat keine unmittelbare Beziehung zu Gott. Damit wird die augustinische Theologie, die das ganze westliche Christentum grundlegend beeinflußt hat, in Frage gestellt und zugleich die gläubige Haltung und ‚Frömmigkeit‘ der sogenannten einfachen Gläubigen. Gerade diese Aufkündigung der ‚unmittelbaren‘ Glaubensbeziehung zu Gott hat die Türen unserer Kirchen für politische Theologie, für das Entstehen kritischer Gemeinden und für eine bessere, vor allem glückliche Welt geöffnet.

Anderseits, als Reaktion gegen die – hier und dort unverkennbar vorhandene – Neigung, Christentum und Gottesglauben auf Mitmenschlichkeit, Engagement, politische Aktion und Veränderung zu reduzieren, sehe ich im Augenblick von neuem Symptome des alten Supranaturalismus unter uns. Von neuem verdrängen manche die Gnade ganz in das innere Leben, was zugleich bedeutet, daß man die Gesellschaft, die Welt und die Geschichte gleichsam außerhalb des Gnadensystems hält – was *faktisch* zur Folge hat, daß man politisch den Status quo verteidigt.

Kern des Problems scheint deshalb zu sein: Hat der gläubige Mensch eine *unmittelbare* Beziehung zu Gott oder nicht? Die entscheidende Frage dabei ist, ob sowohl die ‚Älteren‘ als auch die sogenannten Modernen die Tragweite dieses Problems klar formuliert haben. Vielleicht haben sie beide ein Stück Wahrheit gesehen, aber auch beide dieses einseitig interpretiert. Nachdem ich sorgfältig sowohl die – sagen wir – traditionell-westlichen, augustinischen Verlautbarungen als auch die neueren, christlich-weltlichen Aussagen geprüft habe, wage ich folgendes zu sagen. Meint man mit dem Tod der ‚Unmittelbarkeit‘ Gottes, daß es keine *nicht-vermittelte* Beziehung des Menschen zu Gott gibt, dann bin ich damit völlig einverstanden. Es wird jedoch anders, wenn wir diese gleiche, also vermittelte Beziehung von der anderen Seite her betrachten, denn meines Erachtens gibt es sehr wohl eine unmittelbare Beziehung Gottes zu uns. Der Einwand, Unmittelbarkeit nur an einer Seite einer gegenseitigen Beziehung bedeute einen inneren Widerspruch, ist gerade in *diesem* Fall nicht stichhaltig. Es geht nicht um eine intersubjektive Beziehung zwischen zwei Personen – zwei vergänglichen Menschen –, sondern um eine gegenseitige Beziehung zwischen einem endlichen Menschen und seinem absoluten Ursprung, dem unendlichen Gott. Und das hat eine Rückwirkung auf unsere Beziehung zu Gott. Anders gesagt: wir werden mit einem einzigartigen Fall konfrontiert, nämlich einem Fall, in dem die Unmittelbarkeit die Vermittlung nicht aufhebt, sondern gerade konstituiert. Von uns aus gesehen, gibt es also *vermittelte Unmittelbarkeit.* Zwischen Gott und unserem Bewußtsein von Gott befindet sich unüberwindlich die geschichtliche, menschliche und natürliche Schöpfungswelt, die konstitutives Symbol der realen Gegenwart Gottes für uns ist. Daß in diesem Fall eine unverkennbare Vermittlung trotzdem Unmittelbarkeit gegenwärtig setzt, statt sie zunichte zu machen, liegt an der absoluten oder göttlichen Weise der realen Gegenwart Gottes: Schöpferisch macht er sich uns unmittelbar gegenwärtig in dem Medium, das ist: wir selbst, der Nächste, die Welt, die Geschichte. Es ist die tiefste Unmittelbarkeit, die ich kenne.

‚Vermittelte Unmittelbarkeit‘ scheint mir die passendste Formulierung, dem

Mysterium Gottes als dem Heil des Menschen und auch dessen, was Gebet und Liturgie sind, so nahe wie möglich zu kommen; sie kann uns zugleich ein wenig Einblick geben in das Verhältnis zwischen dem mystischen und dem politischen Aspekt christlichen Gottesglaubens, von dem man sagen kann, daß einerseits das Mystische nicht in Gnostizismus abgleitet und anderseits das politische Engagement zur Realisierung kommt, getragen nicht nur von Humanismus, sondern vom wirklichen Glauben an Gott.

Ich möchte diese ‚vermittelte Unmittelbarkeit‘ in zwei Etappen analysieren: zuerst mit dem Nachdruck auf der Vermittlung, dann auf der Unmittelbarkeit (die jedoch vermittelt bleibt).

b) Vermittlung in der unmittelbaren, rettenden Nähe Gottes

Im christlichen Leben hat man oft die Einheit von Schöpfung und Bund zerbrochen, während hier vor allem gilt: was Gott verbunden hat, soll der Mensch nicht trennen. Der Schöpfer selbst *ist* der Erlöser, und sogar in seiner erlösenden Tätigkeit tritt er göttlich auf, daß heißt wesengemäß schöpferisch, deshalb ohne daß eine Rivalität besteht zwischen dem, was er tut, und dem, was wir, in ihm gründend, selbst[152] tun. Wir haben nicht nur die Einheit zwischen Schöpfung und Bund bisweilen zerstört, sondern auch den Schöpfungsglauben selbst verlernt, und das bedeutet das Zerreißen des Lebensfadens, der christliches *Glauben* mit *Wirklichkeitserfahrung* verbindet. Dann haben wir vergessen, daß Gottes Heil an uns vollzogen wird in der einen Wirklichkeit, welche die unsere ist, unsere eigene kontingente Lebenswelt, und daß Gottes Heil gerade menschlich ist und uns außerdem in Jesus dem Christus auch auf eine menschliche Weise geschenkt wird. Ich frage mich, wie groß der Gehalt an *religiöser* Erfahrung und damit an Wirklichkeit noch sein kann bei dem Erlebnis der realen Gegenwart Gottes in der Liturgie, wenn wir verlernt haben, auch außerhalb der Liturgie uns selbst, unsere Mitmenschen und unsere Welt symbolisch als Gottes reale, wenn auch verborgene Gegenwart wahrzunehmen. Glaubenssprache und kirchliche Sprache werden in dem Maß sinnlos oder leer, wie sie keinen erkennbaren Hinweis mehr auf reale Erfahrungen in der Welt des Alltags enthalten. Wer von Gott und seinem Heil spricht, spricht zugleich von unserer menschlichen Erfahrungswelt und spricht daher verständlich. Ich sehe nicht ein, wie man in der Liturgie, die ein besonderes Erlebnisfeld der realen Gegenwart Gottes ist, eine Erfahrung religiöser Wirklichkeit erkennen kann, wenn nicht auch außerhalb der Liturgie Gottes reale Gegenwart dank unserem geschichtlichen Status als Geschöpfe mit anderen in der Welt erfahren wird, wobei dies alles dann erlebbares Symbol der realen Gegenwart Gottes ist. Das ist der primäre und fundamentale Erfahrungsgehalt jeder Form von realer Gegenwart Gottes.

Die Schöpfungserfahrung, eine geschichtlich variable Erfahrung von Gratuität und Kontingenz, scheint mir der bleibende Nährboden jeder religiösen

Erfahrung der rettenden Nähe Gottes zu sein, auch zum Beispiel der besonderen Erfahrung in Jesus und in der Liturgie. Liturgie *setzt* diese fundamentale Symbolerfahrung *voraus* und intensiviert sie. Ohne diese grundlegende Erfahrung kann keine Erneuerung oder Stilisierung der Liturgie uns eine vertiefte liturgische Erfahrung geben, die wahre Erfahrung der Gegenwart ist und nicht nur eine Erfahrung unserer eigenen subjektiven Reaktionen darauf, was liturgisch in der Kirche geschieht. Wir können in der kirchlichen Liturgie nicht plötzlich Gott erfahren, wenn wir ihn außerhalb der Kirche nirgends mehr wahrnehmen können. Träte das jedoch ein, dann würden, so fürchte ich, unsere liturgischen Empfindungen *religiös* keinen Wirklichkeitsgehalt besitzen, und diese liturgische Leere läßt sich nicht, zumindest nicht für längere Zeit, mit einem liturgischen Aufruf zu ethischem Handeln oder einer kulturkritischen Haltung füllen. Das wäre auch eine Verkennung des ‚surplus‘, von dem die tiefsten ethischen Impulse getragen werden. Die Schöpfungserfahrung, die man ebensogut eine fundamentale ‚Gnadenerfahrung‘ oder, etwas neutraler, eine Erfahrung der uns bereiteten und uns daher normierenden Wirklichkeit nennen kann – das heißt eine Erfahrung unserer selbst, des Mitmenschen und der Welt, in der wir uns durch etwas ‚normiert‘ fühlen, was (zumindest willkürliche) Selbstbestimmung übersteigt: eine Erfahrung von Gegeben-sein – ist, in geschichtlich ständig wechselnden Formen, die alles tragende Grundlage, die Wurzel aller ‚Religiosität‘ als vermittelte unmittelbare Beziehung zu dem, was Gläubige den Schöpfergott nennen. Dieses Bewußtsein ist das Tor des Einbruchs Gottes in unsere Geschichte, durch den wir Gott selbst – vermittelte Unmittelbarkeit – wirklich wahrnehmen und in Worten zur Sprache bringen können. Daraus erhält die Religiosität fundamental ihren Charakter als Realität und Erfahrung; aufgrund dessen kann auch Jesus als die persönlich-menschliche Erscheinung der universalen Liebe Gottes erkannt werden, und aufgrund dessen sind dann auch religiöse Erfahrungen in der Liturgie möglich. In unserer geschichtlichen Kontingenz-Erfahrung verzeitlicht Gott sich in geschichtliche Wahrheit, als Vergangenheit oder Erinnerung, als Gegenwart oder Vertrauen und als Zukunft oder Erwartung.

Die vermittelte Unmittelbarkeit der rettenden realen Gegenwart Gottes impliziert, daß unsere Antwort auf Gott, unser Ja zu Gott, eine gleiche Vermittlungsstruktur hat, ohne jedoch in dieser Vermittlung steckenzubleiben. Mit anderen Worten, Religion läßt sich nicht auf Mitmenschlichkeit und sozialpolitische Sorge für den Mitmenschen reduzieren, aber sie kann diese Vermittlung genausowenig entbehren. Ohne diese Vermittlung hieße Religiosität einer Leere nachjagen, denn Gott macht sich nur in diesen Vermittlungen unmittelbar gegenwärtig. Ihn außerhalb suchen hieße ihn genau dort suchen, wo er nicht ist und nie zu finden ist. Das wird deutlich, wenn Paulus von der Feier der Eucharistie spricht. Teilhaben an demselben Becher, teilhaben an demselben Brot bedeutet für ihn, im Bereich der vermittelten realen Gegenwart, alle Diskriminierung ‚von Jude oder Grieche‘, ‚von Mann oder Frau‘, ‚von Sklave oder Freiem‘

aufgeben. Wenn derselbe Paulus Christen in Korinth vorwirft, daß sie sich in ihrer Eucharistie ‚ein Gericht trinken‘, geschah dies nicht deshalb, weil sie das sakramentale ‚divinum consortium‘, den sakralen Umgang mit Gott, profanierten, sondern im Gegenteil, weil sie die säkulare, menschliche Bedeutung des Mahles als eines brüderlichen Teilens miteinander‘ geschändet hatten. Der ‚koinonia adelphou‘, der Brüderschaft, wurde Gewalt angetan, wenn man gnostische Wege ging und sich unmittelbar der göttlichen Natur teilhaftig wähnte. Paulus befreit diese griechische Vorstellung von ihren mystischen und ‚gnostischen‘ Beimischungen. Es fällt übrigens auf, daß im Neuen Testament der Kult oft mit dem Wort ‚synerchesthai‘ angedeutet wird, das ist das brüderliche Zusammenkommen der Glaubensgemeinschaft (1 Kor 11, 17.20; 14, 23.26). Die ‚Brüderschaft‘ ist die konkrete Gestalt, die verhindert, daß das dankende Preisen Gottes Lippendienst ist und einer Leere nachjagen. In unserer modernen Gesellschaft, gesellschaftlich kompliziert wie sie ist, muß diese ‚Brüderschaft‘ sich nicht nur in Gutes tuenden Beziehungen von Mensch zu Mensch realisieren, sondern ebenso notwendig in den anonymen Gestalten der sozialpolitischen Einrichtungen und Strukturen, um diese zu erneuern und in den Dienst der Freiheit zu stellen, denn sie sind die moderne politische Gestalt konkreter christlicher Caritas. Schließlich darf man nicht vergessen, daß Gottes große Taten für Israel, die ‚magnalia Dei‘, die Heilstaten, welche die Liturgie nicht aufhört zu erzählen, zu besingen und zu preisen, stets durch konkrete Menschen, „per homines“, in Israel verwirklicht worden sind. Es ist deshalb unbiblisch, einen Gegensatz herzustellen zwischen dem doxologischen oder Gott preisenden Charakter der Liturgie und einem sogenannten ‚Aktivismus‘, der sich für die Verbesserung des Menschen, seiner Welt und Gesellschaft einsetzt. Interesse an Sozialpolitik aus Sorge um den Mitmenschen ist dem liturgischen Feiern nicht fremd, wie es auch berechtigt war, daß die Juden ihr ursprüngliches agrarisches Frühlingsfest zu einem liturgischen Gedenken des Auszugs aus der Sklaverei Ägyptens historisiert haben.

Gottes Gnade, das heißt seine rettende reale Gegenwart bei uns, ist daher kein gesonderter Bereich der Innerlichkeit, sondern die ganze Wirklichkeit, in der wir leben und die wir selbst auch sind. Als man die Gnade aus der Schöpfungswelt herausriß, wurde sie in das private Innere des Menschen zurückgedrängt; damit wurde zugleich die äußere Gnadenvermittlung zu einem instrumentalen Zeichen unsichtbarer Wirklichkeiten verengt, und die Welt, die Geschichte und die Gesellschaft wurden zu einem der Gnade fremden, extraterritorialen Gebiet herabgedrückt. Zweifellos kann man eine sozialpolitische Lebensordnung nur mit wirtschaftlichen und ethisch-politischen Prinzipien und durch Analyse und Interpretation der Situation mit ihren stets relativen Möglichkeiten ausarbeiten. Man geht dabei von menschlichen Motiven aus und unternimmt etwas, was in und aus sich selbst ein allgemein-menschliches, ethisch-politisches Unternehmen ist; dies alles scheint mir selbstverständlich zu sein. Aber das schließt nicht aus, daß das, was damit menschlich an Heilmachung eines Menschen verwirklicht wird, faktisch zugleich historische Gnadenvermittlung ist, Vorschuß auf wahres Heil: erfahrbares menschliches Heil im Werden.

Denn menschliche Freiheit ist keine rein innere Angelegenheit. Sie ist eine körperlich nach außen gekehrte Freiheit und kommt erst zu sich selbst in der Begegnung wahrhaft freier Menschen, in Freiheit ermöglichenden gesellschaftlichen Einrichtungen und Strukturen. Aus uns selbst sind wir nur Möglichkeit zur Freiheit und ist die Freiheit noch eine Leere, sie hat noch keinen Inhalt; durch die Kultur füllt die Freiheit kreativ diese Leere. Aber keine einzige Form und Höhe der Kultur kann diese Leere gänzlich füllen. Konkret realisierte Freiheit ist stets wieder interiorisierte Freiheit, das heißt: innere Freiheit muß auch zu tun haben mit der Begegnung mit freien Menschen in gesellschaftlichen Strukturen, die Freiheit ermöglichen und schützen. Die gesellschaftliche Dimension ist eine wesentliche Komponente unseres innerlich freien Handelns, sie ist mitkonstitutiv für die Erfahrung unserer selbst und der Welt. Konkrete Freiheit oder begnadete, befreite Freiheit übersteigt damit den dualistischen Unterschied zwischen Innerlichkeit und Äußerlichkeit und deshalb auch die ebenso dualistische theologische Anwendung derselben: den Unterschied zwischen ‚innerer Gnade‘ und ‚äußerer Gnade‘. Denn soziologisch zeigt sich, daß die persönliche Identität schnell abbröckelt, wenn man keine gesellschaftliche Anerkennung findet und eine persönliche Überzeugung ihre soziale Plausibilität verliert[153]. Daß eine große Zahl von ländlichen Christen geräuschlos die Kirche verläßt, wenn sie in eine Großstadt verpflanzt wird, weist darauf hin, daß die innere Freiheit zugleich gesellschaftlich bedingt ist. Die Behauptung, solche Menschen hätten dann nie wirklich geglaubt, scheint mir ein Kurzschluß zu sein. Die Tatsache weist nur darauf hin, daß ein konstitutives Verhältnis zwischen persönlicher Identität und kollektivem Konsens und kollektiver Anerkennung, zwischen innerer Freiheit und freimachenden gesellschaftlichen Strukturen besteht. Es scheint mir sogar die vornehmste Aufgabe der Kirche zu sein, eine freie und befreiende religiöse Lebenswelt Gleichgesinnter zu bilden, in der die persönliche Freiheit gedeihen kann. Das ist die fundamentale Gnade der heiligenden und befreienden Lebenswelt, sie bildet, soziologisch gesehen, das, was Theologen die ‚habituelle oder heiligmachende Gnade‘ nennen, eine Realität, die daher genauso den Dualismus von innerlich und äußerlich übersteigt.

So gehören also auch sozialpolitische Verbesserungen zu dem, was Gnade Gottes genannt werden darf, was verinnerlicht werden kann und als solches persönliche, befreite Freiheit wird. Übrigens, auch Humanwissenschaften, wie Soziologie, Psychologie, Andragogik, und auch die Naturwissenschaften sind konkret Geschöpfe Gottes, die im Gnadenplan ihren Platz haben. Sie helfen dem Menschen auf dem Weg zu wahrhaft menschlicher Befreiung. In ihnen darf man Gottes gnadenvolle, rettende Nähe erfahren, genauso real wie Israel einen Durchzug durch das Rote Meer unter einem günstigen Wind, der das Wasser zurückdrängte, als eine machtvolle Heilstat Gottes erfahren konnte und durfte. Gott schafft sich tatsächlich ein ‚kulturelles Antlitz‘, das heißt, Gott schafft sich sein Antlitz durch unsere Kultur. Was in einer bestimmten Kultur an Gotteserfahrung möglich ist, muß daher in einer anderen Kultur noch nicht die gleiche Funktion erfüllen können. Daß wir Gottes schöpferische und rettende Nähe etwa in einer Erfindung wie dem Penicillin erfahren dürfen, widerspricht nicht der Wirklichkeit der semitischen Gotteserfahrung im brennenden Dornbusch. Es gibt viele Wege, auf denen sich Gott durch Vermittlung einer natürlichen (und dann meine ich kosmischen) oder mitmenschlichen Wohltat begegnen läßt. Auf eine besondere Weise können moderne Gläubige gerade im gesellschaftspolitischen Geschehen sich realisierender Freiheit einen Vorschuß auf Gottes Heil verspüren. Darin beweist sich die göttliche Wirklichkeit eben als *Wirklichkeit,* als der Gutes Wollende und Anti-Böse, der Befreier aus Entfremdung. So kann die Geschichte der menschlichen Befreiung eine ‚disclosure‘ werden, in welcher der Mensch Gott als den erkennen lernt, der die *volle* Befreiung des Menschen will.

c) Vermittelte Unmittelbarkeit: betender Umgang mit Gott

Christentum ohne Gott ist das Ende alles Christentums. Zwar kann man sich nie der Vermittlung entziehen, aber in dieser Vermittlung ist doch Gott selbst uns rettend wirklich nahe. Darin hat er die absolute Initiative.

Heil ist in der Tat Überwindung aller menschlichen, persönlichen und gesellschaftlichen, Entfremdungen; Heil ist das Heilsein des Menschen, seiner Lebenswelt und seiner Geschichte. Doch ist die christlich befreite Freiheit nicht identisch mit dem emanzipativen Projekt und Prozeß menschlicher Befreiung. Person und Gesellschaft stehen in einer unreduzierbaren dialektischen Spannung. Und die ‚Leere‘ oder Offenheit unserer Freiheit wird durch die Kultur nie ganz gefüllt. Es bleibt stets ein ‚surplus‘, eine Offenheit. Einerseits kann man die Gesellschaft nicht als den transzendentalen, allumfassenden Horizont der Wirklichkeit bezeichnen; dann verkennt man die Unantastbarkeit der menschlichen Person, die nicht bloß das Ergebnis der gesellschaftlichen Entwicklung ist. Anderseits ist die persönliche Innerlichkeit mit ihrem notwendigen Privatbereich und ihrer Intimsphäre genausowenig ein transzendentaler, allumfassender Horizont. Ich sagte schon: keine Form und Höhe der Kultur füllt die Offenheit der Freiheit; deshalb macht die Freiheit selbst jede bestimmte Kultur fragwürdig. Die Folge ist, daß die Entfremdung im menschlichen Leben weder persönlich noch gesellschaftlich ganz überwunden werden kann; befreite Freiheit oder Heil übersteigt Person und Gesellschaft. Es gibt menschliches Leid, das sich mit sozialpolitischen Maßnahmen nicht stillen läßt; in den besten Gesellschaftsstrukturen kann man noch an Vereinsamung zugrunde gehen; auch optimale Strukturen machen die Menschen nicht von selbst zu guten, gereiften menschlichen Menschen; die *Natur* ist zu vermenschlichen, aber sie bleibt doch größtenteils und unentrinnbar dem Menschen fremd (man denke nur an den Tod); und es gibt, schließlich, unsere unverlierbare Endlichkeit, die Ursprung des Gottvertrauens sein kann, aber auch der Angst.

Eine endgültige Heilung der Gespaltenheit unseres Daseins in der Welt kann daher nur die Folge einer aktiven Realität sein, die Person und Gesellschaft, das heißt die ganze Wirklichkeit, *umfaßt*, ohne ihr *Gewalt* anzutun; und gerade das ist eine Definition Gottes, des durch Interiorität alles Transzendierenden, des von innen her alles Übersteigenden. Nur absolute Freiheit, die zugleich schöpferische Liebe ist, ist dazu fähig. Das bedeutet, daß das Reich Gottes nicht die einfache Vollendung der Gegenwart sein kann und ebensowenig das Optimum, das eine Kultur je erreichen kann. Heil liegt auf der Linie dessen, was an heiligen, guten, schönen und genußreichen Dingen in unserer Geschichte verwirklicht ist, aber so, daß Gott in überraschender Gabe, die dies alles übersteigt, frei bleibt.

Das führt uns zu einem zweiten Aspekt der vermittelten Unmittelbarkeit. Nicht, daß wir jetzt auf die Vermittlung verzichten könnten, aber in den Vermittlungen liegt jetzt der Akzent auf dem darin unmittelbar nahen Gott; denn es ist eine *göttliche* absolute Nähe. Hier wird deutlich, daß die ‚Sache des Menschen‘ tatsächlich die ‚Sache Gottes‘ selbst ist, ausgedrückt in dem biblischen Begriff der Gottesherrschaft als menschlichem Heil, das heißt einer auf Menschlichkeit bedachten Herrschaft Gottes. Gerade seinen Einsatz für den Mitmenschen hat Jesus als Sache Gottes erfahren. Die Anerkennung des Gottseins Gottes ist zugleich die Anerkennung der unerwarteten Menschlichkeit des Menschen. Selbst M. Horkheimer [154] bezweifelt, ob eine menschliche Ethik, die sich von ihrer religiösen Basis gelöst hat, letztlich sinnvolle Wirkung haben kann [155]. Dann erweckt die Ethik zu große Erwartungen und kann uns nicht geben, was sie verheißt. Sich religiös in Gott gegründet wissen gibt die Kraft, stets von neuem mit dem Einsatz für Mensch und Welt zu beginnen und fortzufahren, weil in diesem Fall kein einziges historisches Ereignis das eschatologische Endgeschehen ist; aber dann ist ein Fiasko ebensowenig ein endgültiges Scheitern. Der religiöse Glaube gibt das Vertrauen, daß das Menschlich-Unmögliche doch möglich ist, weil Gottes Wesen die wohlwollende Macht des Anti-Bösen ist, undefinierbare Gabe.

Aus diesen Überlegungen geht aber auch hervor, daß wir eine Liturgie brauchen, in der wir sowohl die persönlich-individuelle Intimität als auch die gesellschaftskritische, sozialpolitische Absicht von innen her (also nicht durch entfremdende Ausstoßung) *übersteigen*. Man kann dies im weiteren Sinn den mystischen Aspekt des Glaubens an Gott nennen, in dem wir uns vergegenwärtigen, daß Gott zwar nur in Vermittlungen, aber doch wirklich-unmittelbar nahe ist; – daß wir deshalb, selbst in größter Einsamkeit, nie allein sind; – und daß, trotz allem, Güte und Erbarmen mich, uns alle, halten. Dieses Bewußtsein, in Gott gegründet zu sein, auch dann zu bewahren, wenn jeder empirische Grund und jede Garantie entfallen sind und man über das Fiasko seines Lebens weint, ist die mystische Kraft des Glaubens. Beim Verlust aller, auch nur einigermaßen positiver, empirisch-erfahrbarer Stützpunkte wird das Unmittelbare der Gegenwart Gottes tatsächlich als ‚dunkle Nacht' erfahren. Alle Mystiker haben diese Unmittelbarkeit der Gegenwart Gottes als ein ‚nada' erfahren; ich möchte sagen: nicht als ein ‚Nichts' (nada) der Leere, sondern als ein Nichts der Fülle: Gottes Gegenwart als reine, wenn auch negativ vermittelte Glaubenserfahrung. Es gibt viele Arten oder Situationen, in denen Gläubige solche Momente erleben können. Oft bin ich ihnen bei Menschen begegnet, die unter den schmerzlichsten und unbegreiflichsten Umständen ein geliebtes Wesen hatten sterben sehen und dies, wenn auch nicht ohne tiefes Leid, nur als Gläubige hinzunehmen vermochten. Dieser Glaube ist dann nicht einfach eine theoretische Überzeugung – sie würde zerbrochen werden, vermute ich; nein, es ist dann eine *Erfahrung* der realen Gegenwart Gottes, nicht in der Vermittlung positiver Anhaltspunkte, sondern in der Vermittlung äußerster Negativität, eine dunkle Nacht. Was somit doch ‚Vermittlung' impliziert.

Aber diese mystische Tiefe, in der die Unmittelbarkeit Gottes das wesentliche Moment ist, weil die Vermittlung in diesem Fall als ‚pure Negativität' erlebt wird, offenbart sich nicht nur in Negativität oder ‚dunklen Nächten', sondern auch in freudigen Erlebnissen. In einem Wort Jesu, das mit Sicherheit der Substanz nach von ihm stammt, dankt Jesus Gott zitternd vor Freude nach der frohen Rückkehr der Jünger, die er ausgesandt hatte und die nun zurückkamen und ihm erzählten, daß ihrem Auftrag Erfolg beschieden war (Lk 10, 17–21). Es gibt Erfahrungen im Leben eines Gläubigen, in dem er die ‚disclosure' erlebt: Wenn dieser Mensch schon so entwaffnend gut ist, wie gut wird dann erst Gott sein. Auch hier vollzieht sich eine Wende in der Aufmerksamkeit vom Vermittelnden zum Vermittelten hin, nämlich zu Gottes wirklicher, unmittelbarer Gegenwart. Neben dem implizit-betenden Leben in den weltlichen und mitmenschlichen Vermittlungen Gottes sehe ich das *ausdrückliche Gebet* daher als den Versuch des Menschen, gerade diese Dimension der Unmittelbarkeit in den Blick zu bekommen, ein Versuch, zu dem das gläubige Leben des Alltags übrigens selbst gleichsam drängt, weil der Gläubige sich der *realen* (wenn auch vermittelten) Nähe Gottes bewußt ist. Aber der Versuch mißlingt immer wieder, weil diese Nähe, *als* göttlich und absolut, ebenso innig wie unfaßbar ist: In dem Moment, da wir unser Augenmerk von der Vermittlung abwenden, um Gottes reale Gegenwart selbst in den Blick zu bekommen, verschwindet mit dem Wegfall der Vermittlung auch Gott selbst im Nichts. Beten ist gleichsam das Versteckspielen Gottes mit dem Menschen. Es liegt in der Tat etwas äußerst Spielerisches im Gebet. Als eine Art Spiel hat das Gebet seine höchste Bedeutung in der normalen, täglichen Praxis unseres Betens. ‚Si vere Deum quaeris', wenn du wirklich Gott suchst, sagten die alten Mönche, dann darfst du zu uns kommen. Beten heißt nach Gott suchen. Wenn wir nur erfassen, daß Gott ein lebendiger Jemand ist, der es versteht, dann und wann zu verschwinden, damit wir ihn ständig weiter suchen, und dann und wann kurz zu erscheinen, damit wir des Suchens nicht müde werden.

Das bringt uns zu einer letzten, sehr schwierigen Frage. Ist Beten eine ,*Ich-Du-Beziehung*' zwischen Gott und Mensch? Es ist schwer, darauf allzu naiv mit Ja zu antworten; aber diese Beziehung zu leugnen scheint mir genauso unnuanciert. Natürlich ist eine gegenseitige Beziehung zwischen Gott und Mensch ein äußerst analoger Fall dessen, was wir ,Intersubjektivität' oder Ich-Du-Beziehung nennen. Wenn die Unmittelbarkeit immer vermittelt ist und durch ihre Unmittelbarkeit trotzdem Vermittlung konstituiert, dann müssen wir diese Frage mit einem Paradoxon beantworten: ja und zugleich nein. Wenn wir dann nur bedenken, daß diese wechselseitige Beziehung zwischen Gott und Mensch nicht durch ein *Minus*, sondern durch ein *Plus* außerhalb unserer menschlichen Kategorie der Intersubjektivität fällt, ein ,Plus', welches das ausdrückliche Beten einerseits zur schwierigsten metanoia oder Umkehr in unserem Leben macht, zu einer betenden Umkehr, die wir anderseits nicht entbehren können, denn sonst gründen wir unser Leben letztlich doch auf Götzen, Ideologien und Utopien und nicht auf Gott selbst. Beten ist nicht so sehr Einkehr als vielmehr Umkehr. Deshalb gibt das Gebet – und ich denke: nur das Gebet – dem christlichen Glauben seine höchste kritische und produktive Kraft. Das kritische Element im Gottesglauben kommt nicht aus einer politischen Theologie, sondern fundamental aus der betenden Glaubensartikulation, aus dem Gebet als Akt des Glaubens. Gerade dieser Glaube wird indirekt in einem politisch profilierten Handeln wirksam, dank der vermittelnden Analyse unserer konkreten Gesellschaftsstrukturen. Dies alles muß eine ,politische Theologie' reflexiv sichern.

d) Das widerspenstige Leiden gegenüber und in der kontemplativen und politischen Praxis

Erlösung umfaßt kontemplative und emanzipative Praxis zur Befreiung und Förderung von Heil von Menschen. Leiden aber, so wurde gesagt, ist keine Gegebenheit aus einer vor-emanzipativen Geschichte der Menschheit, auch keine Gegebenheit nur aus der Zeit vor Gottes erlösendem Handeln in Jesus. Erlösende und emanzipative Praxis finden auch *in* den Bedingungen des Leidens Ausdruck. Das gibt jedem Verständnis von Erlösung und emanzipativer Befreiungspraxis eine innere Spannung.

Menschliches Leiden hat aber auch eine besondere kritische und produktive Erkenntniskraft[156]. Diese läßt sich nicht auf das zielgerichtete, emanzipative Herrschaftswissen (jene Form von Erkenntnis, die Wissenschaft und Technik eigen ist) reduzieren, auch nicht auf verschiedene Formen kontemplativer, ästhetischer und spielerischer, sogenannter ,zweckfreier' oder beim eigenen Objekt ,verweilender' Erkenntnis. Der besondere Erkenntniswert von Kontrasterfahrungen des Leidens aufgrund von Ungerechtigkeit hat eine kritische Funktion sowohl gegenüber den kontemplativen als auch gegenüber den wissenschaftlich-technischen Formen des Wissens. Er gibt der rein kontemplativen Gesamtwahrnehmung, die in ihrer Kontemplation oder liturgischen Feier schon universale Versöhnung erlebt, ein kritisches Moment. Aber er ist auch kritisch gegenüber der weltbeherrschenden Erkenntnis von Wissenschaft und Technik, die als solche den Menschen nur als ‚Herrschersubjekt' voraussetzt und an der Frage nach der Priorität vorbeigeht, auf die Leidende unter uns Anspruch haben.

Der produktive Erkenntniswert, der dem Leiden eigen ist, ist nicht nur kritisch gegenüber beiden positiven Formen menschlichen Wissens, dialektisch kann er zugleich das Bindeglied sein zwischen beiden, den kontemplativen und den aktiv beherrschenden Erkenntnismöglichkeiten der menschlichen Psyche. Es spricht sogar vieles dafür, daß allein die Kontrasterfahrung des Leidens (mit ihrer impliziten ethischen Forderung) imstande ist, beide innerlich zu verbinden, weil sie allein Merkmale beider Erkenntnisformen aufweist. Denn Leidenserfahrungen kommen über den Menschen, sei es, daß diese Form erleidender Erfahrung ein negatives Wider-fahren ist, ganz anders als in dem auch erleidenden, aber positiven Erfahren der Freude der kontemplativen, spielerischen und ästhetischen Erlebnisse. Anderseits schlägt die Leidenserfahrung unter dem Aspekt des *Kontrast*erlebens oder der kritischen Negativität die Brücke zur möglichen Praxis, um sowohl das Leiden als auch seine Ursachen wirklich zu beseitigen. Wegen dieser inneren Verwandtschaft, wenn auch in kritischer Negativität, sowohl mit kontemplativer Erkenntnis als auch mit naturbeherrschendem Wissen nenne ich die besondere ‚pathische' Erkenntniskraft des Leidens *praktisch*-kritisch, das heißt eine kritische Erkenntniskraft, die zu einer neuen Praxis antreibt, die eine bessere Zukunft antizipiert und tatkräftig verwirklichen will. Dies alles würde zur Folge haben, daß in der Situation unserer bestehenden ‚condition humaine' und unter den Bedingungen unserer konkreten gesellschaftlichen Kultur Kontemplation und Aktion – paradoxerweise, aber trotzdem real – nur durch die Kritik der akkumulierten Leidensgeschichte der Menschheit und das in ihr zur Geltung kommende ethische Bewußtsein innerlich verbunden werden können.

Denn Leidenserfahrung ist als Kontrasterfahrung nur auf der Grundlage eines impliziten Glücksverlangens möglich und setzt, als ungerechtes Leiden, zumindest ein vages Bewußtsein davon voraus, was menschliche Integrität positiv bedeuten kann. Als Kontrasterfahrung impliziert sie indirekt ein Bewußtsein der positiven Berufung des Humanum und zum Humanum. So verstanden, ist das leidenüberwindende Handeln nur möglich durch eine zumindest implizite oder verschwommene Antizipation eines möglichen, kommenden universalen Sinns. Im Gegensatz zur *zielgerichteten* Erkenntnis von Wissenschaft und Technik wie auch zur *zweckfreien* Erkenntnis der Kontemplation ist der besondere Erkenntniswert der leidenden Kontrasterfahrung eine Erkenntnis, die nach *Zukunft* verlangt und sie eröffnet. Neben den Begriffen ‚Zweck' und ‚zweckfrei' erlangt damit der Begriff ‚Zukunft' Geltung[157]. Denn aufgrund der doppelspurigen, Kontemplation und Aktion verwandten Eigenschaften und ihres ethischen Protestcharakters hat der besondere Erkenntniswert des Leidens die Bedeutung einer Erkenntnis, die nicht nach Zielrichtung oder Zweckfreiheit

(‚verweilen bei‘) fragt, sondern nach *Zukunft:* nach mehr Menschlichkeit und nach künftiger Aufhebung der Ursachen des Unrechts. Denn *in* ihrem passiven Widerfahren besitzt sie wegen ihrer Negativität einen ethischen Widerstand gegen dieses ‚let be‘; sie hat eine kritische Erkenntniskraft, die an zukunfteröffnende Praxis appelliert, ein Handeln, das sich außerdem nicht der selbstverständlichen Alleinherrschaft zweckgerichteter Technokratie unterwirft (wodurch Leiden ja mitverursacht ist). Die leidende Kontrasterfahrung ist daher das negative und dialektische Bewußtwerden eines Verlangens und einer Frage nach kommendem Sinn und nach kommender wirklicher Freiheit und wirklichem Glück[158]. Sie ist auch eine Forderung nach der versöhnenden, ‚zweckfreien‘ Kontemplation, als (gläubige) Vorwegnahme universalen Sinns, um das Kontrasterlebnis mit einer Leiden überwindenden, Zukunft schaffenden, neuen Praxis zu verbinden.

Mehr noch. Die Unzufriedenheit über den Weitergang der menschlichen Leidensgeschichte verbindet nicht nur die kontemplative Lebenshaltung mit einer (auch politischen) Praxis der Befreiung und Versöhnung, sondern die kontemplative und die befreiende Aktion stehen auch selbst *unter* den endlichen Bedingungen unserer Leidensgeschichte. Es gibt einerseits das Leiden als Implikation (in ‚dieser Welt‘) jeden rückhaltlosen Einsatzes für eine großartige Sache: das Leiden durch und für andere – ‚um des Reiches Gottes willen‘, wie die Schrift sagt. Es gibt anderseits auch das Leid über Gottes Unsichtbarkeit – das Leid, von dem Mystiker aus ihren tiefsten Erfahrungen sprechen: „Wahrlich, du bist ein verborgener Gott, du, Gott und Retter Israels‘‘ (Jes 45,15). Sowohl die Erlösung in und durch den persönlichen Umgang mit dem Transzendenten als auch die Erlösung in und durch den intersubjektiven und politischen Einsatz für Mitmenschlichkeit und für eine menschlich lebbare Welt finden in der Nicht-Identität, der Endlichkeit der leidenden menschlichen Existenz Ausdruck. Das schließt wesentlich ein, daß wir Erlösung und Befreiung nur in endlichen Fragmenten erleben, in einer Geschichte, die auf die eschatologische Vollendung hin *offensteht:* „In Hoffnung sind wir erlöst‘‘ (Röm 8,24). Daraus geht hervor, daß alle – kontemplativen und politischen, ‚theologalen‘ und ‚mitmenschlichen‘ – Aspekte der christlichen Erlösung in den Bedingungen vorläufiger, irdischer Endlichkeit erfahren werden und zur Sprache kommen. Mit anderen Worten, jedes positive Sinnerlebnis, jedes Fragment der Erlösung und Befreiung wird in Bedingungen der ‚Unerlöstheit‘ erlebt. Daraus folgt das *theoretische* Unvermögen, die in Christus schon vollbrachte Erlösung mit unserer faktischen menschlichen Leidensgeschichte zu *vermitteln.* Es gibt jedoch das ‚Trotzdem‘ der gläubigen Erinnerung an das in Wirklichkeit von Jesus selbst eschatologisch erfahrene Geschehen, das sich in seinem Leben, seiner Praxis und seinem Tod als besondere Qualifizierung seiner Person, Verkündigung und Praxis vollzogen hat.

Doch müssen wir diese ‚eschatologische Erinnerung‘ noch näher präzisieren. Diese Erinnerung liegt in erster Linie nicht in den kirchlichen Dogmen über

Jesus Christus, außer in einem ‚verkürztem‘ Sinn, insofern nämlich diese ‚Orthodoxie‘ ein inneres Moment der historisch situierten kirchlichen Praxis ist (wie die Botschaft Jesu die ‚Dokumentation‘ seines versöhnenden und befreienden, heilenden Auftretens war).

Wie jede lebendige Erinnerung an die menschliche Leidensgeschichte, entwickelt auch die christliche Anamnese oder Erinnerung an die eigene Leidensgeschichte Jesu eine besondere kritische Erkenntniskraft. Aber dann liegt ihr aufrührerischer und herausfordernder Charakter nicht in einer theoretischen Erinnerung an ein vergangenes Ereignis, auch *nicht unmittelbar* in der verkündigenden Artikulation des Leidens Jesu, sondern eher in dem, was biblisch ‚Gedächtnis‘ genannt wird. Dort heißt es zum Beispiel von Gott, daß er seiner früheren Heilstaten gedenkt, indem er jetzt in der Gegenwart neue Heilstaten vollbringt [159]. Die Beziehung zur aktualisierenden Praxis hier und heute ist konstitutiv für die biblische ‚Memoria-These‘. Der revolutionäre, die Welt und unsere Gesellschaft herausfordernde kritische Erkenntniswert der ‚memoria passionis Christi‘ liegt, gesellschaftlich und geschichtlich gesehen, (zwar ursprünglich, aber) nicht unmittelbar in dem vergangenen Leidensgeschehen noch in dem Kerygma oder den Dogmen über dieses Leiden als sogenannten ‚gefährlichen Gedächtnisformeln‘; sie wird eher durch die *hier und jetzt lebende christliche Gemeinde* vermittelt, also durch die heutige Kirche selbst, *insoweit* sie tatkräftige ‚memoria passionis‘ des auferstandenen Herrn ist. Die Kirche ist daher kritische ‚memoria Christi‘ in dem Maß, wie ihre konkrete, von allen aufzeigbare und für alle sichtbare und gerade deshalb herausfordernde und revolutionäre Praxis ein lebendiges, heutiges Leiden überwindendes Gedächtnis Jesu als aufzeigbares Ereignis unter uns ist. Das kerygmatische Gedächtnis ohne leidenüberwindende, befreiende Praxis kann in unserer Welt keine kritische Erkenntniskraft entwickeln. Das Gedächtniskerygma ist eher der exegesierte Erkenntnisaspekt einer in Wirklichkeit herausfordernden kirchlichen Praxis. Im (verkürzten) *rein dogmatischen* Sprechen ist es, wenn dieses Dogma oder Kerygma keine Ideologie werden soll, (natürlich aufgrund des geschichtlichen Jesusgeschehens) zumindest ein ‚performatives Sprechen‘, ein Sprechen also, das zu verwirklichender Praxis aufruft. Die unter uns lebendige, kirchliche ‚memoria Christi‘ ist daher religiös und menschlich erst dann eine prophetisch-kritische, nicht ideologische, historisch glaubwürdige, herausfordernde Gedächtniskraft, wenn dieses Gedächtnis zugleich sichtbar als Verheißung und somit als geschichtliches Ferment erfahren werden kann: wenn also das ‚orthós‘ der Orthodoxie auch in und aus dem herausfordernden verheißungsvollen, Sinnlosigkeit bekämpfenden und Sinn realisierenden ‚orthós‘ der kirchlichen Praxis in der Welt inmitten einer vielleicht hetero-praktischen Gesellschaft hervorgeht, welche die menschliche Geschichte von Übel und Leiden persönlich und strukturell verewigt.

Mystik und Heilmachung von Menschen kamen im Propheten Jesus aus ein und derselben Quelle: seiner Erfahrung des Kontrastes zwischen dem lebendigen Gott und der leidenden Menschengeschichte, zwischen einerseits seinem sinnerfahrenden Umgang mit seinem so innig nah erfahrenen, ihn selbst freisetzenden lebendigen Gott, dessen sorgsame Liebe er sogar bis in die überraschende Schönheit von Feldlilien und in die ihn selbst rührende Glaubenshingabe geringer Menschen und anderseits in die kränkenden und verletzenden, unnötig beleidigenden, unfrei machenden Knechtungen in unserer Menschengeschichte wahrnimmt. Aus dieser Erfahrung des Kontrastes zwischen kontemplativer und auch praktischer Erfahrung von Sinn und menschlicher Geschichte von Übel und Leid konfrontiert uns Jesus mit offensichtlich menschlich unmöglichen Forderungen. Ein Beispiel, wie die Evangelien Jesus darin verstanden haben, mag genügen: „Wenn ihr ein Mahl bereitet, dann ladet Arme und Gebrechliche, Krüppel und Blinde ein" (Lk 14,13); in einer Vision antizipiert Jesus in einem sehr fragmentarischen, geschichtlich begrenzten Geschehen – ein Tropfen Wasser auf einen heißen Stein – die *reale Möglichkeit* eschatologisch vollkommenen Heils, wie Micha und Jesaja Wolf und Lamm friedlich beisammen grasen sahen und das Kind froh vor der Höhle der Natter spielen ließen, in universal sinnvoller Versöhnung. Eine solche prophetische Verheißung ist eine permanente gesellschaftskritische Kraft, die aus dem mystischen Gotteserlebnis auch dort noch subtile Formen und Ursachen von Leid und Übel entdeckt, wo man ihnen ohne mystische Erfahrung nicht begegnet. Mystik ist daher selbst schon eine befreiende Kraft.

Die prophetische Vision Jesu ist trotzdem – zumindest direkt – keine *Lösung* des menschlichen Lebensproblems. Theoretisch (rational) ‚unversöhnt‘ wird das Gedächtnis des gestorbenen, aber auferstandenen Jesus sich gläubig versöhnt wissen *in* den Bedingungen dieser irdischen Zeitlichkeit und eines rationalen Unbefriedigtseins. Man könnte das, was Paulus die Erlösung in Hoffnung nennt (die noch ausstehende, kommende leibliche Auferstehung), nur als Bestandteil der endgültigen, eschatologischen, *auch theoretischen* Versöhnung der ‚menschlichen Vernunft‘ mit dem lebendigen Gott bezeichnen: das Eschaton als Offenbarung der inneren *Evidenz* Gottes gerade auch für die menschliche kritische Rationalität (ein Aspekt dessen, was die christliche Tradition ‚visio beata‘ nennt).

C. HEIL UNTER DEN BEDINGUNGEN DER ENDLICHKEIT

a) Heil auch in geschichtlichen Mißerfolgen

Theorien über den scheiternden Menschen sind wieder aktuell. Das birgt auch eine gewisse Gefahr in sich. Theorien entstehen nie losgelöst von sozialgeschichtlichen und sogar politisch-gesellschaftlichen Verhältnissen. Aus der Pendelbewegung der Geschichte geht ja hervor, daß sich in Zeiten von Kulturoptimismus die Aufmerksamkeit vor allem auf die Möglichkeit einer besseren Zukunft, auf geplanten Fortschritt und die positiven Aspekte menschlichen Erkennens und Könnens richtet; kurzum auf das, was Menschen selbst leisten dürfen und können, um ihrer gegenseitigen Zukunft gemeinsam Form zu geben. In Zeiten von Kulturpessimismus dagegen drängt sich die menschliche Erfahrung des Scheiterns und der Ohnmacht bedrückend in den Vordergrund. Diese historische Dialektik relativiert das Thema des ‚scheiternden Menschen'. Wenn die Welt in einem Rausch des Fortschritts mit offensichtlichen Teilergebnissen lebt, kann man eine ‚Theologie der irdischen Werte' erwarten, während eine beherrschende Erfahrung historischer Schatten und deutlicher Mißerfolge in der faktischen Kultursituation plötzlich eine ‚Theologie des scheiternden Menschen' entstehen läßt, die alle Theologie der irdischen Werte wieder zu vergessen scheint.

Doch muß der Theologe eine Antwort auf *heutige* Fragen des Menschen vorzubereiten suchen; aber in dieser wird er die Erinnerung an vergessene Wahrheiten lebendig halten, denn sein Besinnungsraum ist nicht auf die Fakten der augenblicklichen Gegenwart oder der Aktualität beschränkt. Gerade um dieser Aktualität willen darf er sich nicht an der Gegenwart blind starren. Bei seiner Besinnung auf das menschliche Scheitern darf der Theologe daher nicht unempfindsam werden für die Teilerfolge des Menschen und für seine aufrichtige Anstrengung, nicht zu scheitern, trotz Gegenwirkung von innen und von außen. Man macht Gott nicht größer, wenn man den Menschen verkleinert. „Auch jene die hinken, gehen nicht rückwärts."[160] Ohne diese kritische Distanz wird die Theologie zu einer bloßen Widerspiegelung der wechselnden Gemütsverfassungen bei der Ebbe und Flut jeder menschlichen Kultur; sie wird dann zu einer bloßen Kopie, einer Verdoppelung oder Wiederholung der weltlichen Gezeiten: keine provozierende Erinnerung und kritische Zukunftsorientierung, die diametral zu dem stehen kann, was der Trend der Zeit zu fordern scheint.

Die Relativierung eines einseitigen (und darin, was nicht einmal unrealistisch wäre, ‚reaktionären') Nachdrucks auf menschlichem Scheitern kann aber nicht ungeschehen machen, daß die Erfahrung menschlichen Scheiterns und Versagens – auf manchen Teilebenen und auf der ganzen Linie des persönlichen und gesellschaftlichen Lebens – in unserer heutigen Gesellschaft ein oft bedrückendes Phänomen ist, an dem viele, junge und alte, Menschen zugrunde gehen. Vor allem die erfahrene Ohnmacht des jetzt noch weiterwirkenden Fortschrittsglaubens des 19. Jahrhunderts wie auch das brutale Niederschlagen oder frustrierte Auslöschen manchen revolutionären Widerstandes hat das Erlebnis des Scheiterns und der Ohnmacht, vor allem deren verschärftes reflexives Bewußtsein, zu einer der fundamentalen affektiven Dispositionen oder *Grundstimmungen* unserer heutigen Kultur gemacht. Das ist eine unbestreitbare Wirklichkeit.

Besondere Aufmerksamkeit verdient dabei die Tatsache, daß die Erfahrung menschlichen Scheiterns zu den *pathischsten* und kreatürlichsten Tiefendimensionen unseres menschlichen Daseins gehört, wie andere pathische Dimensionen, wie Freude, Schuld und Leiden, und daß sie deshalb eine doppelsinnige Bedeutung gewinnen kann. Auch für die heute vorherrschende Erfahrung des Scheiterns und der Ohnmacht gilt daher die dringende Frage: Welche kognitive und operative Kraft besitzt diese fundamentale Erfahrung? Einfacher gesagt: Was offenbart sie an orientierender ‚praktischer Wahrheit‘ für unseren Lebensweg? Welche wirkende Kraft kann von ihr ausgehen? Und umgekehrt: Welches sind die menschenverstümmelnden Folgen für den, der diese Erfahrung und was sie uns zu sagen hat verdrängt, ganz gleich wie – entweder durch Flucht in das marginale Leben reinen Spiels oder falsch verstandener Kontemplation oder durch rücksichtslose grimmig-revolutionäre Aktion? Außerdem, wie kann die Erfahrung des Scheiterns mißbraucht werden, um die Macht von Menschen über Mitmenschen zu festigen? Schließlich, welches ist die besondere ermutigende, produktive lebensfördernde oder heilbringende und die kritische Kraft des christlichen Glaubens, vor allem seine gnadenvolle Einsicht, daß unser Scheitern letztlich Gott anvertraut werden kann und darf – eine Lebensweisheit, die uns in einzigartiger Weise vorgelebt wurde von Jesus, dem Christus, und von vielen, die in seiner Kraft ihm darin nachgefolgt sind? Ich beschränke mich hier auf die christlich-theologische Fragestellung, wobei ich meine Aufmerksamkeit weniger auf die individuell-persönlichen Dimensionen als auf die Makrodimensionen unserer Weltgeschichte auf der Suche nach einer besseren Zukunft richte.

Wer im Fiasko der Botschaft und des Lebens Jesu Inspiration und Orientierung für das gewaltige Problem des menschlichen Scheiterns finden will, muß zuerst sicher sein, daß dieses Leben Jesu historisch, das heißt in der Dimension unserer Geschichte, ein wirkliches Fiasko gewesen ist, ein tatsächliches Scheitern, zumindest in einer bestimmten Hinsicht. Denn so klar, wie manche es – positiv oder negativ – darstellen, ist diese Frage nicht. Es geht dabei um unser menschliches Verständnis davon, was ‚Scheitern‘ und ‚Erfolg‘ eigentlich bedeuten oder zum Inhalt haben.

Ist der Kreuzestod für Jesus die schmerzliche, aber bereitwillige Annahme seines mißlungenen Lebensplans? Muß man das letzte Mahl Jesu als den Abschied jemandes sehen, der, zwar eins mit dem Vater, sieht, daß seine Botschaft nicht angenommen worden ist? Der deshalb den Seinen ein Abschiedsmahl anbietet, etwa in der Stimmung: Liebe Freunde, ‚es ist der allerletzte Becher‘, es ist mißglückt, aus; aber ich nehme dieses Mißlingen an und glaube trotzdem weiter an meine Botschaft und vertraue dabei auf Gott? Dann hätte Jesus selbst seinen Tod nicht so sehr in sein Heilsangebot integriert und ihm selbst nicht schon einen erlösenden Heilswert zugesprochen. Doch würde dann, gerade durch seine Annahme des tödlichen Mißlingens seines Lebens und seiner

Botschaft, von Gott her, dessen Herz größer ist als alles menschliche Scheitern und Gelingen, sein Tod oder Mißlingen einen erlösenden Wert und dadurch eine weitreichende geschichtliche Bedeutung erlangen.

Die Nuancen dieser Auffassung sind, verglichen mit der klassischen Interpretation, subtil, wie real sie auch sein mögen; aber sie könnten ein spezifisch christliches Licht auf das werfen, was letztlich das fundamentale Lebensproblem eines jeden ist: menschliches Scheitern, auch dort, wo der Mensch keineswegs schuldig ist und alles mögliche getan hat, um nicht zu scheitern. Nicht das Scheitern behält dann das letzte Wort, sondern die Lebensgemeinschaft mit Gott, die einen Menschen dazu bringt, dieses Scheitern – in Schmerzen, aber bereitwillig – hinzunehmen, es für geringer zu halten als den Wert der Lebensgemeinschaft mit Gott und die Treue zum Menschen als Implikation dieser Gemeinschaft. Erlösend ist dann gerade diese religiöse Lebensgemeinschaft und Solidarität bis zum Tod, das heißt die Liebessolidarität, die sich nicht zerstören läßt, selbst nicht durch die Verwerfung von Mitmenschen. Nicht die Negativität des Scheiterns als solche, sondern die Positivität, mit der dieses gefüllt und akzeptiert wird, hat dann eine erlösende Bedeutung. Aber die allem vorausgehende Frage lautet dann doch: Hat Jesus seinen Tod als Katastrophe erfahren?

Die Fragestellung ist also klar. Aber in der Antwort darauf gehen die Interpretationen weitgehend auseinander. Manche Theologen sehen im Tod Jesu ein ‚Verlassenwerden von Gott‘[161]. Andere dagegen behaupten, Jesus habe seinen Tod nicht so sehr als eine unerwartete Katastrophe erlebt, sondern eher als eine innere Konsequenz seiner Sendung; er habe also seinen kommenden Tod in sein Heilsangebot, den Kern seiner ganzen Sendung, integriert[162]. Wieder andere nehmen zwar an, Jesus habe seinen gewaltsamen Tod bereitwillig akzeptiert, aber sie betonen zugleich, daß sein Kreuzestod, vor allem dann als Verwerfung durch Mitmenschen[163], seine Botschaft fragwürdig und problematisch mache[164], so daß man in einer bestimmten, aber realen Hinsicht tatsächlich sagen müsse, daß Jesus auch mit der schmerzlichen Erfahrung des Lebensscheiterns fertig werden mußte.

Allein, wenn Jesus wirklich ein Scheitern in begrenzten, aber wirklichen Dimensionen unserer Geschichte erfahren hat, wenn auch ohne irgendeine Schuld seinerseits, kann für das Lebensproblem des scheiternden Menschen von Jesu eigener Erfahrung des Scheiterns als eines historischen Geschehens eine ermutigende, produktive und kritische Kraft ausgehen. Unser kurzsichtiges Verständnis von dem, was Scheitern eigentlich bedeutet, wird dann dadurch gründlich korrigiert.

Oben wurde schon ein bestimmter Aspekt des Sieges Jesu *im* Tod analysiert; dieser muß jetzt näher präzisiert werden. Daß Jesus von Gott selbst verlassen worden sei, muß aus exegetischen Gründen entschieden abgelehnt werden. Diese Auslegung stützen ihre Verteidiger fast ausschließlich auf Psalm 22: „Mein Gott, mein Gott, warum hast du mich verlassen" (Mk 15,34). Aber ganz abgesehen von der Unsicherheit, ob dieses Psalmzitat historisch von Jesus stammt oder von einer späteren christlichen Interpretation, das Zitieren des Anfangs eines Psalms (durch wen auch immer) bedeutet in der jüdischen Spiritualität die Evokation, das Wachrufen des ganzen Psalms. Nun erweist sich aber als Grundtenor von Psalm 22 in vielen Versen dieses Psalmes folgender: „Er hat nicht verachtet, nicht verschmäht den Erniedrigten in seiner Erniedrigung, sein Antlitz *nicht* von ihm abgewandt; er hörte auf den, der zu ihm schrie" (Ps 22,25); und: „In diesem Wissen bekehrt sich zum Herrn die Erde – bis an ihre fernsten Grenzen" (Ps 22,28); und schließlich: „Dann werden niederknien vor ihm, die in den Staub gesunken sind, die keine Kraft hatten weiter zu leben" (Ps 22,30 b). Dieser Psalm drückt daher die Glaubensüberzeugung aus, daß in Situationen, in denen Gottes helfender und erlösender Beistand empirisch nicht zu erfahren ist, in Situationen, in denen der Mensch keinen Hoffnungsschimmer mehr sieht, in ausweglosen Situationen *Gott doch nahe bleibt* und das Heil darin besteht, daß der Mensch *in* dieser dunklen Nacht des Glaubens Gottes unsichtbare Hand doch festhält. Diesen Sinn hat Ps 22 im neutestamentlichen Leidensbericht. Es ist also eher die Rede von dem, was die mystische Tradition „die dunklen Nächte des Glaubens" (Johannes vom Kreuz) nennt, in denen der wahre Gläubige und Gott Getreue ohne greif- und fühlbare Hilfe von wem auch immer sich doch von Gottes Hand gehalten weiß und selbst, in äußerster Selbstentäußerung, diese Hand nicht loslassen will. Der biblische Leidensbericht ist übrigens voll von Anspielungen auf verschiedene Verse gerade dieses Psalms! Der Passionsbericht atmet *diese* Spiritualität von Ps 22. Von Verwerfung und Verlassenheit Jesu durch Gott kann deshalb in der Interpretation der Schrift keine Rede sein. Die These von der Verlassenheit Jesu durch Gott entbehrt von der Schrift her jeder Grundlage.

Das bedeutet denn auch, daß in demselben Evangelienbericht die Auferstehung Jesu jedenfalls schon ein Durchbruch oder die *Manifestation* einer *zuvor verborgenen*, aber *wirklichen Gegenwart* Gottes bei und in Jesus bedeuten wird – eines Nichtscheiterns in der Gestalt eines menschlichen Mißlingens. Die Auferstehung ist dann etwas Neues und liegt doch auf der Linie dessen, was am Kreuz auf verborgene Weise schon eine lebendige Wirklichkeit war, wenn auch in den Konturen irdischer Bedingtheit; eine Tat Gottes, aus der die religiöse Identität Jesu zutiefst hervorgehen wird. Diese Auffassung wird vor allem in der johanneischen Darstellung vom Kreuz als Erhöhung artikuliert. Die Hilflosigkeit, wie sie in den drei ersten Evangelien beschrieben wird, und das Scheitern der Botschaft und Lebenspraxis Jesu – „andere hat er gerettet, aber sich selbst kann er nicht retten" (Mk 15,31; siehe Lk 23,35 b) – wird darin drastisch korrigiert, und zwar in dem Sinn: Das vierte Evangelium sieht gerade diese Ohnmacht als die Eigenart der göttlichen Kraft, die Übermacht des Gelingens Gottes in dem *von Mitmenschen* zerstörten Leben Jesu, der in dieser Vernichtung Gott nicht losgelassen hat. Die drei ersten Evangelien beschreiben die sichtbare Hilflosigkeit, das offensichtliche Mißlingen; das vierte Evangelium dagegen zeigt, daß dieses Offensichtliche nicht die tiefste Realität wiedergibt; Jesus *hat* Erfolg gehabt kraft seiner Lebensgemeinschaft mit Gott, die einfach stärker ist als der Tod. Das Scheitern erhält so eine andere Wertung.

Aus dem Neuen Testament geht also hervor, daß Jesus erfuhr, wie sehr die verhängnisvolle Hinrichtung seiner Botschaft von dem auf Menschlichkeit bedachten Gott und damit seiner ganzen Lebenspraxis widersprach. In Schmerzen, aber bereitwillig *vertraut* er trotzdem *dieses Lebensmißlingen Gott an*. Existentiell muß Jesus daher eine menschlich evidente Erfahrung des Scheiterns mit seinem Vertrauen auf Gott in Einklang bringen – er mußte gleichsam das *theoretisch Unvereinbare* miteinander in Einklang bringen. Hier geht es nicht um ein Sich-versöhnt-Wissen mit der Gegebenheit, daß das menschliche Leben ein Gemenge von teilweisem Scheitern und teilweisem Gelingen ist; hier werden wahrer Erfolg und wirkliches menschliches Scheitern anders gewertet; es geht hier, letztlich, um eine andere Erfahrung.

Diese Glaubenseinsicht erhält noch mehr Kontur im Licht dessen, was wir den *Identifikationsprozeß* Jesu nennen können, wie wir ihn in den vier Evangelien beschrieben sehen. Jedes Evangelium ist als ein Totalprojekt anzusehen, in dem Jesus identifiziert wird. Aber in jedem einzelnen Evangelium finden wir innerhalb des eigenen, einen Gesamtplans viele Sequenzen, in denen die Identität Jesu gleichsam in Etappen oder aufeinanderfolgenden Sequenzen erkundet wird. Ich glaube, abgesehen von der besonderen Sequenz des Kindheitsevangeliums nach Mattäus und Lukas[165], drei Teilsequenzen im Identifizierungsprozeß der vier Evangelien unterscheiden zu können: – 1) Jesu Identität wird durch das verdeutlicht, was er selbst tut und sagt (nach seiner Taufe im Jordan bis zu seinem Leiden); – 2) die Identität Jesu wird durch das verdeutlicht, was andere mit ihm tun (die Leidensgeschichte von der Verhaftung Jesu an bis zu seinem Tod); – 3) die Identität Jesu wird durch das verdeutlicht, was Gott mit ihm tut (die Geschichten nach seinem Tod). (Diese Sequenzen sind durch Übergänge miteinander verbunden: in den Taufberichten ist Jesus zum Teil noch passiv; auch im allerersten Beginn der Passionsgeschichte tritt Jesus selbst noch handelnd und sprechend auf, zum Beispiel beim Abschiedsmahl. Aber diese Übergänge lassen wir hier außer Betracht.) Für das Thema des ‚Scheiterns‘ sind alle drei Sequenzen wichtig: die Botschaft und Lebenspraxis Jesu – sein Leiden und Tod –, seine Erhöhung zum Vater und sein Leben unter uns durch den Geist. Jedes von diesen dreien liefert besondere Bausteine für die evangelische Identifizierung Jesu. Aufgenommen in das eine Gesamtprojekt jedes der vier Evangelien, werfen sie ein Licht auf die Frage, ob und in welchem Sinn man von einem Scheitern des Lebens und der Botschaft Jesu sprechen kann.

In der ersten Phase, nach den Taufberichten, erscheint Jesus nicht mehr ausdrücklich, wie noch in den Kindheitsgeschichten des Mattäus und des Lukas, als symbolischer Repräsentant Israels (der neue Adam; das Geschlechtsregister des Lukas), der Nachdruck liegt jetzt mehr auf dem individuellen *Menschen* (der in den Kindheitsgeschichten eher – und begreiflicherweise – im Hintergrund bleibt: was der Neugebotene ist, wird sich noch aus seinem weiteren Leben erweisen müssen): dieser Mann aus Nazaret, der Taten vollbringt, die selbst Zeichen und wirksames Symbol der kommenden Herrschaft Gottes sind. Diese Phase der Identifizierung wird von dem Thema des Königreichs Gottes beherrscht: Jesu persönliche, private und historisch bedingte Gegenwart wird durch das Licht und im Licht seiner Beziehung zum Reich Gottes identifiziert. Von einem sehr konkreten, historisch situuierbaren Menschen, nämlich Jesus von Nazaret, wird eine geheimnisvolle Beziehung zum nahekommenden Gottesreich ausgesagt. Dieses besondere persönliche Verhältnis zur kommenden Gottesherrschaft verdeutlicht in dieser narrativen Sequenz die Identität Jesu. Diese Identifizierung füllt die ganze Sequenz zwischen dem Bericht von der Taufe Jesu durch Johannes und dem Bericht seines Leidens und seines Todes.

Mit der Leidensgeschichte erscheint aber ein schriller Kontrast. Hier scheinen alle symbolischen Züge, ob sie nun auf Vergangenheit (Israel) oder Zukunft (Reich Gottes) gerichtet sind, in den Hintergrund zu treten: Jetzt steht eine ganz konkrete Person, ein leidender und in seinen Ansprüchen offensichtlich scheiternder Mensch im Mittelpunkt des Berichts. Der Zusammenhang zwischen Jesus und dem nahenden Reich Gottes fehlt in dieser Sequenz fast vollständig (allerdings findet sich noch ein Ausläufer im Einsetzungsbericht: Mt 26,29 par und Lk 22,24–30); dieser Zusammenhang wird nach der Tendenz des Berichts sogar problematisch. Jesus erscheint jetzt als ein einzelner, dessen Aufgabe es wird: mit dem eigenen Lebensschicksal und den neuen Lebensumständen fertig zu werden. Die in der vorherigen Sequenz schon gebrauchten Hoheitstitel werden jetzt, soweit sie noch zu finden sind, fast ironisch angewandt: Kann dieser leidende, gedemütigte Mann der Christus sein (Mk 15,17–19.26–32)? Der Kern ist einfach der Mensch Jesus, konfrontiert mit verhängnisvollen Lebensumständen und mit der drohenden Gefahr des Scheiterns durch ein gewaltsames Eingreifen seiner Gegner. Von einer Beziehung zwischen dem ‚Hinaufgehen nach Jerusalem‘ (Mk 10,32; Mt 20,17; Lk 18,31–34) und dem ‚Kommen der Gottesherrschaft‘ „verstehen die Jünger nichts“ (Lk 18,34). Die Evangelisten hatten inzwischen natürlich doch schon einiges gelernt, aber in der erzählenden Sequenz zeigt sich für sie nur die *Ambiguität* des Zusammenhangs zwischen ‚Jesus‘ und dem ‚Christus‘[166]. An diesem Punkt des Berichts herrscht Unsicherheit über die Identität Jesu, und darin spielt das sich vor ihren Augen vollziehende Scheitern des Lebens Jesu eine entscheidende Rolle.

Im synoptischen Bericht kennzeichnet der Todeskampf in Getsemane (von dem Johannesevangelium nicht ausdrücklich erwähnt, außer etwa in Joh 12,27) am schärfsten diese problematische Spannung, Unsicherheit und Ambiguität. Vom Ende her sieht Johannes tiefer und realer, aber spricht zumindest nicht direkt von der Ohnmacht Jesu, in der sich vor allem diese göttliche Tiefe offenbart; er spricht nur von dieser alles erfüllenden Tiefe. Bei Johannes ist das Problem des Scheiterns schon gelöst. In der besonderen Sequenz der Synoptiker dagegen steht die schmerzliche Frage noch lebensgroß da: Der Umstehende sieht und erlebt allein den kontrapunktischen Niedergang Jesu, da er beherrscht ist von der Frage: Haben wir uns denn getäuscht? „Wir hofften so" (Lk 24,21): Johannes hebt von der Schlußphase her diese Spannung auf. Die Akzente liegen anders: gerade in der existentiell erlebten Ohnmacht Jesu (Akzent der Synoptiker, die diesen Aspekt beschreiben, obwohl auch sie sich des schließlichen Sieges bewußt sind) vollzieht Gott in dem Gottgetreuen sein Mysterium göttlichen Gelingens (Akzent des Johannes, der die Ohnmacht und das Scheitern nur voraussetzt).

In einer dritten und letzten Sequenz (nach dem Tod Jesu: die Grabes- und Erscheinungsberichte) fällt auf, daß der Leser in jedem Vers spürt, daß hier Gott allein am Werk ist (wie es anderswo im Neuen Testament auch ausdrücklich gesagt wird: „Es ist Gott, der ihn von den Toten auferstehen ließ", Apg 10,40; siehe 2,32; 3,15; 4,10; 1 Kor 15,15), obwohl in den biblischen Erscheinungsberichten gerade von Gott kaum die Rede ist: Allein Jesus, der Lebendige, tritt hier aktiv auf und spricht selbst seine Identität aus; er stellt die für die Jünger problematisch gewordene Beziehung zwischen diesem Jesus (dem Mann aus Nazaret) und dem Christus wieder her. Das unausgesprochene Ineinanderfließen von ‚Jesus' und ‚Gott' ist hier mehr evokativ als sonstwo. Verschwand die eigene Initiative Jesu in der vorigen Sequenz (Passionsbericht) fast völlig, so steht in den Erscheinungsberichten alles wiederum im Zeichen der eigenen Initiative Jesu, die *mit* der absoluten Initiative Gottes *zusammenfällt:* Allein Jesu Auftreten (im Bericht von den Erscheinungen) läßt vermuten, daß Gott hier handelnd am Werk ist. Meisterhaft in der Komposition, aber zugleich einzigartig in seiner theologischen Dichte. Jesus selbst, er, der Mann aus Nazaret, ist die Gegenwart des Handelns Gottes mit uns, während seines Lebens, aber auch nach seinem Tod. Was „nach menschlicher Auffassung" (kata sarka, 2 Kor 4,16) Scheitern und Mißlingen zu sein schien und es auf dieser Ebene auch wirklich ist, wird „aus einer Sicht nach dem Geist" zu Erlösung und Sieg.

Das Ganze der evangelischen Sequenz, strukturiert durch diese drei Teilsequenzen[167], zeigt uns, daß wir die Identität Jesu nicht allein aus seiner Botschaft und Lebenspraxis oder allein aus seinen eigenen Lebensintentionen voll verdeutlichen können. Die Identität einer Person ist übrigens nicht nur von ihren Intentionen und Taten abhängig, sondern auch das Ergebnis der Intentionen anderer und der Lebensumstände. Dem Menschen *widerfahren* auch viele Dinge; und diese tragen zu seiner Identität bei, gerade durch die Art und Weise, wie er solche Ereignisse und Imponderabilien entweder integriert oder ihnen gegenüber ratlos bleibt. Jesus wußte sich jedoch damit Rat. Deshalb kann die Identität Jesu letztlich nicht erkannt werden, wenn man nicht seinen Tod und seine Auferstehung mit in Betracht zieht.

Bei alldem sind es die Evangelisten, die in einem Identifizierungsprozeß ihre Auffassung von Jesus wiedergeben. Damit ist direkt noch nicht gesagt, wie Jesus selbst dieses Fiasko seiner Botschaft und seines Auftretens erfahren hat, und ebensowenig, ob er selbst es als ein Fiasko erfuhr. Selbst wenn in dem Bericht vom Todeskampf Jesu auch evangelische Interpretation mitspricht, so versuchen die Evangelien doch, die eigene Erfahrung Jesu wiederzugeben. Nach den Evangelientexten dürfen wir sagen, daß Jesus von Anfang an keineswegs ausdrücklich damit gerechnet hat, daß ein gewaltsamer Tod die innere Folge seiner Sendung sein werde (wenn es auch vom faktischen Verlauf her von den Evangelien so dargestellt wird); doch wird deutlich, daß er gegen das Ende seiner Lebenstage mit dieser Möglichkeit und sogar drohenden Wahrscheinlichkeit konfrontiert wurde und daß er, immer auf Gottes Willen bedacht, schließlich mit diesem Verhängnis fertig werden mußte [168]. Aus vielen neutestamentlichen Angaben geht hervor, daß er Gottes Wege nicht ganz verstand (Getsemane), aber sein Lebensschicksal schließlich trotz des fundamentalen Problems, das dies für seine Botschaft von der nahenden Herrschaft Gottes hervorrief, bereitwillig angenommen hat. Existentiell mußte Jesus also eine menschliche evidente Erfahrung des Scheiterns mit seinem Vertrauen auf Gott, von dem er sich gesandt wußte, in Einklang bringen. Er beschloß, Gott Vertrauen zu schenken trotz der Dunkelheit der Situation. Dies darf wohl als Kern des Geschehens in Getsemane bezeichnet werden. Was menschlich gesehen als Scheitern seiner Botschaft auf ihn zukam, vertraut er Gott an. Die Evangelien haben später begriffen, daß das, was Jesus als ‚historisches Fiasko‘, das heißt als wirkliches Geschehen in unserer Geschichte, erfahren mußte, in Wirklichkeit ein *historisches* Fiasko war, das heißt ein Geschehen von historisch weitreichender Bedeutung!

Ich habe auf die doppelte Bedeutung des Wortes ‚historisch‘ angespielt: Der gewaltsame Tod war für Jesus historisch ein Fiasko, obwohl er dieses Geschehen in Treue zu Gott von Herzen annahm; anderseits sahen die Evangelisten später gerade in diesem tatsächlichen Scheitern ein Geschehen von historischer Bedeutung: Die Heilsbedeutung der Annahme gerade dieses Lebensscheiterns wird in den Evangelien transparent. Der biblische Bericht von dem Prozeß, in dem Jesus allmählich ohne Auslassung irgendeiner dafür relevanten Gegebenheit identifiziert wird, ist wie ein Kreislauf, in dem die Bedeutung der vorausgegangenen Sequenzen bewahrt und zugleich überstiegen wird. Schließlich zeigt *Jesus selbst* der gläubigen Gemeinde seine Identität (der Sinn der Erscheinungsberichte). Das letzte Wort, in welchem der biblische Identifizierungsprozeß vollendet wird, ist erst in dem Bericht vom Kreuzestod und von der Auferstehung Jesu zu vernehmen. Aus dem Ganzen des Berichts wird deutlich, daß die Anerkennung der Identität Jesu und seine Gegenwart unter uns – „ich werde bei euch sein bis ans Ende der Zeiten" (Mt 28, 20) – unlöslich miteinander verbunden sind: Erst in und durch die Ostererfahrung kann Jesus in seiner wahren Identität erkannt werden. *Christologie,* als gläubige Personidentifizierung Jesu, ist, in einem, die spezifisch menschliche Antwort auf das lebensgroße Problem menschlichen Scheiterns. Gerade die Auferstehung straft das Scheitern der Botschaft und des Lebens Jesu Lügen, aber zugleich die bloß menschlichen Auffassungen davon, was ,wirkliches Gelingen' eigentlich bedeuten muß und kann. In der christlichen Auffassung geht es nicht so sehr darum, daß man sich mit der Tatsache abfindet, daß das menschliche Leben ein Gemenge aus teilweisem Gelingen und teilweisem Scheitern ist, sondern tiefer: Es geht um eine andere Wertung wirklichen Erfolgs und menschlichen Scheiterns; und deshalb, letztlich, um eine andere *Erfahrung*.

Die Spannungen zwischen der synoptischen und der johanneischen Auffassung werden damit deutlich. Nach realer menschlicher Erfahrung (und dies ist eine lebendige Wirklichkeit) wurden die Botschaft und die Lebenspraxis Jesu und darin seine Person selbst durch seine Hinrichtung ins Unrecht gesetzt: man machte ihn mundtot. Das ist tatsächlich ein Fiasko. Für die Römer war ,die Sache Jesu' damit endgültig abgeschlossen. Für die menschliche Erfahrung sind Lebensprojekt, Botschaft und Praxis Jesu zu einem Fiasko geworden. Diese Erfahrung (zwar in eine noch unausgesprochene, tiefere Auffassung aufgenommen) haben die Synoptiker ohne jede Verwischung dieses menschlichen Erfahrungsaspekts des langen und breiten erzählt. Darin liegt die besondere Echtheit der drei ersten Evangelien. Aber von Gottes Standpunkt aus gesehen – und dieser wird allein in der religiösen Erfahrung von Menschen offenkundig –, ist eigentlich keine Rede von einem Mißlingen; das ist explizit der Standpunkt des Johannes, bei dem die synoptische Erfahrung zwar vorausgesetzt, aber auf ihre wahre Gestalt relativiert wird. Bestimmte Formen des Scheiterns im eigenen Lebensprojekt (bei Menschen, die ihrerseits alles unternommen haben, um nicht zu scheitern), die auch als eine menschliche Ohnmacht erfahren werden, erscheinen in der *religiösen* Erfahrung dieser selben Menschen als eine Manifestation der Kraft Gottes, der Macht der augenscheinlich hilflosen und ohnmächtigen, entwaffneten, aber zugleich entwaffnenden Liebe. Die religiöse Verbundenheit mit Gott nimmt der rein menschlichen Erfahrung ihre Anmaßung, das letzte Wort zu haben. Damit wird das Schmerzliche der menschlichen Erfahrung nicht bagatellisiert; doch wird ihm der Stachel genommen: Scheitern ist nicht die letzte Evidenz.

Menschliches Scheitern in Unschuld, oder auch oft in reuiger Schuld, wird vom Gläubigen in die starke Liebe Gottes aufgenommen, die sich auch in irdischer Ohnmacht und im Überwältigtwerden durch die Kräfte des Bösen, des Menschlichen und Allzumenschlichen manifestieren kann. Mit ihren jeweils anders gesetzten Akzenten zeugen die Synoptiker und das Johannesevangelium in ihrer vierseitig-,synoptischen' Auffassung zugleich von der Tiefe des menschlichen Scheiterns in einer Welt endlicher und sündiger Mitmenschen als von der Tiefe des triumphierenden Erbarmens Gottes in einer Menschenwelt, die letztlich als ,Welt Gottes' erfahren wird. Das Phänomen Jesus ist daher zutiefst ein Gottesproblem.

Das Scheitern Jesu und den sich darin manifestierenden göttlichen Erfolg muß man aber sowohl in ihrer Verschiedenheit als auch in ihrer Einheit sehen. Man darf es meines Erachtens nicht so darstellen, als wären einerseits in der

Dimension unserer *Geschichte* die Botschaft und Lebenspraxis Jesu infolge menschlichen Unverständnisses und Widerstandes gescheitert, während anderseits auf der *übergeschichtlichen,* transzendenten Ebene Gott dieses Fiasko in einen göttlichen Sieg und in Erlösung verwandelt hätte, wobei er das Fiasko das sein ließe, was es wirklich ist. Dann würden wir doch wieder einer Art von Dualismus zweier Phasen huldigen. Eher muß man sagen, daß sich Gottes transzendente Überwindung des menschlichen Scheiterns geschichtlich in der nicht nachlassenden Gottes- und Menschenliebe Jesu selbst während und im geschichtlichen Moment seines Scheiterns am Kreuz verkörpert. Und gerade so erhält das Scheitern Jesu eine produktive und kritische Kraft in der Dimension unserer Geschichte: Es besteht, trotz des Bruchs des Scheiterns durch die todbringende Verwerfung durch Mitmenschen, *Kontinuität* zwischen der verborgenen Dimension dessen, was sich am Kreuz vollzog, und der Manifestation desselben in der Auferstehung Jesu, wenn wir auch nicht imstande sind, die menschliche Erfahrung des Scheiterns und die religiöse Erfahrung des erlösenden Triumphierens Gottes *in* diesem Scheitern theoretisch miteinander in Einklang zu bringen.

Das Nicht-Scheitern oder der Erfolg irdischer Großmächte ist nur möglich durch Polizeigewalt, Geld und menschenschändende Tyrannei, die jeden foltert und beseitigt, der ihr eigenes Gelingen zum Scheitern machen kann. Selten sind diese reale Ohnmacht zur Nichthinnahme eigenen Scheiterns und das Alleinrecht eigener Auffassung von dem, was Menschen zum Heil gereicht, so intensiv erfahren worden wie in den, rechten und linken, Diktaturen unserer Zeit, die ihrem eigenen Erfolg nur (vorläufig) Beständigkeit geben können durch Folter und Ausrottung oder indem sie jedem den Mund stopfen, der anders denkt oder will. Aber der Glaube, daß ein solcher irdischer Erfolg nicht der Weg zu wahrhaft menschlicher Heilung, zu wahrem Erfolg oder Heil sein kann, sondern eher der Weg zum endgültigen Scheitern der menschlichen (persönlichen und kollektiven) Geschichte ist, das ist die große Botschaft Gottes selbst, die uns als frohe Botschaft in der Person, dem Leben und Tod Jesu Christi gebracht wurde. Daß die Leidensgeschichte Jesu sich fortsetzt in unserer menschlichen Geschichte, daß neben seinem Kreuz unzählige andere Kreuze aufgerichtet werden, bleibt daher unter der Kritik der Botschaft Gottes in und durch Jesu Leben und Tod. Aber inzwischen weiß der Christ, daß gegenüber tyrannischer Übermacht Gott *sich* mit jedem *identifiziert,* der ein solches geschichtliches Fiasko, unbewaffnet, aber beispiellos Widerstand leistend, in Treue zur Lebensgemeinschaft mit dem, der letztlich der Herr der Geschichte ist, auf sich zu nehmen weiß. Zwar wird in unserer Geschichte alles entschieden, aber nicht die Geschichte selbst, sondern der mit uns lebende Gott hat das letzte Wort. Zugleich enthüllt uns diese Gotteskraft im Fiasko Jesu, daß *endgültiges* Scheitern, definitives Übel und *unversöhntes* Leiden ihre eigentliche, endgültige und erschreckende Gestalt nur in dem Nichtwollen und Unvermögen des Menschen haben, zu lieben. Das ist gerade die Definition dessen, was die großen religiösen Traditionen ‚die Hölle‘

nennen: ein Scheitern, das der Mensch nicht mehr dem lebendigen Gott anvertrauen *will und kann;* das entschiedene Beharren auf Erfolg, der seine Kraft allein in Tyrannei und Schändung von Mitmenschen findet, im großen oder kleinen Ausmaß und in der Meinung, die Orthodoxie und das einzige Heil zu vergegenwärtigen.

Es liegt noch mehr in dieser christlichen Auffassung vom Kreuzestod Jesu. Der Tod *konstitutiert* keineswegs die Identität jemandes. Aber als Abschluß des geschichtlichen Lebens eines Menschen erscheint erst beim Tod sein Leben ‚abgerundet‘, ganz. Dann erst kann seine wahre Identität deutlich werden. Wer also die reale Negativität – oder ‚Nicht-Identität‘ – und somit die geschichtliche Endlichkeit des Leidens und Todes Jesu nicht aus dem Leben Jesu beseitigen oder es abstrakt neutralisieren will, indem er das Leiden auf Gott hin verlegt (und ihm damit seine wesentlichen Geschichtlichkeit und Endlichkeit nimmt – das Leiden also eigentlich negiert), muß zugeben, daß dieser Tod, als Verwerfung durch Menschen, seine Botschaft und Lebenspraxis unter die höchste Erprobung brachte, auf die eine doppelte Reaktion möglich ist: *entweder* war Jesus nur Mensch wie wir alle, und dann beruht sein Anspruch auf einer Illusion, *oder* er war als Mensch so eins mit der völlig anderen Wirklichkeit, die wir Gott nennen, daß diese göttliche Wirklichkeit auf keine einzige Art mit seinem Menschsein in Konkurrenz tritt. In seinem Tod bleibt er völlig eins mit seinem Gott. Der ganz Andere ist zugleich der ganz Nahe; gerade das geht aus der Botschaft, der Lebenspraxis und dem Tod Jesu hervor. Deswegen nennt die christliche Tradition ihn, mit einer unerhörten Kühnheit, wenn auch in Worten, die viel mehr an die besondere Logik der religiösen Sprache als an die der rein theoretischen Vernunft appellieren, mit Recht „den einziggeliebten, einzigartigen Sohn“ (Johannesevangelium).

b) Befreiung von schuldigem Scheitern: Schuld und Sündenvergebung

Es gibt auch ein tieferes Scheitern, ein Mißlingen durch Schuld und Sündhaftigkeit; es gibt Leid über eigene Schuld. Auf die Erlösung aus dieser Schuld – Sündenvergebung – hat das Neue Testament nicht ohne Grund starken, manchmal sogar den alleinigen Nachdruck gelegt, ohne dabei zu der ausdrücklichen Einsicht zu kommen, daß „die Sünde der Welt“ sich auch in den von Menschen geschaffenen Institutionen und Strukturen einnistet.

Moderne Erlösungs- und Befreiungstheorien neigen dazu, diesen fundamentalen Aspekt der Befreiung, nämlich aus Schuld und Sünde, zu verwischen. Schuld und Sündenbewußtsein sind offensichtlich nicht mehr ‚in‘. Einige Gründe für diese Verwischung sind jedoch zu erkennen. Man kann nämlich anführen, daß Kirchen und Religionen ihre Verkündigung von Schuld und Sündhaftigkeit jahrhundertelang an wehrlose Kleine gerichtet haben, während die Großen und Mächtigen frei ausgingen. Die gesellschaftlich schon Unterdrückten wurden außerdem dadurch kleingehalten, daß man ihnen durch Schuldbewußtsein und Höllenstrafen Angst einjagte; so blieben sie klein, ängstlich und unmündig. Aus berechtigter Reaktion darauf ist der moderne Mensch zurückhaltender in seinem Sprechen von Sünde und Schuld; es gibt tatsächlich viele entlastende Gründe und Umstände. Doch das ist noch nicht alles. Auch die Berufung auf die eindeutige Tatsache, daß sich die mikroethische (oder privatisierte) Besorgnis auf eine menschliche Verantwortung für makroethische Dimensionen verschoben hat, kann die Schwächung (oder dann Verschiebung) des Schuldbewußtseins nicht ganz erklären. Denn sogar in diesem letzteren Fall fühlt sich das persönliche Gewissen oft nicht betroffen: Die anderen, die Gesellschaft oder die anonyme Kollektivität der westlichen Kultur tragen ‚die Schuld‘. Und so kommt jeder ungeschoren davon!

Bewußtsein, nicht nur des *Versagens,* sondern der eigenen Schuld, hat zutiefst mit dem Gottesbewußtsein oder dem religiösen Bewußtsein zu tun. Wo dieses verkümmert, verschwindet schließlich (trotz aller relativen Autonomie der sogenannten natürlichen oder menschlichen Ethik) das wirkliche Sündenbewußtsein. Der Glaube an Gott hat, so wurde schon früher gesagt, eine besondere kritische und produktive Kraft; hier müssen wir dem hinzufügen: und zwar insbesondere im Hinblick auf die menschliche Lebensänderung. Kein ‚Begriff‘ ist in so hohem Maß praktisch-kritisch wie der ‚Gottesbegriff‘. Der Glaube an Gott *ist* für den Menschen wesentlich ein Aufruf zu Metanoia und Lebensbekehrung. Wo das religiöse Bewußtsein verkümmert oder unecht wird, schrumpft das gesunde und heilsame Schuldbewußtsein. Sünde ist nicht nur ein ethischer, sondern zutiefst ein *theologaler* Begriff. Wie das Gute, das um des Mitmenschen willen getan wird, in und aus sich selbst definitve Gültigkeit besitzt (siehe oben), so liegt auch etwas Unwiderrufliches in der tatsächlich frei gewollten bösen Tat des Menschen. Diese gehört nicht nur unwiderruflich zur vollzogenen Geschichte der Menschheit, diese Schuld von Menschen ist außerdem eine (freie) Tat gegenüber dem lebendigen Gott, wenn auch immer in und an weltlichen Dingen, Menschen und Situationen. Auch in der Sünde steht die menschliche Tat Gott in *vermittelter* Unmittelbarkeit gegenüber. Mit seiner Verletzung der Menschlichkeit steht der Sünder persönlich Gott, der Quelle aller Förderung des Guten und dem Bekämpfer des Bösen, schuldig gegenüber. Die Verletzung seiner selbst und des anderen ist die sichtbare Seite der Schuld Gott gegenüber, die – wegen dieser anthropologischen Vermittlungsstruktur – vom Sünder selbst nie erschöpfend ergründet werden kann. Deshalb kann der Mensch in seiner Schuld auch nie mit sich selbst versöhnt werden. Darin ist er Gott „auf Gnade und Ungnade" (von unserem Standpunkt aus gesehen, siehe unten) ausgeliefert. Befreiung von Schuld ist daher zutiefst nur durch Gott möglich (wenn auch hier in vermittelter Unmittelbarkeit, vor allem dann durch die Vermittlung des reuigen Sünders). Schuld hat eine dialogale Struktur und kann nie einseitig ungeschehen gemacht werden; sie verlangt nach dem schöpferischen Wort der Vergebung Gottes, die unseren Akt der Reue von innen her übersteigt. Wie die Sünde ist daher auch Gottes Vergebung für uns ein nie bis in seine wahre Tiefe auszulotendes Geschehen.

Hier liegt der große Unterschied zwischen Befreiung aus körperlichen (zum Beispiel Krankheit; Hunger; Armut), psychosomatischen (zum Beispiel pathologischen Entfremdungen) und sozialpolitischen Unterdrückungen und Befreiung aus Sünde und Schuld. In den ersteren Fällen kann der Mensch adäquat eingreifen, um zur Heilmachung von Person und Gesellschaft zu kommen, im letzteren Fall kann kein direktes menschliches Eingreifen Befreiung bringen. Denn es geht um ein von Grund auf *schuldiges* Mißlingen (was etwas ganz anderes ist als Scheitern).

Die christliche Antwort auf das Leid der Schuld ist: „Er hat uns geliebt, als wir noch Sünder waren" (Röm 5, 10); das heißt, wir sind Gottes *Gnade* ausgeliefert. Auch die Tiefe dieser Befreiung aus der Sünde durch Gott ist letztlich undefinierbar. Deshalb glauben wir an und hoffen wir auf Gottes Barmherzigkeit, ohne daß dieses Bewußtsein des Erbarmens Gottes uns Heils*sicherheit* verschaffen kann angesichts der für uns letzten Undurchdringlichkeit dessen, was eine ursprünglich freie Tat und die diffuse Sündhaftigkeit unseres Lebens an Tiefe und Breite umfassen.

Diese Rechtfertigung durch Gnade im Glauben ist daher eben der Kern des Heils von Gott in Christus, von dem aus alle anderen Aspekte der Befreiung begreiflich werden. Denn diese Begnadigung oder Sündenvergebung gibt und lehrt uns die ‚mores Dei': Förderung alles Guten, Bekämpfung alles Bösen: Manifestation – in unserer menschlichen Praxis – des Wesens Gottes selbst.

Man kann sagen, daß allein die Liebe erlösend ist, weil sie wesentlich die Existenz jemandes gutheißt, ihn annimmt, billigt und bejaht. Liebe heißt Parteinahme für die Existenz eines anderen. Aber unsere geschöpfliche Liebe ist darin nur eine Bejahung der schöpferischen Liebe Gottes, aus der sie ihre Wahrheit bezieht. Denn *wie* Menschen in Wirklichkeit sind, können wir ihr Dasein nicht billigen oder gutheißen. Deshalb ist die wahrhaft erlösende Liebe nur möglich einerseits in der Form einer die Welt und den Mitmenschen verwandelnden Liebe, anderseits in der Form der *Vergebung* und Versöhnung. Wo wir anderen in Liebe begegnen, wird zumindest ein Bruchteil von Heil verwirklicht. Aber Heil, Heilsein, ist nur möglich in Vollkommenheit und Universalität. Und solches Heil kann aus sich selbst keine einzige menschliche Liebe einem Mitmenschen sinnvoll zusagen. Wenn das Gute und das Heil uns nur auf Autorität von Menschen zugesagt würden, lebten wir in einer Illusion. Universales und vollkommenes Heil kann uns nur durch die Liebe des schöpferischen und vergebenden Gottes zugesagt werden. Als getragen von dieser absoluten Liebe, wird die menschliche Liebe zum *Sakrament* der erlösenden Liebe Gottes. Gott sagt uns: Du, du darfst sein. Das ist die ‚Rechtfertigung allein aus Gnade', von der das Neue Testament spricht. Gottes schöpferische Gutheißung des menschlichen Daseins legitimiert uns zur liebevollen Parteinahme für die Existenz des anderen – auch des eigenen Daseins (versöhnt sein, Frieden haben mit sich selbst, mit seiner eigenen Endlichkeit). Erlösung ist: von Gott angenommen sein, und das ist, in Anbetracht unseres wirklichen Lebens, angenommen werden von Gott in Vergebung. Durch die Tat unserer ‚orthopraktischen‘ Liebe wird Heil-in-Jesus von Gott her konkret erprobt. Eben deshalb bleibt die auf Gott gegründete Menschenliebe ‚unruhig‘, in dem Sinn von ‚unzufrieden‘, solange das Heil nicht universal und vollkommen für alle und jeden einzelnen verwirklicht ist. Mit Recht sagt J. Moltmann (dem ich anderseits in seiner Interpretation der Leidensproblematik nicht folge): „Weil die Versöhnung in Erinnerungen und Hoffnung nähergekommen ist, deshalb beginnen die Menschen an der Unerlöstheit der Welt zu leiden."[169] Dieser zum Handeln antreibende ‚Unfriede‘ des von Gott erlösten Lebens gehört zum Wesen der christlichen Erlösung, wie auch die Ansprechbarkeit Gottes im Gebet wesentlich zu ebendieser Erlösung gehört.

Deshalb gibt es in unserer Geschichte, trotz allen Unfriedens und fortwährender Leidensgeschichten, schon Fragmente *eschatologischer Freude,* sogar bis zu dem, was das Neue Testament Freude im Leiden nennt; nicht in einem doloristischen Sinn, sondern weil es Gottes rettende Nähe gibt, der auch in Leiden und Tod und in der Reue über Schuld erfahren werden darf. Es besteht für den Christen kein Grund für Verzweiflung und Defätismus. Gerade dieses Glaubensbewußtsein und diese Hoffnung drängen zur Verwirklichung von Gerechtigkeit und Liebe für alle Menschen. Nicht-Aktivität, den Dingen ihren Lauf lassen, würde auch der aktiven Bedeutung der *theologalen Hoffnung für den Mitmenschen* gänzlich wiedersprechen.

c) Gottes Verheißung endgültigen Heils, getragen von einer
   fragmentarischen Praxis der Versöhnung

Daß die begründete Erwartung des Sieges über unsere menschliche Leidensgeschichte eine freigebige und ungeschuldete Gabe Gottes ist, darf, in welchen Variationen auch immer, als ein Grundthema aller Religionen bezeichnet werden. Aber die *Art und Weise, wie* Heil von Gott mit seiner Inspiration zu tatkräftiger Verbesserung unserer Geschichte, in der christlichen Wirklichkeitserfahrung von Jesus Christus aus erfahren wird und verkündigend zur Sprache kommt, scheint mir religionsgeschichtlich einzigartig und beispiellos. *Einerseits* sehen wir die Dienstbarkeit Jesu, der sich mit Zöllnern und Sündern – ‚les damnés de la terre‘ – kompromittiert und es trotzdem (so konnte eine christliche Intuition dies interpretieren), „wissend, daß der Vater ihm alles in die Hände gegeben hatte" (Joh 13,3), ablehnt, etwas zum eigenen Vorteil zu tun; in einer solchen für ihn kritischen Situation besteht er darauf, seinen Jüngern die Füße zu waschen, das heißt, er wird der Diener aller, bis zum Kreuz. *Anderseits* sehen wir die christliche Antwort darauf: Gläubige, die dadurch überzeugt werden, daß gerade in dieser von Menschen abgelehnten, selbstlosen Dienstbarkeit eines Menschen gegenüber den Mitmenschen Gott sich zutiefst, gründlich und endgültig als Gott offenbart. Nun, das Heil von Gott her, das in diesen beiden Dimensionen aufleuchtet, *diese Art und Weise* des Heils von

Gott her scheint mir (soweit ich andere Religionen überblicke) religionsgeschichtlich tatsächlich einzigartig. Natürlich kann kein Christ dies sagen, ohne sich zugleich an die Brust zu schlagen und das eigene Versagen des von Jesus Christus inspirierten Christentums reumütig zu bekennen. Aber überall, wo in der Geschichte das Christentum, treu zu Jesus stehend, auch sich selbst treu war und ist, sehen wir denselben Lebensentwurf und dieselbe Lebenspraxis: eine Verbindung von mystischer Orientierung an einer auf Menschlichkeit bedachten Friedensherrschaft Gottes und eine dementsprechende ,Praxis des Reiches Gottes' im Widerstand gegen unsere tatsächliche Leidensgeschichte.

Endlichkeit als solche schließt nicht per se Leiden und Tod ein. Wäre das der Fall, dann wäre der Glaube an ein nachirdisches, erhöhtes Leben – das jedoch ein Leben *endlicher* Wesen bleibt – ein innerer Widerspruch. Denn Geschöpfe bleiben Nicht-Gott! Die Überzeugung, daß die menschliche Leidensgeschichte nicht notwendig ist, und der Glaube, daß das Leiden nicht endgültig sein darf und somit überwunden werden muß, werden symbolisch, spielend in der christlichen Liturgie erlebt. Denn die Sakramente sind vorausgreifende, vermittelnde Zeichen des Heils, das heißt ge-heiltes und versöhntes Leben. Und in Anbetracht unserer geschichtlichen Situation sind sie darin zugleich Symbole des Protestes, durch den das nicht-heile, in der konkreten Dimension unserer Geschichte noch nicht versöhnte Leben entlarvt wird. Von ihrer prophetischen Vision des allgemeinen Schalom aus gehört auch die Anklage in die Liturgie.

Solange es noch wirkliche Leidensgeschichte unter uns gibt, können wir die sakramentale Liturgie nicht entbehren; sie abschaffen oder sie vernachlässigen würde bedeuten: die feste Hoffnung auf universalen Frieden und allgemeine Versöhnung verstummen lassen. Denn solange Heil und Friede noch keine faktische Wirklichkeit sind, muß die Hoffnung darauf bezeugt und vor allem genährt und lebendig erhalten werden, was nur in antizipierenden Symbolen möglich ist. Gerade deshalb steht die christliche Liturgie im Zeichen der großen Symbole des Todes und der Auferstehung Jesu. Das Kreuz ist darin das Symbol des bis zum Tod durchgehaltenen Widerstandes gegen die Entfremdung unserer menschlichen Leidensgeschichte, Konsequenz der Botschaft von einem *auf Menschlichkeit bedachten* Gott; die Auferstehung Jesu macht uns deutlich, daß Leiden nicht das allerletzte Wort haben darf und wird. Die sakramentale Praxis ruft den Christen daher zu befreiendem Handeln in unserer Welt auf. Liturgische Antizipation versöhnten Lebens in der freien Kommunikation einer ,Gemeinde Christi' hätte nämlich keinen Sinn, wenn sie nicht in der Tat befreiendes Handeln in der Welt zu realisieren hülfe. Die sakramentale Liturgie ist daher der geeignete Ort, an dem Gläubige sich scharf bewußt werden, daß ein schmerzlicher Bruch zwischen ihrer prophetischen Vision von der auf Menschlichkeit bedachten Friedensherrschaft Gottes und der realen Situation der Menschheit besteht und zugleich, daß unsere menschliche Leidensgeschichte nicht-notwendig – und somit: veränderbar ist. Deshalb liegt, falls richtig vollzogen, in der christlichen sakramentalen Symbolhandlung ein gewaltiges geschichtliches Potential, das imstande ist, Mystik und Politik (wenn auch in weltlichen Formen) zu integrieren. Aus dem Gedächtnis der von Gott überwundenen Leidensgeschichte Jesu – als Verheißung für uns alle – feiern die Christen in ihrer Liturgie ihre aktuelle Verbundenheit mit diesem Jesus und, darin, die Möglichkeit schöpferischer Befreiung und Versöhnung in unserer Menschengeschichte.

Die Geschichte lehrt uns, daß eine vollkommene Erlösung noch nicht gegeben ist, daß aber in Jesus für alle dazu die göttliche Verheißung besteht und daß diese antizipiert wird in jeder definitiv-gültigen Tat des Gutestuns an Mitmenschen in einer endlichen und bedingten Welt, in der die Liebe jedoch immer wieder dazu verurteilt ist zu scheitern und sich trotzdem weigert, einen anderen Weg als den der dienenden Liebe zu gehen. Jede Bestrebung der Totalität, welche das nicht-identische, das widerspenstige Leiden und das Scheitern dieses Gutestuns nicht anerkennen kann und sich nicht damit abzufinden weiß, führt zu einer Illusion, wirkt entfremdend oder wird unproduktiv[170]. Der christliche Glaube an Heil-von-Gott-her in Jesus als dem Christus ist die Niederlage jeder menschlich verstandenen Heilslehre oder Soteriologie im Sinn einer verfügbaren und daher handhabbaren Identität. Christliches Evangelium ist keine unvermittelte Identität, sondern eine Praxis der Identifizierung mit dem Nicht-Identischen, dem Nicht-Ich, dem anderen, vor allem dem Leiden und Unrecht anderer. Das definitive Heil bleibt in unserer Geschichte ein undefinierbarer Horizont, in dem sowohl der ‚verborgene Gott‘ (Deus absconditus) als auch das gesuchte, aber noch ‚verborgene Humanum‘ verschwinden. Aber wenn das grundlegende Symbol Gottes der lebendige Mensch (‚imago Dei‘) ist, dann ist die Stelle, wo der Mensch entehrt, verletzt und unterdrückt wird, sowohl im eigenen Herzen als auch in der den Menschen unterdrückenden Gesellschaft, zugleich die bevorzugte Stelle, wo *religiöse Erfahrung* möglich wird in einer Lebenspraxis, die diesem Symbol Gestalt geben, sie heilen und befreiend zu sich selbst bringen will. Der Kreuzestod Jesu als innere Konsequenz des Radikalismus seiner Botschaft und versöhnenden Praxis weist darauf hin, daß jede Praxis befreiender Versöhnung, die auf Menschlichkeit bedacht ist, *in und aus sich selbst* gültig ist und nicht erst nachträglich durch den eventuell eintretenden Erfolg. Nicht der Erfolg zählt, ebensowenig das Scheitern und Mißlingen, vor allem durch den Eingriff anderer. Wohl aber die dienende Liebe. In der ‚vergeblichen‘ Liebe Jesu, die weiß, daß ihr Maßstab nicht im Erfolg, sondern in sich selbst als radikaler Liebe und Identifizierung liegt, wurde uns das wahre Antlitz sowohl Gottes als auch des Menschen gezeigt. Versöhnung oder Befreiung wird erst dann kein bloßer Wechsel von Machtverhältnissen und damit neue Herrschaft, wenn sie, obwohl aus einem begrenzten Aspekt der geschichtlich unvollendeten Situation, für jeden gültig sein will. Erlösung ist ein gegebener Auftrag; sie bleibt eine zu realisierende Versöhnung, die in der Widerspenstigkeit unserer Geschichte stets die Prägung von Mißlingen, Leiden und Tod kennen wird – von einer in dieser Welt ohnmächtigen Liebe, die sich aber nie besiegt gibt.

Sie gründet auf einer Liebe, die ‚das Vergebliche' wagt und die Menschen nicht zu dem zwingt, was man selbst als Rettung und Befreiung sieht. Vor allem in unserer Zeit werden Christen das Recht, das Wort ‚Gott' auszusprechen, erst dort haben, wo sie ihre Identität in der Identifizierung mit dem noch unversöhnten Leben und in tatkräftigem Handeln zur Versöhnung und Befreiung finden. Was uns in der Geschichte, welche uns die Kirche von Jesus erzählt, tatsächlich *zugesagt* wird, ist: daß gerade *in* dieser Praxis, die der Botschaft Jesu und dem Reich Gottes konform ist, die *reale Möglichkeit* einer Gotteserfahrung erschlossen wird. Dieser Praxis wurde in Jesus dem Christus eine besondere Gegenwart Gottes zugesagt. Aber was die eschatologische Vollendung dieser rettenden Nähe Gottes, den wir in der Liturgie dafür preisen und dem wir danken, an endgültigen Möglichkeiten umfaßt, ist das Geheimnis Gottes, das einmal die Fülle unseres Menschseins heißen darf. Außerdem wissen wir aus derselben Geschichte von und über Jesus, daß sogar auf der Vergeblichkeit oder dem geschichtlichen Scheitern dieser Praxis, wie auf dem Kreuz, die Verheißung der innigen Gegenwart Gottes ruht. Diese Art von Befreiung lehnt es ab, jemals einen Mitmenschen einer erhofften besseren Zukunft zu opfern oder ihn, solange keine besseren Strukturen gefunden sind, inzwischen einfach in der Kälte stehenzulassen. Die Praxis der Versöhnung und Befreiung, die jedoch auch im Mißlingen und Leiden die Nähe Gottes erleben kann, ist der Raum, in dem die mystische Gotteserfahrung möglich wird und außerdem ihr Beglaubigungsschreiben zeigen kann. Weil schließlich der, der in diesem versöhnenden Handeln erfahren und erkennbar wird, der lebendige Gott, immer größer ist als unser Handeln und dieses Erfahren, erschließt gerade diese Gotteserfahrung, als inneres Moment befreienden und versöhnenden Handelns, uns immer wieder eine neue und größere Zukunft. Darin erlebt der Gläubige, daß Erlösung nicht in unserer Macht liegt und daß Gott trotzdem all unserem Handeln zur Befreiung und Versöhnung *Zukunft schenkt,* eine Zukunft, die größer ist als unsere endliche Geschichte.

Was ist also Heil in Jesus von Gott her? Ich möchte sagen: Verfügbarkeit, sich selbst verlieren an die anderen (jeder in seiner eigenen beschränkten Situation) und innerhalb dieser (auch durch Strukturveränderungen möglich gemachten) ‚Bekehrung' auch mittels anonymer Strukturen zugunsten des glücklichen, guten und wahren Menschseins in kommunikativer Freiheit arbeiten. In dieser schon aus Gnade geborenen Praxis ist die reale Möglichkeit einer sehr persönlichen Begegnung mit Gott gegeben, der dann als Quelle alles Glücks und Heils, von Freude erfahren wird. Kommunikative Freiheit, die aktiv mit eigener Endlichkeit, eigenem Tod, eigenem Gebrechen und Scheitern versöhnt ist. Es klingt fast unecht: mit sich selbst als unnützem Knecht, obwohl man weiß, daß Gott ihm sagt: du, du darfst existieren. Gerechtfertigt umsonst durch den Glauben aus Gnade. Auch wenn es keine menschliche Gegenliebe, manchmal sogar Unverständnis geben wird, weiß der Gläubige, souverän-frei und doch in dankbarer Demut, daß es Gegenliebe gibt: Gott hat uns zuerst geliebt. Wirkliche Erlösung oder Heil geht immer in Mystik über; allein in ihr kann die Spannung zwischen Aktion und Kontemplation ausgehalten werden. Dasein für andere und damit für den anderen, den ganz-intimen und nahen sogenannten ‚transzendenten Gott‘, mit dem Jesus uns vertraut gemacht hat.

Gelehrt ausgedrückt (aber dann sagen wir alles und nichts): Glaube an Heil von Gott her in Jesus Christus ist die frei auf sich genommene (wenn auch über vermittelnde christliche Kirchen, so doch aus dem realen Leben gewachsene) bekennende Überzeugung – *in* den Bedingungen unserer Vergänglichkeit – unserer ‚Erhöhung‘ über dieses Endliche dank der absoluten Ungeschuldetheit oder Freigebigkeit der barmherzigen und solidarischen Anwesenheit Gottes, die wir gläubig *in* unserer undurchsichtigen Endlichkeit erfahren dürfen, in der wir ‚leibhaftig‘ eher seine Abwesenheit erleben. Dies als Quelle der Verfügbarkeit für alle Menschen, ich wage es kaum noch zu wiederholen (auch in Anbetracht eigenen Versagens): vor allem für „die Geringsten der Meinen“.

Theologie, die sich in Soziologie, Psychologie, Politologie verliert und in alles, was Menschen zum Wohl anderer mit Recht erdenken dürfen, ist letztlich keine Theologie mehr. Theologie, die ihren Auftrag nicht verfehlt, kann allein (wenn auch mit Hilfe aller Interdisziplinarität, der sie keineswegs ausweichen darf) über das Mysterium Gottes als Heil von Menschen reden. Was sie dann im wesentlichen zu sagen hat, ist: Gottesliebe und Menschenliebe sind eine einzige unverbrüchliche ‚göttliche Tugend‘. „Wer in der Liebe wohnt, wohnt in Gott, und Gott ist mit ihm“ (1 Joh 4, 16). Das übersteigt jede Selbstbefreiung.

EPILOG

„DIE GNADE DES HERRN JESUS CHRISTUS, DIE LIEBE GOTTES UND DIE GEMEINSCHAFT DES HEILIGEN GEISTES (2 KOR 13, 13)

Es lag anfangs in meiner Absicht, zum Schluß noch die *Pneumatologie* und *Ekklesiologie,* das heißt die Lehre vom Geist Gottes, wie er in Kirche und Welt wirksam ist – eine Auffassung, die implizit sowohl in „Jesus, die Geschichte von einem Lebenden" als auch in diesem Buch über „Gerechtigkeit und Liebe" vorhanden ist –, darzustellen. Der erreichte Umfang dieses Buches läßt dies nicht zu.

Da aber nach der Spiritualität des Tenach und des christlichen Evangeliums das Heil von Gott gerade in Lobpreis und Danksagung („berâkhâ" oder „eucharistia") zu innerer Vollendung kommt und in diesem Lob Gottes die Gnade in der Tat ausdrückliche Gnadenerfahrung wird, glaubte ich gut daran zu tun, dieses Buch mit einer ‚berâkhâ' abzuschließen, nachdem ich zuerst in homiletischer Form die Kerngedanken dieser beiden Jesusbücher wiedergegeben habe.

HOMILETISCHER PROLOG

„Freut euch und seid unbesorgt,
denn Gott, zu dem wir beten,
ist nahe uns wie keiner sonst,
er wohnt in unsrer Mitte":
so sangen wir, nach der Melodie eines unserer kirchlichen Lieder, ‚in medio ecclesiae': in dieser Versammlung oder ‚Gemeinde Jesu'.

Gewichtige Worte! In seinem Namen: Jesus von Nazaret, von uns bezeugt als der ‚Christus', das heißt Heil-von-Gott-her, sind wir hier zusammengebracht. Warum eigentlich? Darf ich der Dolmetscher dessen sein, was Nichtchristen laut denken und was auch als Frage im Gewissen nicht weniger Christen nagt? Was bedeutet für uns dieser Jesus? Jemand, der weit von uns entfernt nach Raum und Zeit, vor bald 2000 Jahren, ein auffallend kurzes Leben geführt hat

– kaum 30 Jahre – und (eine Flamme, die kurz auflodert, irgendwo in einem Winkel der Erde) ein, höchstens zwei Jahre als Prophet aufgetreten ist, worauf er als junger Mann von denen, die damals die Macht hatten, beseitigt wurde: hingerichtet – offensichtlich weil er von einem auf Menschlichkeit bedachten Gott gesprochen hatte, der deshalb auch auf Menschlichkeit bedachte Menschen fordert. Die Bibel nennt das: „die Herrschaft Gottes", des lebendigen Gottes, der sich der Kleinen und Ausgestoßenen, des geschundenen Menschen erbarmt: solcher, die nach einem Glas Wasser und Kleidung verlangen, nach ‚Wärme' oder Anerkennung – die Armen, Weinenden und Trauernden aus der Bergpredigt.

Kaum fünfundzwanzig Jahre später trieb der römische Kaiser Nero den stoischen Philosophen Seneca – damals Berater des Kaisers – in den Tod, weil Seneca diesen unmenschlichen und grausamen Kaiser immer wieder darauf hingewiesen hatte, daß kaiserliche Herrschaft auf Menschlichkeit – ‚humanitas' – und Erbarmen – ‚clementia' – bedacht sein müsse.

Jedoch wir sind hier nicht im Namen Senecas zusammengekommen. Das stößt uns auf die Frage: Warum sind wir Anhänger... *Jesu?* Warum wollen wir *ihm* ‚nachfolgen' und sind hier in *seinem* Namen zusammengekommen? Diese Frage berührt uns tiefer als irgendeine innerkirchlich-ökumenische Frage, bei der Christen untereinander streiten über den besten, den biblischsten Namen, den sie Ihm geben können und dürfen, den sie alle als Heil von Gott erfahren. Warum aber Heil von Gott erfahren ausgerechnet in Jesus von Nazaret, einem Menschen unter den vielen, die, wie der Hebräerbrief sagt, „zu gut waren für diese Welt" (Hebr 11, 38)? Das ist eine Frage, die tiefer in unseren Verstand einschneidet, schmerzhafter unser Herz zerreißt: Sind wir Christen noch imstande, in Wort und Tat „Rechenschaft abzulegen *von der Hoffnung, die in uns lebt*" (1 Petr 3, 15)? Nicht die innerkirchliche Ökumene ist das große brennende Problem; sondern die Frage, ob wir Christen, gleich aus welcher christlichen Gemeinde, noch fähig sind, unsere christliche Hoffnung den Menschen glaubwürdig anschaulich zu machen. Heutzutage deckt sich die Bedeutung der Herausforderung: „Für wen halten mich die Menschen?" mit der Frage nach unserer eigenen, nämlich *christlichen Identität.* Sind wir in Wirklichkeit das, was wir in unserem Credo des Glaubens und der Hoffnung bekennen? Die Frage nach der Identität Jesu wird um so dringender eine *Frage an Christen:* eine Frage von seiten ‚der Welt' nach der öffentlichen Sichtbarkeit unserer christlichen Identität.

Aber, trotz allem, das Faktum ist unübersehbar und unumstößlich: Wir sind zu so vielen aus verschiedenen Gegenden und Kirchen hier zusammengekommen und vereinigt als ‚Gemeinde Jesu', alle miteinander verbrüdert um das eine Zentrum: Jesus, den Christus, oder wie wir ihn auch sonst nennen. Und doch sind wir hier nicht zusammengekommen, um eines fernen Toten zu gedenken, der uns aus dem Abgrund unseres leidenden Daseins großartige Visionen anbot, um die verspätete Totenfeier eines der unzähligen zertretenen prophetischen Ideale zu begehen: um unsere Erinnerungen an einen schon lange verstorbenen, für hohe Ideale erschlagenen geliebten Menschen zu erneuern. Doch steht dieses Beisammensein im Zeichen der Person Jesu von Nazaret. *Dieser Mensch* bindet uns offensichtlich in einer gemeinsamen, völlig einmütigen Überzeugung.

Dann muß es aber um mehr gehen als um Erinnerungen an eine alte Leidensgeschichte von ‚einem Gerechten‘, die Geschichte von einem ‚zaddiq‘, in dem wir unsere eigenen Mißerfolge und unser Leid erkennen, vielleicht narzißtisch oder grimmig feiern – mehr als eine Stilisierung alter Erinnerungen, in denen *wir* die aktivsten Partner sind und der Jesus aus der Vergangenheit einzig und allein passiver Gegenstand des Spiels unserer Erinnerungen und Erwartungen. Von einem Toten gehen wahrhaftig nicht solche geheimnisvollen Kräfte aus. Und sollte dies doch der Fall sein, dann offensichtlich nur für kurze Zeit. Auf die Dauer schleifen sich diese Erinnerungen ab. In den folgenden Generationen verschwimmen sie am Horizont, wo die Farben verblassen, bis sie schließlich nur noch Gegenstand der Forschung einiger Historiker sind – wenn diesen vergessenen Gestalten dieses historische Privileg überhaupt zuteil wird!

Wenn aber das lebendige Interesse an vergangenen Ereignissen, an einem Menschen aus der Vergangenheit die Neugierde rein historischer Forschung übersteigt, dann gehört dieses Interesse auch selbst schon zu der in unserer Geschichte nachwirkenden Identität des Menschen, dessen wir bleibend gedenken. Unser Gedenken, unser Interesse, unser Aufschauen zu ihm ist dann ein Moment *seiner* strahlenden Identität. Diese – noch recht ‚profane‘ – Feststellung lenkt dann unsere Aufmerksamkeit auf die besondere Bedeutung, die der christliche Glaube in dem erkennt, was er – in religiöser Sprache – die leibliche Auferstehung Jesu nennt, eine Kategorie, die das bloße Sprechen von ‚Gedächtnis‘ übersteigt. Bei Jesus, in dessen Namen wir hier nicht aufgrund historischen Interesses, sondern kraft eines durch Jahrhunderte hindurch festgehaltenen Gedächtnisses versammelt sind, muß es also um mehr gehen. Sollte mit ihm etwas geschehen sein, so daß – gerade deshalb – auch uns etwas Besonderes widerfahren kann? Nur wenn es auch uns, so viele Jahre nach dem Weggang Jesu, tatsächlich widerfährt, können wir dann in und durch unsere christliche Identität der Welt etwas von der Identität Jesu deutlich machen? Dann können wir auf dem Umweg – ist dies wirklich ein Umweg? – unseres eigenen christlichen Lebens die Menschen mitsuchen lassen nach Zeichen in Jesus von Nazaret, die den menschlichen Ruf nach Befreiung, nach Heil oder Heilsein – Heilmachen – auf die christliche Antwort lenken können, die auf ein ganz besonderes Heilshandeln Gottes in Jesus für alle Menschen hinweist. Erst dann sind die anderen in der Lage, auch selbst eine Antwort auf die Frage zu geben: „Aber ihr, für wen haltet ihr mich?"

Für uns ist das Kernproblem deshalb: Wie und welches Heil behaupten wir in Jesus von Nazaret zu finden? Es gibt viele Möglichkeiten, die den Menschen sich selbst zurückgeben, so daß er der sein kann, der er ist, für den anderen, und gerade darin Befreiung, Erlösung und Freude, letztlich Frieden finden kann. Wir sehen ja, daß die Möglichkeit, mit Hilfe von Wissenschaft, Techniken und Neustrukturierungen manche menschlichen Entfremdungen aufzuheben, durchaus besteht. Zugleich aber, daß diese wirksame Möglichkeit nur solche Entfremdungen betrifft, die ihrem Wesen nach die Folge leiblicher, seelischer und gesellschaftlicher Verhältnisse sind – Beschränkungen menschlicher Freiheit, die tatsächlich durch Widerspruch, verbunden mit sachkundigem, aktivem Einsatz, zum größten Teil behoben werden können. Zudem dürfen wir in diesen Befreiungen Fetzen der Erlösung Gottes sehen: durch Mensch und Welt hindurch.

Die Frage ist jedoch, ob der Mensch keine tieferen Entfremdungen erfährt, eine Entfremdung, die ihrem Wesen nach mit unserer Endlichkeit verwoben ist, mit unserer Verflochtenheit in die uns fremde Natur, in Einsamkeit, in Leiden wegen und in der Liebe, in das Leid wegen unserer Sterblichkeit, das Leid auch wegen der Unsichtbarkeit des verborgenen Gottes, das Leid schließlich wegen unserer persönlichen und kollektiven Schuld und Sünde – die schmutzigen Hände unserer menschlichen Geschichte des vielen unschuldigen Leidens, von Unrecht und Kränkung, die Tränen aus menschlicher und göttlicher Empörung. Menschliche Selbstbefreiung – Heilsfragment –, so notwendig und dringend sie auch ist, scheint begrenzt zu sein, *wirkliche* Befreiung aber *unverkennbar* begrenzt, wenn sie sich selbst nicht als in die undefinierbaren Möglichkeiten Gottes aufgenommen erfährt, der unserem begrenzten Handeln eine noch größere, bessere Zukunft schenken kann – Leben dem, was geschichtlich vergeht. Die Hingabe des begrenzten Menschen muß dann jedoch grenzenlos, rückhaltlos sein. Denn dann müssen wir, gerade um einander willen, verzichten auf die krampfhafte Suche nach der eigenen, begrenzten Identität. Völlige Befreiung und Erlösung, Heil als Heilmachen vergänglicher Menschen, scheint unmöglich zu sein ohne die Erfahrung von Kommunikation, von Identifizierung mit dem Nicht-Ich, dem Nicht-Eigenen, dem anderen, vor allem mit dem Leiden anderer, mit dem uns Fremden – unmöglich schließlich ohne unsere *endliche* Identifizierung mit dem lebendigen Gott, der sich als Lebendiger in Jesus mit unserer Endlichkeit identifiziert. Heilmachung endlicher Menschen ist nicht möglich ohne *Gabe, Empfangen* und *Versöhnung:* ohne Auferstehung.

Das wird uns erst deutlich aus *Gottes eigener Botschaft*, die wir in der Verkündigung hören dürfen, aus dem Leben und Tod Jesu von Nazaret. Eine der historisch am besten gesicherten Gegebenheiten aus dem Leben Jesu ist die Tatsache, daß er durch seine Botschaft von dem näherkommenden Reich Gottes Gott zur Sprache gebracht hat: den auf Menschlichkeit bedachten Gott. Von dieser Friedensherrschaft Gottes war das ganze Leben Jesu eine *Feier* und zugleich eine *Orthopraxis,* das heißt ein rechtes Handeln nach den Friedensforderungen dieses Reiches. Die Verbindung zwischen beiden – Gottes Frieden und rechtem Handeln für Frieden unter den Menschen – ist so eng, so eins, daß Jesus in dieser seiner Praxis die Zeichen des näherkommenden Reiches Gottes

erkennen konnte (Lk 7, 22–23 mit 11, 20). In der Unheils- und Leidensgeschichte, in die Jesus geriet, war kein Grund und kein Anlaß zu finden, aus
denen seine rückhaltlose Heilssicherheit, die seine Botschaft und sein Handeln
kennzeichnet, verständlich und sinnvoll erklärt werden kann. Eine solche Hoffnung, wie sie sich in der Verkündigung Jesu vom nahekommenden, befreienden
Erbarmen Gottes mit dem Menschen äußert, hat in Jesus unverkennbar ihren
Ursprung in einer Kontrasterfahrung: einerseits der hartnäckigen menschlichen
Leidensgeschichte von Unheil und Unfrieden, Unrecht und Menschenknechtung
und, anderseits, Jesu eigener, besonderer Gotteserfahrung, seinem Abba-
Erlebnis, seinem Umgang mit dem Vater, der Quelle alles dessen, was gut heißt
und verborgene Triebfeder allen Widerstandes gegen alles Böse, gegen alle
Kränkung und alles Leiden – ein Umgang mit dem sorgenden, Gutes wollenden
‚Antibösen‘, der die Übermacht des Bösen nicht anerkennen will und sich um
des Guten willen weigert, dem Bösen das letzte Wort zu lassen. Aus seinem
Abba-Erlebnis konnte Jesus den Menschen die Botschaft einer Hoffnung
bringen, die sich nicht aus unserer Weltgeschichte ableiten läßt. Man kann offensichtlich aus einem tief-religiösen Umgang mit Gott etwas über den Menschen aussagen – sogar das Wichtigste, das sich über Menschen sagen läßt! Die
Abba-Erfahrung Jesu ist eine Erfahrung Gottes als einer Macht, die Menschen
befreit durch die augenscheinliche Ohnmacht der rückhaltlosen Liebe, die auch
weiterhin Nein sagt zu allem, was Menschen verletzt und Übel und Bosheit
verwirklicht. *Menschen* sind für Jesus daher *Menschen, um die sich Gott kümmert.*

Zwar werden oft gutgemeinte Versuche unternommen, Jesus nur als einen
schlechthin guten und vollkommenen Menschen – den ‚zweiten Adam‘ – aus-
zurufen, aber wir werden ihn nie *in seiner wahrhaft menschlichen Identität* erkennen, wenn wir gerade aus diesem Leben Jesu seine ganz besondere, einzigartige, von uns fast nicht zu definierende Beziehung zu Gott eliminieren. Denn
gerade *in* dieser Lebensbeziehung liegen Ursprung, Sinn und Kraft seiner Botschaft und Gleichnisse, seiner Seligpreisungen und seiner befreienden Lebenspraxis.

Wegen alldem wird die Frage an uns alle gerichtet: „Ihr aber, für wen haltet
ihr mich?“ Bevor wir darauf eine Lebensantwort geben, müssen wir bedenken,
ob ohne den Grund und die Quelle der Abba-Erfahrung Jesu die Verheißung
bleibt, die feste Hoffnung begründen kann, und ob ohne sie die christliche Hoffnung nicht gegen ein problematisches, utopisches Wunschverlangen ohne jedes
sinnvolle Fundament absoluten Vertrauens auf die Zukunft eingetauscht wird.

Zudem hätten wir Jesus nur halb und dann überhaupt nicht verstanden,
wenn wir an dem vorbeigingen, was bei seinem Kommen in unsere Geschichte
des Leidens und des Unrechts ein ergrauter, durch Lebenserfahrung gereifter
Prophet sagte: „Dieses Kind ist bestimmt zum Fall und zur Auferstehung vieler:
zu einem Zeichen des Widerspruchs“ (Lk 2, 34). Seine Botschaft und sein
Anspruch in der Öffentlichkeit, schließlich seine Person selbst wurden ja von

unserer Welt verworfen. Er wurde nach allen geltenden Regeln der Zeit tatsächlich hingerichtet. Trotzdem, sogar in seinem Sterben noch ist Jesus nicht krampfhaft auf eigene Identität und damit auf Selbsterhaltung bedacht. Seine Identität war: sich mit den anderen, mit der Sache der Menschen als der höchsteigenen Sache Gottes zu identifizieren. Dafür hatte er gelebt, dafür ist er gestorben! Gott ist auf Menschlichkeit bedacht, aber in einer Welt, die das offensichtlich selbst nicht immer ist; dadurch erhält Gottes Menschenfreundlichkeit in Jesus einen Farbton, den wir selbst gemischt haben. Gott übersteigt aber in seiner Sorge um den Menschen alle unsere Mischungen und Schöpfungen, ohne unsere eigene, endliche Autonomie zu vergewaltigen. Geschichtlich endet das Leben Jesu tatsächlich in einer Katastrophe, die sich theoretisch und praktisch nicht einordnen läßt. Aus einer rein menschlichen Sicht betrachtet, stehen wir hier wirklich vor einem Fiasko, einem neuen Scheitern, das sich in die wachsende Reihe unschuldig Hingerichteter in unserer menschlichen Leidensgeschichte einfügt, eine kurze Hoffnung, die immer wieder die Vermutung zu bestätigen scheint, daß viele Menschen das nicht hinnehmen, aber deren Hohlheit erfahren wird angesichts der Eigenart und Schwerkraft unserer sich stets wiederholenden Geschichte als einer ‚Ökumene des Leidens‘.

Um des Lebens willen, das vorausging, stellt der Tod Jesu, des Mystikers Gottes und daher Menschenverteidigers, uns vor eine fundamentale Gottesfrage mit einer einzigen Alternative: *Entweder* müssen wir sagen, daß Gott, der Gott des von Jesus verkündeten näherkommenden Heils-von-Gott-her, eine Illusion, letztlich doch nur ein Wunschtraum Jesu gewesen ist, *oder* wir werden durch diese Ablehnung und diesen Tod Jesu gezwungen, unser Verständnis Gottes, unsere eigenen Auffassungen von Gott und unser Verständnis der Geschichte gründlich zu revidieren und als ungültig aufzugeben – während die Besonderheit Gottes erst in Leben und Tod Jesu als gültig erscheint und dadurch auch eine neue Perspektive auf die Zukunft eröffnet wird: eine Zukunft für den, der menschlich gesehen keine Zukunft mehr hat. Menschliche Geschichte – mit ihren Erfolgen, Fiaskos, Illusionen und Desillusionen – wird transzendiert vom lebendigen Gott, der das letzte Wort hat und das Heil der Menschen will. Wir können vielleicht in Illusionen *leben,* aber wir können kaum in Illusionen *sterben.* Das ist der Kern der christlichen Botschaft von der Auferstehung Jesu, der uns zu Taten der Befreiung und menschlicher Heilung aufruft, zu dem Auftrag, für andere gegenseitig Glück zu sein und nicht von Illusionen und Ideologien zu leben.

Nur wenn wir, die Gläubigen, auch andere erfahren lassen können, worin wir Heil und Heilung in Jesus von Nazaret finden, wird es auch sinnvoll – und dann sogar notwendig –, weiter nach dem Verhältnis des Menschen Jesus zum lebendigen Gott zu fragen, nach Jesus als dem den Tod überlebenden Sohn Gottes; nicht aber umgekehrt! In dieser Welt brauchen wir Menschen offensichtlich einen Mitmenschen, der das Menschsein bis in die Tiefe durchlebt und in ihm zugleich durch Wort und Tat Gott Ausdruck verleiht. Wenn wir die

Heilsabsichten Gottes respektieren wollen, müssen wir uns zuerst der Kritik des Menschen Jesus stellen. Denn Gott will uns *in einer menschlichen Weise* begegnen, um – wirklich! – ihn letztlich finden zu lassen. Die Antwort auf die Frage nach der universalen Heilsbedeutung Jesu, ‚Christus‘ oder ‚Licht der Welt‘, erschließt sowohl das wahre Wesen des Menschen: befreiendes Verwirklichen wahrer Menschlichkeit, als auch – gerade darin – das wahre Antlitz Gottes, des Vorkämpfers für alles Gute und des Bekämpfers alles Bösen, des Leidens und jeglicher Kränkung. Gottes Friedensreich stiften bedeutet dem auf Menschlichkeit bedachten Gott Recht widerfahren lassen im Leben von auf Menschlichkeit bedachten Menschen, durch welche dann mit Recht – mit dem Beglaubigungsschreiben in der Hand – Gott zur Sprache gebracht werden darf und kann. Durch Mensch und Welt hindurch wird sich daraus schließlich Jesu Identität als persönliche Manifestation der niemand ausschließenden Menschenfreundlichkeit Gottes erweisen. *Glauben an Jesus* ist dann nicht anders möglich als, zugleich, in der Form eines *Gottesbekenntnisses*. „Wahrhaftig, dieser Mensch war ein Sohn Gottes“ (Mk 15,39b).

Aber dieses Bekenntnis muß dann immer wieder von neuem aus einer persönlichen *Ursprungserfahrung* in der konkreten Situation unserer Geschichte der Ungerechtigkeit und Menschenknechtung, Intoleranz und Unversöhnlichkeit emporquellen und nicht ein (noch so sakrales) Nachplappern eines einmal gehörten Kerygmas sein. „Meine Augen haben *jetzt*“ – hier und jetzt, sagte der alte Simeon im Tempel – „dein Heil geschaut, das du bereitet hast für alle Völker, ein Licht, das für die Heiden erstrahlt“ (Lk 2,19–32). Können und dürfen *wir* wirklich sagen: meine Augen haben *jetzt* dein Heil geschaut? Sehen wir unter uns, wie Paulus sagte, daß Christen „ein offener Brief Christi sind, nicht auf steinerne Tafeln geschrieben, sondern in und durch ihr Leben“ (2 Kor 3,2–3)? Jesu Licht brennt in dieser Welt allein mit dem Öl unseres Lebens, in ganz konkreten Verhältnissen, in denen wir befreiendes Licht ausstrahlen oder dieses Licht abblenden oder sogar löschen, so daß die Welt im Nebel verschwindet.

Die Botschaft, das Leben und der Tod Jesu von Nazaret sprechen gerade dieses tieferliegende menschliche Lebensproblem entwaffnend in der Verkündigung der Auferstehung aus, in einer richtigen, aber nicht mehr verstandenen kirchlichen Sprache. In Wort und Tat spricht Jesus, der vom Tod Erlöste, von einer Befreiung, die den Menschen zur Freiheit befreit: „Brüder, ihr seid zur Freiheit berufen“ (Gal 5,13), „Christus hat uns frei gemacht, damit wir in der Freiheit bleiben. Haltet also stand und laßt euch nicht wiederum ein Sklavenjoch auflegen“ (Gal 5,1–2). Erlöst sind wir zu einer Menschlichkeit, die sich selbst *übersteigen* darf und kann und die, wie die Schrift sagt: „durch die Kraft, *die in uns wirkt*, fähig ist, unendlich mehr zu vollbringen als alles, was wir erbitten oder erfassen können“ (Eph 3,20). Heil-in-Jesus wird dann Heil-von-Gott-her und doch unter uns geschichtlich vermittelt durch unsere Geschichte des Heilmachens und der Liebe, durch welche die Begrenzung, Entfremdung und Ohnmacht und, dank unserer Lebensgemeinschaft mit dem lebendigen Gott, letztlich sogar der Tod besiegt werden. *Das Vergängliche selbst* – denn das sind wir – wird dann erlöst. In Jesus wird die Menschheit des Menschen zu einer erlösten und erlösenden Hinnahme befreit, daß wir unsere eigene menschliche Wesensverheißung, die wir füreinander sind, allein ‚durch Gnade‘ verwirklichen können und dürfen und daß wir den Ruf zur Liebe erfahren dürfen, die uns, jeden einzeln und alle gemeinsam, Person und Gesellschaft, in einer erlösenden Erfahrung einer absoluten Garantie übersteigt, die über uns alle hinausgeht und doch unserem Menschsein keineswegs fremd ist: der lebendige Gott!

Dieses im Glauben erfahrene Geschehen ruft uns auf zu einer *homologia,* das heißt zu einem bekennenden Bejahen dessen, was Gott selbst uns gegeben hat und zu tun gibt, und zu einer feierlichen *eucharistia,* das heißt zu einem Gott preisenden und dankenden Feiern, weil er selbst der lebendige Inhalt des Heils für Menschen sein will[171].

CREDO

Ich glaube an Gott, den Vater: die Allmacht der Liebe.
Er ist der Schöpfer des Himmels und der Erde;
dieses ganzen Universums,
mit all seinen Geheimnissen;
dieser Erde, auf der wir leben,
und der Sterne, zu denen wir reisen.
Er kennt uns von Ewigkeit, nie vergißt er,
daß wir aus dem Staub der Erde gemacht sind,
und einmal als Staub zu ihr zurückkehren werden.

Ich glaube an Jesus Christus,
den einziggeliebten Sohn Gottes.
Er hat, aus Liebe zu uns allen,
unsere Geschichte, unser Dasein mit uns teilen wollen.
Ich glaube, daß Gott auf menschliche Weise
auch Gott für uns sein wollte.
Er hat als Mensch unter uns gewohnt,
ein Licht in der Finsternis.
Aber die Finsternis hat ihn nicht begriffen.
Wir haben ihn ans Kreuz geschlagen.
Und er ist gestorben und begraben worden.
Aber er hat auf Gottes letztes Wort vertraut
und ist auferstanden, ein für allemal,

er sagte, er werde uns einen Platz bereiten
im Haus seines Vaters, in dem er jetzt wohnt.

Ich glaube an den Heiligen Geist,
der Herr ist und Leben schenkt.
Und den Propheten unter uns
ist er Sprache, Kraft und Feuer.
Ich glaube, daß wir gemeinsam unterwegs sind,
Pilger, gerufen und versammelt,
um Gottes heiliges Volk zu werden,
denn ich bekenne die Befreiung vom Bösen,
den Auftrag zur Gerechtigkeit
und den Mut zur Liebe.

Ich glaube an das ewige Leben,
an die Liebe, die stärker ist als der Tod,
an einen neuen Himmel und eine neue Erde.
Und ich glaube, daß ich hoffen darf
auf ein Leben mit Gott und miteinander
bis in alle Ewigkeit:
Herrlichkeit für Gott und Friede für die Menschen.

AUFGANG ZUR EUCHARISTIE

Gepriesen seist du, Gott, Herr über alles, was lebt,
gepriesen auch, weil wir
durch dieses aufrichtige Glaubensbekenntnis
uns dir anvertrauen durften.
Eingedenk deines Wortes:
„Wo zwei oder drei in meinem Namen beisammen sind,
bin ich mitten unter ihnen",
bitten wir dich:
sende deinen Geist über uns und über diese kleinen Gaben,
einen Bissen Brot und einen Becher Wein.
Mögen diese unsere Gaben
Leib und Blut Jesu sein.

EUCHARISTISCHE DANKSAGUNG

Herr, unser Gott,
hier um dich versammelt,
erinnern wir uns der alten Geschichte,
die durch die Jahrhunderte hindurch weitererzählt worden ist:
von Jesus von Nazaret,
einem Menschen, der dich, Herr Gott, freimütig
„Abba", Vater, zu nennen gewagt hat
und der uns gelehrt hat, dasselbe zu tun.

Gott, unser Vater,
wir danken dir für diesen Menschen,
der das Antlitz der Erde verändert hat,
weil er von einer großen Vision sprach:
vom Reich Gottes, das einmal kommen wird,
ein Reich der Freiheit, der Liebe und des Friedens,
dein Reich, die Vollendung deiner Schöpfung.

Wir erinnern uns,
daß überall dort, wohin dein Jesus kam,
die Menschen ihre Menschlichkeit wiederfanden
und voll wurden von einem neuen Reichtum,
so daß sie mit neuem Mut in ihrem Leben
sich selbst einander schenken konnten.

Wir erinnern uns,
wie er zu Menschen gesprochen hat
von einer verlorenen Drachme,
von einem verirrten Schaf, einem verlorenen Sohn:
von all denen, die verlorengehen, die nicht mehr zählen,
aus den Augen, aus dem Herzen; die Kleinen und Armen,
alle, die unfrei sind, unbekannt, ungeliebt.

Wir erinnern uns,
daß er auf die Suche nach all diesen Verlorenen ging,
nach denen, die traurig sind und in der Kälte stehen,
und wie er immer wieder eintrat für sie,
ohne die anderen zu vergessen.

Und das hat ihn selbst das Leben gekostet,
denn die Mächtigen der Erde duldeten das nicht.
Und doch, guter Gott, allmächtiger Vater,
er wußte sich verstanden von dir und angenommen,
er sah sich von dir in Liebe bestätigt.

So ist er eins geworden mit dir.
So konnte er, befreit von sich selbst,
befreiend leben für andere.

Und wir gedenken,
wie er, der uns so sehr geliebt
und eins war mit dir, seinem guten Vater,
in der letzten Nacht seines Lebens auf Erden
das Brot in seine heiligen Hände nahm,
es segnete, brach und teilte,
am Tisch mit seinen Freunden sprechend:
Das ist mein Leib für euch.

Und was er tat, erfüllte ihm das Herz:
Er nahm auch den Becher am Tisch,
dankte, pries dich, Vater, und sagte:
Trinkt diesen Becher alle mit mir,
denn das ist mein Liebesbund mit euch,
mein Blut, das vergossen wird zur Versöhnung,
der Kelch der Befreiung und des Glücks.

Wenn wir dann gemeinsam dieses Brot essen
und aus diesem Becher trinken werden,
tun wir es im Gedenken an ihn, deinen Sohn
und unseren Bruder, den freien Menschen,
der unser aller Diener und Befreier ist,
jetzt und immer und über den Tod hinaus.

Deshalb gedenken wir jetzt auch der vielen,
die von uns gegangen sind, all der Menschen,
die wir so sehr geliebt haben...
Vater unser, wir können nicht glauben,
daß all das, was sie für uns bedeutet haben,
jetzt für immer verloren sein soll.
Du bist ihr Leben, jetzt und immerdar.

Und wir gedenken auch der Welt,
aller, die uns lieb sind im Leben.
Auch der Mächtigen, die über das Schicksal
der Menschen verfügen, oft ohne sie,
die Lenker der Welt und der Kirche.
Hilf ihnen und uns, damit wir diese Erde
zu einem besseren Haus für alle machen;
damit wir Frieden stiften und eins seien,
wie du, Vater, es in deinem Sohne bist,
und er in dir.

Sende daher deinen Geist aus über uns
und über diese Gaben, den guten Geist
aus dir und deinem Sohn, damit er uns beseele,
wenn wir Jesus weiter folgen:
Jesus, von dem wir gelernt haben,
frei zu sein von entfremdenden Mächten,
frei zu sein, Gutes zu tun.

Nach besten Kräften haben wir getan,
was Jesus, dein Zeuge, der unsere Herzen kennt,
uns zu tun geboten hat:
dies zu seinem Gedächtnis zu feiern.

Zu Lob und Preis für dich,
allmächtiger Vater,
in der Einheit des Heiligen Geistes
dürfen und wagen wir jetzt auch,
durch ihn und mit ihm und in ihm
gemeinsam zu beten, wie er uns gelehrt hat:

Vater unser im Himmel,
geheiligt werde dein Name,
dein Reich komme,
dein Wille geschehe
wie im Himmel so auf Erden.
Unser tägliches Brot gib uns heute
und vergib uns unsere Schuld,
wie auch wir vergeben unseren Schuldigern.
Und führe uns nicht in Versuchung,
sondern erlöse uns von dem Bösen.
Denn dein ist das Reich
und die Kraft und die Herrlichkeit in Ewigkeit.

Gestärkt und ermutigt wagen wir jetzt,
dieses Brot weiterzureichen und diesen Becher –
das Sakrament des Glaubens.

Wir bitten dich, lieber Gott,
laß das, was wir getan haben
zum Gedächtnis an Jesus,
der von deinem Geist erfüllt war,
ein lebendiges und wirksames Zeichen
des Heils und der Gesundheit sein,
ein Zeichen gegenseitiger aufrichtiger Liebe,
ein Zeichen der Freiheit, des Friedens und der Gerechtigkeit für alle,
der Liebe zu dir, Gott, unserem Befreier.

MAGNIFIKAT
(nach einer Übersetzung von Michel van der Plas)

Mit dem, was ich bin und habe,
will ich ihn hoch erheben:
den Gott, der mein Glück ist,
den Herrn, der mich selig macht.

Denn wie klein und schwach ich auch bin,
er hat mich nach vorne geholt;
seitdem werden alle Geschlechter
bezeugen: Gott hatte sie lieb.

Denn er, die Allmacht selbst,
gepriesen sei sein Name,
hat Großes an mir getan.

Und seine Barmherzigkeit reicht
durch die gesamte Geschichte;
bis zu jedem Menschen auf Erden,
der vor seiner Größe sich neigt.

Mit seinem mächtigen Arm
fegt er die Stolzen hinweg.
Er stößt sie von ihrem Thron,
aber die Kleinen erhöht er.

Und jeden, der Hunger leidet,
macht satt er mit seinem Reichtum,
den Reichen weist er die Tür,
sie werden machtlos und leer.

Sein auserwähltes Volk
hat er in sein Herz geschlossen,
des eingedenk, was er versprochen:
Liebe und noch einmal Liebe.

Wie er hat zugesagt
unseren Vätern und Müttern
von Abraham an und von allen,
die uns vorausgegangen.

Und darum sei Ehre dem Vater,
dem Sohn und dem Heiligen Geist,
so wie es war in dem Anfang
und wird bleiben in Ewigkeit.

ANMERKUNGEN

1. Um den Umfang dieses Buches nicht noch weiter auszudehnen, habe ich (ausgenommen ist lediglich der Abschnitt über den Johanneismus) von einem umfangreichen kritischen Apparat absehen müssen.
2. Die ‚Anmerkungen' sind (grundsätzlich) innerhalb der großen Abschnitte durchlaufend numeriert. Bei diesem Anmerkungsapparat steht am Kopf der Seite jeweils auch die Paginierung des laufenden Textes, in dem auf die betreffenden Anmerkungen verwiesen wurde. Das erleichtert das Suchen.
3. Titelabkürzungen mit „a. a. O." weisen auf die Literatur zur jeweiligen Thematik hin, die zu Beginn eines Kapitels oder Paragraphen immer voll zitiert wurde; aber auch auf Werke, die auf derselben oder vorhergehenden Anmerkungsseite erwähnt sind.

ERSTER TEIL (S. 23–71)

[1] Im Zusammenhang mit den in diesem Kapitel nicht explizit behandelten, aber doch vorausgesetzten Problemen bezüglich des Verhältnisses zwischen *Erfahrung* (Empirie) und *Wissenschaft* ist folgende Literatur wichtig. – H. *Albert*, Traktat über kritische Vernunft (Tübingen 1968); *ders.*, Plädoyer für kritischen Rationalismus (Tübingen 1971); K. O. *Apel*, Szientistik, Hermeneutik, Ideologiekritik, in: Hermeneutik und Ideologiekritik (Frankfurt 1971) 7–44 (zuerst 1968); L. *Boon*, De nieuwe visie op de wetenschap. Eeen overzicht: Mens en maatschappij 43 (1974) 350–379; M. *Gatzemeier*, Theologie als Wissenschaft? 2 Bde. (Stuttgart-Bad Cannstatt 1974 und 1975); L. *Gilkey*, Religion and the scientific future (New York 1970); D. S. *Greenberg*, The politics of pure science (New York 1967); A. D. *de Groot*, Een minimale methodologie op sociaal-wetenschappelijke basis (Den Haag 1971); J. *Habermas*, Gegen einen positivistisch halbierten Rationalismus (Frankfurt 1969); *ders.*, Erkenntnis und Interesse (Frankfurt 1968); *ders.*, Theorie und Praxis (Neuwied – Berlin ³1963); *ders.*, Technik und Wissenschaft als ‚Ideologie' (Frankfurt ⁴1970); W. *Heisenberg*, Der Teil und das Ganze (München 1969); A. *Hollweg*, Theologie und Empirie (Stuttgart ³1974); Kl. *Holzkamp*, Wissenschaft als Handlung (Berlin 1968); *ders.*, Kritische Psychologie (Frankfurt 1972), vor allem 88–98; M. *Horkheimer*, Kritische Theorie (hrsg. A. Schmidt), 2 Bde. (Frankfurt 1968); *ders.*, Zur Kritik der instrumentellen Vernunft (Frankfurt 1967); H. *Koningsveld*, Het verschijnsel wetenschap. Een inleiding tot de wetenschapsfilosofie (Meppel – Amsterdam 1976); Th. S. *Kuhn*, The structure of scientific revolutions (Chicago – London ²1970); I. *Lakatos*, Critism and the methodology of scientific Research-Programmes, in: Proceedings of the Aristotelian Society (London) 69 (1968) 149–186; *ders.*, Wetenschapsfilosofie en Wetenschapsgeschiedenis (Meppel 1970); E. *Nagel*, The structure of science (London ³1971); W. *Pannenberg*, Wissenschaftstheorie und Theologie (Frankfurt 1973); C. A. *van Peursen*, Wetenschappen en werkelijkheid (Kampen 1969); G. *Picht*, Wahrheit, Vernunft, Verantwortung (Stuttgart 1969); M. *Polanyi*, Personal knowledge (New York 1969); K. *Popper*, The logic of scientific discovery (London 1969) (= Logik der Forschung, Wien 1934); *ders.*, Conjectures and refutations. The growth of scientific knowledge (London 1969); *ders.*, Objective knowledge (Oxford 1972); P. *van Schilfgaarde*, Het kennisbegrip in wetenschap en beroep; objectiviteit als pretentie (Alphen [Rhein] 1970); Fr. *Schupp*, Auf dem Weg zu einer kritischen Theologie (Freiburg 1974);

837

H. Seiffert, Einführung in die Wissenschaftstheorie (Münster 1971); *W. Stegmüller*, Probleme und Resultate der Wissenschaftstheorie und analytischen Philosophie, 2 Bde. (Berlin 1969 und 1970); *J. Ziman*, Public Knowledge (Cambridge 1970). Sammelwerke: Der Positivismusstreit in der deutschen Soziologie (Neuwied 1969); Hermeneutik und Ideologiekritik (Frankfurt 1971); Hermeneutik und Dialektik, 2 Bde. (Tübingen 1970).

² Im Altniederländischen und im Mittelhochdeutschen bedeutet *varen* bzw. fahren einfach reisen; erst später wurde die Bedeutung auf Reisen zur See oder auf Binnengewässern eingeschränkt. Erfahren bedeutet somit: etwas kennenlernen, nicht vom Hörensagen, sondern indem man selbst auszieht, durch Sehen und lebendigen Kontakt.

³ Siehe *W. Korff*, Norm und Sittlichkeit (Tübinger Theologische Studien, 1) (Mainz 1973) 131–142.

⁴ Von einer anders ausgerichteten Analyse her kommt *W. Kasper* zu der gleichen Schlußfolgerung in: Glaube und Geschichte, a. a. O. 235.

⁵ Für eine Analyse des ‚Dogmatismus‘ und des ‚Skeptizismus‘ siehe *R. Schaeffler*, Religion und kritisches Bewußtsein, a. a. O. 235–242 (doch habe ich grundsätzliche Bedenken gegen dieses Buch; siehe IV. Teil).

⁶ Literatur über ‚Narrativität‘. – *R. Barthes*, Mythologies (Paris 1957); *E. Bochinger*, Distanz und Nähe (Stuttgart 1968); *R. Dithmar*, Die Fabel (UTB 73) (Paderborn 1971); *W. Harnisch*, Eschatologische Existenz (Göttingen 1973); *A. Jolles*, Einfache Formen (Darmstadt ²1958) (1930); *R. Koselleck*, Historia magistra vitae. Über die Auflösung des Topos im Horizont neuzeitlich bewegter Geschichte, in: Natur und Geschichte (K. Löwith zum 70. Geburtstag) (Stuttgart 1967) 196–218; *R. Koselleck* und *W. Stempel* (Hrsg.), Geschichten und Geschichte (München 1972); *C. Lévi-Strauss*, Das wilde Denken (Frankfurt 1968); *G. Lohfink*, Erzählung als Theologie. Zur sprachlichen Grundstruktur der Evangelien: StZ 99 (1974) 521–533; *J. B. Metz*, Erinnerung, in: Handbuch philosophischer Grundbegriffe (München, Bd. 1, 1973) 386–396; *ders.*, Zukunft aus dem Gedächtnis des Leidens: Conc 8 (1972) 399–407; *ders.*, Kleine Apologie des Erzählens: Conc 9 (1973) 334–341; *D. Mieth*, Narrative Ethik: FrZPhTh 22 (1975) 297–326; *ders.*, Dichtung, Glaube und Moral (Mainz 1976); *F. Mildenberger*, Theologie für die Zeit (Stuttgart 1969); *W. Nestle*, Vom Mythos zum Logos (Stuttgart 1940); *K. Reinhardt*, Vermächtnis der Antike (Göttingen 1960); *W. Schapp*, In Geschichten verstrickt (Hamburg 1953); *ders.*, Philosophie der Geschichten (Leer 1959); *K. Stierle*, L'histoire comme exemple, l'exemple comme histoire: Poétique. Revue de théorie et d'analyse littéraires, n. 10 (1972) 176–198; *H. Weinrich*, Tempus. Besprochene und erzählte Welt (Stuttgart ²1971); *ders.*, Literatur für Leser (Stuttgart 1971); *ders.*, Narrative Theologie: Conc 9 (1973) 329–334; *H. Zahrnt*, Religiöse Aspekte gegenwärtiger Welt- und Lebenserfahrung: ZThK 71 (1974) 94–122.

⁷ *P. Ricœur*, Finitude et culpabilité, 2 Bde. (Paris 1960); dt. –. Die Fehlbarkeit des Menschen, Bd. 1; Symbole des Bösen, Bd. 2 (Freiburg i. Br. 1971).

⁸ *I. Barbour*, Myths, Models and Paradigms, a. a. O. 130.

⁹ Wenn das Erfahrene radikal das ‚ganz andere‘ wäre, würde jede hermeneutische Bedeutung der Erfahrung vor allem für die Offenbarung tatsächlich zerschlagen.

¹⁰ *J. B. Metz*, Von der Freude und der Trauer, von der Heiterkeit und der Melancholie und vom Humor: Conc 10 (1974) 307–309.

¹¹ Zum Beispiel Thomas, Summa Theologiae, I, q. 1, a. 1.

¹² A. a. O. q. 1, a. 3, ad 2.

¹³ Denz.-Sch., n. 3004–3005.

¹⁴ Denz.-Sch., n. 3008 (siehe n. 3004, 3015).

¹⁵ Literatur über die Aufklärung, zumindest in diesem Zusammenhang: *Peter Gay*, The Enlightenment: An Interpretation, 2 Bde. (London 1966 und 1969); *H. Hinske*, Was ist Aufklärung? (Frankfurt 1973); *W. Oelmüller*, Die unbefriedigte Aufklärung (Frankfurt 1969); *H. M. Wolff*, Die Weltanschauung der Deutschen Aufklärung in geschichtlicher Entwicklung (Bern – München ²1963); *W. Schneiders*, Die wahre Aufklärung (Frankfurt 1969); *F. Valjavec*, Geschichte der abendländischen Aufklärung (Wien 1961).

¹⁶ Siehe *P. Grelot*, Du bon usage des documents du ‚magistère‘: A propos du décret ‚Lamentabili‘, Proposition n. 36, in: Humanisme et foi chrétienne (Mélanges scientifiques du Centenaire de l'Institut Catholique de Paris) (Paris 1976) 527–540.

¹⁷ *H. G. Gadamer*, Wahrheit und Methode, a. a. O. 329–344.

¹⁸ „E mysteriorum ipsorum nexu inter se *et cum fine hominis ultimo*“ (Denz.-Sch., n. 3016).

838

[19] ,Dei Verbum', n. 6.

[20] A. a. O., n. 1–5.

[21] Gaudium et Spes, n. 41.

[22] K. O. *Apel*, Transformation der Philosophie, Bd. 2 (Frankfurt 1973) 264–307; *Fr. Schupp*, Auf dem Weg zu einer kritischen Theologie, a. a. O. 89–94; A. *Grabner-Haider*, Semiotik und Theologie (München 1973) 135 ff.

[23] H. *Kuitert*, Zonder geloof vaart niemand wel (Baarn 1974) 28.

[24] These 19 der Dissertation von *Tj. Baarda*, The Gospel Quotations of Aphrahat the Persian Sage (Amsterdam 1975).

[25] E. *Lévinas*, Autrement qu'être ou au-delà de l'essence (Den Haag 1974); „la ,provocation' venant de Dieu est dans mon invocation" (190).

[26] A. *Vergote*, Interprétation du langage religieuse, a. a. O. 95–116.

[27] L. *Gilkey*, Naming the Whirlwind, a. a. O. 305–413; siehe N. *Schreurs*, Naar de basis van ons spreken over God: de weg van L. Gilkey: TvTh 11 (1971) 275–292; *ders.*, Ervaring en interpretatie van de religieuze dimensie: een reactie, a. a. O. 293–302.

[28] Mit den sogenannten Grundaussagen – ,Protokollsätzen' – in den empirischen Wissenschaften verhält es sich übrigens nicht anders. Statt ,elementare harte Fakten' wiederzugeben, stecken diese Grundaussagen schon voller Theorien und Interpretationen (siehe Anm. 1. Auch W. *Pannenberg*, Wissenschaftstheorie, a. a. O. 53–60).

[29] L. *Wittgenstein*, Philosophische Untersuchungen (Frankfurt 1969) 194 e.

[30] J. *Wisdom*, Gods, in: A. Flew, Logic and language, Bd. 1 (Oxford 1951) 194–214.

[31] J. *Hick*, Faith and knowledge (London ²1967) 150–151.

[32] R. M. *Hare*, in: New essays, a. a. O. 99–103.

[33] R. *Hepburn*, Christianity and paradox (London 1958).

[34] J. H. *Randall*, The role of knowledge in western religion (London 1958); P. *Munz*, Problems of religious knowledge (London 1959).

[35] J. *Hick*, Faith and knowledge, a. a. O. 142–143.

[36] I. *Barbour*, Myths, a. a. O. 51–52.

[37] Zum Beispiel P. *Guillaume*, Psychologie de la forme (Paris 1942) 48–114. Siehe auch E. *Strauss*, Vom Sinn der Sinne (Berlin ²1956).

[38] Siehe A. *Jeffner*, The study of religious language (London 1972) 116–125.

[39] Adäquat, d. h. angepaßt an und geeignet für die zu besprechende Wirklichkeit. Das bedeutet also nicht: erschöpfend; es ist nur gemeint gegen die Erhebung der direkt beschreibenden Sprache zur Norm ,adäquater' Erkenntnis; als wäre diese letztere Sprache nicht genauso inadäquat und selbst in ihrer Beschreibung nicht schon theoriegeladen.

[40] L. *Wittgenstein*, Tractatus logico-philosophicus. Logisch-philosophische Abhandlung (Frankfurt ⁶1969) n. 6.43 (S. 113).

[41] P. *de Pater*, Het theologisch verificatiebeginsel en de analytische filosofie, in: Tussentijds, a. a. O. 139–150.

[42] R. *Schaeffler*, Religion und kritisches Bewußtsein, a. a. O. 240–241.

[43] I. *Kant*, Kritik der reinen Vernunft (erste Ausg.), in: Gesammelte Schriften (hrsg. v. der Königlich Preußischen Akademie der Wissenschaften) (Berlin 1911), Bd. 4, S. 185, Randn. 289 (dasselbe in der 2. Ausg., a. a. O., Bd. 3, S. 231, Randn. 345).

[44] J. *Piaget*, Biologie et connaissance (Paris 1967); *ders.*, Nachmung, Spiel und Traum. Die Entwicklung der Symbolfunktion beim Kinde (Stuttgart 1970); auch *ders.*, Sagesse et illusions de la philosophie (Paris 1965).

[45] J. *Piaget – Inhelder*, L'image mentale chez l'enfant (Paris 1966) 450–451 (dt.: Die Entwicklung des räumlichen Denkens beim Kinde [Stuttgart 1971]).

[46] A. a. O. 449–450 und 458.

[47] J. *Piaget*, Pensée égocentrique et pensée socio-centrique: Cahiers internationaux de Sociologie 10 (1951) 34–49.

[48] *Ders.*, Sagesse et illusions, 67 und 92. Siehe auch W. *de Bont*, Religieus en rationeel denken: TvTh 9 (1969) 79–81. Siehe Kritik: J. *Pohier*, Psychologie et théologie (Paris 1967).

[49] G. *Gusdorf*, Mythe et métaphysique (Paris 1953) 189, und die moderne Kritik an der bloß instrumentalen Vernunft: H. *Marcuse*, Der eindimensionale Mensch (Neuwied ⁷1969); J. *Habermas*, Technik und Wissenschaft als Ideologie (Frankfurt ⁴1970) 48–103; M. *Horkheimer*, Zur Kritik der instrumentellen Vernunft (Frankfurt 1967).

[50] *M. Bellet*, Naissance de Dieu (Brügge 1975); *P. Tillich*, Dynamics of Faith (London 1957) 1–4.

[51] Siehe *G. Rombold*, Die Frage nach dem Unbedingten, in: K. Krenn, Die wirkliche Wirklichkeit Gottes (München – Paderborn 1974) 77–91; *H. Kuitert*, De wil van God doen, in: Ad Interim (Opstellen over eschatologie, apocalyptiek en ethiek, für R. Schippers) (Kampen 1975) 180–195; *D. Z. Philips*, God and ought, in: Christian ethics and contemporary philosophy (ed. I. Ramsey) (London 1966) 133–139; *H. G. Hubbeling*, Criterium als kenmerk en norm (Antrittsvorlesung, Groningen) (Assen 1968).

[52] Siehe die m. E. von beiden einseitig geführte Auseinandersetzung zwischen C. Verhoeven und J. Sperna Weiland, in: Ethiek en Religie (Congres voor moderne theologie, 21. Oktober 1974): Radarpeiling 10 (1975) n. 2, 7–17 und 17–23.

[53] *E. Lévinas*, Difficile liberté. Essais sur le Judaisme (Paris 1963) 33. Auch *K. Rahner* sieht die Wirklichkeitsdichte der mystischen Gottesliebe ursprünglich im Radikalismus der Nächstenliebe liegen: Über die Einheit von Nächsten- und Gottesliebe, in: Schriften zur Theologie, Bd. 6 (Einsiedeln 1965) 277–298; auch *E. Schillebeeckx*, Stilte, gevuld met parabels, in: Politiek of mystiek? (Brügge 1973) 69–81 (siehe IV. Teil).

[54] Siehe auch *G. Schiwy*, Strukturalismus, a. a. O. 22–23.

[55] *H. Kuitert* und *E. Schillebeeckx*, Jezus van Nazareth en het heil van de wereld (Baarn 1975) 16.

[56] Siehe: Unsere Hoffnung. Ein Glaubensbekenntnis in dieser Zeit (Arbeitshilfen zur Synodenvorlage) (Augsburg 1975) 19.

[57] *Kanon* (siehe auch: *H. Beyer*, s. v. kanōn, in: ThWNT, Bd. 3, 600–606). Dieses griechische Wort ist ein Lehnwort aus dem Semitischen (qâne'). Semitisch bedeutet es: Rohr; eine Rute (als Maß), ein Stab oder eine Stange; daher: Maßstab oder Richtschnur. Die Septuaginta übersetzt dies nie mit ‚kanōn' (wohl findet es sich in 4 Makk 7,21). Griechisch bedeutet ‚kanōn' (Kanon) die Regel, Instruktion oder das Gesetz, daher: Richtschnur, Standard oder Kriterium. So haben die alexandrinischen Grammatiker einen Kanon von Autoren aufgestellt, deren Griechisch als Norm galt. Aber das Gute und Schöne liegen nach griechischer Auffassung auf der gleichen Linie (kalokagathia); daher: Kanon bedeutet auch das sittliche Gesetz und die Lebensideale. Diese Bedeutung findet man auch bei den Philosophen: Philosophieren heißt „Normen oder canones aufstellen" (Epictetes, Diss. II, 11,24). Im Neuen Testament kommt ‚kanōn' vor in Gal 6,15–16; 2 Kor 10,13–16 (dreimal). Im 2. Korintherbrief sind Christus und das ‚Apostolat' Kanon, d. h. Norm. In der frühen Kirche kam ‚canon' bei der auch äußeren Einigung der vielen verstreuten christlichen Gemeinden in Gebrauch; die Bücher des Neuen Testaments werden so zur Richtschnur der einen orthodoxen Ecclesia catholica. Die Schrift wurde zum „Kanon der Wahrheit", zum „Kanon des Glaubens" (regula fidei) und zum „Kanon der Kirche" (Kirche als Kanon). Die außerkanonischen Schriften wurden auch gelesen (vor allem von Katechumenen), aber sie durften nicht im liturgischen Kult gelesen werden.

[58] Siehe ein treffendes Beispiel moderner Christusdarstellungen in: *G. Biemer – R. Ruß*, Wenn das Antlitz sich verbirgt. Christusbilder von Roland Peter Litzenburger (Stuttgart 1975), vor allem der „ökologische Christus", „Der Schrei um die Schöpfung" (S. 105–106).

[59] *W. Pannenberg*, Wissenschaftstheorie, a. a. O. 203–204.

[60] *J. B. Metz:* „Hermeneutische Verfahren sind selbst praxisbezogene Verfahren, insofern es ihnen nicht nur um die Erhellung der Verstehensbedingungen und Verstehenshorizonte in einem bestimmten Erkenntnis- und Handlungszusammenhang, sondern um die Frage der Veränderung solcher Bedingungen und Horizonte selbst geht" (in: „Politische Theologie" in der Diskussion, hrsg. H. Peukert [Mainz – München 1969] 283; siehe auch in: *J. B. Metz, J. Moltmann, W. Oelmüller,* Kirche im Prozeß der Aufklärung [München – Mainz 1970] 80); auch *W. Pannenberg* nennt das hermeneutische Geschehen nicht rein kontemplativ, a. a. O. 109–110 und 202–204.

[61] *J. Ellul*, Aliénation et temporalité dans le Droit, in: Temporalité et aliénation (Cahiers Castelli) (Paris 1975) 191–205.

[62] *L. Dumont*, Homo hierarchicus (Paris 1967) (auch in Englisch: Chicago 1970).

[63] *H. Marrou*, De la connaissance historique (Paris ³1958) 233–234 (deutsch: Über die historische Erkenntnis [Freiburg i. Br. 1973]).

[64] *W. Dupré*, Anfang, in: Handbuch philosophischer Grundbegriffe (München 1973) Bd. 1, 79–90; *P. Levert*, L'idée de commencement (Paris 1961).

[65] *H.-G. Gadamer*, Wahrheit und Methode, a. a. O. 361–414.

[66] *P. Ricœur*, Finitude et culpabilité (Paris 1960) II–2, 142.

ZWEITER TEIL, ERSTER ABSCHNITT (S. 75–102)

¹ Eine Übersicht über die Stellen, in denen ‚charis' im Neuen Testament vorkommt. – A. *Corpus paulinum:* Röm 1,5; 1,7b; 3,24; 4,4; 4,16; 5,2; 5,15a und 15b; 5,17; 5,20; 5,21; 6,1; 6,14; 6,15; 6,17; 7,25; 11,5; 11,6; 12,3; 12,6; 15,15; 16,20; – 1 Kor: 1,3; 1,4; 3,10; 10,30; 15,10; 15,57; 16,3; 16,23; – 2 Kor: 1,2; 1,12; 1,15; 2,14; 4,15; 6,1; 8,1.4.6.7.9.16.19; 9,8; 9,14; 9,15; 12,9; 13,13; – Gal: 1,3; 1,6; 1,15; 2,9; 2,21; 3,19 (Verhältniswort); 5,4; 6,18; Phil: 1,2; 1,7; 4,23; – 1 Thess: 1,1 und 5,28; 2 Thess: 1,2; 1,12; 2,16; 2,18; – Eph 1,2; 1,6; 1,7; 2,5; 2,7; 2,8; 3,2; 3,7; 4,7; 4,29; 6,24 (3,1 und 3,14: Verhältniswort ‚charis') – Kol 1,2; 1,6; 3,16; 4,18; – 1 Tim: 1,2; 1,12; 1,14; 5,14 (Verhältniswort); 6,21; – 2 Tim: 1,2; 1,3; 1,9; 1,10; 2,1; 4,22; – Tit: 1,4; 2,11; 3,7; 3,15 (1,5 und 1,11 = Verhältniswort); Philemon, Vers 3 und 25; – B. Sonst im Neuen Testament: Lk 1,30; 2,40; 2,52; 4,22; 6,32.34; 7.47 (Verhältniswort); 17,9; – Apg: 2,47; 4,33; 6,8; 7,10; 7,46; 10,45; 11,23; 13,43; 14,3; 14,26; 15,11; 18,27; 20,24; 20,32; 24,27; 25,3; 25,9; – Joh 1,14–17; – Hebr 2,9; 4,16; 10,29; 12,15; 12,28; 13,9; 13,25; – Jk: 4,6; – 1 Petr: 1,2; 1,10; 2,19; 3,7; 4,10; 5,10; 5,12; – 2 Petr: 3,18; – 2 Joh: Vers 3 (in 1 Joh 3,12 ist „charin" Präposition); – Jud, Vers 4; – Offb 1,4; 22,21.

² Siehe R. *Morgenthaler*, Statistik des Neutestamentlichen Wortschatzes (Zürich – Frankfurt 1958); *ders.*, Statistische Synopse (Zürich–Stuttgart 1971), G. *Morrish*, A concordance to the Septuagint (London 1974).

³ Im Zusammenhang mit der Schonung des Schwächeren (siehe z.B. Ijob 19,21) kann chânan, in abgeschwächtem Sinn, auch einfach bedeuten: jemand freundlich begegnen oder ihn freundlich ansprechen (Spr 26,25).

⁴ In der hitfal-Form erhält chânan die Bedeutung von flehend bitten: Gen 42,21; 2 Kön 1,13; Ijob 19,16; Est 4,8; 8,3. Flehend zu Gott bitten: Dt 3,23; 1 Kön 8,33.47.59; 9,3; 2 Chron 6,24.37; Hos 12,5; Ps 30,9; 142,2. Diese Form führt dann wieder zu substantivischen Ableitungen im Sinne von Bittgebet (1 Kön 8,30; 2 Chron 6,21; Jer 37,20; 38,26; Spr 18,23; Ps 28,2.6; 31,33 usw.).

⁵ Erst später kommt es zu einer mehr legalistischen Haltung: Man appelliert im Elend an Gottes Gnade und verweist dabei auf die eigene Treue und die Befolgung der Gebote Gottes (Ps 26,11).

⁶ In Ex 33,19 wird in einem Doppelvers chânan verbunden mit râcham, das eine Nuance von chânan explizit macht, nämlich den Aspekt zärtlichen Mitleids und Erbarmens.

⁷ Vermutlich wird damit der antike, mesopotamische – assyrische und babylonische – Gottesbegriff des willkürlich-übermächtigen Gottes, des großen Potentaten, jahweisiert.

⁸ Auch noch in sekundären Texten wie: Jes 27,11; 30,18.19; 33,2; 26,10.

⁹ Ex 22,26; Ps 116,5.

¹⁰ Siehe J. *Scharbert*, Formgeschichte und Exegese von Ex 34,6–7 und seiner Parallelen: Bibl 38 (1957) 130–150.

¹¹ Im Buch der Sprüche kommt es jedoch öfter vor (Spr 1,9; 3,4; 3,22; 4,9), aber im ‚profanen' Sinn, und zwar so, daß ‚cheen' ganz verselbständigt ist zu einer Eigenschaft, z.B. ‚eine Gazelle mit cheen', d.h. eine zierliche und anmutige Gazelle.

¹² Siehe Gen 39,21; Ex 3,21; 11,3; 12,36; Ps 84,12; Spr 3,34; 13,15.

¹³ Etwa 40mal im Alten Testament.

¹⁴ So W. *Zimmerli* in: ThWNT, Bd. 9, 366–377.

¹⁵ W. *Zimmerli*, a.a.O. 373, Anm. 78.

¹⁶ A. *Jepsen*, s.v. chesed, in: ThWAT, Bd. 1, 338–339; und H. *Stoebe*, s.v. chânan, in: ThHandWAT, Bd. 1, 587–597.

¹⁷ H. *Wildenberger*, s.v. 'emeth, in: ThHandWAT, Bd. 1, 201.

¹⁸ H. *Wildenberger*, a.a.O. 208, vermutet hier fremden, vielleicht iranischen Einfluß. Im →frühen Judentum oder Judaismus wird diese Bedeutung vorherrschend. Dadurch wird die Übersetzung der Septuaginta ('emeth ist hier alètheia oder Wahrheit) verständlich.

¹⁹ Das gilt für viele alttestamentliche Begriffe. Siehe zum Begriff ‚Liebe': W. *Grossouw*, Wat leert het nieuwe testament over de liefde tot God?: TvTh 3 (1963) 230–251.

²⁰ So H.J. *Stoebe*, s.v. chesed, in: ThHandWAT, Bd. 1, 616.

²¹ Das Adjektiv châsîd, gewöhnlich übersetzt mit ‚fromm' oder ‚treu' bedeutet eigentlich: derjenige, der chesed übt (Jer 3,12; Mi 7,2; Ps 4,4; 12,2; 18,26; 32,6; 43,1; 86,2; 145,17). An manchen Stellen wird Jahwe selbst châsîd genannt (Jer 3,12; Ps 145,17). Die Chassidim sind die frommen, Gott treuen Gläubigen. Im Prinzip ist dies ganz Israel, ‚die Versammlung der chassidim' (Ps 50,5), der Bundestreuen. Châsîd bedeutet dann soviel wie Mitglied der Glaubensgemeinschaft Israels, des

Herrschaftsbereichs der Huld Gottes (siehe: Ps 31,8.17.22.24; 32,6.10; 52,10.11; 85,8.9.11, usw.); ein châsîd ist ein Mitbegnadeter oder ein Gnadengenosse. Erst von der Makkabäerzeit an wird dieser Ehrenname von manchen in seinem Umfang eingeengt und für eine abgesonderte Volksgruppe reserviert, die für die Reinheit des jüdischen Glaubens kämpfte.

[22] Im Zusammenhang mit den oben analysierten Bedeutungen von Gnade im Alten Testament ist es interessant, die Stammbedeutung unseres Begriffs ‚Gnade‘ ins Gedächtnis zu rufen. Ginâtha (altniederfränkisch), ginâda (althochdeutsch), ginatha (altsächsisch) bedeuten: Ruhe, Bequemlichkeit, Gnade, Hilfe, Dankbarkeit. Im Gotischen liegt der Nachdruck vielleicht auf ‚unterstützen‘, während auch das altirische (in-neuth) ‚ich stütze‘ bedeutet. Im Altindischen bedeutet „nathâ“ Zuflucht oder Hilfe. Mit anderen Worten, die gewöhnlichen Bedeutungen von Gnade decken sich in diesen Sprachen in vieler Hinsicht.

[23] Zum Beispiel Aristoteles, Ethica ad Nic. V, 8, 1133 a.

[24] „Hai tōn Sebastōn charites“ (kaiserliche Gunsterweise) steht auf einer orientalischen Inschrift vom 1. Jahrhundert v. Chr. (in: Orientis Graeci inscriptiones selectae, hrsg. W. Dittenberger [Leipzig 1903] 669.44).

[25] *Liddell – Scott,* s. v. charis, a. a. O., Sp. 1979 A.

[26] Corpus Hermeticum I, 32; XIII, 12.

[27] *G. Wetter,* Charis, a. a. O. 29; auch *H. Conzelmann,* s. v. charis, in: ThWNT, Bd. 9, 362–392.

[28] Test Lev. 18,9; Test Jud. 24. Bei diesen Testamenta bildet einen Unsicherheitsfaktor ihre Redaktionsgeschichte. Höchstwahrscheinlich jüdischen Ursprungs (2. Jahrhundert v. Chr.), sind diese Testamenta christlich bearbeitet und interpoliert. Siehe *J. Becker,* Untersuchungen zur Entstehungsgeschichte der Testamente der zwölf Patriarchen (Leiden 1970), und *L. Rost,* Einleitung in die alttestamentlichen Apokryphen, Pseudepigraphen, einschließlich der großen Qumranschriften (Heidelberg 1971).

[29] *F. Christ,* Jesus Sophia (Zürich 1970); *M. Hengel,* Judentum und Hellenismus (Tübingen ²1973) 275–313; *C. Larcher,* Etudes sur le livre de la Sagesse (Paris 1969); *U. Wilckens,* Weisheit und Torheit (BHTh 26) (Tübingen 1959); *R. G. Hamerton-Kelly,* Preexistence, Wisdom, and the Son of Man (Cambridge 1973); *B. Lang,* Frau Weisheit (Düsseldorf 1975).

[30] Siehe auch *K. Schubert,* Einige Beobachtungen zum Verständnis des Logosbegriffes im frührabbinischen Schrifttum: Judaica 9 (1953) 65–80, vor allem 67–88.

[31] *R. Meyer,* Tradition und Neuschöpfung im antiken Judentum, in: Berichte über die Verhandlungen der Sächsischen Akademie, 110–2 (Leipzig 1965) 7–88.

[32] Siehe auch Strack-Billerbeck, II, 357.

[33] *Kl. Berger,* Gnade, a. a. O. 4. Zu der Literatur über die paulinische Charis ist noch hinzuzufügen: *D. J. Doughty,* The Priority of Charis. An Investigation of the Theological Language of Paul: NTS 18 (1972) 163–180.

[34] Siehe *J. Fichter,* Die altorientalische Weisheit in ihrer israelitisch-jüdischen Ausprägung (BZAW, 62) (Gießen 1933). Wie der Gedanke an ‚geoffenbarte Weisheit‘ und das Interesse für die alte östliche Weisheit von der hellenistischen Besetzung des nahen Ostens bis ins 2. und 3. Jahrhundert n. Chr. eine geistige Elite anzog, hat vor allem *A. J. Festugière* analysiert in: La révélation d'Hermès Trismégiste, Bd. 1 (Paris 1950).

[35] Zum Beispiel Philo, Immutationes, 104 ff.

[36] Das ganze Buch Sirach; 4 Esr 8.

[37] Vgl. *H. Reventlow,* Rechtfertigung im Horizont des Alten Testaments (München 1971), und *R. Gyllenberg,* Rechtfertigung und Altes Testament bei Paulus (Stuttgart 1973).

[38] Im Judentum hat der Begriff ‚die Werke‘ verschiedene Bedeutungen. Siehe *G. Bertram,* s. v. erga (nomou), in: ThWNT, Bd. 2 642–645; Strack-Billerbeck, III, 160–162. In der frührabbinischen Literatur ist die Rede von ‚Werken‘ (ma'asîm), manchmal von ‚guten Werken‘ (m'tobîm, das manchmal nicht-obligatorische Werke bedeutet) und schließlich von Gesetzeswerken (mischwôt, Singular mischwâ) (siehe *G. Liedke,* sch-w-h, in: ThHandWAT, Bd. 2, 530–536). Eigentlich bedeutet mischwa einen Befehl – Gebot oder Verbot – und auch seine Ausführung und somit gegenüber der Tora auch ‚Gesetzeswerke‘: tun, was das Gesetz verlangt. Das Gesetz ist das Gnadenprinzip des Ethos; die Gesetzeswerke sind die menschliche Antwort auf Gottes huldvolle Gabe des Gesetzes.

ZWEITER TEIL, ZWEITER ABSCHNITT (KAPITEL I–IV) (S. 103–293)

[1] Siehe, was ich über „das Kriterium der proportionalen Norm" gesagt habe, in: Geloofsverstaan: interpretatie en kritiek (Theologische Peilingen 5) (Bloemendaal 1972) 98–105.
[2] Röm 1,7b und 16,20; 1 Kor 1,3 und 16,23; 2 Kor 1,2 und 13,13; Gal 1,3 und 6,18; Phil 1,2 und 4,23; 1 Thess 1,1 und 5,28; 2 Thess 1,2 und 2,18; Eph 1,2 und 6,24; Kol 1,2 und 4,18; 1 Tim 1,2 und 6,21; 2 Tim 1,2 und 4,22; Tit 1,4 und 3,15; Phlm 3 und 25.
[3] Siehe *J. Th. Nelis*, II Makkabeeën (Bussum 1975) 46–48.
[4] *Kl. Berger*, Gnade, a.a.O. 8–10.
[5] Siehe „Jesus, die Geschichte von einem Lebenden', 95–103, und die später erschienene Studie über den Euangelion-Begriff von *G. Strecker*, Das Evangelium Jesu Christi, in: Jesus Christus in Historie und Theologie (Festschrift für H. Conzelmann) (hrsg. G. Strecker) (Tübingen 1975) 503 bis 548.
[6] *F. Mußner*, Galaterbrief, a.a.O. 168–169.
[7] *Grossouw*, Galatenbrief, a.a.O. 102–103 und 106.
[8] Strack-Billerbeck I, 116–120; III, 539–541.
[9] A.a.O. II, 523 (siehe Joh 8,33).
[10] Siehe eine analoge Argumentation in Hebr 7,1–22 im Zusammenhang mit dem levitischen Priestertum nach der Abrahamsverheißung. Deutlich ein früh-jüdischer Topos.
[11] *Grossouw*, Galatenbrief, a.a.O. 135–136.
[12] Ders., a.a.O. 123–124.
[13] Durch Verbindung von (griech.) Gen 12,3 mit Gen 18,18; siehe *F. Mußner*, Galaterbrief, 220. Die Linie soll wie folgt verlaufen: Gen 12,3 →18,18 →22,18 →26,4 →28,4 →Ps 72,27 →Sir 44,21 →Apg 3,25 →Gal 3,8 (*Groussouw*, a.a.O. 124, Anm. 17).
[14] *A. R. Hulst*, s.v. 'am (gôj), in: ThHandWAT, Bd. 2, 290–325; *W. Grundmann*, s.v. dèmos, in: ThWNT, Bd. 2, 62–64; *G. Bertram* und *K. L. Schmidt*, s.v. ethnos, a.a.O. Bd. 2, 362–370; *H. Strathmann* und *R. Meyer*, s.v. laos, a.a.O. Bd. 4, 29–57. Der ursprüngliche begriffliche Gegensatz liegt darin, daß 'ammîm *Völker* (die Menschen) bedeutet, gôjîm dagegen dieselben Menschen als organisiert in Staaten, Königreichen, m.a.W. ihre gesellschaftspolitische, geschichtliche (und daher religiöse) Abgrenzung gegenüber einander. Später erst wird gôjîm Ausdruck vor allem für die nicht-jüdischen, ‚nicht-gläubigen' oder heidnischen Völker.
[15] Siehe ‚Jesus, die Geschichte von einem Lebenden', 338–340 (siehe dort die Verweise auf Jes 49,6).
[16] So die These des Buches von *H. Schmid*, Gerechtigkeit und Weltordnung, a.a.O.
[17] *G. von Rad*, Weisheit in Israel (Neukirchen 1970) 108.
[18] Nach *K. Koch*, in: ThHandWAT, Bd. 2, 520, ist Gottes Rechtfertigung eines Sünders, oder daß er einem Sünder Recht verschafft, nach jüdischen Auffassungen schlechthin undenkbar. Das wird bestritten von *H. Reventlow*, Rechtfertigung im Horizont des Alten Testaments, a.a.O. Des weiteren wird sich jedoch zeigen, daß es einen doppelten Begriff von zedâqâ gibt: – a) dem (leidenden) zaddiq Recht verschaffen und – b) den *späteren* Begriff von zedâqâ als Sündenvergebung (vor allem in nicht-offiziellen jüdischen Kreisen).
[19] Siehe *K. Koch*, Tempeleinlaßliturgien und Dekaloge, in: Studien z. Theol. der alttest. Überlieferungen (hrsg. R. Rendtorff und K. Koch), (Festschrift G. von Rad) (Neukirchen 1961) 45–60. Siehe Ps 15; Ps 24; Jes 33,14b–16.
[20] *W. Zimmerli*, Ezechiel (BKAT, XIII-1) (Neukirchen) Bd. 1, 406–409.
[21] Siehe *H. Cazelles*, Quelques termes difficiles, a.a.O. 169–188; auch *J. Fiedler*, Der Begriff der Dikaiosyne, a.a.O.
[22] Siehe *J. Jocz*, God's ‚poor' People: Judaica 28 (1972) 7–29; auch *H. Donner*, Die soziale Botschaft der Propheten im Lichte der Gesellschaftsordnung in Israel: Oriens Antiquus 2 (1963) 229–245.
[23] *Fr. Stier*, Das Buch Ijob, Hebräisch und Deutsch (München 1954) 237–238; siehe auch *G. von Rad*, Weisheit in Israel (Neukirchen 1970); *J. Blank*, Begegnung mit dem Heiligen als Krise und Entscheidung, in: Heilkraft des Heiligen (J. Sudbrack u.a.) (Freiburg 1975) (45–77) 64–68.
[24] *M. Hengel*, Judentum und Hellenismus, a.a.O. 241–274.
[25] Fl. Josephus, Contra Apionem, 1,41, spricht in diesem Zusammenhang von der ‚diadochè' im Sinn einer prophetischen Sukzession.

²⁶ Siehe vor allem PsSal. 9, 7–9; Strack-Billerbeck, I, 583; IV, 7; und *R. Mach,* Der Zaddiq, a. a. O. 41 ff.

²⁷ Vor allem *P. Stuhlmacher,* Gerechtigkeit Gottes, a. a. O. 154–166.

²⁸ Siehe das Werk von *A. Marmorstein,* The Doctrine of Merits in Old Rabbinic Literature (New York ²1968).

²⁹ Siehe *R. Mach,* Der Zaddiq, a. a. O. 39 ff.

³⁰ Siehe Strack-Billerbeck, III, 186–217; *O. Schmitz,* Abraham im Spätjudentum und im Urchristentum, in: Aus Schrift und Geschichte (Festschrift f. A. Schlatter) (Stuttgart 1922) 99–123; *E. Jacob,* Abraham et sa signification pour la foi chrétienne: RHPh 2 (1962) 148–156; *H. J. Schoeps,* Paulus (Tübingen 1959) 144–152; *Jacobs,* The Midrashic Background for James II, 21–23: NTS 22 (1976) 457–464; *R. le Déaut,* La nuit paschale (Rom 1963) 100–110.

³¹ *J. Jervell,* Imago Dei. Gen 1, 26–27 im Spätjudentum, in der Gnosis, und in den paulinischen Briefen (Göttingen 1960); *E. Brandenburger,* Adam und Christus (WMANT, 7) (Neukirchen – Vluyn 1962).

³² Siehe oben, S. 86 f.

³³ Die Qumrangemeinde, die ebenfalls die eschatologische Sündenvergebung und Rechtfertigung aus Gnade vertritt, bindet sie an die Mitgliedschaft der eschatologischen Restgemeinde von Qumran.

³⁴ *E. Schweizer – R. Meyer,* s. v. sarx, in: ThWNT, Bd. 7, 98–151.

³⁵ Didachè 10, 8, Preces eucharisticae, siehe (u. a.) in: *C. Kirch,* Anm. 3, S. 4.

³⁶ Vor allem *G. Kittel,* Der geschichtliche Ort des Jakobusbriefes, a. a. O. 94–102; *Th. Boman,* Die Jesus-Überlieferung, a. a. O. 196–207.

³⁷ A. Harnack; M. Dibelius; K. Aland, usw.

³⁸ So *F. Mußner,* Der Jakobusbrief, a. a. O. 19.

³⁹ *I. Jacobs,* The Midrashic Background for James II, 21–23: NTS 22 (1976) 463.

⁴⁰ *F. Mußner,* Der Jakobusbrief, a. a. O. 145.

⁴¹ *I. Jacobs,* a. a. O. 462–464.

⁴² Ps.-Philo, Liber Antiquitatum Biblicarum, 18, 5 (Ausg. Kisch, 159; Englische Übersetzung M. James, London 1917, 123–124.)

⁴³ Damals schon ein Topos (Josephus, De bello judaico, V, 438; Oratio Manasse, 4).

⁴⁴ Strack-Billerbeck, I, 22.

⁴⁵ So *J. Gnilka,* Der Philipperbrief, 5–11.

⁴⁶ „Sie werden nach oben gerufen" (pros ton theion anō klēsis) (Philo, Plant. 23). In der griechischen ApocBaruch wird die „anō klēsis" dem Eintritt ins Paradies gleichgestellt. Auch Phil 3, 14 spricht von „anō klēsis".

⁴⁷ Philo, Vita Moysis II, 69–70.

⁴⁸ Siehe *C. R. Holladay,* Theios Anèr in Hellenistic-Judaism: A Critique of the Use of this Category in New Testament Christology (Cambridge 1974) (Maschinenschrift). Die Schlußfolgerung dieser Studie ist, daß es zwar unterschiedliche Vorstellungen dieser Art gab und daß „theios" zumindest vier verschiedene Bedeutungen hat. „Theios anèr" ist: a) ein Inspirierter; – b) jemand in einer bestimmten Beziehung zu Gott; – c) ein außergewöhnlicher Mensch und – d) ein göttlicher Mensch. Nirgends wird jedoch deutlich, daß „theios anèr" ein göttlicher Mensch ist, der *Wundertaten* vollbringt. In der griechisch-jüdischen Mystik bedeutet der Begriff etwa das, was wir einen ‚Mann Gottes' nennen. Bei Philo und Josephus werden die großen Helden aus der Geschichte Israels einfach Gottesmänner genannt, zwar in der Perspektive von Menschen mit einer mystischen Beziehung zu Gott, aber nicht im Sinne von Wundertätern.

⁴⁹ *J. Gnilka,* Philipperbrief, a. a. O. 269–270.

⁵⁰ ‚Jesus, die Geschichte von einem Lebenden', 375; siehe auch mein Fragezeichen in der Überschrift auf S. 375. Nach dem Studium des Buches von Holladay möchte ich keinesfalls von einer „theios anèr"-*Christologie* sprechen (wohl aber, wie ich es schon getan habe, von einer Christologie des *salomonischen* Davidssohnes).

⁵¹ Philo, Conf. ling., 78.

⁵² *H. Haerens,* Sôtèr et Sôtèria (Studia hellenistica, 5) (Löwen 1948).

⁵³ *J. Jervell,* Imago Dei, a. a. O. 229.

⁵⁴ Siehe unten bei Hebr 1, 6–10.

⁵⁵ Philo, Quis rerum divinarum heres, 29.

⁵⁶ *J. Jervell,* Imago, a. a. O. 212–213.

[57] *L. Cerfaux,* L'hymne au Christ-Serviteur, a. a. O. 117–130.

[58] *J. T. Sanders,* Christological Hymns, a. a. O. 60.

[59] *J. A. Sanders,* Dissenting Deities, a. a. O. 281–282 (1 Hen 6,2; Vita Adae et Evae).

[60] *G. Strecker,* Redaktion, a. a. O. 75.

[61] *E. Schweizer,* Erniedrigung, 30; *L. Ruppert, Jesus* als der leidende Gerechte? (Stuttgart 1972) 70; *G. Nickelsburg,* Resurrection, Immortality, a. a. O. 77–78.

[62] *R. Hamerton-Kelly,* Pre-existence, a. a. O. 167.

[63] ‚Res rapta‘ bedeutet: eine schon geraubte Beute; ‚res rapienda‘ dagegen eine noch zu raubende Beute. Siehe *P. Schoonenberg,* Kenosis: Conc 2 (1966) 24–33.

[64] Slav. Henoch 29,4–5.

[65] Slav. Henoch, a. a. O.

[66] *J. Jervell,* Imago Dei, a. a. O. 230–231.

[67] *Literatur.* – Allgemein: H. *Wolff,* The Kerygma of the Jahwist: Int 20 (1966) 131–158; *R. Clements,* Abraham and David (SBTh 215) (London 1967); *W. Brüggeman,* David and his Theologian: CBQ 30 (1968) 156–181; *B. Mazar,* The historical background of the book Genesis: JNES 28 (1969) 73–83; *A. Alt,* Kleine Schriften zur Geschichte des Volkes Israel, 3 Bde. (München 1953–1959). Einzelanalysen: vor allem *W. Wifall,* Son of Man. A pre-Davidic social class?: CBQ 37 (1975) 331–340; *ders.,* The Breath of his Nostrils, Gen 2,7b: CBQ 36 (1974) 237–240; *ders.,* Gen 3,15. A Protevangelium CBQ 36 (1974) 361–365; *ders.,* Gen 6,1–4. A Pre-Davidic Royal Myth?: BTB 5 (1975) 294–301; *ders.,* David, Prototype of Israels Future: BTB 4 (1974) 94–107; *W. Brüggeman,* The trusted creature: CBQ 31 (1969) 484–498; *ders.,* Kingship and Chaos: CBQ 33 (1971) 317–332; *ders.,* Neariness, Exile and Chaos: CBQ 34 (1972) 19–38; *ders.,* Of the same flesh and bone: a. a. O. 32 (1970) 532–542; *ders.,* From Dust to Kingship: ZAW 84 (1972) 1–18; *J. Wijngaards,* Vazal van Jahwe (Baarn 1965). So spiegeln die Verheißungen an Abraham (Gen 12) die sozialpolitischen Verhältnisse des Königsreichs Israel wider und die Bundesverheißung die des sogenannten Davidsbundes in 2 Sam 7.

[68] *J. Collins,* Son of Man and Saints of the Most High: JBL 93 (1974) 50–66; dieselben Vorstellungen sind übrigens in Ägypten lebendig, mit ihnen sind Israels Königstraditionen auch verwandt (*H. Frankfort,* Ancient Egyptian Religions, New York 1961).

[69] *J. Collins,* Son of Man, a. a. O. 55–60. Mit den in Anm. 67 zitierten Werken (vor allem Wifall und diesem von Collins) wird das, was für mich in der Vorgeschichte des Begriffs Menschensohn noch unklar war (siehe: ‚Jesus, die Geschichte von einem Lebenden‘, 406–418), in überzeugender Weise beseitigt. Zwar ist diese Einsicht kein neuer Beitrag für den Gebrauch des Wortes Menschensohn im Neuen Testament. Doch wird damit deutlich, warum Jesus sowohl Davidssohn als auch Menschensohn genannt werden konnte: ursprünglich waren beide Titel fast synonym.

[70] Unter anderen behauptet *G. ter Schegget,* daß nach dem Tod Jesu keine neue Phase beginnt, mit allen Konsequenzen dieser Abstraktion, in: Het lied van de mensenzoon, a. a. O. 138.

[71] Siehe auch *F. Hahn,* Christologische Hoheitstitel. Ihre Geschichte im frühen Christentum (Göttingen 1963) 120–121.

[72] Siehe auch die Literatur auf S. 527 über die spätantike Spiritualität.

[73] Zum Beispiel 4 Makk 5,11.

[74] Josephus, De bello judaico, II, 119; Antiquitates, 18,11.

[75] Diogenes Laertes, VI, 102.

[76] Marcus Aurelius, IV, 23,2.

[77] Philo sagt von der Weisheit: „dia hès ta hola élthen eis genesin" (De fuga, 109): „durch sie kam das All ins Dasein".

[78] Strack-Billerbeck, III, 583.

[79] Schon bei Plato, Timaios, 31b; 32a.c.; 39e; 47c–48b.

[80] So *E. Lohse,* An die Kolosser und an Philemon, a. a. O. 93.

[81] *H. Hegermann,* Die Vorstellung vom Schöpfungsmittler, a. a. O. 58–59, 63–66, 100–101.

[82] Philo, De somniis, I, 128.

[83] „Haupt" kann hier nicht in einem alttestamentlichen Sinn verstanden werden. Im Tenach bedeutet ‚Haupt‘ Führer und Herrscher; es legt nicht den Gedanken des Lebensprinzips nahe, um das es hier geht. „Haupt" muß also hellenistisch verstanden werden. Alttestamentlich steht ‚Haupt‘ übrigens nie ‚Leib‘ gegenüber.

[84] Es besteht hier außerdem ein Unterschied zu ‚sōma‘ bei Paulus. In 1 Kor 12 und Röm 12 geht es um die gegenseitigen Beziehungen der Glieder des einen Leibes, nicht um eine Haupt-Leib-Bezie-

hung. 1 Kor 1,13 geht schon mehr *in die Richtung des* Kolosserbriefs: der eine Leib, in den wir getauft werden, und ,eucharistischer Leib'.

[85] Strack-Billerbeck, III, 78–79.

[86] „Amphoterōn henos ontos" (Corp. Herm., 16,3). Vgl. Odae Salomonis 7 (Siehe *E. Lohse*, An die Kolosser, a. a. O. 99).

[87] *A. R. Hulst*, s. v. sch-k-n, in: ThHandWAT, Bd. 2, 904–909; *W. Michaelis*, s. v. skènè, in: ThWNT, Bd. 7, 369–396; *R. de Vaux*, Le lieu que Jahvé a choisi pour y établir son nom (Festschrift f. L. Post) (BZAW 105) (Berlin 1967) 219–228.

[88] Über ,kosmische Versöhnung' siehe auch Ascensio Jes 11,23; Strack-Billerbeck I, 420. In der Gnosis ist eine Aussöhnung zwischen Himmel und Erde undenkbar.

[89] Der Kolosser-Text ist hier sehr dunkel (vielleicht verderbt). Unter den Übersetzungen scheint mir die von Lohse am besten den Sinn der bekämpften Lebensphilosophie wiederzugeben. Siehe *E. Lohse*, An die Kolosser, a. a. O. 168 und 173–178.

[90] Das wurde von den Exegeten zuwenig beachtet. Siehe aber *E. Larsson*, Christus als Vorbild (ASNT, 23) (Uppsala 1962) 226; *K. Wegenast*, Das Verständnis der Tradition bei Paulus und in den Deutero-Paulinen (Neukirchen 1962); *J. Gnilka*, Der Epheserbrief, a. a. O. 227–229.

[91] Siehe unten zum Judas- und zum Zweiten Petrusbrief auch die Darlegung bei der ‘Synthese, S. 466–467.

[92] *G. Wehmeier*, s. v. 'lh, in: ThHandWAT, Bd. 2, 272–290; *J. Schneider*, s. v. bainô, in: ThWNT, Bd. 1, 516–521.

[93] Strack-Billerbeck, III, 588–591; Josephus, Contra Apionem, 1,11.

[94] Siehe Weish 9,8; TestLevi 5,1–2; Syr.ApocBaruch 4,3–6; 4 Esr 7,26; 8,52; 13,36; TestDan 5,12. Vgl. Gal 4,26; Offb 3,12; 22,10; PsSal 17,25.

[95] Quintillianus, 6,1.

[96] Einige Beispiele: „Alles in Christus unter ein Haupt bringen" (neue Willibrordübersetzung); wieder anders in Le Bible de Jérusalem: „ramener toutes choses sous *un seul chef*, le Christ", wo ,Haupt' im französischen doppeldeutigen Sinn gebraucht wird. The New Bible übersetzt m. E. korrekt: „that the universe, all in heaven and on earth, might be brought *into a unity* in Christ".

[97] Paulus kennt zwar Christus als Haupt (1 Kor 11,3), aber nicht als Haupt der Kirche: „Christus ist das Haupt eines jeden Mannes, der Mann das Haupt der Frau, und Gott ist wieder das Haupt Christi." In Eph 5,3 wird (was Paulus in 1 Kor 11,3 sagt): „Der Mann ist das Haupt der Frau, *wie* Christus das Haupt der Kirche ist", nämlich Beseelung und Lebensprinzip. Paulus weiß auch, daß Christus *Herr* über alles ist (z. B. Phil 2,9–11), aber nicht „Haupt von allem". Haupt bedeutet in dieser spätantiken Welt nicht ,Chef', ,Führer', sondern ein alles durchdringendes Lebensprinzip.

[98] Siehe: *M. Saebø*, s. v. sôd, in: ThHandWAT, Bd. 2, 144–148; *G. Schrenk*, s. v. boulè, in: ThWNT, Bd. 1, 631–636.

[99] Siehe ,Jesus, die Geschichte von einem Lebenden', 258–260. So zitiert Eph 6,15 Deuterojesaja (griech. Jes 57,19), wo der Paralleltext (Kol 4,3) dies nicht tut.

[100] Strack-Billerbeck, II, 279–280; III, 260–261; siehe auch *H. Kessler*, Die theologische Bedeutung des Todes Jesu (Düsseldorf 1970) 256–264; *K. H. Schelkle*, Petrusbriefe, a. a. O. 212–213.

[101] 2 Makk 7,37–38; siehe ,Jesus, die Geschichte von einem Lebenden', 259.

[102] A. a. O. 250–257 (mit Literatur dort, vor allem L. Ruppert und G. Nickelsburg).

[103] Siehe *C. Spicq*, La prima Petri, a. a. O. 37–61; *R. Grundry*, Verba Christi, a. a. O. 336–350; *H.-J. Vogels*, Christi Abstieg, a. a. O. 72–73.

[104] Siehe *C. Westermann*, Genesis (BK I-1) (Neukirchen 1974) 491–517. Der Jahwist dachte dabei keineswegs an Engel, sondern an die Gottessöhne oder adeligen ,Menschensöhne', wie David und Pharao, Könige und Notabeln, die sich alle Frauen nach Gutdünken nahmen, ein Grund dafür, warum nach dem J-Bericht Gott als Strafe das menschliche Alter auf 120 Jahre beschränkt. Das frühe Judentum und das Christentum aber lasen in Gen 6,1–4 eine Geschichte über Engel.

[105] Siehe Ascensio Jer., 9–11; Odae Sal. 22; 24; 42; Ev. Petri 10,41–42; Ev. Nicodemi 17 ff. Siehe *M. Hengel*, Judentum und Hellenismus (Tübingen ²1973) 163; 347–348; 423–424. Die entscheidende Frage ist, ob 1 Petr 3,19 auf diese Erklärung von Gen 6,1 verweist oder vielmehr auf den Bericht, der darauf folgt (die Sintflut). Siehe die jüngsten, einander widerstreitenden Studien darüber: *W. Dalton*, Christ's Proclamation to the Spirits, a. a. O., und *H.-J. Vogels*, Christi Abstieg ins Totenreich, a. a. O., dessen Argumente mir ausschlaggebend erscheinen.

[106] *Vogels*, Christi Abstieg, a. a. O. 101–115.

[107] Diese Theorie kam in der modernen Exegese erst 1890 auf, nach der Veröffentlichung des

Buches von *F. Spitta*, Christi Predigt an die Geister (Göttingen 1890), und wurde ohne weitere neue Forschung von Buch zu Buch von den meisten Exegeten übernommen. In die katholische Exegese hielt diese Theorie ihren Einzug mit dem Werk von *K. Gschwind*, Die Niederfahrt Christi in die Unterwelt (Münster 1911). Auch H. Küng verteidigt noch diese Theorie in ,Christ sein' (München ⁸1976). Sie scheint mir eine konfessionell bestimmte These zu sein, die von katholischen Exegeten unkritisch übernommen wird.

[108] Vor allem der doch grundgelehrte Kommentar von *C. Spicq*, L'épître aux Hébreux, a. a. O., scheint mir der Hauptschuldige zu sein.

[109] Tacitus, Nero (siehe C. Kirch, n. 25).

[110] Siehe ,Jesus, die Geschichte von einem Lebenden', 105–109.

[111] Suetonius, Vita Caesaris Claudii, 25, 3–4.

[112] Tacitus, Annales, XV, 44.

[113] Auch Josephus, Antiquitates, 15, 5, 3 (siehe Kirch, n. 34).

[114] Zum Beispiel Hebr. Henoch 10, 3

[115] Siehe oben, 1. Teil, Kap. 3, S. 68–70.

[116] ,Pescher' und ,midrasch' siehe unten unter: Technische Informationen.

[117] *J. Jeremias*, s. v. Moyses, in: ThWNT, Bd. 4, 852–853; *L. Perlitt*, Moses als Prophet: EvTh 31 (1971) 588–608; in der zitierten Literatur *J. L. Martyn*, History and Theology, 122–125; *W. Meeks*, The Prophet King, 100 ff und 117–125 (siehe unten bei ,Johanneismus').

[118] Philo, Quest. in Exodum, II, 29: „transmutatur in divinum, ita ut fiat Deo cognatus, vereque divinus". Ferner bei Philo auch in De vita Moysis, I, 155; II, 107; II, 111; II, 214. Siehe Josephus, Antiquitates, II, 201–204. 233 ff; V, 326. Siehe *W. Meeks*, The Prophet-King (Leiden 1967) 103–107, 110–111 und 192–195. Siehe unten bei ,Johanneismus'.

[119] So hat es u. a. Philo, Quod det, 178, formuliert; Strack-Billerbeck III, 694–695; *M. de Jonge* und *A. S. van der Woude*, 11 Q Melch, a. a. O.: NTS (1965–66) 320–321.

[120] *R. Williamson*, Philo and to the Hebrews, a. a. O. 440.

[121] Philo, Leg. Alleg. III, 82.

[122] *A. van der Woude*, a. a. O.: OTS 17 (1965) 354–373; *M. de Jonge* und *Van der Woude*, 11 Q Melch, a. a. O. 301–326; *J. Fitzmyer*, Further Light, a. a. O. 25–41. Dem letzteren zufolge ist Melchisedek dabei Hoherpriester, nach den beiden ersten Autoren dagegen nicht.

[123] Siehe ,Jesus, die Geschichte von einem Lebenden', 103–111 (mit Literaturangaben).

[124] Allgemein religionsgeschichtlich steht fest, daß Priestertum und Königtum ursprünglich zusammengehörten und sich später in zwei einzelne Funktionen differenzierten. Siehe: *L. Dumont*, On the Comparative Understanding of Non-Modern Civilizations, in: Daedalus, vol. 104, n. 2, (1975) 153–172.

[125] ,Er gleicht dem': „aphômoiômenos" (perfectum passivum); siehe *De Jonge* und *Van der Woude*, a. a. O.: NTS (1965–66) 321, Anm. 4.

[126] *Y. Yadin*, The Dead Sea Scrolls, a. a. O. 36–55.

[127] So *R. Fuller*, The Foundations of the New Testament Christology (New York 1965) 220–221.

[128] „Charaktèr" kommt allein hier im Neuen Testament vor und nur zweimal in der Septuaginta (Lev 13, 28; 2 Makk 4, 10); auch in der zwischentestamentlichen Literatur wird das Wort nur einigemal gebraucht. Es ist tatsächlich eine platonische Terminologie, die vom Hebräerbrief aus dem alexandrinischen Umkreis übernommen wurde, wo das Wort eingebürgert ist; aber der Hebräerbrief gebraucht seine formale Bedeutung, um eine traditionelle sapientale Gegebenheit auszudrücken.

[129] Siehe *S. Kistemaker*, The Psalm Citations in the Epistle to the Hebrews (Amsterdam 1961) 88–94.

[130] Von der himmlischen Liturgie, in der Engel eine wesentliche Rolle spielen, spricht die ganze zwischentestamentliche Literatur, vor allem: Test. XII Patr., beispielsweise Test.Ruben 6; Test.Sim. 7; Test.Levi 2, 3. 8. 18, usw.; auch Qumrân: 1 QS 9, 10–11; 1 QS 6, 4–6; 1 QSa 2, 18 ff.

[131] *K. G. Kuhn*, The two Messiahs of Aäron and Israël, in: The Scrolls and the New Testament (Kr. Stendahl ed.) (New York 1957) 54–64; *E. Käsemann*, Das wandernde Gottesvolk, 125 ff.

[132] Qumrân: 11 Q Melch; siehe *M. de Jonge* und *A. van der Woude*, a. a. O.: NTS 12 (1965–66) 301–326, und *A. van der Woude*, a. a. O.: OTSt 17 (1965) 345–373.

[133] *R. Brown*, Does the New Testament call Jesus God?: ThS 26 (1965) 562–563.

[134] *J. Jervell*, Imago Dei, Gen I, 26 ff im Spätjudentum, in der Gnosis und in den paulinischen Briefen (Göttingen 1960) 15–51 und (bei Paulus) 171–336.

[135] *W. Wifall*, Son of Man: CBQ 37 (1975) 331–340. Dieser Autor hat m. E. ein neues Licht auf den Begriff ‚der Adam' und ‚der Menschensohn' geworfen. Beide Begriffe sind Projektionen der sozialen Verhältnisse der davidischen Zeit auf die Anfangszeit. Menschensohn bedeutet ursprünglich so etwas wie ‚gentilhomme' oder ‚gentleman' gegenüber ‚homme' oder ‚Mann' als der gewöhnliche Mann von der Straße. Menschensohn ist dann ein Notabler, jemand aus dem gesellschaftlich höheren Stand. Bei dem normalen Demokratisierungsprozeß wird der Begriff, der zuerst für eine bevorzugte Klasse – den davidischen Hof – gebraucht wurde, auf alle Menschen angewendet. Menschensohn, ‚gentilhomme' und ‚gentleman' bezieht sich dann auf alle Menschen. Die erstere Bedeutung im Sinn einer Bevorzugung setzt sich später dann wieder durch, in einem ganz anderen, nämlich religiösen Kontext in der Apokalyptik.

[136] *J. Barbel*, Christos Angelos (Bonn ²1964) (1941); *A. Bakker*, Christ an Angel? A Study of Early Christian Docetism: ZNW 32 (1933) 255–265; *J. Daniélou*, Théologie du judéo-christianisme (Paris 1958) 167–198; *G. Kretschmar*, Studien zur frühchristlichen Trinitätstheologie (Beitr. z. Hist. Theol.) (Tübingen 1956); *R. Longenecker*, The Christology of Early Jewish Christianity (Naperville 1970); *M. Werner*, Die Entstehung des christlichen Dogmas (Leipzig 1941).

[137] Für die Struktur des Hebräerbriefs (die ich zwar berücksichtige, der ich aber in dieser theologischen Darlegung nicht folge) siehe *A. Venhoye*, La structure littéraire, a. a. O.

[138] *G. Schille*, Erwägungen, a. a. O., und *G. Friedrich*, Das Lied vom Hohenpriester, a. a. O., sehen hinter Hebr 4, 15 – 5, 10 ein altes Christuslied. Das scheint mir wenig überzeugend; sie unterschätzen die eigene dichterische Kraft des Verfassers des Hebräerbriefs.

[139] Daß Qumrân Ps 110, 4 messianisch (entweder priesterlich-messianisch, oder königlich-messianisch) interpretierte, wird jetzt von vielen Autoren angenommen. Aus der angeführten Literatur: Yadin, Rigaux, Fitzmyer, Higgins, De Jonge, Van der Woude, Schille, Friedrich; außerdem von *E. Käsemann*, Das wandernde Gottesvolk. Eine Untersuchung zum Hebräerbrief (FRLANT, 37) (Göttingen 1938) 124 ff, und *Hamerton-Kelly*, Preexistence, a. a. O. 245. Ob Qumrân dabei ‚Testimonia' besaß, d. h. eine Liste alttestamentlicher Texte, die messianisch interpretiert wurden, wird von manchen bestritten (z. B. *S. Kistemaker*, The Psalm Citations, a. a. O. 88–94), von anderen deutlich bejaht (z. B. *F. M. Cross*, The Ancient Library of Qumrân [New York 1961] 218–219). Siehe auch: *F. Bruce*, To the Hebrews, a. a. O. 221, Anm. 6.

[140] Man denke daran, daß die niederländische Willibrordübersetzung, der ich im wesentlichen folge, manchmal ‚Jesus' ergänzt, wo griechisch nur ‚er' steht, z. B. 13, 15.

[141] Jesus, die Geschichte von einem Lebenden, 399–403.

[142] Siehe auch *A. S. van der Woude*, Die messianischen Vorstellungen der Gemeinde von Qumrân (Assen 1957) 218.

[143] PsSal 17; Test.Levi 18. Auch Philo nennt den Hohenpriester, welcher der göttliche Logos ist, ‚einen Priester ohne Sünden' (De specialibus legibus, I, 230). Im Zusammenhang mit dem Menschsein Jesu wie alle Menschen (außer der Sünde) sagt Hebr 2, 11 in einem etwas geheimnisvollen Satz: „Er, der heiligt, und jene, die geheiligt werden, haben ein und denselben Ursprung" (ex henos). Welches auch der religionsgeschichtliche Kontext dieser Formel sein mag, der Hebräerbrief meint damit: Jesus, der Ursprung der Heiligung, und die Menschen sind vom selben Adamsgeschlecht, wirklich Mensch „kata panta": in allem (Hebr 2, 17).

[144] Zum Beispiel Philo, De fuga 138; Quis rerum divinarum heres, 73; vgl. Spr 3, 11–13; 13, 24; 22, 15; 23, 13–14.

[145] Der Hebräerbrief interpretiert es so, als entziehe der Weihrauchqualm wie eine Wolke die Bundeslade selbst dem Auge des Hohenpriesters (Hebr 9, 1–10). Von einem *freien* Zugang – das meint der Autor – ist hier keine Rede.

[146] Das Blut ist das Leben alles Fleisches, aber Gott gab das Blut zum Altardienst. So ist es das Blut, das durch das Leben Versöhnung bringt (Lev 17, 11). Siehe: *D. J. McCarthy*, The Symbolism of Blood and Sacrifice: JBL 88 (1969) 166–176.

[147] Jesus, die Geschichte von einem Lebenden, 258–260.   [148] A. a. O. 267 ff.

[149] *F. Maass*, s. v. k-p-r, in: ThHandWAT, Bd. 1, 842–857.

[150] *J. Kühlewein*, s. v. q-r-b, in: ThHandWAT, Bd. 1, 132–133; *J. Schneider*, s. v. proserchomai, in: ThWNT, Bd. 2, 680–682; *K. Schmidt*, s. v. prosago, a. a. O., Bd. 1, 131–133; *K. Weiß*, s. v. prosfero, a. a. O., Bd. 9, 67–70; *H. Preisker*, s. v. engys, a. a. O., Bd. 2, 329–332. *J. Stamm*, Erlösen und Vergeben im Alten Testament (Bern 1940); *S. Lyonnet*, De ratione expiationis: VD 37 (1959) 336–352 und 38 (1960) 66–75. Siehe allgemein *R. de Vaux*, Les institutions de l'Ancient Testament, 2 Bde. (Paris 1960–61), Bd. 2, 294–348 und 425–430.

[151] Die „anastasis ek nekrōn" in Hebr 11,35a meint eine Auferweckung vom Tod zurück in das irdische Leben, nicht die (allgemeine) Auferstehung. Der Hebräerbrief braucht den ‚descensus ad inferos' nicht, anders als z.B. 1 Petr 3,10: Hier sind die gefallenen Engel in der Unterwelt eingekerkert, wo auch die Verstorbenen weilen (1 Petr 4,6). Jesus steigt nach seinem Tod hinab in diese Unterwelt und steigt von dort durch alle Himmelssphären empor bis zur rechten Hand Gottes (1 Petr 3,22). Damit wird die Unterwerfung von Dämonen und Engeln unter Christus ausgedrückt (1 Petr 3,22). Siehe auch Eph 4,8–10.

[152] Strack-Billerbeck, II, 266. *H. Bietenhard*, Die himmlische Welt im Urchristentum und Spätjudentum (WUNT, 2) (Tübingen 1951).

[153] Strack-Billerbeck, I, 784–891, 976; II, 229, 266–267; III, 807; IV, 507.

[154] Auch in der zwischentestamentlichen Literatur: Test.Levi V, 1–2; Test.Dan 5,12 (siehe Gal 4,26; Offb 3,12 und 22,10); Syr.Apoc.Bar. 4,3–6; 4 Esra 7,26; 8,52; 13,36; 1 Hen 90,28–29; PsSal. 17,25 (siehe auch Gal 4,26; Offb 2,9; 3,12; 21, 2–3,10; 22,10).

[155] In Lev 16,2–3 (griechisch) ist „ta hagia" oder „ton hagion" Hebr 9,12.25; 10,19; 13,11) der hinterste Teil des Bundeszeltes, wo Gottes Thron, die Bundeslade, steht (siehe Sir 24,10). Manchmal unterscheidet der Hebräerbrief zwischen ‚dem Zelt', nämlich dem Heiligen oder dem Vorzelt, und dem Allerheiligsten. So ist Jesus durch das Zelt hindurchgegangen (wo das Opfer vollbracht wird) und in das Allerheiligste gekommen (Hebr 8,5).

[156] „Pneumata" hat (neben anderen Bedeutungen) auch die Bedeutung von ‚die Verstorbenen' (z.B. auch in 1 Petr 3,19).

[157] Die Liturgie der Constitutiones Apostolicae, II,25,5 nennt die Kirche „das wahre *Zelt des Zeugnisses"*, d.h. jenen Teil im mosaischen Bundeszelt, wo in der Bundeslade sowohl die beiden steinernen Tafeln des Dekalogs als auch das Bundesbuch aufbewahrt wurden (Dt 10,5). In Ex 25,16 und 31,19 werden diese beiden Tafeln die „Tafeln des Zeugnisses" genannt. Hebr 9,4 nennt sie die „Tafeln des Bundes" (auch Dt 9,9; 1 Kön 8,9), weil der Dekalog letztlich das Grundgesetz des Bundes ist (Dt 4,13; 1 Kön 8,31; siehe Hebr 9,19). Bei griechisch sprechenden Juden lag der Akzent mehr auf dem Dekalog als auf der Tora (siehe ‚Jesus, die Geschichte von einem Lebenden', 204–215).

[158] Vor allem in der Apokalyptik war, in der Erwartung eben eines *priesterlichen* Messias, der Gedanke an eine himmlische Liturgie, an der Auserwählte auf Erden schon teilnehmen, eine allgemeine Annahme. (Vor allem in Test. XII Patr., nämlich Test.Ruben 6; Test.Sim. 7; Test.Levi 2,3.8.18; in Qumrân: 1 QS 9,10–11; 1 QS 6,4–6; 1 QSa 2,18ff). Die alten Quellen dieses himmlischen Kults liegen in Ez 40–48 und Ex 25–29.

[159] Das würde implizieren, daß der Hebräerbrief die Tradition des „Zerreißens des Vorhangs" beim Tod Jesu nicht kennt. Aber dieses Zerreißen betrifft den herodianischen Tempel in Jerusalem, den der Hebräerbrief mit keinem Wort erwähnt (es handelt sich um Diaspora-Judentum). Der Hebräerbrief ist allein am mosaischen Bundeszelt, an der Gründungsepoche Israels, interessiert.

[160] Daß der Hebräerbrief dabei eine jüdische, vorchristliche Quelle gebraucht, wird u.a. von *E. Käsemann* in: Das wandernde Gottesvolk, a.a.O. 117–118, behauptet. Literarkritisch läßt sich dies kaum nachweisen. Wohl entstand, nach griechisch-römischem Vorbild, in der hellenistischen Zeit des Judentums (auch in der Apokalyptik) der Topos von „de viris illustribus", die Geschichte von den großen Helden aus der eigenen vaterländischen Geschichte. Hebr 11 steht in dieser Tradition der frühjüdischen Verehrung der vaterländischen Helden. Hebr 11 braucht daher nicht auf eine ‚Quelle' zurückzugehen. Hebr 11 kennzeichnet jedoch die Atmosphäre, in der man in der Synagoge zur Ermahnung der Gläubigen zu predigen pflegte.

[161] Plinius, Epist., 10,96,8; Suetonius, Nero 16,2.

[162] Didachè, Preces eucharisticae, c. 10,6 (siehe C. Kirch, n. 3).

[163] Siehe bei der angegebenen Literatur vor allem *C. Spicq*, Ep. aux Hébreux, Bd. 2, 95–104; *R. Williamson*, Philo and the Epistle to the Hebrews, 548–557; *G. Braulik*, Menuchah. Die Ruhe Gottes und des Volkes im Lande: BuK 23 (1968) 75–78; *F. Stolz*, s.v. nuach, in: ThHandWAT, Bd. 1, 43–46; *O. Hofius*, Katapausis. Die Vorstellungen vom endzeitlichen Ruheort im Hebräerbrief (Tübingen 1970).

[164] ‚Katapausis' (nicht: ‚anapausis') ist das griechisch-biblische Äquivalent der ‚menucha', d.h. Gottes Ruhe. Im Hebräerbrief ist dieses Wort biblisch gemeint (Ps 95,11, wo es den Eintritt in das heilige Land meint, vor allem in Jerusalems Tempel). Katapausis ist die Wohnung Gottes im himmlischen Jerusalem der Endzeit, aber dann im priesterlichen Kontext des Hebräerbriefs: Der Eintritt in das himmlische Allerheiligste, in das Jesus uns vorangegangen ist (siehe *Hofius*, a.a.O.).

43), Gottes eschatologische Ruhestätte. Das Wort hat also mit „sabbatismos" zu tun (Hebr 4, 9) (*Hofius*, a. a. O. 102–115): der himmlischen liturgischen Sabbatfeier, was in Wirklichkeit zugleich das Ausruhen von dem harten Kampf auf Erden einschließt, aber nicht im Sinne von Nicht-Tätigkeit, sondern in der aktiven ruhigen Feier. Das Wort katapausis hat im Hebräerbrief daher keine platonischen und gnostischen Bedeutungen.

[165] Siehe G. *Schrenk*, s. v. dikaiô, in: ThWNT, Bd. 2, 218; E. *Schweizer*, Erniedrigung und Erhöhung bei Jesus und seinen Nachfolgern (Zürich ²1962) 164, Anm. 273; J. *Delorme*, La résurrection de Jésus dans le langage du Nouveau Testament (Lectio Divina, 72) (Paris 1972) 135; E. *Schillebeeckx*, Jesus, die Geschichte von einem Lebenden, 474; W. *Stenger*, Der Christushymnus in 1 Tim, a. a. O. 33–48.

[166] Doch fällt auf, daß in den alten Christushymnen und Credos die Heilsbedeutung des Todes Jesu oft verschwiegen wird, siehe auch: P. *Smulders, Some Riddles in the Apostles' Creed: Bijdr.* 31 (1970) (234–260) 243–244 und 252–253. Doch wird der Tod Jesu meist mit verstanden in dem ,sarx'-Begriff oder der Erniedrigung, von der vor allem in den Hymnen die Rede ist. Die ,sarx' (das Fleisch oder Menschsein) schließt wesentlich den Tod ein; aber nicht an sich den gewalttätigen Kreuzestod.

[167] So griechisch sprechende Juden wie Josephus: „teilhaft der theia physis" oder der göttlichen Natur (Contra Apionem I, 232) und selbstverständlich der Platoniker Philo (Decal. 104; Legum Allegoriae 38). Siehe J. *Gross*, La divinisation du chrétien d'après les Pères grecs (Paris 1938) 109–111; H. *Hanse*, s. v. metechô, in: ThWNT, Bd. 2, 830–832; K. H. *Schelkle*, Die Petrusbriefe, a. a. O. A. *Festugière*, L'idéal religieux des grecs et l'Evangile (Paris 1932) 48–53.

[168] Dies ist schon ein frühchristlicher jüdischer Gedanke; siehe Strack-Billerbeck, I, 164.

ZWEITER TEIL, ZWEITER ABSCHNITT
(JOHANNESEVANGELIUM UND APOKALYPSE) (S. 294–446)

[1] Fr. *Herzog*, Liberation Theology (New York 1972).
[2] J. B. *Burns*, The Christian Buddhism of St. John (New Jersey 1971).
[3] Strack-Billerbeck, IV, 792.   [4] A. a. O., IV, 784–789; 792–798.
[5] A. a. O., II, 280–281; G. *von Rad*, Theologie des Alten Testaments (München) Bd. 1, 293 und Bd. 2, 289.
[6] Mose wird im frühen Judentum Prophet, König und Priester genannt. Mose als Prophet: bei Philo (siehe W. *Meeks*, The Prophet-King, a. a. O. 115–116, 125–129), bei Josephus (a. a. O. 137–138), in den Apokryphen (a. a. O. 147–156), in Qumrân (a. a. O. 172–173). Mose als Priester: bei Philo (a. a. O. 113–120), bei Josephus (a. a. O. 136–137), in Qumrân (a. a. O. 174–175). Mose als König: bei Philo (a. a. O. 107–117), bei Josephus (a. a. O. 134–136), in Qumrân (a. a. O. 147–154). Mose als Hierophant oder Initiator in der Mystik: bei Philo (a. a. O. 120–122), im Samaritanismus (a. a. O. 243–244). Schließlich Mose als ,göttliches Wesen' (divus Moyses): bei Philo (a. a. O. 103–107, 110–111), im Samaritanismus (a. a. O. 256), und Mose als Paraklet oder Anwalt bei Gott: bei Josephus (a. a. O. 137), bei Philo (a. a. O. 118), im Samaritanismus (a. a. O. 254–255). Das Ganze nennen wir „Sinaitismus". Literatur siehe unten in Anm. 8.
[7] M. *McNamara*, The Ascension, a. a. O.: Scripture 19 (1967) 6573; W. *Meeks*, The Prophet-King, a. a. O. 216–257; G. *Wehmeier*, s. v. '-l-h, in: ThHandWAT, Bd. 2, 272–290.
[8] Literatur: über Mosemystik und Mosetypologie (eschatologischer Prophet-größer-als-Mose, Sinaitismus usw. und deren Einfluß auf das Johannesevangelium): T. *Glasson*, Moses in de Fourth Gospel, 20–31 und 48–105; W. *Meeks*, The Prophet-King, vor allem 100–175 und 286–319; J. L. *Martyn*, History and Theology, 122–125; H. M. *Teeple*, The Mosaic Eschatological Prophet (Philadelphia 1957); L. *Perlitt*, Moses als Prophet: EvTh 31 (1971) 588–608; F. *Schnutenhaus*, Mosestraditionen, a. a. O.; H. *Gressmann*, Der Messias (Göttingen 1929) 182–192; F. W. *Young*, Jesus, the Prophet: A Re-examination: JBL 68 (1949) 285–299; E. L. *Allen*, Jesus and Moses in the New Testament: ExpT 67 (1956) 104–106; R. H. *Smith*, Exodus Typology in the Fourth Gospel: JBL 81 (1962) 329–342; R. *Bloch* u. a., Moise, l'homme de l'Alliance (Paris 1955) 93–167; R. *Le Déaut*, La Nuit Paschale (Rom 1963) 298–338; A. *Lacomara*, Deuteronomy, a. a. O.: CBQ 36 (1974) 65–84; J. P. *Miranda*, Der Vater, der mich gesandt hat (Bern – Frankfurt 1972). Siehe auch: M. *Abraham*, Légendes juives apocryphes sur la vie de Moïse (Paris 1925); John and Qumran (ed. by J. H. Charlesworth) (London 1972).

⁹ W. *Meeks,* The Prophet-King, 216–220, siehe einige Nuancen von ihm in: Am I a Jew? a.a.O. 163–186; G. *Wesley Buchanan,* The Samaritan Origin, a.a.O. 149–175; E. *Freed,* Samaritan Influence, a.a.O. 580–587; O. *Cullmann,* Der johanneische Kreis, a.a.O. 55–56; J. *Bowman,* Samaritanische Probleme, a.a.O.; H. *Kipperberg,* Garisim und Synagoge, a.a.O.; J. *Macdonald,* The Samaritan Doctrine of Moses: ScJTh 13 (1960) 149–162; *ders.,* The Theology of the Samaritans (London 1964); J. *Beutler,* Martyria, a.a.O. 347–349. Siehe auch R. *Coggins,* Samaritans and Jews (Oxford 1975).

¹⁰ Siehe ‚Jesus, die Geschichte von einem Lebenden‘, 391–397 und 431–441.

¹¹ R. *Schnackenburg,* Johannesevangelium, a.a.O. II, 529.

¹² Über die jüdische Identifizierung zwischen dem, der sendet, und dem, der gesandt wird, siehe Strack-Billerbeck, I, 590, II, 558; K. *Rengstorf,* s.v. apostolos, in: ThWNT, Bd. 1, 414–420.

¹³ Jesus, die Geschichte von einem Lebenden, 424–425.

¹⁴ A.a.O. 424 ff.

¹⁵ A.a.O. 99–100 mit 319–333.

¹⁶ O. *Cullmann,* Der johanneische Kreis, a.a.O. 45–56; J. *Martyn,* History and Theology, 97–100.

¹⁷ So meines Erachtens zu Unrecht B. W. *Buchanan,* a.a.O. 175. Siehe auch R. *Kysar,* The Fourth Evangelist, a.a.O. 160–162.

¹⁸ Nicht ohne Grund darf man von einem gewissen ‚Johanneismus‘ in Hebräerbrief sprechen.

¹⁹ T. *Glasson,* Moses in the Fourth Gospel, a.a.O. 20–31; W. *Meeks,* The Prophet-King, a.a.O. 107–117, 129–130, 134–136, 147–154, 177–196, 227–238.

²⁰ T. *Glasson,* a.a.O. 48–105.

²¹ Die Interpretation der johanneischen Abschiedsrede(n) auf der Grundlage der Abschiedsrede des Mose nach *Lacomara,* a.a.O., scheint mir richtig, aber etwas übertrieben.

²² R. *Schnackenburg,* Johannesevangelium, a.a.O. I, 411–423.

²³ So C. *Colpe,* Die religionsgeschichtliche Schule. Darstellung und Kritik ihres Bildes vom gnostischen Erlösermythus (Göttingen 1968); E. *Brandenburger,* Adam und Christus (Neukirchen 1962); H. M. *Schenke,* Der Gott ‚Mensch‘ in der Gnosis (Göttingen 1962); U. *Müller,* Messias und Menschensohn in jüdischen Apokalypsen und in der Offenbarung des Johannes (Gütersloh 1972), vor allem 114–116; siehe H. *Jonas,* Gnosis und spätantiker Geist, 2 Bde., (Göttingen ³1964 und ²1966); R. *Longenecker,* The Christology of Early Jewish Christianity (Naperville 1970).

²⁴ Siehe die neuen Arbeiten von G. W. *McRae,* The Jewish Background of the Gnostic Sophia-Myth: Nt 12 (1972) 86–100; *ders.,* The Coptic Gnostic Apocalypse of Adam: HeyJ 6 (1965) 27–35; B. L. *Mack,* Wisdom Myth and Mytho-logy: Int 24 (1970) 46–60; *ders.,* Logos und Sophia. Untersuchungen zur Weisheitstheologie im hellenistischen Judentum (Göttingen 1973); H. B. *Kuhn,* The Angelology of the Noncanonical Jewish Apocalypses: JBL 67 (1948) 211–219; C. *Talbert,* The Myth of a Descending-Ascending Redeemer, a.a.O. 418–440. Vgl. Tacitus, Historia, 4,83–84; Vergilius, Eclogae 4; Horatius, Odae, I, 2.

²⁵ Test. Job, 2–5; Apoc. Moysis (ed. R. H. Charles, Oxford 1913, Bd. 2, 127–129). Als Adam stirbt, steigen Engel herab und nehmen seine Seele mit zum Himmel; dort wird er gewaschen (37,2–3), und Michael bringt ihn dann, in Erwartung des Endgerichts, bis in den dritten Himmel (37,4–6). Auch 3 Makk 6,18–31; Test.Abrah. 9,17–18; 6,4; 8,11; 1,5–10; 7,3–17.

²⁶ 11 QMelch: hier ist Melchisedeck ein erlösender Engel.

²⁷ Siehe H. A. *Wolfson,* Philo (Cambridge Mass. ²1948) Bd. 1, 253–266. Weisheit ist Logos (De somniis, I, 108–109; Legum Allegoriae I, 65); Pneuma ist Weisheit (De creatione 135; De Gigantibus 22,27); Logos ist Engel (Quis divinarum rerum heres 42,205; De Cherubin 35). Die wechselseitige Verbindung zwischen Logos, erstgeborenem Sohn und Engel Jahwes geht deutlich aus De agricultura 51 hervor. In Confess. Linguarum 146–147 werden Sohn, Logos und Engel unterschiedslos gebraucht, und in De somniis I, 215 schließlich mit dem Hohenpriester identifiziert. Doch muß man dabei bedenken, daß bei Philo der Logos nie eine Person neben Gott ist; er ist der Ausdruck von Gottes eigenem Denken; siehe R. *Williamson,* Philo and the Epistle to the Hebrews (Leiden 1970) 415 ff.

²⁸ Siehe J. H. *Charlesworth* (ed.), John and Qumran (London 1972); R. *Harris* und A. *Mingana,* The Odes and Psalms of Solomon (Manchester 1920); R. A. *Culpepper,* The Odes of Solomon and the Gospel of John: CBQ 35 (1973) 298–322.

²⁹ Odae Sal., 12; 29; 37; 41; 42; vor allem 12 und 22–23. Christus ist zugleich Sohn Gottes (Odae 36; 41; 42) und Menschensohn (Odae 36 und 41). Siehe in J. *Charlesworth,* a.a.O. 127–128.

³⁰ Justinus, Apol. I, 46 und 63; II, 10; Dial. contra Tryphonem 61; 62; 126; 128–129; Sohn,

Weisheit, Engel oder Logos. Auch Pastor Hermae; Sibyllinae, Oracula 8; Epist. Apostolorum 3; 13; 14 (Christus nimmt bei der Botschaft an Maria selbst die Gestalt eines Engels an). Bei Tertullian dagegen bemerken wir den ausgesprochenen Versuch, den Komplex „Weisheit, Logos, Sohn, Pneuma" unbedingt von ‚dem Engel' zu lösen (dies ist ein besonderer nordafrikanischer Beitrag) (vor allem Adv. Marc. 9).

[31] Siehe ‚Jesus, die Geschichte von einem Lebenden', 425–442; ob dies vor allem für das *ägyptische* Judentum typisch ist, wie manchmal behauptet wird, scheint mir aber eine reine Hypothese.

[32] Siehe: *G. Johnston*, The Spirit-Paraclete in the Gospel of John (Cambridge 1970) 122 (gegen *O. Betz*, Der Paraklet [Leiden 1963]).

[33] *G. Quispel*, Qumran, John and Jewish Christianity, in: John and Qumran (ed. Charlesworth), a. a. O. 137–155.

[34] *O. Cullmann*, Der johanneische Kreis. Sein Platz im Spätjudentum, in der Jüngerschaft Jesu und im Urchristentum. Zum Ursprung des Johannesevangeliums (Tübingen 1975).

[35] Strack-Billerbeck, II, 425.

[36] *M. Lowe*, Who were the Ioudaioi?: NTS 18 (1976) 101–130. Zur Zeit Jesu bedeutete „Judaea" den Landstrich Judäa (das alte Südreich), in Wirklichkeit das Land, das unter dem römischen Prokurator (Pontius Pilatus) stand (Galiläa fiel nicht darunter), schließlich manchmal auch das Königreich Herodes' des Großen (und das ist dann ungefähr das ganze Land Israel). Demgegenüber bedeutet ‚Israel' das Volk, im Sinne von ‚die Juden', und das Land Israel, während die Diasporajuden von ‚den Juden' statt von ‚Israel' sprachen. Im *palästinensischen* Sprachgebrauch bedeutete damals „hoi joudaioi" daher stehts „die Judäer", Einwohner von Jerusalem und Umgebung (oder ihre Obrigkeit). Die Palästinenser sprechen messianisch denn auch von „dem König Israels" (von allen Juden), die Diasporajuden und die Römer dagegen von dem König der „joudaioi", d. h. der Judäer (wie der *Römer* Pilatus als Titel auf dem Kreuz Jesu anbringen ließ, Joh 19, 19, gegenüber „König *Israels*" in Joh 1, 49 und 12, 13; Pilatus besaß nur in Judäa Verfügungsgewalt, während Galiläa unter der Jurisdiktion des Herodes Antipas stand. In den vier Evangelien ist Pilatus jeweils der erste, der den Begriff „König *der Judäer*" gebraucht. Gerade den Anspruch jemandes, „König von Juäda" zu sein, kann Pilatus übelnehmen. Johannes gebraucht „joudaioi" immer im Sinn von ‚Judäer' (mit Ausnahme des *samaritanischen* Gebrauchs von „joudaioi" in dem Kapitel über die *Samariterin*, Joh 4). In Peräa sagt Jesus: Laßt uns nach *Judäa* gehen, aber die Jünger warnen Jesus darauf sofort: Die „judaioi", die Judäer, wollen dich steinigen (7, 1.7–8). Das bezieht sich dann auf die Jerusalemer Bevölkerung oder ihre Vorsteher (11, 19.31.33.36.45; – 10, 19.24.31–33; – 5, 10.15.16.18 aus 7, 1 als Bezug auf 5, 18; aus 6, 25 auch 7, 11.13.15.35; – 9, 22; 19, 38; 20, 19; „aus Furcht vor den Judäern", während in Galiläa niemand sich scheute, Jesus öffentlich zu folgen; also auch 7, 11.15.35; 9, 18.22). „Wie ich schon den *Judäern* gesagt habe", so sagt Jesus jetzt zu seinen *galiläischen* Jüngern dasselbe (13, 33); also auch: 8, 21; 7, 34.36; 8, 22–31.48.52.57). Die Judäer argumentieren: „Wir sind Nachkommen Abrahams" und sind nie Sklaven gewesen (8, 33), gegenüber dem Galiläer Jesus (siehe 7, 41.52; in Galiläa gab es viele Proselyten, auch Juden von unrein-jüdischer Herkunft; Judäa führte seinerseits den Aufstand gegen das Seleukidenreich). „Joudaioi" sind bei Johannes also nicht die Juden, sondern die Judäer. Außer dem judäischen *Volk* kann der Ausdruck selbstverständlich auch die Jerusalemer *Behörde* bedeuten, wie wir sagen würden: ‚Die Franzosen sind für eine Bundesgenossenschaft mit'…, damit aber die französische Regierung meinten (so: 18, 12.14; 18, 31.36.38; 19, 7.12.14.21.31). Das ist also ein normaler, nicht spezifisch johanneischer Gebrauch. Der Sanhedrin von Jerusalem hatte außerhalb Judäas, des Jurisdiktionsbereichs des römischen Prokurators, keine Macht. Josephus spricht daher von „dem Sanhedrin der Jerusalemer" (Vita, 62); erst nach 67 (Erweiterung der Gewalt des römischen Prokurators) erhält der Sanhedrin Vollmachten in Galiläa (vgl. Apg 13, 27–28). Also wenn es um Autoritäten geht, behält Johannes den palästinensischen Sprachgebrauch bei: die ‚joudaioi' sind dann die Jerusalemer Behörden. In der ganzen Konfrontation zwischen Pilatus, Jesus und den ‚joudaioi' läßt sich im Johannesevangelium kein ‚Volk' feststellen, nur die judäische Obrigkeit: Judäer (Hohepriester) und der heidnische Römer, beides ‚Ungläubige' (19, 6.15; „sie" in 19, 18.40 sind die Judäer von 18, 38, die in 18, 28–29 Jesus von Kajafas zum römischen Prätorium bringen). Auch in 1, 19 kommen die „joudaioi" aus Jerusalem zu Johannes dem Täufer.

Es gibt nur eine Ausnahme, die diesen palästinensischen Wortgebrauch gerade bestätigt, nämlich Joh 4. Im Gespräch mit einer *Samariterin* bedeutet „hoi joudaioi" alle *Juden*, aus dem einfachen Grund, weil Samariter sich als einen Teil Israels ansehen. Hier ist ein samaritanischer Gebrauch des Wortes „joudaioi" im Spiel: „Das Heil kommt von den joudaioi" (4, 22). In diesem Zusammenhang konnte Jesus den Samaritern nicht ‚Israel‘ gegenüberstellen, ohne die Samariter zu kränken, die auch Jakob als ihren Vater ansehen (4, 12) (siehe *R. Coggins*, Samaritans and Jews [Oxford 1975]). Deshalb nennt die Samariterin Jesus einen ‚joudaios‘ (4, 9) im samaritanischen Sinn: ‚Jude‘ gegenüber ‚Samariter‘. (Die Juden werfen den Samaritern eine abweichende Form des judaischen Glaubens vor, der ursprünglich auch über Judäa aus dem Stamm Juda gekommen war.) Mit anderen Worten, im samaritanischen Sprachgebrauch hat „joudaios“ eine religiöse Bedeutung: Bekenner des Judaismus, ein ‚Judäer der Religion nach‘. Daraus geht hervor, daß (mit einer Nuance für Joh 4) „joudaios“ im vierten Evangelium immer mit „Judäer“ übersetzt werden kann (der palästinensische Sprachgebrauch). Außer den Synoptikern, die (mit Ausnahme von Lk 7, 3) die gleiche Terminologie gebrauchen wie Johannes (Judäer gegenüber Galiläern), paßt sich *das übrige* Neue Testament eher dem Gebrauch der Diasporajuden an; dort bedeutet ‚joudaioi‘ dann einfach „die Juden“. (In dem Traditionsstück in 1 Thess 2, 14–16 zeigt sich noch der palästinensische Gebrauch von ‚joudaios‘: Judäer oder Einwohner von Judäa.) So muß man sagen, daß das Johannesevangelium tatsächlich *anti-judäisch* (nicht: anti-jüdisch) ist, vielleicht weil die Judäer den Galiläer Jesus kreuzigen ließen und auch wegen der schon älteren Animosität zwischen judäischen und galiläischen Juden („Was kann schon Gutes aus Galiläa kommen?“).

[37] Vor allem seit *J. L. Martyn*, History and Theology in the Fourth Gospel, a. a. O., XIX–XXI (siehe an Rezensionen: *R. Brown*, in: USQ 23, 1968, 392–394; *R. Schnackenburg*, in: BZ 14, 1970, 7–9); *T. C. Smith*, Jesus in the Gospel of John (Nashville 1959); *H. M. Teeple*, The Mosaic eschatological Prophet (JBL, Mon. Ser., 10) (Philadelphia 1957); *F. Schnutenhaus*, Mosestraditionen, a. a. O.; *J. A. T. Robinson*, The Destination and Purpose of saint John's Gospel: NTS 6 (1959–60) 117–131; *W. C. van Unnik*, The Purpose of saint John's Gospel: StEv 1 (1959) 382–411; *J. Beutler*, Martyria (Frankfurt 1972) 339–364; *E. Grässer*, Die antijüdische Polemik im Johannesevangelium: NTS 10 (1964–65) 74–90.

[38] *K. L. Carroll*, The Fourth Gospel and the Exclusion of Christians from the Synagogue: Bulletin of the John Rylands Library 40 (1957) 19–32; *W. Meeks*, The Prophet-King, a. a. O. 318.

[39] Siehe Anm. 8 und 9.

[40] *W. Meeks*, Am I a Jew? in: Christianity, Judaism, and other Greco-Roman Cults (ed. *J. Neusner*) (Leiden 1975) Bd. 1, 163–186.

[41] Strack-Billerbeck, IV, 212–213; 218–219; vor allem 293–333; siehe *W. Doskocil*, Der Bann in der Urkirche (München 1958) 40–43. *J. Martyn*, History and Theology, a. a. O. 148–150. Es gab übrigens schon nach 70 Ausschlüsse aus der Synagoge, noch bevor Gamaliel II. um das Jahr 90 diesen endgültigen Bann legalisierte.

[42] Siehe oben; auch *J. Blank*, Krisis, a. a. O. (These des ganzen Buches).

[43] *F. Mußner*, Die Johanneischen Parakletsprüche und die apostolische Tradition: BZ 5 (1961) 56–70.

[44] *G. von Rad*, Weisheit in Israel (Neukirchen 1970) 391.

[45] *G. Nickelsburg*, Resurrection, Immortality, a. a. O.; *L. Ruppert*, Jesus, als der leidende Gerechte? a. a. O.: siehe ‚Jesus, die Geschichte von einem Lebenden‘, 253 ff; siehe auch *Kl. Berger*, Die Auferstehung der Propheten und die Erhöhung des Menschensohnes (Göttingen 1976).

[46] *G. Scholem*, Major Trends in Jewish Mysticism (New York 1954) 40–79; siehe *M. Gaster*, Studies and Texts in Folklore, Magic, Medieval Romance, Hebrew Apocrypha and Samaritan Eschatology, 3 Bde. (London 1925–1928) Bd. 1, 156–158.

[47] *H. Dodd*, Historical Tradition in the Fourth Gospel (Cambridge 1963) 306–387; *J. Blinzler*, Johannes und die Synoptiker (Stuttgart 1965); *G. Reim*, Studien zum Alttestamentlichen Hintergrund des Johannesevangeliums (Cambridge 1974); *J. A. Bailey*, The Traditions common to the Gospels of Luke and John (Leiden 1963); *A. Dauer*, Die Passionsgeschichte im Johannesevangelium (München 1972); *E. F. Siegman*, St. John's Use of the Synoptic Material: CBQ 30 (1968) 182–198; *F. L. Cribbs*, St. Luke and the Johannine Tradition: JBL 90 (1971) 422–450; *C. K. Barrett*, John and the synoptic Gospels: ExpT 85 (1974) 228–231; *Fr. Schnider* und *W. Stenger*, Johannes und die Synoptiker. Vergleich ihrer Parallelen (München 1971).

[48] Strack-Billerbeck, II, 353–358; III, 129 ff; *J. Jervell*, Imago Dei, a. a. O. 69.

[49] Vor allem (aber keineswegs ausschließlich) bei Philo. Siehe *W. Meeks*, The Prophet-King, a. a. O. 100–130; bei Josephus, *Meeks*, a. a. O. 131–145; und in den Pseudepigraphen, *Meeks*, a. a. O. 146–163; in Qumran, a. a. O. 164–174.

[50] *M. McNamara*, The Ascension and Exaltation: Scripture 19 (1967) 65–73; *ders.*, Logos of the Fourth Gospel, a. a. O. 115–117.

[51] M. *Rissi*, Die Logoslieder, a.a.O. 321–336; erstes Lied: Joh 1,1–13, das zweite: Joh 1,14.16.

[52] So L. *Trudinger*, Prolog of John, a.a.O. 11–17.

[53] Targum Ps 68.18; siehe M. *McNamara*, The Ascension and the Exaltation of Christ in the Gospel, a.a.O. 65–73; *ders.*, Targum and Testament (Grand Rapids 1972) 143; *ders.*, The New Testament and the Palestinian Targum to the Pentateuch (Rom 1966) 145 ff.

[54] „Erchomenon eis ton kosmon", ‚in die Welt kommend': Das kann sich grammatikalisch sowohl auf ‚Licht' als auch auf ‚jeden Menschen' beziehen. Johannes spricht erst in 1,11 vom ‚Kommen' des Lichts; in den vorausgehenden Versen wird gesagt, daß „es *scheint*" und daß es „in der Welt *war*". Angesichts der Struktur des Prologs, in dem die (für Johannes wichtigen) ‚Verben' immer vornean stehen, beziehe ich (u.a. mit der Vulgata) ‚erchomenon' auf den Menschen: Das Licht, das in der Welt *war*, erleuchtet jeden Menschen, der ‚zur Welt kommt'. Das nachhinkende ‚erchomenon eis ton kosmon' kann sich (m.E.) unmöglich auf das *Kommen* des Lichts beziehen. Siehe eine ähnliche Konstruktion in 1,3: „Und ohne ihn ist nichts geworden *von dem, was geworden ist*". Dieses ‚Nachhinkende' kann innerhalb dieses johanneischen Bereichs nur von ‚irdischen' Dingen gesagt werden.

[55] Pseudo-Clementinae, Recognitiones I, 54: PG 1, 1237–1238; I, 60: kol. 1240; siehe G. *Strecker*, Das Judenchristentum in den Pseudo-Clementinen (TU, 70) (Berlin 1950).

[56] O. *Cullmann*, Der johanneische Kreis, a.a.O. 53–56.

[57] Mit anderen hat vor allem R. *Brown* (a.a.O. I, 13–14) darauf hingewiesen, daß „monogenès" nicht von „mono-gennân" kommt, sondern von „mono-genos": einzig in seiner Art, einzigartig, als Wiedergabe des hebräischen jachîd (z.B. Gen 22,2.12.16), griechisch auch: „agapètos", der einzige und einziggeliebte Sohn (siehe auch Joh 3,16.18; 1 Joh 4,9). Die Septuaginta übersetzt einmal mit „agapètos" (einziggeliebter), dann wieder mit „monogenès", einzigartiger – ein kostbarer Besitz (was zwar auch von einem einziggeborenen Sohn gilt). Isaak, Sohn des Abraham, der mehr Söhne hatte, wird „monogenès" genannt (Hebr 11,17). Erst später, im arianischen Streit, wird Hieronymus das Wort (Joh 1,18; 3,16–18) mit ‚unigenitus' übersetzen. Zwar spricht der Johanneismus im Blick auf die *Gläubigen* von ‚aus Gott geboren' (1,15; 1 Joh 4,9), aber er sagt nirgends, daß Jesus, der Sohn, aus dem Vater *geboren ist*. Die spätere scholastische Theologie von dem innertrinitarischen Ausgang des Sohnes aus dem Vater „per modum *generationis*" (Geburt) hat (abgesehen von ihrem eventuell spezifisch-theologischen Wert) im Johanneismus keine Grundlage. Doch übersieht R. Brown die besonderen geistigen Hintergründe des Begriffs ‚monogenès para Patros'. Es fällt auf, daß „monogenès para Patros" in der judaischen Exegese auf einen Midrasch zu Gen 28,12 und Ez 1,26 zurückgeht: „eine Gestalt wie ein Mensch auf dem, was wie ein Thron aussah". In der *späteren* ägyptischen Gnosis werden diese beiden Texte gebraucht, um zu sagen, daß „bei (para) dem Herrn der Heerscharen ein *Erstgeborener* (vor allem im Sinn von ‚einziggeliebter') weilt, der Israel genannt wird und Gott schaut" (siehe J. *Doresse*, Les livres secrets des gnostiques d'Egypte, 2 Bde. [Paris 1958–59] Bd. 1, 189; siehe auch P. *Winter*, Monogenès para Patros: ZRGG 5 [1953] 335–365). Für Joh 1,51 und 3,13 ist diese himmlische Gestalt offensichtlich der Menschensohn, früher die himmlische ‚imago' Jakobs = Israel (Michael). – Auch Mose war ‚Zeuge des Vaters' (siehe Joh 5,37a), nämlich Zeuge des Tenach (5,37b ist ja eine Anspielung auf die Sinai-Offenbarung). Die Juden *sahen* Gottes Stimme (Ex 20,18). Siehe auch J. *Jervell*, Imago Dei (Göttingen 1960) 115; vgl. J. *Giblet*, Le témoignage du Père (Jean 5,31–47): Bible et Vie Chrétienne 12 (1955) 49–59.

[58] W. *Meeks*, The Prophet-King, 195 ff und 216–257.

[59] Siehe z.B. in der Mose-Mystik von Philo, Quaest. in Ex., 46 (*Meeks*, a.a.O. 100–130).

[60] Siehe die Literatur unter Anm. 8.

[61] Höchstwahrscheinlich geht der Fehler dieser (besten) Manuskripte auf eine falsche Lesung von Abkürzungen zurück (die Abkürzung von „hyios" ist: h-ios; die von „theos" ist: th-os oder h-os). Man kann leicht das eine für das andere lesen. Anderseits weist dieser Zustand der Handschriften auch auf ein späteres Stadium, in dem es *explizit* um das Gott-sein Jesu ging.

[62] So, auf der Linie von R. Bultmann, auch die neue Studie von U. *Müller*, Die Geschichte der Christologie, a.a.O. 37, Anm. 59.

[63] G. P. *Wetter*, Charis (siehe oben S. 77), vor allem 128 ff und 152 ff.

[64] M. D. *Hooker*, The Johannine Prologue, a.a.O. 53 ff; letztlich richtig, aber der Autor durchschaut nicht die früh-jüdische ‚relecture' dieser Sinai-Motive.

[65] Die Übersetzung „Gnade *gegenüber* Gnade" (1,16), statt „Gnade *auf* Gnade", verteidigt nach anderen vor allem R. *Brown*, Gospel of John I, 15–16. Johannes soll einen radikalen Gegensatz

zwischen Gesetz und Christus sehen. Diese Ansicht fällt aber aus dem Rahmen des ganzen Johannes-evangeliums. In verschiedenen Perikopen will Johannes gerade deutlich machen, daß der ganze Tenach allein von Jesus Christus spricht. Das Alte Testament ist *Zeuge Christi*, wie auch die Rolle Johannes des Täufers ausschließlich darin besteht, von Jesus Zeugnis abzulegen. Nun, Zeugen sprechen von dem, was sie gesehen und gehört haben (Joh 1,32–34; 3,11.32; 19,35 usw.). Deshalb will Johannes verdeutlichen, daß im Tenach tatsächlich von einem ‚Sehen der Herrlichkeit Gottes‘ gesprochen wird: Joh 12,41 mit Jes 6,9–10. Hier haben wir eindeutig ‚Sinaitismus‘, der später auf die jüdische Merkabah-Mystik hinausläuft (siehe *G. Scholem,* Major Trends in Jewish Mysticism, a. a. O. 40–79; *F. W. Young,* A Study of the Relation of Isaiah to the Fourth Gospel: ZNW 44 [1955] 215–232). Außerdem geht dem Zitat von Jes 6 Jes 53, 1 voraus (der leidende Knecht, der verworfen wird) und Jes 6,9–10 (hebräischer Text, von Johannes interpretiert als: Christus war sowohl das Objekt der jesajanischen Schau als auch das sprechende Subjekt). Die Verwerfung Christi ist somit auch im Tenach selbst vorhergesagt (vgl. Joh 12,41 mit Joh 1,14). In Joh 1,14 geht es daher um die Theophanie Gottes vor *Mose* (Ex 33,17 – 34,9): Mose durfte Gottes *Antlitz* nicht sehen (Ex 33,20; Joh 1,18), aber Gott läßt ihn doch ‚seine Herrlichkeit‘ sehen (Ex 33,18.22; 34,5–6) (siehe unter Anm. 57). Für Johannes ist dies: Mose sah die Herrlichkeit *Christi,* voll der Gnade und Wahrheit (rab chesed we-’emeth) wie Jesaja! So ist Mose *Zeuge* Christi (Joh 5,46). Johannes will also in 1,17 keineswegs das Gesetz dem Glauben an Christus *gegenüber*stellen, sondern nur unterscheiden zwischen dem Gesetz-gegeben-durch-Mose, das heißt dem *Zeugnis* über Christus, und der *Realität* Christi selbst, der lebendigen Offenbarung vollständiger „chesed und ’emeth“ (siehe auch *R. Le Déaut,* La nuit paschale, a. a. O. 298–338). Aus Joh 9,28 geht außerdem hervor, daß Johannes Mose nicht gegen Jesus stellen will: Mose ist ein Christuszeuge, weil er gesehen hat. Gerade deshalb wird Mose kein Verteidiger, sondern *Ankläger* der Judäer werden, die Jesus verwerfen (vgl. *J. Jervell,* Imago Dei, a. a. O. 115). Dies alles bestätigt deutlich die ‚Hypothese‘ der sinaitischen Mose-Mystik als Hintergrund des Johannesevangeliums. Auch der johanneische Abraham-Midrasch weist in die gleiche Richtung: Abraham sah „den Tag Jesu“ (Joh 8,45 und 8,56). Wie für Paulus sind die (gläubigen) Juden für Johannes denn auch die ersten Christuszeugen, die ‚wahren Israeliten‘ (Joh 17,20–21; siehe 1,41.45; 1,47–49; 6,37; 17,2–3); die Heiden werden ‚herbeigezogen‘ (siehe 12,32 im Zusammenhang mit der Frage der Heiden, 12,21). Mit anderen Worten: Joh 1,16–17 sagt: In Jesus ist in historischer Wirklichkeit das Mysterium erschienen, das Mose vorab schon ‚schauen‘ durfte. .

[66] „Eis ta idia“. Johannes gebraucht diesen Ausdruck noch einmal in 19,27: Der Lieblingsjünger nimmt nach dem Tod Jesu Maria, die Mutter Jesu, „eis ta idia“, ‚mit in sein Haus‘. Joh 1,11 sagt also, daß das Licht in sein eigenes Haus kam. Für einen jüdischen Leser wird das bedeuten: nach *Israel,* allerdings kann es im Hintergrund der palästinensischen Genesis-Spekulationen (targum) ebenfalls ‚die Welt‘ bedeuten: „das Licht *der Welt*“ (siehe Joh 9,4–5) *ist* das Licht, das Gott am ersten Schöpfungstag schuf (Gen 1,2), noch bevor es leuchtende Sterne oder Sonne und Mond gab. (Außerdem hatte Bultmann schon bemerkt, daß die Septuaginta Israel als Gottes eigenes Volk nie mit „ta idia“ wiedergibt, sondern nur mit „laos epiousios“; doch scheint mir das in Anbetracht des johanneischen synkretistischen Milieus nicht entscheidend.) Ich habe den Eindruck, daß im Johannesevangelium „ta idia“ (die Jesus nicht angenommen haben) *Judäa* ist (Jerusalem und Umgebung). Galiläa nimmt Jesus an.

[67] 1 Joh 4,2 spricht von „homologein Jèsoun Christon en sarki elèlythota“, ‚bekennen, daß Jesus in der sarx gekommen ist‘ (elelythota ist das perfectum passivum von ‚erchomai‘, kommen), d. h., sein Kommen in der sarx ‚hat stattgefunden‘. Damit ist keineswegs gesagt, daß Jesus bei seiner Rückkehr zum Vater nicht mehr ‚Mensch‘ sei. Es geht um den Glauben an die geschichtliche Wirklichkeit des Erscheinens Jesu.

[68] Pseudo-Clementinae, siehe oben, Anm. 55 (S. 854).

[69] Siehe die große Zusammenfassung von *R. Kysar,* The Source Analysis of the Fourth Gospel. A growing consensus: NT 15 (1973) 134–152; *ders.:* The Fourth Evangelist and his Gospel (Minneapolis 1975). Auch *U. Müller,* Die Geschichte der Christologie in der johanneischen Gemeinde (SBS, 77) (Stuttgart 1975).

[70] Siehe die zu diesem Teil angegebene Literatur.

[71] *R. Fortna,* Jesus’ Signs, a. a. O. 156–165; *R. Brown,* Gospel of John, a. a. O. I, 196; *B. Lindars,* Gospel of John, a. a. O. 203; *W. Wilkens,* Zeichen und Werke, a. a. O. 44–59; *R. Schnackenburg,* Johannesevangelium I, 344–356.

[72] *J. Becker,* Wunder, a. a. O. 145–146.

[73] W. *Wilkens*, Zeichen und Werke, a. a. O. 44–59; R. *Schnackenburg*, a. a. O. I, 350–354 und 508–524.

[74] Fr. *Schnider*, und W. *Stenger*, Johannes und die Synoptiker. Vergleich ihrer Parallelen (München 1971), vor allem 83.

[75] L. *Schottroff*, Der Glaubende und die feindliche Welt, a. a. O. 247–257.

[76] W. *Nicol*, Semeia, a. a. O. 125–137.

[77] R. *Fortna*, Jesus' Signs, a. a. O. 152–166.

[78] J. *Becker*, Wunder, a. a. O. 114–147.

[79] R. *Schnackenburg*, Johannesevangelium I, 350–356 (siehe 508–524).

[80] C. R. *Holladay;* siehe oben unter Anm. 48 (S. 844).

[81] Jesus, die Geschichte von einem Lebenden, 607, Anm. 105.

[82] K. *Rengstorf*, s. v. semeion: ThWNT, Bd. 7, 256.

[83] G. *Fohrer*, Die symbolischen Handlungen der Propheten (Basel – Zürich 1953).

[84] R. *Schnackenburg*, Johannesevangelium I, 351–354.

[85] E. *Haenchen*, Der Vater, der mich gesandt hat: NTS 9 (1962–63) 208–216; R. *Schnackenburg*, Johannesevangelium I, 347–350.

[86] F. *Mußner*, Die johanneische Sehweise und die Frage nach dem historischen Jesus (Freiburg 1965) 18–24; C. *Traets*, Voir Jésus, a. a. O. 214–225.

[87] Das war schon die These R. Bultmanns: Johannes sagt nur, daß Jesus „Offenbarung Gottes" ist. Die seitdem erschienenen Untersuchungen zu Johannes sind nicht weiter gekommen: Johannes fordert den Glauben, daß Jesus „von Gott kommt". Siehe die Arbeiten von J. M. *Boice*, Witness and Revelation, a. a. O., und J. *Hindley*, Witness, a. a. O. 319–337.

[88] Vgl. S. *Hofbeck*, Semeion, a. a. O. 158–166.

[89] So J. *Bonsirven*, Epîtres de saint Jean (Paris ²1954) 263–264; A. *Vanhoye*, a. a. O.: NRTh 86 (1964) 339–348; H. *Schneider*, The word made Flesh, a. a. O. 344–356.

[90] So, m. E. überzeugend, R. *Schnackenburg*, Die Johannesbriefe (Freiburg ²1963) 270–271.

[91] Ph. *Harner*, The ‚I am', a. a. O. 15–36 und 56–57; R. *Brown*, Gospel, a. a. O. I, 535–537; *Schnackenburg*, a. a. O. II, 63; *Dodd*, Interpretation, 93–96; R. *Le Déaut*, La nuit paschale (Rom 1963) 329.

[92] Zum Beispiel Mischna, Sukkah 4, 5; Ph. *Harner*, a. a. O. 20–22; 61–62; R. *Brown*, a. a. O. I, 537.

[93] I. *de la Potterie*, Je suis la Voie, a. a. O. 917–926.

[94] Nach G. *McRay*, The Ego-Proclamation, a. a. O. 123–139, sind die Parallelen in der koptischen gnostischen Literatur noch auffälliger. In Nag Hammadi, Codex VI, steht eine ganze Reihe von „Ich bin…"-Aussagen („Ich bin Erkenntnis" usw.) (siehe die Leidener Ausgabe: The Facsimile Edition of the Nag Hammadi Codices, 7 Bde. [Leiden 1972–1976]). Diese Aussagen weisen hier auf die Transzendenz der Erlösergestalt hin, die die weltliche und auch die jüdische Symbolik übersteigt. Auch R. Schnackenburg sieht in diesem Sprechen des Johannes einen Einfluß des orientalischen Hellenismus. Vgl. die schon ältere Studie von E. *Schweizer*, Ego Eimi. Die religionsgeschichtliche Herkunft und theologische Bedeutung der johanneischen Bildreden (Göttingen 1939).

[95] G. *Scholem*, Major Trends in Jewish Mysticism (New York 1946); *ders.*, Jewish Gnosticism, Merkabah Mysticism and Talmudic Tradition (New York 1960).

[96] K. M. *Fischer*, Der johanneische Christus und der gnostische Erlöser, in: Gnosis und Neues Testament, in: Studien aus Religionswissenschaft und Theologie (hrsg. v. K. W. Tröger) (Berlin 1973) 245–267, behauptet, Johannes setze tatsächlich gnostische Mythen voraus, zumindest in einer vormandäischen Form (gegen R. Bultmann), aber Johannes übersteige in allen wesentlichen Punkten diesen ‚Gnostizismus'.

[97] Am meisten noch R. *Brown*, Gospel, siehe Titel: „Jesus and the principal feasts of the Jews" I, 199.

[98] *Brown*, Gospel I, 272–274; *Schnackenburg*, II, 57–58; J. *Blank*, Die johanneische Brotrede, a. a. O.; H. *Leroy*, Rätsel und Mißverständnis, a. a. O. 100–124; W. *Meeks*, The Prophet-King, a. a. O. 91–98.

[99] Th. *Preiss*, Etude sur le ch. 6, a. a. O. 144–156; J. *Blank*, Die johanneische Brotrede, a. a. O. 193–207; 255–270; Strack-Billerbeck, II, 435–436, und II, 434–435. Auch in Qumran: die Damaskusschrift QD 19, 34.

[100] Josephus, Antiquitates, 12, 325. Siehe A. *Schalit*, Evidence of an Aramaic Source in Josephus' Antiquities of the Jews: Annual of the Swedish Theological Institute 4 (1965) 163–188.

[101] J. *Morgenster*, The Fire upon the Altar (Leiden 1963); auch R. *de Vaux*, Les institutions de

l'Ancien Testament (Paris 1960) Bd. 2, 420–424 (dt.: Das Alte Testament und seine Lebensord-
nungen, Bd. 2 [Freiburg i.Br. ²1966]).

[102] Siehe *J.Nelis,* II Makkabeeën (Bussum 1975) 65–68.

[103] Josephus, Antiquitates, 15, 395; De bello iudaico, V, 210.

[104] Syrische Baruchapokalypse, 36 und 39,7.

[105] Vor allem *R.Brown,* Gospel of John I, CXIII–CXIV; *H.Schlier,* Joh 6, a.a.O. 123.

[106] Siehe *R.Kysar,* The Fourth Evangelist, a.a.O. 249–258.

[107] *Kysar,* a.a.O. 259.

[108] Im Rabbinentum ist das Samenkorn ein Bild der (allgemeinen) Auferstehung. Siehe Strack-Billerbeck, II, 551; III, 475; auch 1 Kor 15,37.

[109] Siehe ‚Jesus, die Geschichte von einem Lebenden‘, 431–433.

[110] Siehe Strack-Billerbeck, IV, 1019–1020; *G.Fischer,* Die himmlischen Wohnungen. Untersuchungen zu Joh 14,2–3 (Bern – Frankfurt 1975): *R.Grundry,* In My Father's House are many
‚monai‘ (Jn 14,2): ZNW: 58 (1967) 68–72.

[111] *J.Heise,* Bleiben. Menein in den johanneischen Schriften (Tübingen 1967).

[112] *E.Käsemann,* Jesu letzter Wille, a.a.O. 51.

[113] *A.Dauer,* Die Passionsgeschichte, a.a.O. (Anm. 47) 231–294.

[114] *H.Bietenhard,* s.v. onoma, in: ThWNT Bd. 5, 258–261, und *A.S. van der Woude,* s.v. sch-m,
in: ThHandWAT, Bd. 2, 935–963.

[115] ‚Jesus, die Geschichte von einem Lebenden‘, 252–256 und vor allem 435–442 und 451f.

[116] Von *R.Schnackenburg,* Johannesevangelium III, 299–309, scheint mir dies am schärfsten analysiert; siehe aber auch *W.Meeks,* The Prophet-King, a.a.O. 63–87.

[117] So *R.Schnackenburg,* a.a.O. III, 323–328. Zwar bleiben Zweifel über diese Interpretation des
johanneischen Wortes Jesu am Kreuz, aber in Anbetracht der Tendenzen des Johannesevangeliums
scheint sie mir (als Johannesinterpretation) sinnvoller als die späteren patristischen und mittelalterlichen Interpretationen und auch die Interpretation Bultmanns, nach denen Maria Typ des *jüdischen*
Christen ist, der Lieblingsjünger dagegen der Typ des *Heiden*christen. Daß damit die Rolle Marias
unterbewertet wird, wie Schnackenburg selbst zugibt (III, 325), scheint mir eher eine Reaktion
von der heutigen Mariologie aus als vom Johannesevangelium und von der Stellung der Frau in
der spätantiken Gesellschaft. Das Gewicht fällt tatsächlich viel mehr darauf, daß Maria dem geliebten Jünger anvertraut wird, als daß dieser Maria anvertraut wird.

[118] *H.Leroy,* Rätsel und Mißverständnis, a.a.O. 51–57.

[119] Siehe *R.Brown,* Gospel of John II, 994; *R.Schnackenburg,* Johannesevangelium III, 377–378;
W.Thüsing, Die Erhöhung und Verherrlichung im Johannesevangelium (Münster ²1970) 263ff.

[120] Lukas, der in seinem Evangelium der Rolle der Frauen besondere Aufmerksamkeit schenkt,
kennt keine Erscheinung Jesu vor Frauen, Markus ebensowenig. Nur Mt 28,9–10 (mit Joh). Mit
anderen Worten, daß Jesus zuerst Frauen erschienen ist, ist eine *relativ späte* Tradition, beschränkt
auf Mattäus und Johannes. Es besteht die große Wahrscheinlichkeit, daß die Erscheinung *Jesu*
vor Frauen sich aus der Tradition der Engelerscheinung entwickelt hat, mit anderen Worten, daß
sie als solche nicht historisch, sondern eine theologische Thematisierung sind.

[121] Mit einer *Amts*weihe hat das bei Johannes also nichts zu tun. Das vierte Evangelium spricht
von den Jüngern als *Gemeinde.*

[122] Philo, Moysis II, 265. Im Zusammenhang mit Mose wird gesagt, daß der göttliche Geist „ihn
zur Wahrheit führt".

[123] *J.Ysebaert,* Greek Baptismal Terminology (Nijmegen 1962).

[124] *G.Johnston,* Spirit-Paraclete, a.a.O. 119–146.

[125] *R.Brown,* Gospel of John II, 1135–1144.

[126] *G.Bornkamm,* Der Paraklet im Johannesevangelium (Festschr. für R. Bultmann) (Stuttgart
1949) 12–35.

[127] *I.de la Potterie,* Le Paraclet, a.a.O., vor allem 90ff.

[128] *R.Schnackenburg,* Johannesevangelium III, 156–173.

[129] *Bruce Vawter,* Ezekiel and John, a.a.O. 455ff.

[130] *J.Blank,* Krisis, a.a.O. 329; *S.Schulz,* Die Stunde der Botschaft. Einführung in die Theologie
der vier Evangelien (Hamburg 1967) 359.

[131] *O.Betz,* Der Paraklet, a.a.O. 56–72, 113–166. Das gibt auch *R.Brown,* Gospel of John II,
1138, zu. Siehe Anm. 57 des folgenden Abschnitts.

[132] QD (Damaskusschrift von Qumran) 5,17–19; Kriegsrolle 13,10; 17,6–7.

[133] Siehe ,Jesus, die Geschichte von einem Lebenden', 227–238.

[134] *O. Betz*, What do we know about Jesus? (London 1968) 87ff und 96ff.

[135] Siehe oben, S. 299ff, und ,Jesus, die Geschichte von einem Lebenden', 253–255; *G. Nickelsburg*, Immortality, a.a.O. 62; *Kl. Berger*, Die Auferstehung des Propheten und die Erhöhung des Menschensohns (Göttingen 1976) 209–213.

[136] *U. B. Müller*, Messias und Menschensohn, a.a.O. 52ff, 81ff und 111ff.

[137] *C. H. Talbert*, The Myth of a Descending-Ascending Redeemer in Mediterranean Antiquity: NTS 22 (1976) 418–440; *J. H. Charlesworth* (ed.), John and Qumran (London 1972); *R. Harris* und *A. Mingana*, The Odes and Psalms of Solomon (Manchester 1920); auch *J. H. Charlesworth*, The Odes of Solomon (Oxford 1973): Menschensohn als Messiastitel (127–128).

[138] *P. Schäfer*, Die Torah der messianischen Zeit: ZNW 65 (1974) 27–42. Außerdem ist der Gedanke der Präexistenz Jesu eine ältere Tradition als die Kindheitsgeschichten des Mattäus und Lukas; siehe *M. Hengel*, Der Sohn Gottes (Tübingen 1975) 112.

[139] *J. Riedl*, Das Heilswerk Jesu nach Johannes (Freiburg 1973); *John A. T. Robinson*, The Use of the Fourth Gospel for Christology Today, in: Christ and Spirit in the New Testament (i.h. C. Moule) (Cambridge 1973) 61–78; *H. Schlier*, Der Offenbarer und sein Werk nach dem Johannesevangelium, in: Besinnung auf das Neue Testament (Exegetische Aufsätze und Vorträge) (Freiburg 1964) Bd. 2, 254–260; *K. Wennemer*, Theologie des ,Wortes' im Johannesevangelium: Schol 38 (1963) 1–17.

[140] *O. Böcher*, Die Johannesapokalypse, a.a.O. 1–25. In einer etwas karteiartigen Broschüre sammelt der Autor, was Exegeten alles über die Apokalypse gesagt haben; darauf folgt dann etwas schnell und etwas zu apodiktisch die Darstellung der ,eigenen Position'. Es ist jedoch eine brauchbare Broschüre.

[141] ,Jesus, die Geschichte von einem Lebenden', 106–109.

[142] „König der Könige" war (im Reich der Achämeniden) der Titel des neu-babylonischen Großkönigs.

[143] Josephus, Antiquitates, 3, 154.159 und 171.

[144] *H. Kraft*, Die Offenbarung, a.a.O. 107–110.

[145] *S. Mowinckel*, He that Cometh (Oxford 1956) 372; Strack-Billerbeck, I, 85.

[146] Suetonius, Domitianus, 13: „dominus et deus noster".

[147] *O. Roller*, Das Buch mit sieben Siegeln: ZNW 36 (1937) (98–113) 100–107.

[148] *H. Bietenhard*, Das Tausendjährige Reich, a.a.O.; *P. Volz*, Eschatologie, a.a.O. 71ff und 273; *H. Kraft*, Die Offenbarung, a.a.O. 254–257; Strack-Billerbeck, III, 824ff.

[149] Strack-Billerbeck, IV, 1100–1105.

[150] Strack-Billerbeck, III, 852. Auch in Qumran ist die Wiederherstellung des Tempels *das* große eschatologische Geschehen (CD IV, 17–18; 1 QpHab XII, 11ff).

ZWEITER TEIL, DRITTER ABSCHNITT (S. 447–521)

[1] Siehe ,Jesus, die Geschichte von einem Lebenden', 124–240.

[2] *E. Schillebeeckx*, Jesus und das menschliche Lebensscheitern: Conc 12 (1976) 189–195 (siehe auch 4. Teil).

[3] *O. Betz*, ,Von Gott gezeugt', in Judentum, Urchristentum, Kirche (Festschrift für J. Jeremias) (Berlin 1960) 3–23.

[4] Jub. 1, 24–25; 1 Henoch 62, 11; Assumptio Moysis, 10, 3; PsSal 17, 27.30.

[5] *R. Brown*, Gospel of saint John I, 13–14; siehe auch: JBL 72 (1953) 213–219; *H. Leroy*, Rätsel und Mißverständnis, a.a.O. 124–136; *R. Schnackenburg*, Johannesbriefe, a.a.O. (²1963) 175–183.

[6] Corpus Hermeticum XIII, 1,3 und 7.

[7] *H. Haerens*, Sôter et Sôtèria (Studia hellenistica 5) (Löwen 1948); *W. Staerk*, Soter: Die biblische Erlösererwartung als religionsgeschichtliches Problem, Bd. 1 (Gütersloh 1933).

[8] *F. Stolz*, s.v. j-sch-, in: ThHandWAT, Bd. 1, 785–790; *W. Foerster* und *G. Fohrer*, s.v. 'sōzō, in: ThWNT, Bd. 7, 966–1024.

[9] *E. Rupprecht*, s.v. p-l-t, in: ThHandWAT, Bd. 2, 420–427.

[10] Ps 17, 13; 18, 49; 22, 5 und 44; 31, 2; 71, 2.4; 40, 18; 70, 6; 107, 20; 116, 4. Auch: Joel 3, 5; Jes 4, 2; 10, 20; 66, 19; Dan 12, 1.

[11] *E. Jenni*, s.v. j-z-', in: ThHandWAT, Bd. 1, 755–761; *J. Wijngaards*, A twofold approach to the Exodus: VT 15 (1965) 91–102; *P. Humbert*, Dieu fait sortir: ThZ 18 (1962) 357–361; ders., Dieu fait sortir. Note complémentaire, a. a. O. 433–436; *J. J. Stamm*, Erlösen und Vergeben im Alten Testament (Bern 1940); *U. Bergmann*, s.v. n-z-l, in: ThHandWAT, Bd. 2, 96–99; *J. Schneider*, s. v. exerchomai, in: ThWNT, Bd. 2, 676–678; *F. Hauck* und *S. Schulz*, s. v. ekporeuomai, a. a. O., Bd. 5, 578–579; *W. Michaelis*, s. v. exagein, a. a. O., Bd. 5, 108–113.

[12] Schon von alters her: Ex 13,3.9.14.16; 18,1; 20,2; 32,11.12; Num 20,16; 23,22; 24,8; Jos 24,5.6. Später vor allem in Dt 5,6.15; 6,12.21.23; 7,8.19; 8,14; 9,26.28.29; 13,6.11; 16,1; 26,8; im deuteronomistischen Geschichtswerk: Dt 1,27; 4,20–37; Rich 2,12; 6,8; 1 Kön 8,16.21.51.53; in der priesterlichen Tradition: Ex 6,6.7; 7,4.5; 12,17.42.51; 14,11; Num 15,41; im Heiligkeitsgesetz: Lev 19,36; 22,33; 23,43; 25,38.42.55 usw.; bei den Propheten (erst von Jeremia an): Jer 7,22; 11,4; 31,32; 32,21; 34,13; Ex 20,6.9.10.14.22; und schließlich auch in jüngeren Texten: Ps 105,37.43; 136,11; 2 Chron 6,5; 7,22; Dan 9,15.

[13] Ex 13,3.14; 20,2; Dt 5,6; 6,12; 7,8; 8,14; 13,6.11; Rich 6,8; Jer 34,13.

[14] Ex 18,4ff; Ps 18,18; 34,5; 56,14; Ex 3,8; 6,6; Jer 39,17; Gen 32,12; allerdings ist das kein besonderer theologischer Begriff.

[15] *J. J. Stamm*, s.v. p-d-h, in: ThHandWAT, Bd. 2, 389–406; ders., s. v. g'l, in: a. a. O., Bd. 1, 383–394; *F. Büchsel*, s. v. lytron en apolytrôsis, in: ThWNT, Bd. 4, 341–352 und 354–359.

[16] Ein allgemeiner Brauch im Osten, um den Besitz des Clans zu schützen.

[17] Wie es mit vielen dieser Begriffe geschieht, schwächt sich die ursprüngliche Bedeutung ab, die ‚Wiederherstellung in den ursprünglichen Zustand' durch Freikauf war. „G'l" wird dann einfach: von politischen Feinden ‚befreien' (Mi 4,10; Jer 31,11; Ps 106,10) oder aus mancher Not (Ps 107,2; 103,4 usw.).

[18] *G. Gerleman*, s.v. sch-l-m, in: ThHandWAT, Bd. 2, 919–935; ders., Die Wurzel sch-l-m: ZAW 85 (1973) 1–14.

[19] *F. Maass*, s.v. k-p-r, in: ThHandWAT, Bd. 1, 842–857; *S. Lyonnet*, De notione expiationis: VD 37 (1959) 336–352; 38 (1960) 66–75; *H. Thyen*, Studien zur Sündenvergebung im NT und seinen alttestamentlichen und jüdischen Voraussetzungen (Göttingen 1970); *J. Hermann* und *J. Büchsel*, s.v. hilaskesthai, in: ThWNT, Bd. 3, 301–324; *J. Schmid*, Sünde und Sühne im Judentum: BuL 6 (1965) 16–26; *J. J. Stamm*, Erlösen und Vergeben im Alten Testament (Bern 1940); *J. Kühlewein*, s. v. q-r-b, in: ThHandWAT, Bd. 2, 674–681; *R. de Vaux*, Les institutions de l'Ancien Testament (Paris 1960), Bd. 2, 291–348 und 425–430. Siehe auch die Literatur zum Hebräerbrief (oben).

[20] *G. Gerlemann*, s.v. r-z-h, in: ThHandWAT, Bd. 2, 810–813, und s.v. ch-f-z, a.a. O., Bd. 1, 623–626; *G. Schrenk*, s.v. eudokeô, in: ThWNT, Bd. 2, 736–748.

[21] Siehe oben, S. 252–256.

[22] *J. J. Stamm*, s.v. s-l-ch, in: ThHandWAT, Bd. 2, 150–160; ders., Erlösung und Vergebung, a.a.O.

[23] *F. Stolz*, s.v. n-s-', in: ThHandWAT, Bd. 2, 109–117.

[24] Siehe oben, Literatur zu zedâqâ, 104f und die Darlegung über den Paulinismus.

[25] Syr.Bar. 85,1–2; Asc.Moysis, 11, 17.

[26] A.a. O., auch 4 Esra 7,112; Äth. Hen. 47,2; 104,1; Test.Levi 3,5; 6,5.

[27] In Qumran durchgehend. Auch Gr. Bar., 11ff; Äth. Hen, 68,4; 9,3–11; 89,76; 30,20; 28,6.

[28] Test.Jud., 20,1 und in der gesamten Qumran-Literatur.

[29] *R. Smend*, Die Mitte des Alten Testaments (ThStB, 101) (Zürich 1970).

[30] Dieses bemerkenswerte Phänomen wurde Gegenstand eines Studienprojekts der „American Academy of Arts and Sciences"; siehe das Themaheft: Wisdom, Revelation and Doubt. Perspectives on the first Millennium B. C., in: Daedalus, vol. 104, n.2 (1975) 1–194.

[31] Über die vorchristliche Entstehungsgeschichte und manche christliche Bearbeitungen dieser außerbiblischen jüdischen Literatur siehe die Werke in Anm. 3., S. 842.

[32] Jesus, die Geschichte von einem Lebenden, 163–165; 170; 367–421.

[33] Siehe u.a. *Cl. Westermann*, Das Loben in den Psalmen (Göttingen ²1968). Siehe auch die berâkhâ-Struktur der jüdischen Acht-Bitten: Strack-Billerbeck IV, 211–214, und *F. Hahn*, Der urchristliche Gottesdienst (SBS, 41) (Stuttgart 1970).

[34] *G. von Rad*, Theologie des Alten Testaments, a.a.O. 143. Die gleiche (wahrscheinlich von G. von Rad unabhängige) Auffassung vertritt K. Barth. Abhängig von Von Rad sind die angeführten Werke von H. Brongers, die Autoren von Mysterium Salutis und viele andere.

[35] *H. Brongers*, Scheppingstradities, a.a.O. 116.

³⁶ „Wir (sind) heute in der Gefahr, die theologischen Probleme des Alten Testaments zu einseitig im Bereich des Geschichtstheologischen zu sehen" (*G. von Rad*, Aspekte alttestamentlichen Weltverständnisses, a. a. O. [1964] 57).

³⁷ *Cl. Westermann*, Schöpfung, a. a. O. 14. Schon *W. H. Schmidt*, Die Schöpfungsgeschichte der Priesterschrift, a. a. O., hatte versucht, den Bericht von Gen 1, 1 – 2, 4 für sich allein und nicht diachron zu analysieren. Später wurde der Genesistext struktural analysiert von *P. Beauchamp*, Création et Séparation. Étude exégétique du chapître premier de la Genèse (Paris 1969); aus dieser Analyse geht hervor, wie willkürlich eine Hermeneutik sein kann, wenn sie die Phase der strukturalen Analyse ausläßt. Siehe auch *P. Ricœur*, Le conflit des interprétations (Paris 1969), und vor allem: Sur l'exégèse de Genèse, 1, 1 – 2, 4a, in: Exégèse et herméneutique (Paris 1971) 67–84.

³⁸ *H. Baumann*, Schöpfung und Urzeit, a. a. O.

³⁹ Siehe u. a. *W. Dupré*, Technology and Myth: Bijdr 36 (1975) 189–206.

⁴⁰ *E. Cornelis*, Mythe en Religie: Annalen Thymgenootschap 53 (1965) 55–74.

⁴¹ *Cl. Westermann*, Schöpfung, a. a. O. 102–105.

⁴² *A. S. van der Woude*, Genesis en exodus, a. a. O. 9.

⁴³ Es fällt auf, daß das Hebräische kein Substantiv für das kennt, was wir den Schöpfer und die Schöpfungswelt nennen. Daher die Umschreibung: „Gott, der Himmel und Erde erschaffen hat". Aber in der griechisch-jüdischen Literatur ist die Rede von „ho ktistès", dem Schöpfer, neben dem halb-semitischen „ho ktisas", der Erschaffende oder „der, der erschafft".

⁴⁴ *Cl. Westermann*, Das Loben, a. a. O. 11 ff. Auch *A. S. van der Woude*, a. a. O. 6.

⁴⁵ Man kann jedoch die Frage stellen, wieweit die Intensivierung des Schöpfungsbegriffs auch abhängig ist von der inneren Entwicklung des Jahweglaubens einer zuerst ‚henotheistisch' gefärbten Religion (Jahwe ist der Gott der Sippe, wie auch andere Völker ihren Gott haben) zum strengen Monotheismus: Der Gott, der Himmel und Erde erschaffen hat, ist Israels Jahwe.

⁴⁶ Siehe die Beiträge von *J. Haspecker*, a. a. O.

⁴⁷ Mit dieser Anschauung vom Alten Testament läßt sich die Grundthese des Buches von *R. Schaeffler*, Religion und kritisches Bewußtsein (München 1973), unmöglich biblisch begründen. Der biblische Gott ist (trotz älterer Tendenzen) letztlich Grund reiner Positivität und nicht der letzte und fundamentale Grund sowohl von ‚Leben' als auch von ‚Lebensvernichtung'.

⁴⁸ *G. Schneider*, Urchristliche Gottesverkündigung in hellenistischer Umwelt: BZ 13 (1969) 59–75; *P. Stuhlmacher*, Das paulinische Evangelium, Bd. 1 (Göttingen 1968) 260.

⁴⁹ *J. Jervell*, Imago Dei, a. a. O. 15–50; 52–69; 71–121.

⁵⁰ Strack-Billerbeck, IV, 211–214; *S. Lyonnet*, L'hymne christologique de l'épître aux Colossiens et la fête juive du nouvel-an: RSR 48 (1960) 93–100.

⁵¹ Herakleitos, Fragm. B 67; hrsg. H. Diels: I, 165, 8 ff.

⁵² Empedocles, Fragm. B 26, 4: I, 323, 2; 23, 6–10: I, 321, 15 ff; 35, 7.16: I, 32, 4 und 328, 2; 126: I, 362, 9: 128: I, 263, 9–10; 104–141: I, 368, 15.18.

⁵³ *W. Nauck*, Freude im Leiden. Zum Problem einer urchristlichen Verfolgungstradition: ZNW 1955, 68–80.

⁵⁴ Deshalb glaube ich, daß *A. Vögtle* in seinem Buch: Das Neue Testament und die Zukunft des Kosmos (Düsseldorf 1972) eine Grundtendenz des Alten und Neuen Testaments übersieht und *Heil* zu Unrecht rein anthropozentrisch sieht, unabhängig vom Schicksal der materiellen Welt; allerdings hat er recht, daß die Bibel von diesem kommenden Kosmos nur in Bildern und Metaphern spricht (das ist auch nicht anders möglich).

⁵⁵ Clemens von Rom, 40, 4–5 (siehe *J. A. Fischer*, Die Apostolischen Väter [Schriften des Urchristentums, Bd. 1] [Darmstadt 1966] 77). In diesem ersten christlichen Gebrauch von laikos (Laie) bedeutet Laie nicht formal: zum Volk Gottes gehörend (im Gegensatz zu den Heiden), wie oft gesagt wird, sondern ein Mitglied des Gottesvolkes sein im Gegensatz zu seinen priesterlichen Leitern (Diakonen und Priestern). Es ist ein Unterschied, den wir im jüdischen Griechisch (wenn auch nicht in der Septuaginta) schon an zwei Stellen der griechischen Bibel finden: Jes 24, 2 und Hos 4, 9: „Priester und Volk" (laikoi). Clemens knüpft also, was den Wortgebrauch betrifft, an einen schon bestehenden jüdischen Gebrauch an.

⁵⁶ Siehe ‚Jesus, die Geschichte von einem Lebenden', 391 ff.

⁵⁷ Literatur über den Paraklet-Geist im Zusammenhang mit dem Johanneismus: *H. Schlier*, Der Heilige Geist als Interpret nach dem Johannesevangelium: IKZ 2 (1973) 97–103; *R. Brown*, The Gospel according to John (London – Dublin – Melbourne 1972), Bd. 2, 1135–1143 (siehe auch in: NTS 13 [1966–1967] 113–114); *J. Schreiner*, Geistbegabung in der Gemeinde von Qumran:

BZ 9 (1965) 161–180; *G. Johnston*, The Spirit-Paraclete in the Gospel of John (Cambridge 1970); *F. Porsch*, Pneuma und Wort (Frankfurt 1974); *Fr. Mussner*, Die johanneischen Parakletsprüche und die apostolische Tradition: BZ 5 (1961) 56–70; *A. R. C. Leaney*, The Johannine Paraclete and the Qumran Scrolls, in: John and Qumran (ed. J. Charlesworth) (London 1972) 38–61; *O. Betz*, Der Paraklet: Fürsprecher im häretischen Spätjudentum, im Johannesevangelium und in neu gefundenen gnostischen Schriften (Leiden 1963); *P. Schäfer*, Die Vorstellung vom Heiligen Geist in der Rabbinischen Literatur (STANT, 28) (München 1972); *N. Johansson*, Paraklètoi. Vorstellungen von Fürsprechern für die Menschen vor Gott in der alttestamentlichen Religion, im Spätjudentum und Urchristentum (Lund 1940); *G. Bornkamm*, Der Paraklet im Johannesevangelium (Festschrift für R. Bultmann) (Stuttgart 1949), 12–35; *G. Locher*, Der Geist als Paraklet: EvTh 66 (1966) 578 ff; *J. Blank*, Krisis. Untersuchungen zur johanneischen Christologie und Eschatologie (Freiburg 1964), c. 9: Die Vergegenwärtigung des Gerichts durch den Geist-Parakleten, 316–340. *J. Veenhof*, De Parakleet (Kampen 1975).

[58] *R. Albertz* und *C. Westermann*, s. v. ruach, in: ThHandWAT, Bd. 2, 726–753; *F. Nötscher*, Geist und Geister in den Texten von Qumran (Festschrift für A. Robert) (Paris 1957) 305–315; *P. Schäfer*, Die Vorstellung vom heiligen Geist in der rabbinischen Literatur (München 1972); *E. Sjöberg* und *A. Schweizer*, s. v. pneuma, in: ThWNT, Bd. 6, 373–449.

[59] Im Tenach wurde ruach, Wind und Lebensatem, im Glauben Israels an den Schöpfergott als ein „Wind Gottes" gesehen (ruach Elohim, Gen 1,2; ruach Jahwe, Gen 59,19) im Sinn eines Gottessturms (wie auch die Römer sagten: „Jupiter tonat"; Sturm und Wind kommen von Gott: Jes 40,7; Hos 13,15). Ruach kann daher im übertragenen Sinn gebraucht werden für verschiedene Formen von etwas, was in Bewegung ist oder etwas in Bewegung setzt. Denn der Wind wirbelt Stroh empor (Ps 1,4); er kann etwas auf- und mitnehmen (Ex 10,13.19; Jes 57,13); er entwurzelt Bäume (Jes 7,2), wühlt die See auf (Ps 107,25), bricht Schiffe mitten durch (Ez 27,26) und spaltet Felsen und Berge (1 Kön 19,11). Vor allem der „ruach qâdim" (Ex 10,13; 14,21; Jer 18,17) oder der Ostwind, nämlich aus der Wüste (der palästinensische Schirokko im Frühjahr) konnte die Frühlingsblüte mit einem Schlag verdorren lassen und richtete schwere Verwüstungen an (Ps 48,8; Ijob 1,19). Der „ruach Jahwe" kann somit zum Bild für das Gottesgericht werden (Jes 57,13; Jer 4,11.12; 49,36; Ez 13,11.13; 17,10; Hos 4,19; 13,15; Ps 35,5; 48,8). Der Wind wird oft zu einer Begleiterscheinung des Handelns Jahwes (Ez 1,4; Dan 7,2). Aber eine zweite Bedeutung von ruach ist Lebensatem, wiederum unter dem Aspekt der Kraft, die sich in einem Atemstoß äußert (nicht des normalen Atems von Tier oder Mensch), mit anderen Worten Atem als Ausdruck von Vitalität (keuchender Atem oder nach Luft schnappen; dann ist die Rede von ruach) (1 Kön 10,5; 2 Chron 9,4; Jer 2,24; 14,6). Ruach bedeutet somit auch: vitale Lebenskraft (Gen 45,27; Rich 15,19; 1 Sam 30,12), mit der Nebenbedeutung von psychischer Spannkraft, die auf etwas hin lebt. Deshalb kann ruach in Situationen gebraucht werden, in denen verdorrtes Leben erneuert wird und die Lebenskraft wiederkehrt. In der priesterlichen Tradition hat sich daher der ursprüngliche Unterschied zwischen „nefesch" (Gen 2,7.19) und „ruach" verwischt: „nefesch chajjâ" (ein lebendes Wesen) wird Synonym von „ruach chajjim" (Fleisch, in dem Lebensatem ist; Gen 6,17; 7,15). Gott gibt ruach allem Fleisch (Num 16,22; 27,16). Daß der menschliche ruach von Gott kommt, bedeutet völlige Abhängigkeit von Gott (Ijob 10,12). Abgesehen von verschiedenen menschlichen psychischen Zuständen, die mit ruach angedeutet werden – sogar pathologische Fälle (jemand mit einem ‚bösen ruach') –, abgesehen auch von ruach als letztlich identifiziert mit dem menschlichen Geist oder dem Mittelpunkt des Menschen (Herz und ruach, Ez 11,5; 20,32) oder seiner Innerlichkeit (Mal 2,15.16; Ps 32,2 usw.) (nicht als ein Teil des Menschen; diesen Dualismus kennt man nicht; sondern als menschliche Totalexistenz, Gen 41,8; Dan 2,1.3.), wird ruach in einer besonderen Bedeutung gebraucht für außergewöhnliche menschliche Fähigkeiten, die auf den göttlichen ruach zurückgeführt werden – vor allem ‚der prophetische Geist' (Hos 9,7; oder die Gabe der Trauminterpretation, Gen 41,38; Dan 4.5.6.15).

[60] *Albertz – Westermann* (siehe Anm. 58), II, 746. Die Beweisstellen, welche die systematischen Theologen meist für Gottesoffenbarung durch Vermittlung des Geistes Gottes angeben (Hos 9,7; Mi 3,8; Jes 30,1; 31,3), stehen keineswegs auf der Linie der Prophetie und des Wortes Gottes, sondern eher in der Tradition der Gottesmänner und Jahwe-Kriege.

[61] In Num 11,14–17.24b–30 wird der Geist schon statisch. Spätere Gruppen von Propheten wollen ihren ruach-Besitz von dem Geist ableiten, den Mose ‚von Amts wegen' besaß. Dann ‚ruht' der Geist auf jemand (Num 11,25.26); ‚Ekstase' ist dann ein frommer Zustand. Wieder andere Gruppen stellen den ruach in seinem dynamischen und explosiven Charakter wieder her (Num 11,26–28);

eine noch spätere prophetische Gruppe wünscht den ruach auszuweiten zu einem Besitz des ganzen Gottesvolkes (Num 11,29).

ZWEITER TEIL, VIERTER ABSCHNITT (S. 522–624)

[1] Einige Beispiele: *F. Belo*, Lecture matérialiste de l'évangile de Marc (Paris 1974); *M. Clévenot*, Approches matérialistes de la Bible (Paris 1975); *S. Rosagno*, Essays on the New Testament. A ‚Materialistic‘ Approach (Genf o. J.); *J. P. Miranda*, Marx and the Bible (New York 1974); *G. Givardet*, L'Evangelo di Luca. Una lettura politica (Turin 1976).
[2] Siehe *S. Schulz*, Q. Die Spruchquelle der Evangelisten (Zürich 1972) 152–157.
[2a] Strack-Billerbeck, I, 435 ff.
[3] Siehe *D. Lührmann*, Der Verweis auf die Erfahrung und die Frage nach der Gerechtigkeit, in: Jesus Christus in Historie und Theologie (hrsg. G. Strecker) (Tübingen 1975) (185–196) 193.
[4] Siehe ‚Jesus, Die Geschichte von einem Lebenden‘, 137–152.
[5] Strack-Billerbeck, I, 374–377.
[6] *D. Lührmann*, Der Verweis auf die Erfahrung, a.a.O. 195–196. Siehe auch *W. Harnisch*, Die Sprachkraft der Analogie. Zur These vom ‚argumentativen Charakter‘ der Gleichnisse Jesu: StTh 28 (1974) 1–20.
[7] *E. Linnemann*, Zeitansage und Zeitvorstellung in der Verkündigung Jesu, in: Jesus Christus in Historie und Theologie (hrsg. G. Strecker) (Tübingen 1975) 223–236.
[8] Siehe *P. Stockmeier*, Glaube und Religion in der frühen Kirche (Freiburg 1972) 44–54; *N. Brox*, Zum Vorwurf des Atheismus gegen die alte Kirche: TThZ 74 (1966) 274–282.
[9] Didache, Preces eucharisticae, c. 10, n. 6.
[10] *C. Westermann*, Das Loben Gottes in den Psalmen (Göttingen ²1968) 110–115.
[11] Siehe zweiter Teil, erster Abschnitt, § 4 und die dort zitierten Werke von J. Jocz und H. Donner. Auch *G. Friedrich*, Utopie und Reich Gottes. Zur Motivation politischen Verhaltens (Göttingen 1974).
[12] Für den Qumranpsalter, siehe *P. W. Skehan*, A liturgical complex in 11 QPsᵃ: CBQ 35 (1973) 195–205; siehe *A. S. van der Woude*, De Dankpsalmen (Amsterdam 1957).
[13] *G. von Rad*, Weisheit in Israel (Neukirchen 1970) 391.
[14] *F. Christ*, Jesus Sophia (Zürich 1970).
[15] Diese persönliche Begegnung mit Gott galt auch stark in der Apokalyptik. Siehe *W. Schmithals*, Die Apokalyptik. Einführung und Deutung (Göttingen 1973); *A. Strobel*, Kerygma und Apokalyptik (Göttingen 1967).
[16] So *R. Bultmann*, in: Exegetica. Aufsätze zur Erforschung des Neuen Testaments (hrsg. v. E. Dinkler) (Tübingen 1967) 445–469.
[17] So die Vertreter einer politischen Theologie. Siehe J.-B. Metz und J. Moltmann, auch *H. W. Bartsch*, Jesus. Prophet und Messias aus Galiläa (Frankfurt 1970) (siehe unten in Teil IV).
[18] *E. Grässer*, Der politisch gekreuzigte Christus, a.a.O. 322.
[19] *H. Kuitert*, Om en om, a.a.O. 140.
[20] *S. Brandon*, Jesus and the Zealots (Manchester 1967) mit einigen Korrekturen: NTS 17 (1970) 453.
[21] Tacitus, Annales, 15,44.
[22] *P. De Labriolle* hat auf die Schwierigkeiten hingewiesen, welche die ersten nicht-paulinischen jüdischen Christen in Rom hatten: La réaction paienne. Etude sur la polémique antichrétienne du premier au sixième siècle (Paris ²1942) 42–43; *W. Nestle*, Die Haupteinwände des antiken Denkens gegen das Christentum: ARW 37 (1941) 51–100. Siehe (außer Apg 18,2) auch Suetonius, Claudius, 25,4.
[23] Siehe *A. Strobel*, Zum Verständnis von Röm 13, a.a.O. 67–93; *J. Blank*, Schriftauslegung, a.a.O. 174–186.
[24] *C. Westermann*, Das Buch Jesaja 40–66 (Göttingen 1966).
[25] Plato, Gorgias, 491.
[26] *P. von der Osten-Sacken*, Gott und Belial (Göttingen 1969).
[27] Tacitus, Historiae, II, 8.
[28] Suetonius, Nero, 57.
[29] Suetonius, a.a.O. 47.

[30] A.a.O. 40.   [31] Oracula Sibyllina, 5.   [32] A.a.O. 5, 222–223.

[33] A.a.O. 5, 1–51.   [34] A.a.O. 5, 28–35 und 5, 214–227.

[35] Ascensio Jeremiae, 4, 2–4.   [36] Josephus, De bello Iudaico, 7, 218.

[37] A.a.O. 7, 116–162.   [38] A.a.O. 7, 162; 6, 316.

[39] G. *Petzke*, Der historische Jesus in der sozialethischen Diskussion, a.a.O. 223–236.

[40] A.a.O. 233–234.

[41] P. J. *Farla*, Het oordeel over Israel, a.a.O.

[42] F. *Normann*, Christus Didaskalos. Die Vorstellung von Christus als Lehrer in der christlichen Literatur des ersten und zweiten Jahrhunderts (MBTh 32) (Münster 1967) 1–54; siehe auch F. *Hahn*, Christologische Hoheitstitel, a.a.O. 76 ff.

[43] *Petzke*, Der historische Jesus, a.a.O. 234–235.

[44] Justinus, Apologia, I, 17.

[45] Vor allem Epictetes, Dissertationes, 2, 14,8; Seneca, Epistula, 94,1; Stobaeus, Anthologia, I, 3,53.

[46] E. *Schillebeeckx*, Het huwelijk, I (Bilthoven 1963) 135–154.

[47] J. *Blank*, Schriftauslegung, a.a.O. 141–143.

[48] R. *Pesch*, Freie Treue. Die Christen und die Ehescheidung (Freiburg 1971); E. *Schillebeeckx*, Die christliche Ehe und die menschliche Realität völliger Ehezerrüttung, in: P. J. M. Huizing (Hrsg.), Für eine neue kirchliche Eheordnung (Düsseldorf 1975) 41–73.

[49] Eine eigene Untersuchung des thomasischen ‚epikeia‘-Begriffs wäre hier angebracht. Thomas analysiert die christliche Forderung, nach der ein positives, auch kanonisches Gesetz als Legalismus überstiegen wird, nicht laxistisch, sondern evangelisch, d.h.: das Evangelium verlangt, daß wir das Gesetz bald nach oben (maximalistisch), bald nach unten (minimalistisch) überschreiten, um den Geist des Gesetzes zur Geltung zu bringen. Auch diese christliche Einsicht ist universal vermittelbar.

[50] Siehe z.B. G. *Ebeling*, Die Evidenz des Ethischen und die Theologie; *ders.*, Die Krise des Ethischen und die Theologie, in: Wort und Glaube, Bd. 2 (Tübingen 1969) 1–41 und 42–55.

[51] Siehe oben, zweiter Teil, erster Abschnitt, § 4 (S. 579).

[52] K. *Koch*, Tempeleinlaßliturgien und Dekaloge, in: Studien zur Theologie der alttestamentlichen Überlieferungen (Neukirchen 1961) 45–60.

[53] P. *Berger*, Auf den Spuren der Engel (= A Rumor of Angels) (Frankfurt 1970).

[54] G. I. *Langmuir*, The Jews and the Archives of Angevin England: Reflections on Medieval Anti-Semitism: Traditio 19 (1963) 183–244; auch F. *Blanchetière*, Aux sources de l'antijudaisme chrétien: RHPR 53 (1973) 353–398.

[55] A. *Schwarz-Bart*, Der Letzte der Gerechten (Frankfurt 1960).

[56] J. *le Goff*, La civilisation de l'occident médiévale (Paris 1964) 390.

[57] Jesus, die Geschichte von einem Lebenden, 327–320.

[58] A.a.O. 237 ff.

[59] O. *Michel*, Fragen zu 1 Thess 2, 14–16. Antijudaismus im Neuten Testament? (München 1967) 50–59.

[60] Zum Beispiel Josephus, Contra Apionem, 1, 11.

[61] Strack-Billerbeck, I, 360–362; III, 585.   [62] Tacitus, Annales, 15, 44.

[63] Suetonius, Nero, 16, 2; Plinius, Epist., 10, 96, 8.

[64] Siehe G. G. *Scholem*, Major Trends in Jewish Mysticism (Jerusalem 1941); *ders.*, Recent Trends in Jewish Gnosticism (New York 1961).

[65] In Philos Werken ist Melchisedek der Logos, erschienen als Hoherpriester (De Somn., I, 214–215; Abrah., 235).

[66] Siehe oben unter Anm. 6, S. 862.

[67] Philo, De gigantibus, 54 (siehe *Meeks*, a.a.O. 100–131).

[68] J. L. *Martyn*, History and Theology in the Fourth Gospel, a.a.O. XVII und vor allem Teil 1: ‚A Synagogue-church Drama‘, 3–44; J. *Beutler*, Martyria (Frankfurt 1972) 339–364.

[69] J. L. *Martyn*, History and Theology, a.a.O. XIX–XXI und 148–150; K. L. *Carroll*, The Fourth Gospel and the Exclusion of Christians from the Synagogue: Bulletin of the Joh. Rylands Library 40 (1957) 19–32; W. *Meeks*, The Prophet-King, a.a.O. 318–319; *ders.*, The Man from Heaven in Johannine Sectarianism: JBL 91 (1971) 44–72; *ders.*, Source Criticism, a.a.O. 247–270; E. *Grässer*, Die antijüdische Polemik, a.a.O.; auch in ihren Kommentaren R. *Brown*, Gospel of John, und R. *Schnackenburg*, Johannesevangelium.

[70] R. Brown; R. Schnackenburg; J. Beutler; W. Meeks; K. C. Carroll; E. Grässer; R. Kysar; usw.
[71] W. *Meeks*, The Man from Heaven, a. a. O. 44–72.
[72] Siehe vor allem J. *Beutler*, Martyria, a. a. O. 339–364.
[73] W. *Doskocil*, Der Bann, a. a. O. unter Anm. 41 (S. 853).
[74] W. *Meeks*, a. a. O. 195 ff und 216–257.
[75] H. *Leroy*, Rätsel und Mißverständnis (Bonn 1968).
[76] E. *Grässer*, Die antijüdische Polemik, a. a. O. 74–90.
[77] A. *Lacomara*, Deuteronomy and the Farewell Discourse (Jn 13,31 – 16,33): CBQ 36 (1974) 65–84.
[78] Siehe H. *Kraft*, Die Offenbarung des Johannes (HNT 16a) (Tübingen 1974) 61–62, 72–74, 81–82.

VIERTER TEIL (627–835)

[1] Summa Theologiae I, q. 94 a. 1.
[2] G. *Ebeling*, Die Evidenz des Ethischen und die Theologie, in: Wort und Glaube (Tübingen 1969), Bd. 1, 1–41; *ders.*, Die Krise des Ethischen und der Glaube, a. a. O. 42–55.
[3] Ein Doktorand aus Löwen (P. Pulinx), der gern wissen wollte, wer das Wort ‚Orthopraxis‘ in die moderne Theologie gebracht habe, teilte mir mit, daß er das Wort schon in einer Enzyklopädie aus dem Jahr 1917 gefunden habe: „Strictly speaking, *orthodoxy* in religion is concerned only with doctrine or belief, with the intellectual element in spiritual life... But since religion embraces feeling and activity as well as thought, orthodoxy becomes an inadequate criterion of its worth apart from right experience and right conduct. It ought to have for its correlatives such words as ‚*orthopathy*‘, and ‚*orthopraxy*‘ the inward experience and the outward exercise of piety" (W. A. *Curtis*, s. v. Orthodoxy, in: Encyclopaedia of Religion and Ethics [Edinburgh 1917] Bd. 9, 570).
[4] K.-O. *Apel*, Zum Problem einer rationalen Begründung der Ethik im Zeitalter der Wissenschaft, in: M. *Riedel*, Rehabilitierung der praktischen Philosophie (Freiburg 1974), Bd. 2, 13–32.
[5] L. *Kolakowski*, Der Anspruch auf die selbstverschuldete Unmündigkeit, in: L. *Reinisch* (Hrsg.), Vom Sinn der Tradition (München 1970) 3; J. *Habermas*, Philosophisch-politische Profile (Frankfurt 1971) 35.
[6] Siehe G. *Picht*, Mut zur Utopie. Die großen Zukunftsaufgaben (München 1970); K. *Scholder*, Grenzen der Zukunft. Aporien von Planung und Prognose (Stuttgart 1973); H. *von Nussbaum* (Hrsg.), Die Zukunft des Wachstums. Kritische Antworten zum Bericht des Club of Rome (Düsseldorf 1973); D. *Meadows*, Die Grenzen des Wachstums. Bericht des Club of Rome zur Lage der Menschheit (Stuttgart 1972); A. K. *Müller*, Die präparierte Zeit. Der Mensch in der Krise seiner eigenen Zielsetzungen (Stuttgart 1972); K. *Steinbuch*, Mensch, Technik, Zukunft (Stuttgart 1971); R. L. *Heilbroner*, A Inquiry into the Human Prospect (New York 1974).
[7] B. C. *van Houten*, Tussen aanpassing en kritiek (Deventer 1970) 265–284.
[8] K.-O. *Apel*, Zum Problem einer rationalen Begründung, a. a. O. 22; H. *Seiffert*, Marxismus und bürgerliche Wissenschaft (München 1971); D. *Böhler*, Metakritik der Marxschen Ideologiekritik (Frankfurt 1971).
[9] *Apel*, a. a. O. 22 und 32.
[10] J. *Habermas* spricht von einem neuen Klassenunterschied: die Technokraten (social engineering) und wir ‚ihre Untergebenen‘ (Theorie und Praxis [Neuwied ²1967] 257). Ferner fragt sich, inwieweit ein durch demokratischen Parlamentarismus mittels Abstimmung erlangter Konsens ethische Verpflichtung begründen kann. Siehe auch W. *Strzelewicz*, Technokratische und emanzipatorische Erwachsenenbildung, in: W. Strzelewicz, H. D. Raapke und W. Schulenberg, Bildung und gesellschaftliches Bewußtsein (Stuttgart 1966) 134 ff.
[11] K. R. *Popper*, Die offene Gesellschaft und ihre Feinde (Bern ²1970); H. *Albert*, Traktat über kritische Vernunft (Tübingen 1968); *ders.*, Plädoyer für kritischen Rationalismus (München 1971). Siehe H. *Schelsky*, Auf der Suche nach der verlorenen Wirklichkeit (Düsseldorf 1965).
[12] *Apel*, a. a. O. 25–28.
[13] Kants Werke (hrsg. v. E. Cassirer) (Berlin 1912–1921) Bd. 6, 19.
[14] N. *Smart*, The Religious Experience of Mankind (New York ²1976) (1969) (dort Literatur: 563–568); W. *Duprè*, Religion in primitive Cultures. A Study in Ethnophilosophy (Den Haag – Paris 1975) (Literatur: 339–349). Siehe sehr allgemein: Antwoord. Gestalten van geloof in de we-

reld van nu (hoofdred. J. Sperna Weiland) (Amsterdam 1975). Zugespitzt auf das Leiden:
J. Bowker, Problems of Suffering in Religions of the World (Cambridge 1970); auch: *N. Pike*, God
and Evil (Englewood Cliffs New York 1964); *L. Dupré*, The Other Dimension (New York 1972);
Ch. Hartshorne, A Natural Theology for our Time (La Salle, Illinois 1967); *J. Nabert*, Essai sur
le mal (Paris 1956). Spezielle Literatur folgt unmittelbar bei jedem Teil.

[15] *H. Marcuse*, Triebstrukturen und Gesellschaft (Frankfurt 1955).

[16] *I. Gershevitch*, Zoroaster's Own Contribution: JNES 23 (1964) 12–38; Handbuch der Oriental-
istik. Iranistik-Band (ed. B. Spuler) (Leiden 1968); *L. J. Ort*, Mani. A Religio-historical Description
of his Personality (Leiden 1967); *H. Rousseau*, Le Dieu du mal (Paris 1963); *S. Pétrement*, Le dualisme dans l'histoire de la philosophie et des religions (Paris 1946); *H. C. Puèch*, Le Manichéisme
(Paris 1949); *R. C. Zaehner*, The Teaching of the Magi; A Compendium of Zoroastrian Beliefs
(London 1956); *M. Loos*, Dualist Heresy in the Middle Ages (Den Haag 1974).

[17] *J. Bowker*, Problems of Suffering, a. a. O. 32.

[18] *Maimonides*, Guide for the Perplexed (übers. Friedländer, 272), III, 12.

[19] *J. Bowker*, The Targums and Rabbinic Literature (Cambridge 1969).

[20] *M. Nilsson*, Geschichte der griechischen Religionen, 3 Bde. (München 1955–1961); *A. E.
Taylor*, Plato: the Man and his Work (New York 1956); *G. Murray*, Five stages of Greek Religion
(New York 1955).

[21] *K. M. Sen*, Hinduism (London 1963); *J. Gonda*, Die Religionen Indiens (Die Religionen der
Menschheit, 11–13), 3 Bde. (Stuttgart 1960); *S. Radhakrishnan*, The Bhagavadgita (New York
1948); *J. Mascaro*, The Upanishads (Translations from the Sanskrit with an Introduction) (Har-
mondsworth ²1967); *A. Macdonell*, Hymns from the Rig-Veda (Oxford 1923); *C. A. Moore* und
S. Radhakrishnan, A Source Book in Indian Philosophy (Princeton 1957) (Calcutta 1957);
C. Sharma, A Critical Survey of Indian Philosophy (London 1960); *R. C. Zaehner*, Hinduism (New
York 1969).

[22] *Sri Aurobindo*, The Life Divine, zit. in: A Source Book in Indian Philosophy (ed. S. Radhakrishnan und C. A. Moore) a. a. O. 586 ff.

[23] *Chr. Humphreys*, Buddhism (Harmondsworth ³1962); *H. Beckh*, Boeddha en zijn leer (Zeist –
Antwerpen 1961); *W. Rahula*, What the Buddha Taught (Bedford 1967); *B. Sangharakshita*, A
Survey of Buddhism (Bangalore 1966); *D. T. Suzuki*, On Indian Mahayana Buddhism (New York
1968); *A. K. Coomaraswany*, Buddha and the Gospel of Buddhism (New York 1964).

[24] Tertullianus, Apol. 50.

[25] 1 Clem., 5, 1 ff; 7, 1; Pastor Hermae, Vis., 2, 2, 7; Ignatius Polyc., 1, 3; Tertullianus, Mart., 3;
Augustinus, De civitate Dei, 14, 9.

[26] Acta Pauli et Theclae, 34 (siehe *O. von Gebhardt*, Die lateinischen Rezensionen der Acta Pauli
et Theclae [Berlin 1902]); Eusebius, Hist. Eccl., 6, 4, 3.

[27] Barnabas, 6, 5; Ignatius, ad Eph., 8, 1; 18, 1; vor allem Eusebius, Hist. Eccl., 2, 23.

[28] Irenaeus, Adv. Haer., XXXVIII–XXXIX; siehe *J. Hick*, Evil and the God of Love (London 1966)
220–221.

[29] Eine gute Zusammenfassung gibt Augustinus selbst vor allem in De Civitate Dei und noch
knapper in Enchiridion, III, IV, VIII und X.

[30] Confessiones, IV, 4.

[31] A. a. O. IV, 4, 9.

[32] A. a. O. IV, 12.

[33] Siehe ‚Über Christen, die leiden‘: Conc 12 (1976) Heft 11.

[34] Siehe *I. Kant*, Mängel des Optimismus, in: Gesammelte Schriften (Akademie-Ausgabe) (Berlin
1926), Bd. 17, 236–237.

[35] Mängel des Optimismus, a. a. O. Bd. 17, 237.

[36] Siehe ein Beispiel dafür bei *M. Lagree*, Die Sprache der Ordnung. Das Leiden im Denken und
Reden eines französischen Bischofs im 19. Jahrhundert: Conc 12 (1976) 554–558.

[37] Koran, XXXV, 1–2. Siehe u. a. *D. S. Attema*, Dé Koran. Zijn ontstaan en zijn inhoud (Kampen
1962); *M. Seale*, Muslim Theology (London 1964); *A. Tritton*, Muslim Theology (London 1947);
J. A. Williams, Islam (New York 1961).

[38] *A. Pope*, An Essay on Man (hrsg. 1733), in: Epist. I, n. 5, 292. 294.

[39] *G. W. von Leibniz*, Essais de Théodicée sur la bonté de l'homme et l'origine du mal (Hrsg.
A. Buchenau und E. Cassirer) (Leipzig 1925).

[40] *A. Leibniz*, a. a. O. 110.

[41] *Voltaire*, Poème sur le désastre de Lisbonne (1756). Siehe *H. Weinrich*, Das Erdbeben von Lissabon, in: Literatur für Leser (Stuttgart 1971) 64–76; *D. Hildebrandt*, Voltaire: Candide. Dichtung und Wirklichkeit (Frankfurt 1963); X., Réflexions sur le désastre de Lisbonne (Paris 1756); *ders.*, Supplément aux réflexions sur le désastre de Lisbonne (Paris 1757); *W. Lütgert*, Die Erschütterung des Optimismus durch das Erdbeben von Lissabon (Gütersloh ²1924); siehe I. Kant über dieses Erdbeben in: Sämtliche Werke (hrsg. K. Vorländer), Bd. VII-3, 289–327.

[42] Kants Werke (hrsg. E. Cassirer) (Berlin 1912–1921), Bd. 6, 125.

[43] *K. Marx*, in: MEW, Bd. 1, 27.

[44] MEW, Bd. 23, 27. Und *Fr. Engels*, Anti-Dühring, in: MEW, Bd. 20, 23. Lenin dagegen macht aus der wissenschaftlichen (zu prüfenden) Theorie ein ‚Dogma‘ (in anti-religiösem, metaphysischem Sinn).

[45] *D. Böhler*, Metakritik der Marxschen Ideologiekritik (Frankfurt 1971); *H. Seiffert*, Marxismus und bürgerliche Wissenschaft (München 1971); *K. Popper*, Das Elend des Historizismus (Tübingen ²1969); *K.-O. Apel*, Zum Problem einer rationalen Begründung der Ethik, a. a. O. (Anm. 4) 21–22.

[46] „Man mag sich … einbilden, man könne allen Waren zugleich den Stempel unmittelbarer Austauschbarkeit aufdrücken, wie man sich einbilden mag, man könne alle Katholiken zu Päpsten machen. Für den Kleinbürger, der in der Warenproduktion das nec plus ultra menschlicher Freiheit und individueller Unabhängigkeit erblickt, wäre es natürlich sehr wünschenswert, der mit dieser Form verbundenen Mißstände überhoben zu sein, namentlich auch der nicht unmittelbaren Austauschbarkeit der Waren. Die Ausmalung dieser Philisterutopie bildet Proudhons Sozialismus" (*K. Marx*, Das Kapital, in: MEW, Bd. 23, 82–83). Mit anderen Worten, nach Marx kennzeichnet direkter Gütertausch ohne Vermittlung von *Geld* als *allgemeines* Äquivalent eine gesellschaftliche Ordnung einfacher Warenproduzenten, die alle ihr eigener Herr sind. Aber das ist in unserem Wirtschaftssystem eben nicht mehr der Fall.

[47] *Marx*, Das Kapital, in: MEW, Bd. 23, 322. Siehe auch *J. Bowker*, Problems of Suffering (siehe Anm. 14), a. a. O. 144–145.

[48] *L. Feuerbach*, Das Wesen des Christentums (hrsg. Schuffenhäuser), (Berlin 1956) Bd. I, 51 ff.

[49] *Marx*, in: MEW, Bd. 3, 6.

[50] *Marx*, in: MEW, Bd. 1, 378.

[51] *D. Böhler*, Metakritik, a. a. O. 50–51 und 137 ff.

[52] *Marx*, in: MEW, Bd. 1, 346.

[53] *H. Fleischer*, Marx und Engels (Freiburg – München 1970) 94 ff.

[54] *Marx*, in: MEW, Bd. 1, 352.   [55] A. a. O. Bd. 1, 352.

[56] MEW, Bd. 23, 94.

[57] MEW, Bd. 20, 294–295.

[58] MEW, Bd. 20, 294 ff.

[59] MEW, Bd. 25, 828; siehe auch *K. Marx*, Frühschriften (hrsg. S. Landshut) (Stuttgart 1964) 246, 252 und 408. Siehe *H. Fleischer*, Marx und Engels, a. a. O. 122; *A. Schmidt*, Der Begriff der Natur in der Lehre von K. Marx (Frankfurt 1962) 121–122; *W. Post*, Kritik der Religion bei K. Marx (München 1970) 241–253; *W. Pannenberg*, Erfordert die Einheit der Geschichte ein Subjekt?, in: R. Koselleck und W.-D. Stempel (Hrsg.), Geschichte. – Ereignis und Erzählung (München 1973) (478–490) 479–481.

[60] Epicurus (hrsg. O. Gigon) (Zürich 1949) 80.

[61] *I. Kant*, Mängel des Optimismus, in: Gesammelte Schriften, a. a. O. Bd. 17, 238–239.

[62] Siehe *H. Weinrich*, Das Erdbeben, a. a. O. 74–76.

[63] Das Wort stammt von *K. Popper*, Conjectures and Refutations (London 1963) 37, und von *H. Albert*, Traktat über kritische Vernunft (Tübingen 1968) 129.

[64] *O. Marquard*, Beitrag zur Philosophie der Geschichte des Abschieds von der Philosophie der Geschichte, in: Geschichte. – Ereignis und Erzählung (Poetik und Hermeneutik, 5) (München 1973) (241–250) 245.

[65] Die Formulierung stammt von *J.-B. Metz*, in: *J.-B. Metz* und *J. Moltmann*, Leidensgeschichte. Zwei Meditationen zu Markus 8,31–38 (Freiburg ²1975) 57.

[66] Siehe *J.-B. Metz*, La théologie à ‚l'âge critique‘, in: Le service théologique dans L'Eglise (Mélanges offerts au père Y. Congar) (Paris 1974) (131–148) 145.

[67] Dies ist die m. E. unverständliche Hauptthese des Buches von *R. Schaeffler*, Religion und kritisches Bewußtsein (Freiburg – München 1973). Es ist zwar eine Definition Gottes in bestimmten Religionen, aber sicher nicht der christliche Gottesbegriff.

[68] *J. Moltmann,* Der gekreuzigte Gott (München 1972), allerdings wird man zugeben müssen, daß Moltmann dabei tatsächlich echtlutherische Tendenzen thematisiert. Siehe auch *T. van Bavel,* De lijdende God: TvTh 14 (1974) 131–150.

[69] „Defectus gratiae, *prima causa* est ex nobis" (Summa Theologiae, I–II, q. 112, a. 3, ad 2).

[70] „Quamvis Deus sit causa voluntatis faciens eam ex nihilo, hoc tamen quod est *ex nihilo esse* non habeat *ab alio,* sed *a se;* et ideo defectus qui sequitur eam secundum quod est ex nihilo, *non oportet quod in ulteriorem causam reducatur"* (In II Sent., d. 37, q. 2, a. 1, ad 2).

[71] Siehe *E. Bloch,* Philosophische Aufsätze zur objektiven Phantasie (Frankfurt 1969) 18.

[72] *W. Schneiders,* Die wahre Aufklärung (Freiburg – München 1974) 189–214; *W. Oelmüller,* Was ist heute Aufklärung? (Düsseldorf 1972); *R. Schäffler,* Religion und kritisches Bewußtsein (Freiburg – München 1973) 31–37.

[73] Dies ist die Tendenz des Buches von *Th. Roszak,* The Making of a Counter Culture (New York 1969).

[74] Siehe u. a. *K. Tuchel,* Herausforderung der Technik (Bremen 1967); *C. P. Snow,* The Two Cultures and the Scientific Revolution (London 1959) (= Die zwei Kulturen [Stuttgart 1967]); *F. Dessauer,* Seele im Bannkreis der Technik (Olten – Freiburg ²1952); *ders.,* Streit um die Technik (Frankfurt ²1958); *C. van Weizsäcker,* Die Einheit der Natur (Göttingen 1971); *G. Picht,* Wahrheit, Vernunft, Verantwortung (Stuttgart 1969); *W. Heisenberg,* Der Teil und das Ganze (München 1969). Für die Leiblichkeit des Menschen in der Natur siehe: *M. Merleau-Ponty,* Structure du comportement (Paris 1949); *ders.,* Phénoménologie de la perception (Paris 1948); *A. de Waelhens,* La philosophie et les expériences naturelles (Den Haag 1961); De aarde is er ook nog (Red. von Hans Bouma) (Wageningen 1974); *A. Gehlen,* Der Mensch, seine Natur und seine Stellung in der Welt (Frankfurt – Bonn ²1966). Siehe auch oben unter Anm. 6 dieses Teiles.

[75] *C. Waayman,* De mystiek van ik en jij (Utrecht 1976); *M. Chastaing,* L'existence d'autrui (Paris 1951); *L. Binswanger,* Grundformen und Erkenntnis menschlichen Daseins (Zürich ²1953); *I. Madinier,* Conscience et amour (Paris ²1947); *M. Nédoncelle,* La réciprocité des consciences (Paris 1942); *G. Gusdorf,* La découverte de soi (Paris 1948); *E. Lévinas,* Totalité et Infini (Den Haag 1961); *F. Buytendijk,* Phénoménologie de la rencontre (Brügge 1952); *R. Kwant,* Wijsbegeerte van de ontmoeting (Utrecht 1959); *M. Theunissen,* Der Andere. Studien zur Sozialontologie der Gegenwart (Berlin 1965); und die vielen Werke von G. Marcel (siehe *R. Troisfontaines,* De l'existence à l'être; la philosophie de G. Marcel, 2 Bde. [Namur 1955]).

[76] Unter anderem und vor allem *P. Berger* und *Th. Luckmann,* Die gesellschaftliche Konstruktion der Wirklichkeit (Frankfurt 1969); *J. Habermas* und *N. Luhmann,* Theorie der Gesellschaft oder Sozialtechnologie (Frankfurt 1971); *A. Schütz,* Der sinnhafte Aufbau der sozialen Welt (Wien ²1960); *M. Kaiser,* Identität und Sozialität (München – Mainz 1971); *H. Schelsky* (Hrsg.), Zur Theorie der Institution (Düsseldorf 1973); *A. Gehlen,* Studien zur Anthropologie und Soziologie (Neuwied 1963). – Neue Anthropologie (hrsg. von *H.-G. Gadamer* und *P. Vogler),* 4 Bde. (Stuttgart – München 1972–1973).

[77] Siehe die drei Schichten in gesellschaftlichen Veränderungen, in: Jesus, die Geschichte von einem Lebenden, 510–512 (Literatur dort).

[78] Vor allem *H. G. Gadamer,* Wahrheit und Methode, 250–289.

[79] *W. Oelmüller,* Die Grenze des Säkularisierungsbegriffs am Ende der bisherigen Neuzeitgeschichte, in: *H. Hommes,* Gesellschaft ohne Christentum? (Düsseldorf 1974) 48–84.

[80] Siehe oben, in dieser Analyse unter Anm. 5.

[81] Siehe vor allem *M. Riedel* (Hrsg.), Rehabilitierung der Praktischen Philosophie, 2 Bde., (Freiburg 1972 und 1974); *W. Pannenberg,* Wissenschaftstheorie und Theologie (Frankfurt 1973), vor allem seine Diskussion mit *J. Habermas* (Theorie und Praxis, Neuwied ²1967) auf S. 157–224. Siehe auch *O. Schwemmer,* Philosophie der Praxis (Frankfurt 1971).

[82] Geschichte. – Ereignis und Erzählung (hrsg. v. *R. Kosselleck* und *W. D. Stempel)* (Poetik und Hermeneutik 5) (München 1973), darin vor allem ,Geschichte, Geschichtsphilosophie und ihr Subjekt', 463–517 und darin *W. Pannenberg,* 478–490; *J. B. Metz,* La théologie à l'âge critique', in: Le service théologique dans l'Eglise (Mélanges Y. Congar) (Paris 1974) 131–148.

[83] Anspielung auf das Buch von *H. Kuitert,* Zonder Geloof vaart niemand wel (Baarn 1973).

[84] *W. Schulz,* Der Gott der neuzeitlichen Metaphysik (Pfullingen ³1957).

[85] Siehe *A. Mitscherlich,* Krankheit als Konflikt, Bd. 1 (Frankfurt 1966).

[86] *O. Cullmann,* Heil als Geschichte (Tübingen 1965).

[87] A. a. O. 135.

[88] A. a. O. 146. [89] A. a. O. 58. [90] A. a. O. 102. [91] A. a. O. 70 ff.

[92] W. *Pannenberg*, Weltgeschichte und Heilsgeschichte, in: Probleme biblischer Theologie (G. von Rad zum 70. Geburtstag) (München 1971) 349–366; auch *ders.*, Wissenschaftstheorie und Theologie (Frankfurt 1973).

[93] K. *Rahner*, Weltgeschichte und Heilsgeschichte, und: Das Christentum und die nichtchristlichen Religionen, in: Schriften zur Theologie (Einsiedeln 1962) Bd. 5, 115–135 und 136–149. Siehe jetzt auch Rahners eigene Zusammenfassung seines theologischen Denkens in: Grundkurs des Glaubens (Freiburg ⁹1977).

[94] Schriften zur Theologie, V, 121.

[95] A. a. O. V, 119 ff. [96] A. a. O. V, 127. [97] A. a. O. V, 128.

[98] J.-B. *Metz*, vor allem: Zukunft aus dem Gedächtnis des Leidens: Conc 8 (1972) 399–407; *ders.*, La théologie à ‚l'âge critique‘, a. a. O. 131–148.

[99] J.-B. *Metz*, Erlösung und Emanzipation: StZ a. a. O. 161–174.

[100] Dabei hat er seinen ersten, etwas unglücklichen (weil theologisch nicht genauen) Ausdruck: „memoria passionis et resurrectionis Jesu Christi" (denn Leiden und Auferstehung fallen nicht gleichermaßen unter denselben einen Begriff des Gedächtnisses) abgeändert in „eschatologisches Gedächtnis Jesu Christi" (vor allem in seinem Beitrag in der Festschrift für Y. Congar). Diese leichten Verschiebungen in bei Metz oft stereotypen Formeln sind nicht unwichtig, um die allmählichen Präzisierungen seiner anfangs oft eher global-intuitiven Gedanken zu erkennen.

[101] Am deutlichsten kommt dies zum Ausdruck in seinem französischen Beitrag (Anm. 98).

[102] Conc 12 (1972) 403.

[103] A. a. O. 404. [104] A. a. O. 404. [105] A. a. O. 405.

[106] Passim bei Metz, aber weiter entwickelt in seinem (durchweg weniger bekannten) französischen Beitrag, a. a. O.

[107] H. *Kuitert*, De vrede van God en de vrede van de wereld, in: Kerk en Vrede (Opstellen aageboden aan prof. dr. J. de Graaf) (Baarn 1976) 66–84.

[108] A. a. O. 71.

[109] A. a. O. 73. Vgl. mit dem, was ich oben ‚anthropologische Konstanten‘ genannt habe.

[110] A. a. O. 76. [111] A. a. O. 76. [112] A. a. O. 77.

[113] A. a. O. 78. [114] A. a. O. 79. [115] A. a. O. 80. [116] A. a. O. 81.

[117] Wegen des für mich mühsamen Zugangs zur spanischen Sprache (in der diese Befreiungsliteratur durchweg verfaßt ist) muß ich mich hier auf einige prägnante Richtungen beschränken. Vor allem G. *Gutiérrez,*, Theologie der Befreiung. (Mainz ²1976); *Calderon C. Alvarez*, Theology and the Liberation of Man, in: In Search of a Theology of Development (Genf 1969) 75–115; *Ruben Alves*, A Theology of Human Hope (New York 1969); H. *Assmann*, Teologia de la Liberación (Montevideo 1970); Opresión. Liberación. Desafio a los cristianos (Montevideo ²1971); *J. Miguez Bonino*, Doing Theology in a Revolutionary Situation (Philadelphia 1974); E. *Castro*, A Call to Action (Washington 1971); J. *Comblin*, Cristianismo y Desarrollo (Quito 1970); Théologie de la Révolution. Théorie (Paris 1970); P. *Freire*, Cultural Action for Freedom: Harvard Educational Review 40 (1970) 205–225 und 452–477; *ders.*, Pedagogy of the Oppressed (New York 1970); Fr. *Houtart* und A. *Rousseau*, The Church and Revolution (New York 1971); J. L. *Segundo*, Nuestra Idea de Dios (Buenos Aires 1970); *ders.*, De la Sociedad a la teologia (Buenos Aires 1970); A. *Morelli*, Libera de mi Pueblo (Buenos Aires 1971); J. P. *Miranda*, Marx y la Biblia (Mexico 1971).

[118] G. *Gutiérrez*, A Theology of Liberation, a. a. O. 11–13 (ich zitiere die englische Ausgabe).

[119] A. a. O. 11. [120] A. a. O. 160–178 und 189–208. [121] A. a. O. 56–58.

[122] A. a. O. 176–178. [123] A. a. O. 160–168.

[124] A. a. O. 168–178 und 189–194.

[125] J. M. *Bonino*, Doing Theology, a. a. O. 80.

[126] *Literatur*, direkt oder indirekt im Zusammenhang mit dem Problem der Erlösung und der emanzipativen Selbstbefreiung. – H. *Albert*, Traktat über kritische Vernunft (Frankfurt 1968); H. *Berkhof*, Krisis des christlichen Menschenverständnisses: Evangelisches Missionsmagazin 115 (1971) 103–116; M.-D. *Chenu*, Peuple de Dieu dans le monde (Paris 1966); *John Cobb*, The Structure of Christian Existence (Philadelphia 1967); Y. *Congar*, Sacerdoce et laicat devant leurs tâches d'évangélisation et de civilisation (Paris 1962); E. *Feil* und R. *Weth* (Hrsg.), Diskussion zur „Theologie der Revolution" (München – Mainz 1969); *Han Fortmann*, Heel de mens (Bilthoven 1972); P. *Freire*, Pedagogy of the Oppressed (New York 1970); H *Freyer*, Schwelle der Zeiten (Stuttgart

1965); *K. Füssel,* Erinnerung und Kritik: Internationale Dialog Zeitschrift 5 (1972) 335–344; *Al. Ganoczy,* Sprechen von Gott in heutiger Gesellschaft. Weiterentwicklung der Politischen Theologie (Freiburg 1974); *G. Girardi,* Christianisme, libération humaine, lutte des classes (Paris 1972); *H. Gollwitzer,* Die kapitalistische Revolution (München 1974); *ders.,* Die marxistische Religionskritik und der christliche Glaube (München ³1970); *M. Greiffenhagen* (Hrsg.), Emanzipation (Hamburg 1973); *G. Greshake,* Gnade als konkrete Freiheit (Mainz 1972); *ders.,* Geschenkte Freiheit (Freiburg 1977); *A. Heuss,* Zur Theorie der Weltgeschichte (Göttingen 1968); *A. Houtepen* und *J. Schipper,* Theologie van het Saeculum, 2 Bde. (Utrecht 1974); *J. Illies,* Für eine menschenwürdige Zukunft (Freiburg 1972); *W. Kasper,* Einführung in den Glauben (Mainz 1972); *H. Kessler,* Erlösung als Befreiung (Düsseldorf 1972); *H. Küng,* Christ sein (München ⁸1976); *W. Lepenies – H. Nolte,* Kritik der Anthropologie. Marx und Freud, Gehlen und Habermas (München 1971); *K. Löwith,* Weltgeschichte als Heilsgeschehen (Stuttgart 1953); *H. Lübbe,* Geschichtsphilosophie und politische Praxis, in: Theorie und Entscheidung (Freiburg 1971); *H. Marcuse,* Versuch über die Befreiung (Frankfurt 1969); *ders.,* Konterrevolution und Revolte (Frankfurt 1972); *W. D. Marsch* (Hrsg.), Diskussion über die „Theologie der Hoffnung" (München 1967); *J.-B. Metz,* Erlösung und Emanzipation: StZ 191 (1973) 171–184; jetzt auch in: *M. Greiffenhagen,* a.a.O. 470–487, und in: Erlösung und Emanzipation (hrsg. v. L. Scheffczyk) (Freiburg 1973) 120–140; *J. Moltmann,* Umkehr zur Zukunft (München – Hamburg 1970); *G. Muschalek,* Tat Gottes und Selbstverwirklichung des Menschen (Freiburg 1974); *W. Pannenberg,* Theologie und Reich Gottes (Gütersloh 1971); *H. Peukert* (Hrsg.), Diskussion zur politischen Theologie (München – Mainz 1969); *K. Rahner,* Grundkurs des Glaubens (Freiburg ⁹1977); *J. Ratzinger,* Einführung in das Christentum (München 1968); *M. Riedel* (Hrsg.), Rehabilitierung der praktischen Philosophie, 2 Bde. (Freiburg 1972 und 1974); *R. Rohrmoser,* Das Elend der kritischen Theorie (Freiburg 1970); *ders.,* Emanzipation und Freiheit (München 1970); *D. Rössler,* Der ‚ganze' Mensch (Göttingen 1962); *E. J. Sharpe* und *J. R. Hinnells* (Hrsg.), Man and his salvation (Studies in Memory of S. G. F. Brandon) (Manchester 1973); *L. Scheffczyk* (Hrsg.), Erlösung und Emanzipation (Quaest. Disp., 61) (Freiburg 1973); *H. R. Schlette,* in: Skeptische Religionsphilosophie. Zur Kritik der Pietät (Freiburg 1972); *M. Seckler,* Das Heil in der Geschichte (München 1964); *R. Spaemann,* Autonomie, Mündigkeit und Emanzipation, in: S. Oppolzer (Hrsg.), Erziehungswissenschaft 1971 zwischen Herkunft und Zukunft der Gesellschaft (Wuppertal o. J.) 317–324; *K. G. Steck,* Die Idee der Heilsgeschichte (Zürich 1959); *M. Theunissen,* Hegels Lehre vom absoluten Geist als theologisch-politischer Traktat (Berlin 1970); *ders.,* Gesellschaft und Geschichte. Zur Kritik der kritischen Theorie (Berlin 1969); *E. Troeltsch,* Die Absolutheit des Christentums und die Religionsgeschichte (München – Hamburg 1969 [¹1902]); *J. Verkuyl,* Voorbereiding voor de dialoog over het Evangelie en de ideologie van het marxistisch Leninisme (Kampen 1976); *R. H. van de Walle,* Verlost tot vrijheid (Averbode 1975); *B. A. Willems,* Erlösung in Kirche und Welt (Quaest. disp. 35) (Freiburg 1968); *R. Wittram,* Zukunft in der Geschichte (Göttingen 1966).

¹²⁷ Thomas v. A., Summa contra Gentiles, III, 69.

¹²⁸ *E. Schillebeeckx,* Arabisch-neoplatoonse achtergrond van Thomas' opvatting over de ontvankelijkheid van de mens voor de genade: Bijdr 35 (1974) 298–308.

¹²⁹ So u. a. *A. Vergote,* Utopie en werkelijkheid van het christendom, in: Gelovend in de wereld (Festschrift A. Dondeyne) (Antwerpen – Utrecht 1972) 79–99.

¹³⁰ So eine Grundthese von J.-B. Metz, vor allem in: *J.-B. Metz, J. Moltmann, W. Oelmüller,* Kirche im Prozeß der Aufklärung (München 1970) 58–73.

¹³¹ Siehe *A. G. Geyer, H. N. Janowski, A. Schmidt,* Theologie und Soziologie (Stuttgart 1970).

¹³² So G. Girardi (den genauen Hinweis kann ich nicht mehr finden).

¹³³ Siehe *R. Schaeffler,* Religion und kritisches Bewußtsein, a.a.O. 155–158.

¹³⁴ Vor allem eine bestimmte Gruppe junger Theologen (sie *M. Xhaufflaire* und *K. Derksen,* Les deux visages de la théologie de la sécularisation (Tournai 1970) haben, was das betrifft, mit Recht auf den Idealismus dieser Verdoppelung hingewiesen: *M. Xhaufflaire,* Feuerbach et la théologie de la sécularisation (Paris 1970); *Fr. van Oudenrijn,* Kritische Theologie als Kritik der Theologie (München 1972); *L. Dullaart,* Kirche und Ekklesiologie (München 1975); und frühere Zeitschriften wie ‚Tegenspraak' (Niederlande), ‚Kritischer Katholizismus' (Deutschland) und noch bestehende Zeitschriften wie ‚Lettre' (Frankreich), ‚Imprimatur' und ‚Neue Stimmen' (Deutschland) usw.

¹³⁵ *A. Hoogerwerf,* Politisering van kerk en theologie: TvTh 12 (1972) (195–208) 196.

¹³⁶ *G. Girardi* (Anm. 132); siehe auch von ihm: Christianisme, libération humaine, lutte des classes (Paris 1972); *ders.,* Chrétiens pour le socialisme (Paris 1976) 64–65. Vgl. die Themanummer „chré-

tien marxiste": LV Nr. 117–118 (1974) 1–198, und *J. Guichard,* Marxisme. Théorie et pratique de la révolution (Lyon o. J.).

[137] *K. Rahner,* Freiheit und Manipulation in Gesellschaft und Kirche (München 1970) 11.

[138] *H. Kuitert,* Die vrede van God en de vrede van de wereld, a. a. O. 66–84.

[139] *J. Moltmann,* Umkehr zur Zukunft, a. a. O. (Anm. 126) 74.

[139a] „Ekei paragenomenos anthrōpos esomai": ,Dort angekommen, werde ich Mensch sein' (Ignatius von Antiochien, ad Romanos 6,2; siehe *J. A. Fischer,* Die Apostolischen Väter [Schriften des Urchristentums, Bd. 1] [Darmstadt 1966]). Ignatius erklärt hier, daß er durch den Martyrertod und im Martyrertod erst wirklich und vollkommen Mensch sein wird. Der Tod als Martyrer ist der Geburtstag wahren Menschseins (Siehe 6,1). Wahres Menschsein hat mit dem Weg durch das Leiden-durch-und-für-andere zu tun. Nicht so sehr inhaltlich als vielmehr durch die Formulierung ist dies eine einzigartige Aussage in der ganzen Patristik. Daraus geht auch hervor, daß die griechisch-patristische „theopoiesis" oder Vergöttlichung zugleich das volle Maß des Menschseins angibt. Menschsein ist letztlich eine Gnade.

[140] *D. Sölle,* Atheistisch an Gott glauben (Freiburg 1968) 50.

[140D] Phaidon 78–84 (siehe: Platon, in: Sämtliche Werke, Rowohlts Klassiker [Hamburg 1959], Bd. 3, 29–35) und Phaidros 246–247 (a. a. O. Bd. 4, 28–30). Vgl. *W. Pannenberg,* Tod und Auferstehung in der Sicht christlicher Dogmatik: KuD 20 (1974) (167–180) 169–170.

[141] Jesus, die Geschichte von einem Lebenden, 37–38.

[142] A. a. O. 363 ff.

[143] A. a. O. 390–398. Siehe in diesem Buch bei ,Johanneismus', S. 299–308).

[144] *M. Heidegger,* Die Frage nach der Technik (Pfullingen 1954).

[145] *Heidegger,* Zur Seinsfrage (Frankfurt 1955).

[146] Ein gleiches Problem finden wir in den Wissenschaftstheorien: die Spannung zwischen Verstehen-durch-Erklären (wie dies in den sog. exakten Wissenschaften geschieht) und dem Verstehen-durch-Verstehen (in den sog. hermeneutischen Wissenschaften). Auch auf diesem Gebiet sucht man zur Zeit diesen Dualismus zu überwinden, zumindest in der Richtung einer dialektischen Einheit in Verschiedenheit.

[147] Überflüssig, hier die überreiche Literatur anzuführen. Ich nenne nur: P. Ricœur, M. Horkheimer, Th. Adorno, J. Habermas, H. Marcuse, L. Kolakowski, J.-B. Metz, W. Oelmüller u. a., die – oft nachdem sie zuerst die Zukunft primär gesetzt haben – zu dem Bewußtsein kamen, daß ein (kritisches) Gedächtnis der Vergangenheit für ein sinnvolles Zukunftsprojekt lebensnotwendig ist.

[148] Vor allem *A. H. Maslow,* Towards a psychology of being (New York 1968); *E. G. Schachtel,* Metamorphosis. On the development of affect, perception, attention and memory (New York 1959). Siehe meinen Artikel ,Naar een definitieve toekomst: belofte en menselijke bemiddeling', in: Toekomst van de religie, religie van de toekomst (Brügge-Utrecht 1972) (37–55), vor allem 41–43.

[149] Siehe u. a. *F. S. Perls,* In and out the garbage pail (New York 1972); *J. Fagan Shepher,* Gestalt Therapy Now. Theory, Techniques, Applications (California U. 1970).

[150] U. a. *L. Pauwels,* Lettre ouverte aux gens heureux et qui ont bien raison de l'être (Paris 1972).

[151] *J. Weima,* Wat willen wij met de toekomst doen? (Bilthoven 1972) 43.

[152] Mit Recht, vor allem bei *P. Schoonenberg,* Hij is een God van mensen ('s-Hertogenbosch 1969) 9–49.

[153] *P. Berger* und *Th. Luckmann,* Die gesellschaftliche Konstruktion der Wirklichkeit (Stuttgart 1969); siehe auch *P. Berger,* The sacred Canopy (New York 1967) und ,Auf den Spuren der Engel' (Frankfurt 1970). Vgl. auch *K. H. Wolff,* Versuch zu einer Wissenssoziologie (Berlin – Neuwied 1968).

[154] *M. Horkheimer,* Die Sehnsucht nach dem ganz Anderen (Hamburg 1970) 88–89.

[155] Damit wird die besondere Bedeutung einer bloß ,humanistischen' Ethik nicht ,sinnlos', nur – vom Glauben her – letztlich mit einem Fragezeichen versehen.

[156] Siehe die (schon zitierten) Beiträge von J.-B. Metz; auch *E. Schillebeeckx,* Geloofsverstaan: interpretatie en kritiek (Bloemendaal 1972) 131–136 und 152–155.

[157] Dies alles hat also nichts mit ,Dolorismus' oder Masochismus zu tun, wozu ,Liebe zum Leiden' leicht führen kann. Siehe in diesem Zusammenhang auch *R. Girard,* La violence et le sacré (Paris 1972).

[158] Glücksdrang, ,Libido' und kontemplatives Sinnerlebnis ruhen in sich selbst und haben *als solche*

keine praktisch-kritische Kraft. Ihre tatsächlich kritische, zu neuem Handeln antreibende Kraft erhalten sie nur durch die *Vermittlung* von Kontrasterfahrungen, die ethischen Widerstand hervorrufen und sich deshalb nicht mit Hier-und-heute-Erfahrungen zufriedengeben, sondern nach Zukunft verlangen. Da *menschliche*, irdische Sinnerfahrungen immer ‚unterwegs‘ sind, stehen sie also immer unter der Bedrohung durch das Negative und entwickeln somit eine kritische und produktive Kraft. Die Erinnerung an positive Sinn- und Freudenerfahrungen verfeinert daher das Bemühen, dem Leiden auf die Spur zu kommen, und verstärken den Widerstand dagegen. So auch ist Gott reines Glück und reine Güte; er kann vom faktischen Bösen in der geschöpflichen Welt her nur der ‚Anti-Böse‘ genannt werden. So muß man sagen, daß die *kritisch*-praktische Kraft weder im Positiven noch im Negativen liegt, sondern allein in ihrer dialektischen Spannung, also *in* der leidenden Kontrasterfahrung sinnnehmender und sinngebender Menschen.

[159] Siehe u.a. W. *Schottroff*, ‚Gedenken‘ im alten Orient und im Alten Testament. Die Wurzel ‚zakar‘ im semitischen Sprachkreis (WMANT, 15) (Neukirchen-Vluyn 1964); P. *de Boer*, Gedenken und Gedächtnis in der Welt des Alten Testaments (Stuttgart 1962); R. *Pesch*, Die erinnerte Freiheit Jesu, in: Freiheit in Gesellschaft (Freiburg 1971) 21–38.

[160] *Kahlil Gibran*, Der Prophet (Olten – Freiburg ⁵1975).

[161] Vor allem J. *Moltmann*, Der gekreuzigte Gott (München 1972) 222–236.

[162] Vor allem H. *Schürmann*, Jesu ureigener Tod (Freiburg ²1976). Siehe auch K. *Kertelge* (Hrsg.), Der Tod Jesu (Quaest. Disp., n. 74) (Freiburg 1976).

[163] Jesus, die Geschichte von einem Lebenden, 260–277.

[164] In der jüngeren Literatur: W. *Kasper*, Jesus der Christus (Mainz 1974); H. *Küng*, Christ sein (München ⁸1976); H. *Frei*, The Identity of Jesus Christ (Philadelphia 1975).

[165] Nur Mattäus und Lukas haben eine ‚Kindheitsgeschichte‘ Jesu, so daß wir hier von vier Sequenzen sprechen können; aber für das Thema ‚menschlichen Scheiterns‘ kann man diese erste Sequenz außer Betracht lassen. Daher werden hier nur die drei Sequenzen behandelt, die wir, jeweils innerhalb ihrer eigenen Gesamtsequenz, in den vier Evangelien finden.

[166] Siehe u.a. H. *Frei*, a.a.O. (Anm. 164) 132–135 mit 128–138.

[167] Ob diese Sequenzen vor dem Evangelisten manchmal als einzelne Sequenzen existiert haben oder nicht, bleibt hier außer Betracht.

[168] Siehe: Jesus, die Geschichte von einem Lebenden, 260–271, und die unlängst erschienene Synthese von H. *Schürmann*, a.a.O. (Anm. 162).

[169] J. *Moltmann*, Umkehr zur Zukunft, a.a.O. 99.

[170] Th. *Adorno*, Negative Dialektik (Frankfurt 1966) 144.

[171] Das Credo ist, auf der Basis der *ältesten* kirchlichen Credos, die persönliche Bearbeitung und Ergänzung eines allgemeinen Grundtextes des Dichters Michel van der Plas. Das sich an die eucharistische Danksagung anschließende *Magnifikat* stammt nicht von mir, sondern von M. van der Plas.

SACHLICHE HINWEISE

A. ERKLÄRUNG EINIGER FACHAUSDRÜCKE

Verwiesen sei auch auf das Glossar in dem Band „Jesus, die Geschichte von einem Lebenden", S. 643 ff.

Äon

Vom griechischen *aiōn*: Zeit, Lebenszeit, Zeitepoche; daher: die Weltzeit als Zeit der ganzen irdischen Geschichte; schließlich auch: die Ewigkeit. In diesem Buch kommt das Wort nur im Zusammenhang mit der Apokalyptik vor: alter und neuer Äon. Der alte Äon ist die Zeit unserer Geschichte, gesehen als Leidensgeschichte; der neue Äon ist die universale Heilszeit ohne Tränen und Ungerechtigkeit, diese wird als nach-irdische Ewigkeit verstanden, aber auch und vor allem als unbestimmte Heilszeit auf Erden nach dem raschen Eingreifen Gottes, der die Wende der Zeiten bewirkt (→eschatologisch).

Deuteronomistisch

Deuteronomisch bedeutet: das Buch Deuteronomium, das letzte Buch der sogenannten fünf Bücher Mose (des Pentateuchs), betreffend. Deuteronomistisch dagegen bezeichnet die besondere Spiritualität dieser Traditionsstücke, die (als verschieden von den →jahwistischen, →elohistischen und →priesterlichen Traditionen) im Buch Deuteronomium wie auch in den Büchern Josua, Richter, Samuel und der Könige zu finden sind und zudem viele Traditionsstücke in der späteren jüdischen Literatur beeinflußt haben. Das Ende des Nordreichs und vor allem des Südreichs (587) markiert den Beginn der deuteronomistischen Geschichtsauffassung. Gott liebt sein Volk, aber wenn dieses untreu ist, wird der Fluch, von dem Deuteronomium spricht, an diesem Volk vollzogen werden. Träger dieser Tradition waren die bäuerlichen Leviten aus dem Nordreich, die nach dem Fall dieses Reiches nach Jerusalem kamen (mit ihren ‚Sammlungen') und im Konflikt mit den Jerusalemer Priestern lebten; sie wurden dort aber zu der theologischen Kraft, deren Inspiration ihren Niederschlag in der ‚deuteronomistischen Tradition' fand: *deuteronomistisch* bezieht sich auf die ‚zweite Ausgabe' des Buches Deuteronomium (während der Restauration des Josias). In ihr wird die deuteronomistische Geschichtsauffassung aus einer Einsicht in das babylonische Exil und aus sapientialen Ideen vollendet. Die chassidische Bewegung wurde vor allem von diesem deuteronomistischen Geschichtsbild beseelt.

E-Tradition

Abkürzung von ‚der Elohist'. Die elohistische Tradition ist eine der vier großen Traditionen, aus denen sich der Pentateuch (die ersten fünf Bücher der jüdischen heiligen Schrift oder des Alten Testaments) zusammensetzt. Sie wird so genannt, weil diese Tradition vor Ex 3,15 (Offenbarung des Namens Jahwe) Gott *Elohim* nennt. Diese Tradition scheint, im Gegensatz zu den jahwistischen Überlieferungen aus dem Süden, aus dem Nordreich zu stammen. Sie ist wahrscheinlich etwas jünger als die jahwistische Tradition (→J-Tradition).

Emanzipation

Ursprünglich bedeutete Emanzipation (im römischen Recht) die Mündigerklärung aus der elterlichen Gewalt. Heute wird das Wort gebraucht, um den Versuch der Menschheit zu bezeichnen, sich durch die praktische Vernunft von Beherrschung durch entfremdende natürliche und gesellschaftlich-kulturelle Mächte frei zu machen.

Epiphanie

In diesem Buch wird Epiphanie – offenbar werden – immer gebraucht für das Sichtbarwerden (Epiphan- oder Durchsichtig-werden) Gottes im Menschen Jesus: in seinen Taten (etwa seinen Wundern), in seinem Tod, im Leben der christlichen Gemeinde, in dem, was die Erscheinungen Jesu genannt wird usw. Epiphanie weist auf die sichtbare, aktuelle Gegenwart Gottes im Auftreten des Menschen Jesus hin. Die Epiphanie-Christologie spricht in Offenbarungsbegriffen von dem Heil, das von Gott her in Jesus erschienen ist.

Eschatologisch

Nach dem Lexikon: „die Lehre von den letzten Dingen betreffend", das heißt von „allem, was über das Schicksal des Menschen nach seinem Tod gelehrt wird". Diese Definition ist zwar ursprünglich, aber theologisch unzureichend. Eschata bedeutet ‚letzte'; alles, was den endgültigen, tiefsten, aber dann auch allerletzten Sinn des menschlichen Lebens betrifft, wird eschatologisch genannt; daher nicht nur das *Jenseitige*, sondern auch das, was den *endgültigen* Sinn des Lebens wie auch die Endzeit betrifft, und zwar als Heilszeit (wobei man offenläßt, ob dies das Ende der Geschichte oder eine geschichtlich unbegrenzt sich erstreckende Heilszeit ist). Der Kontext muß jeweils die gemeinte Nuance angeben, allerdings liegt der Nachdruck immer auf dem Aspekt des definitiv Entscheidenden, was erst endzeitlich und nach dem Tod offenbar wird, aber schon in der Gegenwart auf dem Spiel steht und dort entschieden wird.

Falsifizierbarkeit

Ein Begriff aus der Wissenschaftstheorie. Eine Überzeugung oder Theorie ist falsifizierbar, wenn sie durch empirische Evidenzen oder Gegenindikationen widerlegt werden kann. In welchem Maß dies möglich ist, wird unter den Wissenschaftstheoretikern heftig diskutiert.

Gnosis, Gnostizismus, gnostisch

Gnosis (griechisch) bedeutet Erkenntnis. Die Gnosis oder der Gnostizismus war im 2. Jahrhundert (n. Chr.) eine philosophisch-religiöse Bewegung eklektischer Art, aber innerhalb eines eindeutig religiös-philosophischen Lebensprojekts. Grundidee der Gnosis war: Der Mensch hat in sich, nämlich in seiner Seele, einen göttlichen Funken, der in die Materie ausgestrahlt wurde und erlösend wieder zu seinem göttlichen Ursprung aufsteigen muß. Diese Erlösung oder dieser Aufstieg geschieht kraft eines Boten (eines Scheinmenschen), der göttliche Erkenntnis vermittelt. Deshalb wird der Erkenntnis eine zentrale Stellung als Erlösungsmedium zuerkannt – Wissen als eine besondere Offenbarungserkenntnis, die durch Tradition und Initiation mitgeteilt wird. Erkenntnis ist Heil. Wenn in diesem Buch gesagt wird, das Christentum sei keine Gnosis, bedeutet dies, daß man den christlichen Glauben nicht auf eine Lehre oder bloß auf Orthodoxie reduzieren darf. Da die Gnosis aus einem allgemeinen Trend nach Verinnerlichung und aszetischer Religiosität, nach Weltflucht entstanden ist, spricht man zu Recht auch von einer Prä-gnosis. Diese Prägnosis ist weder ein rein innerjüdisches noch ein rein innerchristliches Phänomen, noch eine Orientalisierung (Veröstlichung) des Christentums, sondern ein allgemeines, typisch spätantikes Phänomen, in das die ganze Kultur einbezogen war. Vor allem weil ein Zusammenhang besteht zwischen der frühjüdischen oder judaischen Weisheitsliteratur und dem späteren, echten Gnostizismus, wird endlos diskutiert über im Neuen Testament vorhandene oder nicht vorhandene gnostische Begriffe, je nachdem man den Gnostizismus sich aus dem Judaismus entwickeln läßt, als einen östlichen Synkretismus oder eine hellenistische Lebensphilosophie ansieht oder als eine innerchristliche häretische Bewegung im 2. Jahrhundert. Historiker sprechen gegenwärtig immer mehr von einer allgemeinen „gnostischen Proklivität" (Prägnosis) der gesamten Kultur zur Zeit der Entstehung des Christentums. Franzosen und Angelsachsen unterscheiden deshalb zwischen Gnosis und Gnostizismus, die sie jedoch beide gnostisch qualifizieren. Andere sprechen von Prägnosis und Gnosis, wobei sie den Nachdruck darauf legen, daß man die erstere nicht zu sehr *im Licht* der zweiten verstehen darf, die älteres Material zum Gnostizismus des 2. Jahrhunderts aktualisiert. Viele Ideen der Apokalyptik und des Platonismus kehren im Gnostizismus wieder, in welchem sie erst ihre eigentliche gnostische Bedeutung haben. Begriffe an sich (z. B. pleroma) sagen *als solche* noch nichts über eine mögliche gnostische Bedeutung.

Haggada und Halacha

Siehe unter →Midrasch

Homologie

bedeutet Glaubensbekenntnis; *homologein,* bekennen, ist inhaltlich nicht verschieden von der *pistis,* dem Glauben. Bekennen tut man mit dem Mund, glauben mit dem Herzen (Röm 10,9–10). Eine Homologie oder ein Glaubensbekenntnis erfolgt entweder in der Form einer Akklamation (Jesus der Herr!) oder in der Form einer bekennenden Glaubensaussage, die auf Gottes Handeln in Jesus bezogen ist (z.B. 2 Kor 4, 14; 1 Thess 4,14).

Idealismus (idealistisch)

In diesem Buch wird das Wort im historischen, technischen Sinn gebraucht. Idealismus ist eine philosophische Strömung, die einerseits die gesellschaftlich-wirtschaftlichen Einflüsse auf das menschliche Denken nicht berücksichtigt, andererseits vor allem die Auffassung vertritt, daß die Wirklichkeit letztlich ein Produkt des menschlichen Denkens sei. Zur Zeit liegt in der Literatur der Akzent mehr auf dem ersten als auf dem zweiten Aspekt.

Ideologie

Zwar wird dieses Wort (nicht zu Unrecht) auch im positiven Sinn gebraucht (z.B. im Sinne der Frage: Welche ‚Philosophie' steckt hinter all deinen Behauptungen?), aber *in diesem Buch* wird es immer im kritischen Sinn verwendet. Ideologie ist dann das Ganze von Auffassungen oder Überzeugungen, das sich als eine genaue Wiedergabe einer bestimmten Sachlage anmeldet, während es in Wirklichkeit, nach genauerer Analyse (zum Teil oder ganz) eher ein Nebenprodukt entweder von unterbewußten, verdrängten Sehnsüchten oder der wirklich beherrschenden wirtschaftlichen Gesellschaftsform ist. Eine bestimmte Wirklichkeitsinterpretation wird, wenn sie mit konkreten Machtinteressen verbunden ist, rasch ideologisch wirksam. Ideologie ist in diesem Sinn eine Form ‚falschen Bewußtseins', das ist eines Bewußtseins, das die eigentliche Tragweite dessen, was es behauptet, nicht erkennt und deshalb in einem gebrochenen Verhältnis zur Wirklichkeit steht. (In bestimmten neomarxistischen

874

Theorien, wie etwa bei L. *Althusser,* Pour Marx [Paris 1965] und Lire le Capital, 2 Bde., Paris 1965, hat ,Ideologie' eine eminent positive Bedeutung; es bedeutet dann die dogmatisch ,ex cathedra' festgelegte Lebensphilosophie der eigenen – marxistischen – Befreiungsbewegung, als Norm aller Wahrheit.)

Instrumentale Vernunft

Die instrumentale Vernunft (Aspekt der menschlichen Vernunft) ist die Fähigkeit, aufgrund wissenschaftlicher Einsichten Voraussagen zu machen, die dann durch technische Hinordnung passender Mittel auf ein vorgestelltes Ziel tatsächlich realisiert werden können. Instrumentale Vernunft erhält erst dann eine pejorative Bedeutung (und wurde so von M. Horkheimer, J. Habermas, H. Marcuse, P. Ricœur u. a. kritisiert), wenn das Ziel, auf das Mittel hingeordnet werden, ohne kritisch-rationale Diskussion den subjektiven Vorlieben einzelner zur willkürlichen Wahl überlassen wird, mit anderen Worten, wenn die Technokratie sozusagen das letzte Wort erhält, ein Ziel an sich wird und die Frage nach Sinn vernachlässigt oder verdrängt wird, das heißt, wenn das *technische Können* die Priorität vor Fragen nach warum und wozu, vor Sinnfragen erhält.

Interpretament (oder interpretatives Moment)

In diesem Buch ist damit das interpretative Moment einer Wirklichkeitserfahrung und in einer Wirklichkeitserfahrung und somit nicht eine Art nachträglichen Überbaus über einer Erfahrung gemeint. In diesem Sinn ist Interpretament ein *Erfahrungsmoment,* in dem das, was sich, unabhängig von dem, was Menschen selbst produzieren, objektiv anmeldet, von Menschen zum Ausdruck gebracht wird. Durch diese, in der Erfahrung schon mitgegebene, aber reflexiv zum Ausdruck gebrachte Artikulation wird das objektiv Erfahrene aber auch subjektiv und gesellschaftlich gefärbt.

J-Tradition

Eine der vier großen Traditionen, die im Pentateuch zusammengeflossen sind. Sie wird J *(jahwistische)* Tradition genannt, weil in ihr noch vor Ex 3,15 (wo der Name Jahwe Mose bekannt gemacht wird) schon von Gen 2,4b an der Name Jahwe gebraucht wird (im Gegensatz zur →E-Tradition). Die jahwistische Überlieferung spricht auch von ,Israel', nicht von ,Jakob'; sie stammt offensichtlich aus dem südisraelitischen Reich (schon vor 721).

Kerygma (kerygmatisch)

Kerygma bedeutet wörtlich die Botschaft, die ein Herold laut verkündet. Eine kerygmatische Aussage über Jesus von Nazaret ist eine christologische Aussage, in welcher Jesus als der bekannt und verkündet wird, in dem entscheidendes und endgültiges Heil erfahren wird. Das Wort Kerygma bekam einen günstigen oder ungünstigen Beiklang in der Theologie, je nachdem man dieses kirchliche Christusbekenntnis (Kerygma) für in der Wirklichkeit des irdischen Jesus begründet oder nichtbegründet hielt. Der Verfasser dieses Buchs steht auf dem Standpunkt, daß das Christus-Kerygma eine gläubige, bekennende und verkündende Interpretation (durch die Glaubensgemeinschaft) dessen ist, was sich im irdischen Jesus (seiner Person, seiner Botschaft und Lebenspraxis) wirklich vollzogen hat, während ein Kerygma, das, wie auch immer, in keiner Hinsicht vom irdischen Jesus aus gefüllt würde, eine Ideologie oder eine Mystifikation genannt werden müßte.

Kritischer Rationalismus

Dieser Begriff ist innerhalb der heutigen Wissenschaftstheorien ein technischer Terminus für die Richtung, die von Karl Popper und mit besonderen (vor allem antireligiösen) Nuancen von Hans Albert (siehe oben, 1. Teil, Anm. 1) und ihren vielen (bewußten oder unbewußten) Anhängern vertreten wird. Theorien sind eine Schöpfung des menschlichen Geistes, die aber einer kritischen Prüfung unterworfen werden, mit der Folge, daß die stärksten Theorien diese Prüfung überleben (obwohl sie dadurch nicht verifiziert sind), während die schwächeren Theorien gleichsam durch Erosion absterben *(als solches* ist dies augenblicklich eine allgemein-wissenschaftstheoretische Auffassung und nicht ausschließlich kennzeichnend für den sogenannten ,kritischen Rationalismus'). Der ,kritische Rationalismus' wirft sich aber außerdem als Lebensführung auf (beispielsweise gegenüber Christentum und Marxismus). Er erklärt, daß die praktische Vernunft (in Wirklichkeit als →instrumentale Vernunft interpretiert) inmitten von Sinn und Sinnlosigkeit der menschlichen Geschichte die Frage nach totalem Sinn einen totalitären Wahnsinn nennt (H. Albert) oder, wenn diese Frage vielmehr für sinnvoll, sogar für unvermeidlich gehalten wird (eher Poppers eigene Tendenz), sie prinzipiell unbeantwortbar ist. Der ,kritische Rationalismus' (der zudem außerwissenschaftlichen Vermittlungen von Wahrheit wenig Wert beizumessen scheint) will daher, ohne jeden strengen Dogmatismus – mit Hilfe wissenschaftlicher Technologie –, durch eine →pragmatische „Schritt-für-Schritt"-Strategie eine menschenwürdigere Zukunft für die Menschen zustande bringen. Gerade in diesem Nicht-Dogmatismus und in seinen demokratischen Auffassungen und seiner realistischen Nüchternheit liegt für viele eine verführerische Faszination. Bewußt oder unbewußt ist meines Erachtens der ,kritische Rationalismus' die beherrschende Strömung in der ganzen ,westlichen' intellektuellen Welt. Zwar hat auch der Marxismus viele fundamentale Züge dieses ,kritischen Rationalismus', aber er wirft dieser Richtung vor, nur eine *„halbierte* Rationalität" zu sein, die ihre eigene gesellschaftliche Historizität nicht mitreflektiert und gerade darin *irrational* und vor allem →positivistisch wird.

Kritische Theorie

Ursprünglich ein Begriff aus der Aufklärung und dem Marxismus. Das Wort wird aber heute für Gesellschaftstheorien gebraucht, die von der ,Frankfurter Schule' (M. Horkheimer; Th. Adorno; J. Habermas u. a.) entworfen sind. Nach dieser Theorie muß man einen Einblick in die menschliche Gesellschaft erlangen, indem man die ideale Gesellschaft antizipiert und diesen idealen Begriff dann mit der faktisch gegebenen Gesellschaft vergleicht. Durch diese Konfrontation werden die objektive Gesellschaftsform und die in ihr gemeinte oder vertretenen subjektiven Sinngebungen als ,falsches Bewußtsein' und →Ideologie entlarvt und (dies ist die These) auf ihre wahren Tiefen-Intentionen hin offengelegt. Dieses argwöhnisch-kritische *,Auf-den-Begriff-Bringen'* der konkreten Gesellschaftsstrukturen geschieht – nach einer typisch Frankfurter Terminologie – in „einer praktisch-kritischen Intention", das heißt mit dem Blick auf eine Praxis, die von der ideal antizipierten Gesellschaft aus die konkrete Gesellschaft aus einer ,Vorgeschichte' in eine wahrhaft menschliche Geschichte verändern will.

Midrasch

Midrasch kommt vom hebräischen Wort *darasch,* dessen Stammbedeutung ist: ,aussuchen, suchen nach...' Allgemein bedeutet Midrasch (oder Midrasch-Exegese) Forschung oder Untersuchung, konkret: eine Form der Auslegung der Bibel; aber in seiner genaueren Bedeutung weist das Wort auf eine *bestimmte* Methode und Form des rabbinischen Bibelstudiums. Dabei sind zwei andere technische Termini wichtig: ,halacha' und ,haggada'. Die *Halacha* betrifft eher das normierende Bibelmaterial, das heißt, sie zeigt, wie der geschriebene Text des →Tenach auf das konkrete Leben heute angewandt werden muß. In der *Haggada* dagegen

876

geht es eher um illustrative Texte, die zeigen, was der Text selbst bedeutet. Der Midrasch ist eine Form der Exegese, bei der die Halacha- und die Haggada-Form miteinander verbunden werden, und zwar so, daß die Auslegung dem Schrifttext selbst hinzugefügt wird und gleichsam einen Teil desselben bildet (im Gegensatz zur →Mischna). (Siehe auch: *R. Le Déaut*, A propos d'une définition du midrash: Bibl 50 [1969] 395–413; *A. G. Wright*, The Literary Genre Midrash [New York 1967]).

Mischna (und Talmud)

Dieses Wort kommt vom hebräischen ‚schânâh‘, das heißt wiederholen, repetieren, verdoppeln. Die Mischna geht auf mündliche Überlieferungen religiös-juristischer Art auf der Grundlage der Tora-Auslegung durch die Schriftgelehrten zurück. Ihnen folgen nach dem Fall Jerusalems (70 n. Chr.) die „tanna'im“ oder Tannaiten, das heißt Repetitoren (Mischna-Lehrer). Im 2. Jahrhundert n. Chr. haben diese Tannaiten die mündlichen Überlieferungen schriftlich zusammengefaßt (vor allem Rabbi Jehuda Hannasi). Diese schriftliche Sammlung nennt man eben die ‚Mischna‘. Auf die Tannaiten folgten die Amoräer (das heißt ‚Sprecher‘ oder Traditionsträger). Die schriftliche Arbeit der Tannaiten war zu Beginn des 3. Jahrhunderts n. Chr. abgeschlossen; die der Amoräer ungefähr gegen Ende des 5. Jahrhunderts. Die rabbinische Lehre der Mischna bildet zusammen mit den Schriften der Amoräer den palästinensischen und babylonischen *Talmud*. Die Exegese der Mischna gründet auf den sieben hermeneutischen Regeln Hillels und den dreizehn ergänzenden Regeln Ismaels (für diese „middoth“ oder hermeneutischen Faustregeln siehe: *J. Bowker*, The Targums and Rabbinic Literature. An Introduction to Jewish Interpretations of Scripture [Cambridge 1969] 315–318).

Paränese

Vom griechischen ‚parainesis‘ (Paränese). Es ist ein exegetischer Begriff, mit dem in biblischen Perikopen jenes literarische Genus bezeichnet wird, in dem die Rede von Ermahnungen, Ermutigung, Trost oder Aufruf zu einem bestimmten Handeln nach den Forderungen der Herrschaft Gottes ist. Paränese betrifft also ethische Richtlinien, die im Neuen Testament zeitgenössische Konsequenzen des Glaubens an Christus für das menschliche Handeln zur Sprache bringen. In der Paränese wird daher auch oft die in der biblischen Umgebung geltende, nichtbiblische, vorgegebene Ethik aufgenommen und ‚in Christo‘ integriert. Diese Normen sind also nicht per se immer gültig.

P-Tradition

P steht für ‚*priesterliche* Tradition‘, die mit den →E (elohistischen) und →J (jahwistischen) und ↔deuteronomischen und deuteronomistischen Überlieferungen in den ersten 5 (oder 6) Büchern der jüdischen kanonischen Bibel zusammengeflossen ist. Diese Tradition ist spekulativer, reflexiver in ihrer Art; sie ist auf den Sinaibund und den Kult hin orientiert. Die P-Tradition ist die jüngste der großen Überlieferungen, welche die Formkritik im Pentateuch aufspüren konnte.

Pescher-Exegese

Das Wort ist in die exegetische Literatur gekommen vor allem seit den Funden der Qumran-Rollen, obwohl die ‚Pescher‘ als bestimmte Form der Bibelauslegung nicht auf Qumran beschränkt ist, sondern sich etwa auch im Neuen Testament findet. Allgemein ist die ‚Pescher‘ (pescharim = Bibelerklärungen) eine Art der Bibelauslegung, in der man den Text sowohl allegorisch als auch eschatologisch auf die eigene Situation anwendet. Vor allem in Qumran bilden die pescharim eine Form der Exegese, bei der man eine aktualisierende Anwendung eines Buches aus der Heiligen Schrift gibt (z. B. Habakuk 1–2 in der Pescher-Auslegung von 1 QpHab von Qumran); die Aktualisierung ist dabei auf die eigene Qumran-Gemeinschaft als eschatologische Restgemeinde gerichtet.

Positivismus

Der Positivismus ist im Studium der Wissenschaften eine (zumindest implizit-philosophische) Strömung, welche die Ansicht vertritt, es gebe nur wissenschaftliche, empirisch nachprüfbare Wahrheit – es sei also eigentlich keine außerwissenschaftliche Vermittlung von Wahrheit möglich. Außerdem verteidigt er die These von der sogenannten Wertfreiheit der Wissenschaften, das heißt, nur intern-wissenschaftliche Werte werden in der wissenschaftlichen Untersuchung zugelassen, äußere Werte bleiben außer Betracht. Man leugnet dabei keineswegs, daß die Wahl des Forschungsobjekts und die Verwendung des erlangten Ergebnisses wissenschaftlich-äußere Werte (oder Unwerte) implizieren. Doch übersieht man dabei, daß das, was man wissenschaftlich feststehende ‚harte Fakten‘ und ‚Grundaussagen‘ (Protokollsätze) nennt, mit bestimmt ist – a) durch den historischen Charakter des wahrgenommenen Objekts, und – b) durch die historisch-gesellschaftliche Position des wahrnehmenden Subjekts; mit anderen Worten: Der Positivismus vergißt, daß alle wissenschaftlichen Thesen auch unter einer *historischen Hypothese* stehen. Denn bevor man in unserer Kulturgeschichte von ‚Wissenschaften‘ sprechen konnte, gab es das Bewußtsein, daß wir Menschen überhaupt ‚etwas wissen‘. Der wissenschaftliche Impuls ist daher nur eine *bestimmte Art und Weise* des Erkennens und nicht ein für sich stehendes, autonomes Prinzip, sondern eine *Spezifizierung* innerhalb einer kulturgeschichtlichen Wirklichkeit. Daraus geht schon hervor, daß die Wissenschaft, als bestimmte Erkenntnisform, selbst geschichtlich bedingt ist. Wenn Wissenschaft dann der Dialektik der Kulturgeschichte unterworfen ist, ist auch eine Reflexion auf die kulturgeschichtlichen Bedingungen notwendig, unter denen wissenschaftliche Formen von Erkennen funktionieren. Die wissenschaftstheoretische Besinnung muß diesen kulturellen Kontext in ihre Betrachtungen einbeziehen.
Die Folge dieses positivistischen Dualismus von Wert und Wissenschaft besteht darin, daß Sinnverständnis und Philosophie, Politik, Ethik und Religion von der Wissenschaft ferngehalten werden; sie werden dann zu einer Privatangelegenheit und geraten dadurch in Gefahr, von irrationalen Kräften beherrscht zu werden. Nicht zu Unrecht nennen manche (u. a. J. Habermas) den Positivismus daher eine ‚*halbierte* Rationalität‘.

Pragmatismus

Pragmatismus ist eine (oft implizit-philosophische) Strömung, welche die Frage nach totalem Sinn nicht stellt oder sie jedenfalls für nicht-beantwortbar hält. Die Frage nach theoretischer Wahrheit bleibt daher außer Betracht. Die Wahrheit (besser: die *Gültigkeit*) einer Überzeugung oder Theorie liegt dann in ihrer Brauchbarkeit im Hinblick auf ein bestimmtes Ziel. Der Pragmatismus ist antidogmatistisch, auch anti-utopisch und sucht je nach konkret sich erhebenden Schwierigkeiten und Engpässen in der Gesellschaft Schritt für Schritt ‚beizulenken‘ auf eine bessere Gesellschaft hin, deren Inhalt offengelassen wird („the open society", auf der Linie von W. James und K. Popper).

Prolegomenon

Vom griechischen *pro-legein*, etwas wie ein ‚Vorwort‘. Was vorab gesagt werden muß, bevor man beim eigentlichen Thema ist, nennt man ein Prolegomenon: einleitende Betrachtungen.

878

Wenn daher dieses Buch „Christus und die Christen" von mir ein Prolegomenon genannt wird (S. 18 f), ist damit gemeint, daß in ihm nicht eine ‚vollständige Christologie' geboten wird. Auch dieses zweite Jesusbuch ist als ‚theologische Versuche' in einer pastoralen Absicht geschrieben, die sich in die vielen Probleme von (oft ‚nicht-kirchlichen', aber) offensichtlich vom Evangelium inspirierten Gläubigen einleben will. Zwar ist dabei die wahre Orthodoxie der jahrhundertelangen ‚großen christlichen Tradition' für mich ein Leitfaden gewesen, doch hat diese Einstellung nichts mit der Haltung mancher ‚Theologen' zu tun, die das „Enchiridion Symbolorum" von Denzinger-Schönmetzer unkritisch als Alibi für eigene autoritäre Ohnmacht gebrauchen. Prolegomena zu einer kommenden christologischen Synthese können historisch wichtiger sein als ‚vollständige Christologien', in denen schließlich die Prolegomena vorausgehender Generationen als abgerundete *Systeme* präsentiert werden. So sind die theologischen Einzeluntersuchungen des 12. Jahrhunderts vielleicht wichtiger als die *Summen* des 13. Jahrhunderts, die dadurch erst möglich wurden.

Protologie

Das griechische Wort ‚proton' bedeutet ‚das Erste', ‚der Anfang', im Gegensatz zu ‚eschaton', das Allerletzte oder das Ende. In der religiösen Sprache ist Protologie das Pendant von →Eschatologie: Lehre (oder Mythen) vom Anfang gegenüber der Lehre von den ‚letzten Dingen'. Protologie betrifft also die *religiöse* (außerwissenschaftliche) Ansicht vom Ursprung der Welt und der Menschheit (Schöpfungsgeschichten). Dabei sucht man vor allem nach Gründen, warum es neben Sinn und Freude so viel Sinnlosigkeit, Böses und Leiden in Natur und Geschichte gibt (Schöpfung, Paradies, Sündenfall).

Sapiential

Wörtlich: die Weisheit betreffend. In diesem Buch wird der Ausdruck gebraucht für die jüdische Weisheitsliteratur, die eine lange Vorgeschichte gehabt hat und häufig mit dem Namen Salomo verbunden ist. Diese Volksweisheit und Lebenskunst Israels (nicht ohne Verwandtschaft mit der altorientalischen, vor allem ägyptischen und mesopotamischen Weisheit) kam später in Berührung mit der griechischen Volksweisheit (vor allem in Alexandrien, wo viele Diasporajuden wohnten) und verband sich schon vor der Zeit Jesu außerdem mit Israels prophetischen Überlieferungen, so daß man von einer neu-judaischen, prophetisch-sapientialen Tradition sprechen darf. Diese wiederum verschmolz mit der Apokalyptik. Die neu-judaische, sapientiale Überlieferung war, wenn auch in einer hellenistischen Atmosphäre, oft eine getreuere Wiedergabe der jahwistischen Frömmigkeit Israels, als es die etablierte Jerusalemer Religiosität zur Zeit Jesu war.

Soteriologie

Das griechische Wort „soteria" bedeutet Heil oder Erlösung. Soteriologie bedeutet also Lehre von der Erlösung: Anschauungen und Erwartungen, die Menschen im Hinblick auf ihr erwünschtes Heilsein, Wohl und Heil, Erlösung und Befreiung haben. Als solches ist das Wort in seinem Ursprung religiös geladen. Heute spricht man aber bisweilen in weiterem Sinn von Soteriologie: etwa von marxistischen, christlichen, humanistischen Soteriologien usw. So verstanden kann man die heutigen Soteriologien global in einige, wenn auch nicht immer scharf zu trennende Typen auseinanderfallen lassen: – a) die Bewegungen der ‚counterculture': in der Richtung eines gesellschaftfliehenden, neomystischen ‚Naturismus' (zurück zur reinen Natur); – b) neu-religiöse Bewegungen: gegenüber der Gesellschaft mit ihrer Dichotomie (oder ihrem Bruch) zwischen der öffentlichen und der Privatsphäre und gegenüber dem Bruch zwischen Mensch und Natur versuchen sie, eine Erlösung durch all diese Brüche hindurch

‚nach oben hin' oft unvermittelt zu übersteigen in Richtung auf das ganz andere, das dann entweder personal oder unpersönlich gedacht wird (Transzendentale Meditation; Jesus People; westlicher Zen-Taoismus, Unified Family usw., usw.); – c) pseudo-religiöse Befreiungsbewegungen, die ihr Heil in Okkultismus, Magie, Astrologie und Horoskopen suchen; – d) die Richtung der sakral-mystischen, rituellen Gewalt: der sogenannte Satanismus; – e) die Richtung der Drogen-Mystik; – f) politische Befreiungssoteriologien linker oder rechter Art, beide meist neodogmatistisch („Vae victis": Wer anders denkt, gehört gehängt); – g) die religiös-politische Richtung: politische Theologien und Befreiungstheologien. Zusammenfassend kann man sprechen von – 1) *horizontal-futurischen* Soteriologien (man will völlig andere Gesellschaftsstrukturen); – 2) *vertikalen* Soteriologien (oft apolitisch in ihrer vielleicht gutgemeinten religiösen Befreiung); – 3) *religiös-politische* Soteriologien (wobei die progressiv-politische Bedeutung des Religiösen betont wird).

Targum(im)

Targumim sind erklärende Übersetzungen des hebräischen →Tenach (dessen Sprache viele Juden damals nicht mehr verstanden) *in das Aramäische,* für Synagogen-Gottesdienste (nach dem Exil). Zwar kommen diese Targumim größtenteils erst aus dem 2. Jahrhundert und aus späteren Jahrhunderten n. Chr., aber ihre Tradition geht auf Überlieferungen aus der Zeit vor dem Christentum zurück. Sie lehren uns daher vieles über die Geisteshaltung, in der auch die ältesten jüdischen Christen lebten.

Tenach (oder Tenak)

Tenach ist der jüdische Terminus für dieselben Schriften, die Christen (oft zum Ärger der Juden) das *Alte* Testament nennen, mit anderen Worten der kanonische Kanon der jüdischen Heiligen Schrift. Das Wort wird durch die Anfangsbuchstaben der drei großen Teile des jüdischen Kanons gebildet: Tora (das Gesetz), nebi'im (die prophetische Literatur) und ketubim (die historischen Schriften) (t-n-k). In diesem Buch spreche ich von ‚Tenach', wenn es innerhalb des in diesem Buch gegebenen Kontextes um die jüdischen heiligen Texte innerhalb der eigenen jüdischen Geschichte geht. Dieselbe kanonisch-jüdische Schrift nenne ich dagegen ‚Altes Testament', wenn es in Wirklichkeit um die christliche Lesung dieser selben Texte im Neuen Testament geht. Der Ausdruck ‚*Altes* Testament' braucht keineswegs eine negative Bedeutung in sich zu schließen: An vielen Stellen hält der Tenach selbst Ausschau nach einem *neuen,* bleibenden und endgültigen Bund. Der Tenach hat übrigens tatsächlich eine selbständig-jüdische Bedeutung, die faktisch verschieden ist vom christlichen Neu-Lesen derselben Texte, selbst wenn im 1. Jahrhundert n. Chr. die meisten Texte, welche die Christen auf Jesus von Nazaret anwandten, auch von nichtchristlichen Juden *messianisch* interpretiert wurden (eine Tendenz, die im 2. Jahrhundert von den Rabbinen polemisch eingedämmt wurde). In diesem Zusammenhang kann man sagen, daß das Johannesevangelium das erste Zeichen einer Richtung ist, die – unter Christen – die Bedeutung des Tenach *ausschließlich* in seinem Wert als *Zeugnis über Jesus* sieht.

Aus all diesen Gründen, vor allem auch wegen des besonderen, jetzt noch immer geltenden geschichtlichen Wertes des Tenach für die Juden, halte ich den im Hinblick auf dieselben Texte doppelten Gebrauch, einerseits des Ausdrucks ‚Tenach', andererseits der Bezeichnung ‚Altes Testament' (ohne jede Diskriminierung) für völlig verantwortbar und notwendig. Es besteht kein tauglicher Grund, der Mode nachzugeben, den Begriff ‚Altes Testament' zu vermeiden. – Reformatorische Exegeten unterscheiden zudem oft zwischen ‚alttestamentlich' und ‚judaisch'. Schon 2 Makk 8, 1 und 14, 38 (auch Paulus in Gal 1, 13–14) sprechen tatsächlich vom „joudaismos" im Sinn der ‚jüdischen Religion', die in vielen Punkten abweicht von dem oder andere Merkmale aufweist als das, was das ‚Alte Testament' genannt wird (vor allem das Israel der Zeit vor und während der babylonischen Gefangenschaft bis zur Restauration des Esra). (Daß die jüdische Religion *Judaismus* genannt wird, erhält auch eine historische Bestätigung durch die Tatsache, daß diese Religion über Judäa letztlich auf die Religion des Stammes Juda zurückgeht.) Aber später wurde der babylonische und palästinensische Talmud (→Mischna) sozusagen das Evangelium des Judaismus oder der jüdischen Religion. So ist der Unterschied zwischen ‚alttestamentlich‘ und ‚judaisch‘ *bis zu einem gewissen Grad* berechtigt.

Topos

In der Rhetorik ist die Rede von *topica* oder Topik, das heißt „der Lehre vom Finden und Ordnen von Gegebenheiten für eine Rede oder Abhandlung von allgemein beschaulicher Art; Lehre der Gemeinplätze oder topoi". In diesem Buch wird Topos im Sinne von Gemeinplatz gebraucht, ein Modell, bei dem bestimmte Charakteristika immer wiederkehren.

Frühes Judentum (früh-jüdisch)

‚Spät-jüdisch‘, ein Ausdruck, der in ‚Jesus, die Geschichte von einem Lebenden‘ ständig vorkommt, findet sich in diesem Buch nicht. Mehr noch: Was dort mit *spät*-jüdisch gemeint ist, wird in *diesem* Buch *früh*-jüdisch genannt. Das verlangt ein Erklärung. Der Begriff ‚das späte Judentum‘, Judaismus (‚Spätjudentum‘) war bis vor kurzem in christlichen Kreisen die wissenschaftliche Bezeichnung für jene Epoche, die in diesem ersten und zweiten ‚Jesus-Buch‘ gemeint ist, nämlich die letzten Jahrhunderte vor Christus bis etwa zum ersten christlichen Jahrhundert. Für Christen hörte die heilige jüdische Geschichte gleichsam mit dem Aufkommen des Christentums auf. In der *jüdischen* Sicht auf die eigene Geschichte bis heute wird diese Epoche, welche Christen früher ‚Spätjudentum‘ genannt hatten, mit Recht ‚das *frühe* Judentum‘ genannt. Diese Bezeichnung wird jetzt daher in zunehmendem Maß die wissenschaftliche Bezeichnung (auch unter Christen) für die jüdische Epoche, die in diesem Buch behandelt wird.

Wertfreiheit

Siehe →Positivismus.

B. AUSSERBIBLISCHE JÜDISCHE UND CHRISTLICHE APOKRYPHEN; TARGUMIM, HERMETISCHE UND GNOSTISCHE SCHRIFTEN SOWIE MERKABA-MYSTIK

a) Apokryphen

P. Bogaert, L'apocalypse syriaque de Baruch I-II (Sources chrétiennes, 144), Paris 1969.
R. H. Charles (ed.), The Greek Versions of the Testaments of the Twelve Patriarchs, Oxford 1908 (= Darmstadt 1960); The Apocrypha and Pseudepigrapha of the Old Testament, 2 Bde (Oxford 1963); The Book of Enoch (Oxford 1912).
J. H. Charlesworth, The Odes of Solomon (Oxford 1973).
C. Clemen (Hrsg.), Assumptio Moysis (Kleine Texte, 10) (Berlin 1904).
A. M. Denis, Introduction aux Pseudépigraphes grecs d'Ancien Testament, Bd. 1 (Leiden 1970).
J. Flemming und L. Rademacker, Das Buch Henoch (GCS, 5) (Leipzig 1901).
J. Geffchen (Hrsg.), Die Oracula Sibyllina (GCS, 8) (Leipzig 1902).
M. Hadas, The Third and Fourth Books of Maccabees (JAL, 12) (New York 1953).
R. Harris and A. Mingana, The Odes and Psalms of Solomon, Manchester 1920.
E. Hennecke und W. Schneemelcher, Neutestamentliche Apocryphen, 2 Bde (Tübingen ³1964).
E. Kautzsch (Hrsg.), Die Apocryphen und Pseudepigraphen des Alten Testaments, 2 Bde (Tübingen 1900) (= Darmstadt 1962).
G. Kisch (Hrsg.), Pseudo-Philo, Liber Antiquitatum Biblicarum (Notre Dame 1949).
K. Kuhn, Konkordanz zu den Qumran-Texten (Göttingen 1960).
R. Rost, Einleitung in die alttestamentlichen Apokryphen, Pseudepigraphen einschließlich der großen Qumranschriften (Heidelberg 1971).
G. Vermès, The Dead Sea Scrolls in English (Harmondsworth 1962).
B. Violet, Esra-Apokalypse (GCS, 18 und 32), 2 Bde (Leipzig 1910 u. 1924).

b) Targumin usw.

J. Bowker, The Targums and Rabbinic Literature. An Introduction to Jewish Interpretations of Scripture (Cambridge 1969).
J. Bonsirven, Textes rabbiniques des deux premiers siècles chrétiens pour servir à l'intelligence du Nouveau Testament (Rome 1955).
R. Le Déaut, Introduction à la littérature targumique, Bd. 1 (Rom 1966).
I. Epstein, The Babylonian Talmud, 35 Bde (London 1935–1952).
A. J. Festugière, La révélation d'Hermès Trismégiste, 4 Bde (Paris 1950–1954).
Moses Gaster, Studies and Texts in Folklore, Magic, Medieval Romance, Hebrew Apocrypha, and Samaritan Eschatology, 3 Bde (London 1925–1928).
Gershom G. Scholem, Major Trends in Jewish Mysticism (New York 1941); Recent Trends in Jewish Gnosticism, New York 1961; Jewish Gnosticism, Merkabah Mysticism and Talmudic Tradition (New York 1960).
W. Scott (ed.), Hermetica, 4 Bde (Oxford 1924–1936).
B. Standaert, „L'évangile de la Vérité": Critique et Lecture, in: NTS 22 (1976) 243–275.
The Facsimile Edition of the Nag Hammadi Codices: Codices II, III, IV, V, VI, VII, XI, XII, XIII, 7 Bde (Leiden 1972–1976).

C. ABKÜRZUNGSVERZEICHNIS

der in diesem Band häufiger zitierten Zeitschriften und Reihen

AB	=	The Anchor Bible (New York)
ARW	=	Archiv für Religionswissenschaft (Freiburg i. Br.; Tübingen)
ASNT	=	„Acta Seminariorum Novi Testamenti" von Uppsala (Lund)
AThANT	=	Abhandlungen zur Theologie des Alten und Neuen Testaments (Basel-Zürich)
BBB	=	Bonner Biblische Beiträge (Bonn)
BHTh	=	Beiträge zur historischen Theologie (Tübingen)
Bibl	=	Biblica (Rom)
Bijdr	=	Bijdragen. Tijdschrift voor Filosofie en Theologie (Amsterdam)
BKAT	=	Biblische Kommentare: Altes Testament (Neukirchen)
Black'sNTC	=	Black's New Testament Commentaries (London; New York)
BTB	=	Biblical Theology Bulletin (Rom)
BuK	=	Bibel und Kirche (Stuttgart)
BuL	=	Bibel und Leben (Düsseldorf)
BWANT	=	Beiträge zur Wissenschaft vom Alten und Neuen Testament (Stuttgart)
BZ	=	Biblische Zeitschrift (Freiburg i.Br.; Paderborn)
BZAW	=	Beihefte zu ZAW
BZNW	=	Beihefte zu ZNW
CBQ	=	The Catholic Biblical Quarterly (Washington)
Conc	=	Concilium (Internationale Zeitschrift für Theologie) (Sekretariat Nimwegen) (dt. Ausgabe Einsiedeln-Mainz 1965 ff).
ConiNeot	=	Coniectanea Neotestamentica (Uppsala)
Daedalus	=	Daedalus. Journal of the American Academy of Arts and Sciences (Cambridge/Mass.)
Denz.-Sch.	=	Denzinger-Schönmetzer, Enchiridion Symbolorum (Freiburg i. Br. ³⁶1976)
DBS	=	Dictionnaire de la Bible. Supplément (Paris)
EvTh	=	Evangelische Theologie (München)
ETR	=	Etudes théologiques et religieuses (Montpellier)
ExpT	=	The Expository Times (Edinburgh)
FRLANT	=	Forschungen zur Religion und Literatur des Alten und Neuen Testaments (Göttingen)
FrZPhTh	=	Freiburger Zeitschrift für Philosophie und Theologie (Fribourg)
FThS	=	Freiburger Theologische Studien (Freiburg i.Br.)
GCS	=	Die Griechischen Christlichen Schriftsteller der ersten drei Jahrhunderte (Leipzig)
Greg	=	Gregorianum (Rom)
HNT	=	Handbuch zum Neuen Testament (Tübingen)
HThK	=	Herders Theologischer Kommentar zum Neuen Testament (Freiburg i. Br.)
HeyJ	=	The Heythrop Journal (Oxford)
HThR	=	The Harvard Theological Review (Cambridge/Mass.)
IKZ	=	Internationale Katholische Zeitschrift ‚Communio' (Frankfurt a. M.)
Int	=	Interpretation (Richmond, USA.)
JAL	=	Jewish Apocryphal Literature (New York)
JBC	=	The Jerome Biblical Commentary (London)
JBL	=	Journal of Biblical Literature (Boston)
JNES	=	Journal of Near Eastern Studies (Chicago)
JQR	=	Jewish Quarterly Review (Philadelphia-London)
JTS	=	The Journal of Theological Studies (London)
Kirch	=	C. Kirch, Enchiridion fontium historiae ecclesiasticae antiquae (Freiburg i.Br. 1941).
KNT	=	Kommentar zum Neuen Testament (Leipzig)
KuD	=	Kerygma und Dogma (Göttingen)
LThK²	=	Lexikon für Theologie und Kirche (2. Aufl., Freiburg i.Br.)
LV	=	Lumière et Vie (Lyon)

Meyer	=	H. A. Meyer, Kritisch-exegetischer Kommentar über das Neue Testament (Göttingen)
MEW	=	K. Marx und Fr. Engels, Werke in 36 Bänden (Hrsg. Institut für Marxismus-Leninismus) (Berlin 1964)
MoffatNTC	=	The Moffatt New Testament Commentary (London)
NTAbh	=	Neutestamentliche Abhandlungen (Münster)
NRTh	=	Nouvelle Revue Théologique (Löwen-Tournai)
NT	=	Novum Testamentum (Leiden)
NTD	=	Das Neue Testament Deutsch (Göttingen)
NTS	=	New Testament Studies (Cambridge u. Washington)
NT.S	=	Supplementbände zu NT
NTT	=	Nederlands Theologisch Tijdschrift ('s-Gravenhage)
Numen	=	Numen. International Review for the History of Religions (Leiden)
NumenS	=	Supplements to 'Numen' (Leiden)
OTSt	=	Oudtestamentische Studiën (Leiden)
PG	=	Patrologia Graeca (J. P. Migne) (Paris)
RAC	=	Reallexikon für Antike und Christentum (Stuttgart)
RB	=	Revue Biblique (Jerusalem-Paris)
RGG³	=	Die Religion in Geschichte und Gegenwart (3. Aufl., Tübingen)
RHE	=	Revue d'Histoire Ecclésiastique (Löwen)
RHPR	=	Revue d'Histoire et de Philosophie Religieuses (Strasbourg)
RNT	=	Regensburger Neues Testament (Regensburg)
RQumran	=	Revue de Qumran (Paris)
RSPT	=	Revue des Sciences Philosophiques et Théologiques (Paris)
RSR	=	Recherches de Science Religieuse (Paris)
SBS	=	Stuttgarter Bibel-Studien (Stuttgart)
Schol	=	Scholastik
ScJTh	=	The Scottish Journal of Theology (Edinburgh)
SNT	=	Studien zum Neuen Testament
SNTS	=	Studiorum Novi Testamenti Societas (unter ihrer Patronanz erscheint NTS), 6 Bde in 5 Bdn
STANT	=	Studien zum Alten und Neuen Testament (München)
StEv	=	Studia Evangelica (Berlin)
Strack-Billerbeck	=	P. Billerbeck und H. L. Strack, Kommentar zum Neuen Testament aus Talmud und Midrasch (Hrsg. J. Jeremias mit K. Adolph) (München I-IV, ⁵1969; V/VI, ³1969)
StZ	=	Stimmen der Zeit (Freiburg i. Br.)
SUNT	=	Studien zur Umwelt des Neuen Testamentes (Göttingen-Zürich)
ThLZ	=	Theologische Literaturzeitung (Leipzig)
ThS	=	Theological Studies (Woodstock)
ThSB	=	Theologische Studien (hrsg. K. Barth) (Zürich)
ThHandWAT	=	Theologisches Handwörterbuch zum Alten Testament (hrsg. E. Jenni und Cl. Westermann), 2 Bde (München-Zürich 1971 u. 1976)
ThWAT	=	Theologisches Wörterbuch zum Alten Testament (hrsg. G. J. Botterweck und H. Ringgren) (Stuttgart) (bis jetzt nur bis zum Buchstaben „ch" vorliegend)
ThWNT	=	Theologisches Wörterbuch zum Neuen Testament (Hrsg. G. Kittel und G. Friedrich) (Stuttgart)
TrThZ	=	Trierer Theologische Zeitschrift (Trier)
ZvTh	=	Tijdschrift voor Theologie (Nijmegen)
TU	=	Texte und Untersuchungen zur Geschichte der altchristlichen Literatur (Leipzig-Berlin)
TZ	=	Theologische Zeitschrift (Basel)
UNT	=	Untersuchungen zum Neuen Testament (Leipzig)
USQ	=	Union Seminary Quarterly Review (New York)
VD	=	Verbum Domini (Rom)
VuF	=	Verkündigung und Forschung (Theologische Jahresberichte) (München)

VT	=	Vetus Testamentum (Leiden)
VTS	=	Supplements to Vetus Testamentum (Leiden)
WMANT	=	Wissenschaftliche Monographien zum Alten und Neuen Testament (Neukirchen-Vluyn)
WuD	=	Wort und Dienst (Bethel b. Bielefeld)
WUNT	=	Wissenschaftliche Untersuchungen zum Neuen Testament (Tübingen)
ZAW	=	Zeitschrift für die alttestamentliche Wissenschaft (Berlin)
ZKTh	=	Zeitschrift für Katholische Theologie (Innsbruck, Wien)
ZNW	=	Zeitschrift für die neutestamentliche Wissenschaft und die Kunde der älteren Kirche (Gießen)
ZRGG	=	Zeitschrift für Religions- und Geistesgeschichte (Marburg, Köln)
ZSTh	=	Zeitschrift für systematische Theologie (Berlin)
ZThK	=	Zeitschrift für Theologie und Kirche (Tübingen)

D. THEMENVERZEICHNIS ZUR ANGEFÜHRTEN LITERATUR

Vorbemerkung. Die Literatur zum Gesamtthema ist dem entsprechenden Abschnitt, Kapitel oder Paragraphen vorangestellt. Die Literatur zu Einzelfragen wird außerdem in den Anmerkungen angegeben.

886

891

Vom gleichen Autor ist im Verlag Herder erschienen:

Edward Schillebeeckx

JESUS
Die Geschichte von einem Lebenden

„Schillebeeckx' Buch muß auch und vor allem als mutiger und äußerst gründlicher Versuch gewertet werden, im Rahmen einer theologischen Systematik den Ansprüchen gerecht zu werden, die sich der Theologie von der kritischen Arbeit der Exegese her stellen, und die entsprechenden Einsichten für die Theologie fruchtbar zu machen. In einem Vergleich kann man vielleicht sagen, Schillebeeckx lasse sich mit ähnlichem Eifer und mit ähnlicher Gründlichkeit auf die Problematik der historisch-kritischen Methode ein, wie Thomas von Aquin sich um eine kritische Rezeption des Aristotelismus bemüht hat ... Kein Zweifel: Das Buch gehört zu den imponierendsten Leistungen heutiger Theologie."

Magnus Löhrer

„Schillebeeckx ist ein auf allen Wegen moderner philosophischer Erkenntnis bewanderter Gelehrter. Seine Reflexionen über gegenwärtige Kultur, über das Verstehen von Geschichte, über das Selbstbewußtsein des modernen Menschen führen in die Tiefe des Nachdenkens ... Ich habe selten ein Buch gelesen, das in universaler Gelehrsamkeit und Belesenheit eine solche Fülle neuer Aspekte, gewissenhaft-kritischer Nachfrage, geistesgeschichtlicher Orientierung und gegenwartsbewußter Verantwortung gebracht hat. Ja, dieses Buch ist ein Ereignis!
... Und kein Theologe, kein des Lesens solcher Opera fähiger Christ sollte sich die Lektüre dieses herrlichen Buches entgehen lassen."

Hans-Joachim Kraus

4. Auflage, 672 Seiten, gebunden, ISBN 3-451-17233-X

VERLAG HERDER FREIBURG · BASEL · WIEN